McCormick on Evidence

Seventh Edition

"十三五"国家重点出版物出版规划项目

法学译丛·证据科学译丛／丛书主编　张保生　王进喜

麦考密克论证据

（第七版）

[美] 肯尼斯·S.布朗（Kenneth S. Broun）主编

[美] 乔治·E.迪克斯（George E. Dix）
[美] 爱德华·J.伊姆温克里德（Edward J. Imwinkelried）
[美] D.H.凯伊（D. H. Kaye）
[美] 罗伯特·P.莫斯特勒（Robert P. Mosteller）　　参编
[美] E.F.罗伯茨（E. F. Roberts）
[美] 埃莉诺·斯威夫特（Eleanor Swift）

王进喜　译

中国人民大学出版社

·北京·

编 委 会

编者简介

肯尼斯·S. 布朗（Kenneth S. Broun），北卡罗来纳大学亨利·布兰迪斯（Henry Brandis）荣休法学教授；

乔治·E. 迪克斯（George E. Dix），得克萨斯大学小乔治·R. 基拉姆（George R. Killam, Jr.）刑事法讲席教授；

爱德华·J. 伊姆温克里德（Edward J. Imwinkelried），加利福尼亚大学戴维斯分校法学院小爱德华·L. 巴雷特（Edward L. Barrett, Jr.）法学教授；

D. H. 凯伊（D. H. Kaye），宾夕法尼亚州立大学杰出法学教授和威思家庭学者；

罗伯特·P. 莫斯特勒（Robert P. Mosteller），北卡罗来纳大学 J. 迪克森·菲利普斯（J. Dickson Phillips）杰出法学教授；

E. F. 罗伯茨（E. F. Roberts），康奈尔大学法学院埃德温·H. 伍德拉夫（Edwin H. Woodruff）荣休法学教授；

埃莉诺·斯威夫特（Eleanor Swift），加利福尼亚大学伯克利分校法学教授。

译者序

一

我在 20 世纪 90 年代中后期开始学习、研究美国证据法，限于学识和视野，仅能移目于美国现行的《联邦证据规则》这一成文法。然研习日久，逐渐感悟对证据法知识源流的考古缺憾。任何理论体系，都有其发展过程，是理论争鸣与实践检验的产物。如果不知过去，则无以论今，更无以图将来。英美证据法之于中国证据法理论的借鉴意义毋庸多言，深度挖掘英美证据法的基本理论及其源流，是比较证据法研究的重要领域。

在美国证据法历史中，"两个 M"（"Two M's"）熠熠生光，一个"M"是哈佛大学法学院的埃德蒙·M. 摩根（Edmund M. Morgan）教授，其所著《证据法之基本问题》一书①，是美国证据法发展史上的重要著作，经我国台湾地区学者李学灯先生译介，成为了解美国证据法学思想的重要中文文献。尤其对于中国法学界而言，李学灯书颇具启蒙意义。记得 20 世纪 90 年代中后期我在中国政法大学攻读硕士和博士学位期间，该书是屈指可数的外国证据法资料之一，为众多论述所参引。今日观之，因其出版之时日已久，其间的语言差异显著。如《合同法重述》（Restatement of Contracts），李学灯书译为《契约再编》；"正誉"（rehabilitation），李学灯书译为"回复"；"正当程序"（due process），李学灯书译为"正当手续"。凡此种种，造成了诸多阅读、理解上的困难，甚至不必要的误解。盖因其时学术交流壅塞，学术资料匮乏，该书仍然取得了相当的学术地位。

另一个"M"则是查尔斯·T. 麦考密克（Charles T. McCormick）教授。麦考密克教授 1889 年出生于得克萨斯州达拉斯，他的祖父是联邦巡回上诉法院法官，父亲是一位非常成功的律师。他在 1909 年毕业于得克萨斯大学，1912 年毕业于哈佛大学法学院。他在达拉斯 Etheridge，McCormick & Bromberg 律师事务所先后工作了 7 年，后辞职从教。他在得克萨斯大学担任了 4 年

---

① EDMUND M MORGAN. 证据法之基本问题. 李学灯，译. 台北：世界书局，1960.（以下简称李学灯书）

的法学教授，又在北卡罗来纳大学担任了 1 年的教授和 4 年的法学院院长，然后在西北大学担任了 9 年的教授。1940 年，他回到得克萨斯大学担任法学院院长。在担任院长 9 年后，他辞去了院长一职，从 1949 年起继续担任杰出法学教授，直到 1961 年夏退休，1963 年去世。在他回到得克萨斯大学工作的 21年中，他还在哈佛大学、耶鲁大学、哥伦比亚大学、纽约大学、芝加哥大学、西北大学、斯坦福大学、加州大学洛杉矶分校、华盛顿大学和北卡罗来纳大学的法学院任教。麦考密克参加了大多数有组织的改善证据规则的运动。他担任过美国法律学会 1942 年 5 月通过的《示范证据法典》报告人顾问；他是代表全国统一州法理事会起草《统一证据规则》的委员会的成员；他曾是得克萨斯州证据法改进委员会成员，并担任其第一任主席。

　　麦考密克教授是一位多产的作者，即使在担任有着繁重行政管理职责的法学院院长期间。他在证据法领域的贡献，使其被视为美国西北大学证据法巨擘约翰・亨利・威格莫尔（John Henry Wigmore）教授的自然而然的接班人。"威格莫尔亲自挑选他作为其在西北大学证据领域的接班人，麦考密克完全证明了那位伟大学者的信任的正当性"[1]。全国各地的学生赞叹他是一位伟大的老师，以上过麦考密克的证据法课而自豪。[2] 在麦考密克教授的众多著述中，最重要的是在 1954 年出版的教科书《麦考密克论证据》。[3] 该书被公认为美国证据法领域最杰出的单卷本著作[4]，很少有这样被广泛使用和具有影响力的现代单卷本专著。[5] 该书在证据法领域取得持续成功的标志就是其不断再版。[6]本书是该书的第七版中译本。

　　麦考密克时代的证据法的主要渊源是普通法。普通法系以判例法为主要特征。判例法尽管鲜活灵动，却因形散而难以把握。"普通法就像一片汪洋大海，既不知何处是起点，也不知何处是终点；又像一座迷宫，出发时兴致勃勃，路途上筋疲力尽……"[7] 因此，就普通法证据法为学生提供简明扼要的阐述，是《麦考密克论证据》的主要目的。麦考密克不是象牙塔里的理论家，他把在州

---

① R R R. McCormick's contributions to the law of evidence. 40 Tex. L. Rev. 187 (1961).

② R R R. McCormick's contributions to the law of evidence. 40 Tex. L. Rev. 185.

③ CHARLES T MCCORMICK, Handbook of the law of evidence (1954).

④ 同①.

⑤ ROGER C PARK, McCormick on evidence and the concept of hearsay: a critical analysis followed by suggestions to law teachers. 65 Minn. L. Rev. 423 (1981).

⑥ 各版本分别为 1954 年版、1972 年版、1984 年版、1987 年版、1992 年版、1999 年版和最新的2013 年版。

⑦ 易延友. 证据法的体系与精神：以英美法为特别参照. 北京：北京大学出版社，2010：83.

法院和联邦法院审理案件中获得的宝贵实践与理论结合了起来。他认为，书本上的证据法和审判庭上的证据法（他所说的"上诉证据法"和"审判证据法"）之间存在着巨大的差异。因此，该书不厌其烦地引述各法院的判例。这些渊源为需要获得支持性典据的执业者提供了方便。该书前三个版本都是单卷本。但是到了第四版时，因篇幅过大，对于法学院学生而言过于昂贵，分为两个版本出版——一个两卷本的执业者版本和一个一卷本的学生版本。两个版本正文相同，唯一的显著区别是，学生版略去了大量脚注。

二

尽管国人对于美国法之研究远甚于美国人对中国法之研究，但是在一些基本概念上仍显混沌。美国证据法、美国联邦证据法、美国《联邦证据规则》概念之混淆即为一例。例如，法律出版社 1999 年引进的中文书名为《联邦证据法》（第 4 版）的影印本书籍①，其英文名称赫然是"Federal Rules of Evidence"。亚瑟·贝斯特（Arthur Best）所著的"Evidence：Examples and Explanations"（Third Edition）的中译本②，所讨论者则是《联邦证据规则》，与其中文书名之意旨并不一致。因此，在本书之端即厘清这些概念，既为学术研究之必要，也为划清本书所述范围所必需。

首先，美国证据法为美国联邦证据法之上位概念。美国法律体系分为联邦法律体系和州法律体系，这是联邦制的产物。根据联邦制，美国联邦宪法将某些权力特别授予联邦政府，如发行钱币、宣战、调整州际间及对外贸易、执行对外政策。根据美国联邦宪法第十修正案，未授予联邦政府而又未禁止各州行使的权力，分别由各州或者由人民保留。因此，美国除联邦法律体系外，尚有州法律体系。联邦证据法与各州的法律体系是不同的，各个州的证据法体系也是不同的。尽管截至 2009 年，除联邦系统外，42 个州在《联邦证据规则》的基础上制定了自己的证据法典。但是加利福尼亚州在 1965 年就制定了《证据法典》，1975 年生效的《联邦证据规则》的诸多条款是以加利福尼亚州《证据法典》为范本的；堪萨斯州的证据法典是以《统一证据规则》为基础制定的。因此，这两个州并没有以《联邦证据规则》为基础来制定自己的证据法典。此外，截至 2006 年 11 月，乔治亚州、伊利诺伊州、马萨诸塞州、密苏里州、纽

---

① 迈克尔·H. Graham. 联邦证据法. 北京：法律出版社，1999.
② ARTHUR BEST. 证据法入门：美国证据法评释及实例解说. 蔡秋明，蔡兆诚，郭乃嘉，译. 台北：元照出版公司，2002.

约州、弗吉尼亚州以及哥伦比亚特区并没有制定证据法典。① 因此，虽然"《联邦证据规则》正在成为美国证据法"（The Federal Rules of Evidence are becoming the American law of evidence）②，但是并不存在法典意义上的美国证据法。美国证据法的情形可以说是"多江并流，河同水密"。

其次，《联邦证据规则》是美国联邦证据法的一部分。《联邦证据规则》是对联邦普通法的法典化。但是，《联邦证据规则》并不是对所有普通法证据规则的法典化。例如，以偏见对证人进行弹劾的方法在《联邦证据规则》中就没有规定。但是，美国联邦最高法院判定，根据《联邦证据规则》，允许通过证明偏见来对证人进行弹劾，就像制定《联邦证据规则》之前那样。③ 在许多情况下，需要运用普通法来解释《联邦证据规则》。例如，《联邦证据规则》613规定可以使用证人先前不一致陈述对证人进行弹劾，但是《联邦证据规则》对于"不一致"的标准并没有作出规定，因此，在判断"不一致"时，必须参照判例法。④ 然而，需要注意的是，作为一个一般命题，《联邦证据规则》废除了未经法典化的证据排除规则。《联邦证据规则》402明确规定，"相关证据具有可采性"；《合众国宪法》、联邦制定法、《联邦证据规则》以及联邦最高法院制定的其他规则另有规定者除外；"不相关证据不可采"。《联邦证据规则》402并没有提及判例法。《联邦证据规则》的立法史表明，这是有意而为，是为了防止法院以其他事由为据而排除可采证据。⑤ 《联邦证据规则》的主要起草人之一爱德华·克利里（Edward Cleary）教授指出，"原则上，有了《联邦证据

---

① 即使是在没有制定证据法典的州，《联邦证据规则》的影响也是很大的。它有时被视为对普通法证据规则的重述或者是有说服力的典范。RONALD L CARLSON, EDWARD J IMWINKELRIED, EDWARD J. KIONKA, KRISTINE STRACHAN. Evidence: teaching materials for an age of science and statutes, 22 (6th ed. 2007).

② RONALD L CARLSON, EDWARD J IMWINKELRIED, EDWARD J. KIONKA, KRISTINE STRACHAN. Evidence: teaching materials for an age of science and statutes, 22 (6th ed. 2007).

③ See United States v. Abel, 469 U. S. 45, 51 (1984).

④ 但是美国联邦最高法院在这个问题上似乎摇摆不定，有的时候支持对《联邦证据规则》的机械性字面解释，有的时候又承认普通法证据法是《联邦证据规则》的起草背景，表明要更多地依据普通法来解释《联邦证据规则》。PAUL C GIANNELLI. Understanding evidence. 12-3 (2nd ed. 2006).

⑤ 例如，在 United States v. Scrushy, 336 F. Supp. 2d 1134, 1141 (N. D. Ala. 2005) 案件中，法院判定，不得以证据的取得违反了州律师职业道德规则为由，来排除相关的证据。此外，在联邦程序中，一般情况下，也并不因为证据的取得违反了州法的规定而排除相关证据。See Leitman v. McAusland, 934 F. 2d 46, 50 (4th Cir. 1991). 另见 EDWARD E. IMWINKELRIED. The meaning of probative value and prejudice in federal rules of evidence 403: can rule 403 be used to resurrect the common law of evidence? . 41 Vand. L. Rev. 879, 882 (1988)（《联邦证据规则》402 对判例法的删略，表明《联邦证据规则》402 剥夺了法院制定证据排除规则的普通法权力，《联邦证据规则》402 的立法史也证实了这一点）.

规则》，就不再存在普通法证据法"①。美国联邦最高法院曾在 *Daubert v. Merrell Dow Pharmaceuticals，Inc*② 案件和 *United States v. Abel*③ 案件中引用了克利里教授的这种说法。这为《联邦证据规则》的有效运作提供了尽可能大的空间。就像美国联邦最高法院在 *Daubert* 案件中所指出的那样，这种阙如的效果是，联邦法院不再执行没有法典化的一般性的证据排除规则。如果证据具有相关性，法院不能再依据判例法规则对此加以排除。④ 例如 *Frye v. United States* ⑤案件所确立的科学证据可采性方面的"普遍接受"标准就是一个判例法规则。美国联邦最高法院审视了《联邦证据规则》的文本，没有找到对此"普遍接受"标准进行法典化的规定，因此得出结论说《联邦证据规则》702已经不言而喻地取代了 *Frye* 案件确立的"普遍接受"标准。

除了联邦普通法和《联邦证据规则》，联邦证据法还存在其他渊源。

第一，《合众国宪法》。进行非法证据排除时最常见的宪法规定是第四修正案（不受不合理搜查与扣押）、第五修正案（不得被迫自我归罪和正当程序）、第六修正案（获得律师帮助的权利）。根据这些宪法规定，非法获得的证据可能不可采。这些规定为被侵犯的宪法权利提供了证据上的救济。在开始起草《联邦证据规则》的时候，咨询委员会决定不通过这些规则来解决宪法问题，克利里教授明确指出："要尽可能地避免涉及宪法问题，理由是制定《联邦证据规则》不是解决这些问题的一般和适当方法"⑥。

第二，联邦制定法，即国会立法。许多联邦制定法规定了对相关证据的排除规则，例如关于窃听的法律规定。

第三，美国联邦最高法院依据制定法授权制定的其他规则。这里所讲的"其他规则"，主要是指美国联邦最高法院制定的《联邦民事程序规则》和《联邦刑事程序规则》。例如《联邦民事程序规则》37 规定，如果当事人违反了关于案情先悉的规定，则审判法官可以禁止该当事人提出相关证据。

"迄今为止，《联邦证据规则》的问世是美国证据法历史上最重要的事

---

① EDWARD CLEARY. Preliminary note on reading the rules of evidence. 57 Neb. L. Rev. 908, 915 (1978).

② 509 U. S. 579 (1993) .

③ 469 U. S. 45，46 - 49 (1984) .

④ 参见 Daubert v. Merrell Dow Pharmaceuticals，Inc. 509 U. S. 579 (1993) （"Frye 案件使得'普遍接受'成了采纳专家科学证言的唯一标准。那一严格的标准，在《联邦证据规则》中阙如，并且与《联邦证据规则》不相容，不应当在联邦审判中适用"）。

⑤ 293 F. 1013 (D. C. Cir. 1923) .

⑥ CHRISTOPHER B MUELLER & LAIRD C KIRKPATRICK，Federal evidence. § 4：10 (3rd 2007).

件……《联邦证据规则》标志着一个新时代的来临……因此，它必然是任何证据法学习的焦点。"①《联邦证据规则》及各州的相应规则构成了美国证据法的大部分基础，也是《麦考密克论证据》的主要内容。但是成文法与判例法的关系难以割断，对成文规则的解释在许多方面仍然严重依赖于案例分析。因此，《麦考密克论证据》的讨论模式是将规则和判例法有机结合。它的体系并非是《联邦证据规则》的体系，是将各证据法渊源整合后的体系，这种解析性章节安排体现了几十年来证据法的发展。

三

《麦考密克论证据》1999 年版后，美国证据法历史上的重大事件是 2011年完成的对《联邦证据规则》的重塑工作。1975 年《联邦证据规则》本身措辞佶屈聱牙，且自《联邦证据规则》实施以来，对该规则的修正没有停止过。这些修改包括适应立法的变化而进行的修改、为了澄清某些用语的含义而进行的修改、为了解决各个巡回区法院判决的不一致而进行的修改，以及一些纯粹的技术性修改。《联邦证据规则》施行后的这些修改，适应了实践的需要和法律的发展，然而对规则不断进行修改和添加，也导致了各条规则在风格、措辞上的不一致。《联邦证据规则》中存在这样的问题，容易导致困惑及不必要的诉讼。因此，2007 年秋季，证据规则咨询委员会正式启动了《联邦证据规则》的风格重塑工作。2009 年，咨询委员会完成了规则重塑的起草工作，提交美国司法会议操作与程序规则常设委员会。2009 年 8 月，操作与程序规则常设委员会公布了整个草案进行公开评论。2010 年 6 月，操作与程序规则委员会批准了重塑后的规则，将其提交美国司法会议审议。2010 年 9 月，美国司法会议将重塑规则草案提交美国联邦最高法院。根据《规则生效法》（the Rules Enabling Act），美国联邦最高法院将考虑美国司法会议的建议，决定是否将该修正建议提交国会。美国联邦最高法院建议对规则 408（a）（1）和 804（b）（4）进行了些微修改，2011 年 3 月 31 日，操作与程序规则常设委员会和美国司法会议执行委员会代表司法会议批准了该建议。2011 年 4 月 26 日，美国联邦最高法院批准了对《联邦证据规则》的修正。2011 年 12 月 1 日，该修正生效。

重塑后的《联邦证据规则》在以下几个方面取得了重要的进步：

---

① RONALD L CARLSON, EDWARD J IMWINKELRIED, EDWARD J KIONKA and KRISTINE STRACHAN. Evidence: teaching materials for an age of science and statutes. 18 (6ᵗʰ ed. 2007).

第一，重塑后的《联邦证据规则》采用了使表述更为清晰的模式。重塑前的《联邦证据规则》有诸多条文采用了冗长的表达方式，重塑工作中，冗长的规则往往被分解，各个段落被冠以标题。《联邦证据规则》通篇还使用了"悬挂式缩进"模式。这些模式上的变化使得规则的结构更为清晰，层次更为分明，也使得条文更易理解。《联邦证据规则》612 即为一例。

第二，重塑消除了诸多不一致、含混、冗余、重复之处以及已经不通用的词语。通常情况下，人们使用不同的词语来表述不同的含义。如果条文中使用了不同的术语，人们通常会认为这代表了不同的含义。《联邦证据规则》中存在这样的问题，容易导致困惑。因此，使用同样的术语表达同样的含义，是重塑工作的重要内容。例如，文中不再在"刑事被告"（accused）和"被告"（defendant）之间交替使用，"刑事被告"一律改为"刑事案件被告"（defendant in a criminal case）。①

第三，《联邦证据规则》的重塑工作还大大减少了意义含混的表达。最典型的就是对"shall"的取代。"shall"在英文中有"must""may"等多个含义。这个词在清晰的书面英语中已经不再常用。重塑后的规则根据不同的背景，分别用"must"、"may"或者"should"取代了"shall"，以实现更为清晰的表达。此外，重塑规则还对许多表述采用了更为简洁明快的表达方式。例如《联邦证据规则》613 的标题从 "Prior Statement of Witnesses" 修改为 "Witness's Prior Statement"；《联邦证据规则》615 的标题从 "Exclusion of Witnesses" 修改为 "Excluding Witnesses"。

总之，在法律语言专家的帮助下，重塑后的《联邦证据规则》使用了浅近的语言（plain English）和成熟的起草技术，在体例、用语、表达等方面都取得了重要的进步，呈现出了崭新的面貌，是一部使用者友好型的证据规则，实现了对《联邦证据规则》进行重塑的目标，与美国联邦最高法院制定的其他规则实现了最大限度的兼容。②

《麦考密克论证据》第七版包含了对重塑后的《联邦证据规则》的讨论，并关注了美国法庭科学存在的问题，电子证据的使用增加及其对证据规则的影响，以及美国联邦最高法院 Crawford 案件的判决引起的对质条款学说的持续演变等。这些内容，代表了麦考密克教授以及后续其他加入的作者的一贯学术态度，即理论应当关注现实，与时代的法律和技术俱进。

---

① 例如《联邦证据规则》104。
② 王进喜. 美国《联邦证据规则》（2011 年重塑版）条解. 北京：中国法制出版社，2012：前言.

译事非易，除时间、精力、财力诸方面之负担外，既有误译而致谬种流传的风险，又有为当前学术评价体系所不屑的尴尬。然不知比较借鉴之基本进路的学术是否堪称学术令人生疑。若周全学术，则眼光尚需开阔。然尺有所短，物有不足，智有不明，译品至臻至善何其难也。本书付梓之际，吾心仍然惴惴而不安。

是为序。

王进喜

2023 年 9 月于北京

前　言

本版试图做所有先前版本都完成的事情：在一部篇幅适中的作品中，以尽可能完整和可理解的方式阐明证据法。诸作者试图忠实于这本书的原作者查尔斯·麦考密克（Charles McCormick）院长所采用的分析证据问题的务实方法。

尽管《联邦证据规则》及各州的相应规则构成了证据法的大部分基础，但是许多方面仍然严重依赖于案例分析。这本书试图以一种对执业者、学者、法院和学生有用的方式，将规则和判例法结合起来。与以前版本一样，在执业者版本的大量脚注中，指明了包含对先例和政策进行了有益讨论的重要案例。

和前三个版本一样，本版有两个版本，一个两卷本的执业者版本和一个一卷本的学生版本。两个版本之间唯一的显著区别是，学生版没有大量的脚注。

本书第六版的所有作者都继续参与了本版的撰写。他们对各章的分工保持不变：爱德华·伊姆温克里德（Edward Imwinkelried）教授，第 1 章至第 7 章，包括证据准备和展示、询问证人、采纳和排除证据的程序以及证人能力；罗伯特·莫斯特勒（Robert Mosteller）教授，第 12 章，政府秘密特免权，以及第 24 章至第 34 章，所涉及的是传闻规则及其例外；乔治·迪克斯（George Dix）教授，第 13 章至第 15 章，涉及的是某些宪法权利和特免权；大卫·凯伊（David Kaye）教授，第 16 章至第 20 章，涉及的是相关性因素（包括第 20 章所涵盖的科学证据）；埃莉诺·斯威夫特（Eleanor Swift）教授，第 21 章至第 23 章，涉及的是实物和展示性证据、书写品的验真和内容；欧内斯特·罗伯茨（Ernest Roberts）教授，第 35 章，司法认知；我自己，第 8 章至第 11 章，涉及的是普通法和制定法特免权，以及第 36 章，证明负担和推定。

本版包含了关于这本书所涵盖的所有问题的最新情况。重塑后的《联邦证据规则》已被纳入讨论。应当特别注意对法证科学界的发展情况的讨论，这些发展情况影响到专家研究结果如何能够而且应该在法庭上展示（第 20 章）；修改联邦宪法排除性要求的发展情况（第 15 章）；电子证据的使用增加及其对证据规则的影响（第 21 章和第 22 章）；以及 *Crawford* 案件引起的对质条款学说的持续演变（第 24 章）。

代表所有的作者，我希望我们都继承了这本专著的传统优点，并采取措施，使之能与我们现在所处时代的法律和技术全面俱进。

肯尼斯·S. 布朗

北卡罗来纳州教堂山

2013 年 10 月

简 目

第一编 导 言

第 1 章　证据准备和展示 ·· 3

第二编 询问证人

第 2 章　直接询问中的提问形式；法官的证人；刷新记忆 ·········· 17
第 3 章　第一手知识要求：意见规则与专家证言 ····················· 31
第 4 章　交叉询问及后续询问 ··· 65
第 5 章　弹劾与支持 ··· 85

第三编 采纳与排除

第 6 章　采纳和排除证据的程序 ··· 129

第四编 证人能力

第 7 章　证人能力 ··· 159

第五编 特免权：普通法和制定法

第 8 章　证据特免权的范围和效力 ······································ 177
第 9 章　婚内交流特免权 ··· 192
第 10 章　委托人特免权：委托人与律师之间的交流 ··············· 201
第 11 章　在医生—患者关系过程中获得的秘密信息特免权 ········ 227
第 12 章　政府秘密特免权 ·· 238

第六编　特免权：宪法

第 13 章　反对被迫自我归罪的特免权 …………………… 251
第 14 章　自　白 …………………………………………… 308
第 15 章　关于不当取得的证据的特免权 ………………… 360

第七编　相关性及其平衡

第 16 章　相关性 …………………………………………… 417
第 17 章　品性和习惯 ……………………………………… 423
第 18 章　类似事件和事项 ………………………………… 443
第 19 章　责任保险 ………………………………………… 450
第 20 章　实验和科学证据 ………………………………… 453

第八编　实物证据、其他非证言性证据和示意辅助手段

第 21 章　真实物证据、其他非证言性证据和示意辅助手段 …………… 503

第九编　书写品

第 22 章　验　真 …………………………………………… 529
第 23 章　出示作为"最佳证据"的书写品、录制品或照片的
　　　　　原件的要求 ……………………………………… 544

第十编　传闻规则及其例外

第 24 章　传闻规则 ………………………………………… 563
第 25 章　对方当事人的自认 ……………………………… 598
第 26 章　自发性陈述 ……………………………………… 625
第 27 章　为医学诊疗目的所作的陈述 …………………… 644
第 28 章　关于过去回忆的记录 …………………………… 647
第 29 章　定期保存的记录 ………………………………… 651
第 30 章　公共记录、报告和证明 ………………………… 664
第 31 章　在前一次听证或者其他诉讼中提取的证言 …… 672
第 32 章　临终陈述 ………………………………………… 682
第 33 章　对己不利的陈述 ………………………………… 688

第 34 章　各种其他例外和传闻规则的未来 ……………………………… 695

第十一编　司法认知

第 35 章　司法认知 ……………………………………………………… 715

第十二编　证明负担和推定

第 36 章　证明负担和推定 ……………………………………………… 743

判例一览表 …………………………………………………………………… 784

法规一览表 …………………………………………………………………… 792

规则一览表 …………………………………………………………………… 794

索　引 ………………………………………………………………………… 799

重要术语中英文对照表 ……………………………………………………… 852

目 录

第一编 导 言

第1章 证据准备和展示 ·· 3

第1节 证明的策划和准备像证据规则一样重要 ······················ 3

第2节 在不诉诸法院帮助的情况下就事实进行审判准备 ··········· 3

第3节 援用法院的帮助进行审判准备：会见证人的权利；案情

先悉和庭前证言存录；要求自认；审前会议 ··············· 6

第4节 在审判中展示证据的顺序 ··· 10

第二编 询问证人

第2章 直接询问中的提问形式；法官的证人；刷新记忆 ············· 17

第5节 提问的形式：（a）要求自由叙述的问题与具体问题 ········· 17

第6节 提问的形式：（b）诱导性问题 ································· 19

第7节 提问的形式：（c）观点性、误导性和不明确 ··············· 21

第8节 法官可以传唤证人；法官和陪审员可以询问证人 ·········· 22

第9节 刷新回忆 ··· 25

第3章 第一手知识要求：意见规则与专家证言 ······················· 31

第10节 来自观察的知识要求 ··· 31

第11节 反对意见规则的演变：外行意见 ······························· 32

第12节 意见规则的相对性：关于最终争点的意见 ·················· 36

第13节 专家证人：专家证言的主题、资格和交叉询问 ··········· 39

第14节 专家意见的依据：假设问题 ···································· 51

第15节 基于他人报告的专家意见和不可采或者未被采纳的数据和

事实 ··· 53

第 16 节　假设性问题是否应当被保留？ ················· 59

第 17 节　与专家证言有关的做法的改进建议 ············ 59

第 18 节　意见规则对庭外陈述的适用 ··················· 63

第 4 章　交叉询问及后续询问 ·························· 65

第 19 节　进行交叉询问的权利：剥夺交叉询问的机会造成的效果 ······ 65

第 20 节　询问方式 ··································· 07

第 21 节　交叉询问的范围：限定于在直接询问中提出的事项：形形
　　　　　色色的规则 ································· 68

第 22 节　进行弹劾的交叉询问不限于直接询问的范围 ········· 70

第 23 节　限制性规则的形式和实际后果：
　　　　　对证明顺序的影响：副作用 ···················· 70

第 24 节　全面开放和限制性规则下法官自由裁量权的范围 ······· 72

第 25 节　全面开放和限制性规则对交叉询问当事人的适用：
　　　　　（a）民事当事人 ····························· 73

第 26 节　全面开放和限制性规则对交叉询问当事人的适用：
　　　　　（b）刑事案件中的被告 ······················· 73

第 27 节　全面开放和限制性交叉询问制度的优点 ············ 74

第 28 节　就证人以前的不一致书写品进行交叉询问：在就其内容进行
　　　　　询问之前，询问者必须向证人出示该书写品吗？ ········ 76

第 29 节　适用于交叉询问的相关性标准：法官的自由裁量权 ······ 78

第 30 节　交叉询问者的艺术 ··························· 79

第 31 节　重新评估交叉询问 ·························· 82

第 32 节　再直接询问和随后的询问 ···················· 83

第 5 章　弹劾与支持 ······························· 85

第 33 节　导言：提诉、弹劾和正誉 ····················· 85

第 34 节　先前不一致的陈述弹劾：所要求的不一致程度 ········ 86

第 35 节　先前不一致的陈述：意见形式 ·················· 89

第 36 节　先前不一致的陈述：外部证据和作为所述事实的实质
　　　　　证据的先前陈述 ····························· 90

第 37 节　先前不一致的陈述：在交叉询问中提出预备性问题作为
　　　　　用外部证据进行证明的"铺垫"之要求 ·············· 91

第 38 节　先前不一致的陈述：反对弹劾自己的证人规则 ········· 95

第 39 节　偏见与偏袒 ······························· 97

第 40 节　品性：总论 ……………………………………………… 100

第 41 节　品性：没有被刑事定罪的不端行为 …………………… 100

第 42 节　品性：定罪 ……………………………………………… 102

第 43 节　品性：用意见或者恶劣声望证明进行弹劾 …………… 108

第 44 节　能力缺陷：感知或者精神缺陷 ………………………… 110

第 45 节　"具体矛盾"弹劾 ………………………………………… 113

第 46 节　宗教信仰 ………………………………………………… 114

第 47 节　支持证人 ………………………………………………… 115

第 48 节　攻击支持的品性证人 …………………………………… 119

第 49 节　矛盾：旁系和非旁系事项；诚信基础 ………………… 121

第 50 节　证人的退庭与隔离 ……………………………………… 125

第三编　采纳与排除

第 6 章　采纳和排除证据的程序 …………………………………… 129

第 51 节　示证：提出证据 ………………………………………… 129

第 52 节　异　议 …………………………………………………… 131

第 53 节　在提出异议后发生的预备性事实问题 ………………… 140

第 54 节　未遭异议而被采纳的证据可以用于证明 ……………… 144

第 55 节　放弃异议 ………………………………………………… 145

第 56 节　引入书写品或者对话的一部分的效果 ………………… 148

第 57 节　以火灭火：打开大门的不可采证据 …………………… 150

第 58 节　证据的可采性取决于对其他事实的证明："环环相扣" …… 152

第 59 节　为一个目的可采、为其他目的不可采的证据：
　　　　　　"有限可采性" ………………………………………… 153

第 60 节　没有陪审团的法官审对证据的采纳和排除 …………… 155

第四编　证人能力

第 7 章　证人能力 …………………………………………………… 159

第 61 节　证人能力概述 …………………………………………… 159

第 62 节　精神失能和不成熟：宣誓还是郑重陈述 ……………… 159

第 63 节　宗教信仰 ………………………………………………… 162

第 64 节　犯罪定罪 ……………………………………………… 163

第 65 节　当事人和利益相关者：死人立法 …………………… 163

第 66 节　当事人的丈夫和妻子 ………………………………… 166

第 67 节　丈夫和妻子就无性生活无作证能力 ………………… 168

第 68 节　法官、陪审员和律师 ………………………………… 168

第 69 节　第一手知识和专业性 ………………………………… 172

第 70 节　取消资格的程序 ……………………………………… 172

第 71 节　证人能力规则的可能未来 …………………………… 174

第五编　特免权：普通法和制定法

第 8 章　证据特免权的范围和效力 …………………………… 177

第 72 节　特免权规则的目的：（a）与其他证据规则的区别 …… 177

第 72.1 节　特免权规则的目的：（b）某些规则之间的区别 …… 178

第 73 节　特免权规则的程序性承认 …………………………… 179

第 73.1 节　特免权规则的程序性承认：（a）谁可以主张？ …… 179

第 73.2 节　特免权规则的程序性承认：（b）在哪里可以主张特免权？
　　　　　法律冲突中的特免权规则 ……………………… 180

第 74 节　对特免权有效性的限制：（a）窃听和拦截信件的风险 …… 181

第 74.1 节　对特免权有效性的限制：（b）从主张特免权中得出的
　　　　　不利观点和推论 ……………………………… 181

第 74.2 节　对特免权有效性的限制：（c）宪法对特免权的限制 …… 183

第 75 节　特免权的渊源 ………………………………………… 185

第 76 节　当前的特免权模式 …………………………………… 186

第 76.1 节　当前的特免权模式：（a）联邦法院的特免权；
　　　　　适用什么法律？ …………………………………… 187

第 76.2 节　当前的特免权模式：（b）州的特免权模式；
　　　　　承认新的特免权 …………………………………… 188

第 77 节　特免权的未来 ………………………………………… 190

第 9 章　婚内交流特免权 ……………………………………… 192

第 78 节　历史和背景，以及相似的规则 ……………………… 192

第 79 节　什么受特免权保护：仅仅是交流，还是行为和事实 …… 193

第 80 节　交流必须是秘密的 …………………………………… 194

第 81 节　进行交流的时间：婚姻状态 ………………………… 195

第 82 节　违背作出交流的配偶的意愿向第三人披露的危害 ……… 195

第 83 节　谁是特免权的持有者？执行与放弃 ………………… 196

第 84 节　特免权不适用的争论 …………………………………… 197

第 85 节　如果交流是在婚姻期间进行的，那么死亡或者离婚

　　　　　会终结这种特免权吗？ …………………………… 198

第 86 节　婚内交流特免权的政策和未来 ……………………… 199

第 10 章　委托人特免权：委托人与律师之间的交流 ………… 201

第 87 节　特免权的背景和政策：（a）理论因素 ……………… 201

第 87.1 节　特免权的背景和政策：（b）在公司、政府和其他实体

　　　　　背景中的适用 …………………………………… 203

第 88 节　职业关系 ……………………………………………… 204

第 89 节　特免权的主题：（a）交流 ………………………… 206

第 90 条　特免权的主题：（b）关于雇用的事实和委托人身份 … 208

第 91 节　交流的秘密性：旨在加以公开的交流；

　　　　　第三人和代理人在场 …………………………… 209

第 91.1 节　交流的秘密性：共同咨询和雇用；

　　　　　委托人与代理人之间的争议 …………………… 210

第 92 节　委托人作为特免权持有人：谁可以主张，

　　　　　谁可以就其被否定而在上诉中鸣冤？ …………… 211

第 93 节　弃　权 ………………………………………………… 213

第 94 节　委托人死亡的影响 …………………………………… 217

第 95 节　促进犯罪或者欺诈的咨询 …………………………… 218

第 96 节　为律师进行诉讼准备而收集的材料的保护规则 …… 220

第 97 节　刑事案件中的案情先悉：证人作出的陈述 ………… 224

第 11 章　在医生—患者关系过程中获得的秘密信息特免权 …… 227

第 98 节　关于规则及其目的的说明 …………………………… 227

第 99 节　医生—患者关系 ……………………………………… 229

第 100 节　特免权的主题：在治疗患者过程中获得的

　　　　　开具处方所必需的信息 ……………………… 230

第 101 节　披露的保密性：第三者及家庭成员在场；向护士和

　　　　　服务人员披露的信息；公共记录 ……………… 231

第 102 节　特免权规则，而不是无作证能力规则：特免权属于患者，

而不是提出异议的当事人等；患者死亡的影响 ·············· 232

　　第 103 节　什么构成对特免权的放弃？ ·················· 233

　　第 104 节　不适用该特免权的各种程序 ·················· 235

　　第 105 节　特免权的政策和未来 ······················ 236

第 12 章　政府秘密特免权 ······························ 238

　　第 106 节　与其他原则的区别 ························ 238

　　第 107 节　普通法规定的军事或者外交秘密以及披露将会有损于

　　　　　　　公共利益的事实的特免权 ··················· 238

　　第 108 节　受限的政府信息特免权：宪法规定的总统特免权；

　　　　　　　普通法规定的机构评议和执法档案的特免权 ·········· 239

　　第 109 节　政府作为诉讼当事人出庭的影响 ··············· 242

　　第 110 节　法官确定特免权主张有效性的职能范围 ··········· 243

　　第 111 节　禁止披露线人身份的特免权 ·················· 245

　　第 112 节　个人向政府机关作出的某些报告的制定法特免权：

　　　　　　　事故报告、纳税申报单等 ··················· 246

　　第 113 节　大陪审团程序的秘密性：大陪审团成员的投票和表达；

　　　　　　　证人证言 ·························· 246

第六编　特免权：宪法

第 13 章　反对被迫自我归罪的特免权 ····················· 251

　　第 114 节　特免权的历史与发展 ······················ 251

　　第 115 节　特免权的当前性质和地位 ··················· 252

　　第 116 节　联邦宪法和州法规定的特免权的政策基础 ·········· 254

　　第 117 节　特免权适用的情形：刑事案件被告的特免权与

　　　　　　　证人特免权的区别 ······················ 260

　　第 118 节　主张特免权 ·························· 261

　　第 119 节　特免权的个人性质 ······················ 263

　　第 120 节　归罪：一种有助于检控和定罪的

　　　　　　　"真实和可察觉的风险" ··················· 263

　　第 121 节　特免权限于针对刑事责任的保护：（a）概述 ········· 265

　　第 122 节　特免权限于针对刑事责任的保护：

　　　　　　　（b）区分刑事和非刑事法律责任 ············· 266

第123节 特免权限于针对刑事责任的保护：（c）其他司法辖区的
法律规定的归罪问题 …………………………………………… 268

第124节 特免权限于被迫的"证言性"活动 ……………………… 270

第125节 强迫之要求 …………………………………………………… 275

第126节 适用于刑事程序被告的特免权：（a）从原告在审判中
依赖特免权进行推论和评论 …………………………… 276

第127节 适用于刑事程序被告的特免权：（b）弹劾和实质性使用
先前对特免权的援用或者沉默 ………………………… 278

第128节 适用于刑事程序被告的特免权：
（c）就特免权指示陪审团 ……………………………… 280

第129节 适用于刑事程序被告的特免权：（d）通过自愿作证
"放弃"特免权 …………………………………………… 281

第130节 适用于证人的特免权：（a）援用特免权 ……………… 283

第131节 适用于证人的特免权：
（b）获得警告和律师帮助的权利 ……………………… 285

第132节 适用于证人的特免权：（c）解决证人的特免权主张 ……… 286

第133节 适用于证人的特免权：
（d）通过披露归罪性事实而"弃权" ………………… 288

第134节 适用于证人的特免权：（e）在刑事审判中检控方
证人援引特免权的效力 ………………………………… 290

第135节 适用于证人的特免权：（f）刑事审判中辩护方证人主张
特免权的效力 …………………………………………… 292

第136节 行使特免权的负担 ………………………………………… 293

第137节 与文件和有形物品有关的特免权：
（a）"私人"文件的内容保护和限制使用 …………… 296

第138节 与文件和有形物品有关的特免权：（b）强制交出和通过
"交出行为"而归罪 ……………………………………… 297

第139节 与文件和有形物品有关的特免权：
（c）根据规制计划持有的"需存记录"和证物 ………… 298

第140节 与公司、社团及其代理人有关的特免权：
（a）组织的特免权 ……………………………………… 301

第141节 与公司、社团及其代理人有关的特免权：（b）代理人
援用其个人特免权的能力和"集体性实体"规则 ……… 301

第 142 节　通过赋予豁免消除归罪危险：(a) 概述 …………… 304

第 143 节　通过赋予豁免消除归罪危险：
　　　　　　(b)"证言性"豁免 v."使用"豁免 ………… 305

第 14 章　自　白 …………………………………………… 308

第 144 节　"自白"及其可采性 ………………………… 308

第 145 节　犯罪事实或者补强要求：(a) 总论 ………… 309

第 146 节　犯罪事实或者补强要求：(b) 关于犯罪事实的
　　　　　　独立证明的要求 …………………………… 312

第 147 节　犯罪事实或者补强要求：(c) 证据倾向于
　　　　　　证明陈述的真实性要求 …………………… 314

第 148 节　犯罪事实或者补强要求：(d) 该要求的未来 … 315

第 149 节　自愿性总论 …………………………………… 316

第 150 节　自我归罪（米兰达）要求：(a) 概述 ……… 320

第 151 节　自我归罪（米兰达）要求：(b) 米兰达规则的适用；
　　　　　　"羁押"、"审讯"和例外 ………………… 323

第 152 节　自我归罪（米兰达）要求：(c) 禁止审讯 … 325

第 153 节　自我归罪（米兰达）要求：(d) 弃权的有效性；
　　　　　　自愿性和明智性 …………………………… 329

第 154 节　一般获得律师帮助的权利要求 …………… 332

第 155 节　特殊问题：对嫌疑人的承诺和欺骗 ……… 334

第 156 节　延迟将被捕人员递解至治安法官 ………… 339

第 157 节　自认的可靠性或者可信性要求 …………… 342

第 158 节　对自白的强制录音录像 …………………… 344

第 159 节　作为不可采的自白的结果而获得的证据 … 348

第 160 节　司法自白、有罪答辩和在辩诉交易中作出的自认 … 350

第 161 节　"缄默性"和"采认性"自白和自认 ……… 353

第 162 节　使用本不可采自白进行弹劾 ……………… 356

第 163 节　判定可采性和可信性 ……………………… 357

第 15 章　关于不当取得的证据的特免权 …………… 360

第 164 节　导　言 ……………………………………… 360

第 165 节　排除性制裁的政策依据 …………………… 361

第 166 节　联邦宪法排除性制裁：(a) 发展 ………… 364

第 167 节　联邦宪法排除性制裁：(b) 政策基础和分析方法 …… 368

第 168 节　州宪法排除性制裁 ················ 371
第 169 节　因非宪法性违法行为而进行的排除：(a) 概述 ········ 374
第 170 节　因非宪法性违法行为而进行的排除：(b) 立法要求 ······ 375
第 171 节　因非宪法性违法行为而进行的排除：
　　　　　(c) 司法发展的要求 ················ 377
第 172 节　因非宪法性违法行为而进行的排除：
　　　　　(d) 排除要求的实质 ················ 381
第 173 节　在非刑事诉讼中使用非法获得的证据 ········· 383
第 174 节　在关于非定罪事项的刑事程序中使用非法取得的证据 ····· 386
第 175 节　"资格"和权利的个人性质 ············· 388
第 176 节　排除范围：(a) 因违法行为获得的证据
　　　　　("毒树之果") ··················· 392
第 177 节　排除范围：(b) 有"独立来源"的证据 ········· 396
第 178 节　违法行为对刑事被告的"管辖权"和排除
　　　　　"身体特征"的影响 ················ 398
第 179 节　排除的例外：(a) 污染的稀释 ··········· 400
第 180 节　排除的例外：(b) 介入性违法行为 ·········· 403
第 181 节　排除的例外：(c) 不可避免的发现 ·········· 404
第 182 节　排除的例外：(d) "善意" ············· 407
第 183 节　排除的例外：(e) 使用非法取得的证据
　　　　　弹劾作证的被告 ················· 411

第七编　相关性及其平衡

第 16 章　相关性 ····················· 417
第 184 节　作为可采性前提的相关性 ············· 417
第 185 节　相关性的含义及其平衡 ·············· 417
第 17 章　品性和习惯 ··················· 423
第 186 节　品性概述 ····················· 423
第 187 节　争议的品性 ···················· 424
第 188 节　作为情况证据的品性：一般排除规则 ········· 425
第 189 节　民事案件中的谨慎品性 ·············· 426
第 190 节　作为犯罪行为的证据的不良品性：其他犯罪 ······· 428

第 191 节　作为合法行为证据的良好品性：被告进行的证明和
　　　　　　检控方进行的反驳 ·· 434
第 192 节　在犯罪是争点时的民事案件中的品性 ····················· 436
第 193 节　殴打、谋杀和强奸案件中被害人的品性 ················· 437
第 194 节　弹劾证人的品性证据 ·· 440
第 195 节　作为特定场合的行为的证据的习惯和习俗 ·············· 441

第 18 章　类似事件和事项 ·· 443
第 196 节　当事人的其他索赔、诉讼和抗辩 ························· 443
第 197 节　其他不实陈述和欺诈 ·· 444
第 198 节　其他合同和商业交易 ·· 445
第 199 节　以其他类似房地产的出售作为价值证据 ················ 446
第 200 节　其他事故和伤害 ··· 447

第 19 章　责任保险 ··· 450
第 201 节　作为过失证据的责任保险 ···································· 450

第 20 章　实验和科学证据 ·· 453
I. 科学检测概述 ··· 453
第 202 节　审前试验 ··· 453
第 203 节　可采性和证明力 ··· 456
II. 特殊试验 ·· 463
第 204 节　物理和电子：速度检测 ······································ 463
第 205 节　生物学和医学：醉酒与血液、组织和 DNA 类型 ········· 466
第 206 节　心理学：测谎；药品和催眠；目击证人证言；
　　　　　　画像和综合征 ·· 473
第 207 节　刑事技术：人和物的识别 ···································· 483
III. 统计研究 ·· 485
第 208 节　调查和民意测验 ··· 485
第 209 节　相关性和原因：关于歧视的统计证据 ·················· 489
IV. 作为证据的概率 ··· 492
第 210 节　同一认定证据概述 ·· 492
第 211 节　亲子鉴定 ··· 496

第八编 实物证据、其他非证言性证据和示意辅助手段

第21章 实物证据、其他非证言性证据和示意辅助手段 ……………… 503

第212节 导 言 …………………………………………………………… 503

第213节 实物证据 ………………………………………………………… 507

第214节 示意辅助手段 …………………………………………………… 508

第215节 照 片 …………………………………………………………… 512

第216节 视频、电影和录音 ……………………………………………… 514

第217节 演示和实验 ……………………………………………………… 517

第218节 计算机生成的仿真和模型 ……………………………………… 519

第219节 查 勘 …………………………………………………………… 523

第220节 陪审团评议室内的展示件 ……………………………………… 524

第九编 书写品

第22章 验 真 ……………………………………………………………… 529

第221节 一般理论:不得假设真实性 …………………………………… 529

第222节 感知证人进行的验真 …………………………………………… 530

第223节 通过笔迹证明进行验真 ………………………………………… 531

第224节 用独特特征和情况进行验真 …………………………………… 532

第225节 陈年文件 ………………………………………………………… 534

第226节 公共记录和报告 ………………………………………………… 535

第227节 电子和计算机生成的文件 ……………………………………… 535

第228节 语音识别和电话 ………………………………………………… 540

第229节 免去出示验真证据要求:现代程序做法 ……………………… 541

第229.1节 《联邦证据规则》规定的自我验真 ………………………… 542

第23章 出示作为"最佳证据"的书写品、录制品或

照片的原件的要求 …………………………………………………… 544

第230节 "最佳证据规则":不是证据法的一般原则 ………………… 544

第231节 "最佳证据规则":原始文件要求 …………………………… 545

第232节 规则的理由 ……………………………………………………… 545

第 233 节　规则的范围：书写品、录制品和影像⋯⋯⋯⋯⋯ 546

第 234 节　什么构成对内容的证明⋯⋯⋯⋯⋯⋯⋯⋯⋯⋯ 547

第 235 节　什么是"原件"⋯⋯⋯⋯⋯⋯⋯⋯⋯⋯⋯⋯⋯⋯ 549

第 236 节　什么是代替原件的可采的"复本"⋯⋯⋯⋯⋯ 550

第 237 节　不出示原件的理由⋯⋯⋯⋯⋯⋯⋯⋯⋯⋯⋯⋯ 552

第 238 节　不同类型的替代性证据之间没有优先次序⋯⋯ 554

第 239 节　仅涉及旁系性需要的书写品、录制品和照片的原件
　　　　　不需要出示⋯⋯⋯⋯⋯⋯⋯⋯⋯⋯⋯⋯⋯⋯⋯ 555

第 240 节　公共记录原件不需要出示⋯⋯⋯⋯⋯⋯⋯⋯⋯ 556

第 241 节　卷帙浩繁的书写品、录制品或者影像的摘要⋯⋯ 556

第 242 节　用当事人的证言或者书面自认证明原件内容⋯⋯ 557

第 243 节　在法官和陪审团之间分配事实问题⋯⋯⋯⋯⋯ 558

第 243.1 节　对采纳替代性证据的裁决的上诉审查⋯⋯⋯⋯⋯ 559

第十编　传闻规则及其例外

第 24 章　传闻规则⋯⋯⋯⋯⋯⋯⋯⋯⋯⋯⋯⋯⋯⋯⋯⋯ 563

第 244 节　反对传闻规则的历史⋯⋯⋯⋯⋯⋯⋯⋯⋯⋯⋯ 563

第 245 节　反对传闻规则的理由：规则的例外⋯⋯⋯⋯⋯ 564

第 246 节　传闻的定义⋯⋯⋯⋯⋯⋯⋯⋯⋯⋯⋯⋯⋯⋯⋯ 567

第 247 节　传闻规则和要求第一手知识的规则之间的区别⋯⋯ 568

第 248 节　传闻的适用实例⋯⋯⋯⋯⋯⋯⋯⋯⋯⋯⋯⋯⋯ 569

第 249 节　不是传闻的一些庭外话语⋯⋯⋯⋯⋯⋯⋯⋯⋯ 569

第 250 节　作为传闻的行为和"隐含的主张"⋯⋯⋯⋯⋯ 572

第 251 节　作为实质证据的证人先前陈述⋯⋯⋯⋯⋯⋯⋯ 577

第 252 节　传闻的宪法问题：对质和正当程序⋯⋯⋯⋯⋯ 581

第 253 节　陈述人不能到庭情况下的传闻例外；因不法行为致使
　　　　　陈述人不能到庭而采纳传闻⋯⋯⋯⋯⋯⋯⋯⋯ 593

第 25 章　对方当事人的自认⋯⋯⋯⋯⋯⋯⋯⋯⋯⋯⋯⋯ 598

第 254 节　性质和效力⋯⋯⋯⋯⋯⋯⋯⋯⋯⋯⋯⋯⋯⋯⋯ 598

第 255 节　证言资格：精神能力；亲身知识⋯⋯⋯⋯⋯⋯ 600

第 256 节　意见形式的自认；法律结论⋯⋯⋯⋯⋯⋯⋯⋯ 601

第 257 节　诉状中的自认；有罪答辩 …………………………………… 602

第 258 节　作为自认的当事人证言 ………………………………………… 604

第 259 节　代表的自认；共谋者陈述 ……………………………………… 606

第 260 节　"地产保有共同关系"、共同租赁人、利益前任、

　　　　　共同债务人和被保证人的陈述 …………………………………… 610

第 261 节　通过行为自认：（a）采认性自认 …………………………… 611

第 262 节　通过行为自认：（b）沉默 …………………………………… 613

第 263 节　通过行为自认：（c）逃跑及类似行为 …………………… 615

第 264 节　通过行为自认：（d）未能传唤证人或者出示证据；

　　　　　拒绝接受体检 …………………………………………………… 615

第 265 节　通过行为自认：（e）构成妨害司法的不端行为 ………… 618

第 266 节　通过行为自认：（f）在民事诉讼中就有争议的索赔提出

　　　　　和解，在刑事案件中进行辩诉谈判 …………………………… 619

第 267 节　通过行为自认：（g）事故后的安全措施；

　　　　　支付医疗费用 …………………………………………………… 622

第 26 章　自发性陈述 …………………………………………………… 625

第 268 节　同时发生之事与传闻规则 ……………………………………… 625

第 269 节　作为非传闻的自发陈述：争议事实的情况证明 ………… 626

第 270 节　自发性陈述"自利"一面 …………………………………… 626

第 271 节　对即时感觉印象的未激奋陈述 ……………………………… 628

第 272 节　激奋话语 ………………………………………………………… 631

第 272.1 节　性侵害案件中的激奋话语和其他传闻例外 …………… 633

第 273 节　关于身体或者精神状况的陈述：（a）关于身体感觉、

　　　　　症状和状况的陈述 ……………………………………………… 635

第 274 节　关于身体或者精神状况的陈述：（b）用于证明有关心态或者

　　　　　情感状态的关于当前心态或者情感状态的陈述 …………… 635

第 275 节　用于证明随后行为的意图的陈述 …………………………… 638

第 276 节　说明关于以前发生的事件的记忆或者信念的陈述 ……… 641

第 27 章　为医学诊疗目的所作的陈述 ……………………………… 644

第 277 节　关于身体感觉、症状和状况的陈述：（a）为治疗

　　　　　向会诊医生所作的陈述 ………………………………………… 644

第 278 节　关于身体感觉、症状和状况的陈述：（b）向仅为作证

而会诊的医生所作的陈述 ·· 645

第 28 章　关于过去回忆的记录 ·· 647

第 279 节　该例外的历史和理论 ·· 647

第 280 节　第一手知识 ·· 648

第 281 节　记录是在证人记忆清晰时制作的 ·························· 648

第 282 节　记忆减损 ·· 649

第 283 节　证明记录的准确性；多当事人情形 ······················ 649

第 29 章　定期保存的记录 ·· 651

第 284 节　定期保存的记录的可采性 ···································· 651

第 285 节　定期保存的记录例外的起源和账簿遗迹 ················· 651

第 286 节　定期保存的记录例外概述 ···································· 652

第 287 节　记录类型；意见；条目阙如 ································· 653

第 288 节　在"业务"日常中制作的；事故报告；为诉讼制作的报告；
　　　　　缺乏可信性的指征 ·· 654

第 289 节　记录是在交易当时或者其后不久制作的 ················· 657

第 290 节　个人知识；日常业务过程中的所有参与者 ·············· 657

第 291 节　不能到庭 ·· 658

第 292 节　证明；必须传唤谁来证明可采性 ························· 659

第 293 节　特殊情形：（a）医院记录 ·································· 660

第 294 节　特殊情形：（b）计算机记录 ······························ 662

第 30 章　公共记录、报告和证明 ······································ 664

第 295 节　公共记录和报告的例外：（a）总则 ····················· 664

第 296 节　公共记录和报告的例外：（b）官方活动；观察到的事项；
　　　　　调查报告；对检控使用的限制 ································· 665

第 297 节　公共记录和报告的例外：（c）人口统计 ················ 667

第 298 节　公共记录和报告的例外：（d）先前案件的判决，特别是
　　　　　在随后民事案件中提出的刑事定罪判决 ···················· 668

第 299 节　官方证明的例外：（a）概述 ······························ 670

第 300 节　官方证明的例外：（b）官方记录的核证复制件或者摘要；
　　　　　记录阙如 ··· 670

第 31 章　在前一次听证或者其他诉讼中提取的证言 ·············· 672

第 301 节　导　言 ··· 672

第 302 节　宣誓和进行交叉询问的机会的要求；不能到庭 …………… 673

第 303 节　当事人的同一性；"利益前任" ……………………………… 674

第 304 节　争点同一性：交叉询问的动机 ……………………………… 677

第 305 节　裁判庭和取得前证言的程序的性质 ………………………… 678

第 306 节　异议及其裁断 ………………………………………………… 679

第 307 节　证明方法和范围 ……………………………………………… 679

第 308 节　改进现行实践的可能性 ……………………………………… 680

第 32 章　临终陈述 …………………………………………………… 682

第 309 节　导　言 ………………………………………………………… 682

第 310 节　陈述人必须知道死之将至且该陈述人不能到庭之要求 …… 682

第 311 节　限用于刑事杀人案件和受到重要限制 ……………………… 683

第 312 节　代表被告和检控方作出的自认 ……………………………… 685

第 313 节　其他证据规则的适用：亲身知识；意见；
关于书写品的规则 ……………………………………………… 685

第 314 节　关于赋予临终陈述证明力的指示 …………………………… 686

第 315 节　关于对该例外进行变革的建议 ……………………………… 686

第 33 章　对己不利的陈述 …………………………………………… 688

第 316 节　一般要求；对己不利的陈述与自认的区别 ………………… 688

第 317 节　对金钱或者财产利益不利的陈述；影响损害索赔或者
责任的陈述 ……………………………………………………… 689

第 318 节　刑事利益；声望和自尊利益 ………………………………… 690

第 319 节　确定什么是对己不利的；对质问题 ………………………… 691

第 320 节　陈述人不能到庭 ……………………………………………… 694

第 34 章　各种其他例外和传闻规则的未来 ………………………… 695

第 321 节　学术论文、行业标准和商业出版物 ………………………… 695

第 322 节　关于品性的声望；关于血统和家族史的陈述、声望和判决；
关于土地边界和一般历史的声望 ……………………………… 697

第 323 节　陈年书写品和影响财产利益的文件中的叙述 ……………… 699

第 324 节　其他传闻例外 ………………………………………………… 700

第 324.1 节　传闻中的传闻；多重传闻 ………………………………… 704

第 324.2 节　对传闻陈述人的弹劾 ……………………………………… 705

第 324.3 节　作为准传闻例外的专家意见的依据 ……………………… 706

第 325 节　对当前规则的评价 ……………………………………… 707
第 326 节　现代传闻发展之路 …………………………………… 708
第 327 节　传闻的未来 …………………………………………… 711

第十一编　司法认知

第 35 章　司法认知 …………………………………………………… 715
第 328 节　司法认知的必要性和效力 …………………………… 715
第 329 节　常识事项 ……………………………………………… 720
第 330 节　能够证实的事实 ……………………………………… 722
第 331 节　法院造法中使用的社会和经济数据："立法性"事实 …… 725
第 332 节　司法认知的使用 ……………………………………… 727
第 333 节　程序性事件 …………………………………………… 729
第 334 节　关于事实的司法认知的发展趋势 …………………… 731
第 335 节　法官作为法律发现者的任务；对法律的司法认知 ………… 734

第十二编　证明负担和推定

第 36 章　证明负担和推定 ………………………………………… 743
第 336 节　证明负担：提出证据的负担和说服负担 …………… 743
第 337 节　证明负担的分配 ……………………………………… 744
第 338 节　卸下提出证据的负担 ………………………………… 746
第 339 节　卸下说服负担：（a）民事案件的说服标准概述 ………… 750
第 340 节　卸下说服负担：（b）清晰和令人信服的证明要求 …… 752
第 341 节　卸下说服负担：（c）排除合理怀疑的证明 ………… 753
第 342 节　推定概述 ……………………………………………… 755
第 343 节　创设推定的理由：说明性推定 ……………………… 757
第 344 节　民事案件中推定的效力 ……………………………… 760
第 345 节　民事案件中的宪法问题 ……………………………… 768
第 346 节　刑事案件中的积极抗辩和推定：（a）术语 ………… 770
第 347 节　刑事案件中的积极抗辩和推定：（b）合宪性 ……… 772
第 348 节　刑事案件中的积极抗辩和推定：（c）特殊问题 …………… 778

第 349 节　法律选择 ……………………………………………… 781

判例一览表 ……………………………………………………… 784

法规一览表 ……………………………………………………… 792

规则一览表 ……………………………………………………… 794

索　引 …………………………………………………………… 799

重要术语中英文对照表 ………………………………………… 852

第一编　导　言

第 1 章

证据准备和展示

第1节　证明的策划和准备像证据规则一样重要

证据法是规范审判过程中证言、展示件的采纳规则和标准的体系。本章最后一节，即第 4 节，对关于审判时举证顺序的程序规定进行了概述。然而，在漫长的诉讼程序中，适用证据规则的审判阶段，是一个相对较晚的阶段。因此，在每一个处理关于适用证据规则的审判争端的案件中，律师已经在规划和制作证言和展示件方面，承担了许多其他任务。在预计到证据法上的证明问题时，律师必须从事这些审前工作，这可能是在将证据问题提交审判法官之前的几周、几个月或者几年。本章将提到诉讼程序中的某些这样的早期阶段。特别是，在倒数第二节，即第 3 节，我们将讨论使用正式的案情先悉工具来收集用于审判的证据。同时，第 2 节将审视进行审判准备的非正式方法。

第2节　在不诉诸法院帮助的情况下就事实进行审判准备

在许多情况下，律师为审判收集证据不需要诉诸正式的案情先悉工具。律师既可以亲自从事证据收集工作，也可以将该工作移交诸如办事员或者私人调查人员这样的助手。与正式的案情先悉相比，非正式的案情先悉手段常常更快捷，也更加低廉。此外，使用非正式的案情先悉手段，能够保留突袭因素。如果律师对事故的证人进行庭前证言存录，那就不存在突袭因素了。对方可以出席庭前证言存录活动，有权取得庭前证言存录听证中形成的笔录。与之相比，如果律师满足于非正式地会见证人，则对方就可能知之甚少，或者预先一无所知。尽管这些调查措施是非正式的，采取这些措施的律师必须将正式的证据法铭记在心。

作为非正式的案情先悉的起点，律师必须会见委托人，以获取他关于事实的说法。在某种程度上，这些会见应当包括一个有策略性但彻底的模拟交叉询问，以克服委托人的这一自然倾向，即仅仅提及有利于其诉讼的事实。进行这

些会见的律师，应当努力确保律师—委托人证据特免权适用于这些会见。① 律
师不仅应当接触委托人，而且应当接触对相关事实具有亲身知识的其他证人，
必须会见对争议事项有着第一手知识的证人。在可能的情况下，应当取得他们
的书面陈述。这些陈述可能成为审判中的证据。或者，在审判时证人难以回忆
起相关事实的情况下，律师可能需要诉诸这些陈述，来在审判中刷新证人的记
忆。就非当事人的证人所作出的陈述，律师应当尽其努力来确保作为工作成果
的证据保护能够适用于证人的陈述。

除普通的目击证人之外，越来越有必要安排专家作为证人，例如毒物侵权
诉讼中的流行病学专家、人身伤害案件中的外科医生、专利诉讼中的物理学
家、建筑合同争端中的工程师和建筑师、刑事案件中的分子生物学家和精神病
学家、遗嘱争议中的笔迹专家。在兰德公司关于加利福尼亚州法院的一个研究
中，其考察的审判中，有 86% 涉及专家证言。同样，律师必须将证据法铭记
在心。在某些司法辖区，律师—委托人特免权扩大到从律师自己的专家那里所
获得的报告。此外，在许多州，医生的特免权禁止民事案件的辩方律师与原告
的治疗医生进行单方接触。

除了接触潜在的专家和外行证人，律师常常有必要收集展示件。展示件可
以是书证形式，例如合同、信件、收据、契据的核证副本，判决书和裁定书。
在计算机时代，将电子文档和电子邮件信息打印出来也很关键，这些常常是海
量的。其他物证，例如行凶者的左轮手枪，或者保修合同违约之诉中的货物的
样品，均应查找落实，以备审判之用。在审判时，律师需要对这些证据进行验
真，例如通过证明保管链条，来证实每个证据的身份。关于保管链条的证言能
够说明，在审判时提交的展示件，就是在犯罪现场找到的左轮手枪。

律师并不局限于诸如在凶杀现场找到的武器等与案件有原初性、历史性关
联的物品。在策划感知辅助工具方面，律师必须具有创造性，例如静态照片、
录像、动画电影、X 光片、平面图、图表和模型。视觉辅助工具不仅能够帮助
律师抓住陪审员的短期注意力，更重要的是，它们会大大增加陪审员对该工具
所描述的数据的长期注意力。在律师准备提出科学证据的时候，使用视觉辅助
工具特别重要。有的时候，陪审员发现科学证言令人混淆，复杂而抽象。诸如
计算机生成的动画等视觉辅助工具，能够为陪审员有力地简化证言。如果律师
雇用了顾问来制作计算机生成的动画，律师必须确保该顾问遵循程序，使得律
师能够为在审判时正当地提出该证据，进行证据铺垫。

---

① 就关于会见证人的权利，参见下文第 3 节。

　　在可行的情况下，律师应当努力减轻审判时的证明工作，即就不存在争议的事实，例如用于生成计算机动画的软件的有效性、文件的作者或者诉讼中所涉及的车辆的所有权，获得对方的审前书面协议。书面协议可以替代证据，减少律师在审判时提出证据的需要。此外，如果律师必须提出复制件来证明对方所持有的文件的条款，则律师必须向对方律师发出书面通知，告知其在审判时出示原件，以满足本书第 23 章所讨论的最佳证据规则的要求。

　　所有这些步骤都要仔细策划，并将证据法铭记在心。在诉讼过程中，一个临时性的计划可能出现得很早。无论如何，随着审判临近，律师必须形成一个案件理论。律师应当形成一个最终计划，以保证律师能够在审判时证明其理论。对起诉或者辩护的每个事实性要件都应当列出来，具体说明用来证明这些要件的证人和书证。对此计划，还可以补充证人清单（按照传唤证人的顺序排列，包括他们将要作证的事项）和展示件原件清单（指明对每个展示件进行验真的证人）。最后，在审判前夕，在证人登上证人席之前，传唤证人的律师可能需要再次会见证人，以确认他准备宣誓作证的内容，在必要情况下刷新其记忆，以及让他就可能的交叉询问有所准备。律师在采取这些非正式的审前步骤时，必须将证据法铭记在心。所进行的每一项工作，都要着眼于最终的目标，即保证在审判时有大量的可采证据。

　　从 2007 年起，非正式案情先悉有了额外的重要性。在这一年，美国最高法院就 *Bell Atlantic Corp. v. Twombly*② 这个反托拉斯案件作出了裁决。在 *Bell Atlantic* 案件之前，大多数美国司法辖区所认可的是通知起诉（notice pleading）理论。在 1957 年，在 *Conley v. Gibson* 案件中，最高法院评论说，"不得因为原告未能说明主张而驳回起诉，除非它似乎排除了这样的怀疑，即原告不能证明任何事实来支持使其有权获得救济的诉讼主张"③。然而，在 *Bell Atlantic* 案件中，法院宣布，"这一著名的说法已经退休了"。实际上，*Bell Atlantic* 案件法院宣布，为了达到《联邦民事程序规则》之 8 的要求，原告必须宣称足够的事实来表明其有可能在审判中胜诉。2009 年，在 *Ashcroft v. Iqbal* 案件④中，法院表明，新的标准是全面适用的。在 *Bell Atlantic* 案件和 *Ashcroft* 案件之后，原告在提交诉状之前，可能需要进行额外的案情先悉，以达到起草了充分的起诉状的程度。的确，在极少数情况下，诉讼当事人可能会在起诉之前进行正式的案情先悉。然而，在典型情况下，诉讼当事人将不得

5

---

　　②　550 U. S. 544（2007）.

　　③　355 U. S. 41（1957）.

　　④　556 U. S. 662（2009）.

不依靠本节中讨论的非正式案情先悉方法，来达到增强版的起诉要求。一旦诉讼当事人提出的起诉没有被驳回动议，他就可以援用下一节中讨论的常规的正式案情先悉手段。

第3节　援用法院的帮助进行审判准备：会见证人的权利；案情先悉和庭前证言存录；要求自认；审前会议

有机会会见证人的权利

就像上一节所指出的那样，非正式审判准备的重要步骤之一，是会见对相关事实有着第一手知识的潜在证人。律师是否有法律上的权利来获得会见证人的机会，这个问题不时被提出来。律师可能不得不诉诸法庭来解决这个问题。当对方律师指示证人根本不说话或者仅在某些条件下才"说话"时，通常会出现这个问题。几家法院判定，刑事被告有这样的权利，在有限的意义上可以针对检控方执行，即检控方不得强迫潜在证人拒绝与辩护方合作。一般来说，根据宪法第六修正案，刑事被告有权私下会见证人。在刑事案件中，检控方也有类似的权利，这是一个相当好的典据。在民事案件中，双方当事人也有一项正在浮现的相应权利。然而，在有些情况下，即使律师建议证人限制或者拒绝面谈，法院也会拒绝干涉。在没有传票的情况下，证人可以自行拒绝接受非正式面谈。正如第2章所解释的那样，尽管存在正式的案情先悉手段，但是非正式的会见证人的机会在审判准备中是很重要的。当证人拒绝接受会见时，律师可能需要诉诸法院，以确保有机会询问证人。在这个关头，正式的案情先悉手段开始发挥作用。

正式案情先悉手段

民事案件。充分的审判准备，通常需要在诉讼开始后使用官方的事实收集程序。在有关民事诉讼和刑事诉讼的专著和一卷本的著述中，对各个司法辖区的正式案情先悉程序⑤有详细论述。因此，这里只对这些程序进行简要回顾。特别是，如果司法辖区没有遵循 *Twombly* 案件和 *Iqbal* 案件，民事案件的诉状可能相当笼统，不需要详细说明事实。起诉通知使辩护方对原告将在庭审中援引的证据知之甚少。为了提供必要的细节，民事程序规则规定了相当彻底的

---

⑤　Rules 26 - 37，Rules of Civil Procedure for the District Courts of the United States.

诉后案情先悉程序，通过这些程序，每一方都可以了解案件中可能的证据，并确定哪些具体事实问题将在审判中发生争议。

在许多州和联邦司法辖区，官方程序包括一项制定法或者法院规则，要求进行强制性的案情先悉前披露。例如，根据 1993 年对《联邦民事程序规则》26（a）的修正，即使没有对方律师的请求，诉讼当事人也必须披露潜在证人、相关文件和专家的具体信息。修正案迫使原告预付其专家服务费用。如果强制披露不能使对方律师满意，律师可以使用正式的案情先悉手段。关于联邦强制性的案情先悉前披露要求，存在很大争议，1993 年最初颁布该修正案时规定，各个司法地区可以选择不遵守这些要求。然而，2000 年，该规则再次被修正，取消了可以选择不遵守这些要求的条款。特别是修正后，该规则对专家证言在审判中的可采性产生了重大影响。该规则要求专家提交一份相对完整的报告，描述他们预期的证言。如果专家没有提交任何报告，作为案情先悉制裁，审判法官可以完全禁止该专家的证言。如果专家提交了审前报告，但是在审判时，专家试图提出报告中没有披露的证言，法官可以排除这部分专家证言。

在民事案件中，最重要的案情先悉手段之一是证言存录程序，使每一方都能口头询问经过宣誓的对方，并同样询问其他对诉讼主旨有了解的人。半数以上的州实质上复制了关于这一程序的联邦规则。虽然在某些州，授权官员主持询问的司法委任命令仍然是必要的，但是进行口头证言存录的简化程序，通常只要求向被询问者发出通知，用传票命令他在某个时间和地点在法院书记官/公证人面前接受询问，以及就询问向对方当事人发出通知，如果该人不是庭前作证人的话。在许多司法辖区，根据联邦民事案情先悉程序，在口头证言存录中，询问者可以寻求任何"合理旨在导致发现可采证据"的信息，即使该信息在审判中不可采。因此，在进行证言存录时，律师可以要求作证者披露在审判中不可采的传闻。然而，在证言存录中，律师不能完全忽视证据原则。首先，如果律师在证言存录期间忽略了主张证据特免权，则该特免权可能会被放弃，不能在审判时主张。其次，虽然传闻等大多数实质性的证据学说不适用于证言存录，但是反对者必须提出形式方面的异议，例如提出异议说该提问是观点性的或者具有误导性。有效使用证言存录，将使一方当事人能够发现支持和反对其立场的证据。最后，对对方证人进行证言存录，能够使律师评估证人的举止：作证者在审判时可能是一个有效的证人吗？证人在证言存录过程中的表现对案件的和解价值具有重大影响。如果对证言存录进行录像，这种影响尤其可能产生。1993 年，《联邦民事程序规则》30（b）（2）被修正，赋予动议方推定性权利来具体指定"记录方法"。对证言存录进行录像，能够抓住"证人面对可怕的真相或者令人难以置信的惊诧时受到震撼而产生的沉默时刻"，或者"困惑的惊愕表情或者震撼的尴尬表情"。这种举止，可能会对证人的可信性造成无法弥补的损害。

当然，证言存录并不是唯一的正式案情先悉手段。在许多州的民事案件中，书面质询书也可以用于针对对方，对方必须回答。质询书通常与口头证言存录一起使用。例如，如果对方是一家公司，律师可能会使用质询书来了解公司的组织结构，以确定潜在的庭前作证人。此外，一方当事人往往要求出示证据，即对方当事人允许他查阅与诉讼主旨有关的文件和物品，甚至不动产。与任何其他情境相比，出示证据这一情境产生了更多关于证据特免权弃权的公开意见。在许多情况下，产生的问题是，对方无意中出示受特免权保护的文件是否放弃了特免权。其次，在半数以上的州，在涉及一方当事人的身体或者精神状况的人身伤害诉讼中和有时在其他诉讼中，法官可以下令对一方当事人进行身体或者精神检查。最后，虽然严格地说不是一种案情先悉手段，但是在许多州，一方当事人可以向对方发出自认要求书，对方必须承认或者否认特定事实。例如，律师可能会要求对方承认必要的事实，来为在审判中引入一个展示件提供证据性铺垫。

8　　在许多司法辖区，在案情先悉结束后，允许就民事案件举行审前听证或者会议，尽管这在一些州这很少使用。当审判时间临近时，通常是在规定的审判日期前两三个星期，法官会召集双方的律师，有时还有当事人。在会议上，法官力求解决诉答中的问题，界定争议的范围，并使双方就并非真正有争议的事实作出约定。最初授权召开上述会议的联邦制定法⑥除其他外，还提到了听证的以下目标：

（1）简化争议点；

（2）尽可能获得对事实和文件的自认，以避免不必要的证明；

（3）限制专家证人人数；[以及]

（4）当进行陪审团审判时，将争议点初步提交给主事官进行认定，以作为证据的可取性。

审前会议可以作为就各种事实问题达成协议的手段，尽管会议并不总是产生这种结果。通过这一消除争议点的程序，会议帮助各方确定审判证据将重点关注的剩余争议问题。

在结束本概述之前，还应提及另一个程序：对将在审判中传唤的证人签发

⑥ Fed. R. Civ. P. 16.

和送达传票。如果第三方保管了相关文件或者其他物证，则希望在审判时出示该文件或者物证的一方可获得致第三方的要求其携带证物到庭的传票。携带证物到庭的传票命令他参加审判，并随身携带文件或者其他物品。证据法再次发挥作用。与抵制出示请求的当事人一样，反对该传票的证人有时可以主张证据特免权来否定该传票。

使用其中的一些案情先悉手段可以形成可以在审判时提出的证言和展示件。诉诸正式案情先悉的风险之一，是律师可能会无意中保存了审判时使用的不利证据。（这种风险解释了为什么有经验的诉讼律师在使用正式的案情先悉手段之前，通常会进行非正式的案情先悉；如果律师事先至少对庭前作证人可能作证的内容有了一个大致的了解，那么证言存录的风险就较小。）在某些情况下，存录的证言可以在审判时提出。根据《联邦证据规则》，对方当事人的证言存录可以在没有任何条件的情况下被采纳。对方当事人在证言存录中所作的陈述，通常在对方当事人陈述这一传闻豁免（以前称为对方当事人的自认）范围内。引入非当事人证人的证言存录的最常见条件，是《联邦民事程序规则》中规定的要求。《联邦证据规则》还载有规定，以规制根据先前证言传闻例外来采纳证言存录。举例来说，在大多数司法辖区，非当事人庭前作证人的证言存录，只有在庭前作证人不能在审判中亲自作证时，才可被采纳。

刑事案件。刑事被告也可以使用案情先悉程序。然而，广泛的刑事案情先悉是一个相对较新的发展。只是在最近几十年里，才颁布了一些规则或者制定法，来给予刑事被告广泛的案情先悉权，甚至这些程序都是有限的。《1970 年犯罪控制法》授权辩护方进行证人证言存录，主要是为了保存证据（供将来用作证据），而不是仅仅为了案情先悉。为了获得取得这种证言存录或者进行有条件询问的司法授权，被告必须作出初步证明，表明可能的审前作证人在审判时可能不能到庭。今天，一些司法辖区也授权检控方进行此类证言存录。《联邦刑事程序规则》之 16 是一项内容广泛的案情先悉条款，涉及辩护方对报告、检测、大陪审团证言、账簿、文稿、文件、有形物品和场所的案情先悉。检控方就类似事项进行相互案情先悉的规定更为有限。规则 16 经过了几次修正。1993 年的修正案特别值得注意，因为它扩大了对专家证言的案情先悉范围，涵盖了无论是检控方还是辩护方打算在审判时提出的专家证言。然而，与民事诉讼当事人不同的是，刑事诉讼当事人没有职责进行强制性的案情先悉前披露；但是一方可以向另一方寻求进行案情先悉。

前面的段落介绍了最常用的正式案情先悉手段。在不同的州，有各种各样的正式案情先悉程序，但是这里不准备进行详细的回顾了。

9

　　无论律师主要是依靠正式还是非正式的案情先悉技术来准备审判，目的都是一样的：收集大量可信的、可采的证据供审判。如果律师达到了审前目标，则律师的委托人应当获得有利的和解或者有利的审判裁决。在绝大多数情况下，案件不经审判就和解了；2002 年，在联邦法院立案的民事案件中，只有 1.8% 是通过审判解决的。在大多数情况下，审前程序是对律师的案件的审判。和解与否在很大程度上取决于正式和非正式审前案情先悉过程中发现的可采证据的数量和质量。

第 4 节　在审判中展示证据的顺序

　　如果案件没有和解，诉讼当事人将进入审判阶段。在这一阶段，证据法的地位甚至比其在审前阶段中更为突出。

　　如果听证是陪审团审判，陪审团必须在律师展示证据之前选出。根据司法辖区的不同，在对陪审团成员进行预先审查期间，法官可能允许律师就案件中可能的证据向他们提问。陪审团成员可能会对该证据产生非常不利的反应，以至于他可能会被要求有因回避，或者律师可能会采取无因回避方式将他从陪审团中排除出去。

　　陪审团选出后，律师们作开局陈述。在陈述过程中，律师们向陪审团扼要地介绍他们的证据。根据美国律师协会《职业行为示范规则》3.4（e），在开局陈述中，律师不得"提及该律师无法合理地认为能为［审判时］可采证据所支持的任何事项"。到目前为止，在开局陈述中最常见的异议是某特定陈述是观点性的（argumentative）。在这种情境下，"观点性的"是指陈述是一个结论，根据关于外行和专家意见证言的证据规则，该结论不可采。作为常识，律师在开局陈述时不得作出陈述，除非是让证人在证人席上陈述。律师可能不确定他或者他的对手是否可以在开局陈述时提到某一特定的潜在证据。如果是这样，即使在开局陈述之前，律师也可以提出一项审前动议，要求对证据的可采性作出预先裁决。⑦ 当律师打算依赖一种新颖的专家证言或者非传统的非品性或者非传闻的可采性理论时，在审判前提出这一问题尤其可取。

　　在开局陈述之后，证言就开始了。根据审判的通常程序顺序，包括根据《联邦证据规则》进行的审判，负有证明其主张的负担的原告或者公诉人首先提出证据，以证明使他能够进行追偿或者获得定罪判决所必需的事实。这个初

---

⑦　参见下文第 52 节。

始阶段被称为原告或者公诉人的主诉（case-in-chief）。例如，在违约诉讼中，原告会提供有关合同订立、达到了让被告承担职责的条件、被告违反了职责、违约造成的损害赔偿额等方面的证据。在这一阶段，原告传唤他所依赖的所有证人，加上有关文件，来证实这些事实。这些文件经支持性证人的证言验真后，正式提交为证据。在这一阶段，每个证人最初由原告律师进行直接询问，然后由对方律师进行交叉询问。在这些询问之后，可以进行再直接询问和再交叉询问。当本案的所有原告的或者公诉人的证人都经过了这一直接询问和交叉询问程序后，原告或者公诉人宣布提证完毕，结束其主诉。

在大多数司法辖区，主持审判的法官有自由裁量权，允许不按正常顺序提供证言。因此，如果关键的辩护方证人不可能在庭审的晚些时候出庭，法官可以允许证人在原告或者公诉人的主诉结束之前提前作证。例如，假设一名民事被告打算传唤一名医生作为证人，而医生被安排在可能由辩护方进行主辩的那天进行生死攸关的手术。在这种情况下，审判法官可以准许辩护方中断原告的主诉，以便提交外科医生的证言。

不过，假设按照正常顺序，原告或者公诉人已经提证完毕，如果辩护律师认为此时原告或者公诉人没有提出一个法律上充分的案件，辩护律师将提出销案、指令裁决或者依法无罪开释判决。律师声称原告或者公诉人的证据不足，并声称原告或者公诉人没有卸下最初的提出证据或者推进的负担。[8] 就该动议目的而言，法官假定原告或者公诉人提出的所有证据都是可采的。动议提出了这样一个问题：如果事实审判者决定相信原告或者公诉人的所有证言，那么证言是否具有足够的累积性证明价值来合理地支持原告获得的裁决或者定罪判决？如果证言缺乏足够的证明价值，法官将对原告或者公诉人作出强制性裁决，否则，审判将继续。

如果审判继续进行，下一个主要阶段是辩护方主辩（case-in-chief）。被告现在提出证人和有形证据支持其案件。在这一阶段，被告提出证据，对原告或者公诉人的诉求提出异议。因此，被告可以提供证言，证明就所称合同从未达成一致。同样，在过失案件中，被告可以提供证据，证明某些人身伤害并非原告所称的永久性伤害。辩护方还可以支持任何正当提出的积极抗辩，例如在诱使签订所诉的合同时存在欺诈，或者所要执行的是已经放弃的人身伤害索赔。在这里，每个证人在直接询问中讲述的故事都要经过交叉询问，并以再直接询问作为补充。当被告完成了对积极抗辩的证明，以及（如有的话）展示了她对

11

---

⑧　参见下文第 336 节、第 338 节。

原告或者公诉人的指控提出反驳的证据后，被告宣布提证完毕。

在辩护方的主辩结束时，辩护方可以重新提出指令裁决或者销案的动议。在这个时候，辩护方可以提出另一种论点，即主辩削弱了原告或者公诉人的主诉，以至于没有理性的陪审员能够定罪或者作出有利于原告的裁决，或者积极抗辩的证据如此强大，以至于没有理性的陪审员能够拒绝该抗辩。

原告或者公诉人现在有另一个转机：他可以进行反驳。在这一阶段，原告或者公诉人无权提出仅支持控告书或者指控书中的指控的证人。原告或者公诉人仅限于反驳辩护方证据的证言，除非审判法官依其自由裁量权允许他偏离通常的反驳范围。原告或者公诉人的反驳证人可能是新的，但是他也可以传唤在主诉中为他作证的证人，回答被告方证人首先提出的一些问题。在这个阶段，如同在其他阶段一样，不仅可以对证人进行直接询问，还可以对其进行交叉询问、再直接询问和再交叉询问。当原告或者公诉人的反驳结束时，他的提证结束。如果原告或者公诉人在反驳中提出了新的观点，被告可以通过在第二次反驳或者第三次反驳中提出证据来应对这些观点。否则，他的提证结束。在极少数情况下，当一方当事人提证结束后，法官可以允许该当事人重开案件，提出补充性证据。

在案件的各个阶段传唤证人时，可能不是只有律师询问证人。首先，法官可以询问证人。法官不仅仅是审判的裁判者。法官有自由裁量权行使这一权力，以澄清证人的证言并填补记录中的重要空白。但是，法官必须避免给陪审团留下他或者她已经就案件的是非曲直或者证人的可信性得出结论的印象。此外，在许多司法辖区，要么陪审员有权提出问题，要么审判法官有自由裁量权允许他们提出问题。在陪审员向证人提出问题之前，法官通常先审查他们提出的问题和就问题的适当性作出裁决。

当双方都宣布提证结束时，证据听证就停止了；审判继续进行，律师进行终局辩论，法院对陪审团作出指示。这些指示通常包括陪审团就案件证据所负的职责。例如，如果法官早些时候裁定陪审团已经接触的某些提出的证言不可采，法官可能会给陪审团一个无视该证言的治疗性（curative）指示。即使法官裁定某些证据可采，法官也可给予陪审团一项限制性指示，即他们可仅为某一特定目的或者仅针对某一特定当事人使用该证据。或者，法官可以向陪审员宣读一条警告性指示，告知他们在评估某类证据（如目击证人或者共犯证言）时应特别谨慎。或者，如果文件的真实性等问题属于《联邦证据规则》104（b）的范围，法官会告诉陪审团，如果他们认为文件不真实，他们必须就该问题作出决断，并在评议过程中忽略该证据。[9]

综上所述，审判的主要阶段是：

（1）原告或者公诉人主诉；

（2）被告主辩；

（3）原告或者公诉人反驳；以及

（4）被告第二次反驳或者第三次反驳。

在每个阶段，每个证人的询问都可能经过以下步骤：

（1）传唤证人的一方进行直接询问；

（2）对手进行交叉询问；

（3）再直接询问；

（4）再交叉询问；以及

（5）法官或者陪审员提问。

《联邦证据规则》没有规定在审判时出示证据的顺序。然而，根据规则611（a），审判法官通常遵循普通法顺序。根据重塑后的规则611（a），法院"应当对询问证人和提出证据的……顺序予以合理控制，以做到：（1）使这些程序能有效地确定真相；（2）避免浪费时间；以及（3）保护证人免受骚扰或者不当困窘。"实际上，法官很少找到充分的理由来偏离上述庭审主要阶段的正常顺序。规则611明确规定的主要重点是控制询问各个证人的步骤。因此，即使是根据《联邦证据规则》进行审判，就案件的主要阶段，通常也遵循传统的普通法规范。

---

[9]　参见下文第53节。

第二编　询问证人

15

第 2 章

直接询问中的提问形式；法官的证人；刷新记忆

第5节　提问的形式：(a) 要求自由叙述的问题与具体问题

任何有经验的诉讼律师都知道，在审判中，绝大多数的异议都与问题的形式有关，而不是与诸如传闻这样的实质性证据教义有关。形式异议可能会在直接询问中提出，也可能会在交叉询问中提出。交叉询问可能比直接询问更具戏剧性，交叉询问的技巧可能比直接询问的基本技巧——从你自己的证人口中构建一个连贯、令人信服的叙述——更难培养。然而，后一种技巧更为重要。

在直接询问中，一个关键的战术决定是，特定证人的证言是否最好由几个关于特定事实的问题导出，而不是由一个更开放的问题来导出。在后一种情况下，律师通过询问证人当时是否在现场，然后请他大致叙述自己的所见所闻，引导证人注意有关事件。这后一种方法，即叙述性证言，往往更有说服力。从陪审员的角度来看，这一说法似乎并非来自律师。因为当律师向证人提出非常具体的问题时，这一说法可能就是来自律师。如果证人记性好，个性开朗，说话风格得体，他对自己故事的自发叙述可能会更有趣，也更令人印象深刻。叙述性证言使证人能更好地向陪审团展示他的诚实和智慧。此外，实证研究表明，自发叙事更为准确（因为它受暗示的影响更少）。

然而，同样的研究表明，充分询问得到的证言往往更加完整。此外，具体的询问可能有利于以适当的顺序提出复杂的证言、帮助紧张的证人、防止乏味的证人提供无聊的证言。此外，依赖于要求作出叙述性回答的提问也有风险。当以叙述方法询问证人时，如果证言变得混乱，律师必须准备好用具体问题来介入，或者用引导出被遗漏的事实的提问来补充叙述。例如，如果专家使用了专业术语，律师应当邀请专家为陪审团说明该术语。

考虑到这些相互矛盾的因素，审判法官对需要叙述的提问的态度不同也就不足为奇了。一些审判法官普遍禁止要求进行叙述的提问。这些法官担心证人会以杂乱、混乱的方式进行叙述。不过，根据主流观点，没有任何一般性的法律规则要求甚或倾向于任何一种提问形式。例如，《联邦证据规则》中没有禁

止叙述性提问的规定。事实上，在一些州，在极少数情况下，法律职业伦理规
则要求直接询问者尝试以叙述的方式引出证人的证言。确实，一些法院正确地
16 表达了对以下可能性的关切：当被要求叙述他的故事时，证人可能会提到传闻
或者其他不可采的证言。然而，加上律师对提问的谨慎措辞，律师或者法院根
据对方的请求而作出的适当警告，通常可以防止这种情况。

的确，如果证人脱口而出一个不恰当的陈述，唯一的补救办法就是删除这
部分证据，并给陪审团一个治疗性的指示，让其无视被删除的证言；有时覆水
难收。进一步的危险是，如果对方律师没有迅速打断并申请删除，他可能会放
弃异议。反对的律师必须非常认真地倾听，以确定叙述性回答中可提出异议的
部分。然而，需要以最准确的方式获取证人的知识，这是一种超越这些危险的
正当利益。审判法官应当有控制询问形式的自由裁量权，以使证言得到准确的
陈述。该自由裁量权只有在被滥用的情况下才可以被审查。因此，法官可以允
许所讨论的任何一种方法。总的来说，只要情况允许提出叙述性证言，其使用
通常就符合询问方和法律制度的利益；叙述性证言不仅更有说服力，而且能够
更准确地说明真相。

开明的法官很少限制使用要求进行简短叙述性回答的提问，除非在刑事审
判中，这样做可能会带来这样的风险——使陪审团接触宪法上不可采的证据。
在实践中，在民事案件中，直接询问开始时，许多法官认为存在这样的推定，
即律师可以以叙述的形式引出证人的证言。只有在证人的叙述变得混乱或者证
人一再提到不可采的事项时，推定才会被推翻，法官才会坚持提出更具体的问
题。只要证人在作证时避免了这两个危险，法官就会允许询问者通过要求进行
一小段回答的问题来引出证人的证言。为确保在整个直接询问过程中推定不受
反驳，律师必须在审判前为证人做好充分准备。证人必须很好地掌握时间顺
序，而且证人必须知道什么不能提及，例如，不可采的传闻，除非询问者直截
了当地询问该信息。

这些原则与以前的《联邦证据规则》611（a）一致，该规则规定：

　　法院应当对询问证人和出示证据的方式与顺序予以合理控制，以做
到：（1）使询问人和出示证据能有效地确定真相，（2）避免不必要的时
间耗费，（3）保护证人免受骚扰或者不当困窘。

重塑后的《联邦证据规则》611（a），自 2011 年 12 月 1 日起生效，具有
相同效力：

　　法院应当对询问证人和提出证据的方式与顺序予以合理控制，以

做到：

(1) 使这些程序能有效地确定真相；

(2) 避免浪费时间；以及

(3) 保护证人免受骚扰或者不当困窘。

《联邦证据规则》611（a）无意宣布任何关于提问形式的绝对"规则"。所 *17* 附的咨询委员会注释包含了一个合情合理的意见，即："制定调整询问证人和提出证据的模式的详细规则，既不可取也不可行。有效运作对抗制的最终责任在于法官。"

第 6 节　提问的形式：(b) 诱导性问题

前一节比较了在直接询问中以自由叙述方式提出证人证言的技巧和通过具体问题引出证人证言的技巧。后一种方法的一个危险是，证人可能默许询问者的不实暗示。同样的危险也引起了直接询问的另一个主要形式问题，即诱导性或者暗示性表述。暗示能够将信念作为真相植入证人的思想中。一些实证研究证实了许多法官的看法，即这种危险比一般外行所设想的要大。友好或者顺从的证人可能会接受直接询问中的暗示。然而，可以说没有什么理由禁止暗示性问题。坦率地说，在审判前，证人受到了无数更强烈的暗示性影响。因此，在审判时，"诱导性"异议似乎相对微不足道。尽管如此，美国所有司法辖区都在一定程度上限制了诱导性问题的使用。有鉴于此，我们必须解决两个问题：(1) 什么是诱导性问题？(2) 什么时候允许使用诱导性问题？

"诱导性"的定义

尽管如此，根据现代普通法和《联邦证据规则》之规则 611（c），以及修订后的《统一证据规则》之规则 611（c），在遵守本节其余部分讨论的限制的情况下，对诱导性问题提出异议仍然是允许的。重塑后的规则 611（c）的第一句宣布了一个普遍的准则："在直接询问中不应当使用诱导性问题……"咨询委员会注释强调，选择的是动词"应当（should）"而不是"必须"或者"应（shall）"；该注释强调，这句话是故意"使用建议性而不是命令性的措辞"。

虽然反对在直接询问中使用诱导性提问的准则不是一个僵化的规则，但是形成一个"诱导性"问题的可行定义仍然是重要的。诱导性问题是向证人暗示询问者所期望的答案的问题。一个问题可能因其形式而具有诱导性，但是，有时仅仅是问题的形式并不能表明它是否是具有诱导性的。一些类型的措辞，比如"他没有吗？"显然是诱导性的，但是几乎任何其他类型的问题都可以是诱导性的，这取决于其内容和情境。有时完全可以说，任何可以回答"是"或者"否"的问题都是事实上的诱导性问题，新手律师总是可以利用中立的、其他形式的措辞（"说明是否如此"）来逃避诱导性指摘。然而，有时前一类问题并不是诱导性的，而后一类问题往往是诱导性的。归根结底的问题是，一个普通的证人是否会得到这样的印象：询问者希望得到某个回答而不是另一个。一个问题的形式，或者之前的提问，可能表明了这种欲望，但是最重要的考虑因素可以是问题本身的具体程度。当问题详细描述了一个事件并询问该事件是否发生时，自然的推论是提问者期望得到肯定性回答。同样，如果一个问题的一部分是具体和详细的，而另一部分是模糊的（"这声音是像一个极度恐惧的女人的尖叫声还是很柔和的？"），该措辞发出的是这样的讯息，即所期望的是第一个选项。相反，当问题是中性的（"什么时候发生的？"）或者平衡的（"水是热的还是冷的？"），它不是诱导性的。为了避免诱导性问题异议，有经验的直接询问者总是用自然的疑问词开始他们的问题，如谁、什么、哪一个、何时、何地、为什么、如何。

诱导性问题的适当性

在我们定义了短语"诱导性问题"之后，下一个问题是什么时候允许使用诱导性措辞。法院就直接询问和交叉询问制定了不同的准则。正如我们所看到的那样，在审判前，勤勉的律师通常会非正式地会见他们希望在直接询问中传唤的所有证人。这种做法是完全合乎道德的。然而，这种做法造成一种可能性，即在审判时，律师和证人形成了友好关系，使证人易受律师暗示的影响。相反，当律师询问对方传唤的证人时，律师可能事先没有与证人接触，他们之间就事实达成共同认识的可能性较小。因此形成了一种常识上的区别：就异议而言，法官通常禁止在直接询问中使用诱导性问题，但是通常允许在交叉询问中使用诱导性问题。诱导性问题的可容许性是法官自由裁量的，法官的行为不会被推翻，除非它促成了不公平的审判。

然而，当关于证人与进行询问的律师或者其委托人之间关系的正常假设不成立时，通常的做法是相反的。因此，如果在直接询问中作证的证人在法律上与对方认同，对询问者怀有敌意，或者不愿意，或者不合作，暗示的危险就消失了。在这种情况下，法官将允许使用诱导性问题。相反，当证人在询问时表现出有利于进行询问的律师的偏袒时，法官可以禁止律师提出诱导性问题。在民事案件中，原告可以传唤被告作为对方证人。原告直接询问被告后，被告自己的律师可以进行交叉询问；被告与自己律师的关系几乎没有敌意。

在许多情况下，法官通常允许在直接询问中提出诱导性问题。例如，诱导性问题可用于提出证人姓名和职业等预备性事项，或者引出没有严重争议的事项。诱导性措辞也可以用来提出一个主题或者话题，有别于回答。额外的放宽是有必要的。因此，当需要出现时，法官通常允许对那些无知、胆小、意志薄弱或者英语差的儿童或成人证人进行诱导性提问，否则他们无法传达他们所掌握的信息。诚然，在这些情况下，特别是对儿童来说，有发生虚假暗示的风险。然而，冒这个风险总比完全放弃获取证人知识的努力要好。同样地，当一个律师通过非诱导性的问题引导一个证人到主题上，但是证人没有对其所知所晓进行完整叙述时，证人的记忆就被称为"耗尽了"。法官可以允许询问者提出更具体的问题，这些问题的特殊性，可以恢复证人的记忆（但是同时可能提出所青睐的答案）。同样，在对专家进行直接询问时，许多法院也允许提出具体的诱导性问题。这些法院的理由是，如果让专家信马由缰，他的证言很容易变得"复杂"，造成陪审团混淆。

在某些司法辖区，长期的做法是允许向第二个证人提出诱导性问题，而第二个证人是为了弹劾的目的、被传唤就前一证人的陈述作证的，以证实该前一证人的先前陈述与庭上证言不一致。这里的理由也是必要性。否则，很难迅速抓住要点，把第二个证人的注意力引向证言的主题。有人认为这种做法应该停止，但是大多数法院拒绝了这一论点，坚持了这一惯例。

第 7 节 提问的形式：(c) 观点性、误导性和不明确

第 5 节和第 6 节讨论了主要在直接询问中出现的形式问题。我们现在开始讨论在交叉询问中最重要的问题。首先，询问者不得提出仅仅迫使证人同意提问者根据已采纳的证言所作的推论或者解释的问题。一个交叉询问者可能会用从已经记录在案的证言中得出的推论质疑证人，而不是试图引出新的证言。例如，为了引起对他的行为的怀疑，交叉询问者可能会问："你真的认为陪审团会相信吗？"或者"你怎么能调和这些陈述？"就这种"观点性"或者"纠缠证人"的问题可以提出异议。审判法官在执行这项规则方面有广泛的自由裁量权，特别是在交叉询问中这种问题比较普遍的情况下。法官在交叉询问中执行这一规则当然是公平的，因为当交叉询问者变得具有观点性时，他实际上是在

预演他的总结，并且他以后将有足够的机会在总结过程中向陪审团论证该推论。

另一个常见的形式问题出现在询问者对问题的措辞上，其假设证人还没有作证的当事人争议事项为真。危险是双重的。首先，当询问者把问题交给一位友好的证人时，对假定事实的叙述可能会起诱导性作用，因为它暗示了所想要的回答。其次，无论证人是友好的还是敌对的，答案都可能是误导性的。证人应该有一个公平的机会确认或者否认事实。如果证人注意力不集中，回答问题时没有发现该假设，则事实审判者随后可能无法确定证人是确认还是只是忽略了假设。当提问带有这种毛病时，对方律师通常会提出异议，认为该问题"具有误导性"或者"在假定证据不支持的事实"。

有时，问题被认为是可以提出异议的，是因为它们太宽泛或者不明确。通常这种异议实际上是关于缺乏相关性的异议。关于证人个人背景的不明确或者模棱两可的问题可能特别危险。例如，假设交叉询问者问证人是否有过"麻烦"、"脸红"、"遭遇"、"问题"、"困难"或者"触犯法律"等问题，证人可能会提到可被采纳来进行弹劾的定罪判决以及其他既有害又不可采的不端行为。证人的回答可能违反了关于可信性或者品性证据的限制。

20   本节所述原则未明确编入《联邦证据规则》或者经修订的《统一证据规则》（1974 年）中，但是可由审判法官根据规则 403 和 611（a）裁量执行。[①]

第 8 节　法官可以传唤证人；法官和陪审员可以询问证人

法官

第 5 节至第 7 节涉及律师传唤和询问证人时出现的一些形式问题。当法官传唤或者询问证人时，问题也会出现。在英美对抗性审判制度下，当事人的律师承担着寻找、选择和提出证据的主要责任。但是，我们的当事人调查和当事人提出证据，存在一定的局限性。这一制度是揭露真相、伸张正义的手段。为了达到同样的目的，法官可以行使各种权力进行干预，以补充当事人的证据。

更具体地说，法官有权传唤和询问证人。根据判例法和《联邦证据规则》614（b），法官有自由裁量权来询问任何证人，以澄清证言或者提出当事人遗漏的必要事实。审判法官不仅仅是裁判者或者被动的主持人。一些上诉法院甚

[①]　就规则 403，参见下文第 185 节。

至长篇大论地指出，审判法官可能有"职责"来询问证人。如果有这样的职责，上诉人可以想见，若法官没有提出有利于上诉人的回答的问题，就是犯了错。然而，法院提到"职责"，似乎是修辞性的；任何上诉裁决似乎都没有强制执行该假定的职责。

在绝大多数州，法官已经失去了传统的普通法上的对证据证明力进行评论的权力。在这些司法辖区，法官在陪审团审理的案件中的提问必须谨慎，避免含蓄的评论。如果法官使用高度诱导性的问题来暗示期望的答案，那么这些问题可能强烈地暗示期望的答案就是真相，因此相当于评论。诚然，法院有时判定，禁止律师提出问题的政策——避免当事人性的暗示引起虚假证言[2]——并不适用于法官。毕竟，法官职务被认为是不偏不倚的。然而，这种推理是有问题的。特别是由于法官是权威人物，因而存在这样的重大风险，即证人很有可能采纳法官问题中隐含的任何暗示。与律师提出的问题中的暗示相比，有些证人更可能采纳法官的问题中的暗示。法官的诱导性问题显然旨在怀疑证人或者弹劾证人，尽管也可以由律师提出，但是这会暗示法官认为证人说谎了，从而构成一种被禁止的默示评论。

在联邦法院和少数保留普通法评论权的州，这些对法官提问的限制被放宽了。在所有司法辖区，在法官审理的案件中，这种限制被执行得更加宽松。然而，即使如此，法官也必须避免过度行使提问权。在法官审理的案件中，法官的问题可能会显露出过早的判断。在陪审团审判中，法官在职能上不得担任辩护人或者公诉人。如果他的问题过于具有当事人性和广泛性，法官会冒着这样的风险，即上诉法院会认定他越过了审判和诉辩的界限。然而，法官提出的问题的数量并不是决定性的。问题的性质和证人的身份是最重要的考虑因素。

法官不仅可以询问当事人传唤的证人，也可以依照自由裁量权传唤双方选择不传唤的证人，这也是为了提出所需的事实。在这样的情况下，法官最常行使传唤证人的权力：因为必要的证人可能会怀有敌意，而公诉人希望逃避这样的必然结果，即传唤了证人，而受制于不得弹劾自己的证人这一传统规则。需要承认的是，根据《联邦证据规则》，公诉人有另一个选择：规则允许一方弹劾自己的证人。然而，作为一个实践问题，公诉人可能不希望传唤证人，从而在陪审员心目中被视为与证人一体。如果证人有很长的犯罪记录，他与检控方的"关系"可能会玷污检控方在陪审员眼中的检控。在这种情况下，公诉人可

21

---

② 参见上文第 6 节。

以根据 614（a）援引法官的自由裁量权请求传唤证人。如果法官传唤了证人，任何一方都可以对其进行交叉询问和弹劾。

就像我们所看到的那样，614（a）一般性地授权法官传唤证人。规则 706 具体涉及法院指定的专家证人。在普通法中，传唤证人的司法权的另一种用途，是调和双方雇用的当事人性专家证人的交锋，在一些州的制定法中这被编入法典。事实上，这一做法复活了法官的古老权力，即传唤自己选择的专家提供不偏不倚的证言，以帮助他或者陪审团解决科学问题。最高法院在其著名的 1993 年 *Daubert* 案件中决定，为了确定所谓科学证言的可采性，联邦审判法官必须评估其对基础理论或者技术的经验验证的程度和质量。[③] 在 1997 年 *Joiner* 案件的并行意见中，Breyer 大法官详细阐述了 *Daubert* 案件，鼓励审判法官根据规则 706 行使其权力。[④] 这些判例促使审判法官更频繁地根据规则 706 任命专家。然而，正如我们所看到的，法官传唤证人协助司法的权力范围更广，不限于专家作证案件。

陪审员

就像我们所见的那样，法官可以询问当事人传唤的证人。是否应该允许陪审员这样做？

就此有相互冲突的政策考虑。一方面，允许陪审团提问存在明显的危险。一个担心是，如果陪审员积极参与审判，在他们听到所有证据之前，他们就可能会产生与"他们的……作为中立事实认定者的角色"不一致的偏见。此外，还存在这样的风险，即陪审员有可能过分重视证人对陪审员问题的回答，轻视当事人引出的证言。另一方面，有充分理由允许陪审员提出问题。该论点认为，如果陪审员意识到他们可以提出问题，他们将被激励更加投入和关注证人证言。此外，就事实认定程序而言，存在这样的危险，即即使在提证接近结束时，陪审员仍有没有得到回答的令人不得安宁的问题。一种可能性是陪审员将对答案进行推测，并根据推测作出裁决。另一种可能性是，当事人可能遭受不法损失；即使当事人很容易提供了缺失的证据，陪审员也可能认定证据中的缺环对该当事人不利，因此作出对该当事人不利的裁决。

可以理解的是，鉴于这些相互冲突的政策，在陪审员提出的问题的适当性方面存在广泛的典据分歧。

---

③　Daubert v. Merrell Dow Pharmaceuticals, Inc., 509 U. S. 579 (1993).

④　General Elec. Co. v. Joiner, 522 U. S. 136, 147, 149 - 50 (1997).

● 一个极端是，肯塔基州等少数司法辖区采取的立场是，小陪审团成员有权提出问题。

● 另一个极端的观点认为，陪审员的问题是绝对禁止的，至少在刑事案件中是这样。

● 然而，多数人的观点和日益增长的趋势都是在是否允许陪审员提问问题上，赋予审判法官自由裁量权。有些法院将这种自由裁量权限制在复杂案件中。尽管需要承认，案件的复杂性使得法官允许陪审员提问更为合适，但是其他法院并不严格地将自由裁量权限制在复杂案件中。后一种立场是最合乎情理的观点。然而，即使在遵循多数意见的司法辖区，上诉法院也常常告诫审判法官，陪审员的提问是有风险的，审判法官应当仔细进行监督。

当法官行使自由裁量权允许陪审员提问时，法官可以通过采取某些保障措施来监控和使风险最小化。如果陪审员可以直接进行口头提问，在没有事先筛选的情况下，将有重大的危险。因此，法官应该指示陪审员，当他们想提问时，应该举手。当陪审员这样做时，法官要指示陪审员将问题写成书面问题。陪审员将纸条交给法庭书记官或者法警，后者将纸条交给法官。这时，在法官席旁，法官和律师可以讨论这个问题的适当性。法官应该给陪审团一个额外的指示，告诫他们不要在所有的证据都展示给他们之前得出结论或者采取立场。此外，如果允许陪审员提问，应该允许律师跟进，就陪审员问题的主题询问证人。

第9节　刷新回忆

无论询问者是律师、法官还是陪审员，焦虑的证人都可能会忘记相关的事实。对许多证人来说，作证是一种新奇、可怕的经历。从日常经验中可以清楚地看到，关于某个经历的潜在记忆有时可以通过一个熟悉的图像或者陈述来唤起。用某个法院的话来说，唤起的灵感"可能来自吉卜林（Kipling）[5] 的一句话或者田纳西华尔兹忧伤的曲调；一缕山核桃的烟；手指在一小块灯芯绒上的触磨；巧克力苏打的甜蜜碳酸感；或者是在一张长期被忽视的相册中看到一张褪色的快照？"[6] 这是被古典心理学家称为联想现象的一个例子。对过去经验

---

⑤ 这里指的应当是英国小说家、诗人 Rudyard Kipling（1865—1936）。Kipling 一生共创作了 8 部诗集、4 部长篇小说、21 部短篇小说集和历史故事集，以及大量散文、随笔、游记等。他于 1907 年获得诺贝尔文学奖，成为英国第一位获此奖的作家。——译者注

⑥ Baker v. State，371 A. 2d 699（Md. App. 1977）.

的任何部分的回忆，都有助于回忆起同一意识领域中的其他部分，而新的经验可以激发对先前类似事件的回忆。其效果就是提醒。这个提醒促使我们回忆相关的经历。⑦

23　　正如我们所看到的那样⑧，律师在法庭上询问证人之前会见证人，是准备审判的必要步骤。在审判前，律师可以让证人有机会阅读自己以前的书面陈述、信件、地图或者其他文件，从而最好地刷新证人关于案件事实的记忆。然而，在审判时再次作证可能是一种令人畏惧的经历。有时，即使律师在审判前让证人进行了适当的准备，证人也会焦虑不安，在证人席忘事。在这种情况下，律师必须试图刷新或者唤醒证人的记忆，以引出证人关于所遗忘的事实的证言。

　　假设在庭审中，当被问及某个特定的事实或者事件时，证人回答说她记不起来了。至少当证人承认遗忘并记录在案时，长期以来的做法是，律师可以向她递交一份备忘录进行查阅，以便"使她刷新记忆"。当她根据这样唤醒的记忆说话时，她的证言——而不是书写品——是证据。这是本源的、严格意义上的庭上刷新记忆的做法。

与过去记录的回忆之传闻例外相混淆

　　然而，在法院接受了这一简单、无争议的做法之后，可以预见的是，律师将设法再往前一步。假设即使在查阅了该书写品后，证人也说她的记忆没有被唤醒，她不能根据被唤醒的记忆作证。但是她保证说，她承认这个书写品是她在对事实记忆犹新时写的备忘录。她还说，尽管她目前对这些事实没有记忆，但是她记得在备忘录中正确记录了这些事实。在这里，书写品本身就是证据。该情况与刷新记忆的过程大不相同。在刷新记忆中，证人在回顾记忆辅助物后，根据她现在刷新的记忆口头作证。相反，当她的记忆没有被唤醒时，律师依靠证人的保证作为引述书写品的根据。该书写品是实物证据。

　　在这两种情况下，询问者都会向证人提交一份备忘录，但是第二种情况下的根本理由是完全不同的。在这里，正当性取决于书写品的可靠性，因为证人宣誓说这是其过去记忆的记录。该书写品本身被引入证据。法院为这类备忘录制定了特殊的铺垫规则和限制。因此，普通法规则一般要求，备忘录必须由证人书写或者由她审查并认定正确。还有一项限制，即备忘录必须在所记录的事

---

⑦　参见下文第 279 节。
⑧　参见上文第 2 节。

件发生后迅速撰写，以便证人在作出记录或者由她审查和核实时仍然记忆犹新。满足这些限制条件的备忘录属于第 28 章讨论的传闻规则的过去记忆的记录例外。

显然，早期英国关于真正刷新记忆的案件就在审判中使用备忘录唤醒证人记忆并没有相应的限制。这些备忘录不一定是证人写的，也不一定是在她的指令下写的，也不一定是在临近事件发生时写的。理论上，询问者可以用任何东西来唤起证人的记忆。然而，在引入过去回忆的记录的做法方面，有充分理由规定额外的限制条件。不幸的是，由于"刷新记忆"这个旧名字经常被不加区别地应用于这两种做法，因而这两种做法变得混淆起来。可以预见的是，就一种备忘录（过去的记忆记录）制定的限制条件扩展到了另一种备忘录（刷新的当前记忆）。

区分这两种做法的理由

更明智的做法是哪一个呢？（1）Wigmore 和大多数现代法院支持的旧规则，即任何备忘录，不受作者身份、时间或者正确性的限制，都可以用来恢复记忆，还是（2）要求用于刷新记忆的备忘录要满足关于过去记忆的记录的限制条件的相同限制条件的学说？即使后一种学说是一个历史性的错误，它也可能是加强对真相的探求的可取做法。

任何一种刺激，"一首歌，一张脸，或者一篇报纸文章"，都会产生一种识别出来的"灵光一现"，一种"现在我全想起来了"的主观感觉。但是这种感觉的真实性，并不能保证所回忆的形象的客观正确性。有一种危险是，大脑会"记住"一些从未发生过的事情。这种危险至少和诱导性问题一样严重。"想象和暗示是两位随时准备修补日渐褪色的记忆的孪生艺术家。"[9] 因此，有合理的政策论据，支持将为记录的回忆而制定的保护措施扩展到刷新记忆，即证人必须创造了书写品或者认识到书写品是正确的，并且必须是在对该事件还记忆犹新的时候创造的该书写品或者认识到其是正确的。

不过，今天大多数法院坚持"经典"的观点，即任何备忘录或者物品都可以作为对当前记忆的刺激，而不受作者身份、正确性保证或者制作时间的限制。这种自由主义的观点更为合理。还有其他防止滥用的充分保障措施。第一项保障措施是《联邦证据规则》104（a）规定的审判法官的权力。根据规则104（a），备忘录是否能进行刷新，这是由法官作出决定的预备性问题。当备

[9]　Gardner, The Perception and Memory of Witnesses, 18 Corn. L. Q. 390, 401 (1933).

忘录的内容与证人的证言之间似乎没有联系时，她可能会认定没有联系；她不必从表面上接受证人的主张，即审阅备忘录唤醒了证人的记忆。根据规则 403 和 611（a），法官拥有额外的控制权。法官在行使其自由裁量权，以控制询问证人的方式时，如果根据规则 403 和 611，她认为不当暗示的危险严重超过证明价值，则可拒绝记忆辅助品。

　　当证人试图诉诸备忘录时，另一项保障措施是让对方当事人有权审阅备忘录，以便她可以（1）在有理由时对使用备忘录提出异议，以及（2）使用备忘录对证人进行交叉询问。有了备忘录，交叉询问者就有了一个很好的机会来检验证人关于她已恢复记忆的说法的可信性，并找出书写品与证言之间的任何差异。例如，如果书写品的内容与证人所称想起来的事实之间没有明显的联系，交叉询问者可以攻击证人证言的合理性，即查看该书写品是否真正帮助证人记起了该事实。在过去，这种审阅权通常仅限于证人在证人席上作证时使用的书写品。然而，关于审阅权的政策理由似乎同样适用于证人在作证前用来刷新记忆的书写品。本节最后将讨论证人在出庭作证前所参阅的书写品的审阅和使用问题。

　　对方不仅可以审阅在询问证人期间用来刷新记忆的备忘录，还可以将其提交陪审团进行审查。然而，传唤证人的一方不得这样做，除非根据传闻规则，备忘录作为独立证据具有可采性。共识是，除非它们是非传闻或者属于传闻规则的例外，否则用于刷新记忆的备忘录不是可用于支持事实认定的实质证据。它们不过是记忆提醒物或者辅助物。因此，最佳证据规则是不适用的；复制件可以用于刷新记忆，而不考虑其是否是原件。

　　把这些书写品仅仅当作记忆提醒物和把它当作过去回忆的记录之间的界线是模糊的。提出者必须证明证人现在对备忘录所载的任何事项都没有记忆，然后她才能求助于作为记忆辅助物的备忘录吗？即使在根据《联邦证据规则》发表的意见中，有时也会断言需要进行该证明，但是这种断言是不合理的。重塑后的规则 803（5）允许提出者在证人审阅书写品后，因"不能充分回忆而无法就此全面、准确作证"时，依靠记录的过去的回忆这一传闻例外。法院应当适用规则 612 规定的类似的现实标准。证人可能认为她完全记得；但是，在阅读备忘录之后，她很可能还能回忆起其他事实。正如古老的谚语所说，"最暗淡的墨水也比最好的记忆更为清晰"。不可否认的危险是，一个易受暗示的证人可能会错误地认为，她记得某个具体事实，仅仅因为读了它。然而，这种危险并没有那么严重以致有理由制定一项明确的规则，禁止在这种情况下使用刷新的现在的回忆。法官在这件事上应有自由裁量权。同样，即使证人从现在的记忆中认识到备忘录中记录的一组事实的正确性，证人也可能在没有查阅书面材料的情况下无法凭记忆详细说明各个事实，例如数字。因此，这样的概括，即一旦经过刷新证人必须独立于书写品作证，是过于僵化的。同样，这件事应该由审判法官裁量决定。法官可准许证人在讲话时参考备忘录，特别是当备忘录如此冗长和翔实，以致即使是记忆犹新的证人也无法在没有帮助的情况下背出所有事项时。

如前所述，许多较老的判例拒绝执行查阅要求。然而，即使在《联邦证据规则》制定之前，越来越多的判例得出了相反的结论。加速这一趋势的最重要因素是制定了《联邦证据规则》612。规则 612 明确宣布，当证人使用书面材料刷新记忆时，即使是在作证前，对方当事人也有权要求在听证会上出示该书写品，查阅该书写品，就该书写品对证人进行交叉询问，并将与证人证言有关的部分引为证据，如果法院依照其自由裁量权确定出示该书写品是正义的利益所必需的话。

考虑一下规则 612 的笼统措辞的影响。一篇用来刷新记忆的书写品可能受特免权保护，比如委托人—证人写给她的律师的一封关于本案的信。在这种情况下，规则 612 的披露要求与律师和委托人之间的秘密交流特免权，可能存在冲突。在审前参考书写品的行为，是否应当构成对特免权的放弃？如果证人在作证时参考该书写品，认定弃权显然是有道理的；证人在公开法庭作证时参考该书写品，但是拒绝对方律师查看该书写品，这显然是不公平的。如果在审判前参考受特免权保护的书写品，适当的结果更值得商榷。通常情况下，所涉及的特免权要么是绝对的律师—委托人特免权[10]，要么是有资格获得"工作成果"保护。[11] 本书第 93 节讨论了放弃这些特免权的问题。此时，足可以说，联邦判例中的明显趋势是，判定规则 612 压倒了所有特免权主张，至少在证人在审前参考了书写品中的段落，而这完全是为了刷新其记忆以作证时是这样。确实，最近的一些判决表明，只有在记录证明参考书写品确实刷新了证人的记忆并影响了证人的庭上证言时，才压倒了这一特免权。

与《联邦证据规则》612 有关的另一个问题是该规则与《联邦刑事程序规则》26.2 的关系。规则 26.2 是《美国法典》第 18 编第 3500 条中所谓的《詹

26

---

[10]　总体可参见下文第 10 章。

[11]　参见下文第 96 节。

克斯法》（*Jencks Act*）的继承者。这种关系将在后面的章节中讨论。⑫

    最后，催眠术有时被用来作为刷新证人的记忆的一种技术。这一主题将在后面专门讨论科学证据的章节中进行分析。⑬

⑫   参见下文第 97 节。
⑬   参见下文第 206 节。

第 3 章

第一手知识要求：意见规则与专家证言

第 10 节　来自观察的知识要求

　　普通法系的证据制度严格要求有最可靠的信息来源。这种坚持反映在传闻规则、文件原件规则和意见规则中。这些教义并不是绝对的排除规则；相反，每一种教义都反映了对更可靠的证据类型的偏好。例如，根据意见规则，法律倾向于证人根据亲身知识对事实作证，而不是根据基于这些事实推断出的意见作证。普通法坚持这一点的最早和最普遍的表现之一是这样的规则，即证人对一个可以被感知的事实作证时，必须（1）有机会进行观察，（2）实际观察到事实，以及（3）现在回忆起了观察到的事实。同样的一般要求也适用于根据大多数传闻规则的例外而采纳的陈述：作为一个一般命题，传闻陈述人必须有机会观察所陈述的事实。

　　这一要求很容易与禁止重复被视为传闻的庭外陈述的规则相混淆。[①] 从技术上讲，如果证人证言表面上看宣称的是观察到的事实，但证言依据的是他人的陈述，则可以提出这样的异议，即证人缺乏第一手知识。相反，当证人证言表面上表明的是证人在重复庭外陈述时，传闻异议是适当的。法院经常模糊这种区别。

　　提供证言的当事人负有进行铺垫的责任，即要证明证人有充分的机会进行观察，实际进行了观察，并且现在能对观察进行回忆。假设在直接询问中，证人最初似乎是根据亲身知识作证。如果后来证人开始看起来缺乏观察机会或者没有实际观察到有关事实，他的证言将被删除；陪审团将得到一项治疗性指示，即要无视被删除的证言。虽然存在证明证人亲身知识的要求，但是提出者的负担是最小限度的。法官适用规则 104（b）的程序，来确定提出者是否充分证明了亲身知识。如第 53 节所述，规则 104（b）标准被放宽了。在常人对证人是否有充分的观察机会有不同意见时，证人的证言是可采的；此后，陪审

[①] 参见下文第 246 节。

团在评估该证言证明力时，对证人进行观察的机会作出自己的评价。

28 　　在进行铺垫时，询问者可以从证人那里引出引起他注意、观察或者回忆事实的特定情况。是什么引起了证人对事实或者事件的注意？证人的观点有多清楚？为什么证人对这个事实如此难忘？如果有引起证人注意的特别原因，陪审团很可能会将更多的证明力赋予证人所称的回忆。

　　虽然法律要求第一手观察，但是法律并没有不切实际地坚持证人准确感知或者在回忆事实时的确定性。因此，即使证人使用诸如"我认为"、"我的印象是"或者"在我看来"之类的限定性语言，如果他不过是在承认一个不经意的观察或者不确定的记忆，证言也是可采的。然而，如果法官断定证人的意思是说他是根据推测或者传闻说话的，则异议将被维持。如果记录状况不清楚，法官可根据规则 614 行使其权力，在对异议作出最后裁决前询问证人。

　　当然，一个除别人告诉他的以外，对某个事实一无所知的人，是不符合知识来自观察的要求的。然而，当证人的证言部分基于第一手知识，部分基于他人的描述时，这个问题需要一个可行的折中方案。例如，当证人谈到自己的年龄或者与某个亲属的血缘关系时，法庭通常允许作证。严格地说，证人不可能就这些事实有亲身知识；无论孩子多么早熟，她都不会回忆起自己的出生。因此，在这种情况下有一个必要性因素。此外，证人对这类事实的了解可能有一个可信的基础，即有掌握第一手资料的近亲属的报告。简言之，当证人作证时，他知道的内容部分是第一手的，部分是从传闻中得到的，法官应根据证据的整体可靠性来采纳或者排除。举例来说，证人的行业经验是证人就行业内惯例作证的充分前提。同样，一家企业的非专业员工通常被判定为对该企业的运营有足够的"个性化知识"，能够就其利润额作证。

第 11 节　反对意见规则的演变：外行意见

最初的英国观点

　　虽然它可以追溯到英国的法院，但是与英国相比，在美国，意见规则的执行更为广泛，更欠灵活。对英国法官而言，最初的反对"意见"规则有着不同的、有限的含义。在 18 世纪及更早的英国用法中，"意见"的主要含义是，一个没有根据的"概念"或者"没有证据或者特定知识的思想的说服"。因此，最初的表达暗示了缺乏根据，这与美国"意见"一词的当代含义大不相同。今天我们用这个词来表示一个推论、信念或者结论，而不必然暗示这个推论是完全没有根据的。

前一节讨论的证人要有亲身知识的要求源于中世纪的法律。早期的法院要求证人只就"他们所看到和听到的"作证。Coke 在 1622 年的经典名言，即 29 "证人说他'认为'或者'说服了自己'并不令人满意"②，以及 Mansfield 在 1766 年的说法，即"这只是意见，而不是证据"③，应该被理解为只谴责不是基于亲身知识的证言。纯粹基于传闻或者推测的陈述受此禁令限制。但是，随着 Wigmore 对历史证据的解释，直到 19 世纪，更严格的"意见"规则才得到法院的支持，甚至排除了拥有亲身知识的证人的推论。

美国法律的演变

早期的排除规则。然而，到了 19 世纪中叶，对"纯粹的意见"的轻蔑，在有限的、不基于观察的推测意义上，演变成了一个更广泛、更值得怀疑的排除准则。这一准则是这样一种教义，即证人通常必须将其证言限制在对"事实"的叙述上，并避免"推论、结论或者意见，甚至是从其对事实的亲身知识中得出的推论、结论或者意见"。

这一准则基于一个简单化的假设，即"事实"和"观点"在种类上是不同的，并且容易区分。这个公式是规范对证人的询问的笨拙工具。它之所以笨拙，是因为它的基本假设是一种错误的观念。正如最高法院所说的那样，"事实陈述和意见陈述之间的区别充其量只是程度上的区别"④。证人的话不能"给出"或者"再现"事实，即证人就其正在作证的客观情况或者取件的陈述，不能给出或者再现事实。图画、地图、照片甚至是电影，都只是对这些"事实"的一种遥远的、部分的刻画。对事件的文字刻画——口头或者书面描述——甚至距离事实更为遥远。不管它看起来多么具体，多么详细，多么"真实"，任何可以想象的陈述，在某种程度上都是推论、观察和记忆的产物。"他在道路左侧行驶"（根据规则，这将被归类为"事实"）和"他不小心驾驶"（这将被称为"意见"），这两种说法之间的区别，仅仅是一种更具体的描述性陈述形式和一种不太具体的陈述形式之间的区别。所谓"事实"与"意见"的区别，不是对立的或者有着鲜明对比的绝对事物之间的区别，而是程度上的区

---

② Adams v. Canon, Dyer 53b, quoted 7 Wigmore, Evidence § 1917, at 2 (Chadbourn rev. 1979).

③ Carter v. Boehm, 3 Burr. 1905, 1918 (1766) quoted 7 Wigmore, Evidence § 1917, at 7 (Chadbourn rev. 1979).

④ Beech Aircraft Corp. v. Rainey, 488 U. S. 153, 168 (1988).

别，二者并没有鲜明的界限。

如果审判法官一时冲动，必须要区分"事实"和"意见"，那么没有两个独立行事的法官总是会得出相同的结果。当然，许多问题再次出现，通常被要求为归类是"事实"或者"意见"。但是，在一个不断变化的世界里，法官必须对无数新的陈述加以区分。因此，良好的判断力要求法律给予审判法官广泛的自由裁量权，至少在将证据归类为"事实"或者"意见"方面是这样的，可能在采纳被归类为意见的证据方面也是如此。几个法院表达了这一观点。《联邦证据规则》和《统一证据规则》701反映出审判法官拥有这样的自由度。

30 　　可采性标准的逐步放宽。人们逐渐认识到，不可能将意见标准作为一项强制性规则加以实施。标准严格性的放宽最初仅限于严格必要的情况。在严格必要的情况外排除意见的准则，作为"正统"的观点，在一些州法院今天仍然存在。然而，即使在没有采用《联邦证据规则》或者类似制定法改革的州，实践也比旧的模式自由得多。这种实践更准确地反映在一些法院使用的公式中，该公式以"变通"或者"方便"而不是"必要性"为由批准采纳意见。所谓的"总体事实（collective fact）"或者"快速再现（short-hand rendition）"规则，允许就一个人的年龄、汽车的速度或者一个人的醉酒等问题发表意见，这就立足于这个更自由的观念。同样的观念也支持接受"熟练的非专业观察者"对诸如识别一个人的书写风格等主题发表的意见。在总体事实意见的情况下，提出者进行铺垫来证明有足够的观察机会，例如有足够长的时间来观察据称超速行驶的汽车。在熟练的非专业观察者意见的情况下，提出者进行铺垫，证明有足够、大量的机会来进行事先观察，如在以前的场合，证人看到过有关人员的草书样本。实际上，《联邦证据规则》701将便利性规定为标准。规则701不是将非专业意见限制在严格必要的情况下，而是授权接受任何对事实审判者"有帮助"的非专业意见。作为一项一般性命题，规则701放宽了普通法标准。

许多当代审判法官实际采用的标准，反映了Wigmore的立场。他的立场是，只有当非专业意见是多余的，即它们对陪审团毫无价值时，才应予以拒绝。意见对陪审团的价值或者帮助，是《联邦证据规则》和《统一证据规则》701的主要标准。根据规则701，在接受非专业意见方面的普遍做法不应被描述为排除意见的严格规则，而应当被描述为一种优先权，更具体的描述胜过更抽象的描述。当然，在合理可行的范围内，证人应当试图将具体的主要事实转达给事实审判者。然而，当证人用言语表达所有支持推断的数据不可行时，产生了这种优先权：证人的推断性证言是可采的。此外，该规则的主要影响是询问形式。这些问题虽然不能暗示所想要的具体细节，但是应当要求证人提供最具体的描述。例如，不应该问证人"他们达成协议了吗?"，而是"他们怎么说的?"意见规则应被视为询问形式的问题，而不是证言的主旨问题，这也是程度上的差异。如此设想，就像调整诱导性问题和要求自由叙述的问题的形式规则一样，意见规则属于自由裁量的范畴。英美律师询问具体细节的习惯是一个宝贵的传统。我们面临的挑战是，在保持这一习惯的同时，要遏制因琐碎的"意见"异议而浪费时间进行争吵。不幸的是，这些异议仍然可以在坚持按照字面规定而应用更古旧的程式的司法辖区内被提出来。

　　一个简单、干净的解决方案是，将外行意见事项从"规则"所调整的事项的类别中删除。该解决方案的支持者在律师的提出一个详细的、令人信服的案件的自然欲望，与交叉询问者揭露出在直接询问中未被引出的细节的不存在或者不一致的能力中，找到了足够的替代物。《联邦证据规则》701 没有走那么远，但是，它包含了一个可行的替代方案，该方案没有完全抛弃意见教义。根据规则 701 和规则 602，证人必须对构成意见证言基础的事项具有亲身知识；证言必须合理地基于证人的感知；意见必须对陪审团有帮助（主要标准）。根据这些法定标准，许多法院更愿意接受就第三方的精神状态作出的外行意见。在现代，只要证人向陪审团说明，她是根据第三方的举止和行为等因素对第三方的明显精神状态来表达推断的，法院就常常接受这种意见。与一些早期的判决相反，如果提出者充分证明证人有亲身知识，证人不必叙述作为意见基础的所有观察到的事项，尽管法官有自由裁量权来要求就这些事项提供预备性证言。当然，作为同一立法方案的一部分，规则 701 和规则 403 必须协调一致。因此，即使推理通过了规则 701 规定的审查，规则 403 也允许排除有害、混淆、误导或者浪费时间的推论。

　　前几段讨论了采纳作为适当的外行意见的推论的各种要求。然而，不仅能因为未能满足这些要求而排除所提出的外行意见；也可以因为说明这样的理由，即证言主题必须有专家证言，来禁止该意见。2000 年 12 月 1 日生效的对《联邦证据规则》701 的修正案规定，可采的外行意见"不是基于规则 702 范围内的科学、技术或者其他专门知识"。就像所附咨询委员会注释所解释的那样，该修正有两个原因。一个原因是"为了消除这样的风险，即以外行证人的方式提出专家的简单变通就能规避规则 702 中提出的可靠性要求"。另一个原因是防止诉讼当事人规避《联邦民事程序规则》26 和《联邦刑事程序规则》16 所规定的专家证言的强制性案情先悉前披露要求。

　　当然，实施 2000 年修正案的困难在于，要在外行证人和专家证人之间划清界限。自 2000 年以来，当公诉人由经验丰富的警察提出"外行"意见时，法院经常被要求划定这一界限。在民事案件中，内科医生的证言也会带来同样的划线问题。这条线很关键，因为在许多案件中，外行证人和专家证人可以就同一主题作证。法官可以通过关注为什么采纳意见这一基本问题来划清界限：接受意见是因为口头表达诸如证人的亲身经历等原始数据不可行（采纳外行意见的理论根据），还是因为证人有能从原始数据中得出更可靠的推论的技术或者方法（采纳专家意见的理论根据）？2000 年修正案所附的注释提出，审判法官应遵循这一做法。该注释指出修正案无意影响适当的外行意见的"典型例子"，例如关于"人或者物的外观、身份、行为方式、人的能力、光明或者黑暗程度、声音、大小、重量、距离，或者是无数的事物，除推论之外，无法用文字进行确切描述"等主题的推断，所有这些例子都是"总体事实"或者"熟练的外行旁观者"的意见。然而，更具体地说，该注释明确支持 1992 年田纳西州作出的 *State v. Brown* 案件[5]的判决中的推理。法院在 *Brown* 案件中解释了这两种类型的意见之间的区别，称外行意见"来自日常生活中人们所熟悉的推理过程"，而专家意见"来自只能由该领域专家掌握的推理过程"。*Brown* 案件判定，尽管外行人可以作证说某物质似乎是血，但只有专家才能得出意见说眼睛周围的瘀伤是颅脑外伤的症状。问题不在于证人的意见与什么话题有关，而在于证人如何就这个话题发表意见。下级法院是否会认为该注释中的指导是适当的，还有待观察。

32

第 12 节　意见规则的相对性：关于最终争点的意见

事实问题

正如前一节所指出的那样，"事实"和"意见"这两个术语，只是意味着描述的具体程度的差别，或者是推理的接近或者遥远程度的差别。意见规则倾向于更确切的描述而不是更不具体的描述，倾向于直接的陈述形式而不是推理。但是，在这个等式中还有另一个变量：证言的目的对所要求的具体程度有影响。在接近相关性极限的旁系事实的外环中，法院以相对自由的方式接受证据；但是，随着证言向中心问题靠拢，法院更坚持细节而不是推论。审判法官倾向于更自由地行使自由裁量权，采纳关于旁系事项的意见和推论，而当证言涉及更关键事项时，则不那么宽容。但是，是否应该更进一步，用一个明确的

---

⑤　836 S. W. 2d 530，549 (Tenn. 1992).

规则来束缚法官的手脚，禁止关于"最终"事项的意见证据呢？

证人的一些高度意见性的陈述，只不过是他对应当如何裁决案件或者损害赔偿数额是否公正的一般信念的表达。所有法院都排除这种极端、结论性的表述。这种证据是没有必要的；接受这样的证据，表明法官和陪审团可能将作出决定的责任转移给了证人。无论如何，这种意见对于事实审判者来说是毫无价值的。

但是，直到大约半个世纪前，就法官和陪审团应如何履行其职责，许多法院远远超出了这种常识性的不情愿，来听取证人的观点；这些法院宣布了一个普遍的教义，即证人可能永远不会就有争议的最终事实发表意见或者结论。所陈述的理由有时是这样的，即证言"篡夺了陪审团的职能"，或者"侵犯了陪审团的职权"。不要从字面意义上理解这些表达。相反，他们的用意是表达这样的担心，即陪审团可能会放弃对事实的独立分析，而太容易屈从于专家或者其他有影响力的证人的意见。

尽管许多州在1942年之前就遵循了这一规则，但是后来出现了放弃这一规则的趋势。在大多数州法院，专家现在可以就最终事实发表意见，只要满足了采纳专家意见的所有其他要求。这一趋势的高潮是通过了《联邦证据规则》704，即现在的704（a）。重塑后的规则704（a）规定："总则——不自动受到异议。意见并不仅仅因其包含有最终争点而受到异议。"

从表面上看，规则704（a）并不限于专家意见，因此似乎在授权接受关于最终问题的外行意见。一些法院已经采纳了这样的观点，即外行对最终事实的意见是允许的。然而，在某些情况下，这种意见可能与其他限制相冲突，例 *33* 如，关于如何裁决案件以及赔偿数额是否合适的意见。即使根据最自由的规则，这些意见也可根据规则403被排除在外，理由是它们的价值被"不公平损害、混淆争点或者误导陪审团的危险，或者不当拖延、浪费时间或者不必要地出示重复证据的因素"所超过。然而，并不存在对关于最终事实的意见的绝对禁止，不管是外行的还是专家的。

这种对"最终事实"意见的观点转变，是由于认识到排除关于最终事实的意见的规则具有过分的限制，可能会带来许多势均力敌的适用问题。该规则可能不公平地妨碍一方提出其案件。在传统禁令仍然存在的司法辖区，对于一项意见是否涉及最终事实，可能会发生耗时、不必要的争论。

法律问题

无论有关最终事实的意见的规则如何，普通法法院都不允许对法律问题发表意见⑥，除非该问题涉及外国法律。除外国法律问题外，《联邦证据规则》也不允许对法律发表意见。一家联邦法院表达了典型的司法态度，它写道："在审判中，只有一名法律专家——法官。"⑦

即使法院不自动禁止对最终问题发表意见，也可能谴责提问者用没有充分界定的法律标准来措辞的问题。如果没有足够的界定，外行陪审员可能会误解证人的回答。有些司法辖区仍然坚持一项一般规则，即证人不得就法律问题或者法律与事实的混合问题发表意见。但是，使用律师熟悉的一些法律标准部分表达的问题，通常是方便或者可取的。问题是陪审员对这个问题的解释。我们如何确保陪审团能够适当解释问题中涉及法律标准的部分？

这个问题经常出现在有关立遗嘱能力问题的证言方面。因此，允许对最终问题发表意见的法院将批准这样的问题："X 是否具有充分的精神能力来理解其遗嘱的性质和效果？"这一措辞纳入了遗嘱能力的实质性法律标准。然而，即使是这样的法院，也不会赞成结论性的措辞："X 是否有充分的精神能力去立遗嘱？"如果证人和陪审团不知道法律对"立遗嘱能力"的定义，他们很容易误解这个问题。但是，一个完全禁止对最终问题发表意见的法院，可能会谴责这两种形式的问题，甚至可能会谴责提问者将"遗嘱能力"分解为法律规定的要素的问题。这一问题绝不局限于遗产诉讼；在不当影响、完全和永久残疾以及疏忽等问题上，也可能出现类似的问题。

总的来说，这些问题所带来的危险是轻微的，因为律师很少问这样的问题，除非大众含义与法律含义大致相同。在对最终问题的意见没有一般性反对规则的司法辖区内，对手要求提问者界定其术语的请求，应是唯一的解决之道。如果提问者向陪审团明确解释了定义，许多司法辖区都会接受在法律和事实混合问题上表述为结论的意见。

尽管现在的规则 704（a）这一制定法规定似乎废除了任何最终事实禁止，但是在某种程度上，规则 704（b）恢复了禁止。规则 704（b）的制定，在一定程度上是为了抵制以精神错乱为由，无罪释放企图暗杀里根总统的 John Hinckley。《联邦证据规则》704（b）规定，当被告的精神状态或者状况存在争议时（如谋杀中的预谋，在诱捕中缺少倾向，或者关于精神错乱的真正的积极抗辩），专家证人不得就被告有或者没有构成被指控的犯罪或者辩护的要件的被告的精神状态或者状况作证。

---

⑥　参见下文第 335 节。
⑦　Pivot Point Int'l, Inc. v. Charlene Products, Inc., 932 F. Supp. 220, 225（N. D. Ill. 1996）.

规则 704（b）旨在消除这样的令人困惑的场面，即势均力敌的精神病学和心理学专家在作证时，就有待事实审判者解决的最终法律问题直接作出相互矛盾的结论。即使根据规则 704（b），一名精神健康专家也可能回答这些问题："被告是否患有精神疾病或者缺陷？""请解释一下精神疾病和缺陷的特征"和"他的行为是这种疾病或者缺陷造成的吗？"这些结论完全在证人的专门知识范围内。然而，如果规则 704（b）要有任何"牙齿"，似乎同样清楚的是，专家不能直接回答这样一个问题："被告是否能够理解其行为的性质和特点"；或者"被告是否理解其行为的不法性？"在某种程度上，规则 704（b）具有缓和精神健康专家在法庭上的斗争的预期效果，但是并没有产生显著的差别。规则 704（b）禁止争斗的专家对最终结果发表相互矛盾的意见，但是许多法院仍然允许他们在陪审团面前就倒数第二个问题（penultimate questions）发表截然相反的意见。因此，大多数审判法官允许专家就被告的精神疾病、疾病的典型症状以及这些症状可能对被告的认知和意志能力产生的影响作证。

第 13 节 专家证人：专家证言的主题、资格和交叉询问

在过去的三十年里，专家证人的使用激增。在兰德公司对加利福尼亚州高等法院审判的一项研究中，86％的审判中有专家出庭；平均每场审判有 3.3 名专家出庭。一些论者声称，美国的司法听证正在变成专家审判。外行观察者有资格作证，因为他对有关情况或者事项有直接的了解。专家的贡献则有所不同。那就是陪审团根本无法从有关事实中得出或者无法同样可靠地得出推论的知识或者技能。

专家推理的适当主题

传统上，为了证明采纳专家证言的正当性，提出者必须首先证明至少两个一般要件。门槛问题涉及专家推理的主题。在过去，有时有人宣称，必须确实有必要诉诸专家推理，也就是说，推理的主题必须与科学、职业、商业或者行业有如此独特的联系，以至于超出外行人员的认知范围。然而，即使在当时，一些判例明智地判定，法官在执行这一规则时有自由裁量权。然而，在 20 世纪中叶，其他案件开始朝着更自由的标准迈进，如果专家意见能够改善陪审员的理解，就可以就陪审员可能具有一般知识的事项采纳专家意见。后一标准被编入了《联邦证据规则》和修订后的《统一证据规则》702。规则 702 似乎允许专家发表意见，即使该事项几乎不在陪审员的能力范围内，如果专门知识

"有帮助"的话。根据对规则 702 的这一自由解读，心理学家可以就证人证言的不可靠性作证；人因工程师们可以就某些环境下普通人的行为发表意见。

证人作为专家的资格

即使推论涉及一个适当的主题，证人也必须有能力得出推论。因此，第二个传统的要求是，面对异议，证人的支持者要证明证人具有与有关领域或者行业相关的充分技能或者知识，他的推理可能有助于审判者查明真相。这些知识可能完全来自在某些领域的读习（教育），也可能完全来自在其他领域的实践（经验），或者更常见的情况是两者兼而有之。当然，制定法可能会有相反的规定，规定教育和经验要求都是专家就某些主题作证的条件。然而，在医疗不当执业背景之外，这样的规定是罕见的。一般而言，尽管法院确实可以裁定某一调查主题要求传唤某一特定职业的成员，如医生、工程师或者化学家，但是通常不需要是某一学科或者职业的某一分支的专家。问题不在于这个证人是否比该领域的其他专家更有资格；这不是比较的标准。相反，问题是该证人是否比外行陪审员和法官更有能力得出结论。然而，有一个初步的趋势是加强标准，特别是在就科学证言的可采性采用了 *Daubert* 案件[⑧]标准的司法辖区。在 *Daubert* 案件及其系列案件中，最高法院强调证人必须有能力执行具体的"当前任务"。从实践来看，这种强调迫使提出者传唤专家出庭作证。即使是在 *Daubert* 案件之后，实质性的资格标准在很大程度上也没有具体化为硬性规定。相反，上诉法院把这个问题交给了审判法官自由裁量，只有在滥用自由裁量权的情况下才会被复审。因滥用自由裁量权而被推翻原判的情况很少见。

曾几何时，至少在证人的专业知识是非科学性的时候，除了要求意见与适当的主题有关，以及证人有资格成为专家，大多数法院并不对专家的推理进行审查。然而，今天大多数法院更仔细地审查专家的推理。在某种程度上，它们仔细审查推理过程中的每一个要件。在提出者证明证人具备专家资格后，提出者引出专家关于案件是非曲直的证言。在典型情况下，提出者敦请专家描述一般性技术或者理论，然后将该技术或者理论应用于案件的具体事实。专家证言的结论实质上是一个三段论：大前提是专家的一般性理论或者技术的有效性，小前提是具体案例的数据，将大前提运用到小前提得出与案件是非曲直有关的结论。在推理的每个步骤上，都有证据性限制。

---

⑧　Daubert v. Merrell Dow Pharmaceuticals, Inc., 509 U. S. 579 (1993).

专家的基本技术或者理论的有效性

除了专家意见主题的适当性和所称专家的资格等传统问题，还有这样一个问题，即技术水平或者科学知识是否能够使专家形成可靠的意见，从而有助于事实审判者。专家的大前提是否可靠？就像第 203 节所指出的那样，在 1993 年之前，大多数司法辖区判定，所称的科学证言必须以普遍接受的理论或者技术为基础。然而，在 1993 年的 *Daubert* 案件的裁决中，最高法院宣布，当提出者以科学专家的身份提出证人时，提出者必须证明证人的基础理论或者技术符合在《联邦证据规则》702 中表达的可靠的"科学……知识"的含义。法院解释说，要符合该条件，专家的假设必须经过经验验证。法院表示，在评估专家假设的有效性时，审判法官应考虑以下因素，特别是：该命题是否是可测试的并且已经测试；该命题是否经过了同行评议和发表；该方法是否有已知的错误率；就使用该方法是否有被接受的标准；以及该方法是否已经被普遍接受。

接着就产生了一个问题，即 *Daubert* 案件的"科学知识"可靠性标准是否适用于其他类型的专家证言？从表面上看，规则 702 提到的是可选择的"科学、技术或者其他专门知识"。因此，该制定法的措辞表明，除了科学专家，还可以有非科学的"技术"专家和非科学、非技术的"专门"专家。*Daubert* 案件的标准和相关因素清单是否适用于非科学专家？在侵犯著作权的案件中，原告可以请一位音乐专家来就两首歌曲的相似度作证。这位音乐家可以说是在就"技术……知识"作证。在音乐领域，就技术和方法论有着广泛的约定，但是在大多数情况下，音乐家的方法论不能以一种经验性的、科学的方式得到验证。同样，公诉人也可以叫一位经验丰富的警察来就典型的犯罪手法作证。同样，警察的证言可能代表的是"专业知识"，但是警察不会在系统、可控的科学研究基础上发表意见。然而，法院是否必须根据 *Daubert* 案件对音乐家和警察的基本假设的可靠性进行审查？

1999 年以前，法院分为三个阵营。一些法院则判定，"技术性"和"专门性"专门知识不需要遵守 *Daubert* 标准。在其意见的脚注 8 中，*Daubert* 案件法院否认打算规定非科学专家证言的可采性标准。根据 *Frye* 案件，即 *Daubert* 标准之前的标准，大多数法院对作为非科学专家证言的基本前提的可靠性，采取自由态度；对专家理论可靠性的任何怀疑都"基本上是不被考虑的"[9]。

---

⑨　Strong, Language and Logic in Expert Testimony: Limiting Expert Testimony by Restrictions on Function, Reliability, and Form, 71 Or. L. Rev. 349, 361 (1992).

另一个极端是，其他法院采取了这样的立场，即 *Daubert* 案件的意见的整体延伸到其他类型的专家证言。有些法院不仅应用了一般性的 *Daubert* 可靠性标准，也试图从 *Daubert* 案件列举的具体因素角度来评估非科学专业知识的可靠性。第二个阵营坚持认为非科学证言要符合 *Daubert* 案件的因素，这是错误的。事实上，这些案件试图在削足适履。讨论科学技术的错误率是有意义的，但是在分析音乐家、警察、律师和农民的非科学专家证言时，这一因素很难说是适当的。

第三种立场是最明智的：虽然非科学证言的提出者必须证明专家基本假设的可靠性，但是审判法官不必使用 *Daubert* 案件的因素来衡量可靠性。相反，法官应该进行更为灵活的分析；法官应该提出这样的问题，即现实世界中的公众成员是否经常转向这个职业寻求证言之外的服务，以及是否有反馈回路，即当一个行业的成员犯错时提醒她。一个汽车修理工可能缺乏正式的教育来取得科学专家的资格，但是他的顾客们很可能会向他提供反馈，告诉他对他们汽车的修理工作是否成功。即使在最高法院 1999 年的 *Kumho* 案件判决之前，司法会议也提议对规则 702 作出修正，以将基本可靠性要求扩展用于所有专家——非科学专家和科学专家——使用的大前提。修正案于 2000 年通过。

甚至在修正案生效之前，问题就已经于 1999 年在 *Kumho Tire Co. v. Carmichaels* 案件[10]中到达了最高法院。在 Breyer 大法官主笔的多数意见中，法院援引了对规则 702 的修正案草案，基本上赞同第三种立场。一方面，法院指出，"*Daubert* 式审查"适用于所有类型的专家证言。作为制定法解释问题，法院称，各类专家证言必须相当于可靠的"知识"，才有资格根据规则 702 可采。实际上，法院授权审判法官检验所提供的专家证言的认识论基础。对于专家提出的知识主张，法官必须调查是否有充分的根据支持专家的主张。法院还说，*Daubert* 案件中"证据原理"是对可靠性的关注，在法院看来，该原理同样适用于非科学专门知识。法院声称："如果法官的守门义务取决于'科学'与'技术'或者'其他专门'知识之间的区别，那么要求法官运用这样的证据规则，即使不是不可能，也是非常困难的。"

另一方面，*Kumho* 案件的多数意见明确表示，就可采性而言，非科学证据不需要满足 *Daubert* 案件因素中的每一个。审判法官考虑他或者她认为相关的因素，但是在特定的案件中，这些因素中的一些或者大部分可能是不合适

---

* 绝地委员会是美国科幻电影《星球大战》中绝地武士团的领导机构，由 12 名成员组成（5 名永久成员、4 名长期成员和 3 名有限期成员），受武士团大师领导。——译者注

⑩　526 U. S. 137（1999）.

的。法院评论说："就 *Daubert* 案件所提到的因素的适用而言，我们既不能判定其不能适用于所有案件……也不能判定其可以适用于所有案件……"1997年，在 *General Electric Co. v. Joiner* 案件⑪中，法院判定，根据 *Daubert* 案件，滥用自由裁量权是对审判法官的裁决进行上诉审查的适当标准。*Joiner* 案件明确说明，审判法官在将 *Daubert* 案件中列出的因素应用于所称的科学证言时，享有自由裁量权。在 *Kumho* 案件中，法院类推了 *Joiner* 案件。*Kumho* 案件法院宣称："审判法院在确定如何检验[非科学]专家的可靠性时，必须有同样种类的自由度……"法院强调："在某一特定案件中，*Daubert* 案的具体因素是不是可靠性之合理量度的问题，是一个法律赋予审判法官极大自由度来加以决定的问题。"因此，*Kumho* 案件超越了 *Joiner* 案件；在非科学专门知识的情况下，法官有自由裁量权来选择要应用的因素。2000 年，对规则 702 的修正案草案生效，这在很大程度上是将 *Kumho* 案件的要求法典化了。然而，*Kumho* 案件和该修正案是最近的发展，可以想象的各种非科学专门知识如此之多，因此，可以理解的是，目前这种专门知识的可采性标准处在不断变化中。不过，也有进行归纳的可能。人们已经确定了三个基本问题，并正在就每个问题达成一些共识。

　　问题 1：专家将就其作证的具体技术或者理论是什么？对于专家来说，依赖于一个字面上无法表达的命题或者技巧，这当然是不可采的。在绝地委员会（Jedi Council）*的一次会议上，一个无法言喻的概念可能是可采的神秘主义，但是它不符合法庭上可接受的专业知识。同样明显的是，证人仅仅以结论的方式宣称她依赖于她的一般"专业知识"、"知识"或者"教育"，是不够的。这些考虑可以使证人有资格成为专家，但是不能说明专家的理论或者技术的有效性。为了提供有用的专家见解，证人必须说明更为具体的技术或者理论。证人必须阐明这种技术或者理论。否则，证人只不过是在进行猜测而已。

　　同样，越来越多的共识是，在衡量所提出的意见的可采性时，审判法官必须关注于专家所依赖的具体理论或者技术，而不是专家所在学科的"全球"可靠性。不可否认，*Kumho* 案件包含了一种带有相反含义的语言。Breyer 大法官在他的主要意见中，引用占星术和巫术的例子评论说，有时"学科本身缺乏可靠性"，然而，在 *Daubert-Joiner-Kumho* 三部曲中的大多数语言表明，法官的关注点应该是狭隘的。其 *Daubert* 意见结束时的正式总结中，Blackmun 大法官指出，提出者的铺垫必须使审判法官相信，专家的理论或者技术足以可靠

38

---

⑪　522 U. S. 136（1997）.

地"完成当前的任务"。*Joiner* 案件也作出了同样的解释。首席大法官 Rehnquist 在该案中分析了原告所引用的动物研究是否是专家对 *Joiner* 案件中小细胞癌病因发表的意见的充分依据的问题。首席大法官一开始列出了对动物研究的批评。然后他写道：

> 答辩人［原告］未能就这一批评作出回应。他没有解释这些专家是如何以及为什么从这些似乎相去甚远的动物研究中推测出其结论的，而是选择"继续进行，好像唯一的问题是动物研究是否可能是专家意见的适当基础"。当然，动物研究是否可以作为专家意见的适当基础并不是争议点。争议点是，这些专家的意见是否能够得到其宣称依据的动物实验的充分支持。[12]

Kumho 案件与 *Daubert* 案件和 *Joiner* 案件的模式相同。在审查原告为专家 Carlson 的意见进行的铺垫时，Breyer 大法官进行了高度具体化的分析：

> 与［原告的］建议相反，法院所面临的具体问题，不是轮胎专家使用目视和触摸检查来确定过度变形造成了轮胎胎面与钢丝环带胎体分离开来的一般合理性。相反，它是使用这样的方法，以及 Carlson 分析如此获得的数据时使用的特定方法，从而就与专家证言直接相关的特定事项得出结论的合理性问题。[13]

大法官承认："作为一般事项，轮胎过度使用……可以……通过对轮胎的目视或者触摸检查而认定。"然而，Carlson 声称已经形成了一种更为"具体"的方法，即这样的理论：轮胎过度使用有四种特征性迹象，缺少至少两种迹象表明事故是由轮胎的制造缺陷引起的。在稍后的意见中，大法官强调，Carlson 的意见并不是立足于"这样的一般理论，即，在没有过度使用的证据的情况下，缺陷通常将造成轮胎的这种分离。专家使用了更为具体的理论来证明这种过度使用的存在（或者不存在）"。大法官强调，"审判法院面前的问题是具体的，而不是一般性的。"

就像 Risinger 教授所指出的那样[14]，*United States v. Fujii* 案件[15]是 *Daubert* 三部曲所要求的狭隘分析重点的一个完美例子。该案件的问题是，一个可

---

[12]　General Electric Co. v. Joiner, 522 U. S. 136, 144 (1997)（着重号为原文所加）.

[13]　Kumho Tire Co., Ltd. v. Carmichael, 526 U. S. 137, 153 – 54 (1999).

[14]　Risinger, Defining the "Task at hand": Non-Science Forensic Science after Kumho Tire Co. v. Carmichael, 57 Wash. & Lee L. Rev. 767, 798 – 800 (2000).

[15]　152 F. Supp. 2d 939 (N. D. Iu. 2000).

疑文件检验人员是否能够确定手写印刷体的作者。问题是被告在日本学会了用印刷体写字，那里的学生被教导在写字印刷风格上避免个性，而要严格遵循规定的风格。法院说，它不是在拒绝法证文件检验行业的一般可信性。相反，法院面前的问题是，记录是否证明了检验者执行手头具体任务的能力。法院认为缺乏记录，排除了证言。

问题 2：专家将理论或者技术用于了哪种用途？人们越来越认识到，在识别了专家将要就其作证的具体理论或者技术之后，法官应当将专家对该理论或者技术的使用进行分类。专家将理论或者技术应用于哪种类型的用途？有几种可能的分类，包括规范性使用。然而，大多数已公布的意见涉及另外两种用途。

一类是描述性或者总结性主张。在这一类中，专家只是描述或者总结他或者她的领域的经验。例如，假设在违约诉讼中，对书面协议中某一术语的含义存在争议。为了支持她对这一术语的解释，原告请了一位有经验的业内人士作为专家证人。证人准备作证说，就这个词的含义，在这个行业中，有一种贸易习惯或者用法。专家的具体理论是，在行业中存在这种用法。只要证人作证，她成为该行业的一员已经有相当长的一段时间，并且多次遇到行业成员使用该术语，铺垫就足够了。（如果她只是根据个人经验作证，她的证言仅可作为外行意见根据规则 701 被采纳。如果她还依赖了与其他行业成员的对话和行业出版物，那么她的证言将必须根据规则 702 被采纳。）

同样的理由也解释了 Breyers 大法官在 *Kumho* 案件中的意见和 2000 年咨询委员会对《联邦证据规则》702 的注释中赞同提及警方关于毒贩暗语的证言。贩毒是一门生意。正如对合法商业贸易的成员而言，一个术语具有专门的含义一样，对犯罪的贩毒者而言，一个术语也具有特殊的含义。因此，正如一名资深的废肉行业成员可以解释两个行业成员之间合法合同中"50％蛋白质"的含义一样，一名经验丰富的卧底缉毒人员可以就非法购买违禁药物协议中"盖子（lid）"的含义作证。正如 2000 年咨询委员会注释所指出的那样，在这种情况下"仅凭经验……可以……为专家证言提供充分的铺垫"。（如果该警员完全依赖于个人经验，专家的证言的提出者可能能够根据规则 701 引出意见。然而，如果该警员依赖的是与其他官员的对话和培训手册，则由规则 702 来调整。）

然而，在其他情况下，专家证言的提出者希望专家做的不仅仅是对事实 A 的叙述或者总结经验。仅仅证明事实 A 的存在是不够的。相反，提出者打算敦请专家从证人的经验中推断出一个结论。专家对这一经验进行了评估，并得

40

出了关于事实 B 的进一步推论。一名缉毒犬训练员可能准备超越描述狗的行为，补充说，这种行为是一种"警报"，表明被告行李中存在违禁药物。同样，指纹检验人员可能已经准备好超越描述在犯罪现场发现的潜在指印，补充说，与被告的按捺指印进行的比对表明被告在犯罪现场留下了指印。在这一类中，专家正在作出推论性的主张。

问题 3：提出者如何证明专家的具体技术或者理论的使用类型的有效性？最后，在识别了专家的具体理论或者技术，并对专家关于该理论或者技术的主张进行分类之后，用 *Daubert* 案件的话来说，法官必须确定提出者是否已经证明了该理论应用的"适当有效性"。事实上，前两个问题的答案明确了必须被验证的假设或者主张：专家宣称，通过使用特定的理论或者技术，她可以准确地得出某种类型的推论。所需的验证取决于两个因素：专家所作主张的类型和该主张的特异性。

如前所述，一个因素是专家提出的主张类别或者类型。当专家正在作出一个简单的描述性主张时，审判法官应该要求进行铺垫，证明在很多情况下，证人或者其专业领域的其他成员都有类似于有关事件的经验。该行业成员有多少次遇到使用"50％蛋白质"这一表述的废肉交易？卧底特工参与使用了"lid"一词的违禁药品交易的频度如何？仅凭证人说她已经做了几年的行业会员或者卧底的证言是不够的。经验必须足够广泛和具体，足以说服法官认为专家有能力执行具体的"当前任务"。

相比之下，如果专家正在作出推论性主张，一个仅仅说明专家经验的铺垫是不够的。法官应坚持进行铺垫，证明专家的技术或者技术是"能够奏效的"；也就是说，它使专家能够准确地作出他或者她准备就其作证的决断。铺垫必须说明先前使用该技术时的结果。结果是否表明事实 A 和事实 B 之间存在联系？无论是专家的个人保证，还是该领域的普遍认可，甚至是长期、反复使用该理论都不足以说明这一点。《联邦证据规则》901（b）（9）提供了一个有益的类似规定。当问题是"一个过程或者系统"的验真时，法律明确要求"表明该过程或者系统产生了准确结果"。在 *Kumho* 案件中，Breyer 大法官宣称，在评估专家方法的可靠性时，法官应该考虑"专家的方法论产生错误结果的频率"。2000 年咨询委员会对修正后的规则 702 的注释同样指出，一个有关的因素是在使用理论或者技术时所取得的"结果"。根据这一标准，如果提出的专家是一个毒品或者爆炸物警犬训练者，应该说明该警犬的成绩记录。在过去，当狗发出警报时，有多少百分比的警报会导致查获违禁药物？对于指纹检验人员而言，在能力验证中，检验人员正确识别指印来源的比例是多少？

41

必要的验证不仅因主张类型而异，还因第二个因素即专家主张的特异性而异。专家的理论越具体，铺垫就越是要广泛。考虑一下下列说明性意见：

● 意见1。假设专家准备仅就存在某种现象作证。例如，专家可能准备提出这样的意见，即错误的目击证人辨认比大多数外行认识到的更为常见。为了验证该相对一般的观点，如果铺垫描述了两种类型的研究的经验数据，就足够了。其中一种研究涉及看到模拟或者表演的犯罪的证人。这项研究估计了目击证人错误辨认的发生率。第二种研究是对第一种研究的后续；在这项研究中，证人在模拟审判中作证；模拟陪审员被要求决定是否接受证人的辨认。假设这两项研究都设计得很好，第一项研究表明错误辨认的发生率为25%，但是第二项研究发现陪审团的结论是只有10%的辨认是错误的。这个铺垫足以证明专家的理论是有效的。

● 意见2。现在专家准备采取下一步行动，作证说明更具体的理论，即某些因素可以导致或者防止某现象。例如，专家可能准备作证说，被指控的犯罪者和证人之间的种族差异可能导致错误的辨认。从逻辑上讲，意见1的铺垫并不能证实这一假设。专家必须就一个类型完全不同的研究项目作证。不过，假设：专家进行了一项涉及两组受试者的研究；除了一个例外，这两组受试者年龄和视力相似，观察条件相同；例外情况是，当第一组受试者被要求辨认同一种族的犯罪者时，第二组被要求进行跨种族辨认；第二组的错误率明显高于第一组。现在铺垫可能已经足够了。类似的实验可以相反地证明，改善的照明条件降低了这种现象发生的概率。

● 意见3。本案的具体事实说明了这样的普遍现象，即证人会犯错误。这一意见甚至更为具体，需要另一个不同的铺垫。这一意见要求这样的铺垫，即证明就各种因果关系因素之间的相互作用和关系，有着更加复杂的理解。支持意见2的研究可能表明，跨种族因素可能导致错误辨认，但是良好的照明条件降低了错误的风险。为了作出意见3，专家必须探讨这些因素之间的关系。如果是跨种族辨认，但是光线很好，可能会发生什么？铺垫必须适合专家提出的具体理论。

尽管法院在澄清 *Kumho* 案件的含义和范围方面取得了进展，但是在该领域仍然存在紧张。关键的问题是：如果一个受控的科学实验可以被设计来验证一个非科学专家的主张，而该专业的执业者却忽略了进行实验，那么，如果忽略了这一点，又会多强烈地影响可采性呢？举例来说，如果指纹专家未能进行严格的科学实验来验证其基本前提，法院是否应该禁止引入指纹证据这样的非

42

科学专业知识？在 *Kumho* 案件中，Breyer 大法官评论说，法院希望"为了确保专家在法庭上有着与相关领域的专家活动同样的知识严谨态度"。如果在专家所在领域的现实世界执业活动中，某种类型的测试是惯常性的，那么缺乏测试对于可采性而言可能是致命的。一些最重要的专家证言论者认为，证据法的结构应当鼓励诉讼当事人提供"尽可能好的信息"，鼓励专家进行可取的科学研究。许多法院认为这一论点有说服力。这些法院认为，当专家未能采用更高级、可用的验证方法时，批准专家的验证推理"完全是倒退"。值得注意的是，2000 年咨询委员会对修正后的规则 702 的注释证明了对这一论点的赞同。该注释宣称："来自非科学家的专家的意见应当与来自宣称是科学家的专家的意见一样，受到同等程度的可靠性审查。"

　　然而，这一论证思路可以说是将最佳或者更好的证据原则纳入了对专家证言可采性的分析之中。至少在 2000 年修正规则 702 之前，很难在《联邦证据规则》的文本或者立法历史中识别出这一原则。在审判中，反对者肯定会指出这样的因素，即专家未能使用一种优秀的、科学的方法来验证其前提，以此来攻击专家证言的证明力。然而，未能使用该方法是否也应纳入可采分析，则是一个截然不同的问题。问题不在于提出者是否展示了可能最好的验证，而在于是否有足够的验证来证明理论或者技术的可靠性。科学实验几乎可以设计用来测试任何命题。北卡罗来纳州上诉法院宣布："……并不要求提出〔专家〕证言的一方必须提供证据证明证言……已经通过科学研究得到了证明。"[16] 此外，几个法院明确拒绝了这样的观点，即专家的意见必须基于现有的最佳方法。

　　法院最终将如何解决这一紧张，仍有待观察。在 *Daubert* 案件中，Blackmun 大法官在其原初意见提到了《联邦证据规则》的"自由趋向"和它们的"容许性"方法。然而，不可否认的是，联邦法院通常对专家证言（包括非科学证据）采取更强硬的态度。2000 年，联邦司法中心发布了一份关于联邦法官接受专家证言的研究报告。1991 年，该中心曾询问联邦审判法官，在最后一次审判中他们是否采纳了向他们提出的所有专家证言。在那一年，75% 的受访者的回答是肯定的。1998 年，这一数字下降到 58%。同样是在 1991 年，该中心询问审判法官是否曾排除专家证言。那一年只有 25% 的人回答是肯定的。1998 年，这个数字上升到 41%。如果法院将 2000 年对规则 702 的修正案解释为表明了收紧非科学专门知识可采性标准的意图，作为一个一般性命题，专家证言的提出者将发现，面对异议，引入这种证言更加困难。

---

⑯　Taylor v. Abernethy, 560 S. E. 2d 233 (N. C. Ct. App. 2002).

专家的小前提的可信性

如果法院认为某一意见是以特定事实为前提的，并且假定这些事实的真实性是不合理的，则不必采纳专家意见。如果专家准备就对未决案件中的具体事实的评估发表意见，那么关于这些事实的假设必须有一个适当的铺垫。第 14 节至第 16 节讨论了该等信息的潜在来源。就像我们将看到的那样，专家获得小前提信息有三种基本方法：她可以获得对事实的亲身知识；专家可以被要求假设这些事实；其他证人可以提供关于这些事实的可采信息或者专家可以依赖某些类型的关于这些事实的庭外报告。

理论或者技术在小前提中的应用

如前所述，专家的推理通常是三段论性质的。一开始，专家证明了她的主要前提，即，她打算使用的一般理论或者技术的有效性。接下来，专家描述了她的小前提——她正在评估的具体案件事实。为了得出她的最终意见，专家把大前提应用到小前提上。这个应用步骤带来专家推理中的另一种可能的错误。对理论或者技术的误用会导致有瑕疵的结论。

在普通法中，主流观点是，关于适当的检测程序或者作业指导书的证明，是对专家最终意见的铺垫的要件。有强有力的政策论据支持这一观点。各种专家学科的能力验证研究表明，在许多专家犯错的情况下，错误的根源是有瑕疵的检测程序。专家可能依赖一种有效的技术，并将该技术应用于有关案件具体的事实的可信信息，但是草率的检测程序可能导致理论的误用，从而导致错误的最终结论。

然而，在最高法院于 1993 年就 *Daubert v. Merrell Dow Pharmaceuticals, Inc.* 案件作出裁决后，有人认为，普通法的要求在《联邦证据规则》制定后不再继续有效。在 *Daubert* 案件中，法院判定，《联邦证据规则》的制定，隐含地推翻了 *Frye* 案关于科学证言可采性的普遍接受性标准。法院推理认为，连同规则 702，规则 402 废除了普遍接受标准。规则 402 一般性地规定，相关证据具有可采性，除非根据宪法、制定法、《联邦证据规则》本身的规定或者根据制定法授权通过的其他法院规则——例如《联邦民事程序规则》和《联邦刑事程序规则》被排除了。《联邦证据规则》的条文，特别是规则 702 的表述，没有编入任何普遍接受性标准，因此《联邦证据规则》取代了该标准。引用 *Daubert* 案件，一些论者指出，原有的制定法表述也忽略了证明专家正确运用理论或者技术的任何铺垫要求。这些论者争辩说，正如规则 402 推翻了 *Frye*

44

案件一样，通过同样的推理，它也隐含地废除了这种普通法的观点，即要求证明适当的检测程序。用一个意见中的话说就是，"不仔细的检测影响的是证据的证明力，而不是证据的可采性"⑰。

然而，无论是根据普通法还是根据《联邦证据规则》，趋势都是继续执行铺垫要求，即说明专家恰当地运用了理论或者技术。在几个案件中，法院已经承认铺垫要求持续存在。此外，自 2000 年 12 月 1 日起生效的对规则 702 的修正增加了一项要求，即提出者必须证明"［专家］证人将原理和方法可靠地适用于案件事实"。所附的咨询委员会注释指出，根据修正案，"审判法院不仅必须审查专家所使用的原理和方法，而且必须审查这些原理和方法是否被适当地适用于本案事实"。该注释赞同地引用了第三巡回区的一个判决⑱，该判决宣布，当法官断定专家已经"误用了某方法后"，法官应当排除该专家证言。重塑后的规则现在在规则 702（d）中纳入了这个铺垫要求。

对专家的交叉询问

不仅对专家的直接询问有特殊的规则，而且在交叉询问时会出现特殊的问题。在交叉询问时，对方律师可以要求专家披露在直接询问中没有披露的其意见背后的相关事实和数据。就形成专家意见的基础的事实和数据而言，交叉询问者可以探究任何事实是否不存在，或者是否存在相反事实，如果是这样，是否会或者可能影响意见。律师可以通过询问条件的变化是否会或者可能影响专家的意见来检验专家的推理过程。在进行该项探究时，交叉询问者并不局限于记录所支持的事实。

然而，就交叉询问者使用已发表论文和文章中的段落攻击专家意见背后的理论或者技术的能力，存在限制。当然，可以用这样的学术论文与专家证人，进行对质：根据《联邦证据规则》803（18）规定的传闻例外，该论文可被采纳为实质证据。如第 321 节所述，在普通法中，只有少数司法辖区承认学术论文这一传闻例外；但是由于各州普遍采用了以规则 803（18）为模式的规定，承认该例外现在是多数观点。不过，许多司法辖区更进一步，允许交叉询问者使用文本和文章进行弹劾，即使该出版物不在传闻例外的范围内。有些司法辖区是根据制定法这样做的。另一些则通过判例法允许这种做法。根据司法辖区的不同，交叉询问者可以用如下出版物中相反的段落与专家对质：专家所依赖

---

⑰　People v. Farmer, 765 P. 2d 940, 956 (Cal. 1989).

⑱　In re Paoli R. R. Yard PCB Li tig. , 35 F. 3d 717, 745 (3d Cir. 1994).

的、专家所参考的、专家承认为权威的、司法认知为该领域的标准权威的或者交叉询问者已将其证明为权威的出版物。当出版物被用于弹劾之有限目的时，它只被采纳来攻击专家推理的质量，而不是作为实质证据。应请求，审判法官应当就此向陪审团发出限制性指示。

对专家进行交叉询问，旨在证明其因经济利益而存在偏见，这也很常见。交叉询问者可以寻求证明（1）因服务（包括使其能够作证的服务）的报偿而在本案中有经济利益，（2）一方的继续雇用，或者（3）为同一方或者同一律师提供过先前证言之事实。对于来自同一当事人的先前报偿的数额、证人代表一方当事人或者一类当事人作证所得占总收入的百分比、仅仅是先前代表其他处境类似的个人或者实体作证的事实等事项。普通法典据在交叉询问的适当性上存在分歧。然而，经济利益会对专家的证言产生强烈的偏见影响。因此，更好的看法是，这种探究是允许的。

对专家证人进行交叉询问的确切范围，取决于审判法官的自由裁量权。但是，法官应当给予交叉询问者以自由度，特别是对于那些对明显超出外行常识和经验的事项发表意见的专家。在这种情况下，陪审员最有可能高估直接询问中的证言的价值。深入的交叉询问有助于降低这种风险。

第14节　专家意见的依据：假设问题

传统观点认为，专家的意见可以基于两种不同类型的基础：他对事实的第一手知识，或者在他陈述意见时已记录在案的证据所显示的事实。在第二种依据的情况下，如果法官免除了专家遵守退庭令，专家可以通过旁听和听取审判证言来了解事实。或者，可以通过包含在假设问题中的方式将事实提供给专家。一个假设性的问题要求专家假设他们的真实性，然后要求他们据此提出意见：

问：医生，请假设事实 A，B，C。假设有这些事实，你能对我的委托人的诊断形成一个达到合理的医疗概率的意见吗？

问：那个意见是什么？

46

尽管美国的诉讼律师几十年来一直向专家们提出假设性问题，但是这种假设性问题的技术遭到了尖锐的批评。针对这些批评，越来越多的司法辖区对这些方法进行了改革，其中包括采用《联邦证据规则》和经修订的《统一证据规则》的司法辖区。有两个主要变化。首先，在直接询问时，专家可以陈述意见和该意见的理论上的"理由"，而无须事先披露基础数据或者事实。这一变化消除了这样的必要性，即在直接询问时对基本事实进行冗长陈述。这一变化使得交叉询问者可以选择是否将基础数据大白于天下。其次，专家的意见不必以第一手知识或者假设为基础；在某些情况下，本不可采的庭外报告现在被视为专家意见的适当根据。这一变化使法律实践更符合庭外专家的实践，因为在他们自己的实践中，他们往往依赖可信的庭外报告。与此同时，在这些较自由的司法辖区，审判律师仍然可以采用传统的方法引出专家意见，包括假设性问题。假设性问题的使用不仅在当代普通法中是被允许的，而且它很受欢迎并被广泛使用。由于提出者可以具体说明假设的内容，假设性问题给予了提出者最大的控制权；如果提出者保持了假设性问题的简短和怡人，陪审团将清楚地理解专家意见的事实基础。本节考虑了上述传统观点，同时第15节和第16节讨论了更现代的自由主义规则。

当然，如果专家证人对重要事实有第一手知识，他可以根据传统观点和《联邦证据规则》描述他所观察到的情况，并根据这些事实作出推论。当专家对事实没有亲身知识时，获得专家技能之益的正统普通法方法是要求专家假定存在某些事实，然后根据这一假设陈述意见或者推论。这些问题被称为假设性问题。依照法官的自由裁量权，根据《联邦证据规则》和其他自由主义规则，仍然允许假设性问题。

在大多数坚持更为传统的观点的司法辖区，法官有自由裁量权来允许专家证人在其他证人作证期间留在法庭上。随后，当专家被传唤为证人时，律师可以简化假设性问题，即只需指示证人假定存在证人所听到的先前证言的真实性或者其中某些特定部分的真实性。根据《联邦证据规则》和其他当代州规则，这种做法是被允许的。这种做法既有优点，也有局限性。假定的事实对于陪审团必须是清楚的，不得相互矛盾；否则，证人的回答将无助于陪审团。要求证人假定前一证人证言的真实性的问题通常符合这些要求。然而，随着假设范围的扩大至涵盖了几个证人的证言或者一方的所有证言，造成陪审团混淆的风险在增加。当一个假设性问题涵盖了本案的所有证言时，只有当关于与问题有关的争点的证言一致且简单到足以让陪审团回忆起其基本轮廓时，该问题才能得到批准。

47　在普通法中，在提出假设性问题之前，提出者必须就假设中包含的每一个事实提供可采的、独立的证据。然而，在遵循《联邦证据规则》的司法辖区，对假设性问题的这一要求不再有效。传统的要求基于这样一个观念，即如果意见是以陪审团由于缺乏证据而无法认定为真的事实为前提，陪审团不得将意见作为认定的依据。必须有可采的证据支持每个假定的事实。不要求直接询问获得的证言。如果根据所证明的情况可以公平地推断出这一事实就足够了。此外，在普通法中，如果进行询问的律师向法官保证将提供支持性证据，则不必已经提出该支持性证据。

此外，这不是这样的异议，即就支持性证据存在争议。提出者有权向证人陈述自己一方的案情，作为证人发表意见的基础。然而，存在这样一种危险，即通过省略一些关键事实，提出者可能会向专家提出不公平的、有倾向的事实版本，陪审团可能会在未考虑其有缺陷的基础的情况下对该意见赋予过度的证明力。例如，如果提出者的假设没有提到任何关于汽车留下的刹车痕迹长度的无可争议的证据，那么提出者可能会从事故重建专家那里引出一个关于汽车速度的不可靠估计。有没有防范这种危险的措施？有些判决要求在假设中提及所有对问题重要的事实。然而，这一严格的要求是不可取的；它使关于假设充分性的争议成倍增加，并可能导致律师出于过分谨慎，提出冗长的问题，而这些问题对陪审团来说既乏味又令人困惑。更为合理和流行的观点是，假设不需要包括所有的重要事实。然而，即使根据主流观点，也有保障措施。一种保障是被交叉询问者的权利；在交叉询问时，对方可以提供被省略的事实，并询问专家这些额外的事实是否会改变其意见或者至少是相关的。另一项保障措施是法官的权力；如果她认为问题不公平，审判法官可以要求提问者重新提出假设，以提供充分的依据。

本章第 12 节讨论的是最终争点禁令。该节指出，虽然规则 704 的最初版本旨在废除该禁令，但是当国会修正制定法以增加规则 704（b）时，这项禁令在某种程度上又复活了。由此产生的问题是，直接询问者是否可以通过使用假设性问题有效地规避规则 704（b）。例如，假设直接询问者提出的假设问题反映了案件中的事实。在指示证人假定假设的真实性之后，直接询问者是否可以引出规则 704（b）所禁止的最终意见？诚然，有时很难确定该问题所寻求的意见是否为被规则 704（b）所禁止的意见。然而，假设法官裁定该意见与该问题相符，则审判法官不应允许询问者以诉诸假设性问题的简单变通而避开规则 704（b）。

48

第 15 节 基于他人报告的专家意见和不可采或者未被采纳的数据和事实[19]

正如我们所看到的那样，在普通法中，专家可以根据亲身知晓的事实或者

假设中陈述的事实提出意见。然而，这两个基础并没有穷尽可能性。专家还可以试图依据第三方庭外报告发表意见。然而，以前的多数意见认为，如果一个问题需要证人根据依照传闻规则不可采为证据的报告发表意见，那么这个问题是不适当的。这种观点的理由是，从逻辑上讲，如果关于某事实的唯一证据不可采，陪审团就不能接受基于该事实的意见。这种观点甚至在要求证人提出意见时也适用，不仅是根据这类报告作出的意见，也包括根据用证人自己的观察所补充的那些事项作出的意见。然而，今天有一种有力的判例法倾向于相反的观点。（在这些案件中，也有一种相关的、初步的趋势，即基于庭外报告的意见，如果涉及的主题与案件中的事实问题有间接关系，而不是直接涉及争议中的中心事实，则不那么可以提出异议。）

判例法的趋势最终在被编入《联邦证据规则》703 中的更宽泛的现代观点中达到了顶点，并在许多州的司法辖区被采用。根据规则 703 和 705，在直接询问时，专家可根据事实和数据——包括技术上不可采的报告，如果报告或者其他数据是"特定领域的专家就主题形成意见时将合理依赖那类事实或者数据"的话——作出意见。这些报告可以说是用于了非传闻目的。法官并不是把报告作为实质证据接受的，法官是为证明专家意见的接触这一有效目的而采纳关于这些报告的证言的。不管报告的真实性如何，对报告的评议可以帮助审判者评估专家进行推理的能力。重点是报告对专家心态的影响；专家接受了报告这一事实，表明他的意见更有根据；陪审团可以在评估专家推理质量的过程中考虑这些报告：所述基础是否足以支持意见？专家在就这些基础进行推理时是否犯了明显的逻辑错误？根据规则 703 的咨询委员会注释，允许专家依赖这些报告的主要理由是，在现实世界中，专家遵循了这种做法："医生依靠这些报告作出生死攸关的决定"。用注释的话来说，规则 703 "使司法实践与专家在不出庭时的实践保持一致"，如果这类数据可以作为手术室作出关键决定的可采根据，那么排除专家在法庭上依赖这类报告似乎是愚蠢的。

规则 703 的实质性问题

规则 703 提出的主要实质性问题是对上述所引的语言的解释。关键语言是由"合理依赖"组成的。灵活的做法是，法官在决定是否符合规则时必须接受专家的意见，至少在法官不具备对专家进行"事后批评"的能力的情况下是这样。赞成这种做法的法院将"合理"等同于"习惯上"。根据规则 104（a），法官对专家所在的专业的习惯做法是否考虑某种类型的报告，作出事实认定。如果有这样的习俗，法官的手就被束缚住了；法官必须允许专家依赖这种类型

49

的报告。对规则 703 有一种相互竞争的、限制性的做法：即使该领域的习惯做法是考虑某种类型的报告，审判法官仍有剩余的自由裁量权，可决定此类报告不够可靠，不能作为专家意见的基础。这两种方法都不是完美无瑕的。自由主义方法的困难在于，一方当事人可以聘请专家证人向陪审团陈述不可信的事实、数据或者意见，这是一种"后门"性的传闻例外。对限制性做法的批评是，非专家法官告诉合格专家她可以依赖什么类型的信息来提出意见，这似乎是专横的。

　　总的来说，无论从政策角度看还是从法律解释角度看，限制性做法都是可取的。当然，法官通常应该遵从该专业的惯例。然而，在极端的情况下，法官应该有剩余的权力来重新评估有关惯例和规则，认为特定类型的传闻来源太不可信。当就某个行业惯例是否是疏忽的问题发生了类似的侵权行为问题时，法院会考虑该行业惯例的证据；但是该惯例不是决定性的。习惯的存在至多应该产生一种推定，但是推定应当是可反驳的。作为法律解释问题，限制性做法也更为合理。当起草者想要根据习俗或者惯例的存在而适用证据规则时——就像他们在规则 406 和规则 803（17）中所做的那样——他们找到了恰当的词语来体现他们的意图。在规则 703 中，他们选择使用副词"合理地"而不是"习惯性地"，"合理地"意味着审判法官将适用客观标准。

　　法官和律师可在规则 104 规定听证中就此事对簿公堂。在刑事案件中，规则 703 规定的一个问题是，被告是否应该或者必须有机会对专家根据规则 703 所依赖的数据的来源人进行交叉询问。总的来说，法官可能应当适用规则 703，除非检控方专家实际上被用来向陪审团提出其他不可采的事项（特别是涉及对质条款的传闻）。如果刑事被告的精神健康专家依赖被告的陈述作为对精神健全的意见的支持，法院应当采用类似的方法。人们曾希望最高法院在 *Williams v. Illinois* 案件[20]中的判决能对这一问题有所启发；但是，正如我们在本节末尾将看到的那样，法院在另一个基础上对 *Williams* 案件作出的裁决，并在此过程中对规则 703 的未来提出了重大问题。

实施规则 703 的程序

　　除了规则 703 中"合理地"的含义这一实质性问题，该规则还带来了一个程序性问题。假设在实质上允许专家依赖于庭外报告作为其意见的基础的一部分，那么专家在描述报告内容方面可以走多远？当然，应该允许专家一般地指

⑳　132 S. Ct. 2221，183 L. Ed. 2d 89（2012）.

出她所依赖的报告类型。因此，专家可以说，在形成她的意见时，她考虑了进行调查的警察的报告或者毒理学实验室的调查报告。然而，当报告是口头的时候，她可以详细地引用该报告吗？如果报告是书面的，提出者可以正式提出该报告，让专家引用，甚至提交给陪审员查阅吗？正如第 324.3 节所指出的那样，法院在这个问题上存在分歧。有人认为，作为一个逻辑问题，陪审员不能彻底评估专家的推理，除非他们对意见的所有基础有深入的了解。此外，可以提出这样的观点，即规则 705 的措辞表明，起草人设想应当允许专家向陪审员详细说明报告的内容。该规则规定，专家"可以在不首先就基本事实或者数据作证的情况下"陈述意见和意见的理由，这意味着专家的提出者可以选择在对专家直接询问期间引出关于基本事实或者数据的证言。

50

　　然而，这里的实际假设是，报告不可独立采纳；也就是说，根据任何传闻例外，报告都没有可靠到足以有资格被采纳。在一些实证研究的支持下，一些论者警告说，允许专家详细说明报告内容，会造成陪审员将该内容误用为实质证据的严重风险。若干司法辖区修订了其规则 703，禁止专家详细阐述报告的内容，2000 年 12 月 1 日对《联邦证据规则》703 的修正也具有同样的效力。

　　当然，从广义上讲，几乎所有关于科学命题的专家意见都间接地体现了传闻。每当专家作证时，她都会含蓄地引用她在受教育期间听到的讲座和读过的教材等材料。将传闻规则适用于该材料是荒谬的：

　　　　我们是否需要要求一位现代事故现场重建专家来复制牛顿在 17 世纪推导出运动定律的实验？假设一个物理学家正在证明核电站的安全性，如果物理学家准备依赖于费米或者奥本海默的话，我们会要求物理学家重复他们的研究吗？[21]

　　然而，这个问题与本节分析的问题是有区别的。牛顿和 Fermi 的著作涉及专家的大前提，即支持专家技术或者理论的研究。在这一节中，问题是完全不同的：这里的重点是专家的小前提的内容，即关于交通事故是如何发生的或者被告在枪杀死者之前的行为这些具体案例信息。当专家的意见立足于关于这类信息的庭外报告时，取消传闻规则的门槛的理由就更不充分了。还有更大的证明危险，因为小前提数据更可能与关于案件历史是非曲直的争议事实重叠。

　　㉑　Imwinkelried, The "Bases" of Expert Testimony: The Syllogistic Structure of Scientific Testimony, 67 N. C. L. Rev. 1, 9 (1988).

Williams v. Illinois 案件对 703 规则未来的影响

在 *Williams v. Illinois* 案件——前面提到的最高法院的判决——中，一名 DNA 专家的意见是，被告的 DNA 图谱与从强奸被害人阴道拭子中提取的图谱相匹配。该专家在直接询问的证言中，提到了 Cellmark 公司从阴道拭子中提取的图谱。特别是，专家提到了在被害人的"阴道拭子的精液中发现的男性 DNA 图谱"。问题是提到这一点是否侵犯了被告的宪法第六修正案权利。

最终，法院维持了对被告的定罪判决。法院这样做是因为五名大法官——由 Alito 大法官领导的多数大法官和持并行意见的 Thomas 大法官——判定 Cellmark 的报告不是证言性的。多数人的推理是，该报告不是证言性的，因为它没有针对特定的被告。用 Alito 大法官的话来说，报告的主要目的是"抓住一个仍然逍遥法外的危险强奸犯，而不是获取用以对付当时既没有被拘留也没有被怀疑的请愿人的证据"。尽管 Thomas 大法官同意该报告不是证言性的，但是他拒绝了多数人的理由；相反，他争辩说，该报告不够正式或者严肃，不足以引发对质条款。无论如何，将该报告定性为非证言性的，成为支持维持对被告的有罪判决的最狭隘理由。严格地说，维持该判决提出了本案中发生的所有其他问题。

然而，许多下级法院无疑会注意到这样一个事实，五名大法官——即 703 多数意见——认为，根据规则 703 所依据的任何二手报告都必须被用于证明其主张的真实性。这些大法官和多数人之间的分歧牵涉到有关规则 703 的未来的重大问题。假设提出者在其他方面满足了规则 703 的要求，其未能提供关于 703 事实的独立、可采的证据是否就使专家的意见变得不相关和不可采，或者仅仅是给了对方一个攻击意见证明力的理由？

最初，假设 703 多数意见认为，根据规则 703 使用报告必然需要将该报告作为实质证据使用。如果多数意见是正确的，就可能存在可采性问题；有强有力的观点认为，只有当就 703 事实有可采的独立证据时，才应允许陪审团考虑得出的意见。如果缺乏这样的证据，法官应该禁止这种意见。与假设性问题的情况一样，当提出者试图引入意见时，反对者也应有同样的异议权，理由是没有关于 703 事实的外部可采证据。即使法官行使自由裁量权，允许提出者稍后提交可采的证据——同样像假设性问题中那样——根据反对者的动议，如果提出者提证结束时没有提交可采的证据，法官也应删除该意见。乍一看，703 多数意见的观点似乎导致了这样一个结论：就 703 事实缺乏独立证据，造成了可

51

采性问题；法官应当排除这一意见。

或者，假设多数意见赞同的传统观点是，根据规则 703 使用报告是对报告的合法、非传闻使用。基于这一假设，提出者未能提供关于 703 事实的独立、可采的证据，造成了一个证明力问题，而不是可采性问题。规则 703 的咨询委员会注释支持多数观点。注释的第一段讨论了假设性问题。这一讨论似乎预期的是，审判法官将继续执行传统的普通法要求，即提出者提出关于假设事实的独立、可采的证据。例如，该注释提到了这样的情况，专家不需要遵守退庭令，可以"听取证明〔假设〕事实的证言"。随后，同一段转向专家对庭外报告的依赖。该注释明确指出，当专家依据这类基础来提出意见时，提出者可以免去"耗费大量时间来提出和询问各种验真证人"。该注释还说，诸如"医生"这样的专家依靠这些报告作出"事关生死的决定"，专家对惯常信息来源的依赖应当"足以"支持采纳该意见。

然而，即使是多数意见也承认，提出者未能提供关于 703 第二手报告的独立、可采的证据，有时会使意见本身变得不相关。多数意见赞同地引用了一项司法指示，一般性地告知陪审团，在评估专家意见的证明力时，他们可以考虑 703 事实是否"得到了〔其他〕证据的支持"。更具体地说，多数意见赞同这样的指示，即如果一个重要假设"没有得到证据支持"，专家的意见不值得"赋予证明力"。也许最好的类比是《联邦证据规则》104（b）中规定的附条件相关性程序。对于预备性事实，如外行证人的个人知识和展示件的真实性，陪审团通常会作出最终的相关性决定。法官扮演一个有限的、筛选的角色，只回答这个问题：如果陪审团决定按照表面价值接受证言，铺垫性证言是否具有足够的证明价值来支持一个理性的陪审团认定该事实存在？如果陪审团认为证人没有看到事故或者书写品是伪造的，常识将引导陪审团在余下的评议过程中不理会该证据。同样，即使是没有受过法律培训的非专业陪审员也可以理解，一个重要前提的虚假性会导致意见不具有相关性，他们应该无视一个无相关性的意见。如果是这样，Alito 大法官的多数意见中所讨论的陪审团指示通常是一个令人满意的解决办法。只有在没有或者明显不足以用独立、可采的证据证明意见的重要前提时，法官才必须介入来排除意见。

Williams 案件中 703 多数意见的看法可能会在不久的将来搅乱 703 的法理学说。从表面上看，*Williams* 案件是一个只有刑事律师才感兴趣的宪法性刑事诉讼判决。然而，民事律师还必须注意 *Williams* 案件中关于根据规则 703 所依赖的报告的证据状况的措辞。

第 16 节　假设性问题是否应当被保留？

理论上，假设性问题是一种巧妙的手段，使陪审团能够将专家的科学知识应用于案件的事实。该手段允许司法系统利用证人的专门知识，即使专家并没有时间获得对事实的第一手知识。尽管如此，在实践中，它仍存在重大缺陷，并可能被滥用以阻碍查明真相。如果我们要求它叙述所有相关的事实，它就会变得难以忍受的冗长。如果我们像大多数法院一样，允许进行询问的律师选择他认为合适的任何事实，我们就会诱使他形成一个片面的假设。许多专家证人认为，这种假设的当事人性的偏袒令人厌恶，是实践的一大弱点。许多专家说，当事人性是他们不愿出庭作证的原因之一。研究过这个问题的法律撰稿人似乎一致谴责这种做法。

有什么补救措施？要求审判法官对案件进行彻底的研究，使她能够亲自选择包含在假设中的重要事实，这似乎不太实际。在审前听证会上或者在审判时在陪审团不在场的情况下，双方律师与法官举行会议，拟定出这些问题，这可能是可行的。但是协商过程可能会很费时。唯一剩下的变通方法是普遍提倡的变通之计，也就是说，除非审判法官要求，否则不必要求问题附有对假设的陈述。这是由《联邦证据规则》和《统一证据规则》705 和一些其他制定法和规则授权的程序。

交叉询问者有权决定是否提出专家意见的依据。这种做法并没有减少直接询问中问题或者答案的当事人性。但是，它简化了询问，并消除了因假设性问题形式的缺陷存在争议而提出上诉，从而推翻审判判决的机会。然而，规则705 确实赋予法官自由裁量权，来要求在直接询问中事先披露基本事实。在没有足够的审前机会发现它们时，法官往往这样做，特别是在刑事案件中。

第 17 节　与专家证言有关的做法的改进建议

弱点

普通法国家采用对抗性或者争讼性的审判制度，在这种制度下，对立的当事人而不是其他制度中的法官有责任和主动寻找和提出证据。尽管该制度具有诸多优点，其在专家证言的获取和展示中的应用被广泛认为是司法中的一个难点。批评者指出了两个主要的弱点。首先，专家是由各方挑选的，他们自然感兴趣的不是寻找最佳科学家，而是"最佳证人"。就像一位英国法官所说的那样：

> 取得专家证据的方式不是为了向法院提供科学意见的公平结果。一个人可能去找——有时确实是这样——六个专家……他取得了他们的诚实意见，发现三个对他有利，三个对他不利；他对三个对他有利的人说："你愿意作证吗？"他向那三个对他不利的人付了费用，让他们一边待着去；另一方也这样做……其结果是，法院得不到专家们的帮助，而如果没有偏见和公平地选择，法院就有权期待专家们的帮助。[22]

第二个弱点是，引出科学证据的对抗性方法——通常是根据对事实进行的当事人性的选择提出假设性问题——不适合平衡地展示技术性数据。在许多案件中，最终的结果是过分强调专家的科学观点之间的冲突，使陪审团更难裁决案件。

潜在补救措施

法院任命专家就案件的最终问题作证。对第一个弱点的潜在补救办法是利用审判法官的普通法权力传唤专家。早在 14 世纪，在陪审团听取证人证言之前，就有法官传唤专家协助他们确定科学性问题的记录。在美国，法官传唤证人——特别是专家证人——的一般权力得到了充分确立。这种权力在许多州都得到了规则和制定法的承认。有些规定适用于任何情况下的科学问题，无论是民事的还是刑事的，另一些则仅限于刑事案件，还有一些则狭义地提到了刑事案件中的精神问题。该原则在统一州法委员会批准的《专家证言示范法》中得到了贯彻[23]，并体现在了《统一证据规则》和《联邦证据规则》706 中。不幸的是，过去法官很少根据规则 706 行使其权力。这种不情愿是可以理解的。在被任命为法官之前，大多数法官都是在对抗制传统中作为诉讼律师接受训练的。这一传统根深蒂固，以至于一些论者认为，要克服法官们不愿任命法院专家的问题，在某些类型的案件中，法院任命专家必须是强制性的。

法院对专家的有限任命，将为法官和陪审团提供相关专业知识的入门知识。有人已经提出，通过改造现有的程序，美国法院可以从一个辩证的（对抗

㉒　Jessel，M. R. in Thorn v. Worthing Skating Rink Co.，L. R.，6 Ch. D. 415，416（1876），note to Plimpton v. Spiller，6 Ch. D. 412（1877）.

㉓　该法可见于 1937 Handbook，Nat'l Conf. Com'rs on Unif. State Law 339 - 48.

性）模式转向一个更为说教性（教育性）的模式来展示专家证言。现行模式的缺陷之一是，在典型的庭审中，所有的专家证言都是由当事人聘请的证人提供的。当所有的专家证言都来自可能有偏颇的来源时，审判者很难分清良莠。与许多先前的建议不同的是，这项建议没有考虑到法官将任命一名专家，该专家将重复当事人性的专家的工作，并就最终问题发表意见。相反，该建议在一定程度上是要修改现有的程序，为事实审判者提供相关学科的基础知识的入门知识。有了这些入门知识，审判者将能够更好地完成 *Joiner* 法院所描述的任务，即确定哪个当事人性的专家作出了更合理的推断，哪个当事人性的专家有着"太大的分析"罅隙。根据这项提议，根据规则201，法官将就学科中已经确定的命题进行司法认知，并就这些命题向陪审团作出指示。然后，根据非常有限的规则706进行的任命，一名独立专家将回答陪审团就这些命题提出的问题。实际上，法官是老师，法院任命的专家是助教，陪审员是学生。在法官指示和陪审团有机会询问法院任命的专家之后，陪审团将听取当事人性专家的证言。这些程序将更好地使事实审判者在相互竞争的当事人性专家提出的相互矛盾的意见之间作出选择。在大多数司法辖区，根据现行法律，所有这些程序——司法认知、法院任命和陪审员提问——都是允许的。

建立不偏不倚的专家小组。解决第一个弱点的另一种可能办法是建立由适当专业领域的群体任命的不偏不倚的专家小组。然后法官可以从该专家组中选出一名专家。美国律师协会的一个委员会原则赞同这一程序，以提供不偏不倚的医学专家证人。然而，就像我们将看到的那样，在贯彻这一程序方面进展甚微。

利用审前会议缩小对立专家之间的分歧。现状中的第二个弱点也可能是可以补救的。在现行制度下，外行陪审员常常被要求就一场"专家之战"进行公断。在一些争议中，精心设计的科学调查计划和报告可以大大减少争议性审判的必要性。《统一法》规定，法院可要求召开专家会议，无论是由法院选定的专家还是当事人选定的专家。这次会议使专家们有机会解决他们在解释数据时的分歧。这次会议可能会形成一项完全的协议，实际上解决了争议，如果不是，至少可以缩小争议的范围。该法规定，两名或者两名以上的专家可以参加一份报告。在审判时，各个专家的报告或者联合报告可以作为专家证言的一部分向法院和陪审团宣读，他也可以就报告接受交叉询问。该法免除了使用假设性问题的要求。在纽约的一个DNA案件——*People v. Castro*——中，有一个惊人的——甚至奇怪的——联合报告的效用的例子。在该案件中，

一个不同寻常的举动是，代表控辩双方的四名专家证人在已经作证后

开会审查科学证据。这次会议的结果是一份两页的共识声明，说明了科学证据的不足和评估证据的法律程序。尽管在审前听证中，该陈述本身未被接受为证据，但是辩护方再次传唤两名检控方专家证人就其实质内容作证，从而引入了共识文件的实质内容。[24]

尽管这些解决这两个弱点的建议是有价值的，但是这些建议本身也是批评的对象。例如，扩大使用法院指定的专家就遭到了批评。批评者认为，没有一个真正不偏不倚的专家，即使假设存在这样的专家，法院也缺乏识别和找到他们的能力。为了解决这个问题，美国科学促进会设立了法院指定的科学专家 (the Court Appointed Scientific Experts—CASE) 项目。在这个阶段，CASE 是一个试点项目，以便更好地使联邦法官找到适当、合格、独立的专家。此外，批评者认为，在审判中认出证人是法院指定的专家，可能会导致事实审判者过分看重该专家的意见。一旦陪审团得知一位专家是"法院"的证人，陪审员可能会立即得出这样的结论——他们应该接受她的意见。

上述两个弱点并不是妨碍专家证言有效性的普通法程序的唯一特点。其他问题领域包括：陪审团（一群外行人）被认为不适合作为评估科学证据的裁判庭；特免权规则，特别是律师—委托人特免权、医生—患者特免权和反对被迫自我归罪的特免权的规则可能阻碍对意见的基础的全面调查；以及使用民事责任和刑事责任的法律标准与专家们惯用的科学标准不符，就像就法律上精神健全使用"能理解对与错"的标准一样。

更广泛地说，法院需要更好地利用技术资源，而不仅仅是使用专家证人。一位法官说道：

> 法院的方法很可能通过这些方法得到补足，即除了——而不是替代——代表当事人的类似专家，可以使用经过充分检验的行政裁判庭、代表法院的专家调查员——工程师、科学家、医生、经济和社会调查员，视需要而定。
>
> 为什么在涉及大量科学展示件或者科学问题的案件中，法官和陪审团不应得到那些有能力组织此类数据和分析此类问题的人员的帮助？为什么法院不应该就各种案件拥有充分的事实认定设施？委员会有。行政裁判庭可以。当事人，以及在很大程度上的公众，对案件判决的兴趣在于整个事实，而不是部分理解。州际商务委员会、州公共服务委员会和工人赔偿委

56

---

[24]　545 N. Y. S. 2d 985 (1989).

员会开发的机制和专家人员，对于事实认定具有价值，就司法重组而言，可以催其进行有益的研究。㉕

即使从长远来看，我们不愿意从根本上重组法律体系，以便更好地整合专门知识，但是在短期内可以采取更温和的措施。美国的法律传统设计了许多程序，可以想象，这些程序可以被修改，以更好地利用专家的服务。例如，特别审前会议可以定制来专门处理涉及专家意见的事项。此外，法官拥有权力——通常由制定法或者规则授予，但是在任何情况下都是一种"固有"的司法权力——可以将问题提交给特别主事官、公断人、审计员或者类似的官员，无论是常设的还是特别任命的。所提交的可能仅仅是一项调查和报告，或者是要举行作出报告或者初步决定的听证会。即使法院不愿意将这些程序扩大到专家证言问题，这些程序也可以由制定法规定。还有人建议法院更广泛地利用行政部门的技术资源，特别是行政机构和委员会。

进步的迹象是有的。如前所述，直到最近，大多数法官都不愿意诉诸诸如根据规则706任命专家证人等方法。然而，如前所述，最高法院在其1993年的 Daubert 案件的判决中，就所称的科学证言的可采性，宣布了一项新的可靠性标准。这项标准要求审判法官直接评估科学假设的有效性；在有效性上，法官可能不再依赖诸如假设的流行或者普遍接受性等"表象"。向新的验证标准的转向，应该鼓励审判法官根据规则706来任命专家。确实，Daubert 法院在其意见中提到这样的可能性，即在适用新的标准时，法官会发现根据这一规则任命专家是有益的。在 Joiner 案件中，Breyer 大法官在其并行意见中鼓励审判法官行使任命权。有迹象表明，法院任命的发生率正在逐步增多。同时，致力于科学证据的法律和司法继续教育项目的数量在急剧增加。此外，法官和律师现在可以更方便地使用专门的科学证据工具，如联邦司法中心2011年出版的《科学证据参考手册》（第三版）。

第18节　意见规则对庭外陈述的适用

意见规则是否适用于根据传闻规则的某些例外在法庭上提出的庭外陈述？　*57*
正如我们所看到的那样，早期的观点㉖认为，意见规则是一类排除规则。如果

㉕　Justice Harold M. Stephens, What Courts Can Learn from Commissions, 21 A. B. A. J. 141, 142 (1933). Also see generally Ch. 37 infra.

㉖　参见上文第11节。

这样的观点是正确的，很自然地会假设，如果这种证据从证人席上的证人那里导出时是不可采的，那么当以传闻的形式提出时，它肯定应该被拒绝。因此，许多较老的判决分析了传闻陈述中所载意见的可采性，就好像这些意见是由证人席上的证人提出的一样，并相应地予以拒绝或者采纳。

然而，正在浮现的观点是，不应将意见学说视为绝对的排除规则。该学说是对证人进行询问的相对规范，在可行的情况下，更倾向于更具体的证言，而不是更一般和推论性的证言。㉗ 在此前提下，意见规则对庭外陈述几乎没有或者根本没有合理的适用。支持关于律师的提问是在要求证人提供"意见"的异议，通常不是一件严重的事情；在大多数情况下，律师可以很容易地当场重新提出问题，以引出更具体的陈述。但是，如果自动拒绝庭外陈述人在临终陈述中作出的同样的陈述，则误解了意见规则的功能，可能会完全排除有价值的证据来源。当消息来源是一个不能到庭的传闻陈述人时，法院面临的严峻选择可能是要么采纳意见性的传闻陈述，要么让陪审团不能获得任何来自该消息来源的信息。立法机关和法院应当作出第一种选择。许多案件和 Wigmore 对对方的陈述（以前称为当事人—对方的自认）持这种开明的观点㉘，并正在蔓延到根据传闻规则的例外而采纳的其他类别的陈述。㉙

要区分表面上相似的陈述人缺乏个人知识的问题。如果庭外陈述人没有直接观察到所陈述的事实，这种缺陷就不是形式上的，而是实质上的；当陈述作为证明事实的实质证据提出时，往往对可采性是致命的。㉚

㉗　参见上文第 11 节和第 12 节。

㉘　就关于传闻规则的各种豁免和例外，参见以下第 25 章至第 33 章。

㉙　就临终陈述，参见下文第 313 节。就商业记录中的条目，参见下文第 290 节。

㉚　参见下文第 313 节和第 280 节。但是就对方当事人陈述，法律的现状是相反的，参见下文第 255 节。

第 4 章

交叉询问及后续询问

第 19 节　进行交叉询问的权利：剥夺交叉询问的机会造成的效果

两个世纪以来，普通法法官和律师一直将交叉询问机会视为证言准确性和完整性的重要保障。他们坚持认为，该机会是一种权利，而不仅仅是一种特权。在进行庭前证言存录和在审判中询问证人时，都可行使这项权利。交叉询问机会是必要保障，这一前提已经成为普遍排除传闻陈述的主要理由。[①] 它还支持承认这样的传闻例外，即在目前的对手有机会进行交叉询问的情况下，在先前的听证会上所作的先前证言。[②] 保障被告对质权的州宪法条款已经被解释为编入了这一交叉询问权，联邦宪法第六修正案对质条款同样也被解释为保障被告在刑事程序中的交叉询问权。事实上，尽管其他权利被归入了对质条款，但是在最高法院 2004 年 *Crawford v. Washington* 案件的判决中，大多数大法官似乎接受了这样一个概念，即交叉询问权是对质条款所保障的首要利益。[③] 根据正当程序，法院甚至对民事案件中的权利给予了一定程度的宪法保护。

该权利被剥夺或者丧失的后果是什么？这有几种常见的、反复出现的情况。第一，为自己作证的当事人可能会无理地拒绝回答完成交叉询问所必需的问题。在这种事实情况下，人们的共识是，对方有权要求将直接询问中作出的证言删除——这一结果似乎是公平的。当事人失去了直接询问中的证言，但是当事人自己应当对拒绝交叉询问承担责任。

第二，非当事人证人也可能同样拒绝接受交叉询问或者回答适当的交叉询问问题。在这种情况下，适当的结果不太明确；非当事人证人证言的缺失对传唤证人的一方可能是一个严重的困难，而且当事人可能对证人的拒绝回答不负任何责任。不过，许多法院和作者赞成同样严厉的补救办法，即排除直接询问

① 参见下文第 245 节。
② 参见下文第 302 节。
③ Crawford v. Washington，541 U. S. 36（2004）.

中的证言。这一补救办法最大限度地减少了当事人诱使证人拒绝作证的诱惑——这种勾结往往难以证明；这一补救办法有力地保护了交叉询问权。然而，在第二种情况下，典据出现了分歧。有一些先例表明这件事应该由法官自由裁量。特别是，有人支持这样一种观点，即如果证人援引反对被迫自我归罪的特免权，来拒绝回答只是附带性的，也就是说，逻辑上只与证人的可信性有关的交叉询问问题法官不应自动删除直接询问中的证言。在这里，有些案件使法官在裁定交叉询问者提出的删除动议时，有一定程度的自由裁量权。

第三，在交叉询问开始或者完成之前，证人可能会生病，或者在身体或者精神上丧失能力。许多这样的案件中的事实令人怀疑是伪造的，特别是当证人是当事人时。因此，当事人在直接询问中的证言常常被删除。就非当事人证人而言，通常会是同样的结果。然而，至少在民事诉讼中，案件是可以被构建的，如果法官清楚地确信丧失能力是真实的，那么他不应该排除直接询问中的证言。在那种情况下，他应当让直接询问中的证言不受排除。此后，他可以给陪审团一个警告性的指示，解释未经交叉询问的证据的弱点。（如下所示，暂时性丧失能力可能会改变这一结果。）

在第四种情况下，证人在交叉询问结束前死亡。在此，通常认为，因此无法进行交叉询问的一方有权要求删除直接询问中的证言，除非，死亡发生在该方同意的或者促成的交叉询问延期期间。事实上，如果该人是刑事案件的检控方证人，根据宪法可能会强制将其排除在外。然而，至少在证人死亡的情况下，有人提出，删除直接询问证言应该是自由裁量性的。该建议是有道理的。不管交叉询问的价值有多大，常识告诉我们，这样的证言聊胜于无。拒绝让陪审团从所有有价值信息的潜在来源获得证言，似乎太过分了。不删除直接询问中的证言，是衡平法上公认的做法。有人主张，除了检控方证人的证言，法官应当不删除直接询问中的证言，但是经请求，应当指示陪审团在权衡直接证言的证明力时，考虑缺乏交叉询问的机会。

在某些特殊情况下，可以修改上述结果。例如，有典据认为，在暂时丧失能力的情况下，交叉询问者不得坚持立即排除直接询问证言。相反，他必须满足于以后的交叉询问机会，即使这样做使他有必要提出审判无效。如果最初的审判是在没有证人证言的情况下作出判决的，其结果可能是错误的裁决。第二次审判可以避免实质性的正义不彰。

为了简单起见，前几段假定，虽然证人回答了一些交叉问题，但是如果未能获得完整的交叉询问，将被视为完全没有进行交叉询问。这种假设过于简单化了。即使在交叉询问结束之前就中断了询问，在这种情况下，询问也可能实质上完成了，足以满足询问机会的要求。在特定的案件中，对直接询问证言的一部分进行的交叉询问可能足够广泛，至少可以让这一部分不被删除，尽管其他部分必须被删除。如果对某一特定主题的交叉询问已经深入，审判法官应当拒绝删除关于该主题的直接询问证言。

　　前面各段虽涉及的是当事人及证人的行为，但是法官的行为也可能造成对 61
交叉询问权的侵害。法官对特定主题的交叉询问的范围有广泛的自由裁量权。然而，完全拒绝交叉询问或者任意减少对一个适当的、重要的询问主题的交叉询问，则是撤销原判的理由。在诸如 *Davis v. Alaska* 案件④这样的案件的判决中，最高法院强调，关于证人偏见的证据在证人可信性问题上具有重大的证明价值。当审判法官阻止或者严格限制对检控方证人偏见的交叉询问时，审判法官没有认真考虑上诉时原判会被撤销。

第20节　询问方式

　　假定诉讼当事人有权进行交叉询问，就交叉询问的范围和形式可能会产生问题。与直接询问相比，交叉询问通常可以通过形式上具有诱导性的问题进行。当交叉询问者使用诱导性的、措辞狭隘的问题时，在提问的幌子下，交叉询问者可以事实断言被记录在案，并迫使证人同意。交叉询问者实际上可以为证人作证。交叉询问者的目的往往是削弱直接询问证言的效果，且证人通常被认为或多或少不合作。因此，证人默认交叉询问者的暗示的风险很小。

　　因假定证人和交叉询问者之间通常存在敌对关系，法院允许在进行交叉询问时使用诱导性问题。鉴于他们之间关系的性质，证人不太可能盲目地接受诱导性问题中隐含的暗示。然而，在许多司法辖区中，当证人似乎偏袒交叉询问者并且可能顺从于诱导性问题的建议时，法官可以禁止交叉询问者提出诱导性问题。然而，有许多有些不合逻辑的判决允许在交叉询问中提出诱导性问题，即使在证人偏袒被交叉询问的对象时。

　　在限制交叉询问范围的司法辖区，如果询问者超出了交叉询问的适当范围，他可能会被要求避免将证人引向新的主题。交叉询问者就新的主题"接受"证人。尽管询问在形式上是交叉询问，但是在功能上是直接询问，因而普遍禁止使用诱导性问题。

---

④　415 U. S. 308（1974）.

第21节　交叉询问的范围：限定于在直接询问中提出的事项：形形色色的规则

就交叉询问者是否仅限于直接询问中作证的主题，如果是，在多大程度上限于直接询问中作证的主题，在不同的司法辖区，做法差别很大。但是，意见之间的分歧不应被夸大。尽管本节回顾了这些不同的做法，但是在适当的交叉询问范围方面有很多共识。就像第22节所指出的那样，所有法院都同意，适当的范围包括与证人可信性有关的事项。此外，正如我们将在第24节中再次看到的那样，就关于案件是非曲直（merits）的交叉询问的范围，大多数司法辖区都赋予审判法官一定的自由裁量权限。最尖锐的分歧点是对案件历史性事实真相的通常交叉询问范围。关于这个问题，有三大司法思想流派。

传统的完全开放的交叉询问规则

在英国和一些州，盛行的是最简单和最自由的做法。在这些司法辖区，交叉询问者不限于直接询问者选择打开的主题。交叉询问者可就与整个案件历史事实争议相关的任何主题自由提问，包括仅与交叉询问者自己的控辩或者积极抗辩有关的事实。

将交叉询问限制在直接询问范围内的各种形式的"限制性"规则

大多数州的一致意见是，交叉询问仅限于在直接询问中作证的事项。《联邦证据规则》采用了这种方法。虽然所有这些司法辖区都声称接受限制性规则，但是它们在执行规则的严格程度上明显不同：

● 首先，一个学说严格地将交叉询问限制在那些只与直接询问中提及的相同行为或者事实有关的问题上，也许还有与发生在同一时间和地点的行为和事实有关的问题上。这种学说有时被称为事实或者历史标准。根据这种狭义的观点，交叉询问仅限于在直接询问中提出的"同一个问题"、"作证的事项"或者"提到的主题"。

● 限制性规则有一个稍微宽泛的版本。该版本将范围扩大到与直接询问中陈述的"事实和情况有关的"事项，但是即使这种措辞仍然暗示了活动的基本同一性与时间和空间的接近性要求。

● 另一个版本中的交叉询问的范围更广。根据该版本，交叉询问可以触及直接询问中提出的事项，以及倾向于解释、反驳或者质疑直接询问证言的事实。

　　● 最广泛的做法，包括倾向于"反驳"从直接询问作证事项得出的任何推论或者推断的事实。

　　即使在同一司法辖区，这些做法的措辞和使用也鲜有一致性。所有这些明确的标准都太模糊，不能精确地使用。即使假设交叉询问仅限于直接询问的主旨，直接询问问题的主旨始终可以用或者多或者少的一般性来界定，而无论明确规定的标准如何。

　　如前所述，《联邦证据规则》采用了限制性方法的一个版本。《联邦证据规则》611（b）提到"直接询问的主题"。这一制定法表述应当被解释为赞同上述更广泛、更自由的观点。这一解释与规则611（b）的规定一致，即法院可以允许像在直接询问中那样对额外事项进行查问。实际上，许多联邦审判法官运用的是所谓的法律标准。这个标准将"直接询问的主题"等同于直接询问中提到的诉因、犯罪或者辩护的要件。在审判结束时，就相关的诉因、犯罪和辩护，法官向陪审团发出实体法指示。这些指示列出了承担证明负担的一方就该理论必须证明到优势证据标准的法律要件。真正犯罪的要件之一是犯罪意图要件。假设在直接询问中，一名辩护方证人就被告在犯罪行为发生时的犯罪意图作证。根据法律标准，在交叉询问时，只要其他行为在逻辑上与犯罪意图要件有关，公诉人就可以询问被告的不同行为；检控将不限于证人直接询问期间提到的历史事件。

　　所有这些限制性做法都有一个逸出阀，即这样的普通法的概念：当在直接询问中提及一项交易、合同、对话或者事件的一部分时，则可以在交叉询问中询问其余部分。完整性规则的这一特殊方面在现代联邦实践中仍然有效。实质上，这一概念只是说明了限制性规则本身的反面。然而，这并不减损这一概念的实际效用，即作为说服法官扩大交叉询问范围的补充论点。

　　在民事案件中，审判法官有时行使自由裁量权，采用"一次出庭"规则。为了司法经济和证人的方便，证人只能被传唤一次。一方直接询问证人后，允许另一方对证人进行交叉询问，但是不限于直接询问所涵盖的事项。当证人对案件的重要性微不足道，而且这种做法不会大大延长交叉询问时间时，法官最有可能采用这种做法。

半开的门：交叉询问延伸到任何事项，交叉询问者的积极性控辩除外

　　关于交叉询问的范围的第三种观点，代表了两个极端之间的中间路线。根据这一几乎已经过时的观点，交叉询问者可以就与诉讼中任何争点有关的任何事项向证人提问，但是仅与交叉询问者自己的积极控辩有关的事实除外，例如被告的积极抗辩或者反诉，如果是原告，则可以就其答辩中的新的事项向证人提问。在一些州，这一折中标准被用作法院的临时方法，法院后来接受了"广泛开发"的做法。与限制性做法相比，第三种观点具有这样的实践优势，即通过扩大询问范围来减少争端的发生。它的主要缺点是，特别是根据现代自由诉答规则，常常很难确定所查问的事项是否仅仅与被交叉询问者的"独特的辩护或者免责理由（distinct grounds of defense or avoidance）"有关。

第22节　进行弹劾的交叉询问不限于直接询问的范围

交叉询问的主要功能之一是，提供一个机会，引出用于弹劾证人的诚实性、观察能力、不偏不倚性和一致性的回答。即使在对历史性案件事实采取最严格做法的司法辖区，弹劾性交叉询问也不限于在直接询问中提出的事项。在直接询问中，证人的支持者通常不得提衬证人的可信性；在直接询问中——在证人的可信性受到任何攻击之前——提出者一般不得引出逻辑上只与证人的可信性相关的证言。在交叉询问之前，我们往往不知道对方是否会攻击证人的可信性；而如果对方不这样做，接受提高证人可信性的证言则是浪费时间。然而，仅仅是因为作证，证人就将其可信性置于了争议之中。因此，在交叉询问中，证人的可信性可以是攻击的对象。《联邦证据规则》611（b）采纳了这一观点。

第23节　限制性规则的形式和实际后果：对证明顺序的影响：副作用

有时有人断言，关于交叉询问范围的"全面开放"观点与限制性观点之间唯一的"本质性"形式上的区别是，可以传唤证人对所查问的事实作证的时间或者阶段。这两种观点的主要区别在于它们对证明顺序的影响。根据"全面开放"规则，在交叉询问期间，可以立即就新事项询问证人。相比之下，根据限制性规则，交叉询问者将问题推迟到自己的下一举证阶段⑤，然后传唤证人证明相同的事实。

不过，这一论断忽略了现实世界中限制性做法的影响。在特定的审判中，

---

⑤　就各个当事人按阶段出示证据的顺序，参见上文第4节。

时机可能是关键的；甚至"仅仅"推迟也可能是重要的。为了达到戏剧性的效果，提问者想趁热打铁。此外，作为一个实践问题，在许多情况下，推迟询问并不是因在直接调查范围以外而排除交叉问题的裁决的唯一结果；除非该问题至关重要，而且他对获得有利的答案相当有信心，否则交叉询问者可能不愿意冒险在稍后阶段把对方的证人作为自己的证人来传唤。谨慎的交叉询问者很可能决定放弃查问。当对手的证人故事还新鲜时，在对手的直接询问后紧接着从该证人那里得到让步，是值得一试的。当一个不友好的证人的最初证言已经不新鲜时，随后传唤她是一个更冒险、更不吸引人的选择。诚然，在一定程度上，限制性规则促进了有序示证。然而，在某些情况下，这些规则的适用并没有促进该政策。例如，假设一个直接询问者通过证人1而不是证人2提出了一个问题，尽管证人2的知识对这个问题而言有着高度的相关性，但是不能就这个问题对证人2进行交叉询问。在这种情况下，从陪审团的角度来看，让两名证人在案件的同一阶段就事实作证，可能更为有序和更好理解。然而，规则的范围将迫使对方再次传唤证人2。

此外，推迟提出超出直接询问范围的问题，并不是限制性规则的唯一形式后果。这产生了许多附带的影响。举例来说，采用限制性做法的法院经常说，如果交叉询问者——也许没有异议——就新问题询问证人，他就让证人成了自己的证人。虽然提问是形式上的交叉询问，但是对新话题的提问在功能上是直接询问。交叉询问者就新事项"接受"证人的说法。《联邦证据规则》611（b）体现了采纳这一接受的观念。交叉询问者通常不会就新问题提出诱导性问题；根据反对弹劾自己证人的传统规则，他可能被禁止就这些事实弹劾证人。然而，由于一个人可以根据《联邦证据规则》607弹劾自己的证人，不能禁止交叉询问者就根据规则611（b）引出的新事项弹劾证人。

65

此外，援引限制性规则排除原告证人的不利证言——这本可以从交叉询问中引出——可能会产生另一个重要的形式上的影响：它可能会使原告在其主诉结束时免于指令裁决。否则，在原告主诉期间，辩护方可以提出新的事项，这些事项可能会决定辩护方的决定。从该角度看，限制性规则的适用可以成为原告的一个重大优势。原告既躲过了直接动议，又在随后的辩护方主辩时，通过从对方证人那里引出有利的事实，获得了加强其案件的机会。

最后，在某种情况下，限制性原则是一项完全排除规则而不仅仅是造成延缓。在这种情况下，证人有不被交叉询问者传唤为证人的特免权。因此，被告和被告配偶不被检控方传唤的特免权，可能会阻止公诉人在以后阶段引出新的事实，如果公诉人无权在较早的交叉询问中提出它们的话。

第 24 节　全面开放和限制性规则下法官自由裁量权的范围

在 19 世纪早期，Gibson，C. J.⑥ 和 Story，J.⑦ 修改了正统的"全面开放式"交叉询问，他们提出，在交叉询问阶段就新事项进行询问是不恰当的。当他们这样做时，他们认为他们的修改仅仅与证明顺序有关。传统上，证据的顺序、交叉询问行为和范围都受审判法官的自由裁量控制。按照这一传统，重塑后的《联邦证据规则》611（a）授权法官"对询问证人和提出证据的方式与顺序予以合理控制"。就其本身而言，规则 611（b）允许法官在某种程度上就交叉询问的范围"行使自由裁量权"。

早期的判决和当代许多采用限制性规则的案件，都强调了审判法官允许偏离的自由裁量权。的确，有人说，遵循全面开放观点的法院和采用限制性做法的法院都"承认审判法院的自由裁量权，允许对习惯顺序作出变更，并通常拒绝将审判法院批准的任何变更视为错误"。如果这一说法完全准确，审判时造成不公或者上诉撤销原判的危险相对较小。但是这个说法描绘了一幅过于光明的画面。

在采用"直接询问范围"标准的州，审判法官常常发现，将该标准作为一种机械规则而不是灵活的自由裁量标准来运用更为容易。在过去，上诉法院因适用标准错误而撤销了许多案件。幸运的是，现代趋势是赋予审判法官更大的自由度。

在遵循传统的全面开放观点的司法辖区，很少有人倾向于适用这样的观念，即证明顺序是自由裁量性的。他们的传统不是根据证明顺序形成的，而是根据就整个案件进行交叉询问的权利形成的。对这一全面开放规则造成最大压力的情况是，一方当事人（通常是原告）发现自己在一开始就被迫传唤对方当事人或者其盟友证明一个没有重大争议的形式性事实。那么，是否应允许对方在现阶段就与直接询问无关的辩护事项对愿意作证的证人进行交叉询问，从而扰乱提出者的案件？这种情况，吸引人来使自由裁量权背离全面开放做法；为了防止提出者的案件受到干扰，审判法官可以要求交叉询问者在其后来提出自己的案件时，就这些新事项再次传唤证人。然而，正如判决所表明的那样，即

66

---

⑥　Ellmaker v. Buckley, 16 Serg. & Rawle 72, 1827 WL 2669 (Pa. 1827).

⑦　Philadelphia & Trenton R. Co. v. Stimpson, 39 U. S. 44& 10 L. Ed. 535, 1840 WL 4631 (1840).

使在这种极端的事实情况下，在"全面开放"的司法辖区，审判法官也很少行使其自由裁量权。[8]

第 25 节　全面开放和限制性规则对交叉询问当事人的适用：(a) 民事当事人

在对当事人证人交叉询问时，必须区分两种情况：(1) 将自己传唤为对其有利的证人的当事人的对手进行的敌意交叉询问；(2) 被对方传唤为不利证人的当事人的律师进行的友好交叉询问。在第一种情况下，在遵循限制性规则的司法辖区，法院有时判定，虽然允许放宽限制性做法的自由裁量权范围更为广泛，但是对"直接询问的范围"的一般限制仍然适用。然而，仅对上述当事人放宽限制性做法，似乎没有得到《联邦证据规则》611（b）的授权；表面上看，611（b）没有区分对当事人的交叉询问和对非当事人的交叉询问。然而，在没有进行过多讨论的情况下，有少数案件宣布，在对一方当事人进行敌意交叉询问时，对直接询问范围的限制是不适用的。在"全面开放"的州，法院常常赋予交叉询问者通常的自由，不受直接询问范围的限制。

与第二种情况进行对比：制定法或者规则规定，当一方当事人传唤对方当事人为敌意证人时，该方当事人可以像"在交叉询问中"那样询问该证人。因此，当事人可以提出诱导性问题；他不受对方证人回答的"约束"，这主要意味着他可以通过展示不一致的陈述来对其证言进行弹劾。当这种带有交叉询问味道的直接询问结束时，有些司法辖区不允许证人立即由其自己的律师询问；相反，法官有自由裁量权来允许立即询问，或者要求将他的询问推迟到证人—当事人自己主诉/辩时进行。不过，大多数司法辖区允许证人立即被自己的律师询问。然而，即使允许证人自己的律师立即进行询问，根据请求，审判法官也应当禁止诱导性问题。在限制性司法辖区，在这种对友好证人进行"交叉询问"期间，没有这样的明显的司法倾向，即放宽通常的将问题局限在直接询问范围内的限制。

第 26 节　全面开放和限制性规则对交叉询问 当事人的适用：(b) 刑事案件中的被告

67

作为执行规定的提出证据顺序的一种手段，将交叉询问限制在证人直接询

---

[8]　参见下文第 25 节。

问或者提出者案件范围内的限制性规则是繁累的，但是是可以理解的。交叉询问者暂时被阻止，但是她有一个理论上的救济办法：当她提出自己的下一阶段证据时，她可以召回证人进行询问。然而，当限制性做法适用于刑事被告时，就像在遵循这一做法的大多数司法辖区那样，被告可以永久性地阻止检控方就被告直接询问范围以外的事实询问被告。被告可以仔细地将其直接询问限制在案件的某一方面，如年龄、精神状态或者不在犯罪现场的证明，然后援用司法辖区的通常将交叉询问限制在该主题上的规则。在直接询问一开始时，辩护律师可能会明确宣布，她将"仅"就某一具体问题向被告提问；律师这样做，是为了使自己在随后提出询问范围异议时，能够处于更好的地位上。这种将限制性做法应用于对被告的交叉询问的做法受到了批评。然而，这种批评并没有说服法院，来使检控方对被告进行交叉询问时不受这种限制。（当然，在一个交叉询问范围"完全开放"的司法辖区，被告将无法逃脱对整个案件的彻底探究。）

无论限制性规则造成的结果在政策上是否可取，被告的交叉询问的范围可能不仅仅受证据判例法、制定法或者规则的控制。⑨《联邦证据规则》611（b）并不旨在界定作证的被告能在多大程度上放弃宪法赋予的反对被迫自我归罪的特免权。⑩ 就被告在多大程度上通过作证而放弃了反对被迫自我归罪的特免权，宪法学说可能会很好地调整交叉询问的外部界限。一些司法语言表明，根据《美国宪法》第五修正案，弃权仅适用于关于直接询问中提及的事项的问题。如果这一立场最终占上风，州的做法将在一定程度上受到联邦宪法对弃权的限制。这些限制可能会使对刑事被告的"全面开放"的交叉询问——甚至还可能是限制性规则的自由变体——变得违宪。

第 27 节　全面开放和限制性交叉询问制度的优点

限制性规则的主要优点是，它们迫使当事人按逻辑顺序陈述事实：首先是原告对其负有提出证据负担的事实，然后是被告必须证明的事实，等等。限制性规则最大限度地减少了这样的危险，即一方陈述事实的计划会因交叉询问而被打断，因为交叉询问会插入构成对方案件的新的和具有破坏性的事项。如果被允许，这样的插入会减少提出者案件的影响力和说服力。提出者计划逐项陈述一个有条不紊的案件。然而，在陈述过程中，精心设计的案件被对提出者自

68

---

⑨　总体可参见下文第 132 节。
⑩　对作证的被告的弃权范围的讨论，参见下文第 129 节。

己的证人的交叉询问所引出的相反事实打乱了。提出者的"案件"，本被设想为一个单一的旋律，却被变成了复调音乐（counterpoint）。当代诉讼律师把自己看作是一个讲故事的人，即就争议事件向陪审团讲述一个连贯、令人信服的故事。可以理解的是，当对方试图破坏故事的连续性和流畅性时，诉讼律师会感到愤怒。因此，大多数执业者可能更喜欢交叉询问范围的限制性观点。

与所有关于顺序的规则一样，普通法根据"主诉/辩"或者阶段来规定证明顺序，在某种程度上是武断的。由于两个证人不能同时发言，因此必须制定一些规则，规定谁传唤证人，顺序如何。然而，这似乎人为地强加了一个进一步的限制，即知道许多案件事实的证人在第一次出庭时只能说出某些事实，至于其他事实，则必须等到以后再次传唤时说出。更自由、全面开放的做法有着一种自然的秩序；在直接询问中，保持了各个当事人"主诉/辩"的一般证明顺序，但是在交叉询问时，对方可以自由地提出损害性事实。另一种程序将允许每个证人依次讲述他所知道的案件的一切。这是外行在任何不受规则约束的非正式调查中往往遵循的制度。杰里米·边沁（Jeremy Bentham）作为"人为"程序规则的伟大批评者，他赞成"自然"的证据制度。就此表述而言，他指的是外行可能用来调查事实问题的做法。这一制度更好地为证人作证提供了便利，并可能以一种更自然的展现事实的方式打动陪审团。当然，可以提出异议的是，在交叉询问中迂回到新的道路，会削弱被直接询问者讲述自己故事的说服力。然而，几乎不言而喻的是，直接询问者有权获得以过于简单化、片面的方式陈述其事实的心理优势。他是否有权给陪审员留下——尽管是后来对其进行了答复，但是很难消除的——良好的第一印象？

另一个政策考虑是节约时间和精力。全面开放的规则几乎没有或者根本没有留下就其在审判或者上诉中的适用进行争论的机会。相比之下，限制性做法会就在"直接询问范围"标准的众多变体中作出的选择，以及所选标准对特定交叉询问问题的适用，在法庭上造成争执。这些争议常常在上诉时再次出现，而且有可能因错误而推翻原判。遵守这些含混不清的限制是交叉询问者经常关心的问题。如果这些争端和拖延是捍卫实体性基本权利所必需的，那么它们可能值得付出代价。但是作为对证据顺序实施一项有争议的规定的代价，该牺牲是错误的。美国律师协会改进证据法委员会说：

> 将交叉询问限制在直接询问的准确主题上的规则，可能是当今在审判实践中引发微妙和技术性争辩的最常见的规则（意见规则除外），这些争辩阻碍了审判的进展，混淆了陪审团，并且导致仅基于技术理由而上诉。

一些最高法院仅仅因为违反了这条关于证据顺序的规则就下令进行重新审判的例子，是令人震惊的。我们建议采纳允许就证人所知问题的任何部分进行提问的规则。[11]

总之，"全面开放"规则是有充分理由的。因此，虽然大多数执业者赞成限制性做法，但是"全面开放"规则得到了许多改革者、学者和法官的支持。

第 28 节　就证人以前的不一致书写品进行交叉询问：在就其内容进行询问之前，询问者必须向证人出示该书写品吗？

许多说谎者的致命弱点是书面信件。[12] 露出马脚的信件，往往是说谎者的自吹自擂或者愚蠢造成的。如果使用得当，信件会揭露许多证人作伪证的意图。一位著名的审判律师说道：

　　……引入与证人证言相矛盾的信件是一门艺术。新手会操之过急。他会得到虚假的陈述，然后赶紧把信甩到证人面前。证人面对这封信，很可能会灵机一动，有时会熟练地这么做，结果就失去了效果。

　　老练的审判律师将充分利用这封信。得到了他所希望的否认后，他也许会假装失望。几分钟后他会问同样的问题，一次又一次地得到否认。然后他将要组织——这需要准备——一系列的问题，这些问题不是针对那个特定的问题，但是其中包含了他准备反驳的事实——每次都越来越接近他所掌握的书面文件中的语言，直到他诱使证人不止一次——而是多次——断言他通常会说这是口误而加以撤回的事实。每次他在不让证人意识到的情况下，更接近与证人相矛盾的确切语言，直到最后，当拿出这封信时，与其他方法相比，其效果是原子弹爆炸而不是爆竹爆响。[13]

卡罗琳女王案件的规则

然而，一些法院为有效使用这种弹劾手段设置了障碍。该障碍就是卡罗琳

---

[11]　See 6 Wigmore, Evidence § 1885 at 711 (Chadbourn rev. 1976), 列出了该委员会报告的相关部分。

[12]　当然，如今，这种前后不一致的陈述可能会以电子邮件或社交媒体帖子的形式出现。

[13]　Nizer, The Art of Jury Trial, 32 Cornell L. Q. 59, 68 (1946). 就"用文件进行揭露"进行的有益分析，可见于 Love, Documentary Evidence, 38 Ill. Bar J. 426, 429 - 30 (1950). See also 4 Belli, Modern Trials § 63. 30 (2d ed. 1982).

女王案件确立的规则，这是英国法官在 1820 年发表的咨询意见中宣布的。[14] 该意见宣布，如果没有首先将书写品展示给证人，交叉询问者不得就证人作出的任何书面陈述询问证人，或者询问证人是否曾写过含某特定内容的信件。交叉询问者必须准许证人阅读交叉询问者试图就此询问他的书写品或者其中的一部分。实际上，询问者必然就暴露出自己的意图了。这样，潜在的陷阱摆在了目标猎物眼前。在读这封信时，证人将被预先警告，不要否认它。更糟糕的是，一个聪明的证人也许能够很快编织出一张新的欺骗之网，来解释不一致之处。

　　如前所述，卡罗琳女王案件宣布，必须先向证人出示书写品，然后才能就此向证人提问。法官们认为，这项规则是对最佳证据原则的适用，即要求在试图证明原件的内容时出示原件。这条规则至少在两个方面是一种误解。首先，在这一阶段，交叉询问者并不试图去证明书写品的内容。相反，他希望证人否认这封信的存在。其次，原件规则要求向法官和陪审团——而不是证人——出示文件，以证明其内容。维多利亚时代的出庭律师们发现卡罗琳女王案件中的这一规定是如此的具有妨害性，以至于他们游说并在 1854 年让议会废除了它。

　　然而，这种要求向证人进行展示的做法，被许多美国法院毫无疑问地接受了，偶尔也被美国立法机关所接受。在大多数该规则仍然有效的州，在审判中实际援引该规则的情况相对较少。即使在今天，这些司法辖区的一些法官和执业者也没有意识到交叉询问路径上的这个陷阱。

　　前几段讨论了该规则在这种情况下的运作，即试图进行的弹劾的主旨是揭露试图进行的伪证。在这种情况下，这条规则似乎削弱了律师最有力的武器之一。然而，在现实世界更为典型的案件中，该武器本身可能被用错了对象。无辜的证人写信，忘了信中的内容，几年后，他们就与信中的断言不一致的事实错误地作了证。一方面，不可否认的是，交叉询问者有权揭露他们的遗忘，并就此怀疑他们当前作出的证言。另一方面，可以说，不应允许交叉询问者通过微妙的询问来鼓励证人扩大他们目前的证言与他们过去的书写品之间的差异。在这种情况下，对于是否允许在不要求将书写品展示给证人的情况下就该书写品进行询问，法官应该有自由裁量权。当法官认为证人至多是发生了没有恶意的错误记忆时，法官应当有自由裁量权来要求交叉询问者向证人展示书写品。

　　认识到卡罗琳女王案件规则的不利之处，《联邦证据规则》废除了这一规则，允许在未事先向证人出示书写品的情况下进行交叉询问。规则 613 取代了这样的要求，即为了确保交叉询问者的诚实信用，应对方律师的要求，将书面

---

[14]　2 B & B. 284，286 - 90，129 Eng. Rep. 976，11Eng. Rul. C. 183（1820）.

材料出示或者披露给对方律师。然而，有这样的联邦典据，即审判法官保留有要求向证人展示书写品的自由裁量权。如前所述，在弹劾的真髓显然是无辜的错误记忆而不是彻头彻尾的伪证的情况下，法官行使这种自由裁量权可能是适当的。

第29节　适用于交叉询问的相关性标准：法官的自由裁量权

交叉询问有三个主要功能：（1）攻击该证人和其他对方证人的直接证言的可信性；（2）就历史性真相，引出与直接询问中提及的事实有关的其他事实[⑮]，以及（3）在遵循"全面开放"规则的州，提出其他事实来阐明本案中的任何问题。关于直接询问证言的相关性的一般标准，适用于为第二和第三个功能服务的交叉询问问题的主题。

然而，当被交叉询问者在履行攻击直接询问证言可信性的第一个功能时，她的目的与追求其他两个功能有着根本的不同。在第一个职能中，交叉询问者并不是直接针对案件的历史性真相。在这里，普通法的相关性标准，不是所寻求的回答是否会揭示任何有关真相的任何问题，而是它是否有助于事实审判者评估证人的可信性和评估证人直接询问证言的证明价值。一般而言，本节所述的普通法原则也是根据《联邦证据规则》和修订的《统一证据规则》611（b）获得的。重塑后的《联邦证据规则》明确授权对"影响证人可信性之事项"进行交叉询问。在普通法和现代联邦实践中，为此目的，有许多公认的询问思路，但是没有一种与历史性真相直接相关。

例如，一种常见的可信性查问，是关于居住地和职业的一系列预备性交叉询问，旨在说明证人的背景。证人的居住地或者职业都可能会引起关于偏见的推论。另一个常见的问题是："你跟谁谈过这个案子吗？"如同证人的居住地或者职业一样，证人的审前接触可能会造成偏见性影响。还有一类是测试性、探索性的问题。在这类问题中，交叉询问者（他们可能没有先前会见证人的优势）提出的问题往往与主要查问的问题相距甚远。这些问题旨在通过实验性地测试证人回忆与直接询问中叙述的性质相同的详细事实的能力，准确感知事实的能力，或者不歪曲、不夸张地说出真相的意愿。这是交叉询问的传统和艺术的一部分，一些最著名的交叉询问就是这样的。法院认识到，一项把交叉询问的问题严格限制在与历史性真相争点相关的问题上的规则，将削弱这种询问。

---

⑮　参见上文第21节。

可信性交叉询问最后一个例子是，通过弹劾问题来进行攻击，这些问题试图证明的是不一致陈述或者定罪判决等事项。同样，这些事实与历史性事实没有必然的相关性。

对于前段提到的所有询问思路，由于被交叉询问者的目的往往是探究性的，因此相关性标准是模糊的。过紧地控制交叉询问者可能会使询问丧失效用。然而，对当事人或者证人的不适当损害和可能浪费时间的危险是显而易见的。因此，审判法官有自由裁量权来控制询问的范围。上诉法院只有在滥用自由裁量权给申诉方造成重大损害时才会推翻这种行使自由裁量权的做法。对大量此类案件的调查表明，在实践中，当审判法官被诉不适当地限制了询问，而不是被指摘不适当地延长了询问时，上诉法院更经常认定为滥用自由裁量权。在刑事案件中，当审判法官限制调查检控方证人的偏见的交叉询问时，法院尤其可能会认定其滥用自由裁量权。

72

第30节 交叉询问者的艺术

本书第5节指出，尽管在典型的审判中，与交叉询问相比，直接询问更能决定结果，但是许多律师发现，掌握交叉询问的艺术更为困难。对交叉询问的艺术——这是从关于该主题的丰富的著述中搜集到的——加以概述，可能有助于刚入行的诉辩律师理解一些律师从艰苦的经验中学到的智慧。它也可能有助于考虑下一节的主题，即评价交叉询问的更广泛的政策意义。以下是一些最重要的总结。

审前准备是关键。有些律师似乎天生就有进行交叉询问的直觉和天分。维多利亚时代的伟大的诉辩者 Montagu Williams 曾发表过这样的观点，他说："我的职业是看穿一个人的表情和内心世界。"然而，今天的重点在于精心准备，而不是天赐的灵感。即兴发挥通常是必要的，但是与那些根据审判前有条不紊地发现的事实而策划的提问相比，它的效果通常要小。几部经典的交叉询问著作解释了规划步骤。并非所有不利的证人都必须采取所有步骤；一些不利的证人的证言根本不足以造成损害，不值得进行充分准备。不过，一般情况下，审判前的准备是成功的交叉询问得以成长的土壤。

在审判时，专心听直接证言。如果你在庭审前做了适当的准备，在对对方证人的直接询问中，你除了专注于该证人所说的话，不要做别的。一些律师建议，在审判时，为以后的问题做准备的任何笔记都应该由副手或者委托人，而不是交叉询问者来做。应避免在律师席上向交叉询问者提出口头建议。在直接询问期间，交叉询问者不能花大量时间准备笔录或者交谈；交叉询问者手头的任务是专心听取直接询问者和证人口中说出的每一个字。

除非你相信你能实现一个具体的战略或者战术目标，否则不要进行交叉询问。在电影中，铤而走险的盲目询问通常会披露惊人的真相。在现实世界中，它们通常是无效的，而且常常适得其反。交叉询问者通常只是让证人重复破坏性的证言，在交叉询问过程中，敌意证人经常添加在直接询问中故意省略的确凿事实，为交叉询问者设下陷阱。

一般而言，律师完全不应该进行交叉询问，除非以其最好的职业判断，他确信他可能能够达到交叉询问的有用目的之一。正如我们所看到的那样，这些目的是：第一，就历史性真相引出新的事实，对直接询问形成限制，或者在某些州与本案任何争点有关；第二，通过探究证人的说法的细节和含义来检验证人的故事，希望揭露不一致或者不可信之处；第三，引出事实，如先前不一致陈述、偏见和刑事定罪判决，来弹劾这个证人或者其他对方证人。如果你在询问前做了充分的准备，你就可以预测你是否能实现其中的一个或者多个目标。交叉询问者应该很少就关键事实向不利证人提出问题，除非交叉询问者有理由相信其回答是有利的。在决定是否追求这些目标中的任何一个，尤其是最后两个目标时，交叉询问者必须意识到，对她不利的可能性是巨大的。在交叉询问中引出的一个不利的回答更具破坏性。律师很难通过交叉询问胜诉，但是他很容易因此败诉。因此，如果证人的直接证言几乎没有损害或者没有造成损害，为第二或者第三目的进行交叉询问往往是不明智的。在许多情况下，当直接询问者将证人交给交叉询问者时，交叉询问者只应当说："法官大人，没有问题。这名证人可以离开了。"

但是，如果证人的直接证言具有破坏性，在陪审团相信它的情况下，甚至有可能会摧毁交叉询问者案件呢？假设虽然证言具有破坏性，但是交叉询问者对证人几乎没有有力的武器，律师是否应该展开探索性的交叉询问？交叉询问者必须当场作出情境性的判断：直接证言是否具有毁灭性，以致陪审员可能会将放弃交叉询问视为对该证言真实性的自认，并在此基础上，作出对交叉询问者的委托人不利的认定？在这种情况下，即使成功的机会渺茫，交叉询问通常也是必要的。坦白地说，如果直接证言是毁灭性的，而且交叉询问者没有真正的武器对付证人，交叉询问者必须考虑发起盲目的询问，或者申请休庭以重新进行和解讨论。

如果出于绝望，你决定进行一次盲目的询问，遵循证人的直接证言的顺序是不可取的。一位论者建议说："如果证人是在说谎，用连续发问的问题，迅速地从叙述的一个点跳到另一个点，没有时间或者机会进行连续的叙述：向后、向前、向前、从中间向后再到开头，等等。"当然，这一建议有常识性限制。如果交叉询问者跳得太快、太突然，交叉询问会使陪审员感到困惑，而不是给他们留下深刻印象。

74

知道什么时候结束询问，努力在高潮时结束。如果交叉询问者成功地引出了一个有利的事实，与其继续逼问证人，常常是不如等待并在终局辩论中强调不一致性。如果交叉询问者立即提出后续问题，则附加的问题可使证人有机会收回和解释清楚他所承认的事。当交叉询问者获得重要的自认时，她不应冒着证人取消前言的风险，来继续询问以获取更多细节或者要求重复该自认。相反，如果她有另外的重点，她应该转到该重点，在最后一个重点之后结束询问。以高潮结束："当你已经打到石油时，停止钻孔。"询问的影响取决于在交叉询问结束时留下的总体印象，而不是询问者打击证人时的技术性辩论点数。

为陪审团而不是你的委托人进行交叉询问。如前所述，要意识到你的交叉询问所留下的整体印象。交叉询问者常常受到这样的诱惑，即向委托人展示他的智慧和技巧，或者通过羞辱对方证人来满足委托人对对方证人的敌意心理。在附带事务上取得小的胜利通常很容易。然而，经验丰富的诉辩者和证人在新环境下紧张不安的概率并不是一样的。陪审团敏锐地意识到这一不平等，大多数陪审员都倾向于设想自己处于证人的地位会怎么样。陪审员常常同情和支持证人。用你的礼貌给陪审团留下深刻印象。

在询问受人同情的证人——如儿童、犯罪被害人和死者亲属——时，交叉询问者必须非常礼貌。交叉询问者用策略，而不是霸凌和讽刺，通常会在证人这里取得更好的结果，并给陪审团留下更好的印象。然而，在极少数情况下，当交叉询问者确信一个关键证人犯了伪证罪并且他可以揭露伪证时，交叉询问者应该积极施压。一旦陪审团清楚地知道交叉询问者抓住了证人的"把柄"，交叉询问者就可以对证人采取更加公开的好斗态度。

释放诚意。虽然这些总结都是有价值的指导，但是交叉询问者必须根据她所面临的具体情况调整她的技巧。不同的经验丰富的诉讼律师在询问同一证人时，可能会使用相当不同的技术。就像在直接询问中一样，在交叉询问过程中，诉讼律师需要采用与其个性相适的提问方式。无论诉讼律师在审判中做了什么，她都必须对陪审团表现出诚意。如果交叉询问者试图模仿另一名律师的风格和个性，她的陈述可能会使陪审团认为不真诚。

第31节　重新评估交叉询问

早期维多利亚时代就诉辩写作的作家们，在交叉询问的问题上夸夸其谈，夸大了它的重要性。有人写道："从来没有争议案件的结果不是主要取决于诉辩律师的交叉询问技巧的。"[16] 这种浪漫主义与 Scarlett——后世的一位伟大"领袖"——的现实主义形成了鲜明对比。Scarlett 说："我从许多经验中了解到，辩护人最有用的职责是询问证人，而交叉询问的结果往往是弊大于利。因此，我很少允许我的同事履行这一职责。我一般很少进行交叉询问，更多的是为了得到我准备依赖的事实，而不是影响证人的可信性，这在很大程度上是徒劳的。"[17] Reed 是 20 世纪早期关于审判策略的最明智的作家之一，他说："有时一篇伟大的演讲会压垮对手，有时一次透彻的询问会把证人翻个底朝天，证明他是一个作伪证的恶棍。但是通常情况下，案件不是通过演讲或者交叉询问来胜诉的。"[18] 然而，即使在今天，许多撰写交叉询问艺术的律师也认为，如果不有效地使用这一工具，案件可能会败诉。刑事辩护律师常常有这种信念。

大多数当代论者对交叉询问的重要性，有一种不那么浪漫和更为现实的看法。对于现代诉辩者而言，询问作为一种就真相收集更多事实以支持交叉询问者的案件的理论，是更为重要的；在现实世界中，与电影相反，交叉询问者很少破坏对方证人的可信性。的确，在许多案件中，对专家的交叉询问是至关重要的。当专家在直接询问时仅陈述其意见和意见的理论理由时，《联邦证据规则》705 使得在规则允许的情况下，进行交叉询问的机会特别重要。在这种情况下，规则 705 为交叉询问者设定了这样的负担，即探究意见所依据的关于具体案件的事实或者数据。然而，即使在这种情境下，人们通常关注的也是专家的推理过程的有效性，而不是专家证人的个人可信性。总之，虽然在某些审判中交叉询问是一个重要的工具，但是在大多数情况下，交叉询问并不像直接询问那样是胜负的决定性因素。

---

　⑯　Quoted from Cox, The Advocate 434, in Reed, Conduct of Lawsuits 277 (2d ed. 1912).

　⑰　Memoir of Lord Abinger 75, quoted in Reed, Conduct of Lawsuits t 278 (2d ed. 1912).

　⑱　Reed, Conduct of Lawsuits 276 (2d ed. 1912). See also Kilner & McGovern, Successful Litigation Techniques § 14.01, at 14—1 (1981). （"对所有证人进行彻底交叉询问的权利，使我们的对质制度有效运作，因为只有通过这种询问才能检验证言的准确性、真实性和可信性。不幸的是，一些陪审员期望进行交叉询问的律师对每一个证人都采取 Perry Mason 式的行动，并最终让他全盘否定在直接询问时所说的一切。然而，审判律师必须认识到，这样的事情在电视节目中会发生，但很少在真正的法庭上发生。"）（Perry Mason 是美国作家 Erle Stanley Gardner 的侦探小说中的虚构人物。他是一名刑事辩护律师，常常通过找到真凶来证明其委托人无罪。——译者注）

我们在批评交叉询问的准则和程序时，不应只考虑这种评估。更广泛地说，重新评估交叉询问作为发现真相的引擎，应该纳入任何关于美国证据法——尤其是传闻教义——改革的讨论中。传统的假设是，如果没有进行交叉询问的机会，庭外陈述人的陈述就缺乏可靠性，甚至不值得在庭审中听取。传统观念认为，进行交叉询问的机会至关重要。就像我们所看到的那样，交叉询问是确保证人证言更加准确和完整的一种有用手段。在一个老练的诉辩者手中时，它有时会揭露出欺诈或者诚实的错误。但是它也会产生错误。诉讼律师可以用交叉询问来揭露伪证，但是有时在交叉询问的炮火中倒下的是诚实、胆小的证人。为了公平起见，司法程序中的每一位证人都应在可行的情况下接受交叉询问。然而，在无法进行交叉询问，例如在交叉询问前死亡的证人的庭外陈述的情况下，坚持通常仅因这一原因而排除该陈述是可疑的。作为发现真相的一种手段，交叉询问应该被认为是有用的，但是不是必不可少的。在决定是否采纳某陈述时，缺乏交叉询问的机会应该只是一个相关因素。对传闻学说采取的一种现代的、改革主义的做法，可能会使我们得出这样的结论：在对证人进行交叉询问的机会被永久剥夺，而任何一方都没有过错的情况下，传闻证言应该是可采的。如果（1）陈述人基于个人知识作出陈述，并且陈述人现在已经死亡或者无法接受交叉询问，或者（2）陈述人还活着，并且仍然可采交叉询问，则传闻陈述应该被采纳。如果完全可以免除为交叉询问而出示书面陈述，也许书面陈述应该被采纳。

虽然这种改良主义观点是站得住脚的，但是在刑事案件中也存在特殊的宪法问题。当然，这些问题的根源是，根据宪法第五、第六和第十四修正案，被告有权进行交叉询问。这些宪法保障限制了交叉询问做法和传闻规则的自由化。在一定程度上，检控中的传闻规则与民事诉讼中的传闻规则之间的不对称，是不可避免的。

第32节　再直接询问和随后的询问

再直接询问

法院已经制定了所谓的"第一次机会规则"，以界定再直接询问和再交叉询问的范围。一般来说，传唤证人的律师通常需要在对证人进行第一次直接询问时，引出律师希望由该证人证明的所有证言。这种在可行的情况下一有机会就证明一切的准则，有利于公平和效率。如前所述，在交叉询问者是否应限于

76

在直接询问中作出回答的问题上，典据存在分歧，更多的州赞成限制性做法。[19] 然而，如果问题是再直接询问和随后的询问的范围，则不存在这种划分；统一的做法是，当事人的询问通常限于回答对手在前面紧接着的询问中提出的任何新问题。确实，根据其改变正常证明顺序的一般自由裁量权，法官可允许再直接询问者提出他因疏忽未能在直接询问中引出的相关事项。根据《联邦证据规则》611（a），法官对再直接询问的范围有自由裁量权。然而，即使在采用《联邦证据规则》的司法辖区，对交叉询问中提出的新问题作出答复，也是再直接询问的惯型的、有限的功能。为此目的而进行的询问通常被视为一个权利问题，但是即便如此，询问的范围仍受到法官自由裁量权的控制。

一个熟练的再询问者经常能消除一个明显具有破坏性的交叉询问带来的刺痛。在再直接询问中的答复，可以采取对交叉询问者提出的新的实质性事实或者弹劾事项进行解释、回避或者限定的形式。例如，假设在交叉询问中，证人承认他作出过的明显不一致的陈述。在再直接询问时，询问者可能会要求证人解释清楚该明显的不一致，即告诉陪审团他在陈述中使用了一个具有特殊意义的关键术语。直截了当的方法，例如就证人在交叉询问中的陈述，询问"你的意思是什么"或者"你的理由是什么"，往往是有效的。然而，通常禁止仅仅重复直接或者交叉询问中作出的主张，尽管法官在这件事上有自由裁量权。

再询问者常常援引普通法上的完整性规则，即当事务、对话或者书写品的一部分已由对方证明时，如果剩余部分与同一主题有关，允许证明该事务、对话或者书写品的剩余部分。在 *Beech Aircraft Corp. v. Rainey* 案中，最高法院宣布普通法的这一方面在联邦实践中仍然有效。此外，再直接询问者经常可以诉诸可治愈的可采性原则（the principle of curative admissibility），允许他对交叉询问期间提出的无关或者不可采的证据作出回应。

再交叉询问

像再直接询问一样，再交叉询问遵循第一次机会规则。因此，作为权利，再交叉询问的范围通常仅限于旨在解释或者避免因再直接询问而产生的新事项的问题。此外，如果以前对证人的询问时间很长，到了这时，陪审团的耐心可能已经耗尽。即使对方律师在法律上有权进行再交叉询问，行使这一权利也可能是愚蠢的。

---

⑲　参见上文第 21 节。

第 5 章

弹劾与支持

第 33 节 导言：提衬、弹劾和正誉

假设证人站在证人席上作证，或者律师将庭外陈述人的传闻陈述引入作为实质性证据。一旦该证言或者传闻陈述被采纳，证人或者陈述人的可信性就成为《联邦证据规则》401 规定的审判争议范围内的有重要意义的事实。

有三组可信性规则。第一组是证人的提出者试图提衬其可信性，甚至是在证人被弹劾之前。第二组规则涉及对手可能用来攻击或者弹劾证人的可信性的各种技术。最后，第三套规则涉及证人的提出者在弹劾后可用来恢复证人可信性的方法，实际上是为了抵消弹劾造成的损害。

无论是根据普通法，还是根据《联邦证据规则》，一般的准则是，在对证人进行任何弹劾之前，证人的提出者不得提衬证人的可信性。例如，在直接询问时，证人的提出者不应引出证人自己的证言，说证人"总是说真话"。《联邦证据规则》608（a）（2）规定，"只有在证人诚实品性受到攻击后，关于〔证人的〕诚实品性的证据才具可采性"。在第 47 节中讨论的一些例外情况中——新近的报案和先前辨认——允许证人的提出者在直接询问中提出提衬性证据。然而，一般而言，提衬性证据是不可采的。在直接询问时，交叉询问者是否会攻击证人的可信性尚不确定；律师后来可能放弃交叉询问，或者仅仅为引出支持该律师案件理论的历史性真相的事实而进行交叉询问。如果对方律师这样做，那么直接询问中所有用于提衬证据的时间都将被浪费。因此，证人的提出者通常必须把持住有利于证人可信性的信息，以备在再直接询问时用于正誉。

尽管普通法对提衬性证据持敌视态度，但是普通法和《联邦证据规则》都自由地采纳弹劾证据。对证人可信性的攻击主要有五种方式。第一种，也可能是最常用的，是证明先前不一致陈述或者"自相矛盾"，正如有时被不精确地描述的那样。这种方法就是证明证人以前所作的陈述与其现在的证言不一致。第二种是这样的攻击，即证明证人由于情感上的影响而有偏见，例如与一方的亲属关系或者对另一方的敌意，或者金钱利益的动机，无论合法的还是营

私舞弊的。第三种是攻击证人的品性，但是无宗教信仰并不能作为这种可信性攻击的基础。第四种是说明证人观察、记忆或者叙述所作证事项的能力有缺陷的攻击。第五种是具体矛盾，即由其他证人证明被弹劾的证人没有就其作证的重要事实。其中一些攻击，如偏见，并没有在《联邦证据规则》或者修订后的《统一证据规则》中得到明确或者完全规定，但是它们是由这些规则默示授权的。《联邦证据规则》第六章载有若干条款，明确规定了弹劾技术①，例如证明先前不一致陈述，逻辑上与证人可信性相关的其他事实的可采性受《联邦证据规则》401 至 403 规定的一般分析框架所调整管辖。

弹劾程序可以分两个不同的阶段。第一，可以在交叉询问过程中从证人本人引出弹劾证人名誉或者其证言的事实。查问需要有一个诚信的基础。有些攻击方式仅限于此阶段；简而言之，就是"你必须接受他的回答"。当攻击方式以这种方式受到限制时，交叉询问者有时被说成仅限于"内在"弹劾。第二，在其他情况下，攻击证人可信性的事实可以通过外部证据加以证明。例如，将被弹劾的原告证人已经离开证人席；进行弹劾的辩护律师等到她主辩后，再用第二个证人或者书证证明原告证人的证言不可信的事实。②

弹劾有一条基本规则。不要发动攻击，暗示证人故意说谎，除非攻击是可以证明的，对你的案件至关重要。一次不成功的攻击往往会在陪审团的头脑中产生对证人的愤愤不平的同情。除非你能向陪审团证明你抓住了证人的"把柄"，否则对证人的积极攻击很容易引火烧身。这次攻击将比无效更糟，它将适得其反。

一般来说，今天对弹劾证人的重视程度不如以前。法院现在采用的是详细的普通法规则体系，对弹劾的规制不够严格。这一制度已经简化，减少了对规则的依赖，更多地依靠法官的自由裁量权。同样，《联邦证据规则》第六章只包含少数明确规制弹劾技术的规定。就所有其他弹劾技术而言，联邦法官适用《联邦证据规则》401 至 403 中规定的一般的相关性原则。

第 34 节　先前不一致的陈述弹劾：所要求的不一致程度

如第 33 节所述，最广泛使用的弹劾技术，是证明证人所作的庭前陈述与她的庭审证言不一致。这种概括在民事诉讼中当然是正确的，因为在民事诉讼

---

① 参见下文第 45 节。
② 参见下文第 45 节和第 49 节。

中，审前证言存录是司空见惯的。第 34 节和第 35 节讨论了这一基本问题，即证人的庭审证言和庭前陈述之间是否存在足够的不一致性，以允许反对者使用这一弹劾技术。第 36 节讨论了这样的问题，即不一致陈述的证明在什么时候仅限于内部弹劾，即交叉询问。最后，假设对方不限于进行交叉询问，第 37 节讨论了对方在提出不一致陈述的外部证据之前必须满足的其他条件。

然而，在转向这一弹劾技术之前，我们必须将该技术与先前不一致陈述的实质使用这一相关问题区分开来。③ 当证人就案件中的重要事实作证时，对方可能有证据证明证人先前所作的陈述与其当前证言不一致。根据传闻规则的现代观点，一些或者所有此类先前陈述都不受传闻规则的约束，因此可作为所述事实的实质证据采纳。这一观点在有关传闻的一章中讨论过。然而，根据更为传统的观点，这些先前陈述往往不可采为其主张事项的证据，因为它们构成不在传闻规则的任何豁免或者例外范围内的传闻。④ 即使这些陈述作为所称事实的证据是不可采的传闻，但是为了弹劾证人的有限目的，这些陈述也是可采的。⑤ 根据《联邦证据规则》105，他们可以通过限制性指示被采纳。审判法官告知陪审团，尽管他们可以从陈述对证人的可信性有任何影响的角度来进行考虑，但是他们不得将陈述视为陈述所述事实的实质证据。在遵守这一例外，即一些先前不一致陈述如果是在审判、听证或者庭前证言存录会经作伪证将受处罚的宣誓后作出的，则不受传闻规则的约束的情况下，《联邦证据规则》和修订的《统一证据规则》保留了这一传统观点。

本章对不一致陈述的讨论，仅限于这样的情况，即陈述是为弹劾目的而提出的，但是不得用作实质证据（无视对方的适当异议）。⑥ 为此目的，先前陈述可以在对证人本人的交叉询问中引出；在普通法上，如果在交叉询问中证人否认作出过陈述或者不记得该陈述⑦，随后可以用其他证人的证言等外部证据证明该陈述。与此形成对比的是，根据《联邦证据规则》和修订后的《统一证据规则》，在某些情况下，可以由第二个证人证明作出过上述陈述，而不需要在对作出该陈述的证人的交叉询问中进行先前查问。⑧

这种弹劾形式有时被不准确地称为"自相矛盾"，它必须区别于"具体矛

③ 参见下文第 251 节。
④ 参见下文第 24 章。
⑤ 下文第 183 节讨论了使用违宪获得的证据进行弹劾的问题。
⑥ 关于使用先前不一致陈述作为实质证据的讨论，见下文第 251 节。
⑦ 参见下文第 37 节。
⑧ 参见下文第 37 节。这一讨论认为该事项不是旁系性的，以及下文第 36 节和第 49 节。

盾"弹劾，即仅仅就与被弹劾证人证言相冲突的重要事实提供其他证据。与证人证言相冲突的其他证据的出示在第 45 节中讨论。⑨ 将先前不一致陈述定性为"自相"矛盾，只有在不一致的陈述必须归因于被弹劾的证人的意义上，才是准确的。正如我们将看到的那样，为了被采纳，先前陈述不必与证人的庭上证言完全矛盾。该陈述只需与证言不一致即可。

80

用先前不一致陈述进行攻击，不是基于这样的理论，即现在的证言是虚假的，而先前陈述是真实的。相反，其理论是，在证人席上这么说，而以前是另一种说法，这种反复无常，使人怀疑这两种说法的真实性。假设虽然在审判时证人作证说一辆车当时时速是 70 英里，但是在庭前她告诉警察这辆车时速是 50 英里。庭前陈述与证人的可信性有关，即使该陈述和庭上证言都是错误的。不一致陈述这一事实与证人的可信性有关，即使陈述中所称的事实——汽车速度——是错误的。即使事实上这辆车时速为 60 英里，不一致这一事实也能让陪审团洞察证人的精神状态；这种不一致表明证人要么无把握，要么不诚实。无论是哪种情况，不一致都会使证人的可信性受到质疑。假设根据传闻规则，先前的陈述不可作为实质证据而被采纳，则在此情境下，先前的陈述仅可用于帮助判断与先前陈述不一致的庭上证言的可信性。⑩ 经请求，审判法官将就该陈述的证据法地位，向陪审团作出一个限制性指示。

如果有适当的异议，法官必须初步判定庭前陈述是否与证人的庭上证言不一致。证人的证言与其先前陈述之间需要多大程度的不一致，才能对证人的可信性造成怀疑？有些案件的措辞过于拘谨，说明一定要有一个完全的矛盾。根据被更广泛接受的观点，证言与先前陈述之间的任何重要差异都足够了。与庭上证言相比，庭前陈述只需"弯向不同的方向"。例如，如果先前陈述遗漏了目前庭上证言所证实的一个重要事实，而且在先前陈述中提到这一事实是很自然的，那么该陈述就具有了充分的不一致。同样，弹劾可以使用证人作出的否认他知晓现在所作证的事实的先前陈述。标准应该是：陪审团能否合理地认定，一个相信在审判中所作证的事实的真实性的证人，不太可能作出这样的先前陈述？《联邦证据规则》和《统一证据规则》没有明确规定不一致的标准。根据这些制定法方案，大多数法院采用更自由的标准。因此，如果先前陈述模棱两可，并且根据某种含义而与证言不一致，就应当采纳它。理性法官在适用重要不一致标准时可能会有所不同，审判法官必须享有相当大的自

---

⑨　参见下文第 45 节。

⑩　参见下文第 24 章的讨论。

由裁量权。而不是在有疑问的情况下法院应当倾向于接受此类陈述，以帮助评估庭上证言。毕竟，庭前陈述是在记忆更清晰、偏见更不可能起作用的时候作出的。因此，它们往往比证言更可信。这种推理的逻辑延伸，支持采纳这样的关于独立、无关事件的先前证言：它与当前的证言惊人地相似，以致令人怀疑存在捏造。

第 35 节　先前不一致的陈述：意见形式

　　本节所讨论的问题是第 34 节所分析的问题的一种变体：什么类型的庭前陈述可以被视为与证人的庭上证言"不一致"？如果证人——例如专家——以意见作证，所有法院都允许这样的弹劾，即证明证人以前表达过不一致意见。然而，法院一直在努力解决这样的问题，即证人就具体事实作证，但是受到了先前表达的不一致意见的弹劾。例如，在一起碰撞案件中，原告证人就特定事实作证，这些事实表明肇事的公共汽车司机有过错。辩护方准备证明的是，就在看到撞车后，证人说道："公共汽车无责。"证人的庭前的意见性陈述与证人的庭上证言所造成的效果或者印象不一致。这够了吗？

　　然而，即使在根据规则 613 解决这一问题之前，我们也必须面对另一个问题：是否应援引意见规则来排除这种弹劾性陈述？近年来，异议的早期严格规定已经被大幅度放宽。[⑪] 许多法院都意识到，曾经被认为是事实和意见之间的根本性区别的，只是程度上的差别而已。[⑫] Wigmore 认为，当提出者可以方便地使用更具体的陈述时，这一规则仅仅是将意见视为多余而加以排除。[⑬] 因此，在审判时，意见规则的主要价值是作为一项规定，要求进行询问的律师在提出更一般性的问题之前，在可行的情况下，通过更为具体的问题引出其事实。将该规则适用于庭外陈述往往是一个错误，因为庭外陈述人可能并没有到庭，而且提出者可能没有选择权以更具体的形式引出证言。[⑭] 此外，如果庭外陈述不是作为所称事实的证据提出的，而仅仅是为了说明陈述人的不一致性，那么意见规则的基本目的——为了提高证言性陈述的客观性和可靠性——是不合适的。因此，即使提出者没有进行第 3 章中讨论的正常的意见铺垫，为弹劾目的，也应采纳不一致意见。确实，许多美国早期的判例，可能受到了

---

⑪　参见下文第 11 节、第 12 节和第 17 节。

⑫　参见上文第 11 节和第 12 节。

⑬　7 Wigmore, Evidence § 1918 (Chadbourn rev. 1978).

⑭　参见上文第 18 节。

Greenleaf 的著作中[15]的一段话和一个非正式的英国初审法庭判决[16]的影响，一些后来的意见排除了意见形式的弹劾陈述。然而，这一趋势和大多数人的观点与常识一致，即如果存在实质性的不一致，弹劾性陈述的形式是无关紧要的。《联邦证据规则》和修订后的《统一证据规则》701 通过规定意见规则的宽泛版本，支持了这一观点。

82　第 36 节　先前不一致的陈述：外部证据和作为所述事实的实质证据的先前陈述

假设证人的庭前陈述和庭上证言之间存在足够的不一致，允许对方律师诉诸这一弹劾技术。接下来出现的问题是，律师将被限定于交叉询问还是"内部"弹劾。在交叉询问中，放宽了严格的相关性规则。[17] 一般来说，审判法官可依照自由裁量权，允许交叉询问者查问与证人在直接询问或者交叉询问中作证时的断言不一致的任何先前陈述。在交叉询问阶段，没有明确的规则说先前的弹劾性陈述不得涉及"附属"事项；即使该事项与案件的历史性真相无关，它也事关证人的可信性，在交叉询问中，可信性处于争议中。但是正如下一段所指出的那样，在普通法中，当交叉询问者查问关于"附属"事项的不一致陈述时，交叉询问者必须"接受回答"——他以后不能传唤其他证人来证明作出过所称的陈述。这一限制，即附属事实规则，是判例法的产物，但是一些法院继续根据《联邦证据规则》和修订后的《统一证据规则》执行它。

不一致陈述的外部证据，即出示其他证人的关于陈述的证言，因节约时间的明显原因而受到限制。这样的陈词滥调要适用，即"你不能反驳附属事项"。这里的陈词滥调意味着，为了摆脱旁系事实规则的束缚，陈述的主题必须与案件的历史性真相有关。尽管《联邦证据规则》和修订后的《统一证据规则》没有明确禁止使用外部证据来弹劾附属事项，但是法官可以将同样的政策考虑因素（例如，平衡证明价值和时间消耗）纳入她根据规则 403 进行的分析中。

要区分旁系事实规则与一个不同但是有点同源的概念。根据这一概念，如果一方当事人就一个事实向证人提问，在该事实为真的情况下对询问者有利，但是得到的答复只对询问者的案件有负面影响，询问者不得提出外部证据来证明证人早先曾说该事实是真的。一个肯定的回答将是重要的，并可能受到不一

---

[15]　Greenleaf，Evidence § 449（3d ed. 1846）.

[16]　Elton v. Larkins，5 Car. & P. 385，172 Eng. Rep. 1020（1832）.

[17]　参见上文第 29 节。

致陈述的弹劾。然而，否定的回答并不能肯定地损害询问者；否定的回答只是令人失望。根据这一观点，不得用外部证据弹劾令人失望的答案；当证人的唯一的答复是否定性回答时，反对者仅限于在交叉询问中进行内部弹劾。在这种情况下，政策上的考虑不是节省时间和防止混淆，而是保护另一方不受这样的风险，即陪审团违反传闻规则将该陈述滥用为实质证据。就《联邦证据规则》和修订后的《统一证据规则》，参见第 38 节。一般而言，现代法院不承认损害性和令人失望的回答之间的这种技术上的区别。相反，根据规则 403，法官要对弹劾的重要性作出务实的判断。

如前所述[⑱]，本章对证人不一致陈述的分析，主要是根据这样的假定进行的，即根据许多州仍在实施的传统传闻规则与《联邦证据规则》和修订后的《统一证据规则（1974）》801（d）（1）规定的有限豁免，证人的不一致陈述不可作为实质性证据。当然，根据这一豁免或者各种各样的司法辖区的特别传闻例外，证人的一些不一致先前陈述既可采纳作为实质证据，也可采纳用于弹劾目的。更广泛地说，根据少数司法辖区采用的另一种观点，尽管有传闻规则，但是庭审证人先前所有不一致陈述都可被视为实质证据，因此不限于弹劾用途。第 251 节讨论后一种观点。

第 37 节　先前不一致的陈述：在交叉询问中提出预备性问题作为用外部证据进行证明的"铺垫"之要求

假设证人的庭前陈述与庭上证言之间存在足够的不一致性，并且附属事实规则不限制律师在交叉询问时进行内部弹劾。即使基于这些假设，在法官允许引入不一致陈述的外部证据之前，律师可能还必须满足其他条件。具体来说，在提出外在证据之前，律师可能必须：（1）在证人交叉询问中进行铺垫；（2）引起证人对作出过不一致陈述的否认。在普通法中，这些条件的起源是卡罗琳女王案件。

1820 年，法官们在对卡罗琳女王案件的答复中宣布："如果打算通过证明证人可能说过或者宣称过涉及案件的任何话来质疑证人的可信性，那么在交叉询问中，首先要询问证人，他是否说过或者宣称过旨在证明的话。"[⑲] 该宣告明确了一种以前的偶然和随意的做法。后来，这种做法在这个国家几乎被普遍

---

⑱　参见上文第 34 节。
⑲　2 Brod. & Bing. 284, 313, 129 Eng. Rep. 976（1820）.

接受。这一规则适用于书面和口头不一致陈述。[20] 这一传统要求的目的是：避免给对方带来不公平的突袭；节省时间，因为证人的自认可能使外部证据变得不必要；并使证人有公平的机会解释不一致之处。

为了满足铺垫问题这个初始条件，交叉询问者要询问证人是否作出了所称的陈述，要说明其内容，说明时间、地点和向谁说的。具体说明这些细节的目的，是就有关情况提醒证人，刷新证人关于所称的陈述的记忆。作为第二个条件，证人对铺垫性问题的回答使交叉询问者有诉诸外部证据的必要性。如果证人否认作出过陈述或者不承认有该陈述，例如说"我不知道"或者"我不记得了"，就满足了必要性这一要件。在提供证据的下一阶段，交叉询问者可接着 84 证明作出过所称的陈述。然而，当证人完全明确地承认作出陈述时，交叉询问者是否可以选择由另一名证人再次证明？令人惊讶的是，Wigmore 提出交叉询问者可以这么做，并得到了一些人的支持。然而，在大多数情况下，允许在这种情况下进行交叉询问是浪费时间。因此，主流观点与 Wigmore 的建议相反，在通常情况下，这是更明智的做法。

根据《联邦证据规则》和修订后的《统一证据规则》613，引入证人先前不一致书面或者口头陈述的唯一要求是：（1）当交叉询问者就书面陈述或者陈述的内容向证人提问时，应要求必须向对方律师出示或者披露该陈述，（2）在某个时间点——即使在引入外部证据之后——证人有机会否认或者解释该陈述，并且对方律师有机会就该陈述向证人提问。即使是证人随后进行解释或者否认的机会，以及对方律师随后进行提问的机会，也可以由法官为了"正义"的利益，依照其自由裁量权而省去。例如，假设尽管律师尽了合理的努力，但是并没有发现证人的不一致陈述，直到证人被永久免于提供进一步证言。考虑到这些事实，总的来说，允许律师引入陈述的外部证据，符合实体正义的利益。

从表面上看，《联邦证据规则》和修订后的《统一证据规则》采取了一种自由的观点，废除了僵硬的观念，即在交叉询问时，必须向证人出示不一致陈述，或者在询问其内容之前告知其内容。规则 613 更进一步，抛弃了传统的要求：在交叉询问中，在引入关于陈述的外部证据之前，即在其他证人作证之前，或者在引入不一致书写品之前，先向证人提出铺垫性问题。正如《联邦证据规则》613 的咨询委员会注释所指出的那样："传统上坚持在交叉询问中证人的注意力应放在陈述上，这一要求被放宽了，支持仅仅给证人一个解释的机

---

⑳　参见上文第 28 节。

会，以及对方就陈述进行询问的机会，而没有具体规定任何特定的时间或者顺序。"该注释赞赏地引用了《加利福尼亚州证据法》第 770 条。该制定法明确允许攻击证人的可信性的律师提供不一致陈述的外部证据，只要证人被免于再次被传唤；以这种方式免除证人的义务，消除了在对证人交叉询问期间进行任何铺垫的需要。对方当事人可以以后再重新传唤证人，使证人有机会否认或者解释该陈述。咨询委员会的注释表明，规则 613 通过允许在披露先前不一致联合陈述之前，对几名共谋证人进行询问，从而促进了对共谋证人的询问。这种不一致联合陈述是罕见的。这一罕见的好处很难为规则 613 的这一一般规定辩护，即在交叉询问中省去铺垫。根据该注释，规则 613 一般性地省却的理由来自两个因素：(1) 咨询委员会和最高法院提议的规则 801 (d) (1) 对所有先前不一致的陈述产生了实质性影响，以及 (2) 普遍存在的律师不称职。

为了理解咨询委员会最初提出规则 613 的原因，人们必须记住，如果先前不一致陈述只采纳用于弹劾，传统的铺垫要求起到了有益的作用，即帮助将这样的陈述限定用于可信性，不鼓励事实审判者将它们误用为实质证据。铺垫要求将先前的庭前陈述与试图加以弹劾的证人的庭上证言置于相对直接并列的地位；在同一询问中，交叉询问者既提到证人在直接询问中的陈述，也提到不一致的庭前陈述。并列使陪审员更容易理解，他们只需将该等证言和陈述进行比对，就可以了解证人的可信性。此外，通过给予证人承认先前陈述的机会，铺垫要求完全消除了这样的可能性，即不得不引入关于先前不一致陈述的外部证据。陪审团也许更难避免将外部证据视为实质证据；当在随后的审判中引入外部证据时，可能不会提及正式被采纳来弹劾直接询问证言的外部证据。然而，如果证人完全承认先前陈述，法官——至少依照其自由裁量权——可以禁止外部证据。

必须记住，按照咨询委员会最初起草的证据规则草案，根据规则 801 (d) (1)，所有先前不一致陈述都可以作为实质证据采纳。该拟议的所有先前陈述的实质可采性将使铺垫要求所服务的职能过时。一个更为实际的考虑变得至关重要。根据注释，实际情况是，审判律师常常忘记为外部证据进行铺垫或者从未学会如何为外部证据进行适当铺垫。咨询委员会礼貌地将这种遗忘或者不称职称为"疏忽"。但是，如果规定全都具有实质可采性，则这些"疏忽"就不是什么大问题了。即使对手没有在交叉询问中进行铺垫，只要证人最终有机会进行否认或者解释，规则草案也就允许引入不一致陈述。

然而，正如国会最后制定的那样，规则 801 (d) (1) 不允许实质性地采纳任何先前不一致陈述。国会拒绝接受咨询委员会的这种全面立场。根据规则

613 和 801 的最后文本，就像普通法那样，有些不一致陈述只可用于弹劾这一有限目的。因此，传统的铺垫要求仍然有助于这样的有益职能，即鼓励陪审团仅仅就可信性而不是作为实质证据来考虑先前不一致陈述。由于所有先前不一致陈述都不能采纳为实质证据，在证人有机会承认、否认或者解释该陈述之前，律师不应有不受限制地引入关于该陈述的外部证据的权利。当关于先前陈述的外部证据被采纳而与证人的庭上证言无关时，这种情况实际上是敦请陪审团将该先前陈述视为实质证据。因此，一个有力的理由可以被解释为，根据规则 403 和 611，联邦法院和具有相同体制的州法院，应当要求在引入关于为弹劾可采的先前陈述的外部证据之前，在交叉询问中进行传统铺垫，除非为了正义另有要求。诚然，作为一种制定法解释，很难找到一个不变的要求，即就交叉询问要进行铺垫。然而，有几家法院判定，根据制定法，它们有这样的自由裁量权，即根据特定案件中的具体事实，要求交叉询问者遵循传统做法。事实上，一些典据宣称，解决了这个问题的"大部分（虽然不是全部）巡回区"仍然坚持"传统的普通法要求"，即就交叉询问进行铺垫。

　　如果被攻击的证人没有出庭作证，而是在庭前证言存录中或者其他审判中作出的证言，那么在普通法中，应用传统要求的许多判例排除了不一致陈述，除非在先前的听证中提出了铺垫性问题。与此形成对比的是，根据《联邦证据规则》和修订后的《统一证据规则》613，审判法官可以说有自由裁量权，来免去遵守任何这样的一般性要求，即对方律师给予了证人否认或者解释的机会。即使在其他情形应当适用的情况下，在基于书面质询进行庭前证言存录（必须事先准备）和在先前作证后作出了不一致陈述的情况下，也应放弃传统的要求。

　　如果一方当事人作为证人在证人席上作证，而对方希望使用该当事人的先前不一致陈述，根据两种理论，该陈述是可接受的：首先是作为对方当事人的陈述（以前称为对方当事人的自认），[21] 其次是作为弹劾证人的不一致陈述。根据第一个理论，它与关于案件的历史性真相的事实性争点有关；根据第二个理论，它与关于历史性真相的事实性争点无关。然而，即使在要求就弹劾进行传统的铺垫性提问的司法辖区，主流观点是，在这里，铺垫要求是不适用的。对当事人进行突袭的危险，要小于对证人进行突袭的危险。此外，在不一致陈述被证明后，当事人有充分的机会予以否认或者解释；作为诉讼当事人，当事人稍后可以直接地将自己传唤为证人。在这些司法辖区，有时法院偶尔会不经

㉑　参见下文第 26 节。

意地假定该要求适用于当事人—证人。有时，法院设定了这样的要求，即提出者是否只为弹劾目的提出了陈述，一个上诉法院判定，审判法官有自由裁量权来设定一个铺垫问题要求，作为引入对方当事人自认的前提条件。这些琐碎的限制是没有什么价值的。在其他要求铺垫问题的司法辖区，更明智的做法是完全免除对当事人自认的"铺垫"。

《联邦证据规则》613 和修订后的《统一证据规则》613 与引入当事人的自验真据无关，即使该自认对当事人作为证人的可信性有一定影响。当庭外陈述人作证时，这些规则也不影响根据《联邦证据规则》和修订后的《统一证据规则》803 规定的传闻例外引入某陈述。然而，当仅依据《联邦证据规则》和修订后的《统一证据规则》801（d）（1）（A）将先前不一致陈述采纳为实质证据时，《联邦证据规则》和修订后的《统一证据规则》613 适用；规则 801（d）（1）（A）的规定使得规则 613 得以适用，因为它们明确地提到被采纳的陈述是"与陈述人的〔庭审〕证言不一致的陈述"。

同样，在要求提出铺垫性问题的司法辖区，如果交叉询问者忽略了它，法官应酌情考虑这样的因素，如交叉询问者在对证人进行交叉询问时，不知道不一致的陈述，受攻击的证言的重要性，以及重新传唤证人的可行性。在权衡这些因素之后，法官应当允许在没有进行铺垫的情况下进行弹劾，或者允许背离传统的时间顺序，如果这么做看起来更公平的话。

87

第 38 节　先前不一致的陈述：反对弹劾自己的证人规则

保证规则

禁止当事人弹劾自己证人的判例法保证规则的起源是不明的。这可能是普通法审判程序从纠问制演变为对抗制或者争议制的一个后期表现。这项禁令一般适用于所有形式的弹劾。它不仅适用于用不一致陈述进行的攻击，也适用于对品性的攻击或者对偏私、利益或者腐败的证明。然而，保证规则从未禁止当事人提出与其证人所作证的事实明确相矛盾的其他证据。

就保证规则，人们提出了几个理由（或者合理化的说法）：第一，通过传唤证人，当事人在对证人的可信性提供保证；第二，弹劾权是在暗含着攻击证人品性的威胁下，强迫证人按照传唤方的意愿作证的权力。两个理由都有缺陷。对第一个理由的回答是，除非在少数情况下，如品性证人或者专家，当事人很少或者没有选择证人的余地。当事人可能不得不传唤碰巧观察到争议中的特定事件的人。总的来说，你得接受你所找到的证人。对第二个理由的回答是：（a）它只适用于两种弹劾，即对品性的攻击和证明腐败；（b）禁止传唤证人的一方进行攻击，则会使该方听任证人和对手的摆布。当真相在传唤证人的一方但是证人的品性不好时，如果证人说了真话，对方可以攻击证人；但是当证人说谎时，对方将不会攻击，而根据规则，传唤证人的一方不能进行弹劾。保证规则不应走到荒谬的极端；如果证人因受贿而改变了说法，应当允许传唤证人的一方揭露该贿赂。

　　如前所述[22]，最常用的弹劾方式是前后不一致陈述。大多数保证案件都涉及此类弹劾。如果证人所作证言与先前陈述相反，很难找到任何理由来禁止证明证人作出过先前不一致陈述。或许有人担心，陪审员将把先前陈述滥用为关于所称事实的实质证据，就像某些司法辖区那样，为实质目的使用的先前陈述将是不可采的传闻。除了那些完全放弃了反对弹劾自己证人规则的司法辖区，普通法关于反对弹劾自己证人的规则在很大程度上继续适用于偏见证明和对品性的攻击。根据判例和制定法，许多司法辖区放宽了这一规则，据此它禁止用不一致陈述进行弹劾。《1849 年 Field 民事程序法典》草案中的一项规定，在《1854 年英国普通法程序法》（St. 17 & 18 Vict，C. 125，§ 22）中开花结果，内容是："[1] 提出证人的当事人不得以一般的恶劣品性证据来弹劾其可信性；[2] 但是如果法官认为证人所作证言是不利的，[3] 他可以用其他证据反驳该证人，[4] 或者经法官许可，证明该证人在其他时间所作的陈述与其现在的证言不一致。"有几个州复制了这一制定法。其他州立法机关，以马萨诸塞州为例，采用了英国制定法，但是省略了这样的制定法条件，即证人必须作了"不利"的证明。还有其他法院通过判决得出了类似的结果。

　　这些制定法和判决为弹劾自己证人的最重要类型打开了大门，即先前不一致陈述。然而，不管改革是通过制定法实现的，还是通过判决来实现的，一些法院都施加了两个令人不安的限制。第一，寻求弹劾的一方必须表明她对证人的证言感到惊讶。第二，她不能弹劾，除非证人的证言对她的案件有正面的损害或者不利。证人的证言必须比仅仅未能（"我不记得""我不知道"）提供更糟糕。仅仅是未能提供预期的有利证言，是令人失望的，对她的案子没有正面的损害。[23] 这些限制只能解释为试图维护传闻政策，即防止当事人在证人的先前陈述对提出者的唯一现实价值是所选称事实的实质证据的情况下，证明证人

88

㉒　参见下文第 33 节。
㉓　参见下文第 36 节。

的先前陈述。反对实质使用陈述的规则，以及其理由合理性的可商榷性，是后文的主题。[24]

越来越多的司法辖区放弃了禁止弹劾自己证人的保证规则。同样，《联邦证据规则》607 和《统一证据规则》607 也废除了该规则。这些规则允许采用标准的弹劾方法。由于有损于对方当事人，特别是在刑事案件中，就是否允许对自己证人进行弹劾，以及在何种情况下是不允许的，存在一些争议。例如，有大量的先例表明，公诉人不得利用先前不一致陈述来弹劾证人，将其视为"纯粹的借口"或者"主要目的"是在陪审团面前提出不可采的实质证据。"纯粹的借口"或者"主要目的"原则的适用关注的是证人证言的整体内容。如果证人的证言有助于证明诉讼中具有重要意义的任何事实，则可通过就证人所作证的任何其他事项存在先前不一致陈述的方式，来对证人提出弹劾。用一位论者的话来说，关键的问题是"传唤证人的当事人是否有这样的合理期望，即除了先前不一致陈述，证人所作的证言将有助于该当事人的案件"[25]。在受到这种限制的情况下，排除自己证人的先前不一致陈述的规则，有时会严重妨碍查明真相，即使在刑事案件中也是如此。在特定案件中，刑事被告甚至可能会敦促说，适用这一规则来禁止他对关键的辩护方证人发起关键攻击，是违宪的。[26]

第 39 节　偏见与偏袒

判例法认识到，验真人对证人对当事人的情绪或者感情，或者证人在案件结果中的个人利益，对证人的证言具有强烈的扭曲作用。因此，法院早就承认，偏见或者合理地可能产生偏见的任何行为、关系或者动机，可以被证明来弹劾可信性。确实，为了揭露检控方证人的偏见而进行交叉询问的权利具有宪法维度。虽然《联邦证据规则》第六章没有明确提到通过证明偏见、利益、腐败或者胁迫来攻击证人，但是该章隐含地授权使用该弹劾理由。将第六章列入《联邦证据规则》，说明起草者认识到，根据规则 401，证人的可信性是一个具有重要意义的事实；规则 402 规定，与具有重要意义的事实有逻辑上的相关性的证据是可采的，除非有进行排除的制定法根据。简言之，规则 402 是在联邦实践中继续使用偏见弹劾技术所需的唯一制定法授权。不过，无论如何，就查

89

---

[24]　参见下文第 251 节。

[25]　Saltzburg, Using Prior Statements, 24 Crim. Just., Spr. 2009, at 45, 48.

[26]　Chambers v. Mississippi, 410 U. S. 284 (1973).

问关于事件的事实，交叉询问者必须有一个事实上的诚信基础。[27]

偏袒的种类和来源千差万别，无法一一列举，但是下面会提到一些常见的例子。对一方的偏爱或者友好可以通过家庭或者商业关系、受雇于一方当事人或者是当事人的承保人、亲密关系或者性关系、在同一组织中的成员关系或者证人表明这种好感的行为或者表达来加以证明。在汽车碰撞案件中，法院通常判定，当证人为被告出庭作证时，他向被告提出索赔并已得到一笔和解款的事实往往说明他有对被告有利的偏私。[28] 同样，对一方当事人的敌意也可以通过这些事实来证明，即证人与其发生了争执或者争吵，对他提起了诉讼，为辩护方作出了贡献，聘请了特别律师协助起诉该当事人，或者对该当事人的族裔有种族偏见（或者偏袒）。在刑事案件中，证人对被害人的态度反映了他对指控的感受。辩护方证人的偏见可能是源于这样的事实，即同一地区公诉人办公室最近起诉了证人的一名亲属。当证人本人是被起诉债务的当事人或者担保人时，他的自身利益是显而易见的。与此类似，相关的是，一方当事人支付他作证费，即使像专家证人那样，超过正常的证人费的款项是完全合法的。在刑事案件中，如果证人为检控方作证，并且已经准备对他提出公诉，该证人尚未被指控犯罪，已被允诺宽大处理，已被给予豁免，正在等待量刑，受到保护性羁押，或者是正在审判的犯罪中的共犯或者共同被告，也可以表现出自身利益。在极端情况下，自身利益可能表现在证人的舞弊活动中，例如试图贿赂另一名证人、接受或者提出接受贿赂作虚假证明，或者在其他场合提出类似的毫无根据的指控。审判法官在决定特定的证据是否表明有偏见时有很大的自由裁量权。绝大多数已公布的上诉判决都赞同审判法官在这一问题上的自由裁量裁决。

交叉询问中的铺垫性问题

在普通法上，大多数法院都设定了铺垫性问题之要求，就像用先前不一致陈述进行弹劾那样。在通过传唤其他证人证明表明偏见的行为或者陈述来弹劾证人之前，必须在交叉询问中就这些事实询问被攻击证人。在《联邦证据规则》之前，联邦判例典据有这样的规定。对证人的公平性常常被认为是提出这一要求的原因，但是通过规定外部证据的非必要性来节省时间似乎更为重要。与不一致陈述类似，有些法院就证明偏袒的声明和行为进行了区分，并要求对前者进行预备性询问，但是对后者没有提出该要求。然而，正如在一个主要的

90

---

[27] 参见下文第 49 节。
[28] 参见下文第 266 节。

英国判例所提出的那样，在证明偏袒时，话语和行为通常是混杂在一起的，在应用这一规则时，应避免进行"细微而微妙的区分"。最后是要求二者都进行铺垫，或者都不提出该要求。然而，即使是规定了一般性要求的司法辖区，也应赋予法官以自由裁量权，在涉及的是亲属关系等无可争议的关系时，在铺垫被忽视而再次传唤证人不可行的情况下，或者在其他坚持铺垫则不公平的特殊情况下，免除铺垫。

在普通法中，少数判决并不要求就对主要证人的交叉询问进行任何铺垫性询问，作为引入关于偏袒的外部证据的预备条件。《联邦证据规则》和《统一证据规则》在这个问题上保持了沉默。规则611（a）赋予法官的自由裁量权是足够的权力，可以就偏袒遵循对于不一致陈述根据规则613（b）采用的相同的做法。然而，虑及规则402，法官不能宣布这一做法是一项明确的、不变的要求。然而，如果有本案的具体事实的支持，她有权要求进行铺垫。按照用先前不一致陈述进行弹劾的传统方法[29]，在交叉询问时，首先会就据称表明偏见的行为或者陈述，询问被攻击的证人。

交叉询问和外部证据；主要情况

正如我们所看到的那样，在许多州，在交叉询问中，弹劾者必须查问关于偏袒的事实，以此作为弹劾的第一步。如果证人完全承认事实，不应允许弹劾者通过就所称的事实传唤其他证人来延长攻击时间。至少，当发生偏袒的主要情况得到证明时，审判法官有自由裁量权来决定细节可以调查到什么程度，无论是在交叉询问中还是由其他证人进行。毕竟，弹劾与案件的历史性真相无关。尽管在两个阶段审判法官都不能剥夺证明证人偏见的合理机会，但是他有控制证明范围的自由裁量权。他有责任确保不喧宾夺主。根据《联邦证据规则》判决的几个案件，证实了这种自由裁量权的存在。这种自由裁量权源于审判法官"根据规则611（a）进行合理控制"的权力。

然而，如果在交叉询问中，证人否认或者不完全承认说了被声明有偏见的事实，攻击者有正当的需要通过外部证据证明这些事实。按照法庭的说法，证明偏见的事实被认为是关于可信性的具有高度证明力的证据，因此从未被视为"旁系证据"；交叉询问者不必"接受"证人的回答[30]，而是可以传唤其他证人来证明它们。也有根据《联邦证据规则》作出的类似的判定。

㉙ 参见上文第37节。

㉚ 就提到"接受回答"，参见上文第36节和下文第45节和第49节。

91

第 40 节　品性：总论

证人的诚实或者撒谎品性，是证人证言诚实性问题的情况证据。证人先前从事过欺骗，这一事实倾向于表明证人具有不诚实的品性特点，而这种品性特点的存在至少稍微增加了证人作证时说谎的概率。品性弹劾的话题提出了几个问题，尤其是：在任何特定情况下，这种类型的弹劾给证人和传唤她的一方当事人造成的不公平损害的危险何时会说明可信性的证明价值？品性弹劾是否应当限于对诚实性这一特别品性的攻击，还是应该扩展到"一般"品性，因为它与诚实性毫无疑问是相关的，尽管距离更遥远？[31]

趋势是更加谨慎地使用这种攻击形式。对不诚实性的实证研究表明，一个人在诚实性上的一般性格特征对她在特定场合是否不诚实的预测能力很差。这是找到"首恶"的新锐审判剧的一部分。在 Perry Mason 的所有审判中，他通过揭露真正的罪魁祸首，证明了委托人的清白。它与现代法庭更现实、更务实的气氛不那么匹配。此外，作为一种诉辩手段，如果攻击未击中目标或者过犹不及，会给攻击者带来很大的危险。陪审员自然会同情证人，除非攻击者抓住了证人的"把柄"，否则攻击者不应提出这一指摘。在这种情况下，攻击很容易适得其反，陪审员可能会对攻击者不满。最后，法律职业伦理规则强化了审判诉辩课程；律师必须意识到他们的职责，即不要提出律师意识到只与贬低证人有关的问题。为此，重塑后的《联邦证据规则》611（a）（3）要求审判法官应保护证人免受"不当困窘"。

第 41 节　品性：没有被刑事定罪的不端行为

证明证人不诚实之品性特点的方法，包括先前定罪（在第 42 节进行讨论）和证明没有导致定罪的不诚实行为，这是本节的主题。正如我们将看到的那样，关于先前定罪的证据比后一种证明不诚实的恶劣品性的证据更容易被采纳。区别对待这两类证据是有道理的。首先，当证人已经被判有罪时，有强有力的证据表明，证人事实上犯下了导致其可信性受到质疑的行为。此外，定罪的书面判决的可得性，减少了这样的风险，即就证人是否实施了该行为存在耗时、可能分散注意力的争议。从《联邦证据规则》403 所认可的政策因素角度

---

[31]　就关于相关性及其抵消因素的讨论，参见下文第 16 章，就各种其他情况下品性证据的相关性，参见下文第 17 章。

看，允许用定罪判决进行弹劾的理由要充分得多。

然而，英国普通法上的"对可信性进行交叉询问"的传统，允许律师广泛查问证人的社会和个人历史，包括任何令人怀疑其品性的不端行为，即使这不是定罪判决的主旨。在普通法传统中，英国法院相信律师们有训练有素的自由裁量权来避免滥用。在美国，有各种令人困惑的判决，有时甚至发生在同一个司法辖区。然而，目前大多数法院将对证人品性的交叉询问攻击，限制在与证人的可信性有重大关系的行为上。根据其条款，《联邦证据规则》608（b）允许交叉询问者查问仅与"证人诚实与否的品性［特点］"有关的行为。然而，少数法院允许通过对表现出不良伦理品性和与可信性仅有薄弱关系的不端行为的广泛交叉询问，对品性进行更广泛的攻击。最后，在另一个极端，一些司法辖区完全禁止为弹劾目的而对不端行为进行交叉询问；交叉询问者必须有定罪判决。鉴于损害（特别是如果证人是当事人）的危险、分心和混淆危险、通过提出毫无根据的问题而被滥用的危险，以及上诉案件所表明的确定特定行为是否与诚实性有关的困难，后一种观点可以说是可取的。

这种弹劾技术应区别于证明表明偏见的行为、自认之行为和用矛盾进行弹劾之行为。这些教义在本书的其他章节中进行了分析。㉜

在美国，伤害证人的危险和对当事人造成不当损害的危险，导致允许这种品性弹劾技术的大多数法院认识到，就对不端行为的交叉询问，审判法官有裁量性控制权。为了强调这一控制的存在，规则 608（b）的前一个版本明确地使用了"依法院的自由裁量权中"这一短语，影响自由裁量权的一些因素是：（1）证人证言是关键的还是不重要的；（2）不端行为与诚实性的相关性；（3）不端行为与审判时间的接近程度或者远近；（4）所查问的事项是否可能导致在交叉询问或者再询问时作出耗时、分散注意力的解释；以及（5）是否会对证人造成不公平的羞辱，以及对传唤证人的一方造成不当损害。当然，在这里，就查问而言，交叉询问者也必须有诚信的事实基础。㉝

在证据法形成时期，作为反对被迫自我归罪特免权的一种自然结果，一些法院承认了证人这样的特免权，即在问题与案件的历史性真相无关时，不回答那些加以回答会贬低其人格或者使其蒙受耻辱的问题。这一特免权尽管在 19 世纪时得到了零星认可，但是今天已被普遍放弃，只有少数几个州的法典保留了这一特免权。假设法院所在的州仍然承认该特免权。即使在这样的司法辖

㉜　就偏袒，参见上文第 39 节；就以行为自认，参见下文第 261 节至第 267 节；就以矛盾进行弹劾，参见下文第 45 节。不一致行为是另外一个问题。参见上文第 37 节。

㉝　参见下文第 49 节。

区，虽然特免权为证人提供了某种保护，但是这种保护不如完全禁止这种交叉询问的规则所提供的保护有效；证人必须主张该特免权，在公开法庭上提出这样的主张，几乎与肯定性回答一样，是有辱人格的。《联邦证据规则》和《统一证据规则》611（a）采取了中间立场，赋予法院自由裁量权，以使证人在因不端行为而受到交叉询问时免受骚扰或者困窘。

93 　　在允许通过证明没有被定罪的不端行为来进行品性弹劾的司法辖区中，有一项重要的保障措施。该保障措施是一项公认的规则，将证明限定为内部弹劾，即交叉询问。因此，如果证人顽冥不化，否认所称的不端行为，则询问者通常必须"接受他的回答"。这一表达并不意味着交叉询问者不得进一步逼迫，例如通过提醒证人伪证罪之处罚来获取自认。相反，这意味着交叉询问者以后不得传唤其他证人来证明其不名誉行为。这一限制被纳入了《联邦证据规则》608（b）中。一方面，在交叉询问中，询问者应直截了当地询问证人是否有不诚实行为。查问证人是否因所称行为而被"解雇"、"受到了惩戒"或者"被降级"是不适当的，这些术语将可能缺乏个人知识的第三方的隐式传闻陈述偷偷带入记录。另一方面，如果证人本人书写了一份提及该行为的书写品，从更好的角度看，交叉询问者可以用该书写品与证人对质。旁系事实规则的主要理由是，就旁系事项提供外部证据会导致审判时间的不当消耗。然而，当证人有能力在交叉询问过程中对有关书写品进行验真时，几乎不需要额外的时间。因此，在这种情况下适用该规则并不符合该规则的目的。

　　防止滥用的另一个重要保障措施是反对被迫自我归罪的特免权。如果证人没有反对部分披露归罪性事实，那么随后当要求她进行完整披露时，她就不能援引这一特免权。[34] 然而，仅仅是作证行为，并不意味着就仅与攻击证人可信性有关的犯罪活动放弃该特免权。虽然被告与普通证人不同，其有权选择是否作证，但是以作证为代价来逼迫弃权，与为自己的利益作证的权利有些不一致。因此，《联邦证据规则》和经修订的《统一证据规则》608（b）规定，任何证人——包括被告——作证，并不放弃仅与可信性有关的事项的特免权。

第42节　品性：定罪

　　在普通法中，一个人如果被判叛国罪、任何重罪或者涉及不诚实、虚假陈述（伪证罪）或者妨碍司法公正的轻罪，则他完全不能作为证人。这些被说成是

---

　　[34]　就更为详细的讨论，参见下文第133节至第135节。

都是"臭名昭著"的罪行。幸亏了在普通法世界中几乎普遍存在的制定法或者规则，这种原始的专制主义被抛弃了。因被定罪而被取消作证资格的做法已经被废除，通过具体的规定或者判决，它已经被变成了仅仅是弹劾可信性的理由。不幸的是，就像普通法对导致取消作证资格的犯罪的定义并不十分精确一样，废除该做法的许多制定法和规则都具有不确定性。特别是，在尚未采用《联邦证据规则》609 的州中，导致可以成为弹劾理由的定罪的犯罪清单差别很大。

本节首先讨论可用于弹劾目的的定罪类型，以及法官禁止使用其他本可采的定罪的自由裁量权的相关问题。然后，本节将讨论这一弹劾技术的机制，包括使用关于定罪的书面复制件，以及交叉询问者可以在多大程度上引出基础犯罪行为的细节。 94

可用于弹劾的定罪类型

一项严格将弹劾限定为涉及欺骗或者虚假陈述的定罪的规则，将具有这样的好处，即这些犯罪与诚实性有着明显的联系。它还有一个好处，那就是就管理目的而言，它是相当明确和简单的。

然而，联邦制定法方案更为复杂。关于通过证明定罪来进行弹劾的《联邦证据规则》，是妥协的产物。根据规则 609（a）（2），不论是否可判处刑罚，"不诚实行为或者虚假陈述"犯罪可被用来反对任何证人，包括被告。其他轻罪级犯罪（可判处一年有期徒刑以下）是完全不适用的。根据规则 609（a）（1），如果法院确定定罪的证明价值超过其对被告的有害影响，则可对作证的被告使用重罪级罪行（可判处死刑或者一年以上监禁）。在民事案件中或者反对除被告以外的任何刑事证人的情况下，609（a）（1）规定的定罪是可用的，除非根据通常的规则 403 标准，法院确定定罪的证明价值被其不利影响所严重超过。相比之下，在联邦制定法方案中，无论惩罚如何，无论对谁使用该惩罚，涉及"不诚实或者虚假陈述"的犯罪都不需要进行证明价值与损害之间的权衡；根据 609（a）（2），它们自动可采。

规则 609（a）（2）中"不诚实行为和虚假陈述"一语的含义一直存在争议。会议委员会（Conference Committee）的原始报告指出：

> 委员会所称"不诚实行为和虚假陈述"，是指伪证或者教唆伪证、虚假陈述、刑事诈骗、贪污或者欺诈以及其他具有欺诈性犯罪性质的犯罪，

---

* 会议委员会是一个由美国参众两院与会者组成的临时特设小组，其目的是调解两院通过的立法中的分歧。会议委员会通常是为了解决两院在重大和有争议的立法上的分歧而召开的。——译者注

这些犯罪的实施涉及某些欺骗、不诚实或者造假的因素，与刑事被告如实作证的倾向有关。

可以说，鉴于会议委员会报告中的明确措辞，将"不诚实行为或者虚假陈述"一词限定为具有欺诈性犯罪性质的犯罪，即使在《联邦证据规则》颁布后，法院也不应赋予"不诚实行为"一词以任何含义，来把贪污变成可能的例外。然而，一个争议最初出现在公布的判例中，这些判例试图确定"不诚实行为或者虚假陈述"一词是否适用于涉及轻微盗窃、抢劫、商店行窃和麻醉品的定罪。尽管存在这一争议，但是很快就解决了，即从反面说，仅涉及使用暴力（例如殴打）的犯罪和诸如醉酒、卖淫等犯罪，并不涉及"不诚实行为或者虚假陈述"，而从正面说，欺诈犯罪则确实涉及。1990 年，在修正规则 609 时，咨询委员会对该条规则作出了新的注释。该注释表示，不赞成将规则 609（a）（2）宽泛理解为包括盗窃罪在内的少数判例。

特别是在 1990 年修正之后，公布的意见显示出了遵循会议委员会报告的意愿。因此，趋势是将"不诚实行为或者虚假陈述"限定为这样的犯罪，即"实施涉及某些欺骗、不诚实或者造假的因素，与刑事被告如实作证的倾向有关"。现在，已经有一些其他罪行被判定为明确符合这一定义。然而，联邦法院和大多数州法院都不愿意将诸如小偷小摸、收受赃物、商店行窃、抢劫、持有武器和麻醉品的违法行为等归为本身是"不诚实行为或者虚假陈述"的犯罪。如果没有别的情况，犯罪后逃避侦查或者逮捕的企图，不会将先前的犯罪行为转化为涉及不诚实或者虚假陈述的犯罪。

不过，假设希望运用一项本身不被视为"不诚实行为或者虚假陈述"犯罪的定罪的当事人能够寻究到判决书的背后，证明该特定罪行是通过欺骗、不诚实或者造假实施的，也就是说，涉及一些积极的不实陈述。根据这种假设，先前的定罪可能在逻辑上与对可信性的弹劾有关。然而，直到最近，许多（即使不是大多数）司法辖区都不允许当事人超越判决。如前所述，法院接受这种弹劾技术的部分原因是，使用书面判决减少了不当时间消耗的风险。如果日常允许当事人寻究于判决背后，这项技术所需的时间可能会大大增加。为了解决这一问题，证据规则委员会提议将《联邦证据规则》609（a）（2）修改为："关于任何证人已经被定罪的证据，无论其刑罚如何，如果可以轻易确定，证明该犯罪要件需要证明或者证人自认不诚实行为或者虚假陈述，则应当采纳该证据。"委员会承认，在判决表面之外进行调查，可能会耗费一些额外的时间，但是委员会认为，对修正案的限制足以防止"迷你审判"。修正案于 2006 年生效。重塑后的规则 609 （a）（1）纳入了该修正案。

任何州或者联邦法院的定罪都可以用于弹劾。目前的趋势是，只要作出了有罪裁决，即使尚未量刑，也判定该定罪具有足够的终局性。定罪的事实证明证人实施了基本行为；为此目的，裁决就足够了。尽管对因刑事不端行为而被停止执业或者取消律师资格的律师的民事判决在技术上不是定罪，但是有典据说可以证明二者来进行弹劾。与少年法院诉讼有关的制定法经常规定，关于少年犯罪行的认定不得在任何其他法庭上用作对其不利的证据，也不应被视为"定罪"。这些制定法通常被解释为禁止使用该认定来弹劾可信性。在不同的司法辖区，就像《联邦证据规则》规定的那样，这一事项由证据规则或者制定法明确规定。根据这些规定，只有在有限的、明确的情况下才允许采纳未成年人判决。

有几个与定罪弹劾有关的其他问题。根据判例法，赦免并不妨碍使用定罪进行弹劾。《联邦证据规则》在规定的条件下采用了同样的规则。主要条件是，根据规则 609 （c）（2），只有在赦免"或者其他相当程序"是基于"某人已经改过自新之认定"或者"无罪认定"的情况下，赦免才禁止使用定罪。根据主流观点，包括《联邦证据规则》上诉未决并不排除使用定罪。大多数法院判定，当法官根据其自由裁量权认定在有关情况下，定罪缺乏足够的证明价值时，时间的流逝可能会阻止使用距离审判时间过于遥远的定罪。《联邦证据规则》更为具体；根据规则 609 （b），如果超过 10 年，定罪就被推定为遥远和不可采。就基于不抗争之答辩的判决的使用，判例存在分歧。《联邦证据规则》应当被解释为允许使用这种判决。其他《联邦证据规则》条文，如 410 和 803 （22），明确提及了不抗争之答辩。这些提及表明，起草人故意在规则 609 中省略了对此类答辩的任何提及，并决定不将基于此类答辩的定罪排除在规则 609 的范围之外。

使用定罪进行弹劾的机制

假设有关的定罪可用于弹劾目的。为该目的使用定罪时，律师应该遵循哪些机制步骤？当然，律师必须证明证人就是被定罪的人。然而，证人的姓名和判决书上所述姓名之间的同一性，可以支持一个允许的推论，即证人是罪犯。

其他情况下的一般规则是，如果可行，必须用经核证的或者检查的复制件——而不是关于其内容的口头证言——来证明官方记录。在英国，这一规则适用于定罪记录的证明，并禁止交叉询问者就定罪进行询问。这种做法在一些州仍然存在。然而，这一要求的不便，以及证人承认自己的定罪判决的回答的明显可靠性，导致大多数司法辖区放弃了这一做法；根据制定法、规则或者判决，绝大多数司法辖区允许通过出示记录或者复制件，或者由被定罪的证人本人的承认来进行证明。因此，交叉询问者不需要通过"复制件或者记录"来进行铺垫。如果证人否认定罪，她也不一定要"接受其回答"，而是可以通过引入记录来证明它。

有时直接询问者会引出关于证人定罪的证言。在直接询问时，用可证明的犯罪记录来证明先前定罪，是传唤证人的当事人的一种常见策略。[35] 这种做法不是真正的弹劾一方当事人自己的证人，而是一种预期性的、先发制人的披露，旨在减少在交叉询问时首次披露证据所带来的不利影响。抢在对方律师之前行动，是一种"由来已久的诉讼策略"；当证人的提出者在直接询问中披露弹劾事实时，陪审团可能会对提出者的坦率有更高的评价，而这种披露可能会消除后面的交叉询问中的一些刺痛。当刑事被告为自己作证时，预期披露尤其常见。本书第 55 节讨论了这样的问题，即直接询问者对证据的提及，是否放弃了直接询问者的委托人在其他情况下对对方引入定罪会提出的任何异议。

然而，更多的情况下，最初是在交叉询问中提到定罪的。交叉询问者就定罪情况进行查问可以走多远？一个共识是，他可以询问所犯罪行的名称，即谋杀还是挪用公款。定罪判决书的复制件上写着这个罪名。在犯罪情节严重的情况下，如果他也能询问任何骇人听闻的情节，例如，谋杀被害人是否既是婴儿也是证人自己的侄女，则肯定会增加弹劾的力度。有几家法院建议，既然允许通过记录进行证明，就应当允许在交叉询问中披露审判记录中提到的所有事实。然而，总的来说，更合理的立场是，将交叉询问者限定在判决所反映的基本事实上：罪名、定罪的时间和地点，有时还有惩罚。这一立场最大限度地减少了对案件核心问题的损害和分散注意力的风险。除非根据另一种逻辑相关型理论［如规则 404（b）或者 608（b）］，有关具体情况具有独立可采性，否则不得调查被害人姓名和加重情节等进一步的细节。

可以说，如果弹劾者被禁止证明加重情节的细节，则公平原则要求禁止证人解释定罪或者为定罪找借口，或者否认其罪行。毫无疑问，重新审理定罪所依据的案件是不切实际和被禁止的。许多判例完全禁止任何解释、借口或者否认罪行，即使是证人本人在再直接询问中也不例外。这一禁令是判决的终局性或者结论性前提的逻辑结果。然而，这一禁令并不能满足我们的感觉，即证人应该有一些自我防御的机会，如果能够在不太干扰手头工作的情况下进行自我

⑤　就弹劾自己的证人，参见上文第 38 节。

防御的话。因此，在不打开对定罪重新审判的大门的同时，许多法院赋予证人在解释、减缓或者否认罪行时作出简短、一般性陈述的权利，或者授予审判法官准许这么做的自由裁量权。Wigmore 恰当地说，这是一种"无害的宽容，允许证人自己在适当考虑伪证罪处罚的情况下，作出他认为能够作出的异议"[36]。

定罪弹劾（关于不端行为的交叉询问也是如此，见上文第 42 节）对一种特定类型的证人的有害影响最大，即选择作证的刑事被告。假设被告被迫承认他有过去定罪的"记录"，特别是与审判中的犯罪类似的定罪。在这种情况下，尽管有任何限制性指示，但是显然存在滥用证据的危险。与定罪和可信性的合理关系相比，陪审员可能会更重视过去的定罪，把它当做证明被告是那种会犯下指控的罪行的人的证据，甚至他应该被监禁，而不关心当下的罪行。有"前科"的被告，即使就目前的指控有着有价值的辩护，也会面临严峻的困境。左右为难的一个方面是，如果他不作证，他的沉默本身，就可能会促使陪审团相信他有罪。另一个方面是，如果他选择作证，他的"前科"就变得可以被证明来弹劾他，而这也可能毁灭他的辩护。

适当的平衡在哪里？多数公诉人有力地辩称，允许被告含蓄地把自己描绘成过着无可指摘的生活，这是一种误导，而且这种观点已广为流行。一个中间立场——在例行性地采纳所有定罪和排除所有的定罪之间——是，定罪应限于那些与诚实性品性直接相关的定罪。另一种中间观点——但是其存在的问题是有不确定性——允许法官依照自由裁量权引入被告的先前定罪。在每一种情况下，法官都必须在可能的损害与定罪在可信性方面的证明价值之间进行权衡。 *98* 如前所述，《联邦证据规则》是一种妥协。《联邦证据规则》609 实质上支持的是后一种中间观点。然而，即使是这些中间观点也没有穷尽可能。在宾夕法尼亚州，在某些情况下，作证的被告不受就不端行为或者犯罪定罪对其进行的交叉询问，如果提出这些是为了弹劾，但是不是通过定罪记录加以证明的话。最后，以前的《统一证据规则》规定，如果被告没有提供证据来证明其可信性，检控方在交叉询问中或者在其他情况下，不得将其定罪用于弹劾目的。提出的各种解决方案表明了问题的棘手性。

鉴于这一困难，有人建议对可判处死刑或者一年以上有期徒刑的定罪采用"纯粹事实"法。该方法被描述如下：

---

[36] 4 Wigmore，Evidence § 1117，p. 251 (Chadbourn rev. 1972).

恰当的程序方法就是直截了当地问证人是否曾被判有罪。调查必须止于此刻，除非证人否认他曾被定罪。如果证人进行了该否认，则对方当事人可在其一方示证过程中，出示并提交任何这样的定罪记录作为证据。如果证人承认先前曾被定过罪，其对手进行的探究不得进行到指出他被定罪的罪名的程度。如果证人有此愿望，他可以自愿说明该犯罪的性质，并提供任何相关的证言，以消除任何不利影响；例如，他在此期间已被完全赦免，或者罪行是轻微的，而且发生在多年前。[⑰]

也有人提出，通过证明先前的定罪来弹劾被告是违宪的。根据宪法第六修正案，被告有作证的宪法权利，而为弹劾目的而采纳定罪，将迫使被告放弃行使这一权利。然而，迄今为止，还没有联邦或者州法院接受这一建议。

第43节　品性：用意见或者恶劣声望证明进行弹劾

在大多数司法辖区，弹劾者可以通过向第二个证人提出下列模式化问题，来攻击前一个证人的品性：

问："你知道 William Witness 目前在他所居住的社区中在诚实性方面的名声吗？"

答："是的。"

问："那是什么样的名声？"

答："很糟糕。"

问："鉴于这一名声，你相信 William Witness 会宣誓说真话吗？"

答："不。"

99　　这个模式是传统的产物，在大多数美国法院已经确立。普通法传统是在不同的解决方案之间进行选择的结果。正如我们将看到的那样，一些传统的选择是明智的，但是另一些则误入了歧途。

一个误入歧途的选择是这样的入门决定，即这种对诚实品性的攻击，必须局限于抽象的、薄弱的声望证明形式。但是，这显然是对法律历史的误读，在普通法中，美国法院通常禁止证人通过描述其对前一个证人的品性的意见，来证明该品性，即使这种看法是基于与受攻击证人的广泛亲身经历和对其行为的观察。法院就对声望的限制提出的辩护理由是，采纳意见会引起有关证人具体

⑰　McArthur v. Cook, 99 So. 2d 565, 567 (Fla. 1957).

行为的引人分心的旁系争端，因为进行弹劾的证人可能会就其意见的基础受到交叉询问。这种危险无疑存在，法官需要将争端限制在合理的限度内。然而，对声望的选择（而不是基于观察的意见）消灭了品性评价中的许多客观性，并且这鼓励当事人选择证人，该证人会以声望为幌子，表达成见和恶意。声音是雅各的声音，手却是以扫的手。此外，在现代的、没有人情味的都市中心的声望，往往是容易消散的或者不存在的。

《联邦证据规则》和修改后的《统一证据规则》打破了传统，允许用意见进行攻击，同时继续授权进行传统的声望攻击。确实，《联邦证据规则》似乎允许就这一话题采纳专家意见。尽管《联邦证据规则》第七章明确区分了外行意见和专家意见，但是规则 608（a）泛泛地说的是"意见"。有观点认为，如果起草人希望将规则 609（a）规定的意见限定为外行证言，则起草人就会这样说。

在普通法上，法院面临着进一步的选择。这一选择涉及这样一个问题，即探究是否应延伸到"一般品性"和其他具体的不良特点，如不道德的性行为，或者是否应仅仅针对诚实性的特点。在"品性"领域，最好坚持高度的相关性。幸运的是，绝大多数法院将调查限于"诚实与否的声望"。根据《联邦证据规则》和修订后的《统一证据规则》608（a），意见和声望都受到类似的限制；该规则只提到"诚实与否"的品性。只有少数司法辖区为"一般品性"或者"一般伦理品性"敞开了大门。除真实性之外，很少有司法辖区允许就诚实性之外的具体特点提供声望证据。

正如我们将在第 17 章中看到的那样，普通法和《联邦证据规则》允许被告就案件的历史性真相提出品性证据；当被告这样做时，证据必须与被告在被指控的犯罪行为发生时的品性有关。然而，在这里，时间焦点是不同的。证人的品性影响他讲真话的关键时刻，是他作证的时刻。但是很明显，声望的形成需要时间，是证人早先行为的结果。因此，声望并不能确切反映在审判之日的品性。实际的解决办法就是做大多数法院所做的事，即（1）允许声望证人就被弹劾者在审判时的"现在"声望作证，（2）接受法官依照其自由裁量权认为不太遥远的任何审前期间的声望作证。大多数法院根据《联邦证据规则》608（a），*100* 遵循了这一做法。规则允许的证人意见必须与审判有类似的时间关系。

至于声望地点，传统上要调查的是"在他（被弹劾的证人）居住的社区"的诚实性的一般声望，这种地域限制的目的是将声望证据限制在最了解证人的人的范围内。在工业革命之前，当大多数人居住在小城镇或者农村时，居住限制与英国的生活条件是相适应的（而在美国则不太适用）。但是作为一种排他性的限制，它在今天是不合适的。一个人可能在他居住的郊区或者城市附近几乎是无人知晓的，但是在他工作的另一个地方或者他经常做生意的几个地方很有名。因此，法院现在普遍同意，不仅在证人居住的地方，而且在人们熟知他的任何群体，例如与他一起工作、做生意或者上学的人中，都可以证明证人的声望。即使是一个庞大的监狱人群也可以成为一个社群。要提供声望证言，证人必须是这样一个"社群"的成员，而不仅仅是被弹劾证人的熟人。这些标准是根据《联邦证据规则》608（a）适用的。该规则赋予审判法官一定的自由裁量权，以确定有关群体是否符合这些标准，以及证人是否与该群体有足够的联系。

如果根据《联邦证据规则》608（a）的授权，使用意见对品性进行攻击，则会出现其他问题。首先，意见必须与证人以前的不诚实性品质有关，而不是证人在庭上的具体证言是否诚实的问题。此外，依照规则 602，外行人员的意见应基于一些第一手知识；该意见应当基于理性感知，并能像规则 701 所要求的那样能够帮助陪审团。外行证人必须对该人足够熟悉，以便值得向陪审团陈述该证人的意见。然而，在对证人的直接询问中，即使是为了说明意见的依据这一有效目的，也不能引出具体的不诚实行为。达到规则 701 要求的充分的预备性证明，包括关于充分了解被攻击证人的证据。下一节将讨论用专家意见而非外行意见证言进行的弹劾。

第 44 节 能力缺陷：感知或者精神缺陷

假设证人有感觉缺陷，但是不是一种极端的缺陷，以至于根据第 7 章讨论的标准，该人没有成为证人的能力。任何感官上的缺陷，如耳聋或者色盲，都会大大削弱对证人声称已观察到的事实的感知能力，这些缺陷都应该可以被证明，来攻击证人的可信性。对方律师可以在交叉询问中进行攻击，也可以提出其他证人来证明该缺陷。（更广泛地说，应更深入地研究人类感知能力的限度，以便更准确、更客观地司法。）

101 就智力和记忆的心理素质而言，必须就对作证能力的攻击㊲和对可信性的攻击进行区分，这是本节的主题。一般意义上的理智不再是证人能力的标准，所谓的"精神错乱"的人如果能正确地报告他所要作证的事情，并理解说真话的义务，一般都被允许作证。《联邦证据规则》601——至少适用于联邦法院的

㊲ 参见下文第 62 节。

联邦问题案件——禁止审判法官将精神错乱者视为自动不具备作证能力。然而，如果在极端情况下，潜在证人没有能力回忆、理解说真话的职责或者获得个人知识，那么可以认为他是没有证人能力的。更常见的是，根据普通法和《联邦证据规则》规定的法官自由裁量权，在观察事实或者作证时的精神"异常"之事实，可以作为通过交叉询问或者外部证据进行弹劾的依据。本节的最后一部分将讨论在这一情况下专家意见作为外部证据的使用。

那么在正常范围内的心理缺陷呢，比如思维速度比一般人慢或者记忆力比一般人差？一个熟练的询问者有时会在考验人的交叉询问中暴露出这些特性。可以由其他证人证明这些品质吗？判决有分歧。这显然是法官自由裁量的问题。审判法官判定被攻击的证言的相对重要性和对证人可信性的洞察，是否超过了开启这一/附带争端所牵涉的时间和潜在的干扰。标准化智力测试的发展及在商业、政府和武装部队中的广泛应用表明，它们最终可能成为评估庭上证言的有用辅助手段。然而，那一天还没有到来。

异常行为完全是另外一回事。这是一个标准的弹劾理由。当一个人受到药物或者酒精的影响时，就会发生一种形式的异常行为。如果证人在他就其作证的事件发生时或者在作证时受到了这种影响，可以通过交叉询问或者外部证据对这一情况加以证明，来用于弹劾。不过，法院对习惯性成瘾的处理方式是不同的。单就长期酗酒这一事实而言，通常不能用来证明可信性。除了酗酒证据的最小证明价值，它的采纳也违反了反对使用品性作为行为的情况证据的一般禁令；归根结底，律师只是辩称，由于证人在以前的场合喝醉了，证人在观察到相关事件时更有可能处于醉酒状态。然而，当这种异常情况是一种更受社会憎恶的毒瘾时，一些判决通常允许对其加以证明，即使没有专家证据表明，来说明对特定药物成瘾会影响某些方面的可信性，例如感知或者记忆。然而，更多的法院会排除这一点，如果没有证明这对证人的诚实性有具体影响的话。大多数联邦案件与多数观点一致。多数法院有更好的理由。没有足够的科学共识来支持这样的司法认知，即成瘾本身通常会影响可信性。更糟糕的是，这些证据还会带来损害。

精神病学证言

近几十年来，随着精神病学的发展，在遗嘱和犯罪案件中，有关精神健全问题的专家证言已经司空见惯。使用精神病学专家关于精神疾病和缺陷的证言，在任何诉讼中都有助于确定证人的可信性。在一种类型的诉讼中，即性侵犯诉讼中，Wigmore 和其他几位论者认为，这种证言是必不可少的，而且在

102

很久以前，它通常会得到法院的批准。[39] Wigmore 声称，那些作证说自己曾遭受性侵犯的女性经常会谎报此类事件，而且法官应该始终确保女性被害人的精神病史得到了心理健康专家的密切审查。今天，我们知道这些断言都是沙文主义和不准确的。大多数法院现在判定，采纳精神病学证言是法官的自由裁量权。法官经常行使自由裁量权排除关于证人过去精神问题的证据。此外，许多上诉法院判定，审判法官只有在特殊情况下，出于令人信服的理由，才应行使命令进行检查来形成这种证言的权力。认定这类情形的标准尚不明确；如果完全允许强制检查，法院应当规定严格的限制条件。事实上，有一个值得尊敬的州典据，即法官没有固有的权力下令进行精神病检查，以便在强奸案审判中可能采纳关于检查结果的证言。

尽管在性犯罪案件中使用精神病学证据受到了最大的关注，但是在其他类型的案件中精神病学证据仍会被提出。许多法院采取的立场是，使用精神病专家的证言来弹劾主要证人，并不局限于性侵犯案件。然而，一般而言，联邦法院不愿意行使其自由裁量权，来广泛允许专家攻击精神能力。当有确凿的理由认为主要证人患有严重的影响可信性的精神异常时，可能有使用精神病学资源的正当需要。许多当代法院接受这样一个原则，即只要精神病学证据的证明价值超过时间耗费、干扰和费用时，至少在法官的自由裁量权范围内，精神病学证据应当被接受。

除其他外，这些证据的价值取决于证人证言的重要性和专家形成可靠意见的机会是否充分。第一个因素，即证言的重要性，与让证人（甚至是当事人—证人）遭受精神病攻击的正当性有关。第二个因素是形成可信意见的机会是否充分。仅仅基于假设性问题的意见实际上是毫无价值的。基于专家对观察对象的法庭行为和证言的观察的意见，只是稍微可靠。法庭不仅对大多数证人而言是一个陌生的环境，更糟糕的是，将要作证可能会令人产生焦虑，从而扭曲证人的正常行为。大多数精神病医生都认为，只有在证人接受了彻底的临床检查之后，才能形成令人满意的意见。一些判决认为，审判法官有自由裁量权，来命令对检控证人进行检查，但是行使这种自由裁量权的条件尚不清晰。许多这样的判决涉及性侵犯检控，但是这些判决至少含蓄地承认了一个更为宽泛的原则。如果真的存在，这种自由裁量权应该延伸到任何类型的案件。该自由裁量权的行使应考虑到以下因素，如是否将造成不当时间或者成本支出，证人是否是关键证人，以及是否有确凿迹象表明证人在审判时或者相关事件发生时患有

103

---

[39] See 3A Wigmore, Evidence § § 934a, 924a, and 924b (Chadbourn rev. 1970).

精神异常。只有在法官无权下令进行检查的情况下，基于法庭观察和阅读审判记录的专家意见才应作为最后手段被采纳。即便如此，允许建立在这种脆弱基础上的意见仍然是可疑的。

必须将《联邦证据规则》和修订后的《统一证据规则》608（a）允许的关于诚实与否的品性的专家意见与上文讨论的主题——关于证人说真话的精神能力的意见——区分开来。规则 608（a）不是采纳本节讨论的这种意见证言的直接典据。

第 45 节 "具体矛盾"弹劾[⑩]

"具体矛盾"可以解释如下。在关于某事故或者犯罪的作证过程中，证人 1 提到，在他目击事件的时候，天下着雪，他穿着一件绿色的毛衣。假设关于雪和毛衣的陈述可以被"证否"，该证否可以通过几种方式发生。证人 1 在直接询问或者交叉询问中，可以承认自己有错误。或者法官可以进行司法认知，即在当时和当地——七月的 Tucson——并没有下雪。但是通常的反证或者"矛盾"涉及传唤证人 2 作出相反证言，说明那天阳光灿烂，温暖如春。这就是本节中"矛盾"这个词的含义。

在上述情况下，矛盾具有什么样的弹劾价值？如果证人 1 是错的，证人 2 是对的，则这倾向于证明证人 1 在某些事实上犯了错误或者在说谎，因而可能有错误或是在撒谎。在考察证人 1 的其他证言的证明力时，这种证明应该被认为是消极的。但是这种见解的证明价值微乎其微。毕竟，所有的人都是容易犯错的；所有的证言都应该在某种程度上因为这种弱点而打折扣。诚然，审判法官可依照自由裁量权，允许交叉询问者测试证人 1 的观察、记忆和叙述与案件无关的事实的能力，以"探究"这些能力。[⑪] 然而，允许攻击者传唤其他证人来反驳诸如天气和证人衣服等无关的"旁系"事实，从而允许就这些事实进行冗长的争论，是不可行。这就显然存在造成突袭、陪审团混淆和浪费时间的危险。

为了对付这些危险，在普通法中，许多法院执行了这样的限制，即不得通过出示与第一个证人关于"旁系"事实的断言"相矛盾"的关于这些"旁系"

---

⑩ 侵犯宪法权利获得的证据在多大程度上可以用于弹劾，可见于下文第 183 节。使用论著弹劾专家的讨论见下文第 321 节。

⑪ 参见上文第 29 节。

事实的外部证据来弹劾证人。第 49 节详细讨论了旁系事实规则。如果一个事项本身与证明诉讼中的任何具有重要意义的事实无关[42]，即与仅仅是对先前证人的庭上证言加以辩驳之外的目的无关，则该事项被视为"旁系"事项。当要反驳的旁系事实是在交叉询问中引出的时候，这一限制通常是这样表达的，即

104 该回答是结论性的，或者交叉询问者必须"接受该回答"。按照更好的观点，如果"旁系"事实碰巧是在直接询问中引出的，反对外部矛盾的规则仍然适用。突袭的危险减少了，但是浪费时间和混淆争点的政策考虑仍然存在。

《联邦证据规则》第六章没有明确提到作为一种可允许的弹劾方法的具体矛盾。然而，联邦法院继续允许使用这种技术。他们这样做是正确的。最高法院在 United States v. Abel 案件[43]中的推理是恰当的。就像具体矛盾情况一样，第六章对偏见弹劾技术也保持了沉默。然而，Abel 案件法院指出，偏见在逻辑上与证人的可信性有关；因此，规则 402 是继续实行偏见弹劾的充分制定法授权。与偏见一样，具体的矛盾也与弹劾先前证人的可信性有关。法官可根据规则 403 行使其自由裁量权，来限制具体矛盾弹劾；但是在逻辑上相关的情况下，根据规则 402，可以推定具体矛盾证据是可采的。

第 46 节　宗教信仰

就像第 63 节所表明的那样，普通法的证人能力规则要求相信会惩罚不诚实的人的上帝，并将此作为证人宣誓作证的限制条件。这一要求是在宗教气氛中产生的，这种气氛随着时间的推移已经减弱。大多数普通法司法辖区都放弃了这一要求。许多司法辖区都有一般性规定，如《伊利诺伊州宪法》规定，"任何人不得因其宗教见解而被剥夺任何公民或者政治权利、特免权或者能力"。法院将这些规定解释为废除了无能力宣誓作证的规则。《联邦证据规则》也不要求信仰上帝。

就像第 43 节和第 65 节所表明的那样，总的趋势是将原来的无作证能力的古老根据，如利益和不名誉，转变为弹劾可信性的依据。这种转换原则有时在宪法条款和制定法中明确进行了规定。同样的原则是否也适用于允许证人的可信性受到攻击，即证明她是无神论者或者不可知论者，不相信神对伪证的惩罚？大多数涉及这一问题的法院都说不；它们是通过解释诸如《伊利诺伊州宪

---

[42]　总体可参见下文第 49 节。

[43]　469 U.S. 45 (1984).

法》中的一般规定，或者更具体的宪法、制定法或者规则条文，来得出这一结论的。因此，许多州承认证人有其宗教信仰不受询问的特免权，除非法官认定，调查与本案中的某些重要事实的相关性，超过了隐私权的利益和损害危险。一些旧的判例，或者是从无作证能力的理由转为弹劾根据进行了推理，或者是遵循特定制定法条文的特定语言进行了推理，似乎允许这种弹劾理由。但是这些案件年代久远，几乎没有现代判例价值。即使在旧的判例中，法院也不允许对特定的信条、信仰或者盟属关系进行调查，除非它们表明了证人对将惩罚不诚实行为的上帝的信仰。

有一种强烈的论点认为，除了承认证人有不回答有关其宗教信仰的问题的特免权，立法机关和法院还应禁止当事人通过让其他证人攻击第一个证人的信仰来进行弹劾。今天，没有任何理由认为，对上帝复仇之怒缺乏信仰，是比一般人更不诚实的表现。没有这个基础，关于无神论的证据与可信性问题无关。

重塑后的《联邦证据规则》610 规定："关于证人的宗教信仰或者意见的证据，不可采纳来攻击或者支持证人的可信性。"陪审员可能错误地低估非传统或者不寻常宗教成员的可信性。规则 610 防止这种偏见。然而，这项禁令并不完全。在某些情况下，根据另一种逻辑相关性理论，关于证人的宗教信仰的证据可采。例如，咨询委员会对规则 610 的注释补充说，"披露证人属于作为诉讼当事人的某教堂，根据本条规则是可以进行的"。因为这可能会与证人的偏见有关。

第 47 节　支持证人

就像第 33 节所指出的那样，可信性分析分为三个阶段：在试图弹劾前进行提衬，弹劾，以及弹劾后的正誉。弹劾不是对证人的能力和品性的冷静研究，而是对证人可信性的攻击。在我们的对抗性审判制度中，必须给证人的提出者一个机会，通过提出为证人正誉的证据，来应对这一攻击。正如我们所看到的那样，判例法和《联邦证据规则》都承认的一个一般原则是，如果没有对可信性的攻击，就不允许提衬性证据。相反，在证人的反对者提出弹劾性事实的证据后，证人的提出者可以提出相互矛盾的证据，来反驳所指控的弹劾性事实。这种反证是相关的，一般是允许的。

全面禁止支持

如前所述，如果不引入弹劾性事实，证人的提出者通常不得提衬证人的可信性。理由是我们不想把法庭时间花在证人的可信性上，也不想冒着分散陪审团对历史性真相的注意力的风险，除非和直到对方律师攻击证人的可信性。应当承认的是，这一一般规范也有例外。例如，强奸报案的事实以及在某些情况下报案的某些细节，被判定是可采的。如果有人被强奸，他们通常会就该事件报案。根据提衬报案证人的理论，关于报案的事实和报案的细节在允许的情况下都可采。然而，由于根据某些理论，这种证据有时可能作为实质性证据出现，因此将在以后详细讨论这一问题。同样，先前一致的辨认陈述可以在实质上被采纳，或者采纳来用于提衬；但是正是因为先前的辨认陈述可以作为实质性证据引入并触发宪法要求，所以在其他地方也将讨论这一问题。除了新近的报案和先前辨认这些例外，证人的提出者只有在对方试图弹劾之后，才可以提出关于证人诚实性的证据来进行正誉。

补强

假设证人完成了他或者她的关于事实 A 的证言，而对方律师没有试图进行任何弹劾。就像我们随后就会看到的那样，如果对方没有试图进行弹劾，证人的提出者就不能为给证人正誉之目的，再提出证言。因此，提出者不能传唤

106 证人 2 来证明证人 1 是一个有着诚实声望的人。然而，提出者可以传唤证人 2 就事实 A 提供补充证言。表面上，该证言与历史性真相有关，而不是与证人 1 的可信性有关。这类证言被归类为补强性证据而非正誉性证据。根据《联邦证据规则》403，审判法官有自由裁量权，来限制关于事实 A 的补强证言的数量，但是此类证言不受提衬或者正誉方面的限制。

正誉

关于正誉的讨论，最好围绕所采用的技术进行。最常见的两种正誉方法是：（1）引入支持性证据，证明被攻击证人品性良好；（2）证明证人陈述前后一致。最基本的问题是，这两类正誉证据是否是对已使用的具体弹劾方法的适当回应。可采性的一般标准是，证人品行良好的证据或者前后一致的陈述在逻辑上是否具有相关性，能解释弹劾性事实。正誉性事实必须相对直接地直面弹劾。如果城墙在一处受到攻击，则不能在另一处进行加固。可信性是一个附带问题，在这种情境下，应该缩小相关性的范围。当我们在弹劾后进入正誉阶段时，我们与案件的历史性真相已经相去甚远；法院有理由要求就相关性进行更有力的证明，以尽量减少陪审团忽视案件是非曲直的风险。根据经验，法院要求正誉是对弹劾的一种回应。回应到底要多准确，是一个程度问题，就此法院

会有不同的看法。

关于证人诚实品性特点的证明。支持被弹劾证人的一方何时可以提供证据证明证人具有诚实的良好品性？当然，用关于坏声望的证据、关于诚实性的不良意见、关于犯罪的定罪或者未导致定罪的不端行为来进行攻击，都会打开品性支持的大门。对于所有这些弹劾方式来说，关于诚实的良好品性的证据，是一种具有逻辑相关性的回应。此外，猛烈的交叉询问会带来的关于不端行为和不良品性的强烈指控，即使是证人进行了有力否认，也不会从陪审团的脑海中消失。如果法官认为出于公平，他可以采纳关于良好品性的证据，作为缓和暗示指控性交叉询问带来的含沙射影的手段。

表现出偏私的证人腐败行为也应被视为对诚实品性的攻击，因此对此可以进行品性支持。然而，以不涉及腐败的事实，如关于家庭关系的证据，来进行偏私或者利益弹劾，并不能为关于诚实的良好品性证明打开大门。

当仅仅使用关于不一致陈述的证据或者对方提出的与证人作证的事实具体矛盾的证据对证人进行弹劾时，就通过说明证人诚实的良好品性来支持证人的适当性而言，法院存在分歧。如果证人因前后不一致的陈述而被弹劾，在过去，多数法院可能会例行地允许证明其有诚实的良好品性。然而，如果对方仅仅提出了与证人所作证的事实相矛盾的证据，大多数案件都禁止证明证人的诚实良好品性。对这些问题作出硬性回答可能很方便，但是以机械的方式解决这些问题是不明智的。一种更明智的观点是，在每一个案件中，法官都应当考虑就证言内的不一致或者冲突的特定弹劾，在效果上是否等于对证人的诚实品性特点的攻击。将弹劾视为对证人在本案中所作的具体证言的诚实性的有限攻击，而不是对证人诚实性的更广泛攻击，可能更为现实。一个相关的考虑是，不一致或者矛盾是否与证人可能会无心犯错的事项有关。该不一致或者矛盾是否如此明显，以至于不可抗拒的常识推论是，这是谎言而不是无心的错误？另一个相关因素是交叉询问者提到的不一致之处的数量。这个数字越大，就越能推断出证人在品性上是个撒谎者，而不仅仅是个撒了一个孤立的谎言的证人。根据《联邦证据规则》，审判法官在决定是否允许正誉时，可能会考虑不一致的数量这一因素。

关于证人先前一致陈述的证据。如果试图通过提出与当前证言一致的先前陈述来对被攻击证人正誉，则会出现一个类似的门槛问题：对证人的哪种攻击将为关于与证人的当前证言一致的先前陈述证据打开大门？当攻击表现出用不端行为、定罪或者恶劣名声的品性弹劾形式时，没有理由通过一致陈述来正誉。正誉没有与攻击相对，没有满足同类回应这一经验法则。

107

此外，在普通法中，根据现行的时间先后原则，如果攻击者指控了偏见、利益、舞弊影响、故意说谎或者缺乏观察或者记忆能力，则先前的一致性陈述被视为与反驳指摘无关，除非一致陈述是在偏见、利益、影响或者丧失能力的发生来源之前作出的。如果陈述是后来作出的，则关于该陈述的证据并不能帮助陪审团评估证人的证言，因为一致陈述的可靠性像庭上证言一样受到怀疑。许多法院继续根据《联邦证据规则》执行时间先后原则；但是有大量的相反典据。1995 年，在 *Tome v. United States* 案件④中，最高法院判定，规则 801 (d) (1) (B)——调整一致陈述作为实质证据的可采性——纳入了时间先后原则。尽管法院否认就这样的问题进行了裁决，即根据"任何其他证据原则"（例如正誉）提出的一致陈述是否适用这一原则，但是一些论者认为，这一意见表明，法院最终将把同样的限制扩大到为正誉这一有限目的而提供的一致陈述。

在不一致陈述弹劾是否通过证明一致陈述打开了支持之门这一问题上，存在着进一步的意见分歧。一些法院通常裁定这种支持是被允许的。这种判定的优点是便于应用。在另一个极端，尽管有任何一致陈述，但是不一致仍然存在，一些法院一般性地判定，通过先前不一致陈述进行弹劾并不允许通过一致陈述进行正誉。该一般性判定似乎更好，但是应当承认某些限制。特别是，当被攻击证人否认作出过不一致陈述，关于一致陈述的作出时间很接近不一致陈述的作出时间的证据，与印证其否认是有相关性的。再一次地，如果在具体情况下，不一致陈述的攻击伴随或者被解释为关于最近的作伪证的计划或者图谋的指摘，关于在该计划或者图谋之前的一致陈述的证据，常常能反驳证言是这种图谋的结果；证言不可能是所谓的图谋的产物，因为证人在所谓的图谋之前说了同样的话。就此，所有的法院都同意。弹劾是否至少意味着一项图谋指摘，由法官决定。大多数法院都认为，如果交叉询问者要求证人承认，在证人与律师或者当事人谈话之前，他"并没有这样的想法"，那么这就是这样的指摘。然而，如果没有这样的指摘，这种攻击往往仅仅是对不准确记忆的指责。如果是这样的话，只有在接近事件且记忆犹新时所作的一致陈述才应该被采纳。对这些限制的承认，仍然允许法院排除在不一致陈述之后获得的陈述，从而抑制对证人施加提供相反陈述的压力。

对这些限制的承认，可以与《联邦证据规则》的条文一致。从更广泛的观点来看，普通法的时间先后原则不适用于联邦实践中为有限的正誉目的而提供的

④ 513 U. S. 150 (1995).

所有一致陈述；根据规则 401 和 403，法官有自由裁量权来确定在特定情况下，是否有理由采纳一致陈述来为证人正誉。例如，假设交叉询问者强迫证人承认证人所作的陈述似乎前后矛盾。为了为证人正誉，引出它对这样的庭外陈述的描述，在逻辑上是相关的：在该陈述中，他使用了一个具有特殊意义的关键术语，这消除了表面上的不一致。其他的陈述即使是在明显不一致的陈述之后作出的，根据该理论也有相关性。当然，只有当提出者为正誉这一有限目的提供证据，而不是作为规则 801 规定的实质证据提供证据时，才能获得这一结果。

即使证人先前陈述的一部分在逻辑上与证人的正誉有关，证人整个先前陈述，也只有那一部分可以为该目的而采纳。证人的提出者并不因某一段有正誉的合理证据价值，而有权引入整个叙述。

第 48 节　攻击支持的品性证人

就像第 41 节所解释的那样，规则 608（b）（1）允许交叉询问者通过强迫证人承认她有不诚实行为来弹劾证人，即使该行为没有导致定罪。规则 608（b）（2）也涉及弹劾，但是现在弹劾的对象是不同的。

根据《联邦证据规则》608（b）（2）和《统一证据规则》608（b）（ii）[45]，以及在普通法中，为另一名证人（"主要证人"）的诚实性提供有利意见或者证明其具有良好声望的品性证人，可以就主要证人的具体先前行为受到交叉询问，如果这些行为对不诚实性有证明力的话。法院通常认为，涉及不诚实或者虚假陈述的具体行为足以证明不诚实[46]；在交叉询问中，即使这种具体行为没有导致定罪，也是交叉询问的对象。[47] 然而，关于主要证人的行为没有导致定罪的具体事例的外部证据是不可采的；交叉询问者必须接受品性证人的回

109

---

[45]　前《联邦证据规则》608（b）规定：除规则 609 规定的犯罪判决外，不得以外部证据证明证人的行为具体实例的方式，来攻击或支持证人的可信性。然而，如果它们对于诚实与否具有证明作用，法院依照自由裁量权，可以允许在对证人的交叉询问中就以下事项对它们进行调查：（1）有关证人诚实与否的品性；或（2）有关另一证人诚实与否的品性，正在受交叉询问的证人曾为这种品性作证。《统一证据规则》608（b）在内容上是一样的。2011 年 11 月 1 日生效的重塑后的《联邦证据规则》608（b）规定：行为具体实例。除规则 609 规定的犯罪定罪判决外，外部证据不可采来证明证人的行为具体实例，以攻击或者支持证人的诚实品性。但是，在交叉询问中，如果行为具体实例对于下列人员诚实与否的品性具有证明作用，法院可以允许对它们进行调查：（1）证人；或者（2）正在接受交叉询问的证人曾就其品性作证的另一证人。当就其他事项作证时，如果证言仅与证人诚实性品性有关，证人并没有放弃反对被迫自我归罪的特免权。

[46]　就用于弹劾的先前定罪的可采性，参见上文第 42 节。

[47]　参见上文第 41 节。

答。[48] 规则 608 的 2003 年修正案所附的咨询委员会注释指出："如果提供证据的唯一原因是攻击证人的诚实性，则绝对禁止使用外部证据。"在这一调查中，回答的唯一合法相关性是用于弹劾品性证人的可信性。

诚然，就主要证人的诚实声望作证的品性证人，可就与谁、在何地、何时讨论了主要证人的声望问题，受到交叉询问。意见证言必须以证人对主要证人的亲身知识为基础。因此，他与主要证人的关系程度是交叉询问中可以探究的适当问题。此外，正如下一段所解释的那样，交叉询问者可以进一步询问主要证人的具体行为。

当品性证人在直接询问中就主要证人的诚实声望作证时，在普通法中，关于主要证人不诚实行为的具体实例的交叉询问问题的传统表达是"你听说了吗？"相反，如果证人在直接询问中的证言采取意见的形式，根据普通法，问题的适当形式是"你知道吗？"或者"你意识到了吗？"这一区别虽然在理论上是正确的，但是实际意义微乎其微，在普通法上很容易消除。就它们而言，《联邦证据规则》放弃了这一区别。[49] 不仅可以就主要证人的对不诚实性有证明力的具体行为来直接询问品性证人，而且可以询问他是否熟悉主要证人的定罪、逮捕和起诉情况。所有这些事项都与主要证人的声望和品性有着天然的关系。它们是不名誉的行为，与品性证人所证明的诚实良好声望是不一致的。不熟悉这些事项与评估品性证人证言的根据有关。如果证人回答说，他对这些事项不熟悉，证人的回答就会让人怀疑证人对主要证人的品性的了解程度。或者，熟悉这些事项会令人对品性证人的"诚实"或者"不诚实"标准产生怀疑；如果证人回答说，他熟悉不利的事实，但是却作证证明主要证人品性良好，则品性证人要么是在撒谎，要么是用一种相当奇怪的标准来评价品性良好。无论问题的形式如何，交叉询问者都必须有一个支持探究的诚信基础。

如果法官认定，不公平损害的危险严重超过了交叉询问的证明价值，则法官可以禁止在对品性证人交叉询问中，就主要证人的对不诚实性有证明力但是没有导致定罪的行为进行探究。品性证言与诚实性之间的微弱关联，加上当主要证人也是当事人时存在的不公平损害的风险，支持法院行使自由裁量权，禁止对具体行为进行探究。原则上，可以提出有力的理由，来全面禁止对主要证人据称实施的具体行为进行交叉询问。然而，迄今为止，既没有司法裁决，也没有支持这种全面禁止的附带意见。

◆◇◆◇◆

[48]　还请参见下文第 49 节。

[49]　参见下文第 191 节。

第 49 节　矛盾：旁系和非旁系事项；诚信基础

在交叉询问中，每一种被允许的弹劾方式的目的之一就是检验证人的可信性。由于考虑到混淆争点、误导陪审团和不当的耗费时间，使用外部证据进行反驳受到了更多的限制。如果一件事被认为是旁系的，律师可能仅限于内部弹劾。换言之，证人在直接询问或者交叉询问中的证言成立，交叉询问者必须接受证人的回答；相互矛盾的外部证言，不是通过证人本人提供的证据，是被禁止的。在事项非旁系的情况下，在直接询问或者交叉询问中，可以引入外部证据对证人的证言提出质疑。

旁系事实规则这一主题可能令人困惑。按以下顺序讨论这个主题是有帮助的。首先，我们将探讨判定规则禁止用外部证据弹劾证人的有限程序意义。其次，我们将识别不受该规则限制的弹劾技术，并通过消除程序，识别受该规则约束的弹劾技术。最后，我们将探讨法院如何为该规则的目的判定某一特定事项是否为"旁系"事项。

判定规则禁止外部证据的程序意义

这条规则并不限制交叉询问。在交叉询问期间，提问者实际上可以尝试质疑证人在直接询问中的证言的任何方面。直接询问的任何方面的错误都可能对证人的感知能力、记忆、叙述能力或者诚实性产生不利反应；所有这些因素都与陪审团对证人可信性的评估有关。在遵守审理法官根据规则 403 进行裁量性控制的情况下，交叉询问者可以就这些因素进行提问，直至她非常满意。此外，即使证人最初给了交叉询问者一个不利的答案，提问者也可能在交叉询问过程中施加压力，例如就伪证罪之处罚提醒证人。法院有时说，当旁系事实规则适用时，交叉询问者必须"接受证人说出的最初回答"，但是这一表述并不意味着交叉询问者有义务接受出自证人之口的最初回答。最后，虽然在这一问题上司法观点存在分歧，但是现代典据认为，为了进一步施加压力以获得如实回答，交叉询问者可以用证人有能力验真的任何相反的书写品来与证人对质。证人可能在她亲自撰写的信中作了相关陈述。同样，这一规则的主要理由之一是，法院希望尽量减少将法庭时间花在只与证人的可信性相关的事项上。如果证人离开证人席后，律师传唤第二名证人弹劾前一名证人，可能会花费相当多的时间。然而，如果交叉询问者向证人出示了一份他可以验真的书写品，则几乎不会耗费额外的时间。

111

那么，该规则的程序意义是什么？核心禁令适用于这样的情况，即被弹劾的证人已经离开证人席，而前交叉询问者后来传唤第二名证人或者提供展示件来弹劾前面的证人的可信性。在普通法中，如果此时此刻适用旁系事实规则，则第二个证人的证言或者展示件自动不可采。

哪些弹劾技术可以免受——哪些要受——旁系事实规则的约束？

大多数弹劾手段都不受旁系事实规则的约束。在某些情况下，这种豁免源于弹劾技术的本质。例如，假设这个问题出现在少数几个采纳测谎证据的司法辖区之一。作为政策问题，一个司法辖区已决定允许用测谎人员或者就先前证人的不诚实品性特点作证的其他人员进行弹劾。这些弹劾技术必然涉及外部证据：在将被弹劾的证人离开证人席后，前交叉询问者传唤了测谎人员或者恶劣品性证人。如果所作的政策决定支持这些弹劾技术，这些技术必须不受旁系事实规则的约束。

此外，其他技术也被豁免，是因为弹劾事实被认为对可信性有很高的证明力。例如，关于下列事项的证明是被豁免的：（1）偏见、利益、舞弊或者胁迫；（2）酗酒或者吸毒；（3）精神能力缺陷；（4）缺乏生理能力或者缺乏获取个人知识的能力；以及（5）先前定罪。[50] 这些事项在证人的可信性问题上具有很大的证明价值，因此法院可以容忍在随后提出外部证据时所需的额外时间。

那么，哪些技术受旁系事实规则的约束？通过排除法，我们得出结论，只有三个方面：关于证人实施了不诚实的行为而没有被定罪的证据，关于证人作出了不一致的庭前陈述的证据，具体矛盾。

特定的话题什么时候被认为是旁系性的？

假设前交叉询问者正在提供外部证据来弹劾前证人，而律师正在使用的弹劾技术受旁系事实规则的约束。具体的弹劾证据何时被视为旁系证据且不可采？

就关于证人实施了不诚实的行为而没有被定罪的证据而言，答案相对简单。除了一个例外，关于此类行为的外部证据总是被视为旁系证据。一方面，如果证人一开始否认犯下了这一行为，交叉询问者可以通过对作伪证的处罚提醒证人，或者用证人自己提到这一行为的书写品来直面证人，迫使证人作出诚

---

[50] 参见上文第42节。

实的回答。另一方面，当证人坚持己见，坚决拒绝承认该行为时，交叉询问者必须"接受该回答"，即使交叉询问者揭发该伪证相对容易。即使一个对证人的行为有切身了解的人坐在法庭上，交叉询问者也不能在随后传唤该人出庭作证，来证明先前证人实施了欺诈行为。

当证人的证言引发了治愈性的可采性或者"开门"原则时，适用这一一般规则的唯一例外。与旁系事项有关的外部证据可根据"开门"原则予以采纳。在检控方试图于反驳时提出证据，以反驳在对被告进行直接询问期间提出的具体事实主张的情况下，法院常常根据这一原则采纳证据。[51] 例如，假设在直接询问中，被告—证人作了一个笼统的、过度的断言，说他"从未"有欺骗行为。这一主张严重违反了限制提衬性证据的规则，因此，根据治愈性可采性理论，许多法院允许对方律师对这一主张进行交叉询问，并随后引入外部证据来反驳这一主张。然而，除了这一个例外，弹劾证人的没有导致定罪的其他不诚实行为的证据，总是要服从旁系事实规则。

当前交叉询问者使用外部证据证明先前不一致陈述或者证人早先的证言中的具体矛盾时，确定外部弹劾证据是否与旁系事项有关，就更为复杂。尽管关于不诚实行为的外部证据几乎总是被认为是旁系性的，但是为这些目的提供的外部证据有时是旁系性的，而有时是非旁系性的。

在这些情况下，外部弹劾证据可以通过两种方式被认定为非旁系证据。首先，如果该事项本身与本案历史性真相的具有重要意义的事实有关，则该事项是非旁系性的和外部证据，因此可采。[52] 当事实在逻辑上与案件的真相以及证人的可信性相关时，就值得法庭花额外的时间来听审外部证据。当外部证据与所谓的"关键"事实有关联时，它是不旁系性的，也同样可采。此外，根据这一标准，为了弹劾的目的，可以对证人的故事的一部分进行攻击，即作为人类经验问题，如果他关于历史性真相的证言的主旨是真实的，他就不会就这个事实发生错误。

请考虑一下下面的例子。Bob 被传唤作证称，他在苹果街和梅因街的拐角处目击了一起车祸，当时苹果街对面的交通信号灯是红色的。在直接询问中，Bob 作证说，他清楚地记得，当他目睹事故发生时，他正开车行驶在 Piagano 比萨餐厅所在的街道上，并确实正朝餐厅驶去。他补充说，Piagano 餐厅位于苹果街和桃子街的拐角。在交叉询问中，律师问道："Piagano 比萨餐厅位于

113

---

① 参见下文第 57 节。

② 就先前不一致陈述，还请参见上文第 36 节。

苹果街，枫树街和桃子街交叉口以东三个街区，是不是真的？"这个询问问题是允许的，因为它可能影响陪审团对 Bob 感知和回忆能力的评估。但是，如果 Bob 继续坚持餐厅位于桃子街，那么在交叉询问者主提证过程中，不得就餐厅位置提供外部证据。该事项是旁系性的，因为餐厅的位置与诉讼无关，只是为了反驳 Bob 的证言。即使 Bob 在询问中否认了他先前的陈述，即据称他曾说这家餐厅是在苹果街和枫树街交叉口，关于先前陈述的外部证据也不可采，因为这是旁系性的。

另一方面，面向苹果街的交通信号灯的颜色不是旁系性的；交通信号灯的颜色本身与案件有关。因此，具体矛盾证据，即面对苹果街的信号灯是绿色的，是可采的。同样，如果 Bob 在交叉询问中否认之前曾说过信号灯是绿色的，则关于 Bob 的先前不一致陈述的外部证据是可采的。假设 Bob 在交叉询问中被问到他是否在开车时戴着眼镜，那么一个肯定的回答可能会与他唯一一副眼镜在事故发生时正在修理的外部证据相矛盾。对证人获得与本案有关的事实的亲身知识的能力提出质疑的证据是非旁系性的。与此类似，如果 Bob 在交叉询问中否认其妻子与原告有亲属关系，则关于该事实的外部证据也可采。关于证人偏袒的证据是非旁系性的。为证明证人的偏见、利益、舞弊或者胁迫而提供的外部证据，可在证人否认导致偏见推断的事实后予以采纳。

最后，改变一下开始的例子。再一次，Bob 在直接询问中作证说，当他目睹事故发生时，他正开车行驶在 Piagano 比萨餐厅所在的街道上。现在，具体矛盾证据是 Piagano 比萨餐厅位于梅因大街上。如果 Bob 到达十字路口时是在梅因大街上，而不是苹果街上，那么关于餐馆所在位置的外部证据是可采的。在这个稍加变动的例子中，关于餐厅位置的错误，使人们对 Bob 作出关于案件的历史性真相的证言的可信性产生了怀疑。Bob 看到的可能是面向梅因大街的信号灯，而不是面向苹果街的信号灯。餐厅的位置被视为一个"关键"事实，因此外部证据可以采纳用来弹劾 Bob。一个否定了证人在正确的时间、正确的地点观察到了他所作证事项的假设的事实，是一个典型的"关键"事实。

根据《联邦证据规则》，普通法旁系事实规则的地位如何？在联邦实践中，继续应用旁系矛盾的标准理论，这受到了批评，理由是它是一种忽视相关政策考虑的机械主义学说。有人敦促法院取代规则 403 的自由裁量办法。这种做法是对联邦制定法的更好的解释。尽管规则 608（b）明确禁止关于证人不诚实行为的外部证据，但是《联邦证据规则》并未明确规定一项绝对的旁系事实限制。例如，调整先前不一致陈述弹劾的规则 613 中没有提到这一限制。虑及规则 402，有一个强有力的观点认为，《联邦证据规则》的制定隐含地推翻了旁系事实规则。根据这种对《联邦证据规则》的解读，没有严格禁止引入外部证据来在旁系事项上弹劾证人；根据规则 403，法官将对证人证言和弹劾的重要性是否值得花费额外的审判时间作出实践判断。然而，旁系事实规则在普通法中根深蒂固，以至于许多联邦意见继续提到"旁系"证据。

《联邦证据规则》废除了旁系事实原则，是一把双刃剑。前一段指出，根据规则 403，证人的证言和弹劾证据可能具有如此重要的意义，以至于法官可能会允许普通法禁止的外部证据。法官必须作出务实的判断。然而，同样正确的是，可以想象得到的是，法官会禁止在普通法上被视为非旁系的和可采的证据。因此，单独而言，遵守普通法规则并不能保证根据联邦制定法可以采纳外部证据。即使证据在其他方面可采，它也可能容易受到根据规则 403 提出的异议的影响。

第 50 节　证人的退庭与隔离

前几段讨论了律师用来攻击或者支持证人可信性的证据技术。不过，法官也可以采取一些程序措施，帮助确保提供可信的证言。法官的退庭令和隔离令就是例证。并没有将证人排除在法庭之外的宪法性权利。然而，几乎每个司法辖区都有退庭令。如果一个证人在作证之前听到了其他人的证言，那么她就更容易有意用自己的故事迎合其他证人的故事。证人也可能受到潜意识的影响。无论如何，交叉询问者都会发现，如果证人已经听取了其他证人的证言，则更难揭露其证言中的捏造、串通、不一致或者不准确之处。隔离通过禁止证人之间在法庭内外进行交流，来防止审判期间的不当影响。

根据普通法，法院可依照自由裁量权来让证人退庭。法院有权自行下令退庭；但是在许多情况下——即使不是大多数情况下——法官将应一方当事人的请求作出命令。《联邦证据规则》和《统一证据规则》615 没有采取自由裁量的做法，而是将证人退庭视为一个权利问题。重塑后的《联邦证据规则》615 规定："根据当事人的要求，法院必须命令证人退庭……"请求命令证人退庭，通常被称为"援引关于证人的规则"。规则 615 没有具体规定提出请求的最后期限。上诉法院在判定审判法官未能命令证人退庭是否构成可发回重审的错误时，适用了几个标准。

即使诉讼当事人提出了规则 615 动议，也并非所有证人都可以退庭和隔离。判例法和规则 615 均未授权下列人员退庭：（1）属自然人的当事人；

115

（2）非自然人当事人的律师指定为该当事人代表的该当事人的职员或者雇员，包括检控方的调查人员；（3）经一方当事人表明其在庭对于提出该当事人的起诉或者辩护而言很重要的人；或者（4）自1997年开始，被指控的被告所犯罪行的被害人，如果检控方准备在随后的量刑听证中将该被害人传唤为证人的话。在刑事案件中，法官通常援用（2）允许调查案件的人员在审判时在庭。有时，法院将专家归类为（3）规定的其在场是必不可少的证人。在对方专家作证时，专家帮助律师的好处是至关重要的。特别是，就技术问题而言，这些帮助可能是必要的，因为律师对这些问题缺乏足够的了解，无法独自有效地参与案件审理。在对方专家证人作证期间，当律师不熟悉这些问题时，她可能需要一名专家"在她身边"；如果没有专家的帮助，律师在准备立即进行交叉询问时将受到妨碍。就允许准备在一定程度上根据审判时提出的证据发表意见的专家证人在场，也可以提出强有力的理由。国会在《1997年被害人权利说明法》中为规则615增加了例外（4）。除了这四个例外，规则615的范围还有进一步的限制；一些法院判定，该条规则不适用于反驳性证人或者被传唤来弹劾可信性的证人。

从表面上看，规则615只授权将潜在证人排除在法庭之外。虽然规则615没有明确规定证人的隔离，但是普遍的看法是，法院拥有固有的程序权力，可以采取进一步措施，防止证人之间进行交流，例如命令他们保持物理隔离，而不是彼此讨论案件，也不要看另一个证人庭上证言笔录。

如果证人违反退庭令或者隔离令，审判法官有自由裁量权来选择适当的补救办法。法庭可拒绝准许证人作证、宣布审判无效或者向陪审团发出警告性指示，即根据证人在庭或者与另一证人进行讨论之情况来衡量证人的可信性。法庭也可以判定证人藐视法庭。法庭显然不愿意诉诸取消证人资格的严厉补救措施。支持完全禁止证人作证的最有力的情况是这样的事实情况，即证人听取了可能影响其本人证言的证言，以及就证人违反退庭令，传唤证人的当事人或者律师进行了串通。不幸的是，一旦决定允许证人作证，进行评论或者判定藐视法庭等措施都有其缺点。最好的办法是事先避免这个问题。在审判前，法官应着重向证人和律师强调遵守法院作出的证人退庭和隔离的裁决的重要性。如果证人没有出席法官发布命令的听证会席，法官应当指示律师将该命令通知证人。

第三编　采纳与排除

第 6 章

采纳和排除证据的程序

第 51 节　示证：提出证据

要获得证据法的应用知识，你必须了解证据理论运作的程序框架。我们的对抗制，要求当事人根据规则展示审判证据，这些规则明确规定了在引入证据之前，证据在何时已被正式提出，然后可由事实审判者审议。程序规则影响到审判过程中的每一个参与者，为了保证程序公平，规则必须对所有参与者足够清楚：提出者需要知道如何引入证据，反对者必须知道何时提出异议，法官必须知道何时作出裁决。有关示证、提出证据和提出反对的操作规则，都是为了确保这一结果。

对新手来说，展示书写品、照片、刀、枪和其他有形物品往往是件麻烦事。当地的程序各种各样，但是这里可以简要介绍一下一般程序。希望引入这类证据的一方，应当首先将该物品作为展示件，标上"供辨认"字样。在提出者让书记员将物品作为展示件编辑为供辨认后，提出者将准备提出的展示件提交对方律师进行检查，至少应其要求要这样做。向对方出示展示件后，提出者走近证人。在这个时候，提出者通过证人的证言进行适当的验真或者辨认，为将其作为展示件提出而进行"铺垫"。虽然法院经常以单数形式提到进行"铺垫"，但是事实上，提出者可能必须进行多个铺垫。因此，一个展示件，例如一封信，可能需要进行验真、最佳证据和传闻铺垫。

处理展示件的程序不仅因司法辖区而异，甚至同一司法辖区的法官之间也有不同。然而，在大多数司法辖区，下列概括是正确的。在进行所有必要的铺垫或者说明必要的前提条件之后，提出者向法官提交展示件，并说，"原告提交此（文件或者物品，对此进行描述）作为证据，即原告第 2 号展示件，上面标明'原告第 2 号展示件供辨认'"。在这个时候，对方可以反对将其接受为证据，法官将对该异议作出裁决。假设法官裁定该展示件可采，如果该证据是书写品，经法官允许，可由提出它的律师或者证人向陪审团宣读。同样，经法官允许，这些书写品也可以递给陪审团或者显示在屏幕上。根据法官的自由裁量权或者根据当地习俗或规则，在展示件是枪或者刀时，可以将其出示或者交给陪审员进行实物检查。（有些法官不允许提出者向陪审团提交展示件，直到提出者的主提证结束。）

当法庭完全配备了计算机技术时，机制就更简单了。法庭工作人员可包括一名操作电脑的技术人员，法官面前、律师席上、证人席上和陪审团席上都有监视器屏幕。甚至在庭审开始之前，律师就可以向技术专家出示展示件的电子版。一开始，律师要求技术人员向法官"展示"、"播放"或者"展现"展示件。接下来，律师要求向对方律师出示。然后律师让技术人员把展示件展示给证人看。这个时候，律师就该展示件从证人这里引出铺垫性证言。如果法官裁定铺垫完成，律师最后要求将该展示件显示在陪审团席上的监视器屏幕上。

当然，展示口头证言的通常方式是传唤证人出庭并向他提问。通常（但是并非总是如此），在证人回答问题之前，对方必须对证言的可采性提出异议，即对问题提出异议。① 通常，证言的可采性是由法官对关于问题的异议的维持或者驳回决定的。如果法院维持对一个问题的异议，证人就不能回答这个问题，就此不能作证。

当法官维持异议时，问题的提出者通常应"提供证明"。通常的做法是，提出者向法官解释，如果允许证人回答问题，证人会说什么，预期的回答在逻辑上与证明有关。这种做法有两个原因。一是允许审判法官重新考虑可采性的主张。在提供证明之前，法官可能没有意识到调查思路的逻辑相关性。然而，第二个，即正式的理由是，通过在正式审判记录中记载预期的回答，为上诉保留问题。如果对法官的裁决提出了上诉，上诉法院可以更好地理解问题和预期回答的范围和影响。这种理解使上诉法院能够更好地作出裁决：法官维持异议的裁决是否是错误的，该错误是否是有害的，以及在上诉时作出何种最终处置。审判法官通常要求在陪审团听力范围之外提供证明。法官已经裁定证据不可采；如果提供证明是在陪审团听力范围内进行的，陪审员将接触不可采的证言，这可能不适当地影响他们的评议。《联邦证据规则》103（c）规定了提供证明的要求。值得注意的是，在交叉询问时，这一要求通常是宽松的；一些司法辖区完全不需要在交叉询问时提供证明，而与直接询问中的要求相比，大多数法院在交叉询问时接受更不具体的证明。法院认识到，在交叉询问中预测回答往往比直接询问更困难，因为交叉询问有时是探索性的。因此，要求在交叉询问过程中提供的证明具有同样程度的具体性，是不公平的。

---

① 参见下文第 52 节。

偶尔，在有记录的情况下，问题本身可以如此清楚地表明预期回答主旨，以至于上诉法院将考虑在不提供证据的情况下对问题作出裁决的适当性。然而，如果在上诉法院将审议维持对一个问题的异议的裁决之前，通常需要提供证明，则构成提供证明的陈述必须是合理具体的；该提供的证明应当在事实上描述证人可能的回答，并说明提供证言的目的。因此，提出者必须告诉法官证据的主旨是什么，以及为什么证据在逻辑上是相关的。如果所维持的异议对证言的相关性提出了质疑，则提出的证明应表明相关性所依赖的事实。当反对的理由并非相关性时，提出的证明还必须解释为什么异议是没根据的。这些一般准则是根据《联邦证据规则》103 以及普通法适用的。规则 103 经修正，自 2000 年 12 月 1 日起生效。如果在审判前提出者提出了适当的证明，而审判作出了据称是排除证据的最终裁决，提出者无须在审判时重新提出证明来留存问题以供上诉。

根据这些准则，提出者有重大负担。如果提出方律师只具体说明了某目的，而就此目的要提出的证据不可采，法官排除了该证据，则律师不能在上诉中就此裁决提出申诉，尽管该证据本可以为另一目的而被采纳。同样，如果所提供的证据——如庭前证言存录、信件或者谈话——的一部分是可采的，但是另一部分是不可采的，则提出者而非法官有责任将可采的部分分离出来。当律师将可采和不可采的事项一并提出，而法官拒绝了整个提出的证明时，提出者不得在上诉时提出申诉。

上述提供证明的方法假定一名证人正在证人席上接受询问。假设还有其他几个可到庭的证人，但是还没有出庭作证来证明某事实。进一步假设法官的裁决已经表明他可能会排除这一整套证言，或者法官事先裁定这一系列证言不可采。当事人必须提出每个证人，询问他，并在被排除的情况下，描述每个预期的回答吗？一些判决规定了这一程序。显然，这个程序浪费时间。更好的看法是，不一定总要要求传唤其他证人。根据这一观点，如果提出的证明足够具体，而且记录中没有任何证据表明提出的恶意或者无法提出证明，则可以在不提出所有证人的情况下，提出足够的证明。

第52节 异 议

如果证据排除规则的实施是公正和可行的，则必须就证据应当被驳回的任何观点，以及支持该观点的理由，及时告知法官。这种负担是由对方当事人而不是法官承担的。因此，一般的做法是，在提供证据时未能提出具体反对，即放弃在上诉时以任何理由鸣冤。然而，这一一般方法被本节末尾讨论的显见错误理论所修正。

提出时间：删除动议

对手可能不会就得到一个有利回答的可能性进行豪赌。相反，只要提出异议的理由变得显而易见，反对者就必须反对采纳证据。通常，在证人作证期间，一旦提出问题，异议就很明显了，因为问题的措辞可能表明它需要不可采的证据。如果有机会，律师必须在证人回答之前说明她的异议。但是有时在回答之前提出异议是不可行的。一个急切的证人可能回答得太快，以至于律师没有足够的时间和公平的机会提出异议。在这种情况下，律师可以提出删除该回答的动议，以便就该问题提出异议；如果法官认为证人"抢跑"并批准了动议，则律师随后说明她对该问题的异议。或者，在一个没有遭到异议的问题之后，是部分或者完全没有回应的回答。在这种情况下，发问者有权将非回应性材料删除。或者在收到证据后，对证据提出异议的理由可能随后首次出现。例如，虽然在直接询问中，证人声称是根据个人的知识作证，但是在交叉询问中可能会第一次明显看出，实际上，证人依靠的是不可采的传闻。在所有这些情况下，只要理由出现了，就可以提出"随后异议"。适当的技术是，申请删除遭到异议的证据，并要求一个治疗性指示，要求陪审团无视该证据。在理想情况下，律师应使用"删除动议"这一术语，但是任何能让法官尽快注意到有关理由的措辞都是足够的。

假设证据是早先的庭前证言存录的笔录。必须对该庭前证言存录问题提出异议的时间，因异议的类型而异。通常对问题或者回答的"方式和形式"提出异议，例如对诱导性问题或者非回应性回答——有时意见和次要证据被放在这一类——提出的质疑，必须在庭前证言存录听证时提出。理由是，在这些情况下，如果对手当场提出异议，提出者就可以解决问题。例如，提出者可能就问题重新措辞，或者为不能出示书写品原件找到一个借口。与此相反，在庭审中提出庭前证言存录时，通常会第一次被敦促对"实质内容"提出异议，如相关性和传闻。

假设有一个先前的审判而不是一个先前的庭前证言存录听证。进一步假设证据是在本案的较早审判中提出的，当时没有人提出异议。在这些情况下，当在第二个审判中提出同样的证据时，对方是否可以第一次提出异议？庭审和庭前证言存录的背景明显不同。如前所述，对方可以在庭前证言存录听证中放弃大多数类型的反对，而在审判时，对方通常必须竭力提出异议。第 259 节讨论了这个问题。

审前证据免提动议（Pretrial Motions in Limine）

请求对证据的可采性作出预先裁决的动议，是一种相对现代的手段，为的是就证据获得裁决，即使是在审判中提出证据之前。证据的提出者可以提出审前动议，以获得一项证据可采的预先裁决。然而，在绝大多数情况下，对方提出动议，要求获得这样的预先裁决，即特定的证据不可采。这些动议的目的可能是保护陪审团不受不可采的有害证据的影响，或者为战略决策提供依据。例如，一项预先裁决可能有助于律师决定是否在开庭陈述时提及一项证据，或者建议其当事人是否作证。在审判之前或者在审判期间，于展示证据之前，可以对异议进行预先裁决。虽然有一些旧的典据禁止预先裁决，但今天的主流规则是法官有相当大的自由裁量权作出或者拒绝作出预先裁决。除非该动议的解决需要预测以后的审判中的证据状况，而且只要该事项主要由审判法官自由裁量，就应当鼓励对证据免提动议作出审前裁决。在审前背景下，法官有更多的时间仔细考虑证据问题；没有陪审员不耐烦地等待法官席会议结束。此外，证据免提动议可以防止陪审员接触有害信息，从而避免审判无效。

当一方当事人提出证据免提动议时，法官可以作出三种不同类型的裁决。首先，法官可以拒绝受理该动议，并将该问题推迟到审判。在大多数但是不是所有的情况下，法官有自由裁量权来决定是否在审判前就这个问题作出裁决。其次，法官可以对这项动议作出预备性或者暂时性的裁决。举例来说，假设根据规则 403，反对者申请排除有不当损害的证据。尽管法官同意证据可能会对陪审团造成有害影响，但是法官可以设想一种记录状态，在这种状态下，提出者对证据的需求将非常大，以至于这种需求将胜过损害风险。如果是这样，法官可能会暂时排除证据。然而，法官也会告知提出者，该裁决并非最终裁决；如果在审判期间的任何时候，提出者认为记录的状况使证据的需要更加迫切，提出者可以靠近法官席，请求允许引入证据。最后，法官可以就动议的是非曲直作出最终裁决。

假设一方当事人在审前提出动议，要求排除某些证据，但是法官拒绝了该动议。为了将该问题留存上诉，在审判时如果对方当事人提供证据，当事人是否必须重复异议？在这个问题上的典据存在分歧。在普通法中，传统的、流行的观点是，如果异议者在审前证据免提动议中败诉，她必须在审判时重新提出异议，以便为上诉留存问题。当然，这种观点剥夺了证据免提动议的许多效用。证据免提动议的一个最重要的优点是，异议者在陪审团的听力之外提出动议，不存在陪审团会形成异议者提出异议是为了隐瞒真相的印象。如果反对者必须在陪审团在场的情况下重新提出动议，那么将再次出现这一风险。

然而，即使在普通法上，当审判法官的裁决是明确的，而且据称是确定性的时候，一些上诉法院免除了在审判时重新提出异议的要求。2000 年，对《联邦证据规则》103 进行了修正，将该方法纳入了法典。重塑后的《联邦证据规则》103（b）规定："无论在审判时还是在审判前，一旦法院已作出决定性裁定并记录在案，当事人不需要为上诉留存关于错误之主张而重新提出异议或者提出证明。"2000 年修正案的咨询委员会注释还补充说，在这一点上有疑问时，反对者有"义务……澄清证据免提或者其他证据裁决是否是决定性的"。

证据免提动议不同于排除动议。② 排除动议通常基于宪法理由，如宪法第四修正案的排除规则，而不是制定法和普通法的证据规则。此外，在大多数司法辖区，当事人必须在审判前提出排除动议，否则视为弃权。此外，如果排除动议是及时的，法官通常必须在审判前予以处理。如前所述，在证据免提动议的情况下，法官通常有权决定在审判前是否就动议的是非曲直作出裁决。

一般和具体异议

124

为了帮助法官对案情作出明智的裁决，反对者应提出具体的异议。具体性有三个方面：理由具体、部分具体和当事人具体。

理由具体。异议必须附有对理由的明确陈述；换言之，异议必须合理地表明作为异议理由所依据的适当证据规则。与所谓的一般性异议相比，这些异议被称为"具体"异议。在审判阶段，具体性要求有两个重要目的。第一，这项要求有助于确保审判法官理解所提出的异议，并确保对方在可能的情况下有公平的机会弥补缺陷。然而，对具体异议的要求本身并不禁止使用一般审判异议（没有说明明确理由的异议）。当证据因某种原因而遭到异议时，法官有权考虑并维持一般性异议。然而，就像我们很快就会看到的那样，这项要求在上诉时得到了一定程度的执行。这项要求的第二个目的是在上诉时为复审法院留下适当记录。

如果法官驳回了一般性异议，在上诉时，异议方通常不得通过说出在审判中提出异议时未提及的理由来攻击该裁决。然而，在三种特殊情况下，上诉法院将无视这一要求，并考虑未向审判法官提出的有价值的异议。第一，如果排除的理由对法官和提出者来说是显而易见的，那么对于法官驳回一般性意义的

---

② 参见下文第 15 章。

行为提出上诉而言，缺乏具体理由是无关紧要的。这个例外很简单，很有道理。第二，一些法院判定，如果证据出于任何目的不可采，一般性异议就足以确保对法官驳回异议的裁决进行上诉审查。如果理由不明显，这种例外就没有什么意义；当理由不明显时，仍然需要具体说明。如果反对者已就证据可采性的争议通知了提出者，提出者可能已用替代性证据来证明事实。第三，有人提出，如果遗漏的理由不能被消除，一般性异议可以允许对未说明的具体异议进行上诉评议。这种例外情况忽略了一个重要的考虑因素。假设对具体证据的异议不能被消除。不过，如果已经说明了异议，而且证据提出者意识到异议的有效性，那么提出者也可能会撤回不可采的证据，并替换为其他证据来填补这一空白。幸运的是，《联邦证据规则》103（a）（1）没有纳入第三个例外。

　　上述规则的累积影响是，上诉法院通常支持审判法官驳回一般性异议的行动。如果审判法官支持一般性异议，上诉法院对审判法官的裁决再次表现出仁慈。当根据一般性异议排除了证据时，该裁决将被维持，如果事实上就该排除存在任何理由的话。在对方当事人没有提出任何请求或者法院明确了该异议的情况下，将假定该异议已经被理解，裁定基于正确的理由。[3]

125

　　一般性异议的例子有，"我反对"，理由是证据"不可采"、"非法"、"不适格"、"铺垫"、不是"适当"证言，或者"根据所有已知或者听到过的理由"提出异议。最繁累的异议之一是说证据"不适格、不相关、不重要（immaterial）"，它的节奏和头韵吸引了一些律师将其作为一种常规仪式。法院经常将这一措施视为仅仅等同于一般性异议："我反对"。在适用于证据时，"不适格（incompetent）"一词的意思不过是不可采，因此没有说明异议的理由。然而，尽管措辞有些笼统，"不相关和不重要"这种表述说明的是排除的明显的实质性理由。如某些法院所要求的，反对者需具体说明证据不相关或者不重要的原因，可能过于繁重；它要求反对者进行反证。将这种形式的不相关异议视为具有一个有限定的具体异议，更为可行。该限定是，如果法官对证据的相关性有任何疑问，在作出裁决之前，她可以要求提出者解释证据的目的。

　　为了提出足够具体的异议，反对者应说出被违反的一般证据规则："要求受律师—委托人特免权保护的信息"、"缺乏验真"、"不是最佳证据"或者"传闻"——《联邦证据规则》各章标题的措辞具体程度。根据流行的观点，没有必要再具体了。从策略角度来看，更为具体通常也是不可取的。如果对手说出了铺垫存在的具体缺陷，对手实际上就已经教育了提出者，而提出者现在确切

③ Tooley v. Bacon, 70 N. Y. 34，37（1877）.

知道了如何解决铺垫中的缺陷。然而，少数观点要求对手具体说明欠缺的铺垫要素。这种观点的优点是，迫使对手直截了当，从而节省了审判时间。在审前背景下，当法官就证据免提动议裁定时，法官更可能遵循少数观点。在审判时，异议可能出乎意料地浮出水面；坚持要求异议者具体说明所提供的证言中的确切缺陷，往往是不切实际的。与此形成对比的是，在审前阶段，反对者通常有更多的时间提出具体的异议。可以理解，在后一种情境下，法官要求更精确的异议。

虽然偶尔会有"不相关"的异议被判定在激起对当事人的个人仇恨的意义上足以留存有害主张，但是这种判定是令人怀疑的；这种措辞并没有明确提到《联邦证据规则》403 所列的政策关切。这些关切很容易被具体提出，而提及其中一个关切并不要求对手进行反证。法官应要求反对者引用规则 403 者指明规则 403 提到的证明危险。同样，许多法院判定，"传闻"异议不足以提出宪法第六修正案对质条款异议。

在上述情况下，法官要求异议方更加具体。不过，在其他情况下，异议者面临着完全相反的问题：法官可能会使律师难以口头表达足够具体的异议来为 *126* 上诉备档。正如我们将看到的那样，审判法官有权排除"演讲性"异议，即异议者以异议的名义试图向陪审团发表讲话。为了防止演讲性异议，审判法官有时不适当地干扰了律师表达令上诉法院满意的完整异议的能力。当记录显示审判法官对在下级法院所述的异议的一般性有责任时，上诉法院在决定异议在理由上是否充分具体方面更为自由。

当证据规则限定了采纳某证据的目的时，就产生了理由具体化问题的一个变种。假设所提供的证据在某一具体问题上适当可采，但是在某一其他问题上不可适当采纳；或者可以采纳来反对一方，但是不可采纳来反对另一方。在这种情况下，尽管异议者分派了理由，但是如果她仅仅要求排除该证据，而该异议被驳回了，她就不能在上诉中鸣冤。相反，她应要求将证据的采纳限于特定目的或者当事人。

部分具体。异议应该具体，不仅是说理由，而且包括提出的证据的具体部分。假设所要提出的证据是由庭前证言存录、信件、对话或者审判笔录中提出的若干陈述或者证物组成的一个单元。假设证据的一部分可受到异议，而其他部分不受异议，异议者就整个证据提出了异议。在这种情况下，法官驳回异议并无错误。将好的部分与坏的部分进行切割，不是法官的责任。那是反对者的负担。显然，上诉法院不应严格执行这一规则；相反，法院应现实地适用这一规则，要对具体审判情况的现实保持敏感。

当事人具体。当律师在审判中只代理一个当事人时，她显然是在声称证据不可采纳来反对其当事人。然而，当律师在同一审判中代理多个当事人出庭时，证据可能可以被采纳来反对某个当事人，但是不能被采纳来反对另一当事人。在这种情况下，如果律师没有指明不能采纳证据来反对的当事人，她就有放弃异议的风险。

假设对方提出的异议就理由、部分或者当事人缺乏具体性。在上诉时，法院将支持驳回不能成立的具体异议，即使就排除有能成立但是在审判法院没有提出的理由。在对抗制诉讼制度中，对方有责任具体说明排除提出者的证据的正当依据。

当一项不能成立的具体异议被维持时，有典据称，上诉法院将维持该裁决，如果有任何其他理由这么做的话，即使下级法院没有引述该理由。如果根据适当理由必须排除证据，判令重审是没有意义的。然而，一些限定是必要的。如果提出的正确异议，原本可以消除，或者可以代之以可采的证据，则重审是适当的。如果在第二次审判中，对适当的异议的裁决涉及法官的自由裁量权，则重新审判也是适当的，除非法官裁断在发回重审时，其自由裁量权的行使将支持排除。在需要以事实认定结果作为可采性裁断的预备性工作时，也应当得出类似的结果。

重复异议

A 提供了一个证人的证言，他的对手 B 认为不可采。B 提出了异议，该异议得到了维持。在这种情况下，当 A 提出相同或者另一证人的类似证言时，B 必须重复其异议，如果她要就以后的证据表达不满的话。然而，假设第一个异议被驳回。当提出了其他同样可提出异议的证据时，B 必须重复她的异议吗？一些判例暗示她必须这样做——这是一个浪费时间的要求，在陪审员眼中，她扮演了一个令人讨厌的蓄意阻挠者的角色。然而，大多数法院明智地判定，B 有权假定法官将继续作出同样的裁定，她不必重复这种异议。这种观点的逻辑后果是，异议者的随后行为并没有放弃第一项异议，此外，这种异议的范围扩大到所有随后的、类似的、易受同一异议影响的证据。在有关这一点的法律完全未确定的司法辖区，异议律师要求法官记录在案，说明"正在进行"或者"正在继续"的异议，涉及所有其他类似的证据，是一个明智的预防措施。

反对

与异议密切相关但是与之不同的是典型的普通法反对（exception）；如果

127

异议者不同意法官驳回异议，异议者必须"反对（except）"记录在案的裁决，以留存该问题以便上诉。《联邦证据规则》和大多数州的惯例都无须反对，并规定，就所有目的而言，"在法院作出裁决或者命令或者申请法院作出裁决或者命令时，将当事人希望法院采取的行动，或者当事人对法院的行动提出的异议和异议的理由告知法院就足够了"④。不过，出于给陪审团留下深刻印象等动机，在陪审团审判中，一些律师坚持宣称他们"反对"作出的裁决，即使在该反对不必要的司法辖区。这些律师这样做的风险是激怒审判法官，并让审判法官在陪审团的听力范围内训诫他们。

异议的策略

陪审员想知道事实。他们可能会因为异议试图隐瞒事实而厌恶它，并认为持续的异议是对事实的成功压抑。如果这种对陪审团态度的描述是准确的，那么可以就可取的策略得出某些结论。

即使一个问题在技术上是可以提出异议的，反对者也不应该提出异议，除非提出异议会利大于弊。要进行成本/效益分析。在某些情况下，提出异议可能会适得其反。对诱导性问题或者意见证据的异议，常常要求询问者以更具体、更具说服力的形式提出证言，从而加强询问者的案情。在特定案件中，验真、最佳证据或者传闻异议可能会产生相同的结果，并可能适得其反。此外，如果异议在审判或者上诉中被维持的可能性很小，通常不应提出。不成功的异议可能只会放大不利证据的重要性；陪审员可能会认为，反对者一定认为证据是毁灭性的，因为他甚至试图将其排除。异议的数量应该很少，而且应该只针对会对异议者的案件理论造成实质性损害的证据。

最后，当在陪审团面前提出异议时，异议者的举止和异议的措辞是重要的。异议的措辞应当防止异议听起来好像它完全依据于某种技术规则。因此，根据最佳证据规则对复制件的异议，不应仅以"替代性证据"的形式提出异议，还应提及不完整复制件的不可靠性。同样，提出的"传闻"异议应该扩大到提到需要提出陈述人，以便陪审团可以看到他和评估他的可信性。在陪审团审判中提出有效异议的艺术，包括添加一个简短的形容词、副词或者短语，向陪审团表明异议理由与实体正义有关。然而，大多数法官不能容忍冗长的"演讲式"异议。如果律师愚蠢到试图提出这样的异议，法官可以在陪审团的听力范围内训诫律师。

④　Fed. R. Civ. P. 46；Fed. R. Crim. P. 51.

撤回证据

《联邦证据规则》和《统一证据规则》没有明确规定撤回证据的主体。然而，经合理解释，规则 611（a）允许撤回，这是法院对示证的自由裁量权的一个方面。自由裁量权可以根据判例法历史上承认的原则行使。这些案件有时意味着，如果一方当事人提出了证据，没有遭到异议，该证据后来变得有利于对方当事人，则提供证据的当事人有权撤回该证据。然而，公认的规则是，撤回证据不是权利。相反，除非特殊事实使法官运用自由裁量权允许撤回是公平的，否则对方有权获得该证言带来的好处。然而，如果证据是不顾对方的异议而被采纳的，并且提议人后来决定让步于该异议并要求撤回证据，法院可以撤销其裁定并允许撤回。

显见错误规则

所谓的"显见错误"和"有害错误"（与无害错误相反）的许多标准是相似的。然而，这两个概念应该加以区分。像《统一证据规则》103（a）一样，重塑的《联邦证据规则》103（a）将"无害错误"概念与这样的说法一起编入了法典，即"只有在重大权利受到了影响的情况下，当事人才可以主张存在错误"。因此，只有有害错误才能获得救济。显见错误的定义见重塑的规则103（e）："法院可以对影响重大权利的显见错误进行司法认知，即使未适当地留存关于错误之主张。"与有害错误形成对比的是，无害错误指的是裁定不正确，但是这项裁定并不是导致撤销原判的原因。显见错误是指这样一种有害的错误，即尽管反对者未能遵守留存错误以供审查的通常程序，但是这种错误的严重程度足以证明在上诉时考虑它是正当的。

显见错误和有害错误之间有几个关键的区别。首先，有害错误和显见错误在程度上是有区别的。就有害错误而言，错误必须对上诉人有损害；但是就显见错误而言，错误必须具有非常有害的影响。要被定性为显见错误，错误必须是"惊人的"。有害错误是属，显见错误是种。此外，为了引发显见错误理论，错误必须造成了实体正义不彰的风险。一些证据排除规则禁止采纳相关、可靠的证据，以促进外部社会政策。虽然这些规则当然是正当的，但是可能很难说服上诉法院，采纳相关的、可信的证据的裁定可能会导致正义不彰。尽管这两个概念在理论上有着根本性的区别，但是令人惊讶的是，在公布的意见中，有害和显见错误的概念的应用方式几乎没有什么区别。

公布的意见清楚地表明了上诉法院在推翻审判法官的证据决定时的犹豫态

度。这种犹豫有很多原因。上诉法院不喜欢对通常对案件有更好感觉的审判法官进行事后评价。⑤ 此外，上诉人经常未能提出事实，证明所称错误是有害的。这种司法上的不情愿甚至在刑事案件中也很明显。然而，在涉及刑事被告宪法权利的案件中，判定显见错误的可能性要大得多。与刑事案件相比，在民事诉讼中，基于显见错误而撤销的更不常见，部分原因是在民事诉讼中自由和生命未受威胁。

显见错误原则的适用，取决于事实充分、案件具体的分析。显见错误的认定不仅罕见，而且具有非常有限的先例价值。

第53节　在提出异议后发生的预备性事实问题

许多证据规则都用于排除相关证据。例如传闻学说，原件优先规则，以及保护秘密交流的特免权。所有这些排除规则都是"技术性的"，因为它们是由一个特殊的职业团体——法官和律师——制定的，而且从长远来看，它们有时会妨碍在特定案件中查明真相。这些技术性排除规则及其例外，大多以某些事实的存在为条件。根据《联邦证据规则》401，这些都不是关于案件历史真相的事实。相反，这些是规则104规定的铺垫性、预备性或者前提性事实。例如，除非原件丢失、毁灭或者因其他原因不可得，否则将不接受书写品的复制件。⑥ 假设提供的是一份复制件，并且就原件是被销毁了还是完好无损，有着相互矛盾的证据。当然，由法官来判定存在确立采纳或者排除标准的证据制定法则。然而，谁来判定原件是否丢失、毁灭或者无法取得？这是证据规则适用所依据的预备性事实问题。

程序法通常把"事实问题"交给陪审团处理，但是在这里，有充分的理由不这样做。如果在提出异议时将特殊的事实问题提交给陪审团，就会产生关于全体一致的麻烦问题。更重要的是，如果法官将证据（例如假设的复制件）提交陪审团，并指示他们不要理会，除非他们认定争议的事实存在，则排除规则的目的可能会受挫，原因有两个。首先，陪审团往往无法从他们的头脑中抹去证据，即使在意识层面他们发现作为条件的事实并不存在。例如，即使陪审团认为被告对其律师的陈述在技术上是受特免权保护的，是不可采的，但是常识表明，他们很难忘记他们已经知道被告承认实施了被指控的犯罪。其次，一些

⑤　参见下文第55节。
⑥　参见下文第231节、第237节。

陪审员可能不愿意进行"无视"证据的心理活动。他们的主要目的是根据他们认定为真的事实作出裁决，而不是促进证据法的长期政策。受过法律培训的法官理解这样的政策，即提供特免权保护，是为了保护隐私利益，但是外行陪审员可能会将特免权视为妨碍他们在案件中认定真相和伸张正义的不利因素。

以适用技术性排除规则为条件的铺垫性事实

因此，根据传统的、仍然被普遍接受的观点，根据传闻等排除规则所反对的证据的可采性的事实条件这样的预备性问题，由审判法官最终决定。[⑦] 这一原则纳入了《联邦证据规则》和《统一证据规则》104（a）。同样的做法也适用于对作为适用证人、作证能力和特免权规则时的条件的预备性事实的裁断。就所有这些预备性问题，法官将应要求举行听证会，双方可在听证会上提出证据。当对方提出异议时，她可以请求机会进行预先审查，以支持异议。实际上，预先审查一个迷你交叉询问。在预先审查期间，反对者只就提出者试图证明的铺垫性事实，对证人进行询问。在提出者的铺垫和反对者的预先审查之间，法官就铺垫性问题听取正反两方面的所有证言。法官在判定铺垫性事实是否存在时，担任的角色是事实认定者。法官可以考虑铺垫性证言的可信性。因此，法官可以决定不相信提出者的证言，即使它表面上是充分的。

作为证据逻辑相关性的前提条件的铺垫性事实

上述讨论涉及的是根据"技术性"排除规则寻求排除证据的情形。这些情况必须区别于另一种情况，即逻辑相关性——证据的基本证明价值取决于预备性事实的存在。就像《联邦证据规则》104（b）的咨询委员会注释所说的那样：

> 因此，当根据一个口头陈述来证明对 X 的通知时，除非 X 听到了，否则它没有证明价值。或者，如果根据一封称是 Y 寄来的信来证明他进行了自认，除非 Y 写了这封信，否则它没有证明价值。在这个意义上的关联性被称为"附条件相关性"。Morgan, Basic Problems of Evidence 45 - 56 (1962).

规则 104（b）规定的这些附条件相关性的事实问题，不仅仅是不同于规则 104（a）规定的问题。它们还不同于规则 401 规定的具体证据是否具有相

---

⑦　参见下文第 231 节、第 237 节。

关性这一法律问题，例如这样的证据是否相关的问题：被告在谋杀前一天购买了杀人时所用的那种类型的武器。当然，后一种性质的问题是由法官决定的。将规则 401 的法律问题与规则 104（b）的事实问题区分开来，即标记为检控方展示件 3 的供辨认的枪支是否正是被告购买的枪支。

根据规则 104（b），附条件相关性问题完全在陪审员的能力范围内；它们涉及的是陪审员通常要决定的问题。A 说过这样那样的话吗？B 在提供为证据的信上签名了吗？如果法官就这些问题作出最后决定，陪审团在案件真相上的作用和权力将被大大削弱。然而，法官并不是完全被排除在画面之外；相反，法官以下列方式与陪审团分担责任。法官要求提出者提出理性的陪审团会认定预备性事实存在的证据。在这一点上，法官发挥着有限的筛选作用。法官不能判定铺垫性证言的可信性。相反，这个标准是，假设的陪审团认定。法官必须接受证言的表面价值，只问这个问题：如果陪审团决定相信证言，就预备性事实的存在，是否存在合理的、许可的推论？当法官判定陪审团无法认定预备性事实的存在时，他排除证据。否则，问题交给陪审团决定。虽然事实上有些审判法官允许反对者在附条件相关性问题上进行预先审查，但是严格地说，反对者无权在这类问题上进行预先审查。当反对者有相反的证据时，反对者将其提交给陪审团而不是法官。经请求，在最后的指示中，法官指示陪审团判定铺垫性事实是否存在，如果他们认定铺垫性事实尚未得到证实，则无视证据。

现代普通法遵循了这一程序，《联邦证据规则》104（b）和《统一证据规则》104（c）以及重塑后的《联邦证据规则》104（b）对此进行了规定。重塑后的《联邦证据规则》104（b）规定如下：

> 当证据的相关性取决于某事实是否存在时，必须提出足以支持认定该事实确实存在的证明。法院可以以随后提出该证明为条件采纳该准备提出的证据。[⑧]

《联邦证据规则》602 明确地将此程序应用于关于外行证人的亲身知识的预备性问题，规则 901（a）将该程序扩展到展示件真实性的铺垫性问题。起草者认为，可以托付陪审员来决定这些预备性问题。如果陪审员认定外行证人没有看到他所作证的事故或者宣称被告所写的信是伪造的，常识应使他们在评议过程中无视证人的证言或者该信函。在铺垫意义上，这些预备性事实决定了

---

⑧　在 Huddleston v. United States，485 U. S. 681（1988）案件中，法院判定，规则 104（b）调整被告是否实施了根据规则 404（b）提出的未被指控的不端行为的铺垫性问题，例如，据称另一个凶手有独特的犯罪手法。许多法院拒绝遵循 Huddleston 案件。

证据的逻辑相关性，即使对于缺乏法律培训的外行陪审员而言，也是显而易见的。简而言之，允许陪审员作出这些裁断是安全的。

有些情况并不容易归类于两类事实中的任何一类，因此需要进一步讨论。

第一，自白要遵守它们自己的特殊规则，这些规则将在其他地方讨论。[⑨]

第二，在涉及濒死陈述的案件中，少数司法辖区赋予陪审团一个角色，即确定这样的预备性问题：陈述人是否已有该传闻例外所要求的关于死亡的落定的、无望的预期。[⑩]这一做法并没有延循《联邦证据规则》和《统一证据规则》104 的规定。

在第三组棘手的案件中，预备性事实问题与由陪审团通常决定的最终争议事实问题之一重合。有几个例子。（1）在重婚罪检控中，就第一次婚姻有争议，第二任妻子被传唤为检控方证人，而被告提出异议，根据的是取消妻子作证反对丈夫的资格的制定法。（2）原告根据遗失的书写品起诉，被告提出了最佳证据异议，辩称它没有丢失，因为它从未存在过。（3）在检控中，检控方提出所称的共谋者在共谋过程中以及为促成共谋而作出的陈述。被告否认曾经存在共谋。就这三个问题，已公布的普通法意见存在分歧。

在例（1）中，预备性问题涉及证人的作证能力。如果不是因为作证能力问题和她是否与被告有效结婚这一由陪审团决定的是非曲直问题相重叠，则根据普通法或者规则 104（a），能力问题将是由法官决定的问题。允许法官决定她的作证能力，并没有以任何方式干预陪审团的职能；他的决定不必向陪审团披露，而且可以向陪审团提供额外的相关证据。因此，这些案件往往把证人能力的决定权留给法官。即使法官决定驳回证人能力异议并允许配偶的证言，被告也可以在审判期间就案件真相向陪审团争辩第二次婚姻的有效性问题。

在例（2）中，书写品是否丢失的预备性问题，通常由法官根据普通法或者规则 104（a）决定，但是如果书写品根本不存在，显然不能丢失。除了丢失问题，文件的签署也将是陪审团决定的问题；根据普通法和规则 104（b），规则 901 规定的关于验真的预备性问题分配给陪审团。本案的基本问题是书写品原件是否存在过；原件是否已经丢失的问题是次要的。合理的判决要求将基本问题的决定交给陪审团，而不是将其归入法官的权力范围，来裁断最佳证据规则是否适用。这是根据判例法和规则 1008 得出的结果。如果法官判定书写品从未存在过，并排除了替代性证据，案件将结束，而不用陪审团去审理核心

---

⑨　下文第 163 节。

⑩　该要求的性质将在下文第 310 节讨论。

争点。

在例（3）中，普通法判例就下列事项存在分歧：对法官是否应作出预备性裁断，以确定是否存在被告和陈述人是其成员的共谋，或者法官是否应当根据初像证明来采纳证据，指示陪审团在认定这些证据未被证明时不加理会。支持第一种立场的观点是，法官正在处理传闻学说的适用性问题，即同谋陈述的豁免问题。这个论证是《联邦证据规则》和修订后的《统一证据规则》

104（a）的适用。与此相比，根据传闻定义的一种观点，几乎所有共谋者的陈述都是"言语行为"，因此首先是非传闻性的。这种论证倾向于作为附条件相关性问题，授权陪审团在经过法官筛选后，作出裁断。无论这些冲突立场的相对是非曲直如何，在 *Bourjaily v. United States* 案件[①]中，最高法院权威性地宣布，根据规则 104（a），确定同谋者陈述的可采性完全是法官的事，法官必须适用比不可能更可能为真（优势证据）的证据标准。这一结果反映了两个方面的考虑：将预备性问题提交陪审团的尴尬程序后果，以及法院希望限制公诉人使用共谋指控的可以理解的愿望。

一个密切相关的问题是，规则 104（a）或者 104（b）是否调整民事案件中作为受权自认的传闻豁免的条件的铺垫性事实问题。人们会认为，同样的程序应该对两个传闻豁免的铺垫进行调整；毕竟，共谋是一个刑事代理。然而，即使在最高法院于 *Bourjaily* 案件中作出判决后，仍然有一个强有力的制定法解释观点，即规则 104（b）控制着民事豁免的铺垫性事实。咨询委员会对规则 104 的原初注释赞同地引用了 Morgan 教授的话，他的话表明委托人是否"授权"所称的代理人进行自认，是一个附条件相关性问题。一些司法辖区仍然坚定地认为，这些都是附条件相关性问题。然而，1997 年对《联邦证据规则》801 的修正表明，联邦法院要对两套铺垫性事实适用同样的程序。由于 *Bourjaily* 案件明确判定规则 104（a）调整作为共谋者豁免的前提条件的事实，更不用说规则 104（a）现在控制受权自认的预备性事实了。

第 54 节　未遭异议而被采纳的证据可以用于证明

如第 52 节所述，未能对不适格证据提出充分的异议，是就证据的采纳放弃了以任何理由鸣冤的权利。但是它还有另一个同样重要的作用。如果接受证言没有遭到异议，证言将成为本案证据的一部分，并在其合理的说服力范围内

---

① 483 U. S. 171 (1987).

可用作证据。它不可采这一事实，并不妨碍将它作为证据使用，只要它具有证明价值。没有遭到异议的不可采证据，可以在论证中作为论据，单独或者部分地支持裁决或者认定。在审判法院层面上，一方当事人可以依靠该证据推翻指令裁决动议；在上诉时，一方当事人可以使用该证据维护支持判决的证据的法律充分性。这一原则几乎被普遍接受。《联邦证据规则》和修订后的《统一证据规则》对这一问题保持沉默，但是对普通法规则的持续有效性没有提出质疑。这一原则适用于排除规则规定的任何关于证据不适格的理由。它最常被援引用于传闻，但是也被应用于关于书写品的次要证据、意见、从无作证能力的证人那里获得的证据、受特免权保护的信息，以及由于缺乏对书写品的验真、第一手知识或者专家资格而遭到异议的证据。

然而，相关性和证明价值的立足点是不一样的。如果证据没有证明力或者证明价值不足以支持所提出的主张，则没有异议并不会增加其价值；证据也不会支持一项认定。它仍然是不相关的或者不充分的。然而，如果对与争议有关但是未被诉状所涵盖的证据未提出异议，会非正式地形成新的争点，并默示地修改诉状。当这种情况发生时，未能以证据与原诉状提出的任何争点无关为由提出异议，将被视为弃权，证据可以支持提出者在新的非正式争点上的立场。

第 55 节　放弃异议

一般而言，当事人未能及时明确地提出异议，将导致弃权。[12] 还有什么行为构成弃权？

在审前动议失败后未能作证

当一方在审前提出排除关于可信性的证据的动议未获成功时，一些典据要求该方当事人作证，以留存该问题以供上诉。当证言在逻辑上只与可信性有关时，当事人可以通过放弃该证人证言来阻止对该证言的采纳。因此，采纳证据的裁决的成本，可能是失去了证人证言。该观点认为，上诉法院不能明智地估计这一费用，除非法院得到了该证言；上诉法院推理说，如果没有证人的实际证言，他们就不能正确地评估审判法官驳回庭前动议的裁决。

然而，这些典据中的判定，在范围上是有限的；其中许多典据所涉及的证据在逻辑上只与可信性理论有关。此外，在一些司法辖区，如果在陪审团不在场的情况下对证人进行审查，则消除了证人在审判时作证以为上诉留存争点的

---

[12] 参见上文第 52 节。

需要。最后，一些司法辖区断然拒绝一种观点，即当事人必须传唤证人才能留存问题。

要求查阅书写品

《联邦民事程序规则》第 34 条授权诉讼当事人要求对方出示书写品和物品进行审前查阅。假设一方当事人 D 通知他的对手 O 出示一份文件，O 出示了。然后 D 要求查阅，并被允许这样做。假设根据某些证据理论，文件如果是由 O 提供的，将是不可采的，除非是为了证明通知、出示和查阅之事实。当 O 提供文件作为证据时，这些事实是否禁止 D 提出异议？英国、马萨诸塞州和其他几个州的旧的判例说是：禁止对 D 提出异议。这一结果最初是合理的，因为允许提出要求的当事人查阅提出方的不公开文件，而不引起某些相应的风险，是不合理的。然而，后来的一个案件试图用另一种理论证明结果的正当性；根据该案件，至少当在公开法庭上提出要求时，陪审团可能怀疑被传唤来出示书写品的当事人在逃避或者隐瞒，除非他能够引入该书写品。不过，这一观点的有效性有限；只有在根据当地程序必须在陪审团的听力范围内提出该要求时，才存在这种风险。现在，这种要求通常是审判前在庭外提出的。

现代案例承认，禁止强迫披露一方所掌握的相关书写品的旧政策已经过时。当代的政策正好相反，即除了受特免权保护的事项，要迫使其全面披露。因此，今天绝大多数州否定了旧规则，并允许 D 在 O 以后提出书写品时，提出任何相关的异议。这一规则与《联邦证据规则》和《统一证据规则》103（a）（1）是一致的。旧的观点与《联邦民事程序规则》中自由的审前案情先悉政策相抵触，该政策在各州已被广泛采用。在这种事实情况下，推断请求出示的一方放弃了对引入书写品的所有证据性异议是愚蠢的；在当事人有机会审查书写品的内容之前，她无法预测潜在的异议。

未能对先前的类似证据提出异议

一方当事人引入了关于特定事实的证据，没有遭到异议。后来，他提出了更多的证据，也许是关于同一事实的其他证人证言或者书写品。对手现在可以提出异议吗？还是因为他先前的缄默放弃了他的权利？有些意见草率地说他不得提出异议。然而，在经过了更仔细的推理的意见中，法院通常认为，单独来说，较早对其他类似证据未能提出异议，并没有放弃对新的不可采证据的异议。这一结论应根据《联邦证据规则》和修订后的《统一证据规则》得出。（当然，驳回新的异议有时是无害错误，因为先前的证据可能使错误无害；但是这是另一个问题。）正如第52节所指出的那样，即使证据在技术上是可以提出异议的，经验丰富的审判律师也不会反对，除非证据明显具有破坏性。他们的做法符合司法经济的利益，并受到了不放弃规则的鼓励。传统的看法是，律师不应主张每一项技术上可行的异议；为了避免疏远陪审团，律师应仅在异议既有法律上的价值又有战术上的合理性时提出异议，例如当有关证据会对律师的案件理论造成重大损害时提出异议。对先前的证据提出异议，在战术上可能是不可取的；尽管根据证据法，对证言在技术上是可以提出异议的，但是其内容可能是无害的或者是有积极帮助作用的。从先前未能提出异议中推断出弃权，是错误的。

然而，如果无异议而采纳的事实证据是泛泛的，而不可采的证据具有一定的证明价值，则审判法官应当有自由裁量权认定异议者的行为相当于弃权。同样，根据《联邦证据规则》和修订后的《统一证据规则》，可以遵循这种做法。

异议者提出类似的证据

如果一方当事人对关于某一事实的证据提出异议，后来他自己通过自己的证人出示了关于同一事实的肯定性证据，他就放弃了先前提出的异议。这一结果应当根据《联邦证据规则》和修订后的《统一证据规则》获得。然而，当他提出异议并被驳回时，他有权将这一裁决视为"审判法"，并有权在可能的情况下对不顾其异议而被采纳的证据进行否定性反驳或者解释。因此，作为一般规则，如果他就此事对对方证人进行交叉询问，就不存在弃权。即使交叉询问者重复事实，甚至用其他根据其异议理论将不可采的证据来反驳证言，也不存在弃权。在这里，法院也可以根据《联邦证据规则》和修订后的《统一证据规则》得出同样的结果。

然而，一些法院就上述一般规则，规定了一个例外。假设辩护律师认为，公诉人将试图利用不可采的定罪来弹劾被告，但是禁止使用该定罪的庭前动议没有成功。进一步假设，为了减弱预期弹劾的影响，在对被告的直接询问期间，辩护律师让被告承认了该定罪。2000年，在 *Ohler v. United States* 案件中，法院判定，被告因在直接询问中提及了她的定罪，从而就庭前裁决中的任何错误弃权了。法院的判决批注说：

> 被告如果在直接询问中先发制人地引入了先前定罪证据，则不得在上诉时质疑该证据的采纳。Ohler 试图避免一个公认的常识性原则，即引入证据的一方不能在上诉时援引《联邦证据规则》103和609抱怨说，证据

136

的采纳是错误的。然而，这两条规则都没有解决这里的问题。她还辩称，在这种情况下适用这种弃权规则，将迫使被告放弃这样的战术优势，即先发制人地引入定罪，以便就庭前裁决提出上诉。但是，在刑事审判中，检控方和被告都必须随着审判的推进作出选择。[13]

Ohler 法院的裁决受到严厉批评。批评的实质是，减弱预期的损害性证据是一种公认的审判策略，诉诸这种合法策略的代价，不应包括丧失对审判法院的错误裁决提出质疑的权利。由于这项决定是非宪法性质的，各州可以自由采取相反的观点。有几个州已经这样做了。

在没有异议的情况下法官依职权自行排除

一方当事人未提出异议通常会放弃异议，如果证据被采纳，则禁止该当事人提出申诉。但是如果潜在证人无作证能力或者证据不可采，并且法官认为，为了正义需要排除证言，当事人的不作为并不妨碍审判法官自行排除证据。法官特别有可能介入刑事案件，以阻止可能严重损害被告的不可采的证据。法官可以介入，既保护被告的权利，又减少任何定罪都可能因律师的无效代理而受到旁系攻击的风险。《联邦证据规则》和修订后的《统一证据规则》赋予了法官足够广泛的权力，在这种情况下自动进行干预。

137 然而，许多类型的证据，如可靠的宣誓陈述书或者书写品的复制件，尽管在技术上是不可采的，但都是有证明力和可信赖的。在这种情况下，如果没有异议，审判法官排除证据是没有道理的。只有在证据不相关、不可靠、具有误导性或者有害以及技术上不可采时，法官才应当行使其自由裁量权进行干预。

然而，受特免权保护的证据，如夫妻之间的秘密交流，应该区别对待。特免权保护的是权利持有人的外部利益，而不是当事人在当前诉讼中获得正义的利益。因此，当一个问题涉及受特免权保护的事项而权利持有人在场时，如有必要，法官可向权利持有人解释特免权；但是如果权利持有人决定不主张特免权，法官不应自行主张特免权。相反，当权利持有人不在场时，某些司法辖区的法官有自由裁量权来代表权利持有人主张特免权。

第 56 节　引入书写品或者对话的一部分的效果

前几节讨论了当对方律师消极地试图排除提出者提供的证据时适用的程

⑬　529 U. S. 753 (2000).

序。不过，在某些情况下，反对者在努力将提出者提出的证据转化为肯定性的优势；反对者主张，提出者提出的证据，使得反对者可以提出可能本不可采的证据。第56和57节讨论了这些情况。与第32节一样，本节讨论了完整性规则，而第57节则描述了治愈性可采性学说。

当一方仅提供书面、口头陈述或者谈话的一部分作为证据时，两个相互竞争的考虑因素就开始起了作用。其中一个因素是，只采纳表达的一部分，把这一部分从情境中剥离出来是很危险的。"傻瓜在心里说过，没有上帝"⑭，在只有最后一句话被引用的情况下，是 Wigmore 关于扭曲可能性的经典例子。你确实可以引用《圣经》中的一句话"没有上帝"，但是这样做可能是一个误导性的半真半假的陈述，因为该引用脱离了情境。此外，这一危险可能无法通过稍后单独阅读省略的部分而完全避免。扭曲的印象有时会在潜意识层面徘徊并发挥着其影响作用。第二个因素是要求提供全部证据的抵消危险，这可能会浪费时间，并使审判记录中充斥着与目前争议无关的段落。

这两个因素之间的适当平衡是什么？鉴于这些危险，一方当事人如果试图提出书写品或者陈述的一部分，是否需要将其完整提供，或者至少要提供与所要证明的事实有关的所有部分？完整性规则的普通法版本允许提出者证明他想要证明的部分。在普通法中，对方不能强迫提出者扩大对证人的询问范围。然而，当提出者把证人交给对方进行询问时，反对者可以引出与同一主题相关的其他部分。尽管《联邦证据规则》没有明确规定完整性规则的这一方面，但是根据最高法院1988年关于 *Beech Aircraft v. Rainey* 案件的裁决，反对者在现代联邦实践中仍然可以援引这一学说。⑮

然而，有一个强有力的政策观点认为，为了防止不可消除的、虚假的第一印象的危险，对方应该有额外的权利。应当允许对手要求提出者引入提出者希望引入的部分，以及构成其情境的必不可少的一部分的其他段落。《联邦证据规则》和《统一证据规则》106超越了普通法上的完整性规则，赋予了对方进一步权利，即要求证据提出者扩大其询问证人的范围，以避免造成误导性的最初印象。制定法就书写品或者录制新陈述规定了这一规则。援引规则106的当事人必须具体说明书写品或者磁带中被省略的部分，该部分被认为是对方当事人希望引入的部分的重要的、必不可少的情境。

138

---

⑭　就经常重复的经典例证，参见 7 Wigmore，Evidence § 2094（Chadbourn rev. 1978）。

⑮　在 Beech Aircraft Corp. v. Rainey，488 U. S. 153（1988）案件中，法院指出，规则106"部分规定了"完整性学说。

有时有人说，其他材料只有在本具有可采性的情况下，才可以被引入。然而，作为一种断然的规则，这种说法是不合理的。特别是，在适用传闻法则时，这种说法有时是不准确的。至少当书写品或者陈述的其他段与提出者打算引入的部分联系如此紧密，以至为该部分提供了必要的情境时，按照非传闻理论，该段是可采的。因此，情境非传闻理论并没有穷尽提出者的观点。正如我们将看到的那样，可采性学说的复杂性，包括通过"打开大门"放弃异议的概念。⑯ 在某些情况下，根据这一学说，提出者可以成功地辩称，对手先前的行为已经"打开大门"，并使原本不可采的部分具有了可采性。归根结底，用来解释、修改或者限定已经被接受的部分的原本不可采的部分是否可采，应当取决于就该目的所具有的证明价值是否被不公平损害、争点混淆、误导陪审团或者浪费时间的危险严重超过了。

对手还有另一种选择，即后来援引更为有限的普通法完整性规则。调整这一选择的法律状况更加明确和一致。对手可以等待，直到她自己的下一次提出证据的机会。因此，仅仅因为第一个当事人早先引入了一部分，她就有权引入与同一主题有关的书写品、录制品、陈述、通信、以前的证言或者谈话的其余部分。更为激烈的学说，即规则106，并不起作用，除非其他段落与提出者提出的部分有如此密切的关系，而提出者仅向陪审团提出的该部分是半真半假，会误导陪审团。与此相比，只要另一段与提出者提出的部分一样，与同一主题有逻辑上的相关性，普通法权利就适用。这项权利受上述限制的制约，当就剩下的部分有独立的证据性异议时，这一限制就开始生效。

第57节　以火灭火：打开大门的不可采证据

一方当事人成功地提出了不可采的证据。对于引入不可采的证据，有各种可能的解释：证据的采纳，可能是因为对方疏忽而没有提出异议，他没有机会提出异议，或者法官错误地驳回了异议。对方是否有权用证言，以否认或者解释的方式回答这些证据？这个问题引起了典据的截然分裂。在某些司法辖区中，对方无权应对该证据，在其他司法辖区中，他可以这样做，如果他可能会因被剥夺应对证据的机会而受到损害的话。然而，重要的是，在取得这些结果的过程中，许多判决——即使不是大多数——似乎只是维持了审判法官的行动。大多数法院似乎赞成这样一个一般性的主张，即："如果一方让审判法院

---

⑯　参见下文第57节。

打开了大门，对争点进行了不适合或者无关的查问，那么如果允许他的对手也利用这一机会，他就不能提出不满。"⑰ 联邦案件有时也适用同样的一般概念。

不幸的是，就审判法官应如何处理这一问题，公布的上诉意见几乎没有提供指导。由于在特定案件中，有许多影响解决方案的变量，不同的情况不容易进行整齐划一的概括。然而，公布的判决确定了两个关键因素，即证据的损害性，和对方是否及时提出异议阻碍证据的采纳。考虑到这两个因素，以下概括是合理的，并在判决中找到了一些支持：

（1）如果被要求回答的不可采的证据是不相关的，并且不会引起损害，为了节省时间和避免分心，法官应拒绝听取回答性证据。然而，根据主流观点，如果他确实采纳了它，开门的一方就没有资格抱怨。例如，看一下这样的情况，即一方当事人不适当地注入证据，证明其在诉讼事件中起了次要作用的远亲具有良好品性。这种证据不太可能改变审判结果。法官排除反对者攻击其亲属品性的证据，绝非滥用自由裁量权。

（2）或者假设，尽管证据不可采，但是证据与争点相关，因此可能会对对方的案件造成破坏，或者尽管不相关，但是具有重要的损害性，且对方及时地提出了异议或者删除动议。在这里，作为权利问题，对方应当有权提出答辩证据。通过异议，他尽了最大努力来使法院避免错误。他的让上诉法院认定裁决错误的补救措施是不充分的。他需要一个公平的机会，通过驳斥有破坏性的证据，在审判阶段赢得案件。在许多情况下，在上诉后，对方根本负担不起第二次审判的费用。假设对手成功地提出了关于他自己的良好品性的不可采证据。与上述关于远亲品性的证言相比，这种证据更可能影响裁决。（这种情况应与第55节所讨论的问题区别开来，即如果允许答辩证据，是否是放弃了先前提出的异议。）

（3）假设第一个不可采纳的证据是相关的，或者尽管是不相关的，但是证据是有害的，而且对方没有提出异议，也没有提出删除动议，而提出异议可能会避免伤害。在这里，原则上，对回答性证据的采纳，应当取决于法官的自由裁量权。法官应该权衡第一个证据可能产生的影响，回答该证据花费的时间和造成的分心，以及对陪审团下达无视该证据的治疗性指示所可能具有的有效性。然而，就此，有几个法院指出，引入回答性证据是一个权利问题，不能仅由法官自由裁量决定。

⑰　Warren Live Stock Co. v. Farr, 142 Fed. 116，117（C. C. A. Colo. 1905）.

140

（4）无论如何，如果不可采的证据，甚至引起这一证据的查问，会造成如此大的损害，以至于提出异议或者删除动议也不能消除损害，则对方应有权作为权利予以答复。

本节专门讨论反驳不可采证据的问题。这一问题不同于这样的问题，即一方当事人根据某些排除规则（例如传闻）提出不可采的证据，是否将允许对方引入符合下列条件的其他证据：（1）这些证据根据同样的排除规则是不可采的，但是（2）与不同的争点有关，或者与原不可采的证据无关。"打开大门"的学说并没有扩展到那么远，门并没有开得那么大。

第58节　证据的可采性取决于对其他事实的证明："环环相扣"

关于某一特定事实的证据的相关性或者可采性，往往取决于对其他事实的证明。因此，证明超速行驶的汽车在某一时间经过某一地点，或者证明证人在某一特定时间和地点与不明身份的陌生人有过交谈，只有当汽车被确定为被告的或者证明该陌生人是原告时，才有相关性。以同样的方式，关于某些行为和声明的证据，在这些行为和声明被证明是被告的代理人的行为和声明之前，可能不会成为重要证据。同样，在证明原件丢失或者毁灭之前，书写品的复制件是不可采的。就逻辑而言，这些缺失的事实中，有些可能被认为是所提供的事实的前提，而另一些则被认为是与之相协调的。在任何一种情况下，通常一次只能证明一个事实或者由一个证人证明一个事实。在特定的案件中，传唤证人的最方便的顺序可能与严格的逻辑顺序不一致。逻辑可能要求医生先作证，但是逻辑可能不得不让步于急诊手术。

谁决定事实的顺序？在第一种情况下，是提出证据的律师通过提出证据来决定这一点的。然而，在为避免混淆而对证明顺序进行的一般自由裁量性监督中，法官可以要求先证明缺失的事实。但是审判法官很少这样做。在普通法中，当对方就所提出的事实的相关性或者适格性提出异议时，处理这种情况的日常方法是有条件地采纳它；也就是说，法官以这样的条件接手证据，即提出者以法庭官员的身份明示或者默示保证，她稍后将通过证明确实的事实，来将所提出的证据"连接起来"。《联邦证据规则》104（b）、《统一证据规则》104（c）和两部法典中的规则611（a）赋予了审判法官同样的权力。

然而，在证人众多、事实复杂的冗长庭审中，提出证据的律师很容易随后忘记提出所需的"更正"证明的必要性，法官和对手也容易忽视证据中的这一罅隙。谁负责在随后提出未能证明后续条件的问题？异议方有责任重新提出异议并提出该条件问题。根据多数人的观点，当未能证明该条件变得明显时，异议者必须提出删除有条件接受的证据的动议。当提出方完成了提供证据的主提证的特定阶段时，未能提供该证明就变得明显了。当提出者"提证完毕"而没有引入缺失的证据时，对方应当"提出删除动议"；如果对方在这时未能做到这一点，作为权利，她以后不能提出该条件缺失问题。尽管一些法院认为形式上的差异是决定性的，但是删除动议、从陪审团撤回事实的动议以及请求作出对证据不予考虑的补救性指示，都应被视为充分提出了该条件缺失问题。该分析符合《联邦证据规则》和修订后的《统一证据规则》104（b）和611（a）。

　　然而，提出者承担了一些责任，即承诺提供起连接作用的证明。在这种情况下，这一责任能得到最大限度的认可，即由审判法官依照自由裁量权决定，允许对方在案件提交陪审团之前或者在法官审中最终判决作出之前的任何时候，提出这一条件问题，只要可以继续进行缺失的证明使得随后就争点进行讼争是公平的。特别是当提出方的主提证很冗长时，法官行使有利于对方的自由裁量权是特别合适的。主提证时间越长，对手无心地忘记这个问题的可能性就越大；因此，对手未能提出该问题，相对来说是可以谅解的。

　　要区分这两种做法，即在进一步证明之前有条件接受证据，以及在提出异议的情况下临时采纳证据的做法，在记录得到更充分的发展后，仔细评议异议，然后作出裁决。在此，为了留存异议，提出异议的律师必须在案件结束前重新提出异议。这种做法在法官审理的案件中似乎具有足够的适当性。然而，在陪审团的审判中，有一种危险，就是让证据进入，即使是暂时的，可能会给陪审团留下一个印象，以后的指示也不能消除——这是一种似乎没有必要引起的危险。可以理解，这种做法受到了批评。虽然公布的意见有时表明审判法官有自由裁量权来采用这一程序，但是在许多——如果不是大多数的话——情况下，诉诸这一做法是不必要的，应当避免。

第59节　为一个目的可采、为其他目的不可采的证据："有限可采性"

对目的的限制

　　一项证据可能在几个方面具有逻辑相关性，从而导致不同的推论或者与不同的问题有关。就其中一个目的而言可采，但是就另一个目的则不可采。在这种常见情况下，在遵守下文所述限制的情况下，判例法的通常做法，以及根据

《联邦证据规则》和《统一证据规则》，是采纳证据。反对者的合法利益受到保护，不是因为对其采纳提出了异议，而是在提出证据时，请求法院作出限制性指示，要求陪审团仅为允许的目的考虑证据。现实地说，该指示并不总是有效的，但是采纳带有限制性指示的证据通常是对竞合利益的最佳调和。然而，看一下陪审团为不可采的目的滥用证据的危险是严重的，并且证据对合法目的的价值很小，或者采纳证据要证明的问题很容易被其他证据证明的情况。在这种情况下，判例、《联邦证据规则》和修订后的《统一证据规则》403 都承认法官有权完全排除证据。一些传闻问题要求援用规则 403。假设提出者出于非传闻目的提出了庭外陈述，但是该陈述表面上宣称的是与案件关键问题直接相关的事实，陈述人可能对事实有亲身知识。在这里，常识表明，陪审员有将该证言滥用为实质证据的严重风险。

对当事人的限制

同样，在遵守上述和以下各段所述限制的情况下，证据往往可以采纳来反对一方，而不是可采来反对另一方。在这种情况下，公认的做法是采纳证据，并经请求，指示陪审员只就采纳证据所反对的当事人考虑该证据。

然而，即使是限制性的指示，也不足以确保陪审团不滥用没有作证的共同被告作出的牵罪于被告的自白或者自认。在这种情况下，自白可作为对方当事人的陈述（以前称为个人自认）采纳来反对不作证的共同被告。但是它不能采纳来反对被告，就像共同被告在被捕后不再是与被告共谋的积极成员之后所作出的陈述那样。在类似情况下，在联合审判中，传统的解决办法是采纳证据，但是作出限制性指示，禁止使用该证据反对被告。然而，当记录中的其他证据表明二者之间存在密切关系，共同被告对其自白中所述事实有亲身知识时，陪审团将无视任何限制性指示，将自白滥用为被告有罪的证据，这是一种不可容忍的风险，这将导致违反宪法第六修正案规定的与证人对质的权利。由于宪法第十四修正案的正当程序条款包含了宪法第六修正案的对质权保证，因此该规则可在州法院直接执行。然而，如果除了共同被告的自白，反对被告的案件是如此具有压倒性，采纳该证据是无害的，这排除了合理怀疑，则上诉法院将不会推翻原判。

但是，这样一概而论将是错误的，即如果两次或者两次以上用证据反对刑事被告的目的之一侵犯了被告的宪法权利，那么该证据是完全不可采的。[18] 例

---

[18] See, e. g. , United States v. Havens, 446 U. S. 620（1980）; Harris v. New York, 401 U. S. 222（1971）.

如，在几个案件中，最高法院裁定，虽然宪法的排除规则禁止将某个证据用作实质证据，但是在遵守限制性指示的情况下，该证据可采纳来用于弹劾目的。

第60节　没有陪审团的法官审对证据的采纳和排除

普通法、《联邦证据规则》和《统一证据规则》的证据规则适用于没有陪审团的法官审判。尽管如此，正如 Thayer 所说的那样，传统看法是，证据法在很大程度上是"陪审团制度的产物……即普通、未经训练的公民担任事实法官。"《联邦证据规则》104 的咨询委员会注释重申了公认的正统观点，即普通法法院之所以制定排除规则，很大程度上是因为他们怀疑外行陪审员的能力。就法官而言，他们有着评估证据的专业经验，大大减少了对排除规则的需要。在普通法上，人们有这样一种感觉，即将这些限制适用于法官是不明智的；这种感觉导致上诉法院说，在法官审中，证据规则的适用不用像在陪审团审判中的适用那样严格。可以说，根据《联邦证据规则》和《统一证据规则》，上诉法院应该得出同样的结果。

在非陪审团案件中，鼓励审判法官对证据规则采取宽松态度的最重要的影响，是一个大多数上诉法院都承认的理论。根据这一理论，在对法官审的上诉中，如果有其他可采的证据足以支持认定的话，则不顾异议接受不可采的证据通常不是撤销原判的理由。法官被推定没有理睬不可采的证据，并且依赖的是可采的证据。然而，在法官排除了本应采纳的证据而犯了相反的错误的情况下，如果法官的裁决对败诉方有重大损害，则该裁决可以撤销。但是，当就证据提出了异议，而异议被驳回时，一些上诉判例拒绝适用推定。法官驳回异议的行动表明，审判想要考虑有关证据。此外，可以用相反的证明推翻这一推定。辩驳证明可以采取这样的形式，即庭审期间法官的陈述，或者在单独或者作为意见或者判决备忘录一部分制作的具体事实认定中提及不当采纳的证据。

在实践中，考虑到浪费时间、可预见性和一致性，大多数审判法官在非陪审团审判中采用证据规则，排除"明显不可采、受特免权保护或者太耗费时间的证据，以防止被撤销原判"。然而，如果在法官审中提出的证据的可采性是值得商榷的，许多经验丰富、谨慎的法官遵循一种旨在将撤销原判风险降至最低的做法。这种做法是暂时采纳所有可以说是可采的证据，即使有人反对，同时宣布保留所有可采性问题，直到所有证据都有了。法官在考虑因在案件结束时提出删除动议而重新提出的任何异议时，倾向于采纳而不是排除，但是试图找到明确可采的证言，作为他认定事实的依据。为了将上诉撤销原判的风险降到最低，审慎的审判法官将在记录中明确说明她的事实认定所依据的可采证据。这种做法减少了就异议进行辩论的时间，有助于确保上诉法院在记录中既能看到被排除的证据，也能看到被采纳的证据。更完整的审判记录有时使上诉法院能够通过作出最终判决来处理案件，而不是仅仅发回审判法院进行进一步审理。⑩

---

⑩　还请参见上文第 51 节关于提出证据的讨论。

第四编　证人能力

第 7 章

证人能力

第 61 节　证人能力概述

　　大多数证据规则调整的是拟作证言的内容。然而，作证能力规则解决了潜在证人是否有资格在本案中作证这一基本问题。在很大程度上，作证能力标准与潜在证人的地位和个人能力有关，而不是与证人准备作证的内容有关。早期的普通法关于证人无作证能力的规则是严厉的，但是它们经历了一个多世纪零碎的制定法自由化过程。在此期间，以前完全禁止证人作证的大多数理由，已经变成仅仅是弹劾证人可信性的依据。

　　由于证人因无作证能力而丧失资格的重要性正在如此下降，而且由于各州对普通法上的作证能力规则的制定法改革各不相同，本文并不详细分析不同司法辖区的法律。相反，以下各节总结了普通法上证人无能力的理由，并描述了改革的总体方向。

第 62 节　精神失能和不成熟：宣誓还是郑重陈述

普通法

　　在现代普通法中，没有规则自动禁止精神错乱的人作证。此外，尽管有些州根据儿童的实龄来规定青少年的作证能力或者推定能力，但是大多数司法辖区并不禁止任何特定年龄的儿童作证。在每一种情况下，标准都是证人是否有足够的智力使其完全值得倾听，以及他是否认识到有说真话的职责。他是否有足够的能力去感知、记录、回忆和叙述，从而可能为记录增添有价值的知识？在普通法上，根据作为证据适格性的条件的铺垫性基本事实调节证据能力的程序①，作为事实问题，审判法官判定潜在证人是否具有必要的作证品质，即感知、记忆、叙述和理解宣誓后说出真相的职责的能力。年仅 3 岁的儿童被裁定

---

①　参见上文第 53 节。

有能力作证。同样，患有聋、哑等残疾的人可能是有能力的证人。与此类似，精神障碍患者通常能达到能力标准。如果没有更多的证据，过去的吸毒甚至毒瘾都不会自动导致被取消资格；一个拥有 7 岁智力的快客可卡因吸食者被认为是一个有能力的证人。其结果是，一个人只有在极端情况下才被认为是无能力的，比如他经历了与证言主题直接相关的疯狂妄想，或者患有可能严重歪曲证言的精神疾病。

148

　　导致早期普通法严苛的丧失作证资格标准的主要原因是，法官不信任陪审团评估幼童或者精神错乱者言语的能力。承认了陪审团的无能，以排除这样的可能是唯一了解案件事实的人的证人为补救方法，是简单粗暴的。即使事实审判者缺乏法律训练，证言也难以评估，但是总的来说，最好还是在作出警告性指示的情况下，让证据来证明它的价值。

《联邦证据规则》

　　虽然更为现代的普通法规则相对宽松，但是制定法改革走得更远。许多州都颁布了制定法，具体规定在虐待儿童检控中，所称被害人本身就是有能力的证人。此外，大多数现代证据法典都包含了从根本上放宽能力标准的一般规定。《联邦证据规则》601-603 和 403 都是相关的规定。

　　规则 601-603。修订后的《统一证据规则》601 和《联邦证据规则》601 的第一句话是这类法典的典型代表。重塑后的规则 601 宣布，"每个人都有作为证人的能力，除非本证据规则另有规定"。《联邦证据规则》和修订后的《统一证据规则》明确规定的"另有规定"的唯一一般能力要求，载于规则 603（规定每个证人声明他将通过宣誓或者郑重陈述来如实作证）和规则 602（要求证人具有亲身人知识）。对规则 601 的一个直白解释是，没有其他的证人能力标准，潜在证人需要做的只是宣誓。规则 601 的咨询委员会注释第一句话，确认了这一直白的解释。该注释说，"没有具体规定作为证人作证的精神或者道德资格"。

　　对规则 601 的这种彻底解释显然使一些法院感到过于革命性。它们并没有从字面上解释 601 规则，而是采取了更保守的立场，即该规则的影响更为有限，只是创立了一种能力推定。有些人认为，法官有默认的权力来根据规则603 禁止潜在证人作证。这项规则要求证人宣誓或者郑重陈述，说他将如实作证。该观点认为，为了确保宣誓是有意义的，而不是一个空洞的仪式，审判法官应被授权以普通法的方式确定潜在证人是否有资格宣誓或者进行郑重陈述。

　　然而，保守派的观点确实违反了规则 601 和 602 的制定法语言。最多，

《联邦证据规则》可以被解释为采取了中间立场，仅规定了四项实质性要求：（1）证人有能力准确地感知、记录和回忆对事实的印象（身体和精神能力）；（2）证人能感知、记录并回忆在诉讼中能证明具有重要意义的事实的印象（亲身知识）；（3）证人声明他将讲真话，理解讲真话的职责（宣誓或者郑重陈述），并理解真话与谎言或者幻想之间的区别；（4）证人有能力理解问题并——必要时在译员的帮助下——清楚地表达自己（叙述）。规则602要求亲身知识，规则603要求宣誓。根据规则601至603的条文，可以提出这样一种观点，即在提出适当的异议时，证人的提出者必须证明这四个方面，以满足这些规则的文字和精神要求。制定法明确要求提出者证明证人获得了第一手知识。该观点为，作为一个逻辑问题，证人不可能获得这一知识，除非她具备这一铺垫所列的实质性能力。毕竟，除非你有感知能力，否则你怎么能感知任何东西？然而，鉴于规则601和602的措辞，要求比这个最低限度的铺垫更多的东西，是站不住脚的。就特定年龄的儿童或者患有特定精神障碍的成年人的无能力问题，宣布任何硬性规定无疑是站不住脚的。此外，特别是由于规则602表明，法官必须使用规则104（b）的附条件相关性程序来确定提出者对亲身知识的证明是否令人满意，法官应对所有四项实质性要求适用同样宽松的程序。

　　然而，即使是对《联邦证据规则》的中间解释，也导致了普通法能力标准的重大放宽。如前所述，在普通法中，作为一个事实问题，审判法官确定潜在证人是否具备所有必要的能力——这一预备性事实认定程序现在是根据《联邦证据规则》104（a）进行的。然而，如果普通法的要求在某种程度上得以保留，作为一项制定法解释问题，它们必须在很大程度上暗含在包括规则602在内的制定法方案中。如前所述，规则602明确指出，法官应当适用规则104（b）中规定的附条件相关性程序。为了让一个人有资格成为证人，证人的提出者只需引入足以支持对亲身知识的可容许的推论的证据，即证人有能力而且实际上确实观察、接受、记录并且现在能够回忆和叙述通过任何感知获得的印象。这种最低限度的中间办法与咨询委员会对规则601的注释是一致的。该注释称，事实证明，普通法关于精神能力的标准是难以琢磨的，很少有证人实际上被取消资格，很难想象有完全没有精神能力的证人。

　　规则403。尽管有前面对规则601和602的分析，但是根据规则403，精神能力受到严重损害的证人的证言仍有可能被排除在外，理由是任何理性的陪审员都不可能相信证人拥有亲身知识，或者能理解真相与谎言或者幻想之间的区别。除《联邦证据规则》609（a）（2）规定的定罪外，所有证据均应遵守规则403作裁量性排除。对方关于潜在证人的不足之处的证据可能非常有力，以致审判法官有理由根据规则 403 禁止证人出庭。例如，如果潜在证人实际上是语无伦次的，他的证言将具有最小的证明价值，并带来了陪审团混淆的重大危险。

总之，证人的作证能力最多只要求最低限度的观察、回忆和叙述能力，以及对说出真相的职责的理解。当证人的能力受到质疑时，最终的问题是，一个理性的陪审员是否必须相信该人的感知、回忆或者叙述能力是如此的不足，以至于不值得花时间听他的证言。这种能力标准要求的只是最低限度的可信性。一个明显的趋势是，在解决对证人可信性的怀疑时，最好允许陪审团亲自听取证言并评估证人的可信性。因此，关于精神缺陷的证明通常具有减少证言证明力的效果，而不是不让证人出庭作证。尽管如此，如前所述，在极端情况下，根据规则 403，法官可根据所察觉的证明危险，如误导或者陪审团混淆，排除达到了最低可信性标准的证人的证言。

第 63 节 宗教信仰

在早期的普通法中，作为宣誓的先决条件，证人必须相信一个神灵，在今生或者来世，该神灵将惩罚虚假的宣誓。许多主要宗教的成员都达到了标准，但是其他宗教的信徒，以及无神论者和不可知论者，却不能达到该标准。显然，这种早期做法不符合良心自由的民主原则。州法院援引各种理论推翻了这种无能力的理由。例如，法院依据明确的州宪法或者制定法，广泛解释禁止剥夺宗教信仰权利的州规定，采用《联邦证据规则》或者修订的《统一证据规则》601 和 603，或者"根据理性和经验"修改普通法，因为这样的要求与我们的制度的宽容精神不一致。无论如何，任何州或者联邦法院似乎都根据联邦宪法第一和第十四修正案，禁止执行这一关于证人无作证能力的早期普通法规则。

证人本人可以反对进行直接或者间接地要求他公开宣称信仰上帝的宣誓。如果证人对宣誓有顾虑，证人可以在伪证罪的惩罚之下进行"郑重陈述"而不是"宣誓"。不需要特定形式的宣誓或者郑重陈述。然而，法院已经判定，当证人本人不反对时，证人宣誓说真话时惯常使用的"上帝保佑我"这句话，是不值得推翻原判的；要求使用这句话可能侵犯证人的信仰自由，但是在典型案件中，败诉的当事人可能缺乏在上诉中提出异议的诉权。然而，在某些情况下当在陪审团看来显而易见的是败诉方的信仰阻止证人宣誓时，当事人可以提出一个言之有理的观点，即他受到了损害。为弹劾目的对证人宗教观点的查问，在前面的另一节讨论过了。[②]

第 64 节　犯罪定罪

普通法完全取消了因某些罪行，即叛国罪、重罪或者涉及欺诈或者欺骗的罪行而被定罪的潜在证人的作证资格。在英国和大多数州，在过去的一百年里，立法已经扫除了这一失格规定。1917 年，美国最高法院判定，无作证资格这一“普通法规则的死亡之手”不再适用于联邦刑事案件。[③] 《联邦证据规则》和《统一证据规则》601 没有承认这种失格。然而，有几个州保留了对伪证罪和教唆罪定罪的失格。根据最高法院在 *Washington v. Texas* 案件[④]中的判决，即使是这些制定法的有效性现在也有疑问。在该案件中，法院宣布得克萨斯州的这一法律无效，即禁止被指控的或者被定罪的同一罪行的共同参与者为彼此相互作证。法院认定，允许这些人为检控方作证，同时明确禁止他们为辩护方作证是不合理的。

第 65 节　当事人和利益相关者：死人立法

迄今为止，最极端的普通法无作证能力规则是这样的学说，即排除诉讼当事人和所有就结果有直接金钱或者财产利益的人的证言。实际上，这项规则既使当事一方不能为自己作证，又赋予了他这样的特免权，即不被对方传唤为对自己不利的证人。这种取消资格的做法似是而非的理由是，防止自利性的伪证。特免权甚至连这种令人怀疑的理论根据都没有。几乎令人难以置信的是，在英国，该规则一直有效到 19 世纪中叶，在美国又持续了几十年。在英国，改革大刀阔斧，在民事案件中，这种取消证人资格的做法片甲未留。

然而，在美国，改革者被迫接受妥协。有人就诸如合同等协商一致的交易或者诸如一方死亡而另一方幸存的交通事故等其他事件的争议提出了异议。异议的主旨是，如果幸存的当事人或者利害关系人能够就交易或者事件作证，就可能导致欺诈。尽管死亡封住了对方当事人的嘴，但是幸存者仍然可以作证。这是一个诱人的观点。几乎所有的州都接受了这一点，当时真正的政策争议在

----

② 参见上文第 46 节。
③ Rosen v. United States，245 U. S. 467（1917）.
④ 388 U. S. 14（1967）.

于是否应取消或者保留一般性的无作证资格做法。当时，对幸存者案件例外的承认，对于改革者来说无疑是个小小的妥协。不管是否轻微，这种妥协在许多州仍然存在。

因此，许多州的制定法仍然规定，废除普通法取消当事人和利害关系人的作证资格的规定，只有一个例外。该例外是，在死者的遗嘱执行人或者管理人起诉或者辩护的诉讼中，他们仍然没有资格就与死者的交易或者交流作证。然而，通常有一项制定法或者判例法的但书规定，即如果被对力——即死者的遗嘱执行人或者管理人——传唤，存活的当事人或者利害关系人可以作证；但书废除了普通法规则的特免权特征。当幸存者在没有独立的、补强性的证人或者可采的书面证据的情况下向他信任的人提供服务、提供物品或者贷款时，这些制定法的实际后果就开始出现了。如果另一个人死了，而他的遗产代理人拒绝付款，那么幸存者是无助的。在因导致死亡的汽车碰撞而提起的诉讼中，或者在幸存者现金支付未取得收据但是根据票据或者账目提起的诉讼中，制定法可能会令幸存者有口难言。

今天，这些限制纯粹是制定法的产物。因此，当一个案件引发一个死人立法问题时，首要的任务是制定法的解释。正如 Felix Frankfurtei 所说的那样，"读一下制定法"。要剖析制定法，请记住以下问题：

152

● 制定法适用于哪些类型的程序？死者的个人代表必须作为当事人正式加入吗？该制定法是否仅适用于源于被继承人的诉因，如因被继承人在死亡前遭受的痛苦和折磨而提起的诉讼，还是也适用于由制定法直接赋予继承人的非正常死亡的诉因？

● 谁被取消作证资格？所有制定法都取消了存活着的当事人的作证资格。有些制定法还禁止存活的当事人的配偶作证。与此类似，许多制定法排除"利害关系人"的证言。法院常常将后一种表述的范围限制在诸如存活者的当事人的商业合伙人这样的人身上，这些人将从本案判决的直接法律操作中受益。

● 作证能力的本质是什么？制定法的禁止是否仅限于与死者进行的"交流"？或者制定法是否使用了更宽泛的语言，通常是"交易"这一术语？在解释"交易"这一术语时，应当扩张到多大程度？由于死者的死亡使得就遗产无法取得死者基于个人知识的证言，有这样一种有力的观点，即"交易"应该被有意识地、广义地解释为包括死者有第一手知识的任何事实或者事件。

● 禁止的范围有什么特别的例外吗？当存活者和死者属于雇主和雇员或者合伙人关系时，许多制定法解除了制定法的限制。如果制定法适用于这种关系，就很难执行这些当事人之间的常规协议。这些是商业世界中的重要关系，法律不应妨害它们。

● 哪些行为构成对制定法的弃权？当就遗产在审判时传唤本来就无作证资格的人作为证人时，遗产当然失去了制定法的保护。如果遗产方只是在审判前对某人进行庭前证言存录，是否也是弃权？在一些州，有着司法对制定法持续存在的深深的敌意；这种敌意转化为法院愿意尽力找到一种弃权。

更根本的是，大多数论者都认为，拒绝听取存活者的意见的变通方法，用边沁的话说就是"盲目和愚蠢的"。为了避免对一方造成不公正，制定法起草人忽视了给另一方造成不公正的同等可能性。存活者们受到诱惑来编造索赔或者抗辩，这是显而易见的。这是如此明显，以至于任何陪审员都应该意识到，对他的说法必须谨慎评估。在欺诈案件中，彻底的交叉询问往往会揭示出欺骗的"错综复杂之网"中的差异。无论如何，取消存活者的作证资格，更可能不利于诚实的存活者，而不是更不利于不诚实的存活者。一个想诉诸伪证的诉讼当事人会毫不犹豫地唆使一个没有被取消作证资格的第三人就虚假的说法发誓。

立法者和法院逐渐认识到传统存活者证据法的愚蠢，并采取了自由化的变革。一些州规定，存活者可以作证，但是，他的证言在法律上不足以支持判决，除非其证言得到其他证据的补强。其他州则授权审判法官在其看来存活者的证言是防止不公正所必需时，允许存活者作证。这两种解决方案都有明显的缺点，而第三种类型的制定法可以避免这些缺点。第三种制定法方案完全取消了丧失作证资格的规定，允许存活者不受限制地作证。然而，该方案通过采纳死者的任何相关书面或者口头陈述的方式，公平地将给死者遗产带来的不公正危险降到最低，这两种陈述通常都被作为传闻而排除。

除了异籍案件，《联邦证据规则》和《统一证据规则》601完全放弃了上述丧失作证资格的规定。然而，并不是所有照搬《联邦证据规则》的州都照做了。丧失作证资格的规定不仅在某些州有效，而且在联邦法院有一席之地。重塑后的《联邦证据规则》601的第二句是："但是在民事案件中，如果州法就起诉或者辩护规定了适用的裁决规则，则证人的能力由州法调整。"

简言之，利益作为民事案件中的一种丧失作证资格的原因被抛弃了，幸存

153

者的证据制定法这一遗迹除外。在英国和美国，普通法中禁止被告被任何一方传唤为证人的失格规定，在它使得被告不能为自己作证方面，已被废除。然而，从检控方不能传唤被告作证角度看，它仍然存活了下来。在这种形式下，它是一种特免权，并且构成了更广泛的宪法第五修正案反对被迫自我归罪特免权的一个方面，这将在第116节和第130节至第131节讨论。

虽然取消当事人和与诉讼结果有利害关系的人的作证资格的规定几乎被一扫而光⑤，但是证据法仍然承认证人利益这一事实的相关性。仍然可以证明利益或者偏见来对可信性进行弹劾。事实上，根据宪法第六修正案对质条款，刑事被告有宪法上的权利对检控方证人进行交叉询问，以揭露证人的偏见。在大多数司法辖区，审判法官指示陪审团，可以根据一方当事人的自身利益和与审判结果的利害关系来对其证言赋予证明力。

第66节 当事人的丈夫和妻子

与当事人丧失资格密切相关的是，早期普通法上对当事人的丈夫或者妻子作证资格的取消，这甚至更加武断和误导。这一资格取消，使当事人的丈夫或者妻子无法在任何民事或者刑事案件中作证支持或者反对当事人。丈夫或者妻子不能作为证人为当事的配偶作证，是一种失格，其依据是所谓的利益带来的不牢靠。与此形成对比的是，允许当事的配偶阻止丈夫或者妻子作证反对该当事人的规则发挥了特免权的作用。

当然，普通法规则已经修改。在大多数司法辖区，制定法规定丈夫或者妻子完全有能力在民事案件中作证支持或者反对当事人—配偶。在刑事案件中，各个地方都取消了丈夫或者妻子无资格为被告配偶作证的做法；但是在许多州，未经被告配偶同意，检控方不得传唤配偶，从而保留了被告完全阻止配偶出庭作证的特免权。在某些司法辖区中，配偶任何一方都可以主张这一特免权。在1980年的 *Trammel* 案的判决中，最高法院宣布，在联邦刑事案件中，只有证人配偶（被检控方传唤作为证人的配偶）可以主张这一特免权。⑥ 确定特免权持有人的身份至关重要，因为这也决定了谁有能力放弃该特免权。

154 这项特免权偶尔会被捍卫，理由是它保护了家庭和睦。然而，当证人配偶愿意协助检控时，家庭和睦几乎总是无法挽救的。不仅这一学说的政策基础的

---

⑤ 参见上文第39节。
⑥ Trammel v. United States，445 U. S. 40 (1980).

合理性存在严重的问题；至少乍一看，作为制定法解释问题，也很难为承认该学说进行辩护。在承认证人配偶特免权的存在时，最高法院诉诸的是规则501而不是规则601。最初，人们可能会认为，关于证人能力的规则601将发挥调整作用。如果规则601适用，法院对规则601进行字面解释，则规则601将排除承认任何特免权。毕竟，正如规则601的咨询委员会注释所说的那样，在规则条文中，没有"具体规定"任何"限定条件"。然而，在 *Trammel* 案中，法院正确地指出，《联邦证据规则》第五章的原始草案涉及了这一特免权，国会没有反对将这一问题作为第五章问题处理。如果规则501起着决定性作用，法院有权承认这一特免权。不过，有些州已经超越了 *Trammel* 案件，采取了废除刑事案件中的特免权的措施；在这些司法辖区，配偶可以像任何其他证人一样被传唤出庭作证。

即使这一特免权在其他情况下适用，检控方也可能通过援引所谓的受害配偶例外来抗击这一特免权主张。即使在普通法中，在就针对妻子人身的罪错进行检控时，被告丈夫也被剥夺了该特免权。在这些案件中，配偶是在公诉书或者告发书中被指名的被害人。在这些检控中适用这一特免权，将妨碍有关刑事制定法的执行，因为受害配偶通常是检控证据的重要来源，甚至是必不可少的来源。大多数保留了该特免权的制定法，扩大了例外的范围，包括对任何"一方对另一方犯下的罪行"的检控和各种其他罪行，包括对儿童或者婚姻关系犯下的罪行，如通奸。

大多数司法辖区在另一方面限制特免权，即特免权的期间。在特免权的期间上有一些分歧。然而，大多数法院将婚姻形成之日视为该特免权形成的初始时间，将因离婚等终止婚姻的日期视为该特免权的终止之日。

有几个程序问题。当然，必须确定特免权的持有者。如前所述，典据就持有人的识别存在一个分歧。另一个进一步分歧是，检控方传唤配偶出庭作证，从而迫使被告配偶或者证人的配偶在陪审团在场的情况下提出异议，是否是错误的。大多数法院通过禁止对其行使加以评论，加强了这一特免权。

这种特免权有时适用于配偶的司法外陈述。然而，在 *Trammel* 案中，最高法院指出，该特免权的联邦版本仅限于庭上证言。

在这些方面限制该特免权的范围是朝着正确方向迈出的一步。该特免权是神秘教条的古老遗存。这种特免权反映了一种社会对婚姻的过时的态度。最高法院起草的《联邦证据规则》504本要废除这一特免权；总的来说，废除这一特免权可能是可取的。

必须将该特免权和古老的作证失格与另一种更狭隘的特免权区别开来，这就是反对披露夫妻之间的秘密交流的特免权。第 9 章讨论了配偶交流特免权。证人失格和该特免权可以使配偶完全远离证人席。相比之下，交流特免权有着更为有限的程序影响；当配偶在证人席上时，交流特免权仅仅禁止配偶披露配偶之间传递的某些交流。

第 67 节　丈夫和妻子就无性生活无作证能力

1777 年，在一个涉及原告婚生地位问题的不动产收回案中，Mansfield 勋爵发表了一项声明，这显然是一种新提出的学说。他宣称："父亲或者母亲的陈述不能采纳来证明婚后出生的子嗣是私生子……这是一条建立在体面、道德和政策基础上的规则，不允许他们在婚后说他们没有性交，因此子嗣是假的……"[⑦] Wigmore 批评 Mansfield 的发明是阻碍性的。[⑧] 然而，这一学说后来被英国的判决所遵循，直到被制定法推翻，并被一些美国法院所接受。一些法院明智地拒绝了这一观点，即将废除当事人和配偶无作证能力的一般性制定法解释为推翻了这种古怪的无作证能力规则，但是其他法院则拒绝了这个观点。

即使是承认排除规则的司法辖区在规则的范围上也有所不同。关于该规则范围的争议点是：（a）是否严格地限于无性生活的证据，或者是否适用于其他类型的表明丈夫以外的人是生父的证据；（b）该规则是否仅适用于存在婚生地位争议的诉讼，还是扩展适用于问题是通奸而不是子女的婚生地位的离婚诉讼；以及（c）它禁止的是否仅是丈夫和妻子的庭上证言，还是也排除关于配偶以前作出的庭外陈述的证据。鉴于该规则的不健全性，在每一种情况下，法院都应采用关于该学说范围的狭隘看法。

第 68 节　法官、陪审员和律师

法官

如果一名司法人员被要求出庭作证，而她没有作为法官审理该案，则她并不因其职务丧失作证的资格。例如，如果袭击发生在审判期间，该审判时的法官可以在随后由另一名法官审理的袭击检控中作为证人出庭。但是，当法官在

[⑦]　Goodnight v. Moss, 2 Cowp. 291, 98 Eng. Rep. 1257 (1777).

[⑧]　7 Wigmore, Evidence § 2064 (Chadbourn rev. 1978).

她主审的审判中被传唤为证人时，她作为证人出庭显然与她在对抗制审判中的不偏不倚角色不符。尽管如此，根据旧的普通法观点，她通常被视为一名有作证能力的证人，尽管她有拒绝作证的自由裁量权。令人震惊的是，这一观点在一些州的制定法中似乎仍然有效。这一观点显然受到了批评。这一批评导致发生了决定性的转变，转向第二种观点，即法官就重要、有争议的事实丧失了作证资格，但是可以就纯粹的形式、无争议的事项作证。尽管第二种观点是向正确方向走的一步，但是很难就重要事项和形式事项进行区分。此外，就这些主题似乎不怎么需要法官的证言，因为形式性事项几乎总是可以由其他证人来加以证明。因此，第三种观点得到了越来越多的支持，即法官无能力在她审理的案件中作证。这一观点既简单又合乎情理。这一观点规定在《联邦证据规则》605 和修订后的《统一证据规则》605 中。这些规则规定了"自动"异议。

陪审员

关于陪审员何时能成为证据来源的问题，有三种不同的学说：无作证能力、排除规则和特免权。

无作证能力。有时，以前担任陪审员的人会为上次听证会上发生的事件作证。与先前审判中的法官一样，曾在该审判中担任陪审员的人可以在随后的检控中作为证人出庭，就先前审判中发生的攻击作证。然而，当审理案件的陪审员被传唤为证人时，裁判庭的不偏不倚性就会受到威胁。不过，一些早期的普通法典据允许这种证言。为了消除这种危险，《联邦证据规则》和修订后的《统一证据规则（1974）》606（a）推翻了普通法，规定陪审员无作为证人的能力。许多司法辖区采用了效仿规则 606（a）的制定法和法院规则。因此，对传统的普通法和早期被解释为允许陪审员作证的制定法，进行了大量的修改。在现代，这些问题很少出现，因为在绝大多数案件中，事先知道案件事实的潜在陪审员在陪审团的遴选过程中被识别和剔除。

排除规则。虽然规则 606（a）处理的是现在审案的陪审员是否可以在本案中作证的问题，但是有一个单独的传统学说，即陪审员不得提供宣誓陈述书或者作证来弹劾陪审员的裁决。根据这一学说，陪审员不得就评议过程中"固有"的事项作证。虽然偶尔受到批评，但是这一学说现在已根深蒂固。该学说的传统版本，通常被称为 Mansfield 规则，广泛禁止陪审员就他们的主观心理过程和评议过程中发生的客观事件作证。禁止陪审员弹劾裁决促进了裁决的终局性，鼓励了陪审团的坦率评议，同时也阻却了败诉方以后对陪审员的骚扰。

在普通法中，一些法院放弃了 Mansfield 规则，允许陪审员就不端行为和违规行为作证，而这些不端行为和违规行为是新的审判的依据。根据这种所谓的 Iowa 观点，陪审员可以就评议过程中发生的"客观"事实和事件作证，这些事实和事件是客观的，是说其他陪审员可以观察到这些事实和事件，能独立地印证陪审员关于这些事实或者事件的证言。为了保护终局性，这些法院依靠一种更狭义的学说，排除关于陪审员在评议过程中的观点的证据，和关于他们自己主观动机、信仰、错误和心理运作的证据。陪审员不能就客观事件对陪审员心态的主观影响作证；相反，法官要查问该事件是否可能影响假设的理性陪审员。《联邦证据规则》和《统一证据规则》606（b）一般性地符合遵循传统的 Mansfield 学说的先前的联邦判例法。

157　　　　重要的是要理解对规则 606（b）等制定法条文范围的限制。第一，这些规则没有具体规定重新审判的实质性理由。这些规则仅调整陪审员为证明上述理由而作证的能力。第二，除了陪审员的主观思维过程、讨论、动机、信念和错误，规则还排除了关于陪审员在陪审团评议室中大多数不正常行为的证言。同样，规则 606（b）是 Mansfield 方法的一个版本。因此，联邦法院判定，该规则禁止在评议过程中发表种族主义言论，禁止陪审员在午餐时饮酒。第三，在一个方面，《联邦证据规则》606 似乎扩大了普通法规则的范围。虽然该规则仅在其提出是用于弹劾裁决时，才禁止陪审员的证言和宣誓陈述书，但是606（b）的措辞是那么宽泛，无论提出该证据是用于弹劾还是支持裁决，似乎都适用。第四，规则不排除陪审员关于外部影响或者外部有害信息的证言。因此，刑事陪审员可以作证说他接到了一个威胁电话；在涉及事故重建证言的民事案件中，陪审员可以提供一份宣誓陈述书，说明另一名陪审员已将事故重建文本带进了评议室，并向其他陪审员朗读了这些段落。第五，这些规则似乎只适用于起诉后或者判决后。从表面上看，这些规则并不直接适用于这样的听证，即在不端行为评议中，是否解除某陪审员职务。第六，有些司法辖区甚至将规则 606（b）的原始、未经修改的版本解释为允许陪审员纠正不适当传达或者宣布的裁决。第七，这些规则并不禁止知道陪审团行为不端的其他人员的证言。禁止仅适用于陪审员。因此，如果陪审团评议室的门半开着，路过的法警听到一名陪审员在威胁另一名陪审员，法警将有就该威胁作证的能力。

　　　　特免权。要将规则 606（a）-（b）所规定的无作证能力和排除这两条规则与 Wigmore⑨ 和一些司法意见所支持的第三种理论区别开来。根据这一理

---

⑨　8 Wigmore, Evidence § 2346 (McNaughton rev. 1961).

论，每个陪审员都有个人特免权，有权反对在法庭上披露在评议期间向其他陪审员进行的交流。这一理论几乎没有得到法院的支持。

律师

尽管在某些情况下，律师的证言可能违反法律职业伦理规则，但是这些规则并不调整证据法规定的证言的可采性。根据普通法、《联邦证据规则》和修订后的《统一证据规则》601，当事人的律师本身没有作证能力。不过，法院有广泛的自由裁量权来禁止律师在本案中作证，特别是当律师尽力为其委托人作证时。在有关于有重要意义的事实的其他证据的情况下，或者在本可以轻易避免律师作证的必要性的情况下，法官通常会行使这一自由裁量权来禁止这种证言。即使没有其他证人，而且律师愿意退出代理，法官通常也会行使自由裁量权，禁止律师出庭作证。允许律师退出代理和代之以新的律师，将造成程序的拖延，如果不是中断的话。无论律师是被委托人一方还是被对方所传唤，法官的自由裁量权通常都是以这种方式行使的。如果律师既作证又继续参与审理此案，则存在这样的风险，即陪审团就有可能把律师作为证人的证言和律师作为诉辩者的观点混为一谈，这种风险将促使运用《联邦证据规则》403。

158

最初于1983年颁布的美国律师协会《职业行为示范规则》3.7（律师作为证人）规定如下：

> （a）在律师可能成为必要证人的审判中，律师不得担任诉辩者，除非：
> （1）该证言涉及的是无争议的问题；
> （2）该证言涉及的是律师在该案件中提供的法律服务的性质和价值；或者
> （3）取消律师的代理资格，将会使委托人陷入重大困境。
> （b）在该律师所在的律师事务所的其他律师可能被传唤为证人的审判中，该律师可以担任诉辩者，除非规则1.7或者规则1.9禁止这样做。

（a）项一般禁止律师在其亲自参与案件审理时作证。但是，（b）项否定了替代性丧失代理资格的规定，即律师可在由律师事务所的另一名成员参与的审判中作证。

加利福尼亚州在放宽诉辩者—证人禁令方面走得更远。加利福尼亚州《职业行为规则》5-210规定，如果律师"获得了委托人的明智书面同意"，律师—诉辩者可以在陪审团面前作证，从而废除了个人资格丧失规定。如前所述，法院通常禁止这种证言，法院认为存在这样的危险，即陪审团有可能混淆律师的证言和律师的观点。然而，加利福尼亚州规则的支持者反驳说，法院通常允许同一证人就事实和意见作证。举例来说，让一名经验丰富的警察既描述被告的行为，又表达这样的意见，即这种行为符合特定类型犯罪的作案手法，这样的案件不胜枚举。这种证言所带来的风险比律师——诉辩者的证言所带来的风险更大，如果有的话。当一名警察以这种方式作证时，在同一次直接询问中，该警察既陈述了意见也陈述了事实。相比之下，如果律师的证言仅限于事实，至少在事实证言和固执己见之间存在差别。这一差别应能减少混乱的风险。

第69节　第一手知识和专业性

前面提到的另外两条规则，涉及证人能力的一般问题。这些规则是这样的要求，即证人就客观事实作证时，必须有从观察中获悉它们的手段[10]，以及这样的学说，即就要求有特殊知识或者技能的事项的推论或者意见作证的人，必须是该领域的专家。[11] 与大多数其他关于作证能力的学说针对的完全是作证的能力不同，这两条规则针对的是一个人作为证人就特定事项作证的能力，而不是一个人作为证人的基本能力。

第70节　取消资格的程序

普通法

根据普通法惯例，证人在站到证人席上作证之前，并不宣誓。在早期的普通法中，在宣誓之前，对方有机会就潜在证人的作证能力提出异议。在证人宣誓作证之前，法官或者律师会对其资格进行询问。这被称为预先审查。传统上，当证人第一次被传唤到证人席作证时，如果对方当时知道提出质疑的理由，则对方必须立即对其作证能力提出质疑。如果对方在证人宣誓之前没有提

---

⑩　参见上文第10节。对外行证人第一手知识的要求，并不是传统意义上的证人能力问题。因此，《联邦证据规则》104（a）规定，一个人作为证人的资格问题，由法院确定，不适用于第一手知识问题。相反，就像规则602的咨询委员会注释所指出的那样，这些是附条件相关性问题，法官扮演着有限的筛选角色，陪审团作出最后的判定。See Joy Mfg. Co. v. Sola Basic Industries, Inc., 697 F. 2d 104 (3d Cir. 1982)；关于附条件相关性见上文第53节。

⑪　参见上文第13节。

出作证能力异议，就是放弃了异议。

《联邦证据规则》

就像我们所看到的那样，《联邦证据规则》和《统一证据规则》601 大大放宽了证人能力的实体标准。这种实质性自由化具有程序性影响。根据《联邦证据规则》601 或者修订后的《统一证据规则》601 所进行的程序与前段所述的普通法程序有很大不同，联邦异籍案件可能是例外。根据这些规则，普通法上的证人丧失能力标准基本上已被规则 602 和 603 等具体规定所取代。规则 602 要求证人掌握第一手知识。以 602 为前提的异议，必须在证人宣誓后，但是在回答与他个人不了解的事实有关的问题之前提出。规则 603 规定，潜在证人必须宣誓，但是反对者在宣誓前不能提出异议；恰恰相反，通常只有在该人拒绝宣誓后，异议才是适当的。规则 605 和 606 规定了对法官和陪审员作为证人提出质疑的程序。⑫ 因此，根据新的制定法，似乎只在一种情况下，对方必须例行性地遵循普通法程序：在联邦刑事案件中，基于配偶证人不被检控方传唤的特免权的异议，在配偶证人宣誓之前，仍然可以说是得到了主张。在对规则 601 作出字面和一般解释的司法辖区，不存在独立于规则 602 和 603 提出的证人能力异议；也不存在于证人开始作证之前进行干预的质疑。⑬ 在证人开始作证之前，也不会有人会提出异议。即使在联邦异籍案件中，法官也不必遵守任何特定州处理证人能力异议所遵循的程序。要求联邦法官适用州的实体性证人能力标准，就像规则 601 有时所要求的那样，这是一件事。把州程序引入联邦法庭，则是另外一回事。

根据判例法和《联邦证据规则》及《统一证据规则》，在引出证人的专家意见之前，提供证据的当事人必须首先证明证人的知识或者技能。提出者通常通过引出证人自己关于其资格的证言，来证明证人的专家地位。⑭ 然而，在证人开始作证后，这一要求就开始发挥作用。尽管对方可以在证人作证前提出问题，即提起审前动议，但是并不要求对方这样做。因此，在这一点上，对方如果在证人宣誓之前疏忽未能提出这个问题，也不会是放弃了异议。

在证人能力语境中，当一个铺垫性事实问题在证据上存在争议或者怀疑时，通常与陪审团一起审理案件的审判法官不会将这个事实问题提交陪审团。

160

---

⑫ 参见上文第 68 节。

⑬ 参见上文第 62 节。

⑭ 参见上文第 10 节、第 13 节。

唯一的例外是证人是否掌握第一手知识的问题。[⑮] 因此，如果配偶无作证资格的异议提出了这样的预备性问题，即当事人和证人配偶是否有效结婚了，法官应遵循规则 104（a）规定的程序。相反，法官将适用规则 104（b）的附条件相关性程序来处理证人是否有亲身知识的预备性问题。在联邦法院，确定儿童证人能力的程序由《美国法典》第 18 章 3509（c）调整。

第 71 节　证人能力规则的可能未来

取消知道有关事实和具有表达该知识的精神能力的证人的作证资格的规则，是对查明真相的严重障碍。在本书的第一版中，McCormick 院长曾有一句名言："证据法的必然命运是逐步降低对真相的障碍。"[⑯] 一个世纪以来，法律改革的稳步进程一直朝着扫清这些障碍的方向发展。为此目的，所有州都应当采用《联邦证据规则》601 至 606，或者修订后的《统一证据规则》的类似规定。就国会而言，它应该行使权力，规定就异籍案件这些规则不必有什么限定。

[⑮]　参见上文第 69 节。
[⑯]　McCormick，Handbook of the Law of Evidence § 81（1954）.

第五编　特免权：普通法和制定法

163

第 8 章

证据特免权的范围和效力

第 72 节　特免权规则的目的：(a) 与其他证据规则的区别

绝大多数的证据规则都将某种这样的趋向作为其最终的证成理由，即促进传统证人宣誓所提出的目标，即"真相，全是真相，除真相之外别无其他"的陈述。因此，诸如传闻规则、意见规则，排除不良品性作为犯罪证据的规则和原始文件（或者"最佳证据"）规则等突出的排除规则的共同目的是阐明真相，这些规则试图通过排除不可靠或者有意损害或者误导的证据来达到这种目的。

相比之下，特免权规则，最常见的是防止被迫自我归罪的规则，以及保护夫妻、律师和委托人、医生和患者之间秘密交流的规则，并不是为了促进事实认定过程或者维护其适正性。相反，它们的影响明显是抑制性的；它们并没有促进照亮真相，反而把灯关了。

使准确查明真相更加困难或者在某些情况下不可能的规则，在一个合理的事实认定制度中可能显得反常。不过，特免权规则并非没有理论基础。它们的理论基础是对利益和关系的保护，这些利益和关系无论对与错，都被视为具有充分的社会重要性，足以证明有必要牺牲与司法有关的可得证据。

如人们所期待的那样，据称由特免权服务的利益是多种多样的。围绕被迫自我归罪、自白和非法获取的证据而发展起来的伟大的宪法保护，在其他地方进行讨论。[①] 它们通常被归类为特免权。

在这里讨论的规则中，有相当一部分是为了保护在各种职业关系情境中进行的交流，例如律师和委托人、医生和患者、牧师和忏悔者进行的交流。传统上就这些特免权提出的理论根据是，公共政策需要鼓励交流，没有这些交流，这些关系就无法有效。这种理论根据，今天有时被称为特免权的功利主义理由，也许在 Wigmore 院长那里找到了它最有力的支持者。他似乎把它视为特免权的主要（如果不是排他性的话）基础。Wigmore 的观点已被法院广泛接

---

① 参见下文第 13 章、第 14 章和第 15 章。

受，并在很大程度上影响了特免权思想的发展。

最近，又有人提出了其他的、分析上截然不同的特免权理论基础。根据一个理论，社会中的某些隐私利益应受特免权保护，而不管这些特免权的存在是否实际上对受保护关系中的行为产生重大影响。因此，虽然有人提出，夫妻之间以及医生和患者之间的交流，主要不是由赋予它们的特免权所诱发的，但是这些特免权的某些形式仍然被视为合理的，因为它们还有助于保护某些重要人际关系的必不可少的隐私。与此类似，但是并非完全相同的是，其他作者还提出了人本主义特免权理论，该理论强调自主性，创造了与特定类型的顾问一起的隐私领地，使公民能够作出更明智、更独立的生活偏好选择。鉴于它们相对较新的起源，这些较后提出的理论可能没有成为司法或者立法创制现有特免权的有意识的基础。然而，今天的司法倾向是把新酒倒进旧酒瓶，这可能有助于在随后的特免权思想发展中，形成非功利的理论因素。

令人怀疑的是，被认为具有充分重要性，从而支持创设特免权的所有利益和关系，是否真的值得付出这样的代价来获得这种保护。此外，即使承认特定利益和关系的重要性，也仍然存在证据特免权是否是实现可取的目标的适当——更不用说充分了——机制的问题。无论如何，很明显，在从与裁判程序的适正性无关的因素中得出其理由时，特免权规则不同于大多数证据规则的常理。

第72.1节 特免权规则的目的：(b) 某些规则之间的区别

如后一节所述[2]，真正的特免权规则，可以执行来防止引入证据，即使特免权是这样的人员的特免权，即该人不是涉及特免权的程序的当事人。这一特点有助于与某些其他规则进行区分。这些规则像特免权一样，旨在鼓励或者阻止某些行为。在后一类规则中，可能包括那些排除损害发生后的和解提议[3]和事后补救措施[4]的规则。

从功能上讲，这些后一类规则所针对的政策，只有通过在被规则所驱动的人是其当事人的诉讼中实施这些规则，才能得到充分实现。例如，排除和解提议的证据的规则旨在鼓励和解；在提议人不是当事人的情况下，采纳证据绝不

② 下文第 73 节。
③ 参见下文第 266 节。
④ 参见下文第 267 节。

会阻碍和解。因此，这种规则只能由当事人主张。这种考虑，加上这样的事实，即这些规则在某种程度上得到了与相关性有关的因素的证成，使得在分析上分类为特免权规则并不精确。

　　同样，真正的特免权规则一般都是为了防止在司法程序中泄露秘密事项。因此，特免权规则并没有直接谈到在司法背景之外未经授权披露秘密事项的问题，对此类违反保密职责的行为，必须在侵权法或者职业责任法中寻求救济。

165

第 73 节　特免权规则的程序性承认

　　在一个重要的程序方面，特免权规则类似于其他证据规则。大多数排除规则旨在保护事实认定过程的适正性，而特免权规则则着眼于保密，这一事实可能导致偶然的反省得出结论，前者将无情地排除不可信的证据，而后者将仅在特免权的持有者选择的情况下执行。我们知道，事实并非如此。这两套规则都不是自动执行的：排除规则，像特免权规则一样，必须被主张才会有效，如果不迅速主张，通常将被放弃。相反，这两类规则在目的上的区别，反映在可以主张其利益的人之间的差别上，在今天，也许反映在是什么法院上。

第 73.1 节　特免权规则的程序性承认：(a) 谁可以主张？

　　这两组规则之间的基础差异本身，体现在另一条分歧线上。排除或者优先规则的目的是使审判作为事实披露的一种手段更加有效，只有在审判中就根据事实作出的裁决有利害关系的人有权援引这一规则。因此，当提出被这些规则之一所责难的证据时，只有对方可以提出异议，除非法官选择介入。但是相比之下，如果证据受特免权保护，则提出异议的权利并不属于对方当事人本身，而是特定特免权所促进的外部利益或者关系所赋予的人。诚然，出席审判的其他人，包括对方当事人，可以提请法院注意特免权的存在，或者法官可以选择主动干预以保护该特免权，但是这被认为是代表特免权的所有人去做的。

　　上诉中的鸣冤权是一个更为关键的标准。如果法院错误地认可了所称的特免权，并以此为由排除了所提供的证言，显然提交者以诉讼当事人的身份受到了损害，可能会在上诉时鸣冤。但是，如果特免权主张被错误地否定，受特免权保护的证言被错误地接受，那么我们所提出的特免权与排除规则之间的区别似乎是很重要的。如果诉讼的另一方同样是特免权的拥有者，那么，尽管可以说当事人作为诉讼当事人的利益没有受到侵犯，但是大多数法院都拒绝划出如此清晰的界限，允许他就错误鸣冤。

然而，如果特免权的拥有者不是诉讼的当事人，就有点难以理解为什么这种侵犯第三人利益的行为应该成为提出异议的当事人的鸣冤理由，该提出异议的当事人的唯一的不满可能是，对外部人权利的践踏，导致的事实披露比当事人希望的更多。人们认为没有必要为了防止特免权保护的崩溃而给予这种极端的制裁。至少在两类特免权——反对被迫自我归罪的特免权[5]和反对使用非法搜查或者扣押的证据的特免权[6]——中，人们已清楚地认识到这一区别，尽管这两项特免权有宪法基础，但是当事人始终被否认有推翻原判的理由。在错误拒绝其他特免权的案件中，结果更加复杂；相当多的旧案件似乎允许当事人在上诉时利用错误。

加利福尼亚州证据法典作为为数不多的解决这一问题的现代法典之一，规定是清晰的。它规定："当事人只有在他是特免权持有人的情况下，才可以断言不允许特免权主张的裁决是错误的，但是当事人可以断言不允许其配偶主张特免权的裁决是错误的。"[7]

第73.2节　特免权规则的程序性承认：(b) 在哪里可以主张特免权？法律冲突中的特免权规则[8]

根据传统的法律选择学说，所有的证据规则，包括特免权规则，都被视为程序性的，因此由法律适当地提供。这一方法自然倾向于对排除和优先规则与特免权规则在目的上显然存在的差异不加考虑。

相比之下，现代法律冲突分析则倾向于通过评估与诉讼中的活动有某些联系的各司法辖区的政策利益，来解决法律选择问题。根据这种办法，法庭几乎总是对在其法庭正确判定争议事实有着浓厚的兴趣，因此对适用其排除和优先权规则也有着浓厚的兴趣。相比之下，如果寻求由特免权促进或者保护的关系或者利益只与另一司法辖区有联系，法庭在适用其特免权规则方面实际上可能没有兴趣。

因此，例如，如果某一特定的职业关系完全是在 X 州进行的，而 X 州本

⑤　参见下文第 119 节。
⑥　参见下文第 175 节。
⑦　Cal. Evid. Code § 918.
⑧　联邦法院的法律选择问题，参见下文第 76.1 节。

身并不用特免权来保护这种关系，那么法庭所在地 Y 州似乎没有令人信服的理由适用自己的特免权规则，从而剥夺其法院获得有帮助证据的好处。在这种情况下，法庭所在地或者 X 州的任何利益都不主张承认法庭所在地的特免权。

另一方面，如果该关系完全是在 X 州中发生的，该州确实用特免权保护有关交流，则可能存在这样的情况：法庭所在地 Y 州可能想要承认该特免权，即使其法律没有规定相应的特免权。

第74节　对特免权有效性的限制：(a) 窃听和拦截信件的风险

由于特免权的作用是使诉讼当事人无法获得每个人的证据，法院对它们的解释，一般不超过为了实现它们的基本目的而必需的限度。这一趋势的一个表现，是这样的一般规则，即特免权的作用只是排除信任关系当事人的证言。因此，许多较旧的判决判定，窃听者可以就秘密交流作证，如果信件被第三人窃取或者以其他方式截获，则该信件（本是秘密的和受特免权保护的）不受保护。然而，如果截获是在保密关系一方当事人的纵容下实现的，这一原则很少被执行到允许侵犯特免权的程度。

尽管有时仍然适用同样的一般规则，但是大多数现代判决只不过判定特免权不会保护在合理预期会被截获的情况下所作的交流。当然，根据受特免权保护的交流者的合理期望对传统规则进行限定，可能会提供一种可取的普通法调整，以应对现代窃听者令人担忧的潜在威胁。虽然在早期，对安全的适度关注通常可以保护受特免权保护的交流的秘密性，但是简单的措施很难抗衡现代的各种电子设备。

大大增强的窃听技术，已引起了各种立法反应，对这一问题作出了更直接的回应。这些包括禁止窃听和电子监视以及拒绝采纳违法取得的证据的州制定法。当然，这些规定是对宪法保护的补充。此外，界定特免权的制定法和规则已经开始包括授权持有人阻止任何人披露受特免权保护的交流的规定。

第74.1节　对特免权有效性的限制：(b) 从主张特免权中得出的不利观点和推论

在是否允许从主张特免权中作出不利推论的判决中，存在最为明显的基本冲突。显然，当一方当事人的证人主张证人个人的特免权时，通常不能对该方当事人作出不利推论，因为这不是他所能控制的事。但是，如果当事人自己援引法律赋予他的特免权来排除证据，那么相反的推论是否应该得到认可？这个问题可能以各种形式出现，例如，对证人或者当事人进行查问，要求提供明显受特免权保护的信息，是否就是为了迫使当事人在陪审团的听力范围内明确主张特免权；是否可以在辩论中进行推论；最后，法官是否可在指示中提及该推论是可容许的推论。

168　　根据熟悉的原则，对一方当事人可以作出不利的推论，不仅是因为他毁灭了证据，而且仅仅是因为他未能出示他所控制的证人或者文件。如果要得出这样的推理，即如果出示，证据将是不利的，作为该推论的铺垫，不要求证明有罪错误或者欺诈。为什么不能从当事人积极提出特免权来排除证据中得出同样的结论？*Phillips v. Chase* 案件⑨是赞成这样做的主要案件，在该案件中法院说：

> 这是一个法律规则，即当事人以证据不适格、不重要为由提出异议，坚持要求严格按照法律规则审理自己的案件的权利，不能成为辩论中的评论对象……另一方面，如果要不是当事人之一根据法律主张个人特免权将其排除，证据就是重要的、适格的，则可以在辩论中提及他对该特免权的主张，并由陪审团考虑，以表明他的这一意见，即如果接受了该证据，会对他不利。

Chelmsford 勋爵经常被引用的一段话给出了相反的观点：

> 排除这类证据是为了社会的普遍利益，因此，说当事人拒绝允许破坏职业秘密时，必须对他采取最严厉的措施，这不就是拒绝给予他法律为公共目的所给予的保护，完全剥夺这样主张时只能损害他的特免权吗？

这些观点中的第一个是基于对不适格证据和受特免权保护的证据之间的毫无根据的区别，即假定特免权可以被弃权，而不适格则不能。⑩正如我们所看到的那样，两者都一样容易弃权。至于第二个观点，如果说允许推论将"完全剥夺特免权"，那可能言过其实。当特免权使一方当事人能够从记录中排除对对方当事人的案件至关重要的证人、文件或者证明路线时，一项特免权有其最重要的实际好处，如果没有该特免权，他根本无法就重要争点诉诸陪审团。推论并不能补充所缺乏的证据。⑪在其他情况下，成功地主张特免权所带来的好处，将取决于具体情况。然而，显而易见的是，在要求作出指令

---

⑨　87 N. E. 755，758（Mass. 1909）.
⑩　参见上文第 73 节。
⑪　参见下文第 264 节。

裁决或者同等裁决的动议未获批准的情况下，允许对特免权的行使发表评论或者要求在陪审团在场的情况下主张特免权，往往会大大降低其价值。在 *Griffin v. California* 案件[12]中，最高法院判定，允许对被告未能作证发表评论，侵犯了他的反对被迫自我归罪的特免权，因为这将"使其主张代价高昂"。一个人是否准备将这种保护扩大到所有特免权，可能取决于其对一般特免权和对所涉及的具体特免权的态度。这些案件，很自然地，是有争议的。我们认为，最好的解决方案是只承认合理地基于政策的特免权，并给予这些特免权最充分的保护。因此，无论是由法官还是律师作出的评论，或者与此相当的要求在陪审团在场的情况下提出特免权主张并从该主张中进行推论，都应当被禁止。

169

第74.2节　对特免权有效性的限制：(c) 宪法对特免权的限制

近年来，由于最高法院在判决中讨论了美国宪法的强制程序和对质条款，出现了一个以前未被认识到的限制刑事案件特免权的渊源。

在这一发展中，出现的三个案件是 *Washington v. Texas* 案件[13]、*Davis v. Alaska* 案件[14]和 *United States v. Nixon* 案件。[15] 在 *Washington v. Texas* 案件中，法院判定，强制程序条款的规定作为正当程序的一部分，对各州具有约束力，并废除了得克萨斯州的一项制定法，该制定法规定，作为同一犯罪的共同参与者被指控或者定罪的人，没有为彼此作证的能力。法院的判决强调了该制定法的"荒谬性"，并明确判定，"禁止各类辩护方证人作证的随意性规则"违反了宪法条款。[16] 法院明确否认暗示不赞成其所指出的基于完全不同的考虑的证言性特免权。

在 *Davis v. Alaska* 案件中，法院判定，适用规定未成年人记录受特免权保护的州制定法，违反了对质条款，因为其结果是剥夺了被告在交叉询问时引出反对他的关键证人正处于缓刑状态的机会。法院承认，州的政策有利于保护未成年人记录的秘密性，但是判定这一政策必须服从于被告在有效对质中的更高利益。值得注意的是，法院的判决并没有强迫披露未成年人的记录，只是将

⑫　380 U. S. 609（1965）.

⑬　388 U. S. 14（1967）.

⑭　415 U. S. 308（1974）.

⑮　418 U. S. 683（1974）.

⑯　Washington v. Texas，388 U. S. 14，22（1967）.

案件发回重审，以便进行与法院意见并非不一致的进一步程序。

最后，在 *United States v. Nixon* 案件中，法院判定，对总统在执行职务时的一般交流的绝对保密特免权的主张，"不能凌驾于公平刑事司法中法律的正当程序的基本要求之上"。在未决的刑事审判中，关于特免权的普遍主张必须屈服于对证据的明确、具体的需要。[17]

综上所述，尽管所涉及的事实情况有些不同，但是这些案件公平地提出了一个问题，即当刑事被告声称：（1）需要引入受特免权保护的事项作为开脱罪责的理由，或者（2）需要利用受特免权保护的事项来弹劾检控方所提出的证言时，主张特免权是否可行。这个问题当然不完全是个新奇的问题。有利于政府的特免权，如线人的特免权，早就被限定来适应被告的对质权。与此类似，州经常被禁止依赖于这样的证人的证言，即以被迫自我归罪为由声称享有特免权，以阻止有效的交叉询问。[18]

170

许多旨在落实 *Davis* 案件和 *Nixon* 案件的宪法性判定的州判决，通过推翻私人特免权主张和迫使（试图迫使）特免权持有者作证，来解决被告的权利与私人特免权主张之间的冲突。

尽管有这些判决，但是从宪法上说，为保护刑事被告的利益需要在多大程度上侵入私人特免权，始终不清楚，最高法院在 *Pennsylvania v. Ritchie* 案件[19]中的判决，使得这一点更加令人怀疑。在 *Ritchie* 案件中，被告被控强奸和其他相关罪行，要求在审前查阅州儿童保护机构的档案。被告在这些档案中的主要利益是发现可能用于对其女儿（报案的证人）进行交叉询问的材料，根据州制定法，这些档案受到有限制的特免权的保护。州最高法院根据 *Davis* 案件，判定被告有权根据对质条款和强制程序条款查阅有关档案。最高法院推翻了该州判决的这一部分，法院多数意见同意被告只有权让审判法院对档案进行不公开查阅。然而，只有四名大法官加入了简单多数意见，该意见基于正当程序的理由得出这一结果，并说宾夕法尼亚州法院依据 *Davis* 案件是"不合适的"，对质条款创设的仅仅是一个"审判"权利。

不足为奇，*Ritchie* 案件的判决被给予了各种各样的解释。几家法院采取的一种做法是，要求被告证明有合理理由认为，不出示被认定受特免权保护的材料，将可能损害被告的对质权。一旦作出这种证明，州必须取得特免权持有

⑰ 418 U. S. 683，713（1974）.
⑱ 参见上文第 19 节。
⑲ 480 U. S. 39（1987）.

人的弃权，以便进行不公开查阅，如果认定该事项相关，则在审判时出示；否则，特免权持有人的证言将不可采。然而，许多判决没有认定被告的宪法性权利要求对私人特免权进行即使是如此有限的侵入。

今天，更令人怀疑的是，刑事被告是否有权获得和提出受私人特免权保护的与案件争点有关，但是与检控方证人的可信性没有直接关系的事项。

第 75 节　特免权的渊源

最早被承认的特免权是由司法创造的，夫妻特免权和律师—委托人特免权的起源都可以追溯到被一致认可的普通法。[20] 然而，法官创造的特免权的发展，实际上在一个多世纪前就停止了。虽然不可能确定性地找到这种停止的原因，但是一个促成因素无疑是这样的司法倾向，即从妨碍诉讼的角度看待特免权。当然，整个法律职业——特别是司法界——的优势在于，将特免权中更有害的方面作为妨碍事实认定进程的障碍加以凸显。相比之下，所称的特免权的许多有益后果只有在法庭外才能观察到，而事件往往很难通过经验来加以证明。

可能正是因此，在 19 世纪，新创造的特免权的渊源断然从法院转移到了立法机关。纽约州于 1828 年制定了第一个医生—患者特免权，自那时以来，新创造的绝大多数特免权都来源于立法。这一趋势扩展到将现有的普通法特免权法典化，今天，在大多数州，夫妻和律师—委托人特免权都是制定法来调整的。

有人可能会说，由一个与诉讼中取得的事实结果没有显著相关性的政府部门接受关于保密的正当要求更为公正，而立法机关则为作出有关特免权的合理决定所必需的相互竞争的社会价值的权衡，提供了适当的论坛。与此同时，尽管毫无疑问，一些制定法特免权是建立在合理基础上的，但是立法机关有时也受到寻求基于特免权的职业威望和便利的强大集团的不当影响。这一进程的一个结果是，各州承认的特免权数目和种类大不相同。

直到最近，论者之间的强烈共识是支持缩小特免权领域，并试图将这一观点纳入 20 世纪编纂证据法的几项活动中，但是大多没有成功。《示范证据法典》和 1953 年《统一证据规则》的起草者都赞成限制特免权的数量和范围。然而，这两部法典的最终版本，都包含了公认的普通法特免权和基本上未受削

171

---

[20]　参见下文第 78 节和第 87 节。

弱的制定法特免权。

172　　　咨询委员会提出并经最高法院批准的《联邦证据规则》，承认和界定了九项非宪法性特免权：要求的报告，律师—委托人，精神诊疗师—患者，丈夫—妻子，神职人员—交流者，政治投票，商业秘密，国家秘密和其他官方信息，以及线人的身份。此外，规则 501 草案明确将联邦法院承认的特免权限定在《联邦证据规则》规定的或者国会颁布的特免权范围内。[21] 当这些规则被提交给国会时，特免权条款引起了特别的争议，结果所有特免权具体规则都被从最终制定的规则中删去了。[22] 确实，国会比仅仅拒绝规则草案更进一步。它颁布了一项制定法，要求任何"创设、废除或者修改证据特免权的规则"必须由国会法律批准，而不是通过通常由法院发起的规则制定程序来通过。[23]

　　　国会的行动反映了本节前面讨论的政策考虑。虽然一些证据特免权源于普通法，但是大多数是平衡相互竞争的社会价值观的立法行动的结果。联邦法院可以根据其面前的事实按照个案自由处理特免权问题，但是更广泛规则的发展则留给了立法程序。

　　　国会未能颁布具体的特免权规则，使得《联邦证据规则》在被视为各州可能采用的潜在示范法典时，存在很大的空隙。因此，在颁布几乎完全以《联邦证据规则》为基础的修订后的《统一证据规则（1974 年）》时，统一州法全国委员会纳入了具体的特免权规则。这些规则与提交给国会的规则大体相同，但是也有一些显著的变化。一些州采用了基于《联邦证据规则》的规则或者法典，通过了《联邦证据规则》草案中关于特免权的规定，另一些州采用了1974 年《统一证据规则》在这个问题上的规定，一些州保留了先前的特免权规则。

第 76 节　当前的特免权模式

　　　国会未能为联邦法院制定具体的特免权规则，实际上排除了在这一领域实现全国重大统一的任何直接可能性。可以说，鉴于这一主题所引发的观点的力

　　㉑　被删除的《联邦证据规则》501（56 F. R. D. 230）规定如下：除非合众国宪法另有要求或者国会法律另有规定，除非本证据规则或者最高法院通过的其他规则另有规定，任何人没有下列特免权：(1) 拒绝成为证人；或者 (2) 拒绝披露任何事项；或者 (3) 拒绝出示任何物品或者书写品；或者 (4) 阻止他人成为证人或者披露任何事项或者出示任何物品或者书写品。

　　㉒　就《联邦证据规则》501 的当前条文，参见下文第 76.1 节。

　　㉓　28 U. S. C. A. § 2074 (b).

量和对立性，希望达成这样的共识从来就不现实。无论如何，目前形式的《联邦证据规则》501 使联邦特免权法中的不稳定局面得以延续，对于各州采用相同或者类似的特免权方案而言没有什么吸引力。因此，在可预见的未来，下面所讨论的联邦法院和州法院的各种特免权模式可能仍然存在。

第76.1节　当前的特免权模式：(a) 联邦法院的特免权；适用什么法律?

《联邦证据规则》草案只承认来自联邦来源的特免权，其颁布将创造一个统一的特免权方案，适用于所有案件，而不论管辖依据如何。然而，国会制定的规则建立了一个分为两部分的特免权规则体系。《联邦证据规则》501 规定：

> 联邦法院按照根据理性和经验加以解释的普通法调整特免权主张，除非任何下列法律或者规则另有规定：
>
> ● 《合众国宪法》；
> ● 联邦制定法；或者
> ● 最高法院制定的规则。
>   但是在民事案件中，如果州法就起诉或者辩护规定了适用的裁决规则，则特免权由州法调整。㉔

因此，根据规则501，"根据理性和经验加以解释的普通法"，将确定适用于联邦问题和刑事案件的特免权，而异籍诉讼中的特免权将来自州法律。在前几类案件中，最高法院颁布的规则似乎很有可能作为"理性和经验"的指征而具有影响力。但是也很明显的是，规则 501 的用意并不是要将承认的特免权的数量和类型限定在规则草案包含的特免权中。一个重要的问题是，在规则 501 不要求使用这种自由来承认和应用州特免权的情况下，是否应该这样做。

173

州法律规定了裁决规则的案件——主要是异籍案件——比较清楚。想必今天的联邦法院不会像规则 501 颁布之前的某些时候那样，在异籍案件中执行州法律不承认的特免权。然而，在存在法律冲突的情况下，就"适用"的州特免权是否存在进行裁断的过程，仍然是一个主要的问题。

㉔　这是重塑后的规则，2011 年 12 月 1 日生效。重塑前的规则如下：除非《合众国宪法》另有要求，国会法律另有规定，或者最高法院依据制定法授权制定的规则另有规定，证人、个人、政府、州或政治区划的特免权，将由合众国法院按照理性和经验可以对其加以解释的普通法原则来调整。然而，在民事诉讼和程序中，如果州法律就起诉或者辩护的要件规定了裁决规则，则证人、个人、政府、州或政治区划的特免权将依照州法裁断。

有人认为，鉴于规则 501 的国会法律的地位，联邦法院在确定适用的州特免权法时，不一定要接受州的法律冲突原则。尽管这一立场得到了许多论者的支持，但是自《联邦证据规则》颁布以来，判决的大多数案件继续遵循 *Klaxon Co. v. Stentor Electric Manufacturing Co* 案件㉕的理论，因此在确定应适用哪一州的特免权时，要寻找州的法律选择规则。

州或者联邦特免权法的适用问题也出现在了既有联邦索赔又有州索赔的案件中。在这种情况下，更好的做法似乎是考虑索赔以及与所说的受特免权保护的信息相关的争点的主要性质。面临这一问题的大多数联邦法院都适用了联邦特免权法，尽管这一问题最常见于主要索赔是联邦索赔的情况。一些法院已经考虑了索赔和与所说的受特免权保护的信息相关的争点的主要性质。

第76.2节　当前的特免权模式：(b) 州的特免权模式；承认新的特免权

承认特免权的州模式差别很大。就像接下来的章节所讨论的那样，所有州都拥有某种形式的夫—妻㉖和律师—委托人特免权。㉗ 所有的州都为某些政府信息提供了一定的保护。㉘ 大多数州——虽然不是全部——允许医生和患者之间的交流至少有一个有限的特免权。此外，还有其他一些特免权值得明确提及。

174

虽然普通法可能没有承认，但是保护牧师和忏悔者之间秘密交流的特免权现在已在所有 50 个州获得通过。Wigmore 似乎勉强接受了该特免权，也许反映了在纯粹功利主义的基础上证成其存在的困难，因为至少宗教信条要求或者鼓励忏悔性交流，无论是否存在证据特免权，都有可能继续这样做。世俗势力企图强迫违反宗教良心而行为所固有的冒犯性，似乎为其提供了更坚实的基础。事实证明，在尊重宗教信仰的同时避免将个人良知作为作证义务的最终衡量标准，存在一些困难。早期的制定法形式的特免权，仅就交流者所属的"教会所要求的规训过程中"进行的忏悔性的交流规定了特免权。然而，这一限制已经认为过于——也许是违宪的——偏好于罗马天主教和其他一些教会。因此，制定法一般都有所扩大。1974 年颁布的《统一证据规则》505 很典型，它将特免权扩展到"个人向以灵的顾问的职业身份出现的神职人员进行的秘密交流"。

㉕　313 U. S. 487（1941）.
㉖　参见下文第 9 章。
㉗　参见下文第 10 章。
㉘　参见下文第 12 章。

各州在谁可以放弃牧师—忏悔者特免权的问题上意见分歧。有的规定特免权只属于交流者，有的规定特免权属于神职人员，还有的判定特免权属于这两种人。

多年来，特别是在过去十年里，一直得到最坚定主张的特免权之一，是保护记者不在法庭上被要求作出透露新闻来源人身份的证言。这种特免权的理由与长期存在的政府线人特免权的理由类似，完全是功利主义性质的。因此，有人提出，如果强制披露线人的身份，那么为满足公众对信息的需求所必需的新闻来源将"枯竭"。许多在联邦制定法中规定该特免权的尝试都失败了，而这并不是被纳入修订后的《统一证据规则（1974）》的特免权之一。此外，最高法院在 *Branzburg v. Hayes* 案件[29]中似乎驳回了宪法第一修正案的新闻自由保证隐含了记者特免权的观点。然而，注意到这一拒绝并没有得到法院的绝对多数支持，相当多的下级联邦法院已承诺承认一个有限的记者特免权，这一特免权可以希望取得受该特免权保护的信息的当事人通过适当证明而被瓦解。尽管偶尔被称为普通法创制，尽管有 *Branzburg* 案件，特免权一般被认为是源自宪法第一修正案。在相当多的州，新闻工作者的某种形式的特免权是由制定法创造的，由司法裁决创造的也不是少数。一些州法院还认定，这一特免权是州宪法条款所暗含的。与其他职业特免权不同，它通常被认为属于记者，无论新闻来源的意愿如何，记者都可以主张或者放弃该特免权。　　*175*

在大约三分之一的州，向会计师所作的交流是受特免权保护的。这一特免权与律师—委托人的特免权最为相似，尽管要进一步促进的社会目标可以说是不同的、较小的。

近年来，强奸被害人的困境受到了人们的广泛关注，许多州的法律或者法院判决都创设了性侵犯被害人—顾问特免权。这种特免权可以说在公共政策中有重要的基础，但是不可避免地与刑事被告的宪法权利相冲突。[30]

由于医疗审查委员会的评议需要证据特免权的保护，这一原则得到了更广泛的接受。

与机要人员、速记员和其他"雇员"、学校教师、学校辅导员、团体心理治疗参与者、护士、婚姻顾问、私家侦探和社会工作者交流的特免权，偶尔会被承认。有人建议创设父母和未成年子女交流特免权，但是很少得到法院批

---

[29]　408 U. S. 665（1972）.

[30]　参见上文第 74.2 节。

准。科研人员—实验对象特免权和自我批判性分析特免权只取得了一些进展。

最高法院驳回了一项旨在获得联邦特免权的尝试，该特免权旨在防止学术机构的秘密同行评议材料被披露。③

第 77 节　特免权的未来

尽管国会否决了关于特免权的联邦证据规则草案，因而未能在这一领域作出实质性的变革，但是几个并行的发展，可能预示着特免权法发展的某些新方向。

针对某些联邦证据特免权规则草案的攻击的激烈程度表明，证据特免权的基本概念尽管对司法存在有害的后果，但是在可预见的未来，它不会被放弃。可以预见的是，这些攻击中的许多来自对保留或者创建特定特免权特别感兴趣的群体。更为重要的是，特免权的事业也得到了学术界前所未有的广大人士的拥护。后一种反应在很大程度上是由于对现代社会日益侵入人类隐私的普遍关切而产生的，这种关注反映在最高法院的几个赋予隐私的某些方面以宪法地位的判决中。

虽然证据特免权作为捍卫隐私价值的堡垒的最终战略意义可能会受到质疑，但是将重点放在隐私或者类似的人道主义理由上，作为承认许多特免权的有效根据，被认为是一个有益的、姗姗来迟的发展。在最佳情况下，这样一个重点可以提供一个理论基础，以便与现在相比，在反对无端侵入的合法自由要求与司法制度的基本要求之间达成更令人满意的调和。

176

传统上所感受到的以功利主义价值来证明所有特免权的正当性的需要，主要源于 Wigmore 的格言，这不仅导致了对高度可疑的社会学前提的断言，而且为在这一领域有意义的价值调和带来了很少的可能性。传统的证据特免权必然要用宽泛的笔触来描绘，因为实现功利目标实际上需要绝对性的特免权。但是，如果人们认识到，并非所有的特免权都是基于同样的考虑，或者如果在诉讼中允许的话，也会产生同样的影响，那么就可以看出，并非所有的特免权都需要提出如此大的要求。如果目标不是诱导某些关系中的行为，而是保护个人隐私不受不必要或者琐碎的侵犯，那么特免权的实现就要服从于具体解决方案的更精细的处理。因此，在具体案件中，判定足够严肃的考虑要求披露，肯定会对特免权持有人产生不利影响，但是不会损害更广泛的社会利益。

另一个因素也可能有助于更多地使用受限定的或者有条件的特免权，在特

---

③　University of Pennsylvania v. E. E. O. C. , 493 U. S. 182 (1990).

定案件中在临时判定需要证据的情况下，可暂停该特免权。已经显而易见的是，特免权法必须在一定程度上适应根据对质条款和强制程序条款发展出来的刑事被告的权利。[32]与此同时，尽可能避免在刑事被告辩称需要受特免权保护的事项时自动和完全推翻特免权，和在需要维持特免权的情况下撤销指控之间，作出选择。至少在特免权目标的实现不需要绝对保护的情况下，对所寻求的事项的潜在重要性与特免权背后的隐私因素进行不公开权衡，可能是一种可取的妥协。

尽管这必然会带来一定的程序不便和相当大的司法自由裁量权，但是这一解决办法已经被许多论者和法院接受。也许可以合理地预测，法官也许正在越来越多地涉足隐私和保密领域。

[32]　参见上文第 74.2 节。

第 9 章

婚内交流特免权

第 78 节　历史和背景，以及相似的规则

我们在这里讨论的，是古树上的一个新枝。较老的枝权已在另一章中讨论。[①] 这些较早的规则，与现在的理论有着截然区别，首先是这样的规则，即当事人或者利害关系人的配偶没有资格作证支持其配偶；其次是，一方当事人有反对将其丈夫或者妻子传唤为不利证人的特免权。这两个较早的规则完全禁止将配偶传唤为证人，无论其是支持还是反对当事人，不论引出的实际证言如何，而目前讨论的特免权仅限于某一类证言，即配偶之间的交流或者——在某些州更广泛的——因婚姻关系而获得的信息。

19 世纪上半叶英国的程序改革运动，在证据领域表现为鼓动取消当事人和配偶无作证资格的制度上。支持取消配偶的作证资格的一个辅助理由是维护婚内的信任。就取消配偶作证资格的问题，1853 年《证据修正法》基本上完成了改革。在这项立法的前夕，1842 年，Greenleaf 在美国明确指出，就婚内交流存在一个独特的特免权。1849 年，Best 在英国也对此作出了呼应，尽管在英国的判决中似乎很少或者根本没有支持这种观点。此外，普通法程序委员会 1853 年的《第二次报告》在驳斥了支持过时的取消作证资格规则的观点后，提请注意"强迫公开披露夫妻之间的秘密交流给社会带来的恐慌和烦恼"这一特殊危险，并宣布"他们之间的所有交流都应被判定为受特免权保护"。

然而，尽管支持婚内交流特免权的政策已被明确指出，但是很少有机会得到司法承认，因为当事人配偶更广泛的无资格作证的范围，使得就这种特免权是否存在的问题出现的可能性极小。

不过，上述 1853 年的英国法在废除了当事人的丈夫和妻子无作证资格的规定后，规定："不得强迫丈夫披露妻子在婚姻期间向其进行的任何交流，不

---

① 参见上文第 66 节。

得强迫妻子披露丈夫在婚姻期间向其进行的任何交流。"[2] 此外，几乎美国所有的州，在使配偶有能力作证的同时，还规定他们不能就他们之间的交流作证。

鉴于这段历史，英国上诉法院否认就婚内交流有任何普通法特免权。然而，在美国，法院经常说，保护婚内交流不被披露的制定法是对普通法的宣告。此外，一些法院甚至判定，"普通法"规则在没有成文法的时候是有效的，至少在被立法废除之前是这样。

除了在法院显示的活力，一些法律论者认为，这里讨论的规则是各种形式的婚姻特免权中最合乎情理的。然而，最高法院批准但是被国会删除的《联邦证据规则》505，不承认配偶之间秘密交流的特免权，将特免权限制为刑事诉讼中的被告防止其配偶作证反对他的特免权。修正后的《统一证据规则》规定的婚内特免权，根据1974年版《统一证据规则》的规定，仅限于被告防止披露秘密交流的特免权，后来通过修正《统一证据规则》504而得到扩大。修正后的规则承认了配偶一方有权拒绝在刑事程序中作证反对被告配偶的特免权[3]，以及刑事和民事案件中关于秘密交流的特免权。根据国会通过的《联邦证据规则》501，联邦法院继续承认婚内交流特免权作为普通法的有效性。

第79节　什么受特免权保护：仅仅是交流，还是行为和事实

Greenleaf 在1842年提出了一种有别于婚内无作证能力的特免权，并为后来正式制定该特免权的制定法提供了灵感，该特免权只谈到了"交流"和"对话"[4]。后来的制定法本身（除了一两个）认可了关于"交流"的特免权，除此之外什么也没有。因此，这一特免权似乎应限于配偶一方意图向另一方传达含义或者信息的表达。这些表达可以是语言表达（口头的、书面的或者手语的），也可以是表达性行为，例如丈夫在妻子面前打开一个箱子，向她指出箱子里的东西。此外，特免权的保护将避免间接披露交流内容，就像向丈夫询问妻子的下落时，丈夫只能从她的秘密交流中得知她的下落。尽管如此，这一逻辑和政策似乎应当导致法院停下来，以交流作为特免权的最远边界，而且有相当数量的法院坚定地站到了这条线上。

[2]　St. 16 & 17 Vict. c. 83，§ 3.
[3]　关于配偶不利证言的同源特免权的讨论，参见上文第66节。
[4]　参见上文第78节。

然而，有同样数量或者更多的法院将其制定法中的"交流"解释为将特免权扩展到根本不等于交流的行为、事实、条件和交易。一组法院似乎宣布了这样一个原则，即在妻子在场的情况下私下进行的行为相当于"交流"。另一组法院则更进一步说，妻子因婚姻关系而获得的、在没有这种关系的情况下不可能知道的任何信息都受到保护。至少后一组法院的一些法院会判定，配偶一方在婚姻期间观察到的关于配偶另一方的健康、惯常性或特定时间的醉酒状态或者精神状况的信息，将受到特免权的保护。

无论是根据这一特免权的工具性理由还是人本主义的理由，交流以外的所有扩展似乎都是不合理的。法院在这些案件中的态度似乎反映了与通过取消配偶一方作出反对另一方的任何证言的资格来维护家庭和睦这一相当不同的目的的混淆。[⑤] 认为除律师以外的任何人在配偶在场时采取行动之前，都会考虑是否存在特免权，这是不切实际的。或者更确切地说，这样是不切实际的，即配偶甚至不会进入婚姻关系，如果不存在更广泛的特免权的话——这是一个人为了证明排除因婚姻关系而获得的所有信息的正当性，所必须相信的前提。此外，似乎同样难以证成配偶之间的私人领地，因为这种领地的范围超出了秘密交流和通过婚姻信任获得的信息。

最近，就促进犯罪或者欺诈的交流而排除特免权保护的制定法和判例，体现了与特免权背后的基本政策相一致的具体发展方向。这个例外，长期以来被认为是限制律师—委托人交流这一同源特免权的，在当前的情境下似乎也有充分的理由。

第80节　交流必须是秘密的

大多数制定法明确地将特免权限定在"秘密交流"上。然而，即使所使用的措辞是"任何交流"或者仅仅是"交流"，特免权是由"普通法"产生的这一观念，以及在制定法之前对特免权的描述显然是将其基于保护秘密的政策这一事实[⑥]，已使大多数法院在解读这些制定法时纳入了秘密性的要求。丈夫和妻子之间私下的交流被认为是秘密的，但是如果明确确认了秘密性，或者如果作出交流的配偶可能希望就事项保密，要么是因为它的披露会让人尴尬，要么是因为其他原因，那么这种假设当然会得到加强。但

---

⑤　参见上文第 66 节。
⑥　参见上文第 78 节。

是，各种因素，包括讯息的性质或者交流讯息的环境，可能有助于反驳关于有保密意图的说法。特别是，如果作出交流的配偶知道第三人在场，这将把信任之网延伸到婚姻以外，则交流不受特免权保护。即使家里有孩子在场，也会使谈话失去保护，除非孩子们太小，听不懂所说的话。交流与商业交易有关这一事实可能表明，它并非旨在保密。例如，配偶双方之间关于商业协议的陈述，或者关于配偶一方作为另一方代理人所处理的商业事务的陈述，或者关于财产或者转让的陈述。通常情况下，这类陈述涉及的事实是打算以后公开的。当交易进入诉讼后，以特免权掩盖它们，将产生特别的不便和不公正。

第81节　进行交流的时间：婚姻状态

180

这种特免权是为了鼓励婚姻中的信任而设立的，并且仅限于这种信任。因此，丈夫和妻子在结婚前或者离婚后进行的交流，是不受特免权保护的。同居者认为同居在功能上与婚姻等同，他们试图主张特免权，迄今为止，都被法院一律驳回。有效的普通法婚姻可以满足有效婚姻的要求，如果能够证明这一点的话，但是重婚是不够格的。尽管与其他特免权类似，如果寻求特免权利益的当事人不知道另一所称配偶的状况，上述后一种情况的判定可能应该放宽，但是法院并没有一贯这样做。

夫妻分居怎么办？有人敦促说，在这种情况下，与绝大多数公认受特免权保护的交流相比，交流更可能与维护婚姻有关。这一事实，再加上在确定配偶之间的敌意何时变得不可调和时所涉及的实际困难，说明只有在离婚判决后再终止特免权的做法更容易执行。有些法院采纳了这种观点。然而，其他法院，特别是联邦巡回区法院，拒绝在当事人在交流时分居的情况下适用这一特免权。

第82节　违背作出交流的配偶的意愿向第三人披露的危害

判例似乎支持这样一种观点，即这种特免权并不禁止（无意地或者通过窃听）偷听到丈夫和妻子之间的口头交流，或者通过截取、因保管人遗失或者错误交付而掌握或者获悉配偶之间信件的内容的第三方的证言。

此外，一些法院——特别是最近——判定，特定的制定法只规定不得就秘密陈述对配偶进行询问。根据这类制定法，这一特免权并不禁止他人就这些陈述作证或者引入提及这类交流的文件。

这样的裁决也许最能得到这样的观点的支持，即因为特免权的唯一作用是排除相关证据，所以其范围应当尽可能狭窄，以与对婚内交流的合理保护相一致。根据这种观点，似乎是，由于进行交流的配偶通常可以采取有效的预防措施防止偷听，他应该承担未能采取这种预防措施所带来的风险。此外，如果他派信使送信，通常情况下，他应该承担所选的信使可能丢失或者错误递送讯息的风险。配偶双方通常可以采取有效措施进行秘密交流的理由，在一方或者双方被监禁的情况下，往往会站不住脚。然而，在看守所里进行的交流经常被认为不受特免权保护，这通常基于这样一种理论，即没有期待或者本不能期待保密。

正如在其他地方所述的那样，先进的窃听技术的发展，导致了对其使用和因此获得的证据的可采性的限制。[7] 它还导致将禁止第三人披露的规定纳入了受特免权保护的交流调整的规则。

除了在那些判定特免权只用于禁止配偶作证而不是禁止引入其他证言或者文件的司法辖区，大多数司法辖区都判定，如果窃听、信件的交付或者披露是由于信息所针对的配偶的背叛或者阴谋，则并不失去特免权。正如不得允许配偶违背进行交流的配偶的意愿，通过在法庭上对信息作证来背叛信任一样，他或者她也不得通过庭外背叛而实际地破坏特免权。

如果作为收件人的配偶死亡了，并且在死者的财物中发现了这封信，是否可以要求或者允许死者的个人代表在法庭上出示它？这里没有已故配偶的阴谋或者背叛，另一方面，这并不是发信人能有效防范的披露。如果要像大多数法院一样[8]，判定特免权在配偶一方死亡后继续存在，似乎只有法院严格将制定法的效力限制在禁止配偶自己作证方面，才能支持在这种情况下拒绝特免权。

第83节　谁是特免权的持有者？执行与放弃

1842 年，Greenleaf 在为保护婚姻交流打下伏笔的时候，说所预测的规则是基于"公共政策"的"特免权"。然而，许多立法机构在将这一特免权写进法律时，仅仅把这一规定说成是古代配偶无作证能力这一特殊情况的一种残存，对此，该制定法要加以废除或者限制。因此，这些法律通常规定，就婚内交流，配偶"无作证能力"。因此，法院经常忽视特免权的这一"普通法"背景[9]，允许诉讼任何一方以异议的方式主张规则之益。毫无疑问，律师常常没

---

⑦　参见上文第 74 节，以及下文第 169 节和第 176 节。
⑧　参见下文第 85 节。
⑨　参见上文第 78 节。

有指出特免权——而不是无作证能力——是适当的分类，而特免权的显著特点是，它只能由特免权的持有人或者受益人主张，而不是由这样的当事人主张。[10] 后一个原则显然是正确的。

谁是持有者？Wigmore 认为，鼓励自由交流的政策要求进行交流的配偶是持有者。根据这一观点，在唯一的目的是证明丈夫的表达和态度的情况下，在丈夫向妻子陈述时，只有丈夫才能主张这一特免权。然而，即使根据这种有限的观点，如果目标是通过妻子的沉默来表明妻子采认了丈夫的陈述，那么丈夫的陈述和她的行为都会成为她的交流，她也可以主张这一特免权。与此类似，如果提出他们之间的对话或者往来通信来证明他们两人的集体表达，则任何一方都可以要求对整个往来享有特免权。

尽管有 Wigmore 的观点，但是现在大多数司法辖区都规定配偶双方均享有这一特免权。半数以上的州通过制定法或者规则实现了这一结果。大多数联邦巡回区法院的判决也都得出了同样的结论。一家法院的判决无视将特免权仅赋予进行交流的配偶的早期先例。该判决阐明的理由是，如果不允许非进行交流的配偶主张特免权，将重创该特免权，因为这会导致人们情况性地证明另一配偶的陈述。尽管本书的早期版本表达过这种观点，但是这里表达的理由是令人信服的。

持有人未能通过提出异议来主张特免权，或者持有人就其交流或者其中的重要部分自愿披露，即为弃权。然而，在某些司法辖区中，法官可依照其自由裁量权，在持有人不在场而无法主张的情况下保护该特免权，为援用这一自由裁量权之目的，不是持有人的当事人可以提出异议，尽管在法官未能保护属于不在场的配偶的特免权的情况下，该当事人不得表达不满。

第84节　特免权不适用的争论

反对配偶不利证言的普通法特免权，在起诉丈夫对妻子的罪行——至少是暴力罪行——时，有一个例外。[11] 当 19 世纪美国的法律对这一特免权和配偶无作证能力的规定加以限制和规制，并就秘密交流规定了新的制定法特免权时，上述普通法例外通常被纳入和扩大，而且经常增加其他例外。根据这些制定法，这些例外是否仅适用于限制配偶作为证人的能力的规定，或者是否也适用于秘密交流特免权，并不总是清楚。然而，在没有相反判决的情况

[10]　参见上文第 73.1 节。

[11]　参见上文第 66 节。

下，通常至少可以说，就例外确实可以进行后一种适用，而且在某些情况下，明确表达了这种意图。原则上，任何其他结果都是难以证成的。

当然，不同的州之间，婚姻交流特免权不适用的争议类型各不相同。它们可以来源于明文规定、制定法含义或者根据普通法原理作出的判决。它们可分为以下几类：

● 一方对另一方或者对彼此的子女所犯罪行的检控。除了一般性的制定法，还常常规定一些特别的罪行，最常见的是家庭遗弃和操控卖淫，而对于后者，通常明确取消交流特免权。

● 配偶一方因故意伤害婚姻关系而对外人提起的诉讼。到目前为止，这一例外已经适用，有时是根据制定法，有时是作为普通法传统的延续，主要是在涉及离间夫妻感情或者私通的诉讼中。它通常用于采纳表达被离间配偶的感情状态的陈述。

● 配偶一方对另一方的诉讼。有些制定法采用这种更广泛的形式。有些只适用于他们之间的特殊诉讼，最常具体规定的就是离婚诉讼。配偶之间的争议这一例外，应该延伸到配偶的代表之间的争议，似乎值得普遍接受。在共同咨询律师的类似情况下，就他们之间的争议进行的这种咨询，委托人被判定没有特免权。[12] 因此，在这里，丈夫和妻子，虽然他们希望自己的秘密不为外部世界所知，但是通常都会预料到，如果他们之间发生了争议，他们之间的对话将揭示案件是非曲直，进行全面披露将服务于双方的利益。

● 对配偶一方提起的刑事诉讼，其中另一方配偶向被告秘密作出的陈述往往会证明罪行的正当性或者降低罪行的等级。

第85节　如果交流是在婚姻期间进行的，那么死亡或者离婚会终结这种特免权吗？

当婚姻因死亡或者离婚而终止时，丈夫或者妻子不能为另一方作证的规定，以及配偶双方反对不利证言的特免权，也告终止。[13] 然而，在配偶秘密交流特免权的主要支持者 Greenleaf 的心目中，其基础是鼓励信任这一政策，他

⑫　参见下文第 91.1 节。
⑬　参见上文第 66 节。

认为这种鼓励所要求的不仅仅是临时性的保密，而是永久性的保密。美国法院已经接受了这种永久性保护的需要，规定这一特免权的制定法中，约有一半明确规定，这一特免权在死亡或者离婚后继续存在。事实上，试图援用交流特免权的行为中，具有这一特点的占有很大比例，因为如果婚姻没有终止，则通常会适用另一个更具有包容性的婚姻特免权。

在本书的早期版本中，有人曾提出以下观点："在婚姻关系被切断的情况下，所谓的特免权政策只具有最遥远和脆弱的相关性，适用该特免权带来不公正的可能性则最为明显。"这句话引自 Wigmore，他说，"一定会有偶然的困难情况，在放宽该规则时，应该有大量的灵活性。"英国的判例 *Shenton v. Tyler* 案[14]，被引用为一个困难情况的例子。在该案件中，原告起诉了一名寡妇，并声称她已故的丈夫为原告的利益作了口头秘密信托，该寡妇知道这一点。原告申请对该寡妇进行发问。寡妇依据的是 1853 年《证据修正法》第 3 条，该条规定如下："……不得强迫妻子披露其在婚姻期间（丈夫）向其所作的任何交流。"法院拒绝了 Greenleaf 关于普通法交流特免权在婚姻结束后继续存在的理论，并且认为："无法找到任何正当理由来将本条的措辞解释为包括鳏夫、寡妇和离婚者。"本书的早期版本接着说道："然而，不论就法院的立场——就婚内交流，没有普通法特免权[15]——有多大的争议，似乎很明显的是，在政策上，当婚姻结束时交流特免权也终止的实际判定，比根据美国制定法和判例得出的相反结果更可取。"

184

在死亡或者离婚后特免权是否还继续存在的问题上，本书目前的作者采取了不同的立场。与其得出这样的结论，即判定特免权在婚姻结束时结束在政策上是可取的，不如说，特免权的人本主义而不是功利主义的正当理由，可能要求一种总体上受到限定的特免权。这种特免权将在死亡或者婚姻解体后继续存在，但是在 *Shenton v. Tyler* 案等情况下可能会消失。下一节将讨论限定特免权的可能性。

第86节　婚内交流特免权的政策和未来

传统上支持婚内交流特免权的观点是，需要这种特免权来鼓励婚内信任，而信任反过来又促进了夫妻之间的和谐。这一观点，现在重申了将近一个半世

---

⑭　L. R.［1939］Ch. Div. 620（C. A.）.

⑮　参见上文第 78 节。

纪，显然是建立在关于已婚人士的知识和心理的某些假设之上的。因此，必须假定配偶决定在婚内倾诉秘密时，会知道这一特免权并考虑到它的保护，或者与前一情况不同，至少在该特免权被撤销的情况下，他们会知道该特免权的缺失，如此也就会比现在更少倾诉秘密。

在许多（尽管不是所有）论者看来，在没有任何实证验证的情况下，这些命题是高度可疑的。对政策观点，最有说服力的回答似乎是，当事人在考虑他们应该在秘密谈话中走多远时，他们心中几乎不会考虑在法庭上进行披露的偶然性（即使特免权不存在）。鼓励他们完全坦诚的，不是法庭特免权的保证，而是他们相信彼此的忠诚和谨慎。如果这些秘密不是在法庭外所讲的，它们在法庭上被引出的危险就很小。在大多数人的生活中，作为当事人或者证人出庭，是极为罕见和不寻常的事件，而对这一事件的预期并不是严重影响日常生活中婚内披露充分程度的因素之一。因此，虽然排除相关证据造成不公正的危险是明确和确定的，但是在鼓励婚姻信任和婚姻和谐方面，特免权规则可能带来的好处是微乎其微的。

但是也许鼓励信任的政策并不是创制和维持该特免权的主要影响因素。这确实是一件更自然、更光明正大的事情。这是一个情感问题。在窥探丈夫和妻子的秘密时，我们都有一种无教养、缺乏礼貌的感觉。

如早先的一节所述[16]，近些年来，在支持婚内交流和其他特免权方面，这种人本主义因素得到了广泛的推进。越来越多的人认识到，将特免权赋予婚姻伴侣的真正有效的基础，可能会主张把这种特免权看作是有限定的，而不是绝对的。在婚姻关系中建立私人领地的人本主义需求，在需要以其他方式不能获得的对确定重大法律权利至关重要的证据时，可能无法取得平衡。

然而，无论是法院还是立法机关，都没有采取措施将婚内交流特免权从绝对特免权转变为受到限定的特免权。确实，美国最高法院最近关于其他特免权的声明表明了对任何这种观念的拒绝，即人们更为普遍接受的特免权不是绝对的。关于婚内交流特免权的趋势似乎是朝着继续承认这种特免权的方向发展：这种特免权的形式相当广泛，而且肯定是绝对的。

---

⑯ 参见上文第 72 节。

第 10 章

委托人特免权：委托人与律师之间的交流

第 87 节 特免权的背景和政策：(a) 理论因素

律师对委托人的忠诚使他不能在委托人的案件中作证，这一观念在罗马法中根深蒂固。就早期的英国教义的形成而言，这一罗马传统可能有影响，也可能没有影响。我们在伊丽莎白时代发现了这一教义的发轫，即出庭律师和律师的誓词和荣誉，保护他们不被要求在法庭上受询问时披露委托人的秘密。但是到了 18 世纪，在英国，人们对守信的强调已经减弱，为了正义的目的而查明真相的必要性比保密的保证更为迫切。因此为让律师免于披露当事人的秘密，找到了一个新的理由。这一理论今天仍然是特免权的主要理论基础，它基于三个命题。首先，法律是复杂的，为了使社会成员在管理其事务和解决其争端时遵守法律，他们需要专家律师的协助。其次，律师在不充分了解委托人情境的情况下无法履行这一职能。最后，如果不能使其确信不能不顾委托人的异议，迫使律师在法庭上披露秘密的话，不能指望委托人让律师完全掌握事实。根据这一理论，在律师的办公室进行更为坦率的披露给正义（而不是给各个委托人）带来的好处，胜过将所有相关事实提交法院的权力给正义造成的相应损失。

这种明显的功利主义理由，以特免权能够引起委托人的特定行为的力量为前提，具有令人信服的常识吸引力。委托人把自己的故事告诉他的律师，省略所有他怀疑会对他不利的事情，这种倾向是每天的专业观察都能看到的问题。这使得谨慎的律师有必要就可能出现的不利事实对其委托人进行彻底盘问。在刑事案件中，很难从被告那里得到充分的披露，是众所周知的，而且如果被告知道律师可能被迫重复被告所说的话，这肯定是绝对不可能的。

然而，这些理由从来没有让所有人信服。边沁（Jeremy Bentham）也许是迄今为止最著名的特免权批评者，他认为，有正当的理由或者辩护的无辜的一方不需要特免权，也不应该用特免权来帮助有罪者协调虚假的理由或者辩护。边沁对委托人进行的正义与罪恶的浮夸划分，在一个连最善意的人都可能怀疑自己是否遵守了越来越难以应对的法律的时代，似乎有些天真。不过，没有人能够否认受特免权保护的压制真相的不幸倾向，人们普遍认为，只有更大程度的坦诚，才支持特免权的存续。Wigmore 这个特免权的伟大倡导者和构建者，赞同这一观点，尽管他承认"它的好处都是间接的和推测性的；它的妨害是明确和具体的"①。

近年来，尝试对过去的直觉判断进行经验验证的趋势，为 Wigmore 的评价提供了一种特别的说服力。具有讽刺意味的是，就特免权在实现其所称目标方面的效用程度——批评者推测其相当低——而言，由于特免权本身，很可能被证明是无法证明的。尽管存在这些困难，但是当然可以从笛卡尔假设出发，即特免权会造成委托人行为中某些未知和不可知的边际变化。但是，这种最低限度的要求，即使再加上构建特免权以便将其操作限制在最有可能产生影响的情境中的努力，似乎也没有足够的理由。

作为一种可能的辅助理由，今天越来越多的人建议，隐私因素应在支持和最终界定特免权方面发挥作用。迄今为止，法院很少承认这一理由是律师—委托人特免权的支持理由，更不用说充分理由了。这一理论的最终命运很可能将取决于其倡导者能否成功地说明这样一种理论根据对特免权的参数意味着什么。

目前看来，最现实的做法是，将律师—委托人特免权描述为，一部分是由其传统的功利理由所支持的，另一部分是由其在对抗制本身中所扮演的不可或缺的角色所支持的。我们的诉讼制度，使律师成为他所代理的当事人的斗士。律师与委托人之间的关系，有着很强的忠诚传统，而这种传统会因日常就委托人就职业业务对律师进行的秘密披露而询问律师受到侮辱。因此，如果证据特免权与整个职业行为守则有着不可分割的联系，那么，设想在没有对特免权所从属的基本伦理制度进行重大修改的情况下大幅削减特免权是徒劳的。

上述事态显然不太理想，因为在许多领域，特免权的适用基本上缺乏可预测性，而这对于任何功利主义效果而言，在逻辑上是不可或缺的。过去被认为是不可侵犯的特免权的倡导者们，感受到了越来越多的不确定性，因为越来越多地使用不公开审查来确定特免权主张的正当性，甚至在一些司法辖区，使用权衡标准来确定特免权是否成立。虽然关于特免权的权衡方法与特免权当前的基本原理不一致，有人可能认为，这些变通方法的使用越来越多，与通过自由扩大例外和适用弃权原则来控制特免权范围的传统方法相比，最终可能导致对

① 8 Wigmore, Evidence § 2291, p. 554 (McNaughton rev. 1961).

特免权的更理性贯彻。

1999 年修正的《统一证据规则》，体现了现在已被普遍接受的对该特免权的范围的清晰陈述。

第 87.1 节　特免权的背景和政策：(b) 在公司、政府和其他实体背景中的适用　　*189*

在 1962 年联邦地区法院判定公司无权主张特免权之前[2]，从未有人质疑特免权适用于公司委托人，尽管有别于对自然人的适用。这项判决引起了广泛的关注和许多评论，其中大多数是反对的，直到在上诉中被推翻。[3] 似乎没有什么理由相信这个问题很快就会再次出现。

然而，在公司情境下特免权的范围，提出了一个异常棘手的问题，甚至尚未完全解决。困难基本上是从传统的自然人委托人的典型案例中推算出特免权的基本运作条件。自然人委托人既向律师提供信息，又从律师那里获得建议。在公司背景下，有能力提供相关事实的公司人员不一定有权根据基于这些事实的法律建议采取行动，该关系的这两个方面是否都要受到保护？早期的判决侧重于这一二分法的前半部分，并将特免权广泛地扩展到委托人公司的任何"高级管理人员或者雇员"所进行的交流。*City of Philadelphia v. Westinghouse Electric Corp.* 案件[4]戏剧性地扭转了这个重点，它提出了一个"控制群体"标准，根据该标准，特免权仅限于"能够控制甚或实质参与公司根据律师的建议可能采取的任何行动决策"的公司工作人员所进行的交流。

在 1981 年最高法院对 *Upjohn Co. v. United States* 案件[5]判决之前，"控制群体"理论一直被法院广泛采用，但是并不普遍。虽然法院在 *Upjohn* 案件中明确否认了试图制定确定性的规则，它确实明确拒绝了控制群体原则，认为它"不能……调整这一领域法律的发展"。法院指出，控制群体标准固有的主要缺陷是，它未能承认特免权的这一功能，即保护向咨询律师提供的信息流动。然而，该意见确实提出了一些限制，据此，只有在以下情况下，此类信息才会受特免权保护：(1) 进行交流的明确目的是为公司获得法律意见；(2) 与进行交流的雇员的具体公司职责有关；以及 (3) 在公司内部被视为秘密。

---

② Radiant Burners，Inc. v. American Gas Ass'n，207 F. Supp. 771 (N. D. Ill. 1962).

③ Radiant Burners，Inc. v. American Gas Ass'n，320 F. 2d 314 (7th Cir. 1963).

④ 210 F. Supp. 483 (E. D. Pa. 1962).

⑤ 449 U. S. 383 (1981).

Upjohn 案件的判决引起了大量的评论，其中大部分是批评性的。除了该判决未能更清楚地阐明公司特免权的范围，另一个经常受到批评的是，Upjohn 案件依赖于功利主义的理论基础，同时又没有将特免权限制在可能对其所述目的有效的情况下。因此，一个较低级别的公司雇员，如果有足够的经验将证据特免权纳入其与公司律师交流的决定中，就不太可能用公司依照独有的自由裁量权所能放弃的特免权来打消疑虑。至少，该特免权应当仅适用于拥有或者被明确授予主张特免权的权力的公司雇员。

虽然 Upjohn 案件的判决没有基于宪法的理由，因此对各州没有约束力，但是它在联邦系统之外，产生了相当大的影响。与此同时，一些州继续赞成控制群体标准，从而使识别最终将主张特免权的审判地，成了关于其范围的不确定性的来源之一。

Upjohn 案件对公司律师—委托人特免权的扩展，几乎必然要在其他组织结构中扩展该特免权。尽管根据控制群体标准，公司特免权的范围可能与独资企业的特免权范围大致相似，但是在扩展到较低级别的雇员而没有相应地扩展到其他各种实体的雇员的情况下，可能在政治上和理论上都是站不住脚的。

然而，如果有关实体是政府，则会出现明显不同的考虑，这导致许多州实质上限制了这些实体的特免权。在联邦层面上，源于对克林顿总统的调查的案件判定，适用于政府律师和政府官员之间交流的任何特免权，将不适用于防止面对大陪审团传票而进行的披露。

如上所述，有些情况对公司管理层可以主张或者放弃公司特免权这一传统规则的适用提出了质疑。其中一种情况是股东的衍生诉讼，在这种诉讼中，双方都声称是为了公司利益行事。在 Garner v. Wolfinbarger⑥ 这一代表性案件中，法院通过承认公司管理层有受到限定的特免权，解决了由此提出的问题，但是股东通过证明正当理由，可以破坏它。一些联邦上诉法院和一些州已经明确采用了 Garner 案件的方法，一些案例已经将其扩展到股东衍生诉讼之外。然而，尽管 Garner 案件的方法可能是处理股东与公司之间纠纷的主流理论，但是它被批评为在特免权的适用上注入了太多的不确定性。

第88节　职业关系

委托人与律师交流的特免权，取决于委托人的信念，即她正在以这种身份

⑥　430 F. 2d 1093 (5th Cir. 1970).

与律师磋商，以及她表明了寻求职业法律咨询的明确意图。如果她有理由认为被咨询的人是律师就足够了，尽管事实上不是。在初步讨论过程中，为了雇用律师而进行的交流是受特免权保护的，尽管这种雇用最终没有被接受。证明负担由主张特免权的人承担，即证明该咨询是职业咨询。然而，支付或者同意支付费用并不重要。但是如果律师并非以律师身份，而是以朋友、商业顾问、银行家、谈判者或者会计师身份提供咨询，或者与之交流的律师担任的是"纯粹代笔人"、遗嘱或者契据的见证人、遗嘱执行人或者代理人，则该咨询不是职业性的，其陈述也不受特免权保护。在关于不是律师的行政执业者是否可以有交流特免权的判决中，存在一些冲突。然而，即使律师所提供的服务不一定只能从法律职业人员那里获得，一般情况下，这项特免权也将适用。

通常情况下，律师可以合法地宣示自己仅有资格在她取得执照的州执业，而在其他地方进行持续咨询，在传统上不受特免权保护，但是特殊情况下，按照惯例，她可以合法地在其他地方就个别事项提供咨询，而《统一证据规则》502（a）（3）只要求她在"任何州或者国家"授权或者合理地被认为授权执业。

传统上，通过这种特免权来寻求促进的关系是律师与私人委托人之间的关系，但是最近，这种特免权被判定扩大到与代表州的律师的交流。然而，线人向公诉律师进行的披露，不在律师—委托人特免权范围内，但是保护提供此类信息的类似政策已导致承认不披露线人身份的特免权，除非审判法官认定此类披露为正义的利益所必需。与法院指定的为一方当事人利益服务的律师进行的交流，当然在特免权保护范围。一名律师与州律师协会理事会成员进行交流，该交流揭露了他参与的欺诈阴谋，并表示他希望辞去律师职务，该交流被判定不受特免权保护。

Wigmore 主张，就牵涉错误或者犯罪的人私下向法院法官作出的"自白或者类似的秘密"，享有类似于律师—委托人特免权的特免权。[⑦] 一般而言，就法官来说，如果政策动机是为了通过鼓励全面披露促进司法，那么这种特免权似乎没有什么正当理由。与律师不同的是，法官在审判前不需要私下披露来使她能够履行职责。事实上，这样的揭露通常会让她为难，而不是帮助她履行审判法官的职责。然而，著名的 *Lindsey v. People* 案件[⑧]提出了一个问题，即少年法庭的法官对在她面前的儿童所作的秘密披露，是否没有什么特殊地位。

---

⑦　8 Wigmore，Evidence § 2376（McNaughton rev. 1961）.

⑧　181 P. 531（Colo. 1919）.

法院多数意见判定，当男孩根据保密承诺向法官承认他开枪打死了他父亲时，在对男孩的母亲的谋杀罪审判中，可以迫使该法官泄露该自白。法院指出，可以强迫获得这种秘密的父母进行披露。就这一特定法院而言，鼓励倾诉的必要性是显而易见的，但是在大多数情况下，最有效的鼓励来自法官鼓舞人心的人格，即使没有保密保证的帮助。法院的这一结论似乎是合理的，即对此类披露保密的必要性并没有超过排除证据给司法造成的牺牲。

₁₉₂

第89节 特免权的主题：(a) 交流

这种特免权的现代理论根据——鼓励当事人充分披露，以促进司法[9]——可能表明这种特免权只是单向的，其目的是保护当事人或者其代理人与律师或者其助手进行的交流，而不是相反。然而，一般判定，这种特免权将至少保护那些律师向委托人作出的将有可能泄露委托人秘密的交流。事实上，除了间接证明委托人的交流，或者是证明委托人因未能提出异议而作出了自认，律师的话很少与任何其他目的相关。因此，一些制定法、《统一证据规则》以及进行了更详尽论证的判例采用了更简单和更可取的规则，将对特免权的保护也扩大到律师向委托人作出的交流。

一些州的制定法采取了一种更为无所不包的观点，这种观点将禁止律师披露他在作为律师行事时获得的任何知识，甚至是从委托人以外的来源获得的信息。这种延伸，在特免权的现代功利主义的理论中找不到任何理论根据。无论如何，更为普遍的规则并不禁止律师泄露由第三人向其本人或者其代理人传递的信息。如此获得的信息也不会因律师以建议的形式向委托人叙述而受特免权保护。

对委托人与律师之间的交流保护通常实行的限制，虽然逻辑上源于特免权的政策理论根据，但是如果律师获得的信息不是以委托人口头或者书面主张的传统形式出现的，则确实会引起某些解释问题。正如大多数典据所判定的那样，最初很容易得出这样的结论：律师所作的任何人都可能发表的不涉及委托人交流意图的言论，不受保护。相反，与委托人有意图的交流行为相关的证言，如他卷起袖子露出隐藏的伤疤，或者打开桌子抽屉展示左轮手枪，将与叙述传达相同信息的陈述一样，被排除在外。更为棘手的是，委托人向律师提供有形证据，如被盗财产，或者吐露使律师能够掌握此类证据的事实。在这里，

---

⑨ 参见上文第87节。

判例有些冲突，反映出不可能将可能合法属于特免权保护的秘密交流的行为与可能不受特免权保护的已经存在的证据事实区分开。为了解决这一难题，有一个经过仔细推理的观点是，这种特免权不应用于阻止律师披露取得信息的情况，因为排除律师的证言将为委托人提供一个独特的安全机会，使他在不留下证据线索的情况下，处理掉自己的牵罪性证据。

当一个协助律师的人，例如进行检查的医生，获悉并与律师交流了委托人不知道的事情时，仅适用于交流的理论也会出现困难。特免权似乎适用于交流本身。如果医生被认为与委托人是一起的，他的知识就是委托人的知识，不受特免权保护；但是如果与律师是一起的，特免权似乎适用，就像主导案件中所判定的那样。

将特免权适用于书写品，带来了需要进行区别分析的实际问题。以书面形式进行的专业交流，例如委托人给律师的信，当然是受特免权保护的。这些受特免权保护的书面交流，很容易区别于已有的文件或者书写品，如契据、遗嘱和仓库收据，它们本身不是委托人和律师之间的交流。对于这些预先存在的文件，两种观念开始发挥作用。首先，委托人可以通过文字或者行为就文件进行交流，例如将文件送交律师研读或者交给律师，并提请其注意文件的条款。这些交流，以及对律师因此获得的对文件的条款和外观的了解，受特免权保护，不得在法庭上通过证言披露。其次，在完全不同的基础上，存在这样一个问题：受委托人委托持有文件的律师，是否应服从法院要求他从事这些活动的命令：在审判或者审前案情先悉程序中出示文件，无论是供查阅还是用作证据？当然，鼓励充分披露的政策确实适用于鼓励委托人将所有相关文件的条款告知其律师，而披露本身以及由此获得的律师知识（就像我们所看到的那样）是受特免权保护的。的确，将文件交给律师，是最为方便的披露手段。但是下一步，即在交流特免权中增加反对出示预先存在的文件本身这一特免权，当它们需要出示但是仍然为委托人所持有时，将是无法容忍的妨碍司法。为了防止法院获取相关文件，当事人只需将其交给律师即可。因此，在这里，这一原则是决定性的：如果文件在委托人手中，则该文件需要服从出示令，而如果该文件在委托人的律师手中，则该文件将同样要服从该命令。相反的结论将有助于鼓励委托人向其律师充分披露信息的政策，但是合理的鼓励来自就关于文件的交流的特免权，额外的特免权的代价将高得令人无法容忍。还有其他的学说，可能会促使法院承认反对出示预先存在的文件的特免权[10]，但是不是关于律师——

---

⑩　参见下文第 96 节。

委托人交流的特免权学说。

第90节 特免权的主题：(b) 关于雇用的事实和委托人身份

当委托人为合法目的向律师咨询时，他很少——但是有时可能会——希望就进行咨询这一事实或者雇用律师予以保密。不过，咨询和雇用不仅仅是私人或者个人聘请活动。它们是发挥一名获得州的许可，以某种方式促进司法的官员的服务作用，并赋予他就法律提供咨询、起草文件、提交诉状和动议以及为其委托人出庭的权力，这些权力仅限于这类官员。

秘密交流特免权是否延伸到在意图保密的情况下对该等人员的咨询或者雇用之事实？传统的、仍然普遍适用的规则不承认关于咨询或者雇用这些事实的特免权，包括委托人身份的构成事实，诸如他的住址、职业等能识别他的事实，律师的身份和律师费的支付及数额。与此类似，律师就诸如审判日期等安排性事项向委托人作出的事实性交流也不受特免权保护。

人们提出了若干理由作为拒绝保护当事人身份的依据，其中最明显的理由是："仅仅是聘请律师的事实，不在［特免权］规则范围内，因为只有在查明事实后才产生特免权和沉默的职责。"[11] 此外，有人说，法律程序的一方当事人有权知道启动或者中止法院程序的对方当事人的身份。然而，这样的主张几乎没有阐明真正的问题，即在某些情况下，委托人匿名对实现特免权的适当目标是否至关重要。

代表性判例 *Baird v. Koerner* 案件[12]的事实表明，将委托人身份排除在特免权范围之外的过于简单化的规则是不够的。在该案中，法院支持了一名律师的特免权主张，该律师代表一名匿名委托人向国税局邮寄了一张支票来补缴税款。根据 *Baird* 案件的事实，任何其他结果似乎都是不可想象的，这一判决通过在一般规则中引入了一个灵活性元素，而服务于有益的目的。然而，*Baird* 案件之后的一些判决可以说大大扩展了这一规则的例外。因此，有不同的说法："当律师披露其委托人的身份将提供现有归罪性证据链中的最后一个环节时"[13] 就适用例外，或者"如果存在这样的强烈可能性，即这种信息的披露会

---

⑪　People ex rel. Vogelstein v. Warden of County Jail of New York County，270 N. Y. S. 362 (Sup. 1934).

⑫　279 F. 2d 623（9th Cir. 1960）.

⑬　In re Grand Jury Proceedings，680 F. 2d 1026，1027（5th Cir. 1982）（en banc）.

将委托人牵涉于寻求法律咨询的犯罪"⑭ 就适用例外。这些判决可能开辟了一条错误的道路，即使得规则的例外在很大程度上取决于委托人潜在危害的严重性问题，而不是与特免权密切相关的因素。

如今，有一种重新关注特免权的基本目的的明显趋势，即只有在披露的净效果是揭示委托人交流的性质时，才将其保护扩大到委托人身份和收费协议上。如果律师所起的作用不是律师独特作用的必要部分，也不适合免于公开披露和审查，那么保护当然应该被拒绝。可以说，披露规则的普遍适用似乎是最符合维护律师崇高使命之声望的做法。与此同时，在很大程度上应取决于委托人寻求匿名性保护所要实现的目标，并且将出现保护委托人身份既适当又符合公共利益的案件。

第 91 节 交流的秘密性：旨在加以公开的交流；第三人和代理人在场

195

对于特免权而言至关重要的是，它仅限于这样的情况，即委托人明确秘密进行的交流，或者他可以合理认为在这种情况下律师会理解该意图。这项普通法要求似乎已被读入那些规定特免权而未提及保密要求的制定法中。仅仅表明委托人向律师作出了交流是不够的，而是必须有表明保密意图的情况。只要委托人打算将向律师交流的事项公之于众或者披露给第三方，秘密性这一要件就显然缺少了。与此类似，如果委托人在其他场合向第三人作出了同样的陈述，那么向律师作出的类似交流也不打算保密，这是有说服力的。

就将要公布给第三方的文件以及这些文件的草稿的初步对话的地位而言，典据是有分歧的，特别是在联邦法院的案件中。一些法院判定，基于委托人最终公布信息的意图，此类对话和草案都不是秘密。其他法院则认定，至少在信息未最终披露的情况下，它们在特免权保护范围内。至少有一个法院判定，可以对初稿赋予特免权保护，但是仅限于"这些文件是为了提供或者获取法律意见而制作或者分发的，并且包含最终版本中未包含的信息或者条款的情况"⑮。如果律师—委托人特免权的目的是鼓励律师与委托人之间的自由交流，初步的谈话和反映这些谈话内容的草稿应当受到保护。委托人及其律师应当能够讨论披露的确切条款，包括起草反映信息交流最佳方式的措辞，而不会有这样的风险，即最终确定不披露的事项将不受特免权保护。

⑭ United States v. Hodge and Zweig，548 F. 2d 1347，1353（9th Cir. 1977）.

⑮ Andritz Sprout-Bauer，Inc. v. Beazer East，Inc.，174 F. R. D. 609，633（M. D. Pa. 1997）.

关于委托人和律师以外的人在场的影响的问题经常出现。在极端情况下，答案会很清楚。也许偶然的、没有利害关系的人在场能听到委托人所知的事项，将证明该交流不是意图保密的。另一方面，如果需要口译员的帮助，使委托人能够与律师磋商，那么他的在场不会剥夺交流的保密性和受特免权保护的性质。此外，如果委托人的一名代理人出席了会议，或者律师叫来了他的办事员或者机要秘书，这些中间人的在场将被视为不影响咨询的保密性质，也许这并不取决于特定情况下代理人、办事员或者机要秘书的在场是否是办理手头事务所合理必需的。这是做业务的通常方式，这就足够了。至于委托人的亲友，判例的结果并不一致，但是似乎这里不仅可以问委托人是否合理地理解会议是保密的，而且可以问是否亲友在场是否是在特定情况下保护委托人的利益所合理必需的。

196

第91.1节　交流的秘密性：共同咨询和雇用；委托人与代理人之间的争议

当两个或者两个以上的人，每个人都就某个问题或者情况有利益，共同咨询一名律师时，他们与律师的秘密交流，尽管彼此都知道，在一个或者两个委托人与外部世界的争议——也就是说，当事人对原初小圈子内的双方或者任何一方提出不利索赔时——中，当然受特免权保护。但是通常情况下，两个最初的委托人之间会发生争执，并卷入一场争议，在该争议中，他们向律师进行共同咨询时所进行的交流可能是极其重要的。在这样的争议中，特免权显然是不适用的。首先，通过宣示履行保护承诺来鼓励披露的政策似乎并不合适，因为在他们之间，双方都不知道他是否会有更多的帮助或者阻碍，如果他们之间有任何争议，双方都可以援引保密的保护。其次，有人说，他们显然不打算彼此保守这些秘密，因此他们之间没有保密意图。无论如何，它是一种应用频繁的限定，而且可能性更大，但是并不总是被认可。因此，在上一节提到的情况下，即委托人与委托人的代理人之一的律师召开会议，并且讨论了与代理人对委托人的权利有关的事项，那么在随后的委托人与代理人之间的争议中，在联合咨询中所接受的对特免权的限制，似乎应当是一个有决定意义的类比。

两个委托人的交流是直接在对方的听力范围内进行的共同磋商之外的一种情况是，双方分别对某些合同事项有兴趣，如借款人和贷款人或者保险公司和被保险人，聘请同一律师代表各自的利益，每一方分别就共同交易的某个阶段与律师沟通。在这里，进行交流的委托人似乎知道律师也代表另一方，通常不打算就交流的事实对他保密。有限保密原则是否应适用于被保险人与受合同约束的保险人的非律师代理人的交流，以便为两者提供辩护，引起了不同的司法反应。如果该陈述是直接向保险人雇用的律师作出的，则毫无疑问，该特免权适用于第三人提起的诉讼；同样似乎没有争议的是，在被保险人或者向其索赔的某个人与公司本身就保单规定的公司责任发生争议时，也不存在特免权。

共同委托人情况之外的另一个情况是，两个或者两个以上的委托人，每一个都由各自的律师代表，开会讨论有共同利益的事项——通常称为共同辩护协议或者信息共用情形。委托人和他们的律师之间的这种交流是受特免权保护的。虽然这一理论起源于刑事案件，但是它已经被应用于民事案件的原告和被告。一般说来，这一原则只适用于当事人卷入诉讼的情况，但是有些法院在其他情况下也适用这一原则。

证明共同利益的负担在主张特免权的一方。即使两个委托人就有关事项共同咨询律师，也可能找不到这样的协议。例如，在涉及白水事件调查的一个问题上，法院判定，希拉里·罗德姆·克林顿及其律师和代理总统办公室的律师之间讨论的事项，不属共同利益原则范围。克林顿夫人的利益是避免个人的刑事或者民事责任；白宫作为一个政府机构没有类似的利益。

典据的分量似乎支持这样一种观点，即当委托人和律师卷入他们之间的争议时，例如在律师要求酬金或者委托人因律师过失而要求损害赔偿的诉讼中，律师嘴上的封条就会被去掉。虽然有时是基于其他理由，但是这里似乎还是这样的观念，即在会议与会者之间，意图是披露而不是隐瞒所交流的事项，这提供了一个言之成理的理由。至于什么是律师与委托人之间的争议，这些判决并不将其判定局限于他们之间的诉讼，而是说，无论何时，即使在第三人之间的诉讼中，就律师的专业服务对律师的诚信提出了非难，为了使律师能够为自己的行为辩护，特免权要终止。也许，在律师和委托人之间的争议中，特免权被放宽的整个理论，最好是基于实际必要性，即如果要鼓励有效的法律服务，特免权就不能妨碍律师公正地执行其取得律师费和保护其名誉的权利。关于这一原则的唯一问题是，在所有情况下，这一特免权是否都不应受到当所寻求的证据是实现正义所必需时所应当作出的同样的限制。

第92节 委托人作为特免权持有人：谁可以主张，谁可以就其被否定而在上诉中鸣冤？

规制证据或者证人能力的规则，即所谓的"排除性"规则，通常是建立在这样的政策基础上的，即保护事实认定过程不受错误影响，反对提出相关证据的一方当事人加以主张这一点。正如我们所看到的那样，特免权的用途，首先，不是为了保护事实认定过程，而是为了保护某些"外部"利益，而不是为了在审判中查明真相；其次，它不能由对方这样主张，只能由特定特免权规则旨在维护其利益的人主张它。⑯虽然有人曾经认为，设立这项特免权是为了保护律师的荣誉，但是我们今天知道，人们的一致看法是，这项规则的基本政策是鼓励委托人将事实充分地陈述给他们的律师。他们将被自己有权援引的特免权所鼓励。将任何利益或者好处给予作为律师的人，或者作为诉讼当事人的人，或者一般人员，将排除相关证据，而不能促进特免权的目的。

198

因此，人们现在普遍认为，特免权是委托人的，只是委托人的，《统一证据规则》502（b）将特免权授予了委托人。人们认为，在现代特免权和政策概念充分形成之前，即使是从关于交流的证据不可采的角度或者律师无能力就此作证的角度制定了规则的州，也会承认这一点。这些制定法通常被认为不是为了修改普通法理论。

不足为奇的是，常常面临着根据过时的理论起草的制定法，而且这些制定法很少而且通常是偶然地涉及这些问题，法院就该规则是特免权规则，特免权是委托人的特免权这种公认的观点，还没有形成一个一致的结果模式。人们认为，下面建议的应用程序充分基于理性，并得到了某些典据的支持，无论是法律条文还是判决。

第一，委托人显然可以主张特免权，即使他不是寻求获得受特免权保护的证言的诉讼的当事人。第二，如果他以当事人、证人或者旁观者的身份出席听证，他必须亲自或者通过律师主张这一特免权，否则将被放弃。第三，一般判定，如果在作证时他不在场，也不是程序的当事人，在场的任何人，例如缺席委托人的律师或者案件的当事人，都可以提请法院注意这一特免权，或者法院可以自行保护该特免权。第四，如果所主张的特免权被错误地维持，不满的当事人当然可以就排除证言在上诉时鸣冤，但是对特免权的错误拒绝只能由其特免权受到侵犯的委托人鸣冤。如果委托人也是当事人并且遭受了不利的判决，这就为委托人要求上诉审查打开了大门。如果他不是当事人，依照更好的观点，案件的败诉方也是无计可施的。相关的、适格的证言已经作出，并且特免权并不是为了他的利益而创制的。但是证人，无论他是委托人或是其律师，都可能会拒绝回答并遭受藐视法庭的判决，至少在某些司法辖区，如果特免权被错误地剥夺，可能通过人身保护令获得审查。然而，这种补救办法旨在打断并

⑯　参见上文第72节关于作证能力与特免权之间的区别的讨论。

经常扰乱审判的进行。证人席上的律师，如被要求披露她认为可能构成侵犯其委托人特免权的情况，是否有职责拒绝回答，并在必要时通过人身保护令来检验法官的裁决，或者对藐视法庭的判决提出上诉？显然，除非法官公然无视法律，律师的职责仅仅是提出她认为证言受特免权保护的观点，如果法官另有裁决，则服从她的决定或者寻求上诉的可能性。

第93节　弃　权

因为正如我们所看到的那样，委托人是特免权的持有人，放弃特免权的权力是他的，只有他本人，或者由他授权的律师或者代理人，或者他的代表，才可以行使这项权力。就公司而言，主张或者放弃特免权的权力，一般属于公司管理层，即最终属于董事会。

正如 Wigmore 所指出的那样，弃权不仅可以从表达放弃已知权利的意图的言辞或者行为中找到，还可以从部分披露等行为中找到，这些行为将使委托人此后援引特免权不公平。[17] 在持有人并非主观故意失去特免权的情况下认定弃权，与某些案件和典据所表达的观点是一致的，即特免权的基本功能是保护秘密，这种秘密一旦以任何方式泄露，便使得特免权没有要履行的正当职能了。尽管逻辑上如此，允许特免权被盗窃或者欺诈而推翻，似乎是一项糟糕的政策，事实上，大多数典据要求，要弃权有效，披露至少必须是自愿的。

鉴于现代案情先悉的范围和当代诉讼的现实，今天一个非常重要的实践问题是，自愿但是无意的披露是否应导致弃权。与今天相比，在早期，避免披露受特免权保护的事项的负担相对较轻，因为在今天，反对者可以通过案情先悉来寻找大量文件。在目前的条件下，一些受特免权保护的材料甚至有可能被最严密的筛选所漏过。由于这种疏忽的后果可能是惊人的，因此有人提出了是否应该修改传统的弃权理论的问题。毫不奇怪，这一领域的判决有些分歧。然而，虽然有些法院显然仍坚持采用相当严格的弃权方法，但是另一些法院则考虑了这样一些因素，例如错误的可原谅性、是否立即试图补救发生的错误、保留特免权是否会对对方造成不公平。试图避免严格规则规定的弃权所造成的成本，将强烈要求按照这些思路进行修改，人们相信，判决正朝着这个方向发展。

与无意弃权问题密切相关的是弃权的范围问题。传统的规则是，对一份文

199

---

⑰　See 8 Wigmore, Evidence § 2327 (McNaughton rev. 1961).

件的弃权，将放弃对与同一主题事项有关的其他文件的特免权。然而，在现代实践中，在文件数量可能巨大的情况下，广泛的主题事项弃权可能是不适当的。因此，在无意放弃的情况下，即使是一些适用严格弃权政策的法院，也将弃权的范围限制在文件本身，而不是扩大到涉及同一主题事项的所有文件。另一些则大大缩小了主题的范围。有人提出了一个有说服力的观点，即对无意和豁免的范围问题的处理，应当从公平角度来分析，而且"主要的关注点是有选择地使用特免权材料来歪曲事实，这就要求对方能够近用相关的受特免权保护的材料，以正视听"[18]。

2008 年，国会试图缓解一些因无意弃权以及一些法院弃权范围广泛而产生的更为棘手的问题。《联邦证据规则》502 现在规定，如果特免权持有人采取了合理措施来防止披露并纠正错误，则无意披露不视为弃权。该规则还规定，弃权的范围仅限于"从公平角度应当一并考虑"的对同一事项的其他披露。该规则在联邦法院适用于在联邦或者州程序中进行的披露。规则 502 还规定，联邦法院认定不存在弃权的命令，在其他联邦或者州程序中具有约束力，即使涉及第三方。

现在，我们看看可以主张发生弃权的具体情境。应当记得，我们在早先的一节所指出的，委托人对律师提起的不当执业诉讼将构成委托人对特免权的放弃。[19] 此外，还有各种其他类型的诉讼，在这些诉讼中，有时会依据律师的意见来支持索赔或者辩护。因此，已经确立的是，如果一方当事人插入"律师意见"作为索赔或者辩护的一个要件，则该方当事人就同一事项收到的所有意见放弃了特免权。毫无疑问，最好是有一个规则，能够既防止当事人将律师建议作为索赔或者辩护的依据，与此同时又能碍止对该建议的性质进行充分探讨，但是界定这样的争点是何时插入的，是一个极其困难的问题。判例一般认为，提起诉讼或者为诉讼辩护并不意味着放弃这一特免权。相比之下，在诉答或者证言中对建议的具体依赖，通常被视为放弃特免权。有些判例更进一步，将该理论广泛地扩展到寻求证明委托人所宣称的精神状态与律师的建议不一致的案件。这种延伸似乎是可疑的，因为它没有完全接受边沁的原理，即为了促进寻找真相，应该推翻特免权。

当然，如果特免权持有人在有机会时，没有通过他本人或者其他证人来反

---

[18]　Marcus, The Perils of Privilege: Waiver and the Litigator, 84 Mich. L. Rev. 1605, 1607 - 08 (1986).

[19]　参见上文第 91.1 节。

对披露而主张他的特免权，他将就如此披露的交流放弃了特免权。

根据目前看来是正确的主流观点，仅仅是自愿在委托人是当事人的诉讼中站在证人席上作证，并就与律师协商的事实作证，并不意味着放弃保护与律师进行的交流的秘密性的特免权。受特免权保护的是交流，而不是事实。然而，如果在直接询问中，他在一定程度上就受特免权保护的交流作了证，这是对其余受特免权保护的协商或者关于同一主题的协商的弃权。

如果委托人就其与律师的交流受到交叉询问，而委托人却没有主张自己的特免权，那该怎么办？这是弃权吗？除非有某些情况表明委托人受到突袭或者被误导，否则在此适用通常的规则，即委托人知道提供证言将侵犯特免权，但是未能主张特免权，将交叉询问中的这种证言视为非自愿性的，因为不构成弃权的判决，很难得到支持。

委托人传唤律师作为证人，在多大程度上会放弃特免权？如果委托人从律师—证人这里引出了受特免权保护的交流，那么显然，这将就与同一主题有关的所有磋商放弃特免权，就像委托人自己的证言一样。而且，通过传唤律师作为证人，他似乎也为对手通过证明其利益来弹劾他打开了一扇门。像 Wigmore 所主张的那样[20]，似乎有理由争辩说，如果委托人使用律师证明律师在其受雇过程中才知道的事情，那么这也应被视为对相关受特免权保护的交流的弃权。但是，仅仅要求律师就他在雇佣之外知道的事实作证，不应被视为对特免权的放弃。这对特免权的行使附加了太苛刻的条件。除非律师—证人在正在审理的案件中担任律师，否则不违反《职业行为示范规则》，如果他正在担任律师，则认识到他在作证，可能对司法目的至关重要。此外，这些问题通常不受委托人的调整，而是由律师来调整，而律师受伦理要求的约束。

前面讨论证人为作证目的而使用书写品刷新其记忆的一节[21]指出，根据普通法和《联邦证据规则》612，如果证人在作证时参考书写品来刷新其记忆，对方律师有权查阅该书写品，就此对证人进行交叉询问，并将与证人证言有关的部分引为证据。有人进一步指出，如果文件受特免权保护，例如律师与委托人之间的交流，这种参考行为将导致放弃特免权。[22] 最后，问题在于，证人在作证前的神秘时候参阅了受特免权保护的书写品。在普通法上，典据一般反对要求披露作证前参阅过的书写品，根据这种观点，并不会发生放弃特免权的问

201

---

[20]　8 Wigmore, Evidence § 2327 (McNaughton rev. 1961).

[21]　参见上文第 9 节。

[22]　参见上文第 9 节。

题。然而，越来越多的判例允许披露，《联邦证据规则》612 赋予审判法官命令进行披露的自由裁量权。法官的这种自由裁量权是否也应扩展到决定是否已经发生了特免权弃权？或者应该说，一方面，弃权永远不会发生，另一方面，它总是发生？众议院司法委员会的报告采取了严格的不放弃立场㉓，但是在规则 612 的表述中没有纳入含有这一含义的任何措辞。也没有任何具体条款规定应永远放弃特免权。自由裁量权条款几乎是作为一个必要事项插入的，以将在作证前可能要查阅的大量和种类繁多的文件的披露，限定在那些与证人证言真正有关的文件上，类似的因素与弃权问题有关。虽然案件形形色色，但是更可取的观点似乎是，法官的自由裁量权不仅延伸到与证言的联系是否足以支持披露的门槛问题，而且延伸到虑及所有情况，其重要性是否足以推翻特免权的问题。

如果在本案的早期审判或者阶段放弃了特免权，并且在引出关于受特免权保护的交流的证言时没有遭到异议，则主流看法是，这也是对同案件的任何后续听审的放弃。

这一结果传统上被认为是正当的，理由是一旦受特免权保护的秘密被破坏了，特免权就没有继续执行的必要性。然而，应当指出的是，同样的结果在这里可能会得到不同的考虑的支持，即允许随后主张特免权，将不公平地使合理地假定证据是可得的对方处于不利地位。同样的理由似乎也适用于这样的情况，即在一个案件的审判中公开弃权，而后来在另一个案件的审理中试图主张这一特免权。

同样的规则——一旦公布，则永久放弃——应适用于委托人进行的或者经其同意的庭外披露吗？典据很罕见，但是似乎是这样，即如果委托人作出或者授权公开披露，这显然应该是弃权。即使受特免权保护的事项是私下向第三人披露的或者授权向第三人披露的，通常也会导致弃权，对这一结论的支持，可类比于磋商时第三人在场将否认特免权的情况。㉔ 在向政府机构披露是否必然构成对特免权的完全放弃这一问题上，联邦法院意见不一。一家上诉法院判定它没有完全放弃，这实际上宣布了一个选择性弃权规则。一些法院至少提出，如果委托人已明确表明其保留特免权的意图，例如与联邦机构达成了保密协议，则弃权可能不适用于其他人。㉕ 处理这一问题的大多数法院都认定是完全放弃，而不是选择性放弃。

㉓　House Comm, on Judiciary, Fed. Rules of Evidence, H. R. Rep. No. 650, 93d Cong., 1st Sess., p. 13 (1973).

㉔　参见上文第 91 节。

㉕　Diversified Industries, Inc. v. Meredith, 572 F. 2d 596 (8th Cir. 1977) (en banc).

有人指出，在披露既不公开也不在诉讼情境中的情况下，很少考虑对对方的公平这一因素。

第 94 节　委托人死亡的影响

公认的理论是，一般情况下，特免权所提供的保护在委托人死亡后仍然有效。在 *Swidler & Berlin v. United States* 案件[26]中，美国最高法院更牢固地确定了这一既定观点。在 *Swidler* 案件中，法院判定，政府——在已故白宫副法律顾问 Vincent W. Foster 自杀前不久寻求有关他与其律师面谈的信息——没有充分证明推翻普通法规则的正当性。政府敦促要就特免权的继续存在与政府在刑事调查中对信息的需要之间进行权衡。法院驳回了如此限定特免权的概念，强调说，知道即使在死亡后交流仍将保密，将"鼓励委托人与律师充分、坦率地进行交流"[27]。

在作出 *Swidler* 案件的判决时，法院承认，无论在何种情况下，在交流是为了促进犯罪或者欺诈[28]，以及涉及遗嘱有效性或者解释的案件，或者立遗嘱人死亡后要求继承的当事人之间的其他纠纷等情况，都存在特免权的例外。这个遗嘱上的例外是通过不同的途径实现的。有时会认定立遗嘱人在其有生之年放弃了这一特免权，比如指示律师充当见证人。Wigmore 称，关于遗嘱的争议，当事人与其律师就遗嘱的订立所进行的交流，是旨在在其有生之年保密的，但是这是一种"临时保密"，不打算在其死后要求保密[29]，这种观点在某些判决中得到了认可。其他法院则直接说，如果所有当事人都根据委托人提出索赔，则特免权不适用。区别在于，当"陌生人"与已故委托人的继承人或者个人代表之间发生争议时，该继承人或者代表可以主张特免权，并且可以放弃特免权。即使假定该特免权适用于遗嘱争议，也可能有人认为，由于根据遗嘱主张特免权的人和根据无遗嘱继承主张特免权的人都是根据委托人平等主张的，因此每一人都应有权放弃。

当双方诉讼当事人都根据已故委托人提出主张时，这一特免权无论基于何种理由均无效的学说，已适用于继承人或者代理人为撤销死者进行的转让而以无精神能力为由提出的诉讼，以及为执行死者订立的使遗嘱有利于原告的合同

---

[26]　524 U. S. 399（1998）.

[27]　Id. at 407.

[28]　参见下文第 95 节。

[29]　8 Wigmore，Evidence § 2314（McNaughton rev. 1961）.

而提起的诉讼。在当事人被判定为"陌生人"，因而无权援引这一学说时，所遇到的情况是这样的，即当事人就遗产，主张死者对其提供的服务承诺付款，或者在其遗嘱中作出了付款规定。

这些典据似乎都不会被 *Swidler* 案件削弱。但是，在普通情形下这种特免权的继续存在，无疑是根深蒂固的。*Swidler* 案件当然在联邦法院具有约束力，而且很可能对各州有说服力，特别是那些过去曾这样作出过判定的州。剩下的主要问题是，在特殊情况下是否会有其他侵犯特免权的行为。例如，在 *Swidler* 案件中，不同意见唤起了这个幽灵：已故委托人对某犯罪作出了自白，而另一个人正在因该犯罪受到指控。[30] 在显然的回应中，多数意见提出，在这种情况下，宪法因素可能会迫使进行披露。[31] 很难想象，在这样一系列事实中，这种特免权会幸存下来。

特免权的存活问题也可能受到州制定法的影响。几乎一半的州都有制定法，规定个人代表有权主张特免权，从而承认这种特免权的存活。也许，主张特免权的权利也将给予代表放弃特免权的权利。加利福尼亚州制定法规定，只有在遗产仍在管理期间，特免权才继续有效。[32]

第 95 节　促进犯罪或者欺诈的咨询

由于特免权的政策是促进司法，因此将特免权扩大到寻求建议以帮助其实施非法或者欺诈计划的委托人，是对特免权的曲解。为这些目的提供的建议不是职业服务，而是参与共谋。因此，根据现代典据已经确定的是，在委托人的目的是促进未来的犯罪或者欺诈的情况下，这种特免权不适用于律师和委托人之间的交流。为帮助委托人对过去罪行或者不端行为的指控进行合法辩护而获得的建议，即使他有罪，也是站在不同的立场上，这种咨询是受特免权保护的。如果要以非法目的为由剥夺特免权，则委托人的犯罪意图是决定性的，尽管律师可能是无辜和善意行事的。至于必须证明委托人什么时候有犯罪目的，传统的和明显的多数原则是，在寻求法律咨询的时候必须存在该目的。然而，有些案件判定，如果委托人利用律师的建议从事或者帮助犯罪或者欺诈，则例外适用，而不论委托人在咨询时的意图如何。

204

---

[30]　Swidler & Berlin v. United States，524 U. S. 399，413（1998）（O'Connor 大法官持不同意见）.

[31]　Id. at 409 n. 3.

[32]　Cal. Evid. Code § 954.

犯罪—欺诈例外的适用程序和标准，一直困扰着法院。美国联邦法院在 *United States v. Zolin* 案件[33]中判定了法院是否以及何时可以秘密审查文件，以帮助适用这一例外的问题。在"有足够的事实支持一个常人善意相信"，查阅"可能揭示证据，证明犯罪欺诈例外适用的主张时"，法官可以对文件进行不公开查阅。[34]尽管最高法院没有说明调查的第二个阶段——确定例外是否实际适用——所需的证据数量，考虑这一问题的联邦和州法院采用了类似的标准。虽然有各种不同的表述，但是所要求的是要初像证明所进行的交流是为了促进犯罪或者欺诈，也就是说，企图避开特免权的人要提出证据，据此可以合理认定存在非法目的。尽管审判法官可以考虑反对审查的一方提供的信息，但是没有要求要进行这种考虑。另一方面，法院必须确定交流本身是为了促进犯罪或者欺诈，而不仅仅是因为它有可能成为犯罪或者欺诈活动的相关证据。

刑事辩护律师界就适用犯罪欺诈例外的不确定性和似乎轻而易举，表达了关切。但是特别是虑及法院对大陪审团程序中的保密问题的关切——这是发生例外的最常见的背景——检控方似乎不太可能更难以证明例外的存在。

按照这种对特免权的限制，当委托人首先就索赔向一名律师咨询，然后雇用其他律师并提起诉讼时，问题经常出现。在审判中，辩护方试图让第一位律师就委托人进行的披露作证，以揭示索赔是捏造或者欺诈性的。当然可以这样做，但是如果向第一位律师的陈述只是表明与委托人后来的陈述或者证言有所差异，不足以证明欺诈或者伪证，这样将适用特免权。

有人质疑，关于限制的范围的传统说法，即在进行交流是为了帮助犯罪或者欺诈的情况下，其本身是否也太有限。Wigmore 认为，不应将特免权赋予为促进通过侵权或者非法行为剥夺他人的权利的任何蓄意计划而进行的交流。[35]一些法院已将例外扩大到包括故意侵权；审议这一问题的大多数法院还没有这样做。

更为严格的要求，如在某些比较旧的判决中所提出的那样，意图进行犯罪在本质上是恶意的，或者涉及"道德败坏"，在这里似乎不合时宜，因为提议的唯一制裁措施是为与审判中的争点显然相关的证据打开大门。此外，似乎没有明显的理由不应将例外同样适用于工作成果特免权。

205

---

[33]　491 U. S. 554 (1989).

[34]　Id. at 572.

[35]　8 Wigmore, Evidence § 2298 p. 577 (McNaughton rev. 1961).

第 96 节　为律师进行诉讼准备而收集的材料的保护规则

强调律师管理委托人诉讼的责任，是英美法传统的对抗制或者争议性程序制度的一个特点。正如我们所看到的那样，反对在法庭上披露律师和委托人之间秘密交流的特免权，在现代主要得到了鼓励委托人在律师办公室自由进行披露这一政策的支持，以使律师能够履行该责任。㊱ 律师们理解这种鼓励的必要性，因为他们在日常工作中很熟悉这样的问题，即缄默的委托人遮遮掩掩，吞吞吐吐。

与促进委托人自由披露，以为了正义的利益，最有效地管理律师事务这一有必要推行的政策密切相关的是，律师们感觉到他们的工作需要隐私，在为审判准备委托人案件的任务中不受干扰。当然，如果对方在任何时候都可自由查阅构成本案律师卷宗的所有通信、备忘录、报告、展示件、审判要点、准备提出的诉状草稿和示证计划，则律师现在为进行研究收集所有有利和不利的数据，以及在他的结论成熟之前记录下他的初步印象的自由，将会受到限制和阻碍。

律师对其档案隐私的天然戒备，以及法院保护律师作为诉讼管理人的工作有效性的愿望，都得到了表达，我们不仅在保护律师—委托人秘密交流的证据特免权中看到了这一点，在关于审前案情先悉的各种形式的规则和惯例中也看到了这一点。因此，根据旧的衡平法院的案情先悉惯例，除了她自己的证言，对方不必披露她将使用的证据，或者她将为支持自己的案件而传唤的证人的姓名。同样的限制经常体现在制定法的案情先悉制度中，或者被解读入制定法的案情先悉制度。

当然，平衡准备过程的隐私需要，是产生案情先悉手段的真正需要，即需要尽早向每一方提供尽可能广泛的证据来源，以避免突袭和促进准备工作。这一趋势一直朝着更广泛地认识到后一种需要的方向发展，反对"搜罗证据"的禁忌越来越屈从于这样一种主张，即正义的目的需要比过去更广泛的案情先悉机会。因此，已经开发了大量令人印象深刻的案情先悉工具，包括对对方当事人的质询书、自认要求、当事人和证人的口头和书面证言存录、文件或者物品的出示、进入土地以及身体和精神检查。近年来，人们开始对"案情先悉"希望幻灭，声称它被用作骚扰的工具，过于耗时，而且成本过高。为了减少对案

㊱　参见上文第 87 节。

情先悉的滥用，并努力确保从一方到另一方的信息流，1993 年和 2000 年分别对《联邦民事程序规则》进行了修正，主要是规定强制披露信息，而无须援用特定的案情先悉手段。[37] 这些修改对本章后面讨论的特免权的应用有一些影响。

　　律师—委托人特免权。当然，首先，人们认识到，如果律师—委托人交流的传统特免权适用于可以在律师卷宗中找到的某一特定书写品，则该特免权将使其免于审前案情先悉程序，例如出示令或者在进行庭前证言存录时对其内容进行的询问。另一方面，如果委托人或者其代理人持有该书写品，并因此是案情先悉的对象，那么委托人不能通过将其发交给律师并将其放入卷宗中，而获得任何豁免，这是不言而喻的。[38]

　　这些区别如何适用于代理人向委托人报告其本人或者其他代理人对后来成为诉讼标的的某些事项（如商业纠纷或者人身伤害）有关的事实进行调查的结果。通常判定，代理人向他的委托人作出的报告，尽管是秘密作出的，但是如果诉讼委托人被提起诉讼或者被威胁起诉，委托人将其送给律师时，它仅仅是一种已经存在的文件，将不受特免权保护。[39] 这个问题经常出现在对雇员作出的有目击证人名单的事故报告、该报告所附的证人签字陈述或者由受雇于委托人索赔部的调查人员或者由委托人购买责任保险的保险公司单独获得的证人陈述进行案情先悉的程序中。《统一证据规则》502（b）将秘密交流特免权扩大到为促进向委托人提供法律服务，"（4）在委托人代表之间或者委托人与委托人代表之间"进行的交流。这项规定的含义在很大程度上仍未经探索。

　　委托人的代理人代表委托人与委托人的律师进行的交流是否受特免权保护，已在其他地方讨论过。[40] 根据最高法院在 *Upjohn Co. v. United States* 案件[41]中的判决，律师—委托人特免权将保护公司为获得法律意见而进行的交流，如果该交流涉及进行交流的雇员的[42]分配职责，并且被公司视为保密的话。在 *Upjohn* 案件中，雇员直接向总法律顾问和代表公司进行调查的其他律师发出了有关交流。类似的规则似乎适用于不涉及公司的代理情形。

　　相比之下，在被提起诉讼或者受到诉讼威胁之前，代理人在正常的业务过程中所制作的例行报告，通常——尽管并不总是这样——会被视为预先存在的

　　[37]　Fed. R. Civ. P. 26（a）.
　　[38]　参见上文第 89 节。
　　[39]　参见上文第 89 节。
　　[40]　参见上文第 87.1 节和第 91 节。
　　[41]　449 U. S. 383（1981）.
　　[42]　参见上文当第 87.1 节。

207

文件，如果在委托人手中时，这些文件不受特免权保护，则并不会因为交给律师掌握就受特免权保护。然而，很明显，这些分类并不完全相互排斥，有些情况将落入一个可疑的中间地带。法律正在回答这样的问题，即就投保人或者其代理人向为投保人提供责任保险的保险公司作出的事故或者其他伤亡报告，当保险公司将其转交既代理公司也代理投保人的律师时，该报告是否应被视为受到特免权保护。可以合理地说，保险公司可以被当作为被保险人获得法律代理的中间人，通过该中间人可以传递秘密信息，就像通过受信任的代理人传递秘密信息那样。向责任保险商提交的报告除用于潜在诉讼之外，没有其他用途。

工作成果。到目前为止，讨论的焦点是，与任何其他特免权一样，律师—委托人特免权可以在多大程度上被用作案情先悉的障碍。另一个，也是更经常遇到的对律师卷宗中所含材料进行案情先悉的限制，是由所谓的"工作成果"原则提供的，它在不同程度上使审判准备工作免于案情先悉。

关于工作成果特免权的开创性案件是 *Hickman v. Taylor* 案件[43]，这是1947年由最高法院判决的。这起案件涉及根据《琼斯法》（*Jones Act*）提起的一项诉讼，起因是拖船沉没造成了船员死亡。在公开听证会上，幸存船员就事故作证，此后拖船船东的一名律师从幸存者那里获得了签名陈述。律师还与其他人进行了面谈，在某些情况下，制作了备忘录。原告要求取得这些书面和口头陈述。被告及其律师拒绝后并被判处藐视法庭。

美国最高法院确认了上诉法院的判决，该判决推翻了藐视法庭的指控。法院说，问题在于平衡律师工作的隐私利益和支持合理和必要调查的利益。适当准备委托人的案件，要求在"不受不当和不必要的干扰"的情况下，收集和筛选信息，准备法律理论和规划战略。[44] 如果这项工作的成果（会见笔录、陈述、备忘录等）仅仅是一经要求就要提供，对法律职业的影响将是令人泄气的。如果为准备对方的案件所必需的相关和不受特免权保护的事实仍然被隐瞒，或者找不到证人，则可能要进行案情先悉。要由试图侵入律师隐私的一方来证明其正当性；这是"现在（1947年）制定的规则所隐含的"[45]。*Hickman* 案件没有试图表明需要书面陈述。至于口头陈述，要求律师出示它们会对法律界产生极为不利的影响，因为这使律师更像是一名普通证人，而不是一名法院官员。根据本案情况，并没有说明要求律师披露对证人所说的话的精神印象的正当性。

[43]　329 U. S. 495（1947）.
[44]　Id. at 511.
[45]　Id. at 512.

Hickman v. Taylor 案件判决后，下级法院对该案件的含义存在相当大的分歧，毫无疑问，这至少在一定程度上是由法院得出这一结论时遵循的颇费周转的道路导致的，即受限工作成果特免权问题事实上已由当时所制定的规则所涵盖。最后，经过二十多年，法院于 1970 年修正了规则 26（b），其中(3) 直接规定了受限定的工作成果保护范围的具体条件。不过，*Hickman v. Taylor* 案件仍然"徘徊不去，无所不在"，被法院所广泛引用，事实上仍然调整着受限的工作成果保护这一重要领域。

208

应当注意 26（b）(3) 的这些显著规定：

（1）文件或者物品必须是"为诉讼或者审判而准备的"。如果这一范围似乎过于有限，那么必须记住，诉讼是工作成果的参照系。当律师从事提供其他服务，例如起草合同时，她所需要的信息很可能是由委托人交流的，这些信息属于委托人特免权范围。来自外界来源的信息被认为是诉讼情形的一个突出特征。

（2）*Hickman v. Taylor* 案件的事实只涉及一名律师的工作成果，留下了一个棘手的问题，即索赔理算员、调查人员等人的工作成果地位。然而，该规则是具体的，谈到了由或者为另一方或其代表（包括另一方的律师、顾问、担保人、赔偿人、保险人或者代理人）制作的文件。

（3）只有在下列情况下，对方才能获得工作成果，即"当事人证明，他为准备其案件对有关材料有重大需求，并且在没有不必要的困难的情况下，不能通过其他方式获得其实质性对等物"。

（4）法官在下令对所涵盖的材料进行案情先悉时，被要求要"防止披露当事人的律师或者其他代表关于诉讼的精神印象、结论、意见或者法律理论"。从字面上解读，该规则似乎只保护律师的精神印象和类似情况，防止在披露文件和有形物品时附带披露这些，在这方面措辞是很明确的。然而，如果律师没有将证人的陈述转化为书写品，而在对证人所说的话进行案情先悉时，对律师进行了证言庭前存录，则规则 26（b）(3) 在字面上不适用。然而，在这种情况下，似乎无法想象，法院不会依靠 *Hickman v. Taylor* 案件，要求像实际情况那样，证明有非常强烈的需要。

（5）任何人，无论是当事人还是证人，只要提出要求，就有权获得自己陈述的复制件；不必证明有需要。

应当指出的是，与文件本身相比，规则并没有将事实，或者了解事实的人的身份，或者文件的存在免于案情先悉。该规则也没有说明它所承认的适用范围或者限定的特免权的期限。在诸如特免权是否适用于审判或者是否可以在其他程序中援引等重大问题上，判例法也很贫乏。

自 1993 年以来，对第 26 条的修正影响了特免权和工作产品保护的主张，特别是在文件和准备专家作证方面。规则 26（a）（1）（ii）现在要求，至少对当事人拥有或者控制的所有文件、电子存储信息和有形物品的说明，披露方可以用来支持其索赔或者抗辩，除非只是为了弹劾。尽管咨询委员会对 1993 年修正案的注释强调，披露方并不因对文件进行描述，而放弃根据特免权或者工作产品保护而对出示提出异议的权利，规则 26（b）（5）（A）现在要求，在不披露本身有特免权或者受保护的信息，将使其他当事人能够评估特免权主张的适用性的情况下，任何特免权或者保护主张必须明确提出，并描述不出示或者披露的文件、交流或者物品的性质。

规则 26（a）（2）现在要求，其证言可用于审判的专家提交一份报告，披露专家的意见和其他有关信息，包括所有数据，或者证人在形成意见时所考虑的其他信息。咨询委员会的注释强调，修正案意味着，诉讼当事人不应辩称，向其专家提供的用于形成其意见的"材料"受到保护，不能披露。根据修正后的规则审议这一问题的法院，在"材料"是否包括律师和专家之间的精神印象交流方面，存在分歧。

第 97 节　刑事案件中的案情先悉：证人作出的陈述

由于种种原因，刑事案件中案情先悉程度的发展远远落后于民事领域。关于这一问题的持续辩论的利弊不在目前讨论的范围内，但是有必要指出，这一趋势似乎明显朝着在刑事领域案情先悉将更加自由的方向发展。刑事案情先悉的这种扩张，如同在早期的民事诉讼中一样，提出了"工作成果"是否应当得到保护的问题，甚至关于这一主题的更先进的规则和建议也承诺提供这种保护。

一个引起相当注意的可区分的问题是，是否应当批准在审判时而不是在审判前披露材料。在相当早的时候，联邦和州的判决都支持这样一种观点，即证明检控方证人作出的与他们的庭上证言相矛盾的陈述掌握在检控方手中时，被告有权要求在审判时出示这些陈述。但是尽管有这样的背景，著名的 *Jencks* 案件[46]被广泛认为是对新的领域的惊人侵入。在该案中，最高法院判定，审判

46　Jencks v. United States，353 U. S. 657（1957）（对向 NLRB 提交了不是共产党员的虚假宣誓陈述书的工会官员提起了检控）.

法院错误地拒绝了辩护方的这一请求，即查阅两名作为检控方证人的卧底探员的报告。法院说，并不要求被告证明这些报告与证人的证言不一致；如果报告涉及同一主题，被告有权作出它们是否有助于辩护方的决定。不同意见谴责这一判定为罪犯提供了一个"到处翻阅（政府档案中的）秘密信息和重要国家秘密的罗马假期"[47]。这一观点引起了新闻界、司法部的广泛抗议，国会也匆忙颁布所谓的《1959 年 *Jencks* 法》。[48] 尽管有这种背景，但是该法在很大程度上是对受到如此激烈攻击的判决的法典化。

《联邦刑事程序规则》之 26.2 于 1980 年通过，其内容与《*Jencks* 法》的规定基本相同，但是有一些显著差异。规则 26.2 的一个重大变化是扩大了覆盖面，包括辩护方证人和潜在证人的陈述以及检控方证人和潜在证人的陈述。这一变化是由最高法院在 *United States v. Nobles* 案件[49]中的裁决激发的。根据该法，拒绝提交陈述的惩罚是删除证言，进一步规定是，如果拒绝提供陈述的是检控方，在正义要求的情况下，可以宣布审判无效。当然，不允许被告通过拒绝提供陈述而让审判流产。

就"陈述"的定义，该法与规则 26.2 的区别也可能很大。经修正的该法案（a）规定，在证人于审判的直接询问中作证之前，政府证人或者潜在证人的陈述不应受到传唤、案情先悉或者查阅。（b）规定，在政府传唤的证人在直接询问中作证后，根据被告的动议，法院应当命令政府出示与其作证主旨有关的任何陈述（定义见后文）。根据（c），法院将在有疑问的情况下审查陈述，并删除与证言无关的部分。如果根据（d），政府选择不遵守出示证言的命令，证言将被删除，或者如果正义需要，宣布审判无效。在（e）中，定义了（b）、（c）和（d）中使用的"陈述"；该定义非常精确和狭窄，仅包括超出任何合理怀疑、以非常高的精度表示证人使用的话语的陈述。应当指出，（a）的目的是禁止披露证人的任何陈述，无论其陈述有多精确或者不精确，除非和直到证人为政府作证。在提供证言之后，允许和要求披露，但是仅限于（e）中定义的高度精确的陈述。从（a）的广义上来说，如果一个书写品根本不是陈述，该法并不影响它。就如最高法院在 *Palermo v. United States* 案件[50]中裁断的那样，广义上属于（a）但是不在（e）严格定义范围内，或者在（e）范围内但

---

　　[47]　Id. at 681 – 682.

　　[48]　18 U. S. C. A. § 3500.

　　[49]　422 U. S. 225 (1975).

　　[50]　360 U. S. 343，351 (1959)［政府代理人对于证人会面的总结，并不是该法（e）含义内的"陈述"，不需要出示］。

是其作者没有作证的书写品，仍然被封存，除非根据 *Brady v. Maryland* 案件[51]或者可能根据下文所讨论的《联邦证据规则》612 可获得。

在广义上，规则 26.2 不包含《*Jencks* 法》（a）对强制披露陈述的禁止，除非和直到证人在直接询问中作证。因此，规则 26.2 只涉及在该法（e）严格定义范围内的被迫出示陈述，这一点基本上被重复为规则（f）。作为规则 26.2 的补充，同时在《刑事程序规则》之规则 17——关于传证令的规定——中增加了一条新的（h）。规则 17（h）现在改为："任何一方不得根据本条规则对证人或者准证人的陈述发出传证令。规则 26.2 调整陈述的出示。"

目前尚不清楚规则 17（h）仅指规则 26.2（f）中界定的陈述，还是指《*Jencks* 法》之（a）中定义更为宽泛的陈述。

211

先前的一节[52]指出，需要审视《联邦刑事程序规则》26.2 和《联邦证据规则》612 之间的关系。该节指出，当证人作证时提及刷新其记忆的书面材料时，对方当事人有权对其进行查阅、就其进行交叉询问，并在证据中引入与证人证言有关的部分；如果为了刷新记忆进行的查阅是在作证之前，近用和使用该书写品须由法院自由裁量决定。如果为刷新记忆而参考的书写品是证人或者潜在证人的陈述，则存在《联邦刑事程序规则》26.2 与《联邦证据规则》612 之间发生冲突的可能性。如果书写品在规则 26.2（f）的严格定义内，冲突实际上不过是重叠，因为无论根据哪个规则，一旦证人在直接询问中作证，都需要进行披露。但是，如果该陈述是该法（a）规定的广义上的陈述，但是不在该法（e）的严格定义范围内，那么如前所述，*Palermo* 案件的解释是，没有披露一说。更令人困惑的是这一事实，即规则 612 以"除非《美国法典》第 18 编第 3500 条就刑事程序另有规定"开头，但是还未作修正。例外的影响是什么？《*Jencks* 法》（a）是否继续具有先前的效力？至此，*Palermo* 案件在随后颁布的规则 612 中是否幸存下来了？一个完全令人满意的解决，可能只存在于立法领域。但是如果人们接受了这样的观点，即规则 26.2 完全取代《*Jencks* 法》，问题就解决了。如果陈述在规则 26.2 范围内，则必须在证人作证后出示；如不在规则 26.2 的范围内，则可由法院根据规则 612 自由裁量决定出示。然而，如果《*Jencks* 法》（a）仍然有效，*Palermo* 案件仍然是未被推翻的法律，则法院无权命令出示《*Jencks* 法》范围内且不在规则 26.2 范围内的陈述。

---

[51]　373 U. S. 83（1963）.

[52]　参见上文第 9 节。

第 11 章

在医生—患者关系过程中获得的秘密信息特免权

213

第 98 节　关于规则及其目的的说明

普通法并没有规定告知医生的秘密信息的特免权。当一位医生向 Mansfield 勋爵问及是否可以要求他披露职业秘密时，这位伟大的首席大法官划定了明确的界限。"如果一个外科医生自愿披露这些秘密，毫无疑问，他将犯下失信和严重不检的行为；但是，如果他在法庭上提供这些信息，根据当地的法律，他必须这样做，决不会被称为言行失检。"[1]

最早背离普通法规则的是纽约 1828 年的制定法，其原初的形式如下："任何被授权从事内科或者外科执业活动的人，不得披露以职业身份治疗任何患者时可能获得的，使他能够作为内科医生为患者开处方或者作为外科医生为患者做任何事情所必需的信息。"

另一个被广泛复制的早期法律，是加利福尼亚州《1872 年民事程序法典法》第 1881 条第 4 款，即："未经患者同意，不得在民事诉讼中向持照内科医生或者外科医生询问其在治疗患者过程中获得的使其能够为患者开处方或者采取行动所必需的任何信息。"

用于支持在诉讼中排除医生所了解的重要事实的传统理由是，鼓励患者自由披露可能有助于疾病和伤害的诊断和治疗的所有事项。该观点认为，为了达到这一目的，有必要向患者保证不会在法庭上披露有关健康和身体状况的可能令人尴尬的私密细节。许多人质疑这种实用主义特免权理由的有效性，理由是普通患者在咨询医生时，会把自己的思想集中在自己的疾病或者伤害以及改善或者治愈的可能性上，他也不会去考虑最终在法庭上披露自己情况的遥远可能性。另一个最新的分析则承认该特免权的功利主义正当性的不足，但是认为特免权是可以得到人道主义关切的支持的，该关切支持建立一个私人领地，使患者能够在医疗选项中作出明智、独立的选择。

---

[1]　The Duchess of Kingston's Trial, 20 How. St. Trials 573 (1776).

214

　　无论这种特免权的理由是什么，坚持普通法并拒绝任何一般性的医生—患者特免权的州的数量在缓慢地但是稳步地减少。现在只有六个州和联邦法院没有承认一般性的医生—患者特免权。

　　在同一时期，有一种强烈的趋势，即承认一种相关的特免权，以保护各种类型的精神诊疗师与其患者之间的交流。尽管受过医学训练的精神病医生一直在得到认可的旧的医生—患者特免权范围内，但是有人认为，治疗精神疾病的公认做法涉及其他医学背景下没有遇到的因素。在这方面，经常引用以下说法。

　　　　在医生中，精神科医生特别需要保密。他帮助患者的能力完全取决于患者自由交谈的意愿和能力。如果不能够向他的患者保证保密，事实上，就是受特免权保护的交流，将使得他很难——如果不是不可能的话——发挥作用……对保密的威胁阻碍了治疗的成功。[2]

　　这种关系的独特性导致在拟议的《联邦证据规则》中纳入了精神诊疗师—患者特免权，即使没有提出一般性的医生—患者特免权草案。《统一证据规则》保留了这一特免权，但是除了与精神治疗者或者精神健康提供者进行的秘密交流，还可以选择将这一规则扩展到与医生进行的秘密交流。同样，所有继续拒绝一般性的医生—患者特免权的州，都制定了适用于更为有限的精神诊疗情境的特免权。大多数州将该特免权扩大到了向社会工作者进行的交流。

　　美国最高法院在 *Jaffee v. Redmond* 案件[3]中承认精神诊疗师—患者特免权，支持了这一行为。基于功利主义理论，法院强调："仅仅是存在被披露的可能性，就可能会妨害形成为成功治疗所必需的信赖关系。"[4] 法院还指出，鉴于各州普遍承认这一特免权，联邦法院承认这一特免权是适当的。该判定不仅扩展到了精神病医生和心理医生，而且不顾两位大法官的不同意见，也扩展到了持照的社会工作者。法院还判定，它承认的特免权是绝对的，驳回了上诉法院在 *Jaffee* 案中适用的和一些州所适用的权衡标准。

　　法院仅限于本案中的事实，无法详细说明它宣布的特免权的所有轮廓。它明确没有讨论如果只有通过诊疗师的披露才能避免对患者或者他人造成严重伤害的威胁，是否适用特免权。下级联邦法院刚刚开始充实该特免权的各个维度。本章的其余各节将讨论一般的医生—患者特免权，但是请特别注意专门讨

---

②　Report No. 45，Group for the Advancement of Psychiatry 92（1960）.

③　518 U. S. 1（1996）.

④　Id. at 10.

论精神诊疗师—患者特免权的案例。

法院在 *Jaffee* 案件的分析中没有提到的一个提法是，承认特免权是宪法的要求。然而，有观点认为，医生—患者关系的某些方面涉及某种对隐私权的联邦宪法保障。在 *Whalen v. Roe* 案件⑤中，纽约州的一部创建一个州数据库，以记录通过医疗处方获得某些药物的人的姓名和地址的制定法的合宪性受到了挑战，特别是基于这样一个理由，即患者会因为担心披露自己的名字会使他们被污名化为瘾君子，而不敢获得适当的药物。尽管这一论点以损害个人决策权为由，披上了宪法外衣，但是它与传统的特免权理论根据有着惊人的相似之处。尽管最高法院在 *Whalen* 案件中维持了制定法，但其是在这样的推理的基础上这样做的，该推理似乎表明，患者享有某些宪法权利，以便就医学诊疗保守秘密。

下级联邦法院和州法院的后续判决证明，就 *Whalen* 案件暗示存在的基于宪法的权利的性质和范围，甚至其存在，有着相当大的分歧。考虑到这一点的大多数判例，都涉及精神诊疗过程中传达的信息，在这种情境下，传统的功利主义理由被认为具有特别的有效性。尽管如此，即使是后一类案件，在特定事实的解决上，一般也都是不利于特免权主张者的，显然，宪法规定的任何医疗信息隐私权都是受到高度限定的。无论如何，法院始终没有将提供的任何保护称为"特免权"。

《1996 年健康保险可携带性和责任法》（*HIPAA*）及其实施条例的通过进一步混淆了保护患者隐私及其与医生—患者特免权的关系问题。*HIPAA* 规制计划承认患者的隐私利益，但是考虑在司法或者行政程序中或者出于执法目的披露受保护的健康信息。尽管有人提出了这个问题，但是被要求审议这个问题的法院毫不犹豫地认定，*HIPAA* 没有将一般联邦医生—患者特免权入法；它们也没有发现，像法律和条例规定的那样，对在法院或者大陪审团诉讼中的信息披露有限制。

第 99 节 医生—患者关系

这种特免权的第一个必要条件是，患者咨询医生必须是为了治疗或者为治疗而寻求诊断。如果咨询医生是为了治疗，是谁雇用的医生并不重要。然而，通常情况下，当医生受雇于患者以外的人时，治疗将不是目的，也不会存在特免权。因此，当公职人员要求司机进行醉酒验血时，或者当医生被法院或者公

---

⑤ 429 U. S. 589（1977）.

诉人指定进行身体检查或者精神检查时，或者为此目的而受雇于对方当事人时，或者被人寿保险公司选中对投保人进行审查，甚或在人身伤害案件中，原告自己的律师聘请医生仅为协助准备审判而对原告进行检查时，所获得的信息也不在本特免权范围内。但是，当患者的医生叫来一位顾问医生帮助诊断或者治疗时，披露是受特免权保护的。此外，根据联邦精神诊疗师特免权作出的案例判定，患者的雇主要求举行的心理辅导课程，受特免权保护。

216　　　如果患者就诊的目的是非法的，比如违法获取麻醉品，或者像某些典据所规定的那样，逃犯进行整形手术，那么法律将不提供特免权的保护。

　　　法院曾判定，在医生接生的情况下，该儿童是一个患者，可以主张特免权，禁止医生披露与儿童出生时的视成熟度有关的事实。

　　　患者死亡后，这种关系就结束了，特免权的对象就不能再进一步得到促进了。因此，似乎更好的观点是，在验尸中发现的事实不受特免权保护。

第100节　特免权的主题：在治疗患者过程中获得的开具处方所必需的信息

　　　授予医生—患者特免权的制定法差别很大，尽管可能它们中的大多数在将特免权扩展到"在治疗患者过程中获得的任何信息"时，遵循了纽约州和加利福尼亚州的开拓性制定法。[6] 可以理解，这些规定被判定不仅是为了保护患者明确传达给医生的信息，而且是为了保护通过检查和检测获得的数据。其他制定法表面上似乎更具限制性，将特免权保护限定在了患者进行的交流上。然而，这种表面情况可能经常是误导性的，因为这类制定法被解释为提供了与其他地方的特免权一样广泛的特免权。一系列典据判定，没有专业知识或者培训的任何人所观察到的事实都不在特免权范围内，这进一步加剧了混淆。

　　　虽然医生获得的信息可能受特免权保护，但是患者已经咨询过医生并接受治疗的事实，以及就诊次数和日期，并不在特免权的保护范围之内。

　　　关于日常保存记录的一章讨论了医院记录中包含的信息在多大程度上受特免权保护。[7]

　　⑥　参见上文第98节。
　　⑦　参见下文第293节。

第101节 披露的保密性：第三者及家庭成员在场；
向护士和服务人员披露的信息；公共记录

我们已经看到，许多州现行的制定法，在规定婚内交流特免权和律师与委托人的交流特免权时，通常省略了这样的要求，即这样的交流要受到特免权保护，必须是秘密进行的。不过，法院已将这一限制解读为制定法的应有之意，认为立法机关一定有意继续执行这一普通法要求。[8] 就在职业咨询中获得的信息，规定患者特免权的制定法再次省略了"秘密的"这个形容词。[9] 然而，是否应将其作为一种解释性的语言，而不是作为普通法要求的延续，从政策和类比角度加以阐述？当然，政策观点是强有力的。首先是将所有特免权限制在合理范围内的政策，因为它们切断了获取真相的途径。其次是这样的观点，即鼓励那些本来不愿意向医生披露必要事实的人的目的，将通过特免权只扩展到患者希望保密的披露，而得到充分的满足。

这一保密原则得到了这样一些判决的支持，这些判决判定，如果一个偶然的第三者在咨询时在患者的默许下在场，那么在他在场的情况下所作的披露是不受特免权保护的，因此可以要求陌生人、患者和医生在法庭上就此予以披露。当陌生人是护送患者到医院或者医生办公室的警察时，这一原则是否适用，似乎应该取决于在事实上是否能找到患者作出的有意义的默许。

但是，如果第三人作为必要和惯常的协商参与者在场，则可以合理地扩大保密圈，将其包括在内，且特免权不变。因此，与患者有密切家庭关系的人的在场，不应削弱这种特免权。在会诊或者检查期间作为医生助理在场的护士，或者在医生指令下进行检测或者拍摄 X 光照片的技术人员，将被视为医生的代理人，其掌握的信息仍受特免权保护。但是，在这一情境中适用严格的代理原则，似乎与现代医疗实践的现实不符，更可取的观点是法院的观点，它们的判决取决于交流是否在功能上与诊断和治疗有关。

另一方面，许多法院没有从交流或者披露是否是秘密的和职业性的角度来分析问题，而是从要让什么人作为证人应当保持沉默的角度来分析问题。这似乎是只见立法之表，而不见其里。因此，如果临时第三人在磋商时在场，这些法院仍将让医生保持缄默，但是允许该来访者说话。如果护士或者其他护理人

---

⑧ 参见上文第 80 节和第 91 节。
⑨ 参见上文第 98 节。

员或者技术人员获得了治疗所需的信息，这些法院将允许他们发言（除非特免权制定法将他们具体列明了），但是医生不得发言。

如果法律要求主治医师向公共机构出具死亡证明，并就死因发表意见，则尽管有特免权，该证明作为公共记录仍应是可以证明的。公开报告的职责高于一般保密义务，而且从记录对公众的可得性角度看，像特免权设想的那样保护这些信息不被众所周知，是做不到的。因此，根据主流观点，并不存在特免权保护。

如今，州和地方法律越来越多地要求医生报告与公共健康和安全有关的各类患者信息，如枪伤、性病、艾滋病、精神疾病以及胎儿死亡事件。一般而言，面对基于宪法隐私权或者职业特免权的挑战，州收集和保存此类数据并由有关当局使用的计划得到了支持，在某些情况下，例如，报告枪伤，这项特免权被判定要受到报告要求的限制，其结果是医生可以就报告中包括的任何事实作证。相反，如果不需要医生的报告，医生将仍然被禁止就报告中的事实作证，尽管有典据认为，证言性的特免权并不禁止使用报告来生成其他可采的证据。然而，许多报告制度显然没有设想要对所收集的数据进行全面披露，而保持某种程度的保密性实际上可能是合宪所不可或缺的。

第102节　特免权规则，而不是无作证能力规则：特免权属于患者，而不是提出异议的当事人等；患者死亡的影响

正如在关于特免权的一般讨论[⑩]中所指出的那样，排除向医生进行的披露的规则，并不是为了保护对方当事人不受不可靠或者有害证言的影响的证据不适格规则。这是一项保护外在的患者利益的特免权规则，旨在促进健康，而不是真相。它通过禁止在法庭上披露，来鼓励在病房里自由披露。患者是被鼓励的人，他是特免权的持有者。

因此，患者在其活着时，有权单独主张或者放弃这一特免权。如果患者可以提出该主张而没有提出，则放弃了该特免权，其他人不得主张该特免权。如果患者不在场，没有意识到有关情况，或者由于某些其他原因不能主张该特免权，法院一般判定，可以由监护人、个人代表或者卫生保健提供者代表他或者她主张该特免权，后者经常被判定在患者没有弃权的情况下，有援用该特免权的强制性职责。不幸的是，这一必要的规则表现出了这样的相当大的可能性，

---

⑩　参见上文第72节。

即医疗服务提供者会在维护特免权的幌子下促进其个人利益。人们希望，在这种情况下，这最终不会逃过法官们的慧眼，从而让患者最终决定是否将援用这一特免权。

如果对方不是患者，那么他或者她就没有利益可供保护，因此他或者她无权提出异议。

为了促进充分披露，并保护死者隐私，大多数法院判定，这种特免权在死亡后继续存在。然而，在存活者与第三方有利害关系的争议中，如追讨诉称属于死者的财产的诉讼、因死者死亡提起的诉讼或者根据人寿保险单提起的诉讼，个人代表、继承人或者近亲或者保单上的受益人可以放弃该特免权，同样，对方可能无法有效地主张特免权。在关于遗嘱有效性的争议中，如果双方——一方是遗嘱执行人，另一方是继承人或者近亲属——主张这样的假设，且该假设并非对死者不利，则应以这样的假设为准，即死者希望其遗嘱的有效性应根据全部事实确定。因此，在这种情况下，执行人或者争议参与者可以在未经另一方同意的情况下有效地放弃该特免权。

219

第 103 节　什么构成对特免权的放弃？

医生—患者制定法，虽然通常是从无作证能力角度措辞的，但是仍然被判定是为了患者的利益而创造的一种特免权，他或者她可以放弃这种特免权。

一般来说，人们一致认为，放弃特免权的合同约定，例如经常被列入人寿保险或者健康保险申请或者保险单本身的约定，是合法和有效的。

预先放弃特免权的另一种情境是，立遗嘱人请主治医生作为见证人，在其遗嘱上签字。这一行为构成对影响遗嘱有效性的所有事实的弃权。

与大多数其他特免权一样，医生—患者特免权也可以在审判前通过特免权持有人作出或者默许的特免权信息披露而放弃。显然，法律没有理由在法庭上隐瞒在公众场合自由透露的信息，而在这种情况下，唯一的问题就是披露的自愿性和放弃的范围。

与诉讼有关的弃权是近年来发生重大变化的一个领域。因暴露身体疾病或者异常所带来的尴尬而退缩，是人的天性。可以说，法律保护这些事项不受暴露是有道理的，是为了鼓励在咨询医生时的坦率。但是这种做法不是人之常情、自然的或者可以理解的，即患者在主张与医生交流的特免权，从而避免进行披露的同时，通过就与医生磋商的精神或者身体状况提起损害赔偿诉讼，在公众面前展示该同一状况。用经常重复的一句话来说，这是为了使特免权不仅是一个盾牌，而且是一把剑。

根据这些因素明确得出的结论是，患者自愿在司法程序中将其身体或者精神状况置于争议中，放弃了与该状况有关的信息方面的特免权。如果不能从根据身体或者精神状况提出的主张或者抗辩主张中发现弃权，将导致这样的尴尬后果，即在案件的中心问题上有效地挫败了案情先悉，除非运用各种临时变通方法中的一种，以适应过时的规则。

今天，曾经流行的一条规则，即提出索赔或者抗辩不会导致弃权，已被制定法广泛推翻。因此，目前的关键问题涉及足以牵涉当事人的身心状况的争议的类型，以及在现代制定法的意义上，当事人提起什么诉讼将引发这些争议。对人身伤害的损害索赔当然是一个典型的例子，在所有司法辖区，如果通过立案完全可以放弃这种特免权，那么提起这样的损害赔偿显然将放弃这种特免权。就精神痛苦提出损害赔偿要求也是进行类似处理的，但是这里需要一些辨别力，除非在任何索赔立案时特免权就消失了。此外，适用在 *Jaffee* v. *Redmond* 案件[①]中确立的精神诊疗师—患者特免权的案件，如果原告提出了涉及精神痛苦的主张，就他或者她是否以及何时放弃了该特免权，还没有达成一致。就抗辩，可以清楚地看出，在将影响弃权的身体或者精神状况诉称与将不影响弃权的对对手所称的这种状况的否认之间，是有区别的。

自从向更自由的弃权规则转变以来，一个备受争议的问题是，通过提出索赔或者抗辩而造成弃权，是否允许放弃方的诉讼对手与医生进行单方接触。那些赞成这种接触的判决，强调了非正式案情先悉的经济性和将任何证人视为"属于"一方的反常性，这些考虑足以允许单方接触这一更好的规则。然而，有更多的法院采取了相反的立场，并有充分的理由认为，在提出索赔或者抗辩导致的弃权，仅适用于与所依赖的状况有关的信息。

在刑事领域，现代制定法规定的弃权，被视为来自精神失常和责任能力减损辩护。

由于上述讨论的原则，今天，这样的情况将更少：将诉因提交审判，而患者的特免权仍然纹丝未动。然而，这种可能性仍然存在，应该简要地讨论一下在审判中如何放弃特免权。

患者作证将在多大程度上放弃这种特免权？毫无疑问，如果在直接询问中，患者就进行的交流或者提供给所咨询的医生的信息，作证或者提出了其他证据，这将就此类咨询放弃特免权。然而，当患者在其直接证言中没有透露任

---

① 518 U. S. 1 (1996). 参见上文第 98 节的讨论。

何关于咨询的受特免权保护的事项，仅就这种磋商时存在的身体或者精神状况作证时，则有一种观点认为，"如果患者向陪审团提出关于其身体状况的争点，必须公平公正地认为，他自己放弃了保密义务"[12]。这一观点的优点是缩小了一些人认为具有妨碍性的特免权的范围，但是许多法院判定，患者在就其病情作证时，如果未披露受特免权保护的事项，则并没有弃权。如果患者在交叉询问中披露了受特免权保护的事项，而没有主张特免权，这通常被判定没有放弃特免权，并没有使对方能够进一步查问医生，理由是这种披露不是"自愿的"。

如果患者就咨询或者治疗过程中披露的事项对医生进行询问，这当然是一种弃权，并为对方打开了大门，使其可以就这样披露的任何其他事项对患者进行询问。如果几名医生共同参与了同一次咨询或者治疗过程，传唤一名医生披露部分共享的信息，则就对方传唤任何其他共同咨询者就咨询、治疗或者其结果作证放弃了提出异议的权利。有些法院更进一步判定，由患者传唤一名医生，并从该医生那里引出了受特免权保护的事项，为对方传唤患者在其他时间咨询过的其他医生来说明与提出受特免权保护的证据所要证明的争点有关的任何事实，打开了大门。可以说，允许患者向几位医生透露自己的秘密，然后当就病情出现争议时，将证人限定为对其索赔有利的顾问，是不符合正义和公平的。但是相当多的法院在这一步上犹豫不决。

221

虽然该特免权在患者死后仍然有效，但是此后死者的个人代表可以放弃该特免权。如果就死者的遗产，死者的个人代表与其他通过死者主张遗产的人发生诉讼，或者法定继承人彼此对立，任何一个当事人都可以放弃该特免权。

第104节　不适用该特免权的各种程序

各州制定和界定医生—患者特免权的制定法差异很大，导致很难就医生—患者特免权不适用的程序类型进行有效的概括。即使在采用《统一证据规则》的地方，通常也会在该规则上附加一个或者多个限制条件。尽管现在广泛采用的患者—诉讼当事人例外，无疑在一定程度上减少了该特免权的差别适用，但是在许多情况下，特免权持有人仍将不属于这一例外。简而言之，就这一点参考地方制定法是必不可少的。

制定法中最常见的模式可能是广泛定义的特免权模式，适用于民事和刑事诉讼，然后附加各种具体例外。但是有些州在各种刑事案件或者在重罪案件或

---

⑫　Andrews, J. in Hethier v. Johns, 233 N. Y. 370, 135 N. E. 603 (1922).

者杀人案件中普遍否认这一特免权。

就其他例外，长期以来，这一特免权在工伤赔偿案件和医疗事故案件中被视为不可行，在这些情况下通常是不能主张该特免权的。近年来，涉及虐待儿童的诉讼引起了立法机关的注意，这些诉讼现在最常被单挑出来，因为其涉及的政策考虑比特免权背后的政策考虑更为重要。被认定该特免权不适用的其他类型的诉讼是关禁程序，对某些类型的毒品犯罪的检控，以及遗嘱争议。在儿童监护程序中，这项特免权有时也不适用。

第 105 节　特免权的政策和未来

Buller 大法官在 1792 年一个涉及律师—委托人特免权适用的案件中的一些陈述，似乎为纽约州 1828 年关于医生—患者特免权的先驱性制定法提供了灵感。他说：

> 特免权仅限于诉讼律师、事务律师和代讼人的案件……在许多情况下，强迫朋友披露一段秘密谈话确实很难；如果法律可以排除这种证据，我会很高兴的。在人们对披露以保密的方式传达给他们的东西感到焦虑的情况下，这是一个恰恰令人愤愤不平的主题。在有些情况下，我们非常遗憾地看到特免权法没有得到扩展；在这些情况下，医务人员有义务披露他们以其职业角色进行主治时获得的信息。[13]

222 　这些评论揭示了自制定医生—患者特免权制定法以来，一直具有影响力的态度。一种态度是，要避免强迫任何人在法庭上说出他或者她秘密获悉的东西。然而，人们今天很清楚，就在法庭上披露秘密而言，这种无所不包的保护是没有道理的。另一个是完全没有考虑到盾牌的另一面，也就是说，因剥夺了法院作出正确判决所必需的任何可靠事实来源所造成的损失。

然而，Buller 大法官的评论的主要负担可能是这样的提法，即委托人向律师披露的信息受到特免权保护，因此患者向医生披露的信息也应当得到同样的保护。这种类比可能比任何其他观点都更有说服力，尤其是对立法机关的法律工作者而言。他们不愿意拒绝承认医学界有法院自己为法律界提供的特免权。然而，显然的是，这一特免权的合理性不应当从职业较劲的角度来判断，而应以公共利益为标准。

---

[13]　Wilson v. Rastall，4 Term. Rep. 753，759，100 Eng. Rep. 1287（K. B. 1792）.

　　先前我们已经指出了特免权的功利主义理论的一些分析上的弱点，也许在心理治疗的背景下除外。在这些之外，还必须加上司法和立法上为使一个基本上违背事实真相的规则变得可以容忍，而造成的困惑和混淆。特免权的适用的不确定性如此广泛，以及各种各样的限定和限制，无疑会破坏任何以功利主义为理由为其辩护的努力。熟悉其运作之变幻莫测的人可能不会对其保护抱有信心。那些不太有见识的人往往会发现这是一个陷阱和错觉。

　　然而，近年来，一个更加站得住脚的观点越来越多地被提出来。这一观点认为，不应将这一特免权视为用来激励进行秘密医疗，而应当视为一旦发生了这种秘密则予以保护。医生—患者关系隐私中的正当利益，不应受到每一个诉讼当事人在一心一意追求最后一点可能对胜诉起到微乎其微的作用的证据时的随意破坏。可以说，这项特免权确实起到了防止此类无端入侵的作用，至少有时是这样。问题是，这种保护的价值是否足以证明在其他案件中排除关键证据和实施一项具有高度复杂性的规则所带来的成本是正当的。

　　不管这种争论的解决你自己是怎么想的，考虑到目前的政治现实，完全取消这种特免权是不太可能的。另一种解决办法是诸如在北卡罗来纳州存在的立法，该法用这样的规定限定了其制定法特免权，即"法院要么在审判中，要么在此之前，在遵守 G. S. 8 - 53.6 的情况下，可在他认为披露是适当司法所必需的情况下强制进行披露。"法院在 *Jaffee v. Redmond* 案件[14]中就精神诊疗者—患者特免权明确反对这种权衡。然而，通过制定法采用这样的限制当然是可能的，并且在保护隐私不受琐碎入侵的同时允许使用关键证据方面，可能是有效的。

---

⑭　518 U. S. 1 (1996)，参见上文第 98 节的讨论。

第 12 章

政府秘密特免权

第 106 节　与其他原则的区别

在讨论出示和采纳政府人员所掌握的书写品和信息的证据特免权和排除规则时，应注意其他原则，这些原则可能会妨碍诉讼当事人向政府寻求事实，但是我们目前对此不进行探究。这些原则包括：（a）政府官员对其行为和言论的责任享有实质性特免权的问题，（b）关于行政责任豁免的问题，（c）关于官方记录不可撤销性的问题，（d）禁止根据某些类型的信息提起诉讼，以及（e）在分权基础上拒绝提供信息。

第 107 节　普通法规定的军事或者外交秘密以及
披露将会有损于公共利益的事实的特免权

随着现代政府活动的扩大，当事人对政府官员所掌握的文件和其他信息的披露和证明的需求也相应增加。当这种需要被主张和反对时，就"秘密"信息保密的公共利益与保护申诉救济中个人主张的正当法律程序的公共利益直接冲突。妥善解决这一冲突需要仔细进行司法审查。

对于构成国家军事或者外交机密的书写品和信息，已经承认有特免权和排除规则。当材料对国家安全至关重要时，保密的正当性显然是极其充分的。除了军事事务，这一特免权还扩大到情报收集方法或者能力以及涉及与外国政府的外交关系的敏感信息。然而，法院已经拒绝将特免权扩展至与国防或者国际关系无关的事项上。

最高法院裁定，作为特免权持有者的政府必须主张这一特免权。政府可以在其不是当事人的诉讼中主张特免权。一般来说，私人当事人不能主张该特免权。如果主张国家秘密特免权是适当的，但是由于疏忽或者缺乏知晓而没有主张，法院应确保向适当的政府官员发出通知。

法院还判定，私人当事人不能放弃这一特免权。然而，当政府就刑事案件进行检控时，它可能被迫就诉讼所必需的文件放弃特免权。类似信息的先前披露，并不构成弃权，也不妨碍政府在以后的案件中主张特免权。然而，如果事先披露的保密信息透露了相同的具体信息，则该特免权被放弃了。

国会颁布了两项与国家秘密特免权相互作用和相互反映的制定法：《信息自由法》（*the Freedom of Information Act*（FOIA））[1] 中的国家安全豁免，和《保密信息程序法》（*the Classified Information Procedures Act*（CIPA））。[2]

虽然《信息自由法》的国家安全豁免与国家秘密特免权相似，但是它既没有扩大也没有缩小现有特免权，也没有创造任何新的特免权。此外，特免权和 FOIA 豁免之间存在重要的区别。

与此类似，《保密信息程序法》也没有创设新的证据规则。它承认行政部门有权决定在刑事审判中不得公开披露保密信息，并概括规定了防止秘密信息受到披露威胁或者不必要披露的程序。《保密信息程序法》程序旨在解决刑事被告已经掌握秘密信息的情况；它们没有规定秘密信息的案情先悉。《保密信息程序法》不仅适用于秘密文件，也适用于秘密证言。它要求刑事被告发出具体通知，说明其意图披露秘密信息，作为辩护的一部分。政府在接获上述通知后，可寻求裁定部分或者全部信息并不重要，或者申请以不敏感的摘要取代该信息，或者承认所要证明的事实，从而消除披露的需要。如果关于特免权的判定禁止被告披露秘密信息，法院可以驳回指控或者向被告提供适当的较轻的宽免。

Wigmore 似乎认为，与此相比，拒绝披露是否应该更进一步，是有疑问的，但是一些州的制定法偶尔会用更宽泛的术语来描述这种特免权，而英国的判例似乎已经接受了这样一个广泛的概括，即官方文件和事实一旦披露会损害公共利益的，就将受到特免权保护。从政策角度看，这一更广泛的原则是否合理，是一个严重的问题。

第 108 节　受限的政府信息特免权：宪法规定的总统特免权；普通法规定的机构评议和执法档案的特免权

United States v. Nixon 案件[3]引起了人们对两个问题的密切关注：一是保

① 5 U. S. C. A. § 552（b）（1）. See generally United States Dep 't of Justice, Justice Dep't Guide to the Freedom of Information Act, available at http: //www. justice. gov/oip/exemptionl. htm.

② 18 U. S. C. A. App. 3.

③ 418 U. S. 683（1974）.

护外交和军事秘密的长期确立的行政特免权的界限，二是是否有一些更广泛的特免权来保护了总统与其直接顾问之间的秘密交流这一不同的问题。在 *Nixon* 案件中，最高法院承认宪法规定了这一性质的特免权，但是判定这一特免权是受限定的，一旦证明明显需要与刑事程序有关的证据，就会受到侵犯。总统的特免权引起了宪法学者的大量讨论，虽然在援引时非常重要，但是只是偶尔才会遇到。

225

更具有重要的日常意义的，是政府机构产生、收集和汇编的大量信息。只有极少数的政府信息在前面所讨论的保护军事和外交秘密的特免权范围内。那么剩下的大部分呢？

尽管不在任何明确的证据特免权范围内，但是从这一海量信息中获取信息，常常极其困难或者不可能。在1958年修正之前，《联邦内务法》被行政人员认为授权颁布条例，来要求实际持有政府文件和记录的政府人员拒绝出示这些文件和记录，即使收到了法院发出的传证令。这些条例得到了最高法院的一贯支持，尽管这些案件从未发展到判定该法创设了制定法特免权，但是实际效果是，私人诉讼当事人无法获得信息。1958年对该法的修正包括了一项条款，消除了任何这样的可能暗示，即它意在创造一项制定法特免权，这一意图在随后的法院判决中得到了遵循。

随着国会④和许多州立法机关制定了信息自由法，对政府信息的近用大大增加。虽然这些制定法旨在向公众特别是新闻媒体提供信息，但是它们在为诉讼中的案情先悉扫清道路方面具有重要意义。要根据联邦《信息自由法》行事，不需要就所需信息有资格或者具体需求，任何人都有资格根据该制定法的规定行事。然而，就目前的目的而言，重要的问题是，《信息自由法》在多大程度上影响了政府信息的证据特免权问题。

在1966年制定最初的联邦《信息自由法》时，法院显然对不构成军事或者外交秘密的敏感政府信息提供了一些保护。因此，一个受到限定的普通法特免权保护政府机构政策评议的某些方面，而另一个没有太明确界定的特免权保护机构的调查档案。在制定《信息自由法》时，国会承认在这些领域保持一定程度的秘密性是可取的，并将其纳入该法的豁免条款。

《信息自由法》本身没有涉及证据可采性问题，因此不能说是制定法规定了有关特免权。同时，显而易见的是，这两者是密切相关的，豁免条款标志着特免权的最外层边界。就即使是偶然感兴趣的人经请求也可以得到的材料，以

---

④　5 U.S.C.A. § 552.

保密为理由拒绝采纳为证据，是极端异常的。然而，相反的情况并不一定是真的，根据《信息自由法》的例外规定，证据特免权可以合理保护的信息总量，少于拒绝公众获得的信息的总量。这种区别是合理的，因为诉讼当事人获取证据的利益有时大于普通公民获取信息的利益。因此，并非所有根据《信息自由法》的例外免于披露的信息，在为诉讼目的而通过案情先悉程序寻求的情况下，都必然受到特免权的保护。正如前面的概要所表明的那样，解释《信息自由法》例外条款的众多判例，在下文讨论的特免权范围方面，具有不同的先例价值。

226

（A）评议程序特免权

　　这一特免权保护政府人员之间或者政府人员与外部顾问之间的交流，这些交流包括对制定机构政策之前的初步咨询意见和建议。与其他交流特免权一样，保护政府机构评议的目的，是鼓励交流的自由流通，以实现某个更大的目的，在这里，就是只有在考虑了关于某问题的各种不同意见之后，才制定机构政策。与其他特免权一样，我们的假设是，通过确保至少有限的保密性，将提高总体坦诚性，相应地提高政府决策的质量。此外，这一特免权的正当性还在于，它避免过早和可能误导性地公开披露机构可能采取的行动，并有助于确保政府决策者将只根据其决策的质量受到判断，而不考虑所考虑和放弃的其他选项的质量。

　　为了符合这一特免权的基本原理，要求保密的事项必须是在政策最后确定之前就已交流的，而且必须构成了意见或者评估，而不仅仅是报告客观事实。然而，反映或者揭示该机构评议过程的事实信息，受到这一特免权的保护。交流是否反映了最终体现在机构政策中的观点，甚至交流是否被决策者考虑或者完全忽视，都是无关紧要的。此外，只要指明了所涉及的审议过程和交流所发挥的作用，就不要求政府指明该交流作出贡献的具体决策。这种必须由机构负责人——或者在大多数巡回区，由一些精心委派的下属——来主张的特免权，是政府的特免权，显然可以无限期地主张。它不会因有关政策的通过而终止，也可能不会因受特免权保护的事项的作者的死亡而终止。就像下文进一步讨论的那样，这一特免权并非绝对的，因此，只要充分证明了必要性，就可以侵入。这项特免权也不保护那些证明政府不端行为的交流，这些交流本身就是诉讼主题，或者已成为正式采用的政策。

　　在州政府情境下，政府机构评议特免权问题相对较少出现。许多颁布《信息自由法》的州都列入了豁免条款，保护政策制定材料不受强制性披露的影

响。在出现了真正的证据特免权问题的情况下，即在寻求引入证据的是材料而
不仅仅是信息的情况下，大多数判例都支持联邦模式的受限定的特免权。在州
层面上，这种特免权的根源几乎总是被说成是分权主义。

（B）与执法有关的信息和卷宗特免权

227

在制定联邦《信息自由法》及其州对应法之前，保护政府机构调查结果的
特免权似乎偶尔得到承认，但是界定不清，经常被视为更具综合性但是更无定
形的"政府信息"特免权的一个方面。然而，执法机构档案的披露显然可能会
因使秘密线人气馁或者遭到损害；披露调查的存在、目标或者方法；给证人或
者执法人员带来危险；或者通过披露准备中的案件的性质而破坏刑事检控或者
民事执行程序，而严重妨害执法活动。国会在颁布对《信息自由法》的高度具
体的豁免时承认了这些关切的正当性，该法在最近的一次迭代中，将其保护扩
大到"为执法目的汇编的记录或者信息"⑤。今天，至少在联邦法律中，豁免
和特免权似乎是密不可分的，没有任何实际的理由来区分它们。

为了进入特免权范围内，这些材料必须是为执法目的而编制的，而且执法
机关必须证明，披露将导致《信息自由法》豁免 7 中具体规定的六个结果之
一。该特免权是受到限定的，与其他特免权一样，可以通过证明充分的需要来
克服。尽管有人说，该特免权不同于机构政策评议特免权，随着受特免权保护
事务所涉及的政府任务而终止，但是这似乎是一个过于宽泛的概括。然而，如
果政府没有首先证明出示"可以合理地预期"会带来制定法具体规定的一种或
者多种危害，则不会提供保护。

就这方面的州法律而言，有些州明确赋予执法记录以特免权。其他州则有
"经典"的官方信息制定法，这种制定法至少涵盖了某些此类记录，这些记录
的名义是由或者向负责官方秘密的公职人员作出的交流，披露这些交流将导致
公共利益受损。然而，在州信息自由法有效的情况下，法院在决定这一特免权
的最大范围时，将其作为优先选择。

第 109 节　政府作为诉讼当事人出庭的影响

如前一节所述，只要《信息自由法》可作为获取政府记录和信息以作为证
据使用的手段，就政府以外的当事人之间进行的诉讼和政府是当事人的诉讼并

---

⑤　5 U. S. C. A. § 552 (b) (7).

不进行区分。然而，如果使用的是该法规定的以外的程序，则差异可能很大。

如果政府不是当事一方，并且成功地拒绝了当事一方所要求的披露，结果通常是该证据不可得，就像证人死亡那样，案件将随之进行，除了因失去证据造成的后果，没有其他后果。如果特免权是有条件的并且已经进行了利益权衡，或者涉及绝对特免权并且受特免权保护的事项对案件的中心问题没有重大关系，则这种处理政府特免权对第三人诉讼的影响的方法，并没有造成无法克服的后果。然而，在援用绝对特免权——例如军事秘密——使得不可能对问题进行充分展示的情况下，这种做法可能是不恰当的。在政府已经使其法院无法公平地审理这些问题的情况下，驳回案件是正当的。在对方继续进行诉讼将可能部分或者间接暴露受保护的秘密的情况下，经检控方请求，法院已驳回了案件。

政府作为诉讼人出庭，无论是作为民事或者刑事诉讼的动议方，还是由于同意作为被告被起诉，都带来了这样的可能性，即通过普通的司法执行措施来处理特免权的行使。因此，在刑事诉讼中，法院可让政府选择披露对辩护有重要意义的事项还是驳回案件。但是，如果国家秘密特免权掩盖了太多的相关事实而无法作出可靠的判决，则作为最后手段，可以宣布政府合同不可执行，让当事人回到提起诉讼时的状态。

作为民事诉讼的原告，政府受到通常的案情先悉规则的约束，如果通过援引特免权而剥夺了被告对辩护有用的证据，政府可能被驳回诉讼。然而，似乎没有理由认为，与其他诉讼当事人不同的是，在任何情况下政府不提供证据，都必然会面临驳回。只有当因政府主张特免权而屏蔽了重要的证据，从而否定了被告的正当程序时，才会导致自动驳回。

如果政府是被告，像《侵权索赔法》规定的那样，不能以主张证据特免权为代价对其作出不利的认定。这不是国会同意合众国承担责任的条款之一。因此，如果不披露受特免权保护的事项，则原告的诉讼不能得到证明，原告将继续无法获得救济，尽管鉴于这一结果的极端性质，一些法院在设法避免这一结果。

第110节　法官确定特免权主张有效性的职能范围

当部门主管对其控制下的文件或者信息以军事或者外交秘密为由主张特免权时，该主张是否对法官具有决定性意义？ *United States v. Reynolds* 案[6]仍

228

---

⑥　345 U. S. 1 (1953).

然是最高法院关于这一特免权的最全面的裁决，被广泛地挖掘来回答这个问题。被普遍接受的结论是，虽然司法部门不应完全遵从行政部门的"反复无常"，但是司法的角色是有限的，主要集中于主张特免权的过程，而不是援用特免权的价值。因此，特免权必须通过负责材料的行政部门负责人来正式主张，该官员的陈述必须表明对主张的个人考虑、受特免权保护的材料的身份（尽可能）和支持主张的理由。在某些情况下，为了使法院能够作出支持该主张的裁决，将不再需要什么，但是在没有对方律师在场的情况下，政府以宣誓

229 陈述书或者其他事项进一步支持其主张，这并不罕见。

无论考虑的是哪种材料，法院适用的标准都是是否存在披露会损害国家安全的合理危险。如果发现这种危险，则特免权是绝对的，不受当事人对保密信息的需要程度的影响。只有在确定法院将进行多深入的调查才能使自己确信特免权主张是正当的时候，才考虑这一需要。任何相关的非秘密信息应尽可能与其他秘密信息分开。然而，如果信息形成了嵌合体，公开一个明显无害的部分可能导致秘密信息的公开，则不需要分离。

然而，一旦超出军事和外交秘密的限制范围，司法部门在确定政府特免权主张方面发挥更大作用就变得不仅是可取的，而且是必要的。主张特免权的行政部门的负责人或者——在大多数巡回区情况——谨慎委派的下属，能够像法官一样（也许比法官更好）评估秘密的公共利益，但是可以预见的是，官员的职位往往会导致极度轻视个人利益。在正常情况下，这个问题会由反对披露的谨慎的下属向首席管理人员提出建议，而在业务压力下，他们很可能会在没有太多独立考虑的情况下，批准关于显然次要事项的建议。判断证据的可采性和特免权主张的有效性时的事实问题的确定和法律标准适用，传统上是审判法官的责任。作为一名公职人员，法官应该尊重行政部门对信息披露的关切，但是与此同时，司法职责要求对私人利益进行评估，该评估必须与就该私人利益和与之冲突的公共政策相协调。因此，法官可能比行政人员更有资格权衡两方面的利益并达成适当的平衡。

上述考虑在很大程度上解释了为什么有利于政府的特免权、军事和外交秘密特免权除外，被一致判断是受到限定的。因此，在主张了这些特免权的情况下，法官必须确定在特定案件中，当事人取得证据的利益是否超过了政府保密的利益。一方面，要取得令人满意的平衡，就需要考虑引起特免权的利益，并评估披露在多大程度上会实际损害这些利益。另一方面，影响诉讼当事人需要的因素包括所需证据对案件的重要性、从其他来源获得所需信息的可能性以及在诉讼中所主张的权利的性质。在这方面，与其他受到限定的特免权一样，法

院的不公开审查提供了一种切实可行的方法，可以在不以无可挽回的方式破坏特免权旨在保护的秘密的情况下，检验特免权的主张。

第 111 节 禁止披露线人身份的特免权

出于完全可以理解的原因，线人害怕被披露，如果他们的名字很容易被披露，这一对执法的重要帮助将受到严重损害。基于这一政策理由，就向检控或者调查人员提供涉嫌犯罪信息的线人，或者将这些信息告知能将其转达给上述人员的其他人员的线人身份，承认了一项特免权。这项特免权属于检控方，在检控方官员作为证人或者以其他方式被要求提供信息时，这些官员可以援用该特免权。根据某些典据，所称线人也可以主张这一特免权。在有些司法辖区，当政府和线人都没有代表参加审判时，法官可以为缺席的持有人援引这一权利，如同在其他特免权情形一样。⑦ 这一特免权是否仅限于身份披露还是也适用于交流的内容，仍有争议。该特免权的政策似乎并不要求保护交流不被泄露，但是如果泄露这些内容可能会确定线人（通常是这样），则需要保护交流内容。

这种特免权有两个重要的限定条件。第一个是，当身份已经为"有理由对该交流不满的人"所知时，特免权即告终止。⑧ 第二个是，当检控方在刑事检控中主张该特免权，并且线人身份证据对辩护的成立至关重要时，法院将要求披露，如果仍然不予披露，将驳回检控。

虽然这第二个例外的固有公平性显而易见，但是如果不通过自动辩称线人作为证人的潜在价值，而使这一特免权变得毫无意义的话，它的实现就具有挑战性。为了避免这一结果，广泛使用了秘密听证——有时被要求这样——来确定线人的可能证言的性质。无论有无秘密听证，审判法院的任务是在特定案件中评估该证言对辩护方的价值与特免权背后的考虑因素的重要性之间的平衡。

当根据宪法第四修正案对搜查或者扣押提出质疑，并且线人的陈述对可能成立的理由至关重要时，就会出现第二种情形的变体。虽然在宪法基础方面不太清楚，但是法院为了确定可能成立的理由而断定必须解决线人是否存在的问题或者线人实际提供的信息的性质问题时，法院经常使用不公开听证。近年来，法院承认了一种与线人特免权类似的特免权，以保护警察监视地点的秘密

---

⑦ 参见上文第 73.1 节。
⑧ United States v. Roviaro, 353 U. S. 53, 60 (1957).

230

性，使允许警察使用其财产的私人公民不受报复，以及保护使用的敏感监视设备的某些方面。

第112节　个人向政府机关作出的某些报告的制定法
特免权：事故报告、纳税申报单等

法律要求人们必须向政府机关提交报告，以便政府机关履行其公共职能，支持线人身份特免权的类似政策适用于这些报告。如果这些陈述可以采纳来反对报告信息的人，则可能不鼓励进行全面和真实的报告。另一方面，这些报告往往涉及诉讼中非常重要的事实，早先向政府作出的报告可能是可靠的，对查明事实很重要。通常情况下，后一种利益在法院占了上风，在没有制定法典据的情况下，这种报告不受特免权保护。

关于需要用特免权鼓励进行坦率和全面报告的政策观点，经常在立法机关盛行，而关于公路和工业事故报告、纳税申报表、选择性服务报告、社会保障、健康、失业补偿金、人口普查数据和银行记录的制定法特免权也很常见。这种特免权是绝对的还是受到限定的，很大程度上取决于各个制定法，但是法院将许多制定法解释为只赋予了在适当情况下可以推翻的受到限定的特免权。这项特免权被判定是报告人的、政府的或者两者兼有。

对这些报告赋予比宪法保障所要求的更大的保护，这一政策是否合理值得怀疑，在某些情况下，这似乎意味着政府统计数据采集比司法事实认定更需要准确性。但是，如果这项政策已被制定法采纳，任何不智都不能证明法院不顾所赋予的保护而侵入的正当性。虽然联邦法院没有义务尊重州制定法或者法院规则所创设的特免权，但是它们偶尔会这样做，即运用各种权衡标准来确定是否要尊重特免权。

第113节　大陪审团程序的秘密性：大陪审团成员的投票和表达；证人证言

大陪审团听取证据及其评议，传统上都是秘密进行的。大陪审团的古老誓言要求他们保守"王室法律顾问、你的同伴和你自己的"秘密。

一般认为，保密政策促进了几个目标：保护起诉机构的行动独立性和评议自由，保护被调查但是未被起诉者的名誉，防止在起诉公布前被告预先警觉和逃跑，以及鼓励证人自由披露。实现它们的程序有两种形式，有点不准确地被称为"特免权"。第一种是反对披露大陪审团审议期间大陪审团陪审员彼此进行的交流和个人投票的特免权。这种措施作为保证自由和独立审议的适当性几乎是不容置疑的，尽管鉴于这些交流和投票很少与任何重要调查有关，它可能具有的实际重要性很少。这些特免权中的第二项涉及披露证人在大陪审团面前作出的证言，作为一个有重大争议的领域，值得仔细讨论。

虽然大陪审团在起源上可能是皇室的工具，并臣服于皇室，但是它作为英国公民权利的重要堡垒的地位在 18 世纪末就确立了。后一个方面在美国宪法第五修正案的规定中是显而易见的，该修正案要求将控告书或者公诉书作为死刑或者不名誉罪行的检控先决条件。在此期间，大陪审团不受控辩双方侵犯的独立性似乎得到了很好的承认，而公诉人只是因为宽容才被接纳。然而，大陪审团作为个人自由保护者的必要性在下降，导致其在英国被废除，这似乎在美国导致了主要强调其在协助检控方调查犯罪和作为强有力的案情先悉工具的作用。因此，我们发现，制定法和规则规定，公诉人和速记员在场，大陪审团评议或者投票时除外。

大陪审团程序的保密面纱并不排除随后披露和使用在该程序中提出的证言和其他材料。在联邦系统中，公诉人长期以来一直在刑事检控中使用大陪审团调查所形成的材料。这种使用既完全符合大陪审团的实际运作，也符合该机构支持其广泛调查权的核心宗旨。然而，政府将大陪审团材料用于刑事检控以外的目的，例如在处理相同事实的规制程序中，通常是在滥用大陪审团制度和联邦制定法的规定。

最高法院的几个判例审查了制定法规定，并对政府机构近用大陪审团材料设定了限制。在上述第一个判例，即 United States v. Sells Engineering，Inc. 案件⑨中，该院判定，除了在大陪审团面前办理刑事案件的律师，政府律师在没有法院命令的情况下，并非自动有权近用大陪审团材料，此外，为了获得此类命令，不仅必须满足制定法的要求，而且还必须说明对材料的"具体需要"。在 United States v. Baggot 案件⑩中，该院判定，就民事税务调查，美国国税局无权要求法院下令近用大陪审团材料，因为该等调查并不"像规则所要求的那样，是司法程序的预备性工作或者与司法程序有关"。

最后，在 United States v. John Doe，Inc. 案件⑪中，该院对 Sells Engineering 案件的影响作了一些限定。首先，它允许进行大陪审团调查的律师在

232

⑨　463 U. S. 418（1983）.
⑩　463 U. S. 476（1983）.
⑪　481 U. S. 102（1987）.

与调查有关的民事程序中继续使用大陪审团材料。其次，尽管该院继续承认，在向其他政府律师披露前，必须证明"具体需要"，但是该院指出，当披露涉及其他政府律师时，支持大陪审团保密的政策关切"牵连程度要小得多"。

在联邦体系中，在大陪审团材料公布前，政府机构和私人当事人都必须证明对该材料的"具体需要"。这一要求虽然有时受到论者的批评，但是最高法院一直在重申。显然，在可预见的未来，联邦大陪审团的保密性仍将得到重大保护。

除了其他可能需要近用在大陪审团面前作出的证言记录的情况，可能最有力的是为刑事被告需要进行查阅这种情况。今天，许多州和联邦法院的制定法或者规则都承认被告有权取得他或者她自己在大陪审团作出的证言的记录的复制件。考虑到基本的公平性（以及大陪审团保密理由在这方面的不适用性），强烈支持这种近用。根据《Jencks法》，辩护方有权获得在审判时作证的其他大陪审团证人的证言，该法要求他们一旦在直接询问中作证，就出示这些证言。本节开头提到的保密目标不会因此类披露而受到侵犯，这是可接受的最低限度。

尽管《联邦证据规则》就大陪审团程序规定了严格的保密条款，但是在受其规定约束的清单中，证人被明显地忽略了。联邦法官是否有权命令大陪审团证人不披露自己的证言，以保护调查的适正性尚不清楚。如果没有这种非典型的命令，证人作证后在他们认为合适的情况下，可以自由透露其证言。确实，最高法院判定，禁止大陪审团证人披露其在大陪审团面前作出的证言的州制定法，违反了宪法第一修正案，如果证人希望披露他所就其作证的独立获得的信息的话。另一方面，一些典据认为，不得强迫证人披露在大陪审团面前所作的证言。

第六编　特免权：宪法

第 13 章

反对被迫自我归罪的特免权

第114节 特免权的历史与发展

一个人免于被迫自我归罪的法律权利，传统上被描述为一种特免权，尽管它体现在联邦和州宪法条款中，但是没有明确使用该术语。最高法院指出："'反对被迫自我归罪的特免权'一词并不能完全准确地描述一个人由宪法第五修正案中提供的使其免受'在任何刑事案件中被迫成为反对自己的证人'的保护。"然而，由于这种保护的最基本部分，是在刑事审判中被告有权不被强迫为检控方作证，因此，继续将这项权利视为特免权是适当的，尽管其影响超出了其他证据特免权的范围。

人们对反对被迫自我归罪的特免权是否明智存在争议，这一规则的起源和发展一直受到法学界的特别关注。不幸的是，这件事的重要方面仍然充满疑问。众所周知，这一特免权的根源在于反对英国教会法院使用的依职权宣誓，其发展与早期英格兰的政治和宗教争端密切相关。最重要的模棱两可之处在于，1700 年后普通法法院最终适用的特免权，是否代表了先前反对教会法院程序背后的原则的逻辑延伸，或者更确切地说，它是否通过凝结成一个与流行价值观并非具有固有不一致性的程序，反映了一种谴责。

在 13 世纪初以前，教会法院的审判采用的是神明裁判或者当事人及其助誓人（oath helper）所进行的保证宣誓决讼法（compurgation oath）。按照"纠问式宣誓"，除了被告要不安地意识到自己的誓词要揭露被审问事项的全部真相，法官还要对被告进行积极的审讯。就教会法庭使用这一手段的权力，有一些形式上的限制。

宣誓程序随后被两个有争议的法院采纳，并基本上被用于政治目的。1487年，星座法院被授权通过宣誓来执行其广泛的政治任务。星座法院甚至不需要遵守展示要求，这种要求在理论上是为了防止教会法院使用誓言进行广泛的"大撒网式调查"。大约一百年后，同样的程序被授权给特设宗教案件高等法院（the Court of the High Commission Causes Ecclesiastical），该法院的成立是为了与最近的国教保持一致。这些受政治左右的法院的随心所欲的手段，包括使用酷刑，无疑激起了对宣誓程序的大量额外反对。

238　　要求自我归罪和宣誓的使用不限于教会法院、特设宗教案件高等法院和星座法院。在刑事审判中，被告被期望积极参与诉讼，这往往对他自己不利。在审判前，治安法官对他进行询问，询问结果保存下来供审判时法官使用。只有在有限的案件下，才在宣誓后进行询问。这并不是出于对被告的柔情，而是因为人们认为，进行宣誓会不明智地允许被告最终在陪审团面前，在宣誓后对罪行作出有影响力的否认。

　　1641 年后，普通法法院开始在自己的程序中适用一些对使用誓言的限制，人们已经敦促教会法院采用这些限制。到了 1700 年，在刑事犯罪或者没收事宜的任何程序中强取回答都是不适当的。这是反对被迫自我归罪的特免权。

　　从特免权的历史渊源中，很难得出许多有益的结论。Wigmore 接受了 Bentham 的提法，即普通法法院最终适用该特免权，实质上是对在未适当提出指控的情况下滥用宣誓程序的过度反应。① 但是这种历史材料的解读可能过于狭隘。即使最初的异议，针对的也仅是不经出示证据就让人宣誓的不当性，但是这项政策至少表明，对使用从被告口中榨取的信息作为刑事检控的依据，存在有限的异议。这种对强迫自我归罪的早期怀疑，即使仅限于在以其他方法提出控告之前施加强迫的情况，似乎也是基于这样一种看法，即强迫个人为自己的刑事责任提供根据应该受到限制，因为它将个人置于这样的处境，即在违背庄严誓言和承担刑事责任之间作出选择，这与个人自由和尊严的重要政策背道而驰。

　　就特免权在美国的早期发展，存在着重大分歧。存在一些关于早期殖民地时期的美国有特免权的证据。无论如何，在 1789 年之前，它被列入美国七个州的宪法或者权利法案中，并在此后扩展到除艾奥瓦州和新泽西州以外的所有州的宪法中。然而，在后两个州，它都被接受为一个非宪法问题。

第 115 节　特免权的当前性质和地位

　　当然，这一特免权体现在美国宪法第五修正案部分规定中，即"任何人在任何刑事案件中都不得被强迫作为反对自己的证人"。在 *Chavez v. Martinez*

① 8 Wigmore, Evidence § 2250 at 292.

案件②中，由这一表述创造的联邦宪法权利的确切性质，使美国最高法院的大法官们产生了分歧。

　　Thomas 大法官代表法院四位大法官撰写的意见认为，宪法第五修正案的字面意思是，该规定本身没有被违反，除非在刑事审判过程中被告被迫作为证人在庭上作证，或者在庭外或者另一程序中所作的陈述被用于该审判。他补充说，根据宪法第五修正案，法院有权制定"预防性规则"，以保障核心性宪法权利。这些规则之一是这样的证据特免权，即保护未因刑事犯罪而受审的人不被强迫作证，因为这种证言后来可能被以违反宪法第五修正案核心保护的方式使用。

　　Kennedy 大法官代表三位大法官撰写的意见，对宪法第五修正案的规定进行了更为宽泛的解读：

　　　　反对被迫自我归罪条款是对政府行为的实质性约束，而不仅仅是调整法院工作的证据规则……该条款保护个人在任何情况下都不会被迫回答警察要求的问题，如果对这些问题的回答可能会在未来导致刑事责任的话。

　　换言之，该条款"既保证一个人不会被强迫在刑事程序中作证反对自己，又规定了反对政府旨在导致自我归罪的行为的持续权利"。

　　Souter 大法官——Breyer 大法官加入——表示，对被告的证言或者陈述的证据性使用，是"宪法第五修正案保护的核心"。他们似乎还认为，如果证明保护这种基本或者核心保证是可取的，则宪法第五修正案的核心保护可以扩大到包括防止其他政府活动。

　　大法官之间的这种理论上的分歧是否在实践中造成了很大差异，这是值得怀疑的。*Chavez* 案件本身涉及的是根据庭外强制审讯，来证明损害赔偿的民事责任。大多数法官拒绝根据宪法第五修正案的法律设定这种责任；四名大法官认为，根据 Thomas 大法官的分析，这种扩张在理论上是被禁止的，两名大法官认为，*Chavez* 案件还没有证明概念上允许的扩张是适当的。Thomas 大法官评论说，即使按照他的做法，一个未因刑事指控而受到审判的人不作回答的特免权的预防性质，不会改变讨论违反这一特免权之罚的判例法。

　　就许多甚至可能大多数目的而言，证人拒绝从事证言性和归罪性行为的宪法权利是否如 Thomas 大法官所说的那样，是基于为保护宪法第五修正案的核

239

---

②　538 U. S. 760（2003）.

心权利而形成的"预防性归罪"，或者本身是宪法第五修正案核心权利的一个方面，这可能并不重要。然而，如果法院确信有关权利是一项法院制定的预防性规则，而不是宪法第五修正案的核心规定，那么法院可能会被说服，不那么积极地发展为当时还不是刑事案件被告的人提供的保护。

当然，宪法第五修正案的特免权根据宪法第十四修正案适用于各州。因此，在 1964 年的 *Malloy v. Hogan* 案[③]的判定中，最高法院非常依赖这一基本命题，即"美国刑事检控制度是控告性的，而不是纠问性的"。法院接着说："宪法第五修正案特免权是其必不可少的支柱……因此，州政府和联邦政府在宪法上必须通过独立地、自由地取得的证据来确定有罪，不得以胁迫的方式证明对被告的指控是出自被告之口。"

Malloy 案还被驳斥为与这样的观点"不协调"，即在州程序中，证人是否享有联邦特免权，应当根据比在联邦诉讼中适用的标准更宽松的标准来确定。它得出的结论是，必须用"同样的标准"来确定被告在联邦或者州程序中的沉默是否有正当性。

最近许多关于反对被迫自我归罪的讨论集中在最高法院对宪法第五修正案特免权的解释上。从某种意义上说，这是不幸的。无论是作为州宪法规定还是作为判例法，所有州都承认类似的特免权，而且特免权有时体现在制定法规定或者法院规则中。论者和法院越来越认识到，州法院有权——也可能是职责——独立于最高法院对甚至措辞相同的联邦宪法规定的解释，来阐释州宪法和制定法规定。这种"新联邦制"的法理强调，反对被迫自我归罪的特免权并非仅此一种。具体地说，关于防止被迫自我归罪的法律保护的讨论，必须承认这样的可能性：与宪法第五修正案特免权相比，州法律为公民提供了更多保护。

州特免权有时在措辞上与宪法第五修正案不同。然而，这些术语上的差异很少强烈地表明当前的解释问题应当如何解决。宪法第五修正案规定，"不得强迫任何人在任何刑事案件中作为反对自己的证人"。与此相比，州宪法条款有时规定，不得强迫任何人"提出证据反对自己"。虽然这表明州条款提供的保护可能更广泛，但是很难将这种措辞上的差异视为具有必然的决定性。

第 116 节　联邦宪法和州法规定的特免权的政策基础

研究那些能够或者可能支持特免权的政策，往往看起来是一项令人沮丧

---

③　378 U. S. 1 (1964).

的，或许是徒劳的任务。尽管特免权有着丰富的历史，但是激烈的争论已经表明，星座法院的危险不再存在，特免权的生命已经长于它的理论基础。即使是特免权的拥护者也承认，特免权的普及和接受并不是建立在仔细审查其基本原理的基础上的，而且它被纳入我们的法律传统并没有经过彻底的审查。现代讨论倾向于在很大程度上进行全新的理论基础阐述。

是否存在一个概念上充分的正当理由，对现代法律中的基本问题没有多大意义。Stuntz 指出，司法和学术作品往往以对特免权的标准解释为主，这些解释甚至不能充分解释宪法第五修正案特免权法的基本方面。他补充道："这导致了一种普遍的感觉，即许多［宪法第五修正案特免权］的规则和限制根本无法解释。"④

当然，对特免权的批评者强调，特免权可能缺乏令人满意的原则性基础。此外，他们强烈主张，这一特免权涉及破坏性的应用困难和过高的成本。首先，这种特免权剥夺了州对可靠信息的宝贵来源——调查对象本身——的近用，因此，它所获得的任何价值，对于调查真相而言代价都太大了。当所称的犯罪是复杂的"白领"犯罪之一时，主体可能是一个特别有价值的信息来源，在这种情况下，特免权可能会剥夺检控方对唯一可用信息的近用。

此外，作为一个实践问题，特免权可能无法有效实施。虽然法律可以在没有成本或者承担最低成本的情况下，延长理论上的沉默权，但事实上不可避免地会从沉默中得出推论，并据此推论而行事。由于这些推论来源于具有固有暧昧性的沉默，因此它们不如其他来源的推论可靠，包括被迫自我归罪的证言。其结果是，选择援引特免权的人得不到保护，而是可能以甚至不利于促进个人的最佳利益的方式受到损害。

该特免权的基础理论，可以有益地分为：制度性基础理论——基于特免权在维持适当刑事司法制度方面的作用——和个人性基础理论——基于特免权在实现涉嫌或者被控犯罪者的利益或者价值方面的价值——两种。这些基本原理可能相互重叠，这一观点就说明了这一点：特免权是防止无辜刑事被告被定罪的宝贵手段。

处于实际或者潜在指控压力之下的人，虽然是无辜的，但是由于与证言的准确性无关的原因，他自己的证言可能会造成不适当的损害。例如，他可能有身体特征或者行为习惯，这会引起事实审判者的不利反应。在审讯的压力下，他可能会感到困惑，从而给人一种错误的有罪印象。或者，他的作证行为可能

241

---

④　Stuntz, Self-Incrimination and Excuse, 88 Colum. L. Rev. 1227, 1228 (1988).

导致允许检控方提出他先前的刑事定罪，表面上看，这是为了弹劾目的，而事实审判者可能会不加区别地从中推论他有罪。这种特免权为这样一个人提供了避免这些危险的机会，这些危险可能来自关于一种归罪性情形的讨论，从而造成了一种不可靠但是有害的有罪印象。

这些考虑是否支持特免权，充其量是有问题的。很少有被告会给人留下误导性的有罪印象，陪审团可能比人们有时认为的更善于评估证据。即使有这样的重大风险，即作证会造成错误的有罪印象，实际考虑也很可能导致许多被告作证。如果这些风险是真实存在的，刑事程序中的其他改革可能会更好地防范这些风险；例如，用于弹劾的先前定罪的可采性可能会受到限制。

这种特免权也可能以不那么直接的方式保护无辜者。它是我们控告制的一部分，而且是一个重要部分，该制度要求除非有大量特别可靠的证据证明有罪，否则不得实施刑事处罚。通过拒绝检控方近用被认为具有一种固有嫌疑的证据类型，即被告的被迫自我归罪的自认，这种特免权迫使检控方在更可靠的证据的基础上证明其指控。[⑤] 这可以说创造了一个额外的保证，使每个被定罪的人实际上都是犯了被指控罪行的。然而，有些人认为，这种特免权是鼓励人们根据可靠的证据作出无罪还是有罪的判决的一种无效的手段。例如，在许多情况下，它剥夺了被告传唤证人的权利，这些证人的证言很可能是可靠的和出罪性的。

其他制度性观点认为，这一特免权有助于否定政府可能被滥用的权力，特别是在特别敏感的领域。它还可以通过防止审判堕落为许多人会觉得被冒犯的景象，来维护公众对法律制度的信心。当然，特免权实际上可能两者都做不到。相反，当法院被迫远离看似最可靠的信息来源时，公众对法律制度的信心甚至可能会降低。如果特免权确实能实现这些目的，它在实现这些目标方面可能是低效的，例如，未能识别和限制那些最具冒犯性和可能被滥用的政府权力，或者刑事诉讼对一般民众而言最具冒犯性的那些方面。

最近对特免权的辩护往往不太依赖于系统的理论基础，而依赖于个别的理论观点。这些论点——也有些重叠——提出，这一特免权防止以冒犯"隐私"或者"个人自主权"观念的方式对待嫌疑人和被告。例如，在该特免权适用于

---

⑤ James Fitz James Stephen 爵士提出了关于这一立场的典型说法，并将其归于一名经验丰富的印度文职官员。在解释为什么犯人有时受到酷刑时，该官员说：

这里面有很多懒惰的成分。舒服地坐在阴凉处，把红辣椒揉进一个可怜的魔鬼的眼睛里，要比在烈日下四处寻找证据爽得多。

Stephen，A History of the Criminal Law of England 442 n. 1 (1883).

庭外的执法审讯时，鉴于公众日益敏感，它可能会禁止这样的审讯技术，即现在可能与先前特免权发展过程中的酷刑一样具有冒犯性的审讯技术。

在适用于法庭内或者庭外的情况下，这一特免权可能会阻止以不可采的"残忍"方式对待嫌疑人和被告。不可容忍的残忍可能仅仅是因为强迫被告参与这一过程本身。或者，这种特免权可以防止以不可采的方式对待这些人，因为这种待遇与已形成的人类尊严观念不一致。例如，即使是一个有罪的人也被视为有某些尊严，当该人被迫积极参与对其实施惩罚性制裁的过程时，就侵犯了其尊严。

Gerstein[6] 基于隐私关切，提出了一个有些类似的观点：大多数因犯罪而被拘捕的人都认为，自己和犯罪行为的被害人一样，都是同一道德群体的一部分。他们认为犯罪既是道德问题，也是法律问题。对于这些人来说，自白不仅涉及服从法律责任，而且涉及对道德过错的承认，还往往涉及对悔恨的宣示。一个人对自己道德上的可责性的判断，是特殊的，也许是独特的，因此是特别隐私的。这种"信息"，即自我承认道德上的可责性，是如此的"隐私"，个人应该完全控制它。即使法院有权判定被告有罪，也不应有权强迫被告公开作出这样的判断，即被告据此在良心上谴责自己。被告应该能够决定是只与他的上帝分享这一点，还是与那些他认为受到信任和爱戴的人分享这一点。

一个相关的观点认为，即使强迫一个有罪的人在自我归罪、作伪证或者遭受诸如藐视法庭罪等惩罚之间作出选择，也需要进行艰难或者令人不快的选择，以至于特免权因有必要阻止这种选择而具有了正当性。究竟为什么这个"残酷的困境"带来的选择如此令人反感，还不完全清楚。也许正是因为一个人的自然本能和个人利益强烈地表明，他应该撒谎，以尽力避免承担刑事责任，所以因该人遵从这些本能而惩罚他是不公平的。如果除了像证人那样作证，不能期望任何常人做其他事情，那么惩罚个人似乎有违公平。也许这个选择令人不快，仅仅是因为州强迫这个人去做。Frank 法官认为，在许多情况下，"州会强迫他犯罪，然后因此对他进行惩罚"。然而，法律往往会让证人和其他人作出选择，这些选择似乎并不那么困难或者"不公平"。要挑出一组人进行关怀，他们中的大多数人发现自己处于这样的位置，是因为自己的犯罪行为，这可能是不适当的。

Stuntz 认为，其他解释特免权的努力假设受保护的活动在某种意义上是"正当的"，这并不令人满意。他提出，一个更令人满意的解释基于完全不同的

243

---

⑥　Gerstein，Privacy and Self-Incrimination，80 Ethics 87，87（1970）.

理由。如果这一特免权得不到承认，我们的法律制度将不得不为这样的被告提供辩护借口，这些被告在被传唤为检控方证人时，作了伪证而不是认罪。但是这样的辩护将引发相当沉重的制度成本。例如，通过消除对伪证的威慑，辩护方将导致大量伪证，损害陪审团准确解决案件的能力。承认特免权就不必支付这些成本了。

Allen 和 Mace[7] 试图解释最高法院的宪法第五修正案特免权法。基于被迫的活动必须是证言性的这一要求，他们的结论是，联邦宪法特免权意味着"政府不得强迫披露被迫认知的归罪性实质结果"。因此，他们将判例法解释为，强调官方对产生归罪性思想过程的责任，至少与政府获得这种思想过程的结果的方式是一样的。也许这表明了人们对思想自治概念的一种含蓄关注——特免权应该适当地限制政府产生和利用思想的能力，因为这影响到人民自治职能的最核心。

特免权的现代版本必须被视为得到了上述各种因素的不同组合的支持。它们所设定的特定要求，常常必须依赖于一些但是不是所有因素的组合。所有版本的特免权所涵盖的核心情形，即在审判中，在藐视法庭的传讯威胁下对已宣誓的被告进行直接询问，以确定被告是否犯下了所指控的罪行，在非常大程度上牵涉了所有这些因素。然而，其他情况是否在特免权范围内，必然取决于所涉及的因素、赋予这些因素的相对权重以及牵涉它们的程度。然而，可以调动的各种目的和基本原理，以及缺乏适用这些目的和基本原理的历史或者其他指引，意味着法院在构建政策分析方面具有非凡的灵活性，以解决特免权以其各种形式提出的具体问题。

就最高法院对宪法第五修正案特免权的发展而言，法院在 *Murphy v. Waterfront Comm'n of N. Y. Harbor* 案件[8]中进行的广泛讨论提出，法院认为，宽泛、灵活的各种政策考虑既支持联邦宪法特免权又与其内容有关。

> [特免权] 反映了我们的许多基本价值观和最高尚的愿望：我们不愿意让那些涉嫌犯罪的人陷入自我控告、作伪证或者藐视法庭的残酷的三难选择之中；我们更喜欢控告式而不是纠问式刑事司法制度；我们担心，被迫自我归罪的陈述是靠不人道的待遇和虐待得到的；我们的公平竞赛意识要求的国家与个人之间的公平平衡，即要求政府不要干涉个人，直到有正

---

⑦　Allen and Mace, The Self-Incrimination Clause Explained and Its Future Predicted，94 J. Crim. L. & Crim. 243（2004）.

⑧　378 U. S. 52（1964）.

当理由打扰他，并要求政府在与个人的争议中承担全部负担；我们尊重人的人格不可侵犯，尊重每个人享有私人领地的权利，在那里他可以过上私人生活，我们不信任反对自我的陈述；我们认识到，特免权虽然有时是罪犯的庇护所，但是常常是对无辜者的保护。

然而，在 *United States v. Balsys* 案件⑨中，多数意见不以为然地将 *Murphy* 案件的讨论定性为顶多是"由宪法第五修正案反对被迫自我归罪条款推动的愿景目录"。它继续说，该判决中反映的价值并不是"该条款规定的实际保护范围"的"可靠"——或者，几乎可以肯定的是，在法院看来，不是合适的——指南。

最具体地说，*Balsys* 案件将 *Murphy* 案件的讨论解释为主张联邦宪法特免权旨在保护——且应当被解释为旨在保护——"个人的不可侵犯性和证言性领地的隐私"⑩。它的结论是，"对第五修正案条款背后的个人隐私的相对雄心勃勃的概念化"，所立足的是 *Murphy* 案件的错误结论，即关于第五修正案条款的更早、更狭隘的观点——反映了制宪者在宪法中体现英国普通法特免权的意图——是错误的。就 *Balsys* 案件提出并由 *Murphy* 案件的讨论所涉及的具体问题而言，与 *Murphy* 案件的讨论相反，*Balsys* 案件的结论是，体现在英国普通法特免权中的普通法规则是明确的。*Murphy* 案件的讨论中所强调的个人证言的适正性或者隐私因素，将不支持对普通法规则所提出的"传统的……［宪法第五修正案］的保护范围进行重大变化"。

那么，对于宪法第五修正案目的来说，支持特免权的政策——或者用 *Balsys* 案件的话来说，联邦宪法特免权推动的愿景——有什么意义？最高法院承认，"特免权从未被赋予它所帮助保护的价值所暗示的全部范围"⑪。此外，"特免权背后的政策各不相同，并不是特免权的任何特定应用都牵涉所有的政策。"⑫ *Balsys* 案件提出，法院应当将界定宪法第五修正案内容的主要因素视为制宪者旨在在宪法第五修正案中体现的当时所理解的英国普通法特免权的明显意图。特免权可能推动的政策更为"雄心勃勃的概念化"，不太可能促使法院对该特免权作出比英国普通法前身更为广泛的具体解释。正如 *Balsys* 案件自身所承认的那样，*Balsys* 案件的讨论拒绝了对 *Murphy* 案件这样的解读，即如果接受了该解读，"将为该条款带来更为广阔的前景"。

245

---

⑨　524 U. S. 666 (1998).

⑩　524 U. S. at 691.

⑪　Schmerber v. California，384 U. S. 757，762 (1966).

⑫　McGautha v. California，402 U. S. 183，214 (1971).

第117节　特免权适用的情形：刑事案件被告的特免权与证人特免权的区别

　　当英国普通法法院开始在自己的程序中适用这一特免权时，很快就很清楚的是，这一特免权不仅可以由刑事检控中的被告援引，也可以由在程序上其定罪并不是本程序的结果的证人援引。历史上没有任何迹象表明，这被认为是特免权成长的一个重要步骤，而书面判决也没有提供任何理论根据。

　　宪法第五修正案禁止强迫一个人"在任何刑事案件中作为反对自己的证人"。这一规定以及早期州宪法规定的条款也可以理解为禁止的仅是强迫某人在该人是被告的刑事程序中作出口头证言。几个典据认为这是它们的原意。然而，1924年，最高法院驳回了这一观点，即宪法第五修正案仅适用于检控方在刑事审判中试图强迫被告作证的行为：

　　　　这种特免权通常不取决于寻求或者使用证言的程序的性质。它同样适用于民事和刑事诉讼，只要回答可能会使作出回答的人承担刑事责任。这项特免权保护纯粹的证人，就像它保护作为被告的当事人一样。[13]

　　法院现在普遍接受，州宪法规定和宪法第五修正案都适用于在刑事案件的实际审判中不是被告的人，该人也可以援用这些规定。有些讨论提到，这可能是两种不同的特免权：刑事案件本身中被告的特免权和证人的特免权。

　　在 *Chavez v. Martinez* 案[14]中，Thomas 大法官和另外三名美国最高法院大法官提出，这种区别至少符合宪法第五修正案的理论。他推理说，除非在刑事审判过程强迫被告作出庭上证言，或者被告在庭外或者其他程序中作出的陈述被用于该刑事审判，否则不会发生违反该条款本身的情况。这可以说是刑事案件中被告的特免权。他还说，根据其创设"预防性规则"以保障宪法核心权利的权力，该院创设了一个证据特免权，以保护未因刑事犯罪受到审判的人不被强迫作证，因为这一证言以后可能会以违反宪法第五修正案保护的核心内容的方式被使用。这可以说不是被告而是证人的特免权。

　　Thomas 大法官的观点并没有被最高法院作为一个整体所接受，这一观点是否被接受可能没有什么实际意义。然而，确实存在一种可能性，即法院可能不那么严格地发展和适用法官们认为只是保护那些在实际刑事案件中不是被告

---

⑬　McCarthy v. Arndstein, 266 U. S. 34, 40 (1924).

⑭　538 U. S. 760 (2003).

的人的"预防性"特免权。

　　在不同情况下，拒绝从事被迫自我归罪行为的权利的确切含义，无疑是不同的。或许，根据依赖该权利的人是刑事诉讼中的被告还是某种意义上的证人，可以作出一些一般性的区分。然而，在任何有意义的含义上，不太可能有两种不同的权利或者特免权。不过，为某些目的，本章确实单独讨论了该特免权适用于刑事案件中的被告的情况和该特免权适用于其他人的情况。

　　因为确定某种情形意味着刑事案件中被告的特免权还是其他人的特免权至关重要，因此有必要确定刑事案件何时开始。*Chavez* 案件的简单多数意见拒绝就"刑事案件"的确切开始时间给出明确回答。然而，它确实表明，"刑事案件"至少需要启动法律程序，因此在调查期间的警察审讯并没有发生在刑事案件中。

　　因此，当一个人被迫的作证行为可能立即有助于司法认定此人犯有刑事罪行时，最好认为牵涉了被告的特免权。在其他情况下，该人可以援引特免权，但是不能援引被告的地位，从而享有证人的特免权。

　　"证人的特免权"一词暗示，该特免权仅限于一个人可以成为证人的某种正式程序。显然不是这样。在 *Miranda v. Arizona* 案件[15]中，最高法院明确表示，这一特免权适用于执法人员的庭外羁押性审讯。[16] 有时人们会担心，这一特免权是否适用于这样的情形，在庭外，嫌疑人没有处于 *Miranda* 案件意义上的羁押中，没有受到 *Miranda* 案件意义上的审讯，或者两者兼具。

　　事实上，宪法第五修正案的特免权可能适用于任何人可能从事自我归罪性的证言性行为的情况。正如 Marshall 大法官所称的那样，认为只有在某些政府官员试图强迫一个人说话时，这种特免权所创制的保持沉默的权利才适用，是完全不合逻辑的。[17] 然而，所谓证人的特免权对庭外在执法人员面前（而非羁押状态）的人所提供的保护，可能与特免权为在立法委员会作证的证人提供的保护大不相同。

247

第 118 节　主张特免权

　　反对被迫自我归罪的特免权"不是自动执行的"，"除非及时援引，否则不

⑮　384 U. S. 436（1966）.

⑯　参见下文第 149 节。

⑰　Jenkins v. Anderson，447 U. S. 231，250 n. 4（1980）（Marshall 大法官持不同意见）.

得依据该特免权"⑱。例如，纳税人如果在纳税申报表上作出了归罪性陈述，而不是根据该特免权拒绝提供信息，则以后不能成功地主张因这些自认构成了被迫自我归罪因而不可采。这不是一个弃权的问题，而是对免于被迫自我归罪的权利的实质性要求。

在某些情况下，如此主张宪法第五修正案特免权的必要性被放宽了。如果该人的任何答复可能是证言性的自我归罪，则该人不必肯定性地援引该特免权。因此，赌徒不需要援引该特免权，而只是不提交联邦赌博税制定法要求的申报表就够了，因为对制定法要求的任何回应，包括提出特免权主张，都可能是归罪性的。如果对援引特免权的行为处以正式惩罚，则必然没有人援引特免权。

与仅作为证人的人相比，实际牵涉刑事诉讼的被告不太可能被要求肯定性地援引这一特免权。如果在陪审团审判中，被告没有作证受到了陪审团的注意，即使被告没有采取任何肯定性行动来援引特免权规定的不作证的权利，被告的特免权也受到了侵犯。如果执法人员没有就宪法第五修正案的适用向正在受到羁押性审讯的人员发出警告，以及在任何审讯开始之前获得对律师在场权的有效放弃，该人的特免权就受到了侵犯。在这些情境下，特免权确实是一种保持沉默或者完全被动的权利，而不仅仅是一种援引特免权从而避免被迫自我归罪的权利。

什么时候必须援用该特免权，人们在援用该特免权的时候必须多么明确？在很少的发生这些问题的场合，法院的意见并不一致。如果一个证人说他是按照自己的"偏好"而不作证的，而不是主张任何特免权，他仍然被判定援用了该特免权，因为证人可以通过拒绝作证的行为援用其宪法第五修正案权利。另一方面，被告人以前拒绝揭发其犯罪同伙的身份，当他在量刑程序中又拒绝这么做的时候，被判定没有援用这一特免权。辩护律师说，"我有很多理由来提出异议……我觉得这完全不合适……不披露［信息］可能有很多原因……可能是因为这会导致他被定罪，可能是其他原因。"关键问题应该是，证人或者被告是否向审判法官充分说明了对该特免权的依赖，以提醒法官需要进行任何必要的调查，以根据事实确定对特免权的依赖是否适当。

这件事显然是由 *Hiibel v. Sixth Judicial Dist. Court of Nev.*, *Humboldt Cty.* 案件⑲引起的，最高法院在该案中判定，宪法第五修正案并不禁止 Hiibel

⑱　Roberts v. United States，445 U. S. 552，559（1980）。

⑲　542 U. S. 177（2004）。

因拒绝向警察提供其姓名而受到检控。尽管法院主要依据的是其这一结论，即 Hiibel 未能证明提供其姓名带来了触发该特免权的足够的归罪性风险，但是其也指出，Hiibel 显然拒绝提供其姓名，"仅仅是因为他认为他的姓名与警察无关"。也许，特别是在涉及最小归罪性风险的情况下，寻求禁止对庭外行为进行处罚的人必须在该行为发生时明确表示依赖特免权，或者至少根据归罪风险来决定行使采取行动或者不采取行动的法律权利。

在第 127 节讨论的 *Salinas v. Texas* 案件[20]中，三位大法官简单多数意见支持了这一点。*Salinas* 案件多数意见表明，在非羁押情况下接受询问的嫌疑人必须明确援引这一特免权。根据这一分析，仅仅对在这一情境下提出的指控性问题保持沉默，是不受特免权保护的，这可以在审判时用于证明有罪。

第 119 节　特免权的个人性质

法院经常将反对被迫自我归罪的特免权描述为个人性质的。然而，这些经常是一时兴起的评论，多少有些误导性。

这种特免权显然是个人性的，因为只有处于归罪性风险下的人才能依赖它。因此，证人不能以此为由拒绝提供信息：这样做会使其他人牵连于罪，从而侵犯他们的利益。例如，如果一名律师在大陪审团面前被传唤为证人，他就不能以回答会牵罪于他的委托人，而根据特免权来拒绝回答问题。刑事被告不能援引证人、共同被告甚至同谋者或者共犯的特免权。一般来说，刑事被告也不能成功地鸣冤说，在诉讼过程中这些人的反对被迫自我归罪的权利受到了侵犯。

有人提出，该特免权的个人性质，意味着只能通过持有人的个人行为或者陈述来援用，因此律师不能代表持有人援用该特免权。这是不必要和不可取的。律师根据委托人的授权，代表委托人援用委托人的特免权时，要求委托人自行援用该特免权是没有任何好处的。另一方面，要求当事人而不是律师作出是否援用特免权的决定，是合理的（也许是必要的）。如果就律师的授权存在合理怀疑，审判法官应有权要求证明委托人的授权。

第 120 节　归罪：一种有助于检控和定罪的"真实和可察觉的风险"

只有当被迫的行为具有归罪性时，特免权才适用。正如本章后面所阐述的

⑳　133 S. Ct. 2174 (2013).

那样㉑，这意味着它只针对刑事责任提供保护。归罪性要求的另外两个方面也很重要。

第一，尽管有宪法第五修正案的术语和其他许多关于该特免权的表述，但是这种特免权并不限于在刑事审判中实际引入作为证据的被迫作出的证言。相反，它将针对任何符合其他要求，将在可用于起诉该人的证据链中提供一个环节的行为，而提供保护。这意味着它可以防止强迫从事可能导向在刑事犯罪审判中使用的证据的行为。

第二，上述意义上的归罪性危险必须是"真实和可察觉的"。在宪法第五修正案特免权发展初期，法院确定，只是"设想的和不现实的"危险，并不支持援用该特免权。㉒

在早期的几个判例中，美国最高法院援引了这一关于所要求的风险的表述作为依据，判定特免权不适用，有时还会重复使用"真实和可察觉的"风险这一表述。然而，正如现在所应用的那样，这一要求可能没有多大意义。例如，在刑事责任将取决于很少甚至可能从来没有执行过的对性活动的禁止的情况下，法院支持对特免权的主张。

一些法院明确接受了显然的功能性规则：所要求的披露是否是归罪性的，取决于其有可能性（possible）被用于检控，而不是很可能（likely）被用于检控。如果法院认定是未来有可能检控，并且披露将有助于任何此类检控，则结束调查。法院不应试图评估起诉的可能性。

最高法院重申并适用了 *Hiibel v. Sixth Judicial Dist. Court of Nev. , Humboldt Cty* 案㉓的要求。*Hiibel* 案件认为，只有当当事人合理地认为所要求的披露可以用于刑事检控，或者会导致可能被如此使用的其他证据时，才适用这一特免权。常人不可能就此有合理的恐惧，至少在没有任何支持的情况下，即这个人的名字将具有归罪性。法院解释说，"透露一个人的名字"，"在事情的安排中很可能是微不足道的，只有在不寻常的情况下才是归罪性的"。*Hiibel* 本人甚至没有提供一个事后的解释，来说明在刑事案件中，如何可以使用透露的名字来反对他。显然，如果他提供了这样的解释，审判法院将需要确定常人是否会认为名字本身会被使用，或者是否会导向可能用于刑事案件的其他证据。

㉑　参见下文第 121 节和第 123 节。

㉒　Brown v. Walker, 161 U. S. 591, 608 (1896), drawing upon Queen v. Boyles, (1861) 1 B. & S. 311, 121 Eng. Rep. 730 (K. B.).

㉓　542 U. S. 177 (2004).

对特免权贯彻中的一些更具体的问题适用真实和可察觉风险的一般要求，确实存在困难。本章其他部分将结合强制出示文件和有形物品[24]，以及确定证人对提问的回答是否与刑事责任充分相关从而支持援引特免权的任务[25]，讨论这些问题。

第 121 节　特免权限于针对刑事责任的保护：(a) 概述

250

这种特免权只保护其持有人免受刑事法律责任的风险。它没有针对在有关情况下不能引起刑事责任的事项披露所导致的耻辱和实际被逐出社会，提供任何保护。

如果消除了刑事责任风险，就没有特免权。显然，当检控和定罪因已过时效、赦免、先前无罪释放或者授予豁免而被排除时，这一特免权不适用。如果先前的定罪消除了刑事责任的风险，那么这种特免权同样不适用。然而，这一风险是否真的因先前的定罪而消除了，则带来了一些特殊的问题。

如果对定罪的直接上诉悬而未决或者仍然可以提出，被定罪的被告尽管被定罪，但是仍有希望在上诉时撤销其定罪，并且在随后的任何再审中，他所作的任何披露都将被用于给他定罪。因为有这种可能性，法院一般判定，被定罪的被告在上诉已经耗尽或者上诉期满前，仍然受该特免权的保护。按照主流标准，撤销和重审的风险并不遥远，不构成可忽略不计的风险。

在旁系攻击中定罪被判无效的可能性，是否应该使特免权可用，则是另外一个问题。通常情况下，旁系攻击在任何时候都是可用的，因此，将此类攻击成功后的重审风险视为保留保护的必要性，将极大地扩展特免权的保护。最好的解决办法是将旁系攻击成功和重审的可能性视为提出了这样的问题，即事实是否带来了"真实和可察觉的"归罪性危险。在没有具体证据表明旁系攻击可能成功的情况下，定罪应被视为消除了归罪风险，从而消除了特免权的保护。然而，大多数法院将定罪的终局性视为不受限制地消除了归罪风险。

这项特免权并不针对刑事检控中除认定有罪外的所有不利裁断而提供保护。最高法院在 *Estelle v. Smith* 案件[26]中合理地认为，对受审能力的认定不构成归罪。显然，排除继续检控的程序障碍不应构成归罪。

[24]　参见下文第 138 节。

[25]　参见下文第 132 节。

[26]　451 U. S. 454 (1981).

这项特免权是否能防止更严厉的惩罚，还不太清楚。*Minnesota v. Murphy* 案件[27]表明——尽管是在附带意见中——尽管撤销缓刑加重了对犯罪的惩罚，但是就宪法第五修正案特免权目的而言，撤销缓刑并不是归罪。

另一方面，*Estelle v. Smith* 案件似乎认为被告受到特免权的保护，不必披露仅用于证明其"危险性"这一事实的信息，因为这种危险性可能导致他就被定罪的罪行判处死刑而不是终身监禁。

251

被告的宪法第五修正案特免权适用于量刑，最高法院在 *Mitchell v. United States* 案件[28]中如此判定。此外，就量刑实体不能从被告未能"在确定犯罪事实时"作证中得出相反的推论而言，它是作为被告的特免权而适用的。这重申了审判法院在量刑时不能强迫被告认罪或者因被告拒绝认罪而惩罚他。尽管已被定罪，但是对与该罪行有关的事实的承认，可能以后被证明就该犯罪是归罪性的。

但是 *Mitchell* 案件的话没有说清楚宪法第五修正案的特免权是否针对被迫作出只会增加惩罚的严重性的自认而提供保护。*Mitchell* 案件的量刑法官能否就一些事实作出不利的推论，这些推论不会表明对其他定罪的责任，但是会支持课以更严厉刑罚？该保护所要防止的对被告的归罪，是否包括加重处罚？

实际上，在 *Mitchell* 案件中，争论的焦点是 Mitchell 是否受到特免权的保护，不必为了联邦量刑目的而披露可归于 Mitchell 的毒品数量有关的事实。检控方没有称这些事实不是归罪性的，而是称，通过辩诉交易，她放弃了宪法第五修正案的保护。对 *Mitchell* 案件的公正解读清楚地表明，法院认为，就宪法第五修正案目的而言，倾向于加重审判法院所判处的惩罚的严重性的事实是归罪性的。

Mitchell 案件明确拒绝讨论量刑法官或者陪审团在量刑时，是否可以考虑被告的沉默，如果它倾向于证明缺乏悔恨或者拒绝承担犯罪责任的话。下级法院有时试图将 *Mitchell* 案件解读为允许量刑当局以这些方式考虑沉默，但是这样做即使不是不可能，也是很困难的。一些法院禁止量刑当局赋予沉默以任何这样的影响。

第122节　特免权限于针对刑事责任的保护：(b) 区分刑事和非刑事法律责任

很明显，这项特免权确实可以针对因技术上的刑事犯罪而被定罪的风险提

[27]　465 U. S. 420 (1984).
[28]　526 U. S. 314 (1999).

供保护，同样清楚的是，它并不针对根据传统的民事诉因而判定的损害赔偿责任提供保护。它是否能针对这两个极端之间的责任类型提供保护，还不太确定。

1886年，最高法院判定："为宣布因一个人所犯罪行而没收其财产而提起的诉讼，尽管形式上可能是民事诉讼，但是其性质是刑事诉讼。"[29] 因此，宪法第五修正案特免权针对没收提供保护，至少在这种诉讼是基于也可以作为刑事检控依据的行为的情况下。在 *Application of Gault* 案件[30]中，法院判定，联邦宪法特免权针对可能导致认定儿童是少年犯的被迫披露提供保护。这一判决显然主要是基于这样一个事实，即这样的认定可能导致自由的丧失，法院的结论是，这与刑事定罪后的监禁是无区别的。

但是在 *Baxter v. Palmigiano* 案件[31]中，法院几乎不假思索地判定，对已定罪的囚犯实施的惩戒处罚不是"归罪"，他们本身也没有援用宪法第五修正案特免权的保护。两年后，法院判定，根据《联邦水污染控制法》对向适航水域排放有害物质所实施的民事处罚，不是宪法第五修正案意义上"归罪"[32]。

在 *Allen v. Illinois* 案件[33]中，这一系列判决到了紧要关头。在该案中，法院审议的是，宪法第五修正案是否针对依据《伊利诺伊州性危险人员法》被认定为性危险人员——这在名义上是民事性的——而提供保护。根据该法，只有在证明某人从事了刑事性的性不端行为时，才能认定此人为性危险人员。如果作出这样的认定，该人就可以被不定期关押在由惩教当局管理的最高安全机构中。法院判定，一般来说，立法机关将责任规定为民事性质，就足以使其不在宪法第五修正案的范围内。然而，根据最为清晰的证明，即"立法意图在目的或者效果上如此具有刑罚性，从而否定了［州］将该程序定性为民事的意图"，则"民事"标签必须不被理会，而适用宪法第五修正案。伊利诺伊州法院认定，该程序本质上是民事性质的。Allen 未能按要求证明该计划在目的或者效果上是刑罚性的。与 *Gault* 案件的指示相反，责任可能导致非自愿监禁这一事实，不足以要求适用特免权。

根据 *Allen* 案件，试图证明宪法第五修正案针对名义上的民事责任提供保护的诉讼当事人，面临着艰巨的任务，而且不太可能成功。在该案中，法院认

252

㉙　Boyd v. United States, 116 U. S. 616, 634 (1886).

㉚　387 U. S. 1 (1967).

㉛　425 U. S. 308 (1976).

㉜　United States v. Ward, 448 U. S. 242 (1980).

㉝　478 U. S. 364 (1986).

为，宪法第五修正案的特免权不保护因精神疾病而强制入院。下级法院判定，这一特免权并不就惩戒程序保护律师协会会员，也不就法官惩戒保护法官。其对于无证从事牙科工作、父母权利终止或者民事藐视法庭的责任，也不提供保护。然而，刑事藐视法庭犯罪可能是特免权意义上的归罪。

虽然特免权并不针对某一类型的法律责任提供保护，但是作为设定该责任的程序的诉讼主体的人，仍然可以援引特免权。最可能的是，该人并没有刑事案件被告的特免权。对于拒绝回答特定问题，必须从回答恻同寸造成刑事责任角度考虑，而不仅仅是从这将增加影响该诉讼本身的成功的风险的角度来考虑。

第 123 节　特免权限于针对刑事责任的保护：（c）其他 司法辖区的法律规定的归罪问题

证人可以基于对在寻求证人证言的有管辖权的法院以外的法院的刑事责任的担心，而主张特免权。这些情况可分为以下几类：（a）州或者联邦法院的证人根据外国法律声称有归罪危险；（b）州法院的证人根据另一州的法律声称有归罪危险；（c）州法院的证人根据联邦法律声称有归罪危险；以及（d）联邦法院的证人根据州法律声称有归罪危险。

传统上，大多数法院采取的立场是，特免权仅针对试图强迫取得归罪性信息的主权体的法律所规定的定罪提供保护。在某种程度上，这种判定依据的是这样的观点，即被另一个主权体检控的风险如此之低，以至于不能援引特免权规定的保护。然而，也有人认为，这一结果来自特免权的理由。如果这种特免权是基于对一个主权体在试图强迫一个人协助实现给他自己定罪时可能犯下的暴行和其他过当行为的关切，那么当唯一潜在的刑事责任由另一个司法辖区的法律所规定的时候，这种风险很少出现。在这种情况下，强迫其作证的主权体不太可能有足够的兴趣通过将该人定罪，来实施唤起特免权理由的行为。

就宪法第五修正案特免权，最高法院在 *Murphy v. Waterfront Commission* 案件㉞中驳回了这一传统立场。就新泽西州某些码头的罢工斗争，Murphy 和其他几个人被传唤到纽约港海滨委员会。根据纽约州和新泽西州的法律，他们被赋予了检控豁免，但是他们援用了宪法第五修正案的特免权，理由是根据联邦法律，他们的回答往往会归罪于他们。最高法院同意，针对联邦和州法律

㉞　378 U. S. 52（1964）.

的责任，宪法第五修正案特免权保护州证人。注意到各司法辖区之间的高度合作，它没有经过长时间的讨论就认为，当一个根据州和联邦法律都拥有反对被迫自我归罪保护的证人可以通过根据两个法律体系被"各个击破"而自我归罪，即在第一个司法辖区的法院被传唤为证人，然后在另一个司法辖区的法院再被传唤为证人，则宪法第五修正案特免权的大部分甚至所有政策和目的都将被挫败。对先前提到的传统观点的辩护被驳回，因为其基于那些支持宪法第五修正案特免权的政策的过于狭隘的观点。

　　然而，法院认识到，如果在州法院扩大 *Murphy* 案件的宪法第五修正案保护范围，使之包括联邦法律规定的反对被迫自我归罪的保护，而不向各州提供获得证言的手段，将忽视两级政府在调查和检控犯罪方面的利益。因此，它判定，当一个州根据联邦法律强迫取得归罪性证言——例如赋予豁免——时，联邦政府被禁止对该强迫取得的证言及其果实进行任何归罪性使用。既然 Murphy 和他的同伴因此得到了充分的保护，不能使用他们被迫作出的证言而对他们进行联邦定罪，那么就可以强制他们作证。

　　Murphy 案件明确解决的仅仅是上述情况（c），但是它消除了传统观点——特免权不适用于（b）和（d）情形——的任何概念基础。在这两种情况下，证人都获得保护。但是，如果可以向证人保证，所强迫取得的证言和据此获得的证据不能被用来根据另一个司法辖区的法律使他入罪，则寻求其证言的司法辖区可以强制其作证。这一保证是由联邦宪法禁止使用非自愿陈述所提供的，无论是联邦的保护，还是州的保护。

　　因此，人们普遍同意，联邦证人受到反对根据州法被迫自我归罪的保护；州证人受到反对根据其他州的法律被迫自我归罪的保护。与此类似，很明显，在这两种情况下，法院所在司法辖区可以赋予证人豁免，并迫使证人回答。然而，据此获得的证言和证据不得用于其他司法辖区。

　　在 *States v. Balsys* 案件[⑤]中，美国最高法院讨论了上述情况（a）。按照 *Balsys* 案件的解释，*Murphy* 案件既不反对将普通法特免权解读为仅限于根据寻求强迫作证的主权体的法律来定罪，也不反对普通法规则在界定宪法第五修正案特免权内容方面的意义。相反，*Murphy* 案件基于这样的有限理由，即由于宪法第五修正案的特免权对各州和联邦政府都有约束力，因此为了适用宪法第五修正案的这一方面，"州和联邦司法辖区被视为一体"。然而，没有理由同样地把联邦政府和外国主权体"视为一体"，因此适用普通法衍生的"同一主

[⑤]　524 U. S. 666（1998）.

权体原则"。由于外国主权体与寻求证言的主权体不同，根据该主权体的法律进行的定罪不会触发特免权。

Balsys 案件认为，如果这件事转而取决于将扩大宪法第五修正案特免权以涵盖外国主权体的法律规定的定罪可能带来的成本和利益进行比较，结果将是一样的。尽管根据外国主权体的法律提出有罪指控的案件可能相对较少，但是特免权的扩大将导致一些证据的丧失，可能对国内执法造成严重的不利后果。由于法院在处理外交关系方面没有角色，它不能适当地假定扩大特免权将会刺激这种成本最小化的立法和国际协议。特免权的扩展可能不利于那些可能援用扩展的特免权的人。他们依靠扩大的特免权保持沉默，这种沉默可能被用来将他们驱逐到将面临刑事检控的国家。

Balsys 案件留下了这样的可能性，即可以通过证明这一点来援引宪法第五修正案特免权，即潜在的外国检控实质上是外国主权体代表寻求证言的美国司法辖区提出的。仅仅证明美国司法辖区在支持外国检控，即通过条约协议向外国司法辖区提供犯罪证据，是不够的。相反，*Balsys* 案件提出，只有通过证明这一点，才能提出争点，即两个司法辖区针对"国际性犯罪"颁布了实体上相似的刑法典，美国司法辖区寻求证言的目的是"作为针对两国的共同犯罪的公诉人，获取证据，移交给其他国家"。

第124节　特免权限于被迫的"证言性"活动

宪法第五修正案的特免权和几乎所有州的该等特免权，只能防止被迫从事证言性的自我归罪的活动。探讨法院所说的证言性活动的含义，是考虑这种限制的基础和明智性的必要条件。

早在1910年，美国最高法院就判定，宪法第五修正案只禁止强迫榨取"交流"。这一点在 *Schmerber v. California* 案件[36]中得到了重申，该案件解释说，这一特免权"只保护被告不被强迫作证反对自己，或者以其他方式向检控方提供证言性或者交际性的证据"。法院在 *United States v. Hubbell* 案件[37]中指出，宪法第五修正案条文中的"证人"一词，解释了该保护用于"具有'证言性'的"交流。

在 *Doe v. United States* 案件[38]中，法院批准了检控方敦促的方法：如果一

---

[36]　384 U. S. 757 (1966).
[37]　530 U. S. 27 (2000).
[38]　487 U. S. 201 (1988).

个行为"明示或者默示地与事实主张或者信息披露有关"，那么在宪法第五修正案特免权的意义上，它就是"证言性的"。它接着阐述说，这意味着，只有当行动被视为主体有意表达其对事实问题的认识或者信念的一种指征时，该被强迫的行为才是"证言性"的。*Pennsylvania v. Muniz* 案件[39]重申了这一做法。

因此，当且仅当检控方强制要求受试者以某种方式行事，受试者意图将此作为其对事实事项的感知或者信念的披露时，才涉及特免权。所以，不禁止检控方为了获得受试者的想法而采取强迫行动。该特免权只禁止强迫受试者有意透露自己的想法。

根据这一定义，身体活动和言词活动可能是证言性的。然而，绝大多数口头陈述将是证言性的，因为"很少有口头或者书面的言词陈述不是为了传达信息或者陈述事实"。

因此，这项特免权并不禁止强迫嫌疑人穿上上衣，以确定是否适合他，促使嫌疑人配合提取表明他有罪的血样，要求嫌疑人参加排队辨认，或者从嫌疑人那里获得声音样本。被迫出示涉及被迫的证言性活动的文件或者其他物品，是一个特殊问题，将在其他地方讨论。[40]

256

其中一些概括可能过于宽泛。例如，*United States v. Mara* 案件[41]似乎将强迫出示笔迹样本视为非证言性的。然而，随后的一些下级法院的判决已经合理地得出结论认为，在某些情况下，这种被迫的活动将是证言性的。一家法院解释说："通过口述获取笔迹样本，询问者就可以向受试者提出拼写问题，这将在笔迹样本中得到回答。它还使得询问者可以评估受试者的精明程度、受教育程度、词汇范围和教育水平。"这很可能使出示样本成为一种证言性行为。

即使在审判期间，如果刑事被告的行为不是证言性的，也可以强迫他在陪审团面前从事归罪性行为。当然，可以强迫被告出庭。法院维持了审判法院的这一要求：被告向在证人席的证人展示文身，向陪审团展示被告的牙齿，穿上被指控罪行的犯罪实施者所穿戴的夹克、面具和帽子，说出犯罪实施者所说的话——"把钱给我"，"快点"。

在 *Muniz* 案件中，最高法院讨论了在警察局进行的清醒测试的几个方面的证言性。进行测试的警察首先询问 Muniz 的姓名、地址、身高、体重、眼

[39]　496 U. S. 582，594 - 95 (1990).

[40]　参见下文第 138 节。

[41]　410 U. S. 19 (1973).

睛颜色、出生日期和当前年龄。接下来，显然为了测试 Muniz 的计算能力，他问道："你知道你六岁生日是几号吗?"最后，当他做了几次身体灵巧度测试后，警察指示他数数。

　　Muniz 案件多数意见认为，关于 Muniz 的姓名、地址、身高、体重、眼睛颜色、出生日期和当前年龄的第一个问题，确实需要作出证言性回答。然而，它明确表示，宪法第五修正案没有禁止警察强迫 Muniz 说话，以确定他是否会结结巴巴。说话结结巴巴和其他缺乏肌肉协调性的证据不涉及证言性成分，因此，这种被迫展示，并不涉及宪法第五修正案特免权。

　　争论集中在第二个问题上，即 Muniz 是否知道他六岁生日在哪天，对此 Muniz 回答说："不，我不知道。"Brennan 大法官代表勉强多数中的五名大法官们解释说，这个问题不需要探索"什么是'证言性'的外部界限"，因为这个概念的"核心含义"清楚地表明，Muniz 对这个问题的回答是证言性的。他继续说，警察在试图查明 Muniz 大脑活动的生理特性，如果该调查是通过要求嫌疑人作出证言性回答的方式进行的，那么这种活动并不是决定性的。向 Muniz 提出的问题需要一个证言性的答复，因为它要求他就其心理过程的结果传达自己的看法或者信念。从功能上讲，他是在传达他认为或者知道自己不知道自己六岁生日是哪天。

257　　适用 Muniz 案件，加利福尼亚州一家法院判定"现场清醒度（Romberg）测试"是不可允许的。主持该测试的警察让嫌疑人站起来，把头向后仰，闭上眼睛，告诉警察他什么时候认为 30 秒过去了。法院解释说，"Romberg 测试的证明价值，完全取决于受试者向警方传达的估计的准确性。因为测试要求嫌疑人传达一个隐含的事实或者信念的断言（即 30 秒过去了），所以该测试类似于向 Muniz 提出的六岁生日问题，该问题要求作出证言性的回答。"[42]

　　在 *Hiibel v. Sixth Judicial District Court of Nevada, Humboldt County* 案件[43]中，有人提出，警方要求一个人说出自己的名字，对此的回应与对站出来表明其身高的要求的回应一样，都是证言性的。最高法院没有讨论这一问题，但是提出，这"可能是对与身份有关的事实的主张"，因此可能是证言性的。它还说，出示所要求的身份证件，也可能是证言性的。

　　嫌疑人拒绝参加血液酒精含量呼吸检测是不是证言性的，仍不确定。在 *South Dakota v. Neville* 案件[44]中，最高法院评论说，这一观点"相当有力"，

---

[42]　People v. Bejasa, 140 Cal. Rptr. 3d 80, 93 (Cal. App. 2012).
[43]　542 U. S. 177 (2004).
[44]　459 U. S. 553 (1983).

即嫌疑人拒绝参加血液酒精呼吸检测测试就像是逃离，因此是非交流性行为，而不是证言性交流。它没有讨论这个问题，因为法院判定，在任何情况下，该拒绝都不是被迫的。下级法院倾向于将拒绝定性为非证言性的。马萨诸塞州法院在也许是与此相反的主要典据中认为，拒绝类似于进行拒绝的人在说："我喝得太多了，我知道或者至少怀疑我不能通过检测。"⑤

最好的分析是，这种行为不是证言性的。虽然它确实揭示了嫌疑人的感觉，即他醉得太厉害，无法通过测试，但是这并不是通过强迫嫌疑人有意地传达他认为自己醉得太厉害的感觉来做到这一点的。嫌疑人并不打算把这一回应作为对从中推断出的事实的主张，即嫌疑人意识到自己处于醉酒状态。

Muniz 案件没有解决按指定的顺序背诵字母还是数字——例如背诵字母表——是不是证言性的。可以说，这些叙述涉及对嫌疑人信念的暗示性的断言。这种背诵字母表的行为可以被视为一种默示的——但却是证言性的——断言，"我相信字母 E 在 C 的后面"。不过，大多数下级法院都判定，这种行为不是证言性的。这充其量是基于这样一个命题：这样的背诵不涉及对人的信念的有意披露，而是对"一套通用符号"的机械背诵或者——用马萨诸塞州法院的话来说——"人的心理过程的本能运作"。

Muniz 案件提出，证言性要求应当这样——至少在一定程度上——适用，即根据特免权的基本原理进行功能分析。这项特免权的核心是保护那些涉嫌犯罪的人，使他们免受自我控告、伪证或者藐视法庭这一历史性的三难困境的现代类似物的影响。"不管它可能包括什么"，Brennan 大法官在 *Muniz* 案件中解释道，"'证言性'证据的定义……必须包含对这样的问题的所有回答，即如果在刑事审判中向已宣誓的嫌疑人提出这些问题，可能会使嫌疑人陷入'残酷的三难'境地"。可以说，无论是被要求同意测试的嫌疑人，还是被要求背诵数字或者字母的嫌疑人，都没有被置于这种境地。提供人们认为更有利的但是对于警察的要求来说是虚假的回答，根本不是选项。

确切地说，为什么特免权应限于强迫从事"证言性"活动，这一问题几乎没有被解决。当然，大多数（如果不是所有的话）宪法规定的措辞并不要求这一结果。相反，该特免权的一些提法在某种程度上为该特免权提出了一个更广泛的解释，例如：规定任何人"不得被迫提供证据反对自己"的提法。然而，术语上的这种细微差别并没有被认为具有多大的意义。

258

---

⑤　Commonwealth v. Lopes，944 N. E. 2d 999，1003（Mass. 2011）（quoting Opinion of the Justices to the Senate，591 N. E. 2d 1073，1077（Mass. 1992））.

在 Doe 案件中，最高法院指出，这样限制特免权与宪法第五修正案特免权及其前身的历史一致，在历史上，这些特免权旨在防止利用法律强迫手段从被告那里榨取关于事实的宣誓交流，这些交流将用于给其定罪。法院承认，通过更广泛地适用特免权，将在一定程度上服务于支持特免权的政策。然而，它恰恰没有阐述为什么这不能令人信服地支持就特免权保护提出更宽泛的表述方式。Doe 案件的多数意见只是说，该特免权的范围"与它要保护的复杂价值观不一致"，但是这一说法无助于解释为什么要设定证言性要求来确定其范围与这些价值观的一致程度。

Doe 案件承认，这一特免权在一定程度上基于这样的需要，即限制检控方在更广泛意义上迫使被告"协助对他的检控"的能力，而将特免权扩大到非证言性情况将服务于这一目的。然后，它直接认为，"隐私、公平和政府权力的限制"中受保护的利益，不会因为强迫被告配合检控方利用其身体形成"高度归罪性的证言"而受到不允许的冒犯。显然，这一假设至少在一定程度上基于这样的结论，即其他联邦宪法条款也服务于该同样的目的，并且显然是如此有效，以至于不必制定宪法第五修正案来提供额外的限制。

当然，各州仍然可以自由地、更宽泛地界定其宪法、制定法或者判例法特免权所提供的保护，而不限于被迫的证言性行为。传统上，有相当多的典据认为，一些州特免权禁止产生将归罪于被强迫者的有罪证据或者信息的任何强迫活动，无论是否为证言性的。然而，在 1985 年犹他州最高法院否决这一立场后，显然只有佐治亚州仍然坚持这一做法。

根据佐治亚州法院的做法，这一特免权只禁止强迫从事某些自我归罪但是不一定是证言性的肯定性行为。因此，它禁止强迫嫌疑人出示笔迹样本，但是它并不禁止被迫被动地接受从嫌疑人体内取出子弹所需的手术，采集血液样本进行化学分析或者脱下嫌疑人的鞋子。一个人不能被迫从事将创造证据来归罪于此人的行为，尽管可以强迫该人帮助当局获得已经存在的这种证据。

259

也许特免权的基本原理根本无法支持对特免权的广泛解释，从而将其应用扩展到非证言性被迫活动。如果特免权的目的是尽量减少酷刑，可以说，通过禁止被迫从事任何自愿的肯定性的行为，这一目的最可能得到实现，因为这种情形提供了一种激励，促使人们进行可能存在虐待性的劝说，直到对象服从。然而，正如犹他州法院在对这一立场作出的主要否决所指出的那样，还有其他宪法条款可用来谴责过度胁迫。此外，在寻求交流性合作的情况下，对极端的因而残酷的、说服性的措施的激励作用最大，因为在这种情况下，对象保留有控制所寻求回答的内容的权力。

任何利用嫌疑人本人来形成证据，并用这些证据让嫌疑人落入法网的行为，都可能被视为侵犯了特免权背后的隐私关切；越是强迫嫌疑人参与对人的思想隐私的侵犯，这种隐私侵犯可能就越严重。然而，今天的隐私考虑是否有足够的重要性来支持特免权作为界定其范围的基础，是值得怀疑的。

在确定哪些形式的合作具有足够的肯定性，而在禁止强迫进行肯定性合作的范围内时存在的困难，使人们反对用这些术语界定特免权的范围。然而，正如 *Muniz* 案件所说明的那样，将特免权界定为仅限于证言性活动本身，带来了严重困难。

第125节 强迫之要求

这种特免权反对"被迫"自我归罪性的证言性活动。强迫的含义因证言性活动的情境而异，尽管最近特免权的历史涉及对强迫概念的重大扩展。

传统上，这种特免权仅限于这样的情况，即根据法律授权对证人施加的"合法"强迫。因此，这一特免权不适用于警察询问，因为执法人员无强迫人们回答他们的询问的授权。然而，在 *Miranda v. Arizona* 案件⑯中，作为宪法第五修正案问题，最高法院否决了这一做法，并判定警方的庭外羁押性审讯牵涉该特免权。法院认为，涵盖这种活动是必要的，这样才能避免导致审判时的特免权仅仅成为一种空洞的形式，因此否决了强迫是合法的这一要求。宪法第五修正案特免权适用于这样的情形来保护公民："以任何重大方式剥夺"其避免被迫自我归罪的自由。

另一方面，强迫要求是成功依赖特免权所必须满足的许多程序要求的概念基础，从而用于限制特免权的影响。最重要的是，一般而言，只有在证人声称有权拒绝透露自我归罪性信息，且该拒绝不被理睬的情况下，才存在强迫。强迫的必要性也解释了最近的观点，即宪法第五修正案的特免权并不保护被迫自我归罪的文件的内容不被强迫出示。

当所提供的证据往往证明嫌疑人拒绝接受血液酒精或者呼吸测试等程序时，强迫要求的适用出现了特殊困难。很多困难来自没有认识到最高法院的主要判决——*South Dakota v. Neville* 案件⑰——判定，至少在这种情况下，只有当强迫是"不被允许的"时候，强迫才会触发特免权。

---

⑯ 384 U. S. 436 (1966).

⑰ 459 U. S. 553 (1983).

Neville 案件的争点是，一个司机拒绝接受血液酒精检测，检控方将此提供为证据来证明司机醉酒，该证据是否可采。法院认为，在该拒绝可能是证言性的情况下，强迫司机接受检测并没有使拒绝被迫接受该检测处于宪法第五修正案特免权的含义内。法院解释说，刑事程序通常要求嫌疑人和被告作出选择，而宪法第五修正案并不必然禁止这么做：

> 当州让嫌疑人选择接受血液酒精检测或者将其拒绝接受检测用作反对他的证据时，宪法第五修正案背后的价值观不会受到妨害……州可以合法地强迫嫌疑人违背自己的意愿接受测试。那么，考虑到接受血液酒精检测的提议显然是合法的，当州提供第二个选项，即拒绝接受检测，并对作出该选择的行为进行相应的惩罚时，这一行动就变得同样合法。

因此，拒绝不属于警察强迫的行为，该特免权不禁止审判时将该拒绝用作证据。

主要的州法院分析得出的结论是，拒绝是被迫的，这与 *Neville* 案件的不被允许的强迫的功能要求没有冲突。相反，它们认定，作为州法问题，这种所涉强迫是不被允许的。

例如，在 *State v. Fish* 案件[48]中，俄勒冈州最高法院讨论了拒绝接受现场清醒度测试的证据问题。法院认为，这些测试要求作出证言性的自我归罪回应，因此超出了州权力的要求范围。尽管南达科他州可以强迫 Neville 接受抽血，但是俄勒冈州不允许强迫 Fish 接受现场清醒度测试。对 Fish 的强迫，不像对 Neville 的强迫，是不允许的强迫，因此 *Fish* 案件判定它触发了特免权。

第126节 适用于刑事程序被告的特免权：(a) 从原告在审判中依赖特免权进行推论和评论

被告拒绝在刑事案件中作证本身，这是可以想象得到的对该特免权的最基本的援用情形，不能在审判中用这种行为证明被告有罪，而惩罚这种行为。然而，事实证明，落实这一点有些麻烦。

在 *Griffin v. California* 案件[49]中，最高法院判定，公诉人的观点侵犯了宪法第五修正案特免权，该观点敦促陪审团从被告未能作证得出有罪的推论，

[48]　893 P. 2d 1023 (Or. 1995).
[49]　380 U. S. 609 (1965).

因为被告的证言可以合理地预期能否认或者解释检控方证明的事项，陪审团指示也授权陪审团作出所建议的推论。法院得出的结论是，这样鼓励陪审团从被告对特免权的依赖中推论有罪，构成了对行使该特免权的不可允许的惩罚，尽管存在这样的风险，即即使没有该观点或者指示，陪审团也可能会这样做。法院指出，"在法院没有提供帮助的情况下，陪审团可以进行推论是一回事"，"当法院煞有其事地将被告的沉默采为反对他的证据时，他们可能会推论出什么，则完全是另一回事"。

1999 年，法院重申了 *Griffin* 案件。它驳斥了这样的观点，即该规则毫无用处，因为陪审员不可避免地会从被告的沉默中得出不利的推论，它解释说：

> 在刑事诉讼中反对从被告的沉默中得出不利推论的规则……被证明是有用的……现在还不清楚公民和陪审员是否仍然如此怀疑这一原则，或者常常愿意无视禁止从沉默中作出不利推论的规定……禁止从被告的合法沉默中推论有罪的规则，已成为我国法律制度的一个基本特征……是一个重要的教育工作，来说明刑事案件中的问题不是被告是否犯了他被指控的行为。该问题是，检控方是否在尊重被告个人权利的同时，承担了证明指控的负担。[50]

根据 *Griffin* 案件，禁止审判法官、公诉人甚至共同被告的律师，以任何明确的"直接的"方式——敦请陪审团——将被告未能作证视为倾向于证明有罪。具有其他主要功能的观点和指示通常被判定是允许的，即使它们也可能引起陪审团注意被告没有作证。例如，最高法院维持了这样一项指示，即允许陪审团从持有最近被盗财产推论出知道这是被盗财产，如果就该持有没有作出令人满意的解释的话。没有详细说明，它只是说，这项指示不能公平地被理解为是对被告未能作证的评论。

一名公诉人对被告对特免权的依赖作出了不恰当的评论，他对陪审团说："Marshall 先生（被告）没有站到证人席上"，"我们不知道 Marshall 先生的想法"。另一名公诉人也这样做了，他说，"为了以自卫进行辩护，一个人要说的就是：'是的，我实施了该犯罪，[但是]我这样做是因为我担心我的安危'。"

然而，法院很难确定公诉人提出的这些观点，因为这些论点最多是被禁止的"间接"提及了被告未能作证。下级法院普遍判定，可能提到被告未能作证

---

⑩　Mitchell v. United States，526 U. S. 314，329－30（1999）.

的观点，必须在有关情境下予以考虑，只有在公诉人“明显有意”评论被告的
262 沉默，或者如果其观点的性质将使陪审团“自然和必然”地将其解释为对被告未能作证进行的评论的情况下，根据 *Griffin* 案件才是不允许的。

一般来说，公诉人可以有把握地诉称，州的证据或者其中的某些部分“没有遭到否认”。然而，如果证据的状态是这样的，即唯一可能的反驳证言将来自被告，这种观点构成对被告没有作证的不被允许的间接评论。与此类似，如果可能提出的唯一证据是被告的证言，那么强调缺乏任何证据的观点就变得不可允许。

如果是对被告提出的证据或者观点的公平回应，则允许在审判中就被告保持沉默作出适当的评论。因此，在 *United States v. Robinson* 案件[51]中，当辩护律师向陪审团辩称，检控方不公平地剥夺了被告解释其行为的机会时，允许公诉人在辩论中回应说，被告“有一切机会向陪审团的女士们先生们解释这一点”，如果他选择使用这种机会的话。

第 127 节　适用于刑事程序被告的特免权：(b) 弹劾和实质性使用先前对特免权的援用或者沉默

刑事被告可以在进行审判之前就刑事指控援引这一特免权。这可能发生在导致本次审判的审前庭外事件期间，也可能发生在同一案件的先前审判中，或者发生在不同的程序中。检控方是否可以利用任何先前对特免权的援用来反对被告，也许只是在被告作证时弹劾被告，或者也许是作为有罪的肯定性证据？

上一节讨论的 *Griffin v. California* 案件[52]禁止使用被告在当前审判中援引特免权来证明有罪。然而，它并没有谈到检控方使用关于被告在其他情境下援引特免权的证据的能力。被告作证并因此放弃特免权，通常被判定是就——且仅就——发生这种弃权的审判而放弃特免权。这种做法是否在有利于被告的同时也对他不利，因为这样在早先的情境中援用特免权可能被检控方用于目前的——可以说是不同的——程序？

在 *Raffel v. United States* 案件[53]中，最高法院判定，就在审判中作证的被告没有在先前的审判中就同一项指控作证而受到交叉询问而言，该被告并不

[51] 485 U. S. 25 (1988).
[52] 380 U. S. 609 (1965).
[53] 271 U. S. 494 (1926).

受到联邦宪法的保护。这似乎主要取决于一个弃权概念——法院强调，站在证人席上的被告，是自己要接受这种交叉询问，这一般是允许的。但是意见中的其他说法表明，判决的依据是，这样的被告没有值得保护的权利。法院提出，免于因援引特免权而处罚的任何宪法第五修正案权利，只适用于在被告援引特免权的同一审判或者程序中实施的处罚。

确切地说，这项特免权何时以及如何保护庭外沉默仍有些不清楚。根据 *Jenkins v. Anderson* 案件[54]，*Raffel* 案件允许作证的被告就先前庭外沉默接受交叉询问，即使在通常情况下，这种沉默是受到保护的。*Jenkins* 案件没有说它事实上是否受到了保护。作为特免权法律问题，用先前在法庭上依靠特免权或者在庭外援引特免权来对作证的被告进行弹劾，显然是允许的。

检控方能否实质性地使用被告先前对特免权的援用，就不那么清楚了。*Raffel* 案件认为，无论是这封信，还是特免权的理由，都没有表明援引特免权对审判或者裁判庭有任何影响，对发生特免权原因的审判或者裁判庭的影响除外，这完全是错误的。从关于行使特免权设定的各种负担的有效性的相当复杂的判例法中，可以清楚地看出这一点。

如果先前的援引是在正式程序中进行的，那么问题可能是，在以后的刑事检控中允许其实质性使用，是否是行使该特免权的不可采的负担。鉴于这无疑会产生显著的寒蝉效应，应当禁止这种使用先前正式援用该特免权的做法。

检控方是否可以使用庭外沉默或者援引这一特免权，则不太确定。讨论往往会陷入特免权是否保护在这种情况下的沉默的泥潭，如果是的话，这种情况是否涉及任何必要的强迫，来触发对它的保护。

事实上，这项特免权几乎肯定适用于庭外情况，无论此人是否处于羁押状态。[55] 然而，在适用时，并不要求赋予该人获得律师帮助的权利，甚至不要求赋予对其警告的权利。但是它确实保护当事人拒绝作出归罪性的自认的权利。对这项权利的援引，应当被视为与在法庭上更明确地援用拒绝宣誓后作出自我归罪性证言的权利一样。因此，应当禁止检控方将被告明确援引这一权利（"我拒绝说任何话，因为我认为我说的任何话都有可能是归罪性的，风险太大。"）或者被告表示希望与律师协商，用作证明有罪的实质证据。

如果检控方提供证据证明，在审判前和庭外，被告面对可能导致常人提出抗议的情况保持沉默，那么根据被迫自我归罪特免权，问题应该是，沉默是否

[54]　447 U. S. 231 (1980).

[55]　就"证人"的特免权的适用的讨论，参见上文第 117 节和下文第 161 节。

可能足以反映对特免权的拒绝回答的权利的依赖。这在第 161 节进行了讨论。鉴于公众普遍认为，这些人确实有权拒绝回答，而且难以在个案基础上确定保持沉默的动机，可以说，这种沉默应当被视为对特免权的援用。因此，该特免权禁止检控方在审判中使用它来证明被告有罪。

264   然而，在 *Salinas v. Texas* 案件[56]中，意见存在分歧的法院认定，嫌疑人在非羁押性审讯中，面对指控性的问题保持沉默，检控方将此沉默用于证明嫌疑人有罪，不存在宪法第五修正案方面的问题。两名大法官表示不同意 *Griffin* 案，不会将其"延伸"适用于羁押前询问中的沉默。相比之下，三名大法官的简单多数意见则认为，在非羁押性审讯情境下，嫌疑人必须明确地援用该特免权，而 Salinas 保持了沉默，因此没有援引该特免权。因此，简单多数意见没有涉及这个问题，即检控方是否可以将被告在非羁押性警察询问期间对该特免权的有效主张，作为其主诉的一部分。

第 128 节　适用于刑事程序被告的特免权：(c) 就特免权指示陪审团

当然，指示陪审员不要就被告没有作证赋予任何证明力的指示实际上是否有效，还有待商榷。不过，在 *Carter v. Kentucky* 案件[57]中，最高法院判定，宪法第五修正案要求审判法官依请求，应当指示陪审团，不得从被告未能作证中得出任何推论。该院解释道，"法官无法阻止陪审员猜测被告在刑事指控面前为何保持沉默"，"但是法官可以而且在接到请求时必须利用指示陪审团的独特权力，将这种猜测降至最低限度"。

然而，人们普遍认识到，常人在这样的指示（如果有的话）何时可能利大于弊的问题上有所分歧。当然，这一指示提醒陪审员注意被告没有作证，并强调了这一点，尽管它强调法律要求不要赋予该未能作证任何意义。至少在某些情况下，一些律师认为作出这样的指示增加而不是减少了陪审团将实际考虑被告没有作证的可能性。有鉴于此，如果被告不要求，或者被告积极反对，可以或者应该发出这样的指示吗？

在 *Lakeside v. Oregon* 案件[58]中，最高法院认定，就没有发现，即审判法官针对被告的反对而作出这样的指示，不存在宪法第五修正案方面的瑕疵。法

[56]　133 S. Ct. 2174 (2013).
[57]　450 U. S. 288 (1981).
[58]　435 U. S. 333 (1978).

院说，*Griffin* 案件关心的只是不利评论。随后，法院驳回了 Lakeside 的"推测性"观点，即在没有指示的情况下，陪审团可能不会注意到他没有作证，但是如果发出了警告性指示，陪审团可能会完全无视这些指示，并从他未能作证得出某个推论。法院评论说，合理的非宪法政策可能要求审判法官尊重被告不发出警告性指示的愿望，作为州法问题，各州仍然可以不顾被告的反对，自由禁止发出警告性指示。

很难发现不顾被告的反对作出这样的指示会促进任何重大利益。此外，鉴于与没有任何指示相比，这种指示是否以及何时更有利于被告的不确定性，如果被告明确反对，就没有理由允许这种指示。正如宾夕法尼亚州最高法院所指出的那样，允许审判法官决定是否发出指示，将使法官不再是不偏不倚的主持者，而将其变成了被告的辩护人。这显然是不可取的。

265

越来越多的司法辖区要求审判法官在被告反对的情况下省略指示。这有时是由制定法规定的，有时是由宪法或者非宪法判例法规定的。

第129节　适用于刑事程序被告的特免权：(d) 通过自愿作证"放弃"特免权

在刑事案件中，由于被告在审判期间作证，这种特免权给予被告的广泛保护受到削弱。与证人的情况不同，证人仅因就归罪性事实作证就失去了特免权，而被告仅因作证就遭受了这种权利的缩减，不论其证言的内容是否具有归罪性。在 *Brown v. United States* 案件[59]中，最高法院解释说：

> ［被告］在权衡反对被迫自我归罪的特免权的好处和提出他对事实的看法以及他作为证人的可靠性所带来的好处之后，有权选择根本不作证。他没有理由主张，宪法第五修正案不仅给予他这一选择，而且如果他选择作证，要就他自己置于争议的事项免除交叉询问。它将使宪法第五修正案不仅是一项人道的保障措施，防止司法强制的自我披露，而且是一项积极的邀请，以破坏一方提出要说的真相。

只有于被告在刑事案件中作证的情况下，被告享有的特免权规定的权利才会缩减。审前和庭外向执法人员披露归罪性事实，并不损害被告在审判过程中获得的保护。此外，在审前听证中甚或在庭审期间就罪责以外的问题作证，将不影响被告获得特免权就该审判本身提供的保护。在审判期间参加不涉及证言

---

[59]　356 U. S. 148 (1958).

的展示，并不损害被告远离证人席，以及避免受到交叉询问或者就未能作证受到评论。当然，已经在另一审判中就同一具体刑事指控作证，并不妨碍被告依赖这一特免权。

最高法院在 *Mitchell v. United States* 案件[60]中探讨了被告参与有罪答辩的效力。尽管提出了这样的答辩，但是法院明确表示，在是否应接受该答辩的听证上，刑事被告有权拒绝作证。显然，被告甚至可以拒绝参加他没有宣誓的庭上认罪对话。如果被告参加这样的对话，即使是经过宣誓，这样的自认也不会与争讼性审判中的证言具有同样的效力。这是因为，被告参加该对话，并没有选择性地将与犯罪有关的事项置于争议中，因此不存在就被告置于争议中的事项误导法院的风险。

266　适用这一规则的主要问题是确定被告在多大程度上因作证而失去特免权的保护。传统上，许多法院采取的立场是，作证的被告根据该司法辖区的相关规则受到交叉询问，并就根据该司法辖区关于允许的交叉询问范围的规则提出的任何适当问题，失去援引特免权的权利。根据这一方法，可就该规则所允许的所有事项和可信性对作证的被告进行询问。这样的被告不得以回答此类问题会使被告就正在受到审判的罪行进一步被归罪为由，援引这一特免权。被告也不能以回答会造成对其他罪行的责任为由援引它。

最后这句话有一个例外。法院通常执行《联邦证据规则》608（b）所采取的立场[61]，即刑事被告和其他证人一样，不会因为作证而就与案件有关的刑事不端行为——因为这种行为往往表明被告缺乏可信性——丧失援引特免权的权利。但是，如果这种不端行为与其他问题有关，被告不能援引这一特免权来避免对关于它的问题作出归罪性回答。

按照传统的做法，证明被告的保护被削弱的程度，取决于司法辖区对一般交叉询问规则的选择。如果司法辖区将交叉询问限制在直接询问的范围内，至少在理论上，因数项罪行受审的被告可以就少于所有的被控罪行作证，并避免就直接询问中未涉及的罪行受到交叉询问。在实践中，这些司法辖区的法院往往只要求与直接询问所涵盖的事项有合理关系，因此认定没有权利拒绝回答与直接询问所调查事项关系相对较弱的问题。然而，至少有时，法院判定交叉询问超过了允许的限度，因此被告可以援引这一特免权。

被告因在自己的辩护中作证而失去保护，不应与司法辖区关于容许的交叉

---

[60]　526 U. S. 314 (1999).

[61]　Fed. R. Evid. 608 (b).

询问的规则联系在一起。一项重要的宪法权利的范围没有理由因司法辖区对交叉询问规则的选择而有所不同。交叉询问范围的确定，实质上是对证据出示顺序的控制。限制交叉询问的主要政策，是审判的有序进行；普通证人通常没有受到容许的交叉询问范围影响的合法利益。另一方面，界定特免权的保护，涉及这种做法的公平性，即要求被告放弃特免权的保护，以便将自己对事实的说法提交给事实审判者。一般来说，这影响到被告的受到特免权保护的利益。作证被告所保留的保护范围，不应当与普通证人的交叉询问的范围联系在一起。

　　作证的被告须接受交叉询问，以合理保证其证言与其他证人的证言一样，遵行提供准确性保证的程序。被告因作证丧失特免权的程度，应与因为他作证而减少保护的理由有关。因此，作证的被告，不应有权就交叉询问中提出的问题援引特免权，如果审判法院依照自由裁量权，认为这一问题对于为检控方提供一个合理的机会以检验被告在直接询问中的主张所必要的话。

　　如果被告已经为自己的辩护作证，并且由于错误地依据自己的特免权而不被允许地拒绝回答交叉询问，审判法院应该或者可以采取什么行动？与普通证人在交叉询问中援引特免权的情况一样，审判法院对如何作出反应有很大的自由裁量权。但是鉴于被告就将其对事件的描述提交事实审判者有着特别重要的利益，审判法官尤其不愿意删除被告在直接询问中作出的证言。法官只有在考虑并拒绝其他替代措施，如仅删除直接询问中的部分证言，或者指示陪审团在评估被告的可信性时考虑其对特免权的不当依赖后，才应删除证言。

　　被告失去保护，传统上被视为在其作证的整个审判过程中有效。在该程序中，如果被告本身离开了证人席，特免权不会重新获得，如果在程序上是适当的，可以重新传唤被告并要求其再次作证。另一方面，一些法院将关于是否有罪的审判视为与量刑听证不同的程序，因此被告在审判时通过作证放弃特免权，并不影响被告在量刑时拒绝作证的能力。

第 130 节　适用于证人的特免权：（a）援用特免权

　　这项特免权在适用于在刑事诉讼中不是被告的人时，只规定了拒绝回答某些查问的权利。它没有规定免于所有旨在引出归罪性答复的所有查问的权利。此外，尽管最高法院不幸地随意提及了证人的"沉默特免权"，但是事实上，这一特免权并没有赋予证人保持沉默的绝对权利，而只是一种拒绝回答归罪性问题的权利。

　　一般来说，证人必须接受询问，并在回答每一个具体问题时援引特免权。

证人无权拒绝出庭或者作为证人宣誓。通常情况下，证人必须接受一系列的询问，并在回答每一个问题时主张特免权。

法院认为，要求证人如此提出其特免权的理由是，在这种情境下，特免权给予证人的保护有限，而且除了证人在避免被迫自我归罪方面的利益，还需要顾及其他因素。诉讼当事人在能够提出相关证言方面，有着明显的利益，整个社会在准确、高效地解决诉讼方面，有着重要的利益。审判法官而不是证人本人必须确定证人对特免权的主张是否正当。在寻求证言或者信息时，要求对特免权作出具体的主张，可以以顾及这些其他利益的方式有效解决证人的主张。证人对特免权的主张提醒法院和当事各方，当事实是新鲜的并且能够最准确地加以揭示时，需要立即调查该主张的依据。它还通过确定必须调查的可能的归罪风险的性质，来指导这项调查。

268　　　在刑事审判中，被告的权利必然影响证人对特免权的援引。如果证人的这种行为妨碍了被告提出证人证言的能力，则可能侵犯被告提出证言从而对指控作出辩护的权利。如果诉讼干扰了被告对检控方证人进行交叉询问的能力，则可能侵犯被告与提出的反对被告的证人进行对质的权利。

在某些情况下，审判法官可以适当地允许证人进行通常所称的"一揽子"的特免权援引。这样的行为可以免除证人在逐项询问的基础上援引特免权，甚至可以免除证人站在证人席上和宣誓的要求。虽然被告强迫证人作证的权利一般不允许被告传唤的证人进行这种一揽子援引，但是在特殊情况下，审判法官甚至可以允许被告在刑事审判中传唤的证人作这种全面援引。这种一揽子援引显然不受欢迎。

例如，在 *Carter v. Commonwealth* 案件[62]中，被告提供了一名证人作证，证明他在被控的枪击案发生时没有在场。证人承认自己向被害人开枪，证人的律师告诉法官她打算行使其特免权，证人（未经宣誓）向法官证实了这一意图。因为将这接受为对特免权的一种适当的一揽子援引，审判法官犯了错误。法官需要考虑证人如何回答特定问题，部分或者全部回答是否是归罪性的，尽管证人有权拒绝回答其他问题，辩护方是否有权回答某些相关问题。

只有在法官经过充分调查后确定证人可以合法地拒绝回答基本上所有相关的问题时，审判法官才能允许证人全面援引这一特免权。在作出这一裁断时，在决定如何严谨地支持该特免权将适用于所有问题的主张时，法官可适当考虑，要求证人试图解释或者证明主张避免回答所有问题的权利的正当性，本身

⑫　576 S. E. 2d 773（Va. App. 2003）.

是否会"造成损害性披露"。法官还可考虑证人是否有权就要求删除在直接询问中作出的任何相关证言的交叉询问，如此援引该特免权。同样相关的是——如果是这样的话——拒绝一揽子援引，将导致仅将证人援引特免权呈现在陪审团面前。

是否允许一揽子援引特免权，必然涉及相当大的自由裁量权，只有在滥用自由裁量权的情况下，才能推翻审判法官允许这一行动的决定。不过，审判法官未能调查证人主张一揽子特免权的实情，可能是滥用这种自由裁量权。

通常情况下，最好是陪审团不知道证人援引了这一特免权，因为诉讼双方都无权从证人对该特免权的援用中得出任何推论。因此，如果一方当事人预期他的证人将援引这一特免权，他应该提醒审判法院注意这一点。证人的援引和法院对证人依据特免权的正当性的调查，应当在陪审团不在场的情况下进行。但是如果事先不清楚证人是否将援引这一特免权，审判法官有自由裁量权决定是中断案件示证来进行预期的调查，还是继续进行调查，尽管存在这样的风险，即陪审团因此可能会注意到证人对这一特免权的依赖。

269

第 131 节　适用于证人的特免权：(b) 获得警告和律师帮助的权利

证人因就自我归罪性事实作证，而有丧失被迫自我归罪特免权的危险，一般没有就这种特免权及其可能因证人即将作证而失去该特免权获得警告的"权利"。

然而，如果审判法官意识到对证人的询问会增加证人因作出回应而自我归罪的风险，那么他就是否和如何作出回应有很大的自由裁量权。例如，法官可以暂时停止询问，警告证人她可以拒绝作出归罪性回答，也许还可以保证证人有明确的机会表达撤回回答的愿望。此外，法官可建议证人与律师磋商。法官也可以采取更断然的举措，例如，暂时停止审判，以便证人可以与律师磋商，甚至可以指定律师与证人磋商。

上诉法院有时建议审判法官谨慎地行使其自由裁量权，并考虑此类行动可能导致的相关和可靠证据的损失。在任何情况下，保护证人特免权的警告或者其他行动最好在陪审团不在场的情况下进行。

通常情况下，这个过程只保护证人的利益。不遵守可能适用的任何要求不损害当事人的合法利益，因此他们不得就审判法官未能采取适当步骤保护证人的利益而鸣冤。这一规则适用于刑事诉讼和民事诉讼，一般来说，被告没有资格仅仅因为法院无视证人的特免权规定的权利而提出异议或者寻求救济。然而，如果被告能够证明侵犯特免权规定的证人权利，影响了证言的可靠性，被告的鸣冤就有了正当程序依据。

法官在刑事审判中对证人的告诫，也可能侵犯被告提出所有可能的开罪性证据的宪法第六修正案权利。正如最高法院在 *Webb v. Texas* 案件[63]中所承认的那样，审判法官为保护辩护方证人利益所作的努力，可能会不被容许地侵犯被告提出证据的权利。

人们通常可以满怀信心地说，在这种情况下，也许最重要的是，审判法官有一项特殊的责任，即在充分出示相关证据时，在证人的反对自我归罪利益和被告的利益之间寻求共存。法官并没有被禁止提醒证人注意反对被迫自我归罪的权利，但是法官告诫证人的权力"应当俭省和非常谨慎地行使"。在决定是否和如何进行时，法官应当考虑证人被起诉的实际风险等因素，必须特别注意确保不作证的决定是证人自己的决定。当然，检控方能够质疑辩护方证言可信性的利益，也必须得到充分考虑。因此，必须提醒证人，在直接询问作证后有接受适当的交叉询问的职责。

然而，中立和客观的警告是在法院的自由裁量权范围内的。例如，在审判前，当审判法官通过电话联系一名辩护证人，向证人解释她与被告被控的罪行有牵连时，她有权不自我归罪或者放弃这项权利来为被告作证，这没有违反 *Webb* 案件或者滥用自由裁量权。

第132节 适用于证人的特免权：(c) 解决证人的特免权主张

当证人声称有拒绝回答问题的特免权时，确定是否必须免除证人作出所要求的回答，有时是一项困难的任务。通常的问题是，如果作出了所要求的回答，这是否是归罪性的。有时情况很明显是这样，因为问题在表面上就需要一个归罪性的回答。困难来自表面上无害的问题，例如，"你认识 John Bergoti 吗？"

当然，就证人援用该特免权是否适当，证人本身并不是最后的裁决者。相反，法院本身必须裁断，根据特免权，拒绝回答是否事实上是正当的。任何其他立场都将使司法系统的有效运作屈从于证人的愿望。

传统上，要求援用该特免权的证人出示信息，使法院能认定充分的归罪危险，甚至可能让法院确信存在这种风险。为了维持证人对特免权的依赖，法院

63　409 U. S. 95 (1972).

被要求"从案件的情况和传唤证人所提供的证据的性质来看，有合理的理由认为强迫证人回答会给证人带来危险"[64]。

　　然而，*Hoffman v. United States* 案件[65]对传统的分析提出了质疑，这必须是现代适用证人宪法第五修正案特免权的参照点。"为了维持这种特免权"，最高法院在 *Hoffman* 案件中解释道："只需要从问题的含义中，在提出该问题的背景中，就可以明显地看出，对问题作出回应性回答或者解释为什么不能回答可能是危险的，因为可能会造成损害性的披露。"法院的结论是，审判法院驳回 Hoffman 就有争议的问题有权拒绝回答的主张是错误的，因为"从仔细考虑本案的所有情况来看，证人是错的而且回答不可能有这种'归罪'的倾向'并不完全清楚'"。

　　尽管 *Hoffman* 案件声名显赫，但是其确切意义并不完全清楚。法院的第一项陈述与传统理论一致：它不能维持特免权主张，除非法院能断定进一步的调查会造成损害性披露的危险。如果不能从已经可供审查的情况中得出这一结论，证人有义务提请法院注意必要的情况。但是法院的第二项陈述表明，审判法官必须允许证人依靠特免权拒绝回答，除非法官能够断定证人的援引是不适当的。当然，这将至少重新分配提供信息的负担，并表明在没有充分的事实基础得出该结论的情况下，必须允许特免权主张。

　　下级法院对如何解读 *Hoffman* 案件存在分歧。一些法院将其解释为要求维持证人的特免权主张，除非从所有情况看，对问题的回答不可能有任何归罪于证人的倾向是完全清楚的。这表明，寻求不顾证人的特免权主张而要求其作证的一方，既有负担来提出可据以评估证人主张的信息或者证据，也有负担——在提供了该信息或者证据后——来说服审判法官不存在所要求的归罪性风险。其他法院将 *Hoffman* 案件解读为，有时至少会给援引特免权的证人施加了支持该主张的某种义务。

　　当然，给援引特免权的证人施加任何负担的困难在于，有时卸下这种负担本身就需要披露自我归罪性的事实。有鉴于此，对 *Hoffman* 案件最好这样解读：援引特免权的证人不必承担这样的说服负担，即证人要说服法官，所寻求的回答将是归罪性的。但是，如果根据本案的证据和适当考虑其他信息，审判法官可以合理地认为这个问题带来的只不过是一个虚构的、毫无根据的归罪性

271

----

　　[64]　Mason v. United States，244 U. S. 362，365（1917）. 这段话最初是 Cockburn 大法官在 The Queen v. Boyes，（1861）1 B. & S. 311，330，121 Eng. Rep. 730，738（Q. B.）案件中使用的。

　　[65]　341 U. S. 479（1951）.

风险，那么证人有责任——通过证据、逻辑论证或者说服——将这个结论没有得到充分支持的依据记录在案。用爱达荷州法院的话说，这样的证人"必须勾勒出一个似乎可信的场景"，据此，回答将是归罪性的。虽然证人可以根据这种办法出示证据来支持提出的特免权主张，但是这种证据是不必要的。律师提出的观点如果具有合乎逻辑的可能性，可能就足够了。但是，证人或者其代表所作的结论性断言，即回答"很可能包括"或者"很容易包括"归罪性信息，是不够的。

尽管有人提出，就证人的特免权保护主张是否适当，审判法院需要举行听证，但是法院一般认为，审判法官有裁量权来决定如何解决这种主张，是否举行特定类型的事实听证是在这种自由裁量权范围内。特免权保护主张通常是根据律师的建议解决的，这显然是适当的。审判法官很可能会采取不允许的行动，拒绝证人的特免权，不同意证人举行事实听证会——这样证人有机会证明其主张的依据基础——的请求。在刑事审判中，被告强制取得证言的权利，无疑使被告有权获得至少最低限度的公正程序，来确定辩护方证人是否可以援引这一特免权避免作证。

Hoffman 案件本身表明，并不限于使用本案的正式记录，法官还可以考虑新闻媒体的报道、一般信息，甚至是他从其他渠道获得的具体事实信息。为了将证人为证明自己不需要这样做而不得不作出归罪性披露的风险降到最低，一些法院接受单方意见书，并通过不公开程序进行。

与其他情况一样，州法院当然可以自由地将州对特免权的表述解释为比 *Hoffman* 案件那样适用的宪法第五修正案更能保护基本利益。

第133节 适用于证人的特免权：(d) 通过披露归罪性事实而"弃权"

证人可能会因披露其有权拒绝作证的归罪性事实而失去特免权的保护。在 *Mitchell v. United States* 案件[66]中，最高法院指出：

> 众所周知，在一个程序中，证人不得就某一主题自愿作证，然后在询问细节时援引反对被迫自我归罪的特免权。就证人作证的事项，已经放弃特免权，其放弃的范围根据有关交叉询问的范围确定。

Mitchell 案件和其他讨论将此称为"弃权"规则，这可能并不完全准确。

[66] 526 U.S. 314 (1999).

它并不要求证人在作证时实际理解并打算放弃在被询问细节时援引特免权的已知权利。这项规则可能在一定程度上基于一种类似于弃权的理由，即证人应当知道，通过自愿作证，证人失去了规则所规定的特免权的保护。

这项规则主要依据的是，如果证人被允许任意选一个点来援引特免权，则需要避免事实审判者仅了解有限的相关信息。在代表性案件 *Rogers v. United States* 案件[57]中，最高法院解释说，对于在适当的交叉询问中提出的问题主张特免权，"将通过允许证人在证言中的任何地方选择停下来，为歪曲事实开辟道路"。

大多数讨论一致认为，丧失特免权主要不是基于弃权因素，因此，证人实际知道需要进一步披露，既不是认定证人失去保护的要求，也不是确定证人失去保护的范围的要求。在 *Garner v. United States* 案件[58]中，最高法院明确指出，一个人可能失去宪法第五修正案特免权的保护，而没有像宪法分析中通常使用的术语那样作出知情和明智的放弃。不过，如果事实表明证人在作出披露时，不知道披露的法律意义，法院有时拒绝认定证人的披露使证人丧失了特免权，或者在确定证言的效力时考虑证人对原初证言的影响的实际理解。

至少有一个对这一规则有影响力的讨论提出，只有在证人就确实具有归罪性的事项作证的情况下，才能失去特免权的保护。但是显然，问题不在于自愿性证言本身是否是归罪性的，而在于是否需要用进一步的问题来检验证言中披露的内容是否准确，是否是归罪性的。

这种特免权的保护，并不仅仅因为证人披露了归罪性的认知而丧失。例如，很明显，不能因为证人以前在庭外与调查人员讨论时回答了某个问题，而剥夺证人拒绝回答在法庭上提出的该问题的权利。另一方面，实际的庭上证言并不是失去特免权保护的唯一途径。在法律程序中呈交的宣誓陈述书中作出的自认，可导致宣誓者在后来的程序中被问及该自认的实质内容时，不能援引该项特免权。显然，失去保护只能由证言或者宣誓陈述书引起。

如何适当确定证人丧失保护的范围？一些法院将最高法院的判例法解读为要求进行相对机械的调查，即根据证人的先前披露，对有关问题的回答是否会增加归罪风险。只有在回答不会增加归罪风险的情况下，证人才丧失了就问题援引特免权的权利。

273

⑤ 340 U. S. 367 (1951).

⑧ 424 U. S. 648 (1976).

一些法院根据第二巡回区法院在 *Klein v. Harris* 案件[69]中的判决，采用了更具有功能性的方法。*Klein* 案件说，最高法院判定证言可能导致失去特免权保护的理由，应当影响着确定保护何时丧失，以及确定发生的任何丧失的范围的标准。因此：

> 如果（1）证人先前的陈述极有可能使事实认定者知道并倾向于依赖歪曲了事实的观点；（2）证人有理由知道，他先前的陈述将被解释为放弃了宪法第五修正案规定的不被迫自我归罪的特免权，法院只应推断证人因其先前陈述放弃了宪法第五修正案的证人反对被迫自我归罪的特免权。

这种做法被批评为与最高法院对被迫自我归罪法的分析不一致。尽管如此，一些法院还是使用了它。

证人因作证而丧失特免权，适用于证人作出归罪性证言的整个"程序"，但是不超出该"程序"。这显然是因为从一个程序转向另一个程序充分增加了进一步归罪的风险，对此证人应当有权重新决定是否披露归罪性信息。

运用这种办法，法院同意，在一个审判中作证，并不妨碍证人在另一次审判中就同一事项拒绝作证。就在可能被视为一个独立的诉讼单位的早期阶段作证的影响，存在更多的争议。大多数法院判定，在大陪审团程序或者其他审前事件听证中作证，并不禁止证人在审判时援引这一特免权。

274 第 134 节 适用于证人的特免权：(e) 在刑事审判中检控方证人援引特免权的效力

在刑事案件中，如果检控方证人援引这一特免权，就可能出现宪法层面的特殊问题。这些情况涉及刑事被告对作证反对他们的证人进行交叉询问的权利，该权利受到宪法第六修正案和许多州宪法规定的保护。

在 *Namet v. United States* 案件[70]中，最高法院提出，如果检控方明知证人将援引这一特免权，在陪审团面前传唤证人，然后"有意识地、公然地试图将其案件建立在从援用［反对被迫自我归罪］特免权得出的推理上"，就可能会发生足以令定罪无效的检控不端行为。或者，这样的行动会造成这样的重大风险，即陪审团将依赖于从问题本身或者从证人就提问援引特免权而得出的被告有罪的推论。这可能构成对没有受到被告交叉询问的"证言"的不被允许的

---

[69] 667 F. 2d 274（2d Cir. 1981）.
[70] 373 U. S. 179（1963）.

使用。

在 *Douglas v. Alabama* 案件[71]中，法院赋予了 *Namet* 案件中确定的第二种可能性以宪法地位。*Douglas* 案件判定，当检控方被允许就牵涉被告的审前陈述广泛询问证人，而证人以被迫自我归罪为由拒绝回答所有问题时，被告进行有效交叉询问的宪法第六修正案权利受到侵犯。

如果检控方传唤的证人只是援引特免权，但是没有实际作出对被告有害的证言，下级法院就不愿意给予被告救济，至少在证人不过是在陪审团面前主张了特免权的情况下。例如，在 *People v. Gearns* 案件[72]中，检控方被允许传唤某证人，而其他证言则表明该证人是被告的同伙。正如该证人先前所表明的那样，尽管被命令回答问题，但是他拒绝回答。密歇根州最高法院认定有无害证据错误，但是没有违反对质权，因为检控方没有从证人那里引出任何证言。就联邦人身保护令审查[73]，第六巡回区法院判定，州法院错误地认为，只有在引出实质性证言的情况下，才可能发生对对质权的侵犯。上诉法院明确表示，在某些情况下，只要让证人在陪审团面前援引特免权，就侵犯了对质权，因为这允许作出这样的推论，即证人和被告一起从事了犯罪行为，或者证人知道被告有罪。*Gearns* 案件并没有证明发生了这一点。

如果检控方被允许提出许多可能具有诱导性的问题，问题则是，这是否表明检控方作出了充分的努力，用根据证人对特免权的依赖得出的推论来建立或者支撑其检控。相关的考虑因素包括，公诉人对证人将援引特免权的确信，援引特免权所涉及的问题的数量和性质，就陪审团可能从证人援引特免权中得出推论而言，该等事项对检控方的案件的重要性，就该等事项是否已提出其他证据，以及要求陪审团不要从证人的行动中得出推论的指示的可能的有效性。

如果检控方证人仅在提供了大量证言后才援引这一特免权，则会出现一个有点不同的问题，这也涉及对质权因素。在这种情况下，审判法院必须评估证人的行为对被告检验已作出的证言的可信性的能力所造成的影响。评估必须包括被禁止的查问的性质及其与证人在直接询问中的证言的关键方面的直接关系，查问领域是否被回答的其他问题充分涵盖，以及与审判中实际诉讼的争点有关的交叉询问的整体质量。

如果证人对特免权的援引确实妨碍了有效交叉询问，则必须删除证人在直

⑦　380 U. S. 415 (1965).

⑫　577 N. W. 2d 422 (Mich. 1998).

⑬　Thomas v. Garraghty, 18 Fed. Appx. 301 (6th Cir. 2001).

接询问中作出的证言，或者至少是没有受到交叉询问的那一部分。另一方面，如果证人的行为不具有这种影响，审判法官可以适当地采取不删除证人在直接询问中作出的证言之外的措施。这些可能包括让证人在陪审团面前援引特免权，或者指示陪审团考虑证言时虑及被告交叉询问的能力受到了削弱这一因素。审判法院在评估证人援引特免权的影响和提出适当补救措施方面，都有相当大的酌处权。

第135节　适用于证人的特免权：（f）刑事审判中辩护方证人主张特免权的效力

　　如果在刑事审判中，潜在或者实际的辩护方证人援引这一特免权，就会产生具有重大宪法影响的问题。必须区分几种情况。所有这些都牵涉刑事被告在对刑事指控进行辩护时提出证据和反对强迫取得证言的权利。当然，这项权利得到了宪法第六修正案和许多州宪法条款的保障。

　　第一种情况是，情况清楚，除非获得豁免，否则潜在的辩护方证人不会为辩护方作证。一般而言，是否为证人寻求豁免，是检控方的特权。因此，审判法院通常没有权力应刑事被告的请求赋予豁免。

　　在某些情况下，被告无法获得辩护方证人的证言，可能会导致检控方侵犯被告的宪法权利。因此，除非检控方为辩护方证人申请豁免，否则审判法院可能行使对辩护方证人赋予豁免、驳回刑事指控或者以其他方式惩罚检控方的固有权力。被告在证明宪法规定的强制取得证言的权利方面面临的艰难任务，意味着审判法院有权赋予豁免，或者必须向检控方施加压力，以启动豁免。最有可能的情况是，只有在认定检控方存在拒绝赋予豁免权，利用其自由裁量权扭曲司法事实认定程序的恶意行为时，才允许这样做。然而，至少有一家法院承认，法院有更广泛的权力来在被告请求时赋予辩护方证人豁免。

　　第二种情况是，辩护方证人不正当地违反审判法官的指示，坚持援引特免权。一般来说，被告无权让证人在陪审团面前援引这一特免权。但是，对于以这种方式受委屈的被告，缺乏任何其他适当的救济，这可能意味着在这种有限的情况下，让证人站在证人席上不当地拒绝作证可能是适当的。如果辩护方提供足够的证据，使陪审团能够认定证人而不是被告实施了指控的罪行，那么这种情况尤其可能发生。

　　第三种情况是，辩护方证人仅在回应检控方的交叉询问时援引这一特免权。当然，检控方有权获得一个公平的机会来检验辩护方证言的可信性。因此，在适当的情况下，审判法院可以适当删除辩护方证人在直接询问中作出的证言。但是这样的行为危及被告提出证言的宪法第六修正案权利。

审判法官在处理这些情况时有相当大的自由裁量权。如果证人的行为破坏了整个交叉询问过程，审判法院可以而且应当删除证言，或者，如果在证人作证之前提出了这个问题，则禁止证人作证。但是他们应该不愿意实施这种极端的补救。较不严厉的替代办法，例如只删除直接询问证言中那些不能在交叉询问中充分检验的部分，或者事先禁止对那些不能这样检验的事项进行询问，应首先予以考虑。不仔细考虑这些选择而排除或者删除证言，可能是错误的。

第 136 节　行使特免权的负担

根据 *Malloy v. Hogan* 案件[74]，宪法第五修正案特免权不仅使一个人在面对归罪性问题时有保持沉默的权利，而且有"不因该沉默受到惩罚"的权利。这无疑夸大了宪法第五修正案的保护。不过，很明显，在某些情况下，该特免权禁止因行使该特免权而施加惩罚或者负担。

在刑事案件中，最高法院特别注意保护被告免受这样一种负担，即从被告对特免权的依赖中得出不利的推论。[75] 然而，即使是刑事案件中被告本身的特免权，也并不意味着被告在宪法上有权在该刑事案件中可以依赖特免权，而完全不受任何惩罚或者承担任何负担。

判例法并未试图区分涉及的是哪一种特免权。例如，在 *McKune v. Lile* 案件[76]中，被监禁的被告就他因被定罪的罪行承受的陈述压力鸣冤，这可能是因为在对该罪行的审判中他作了伪证，以及就其他没有提出指控的罪行作了伪证。取决于对"刑事案件"如何界定[77]，第一个可能涉及关于被告特免权的鸣冤，因为他就已定罪的罪行所受的惩罚将更加严厉。没有法庭成员认为所涉负担的容许性，取决于他是作为刑事案件被告来依赖特免权，还是作为证人来依赖特免权。另一方面，与在民事诉讼中作出不利推论相比，法院明确地认为在刑事诉讼中作出不利推论对于特免权而言更为危险。

一系列较早的案件使得许多对援引宪法第五修正案特免权进行的处罚变得无效。教师不能因为在国会委员会面前援引特免权而被解雇。与此类似，在对所称的律师不端行为的司法调查中，律师不能因其主张特免权并拒绝出示文件

277

---

[74]　378 U. S. 1 (1964).
[75]　参见上文第 126 节。
[76]　536 U. S. 24 (2002).
[77]　参见上文第 117 节。

而被取消律师资格；在调查"篡改"交通罚单时，一名警察因拒绝签署一般性豁免书而被开除是不当的；在调查公共合同的大陪审团面前被传唤的建筑师，不能因拒绝放弃特免权而五年内被禁止签订州公共合同；一个政党的官员不能因为拒绝作证或者当被传唤到大陪审团面前就履职行为作证时放弃豁免，而被禁止五年内担任参与政党或者公职。

另一方面，宪法第五修正案不禁止民事诉讼当事人在诉讼期间援引特免权时对其作出不利的推论。这适当地"在允许民事诉讼进行的同时，考虑到了不作为反对自己的证人的权利"。这种调和在一定程度上说明，在民事诉讼中，受到援引特免权影响的当事人不能通过赋予豁免来避免这种影响，而在刑事案件中至少有一方可以选择这么做。它还反映出，在民事诉讼中，特免权的持有人在能够避免"成为证人"方面有着不太重要的利益，因为与刑事案件相比，这类案件的利害关系较小，而且诉讼当事人不受检控方在给人定罪方面的唯一利益的普遍影响。

在 *Baxter v. Palmigiano* 案件[78]中，7∶2 的多数意见判定，在监狱惩戒程序中，监狱当局可以认为囚犯援引特免权的行为倾向于证明所指控的违纪行为。然而，在 *McKune v. Lile* 案件[79]中，对于如何评估一名被定罪和监禁的被告的这一主张，即因他援引特免权而降低其监禁生活条件是对他行使其权利而施加的不可容许的负担，无法达成多数意见。

McKune 案件简单多数意见在判例法中找到了指导，这些判例判定了监狱条件何时可以支持正当程序挑战。它提出，如果降低囚犯的生活质量与正当的刑罚目标有关，并且"就普通的监狱生活而言，不构成非典型和重大的困难"，那么针对因囚犯对特免权的依赖而降低囚犯的监狱生活质量，并不违反宪法第五修正案。O'Connor 大法官不同意简单多数意见对正当程序判例法的依赖，并对简单多数意见未能将其方法建立在宪法第五修正案特免权的综合理论基础上感到不安。她同意简单多数意见，即没有发生侵犯特免权的情况，因为在她看来，被告监狱条件的改变并没有"大"到构成强迫。

虽然 *McKune* 案件未能提供一个框架来确定对行使宪法第五修正案特免权进行惩罚是否在宪法上是无效的，但是它清楚地表明，法院的多数意见愿意比先前的判例法所表明的更加灵活。具体地说，多数意见显然愿意相当重视通过加重行使特免权的负担所服务的社会价值观，并在这些价值观与负担对特免权

278

---

[78]　425 U. S. 308 (1976).

[79]　536 U. S. 24 (2002).

的影响之间取得平衡。

　　Baxter 案件和早先的判例法表明，当允许作出不利的推论时，它仍然不能是惩罚援引特免权的当事人的唯一依据。*McKune* 案件对是否如此提出了相当的怀疑。简单多数意见明确拒绝了这样的观点，即如果因援用特免权而"自动地"施加负担，那么就行使特免权施加的负担必然是不当的，必须考虑负担的严重性及其自动性质。O'Connor 大法官似乎同意。

　　民事诉讼审判过程中，可能会出现惩罚问题。与刑事诉讼中的情况不同，通常允许对当事人或者证人依赖特免权进行评论。一家法院解释说："在民事诉讼中，允许在适当情况下，作出［在逻辑上可从行使特免权中得出的］不利推论，这不是对行使特免权所造成的任何不公平进行的制裁或者补救，而是仅仅因为推论是相关的，不在特免权的范围之内。"一些法院认为，反对被迫自我归罪法的精神——如果不是文字的话——要求即使在民事情境下，也应对援引特免权得出不利推论加以限制。例如，田纳西州法院的结论是：

　　　　在民事案件中，只有在就当事人援引其宪法第五修正案特免权拒绝回答的事实有独立证据的情况下，事实审判者才能从其援引宪法第五修正案特免权中得出消极推论。在没有补强证据支持所调查事实的情况下，不允许作出消极推论。[80]

　　在民事情境下，当一方当事人被要求在审判前答辩或者参与答辩时，也可能出现特殊问题。它们通常是在案情先悉过程中一方当事人援用特免权的结果。当这种情况发生时，法院有权作出适当的反应，即使这种反应导致援引特免权的一方处于不利地位。这种行动的目的，以及法院就特定案件作出适当回应的目的，不应是制裁援引特免权的一方，而应是为因其对手依赖特免权而处于不利地位的一方提供救济。

　　在这些情况下，审判法院在提供救济方面有相当大的自由裁量权。驳回起诉、作出对援引特免权的当事人不利的判决或者除去诉状显然是允许的，至少在某些情况下是这样。但是基于宪法的需要，即尽可能减少对行使基本权利的惩罚，要求考虑其他选择。这包括首先考虑在刑事案件解决之前推迟民事诉讼，就当事人援引特免权的事项排除证据，以及允许用审前援引特免权对当事人进行弹劾。所施加的补救措施给援引特免权的当事人造成的负担，不应超过防止给另一方造成不公平和不必要的损害所必需的负担。

⑧　Akers v. Prime Succession of Tennessee, Inc., 387 S. W. 3d 495, 506 (Tenn. 2012).

279 　可以说，法院应该特别愿意在民事原告援引特免权，从而将特免权保护用作利剑而获得不公平的优势的情况下，实施严厉的惩罚，例如驳回起诉。如果一方当事人到法院寻求从另一方当事人那里获得救济，而又依靠其特免权隐瞒可能会使他败诉的信息，则有违公平的基本概念。相比之下，民事诉讼当事人的非自愿卷入诉讼表明，在为当事人援引特免权制定补救措施时，应更加重视诉讼当事人的反对被迫自我归罪的利益。

　　不过，上诉法院最近要求审判法官仔细考虑，即使在民事原告援引这一特免权的情况下，驳回起诉以外的手段能否提供充分的救济。科罗拉多州的一家法院同意这种"现代趋势"，判定，面对民事原告援引特免权，审判法官必须考虑：（1）被告对被隐瞒的信息是否有重大需求；（2）被告是否有获得被隐瞒的信息的替代手段；以及（3）法院是否可以在驳回诉讼之外提供补救，来防止给被告造成不公平和不必要的损害。

第137节　与文件和有形物品有关的特免权：(a)"私人"文件的内容保护和限制使用

　　Boyd v. United States 案件[③①]表明，宪法第五修正案反对被迫自我归罪的特免权禁止扣押和使用个人私人文件作为证据，以证明此人的刑事罪行。这表明，这一特免权保护文件——或许还有其他物证——的实质性内容。这一立场的概念基础从未完全清楚，但是似乎取决于宪法第四修正案和宪法第五修正案提供的联合保护。

　　在 *Fisher v. United States* 案件[③②]及其后的判决中，最高法院明确表示，在没有强迫将归罪性思想纳入文件内容的情况下，不会发生违反宪法第五修正案特免权的情况，从而否定了 *Boyd* 案件的概念基础。"可能要求一个人交出具体文件，即使这些文件载有关于事实或者信念的归罪性主张，因为这些文件的创制不是特免权意义上'被迫'进行的。"[③③] 因此，*Boyd* 案件的观念，即宪法第五修正案特免权保护某些私人或者个人文件内容的隐私利益的观点不再可行。就像通常所解释的那样，该特免权不保护自愿创建的私人文件或者文档内容上的任何利益。

---

　　③①　116 U. S. 616 (1886).

　　③②　425 U. S. 391 (1976).

　　③③　United States v. Hubbell, 530 U. S. 27, 35 (2000).

因此，当警察得知嫌疑人保存的日记中记录了他犯下的双重谋杀罪时，嫌疑人就该私人文件的内容没有受保护的隐私权。因此，他无权以宪法第五修正案禁止扣押或者使用其私人文件的内容来反对他为由，拒绝要求交出该日记的传证令，或者在审判时反对将其提交为证据。

当然，各州仍然可以更宽泛地解释州特免权，将其解释为保护个人文件的隐私。新泽西州最高法院将该州的普通法特免权解释为至少对一些私人文件的内容保留了类似于 *Boyd* 案件这样的保护。然而，其他司法辖区没有表现出遵循这种做法的倾向。

第 138 节　与文件和有形物品有关的特免权：(b) 强制交出和通过"交出行为"而归罪

拥有文件或者有形物品的人，可能有权根据特免权拒绝通常通过传证令提出的交出这些物品的要求。然而，根据 *Fisher v. United States* 案件[84]、*United States v. Doe* 案件[85]和 *United States v. Hubbell* 案件[86]，只有当交出行为涉及自我归罪性的证言性交流时，才是这种情况。

根据传证令交出某个证物，一个人可能会作出一个或者多个明确或者隐含的表述：(a) 该人认为传证令所描述的证物存在；(b) 该人认为该证物在该人的占有或者控制之下；以及 (c) 该人相信所交出证物在传证令所述范围内。任何这样的表述无疑都是证言性的交流。根据 *Fisher*、*Doe* 和 *Hubbell* 案件，宪法第五修正案是否适用于交出证物的要求，取决于在特定案件中可能涉及的任何此类交流是否涉及真正的、可察觉的归罪风险。

根据 *Fisher* 案件和 *Doe* 案件，如果检控方获得的信息是这样的，即存在该证物、该人持有该证物以及它的真实性，就像要求所说的那样，是"早已确定的事"，交出行为并没有显著增加检控方可得的归罪性信息。在这种情况下，交出证物行为所涉及的证言性交流没有造成援引特免权所必需的被迫自我归罪的"真实和可察觉的风险"。因此，该特免权并没有提供拒绝交出要求的依据。

Hubbell 案件表明，问题在于，检控方对交出行为的证言性方面的衍生使用，是否是规制性的。此外，*Hubbell* 案件愿意认定归罪性的衍生使用和轻视

---

[84]　425 U.S. 391 (1976).

[85]　465 U.S. 605 (1984).

[86]　530 U.S. 27 (2000).

地提到关于"早已确定的事"的分析，这表明至少在 *Hubbell* 案件之前，所进行的分析可能对这样的风险不够敏感：所要求的交出行为具有衍生性的归罪性。

这样，为了克服针对要求出示文件的传证令而提出的特免权主张，检控方必须证明两件事。第一，它必须表明它已经有足够的信息，证明文件存在，并为该人所持有。传证令的说法越宽泛，这项任务就越困难。检控方必须以合理的具体性证实文件的存在和持有，尽管这并不需要对每一份相应文件都有实际的了解。

第二，它必须证明它可以独立于交出行为，证明文件事实上是它们所载明的文件。例如，这种证明可以是，检控方笔迹专家将能够证明（如果是这样的话）交出的文件是主张特免权的证人所写的。根据 *Hubbell* 案件，检控方必须否定这样一种可能性，即通过选择和汇编交出的文件，证人不会沉默地提供有助于检控方日后对这些文件进行验真的信息。

由法院对文件进行不公开审查，可能是解决在具体案件中出示行为是否足以构成证言性归罪的适当方式。

尽管许多案件涉及对文件的要求，但是特免权的保护也延伸到其他要求。因此，在下列情况下，这一特免权受到了侵犯，即强迫出示录制品，法院的保护令要求可能非法持有手枪的人"交出拥有或者持有的任何和所有火器"。也许更有问题的是，至少有一家法院判定，就要求嫌疑人解密计算机，并出示计算机硬盘内容而言，嫌疑人受到保护，免于执行对物传证令。

如果被要求交出文件的人可以依据特免权拒绝服从，则可以通过赋予该人豁免，使其不受通过交出所要求物品的行为所作的承认的结果的影响，从而消除拒绝服从的依据。即使该证物是一份含有归罪性内容的文件，情况也是如此，因为持有含有归罪性内容的文件的人，就这些文件的内容不受宪法第五修正案的保护。豁免必须与特免权的保护一样广泛。因此，根据 *Hubbell* 案件，它甚至必须提供保护，以防止交出行为的证言性方面被派生性使用。

第 139 节　与文件和有形物品有关的特免权：(c) 根据规制计划持有的"需存记录"和证物

如果文件是"需存记录"，则允许强制交出宪法第五修正案特免权禁止要求交出的文件。⑰ 此外，如果根据类似于使文件成为需存记录的规制计划，有

---

⑰　530 U. S. 27 (2000).

关证物甚或人员在证人的保管/监护之下，则可允许强制交出这些证物甚至人员。

在 *Shapiro v. United States* 案件⊗中，最高法院判定，宪法第五修正案反对被迫自我归罪的特免权并不妨碍强迫交出是需存记录的文件，即法律要求证人保存的记录。正如后来所述的那样，*Shapiro* 理论只允许在满足所有另外三个要求的情况下才强迫交出。首先，政府要求保存记录的活动的目的必须是"本质上是规制性的"；其次，所要求和请求的记录必须是受规制人员或者企业通常保存的记录类型；最后，记录必须涉及一些"公共方面"。

第一项要求关注的是政府实施监管计划的目的的性质。通常情况下，法院要调查的，仅仅是规制计划是否是一个通常被允许的计划。如果是，要求根据它所保存的记录，就符合 *Shapiro* 案件的第一个要求。仅仅因为政府在一定程度上依赖刑事制裁，并不意味着该计划本质上不是规制性的。然而，如果该计划关注的是那些因被怀疑从事犯罪活动而被选中予以注意的人，或者关注的是犯罪行为，则该计划不是规制性的，上述例外也不适用。

第二项要求。例如，传唤与律师代理列名委托人有关的记录和合同的传证令所要求的规则范围内的记录，因为这些记录和合同是从事法律执业活动的人需要和习惯性保存的。

第三个要求可能应用起来最麻烦，因为就哪些公共方面必须存在和证明它们需要什么，存在不确定性。毫无疑问，这些记录不必是"公开的"，即一般公众可以近用这些记录或者有近用这些记录的权利。相反，问题通常是，这些记录是否与足够重要的"公共"利益密切相关。例如，在一次不寻常的拒绝适用所需记录规则的情况下，第七巡回区法院判定，即使《国内税收法典》要求纳税人保留支持在纳税申报表中的主张的记录，纳税人与国内税务局关系的有限性也不足以使记录具有 *Shapiro* 规则所要求的"公共方面"。

需存记录规则是否明智，值得怀疑。一家法院就这一规则进行了总结：

> 当达到需存记录例外的标准时，无论交出需存记录的行为是否涉及记录持有者的自我归罪性的证言，该例外都适用。[就强迫交出需存记录规定的文件，不论交出所要求的记录的行为是否涉及记录持有者的自我归罪性证言，]法院引述了若干理由：（1）从事制定法或者法律要求保存记录

⊗　335 U. S. 1 (1948).

的受规制活动的人，被视为就交出需存文件的行为放弃了反对被迫自我归罪的特免权；（2）记录持有者承认，出示法律为促进公共政策而要求保存的记录，对这些记录的存在或者验真几乎没有什么意义；以及（3）获得规制计划要求保存的记录的公共利益，通常超过不披露的私人利益，因为援引特免权会挫败该计划的规制目的。[89]

这基本上是这样一个结论，即披露的必要性超过了强制交出对受保护利益的相对最低限度的侵犯。

考虑到当时的假设，即宪法第五修正案保护文件的自我归罪性内容，在 *Shapiro* 案件判决时，这种平衡分析可能是适当的。这种宽泛的保护可能受到这种平衡分析的适当限制。然而，既然联邦宪法特免权只适用于交出行为，那么，对自我归罪性利益提供的相当有限的保护，可能并不支持通过这种利益平衡来进行的限制。不过，法院拒绝将宪法第五修正案理论在 *Shapiro* 案件之后的发展解读为取代了要求的记录规则，或者削弱了该规则的正当性，以至于要求抛弃该规则。

当然，州法院仍然可以自由解释说它们的州特免权没有体现类似的例外。然而，它们没有这样做。

Baltimore City Department of Social Services v. Bouknight 案件[90]表明，*Shapiro* 案件需存记录规则背后的原则，将不仅仅适用于出示文件这一有限范围。

Bouknight 案件判定，尽管 Bouknight 提出宪法第五修正案异议，即通过交出孩子，她将承认对孩子的控制，而这可能有助于对她的检控，法院还是支持强迫 Bouknight 交出少年法庭交给她的孩子。法院极大程度上遵循了 *Shapiro* 案件。它解释说，*Shapiro* 案件所依据的原则是，当一个人控制着作为政府非刑事规制权力的合法对象的证物时，援引特免权的能力就要被缩减。法院接着说，这一原则也适用于 *Bounknight* 案件。通过认定该儿童在少年法庭的辖区范围内，州对他实行了非刑事规制计划。当 Bouknight 接受监护时，她承担了一定的监护义务，包括交出孩子接受"检查"。

需存记录的例外，或者至少其所依据的原则，显然不限于书面记录。它可能使该特免权不可用于禁止强制交出其他物品甚至人员，如果对这些物品或者

⑧⑨　State v. Gomes, 648 A. 2d 396, 401 (Vt. 1994).

⑨⓪　493 U. S. 549 (1990).

人员的保管/监护是根据导致要强制交出文件记录相同的非刑事性规制计划进行的话。

如适用，需存记录规则或者原则的作用，是剥夺证人成功抵制交出证物或者人的要求的权利。*Bouknight* 案件指出了这样的可能性，即在这些情况下，组织代理人被迫交出组织的财产，尽管这么做有自我归罪的影响，但是，检控方不能用因交出所作的归罪性证言性自认来反对证人。根据需存记录方法强制交出是否事实上产生了实际上的使用豁免，这个问题尚未得到解决。

第140节　与公司、社团及其代理人有关的特免权：（a）组织的特免权

只有自然人才享有宪法第五修正案规定的反对被迫自我归罪的特免权。公司[91]和工会等非公司社团[92]都没有特免权。

特免权的许多基本原理都支持它仅限于"自然人"。例如，组织不具备被迫自我归罪所冒犯的"尊严"。一个组织不能遭受酷刑或者"强迫自我归罪所必需的或者这么做的权利所带来的应受谴责的方法"。

此外，公司不同于自然人，它是"州的创造物"，拥有受州法律及其执照条款约束的特免权。立法机关合理地保留调查这些组织的权利，以确保它们没有越权，并通过要求这些组织提供甚至归罪性的信息来进行这种调查。如果不允许这样做，对公司可能滥用其巨大权利进行的许多必要调查必然会失败，因为这种滥用有时——甚至常常——只能通过从组织本身获得的信息来查明。

因此，如果要求某一组织出示文件或者物品，作出答复的该组织的官员或者代理人无权因这样做将归罪于该组织而拒绝答复。

当然，州法院仍然可以自由地解释州特免权，将保护赋予这些实体。然而，它们并没有这样做。

第141节　与公司、社团及其代理人有关的特免权：（b）代理人援用其个人特免权的能力和"集体性实体"规则

当然，一个社团的官员或者代理人受该人自己的宪法第五修正案反对被迫自我归罪的特免权保护，即使社团本身没有特免权。然而，这种人针对交出文

[91]　Hale v. Henkel，201 U. S. 43（1906）.
[92]　United States v. White，322 U. S. 694（1944）.

件或者其他物品的要求而援引这种保护的能力，受到所谓"集体性实体"规则
的限制。

　　根据集体性实体规则，持有该组织的物品或者文件的组织代理人不得针对
出示该组织的物品或者文件的要求，而援引该人的个人特免权。当公司保管人
出示公司文件时，"保管人的出示行为不被视为个人行为，而是公司的行
为"[93]。

　　最高法院首先据此为集体实体规则辩护，即重大公共利益支持限制特免权
为组织代理人所提供的保护，而这些代理人通过成为组织代理人实际上承担了
这种保护被减少的风险。法院解释说，允许公司代理人提出特免权主张，将
"等同于公司提出特免权主张，从而规避了特免权对此类组织的不适用性"。此
外，"这将对检控方起诉白领犯罪——这是执法当局面临的最严重问题之
一——产生不利影响"。此外，通过接受作为本组织代理人的职位，一个人承
担了某些义务，包括不论自我归罪的后果如何，出示组织文件的义务。

　　在 *Braswell v. United States* 案件[94]中，最高法院判定，赋予被迫交出组
织的证物的组织代理人的个人保护，要求该代理人的交出行为不能被用来反
对他个人。例如，假设检控方向 A 公司总裁 X 发出传证令，要求其交出该
公司的记录。X 交出了这些记录。后来，X 被起诉，检控方希望证明 X 持有
这些记录并知道其内容。为了证明这一点，检控方可以证明：(a) X 是 A 公
司的总裁；(b) 这类文件通常由 A 公司这样的组织的总裁持有，并为其所
熟悉；以及 (c) 这些文件是 A 公司的代理人在收到这类文件的传证令后交
出的。但是检控方不得为了获得支持而证明 X 本人代表 A 公司亲自交出了
这些文件。

　　Braswell 案件实际上规定，对于被迫交出组织的文件或者物品的组织代
理人，要自动赋予使用豁免的保护，不能使用交出行为中所作的证言性交流来
反对他。按照这种做法，集体性实体规则可以被视为是基于这一点，即交出行
为所进行的任何证言性交流，都不存在任何重大的归罪性风险。

　　最高法院指出，集体性实体规则要求组织财产保管人所做的，不过是交出
文件或者物品，或者在宣誓后解释交不出这些物品。法院说，保管人"可以在
证人席上拒绝说出自我归罪性的话"[95]。然而，随后法院提出，有义务交出物

---

[93]　Braswell v. United States，487 U. S. 99，110（1988）.

[94]　487 U. S. 99（1988）.

[95]　Wilson v. United States，221 U. S. 361，385（1911）.

品的组织代理人，也可能无权拒绝作出"仅仅是附属于交出行为"的证言，因为这样的证言不会在交出行为带来的归罪风险之外，增加归罪的风险。然而，如果证人通过作证说明证人没有所寻求的物品来解释交不出，则很可能不能强迫他就物品现在的位置作证，如果该信息对该人个人而言是归罪性的话。

只有在有一个集体性实体足以援引集体实体规则的情况下，证人才被剥夺依靠其个人特免权拒绝交出文件或者物品的权利。根据 *Bellis v. United States* 案[90]，一个单位是否足以触发这一规则，取决于该单位是否可以被承认为一个独立于其各个成员的实体，这可能取决于其组织和机构活动的表现。*Bellis* 案件还说：

> 这个团体必须有相对良好的组织和结构，而不仅仅是一个松散的、非正式的个人团体。它必须保持一组不同的组织记录，并承认其成员控制和近用这些记录的权利。

公司通常是——如果不总是的话——一个充分的集体实体。非法人社团面临更大的困难。当然，工会是援引这一规则的充分单位。*Bellis* 案件本身也清楚地表明，合伙关系往往就足够了。

Bellis 案件中的合伙企业是一家已有近十五年历史的律师事务所，有三名合伙人和六名雇员。它开设了一个银行账户，并宣示自己是一个具有独立机构身份的实体。法院评论说，规模是相关的，但是不一定是决定性的。它接着说，"企业形式上的无形差别"，不应该是决定性的。尽管不是公司，但是像律师事务所和股票经纪公司这样的合伙企业，通常规模很大、是非个人性的、存续时间很长。任何特定合伙人在该组织的财务记录中的个人利益，都是"高度稀释的"。法院指出，如果合伙企业是"小家庭"性的，或者"在合伙人之间存在其他一些预先存在的保密关系"，则是另一种情况了。

在这种情境下，单一成员有限责任公司——或者有限责任公司——被描述为"公司和独资企业的混合体"。正如所料，它们足以触发集体实体规则。

如果被要求提供的是属于组织的物品，一个人只有在其以实体代理人的身份持有属于该组织的物品时，才丧失援引其个人自身特免权的权利。就记录而言，关于集体实体规则的代理基本理由表明，代理法为标准提供了适当的来源。如果形成和持有记录的人在其与实体的代理关系范围内行事，则记录是组织的代理人持有的组织的记录。

286

---

[90]　417 U. S. 85 (1974).

当然，各州仍然可以自由地将州特免权解释为，与宪法第五修正案相比，为组织的代理人提供了更广泛的保护。

第142节　通过赋予豁免消除归罪危险：（a）概述

特免权只针对正式法律责任提供保护。因此，如果通过赋予有效豁免而消除了刑事责任风险，这种特免权就不再适用。

一般来说，证人能否获得正式豁免，与这种豁免的制定法权限和赋予和执行豁免的制定法程序密切相关。早期的制定法有时规定，证人只要就某事项作证就享有豁免，允许证人通过自愿提供信息，使自己免受检控。相比之下，现代制定法往往只在证人援用特免权、检控方申请批准豁免、审判法官赋予豁免的情况下，才提供豁免。例如，联邦制定法就是这样。[97]

大多数司法辖区似乎认为，只有在制定法授权的情况下，才能授予正式豁免权，使其足以迫使证人作证。根据这一办法，法院本身无权自行制定赋予豁免的制度。然而，新墨西哥州最高法院在 *State v. Belanger* 案件[98]中，将"使用"豁免——有别于下一节的"交易"豁免——定性为实质上是一个证据问题。"新墨西哥法院"指出，"控制证据和证言问题……此外，在赋予使用豁免时，法院利用其固有的权力来控制自己的法庭和制定程序规则"。因此，它的结论是，法院本身"控制着使用豁免规则"。根据这一权力，它颁布了一项证据规则，授权审判法院应刑事被告的请求赋予使用豁免。

许多法院承认公诉人独立于制定法授权的权力，通过与证人达成协议，来赋予"非正式"或者"囊中（pocket）"豁免。这些安排所提供的豁免很可能不会取代这一特免权。证人可以援引特免权，尽管有不这样做的协议。

豁免并不保护证人因在提供豁免证言时作伪证而不受检控。在这种检控中，被依据的证言如果是虚假的，当然可以用来反对该证人。目前尚不清楚的是，被豁免的证言是否可以用来证明证人在被豁免的证言作证期间之外犯下了伪证罪。几乎可以肯定的是，它必须保护证人，使其免因在被豁免的证言之前所作伪证受到检控。

当一个人的嫌疑行为可能构成由不同公诉人检控的罪行时，豁免会造成特殊困难。马萨诸塞州要求寻求对证人进行正式豁免的公诉人通知其他公诉人和

287

---

[97]　18 U. S. C. A. § § 6001 to 6005.

[98]　210 P. 3d 783（N. M. 2009）.

检察长。这使他们有机会就法院是否应批准这项请求举行听证。这类正式程序能否通过非正式豁免协议加以规避，目前尚未解决。

第143节 通过赋予豁免消除归罪危险：(b) "证言性" 豁免 v. "使用" 豁免

豁免有两种。"证言性"豁免，即对与证人作证事项有关的所有罪行——常常是源于作为被迫作出的证言的主题的"证言性"的所有犯罪——赋予完全检控豁免。另一方面，"使用"豁免不妨碍起诉，但是这样保护证人，即不使用被迫作出的证言和直接或者间接来源于该证言的证据来反对该证人。

有些豁免制定法只允许赋予交易豁免，或者只允许同时赋予交易豁免和使用豁免。其他的制定法，如联邦制定法，只授权赋予使用豁免。佛蒙特州法院已将其制定法解释为是授权赋予使用豁免，但是同时也赋予审判法官自由裁量权，以根据特定案件的事实，认定使用豁免将不足以保护证人，从而拒绝强迫证人作证，除非检控方申请交易豁免。

1892 年判决的 *Counselman v. Hitchcock* 案件[99]，被广泛认为表明，面对特免权主张，只用在赋予交易豁免的情况下，宪法第五修正案特免权才允许强迫作证。然而，在 *Kastigar v. United States* 案件[100]中，最高法院判定，为了在主张了特免权情况下迫使证人作证，没有必要给予交易豁免。多数意见认为，这项特免权的唯一关切是，防止强迫作出导致对犯罪行为的处罚的证言。它的结论是，"免于使用被迫作出的证言，以及直接和间接从中派生出的证据，提供了这种保护"。

288

使用豁免如果不提供反对衍生使用的保护，则不足以取代特免权，来迫使有权主张该特免权的人作证。

Kastigar 案件持不同意见者和其他使用豁免的批评者认为，即使使用豁免扩展到衍生使用也是不充分的，因为在现实情况下，使用豁免不能消除或者充分减少这样的可能性，即强迫作出的证言在事实上有助于对被豁免的证人定罪。对此，*Kastigar* 案件多数意见判定，一旦被告证明他以前曾根据就与对其检控有关的事项赋予的豁免作证，则在辩护方提出异议时，检控方必须肯定性证明，其提供的反对被告的证据有完全独立于先前被迫作出的证言的合法来

---

[99]　142 U. S. 547（1892）.

[100]　406 U. S. 441（1972）. 另见 Zicarelli v. New Jersey State Commission of Investigation，406 U. S. 472（1972）（*Kastigar* 案件的姊妹案，支持了规定了使用豁免的州豁免制定法）。

源。法院的结论是，这一证明负担足以确保被迫作出的证言不会被用来给被迫作证的证人定罪。在这种所谓的 *Kastigar* 听证会上，检控方必须以优势证据证明它没有使用被豁免的证言。

下级法院同意，根据 *Kastigar* 案件，如果要继续对作出被豁免的证言的证人进行检控，检控方必须证明，检控方将不会对将豁免的证言作为"证据"使用。这样，必须证明在审判和任何起诉大陪审团面前提出的所有证据，其来源并非被豁免的证言，或者说独立于该被豁免的证言。检控方泛泛地说其证据有独立来源是不够的。相反，检控方必须逐项、逐个证人进行示证，证明所提供的证言的来源。对于交叉询问所引出的证据也是如此；如果公诉人对被告的被豁免的证言的考虑，使公诉人能够在对辩护方证人进行交叉询问时引出重大证言，则违反 *Kastigar* 案件的规定。

当可能源于被豁免的证言的有关证据是证人证言时，检控方的任务往往相当艰巨，特别是如果证据表明该证人接触过被豁免的证言的话。至少在这些情况下，检控方可能被要求对证人的证言逐字逐句进行示证，表明证言的实质内容未受被豁免的证言的影响。作为一个实践问题，检控方只有在证人接触到被豁免的证言之前"封好"该证言——制作一份宣誓的证言文本并归档——才能卸下其负担。

就使用豁免权是否——按照宪法必须——禁止检控方对被豁免证言的所有"非证据"使用，下级法院存在分歧。某法院解释说：

> 非证据使用这个词……是指没有直接或者间接地以提出反对被豁免的人的证据而告终。这类使用包括"帮助调查聚焦、决定启动检控、拒绝辩诉交易、解释证据、策划交叉询问和总体规划审判策略"。[⑩]

有些法院认为，只有在使用豁免禁止非证据使用的情况下，才足以否定宪法第五修正案的不就被迫自我归罪事项作证的权利。然而，大多数法院反对这种做法。当然，如果检控方必须证明它没有就被豁免的证言进行非证据使用，那么它在 *Kastigar* 听证会上的负担将大大增加。

关于不允许进行非证据使用的主要判决，即 *United States v. McDaniel* 案件[⑩]，可能被理解为作出了这样的判定，即如果有证据证明公诉人接触并知道被告的被豁免的证言，就足以证明对该证言进行了非证据使用。这显然是基于

289

---

⑩ United States v. Slough, 677 F. Supp. 2d 112, 131 (D. D. C. 2009), vacated on other grounds, 641 F. 3d 544 (D. C. Cir. 2011).

⑩ 482 F. 2d 305 (8th Cir. 1973).

这样一个理由，即作为一个实践问题，检控方不能提供令人满意的证据来证明如此接触过被豁免的证言的公诉人没有使用该证言。当然，反对非证据使用方法的人认为，如果按照这种对 *McDaniel* 案件的解读来适用该方法，使用豁免将至少有效地排除检控，从而成了交易豁免。

　　相当多的州法院将州宪法解释为要求的是交易豁免。大多数情况下，这是基于这样的结论：适用使用豁免的实际困难意味着，豁免的实际使用并不能充分保证随后的检控中，不会使用被豁免的证言来反对证人。例如，阿拉斯加州最高法院强调，记忆模糊和其他证明困难，往往会使人们无法准确确定被豁免的证言是否事实上影响了检控方的证据，也没有任何程序方法可以充分保护证人，避免通过对被迫作出的证言的非证据使用来反对他们。[103]

　　一些法院认定，作为宪法第五修正案的法律问题，根据州宪法标准，只有在适用豁免所涉及的保障比 *Kastigar* 案件的要求更为严格的情况下，使用豁免才是足够的。例如，宾夕法尼亚州最高法院支持使用豁免，但是仅限于这样的条件，即检控方必须证明其证据"完全来自独立来源"，并以清晰和令人信服的证据证明这一点。[104] 各州可能在其他方面超出了宪法第五修正案法律的要求。例如，堪萨斯州要求在 *Kastigar* 听证会上，检控方以清晰和令人信服的证据证明，它没有使用被豁免的证言。[105]

---

[103]　State v. Gonzalez，853 P. 2d 526，531—32（Alaska 1993）.

[104]　Commonwealth v. Swinehart，664 A. 2d 957，969（Pa. 1995）（着重号为原文所加）.

[105]　Kan. Stat. Ann § 22 - 3102（b）（2）.

291

第 14 章

自　白

第 144 节　"自白"及其可采性

在刑事诉讼中，最常被提起的证据问题是那些与被告作出的自我归罪的自白的可采性有关的问题。这些问题是本章的主题。

传统的分析有时需要查问被告的被迫自我归罪的陈述是"自白"——承认对所涉罪行定罪所必需的所有事实的陈述，还是"自认"——承认一个或者多个倾向于证明有罪的事实，但是并非所有这么做都必需的事实。现在关于自白可采性的大多数主要限制也适用于自认，甚至开罪性陈述。因此，本章将假定，在自我归罪的承认之间不需要作出区别，除非某一特定讨论有所要求。

自白是庭外陈述，经常被用来证明自白中所述事项的真实性，因此根据禁止传闻的规定，自白可能会被排除。尽管如此，人们普遍认为，检控方有权提出自白，尽管这一立场的概念基础有些不清楚。

鉴于被告的自白可以采纳来证明有罪的一般原则，自白法主要成为这样一套规则，即禁止使用特定类别的自白。在某种程度上，一些自白制定法规则是第 15 章讨论的那种排除性制裁的例子。根据这些规定，排除自白被认为是执行政策的需要，而不是为了准确查明"真相"。例如，如果自白被证明与非法逮捕充分相关，则要将自白排除，这一要求旨在保证最大限度地遵守关于逮捕和及时呈堂的规则。

另一方面，传统的自愿性要求①，与在审判中准确查明是否有罪的目的更为密切相关。现代自愿性要求和其他自白法的要求，如众所周知的 *Miranda v. Arizona* 规则②，是否仍然起到并且应该起到这一作用，是现代自白法中的一个重大问题。

① 参见下文第 149 节。
② 参见下文第 150 节至第 153 节。

第 145 节　犯罪事实或者补强要求：(a) 总论

所有美国司法辖区都有某种形式的规则，要求在刑事诉讼中至少对在刑事检控中采纳来反对被告的被告作出的某些庭外陈述予以补强。这项规则有时已被纳入制定法或者法院规则。然而，宪法方面的考虑很可能并不要求这样做。 *292*

这一要求有几种不同的表达，其中一些表达是通常所说的对犯罪事实的独立证明这一要求的变体。另外有一种由联邦法院和一些州裁判庭适用的、更灵活的方法。这两种基本方法在下面的两节中进行描述。

本节讨论了该规则的一些一般方面，重点是它的基本原理，它是否（而且应该）涉及证据的充分性、可采性，或者两者兼而有之，以及它是否是法官、陪审团或者两者兼而有之来决定的问题。

该要求的基本原理。传统上，这一要求是基于这样的担忧，即虚假自白可能导致定罪。人们仍然普遍认为，确保定罪准确的必要性至少仍然是这一要求的主要依据。然而，对于支持这一规则的不准确的性质和来源，各方尚未达成共识。

传统上和一般来说，这一要求似乎有一个相对适度的目标，即防止因从未发生过的犯罪而被定罪的风险。因此，不准确性这一目标非常有限。例如，马里兰州的一家法院评论说，这项要求的目的是有限的，即防止精神不稳定的人对从未发生过的犯罪供认不讳并被定罪。③

然而，有时目标的表述更为宽泛，但是往往相当笼统。例如，特拉华州法院宣称，该规则"旨在保护那些可能被迫承认自己没有犯下的罪行或者没有发生的罪行的被告"④。华盛顿法院表示，该规则旨在防止下列风险：第一，证人就被告所承认的内容作证时发生的误解或者误报；第二，被告所说内容存在不准确风险。法院接着说，后一类不准确的来源，不仅包括武力或者胁迫，而且还包括这样的可能性，即自白是"基于对事实或者法律的错误认识"⑤。密歇根州最高法院表示，这一要求"旨在尽量减轻自白的证明力，并要求有附带证据来支持定罪"⑥，按照下列明显假设，它认为是可取的：自白的可靠性令

---

③　Crouch v. State，551 A. 2d 943，944 (Md. App. 1989)．

④　DeJesus v. State，655 A. 2d 1180，1202 (Del. 1995)．

⑤　City of Bremerton v. Corbett，723 P. 2d 1135，1139 (Wash. 1986)．

⑥　People v. McMahan，548 N. W. 2d 199，201 (Mich. 1996)，(quoting from Hall, General Principles of Criminal Law (2d ed.)，ch. VII，p. 226)．

人怀疑，应鼓励公诉人发展和使用其他有罪证据。

准确性之外的考虑是否也能支持这一要求是值得怀疑的。有人认为，补强要求一般用于制止警方在获取自白方面的不当做法，从而有助于阻止因不准确以外的原因而采取的不当执法行动。然而，这一要求充其量只能间接实现这一目标，而与自白有关的其他法律要求几乎肯定能更有效地实现这一功能。

293 可采性，证据充分性，还是两者兼而有之？补强规则的许多表达将其视为自白的可采性问题，通常还将其作为证据充分性的衡量标准。公布的判决通常包含上诉法院表达的期望，即审判法官在允许检控方将庭外自白的证据提交陪审团之前，将要求足够的其他证据。尽管上诉法院作了一般性陈述，但是它们不愿意这样来强制执行任何可采性要求：推翻有充分证据支持的定罪，因为审判法院在采纳自白之前没有要求提供该等证据。审判法官关于证明顺序的自由裁量权，允许他们实际上采纳自白，但是检控方随后要提出所需的补强证据。从实践来看，任何形式上的可采性要求可能都相对没有意义，因为审判法官会知道，不遵守规定很少或者永远不会导致上诉撤销原判。

基于该规则的上诉推翻原判，有时被视为因违反该规则采纳自白的程序性错误而推翻原判。当然，这表明该规则只是一个程序性规则，上诉因违反该规则而撤销原判，并不是关于自动要求无罪开释的证据充分性的认定。

阿拉斯加上诉法院在 *Langevin v. State* 案件[⑦]中，详细讨论了这一问题。它承认："在这个国家，多数人的立场是，如果检控方提出了被告庭外自白的证据，但是未能遵守犯罪事实规则，则被告有权获得无罪开释。"它得出的结论是，这是基于对规则的这一理解，即足够的补强证据是被指控犯罪的"隐性要件"。然而，阿拉斯加上诉法院就补强规则有一个"证据铺垫"的观念，即补强规则仅仅解决审判法官是否应该允许公诉人将庭外自认或者自白引入作为其案件的一部分。在对定罪进行上诉复审时，该规则最多允许这样的认定，即审判法官在程序上犯了错误，被定罪的上诉人有权获得新的审判。

正如 *Langevin* 案件所认识到的那样，大多数上诉法院将在上诉审查中适用的补强要求视为与证据的充分性有关，也许还与可采性有关。因此，在上诉中胜诉的被定罪的被告有权被无罪开释。

尽管如此，补强规则的理论上的可采性要求仍然根深蒂固。例如，当犹他州法院放弃了犯罪事实方法，并采用了可信性标准时，它明确地转向了这个问题，即如果保留该规则，它是否应当通过规定可采性要求来继续发挥"守门"

---

⑦　Langevin v. State, 258 P. 3d 866（Alaska App. 2011）.

功能。仅援引了它的这样的认识，即没有任何其他类型的证据像自白那样可能
对被告不利，它判定：

> 在采纳自白之前，作为法律问题，审判法院必须确定自白是可信的。
> 审判法院在作出决断时，必须审查全部情况。只有在以优势证据证明自白
> 是可信的之后，自白才可以被采纳为证据。[8]

如上文所讨论的那样，就补强要求一般提供的理由，并不支持将其作为限
制可采性的规则。对可采性规则的辩护是，它鼓励陪审团客观地判定检控方是
否已证明实施了犯罪，除非在庭审中要求陪审团就这一问题作出裁决，否则可
采性规则并不能很好地服务于这一目标。

可采性要求的唯一可能根据，必须立足于这样的需要，即鼓励审判法官在
决定让检控方证明自白，并在所有可能的情况下交给陪审团之前，仔细审查非
自白证据。如果在检控方案件接近尾声时被迫这样做，法官可能会更客观地这
样做，即通过汇集证据来决定是否应允许检控方将自白作为其示证的最后
部分。

这是否是审判法官必须采取的做法，以及这是否真的可以由自白可采性规
则强制执行，往好了说也是令人怀疑的。总的来说，没有理由将补强要求作为
可采性的一项加以表达或者讨论。法院应该停止自诩它是这样一种规则。

法官，陪审团，还是二者兼而有之？这项要求是只针对法院，还是应该指
示陪审团也适用它？Wigmore 假设审判法官首先适用这一规则，如果案件提
交给陪审团，那么"同样的问题"将提交给陪审团。接着，陪审团必须在"不
参考法官裁决的情况下，判断是否存在达到了这些要求的补强"[9]。一些法院
当然认为陪审团在适用这一要求中发挥着作用。至少有少数人认为陪审团的评
估是主要的，而法官的裁决只是初步的筛选决定。就该规则是证据充分性规则
而言，该规则的性质表明，陪审团至少应在其适用中发挥作用。

其他法院采取了截然不同的方法。哥伦比亚特区巡回上诉法院推断说，在
联邦制度中，补强要求是"具有可采性和充分性两个要素的混合规则"。当然，
陪审团要评估自白证据的可信性和证据整体的充分性，但是补强规则并没有为
陪审团对这些问题的评议增添任何具体内容。因此，它的结论是，陪审团指示
是不必要的[10]，或者显然，甚至是不适当的。其他几个联邦上诉法院也同意这

294

---

⑧ State v. Mauchley，67 P. 3d 477，490（Utah 2003）.

⑨ 7 Wigmore，Evidence § 2073，p. 531（Chadbourn rev. 1978）.

⑩ United States v. Dickerson，163 F. 3d 639，641 - 43（D. C. Cir. 1999）.

一点。

哥伦比亚特区上诉法院于 2011 年加入了"已经考虑过这个问题的大多数司法辖区"，并判定补强证据的充分性不是陪审团考虑的问题。它在很大程度上依赖于一种方法的不可接受性，这种方法将授权陪审团"否决"审判法官作出的自白得到了足够补强的裁决。⑪ 马里兰州一家法院得出的结论是，该规则是一项规定了证据充分性的实体法，并不要求将问题提交陪审团。最好将其视为确立了充分证据的要求，这样才能交陪审团审判，而不是确立了陪审团应用的定罪证据充分性要求。⑫

要求陪审团考虑检控方是否提供了充分的补强证据的指示，可能过于雄心勃勃，没有实际价值。阿拉斯加上诉法院解释说：

> 根据这种方法，如果审判法官裁定达到了犯罪事实要求，陪审团将听取被告的自白，只是后来被要求将自白搁置一旁，并裁断检控方的剩余证据是否足以证明犯罪事实。人们可能会怀疑陪审员在听取了被告对令人发指的罪行的自白后，是否能够冷静地履行这项职责。⑬

该要求所适用的陈述。人们普遍认为，这一要求，无论其地方性表达如何，不仅适用于"自白"，即完全和有意识地承认罪行，而且适用于"自认"——承认与罪行有关的事实，因为这些涉及该要求旨在减少的风险。大多数法院至少认为它适用于那些旨在免除责任的陈述，即所谓"开罪性陈述"，但是这一立场遭到了质疑。这项要求不限于向执法人员作出的陈述，因此适用于对私人的陈述。然而，它不适用于犯罪前或者犯罪期间所作的归罪性陈述。

第 146 节　犯罪事实或者补强要求：(b) 关于犯罪事实的独立证明的要求

大多数司法辖区仍然适用传统的补强要求的表达，要求除自白外，还必须有其他证据可以证明犯罪事实。一般来说，这样做时，证据不必达到排除合理怀疑的程度。如果存在足够的独立证据，在确定是否已经将有罪证明到排除合理怀疑的程度时，该独立证据和自白都可以被考虑。通常只需要"少量"的补强证据，这可以是情况证据，也可以是直接证据。

⑪　Fowler v. United States，31 A. 3d 8 & 91—93（D. C. 2011）.

⑫　Riggins v. State，843 A. 2d 115，141（Md. 2004）.

⑬　Langevin v. State，258 P. 3d 866，870（Alaska App. 2011）（quoting Dodds v. State，997 P. 2d 536，540－41（Alaska App. 2000））.

就犯罪事实（*corpus delicti*）的定义存在一些争议，其字面意思是"犯罪的总和"。要在刑事案件中证明犯罪，检控方通常必须证明：（a）构成犯罪的伤害或者损害已经发生；（b）这种伤害或者损害是以刑事犯罪方式造成的；以及（c）被告是造成该伤害或者损害的人。Wigmore 坚持认为，犯罪事实只意味着这些中的第一个，即"遭受的具体损失或者伤害这一事实"，并不需要证明这是由任何人的犯罪行为引起的。[14]一些法院同意这一点。

然而，大多数法院将犯罪事实界定为同时涉及（a）和（b）两个方面。这意味着补强证据必须倾向于证明损害或者伤害，以及这是由犯罪活动造成的。然而，它不必以任何方式倾向于证明被告是有罪的一方。因此，在杀人案件中，犯罪事实包括关于被害人死亡和死亡是由犯罪行为引起的证据，但是不必倾向于将受审的被告与犯罪行为联系起来。

296

传统的做法是要求仔细区分犯罪构成要件，并要求补强证据倾向于证明其中的每一个要件。然而，越来越多的法院在放弃这样的严格要求，即补强证据总是要倾向于证明犯罪事实的所有要件。因此，补强证据只需要倾向于证明所指控的犯罪所涉及的"主要"或者"基本"损害，而不是技术上所区分的所有要件。这一趋势在杀人案件中最为明显，在杀人案件中，被告常常因涉及这样要求的犯罪而受到审判，即不仅仅是以刑事犯罪方式造成死亡。

这种方法在适用于某些现代犯罪时有些麻烦，因为与杀人罪不同，这些现代犯罪不涉及很容易被定性为构成犯罪所涉及的"重大"或者"基本"伤害的单一和有形的伤害或者损失。例如，在犯罪是一种未完成犯罪——例如阴谋或者企图——的情况下，可以说就是这样。不过，在界定此类犯罪的基本特征时进行的创造性分析，允许将现代犯罪事实方法应用于此类犯罪。

State v. Angulo 案件[15]说明了这一趋势及其可能的含义。被告 Angulo 供认有插入行为，因而强奸了一名儿童，这一自白被使用了，尽管补强证据并不倾向于证明有插入行为，而只是构成猥亵或者强奸未遂的行为。上诉法院认定没有错误，这在一定程度上是基于这样的事实，即关于强奸儿童的控诉要旨——与未成年人发生的性行为——得到了补强。也许犯罪事实的定义应该是仅包括犯罪的控诉要旨。然而，*Angulo* 案件接着更令人有疑问地补充说，补强要求仅旨在确保是否实施了某项罪行，而不是实施了哪项犯罪。因此，补强证据只需证明检控所立足的事件或者事情涉及某些犯罪。这很可能是一个关于

⑭　Wigmore，Evidence § 2072，pp. 524—25（Chadbourn rev. 1978）.

⑮　200 P. 3d 752（Wash. App. 2009）.

该要求所起作用的错误结论，而且夸大了对需要补强的犯罪事实的灵活定义的总趋势的影响。

谋杀重罪案件呈现出特殊的困难。在应用犯罪事实表述的传统方式下，谋杀重罪的构成要件包括重罪前科、死亡事实及以刑事犯罪方式造成了该死亡。因此，补强证据往往要证明该重罪前科。然而，大多数法院对此犹豫不决，判定补强证据不必倾向于证明该重罪前科。

谋杀重罪案件的一般规则有时被视为反映了这样一个一般原则，即仅影响犯罪程度或者严重性的要件，不属于需要补强的犯罪事实的一部分。因此，在一项因在夜间实施入室盗窃而构成一级入室盗窃的检控中，入室时间可以仅由自白来证明，因为入室时间决定的仅仅是实施入室盗窃的等级。

根据犯罪事实规则，涉及多个相关犯罪的情形也形成了难题。如果一名被告因几项罪行而受审，检控方是否必须支持对每项罪行逐一适用犯罪事实要求？按照这种做法，该陈述仅可用于就那些也由补强证据证明的罪行定罪。一些法院显然就这些情况放宽了该规则的要求。例如，宾夕法尼亚州法院判定，如果一项陈述就多项罪行牵罪于被告，而检控方就一项罪行遵守了犯罪事实规则，如果满足了两个要求，则该陈述就可以用来证明其他罪行。第一，犯罪之间必须有密切的联系。第二，根据事实，允许使用这种陈述不会带来因未发生的罪行而将被告定罪的重大风险。

有些法院认为，犯罪意图是犯罪事实的一部分，必须至少通过一些独立的证据来证明。然而，这并没有得到严格的考虑，至少有几家法院不同意。原则上，应当要求补强，因为为了证明构成犯罪的伤害或者损害是以刑事犯罪方式造成的，通常必须有犯罪意图。考虑到满足这一要求的容易程度，要求一些独立的证据——当然，这可以是情况证据——从这些证据中可以推断出必要的精神状态，应该不是一个困难的负担。

第147节　犯罪事实或者补强要求：(c) 证据倾向于证明陈述的真实性要求

一些司法辖区至少在某种程度上拒绝了倾向于证明被指控的犯罪的犯罪事实的独立证据这一传统要求，而倾向于采用另一个标准来确定自白是否得到了足够补强。这种替代方法基于联邦最高法院在 *Opper v. United States* 案件[16]中所进行的分析。

[16]　348 U. S. 84 (1954).

在 *Opper* 案件中，作为联邦证据法问题，法院判定，联邦法院的定罪不能依赖于未经补强的自白。在没有广泛的解释的情况下，*Opper* 案件接着认为，"更好的规则"，将不要求补强证据证明犯罪事实，而是它是"倾向于证明陈述的真实性的实质性独立证据"。一些州法院和一些立法机关已经采取了这一立场。例如，2003 年，犹他州最高法院仔细审查了 *State v. Mauchley* 案件[⑰]，采纳了 *Opper* 案件的分析。

可信性方法的主要优点在于它的灵活性允许它针对在不准确的自白基础上的定罪提供了一些——可以说是足够的——保护，同时避免了犯罪事实表述中有时涉及的严重问题。在犯罪较少且定义简单、简洁的情况下，运用犯罪事实表述可能是一项相对简单的任务，能实现补强要求的目的，但是现代的制定法刑法增加了犯罪的数量和复杂性。因此，仅仅是确定犯罪事实的构成要素，就充满了争议。一旦界定了犯罪事实，要求补强证据倾向于确定每一个要素，可能会给检控方带来不切实际的负担，而不会大大促进这一要求的目标，即确保定罪不是基于不准确的自白。可能没有有形犯罪事实的犯罪，尤其如此，如未遂犯罪、共谋犯罪、逃税犯罪和类似犯罪。要求只补强犯罪中所涉及的"主要"或者"基本"损害的现代方法，虽然在概念上是合理的，但是往往败于识别主要或者基本损害的困难性。

正如犹他州法院在 *Mauchley* 案中强调的那样，检控方可以根据可信性方法，使用独立的犯罪证据来证明陈述的可信性。它还说，在缺乏此类证据的情况下，检控方可以依靠在其他领域使用的相同类型的证据来提衬庭外陈述的可信性和可靠性。

> [这些] 因素……包括：关于陈述的自发性的证据；在获得陈述时，没有欺骗、把戏、威胁或者承诺；被告的积极的身心状况，包括年龄、教育程度和经验；陈述时有律师在场。

综上所述，就现代犯罪而言，可信性方法得到了支持，因为它最有可能比犯罪事实规则更容易适用，在实现要求的适度现实目标方面也同样有效，而且不太可能偶尔导致不合理的结果。

第 148 节　犯罪事实或者补强要求：(d) 该要求的未来

Wigmore 坚持认为，不需要补强规则，现有的补强要求在肆无忌惮的辩

---

⑰　67 P. 3d 477（Utah 2003）.

护律师的手中，"是对正义的一个积极阻碍"[18]。论者们经常同意这一点。

　　鉴于其他自白法学说的发展，特别是 *Miranda v. Arizona* 案件[19]中发布的宪法第五修正案保护和自愿要求，对执法审讯做法的关切并没有为补强要求提供重大支持。法院是否有理由保留这一学说，以鼓励除合理预期成功的审讯以外的其他调查技术，充其量是有疑问的；所适用的补强要求很可能没有为寻求这种替代办法提供多少重大压力。

　　与此类似，该要求的执行，也不太可能对由于报告错误、嫌疑人对法律或者事实的误解或者因压力太小而未能援引 *Miranda* 案件或者自愿保护而导致的不准确提供太多保护。这项要求对精神失常者的虚假自白提供的任何保护，也可以通过认真的法官仔细审查证据来提供。然而，这一要求可能会促使审判法官在适当的案件中进行这种审查，否则会因业务压力而过于匆忙，无法认识到这种证据不足。一般而言，仍有理由担心就从未犯过的罪行而定罪，以及合理的补强要求有助于以最低的成本提供一些保护。

　　如果要保留补强要求，犯罪事实方法——就像第 146 节中所讨论的那样——的复杂性往往只会减损该要求的实际功能。第 147 节中讨论的"真实性"方法，是为了追求补强要求的最好现实目标的最好设计。

　　没有充分的理由将该规则视为与被告的自认可采性有关的规则。这项要求应当只是证据充分的要求之一。如果就检控方的证明负担对陪审团作出了足够指示，则无须向陪审团提交补强要求。最后，该规则应适用于审判法官和上诉法院，而不是陪审团。

　　因此，如果在所有实际目的上，检控方的案件都取决于被告的庭外自白或者自认，审判法官有职责来确保检控方已经提供自白或者自认之外的合理证据，来证明自白或者自认的可信性。在对定罪提出上诉时，问题应该是记录是否包含充分的证据，以证明一个理性法官或者陪审团得出自白或者自认可信的结论的正当性。

第 149 节　自愿性总论

　　要求将庭外自白的自愿性作为采纳为证据的条件的普通法规则，只在 17 世纪中期才发展起来。前面的讨论清楚地表明，这一要求的理由是，人们认为

[18]　7 Wigmore, Evidence § 2070 p. 510 (Chadbourn rev. 1978).
[19]　384 U. S. 436 (1966).

自白陈述缺乏可靠性，作出这些陈述的动机不是因为有罪，而是出于避免不适或者获得某些照顾。

在其第一个关于自白的案件中，即在 *Hopt v. Utah* 案件[20]中，联邦最高法院将所称的成熟的普通法自愿性要求采纳为联邦证据法。法院解释说，根据这一要求，在下列情况下，要判定自白不可采：

> 自白看来是因当局的某个人所提出的涉及所倾向的指控的暂时性诱惑而作出的，或者是因为这种情况所作出的，即根据被告的恐惧或者希望，该人就指控进行了威胁或者许诺，或者是在该人在场的情况下就指控进行了威胁或者许诺，剥夺了被告在法律意义上自愿自白所必需的意志自由或者自我控制。

13 年后，在 *Bram v. United States* 案件[21]中，法院评论说，每当联邦刑事审判中出现自白自愿性问题时，"这个问题由美国宪法第五修正案的那一部分决定，要求'在任何刑事案件中不得强迫任何人成为反对自己的证人'"。法院接着说，这体现了关于自愿性的普通法规则。

由于直到 1964 年才判定宪法第五修正案对各州具有约束力，*Bram* 案件分析没有将自愿性要求作为联邦宪法问题强加给各州。然而，法院 1936 年在 *Brown v. Mississippi* 案件[22]中清楚地判定，州法院基于用酷刑和暴力取得的自白而作出的定罪判决，侵犯了被告的宪法第十四修正案所保障的正当程序的一般权利。随后的案件确立，在州刑事程序中使用强迫取得的自白违反了联邦标准。在宪法第五修正案适用于各州之后，法院将 *Brown* 案件形成的正当程序标准及其后系案件定性为"在联邦检控中适用的相同的一般标准，一个基于反对被迫自我归罪特免权政策的标准"。

尽管传统上强调联邦宪法关于自愿性的要求，但是大多数——即使不是所有的——司法辖区的州宪法和证据法还是规定了类似的要求。

在 *Blackburn v. Alabama* 案件[23]中，最高法院解释说："禁止州使用自白的严格要求背后的复杂价值观，为方便起见，本院称之为自愿性。"确定自白可采性的传统标准受到了 Frankfurter 大法官在 1961 年阐明的下列联邦宪法自愿要求的挑战：

[20]　110 U. S. 574 (1884).

[21]　168 U. S. 532 (1897).

[22]　297 U. S. 278 (1936).

[23]　361 U. S. 199 (1960).

　　最终的标准……［是］自愿性。自白本质上是自白者自由和无约束的选择的产物吗？如果是，如果他愿意自白，就可以用来反对他。如果不是这样，如果他的意志受到了压制，他的自决能力受到严重损害，那么使用他的自白就违反了正当程序。[24]

　　当然，身体上的胁迫或者就此进行的威胁，必然表明被告意志被凌驾，其自白是非自愿的。但是法院越来越多地提出"心理上"而不是身体上的胁迫。自愿标准的适用变得更加困难，因为案件越来越多地依赖于这些关于更为微妙的影响的主张，先前的判例所提出的影响没有这么微妙。

　　自 1961 年以来，自愿性这一宪法问题与特定自白的准确性或者可靠性问题被仔细区分开来。在 *Rogers v. Richmond* 案[25]中，法院判定，正当程序不允许审判法院通过"考虑可能真或者假的情况的法律标准"来解决以自愿性为由质疑自白的可采性问题。因此，关于被质疑的自白（或者其某些子部分）的准确性的证据，与自愿性调查完全无关。

　　在 *Colorado v. Connelly* 案[26]中，法院判定，宪法第十四修正案关于自愿性的正当程序要求，并不是绝对要求自白反映了被告"实质上自由和无约束的选择"。官方的强制活动是"认定自白不是自愿的（在宪法第十四修正案正当程序条款的含义内）的必要前提"。在缺少这一前提的情况下，证明自白反映被告很少或者没有任何有意义的选择——例如，因为私人胁迫或者未披露的精神损害——甚至并不发生联邦正当程序自愿性的问题。

　　就什么构成要求对嫌疑人的心态进行宪法第十四修正案分析所必需的官方胁迫，*Connelly* 案没有提供什么指导。*Connelly* 案的事实说明了这一困难。Connelly 的陈述是针对幻觉的声音作出的，但是接受该陈述的警察并不知道 Connelly 的病情。法院总结认为，警察取得 Connelly 的陈述，并用于后来的审判，并不违反宪法第十四修正案。这似乎有别于 *Blackburn v. Alabama* 案[27]，因为在 *Blackburn* 案中，警方在审讯中得知 Blackburn 有精神病史，尽管如此，他们还是继续审问，并"以胁迫手段利用这一弱点"，例如在一个小房间里长时间审问。以损害嫌疑人是否自白的决策能力的方式利用已知的病情，可以构成非自愿性所必需的胁迫。

　　Connelly 案之前最高法院的判例法，反映了在评估自愿性挑战时要考虑

㉔　Culombe v. Connecticut, 367 U. S. 56 & 602 (1961).

㉕　365 U. S. 534 (1961).

㉖　479 U. S. 157 (1986).

㉗　361 U. S. 199 (1960).

的众多因素。法院对审讯的时间是白天还是夜晚、审讯的时间长短、被告自白前被关押的生活条件的质量以及类似的事项极为重视。这些都是根据被告的各种特点进行评估的，这些特点可能会影响这些因素对被告的影响。因此，法院认为，下列因素表明了非自愿性：被告年幼，身体有病、受伤或者体弱，文化程度低，就执法做法和技术很少或者根本没有经验。警察是否警告犯罪嫌疑人有保持沉默的权利并且解释这种权利，在没有具体义务的情况下，也与自愿性有关；无论如何，嫌疑人对其权利的实际知晓程度显然是具有重要意义的。根据 Connelly 案件，这些因素仍然是相关的，但只是在发现官方的胁迫行为之后。

另一方面，最近，在 Bobby v. Dixon 案件[28]中，法院不赞成下级法院的立场，即有证据表明，警察们敦促被告在同谋之前"达成协议"，这至少强烈暗示了非自愿性。它解释说，最高法院的判定中没有什么表明警察不可以这样做。

最高法院的正当程序自愿性法律没有暗示说，自愿性必然且总是要求人们意识到有拒绝作出自我归罪性的陈述的法律权利。相反，在对自愿性法律的总体回顾中，法院评论说，在其任何裁决中，法院都没有要求检控方"作为其关于自愿性的最初负担的一部分"，要证明被告知道他有权拒绝回答警方的查问。尽管被告意识到其权利是相关的，但是与几乎所有其他考虑因素一样，在评估整个情况时考虑这一点。

一家法院进行了有用的总结分析如下：

> 许多因素与自白的自愿性有关……我们审视了审讯的所有要素，包括审讯的方式，在场的警察人数，被告的年龄、教育程度和经验。然而，并非所有可能对自愿性产生影响的因素都具有同等的证明力。有些是突出的和决定性的。例如，我们已经明确表示，尽管可能有任何其他因素表明其是自愿的，在作出之前或者之时存在威胁或者许诺好处的自白被视为非自愿性的，除非检控方能够证明这种威胁或许诺绝不会诱使作出自白。自白之前或者之时的任何身体虐待，显然也要这样看待。这些因素在法律上是胁迫性的。当证明存在这些因素时，检控方有很重的负担，事实上，要证明他们并没有引诱作出自白。
>
> 其他因素，如审讯时间长短，车轮战或者连续审讯，被告的年龄、教育程度、经验或者身体或者精神特点，都不具有广泛的决定性，而是仅在

302

---

[28] 132 S. Ct. 26 (2011)（per curiam）.

特定案件情境下具有重要意义，可能变得具有决定性，这是基于其胁迫影响的实际程度。介于这两种因素之间的第三种因素可能不具有法律上的胁迫性，但是只要它们存在，就需要给予特别的重视。㉙

由此可见，分析具有相当大的灵活性。

当然，州宪法、成文法或者判例法的自愿性要求不必解释为与正当程序要求具有相同的内容。当下级法院面临 Connelly 案件对联邦正当程序自愿性的限制的影响时，它们可能会接受这样的论点：制定法或者州宪法的自愿性要求不受官方胁迫的绝对要求的约束。这种观点可能会在采用 Connelly 案件的州案件中得到支持，这些案件就进行自白的被告已作出有意义的自白决定，规定了绝对要求。

第 150 节　自我归罪（米兰达）要求：(a) 概述

1966 年，最高法院显然对正当程序的自愿性要求不满，作出了 Miranda v. Arizona 案件㉚的判决。这一判决，彻底改变了联邦宪法的自白法，成为后来自白法发展和分析的焦点。

在教义层面上，Miranda 案件的意义首先在于，它判定羁押性执法审讯牵涉宪法第五修正案反对被迫自我归罪的特免权，即使警察没有法律权力强迫回答他们的问题。法院说，"作为一个实践问题"，"在警察局孤立无援的场合说话的强迫性，可能远远大于在法院或者其他官方调查中［在可能运用强制回答的法律权力的情况下］的强迫性。"

法院在 Miranda 案件中关注的焦点是法院所认为的羁押性审讯的"固有的、不可抗拒的压力"。法院认为，如果没有适当的保障措施，这些压力将不可避免地破坏"一个人进行抵抗的意愿，迫使他说出在自由情况下将不会说出的东西"。它强调，现代羁押性讯问是"心理导向的而非生理导向的"，涉及固有的"强迫性"。因此，在没有保护措施的情况下，"［在这种情境下］从被告这里获得的任何陈述都不能真正成为自由选择的产物"。

为了提供必要的保护手段，在羁押性讯问情境下保护不被迫自我归罪的特免权，法院制定了后来所说的本身违法或者"预防性"规则。这些要求旨在确

㉙　Williams v. State，825 A. 2d 1078，1092 - 93（Md. 2003）．

㉚　384 U. S. 436（1966）．

保具体的决定在法律上是可接受的，但是为了保护目的，这些要求甚至适用于这样的情形，即事实上嫌疑人的决定可能没有低于法律规定的标准。作为宪法第五修正案事项，违反这些要求而获得的自白必须被排除在证据之外，即使就案件的具体事实适用自愿性标准不会导致认定该自白是非自愿性的。

尽管后来的事态发展在一定程度上遮蔽了这一点，但是 Miranda 案件的审理法院显然认为，对那些经受羁押性审讯的人来说，对他们的保护主要来源于获得律师帮助的权利。多数意见认为，嫌疑人的宪法第五修正案利益，只能通过赋予嫌疑人相应的获得律师帮助的权利来保护。这不仅意味着在被讯问前与律师进行协商的权利，"而且意味着在任何审讯期间都有律师在场……"无论嫌疑人的经济能力如何，都必须能获得律师的帮助。因此，必须为那些希望得到律师帮助的贫困被告提供律师，费用由公共开支承担。

Miranda 案件最著名的要求是米兰达警告。虽然法院意见中使用的"巫术咒语"都不是必需的[31]，但是警察必须对嫌疑人提出以下警告：

　　（1）你有权保持沉默；

　　（2）你说的任何话都可以［并将］在法庭上用来反对你；

　　（3）你有权与律师协商，并在讯问期间让律师与你在一起；以及

　　（4）如果你请不起律师，如果你愿意的话，在进行任何讯问之前会为你指定一名律师。

前三个要件是可接受的羁押性讯问的"绝对先决条件"。未能满足其中一个要件的，不能通过这样的证据来"治愈"：表明嫌疑人已经意识到遗漏的警告的实质内容。另一方面，如果已知嫌疑人已经有律师或者有足够的资金来获得律师，则第四项要件的遗漏并不是致命的。但是，如果对第四个要件的适用性有任何疑问，这将以不利于检控方的方式解决。在进行任何讯问之前必须进行警告。

保持沉默的权利和相伴随的在讯问期间获得律师帮助的权利都不是强制性的。二者都是可以放弃的。在所有案件中，如果检控方在审判时提出了嫌疑人在羁押性讯问中作出的自我归罪性陈述，则必须表明其自愿和明智地放弃了反对被迫自我归罪特免权本身，即沉默权。如果陈述是在讯问期间作出的，且没有代表嫌疑人的律师在场，则检控方还必须证明放弃获得律师帮助的权利是有效的。

304

　　[31]　California v. Prysock，453 U. S. 355，359（1981）.

　　米兰达弃权不必是"明示的"，法院在 *North Carolina v. Butler* 案件㉜中重申了这一点。显然，证明嫌疑人明确表示她意识到这项权利并选择不行使这项权利的证据，构成了强有力但是并非必要的弃权证据。在另一个极端，*Miranda* 案件本身明确说，不能从嫌疑人得到警告后的沉默或者嫌疑人事实上最终提供了自白，来推定弃权。第 152 节更充分地论述了对弃权事实的证明要求，以及在某些情况下可能需要主张米兰达权利；第 153 节考虑了所需的自愿性和明智性。

　　如果警察违反米兰达规则讯问嫌疑人，然后他们遵从米兰达规则，再次讯问嫌疑人，并且检控方只提供合规后作出的归罪性自认，就会出现特殊问题。在 *Missouri v. Seibert* 案件㉝中，存在分歧的法院多数意见讨论了这些情形。七年后，一个意见一致的法院在 *Bobby v. Dixon* 案件㉞中运用了 *Seibert* 案件。

　　在 *Seibert* 案件中，第一次审讯是相当有成效的，Seibert 作出了一个相当完整的自白，她在进行讯问的警察遵从了米兰达规则后重复了一遍该自白。此外，证言还表明，该警察就此接受了培训，其目的显然是不顾米兰达规则获得归罪性的自认，然后遵守米兰达规则，最后在合乎这一规则之后劝说自认。这种做法的假设前提是，该后一自认可以用作证据。*Seibert* 案件显然不赞成这一活动，但是绝对多数意见在理由上存在意见分歧。

　　Seibert 案件的简单多数意见认为，关键的考虑因素是，在这种涉及一次经过协调的持续审讯的情况下，米兰达警告是否有效。简单多数意见的结论是，警告不可能有效，因为被警告的嫌疑人被引导回答了在不久前回答过的问题，不太可能把警告理解为赋予了嫌疑人在审讯的后一部分保持沉默的有意义的权利。警察的主观意图显然是相关的，但这不是分析的重点。Kennedy 法官是 *Seibert* 案件绝对多数意见的第五位成员，他认定警察故意使用两步策略来破坏米兰达要求的做法是具有决定性的。如果警察有此意图，则警告后的自认应不可采，除非警察在取得这些自认之前，已经采取了有效的挽救措施。

　　Dixon 案件——一个未署名的意见——认定 *Seibert* 案件不适用于在本案法庭上的事实，但是没有讨论 *Seibert* 案件中法院的意见分歧的影响。*Dixon* 案件强调，米兰达警告前的陈述并没有承认卷入了有关谋杀案，警方也没有使用这一陈述引出在米兰达警告后作出的对该谋杀案的自白。此外，在两次讯问

㉜　441 U. S. 369（1979）.

㉝　542 U. S. 600（2004）.

㉞　132 S. Ct. 26（2011）（per curiam）.

期间，四个小时过去了，情况发生了巨大变化。因此，"Dixon 在承认谋杀前，就收到了米兰达警告，这些警告的有效性并没有被 *Seibert* 案件所谴责的'两步审讯技术，所削弱……'"

尽管 *Miranda* 案件的审理法院严格规定了宪法第五修正案本身要求，而没有使用宪法规定那种宽泛的语言，但是 *Miranda* 案件后的判决没有显示出通过制定更多的此类要求而继续采用这种做法的倾向。这一点在 *Moran v. Burbine* 案件③中显而易见，该案拒绝了一项要求警方告知嫌疑人律师在试图联系他的本身规则（per se rule）。法院承认，这样一项规则"可能会略微促进 *Miranda* 案件的消除羁押性审讯所固有的强制性的目标"。然而，"高于一切的实践因素"反对这样一项规则。这样的规则的复杂性，将降低米兰达要求的清晰度和易用性。此外，这样的要求，将导致一些嫌疑人拒绝作出自愿但是自我归罪的陈述，从而"造成［在 *Miranda* 案件中形成的］微妙平衡发生重大但是……不当的移位"。

当然，州法院可以自由解读州宪法中的反对被迫自我归罪条款，将其视为设定了与 *Miranda* 案件在宪法第五修正案特免权中发现的规则相同的要求。这样的行动似乎是州法院作出这样的判定的先决条件：与最高法院判例法的要求相比，州法律规定了更严格的具体米兰达要求。一些州法院已经明确接受了米兰达要求的一个版本，认为这是其州宪法独立要求的。

第151节 自我归罪（米兰达）要求：（b）米兰达规则的适用；"羁押"、"审讯"和例外

Miranda v. Arizona 案件⑯只适用于处于"羁押"中并被"审讯"的嫌疑人。只有在这两个先决条件存在的情况下，犯罪嫌疑人的反对被迫自我归罪的特免权才会面临极端风险，才证明米兰达要求所给予的非凡保护的必要性。这些术语中的每一个都已成为专门术语，本节将讨论它们的定义。此外，最高法院已经认识到几个这样的例外情况，即尽管羁押和审讯都存在，但是要么米兰达规则所关心的极端风险缺失，要么这些风险被抵消因素所抵消了。这里也讨论了这些例外情况。

羁押。羁押不限于"在警察局进行的羁押"，也可以发生在嫌疑人自己的

㉟ 475 U. S. 412（1986）.

㊱ 384 U. S. 436（1966）.

家中。它不要求警察扣留嫌疑人的目的与作为审讯主题的罪行有关。另一方面，并非每个剥夺嫌疑人自由的行为都构成羁押。

只有当情况会使一个常人感到他的自由被缩减到与正式逮捕相关的程度时，才存在羁押。这取决于该情形的客观情况，而不是警察或者嫌疑人的主观看法。

当然，如果警察通过明确告知嫌疑人已被逮捕而进行了正式逮捕，这就构成羁押。此外，尽管没有正式逮捕，但是如果扣留嫌疑人的警察以常人认为涉及"为实践目的"而执行逮捕的方式对待嫌疑人，嫌疑人仍处于羁押中。相关因素包括扣留的时间长度，警察就其逮捕嫌疑人的意图进行的明示或者交流，以及警察进行的询问和其他调查工作的时间长度、力度和主旨。

根据这种方法，为进行短暂的现场调查而根据所称的"特里截停"（Terry stop）被扣留的人，通常不处于羁押状态。被"路上临时截停"——一般人理解为涉及开罚单后就放行的扣留——的司机也没有处于羁押状态。

审讯。在 *Rhode Island v. Innis* 案件[37]中，讨论了审讯的含义，拒绝将 *Miranda* 案件限于涉及"明示审讯"的情况：

> *Miranda* 案件中的"审讯"一词，不仅指明示询问，而且指警察（而不是通常参与逮捕和羁押的人）作出的其应当知道有合理可能从嫌疑人那里引出归罪性回答的任何言行。

执法行为是否意愿一致在"功能上相当"于明示询问，主要关注的是犯罪嫌疑人的视角。有证据表明，警察意图从嫌疑人那里获得自我归罪性自认的有关言行，本身并不能证明发生了审讯。然而，它可能倾向于表明，警察知道或者本应知道，这些言行足以引出所期望的回应。

在适用 *Innis* 案件标准时，法院一直相当不愿意将有关情形定性为涉及功能上相当于明示的询问。*Innis* 案件本身就说明了这种方法。在嫌疑人面前，一名警察对另一名警察评论说："上帝不会让（邻居的残疾儿童）找到武器……然后伤害自己。"这在 *Innis* 案件中被判定不构成审讯；事实并没有证明，警察们本应意识到他们的评论会促使嫌疑人对他藏匿在该区域的一支枪的位置作出自我归罪性的自认。与此类似，允许嫌疑人的妻子与因谋杀其幼子而被捕的嫌疑人谈话也被判定不构成审讯。

即使向嫌疑人提出明确问题也不构成讯问，只要考虑到询问的其他目的，

---

[37]　446 U. S. 291（1980）.

这些问题引起自我归罪性回应的风险微乎其微。例如，警方查问嫌疑人是否愿意接受血液酒精测试，并不构成"审讯"。一名警察向嫌疑人解释呼气酒精测试的工作原理，以及所适用的默示同意法的法律方面，然后询问他是否理解并愿意接受测试，这没有发生审讯。在录像过程中，警察指示嫌疑人如何进行身体清醒测试，并询问嫌疑人是否理解这些指示，这也没有发生审讯。

米兰达要求的例外。米兰达要求不适用于一些涉及法院的判例法界定的羁押和审讯的情形。

法院在 *Illinois v. Perkins* 案件[38]中判定，如果询问是由一名以卧底身份工作的警察进行的，则 *Miranda* 案件并不适用。多数意见认为，如果嫌疑人不知道他正在与捉拿他的警察交谈，那么这种情况就不会出现羁押和审讯之间的相互影响，从而产生强迫的风险，从而证明米兰达规则的特别保护是正当的。在 *New York v. Quarles* 案件[39]中，法院判定，米兰达规则也不适用于某些这样的情况，即警方的查问得到了对公共安全特别紧迫的关切的支持。如果遵守米兰达的规定会对公共安全造成直接的高度风险，该成本过高。

在 *Pennsylvania v. Muniz* 案件[40]中，法院的简单多数意见就处理被捕嫌疑人的过程中提出的"常规登记问题"，承认了另一个例外。这一几乎肯定会被大多数法院接受的例外，涵盖旨在引出完成登记过程和提供审前服务所必需的履历数据的问题。因此，在 *Muniz* 案件中，简单多数意见认为 *Miranda* 案件不适用于有关 Muniz 的姓名、住址、身高、体重、眼睛颜色、出生日期和当前年龄的问题。

第 152 节　自我归罪（米兰达）要求：(c) 禁止审讯

在特定和有限的情况下，*Miranda v. Arizona* 案件[41]赋予了正在接受监禁审讯的人完全不受审讯的权利。从本质上讲，这项权利是一种警察不得劝说而由被告作出自我归罪性自认或者放弃沉默权。在这些情况下，任何非自愿自认的风险足以证明禁止一切引起这种自认的活动是正当的。

首先，在羁押中的嫌疑人得到充分警告并放弃一项或者多项权利之前，禁止对其进行审讯。然而，判例法最初关注的是被告明确主张其权利的情形。

[38]　496 U. S. 292 (1990).
[39]　467 U. S. 649 (1984).
[40]　496 U. S. 582 (1990).
[41]　384 U. S. 436 (1966).

爱德华兹（*Edwards*）规则和重申已放弃的获得律师帮助的权利。最初放弃律师帮助的嫌疑人当然可以改变主意。如果嫌疑人在允许的审讯中"以任何方式"表示现在希望得到律师的协助，审讯必须停止，直到律师在场。

在 *Edwards v. Arizona* 案件[42]中，最高法院判定，如果嫌疑人明确援引获得律师帮助的权利，在律师在场之前，警察不能进一步接触，即使这种接触不包括劝说他放弃获得律师帮助的权利，而只是询问他是否还是不愿这样做。根据 *Edwards* 案件，警方发起的关于可能的自认的查问或者询问是被禁止的，直到律师在场。*Arizona v. Roberson* 案件[43]清楚地表明，即使重新接触涉及的罪行与当嫌疑人援引其获得律师帮助权时实际或者可能讨论的罪行不同，也不允许。警察急于获得嫌疑人弃权将导致非自愿性弃权的不可接受的风险，并没有因为重新接触针对的是不同的罪行而被消除。

Davis v. United States 案件[44]判定，在嫌疑人最初放弃获得律师帮助的权利后，只能用清晰、毫不含混的获得律师帮助的请求来触发 *Edwards* 规则。根据 *Davis* 案件，只有在理性的警察听到嫌疑人的话时，考虑到有关情况，将它们理解为请求律师的帮助时，嫌疑人的话才是足够清晰的。对律师的含混或者模棱两可的提及，理性的警察最多会将其解释为表明嫌疑人可能在援引获得律师帮助的权利——就像 *Davis* 案件中的说法那样，"也许我应该和律师谈谈"，在法律上没有意义。*Davis* 案件强调有必要用清晰的界限来引导警察，它驳斥了这样一种观点，即不明确或者模棱两可地提及律师，尽管没有触发 *Edwards* 规则，但是完全禁止重新接触嫌疑人，应要求警察限制对嫌疑人的进一步查问，以查明嫌疑人是否确实希望援引其获得律师帮助的权利。

嫌疑人请求获得律师帮助的权利可能会受到充分的限制，即继续进行某种形式的审讯没有违反 *Edwards* 案件。例如，在 *Connecticut v. Barrett* 案件[45]中，Barrett 向警察们明确表示，在他的律师在场之前，他不会给出书面陈述，但是他就与警察们口头谈论这一事件"没有问题"。最高法院判定，这是仅就旨在取得书面陈述的审讯援引了 Barrett 获得律师帮助的权利。因此，*Edwards* 案件并没有禁止合理地旨在仅引出口头陈述的进一步的审讯。

Edwards 案件只禁止警察重新接触。如果嫌疑人在没有被重新接触的情况下采取行动，表明嫌疑人自己希望就调查进行进一步的广泛讨论，那么 *Ed-*

[42] 451 U. S. 477 (1981).
[43] 486 U. S. 675 (1988).
[44] 512 U. S. 452 (1994).
[45] 479 U. S. 523 (1987).

wards 案件对进一步审讯的禁止就消失了。在 *Oregon v. Bradshaw* 案件[46]中，简单多数意见表明，嫌疑人的问题——"好吧，现在对我发生了什么事？"——是在他被从警察局转移到看守所时提出的，可以被警察合理地解释为证明嫌疑人希望就调查展开进一步讨论。尽管嫌疑人先前援引了他的获得律师帮助的权利，但是警方再次就他的权利对他进行了可接受的警告，并在他放弃获得律师帮助权利时，对他进行了审讯。

如果情况发生重大变化，*Edwards* 案件对重新接触嫌疑人的禁止可能会终止。根据 *Maryland v. Shatzer* 案件[47]，如果嫌疑人被释放，至少自由了 14 天，然后再次被逮捕，就会发生这种情况。这段自由期消除了最初羁押的胁迫影响，因此不再需要 *Edwards* 案件禁止重新接触所提供的特殊保护。

援引沉默权。*Edwards* 案件对重新接触嫌疑人的禁止，不适用于援引沉默权但是没有援引米兰达规则获得律师帮助权的嫌疑人。例如，嫌疑人声称："我没什么好说的"。根据 *Michigan v. Mosley* 案件[48]，他没有受到本身或者全面禁止重新接触的保护。审讯必须暂时停止，但是警察随后可以重新接触嫌疑人。如果在重新接触之后，嫌疑人放弃了他的权利，这种情况可能需要异常有效的证据证明该弃权是自愿性的。[49]

根据 *Berghuis v. Thompkins* 案件[50]，*Davis* 案件的要求，即对米兰达权利的援引必须明确无误、毫不含糊，既适用于援引保持沉默的权利，也适用于获得律师帮助的权利。

如果事实上有律师在场，*Miranda* 案件本身提出，"可能在某些情况下允许进一步询问"，尽管嫌疑人表示他希望保持沉默。当然，不顾异议进行审讯，这一事实将倾向于表明最终作出的任何自认都是非自愿的，因此是不可采的。

与援引米兰达权利相比的弃权。*Miranda* 案件本身提出，除非并直到嫌疑人受到警告，并且（a）有律师在场或者有效地放弃了获得律师帮助的权利；以及（b）有效地放弃了保持沉默的权利，否则不得进行羁押性审讯。弃权可以是默示的，而不是明示的。明确和毫不含糊地主张权利的要求，是否仅在最初放弃了这些权利之后，在审讯期间嫌疑人试图撤销这些弃权时适用？

Thompkins 案件考虑到了这一点，该案件解决的是检控方是否证明了所

309

---

46 462 U. S. 1039 (1983).
47 559 U. S. 98 (2010).
48 423 U. S. 96 (1975).
49 下文第 153 节。
50 560 U. S. 370 (2010).

要求的最初对沉默权的放弃。法院承认，*Miranda* 案件本身提出，即使是默示放弃，也必须在某种意义上是“具体作出的”，但是它补充说，法院已从这一立场上后退了。此外，“法律可以假定，一个人在充分了解其权利的情况下，以与其行使权利不符的方式行事，是故意选择放弃这些权利所能提供的保护”。因此：

> 如果检控方证明进行了米兰达警告，并且被告理解了这一点，则被告的未经胁迫证明默示放弃了保持沉默的权利。

Thompkins 案件只涉及沉默权，而不涉及获得律师帮助的权利。法院的大部分语言都是宽泛和笼统的，法院的理由似乎也适用于获得律师帮助的权利。

根据 *Thompkins* 案件，如果警察已经警告嫌疑人并为认定嫌疑人理解获得律师帮助的权利和在某种程度上避免审讯的权利奠定了基础，也不必对诸如“你愿意和我们谈谈吗?”这样的问题引出肯定性回答，相反，他们可以直接开始审讯。

这近乎这样的要求，即嫌疑人在就米兰达权利受到警告后，如果希望依赖米兰达权利，则首先要援引它们，并且要按照 *Davis* 案件的要求清晰地援引。

当然，州法院在制定州法律时不必遵循 *Thompkins* 案件。马萨诸塞州最高法院驳回了 *Thompkins* 案件的方法，认为该方法不恰当地将证明被告没有
310 有效放弃审讯权利的负担推给了作出非胁迫性自认的被告。[51]

先行主张权利。在任何审讯时，嫌疑人能否通过先行主张希望律师在场，来阻止警察接触嫌疑人？在 *Montejo v. Louisiana* 案件[52]中，法院强烈建议不能这样做。

Montejo 案件认为，法院不必纠结于被告在预备性法院出庭时的陈述是否构成在审讯时援引 *Miranda* 案件获得律师的权利，因为米兰达权利不能以这种方式援引。“重要的是”，法院解释道，“当为审讯而接触被告时会发生什么，以及（如果他同意）在审讯过程中会发生什么，而不是在任何预备性听证中发生了什么”。

如果在出庭期间不能先行主张米兰达权利，那么在进行审讯的执法羁押期间当然也不能先行援引这些权利。

[51] Commonwealth v. Clarke，960 N. E. 2d 306，320 n. 12（Mass. 2012）.

[52] 556 U. S. 778（2009）.

第153节 自我归罪（米兰达）要求：（d）弃权的有效性；自愿性和明智性

在 *Miranda v. Arizona* 案件[53]中，宪法第五修正案被解释为，就自我归罪性的陈述的采纳，要求检控方证明，该陈述本身是对保持沉默权利的有效放弃，并且在审讯之前和审讯期间，该人放弃了获得律师协助的权利，除非有律师在场。为了有效，弃权必须是"自愿的"和"明智的"。

在羁押性审讯期间放弃反对被迫自我归罪权利的要求是"明智的"，这一要求与这种放弃是"自愿的"的要求是不同的。按照最好的界定，弃权的明智性要求，解决的是嫌疑人在作出有效决定时必须知道的信息。另一方面，弃权的"自愿性"，要求就嫌疑人的决定未受到不可接受的影响。

基本问题是，确定这种弃权有效性的标准是否比正当程序规定的自愿性要求所适用的标准更为严格。羁押性审讯的事实表明，与正当程序的自愿性相比，羁押性审讯的标准更为严格，因为与只适用更一般的正当程序标准的情况相比，羁押性审讯使嫌疑人的利益面临更大的风险。相应地，适当的保护最好通过就确定嫌疑人作出的这一决定的可接受性设定更为严格的要求来赋予：向检控方提供证据，或者在没有律师保护的情况下接受他们的询问。

另一方面，被反对被迫自我归罪特免权保护的嫌疑人，像 *Miranda* 案件所解释的那样，将受到警告，在他们放弃获得律师的权利之前，他们将受到免于审讯的保护。也许反对被迫自我归罪的法律的这些方面，为防止羁押性审讯造成的增加的威胁，提供了足够的保护。因此，关于自愿性的更严格标准可能是不必要的。此外，鉴于在这方面很难阐明有用的标准，法院可能无法有意义地区分两种标准，一种适用于羁押性审讯情形，另一种适用于其他情形。

311

事实上，最高法院已经明确表示，米兰达豁免法中的自愿性与正当程序标准中的自愿性大体相同。该院在 *Colorado v. Connelly* 案件[54]中评论说："与宪法第十四修正案自白情境相比，显然没有理由对米兰达弃权情境的自愿性调查要求更多。"法院没有注意到关于存在这些理由的观点，没有引述典据，也没有提供讨论。

自愿性。*Connelly* 案件明确判定，放弃米兰达权利，如同根据正当程序自愿性作出自白的决定，不必构成嫌疑人行使"自由意志"或者"自由选

---

[53] 384 U. S. 436 (1966).
[54] 479 U. S. 157 (1986).

择"。米兰达弃权所要求的"自愿性"只有在事实表明官方有强迫或者弄巧欺人行为，因此从该术语更普通的意义上来说这一决定并非自愿时，才会受到质疑。

如果在嫌疑人于早些时候援引保持沉默的权利之后，警察又接触了他，那么检控方证明米兰达自愿性的负担尤其沉重。根据 *Michigan v. Mosley* 案件[55]，"这样获得的任何陈述的可采性，取决于弃权的有效性，而弃权的有效性又取决于［嫌疑人］中断询问的权利是否得到了'小心翼翼的尊重'"。什么构成对这项权利的充分尊重，尚不完全清楚。

一般来说，检控方可以通过从进行审讯的警察那里引出，嫌疑人没有受到威胁或任何许诺，并且似乎是自由地决定放弃获得律师帮助的权利并作出了归罪性陈述，来卸下证明负担，至少是对自愿性进行了初像证明。当然，如果辩护方提出的证据表明警察有弄巧欺人行为，以及这种弄巧欺人对嫌疑人有重大影响，检控方很可能必须以更详细和更有说服力的证据作出回应，以卸下其说服负担。

明智性。*Miranda* 案件使用的弃权标准，即明智性，仅涉及对基本、抽象的宪法第五修正案权利的理解，就此必须告知嫌疑人：在羁押性审讯期间，在法律上有权保持沉默；所说的任何话都可以作为定罪的证据；她有权咨询律师，并在羁押性审讯时有律师在场；如果她决定与执法人员谈话，她有权在她希望的任何时候停止这种讨论。她不必知道与行使这些选择权的明智性有关的事实或者法律事项。事实上，对任何或者所有这些问题的无知，与弃权的效力完全无关。

312　　因此，如果被告先前作出了一项事实上不可采来反对她的归罪性陈述，不需要理解该陈述的不可采性，以便有效地放弃她的权利，并再次承认这些同样的事实。法院强烈暗示，如果被告承认参与了抢劫，但是她不知道在这种情况下，同伴实施的杀人行为造成了重罪谋杀责任，那么尽管她不知道自认的法律效力，但是她的弃权是明智的。[56] 嫌疑人放弃获得律师帮助的权利，并不因为不知道警察打算询问的主题而无效，如果她放弃了律师的帮助的话。在 *Moran v. Burbine* 案件[57]中，法院判定，嫌疑人放弃获得律师帮助的权利，并不因为他不知道有特定的律师准备就绪并愿意在审讯期间在他希望获得代理时代理

[55]　423 U. S. 96 (1975).

[56]　California v. Beheler, 463 U. S. 1121 (1983) (per curiam).

[57]　475 U. S. 412 (1986).

他，而是不明智的。

　　Connelly 案件判定，米兰达弃权只能因官方胁迫而非自愿，据此，官方胁迫是否也是考虑米兰达弃权不够明智或者不知情的可能性的先决条件？*Connelly* 案件本身没有讨论这个问题。然而，*Connelly* 案件的一般性讨论表明，必须有警察的不端行为。如果仅通过初步证明官方胁迫就将弃权的"自愿性"置于争议中，那么类似的证明似乎也必然对该弃权的"明智性"提出质疑。因此，*Connelly* 案件显然意味着审判法院不需要考虑被告的这一主张，即由于精神疾病或者智力迟钝、酗酒或者抑郁，她未能真正理解这些警告，除非法院首先认定官方强迫发生并导致其未能形成所需理解。

　　法院的立场是，米兰达权利的明智放弃，最多只要求对米兰达警告所涵盖的法律事项有一个抽象的理解，这服务于几个目的。首先，它避免了确定和阐明需要哪些更广泛的信息这一困难任务。其次，它消除了有时对于检控方而言是不可能完成的任务。在某些情况下，警察根本无法向嫌疑人提供有关犯罪、其对犯罪的调查或者嫌疑人的法律地位的充分信息，来使任何弃权有效。这样，他们将被禁止对嫌疑人进行有成效的审讯。对米兰达要求的这种解释，即如此限制警察，可以合理地被视为过分关心反对被迫自我归罪特免权所适当保护的那些嫌疑人的利益。

　　另一方面，这一立场可以说使 *Miranda* 案件无法有效确保嫌疑人的自白决定是通常意义上的"有意义的"决定。在许多情况下，对于大多数人来说，在决定是否援引获得代理的权利或者获得律师帮助的权利（或者二者）时，对抽象法的认识只是一个相对次要的考虑因素。

　　然而，确保嫌疑人的选择在这样一种宽泛、策略性的含义上是有意义的，最可能超出了米兰达要求的目的。羁押性审讯给嫌疑人的特免权带来的特殊风险，证明了米兰达要求的正当性，这种风险可能完全来自对嫌疑人意志的潜在不当影响。羁押性审讯可能不会对嫌疑人获取事实信息或者明智地理解或者使用这些事实信息的能力构成类似的严重风险。由于设定米兰达要求的原因顶多与嫌疑人作出明智和合理决定的能力间接相关，因此适当制定弃权标准，以便要求对有助于作出"明智"决定的事实有相对最低限度的理解。

313

　　当然，各州仍然可以自由地对州宪法要求作出不同的解释，有些州已经这样做了。例如，几个州已经判定，警察未能允许律师与正在受到审讯的委托人进行磋商，将使委托人的弃权无效。

第154节　一般获得律师帮助的权利要求

Miranda v. Arizona 案件(58)和类似的州反对被迫自我归罪判例承认，在羁押性执法审讯期间基于反对被迫自我归罪特免权的获得律师帮助的权利。获得律师帮助的一般性宪法权利，如宪法第六修正案权利，侧重于审判中的代理，但是也适用于嫌疑人可能会作出自我归罪性自认的某些审前情形。由于侵犯这些获得律师帮助的权利会受到排除性制裁，如果不遵守这些规定，将允许对自白的可采性提出质疑。这带来了两个主要问题：第一，在什么情况下进行自白的嫌疑人受到这些获得律师帮助的一般权利的保护；第二，这些规定为嫌疑人提供了什么保护？

宪法第六修正案获得律师帮助的权利。宪法第六修正案适用于反对嫌疑人的对抗性司法程序已经开始，并且警察试图有意从嫌疑人那里引出自我归罪性的自认的情况。“有意引出自认”，即使与米兰达判例法中定义的“审讯”有所不同，差别也可能很微小。

对抗性司法程序何时开始并不完全清楚。被警察扣留甚至正式逮捕是不够的。另一方面，正式的指控，如提起公诉，显然已经足够了。然而，并不要求有正式指控。在 *Michigan v. Jackson* 案件(59)中，法院判定，“聆讯”确实触发了宪法第六修正案权利，因为“聆讯”显然意味着一名被捕人员在被捕后在司法人员面前出庭。在大多数情况下，这种逮捕后的出庭将是具有决定性的一点。(60)

一般来说，宪法第六修正案权利并不禁止寻求说服嫌疑人提供自我归罪性陈述的警察在没有律师的情况下接触嫌疑人。有权获得宪法第六修正案保护的嫌疑人显然至少有权得到米兰达规则所要求的同样的告诫，尽管通常不会更多。法院保留了这样一种可能性，即放弃宪法第六修正案的获得律师帮助的权利，可能要求告知被告，或者嫌疑人从某种来源知道，这件事已从一般警察调查进展到了对抗性司法程序。

314 宪法第六修正案体现了爱德华兹规则的一个版本。(61) 在执法审讯情境下，

(58) 384 U. S. 436（1966）.

(59) 475 U. S. 625（1986）［被 Montejo v. Louisiana，556 U. S. 778（2009）案件以其他理由推翻］。

(60) 宪法第六修正案是由提出初步控告和被告就该初步控告在地方法官面前出庭所触发的。Rothgery v. Gillespie County，Tex.，554 U. S. 191（2008）.

(61) 参见上文第152节。

如果嫌疑人援引宪法第六修正案获得律师帮助的权利，则警察不得再次与他接触。但是，宪法第六修正案获得律师帮助的权利，与获得代理的米兰达权利不同，是针对"特定犯罪的"。因此，如果嫌疑人通过请求律师而援引了宪法第六修正案版本的爱德华兹规则，那么警察可以就其他犯罪接触他，如果就这些罪行的情况还没有取得充分的进展，还没有使他就该其他犯罪得以行使宪法第六修正案的获得律师帮助的权利的话。

与宪法第五修正案一样，在询问期间获得律师帮助的宪法第六修正案权利也可以放弃。当然，放弃宪法第六修正案权利必须是自愿和明智的。最高法院驳回了这样的观点，即"由于可能涉及宪法第六修正案权利，因此与宪法第五修正案权利相比，更难放弃"的论点。[62] 因此一般而言，放弃宪法第六修正案获得律师帮助的权利，像有效地放弃米兰达权利一样。

宪法第六修正案的保护不同于——且超过了——宪法第五修正案的米兰达保护，这主要体现在三个方面。第一，如果便衣警察或者在执法人员的指示下行事的私人公民于没有透露目的的情况下从事从嫌疑人那里引出自我归罪性自认的活动，有宪法第六修正案权利的嫌疑人有权依照宪法第六修正案获得律师帮助；米兰达规则不适用于向嫌疑人隐瞒审讯者的官方身份的情况。

第二，与米兰达权利不同的是，宪法第六修正案获得律师帮助的权利并不要求嫌疑人处于"羁押"状态。因此，在嫌疑人被起诉并获得保释之后，警察试图从其那里引出自我归罪性自认的，嫌疑人受宪法第六修正案获得律师帮助权的保护。

第三，如果嫌疑人事实上得到了律师的代理，并且有宪法第六修正案权利，那么与宪法第五修正案和米兰达规则相比，宪法第六修正案就被告与律师的关系提供了更为严格的保护。在 *Moran v. Burbine* 案件[63]中，最高法院指出，警察干扰辩护律师与正在接受羁押性审讯的当事人的联系，尽管直到后来才被委托人发现，但是会使委托人对其获得律师帮助的权利的放弃无效。警察如果不告知该委托人辩护律师在试图联系该委托人，显然也会产生同样的效果。

尽管 *Burbine* 案件强调现行的律师—委托人关系，宪法第六修正案并不意味着仅仅因为那些嫌疑人得到了代理，而禁止执法人员接触嫌疑人。[64]

---

[62]　Patterson v. Illinois，487 U. S. 285，297 - 98（1988）．

[63]　475 U. S. 412（1986）．

[64]　Montejo v. Louisiana，556 U. S. 778，797（2009）（overruling Michigan v. Jackson，475 U. S. 625（1986））．

州宪法规定的获得律师帮助的权利。州法院试图对执法询问施加更大的限制，尽管其州宪法倾向于依赖宪法明确规定的获得律师帮助的权利，而不是源自宪法规定的反对被迫自我归罪特免权的权利。即使如此适用州权利，要求将它们解释为与类似的宪法第六修正案权利相比，要更早地适用于刑事程序，情况也是如此。

州法院愿意如此适用州宪法权利，在下列情况下最为常见，即警察干扰律师接触正在受到审讯的嫌疑人，和/或没有告知该嫌疑人随时可以获得律师的帮助。纽约州法院大力发展了该州的获得律师帮助权，并判定在某些情况下，嫌疑人在询问期间获得律师帮助的权利是"不可消除的"，这意味着只有在律师在场的情况下才能有效地放弃这一权利。新泽西州法院将该州的获得律师帮助权适用于从提起控告（或者签发逮捕令）到起诉的期间。在此期间，公诉人或者警察可以进行与被告的谈话，但是他们必须告知被告已提起控告或者发出逮捕令。

第155节 特殊问题：对嫌疑人的承诺和欺骗

承诺和欺骗，这两种情况至少与被告的自白决定的有效性有关，都带来了特殊的难题。在有关问题是被告放弃宪法规定的保持沉默的权利或者获得律师帮助来保护沉默权的权利的有效性，还是被告陈述的更一般的自愿性之间，法院常常没有进行区分。

承诺。早期的自愿性法律特别强调，在刑事检控中"承诺"某些利益，是导致自白不可采的影响之一。现代的自愿性标准、反对被迫自我归罪的要求和获得律师帮助的权利的要求，至少纳入了一些早期的"承诺法"。

19世纪初，在积极适用自愿性要求的过程中，今天被大多数法院视为无害的、对可能的利益的提及，被认为本身就污染了随后的自白。*Bram v. United States* 案件[65]可以说是将这种做法纳入了联邦正当程序自愿性，理由显然是嫌疑人对这种诱因特别敏感，而特定承诺对特定被告的影响"太难评估"。

但是在 *Arizona v. Fulminante* 案件[66]中，最高法院指出，这一早期的措辞暗示的是一个僵硬的规则，即承诺使自白具有了非自愿性，但是并没有说明确

---

[65] 168 U. S. 532 (1897).

[66] 499 U. S. 279 (1991).

定当前自白的联邦宪法自愿性的标准。相反，法院核准了一种方法，根据该方法，联邦宪法所要求的不过是法院在确定被告自白的自愿性时，要将承诺视为全部情况的一部分。

一些州法院不愿意放弃传统法律对承诺的特别关切。然而，它们往往不清楚，它们是要将州宪法或者证据法的要求界定得比联邦宪法的要求更高，还是要在适用联邦宪法时，将赋予 *Fulminante* 案件的意义降到最低。

人们越来越愿意将"承诺"狭义地、也许是人为地界定为仅限于表面上宣　　316
称在嫌疑人自白的情况下能够保证某种利益的东西，从而缓和理论上对承诺的任何仍然存在的强调。通常被定性为对说实话的劝诫，自白将导致更为宽大处理的预测，甚至作为对自白的回报，警察将"尽其所能"或者"事情将变得更容易"的表示，都被判定不构成赋予承诺具体效力的规则含义内的承诺。一家法院的评论可能是准确的："明示承诺"本身可以导致自白不可采，但是关于"暗示承诺"的证据只是自愿性分析整个情况中的一个因素。

即使发现了被禁止的承诺，证据也可能不能令人满意地证明嫌疑人在决定自白时依赖于该承诺。如果被告首先提出了当局后来承诺的利益的可能性，那么该承诺就不太可能使被告的决定在法律上无效。这显然是因为，被告的主动性表明，承诺的影响并没有损害被告的决策，其方式或者程度并不必然使自白成为非自愿性的。

人们普遍认为，承诺完全免于起诉或者同等处理以换取自白，将导致自白的非自愿性。承诺不对承认的行为所犯的最严重罪行提出指控，也可能有同样效果。此外，对自白加以保密的承诺，也被判定同样导致自白不可采。

有些方法强调的是不准确的风险。一些制定法和判例规定，如果自白是为回应可能刺激无辜嫌疑人作出虚假自白的承诺而作出的，那么该自白是不可采的。这是否符合联邦正当程序自愿性法律的立场，即某一自白的准确性与其自愿性[57]无关，是值得怀疑的。

有几家法院提出，尽管警察可能会告知嫌疑人合作可能会使嫌疑人受益，但是他们可能不会告诉嫌疑人，缺乏合作——以及未能自白——可能会导致更严厉的处理。"前者可能有助于决定的明智性"。但是后者没有合法目的，"可能只是为了胁迫"。因此，某个自白是不可采的，因为审讯者告诉被告，如果他不配合，他们会要求让他"坐很长时间的牢"，会让他"非常不舒服"，他们会提出"他不配合的建议"。

---

[57]　参见上文第 149 节。

尽管关于承诺的法律在明显放宽，但是一些上诉法院支持了被定罪的被告的这一主张，即承诺宽大处理，也许再加上其他因素，使得自白不可采。一家法院将这种情况定性为涉及"虚假"承诺，因为承诺的宽大处理没有实现，它解释说：

> 我们对待虚假承诺不同于其他一些具有欺骗性的警察策略（例如哄骗和口是心非）的原因是，虚假承诺具有独特的可能性，可以使人决定不合理地说话，从而导致自白不可靠。如果警察的行为影响到一个理性的、无辜的人认为虚假自白比诚实更有益，这必然是强迫性的，因为它在审讯过程中重新调整了嫌疑人的动机。"一个空洞的检控承诺可能会扭曲被审讯者被要求选择的选项，从而使嫌疑人不能作出理性选择"。强迫性审讯的最终结果是不可靠的。⑱

法院在考虑被告的非自愿性主张时的任务，是"审查［被告］是否因进行审讯［的警察］所作的承诺而不能作出理性决定"。

欺骗。当然，如果警察欺骗被告的证据令人信服地表明，根据适用的法律标准，被告缺乏使其自白可采所必需的某些信息，则证据必然要证明没有达到这一法律标准。然而，从被告的意识角度看，法律标准显然要求很低，因此，就对欺骗的证明而言，这种方法意义不大。

警察谎称刑法没有涵盖被告被要求承认的事项，很可能使自白不可采。如果进行自白的被告不需要知道法律将他们供认的行为定为犯罪，显然警察们被禁止谎称刑法没有涵盖该行为。或许这样的不实陈述是，或者类似于不起诉的承诺。

法院有时似乎乐于接受这样的观点，即欺骗除了证明被告没有作出可采的自白所需要的意识，还应具有某种意义。一些法院将可能的规则说成是禁止违反公平或者正当程序概念的欺骗。然而，在如何贯彻这一点上尚未达成共识。

法律的不确定状态几乎肯定是关于这些问题的不确定性的结果：为什么对嫌疑人的执法欺骗可能是不适当的，如果根本不适当的话，又有多不适当。它不可取是因为它可能或者确实导致了不准确的自白，因此仅在这种情况下不可取？还是公职人员撒谎并利用这些谎言仅仅是"错误的"——也许在某种意义上是不道德的？即使这样的行为是错误的，但是不能将自白用于在证明严重犯

⑱ United States v. Villalpando, 588 F. 3d 1124, 1128 - 29（7th Cir. 2009）（quoting United States v. Montgomery, 555 F. 3d 623, 629（7th Cir. 2009）, quoting Sprosty v. Buehler, 79 F. 3d 635, 646（7th Cir. 1996））.

罪行为，这种谴责是不是太不适当了？

从现有的最低限度的判例法来看，普通法的自愿性似乎认为关于欺诈的证据在很大程度上甚至与可采性完全无关。最高法院根据宪法第十四修正案在 *Frazier v. Cupp* 案件[69]中讨论了正当程序自愿性的问题。警察们不实地告诉 Frazier，一名同伴（Rawls）已被拘留并供认不讳。最高法院几乎是随意地拒绝了对后来自白的攻击，没有提供任何典据、讨论或者理由，仅仅是说，"警察就 Rawls 的自白作了不实陈述，这一事实虽然相关，但是在我们看来，不足以使这一自愿性的自白不可采。"

在 *Miranda v. Arizona* 案件[70]中，法院再次没有实质性的讨论，也没有援引典据，评论道："说明被告……受骗放弃［米兰达权利］的任何证据，当然，将表明被告并没有自愿放弃他的特免权。"虽然 *Frazier* 案件是在米兰达案件之后判决的，但是审理 *Frazier* 案件的法院令人惊讶地没有提到 *Miranda* 案件附带意见的含义和 *Frazier* 案件的分析之间明显的紧张关系。在随后的几起带来米兰达问题的案件中，法院未能回应或者讨论被告的这一主张，即他们的米兰达弃权因警察的欺骗而无效。在 *Colorado v. Spring* 案件[71]中，法院承认并且没有排除这样的可能性，即警察的肯定性不实陈述可能对米兰达弃权的有效性具有重大意义，超出了其与弃权的明智性的逻辑相关性。

下级法院一般认为，欺骗本身并不一定足以使本来可采的自白不可采，但是在确定是否证明了必要的自愿性时，欺骗是一个考虑因素。至于在什么情况下，欺骗足以使天平倾斜而有利于证明非自愿性，还不清楚。很清楚的是，它不会轻易或者经常被发现。

一家法院评论说，"只要［自白］的决定是嫌疑人权衡相互竞争的利益的结果"[72]，欺骗就不会仅仅因为它影响了嫌疑人的自白决定，而产生这种效果。也许至少在一定程度上必须进行这样的调查，即欺骗和其他情况对被告的情感或者推理的影响，是否使嫌疑人在不利于自白的明智性和支持该行动的各种因素之间，难以作出最小限度的充分权衡。然而，调查可能需要超出这一范围。

一些法院已转向将导致不可靠的欺骗的风险作为控制因素，或者至少作为

[69]　394 U. S. 731 (1969).

[70]　384 U. S. 436 (1966).

[71]　384 U. S. 436 (1966).

[72]　State v. Register，476 S. E. 2d 153，158.（S. C. 1996）.

控制因素之一。因此，"由欺骗或者诡计引出的自白……不是不可采，除非所使用的方法是为了产生不真实的自白，或者是违反了正当程序"[73]。内布拉斯加州法院关注的不是用于产生不准确自白的欺骗的一般趋势，而是根据具体案件事实，所使用的特定欺骗手段是否"产生了虚假或者不可信的自白"[74]。这里提到准确性所带来的问题，与将其用来探讨承诺的意义时带来的问题是一样的。

上诉法院指出，如果欺骗行为"摧毁了〔嫌疑人〕作出理性选择所需要的信息"，那么欺骗行为将使陈述是非自愿性的，这至少在一定程度上是因为它使自白变得不可靠。[75] 采用这种方法，法院判定，通过暴力摇晃杀害婴儿的自白不可采，因为警察向被告（被告承认轻轻地摇晃了婴儿）不实陈述说，医疗报告排除了导致儿童死亡的所有其他可能原因。法院解释说：

> 在本案中，虚假陈述确实破坏了理性选择所需的信息。由于不是医学专家，Aleman 无法反驳向他所述的已定的医学意见。他摇晃了 Joshua，虽然是轻轻地；但是如果医学意见排除了导致孩子死亡的任何其他可能原因，那么，即使摇动很轻，而且是出于无辜的目的，那这也一定是致死的原因。鉴于他对医学的无知，Aleman 没有合理的根据来否认他的行为一定是致死原因。
>
> ⋯⋯⋯⋯⋯⋯
>
> 可能引出真实自白的诡计，同样可能引出虚假自白，这导致自白因不可靠而不可采，即使自白的自愿性得到了承认。如果一个问题只有两个答案——A 和 B——而你告诉被告答案不是 A，而且他没有理由怀疑你，那么按照逻辑，他就被迫"自白"说答案是 B。这就是警察为 Aleman 设下的"吉冈罗钳"。他们告诉他，Joshua 受伤的唯一可能原因是他在倒下前被摇晃过；由于不是婴儿摇晃综合征的专家，Aleman 不能否认警察关于医学意见的不实陈述。因为他是在 Joshua 倒下前唯一一个摇晃过 Joshua 的人，所以在逻辑上他必然要对孩子的死负责。证明终了。一个如此诱导出的自白作为证据毫无价值。

有些法院区分了关于"内在事实"——与犯罪嫌疑人自白有罪的犯罪有关

319

---

[73]　Rodriquez v. State, 934 S. W. 2d 881, 890 – 91 (Tex. App. 1996).

[74]　State v. Nissen, 560 N. W. 2d 157, 170 (Neb. 1997) (per curiam).

[75]　Aleman v. Village of Hanover Park, 662 F. 3d 897, 906 – 07 (7th Cir. 2011), cert, denied, 133 S. Ct. 26 (2012) (quoting United States v. Rutledge, 900 F. 2d 1127, 1129 – 30 (7th Cir. 1990)).

的事实——的欺骗和关于"外部事实"——关于其他事项的事实——的不实陈述。就外部事实欺骗嫌疑人，会造成特别高的风险。首先，通过扭曲自白还是保持沉默的理性选择，控制了嫌疑人的意志；其次，自白将是不可靠的。与关于内部事实的不实陈述相比，关于外部事实的不实陈述通常被视为在证明非自愿性方面，应当更有证明力。

第 156 节　延迟将被捕人员递解至治安法官

实际上每个州的制定法和法院规则以及《联邦刑事程序规则》之规则 5（a），都要求迅速将被捕人员带到司法官员面前，根据《联邦刑事程序规则》，这称为"初次聆讯"。就违反有关要求对在迟延期间获得的自白的可采性产生的适当影响，争议仍在继续。最高法院对所谓 *McNabb-Mallory* 规则的发展和国会对它的修改，已经成为分析的基础。

自白是否因不合理的呈堂迟延而被排除在外，必须与一个密切相关的问题区别开来。作为宪法第四修正案的法律问题，对无证逮捕的嫌疑人，必须由法官判定是否有可能成立的理由，这通常是在最初拘留后的 48 小时内。这一判定不必于被告在治安法官面前呈堂时作出，尽管作为当地惯例，通常是在那时作出的。[76] 48 小时期满后在拘留期间获得的自白必须排除在外吗？这是宪法第四修正案排除救济法的一个问题，而最高法院对这个问题一直没有回答。[77]

320

延迟呈堂提出了两个不同的问题，有时法院并没有将这两个问题分开。首先是特定的拖延是否不适当，特别是如果这种拖延是为了于嫌疑人在治安法官前呈堂并对其进行司法警告、指定律师或者保释出狱之前对其进行询问的话。第二个是，延迟的影响——被确定为对在不当延迟期间作出的自白的可采性有不当影响。

McNabb-Mallory 规则。在 *McNabb v. United States* 案件[78]中，最高法院判定，在联邦官员未能遵守现在的《联邦刑事程序规则》5（a）的要求——"毫不迟延地"在治安法官面前呈堂——期间，从被告那里取得的陈述，在被告随后的联邦刑事审判中不可采。法院明确表示，这一判定不涉及宪法维度，而是在行使法院的监督权。法院对规则 5（a）要求的实质内容的解释，增加

---

[76]　County of Riverside v. McLaughlin, 500 U. S. 44 (1991); Gerstein v. Pugh, 420 U. S. 103 (1975).

[77]　Powell v. Nevada, 511 U. S. 79, 84 n. * (1994).

[78]　318 U. S. 332 (1943).

了这一排除性要求的影响。在 *Mallory v. United States* 案件[79]中，法院判定，如果警察为了对被告进行审讯而拖延向治安法官递解被告，该拖延是规则5（a）含义内的"不必要的"。

因此，所谓的 *McNabb-Mallory* 规则，部分是一项实体性规则，即根据规则5（a），任何为审讯目的而导致的呈堂拖延都是不必要的，部分是一项补救性规则，即在就规则5（a）目的来说不必要的拖延期间获得的自白，因该原因自动不可采。法院是否事实上拥有足够的监督权，以支持其发展这种排除性制裁，受到了质疑。最高法院从未提出联邦宪法要求 *McNabb-Mallory* 规则或者任何类似的预防性规则。相反，法院认为，拖延仅仅是对自白自愿性和可能是对放弃宪法第五和宪法第六修正案权利的有效性进行宪法分析时考虑的一个因素。无论如何，违反州迅速呈堂要求并不构成自动违反任何联邦宪法要求，一般而言，只涉及自白的自愿性。

国会对 *McNabb-Mallory* 规则的修改或者抛弃。1968年，国会针对 *McNabb-Mallory* 规则，制定了美国法典第18编第3501条。3501（c）规定，在联邦刑事检控中，被逮捕人在逮捕或者拘留后6小时内作出的自愿自白，"不应仅仅因为将该人迟延递解至治安法官而不可采"。根据3501（a），自白"如果是自愿作出的，在联邦起诉中应当可采"。3501（b）具体规定说，在判定自愿性时，要考虑的因素之一是"逮捕和聆讯之间的时间"。

321

根据第3501条，在逮捕后6小时内所作的自白不能仅仅因为延迟递解被告而被排除在联邦检控之外，只有在判定自白是非自愿的情况下才不可采。在最高法院处理的 *Corley v. United States* 案件[80]中，自白是在不当拖延超过制定法规定的6小时"安全港"期间作出的。*Corley* 案件判定，3501（a）和（b）根本没有涉及 *McNabb-Mallory* 情形。3501（c）意味着，迟延呈堂本身并不是排除逮捕后6小时内所作自白的依据。但是，如果自白是在6小时期限届满后作出的，并且"根据 *McNabb-Mallory* 案件"，延迟呈堂是不合理或者不必要的，那么仅仅是延迟就要求加以排除。

在达成这一结果时，*Corley* 案件的多数意见强调，对该制定法作出其他解读，将使联邦迅速呈堂要求"没有任何牙齿"。这反过来又是特别重要的，因为该要求并非"只是一些行政上的细节"。相反，这是针对检控方通过延长秘密审讯来弄巧欺人之风险的重要保障措施。迅速呈堂要求"总是以非常实际

---

[79]　354 U. S. 449（1957）.

[80]　556 U. S. 303（2009）.

的方式发挥着重要作用，而且仍然是很重要的"。

州的立场。州法院和立法机关有着各种各样的做法。关于 *McNabb-Mal-lory* 规则非基于宪法因而对各州不具约束力的共识，保证了各州可以随意拒绝适用最高法院的方法。

一些州法院根据监督权，通过了州版本的 *McNabb-Mallory* 规则，要求排除因未能向司法官员递解被告而变得不适当的拖延期间获得的自白。堪萨斯州法院的方法提供了最大的灵活性，该法院判定，审判法院具有广泛的自由裁量权，就违反迅速呈堂权制定和适用补救措施，包括排除在不允许的迟延期间作出的陈述。[31]

排除的要求有时受到这样的限制，即被告要证明延误造成或者促成了被告的自白决定。根据蒙大拿州法院的方法，检控方可以通过证明有关证据与拖延没有合理的关系来避免排除。鉴于出于其他原因，必须证明遵守了 *Miranda v. Arizona* 案件[32]和其他要求，被告要根据这种方法成功排除证据，是一项困难并且也许是不可能完成的任务。

几个州的立法机关在不同程度上遵循了国会的思路。在一些司法辖区，州制定法遵循了联邦模式。其他州则以制定法作出了无保留的规定，即将被告迟延呈堂本身，并不会使在不当拖延期间获得的自白不可采。马里兰州法院为了使这一制定法规定与呈堂权相一致，得出结论认为，就任何故意和不必要地拖延州法所要求的向治安法官递解被告的行为，"在确定自白是否自愿时，必须赋予其很大的证明力"[33]。

大多数州法院将迟延呈堂视为在确定迟延期间所作决定的自愿性，以及判定被质疑的自白的可采性时应考虑的一个因素。考虑到自愿性分析的灵活性，可以就延迟是为了利用延迟来进行审讯的证明赋予证明力。不过，根据这种方法对可采性的成功质疑是不寻常的。

马萨诸塞州最高司法法院在 *Commonwealth v. Rosario* 案件[34]中实际上阐述，作为州法问题，有权接受或者拒绝 *McNabb-Mallory* 规则的州法院的基本问题是：迅速呈堂是否足够重要，以保护嫌疑人的反对被迫自我归罪的权利，从而支持执行该要求，即排除所有在不当延迟后作出的陈述？马萨诸塞州法院在很大程度上立足于联邦制定法，得出结论认为，米兰达规则和自愿性要求足

322

[31] 参见 State v. Crouch，641 P. 2d 394，398（Kan. 1982）.

[32] 384 U. S. 436（1966）.

[33] Williams v. State，825 A. 2d 107 & 1095（Md. 2003）.

[34] 661 N. E. 2d 71（Mass. 1996）.

以在逮捕后的简短讯问期间保护嫌疑人的反对被迫自我归罪的权利，因此，在逮捕后 6 小时内所作的本可采的陈述，不得以呈堂延误为由排除在外。为尽量减少界定合理延误的必要性，法院判定，延误超过 6 小时后获得的陈述应予排除，除非延误是由"不可归因于警察的原因，如自然灾害"引起的。

放弃迅速呈堂权。法院同意，如果检控方证明被告有效地放弃了迅速呈堂的权利，那么被告在司法辖区内排除至少部分基于迟延呈堂的自白的任何权利都将丧失。因此，他们无视马萨诸塞州首席大法官 Liacos 在 *Rosario* 案件中的警告。Liacos 认为，实行弃权，特别是在不适当的不呈堂之后作出的弃权，将"毫无疑问地重创［一般］规则"[85]。他还认为，无论如何，需要有意义和明确的呈堂要求，表明迅速呈堂的权利是不可放弃的。

施行弃权是否有合理的政策基础，在一定程度上取决于法院是否要求证明所提出的弃权反映的是有意义的选择。然而，对于哥伦比亚特区上诉法院在 *Brown v. United States* 案件[86]中所采取的立场，即放弃米兰达权利也必然是放弃迅速呈堂的权利，似乎没有任何可能的辩护理由。这种做法实际上并没有赋予迅速呈堂权以独立的意义。

第 157 节　自认的可靠性或者可信性要求

美国自白法的一个重要主题是，在确定自白的可采性方面，审判法官对自白的准确性、可靠性或者可信性的评估所起的作用很不明确。

联邦正当程序要求显然不关心不能归因于官方行为的不准确性。即使涉及官方行为，最高法院也要求关注不同于自白准确性的自愿性。[87] 如果牵涉 *Miranda v. Arizona* 案件[88]规定的被告享有的宪法第五修正案的权利，或者宪法第六修正案规定的获得律师帮助的权利，那么就不再强调可靠性。适用似乎是州法律规定的自愿性要求的州法院，有时会关注激发虚假自白的官方行为类型的趋势。一般而言，法律文献认为自白的可信性是由陪审团决定的。

当然，陪审团审判制度的真正问题是，陪审团是否不太可能识别出至少某些自白的不可信性，因此排除自白是适当的，以避免陪审团滥用自白。1986

---

⑧⑤　Rosario，661 N. E. 2d at 78（首席大法官 Liacos 持不同意见）.

⑧⑥　979 A. 2d 630（D. C. 2009）.

⑧⑦　参见上文第 149 节。

⑧⑧　384 U. S. 436（1966），discussed in § 150 supra. 判定在这些情形中被告决定的有效性的标准，可见于第 153 节。

年，最高法院不假思索地评论说，刑事被告庭外自认的可靠性"是由法院的证据法所调整的"[89]，因此暗示有解决这个问题的法律。事实上，这种法律很少存在。

正如 Richard Leo 所指出的那样[90]，这种法律最明显的来源是，审判法院据此排除证据的权力：证据的证明价值被其造成不当损害的危险所超过了。州法院偶尔会评论说，被告可以据此对自白提出质疑，并且在很罕见的情况下，已经根据这一办法对可采性进行了审查。

被告很少具体说明为什么特定的自白可能会造成陪审团滥用或者不当损害的风险。当然，陪审团仅仅可能认为庭外陈述对被告的案件具有破坏性，这一事实还不足以引发这种分析。被告必须指出为什么陪审团不可能识别出不可靠的迹象，从而适当地确定证明价值。

从实践来看，不管理论如何，似乎可能的是，下级法院经常将自愿性要求视为至少涉及可信性。同样可能的是，这种适用伴随着这样的态度：通常情况下，可信性是事实认定者决定的问题，而自愿性隐含的可信性只能通过证明强烈表明不可信的非常因素才能援用。

只要补强要求是一项可采性要求[91]，它就可能要求对可信性进行相当于可采性审查的调查。这显然是犹他州法院在 *State v. Mauchley* 案件[92]中就补强采用可信性方法的结果。*Mauchley* 案件还阐述了如何对可信性进行预备性调查：

> 在没有独立于自白的犯罪证据的情况下，检控方可以"用通常用于提衬庭外陈述的可信性和可靠性的其他证据来证明自白的可信性。"
>
> 在法律的其他领域，用于提衬庭外陈述的可信性和可靠性的因素包括：关于陈述的自发性的证据；没有用欺骗、诡计、威胁或者承诺来获得陈述；被告有着积极的身心状况，包括年龄、受教育程度以及经验；在陈述时有律师在场。我们的结论是，这些因素也适用于确定自白的可信性。
>
> 然而，我们强调，由于明显错误的陈述可能表明自白是虚假的，因此与自白有关的全部事实和情况必须与"其他已知或者证明的事实"相一致。例如，如果一名男子自发供述说他抚摸过一名儿童，但是证据表明，他从来没有与该儿童有身体上的接触，则他的自白很可能是不可信的，因

324

---

[89] Colorado v. Connelly，479 U. S. 157，167 (1986).

[90] Leo, Miranda and the Problem of False Confessions, in The Miranda Debate (Leo and Thomas eds. 1998) at 279.

[91] 参见上文第 145 节。

[92] 67 P. 3d 477 (Utah 2003).

为与自白有关的事实与其他已知或者已证明的事实是不一致的。

如果事实包含关于犯罪的独立证据，这当然也可以用来评估可信性：

自白获得独立证据支持的一种方式是，证明一个人的口供表明，该人对犯罪有具体的亲身知识。

尽管并非排他性的，但是三个因素常常能证明亲身知识，这包括：（1）提供了"导致发现警方未知证据的信息"；（2）提供了"关于犯罪未公开的、高度不寻常的要素"的信息；以及（3）提供了"关于犯罪现场的不易猜测也没有公开报道的平常细节"，因为"平常的细节不太可能是警方［暗示］的结果"。平常的细节的例子可能包括："被害人的衣着，某些家具的胡乱摆放，犯罪现场是否有特定物品"，"或者哪个窗户被撬开了"。

在这里，"自白的细节和犯罪事实之间的契合度"也很关键，因为"契合度"决定了自白是否应该被认为是可信的。如果一个人仅仅提供了警方或者公众已经知道的信息，或者提供的信息不准确，自白可能不可信。

法院最好明确承认，被告可以合理地基于下列理由对庭外陈述的可采性提出异议：有重大迹象表明该陈述不可信，而陪审团不太可能适当考虑这些迹象，因此，陪审团就关于该陈述证据赋予的证明力，对将大于其应获得的证明力。对这种异议需要进行调查，这种调查不同于对自愿性的调查。

Mauchley 案件提出的方法是进行这类调查的一个极好的框架。然而，现实情况决定了这种方法的适用应当符合这种传统观念，即关于被告作出了自认的证据的可信性，通常是由事实审判者来决定的。如果被告试图以不可信为由排除其自白，则必须让法官确信证明，不寻常的因素意味着陪审团不太可能客观地评价检控方在本案中提出的证据的可信性，因此也就不可能赋予其适当的证明力。

第158节　对自白的强制录音录像

传统上，执法和检察机关保存并在审判时出示刑事被告的庭外牵罪性陈述的方式，与证据的证明力而不是证据的可采性有关。然而，有些人长期以来一直在敦促执法部门对此类陈述进行录音录像，也许还应对引出这些陈述的审讯进行录音录像，并通过限制此类陈述证据的可采性来执行该等要求。

录音录像要求的支持者认为，只有在能够向法院提供一份具体和准确的记录，就对被告进行执法约谈期间发生的事情予以记录的情况下，刑事被告排除在询问期间非自愿自认的权利和使执法不端行为受到处罚的权利才能得到实施。只有录音录像才能提供这样的记录。另一些人则认为，这样的要求往往不可行，而且通常很昂贵。此外，录音录像可能会阻止嫌疑人出于与这些法律限制审讯和自认的使用旨在促进的利益完全无关的原因进行自认。

法院有什么权力要求对自认进行录制或者排除违反了这些要求的证据，是值得怀疑的。人们普遍认为，联邦宪法因素既不要求录音录像，也不要求因对询问或者陈述没有录音录像而排除自认证据。

1980 年，阿拉斯加州最高法院宣布，在录音录像可行的情况下，执法人员必须录制对嫌疑人的审讯。五年后，在 *Stephan v. State* 案件[93]中，法院明确表示这是州宪法正当程序要求的一个方面，该程序要求通过禁止使用与违反该规则有关的自认证据的排除规则来加以执行。

一些法院在行使其监督权时提出了一些类似的要求。明尼苏达州最高法院在 *State v. Scales* 案件[94]这一主要裁决中判定，所有羁押性审讯，包括有关权利的任何信息，对这些权利的任何放弃，以及所有询问，都应在可行的情况下以电子方式录制下来，并且当询问发生在拘留地点时必须录制下来。违反录制要求而获得的任何陈述当且仅当该违法行为被认定是"重大的"时候，才被要求排除。

不过，马萨诸塞州最高法院，强调 *Scales* 案件中的承诺的复杂性，认定因对其表达的对录音录像的偏爱缺乏回应，因此要采取某些监督行动。它认定 *Scales* 案件中缺少这种充分的监督行动。

> 当检控方引入关于被告的自白或者陈述的证据，而该自白或者陈述是羁押性审讯或者在拘留地点（如警察局）进行审讯的结果时，至少在没有完整审讯的录音的情况下，被告有权（经请求）得到陪审团的指示，告知州最高法院已表示倾向于在可行的情况下对此类审讯进行录制，并提醒陪审团，由于在本案中没有任何审讯的录音录像，他们应该非常小心和谨慎地权衡所称的被告陈述证据。自愿性是一个活生生的问题。还应告知陪审团，在没有录音录像的情况下，允许（但是不强迫）他们得出这样的结论，即检控方未能排除合理怀疑地证明自愿性。[95]

326

[93] 711 P. 2d 1156（Alaska 1985）.

[94] 518 N. W. 2d 587（Minn. 1994）.

[95] Commonwealth v. DiGiambattista，813 N. E. 2d 516，533—34（Mass. 2004）.

2004 年，新泽西州最高法院对 *State v. Cook* 案件⑩作出判决，表示愿意行使监督权。它设立了一个咨询委员会，研究羁押性审讯电子记录的使用并提出建议。2005 年，在收到该委员会的报告后，它通过了《新泽西州法院规则》3：17 来要求进行录音录像。⑰ 执法机关未按该条规则的要求对陈述录音录像，"应作为一个因素，供审判法院在确定该陈述的可采性时予以考虑，并由陪审团在确定是否作出了该陈述时予以考虑，以及如果是，应给予陈述什么样的证明力（如果有的话）"。"如果没有进行规定的录音录像，应被告的请求，法院应当向陪审团发出警告性指示。"

自 *Stephan* 案件、*Scales* 案件和 *Cook* 案件以来，法院一般不愿意采纳录制要求，无论是作为州宪法的命令，还是根据法院的监督权。例如，康涅狄格州最高法院经过广泛讨论后强调，它不愿意根据任何典据设定录制要求，这主要是由于该问题的复杂性，以及它认为相关因素的性质使得问题更适合由立法解决。⑱ 它还对利用其监督权颁布对司法程序以外的事项产生如此重大影响的要求表达了保留意见。

然而，许多立法机构已经采取了行动。伊利诺伊州现在通过制定法规定，在杀人案检控中，在拘留场所的羁押询问期间所作的未经录制的陈述被推定为不可采。⑲ 这一推定"可以通过证明这一点的优势证据来克服，即基于所有情况，该陈述是自愿提出的，是可靠的"。

哥伦比亚特区的立法要求警察对涉嫌暴力犯罪的人的羁押性审讯进行录音录像。⑩ 缅因州要求所有执法机构制定书面政策，规定"在重罪案件中对犯罪嫌疑人进行执法询问录音录像的程序。"⑪ 这两项规定均未涉及未能录音录像的证据后果。

作为 2009 年立法的结果，密苏里州规定对涉嫌特定严重罪行的嫌疑人的所有羁押审讯，都"应在可行的情况下录音录像"⑫。州长（根据该制定法第 5款）有权扣留恶意试图不遵守该要求的执法机构的资金。⑬ 这样，制定法将未能录音录像的证据和程序影响最小化了：

---

⑩ 847A. 2d 530（N. J. 2004）.

⑰ N. J. Ct. Rule 3：17.

⑱ State v. Lockhart, 4 A. 3d 1176, 1181 - 91（Conn. 2010）.

⑲ 725 Ill. Comp. Stat. Ann. 5/103 - 2.1（b）.

⑩ D. C. Code Ann. § 5 - 116.01.

⑪ Me. Rev. Stat. tit. 25 § 2803 - B（l）（k）.

⑫ Mo. Rev. Stat. § 590.700（2）.

⑬ Mo. Rev. Stat. § 590.700（5）.

本条不得被解释为排除证据的理由，违反本条的规定不得产生影响，本条第5款规定者除外。在刑事审判期间，不应将遵守或者不遵守本条采纳为证据、就此进行辩论、引用、考虑或者询问。[104]

如果要规定录音录像要求，主要的问题可能是：录音录像需要多完整。检控方就其希望提出的陈述进行了录音录像是否足够？或者，记录是否还应当包括所有的羁押审讯、羁押审讯开始前的警告和弃权，甚或包括被告与警察之间的可能对被告造成不当影响的所有互动？新罕布什尔州最高法院将重点放在了这一点上，并根据其监督权判定，尽管它不会设定录音录像要求，但是只有在整个审讯都进行了录音录像的情况下，检控方才可以使用录音录像来证明羁押审讯期间所作的陈述。[105]

进一步的问题是，是否应通过排除违反要求而未录音录像的部分或者全部陈述，来执行设定的任何录音录像要求。当然，可以合理地认为，排除性处罚是为执法部门遵守任何录音录像要求提供有效激励的唯一途径。另一方面，一些法院或者立法机构可能发现，只有在没有排除性制裁的复杂性和成本负担的情况下，录音录像要求才是可接受的。缺少排除性处罚的录音录像要求可能有一定价值，与没有这样的要求相比，这也许更好。

如果录音录像要求要由排除证据的规则加以执行，也许主要的问题是：应该要求什么来触发排除证据的权利？当然，如果不遵守这些要求的事实本身就足以要求排除证据，则规则将提供最大的动机。但是法院一直不愿如此强制排除可能是可靠的自白的证据。例如，根据明尼苏达州在 *Scales* 案件中采用的方法，被告未能声称未录音录像的陈述因违反 *Miranda v. Arizona* 案件[106]的要求而受到污染，或者是非自愿或者在其他方面不可采，则意味着违反录音录像要求的行为并不重大，不必（或许不得）导致排除。在 *Stephan* 案件中，阿拉斯加州最高法院指出，"如果没有证言表明［未录音录像的］陈述不准确或者是不当取得的"，则正当程序录音录像要求不要求排除该陈述。

在对陈述或者审讯进行录音录像的正式要求的情况下，没有录音录像是与可能提出的任何问题有关的证据。警察无法解释在可能的情况下为什么未能对审讯进行录音录像，这可能足以损害他们的可信性，以至于他们的证言不足以

328

[104] Mo. Rev. Stat. § 590. 700 (6).
[105] State v. Barnett, 789 A. 2d 629, 632-33 (N. H. 2001).
[106] 384 U. S. 436 (1966).

卸下检控方证明遵守了 *Miranda v. Arizona* 案件或者自愿性要求的负担。

第 159 节　作为不可采的自白的结果而获得的证据

在早期的普通法中，自白的非自愿性并不影响通过使用自白获得的其他证据的可采性。例如，如果嫌疑人被强迫就谋杀进行了自白，进而交代了凶器所在的地点，那么如果找到了该凶器，就可以用作证据。这种立场的理论根据是，自白之所以被排除，是因为它不可信。如果该自白的"果实"本身足以证明被告有罪，则排除自白的原因不适用于该派生证据，因此该派生证据是可采的。运用自愿性学说的美国法院采取了这一立场。

在 *Mapp v. Ohio* 案件[107]和 *Miranda v. Arizona* 案件[108]之后，刑事证据领域弥漫着排除的味道，美国法院在自白案件中不加区别地适用了在宪法第四修正案判例法中发展起来的"毒树之果"学说。这显然是基于这样的理由：自愿性法律的产生目的不是确保证据的可靠性，而要鼓励执法部门遵守旨在实现这些更广泛目标的规则，就要排除"果实"和自白本身。

最高法院明确表示，至少宪法第五修正案的问题并没有那么容易解决。在 *United States v. Patane* 案件[109]中，法院判定，联邦宪法没有要求排除通过使用因违反米兰达要求而被污染的本身不可采的陈述中的信息而获得的物证。然而，就这样做的理论根据，没有形成大法官多数意见。

代表三名大法官撰写意见的 Thomas 大法官推理说，宪法第五修正案特免权的性质，排除了一项要求排除的规则。反对被迫自我归罪条款仅在审判中使用被告被强迫作出的证言时才被违反，因此，将因自愿性庭外陈述而获得的非证言性证据用作证据，并不违反该条款本身。米兰达规则等预防性规则只有在有必要确保被迫作出的陈述本身不会在审判中使用时，才是正当的。允许使用陈述的果实不会造成该陈述本身在审判中被使用的危险。

Thomas 大法官继续说，米兰达的要求并不构成"对警察的直接约束"。因此，没有理由将毒树之果用作鼓励警察遵守这些要求本身的手段。

329　　代表三名——也许是四名——大法官[110]撰写意见的 Souter 大法官推理说，

---

[107]　367 U. S. 643 (1961).

[108]　384 U. S. 436 (1966).

[109]　542 U. S. 630 (2004).

[110]　Breyer 大法官说他依据的理由与大法官在意见中所列的理由类似。Patane，542 U. S. at 647—48 (Breyer 持不同意见)。

米兰达要求与宪法第五修正案提供的核心保护密切相关，鼓励执法部门遵守这些要求，就需要排除违反这些要求而获得的陈述之果。Kennedy 大法官为自己和 O'Connor 大法官撰写的意见，并没有谈到，阻却违反米兰达规则的行为本身之需要，是否就可以成为排除陈述之果的宪法性规则的正当理由。认为阻却违反米兰达规则的行为是一个适当的考虑，他得出的结论是，"可靠物证的重要证明价值"意味着"毒树之果"规则的支持者没有说服他。

Patane 案件涉及的物证是根据一份被违反米兰达规则的行为污染的陈述而获得的。但是这一结果证实了法院早些时候的判定，即毒树之果的分析不适用于因这种陈述而发现的证人证言，或者被告在遵守米兰达的规定后作出的、但是在受污染和不可采的陈述之后作出的归罪性庭外陈述。

Patane 案件重申了近乎 20 年前在 *Oregon v. Elstad* 案件[11]中提出的迹象，即对于因非自愿性庭外陈述的事实后果而获得的证据，不会采取同样的做法。

Elstad 案件和 *Patane* 案件都表明，如果自白是非自愿性的，则允许对违反米兰达规则的果实进行证据性使用的规则及其理由都不适用。因此，至少被告随后所作的自白不能免除这样的质疑，即它受到了激发第一次自白的事件的污染。另一方面，*Elstad* 案件重申，被迫自白的嫌疑人不会因此永远无法作出可采的自白，*Patane* 案件也没有就对此质疑提出理由。

然而，究竟是什么样的标准决定着随后作出的自白是否因对最初的自白可采性的成功自愿性质疑而被排除，还不完全清楚。主要的问题是，检控方是要通过证明第二个和受到质疑的自白本身是自愿性的来证明可采性，还是必须证明更多。有两种主要的可能性。

第一，被告可能只需要说服法院，即检控方未能证明被质疑的随后自白的自愿性。虽然就这样的正式推定，即如果自白是在最初的非自愿性陈述之后作出的，则该自白是非自愿性的，法院仍然没有定论；但是检控方证明自愿性的负担，至少设定了推翻非自愿性推论的实践要求。因此，从实践来看，检控方可能需要证明，在第二次自白时，导致第一次陈述非自愿的影响不再起作用或者不再起决定性作用。

第二，可能适用在宪法第四修正案排除性制裁分析中使用的更为传统的毒树之果分析。如果被告——也许在推定的帮助下——证明"倘若没有"作出了第一次非自愿性的自白，他就不会作出第二次自白，并就该自白提出质疑，则

330

第二次自白将成为不可采的果实，除非检控方证明胁迫的影响已经被减轻。这种方法是否真的与第一种方法在实质上有所不同，这一点也不清楚。

如果被告质疑非自白性证据是非自愿性自白的不可采的结果，则可能适用上面提到第二种方法。要是"倘若没有"自白，就不会取得该证据的话，这种证据是非自愿自白的不可采果实。检控方可以通过证明某个例外——例如污染减弱或者不可避免的发现——的适用，来避免排除。

当然，州法律不需要沿循最高法院的联邦宪法性法律。在 *Elstad* 案件后，一些州法院将最高法院的做法纳入了州法律中类似米兰达规则的任何要求。然而，其他州的裁判庭拒绝了 *Elstad* 案件。马萨诸塞州也拒绝了 *Patane* 案件，理由是"将 *Patane* 分析应用于［我们州宪法］所体现的更广泛的权利，会对它们产生腐蚀性影响，破坏我们赋予它们的尊重，并贬低它们对于 1780 年马萨诸塞州公民所选择的司法体系的重要性"[⑫]。法院通过了一个"普通法规则"，规定根据陈述获得的物证不可采。作为州法问题，其他几个州的法院也拒绝了 *Patane* 案件的适用。

威斯康星州最高法院判定，州宪法因素禁止使用因故意违反米兰达规则而获得的物证。它强调了这样的需要，即对所涉及的"特别令人反感"的执法行为进行强有力的阻却。[⑬] 然而，它还强调，州宪法规定的排除性处罚的范围，将在一定程度上由确保州司法机关适正性的适当措施决定。如果排除性制裁措施鼓励执法部门"故意采取无端的调查捷径来获得定罪"，则这一司法机关将受到这种排除性制裁的"系统性侵蚀"。

第160节 司法自白、有罪答辩和在辩诉交易中作出的自认

大多数自白法涉及嫌疑人在刑事调查的审前阶段向执法人员所作的自认。但是在审判时，检控方有时会寻求使用被告在实质上是案件的司法处理过程中所作的被迫自我归罪的自认。在使用上，这些自认可以分为三类："司法"自白、有罪答辩和与辩诉交易相关的自认。

司法自白。所谓"司法自白"，是指在法庭或者司法程序中作出的牵罪性自认。它可能包括被告在不同的（可能是民事）程序中的证言，也可以是在提出证言的刑事程序的先前听证中作出的证言。它也可能是一个"协议"，甚至

⑫ Commonwealth v. Martin，827 N. E. 2d 19 & 203 (Mass. 2005)。

⑬ State v. Knapp，700 N. W. 2d 899，918 (Wis. 2005)。

是在本案或者其他诉讼中的诉状。[14] 根据调整准入的一般规则[15]，这些司法自白是可采的，但是当然要遵守被告当时可能拥有的诸如获得律师帮助的权利等要求。

331

有罪答辩。被告的有罪答辩和就作出该有罪答辩向审判法院作出和被审判法院接受的陈述，作为自认是可采的。对轻微罪行的有罪答辩有时可能构成实际有罪的可疑证据，但是最好是在个案基础上考虑特定有罪答辩的证明价值，将其与采纳为证据可能产生的不当损害风险相权衡。

《联邦证据规则》410[16]禁止使用撤回的有罪答辩，也禁止使用在向审判法院提交和审判法院接受该有罪答辩的程序中所作的陈述。这显然是基于这样一个理由：允许使用答辩，会挫败支持撤回该答辩的权利的政策目标。州制定法或者法院规则通常是相似的。

与辩诉交易有关的自认。人们普遍认为，必须排除与认罪谈判有关的没有导致最终认罪的自认，以鼓励进行可取的或者至少是必要的认罪谈判。《联邦证据规则》410就联邦诉讼作了该规定。州制定法和法院规则也经常涉及这一问题，尽管这些规定之间存在相当大的差异。

这些规定通常使得"在辩诉讨论过程中"所作的陈述不可采。在确定什么是"辩诉讨论"，以及在这种讨论"过程中"的什么时候作出了特定陈述，会有相当大的困难。

有些规定，如联邦规定，将保护限制在与公诉人讨论时所作的陈述，理由是执法官员和被告之间的讨论不涉及那种谈判，而这种谈判应受到鼓励，即要排除在这些谈判期间所作的自认。因此，一般来说，对执法人员所作的自认不存在保护，即使是根据没有明确限于对公诉人的陈述的规则版本。尽管如此，如果证据表明执法人员显然是作为公诉人的授权代理人行事，那么向执法人员所作的自认将受到保护。

陈述是否与实际的或者可察觉的辩诉讨论有足够的关联，因而受到保护，对此经常发生争议。当然，被告为了从当局获得信息而不是通过谈判达成辩诉交易而作的自认，是不包括在内的。更重要的是，就那些仅仅寻求宽大处理的被告所作的陈述没有任何保护。

这些情况频繁地通过使用通常归于 *United States v. Richardson* 案件[17]的两

[14] 参见下文第 266 节。
[15] 参见下文第 266 节。
[16] Fed. R. Evid. 410.
[17] 582 F. 2d 1356 (5th Cir. 1978) (en banc).

部分分析来解决。根据这种方法，只有在满足这两个要求的情况下，自认才受到保护。首先，被告必须是在有着他正在进行辩诉交易谈判的实际期待的情况下作出自认的。其次，考虑到整个情况，这种期待必须是客观合理的。

　　也许最棘手的是这样的情况，即被告作出的自认可能被定性为是要开始或者只是吸引检控方开始辩诉谈判。一些法院似乎要求，在作出自认之前，公诉人已经在某种程度上明确地开始讨论具体的交换条件。然而，佛罗里达州最高法院合理地拒绝了已经提出认罪请求的绝对要求。[113]

　　根据最合理的方法，辩诉交易不需要当事人就其正在谈判的可能辩诉交易达成任何明示或者实际的正式协议。如果被告认为检察机关愿意接受讨价还价，并且检察机关通过言语或者行为证成了这种信念，那么自认应当受到保护。因此，保护适当扩展到在被告"策划"的会议上所作的陈述，因为他"想策划一项交易"，执法人员和公诉人同意并确实出席了会议，但是没有告知被告，他们出席会议，只是为了收集归罪性陈述来用于在审判时反对被告。[119]

　　就与辩诉谈判有关的自认放弃保护。最高法院在 *United States v. Mezzanatto* 案[120]中判定，对《联邦证据规则》的保护可以弃权。这鼓励了"效劳"协议的发展，在这种协议中，被告在进行谈判前放弃对与这些谈判有关的自认的部分或者全部制定法或者规则的保护。

　　Mezzanatto 案件判定，当检控方提供了一个本来受保护的自认来弹劾作证的被告时，弃权有效。然而，下级法院普遍判定，当检控方在其主诉中提出本受保护的自认来证明有罪时，其理由也适用。如此执行弃权，不会挫败规则 410 鼓励辩诉谈判的一般目的。

　　根据这些效劳协议作出的自认的可采性，由协议的条款决定。如果根据该协议作出了答辩，被告行使撤回答辩的权利，则本协议可能被违反，本受保护的自认可以使用。协议常常规定，被告必须完全诚实，被告不得亲自或者"通过律师"作出与所作陈述或者所提供信息有重大不同的陈述。违反这些规定，即使是律师而不是被告个人，也允许使用自认。

　　效劳协议有时赋予检控方使用"派生证据"——被告的陈述之外的其他证据——的权利，但是这是通过检控方使用这些陈述而获得的。至少在效劳协议"明确"规定检控方有权使用本身不能使用的陈述中所载的信息的情况下，这

⑱　Calabro v. State，995 So. 2d 307，317（Fla. 2008）.
⑲　State v. Brabham，994 A. 2d 526，533-34（N. J. App. 2010）.
⑳　513 U. S. 196（1995）.

332

类证据的可采性得到了支持。

弃权可能受到对检控方的可能隐含的善意要求的约束。因此，如果证明检
控方从未打算尝试达成认罪协议，而是为了获得被告可用的自认而参与，可以
解除被告在效劳协议中的弃权。

辩诉交易自认的允许使用。《联邦证据规则》允许在伪证检控中使用本不
可采的有罪答辩以及与认罪和辩诉谈判有关的陈述。州规定经常但并不总是作
出类似的规定。1980 年修正的结果是，《联邦证据规则》还包括一项条款，允
许在同一辩诉程序或者谈判过程中作出的其他陈述被引入，且对上述陈述"应
当同时考虑方显公平"时，用上述陈述来反对被告。

使用自认来弹劾作证的被告。《联邦证据规则》没有明确规定，本应排
除的自认是否可以用来弹劾作证的被告。《联邦证据规则》410 的原初版本
包含一个明确但是有限的例外，允许使用在法庭作出并记录在案的"自愿和
可靠的陈述"，即使根据《联邦证据规则》410 这些陈述本不可采，但是仅
限于"为弹劾目的而提出"。国会在 1975 年对规则的修正中废除了这一规
定。第二巡回区法院判定，这一"异常清晰的立法历史"表明，国会的意图
是，"禁止将辩诉谈判中作出的陈述用于弹劾目的"[120]，其他联邦法院对此表
示同意。州规定一般不涉及这一事项，关于沉默的规定通常被解读为禁止将
该陈述用于弹劾。

第 161 节 "缄默性"和"采认性"自白和自认

根据关于自认的一般规则[122]，在刑事案件中，一般允许检控方证明，在被
告的听证中有人作了指控性陈述，被告的回答支持这样的推论，即他同意或者
"采认"该陈述。当然，采认性回答可以是对该陈述的明确肯定性同意。它也
可以是被告的行为，据此可以推论被告相信该陈述的准确性。如果是这种情
况，该证据相当于本书所述的"采认性"自白。采认也可以从被告未能否认该
指控中推断出来，所以采认性自认可以产生于沉默或者不是明确否认的"模棱
两可的回应"。如果被告通过沉默采认了指控，由此采纳的证据，即指控和被
告的采认性沉默，为"缄默性"自白。

人们用各种方式阐述了必要的铺垫。最好的说法是，自认需要预备性证

[120] United States v. Lawson, 683 F. 2d 68 & 690 - 93（2d Cir. 1982）.
[122] 就自认的性质，参见下文第 262 节。

明：（1）认为自己无罪的人在当时情况下会否认的指控性陈述；（2）被告听到并理解指控性陈述；（3）被告有机会和能力否认该陈述；以及（4）被告表明他采认了该陈述，或者在缄默性自认的情况下，通过沉默采认了该陈述。

334   在这里，如同在民事诉讼中一样，自认是基于这样一个假设：人性是这样的，即无辜的人通常会否认诬告。对这一假设的批判性反思，特别是当它适用于刑事案件时，导致在刑事诉讼中对采认性自白的限制越来越多。在刑事审判中使用这些证据也受到联邦和州宪法因素的影响。这些事项，特别是涉及通过被告的沉默所采认的默示自白时，牵涉到反对被迫自我归罪特免权所规定的一般要求，*Miranda v. Arizona* 案件[123]明确提出的宪法第五修正案要求，以及最低程序公平性的一般考虑。

Doyle v. Ohio 案件[124]判定，联邦正当程序条款禁止使用被告被羁押并受到有权保持沉默的米兰达警告后进行的审前沉默，对作证的被告进行交叉询问。最高法院将这种警告后的沉默定性为有着"无法解释的模棱两可"，并似乎受到了这一结论的影响。然而，法院随后作出的判例清楚地表明，*Doyle* 案件的判定是基于这种明显的不公平性，即对嫌疑人明确表示嫌疑人有权保持沉默，然后因嫌疑人行使这一权利而对其进行惩罚。[125]最高法院认定该禁令的理由可适用，随后禁止实质性地使用警告后的羁押性沉默来证明有罪。[126]

如果所依据的沉默发生在向被告告知保持沉默的权利之前，那么如此解释的 *Doyle* 案件的理由似乎并不适用。因此，最高法院的正当程序判例法不禁止在交叉询问中使用在收到有权保持沉默的米兰达警告之前的沉默。尽管判例明确认定不禁止弹劾使用，能够得出的结论是，联邦正当程序也允许实质性使用警告前沉默——作为缄默性自白的根据——来证明嫌疑人有罪。

即使在没有警告的情况下，刑事司法系统也很可能有效地向人们传达至少米兰达权利的某些精华，特别是在与执法机关打交道时有权保持沉默。尽管最高法院没有找到启动联邦正当程序条款的足够的不公平性，但是这样一般性地传达沉默权，并且在审判时使用警告前沉默来证明有罪，可能会存在同样的不公平性。

Salinas v. Texas 案件[127]——第 127 节讨论过——中分裂的多数意见认定，

[123]　384 U. S. 436 (1966).
[124]　426 U. S. 610 (1976).
[125]　Fletcher v. Weir, 455 U. S. 603, 607 (1982); Jenkins v. Anderson, 447 U. S. 231, 240 (1980).
[126]　Wainwright v. Greenfield, 474 U. S. 284, 295 (1986).
[127]　133 S. Ct. 2174 (2013).

联邦宪法不禁止在审判中使用嫌疑人在羁押前（和警告前）的沉默来证明有罪。三个大法官的简单多数意见认为，在这种情境下，必须明确援引特免权，但是没有涉及检控方是否可以将有效援引作为有罪的实质性证据的问题。

尽管最高法院的判例法有明显的界线，但是许多下级法院的结论是，如果被告处于羁押状态，但是没有就保持沉默的权利对其明确警告，则宪法第五修正案禁止使用该沉默。有些法院将这种禁止延伸到被告被羁押之前的沉默。然而，其他法院则将这一禁止限定在 Doyle 案件和随后的最高法院判例所涵盖的情形，即作出了有权保持沉默的米兰达警告的情形。

除正当程序问题外，沉默——无论是警告前还是警告后——可能构成援用沉默权，将其作为缄默性自白的根据用于证明有罪，可能为行使产生保持沉默权的反对被迫自我归罪特免权造成不可容许的负担。如第 127 节所述，宪法第五修正案和一些州法律版本的特免权可能会据此宪法理由，禁止使用某些警告前沉默。

法院在讨论对这类证据的可能证据法限制时，也考虑了在形成和制定对使用沉默作为缄默性自白的根据的宪法性限制时所考虑的因素。Doyle 案件所说的沉默的"无法解释的模棱两可"性，尤其如此。

一般来说，现代法院越来越批评传统的假设，即面对指控时保持沉默是沉默的人同意指控的可靠证据。虑及人们对米兰达规则的广泛了解，对指控不那么明确地表示同意——尤其是沉默——可能反映的不是同意，而是决定援引一个无辜嫌疑人认为是可得和有用的、可以减少错误检控或者定罪的风险的沉默权。

最高法院判定，作为联邦证据法问题，被告沉默的最低证明价值，使得关于这种沉默的证据不可采纳来用于弹劾。[128] 康涅狄格州最高法院根据州法判定，只有在除了同意"同样一致"的指控性陈述之外没有其他解释的情况下，基于沉默的采认性自认才可采。[129] 有些法院更严厉地限制了检控方对缄默性自认的使用。例如，亚拉巴马州最高法院禁止使用逮捕前或者逮捕后的沉默，并解释说，"无论是逻辑还是常识经验都不再支持缄默性自认规则，如果事实上两者都曾经支持过的话"[130]。

另一些法院判定，可采性取决于具体案件的证明价值/不当损害风险权衡，

335

---

[128]　United States v. Hale, 422 U. S. 171（1975）；Stewart v. United States, 366 U. S. 1, 5（1961）；Grunewald v. United States，353 U. S. 391，421（1957）.

[129]　State v. Vitale, 497 A. 2d 956, 961（Conn. 1985）.

[130]　Ex parte Marek, 556 So. 2d 375, 381（Ala. 1989）.

一些法院鼓励审判法官对相互冲突的因素进行更苛刻的评估。

第 162 节　使用本不可采自白进行弹劾

适用于自白的排除性制裁，要遵守总体上适用于排除性制裁的限制，包括这样的限制，即通常允许检控方使用不可采的证据来弹劾在审判中为自己辩护的被告。[⑬] 自白法律的复杂性，特别是自愿性要求与其他排除规则的区分，使得弹劾例外适用于自白法时特别困难。

在开始于 *Harris v. New York* 案件[⑫]的一系列案件中，最高法院判定，联邦宪法排除性要求的弹劾例外，允许为该弹劾目的，使用违反 *Miranda v. Arizona* 案件[⑬]以及至少宪法第六修正案获得律师帮助的权利某些要求而取得的自白。然而，那些违反"核心性"宪法第六修正案要求而获得的自白，即使是为了这个目的，也似乎可能是不可采的。

法院在 *Kansas v. Ventris* 案件[⑭]中驳回了对违反宪法第六修正案的行为进行的任何区分。法院判定，所有违反宪法第六修正案获得律师帮助的权利所取得的自白，显然都可以用于弹劾。违反宪法第六修正案的行为发生在取得自白时，而不是发生在使用时。法院认定，没有理由将这些案件与在审判过程中使用受污染的证据本身并不构成违法行为的所有其他案件区分开来，因此，用于弹劾在宪法上是可采的。

关于自白的联邦宪法排除制裁的 Harris 案件弹劾例外，不适用于某些牵涉自愿性关切的情况。在 *Mincey v. Arizona* 案件[⑮]中，法院认为使用非自愿自白来弹劾作证的被告是宪法性错误。法院宣布，"任何使用被告的非自愿陈述来反对该被告的刑事审判，都是对正当程序的否定……"这显然是因为，与违反 *Miranda* 案件的行为不同，非自愿性导致自白至少有点不可信，因此作为被告伪证的指征就不那么有价值了。因此，检控方使用这些证据进行弹劾的兴趣降低了。此外，与仅仅违反米兰达预防性规则的活动相比，具有充分影响，能使自白非自愿的执法活动，对宪法价值观更具冒犯性。这增加了对最大威慑的需要，而这是通过为所有目的排除自白而提供的。因此，在这些案件中，充

⑬　总体可参见下文第 183 节。
⑫　401 U. S. 222 (1971).
⑬　384 U. S. 436 (1966).
⑭　556 U. S. 586 (2009).
⑮　437 U. S. 385 (1978).

分威慑的必要性超过了检控方为了有争议的有限目的使用自白的降低了的兴趣。

与其他排除性制裁情形一样，州法院和立法机关仍然可以自由地拒绝联邦宪法模式，并适用不受弹劾的例外限制的州法律排除性要求，但是弹劾的例外情况不允许这样做。有些州就这样做了。

第163节 判定可采性和可信性

某些可采性要求与自认证据在定罪上的适当证明力之间的密切关系，在解决检控方提供被告的自白证据所带来的各种问题时法官和陪审团扮演的角色方面，造成了相当大的分歧。当然，有些问题是宪法问题。

法官和陪审团的角色。在 *Jackson v. Denno* 案件[136]中，最高法院判定，宪法第十四修正案的正当程序条款要求，根据适当请求，审判法官要判定被质疑的自白的自愿性。*Jackson* 案件判定，宪法上不允许以前所称的"纽约程序"——审判法官要据此程序进行预备性调查，并只有在被质疑的自白的非自愿性非常明显，不存在任何争议时，才排除该自白。如果所提出的证据就自愿性或者与自愿性相关的任何事实提出了合理的问题，则自白应提交给陪审团，指示陪审团确定自愿性，并仅在认定自白自愿时，才就有罪还是无罪的问题考虑自白。

法院认为，根据纽约程序，陪审员可能首先得出结论，被告实施了所指控的罪行，然后不能或者拒绝确定被质疑的自白的自愿性，而不考虑被质疑自白的准确性。当然，这将侵犯在不考虑可靠性的情况下确定自愿性的权利。[137] 或者，陪审员可以首先解决自白问题，并得出结论认为自白虽非自愿，但是可靠；然后，在评估检控方有罪证据的充分性时，他们可能不能或者拒绝忽略该自白。这将危及在不考虑非自愿自白的情况下确定有罪或者无罪的权利。

被告没有联邦宪法赋予的由陪审团审议被审判法官驳回的非自愿性主张的权利。*Lego v. Twomey* 案件[138]中的法院认定，没有任何依据来断定陪审团比审判法官更适合判定自愿性，也没有令人信服的理由认为，审判法官关于自愿性质疑的决断是不可靠的，足以使被告有权诉诸"第二个法院来就他们的主张进行争讼"。

被告确实有联邦正当程序权利来对被采为证据的自白的可信性提出质疑，

⑯　378 U. S. 368 (1964).

⑰　参见上文第 149 节讨论的 Rogers v. Richmond，365 U. S. 534 (1961) 案件。

⑱　404 U. S. 477 (1972).

这有别于自白的自愿性。法院在 *Crane v. Kentucky* 案件[⑬]中判定，一旦检控方被允许提供证据证明被告作出了有罪自认，被告就有权提供有关他作出自认的情况的证据，如果这些情况与自认的可信性有关的话。

因此，联邦宪法性因素允许审判法官完全负责解决自愿性问题。根据这种"正统"的方法，审判法官解决所有事实争议，并判定自愿性。与自愿性有关的问题不提交陪审团。许多司法辖区都遵循了这一程序。

联邦宪法性要求也允许所谓的马萨诸塞州或者"人道"程序，根据该程序，审判法官要就自愿性进行充分调查和判定。但是，如果审判法官认定被质疑的自白是自愿的，那么自愿性问题就不会提交给陪审团重新审议，而陪审团被指示，只有在首先认定被告的自白是自愿的情况下，才能考虑被告的罪责问题。许多司法辖区采取了这种做法。

这种方法是否明智，值得怀疑。大多数（如果不是所有的话）与自愿性有关的因素也将与可信性有关，因此被告将有机会将它们展现给陪审团。陪审员是否能够或者经常能够或者倾向于区分可信性和自愿性，以及无视可信但是非自愿的自白，往好里说也是令人心存疑虑的，将这两个问题充分提交给陪审团，却不让陪审员感到困惑，是一个困难的——也许是不可能的——任务。因此，谨慎地将可信性问题提交陪审团，比人道的程序更可取。

向陪审团提交什么当然取决于司法辖区的方法。根据 *Crane* 案件，如果被告在陪审团面前质疑检控方提出的他的自白证据的可信性，他当然有权就陪审团评估可信性的义务获得足够的陪审团指示。根据非宪法法律，陪审团经常被告知，他们要根据所有情况，考虑赋予这种证据的证明力，根据 *Crane* 案件，这可能已经足够了。

有些司法辖区至少在某些类型的案件中更进一步，例如指示陪审团谨慎地看待证明被告口头认罪的证据，甚至是要求陪审团谨慎地看待证明被告在庭外作出过归罪性陈述的证据。关于嫌疑人庭外陈述的录制品的最新发展，有时包括这样的要求，即就未进行录制的陈述证据的特殊风险，对陪审团作出指示。这在上文第 158 节进行了讨论。

遵循人道程序的司法辖区要求陪审团来判断他们认定被告所作的任何自我归罪性陈述的自愿性。这是一项不同于根据这些陈述的表面可信性来确定其证明力的任务，应告知陪审团首先确定其自愿性，然后，如果陪审团认定自白是自愿的，则应考虑赋予该自白多大的证明力。

⑬   476 U. S. 683 (1986).

338

听证和证明负担。*Jackson* 案件意味着，一般来说，如果被告提出异议并要求举行听证，审判法官需要就被质疑的自白的可采性举行听证，即"*Jackson v. Denno* 听证"。一些法院认为，某些自白要求过于重要，不能听任于辩护律师的不履职，要求即使在律师没有要求听证的情况下，审判法官也进行听证，接受证据，并就所提出的自白的自愿性进行裁断。

被告享有联邦宪法赋予的就自愿性获得公平裁断的权利，这意味着审判法官认为被质疑的自白是自愿性的结论，"必须从记录中清楚无误地显示出来"[⑭]。然而，从宪法上讲，审判法官没有必要对有争议的子问题作出正式的事实认定，或者撰写一个正式的意见。不过，明智的政策，特别是有效的上诉审查的可行性，强烈要求审判法官就有争议的事实子问题作出具体的认定，并对主要问题作出明确的最终裁断。

Lego 案件判定，当被告对检控方提出的自白提出质疑时，联邦宪法要求检控方证明自白的自愿性，但是检控方只需要通过优势证据来证明这一点。对自愿性的证明，不一定达到排除合理怀疑，甚至不必达到有清晰和令人信服的证据的程度。

就认为根据优势证据就可采性作出裁断的传统做法不可靠，或者"质量上不足"，人们并没有提供依据。法院得出结论，无论采用更高的标准可以实现的是什么，不让陪审团知道对被告有罪或者无罪有证明力的证据的成本，都将超过这一点。14 年后，该院概要性地判定，检控方证明自己遵守了宪法第五修正案米兰达要求的负担并不重。[⑭]

各州仍然可以自由设定更高的标准。许多州确实要求检控方通过清晰和令人信服的证据，甚至通过排除合理怀疑标准，来证明自愿性，有时要据此证明遵守了其他要求，例如反对被迫自我归罪设定的要求。

---

⑭　Sims v. Georgia, 385 U. S. 538（1967）.
⑭　Colorado v. Connelly, 479 U. S. 157，168（1986）.

第 15 章

关于不当取得的证据的特免权

第 164 节 导 言

传统上，庭外的不当取证方式并不影响证据的可采性。当然，这主要是因为法院认为，与排除相关但是不当取得的证据可能促进的其他目标相比，确保最准确地解决诉讼的所有证明性证据的需求更为重要。[①] 然而，法院还认为，对证据开发过程中可能存在的不当行为进行查问，成本太高，耗时太长，无法证成因获取证据的不当行为而排除证据可能会促进的任何其他目标的正当性。[②]

刑事诉讼领域证据法中最重要的最新发展，可能就是拒绝了这种做法，并因此增加了因取得证据的方式而排除证据的要求，即所谓的"排除规则"。

讨论有时认为存在"排除规则"，暗示只涉及一个补救要求。这是不幸和具有误导性的。诉讼和讨论往往主要考虑最高法院对美国宪法第四修正案的解释，即要求在州和联邦刑事检控中，排除因违反该规定而受到污染的证据。但是这忽略了因为违反其他法律要求而取得证据所要求的排除，其中许多法律要求没有体现在联邦宪法中。此外，这些排除性要求的内容并不必然与宪法第四修正案排除性要求的内容相同。

因此，一般而言，讨论最好避免简单地将"排除规则"作为涵盖一系列情况的单一规则。相反，在概念上，这一领域应当包含许多可能的排除规则或者制裁。在收集证据时对任何法律要求的可能违反，都可以被处以排除性制裁。排除性制裁可能与该等法律要求一样多。宪法第四修正案的排除性制裁可以为分析其他排除性制裁带来的问题提供一个基准。但是很重要的是，要认识到其他此类制裁可能在内容上与宪法第四修正案的规则有所不同。它们是否和如何应该有所不同，这些都是难题，往往被关于"排除规则"的讨论所掩盖。

① See 8 Wigmore, Evidence § 2183 (McNaughton rev. 1961).
② 8 Wigmore, Evidence § 2183.

当然，很难把对排除性制裁的讨论与对这些制裁所执行的基本规则的讨论分开。不过，这些规则的内容并不是证据法的问题。因此，本章着重于排除性后果，而不是被违反的基本法律要求。

342

与自白可采性有关的许多法律要求，例如米兰达要求和关于将被逮捕的人迅速递解给治安法官的命令，可能是本章意义上的排除性制裁。然而，为了方便起见，这些内容在第14章中已经进行了讨论，该章是专门讨论自白的。

第165节 排除性制裁的政策依据

排除性制裁导致排除本来相关和适格的证据，因而涉及相当大的成本。因此，它们承担着证明其正当性的重大负担。这种证成可以由这些制裁可能服务的几个完全不同的职能所提供。

促进准确的结果。能否在此基础上为排除规则进行辩护：它们会导致可能增加审判作出不准确结果的风险的证据被拒绝？某些排除性制裁至少在某种程度上可以在此基础上得到支持。例如，如果律师在排队辨认时在场可以减少暗示的风险，排除因证人在侵犯这项权利的列队辨认中指认被告而受到污染的目击证人证言，在某种程度上可能会导致拒绝不可靠的证据，否则这些证据可能会被认为是可靠的，对此无法用客观理由来加以辩护。

然而，大多数排除性制裁不能基于这些理由得到支持。相反，被这些要求排除的证据不仅具有相关性和适格，而且高度可靠，这一事实增加了证成这些要求的难度。

防止未来的违法行为。当然，排除性制裁的一个主要功能是防止今后违反基本法律要求。预防至少可通过两种截然不同的方式实现：威慑和"教育"或者"同化"。

威慑包括激励人们有意识地选择不违反法律要求，因为他们希望避免导致证据不可采。通常在排除性制裁辩论中，这意味着鼓励执法人员遵守法律要求，有意识地努力确保其调查工作成果的可采性。但是，排除性制裁方法的批评者认为，任何对威慑有效发挥作用的期望都是幼稚的，部分原因是执法人员往往会认为排除的威胁远没有影响其行为的其他因素那么有意义。

只有在案件存在积极争议的情况下，排除才是可能的。大多数刑事案件并没有最终提起诉讼，因此技术上的证据可采性将不是一个考虑因素。在不常见的情况下，排除成为一种真正的可能性，只有在警察在案件中完成角色很长一段时间后，这种威胁才会出现。在辩诉交易和冗长的刑事案件处理情境下，排除威胁可能是一个意义极小和遥远的威胁，在警察心目中，它不可能超越其他暗示采取不同行动方针的因素。

343　　　事实上，其他的考虑可能会更加迫切，更能引起警察的注意。如果一名警察认为遵守法律要求会危及其人身安全，他就不太可能因为在某个遥远的时刻他的行动的产物可能会受到法律挑战而无视这一风险。与此类似，警察的同事和直接主管的期待，可能与法律的要求相冲突，就警察的回应，可能会与证据规则展开相当有效的竞争。

此外，预计警察将遵守的法律要求可能不明确，以致妨碍了查明和遵循这些要求的活动。或者在警察看来它们是不切实际、毫无意义的，或者两者兼而有之，因此会招致规避。

甚至还存在这样的风险，即排除性制裁可能会向执法人员传达一种有意义的威慑信息，其结果可能是，执法人员会发现完全放弃正式检控是最有利的，转而依靠"街头司法"来鼓励他们认为可取的行为。如果证据规则的结果是鼓励执法机构从事非正式的、在很大程度上是法律以外的活动，而不是鼓励他们遵守法律要求，以便仍然有可能提起检控，那么可以说这些规则实现的是所有可能性中最坏的一个。

或许教训是，就排除性制裁可能产生的威慑效果进行概括，是困难或者不可能的。一些执法活动可能比其他执法活动更容易受到证据规则的影响。有些法律要求可能比其他要求更适合通过排除性要求来有效贯彻实施。

然而，防止不希望有的执法活动可以通过威慑以外的方式来实现。最高法院曾指出，排除证据的长期影响可能是表明社会对基本法律要求的重视。反过来，这可能会导致执法人员和政策制定者将这些要求纳入其价值体系，并可能在不知不觉中将这些接受为必须遵守的要求，而不论意识到的不遵守这些要求的影响如何。[3]

排除性制裁在不同的情境中执行各种法律要求的效果如何，仍然主要是基于直觉。已经有一些实证研究，但是在一定程度上因为严重的方法论问题，而没有定论。

司法适正因素。排除性制裁的全部或者部分正当理由，可能基于最高法院在 *Elkins v. United States* 案件[4]中所称的"司法适正的要求"。但是，在讨论司法适正问题时，有时会混淆两种截然不同的方法。

---

③　See Stone v. Powell, 428 U. S. 465, 492 (1976).

④　364 U. S. 206 (1960).

有一种观点认为，由于证据是不当取得的，法院使用这种证据，具有直接和固有的"错误性"，因此应予避免。当然，这种观点的性质意味着对它无法进行功利主义分析或者实证验证。在它的基础上，它依赖于一个直观的"正确"或者"适正"的概念，当然，任何这样的"正确"概念是否能为一个代价巨大的证据规则提供有力的支持，充其量是个问题。

相比来看，另一个经常被视为司法适正考虑的观点，显然有着功利主义的目的，因此在理论上至少容易得到验证。在 *Olmstead v. United States* 案件⑤中，Brandeis 法官提出的不同意见，阐述了这一方法：

> 在一个法治政府中，如果政府不能严格遵守法律，政府的存在将受到威胁……犯罪是有传染性的。如果政府成为违法者，它就会滋生对法律的蔑视；它在敦请每个人成为自己的法律；它在敦请无政府状态。

他接着说，这意味着，如果政府的"手"不干净，就应该像私人诉讼人一样，被拒绝诉诸法院。如果政府要求法院提供帮助的依据是非法获得的证据，"尽管被告错了，还是要拒绝帮助。拒绝帮助是为了维护对法律的尊重，为了促进对司法的信任，为了保护司法程序不受污染"。

本质上看，这一观点是，如果政府通过其法院使用非法获得的证据，一般而言，政府——特别是其法院——将失去被治理者的尊重，从而使其无法履行治理职能。就法院而言，这意味着它们将无法解决公民之间的争端。

尽管 Brandeis 大法官用华丽的辞藻论证这一观点，但是这可能与现实不符。当然，证据规则是否会影响法院获得尊重和遵从的能力，这一点值得怀疑。但是在某种程度上，这一观点可能会扭曲这些规则的效应。当法院被视为因取得证据的方式不当而无视可靠证据时，对司法机构的普遍尊重可能会受到损害，特别是在如果这样做需要对明显犯有严重反社会行为的人无罪开释时。

对不法行为的补救。至少从表面上看，排除性制裁似乎发挥着独特的或许是适当的补救功能，因此以此为基础，可能是合理的。该观点可能说，法律的目的，可能是让一个被冤枉的人尽可能处于接近他以前的状况的境地。只有排除性制裁才能使这样的人回复到他不必担心对他犯下的错误的后果会被用来反对他的境地。

另一方面，被违反的基本法律要求的实质内容可能表明，其权利被侵犯的人没有这样的合法利益，即被免除仅因为其权利受到侵犯而可能要承担的刑事

----

⑤　277 U. S. 438（1928）．

责任。如果他们没有这种合法的利益，排除性制裁使他们免除这种责任的事实几乎没有或者根本没有意义。

例如，免受不合理搜查的权利可能只保护个人这样的利益，即隐私不受此类搜查的侵犯。这种隐私利益使他们可以向政府隐匿关于其犯罪活动的证据，这至多是隐私权的不良副作用。如果不受不合理搜查的权利如此概念化，那么任何被不合理搜查的人都没有合法的利益来剥夺政府使用因搜查而发现的证据来反对他们的权力。因此，他们在对侵犯其隐私的行为进行有效救济方面的利益，并不包括这样的利益，即回到不必担心政府在刑事检控中使用发现的证据反对他们的状态。

如果基本的法律要求是这样概念化的，那么排除性制裁针对刑事责任提供独特保护的趋势，就没有正当的补救意义。由于基本性取证错误的被害人没有合法的利益来免受证据被用来反对他们，排除性制裁产生这一结果的独特能力并不能明显支持排除性制裁。

即使排除确实在某种程度上倾向于至少以合乎逻辑的方式对所造成的损害作出了反应，它也可能并不"适当"，因为它提供了过度的救济。如果排除证据使检控受挫，情况尤其如此。无罪释放一个明显有罪的人可能代价过于高昂，甚至使被害人不能回到原来的状态。

第166节 联邦宪法排除性制裁：（a）发展

联邦宪法排除性制裁已成为现代排除性要求的典范。最高法院发展联邦制裁的判例法，特别是塑造宪法第四修正案排除性要求的判决，也同样构成了一般性排除要求的讨论框架。

用排除来回应在获取证据方面违反联邦宪法的行为，似乎起源于对宪法第四和宪法第五修正案保护的实质内容的混淆。在 *Boyd v. United States* 案件[⑥]中，没收诉讼中一名未胜诉的索赔人就没收判决寻求救济，理由是审判法院将索赔人根据审判法院命令被迫出示的发票错误地作为了证据。宪法第四和宪法第五修正案都被援用了。最高法院判定，根据宪法第四修正案，对该文件的强制出示必须进行审查。为了判定这是否合理，法院求助于禁止反对被迫自我归罪的宪法第五修正案。法院认定这两项规定之间存在"密切关系"，得出结论认为强迫出示或者以其他方式扣押某人的私人账簿或者文件作为反对他的证

---

⑥ 192 U. S. 585（1904）.

据，违反了宪法第五修正案。最终法院判定，鉴于发票的取得方式，将其采纳为证据的做法，既违反了宪法第四修正案禁止不合理搜查和扣押的规定，也违反了宪法第五修正案禁止被迫自我归罪的规定。

不过，20 年后，在 *Adams v. New York* 案件⑦中，仅仅在被告的宪法第四修正案权利受到侵犯的情况下，法院拒绝要求排除。该等案件是由法院所称的"权威和理性的分量"所调整的，这体现在这样的规则中，即法院不会停止探究获得有效证据的方式。

346

然而，10 年后，在 *Weeks v. United States* 案件⑧中，法院将排除接受作为宪法第四修正案的救济措施。*Weeks* 案件判定，宪法第四修正案适用于联邦刑事诉讼时，其设定了排除性制裁。"如果信件和私人文件因此而被〔不当地〕扣押和持有，并被用作反对被指控犯罪的公民的证据"，法院解释道，"宣布他有权免受此类搜查和扣押的宪法第四修正案的保护是没有价值的，就这样规定的保护而言，不如从宪法中删除"。

当然，*Weeks* 案件不适用于州诉讼，甚至宪法第四修正案本身是否对各州具有约束力也仍然存在疑问。在 *Wolf v. Colorado* 案件⑨中，法院首次直接讨论了这些问题，得出结论认为，宪法第四修正案的核心是保护个人隐私不受警察的任意侵犯，这是自由社会的基础，因此隐含在有序自由的概念中。法院判定，根据 *Palko v. Connecticut* 案件⑩，宪法第四修正案对不合理搜查和扣押的禁止，可以通过宪法第十四修正案的正当程序条款针对各州执行。

但是 *Wolf* 案件接着就禁止不合理的搜查和扣押与联邦刑事诉讼中适用的排除性救济进行了区分，认定后者对各州没有约束力。然而，到了 1961 年，法院准备重新考虑 *Wolf* 案件的第二个结论。

在 *Mapp v. Ohio* 案件⑪中，*Wolf* 案件的第二个判定被推翻。多数意见解释说，自 *Wolf* 案件后，半数以上正在考虑作为州法事项是否采取排除性制裁的州决定这样做。因此，就不能再说有关典据反对 *Weeks* 规则了。然而，更重要的是，法院将经验解读为与 *Wolf* 案件的这一假设相矛盾，即可以靠排除规则以外的救济措施来执行宪法第四修正案权利。州法院的经验和判决以及最高法院自己的判决都承认，"把宪法第四修正案交给其他补救措施的保护，显然

---

⑦　192 U. S. 585（1904）.
⑧　232 U. S. 383（1914）.
⑨　338 U. S. 25（1949）.
⑩　302 U. S. 319（1937）.
⑪　367 U. S. 643（1961）.

是徒劳的"。因此，*Weeks* 案件的排除规则被判定是宪法第四修正案和宪法第十四修正案的重要组成部分，因而对各州和联邦政府都具有约束力。

　　毫无疑问，*Mapp* 案件是一个基于最小理由的大胆判定。在功能上，最高法院将宪法第四修正案的一般条款解读为授权联邦法院制定与执行该规定的明确的实质命令相适应的救济措施。制定者必然已经预见到该条款的保障在联邦法院是可执行的。由于他们没有规定使之能够做到这一点的救济措施，他们必然有这样的意图，即法院有权制定适当的补救办法，这要考虑到对基本保证造成的威胁的严重性，以及与排除因此取得的证据相比，成本较低的替代办法的有效性。

　　在判定排除性制裁是宪法第四修正案中免受不合理搜查和扣押的权利的一
347　个重要部分之后，法院开始不加区别地将其适用于其他联邦宪法权利。然而，它明确指出，这些不同的联邦宪法排除性制裁在内容上并不相同。

　　在 *Hudson v. Michigan* 案件[12]之前，人们普遍认为，任何违反至少宪法第四修正案的行为都会引发 *Mapp* 案件规定的排除性规则分析。然而，*Hudson* 案件判定，至少有一类违反宪法第四修正案的行为不会这样。违反宪法第四修正案的行为包括以"没有敲门"的方式进入住所执行搜查令，因而违反了宪法第四修正案的要求，这不能支持对住所内发现的证据提出排除规则质疑。

　　Hudson 案件的概念基础有些不清楚。法院的一些讨论表明，这一判定的依据是，在这些案件中，缺乏证据证明违反宪法第四修正案和发现被质疑证据之间存在充分的事实因果关系。其他部分则表明，无论可能存在什么样的事实因果关系，通常（如果不是不可避免的那种）都要求认定污染已经被稀释，因此尽管存在事实因果关系，证据还是可采的。

　　总体而言，*Hudson* 案件的讨论表明，判定所依据的既不是因果关系，也不是污染稀释理由。相反，作为宪法第四修正案排除性制裁法的问题，法院现在愿意列明不足以触发排除性救济措施的违反宪法第四修正案的行为类别。依赖于这种违法行为而对证据的可采性提出质疑的被告，如果没有调查被告是否证明了因果关系或者检控方是否证实了污染稀释，则必然失败。

　　为什么没有敲门进入住所的违法行为被判定不足以触发排除性要求，就其他可以作类似定性的违法行为而言，这意味着什么？*Hudson* 案件并不完全清楚。当然，这一结果受到法院的这种看法的影响，即宪法第四修正案宣告要求对于警察来说特别难以理解和做到。它还考虑到，这些案件通常最多涉及违规

---

⑫　547 U. S. 586 (2006) .

行为与发现证据之间的最小因果关系，以及目前有利于认定污染稀释的因素。毫无疑问，这也受到多数人对把排除证据作为宪法性救济措施的越来越失望的情绪的影响。

然而，*Hudson* 案件还表明，排除适用于仅作为对宪法第四修正案要求的回应，这些要求保护宪法第四修正案利益，即保护证据不受政府观察或者实际扣押。进入住所执行搜查令前必须宣告的要求，保护了其他宪法第四修正案利益，即"生命和肢体"和财产的安全以及隐私和尊严的某些方面。由于对证据的质疑并不取决于保护证据免受政府取得的利益，*Hudson* 案件解释说，"排除规则不适用"。

Mapp 案件后，联邦宪法排除性要求的应用，通常假定这些要求是强制性的。如果审判法官面前的事实触发了其中一条规则，但是对排除性要求没有公认的例外，则法官需要排除证据。法官没有基于其对排除的适当性或者明智性的个案具体评价，来采纳或者排除证据的一般的自由裁量权。

Herring v. United States 案件[13]使这一假设的持续有效性受到了怀疑。*Herring* 案件判定，如果被告证明的只是"疏忽"而违反了宪法第四修正案，则在至少一种情况下，排除是不必要的，或者显然是允许的。具体来说，*Herring* 案件判定排除是不必要的，因为有证据表明，被质疑的证据受到了逮捕的污染，该逮捕是依据另一个县的警察疏忽记载的警察记录进行的，该记录表明有对被告的未执行的逮捕令。*Herring* 案件判定，排除那些被仅仅是疏忽的警察记录所玷污的证据，无论能提供何种威慑，都不值得付出代价。

在 *Herring* 案件适用的情况下，它似乎要求根据 *Mapp* 案件申请证据排除的被告至少要证明，作为触发排除规则分析的基础，不仅仅是违反宪法第四修正案的行为。这种分析可以通过证明"故意、鲁莽或者严重疏忽的行为"而引发。或者，至少在"某些情况下"，证明"经常性或者系统性疏忽"就足够了。Breyer 大法官在不同意见中提出，审判法院将不得不"对警察的罪责程度进行个案性的、多因素的探究"。

如果 *Herring* 案件适用，它可以允许或者要求不仅仅是查问被告是否已经证明了至少有重大过失或者屡屡发生的或者系统性的过失。至少在某些情况下，它可能允许审判法院在个案基础上，就已证明的执法罪责与所提出的那种情况下的威慑需要进行权衡。

显然，确定 *Herring* 案件适用的情形，是宪法第四修正案排除规则的一

⑬　555 U. S. 135（2009）.

348

个主要问题。法院指出，它所审理的在宪法上有瑕疵的执法行为涉及维持执法记录，具体而言就是一个逮捕证数据库。*Herring* 案件可能只适用于这种情形。

在 *Herring* 案件中，被判定不足以引发排除规则分析的过失，是雇用执行逮捕的警察所在县之外的县的执法人员造成的。这显然导致了 *Herring* 案件多数意见将该过失定性为"被直接导致取得证据的执法行为所稀释"。那么，也许 *Herring* 案件只适用于这样的情况，即以这种方式被稀释的有宪法缺陷的执法行为，不同于在直接意义上侵犯了提出异议的被告的宪法第四修正案保护的利益的执法行为。

Herring 案件可以被理解为对宪法第四修正案排除性要求的所谓"善意"例外[14]的扩展。但是法院的讨论并没有集中在政府对 Herring 的证据可采性质疑的防御性回应上。相反，它指出，缺陷在于攻击本身：被告——至少在所涉背景下——必须证明违反宪法第四修正案要求的执法行为不仅仅是"疏忽"。

349 最近的事态发展反映出，最高法院对联邦宪法权利的排除性救济措施越来越不再抱有幻想。这将在下一节阐述。因此，可以预见的是，2009 年，法院速决驳回了一项建议，即它应制定一项新的、广泛的"排除规则"，禁止州法院采纳"看守所线人"的证言。[15]

第 167 节　联邦宪法排除性制裁：(b) 政策基础和分析方法

随着最高法院制定了联邦宪法排除性要求，主要是宪法第四修正案制裁，它缩小了这些要求所依据的政策考虑范围。它还为发展这些要求的内容时凝练子问题，制定了一个一致适用的方法。在这一过程中，法院就可能相关的政策考虑作出了若干基本选择。

首先，法院明确表示，联邦宪法性规则不具有显著的正当救济功能。这是因为，就像法院所设想的那样，宪法上可认定的伤害已经造成了，排除证据根本不可能使被害人恢复原状。它在搜查和扣押法情境中解释说："被害人被破坏的家庭隐私和财产无法恢复。赔偿来得太迟了。"[16]

如果排除证据不能恢复被侵犯的隐私权，为什么不能至少减少一种侵犯隐

⑭　参见第 182 节。
⑮　Kansas v. Ventris, 556 U. S. 586, 593 n. ＊ (2009)．
⑯　Linkletter v. Walker, 381 U. S. 618, 637 (1965)

私权的影响，即将被害人替换到一个并非基于侵犯其隐私权而获得的证据使其临刑事检控的状态？法院没有直接讨论这个问题。但是最有可能的是，它认为检控方拥有和使用牵罪性证据的能力与被告的正当利益完全无关。检控方有权拥有这些证据；被告没有向检控方隐匿这些证据的最终权利。如果不适当的搜查导致检控方能够实现其取得此类证据的利益，那么搜查就没有侵犯被告的受保护利益，即没有宪法认可的"权利"。对于被告的错误对待，完全是侵犯了他的隐私。如果这种侵犯隐私权的行为事实上导致检控方获得了牵罪性证据，这决不会促成搜查的违宪，即被告有正当权利主张救济的方面。

因此，剥夺检控方使用这些证据的能力，决不会以被告有任何正当主张的方式恢复原状。他唯一合法的主张是恢复他被侵犯的隐私，这绝不是通过剥夺检控方证据来实现的。

法院作出的第二项基本决定是采纳了这样一种观点，即在宪法第四修正案理论中，对司法适正的考虑只有"有限的作用"，因此在确定该条款的排除性要求的内容时，也是如此。[17] 这一点是通过这一判定来实现的，即"在这种情境下，司法适正的主要含义"是，当且仅当法院使用非法获得的证据将在今后鼓励为检控方提供有关证据的那种违法行为时，它才被侵犯。[18] 因此，对非法获取的证据的特定使用是否有违司法适正性因素，实质上与它是否具有预防目的涉及相同的问题：采纳证据是否会在今后鼓励为获取有关证据而实施的那种违法活动？

第三个基本政策决定涉及的，几乎被默认成为联邦宪法要求的基本理由，即防止未来违反基本宪法要求的需要。传统上，法院似乎认为，这是通过有意识的威慑来实现的，即通过排除性制裁促使执法人员有意识地遵守宪法性规则。在 *Stone v. Powell* 案件[19]中，就宪法第四修正案排除规则的预防功能，法院指出，与排除威胁有意识地阻止警察今后的违法行为的趋势相比，长期的"教育"效果"更为重要"。不过，它并没有遵循这一宣告，在 *Powell* 案件之后的分析中，它认为预防主要是通过威慑来实现的，如果不是完全通过威慑实现的话。

最近，法院的判例法证明了最终的政策决定。从 *Herring v. United States* 案件[20]开始，法院强调了执法行为的"罪责"在确定该行为的排除性后果方面

---

⑰ Stone v. Powell，428 U. S. 465，484（1976）.

⑱ United States v. Janis，428 U. S. 433，458 n. 35（1976）.

⑲ 428 U. S. 465（1976）.

⑳ 555 U. S. 135（2009）.

的重要性。在某种程度上，这与其强调威慑密切相关。它在 *Herring* 案件中宣布，"排除规则得到……威慑原理的证成程度，因执法行为的罪责程度而有所不同"。但是判例法也表明，法院已将排除视为对执法部门的惩罚，必须通过说明触发行为应受谴责来证成这一惩罚。后来在 *Herring* 案件中，法院说：

> 为了启动排除规则，警察的行为必须有充分的蓄意，这才能使排除能够有意义地威慑这种行为，而且这种充分的罪责性，使得这种威慑足以让司法系统付出代价。

这表明，对罪责的需要独立于援引威慑理论时对蓄意的需要。

在这些关于相关考虑的基本判决的基础上，法院制定了一个统一的公式，用以凝练有关联邦宪法排除规则内容的具体子问题。这一方法是在 *United States v. Calandra* 案件[21]中首次阐述的，该做法将这一问题作为排除性要求的拟议扩展之一，超出了这样的核心要求，即当检控方在刑事审判主提证中提出证据证明被告有罪时，应当排除因违反宪法要求的活动而直接获得的证据。分析需要确定，首先，拟议扩大导致的排除性制裁在实现其目的方面增加的有效性；其次，这样做的成本。关键问题是，就必须付出的代价而言，有效性的增量式增长是否值得。

一般而言，法院在探究提高有效性的可能性时，侧重于威慑，并探究拟议的扩大将产生的增量威慑效果。当然，在成本方面，关于犯罪者有罪的可靠证据的丧失是主要的关切。但是除此之外，法院还考虑到了其他因素，例如行政费用和一般刑事司法系统——特别是刑事审判——的中断。例如，在 *Calandra* 案件中，法院面临的具体问题是，是否应将宪法第四修正案的排除规则适用于大陪审团程序，允许证人拒绝回答基于违反证人宪法第四修正案权利而获得的信息提出的问题。多数意见强调，如果允许这样做，就需要经常停止大陪审团的调查，以便对获取特定信息的方式进行调查。其结果将是严重干扰大陪审团有效和迅速履行其历史性角色和职能。

在最近的判例法中，大多数法院都表现出越来越愿意在其分析中对那些传统上倾向于排除证据的考虑给予最小的重视。例如，在 *Hudson v. Michigan* 案件[22]中，多数意见建议进行法律和社会变革，因为 *Mapp* 案件已经使依赖昂贵的排除救济措施变得不那么必要和不那么合适。它补充说，执法机构已经变得更加专业，并强调内部纪律。

---

[21] 414 U. S. 338 (1974).
[22] 547 U. S. 586 (2006).

几乎同样引人注目的是，多数法院愿意将排除证据定性为根据联邦宪法和非宪法性法律采取的一种不受欢迎的最后救济措施。法院在 *Sanchez-Llamas v. Oregon* 案件㉓中解释说，如果《维也纳领事关系公约》授权联邦法院对违反《公约》的行为制定司法救济措施，这种救济措施必须遵守美国国内法。随后它明确表示，只有在排除证据这种方法提供的救济措施比其他方法更有效、成本更低的情况下，美国国内法才接受排除证据。*Sanchez-Llamas* 案件判定，就违反公约的行为而言，并非如此。

Hudson 案件和 *Herring* 案件对联邦宪法排除性要求的前景预示着什么，目前还远未明朗。在 *Hudson* 案件中，Kennedy 大法官在并行意见中一定程度上表示信任，"我们的判例所确定和界定的排除规则将继续实施，这是毫无疑问的"㉔。三年后，*Herring* 案件的任何法官都没有表示这种信任。

虑及相关的政策考虑，法院在 *Hudson* 案件中明确说："对证据的排除……一直是我们的最后手段。"㉕ 这是否准确地说明了历史性事实，充其量是有疑问的。然而，显然，它准确地说明了当前法院多数人的立场。

第 168 节　州宪法排除性制裁

352

尽管在排除性制裁的讨论中，*Mapp v. Ohio* 案件㉖和宪法第四修正案判例法很突出，但是排除性救济最早是在州宪法诉讼中发展起来的。独立于 *Mapp* 案件及其后续案件，州判例为现代排除性制裁提供了越来越重要的基础。主张将排除作为强制执行法律要求的手段的人，对最高法院发展联邦权利和排除补救措施不满，越来越多地试图说服州法院制定州宪法权利和州宪法性排除要求，以更严格地保护那些涉嫌或者被控犯罪的人。

最高法院在 *California v. Greenwood* 案件㉗中确认，各州有权接受或者拒绝排除性做法。根据加利福尼亚州法律，对 Greenwood 的垃圾进行的无证搜查，构成了州宪法条款（类似于宪法第四修正案）规定的不合理搜查，然而，州宪法并没有要求排除由此产生的证据。所有人都同意，作为宪法第四修正案法律问题，*Mapp* 案件及其理由不要求排除在违反州宪法但是不违反任何联邦

㉓　548 U. S. 331（2006）.

㉔　547 U. S. at 603（Kennedy 大法官加入了法院意见的第 I 至第 III 部分，对判决持并行意见）.

㉕　547 U. S. at 591.

㉖　367 U. S. 643（1961）.

㉗　486 U. S. 35（1988）.

规定的情况下获得的证据。此外，法院判定，宪法第十四修正案的正当程序条款并没有禁止该州剥夺 Greenwood 对违反州但是不违反联邦宪法的警察行为的救济措施。加利福尼亚州本可以将不合理的搜查定义为包括的仅仅是宪法第四修正案所涵盖的官方活动。由于州有权允许宪法第四修正案不禁止的警察活动，因而它也必然有较少的权力禁止这种活动，而是通过将证据排除在刑事审判之外的其他方式执行这一禁令。

州宪法条款与联邦宪法条款一样，很少明确规定违反它们取得的证据的可采性。因此，当一个州法院被要求将这样的规定解释为要求排除证据时，它必须选择是否以最高法院在 *Mapp* 案件中运用的同样的活力和灵活性来解释其宪法。因此，州法院面临的基本问题与最高法院在 *Mapp* 案件中面临的基本问题相同——禁止某些官方行为的宽泛语言是否要求或者允许排除被禁止行为所产生的证据？州法院很少直接和创造性地解决这样一个难题，即这样的宽泛宪法条款是否赋予法院权力，使其能够颁布像排除性制裁那样影响广泛和有争议的要求。就违反州宪法的行为进行排除性制裁的规定，有时只是很随意地进行了讨论，即成了公认的法律，而没有对这一立场的适当性进行任何有重点和仔细的考虑。在某些情况下，州法院的关注焦点是，制定的州排除性制裁是否应当与联邦宪法排除性制裁内容相同，而不是州排除性制裁是否合理。因此，州宪法的排他性规则有时是在很少或者根本没有仔细审查其正当性或者明智性的情况下制定的。

随着最高法院在 *Mapp* 案件中解释了宪法第四修正案，几个法院更深入地讨论了解释其州规定的适当性。每个法院都选择遵循 *Mapp* 方法。在这些分析中，最重要的考虑因素是，法院认为，排除性制裁已被普遍接受，因此在没有明显理由以其他方式解读州规定的情况下，将其解读入州规定是适当的。正如康涅狄格州中级上诉法院在准确预测州最高法院将承认州宪法排除规则时所解释的那样：

> ［排除］规则已经在法院获得压倒性的赞同，成为保护宪法搜查和扣押条款所保障的隐私免受不合理侵犯的最有效方法。㉘

或许最令人吃惊的是，这些判定缺乏多样性。最近似乎没有州最高法院明确判定，类似于宪法第四、第五或者第六修正案的州条款不要求排除。

州法院采纳了州宪法排除规则，甚至明确赞同 *Mapp* 案件的解释性方法，

㉘　State v. Brown, 543 A. 2d 750, 763 (Conn. App. 1988).

这并不意味着它在制定州救济措施甚至在凝练问题方面，在技术上或者逻辑上必然遵循最高法院的思路。最重要的是，州法院仍然可以自由地为州法目的，重新界定与如何制定州的救济措施相关的因素，以及确定这些因素的相对重要性。

最高法院强调了联邦宪法排除性制裁在阻止今后违反修正案实质性要求方面的作用，并凝练了排除性规则问题，以便调整救济措施，服务于该职能。一些州法院对州规定采取了同样的做法。

一些州法院在制定自己的州宪法排除性制裁时，拒绝了这一框架。例如，俄勒冈州最高法院解释说：

>本院……明确拒绝俄勒冈州的排除规则是基于威慑理由的观点。相反，本院判定，俄勒冈州的排除规则是宪法要求的规则，旨在维护被告的人身权利。换言之，《俄勒冈州宪法》第 1 条第 9 款规定的免受不合理搜查和扣押的权利，也包括免于使用违反州宪法规定而获得的证据的权利……俄勒冈州排除规则的目标，是将被告恢复到与"政府官员在法律范围内行事"时相同的地位。㉙

这种强调提供有效救济的做法，也得到了其他一些法院的支持。虽然这些法院没有广泛阐述这一立场的基础或者意义，但是这似乎是拒绝最高法院的假设，即排除因官方违法行为而获得的证据，并不能为那些因官方违法行为而遭受隐私侵犯或者其他伤害的人提供适当的救济。

一些州法院认为，与最高法院认定联邦宪法要求所涉及的司法适正相比，州宪法排除性要求服务于更广泛的司法适正。例如，夏威夷最高法院判定，在一定程度上，夏威夷州宪法中的排除性规定被解释为能最大限度地促进这样的政策，即"法院不应当通过允许非法取得的证据在刑事检控中被采纳，来批准这样的证据"㉚。

这一领域的州司法独立性，导致了对州宪法的一些限制性修改。佛罗里达州宪法的搜查和扣押条款长期以来一直规定，违反该条款取得的证据是不可采的。1982 年，这一规定得到了一项具体指令的补充，即对它的解释要"符合"最高法院对宪法第四修正案的解释，因此，将证据排除限定在了这样的情况下，即"根据美国最高法院解释美国宪法第四修正案的判决，〔证据〕不可

㉙　State v. Hall，115 P. 3d 908，920（Or. 2005）（引述已略）.

㉚　30 State v. Torres，262 P. 3d 1006，1018（Haw. 2011）（quoting State v. Bridges，925 P. 2d 357，366（Haw. 1996））.

采"③。同年，加利福尼亚州选民创建了一个州宪法"证据确凿权利"条款，规定除非州立法机关两院三分之二的投票通过，"在任何刑事程序中，不得排除相关证据"③。这实际上剥夺了加利福尼亚州法院的这一权力，即制定州宪法排除性制裁，要求排除联邦宪法未要求排除的相关证据。

第169节　因非宪法性违法行为而进行的排除：(a) 概述

　　联邦和州的宪法要求仅适用于这样的情况，即被告证明被质疑的证据是侵犯宪法权利而获得。但是刑事被告经常寻求排除证据，作为违反非宪法法律要求的补救措施。如果在这样的基础上排除证据是可行的，那就提出了一个比人们通常认识到的更困难的问题。现代法律将排除证据作为对违反宪法要求的行为的适当补救办法，这往往导致在证明了任何违法行为时，不加区别地进行类似的证据排除。事实并非如此。

　　对相关证据提出质疑，理由是这些证据是在违反非宪法性法律要求的情况下获得的，这引起了以下三节中所讨论的几个不同的关切问题。第一是法院是否有立法规定的权力来据此排除证据。第二个问题是，法院是否有自主权来据此排除证据。第三是如果存在任何此类排除要求，其内容是什么。

　　一般来说，可能影响证据法发展的非宪法性法律要求的数量和性质表明，与宪法性要求相比，排除性制裁的适用更为保守。密歇根州最高法院解释说：

355　　　　排除性规则特别严苛，因为它既不是严格限缩，也没有区分所要阻却的错误的严重程度。由于没有认识到警察的错误对特定被告的影响，也没有认识到被告实际有罪还是无罪，因此排除规则（适用于非宪法性违法行为）缺乏比例性。③

　　早些时候，同一法院曾提出，对违反非宪法性法律的行为适用排除性制裁，将是针对官方行为中的"技术性瑕疵"而抛弃具有高度相关性的证据。但是这种提法，即所有非宪法性要求都只是技术性要求的提法，将问题过于简单化了，就如同不加区别地将排除适用于取得证据的所有违法行为一样。

---

③　Fla. Const. Art. 1, § 12.

③　Cal. Const. Art. I, § 28 (f) (2).

③　People v. Hawkins, 668 N. W. 2d 602, 609 n. 9 (Mich. 2003).

第 170 节 因非宪法性违法行为而进行的排除：（b）立法要求

毫无疑问，立法机关有权指示通过排除违反法律要求而获得的证据来执行法律要求，或者赋予具有管辖权的法院自由裁量权来制定排除救济措施。这种权力的行使可以是明示的，也可以是默示的，最好是分开讨论这两种可能性。

明确的立法排除要求。一些司法辖区有相对宽泛的制定法排除要求。自1925 年以来，得克萨斯州在制定法上已将违反联邦或者得克萨斯州法律或者宪法获得的证据排除在刑事审判之外。北卡罗来纳州有一个更为狭隘的规定，要求排除某些违反其《刑事程序法》取得的证据。㉞ 然而，这些规定是例外。㉟大多数州既没有任何关于排除非法获得的证据的一般性明确立法要求，也没有明确授权法院制定任何此类排除要求。

更常见的是，立法机关就特定制定法规定了排除性救济措施。主要的例子是联邦电子监视法，其中包含自己的制定法排除救济措施。㊱ 根据该法，各州有权通过州法律规定州执法人员从事某些电子监视活动，依照这一法律制定的州制定法包含与联邦制定法类似或者相同的排除性要求。

其他制定法规定有时也明确要求排除。排除可能是间接授权的，例如田纳西州"默示同意"制定法所规定的，该法规定它并不影响在因使用机动车辆实施严重攻击或者杀人而提起检控时的证据的可采性。㊲ 显然，这可能会影响在其他检控中的可采性。

立法机关偶尔会明确表示，不存在排除。俄勒冈州一般性地规定，除非美国宪法或者俄勒冈州宪法、证据规则或者新闻权利要求排除相关证据和本可采的证据，否则法院不得以这些证据是在违反"任何制定法规定"的情况下获得的为由，而排除这些证据。㊳ 更常见的是，立法机关规定，具体的制定法规定不应作为排除的依据。

隐含的立法排除要求。排除证据的立法典据有时可能隐含在缺乏上述那种明确要求的制定法条文中，法院已经认识到这一点。然而，在什么时候一项制

㉞ Tex. Code Crim. Proc. art. 38. 23.

㉟ N. C. Gen. Stat. § 15A－974.

㊱ Omnibus Crime Control and Safe Streets Act of 1968, tit. II, codified as 18 U. S. C. A. § § 2510 et seq.

㊲ Tenn. Code Ann. § 55－10－406（d）.

㊳ Or. Rev. Stat. Ann. § 136.432.

定法可被恰当地解释为授权或者要求排除，已经被证明对于许多法院而言是一个困难的问题。

在一些早期的判例中，最高法院不加区别地判定，必须排除违反某些联邦制定法要求而获得的证据。[39] 然而，目前尚不清楚这些判定是基于立法意图的解读，还是法院在行使自己的制定排除性要求的权力。

一些下级法院愿意在相当稀缺的基础上找到隐含的立法排除要求。例如，在 United States v. Chemaly 案件[40]中，法院判定，限制边境货币搜查的联邦立法要求排除违反其规定获得的证据。强调法院长期接受排除作为对甚至是非宪法性的违法行为的救济措施，法院推理说，国会假定，在没有相反明确指示的情况下，法院将通过排除违反制定法情况下获得的证据来执行制定法；因此，国会对排除性制裁保持沉默是一项默示的指示，即要适用这种救济措施。有些法院明显倾向于根据规定了与宪法要求类似但是更严格的制定法，来进行这种分析。这显然是基于这样一种假设：当立法机关设定了类似于宪法规定的通过排除性制裁执行的要求时，它通常假定其制定法指令也将通过这种制裁加以执行。

艾奥瓦州最高法院重申——并扩大了——其早先的排除证据的判决，这些证据被排除，是因为警察违反了被逮捕的人有权与律师或者家庭成员联系的制定法规定。它承认"反对默示制定法排除规则的一般推定"，但是解释说，"就违反这些……涉及基本权利或者具有宪法色彩的制定法的行为而言，排除规则是正当的"[41]。

然而，大多数法院更不愿意去找出未明确表达可以实行排除性制裁的立法要求。判例讨论强调了几个考虑因素。如果立法机构通过的其他制定法明确要求排除，立法机关未能在有关制定法中作出类似规定，这就向许多法院表明了这一立法意图，即对于就该问题保持沉默的制定法而言，并不提供这种救济。法院还推理说，如果立法的总体目的是增加执法权，立法机关不太可能意图通过实施排除性制裁来阻碍这一总体目标，因此法院应该不愿意如此解读此类制定法。

357　　至少有一家法院要求在被告所依据的制定法中，要明确说明影响证据可采

---

[39]　Miller v. United States, 357 U. S. 301 (1958); Grau v. United States, 287 U. S. 124 (1932). See also Sabbath v. United States, 391 U. S. 585 (1968).

[40]　741 F. 2d 1346 (11th Cir. 1984).

[41]　State v. Moorehead, 699 N. W. 2d 667, 675 (Iowa 2005).

性的意图。密歇根州最高法院采取了这一立场，推翻了不加批判地因违反制定法和法院规则而排除证据的早期判决。[42]

另一家法院则宣布，只有在以下情况下才可以排除：第一，制定法的目的是防止政府的不当行为；第二，具体的违法行为必须侵犯了"法律背后的立法意图或者'精神'，为了实现制定法背后的目的，证据应该被排除"[43]。

威斯康星州最高法院在 *State v. Popenhagen* 案[44]中放弃了先前坚持的某制定法明确规定了排除性救济措施的主张。然后，它在一个制定法中找到了充分的排除性救济的立法授权，该制定法授权签发传证令，因为它认为可以向发出传证令的法院提出动议。它认为，动议包括排除因违反制定法要求发出传证令而取得的证据的动议。

总的来说，法院应该不愿意在排除证据的制定法中找到默示授权。排除是一种特别昂贵的补救办法，其适当性是非常值得怀疑的。在大多数情况下，立法上的沉默几乎可以肯定地反映出，对于通过这种补救措施适当执行颁布的规定缺乏共识。除非有合理明确的证据证明这种共识，这一般反映在制定法本身的条款中，否则不应认为制定法授权法院排除违反其要求而获得的证据。

实际上，*Popenhagen* 案件的方法甚至并不是基于排除性救济的默示立法规定。正如不同意见所指出的那样，根据多数意见的做法，几乎任何制定法都可以被解读为授权排除证据。威斯康星州法院实际上是主张在立法机关没有禁止这种做法的情况下，法院有权制定排除性救济办法。

第 171 节　因非宪法性违法行为而进行的排除：（c）司法发展的要求

在没有立法或者宪法授权的情况下，法院可能仍然可以拥有制定和适用排除性要求的独立权力。有些法院在没有说明其渊源的情况下就宣称拥有这种权力。如果仔细研究此事，这种司法权可能要么基于被赋予许多法院的颁布有关程序和证据的规则的权力，要么基于一些法院声称的对诉讼和在某种程度上影响诉讼的某些人的行为行使的通常称为"监督权"的权力。

规则制定权。许多美国法院有权制定证据和程序规则，这是制定法或者宪法规定的授权。这种权力是通过广泛制定证据规则来实现的。这一权力是否可

---

[42]　People v. Hawkins, 668 N. W. 2d 602, 612 - 13（Mich. 2003）.

[43]　State v. Britton, 772 N. W. 2d 899, 905（S. D. 2009）.

[44]　749 N. W. 2d 611（Wis. 2008）.

以允许法院颁布一项排除规则，除了适用于违反宪法性的法律要求的行为，也适用于违反非宪法性法律要求的行为？

358　　　　阿拉斯加州最高法院已经采取了这种行动。该法院采纳了一项一般性排除规则，作为其刑事规则的一部分，并将此纳入其证据规则。根据《阿拉斯加州证据规则》之规则412，在刑事检控中，在被告提出适当异议后，"非法获得"的证据不得用于"任何目的"，但是有着适用于伪证检控的有限例外。

在最好的情况下，这是否是规则制定权的适当行使也是个问题。将规则制定权赋予法院，在很大程度上是因为在诉讼案件中它们特别有能力处理诸如如何最有效率和最具成效地达成准确的解决办法等问题。当然，在决定排除性制裁是否适当时，排除性要求对这些利益的干扰程度是一个重要的考虑因素。但是更重要的是，要考虑到违法行为的发生程度，以及其他措施是否有阻止违法行为的合理可能。最后的决定必须就排除性制裁的成本和它的潜在利益进行权衡。这项判决仅仅是法院特定专业领域内的外围性判决，显然是一种通常通过立法决定进行的判断。鉴于排除性制裁的性质，尽管它们具有"证据"形式，但是最好将其视为超出了一般司法证据和程序规则制定权限。

法院的"监督"权——联邦模式。一些美国法院判定，或者在判决附带意见中表明，它们对司法程序拥有比普通的规则制定权更广泛的监督权。这一权力可赋予这些法院以司法方式制定因违反非宪法性法律要求而援引的排除性要求的权力。这种权力是否存在于特定的司法辖区中，如果是这样的话，它是否授权进行如此严苛的司法造法活动，常常带来困难的问题。

这种权力最广为人知的模式是，最高法院依据它所称的"监督"权，为下级联邦法院的诉讼制定这种排除规则。最高法院对其权力的这种看法是否有充分的根据，充其量是值得怀疑的。

最高法院影响深远的裁决是 *McNabb v. United States* 案件[45]的判决，该案判定，要求排除这样的证据，该证据的取得违反了当时的制定法要求，即被逮捕的人必须迅速在治安法官面前呈堂，不得有不必要迟延。在 *Rea v. United States* 案件[46]中，法院判定，如果一名联邦官员违反《联邦刑事程序规则》之规则41取得了证据，则应禁止他在州检控中使用该证据。*Rea* 案件含蓄地认可了在联邦检控中排除该证据，并明确地判定 Rea 有权获得他申请的其他禁令性救济。这两个判决都是根据法院所称的"监督"权作出的。在 *McNabb* 案件

㊺　318 U. S. 332 (1943).

㊻　350 U. S. 214 (1956).

中，法院将排除性规则与其他证据规则等同起来，特别是那些显然是基于"证据相关性"以外的考虑的特免权规则。法院的结论是，根据其在联邦法院确立和维持"程序和证据的文明标准"的"职责"，制定这两种法律要求是允许的。 *Rea* 案件的讨论更进一步，其提出根本的权力不仅是规定适当的诉讼程序，而且是"规定执法标准……以保护公民的隐私"。

自 *Rea* 案件以来，法院一直坚持认为它拥有这种权力。然而，它显然已变得更不愿意行使它，并且事实上也没有找到这样做的机会。例如，在 *Lopez v. United States* 案件[47]中，法院重申了其因取得证据的方式违法而排除"重要"证据的"固有权力"，但是评论说，这一权力应"保守地行使"。由于 Lopez 没有证明执法人员有"明显不当"行为，因此在其案件中援引该权力是没有道理的。在 *United States v. Caceres* 案件[48]中，法院提出，它有权按照"有限个别方法"排除违反联邦行政制定法取得的证据。但是，法院得出结论认为，在本案中，根据这项权力进行排除是不适当的，因为调查人员已经作出了合理、善意的努力，以遵守他们所理解的适用的法律要求，如果他们遵守了制定法，他们所采取的行动显然是被允许的。

最近，法院在 *United States v. Payner* 案件[49]中考虑了一个观点，即法院应行使监督权，将通过"严重违法行为"从提出排除动议的被告之外的人那里获得的证据排除。法院再次重申其监督性排除权，提出"在某些情况下，联邦法院可以运用其监督权，排除通过'故意不服从法律'而从被告这里取得的证据"。但是它随后明确表示，在行使这一权力时，应当考虑在制定联邦宪法排除性要求时所作的相同考虑和结论。宪法第四修正案判例法明确规定，作为一项一般规则，如果向那些利益因相关违法行为而受到侵犯的人提供救济，则排除的目的就得到了足够实现。这也应当适用于根据监督权可以证成的排除情况，因此根据这一权力，联邦法院不应以证据是从不是本院审判的第三方那里非法取得的为由，而排除本可采的证据。

在这类案件中运用和讨论的监督权的范围和正当性都受到严厉批评。自 *McNabb* 案件和 *Rea* 案件以来，最高法院实际上拒绝行使其继续坚持的权力，即联邦法院就非宪法性违法行为制定排除规则的监督权，这表明，裁判庭至少在这一权力的正当性上变得模棱两可。

[47]　373 U. S. 427 (1963).
[48]　440 U. S. 741 (1979).
[49]　447 U. S. 727 (1980).

下级联邦法院继续认为，存在制定排除规则的某些权力，也许最重要的是，默示地依据 *Rea* 案件，即在某些情况下，违反《联邦刑事程序规则》之规则 41 规定的搜查令的某些非宪法性要求，需要或者允许排除。然而，法院越来越不愿意行使这一权力。

360   在 *Sanchez-Llamas v. Oregon* 案件[50]中，法院首先将 *McNabb* 案件和其他案件解释为"排除的证据直接来自涉及宪法第四和宪法第五修正案重要利益的制定法规定的违法行为"。然而，在下一段中，法院提出，他们至少部分依据的是，被侵犯的制定法权利是一项"与收集证据有关"的权利。

在 *Corley v. United States* 案件[51]中，法院判定，对延迟呈堂后所作的自白，*McNabb* 案件的排除性要求仍然有效，这种呈堂迟延既超过了 6 小时，也是不合理或者不必要的。*Corley* 案件没有重温或者讨论基本排除性要求的概念基础。

法院的监督权——州法院的判决。州法院也可能拥有类似于 *McNabb-Rea* 案件中所援引的监督权，这些监督权可以作为州法院制定排除性要求的依据。然而，一般来说，州法院很少讨论这种可能性。当州裁判庭提到监督权时，它们往往避免明确评论它们是否拥有这种权力，以及其是否会支持发展排除性制裁。相反，它们仅仅是认定，它们面前的情形不足以援引它们可能有权发展的任何此类制裁。即使州法院接受这种排除证据的权力，通常也很少就这种权力的基础和在特定情况下行使这种权力的决定进行实质性讨论。

夏威夷州最高法院在 *State v. Pattioay* 案件[52]这一州法院的重要裁决中判定，其防止和纠正下级法院"错误和权力滥用"的固有监督权，允许其制定排除性救济措施，强制排除违反非宪法性法律要求而取得的证据。它警告说，只有在特殊情况下，才以克制和谨慎的方式行使该权力。

Pattioay 案件似乎提出了这样的概念，即法院使用诉讼当事人为获得有利判决而非法取得的证据，是在充分滥用权力，来为其行使监督权提供正当性。这进而导致它采取了一种比基于威慑力的联邦宪法性规则更广泛的排除理由。它强调，在刑事审判中使用受官方违法行为污染的证据，"将是为违法行为提供正当性"。因此，即使排除不足以阻止所涉类型的违法行为，这种排除也是正当的，因为它能禁止法院以将冒犯某些法院和评论所认为的司法适正性之概

---

[50] 548 U. S. 331 (2006).

[51] 556 U. S. 303 (2009).

[52] 896 P. 2d 911 (Haw. 1995).

念的方式，来对相关违法行为提供司法"证成"。

总的来说，美国法院对于其就获取证据时的非宪法性违法行为制定排除性制裁的权力或者这种权力阙如的问题，没有给予足够的批评。毫无疑问，这在很大程度上是由于联邦宪法排除性规则判例法在任何排除性制裁事项的审酌中，都居于突出地位。一方面，这一判例法鼓励一种不加区别的假设，即法院有权对非宪法性违法行为制定类似的排除性要求。另一方面，对于在宪法上被迫接受一些人认为是对宪法性违法行为的不明智救济措施所造成的不满，鼓励同样不加批判地拒绝将排除作为一种受权救济措施，如果这种救济措施不是宪法所要求的话。

某一特定司法辖区的法院是否有权制定排除性制裁，以及它们是否应行使它们可能拥有的任何此类权力，在很大程度上必须取决于该司法辖区内司法权的性质和广度，以及它所形成和应用的传统。无论如何，要妥善解决这些问题，就必须认真考虑这样的观点，即决定排除性制裁是否适当的主要因素，是要求立法采取行动而不是司法采取行动。

第 172 节 因非宪法性违法行为而进行的排除：(d) 排除要求的实质

作为联邦宪法的一部分而制定的排除性要求，最初是没有受到限定的。这意味着，证明取得的证据是违反宪法基本要求的事实结果后，就要求排除该证据。另一方面，适用于非宪法性违法行为的大多数排除性要求，都是受到限定的。换言之，要求排除的权利常常要求，被告证明不仅仅是违反了非宪法性法律要求，以及被质疑的证据是作为这种违法行为的事实结果而取得的。

本节讨论了对这些非宪法性排除性制裁的限制或者限定。这些限制可以有效地区分为三种类型。

首先，那些对其违反可能引发排除权的非宪法性法律要求，有时受到限制。判例法提出了几种限制排除性要求的方法。只有在法律要求普遍或者经常适用于旨在收集证据供刑事检控使用的官方活动时，才能适用排除性要求。鉴于受法律要求影响者的证据动机，人们可能期待排除能在这些案件中最有效地鼓励遵守法律。

排除也可能仅限于那些在某种程度上与宪法命令有充分关系的法律要求。也许只有当被违反的法律要求保护的利益与宪法性规则所保护的利益相同或者相似时，排除造成的成本才是合理的，尽管被违反的法律要求并没有重要或者基本到足以引起宪法的介入。

联邦电子监视监管计划的判例法表明，至少在一系列立法要求的背景下，只有在证明违反了与基本立法目标直接或者有重要相关的法定要求的情况下，才可以合理地要求排除证据。尽管联邦制定法排除性制裁没有受到限制，但是最高法院判定，只有那些"直接和实质性地执行"国会合理限制使用电子监视技术之目的的制定法条款，才能触发这种制裁。[53] 因此，未能获得总检察长或者助理总检察长对监视令申请的批准，确实需要排除由此取得的证据[54]，但是仅仅是未能在文件上列明事实上批准该申请的官员，并不需要排除因此取得的证据。[55] 类似的州电子监视制定法中体现的州排除性要求，也得到了类似的解释。

362

如果一项法律要求没有直接和实质性地贯彻与宪法有关的目的或者立法计划的最终目标，法院倾向于将其视为"技术性的"，并将其视为不足以引发排除性制裁。

对非宪法排除性制裁的第二种限制，使排除只能适用于那些不仅仅表明争议证据是通过违反充分的法律要求而获得的被告。通常情况下，判例法要求要么证明"故意"违反了基本的法律要求，要么证明这种违反在某种意义上造成了损害。在采用这种做法时，损害意味着被告遭受了法律要求旨在防止的损害。例如，当这一方法被用来回应证明警察没有遵守关于搜查令的非宪法要求时，损害显然需要证明，如果遵守了要求，搜查就不会发生，或者如果是这样的话，至少搜查的侵入性会大大降低。

当且仅当取得证据并不涉及确定和遵守法律的"善意"获得时，才可要求排除。佛罗里达州法院就获取医疗记录的制定法程序，采取了这一立场。[56]

类似但是更为灵活的分析，只会在证明某种意义上有"重大"违法行为时，才要求排除。[57] 根据一个体现了重大违法这一要求的北卡罗来纳制定法[58]，确定潜在的违法行为是否重大时，需要考虑：（a）受法律要求保护的特定利益的重要性；（b）偏离合法行为的程度；（c）违法行为的故意程度；以及（d）排除能在多大程度上阻止今后发生同类违法行为。

对排除权的第三种限制，在根据本案事实，判定排除足以促进排除性制裁

---

[53] United States v. Chavez, 416 U. S. 562 (1974).

[54] United States v. Giordano. 416 U. S. 505, 527 (1974). See also United States v. Donovan, 429 U. S. 413, 432 – 39 (1977).

[55] Chavez, 416 U. S. at 574.

[56] Sneed v. State, 876 So. 2d 1235, 1238 (Fla. App. 2004).

[57] See Model Code of Pre-Arraignment Procedure § 290. 2 (2) to (4) (Official Draft 1975).

[58] N. C. Gen. Stat. Ann. § 15A – 974 (2).

的目标，值得付出所带来的成本的情况下，赋予了审判法院排除证据的自由裁量权。这是 *Commonwealth v. Mason* 案件[59]的要旨，在该案中，宾夕法尼亚州最高法院明确宣布，已经证明证据的获取违反了《宾夕法尼亚州刑事程序规则》，这说明"排除可能是唯一适当的救济措施"。实际上，只有在审判法官考虑了案件的性质和具体事实之后，判定排除证据及其成本将与所获得的利益成比例后，才会判令排除。审判法官被告诫要特别重视这样的可能性，即排除会防止今后发生类似于法庭审理的违法行为的不端行为。

阿拉斯加州上诉法院采用了与《阿拉斯加州证据规则》类似的方法，禁止使用"非法取得"的证据： 363

> 在政府官员违反制定法的情况下，在判定是否适用排除规则时，应考虑的因素有：（1）"法律要求的……限制是否'清楚和广为人知'"；（2）制定法是否主要是为了保护公民个人的权利，而不是为了普遍造福于社会；（3）采纳证据是否会使法院共谋故意不服从法律；以及（4）警察是否有"广泛或者多次违反制定法的行为"[60]。

第 173 节 在非刑事诉讼中使用非法获得的证据

大多数排除性制裁问题发生在刑事诉讼中。然而，也许是因为美国法院越来越愿意将排除作为对非法取证行为的回应，诉讼当事人有时尝试在各种民事诉讼中援用排除救济。排除性制裁，如果有过这种尝试的话，在什么时候适用于刑事诉讼之外是适当的，带来了许多难题。

必须在其他存在或者可能存在的排除性制裁之间划出彼此的区别。最高法院在刑事诉讼之外适用联邦宪法排除性要求的案例法，提供了一种有吸引力的模式，这在其他情境下得到了广泛但是并非普遍的遵循。

在 *Mapp v. Ohio* 案件[61]后不久，最高法院判定，宪法第四修正案排除规则适用于一个州的汽车因被用于犯罪而被没收的程序。法院认为，没收显然是对犯罪行为的惩罚，因此，在刑事检控中排除证据，而在基于同一犯罪活动的没收程序中采纳该证据是不协调的。

---

[59] 490 A. 2d 421 (Pa. 1985).

[60] State v. Avery, 211 P. 3d 1154, 1159 (Alaska App. 2009) (quoting Berumen v. State, 182 P. 3d 635, 641 (Alaska App. 2008)).

[61] 367 U. S. 643 (1961).

在*United States v. Janis*案件(62)中，再次涉及这一问题。这是一项要求退税的民事程序，在该程序中，政府就未缴的税款余额提出了反诉。税款的依据是关于Janis非法做账活动的信息；该信息是州执法人员在根据有缺陷的搜查令行动时获得的，不过执法人员"善意"地认为搜查是合法的。法院解释说，该证据的使用是允许的，因为"并没有证明在联邦民事程序中排除州刑事执法官员非法扣押的证据，有阻却州警察的行为的足够可能性，使其超过排除证据所带来的社会成本。"

*Janis*案件涉及的是一个主权间情况——在获取证据时犯下非法行为的政府与试图使用证据的政府不同。因此，法院的结果可能部分取决于这个结论，即在联邦民事程序中排除证据不太可能影响州政府警察。然而，在
364 *I. N. S. v. Lopez-Mendoza*案件(63)中，法院在一个主权内案件中得出了相似的结果。争论的焦点是，联邦移民官员违反宪法第四修正案获得的证据，在联邦民事驱逐出境程序中，是否可采。然而，法院说，*Janis*案件提供了分析框架：排除证据可能带来的社会效益必须与可能的成本相权衡。这一情况的主权内部性质表明，与*Janis*案件相比，威慑性的好处可能更多。但是其他的因素表明，这些好处仍然很少：政府本身会对违反宪法第四修正案的警察进行惩戒，并排除通过故意违法行为所获得的证据，移民局官员知道，在正式程序中，任何被逮捕者对警察的行为提出质疑的可能性很小。在成本方面，适用这一规则将妨碍繁忙的驱逐出境制度。由于移民执法往往涉及持续的违法行为，在这种情况下适用排除规则"将要求法院对持续的违法行为闭上眼睛"，这是一种特别令人不快的代价。法院得出结论说，*Janis*案件权衡反对适用宪法第四修正案排除规则。

根据*Janis*案件和*Lopez-Mendoza*案件，联邦宪法排除规则是否适用于民事诉讼，取决于通过对此类民事案件适用排除性要求而增加对违宪行为的预防，是否值得付出如此扩大这些制裁的成本。这两项判决表明，法院普遍确信，在刑事诉讼中排除违宪获得的证据能够提供充分的预防。一名民事诉讼当事人试图根据*Janis*-*Lopez-Mendoza*证明排除是正当的，这是一项极其困难的任务。

下级法院在民事背景下排除证据方面犹豫不决，是可以理解的。不过，至少有些人仍然不愿意将联邦宪法性制裁定性为永远不适用于非刑事诉讼。

(62) 428 U. S. 433 (1976).

(63) 468 U. S. 1032 (1984).

人们的普遍共识是，联邦宪法排除规则是否适用于技术性非刑事程序，至少部分取决于程序类型。许多分析还要求考虑具体案件的事实，认为当事人对证据提出的异议，需要进行具体案件的分析。几个法院至少区分了与这些分析有关的五个因素：

（1）非刑事程序的性质；

（2）对违宪扣押的材料的拟使用，是主权间的还是主权内的；

（3）（在主权内的）搜查和非刑事程序是否是由同一机构启动的；

（4）两个政府机构之间是否有明确和明显的理解；以及

（5）非刑事程序是否在进行搜查的警察的"主要利益范围"内。[64]

当政府当局在诉讼——尽管是民事诉讼——中提出违宪获得的证据本质上是为了公共目的时，*Janis - Lopez-Mendoza* 分析最有可能导致排除。政府活动可能是在考虑到此类诉讼前景的情况下进行，因此在这样的诉讼中排除证据，可能会阻止调查活动中的不当行为。例如，人们普遍认为，排除规则适用于宣布儿童构成少年犯罪的程序。在征收非法药物税和学校惩戒听证的程序中，也适用了这些规则。

根据 *Janis - Lopez-Mendoza* 方法，联邦宪法性规则不太可能适用于私人当事人之间的民事诉讼。如果证据是公职人员错误地获得的，排除不会惩罚他们，而且公职人员未来的行为也不可能受到这种排除的影响。如果证据是私人错误获得的[65]，最高法院几乎肯定会推理说，排除最多会阻却今后的类似私人行动，这种担心超出了正在执行的基本联邦宪法性规则的范围。

此外，大多数法院不将联邦宪法排除规则适用于涉及就业或者职业惩戒事项的行政程序，学校惩戒诉讼，驾照吊销或者撤销程序，民事税务征收或者追讨程序，甚至儿童保护程序或者残疾人士强制治疗诉讼。一些法院试图划清界限；几个法院判定，根据《联邦职业安全和健康法》程序，宪法第四修正案排除规则不适用于纠正违法行为，但是它确实适用于处罚过去的违法行为的程序，即对这些违法行为课以处罚。[66]

在主导意见的简单多数意见部分中，*Lopez-Mendoza* 案件留下了这样的

365

---

[64] Vara v. Sharp, 880 S. W. 2d 844，850 (Tex. App. 1994) (quoting from Wolf v. C. I. R.，13 F. 3d 189，194—95 (6th Cir. 1993)).

[65] 当然，这样的情况下，反对证据的当事人将面临最初障碍，即证明违宪。私人行为通常并不为联邦宪法性规定所涵盖，这些宪法性规定只保护公民不受官方行为的侵害。See Burdeau v. McDowell，256 U. S. 465 (1921).

[66] Smith Steel Casting Co. v. Brock，800 F. 2d 1329，1334 (5th Cir. 1986).

可能性，即宪法第四修正案排除规则可能适用于非刑事诉讼，如驱逐出境程序，但是要有证据证明，证据是通过"严重违反宪法第四修正案或者其他自由的行为获得的，这些行为可能违反基本公平概念，破坏了所取得的证据的证明价值"。一家法院判定，关于"恶意"——警察们本应知道他们的行为是不合理的，因而是违宪的——的证据需要排除，即使这种违反并不影响有关证据的证明价值。[67] 或许，如果基本的官方活动特别令人厌恶，那么遏制此类活动的必要性增加，这就证明了增加排除性遏制措施——即排除其果实，即使是在民事诉讼中——所带来的成本的正当性。

当然，在技术上，州法院可以自由地拒绝 *Janis* 案件和 *Lopez-Mendoza* 案件所采取的方法，并将州宪法条款解释为完全适用于民事诉讼。俄克拉何马州最高法院在 *Turner v. City of Lawton* 案件[68]中行使了这项权力，在解雇一名消防员的行政诉讼中，判定违宪获得的证据不可采。法院接受州搜查和扣押条款，认为这项条款规定了一项排除权，作为对先前侵犯隐私行为的必要救济，而不论是否有必要排除这种权利，以阻止今后违反基本法律要求的行为。因此，为了实现州排除性要求的救济目标，俄克拉何马州法院将其规则扩展到民事诉讼，以便使被错误对待的人尽可能回到非法搜查发生前的状态中。

一家法院更含糊地指出，审判法官在采纳证据方面的自由裁量权，赋予了他们在民事程序中排除非法取得的证据的某种权力。[69]

第174节　在关于非定罪事项的刑事程序中使用非法取得的证据

除了在有罪还是无罪的审判中，在其他刑事诉讼过程中也可以提出证据反对刑事被告。例如，它可用于请求拒绝或者撤销审前释放，在预备性听证中确定被告是否就大陪审团审议或者审判"待审"，在大陪审团面前支持指控被告有罪的公诉书草案，在量刑时支持更严厉的处置，支持撤销批准的缓刑，或者证实监禁后的假释应被拒绝或者撤销的主张排除规则。对非法获取的证据必须不可采纳用于证明被告有罪的判定，并不要求进一步得出这样的结论，即这些证据不得用于任何或者所有这些或者类似目的。

在 *Pennsylvania Board of Probation v. Scott* 案件[70]中，宪法第四修正案

---

[67]　Gonzalez-Rivera v. I. N. S. , 22 F. 3d 1441, 1448（9th Cir. 1994）.

[68]　733 P. 2d 375（Okla. 1986）.

[69]　O' Brien v. O' Brien, 899 So. 2d 1133, 1137（Fla. App. 2005）.

[70]　524 U. S. 357（1998）.

问题得到了最广泛的讨论，最高法院在该案中明确表示，关键问题是，如此扩大宪法第四修正案排除规则产生的威慑效益是否会超过所发生的成本。*Scott* 案件的具体争议问题是，是否可以用违反宪法第四修正案获得的证据来证明被定罪的被告违反了他的假释条件。法院认为，在假释撤销程序中要求排除证据的成本将非常高，这表明排除规则问题会拖延和妨碍假释撤销程序所必需的灵活性和行政性。

或许更重要的是，威慑性的好处很可能很少。如果执法人员不知道嫌疑人是假释犯，发生这种情况的可能性很小——因此不端行为之果将不能用于违反假释的目的——这就不太可能对执法人员产生影响。普通的执法人员如果知道嫌疑人是假释犯，在假释犯撤销程序中就不太可能受到其行为之果的可采性的影响。此外，与普通警察相比，专门负责假释问题的假释官更不可能认为自己从事的是揭露犯罪的“对抗制”程序，因此这样的回应可能就足够了：用代价更小的救济取代排除证据，例如部门培训和惩戒，以及民事损害赔偿责任。

Scott 案件对执法人员动机的评估可以说是相当幼稚的。和其他一些法院 367
一样，下面的州法院寻求一种更复杂的平衡，即指示在——且仅在——对证据提出质疑的被告证明，取得证据的官员知道嫌疑人是假释犯的情况下，适用宪法第四修正案的排除规则。因此，州法院试图将该规则的适用限制在威慑利益最为确定的情况下。最高法院拒绝了这一做法，明确得出结论认为，即使在这些案件中，潜在的威慑效益也是微乎其微的。然而，它还认为，需要在排他性规则诉讼中解决警察的意识问题，这将不可接受地增加应用规则的复杂性，从而增加这样做的成本。

因此，*Scott* 案件补充了早先在 *United States v. Calandra* 案件(71)中的判定，即宪法第四修正案不要求防止违反其条款获得的证据影响大陪审团的起诉决定。*Scott* 案件和 *Calandra* 案件，明确说明，最高法院坚信，在审判中证据被排除在确定有罪无罪的程序之外，通常会满足联邦宪法的要求。被告不可能说服法院，不受审判中的证据可采性影响的执法人员很可能会受到为其他目的的证据可采性的充分影响，从而支持法院认为将联邦宪法排除性要求扩大到确定有罪的审判以外的程序所带来的相当大的成本。

除了大陪审团程序，最高法院没有讨论联邦宪法排除规则在审前阶段的适用问题。最有可能的是，考虑到可行性，倾向于不就批准、限制或者撤销审前释放适用排除性制裁。然而，佛蒙特州最高法院判定，检控方有时可能需要就

(71) 414 U. S. 338 (1974).

可采性提出一个初像案件。[72] 它强调，关于检控方未能作出这一证明的认定，并不影响为审判目的是否必须排除证据。

联邦宪法要求在初步聆讯上的适用性，同样没有得到明确的判定。然而，在联邦诉讼中，《联邦刑事程序规则》之规则 5.1（e）明确规定："在初步聆讯中，被告……不得以非法取得为由，就证据提出异议。"[73] 许多州的制定法和规则都遵循了这种做法。至少有几个州允许在初步聆讯中提出异议。夏威夷州最高法院不顾不同意见判定，州和联邦宪法的考虑都要求将非法取得的证据排除在初步聆讯之外。[74]

联邦宪法的要求是否适用于审判后的量刑，也没有被法院解决。然而，几乎可以肯定的是，法院将根据 *Scott* 案件和 *Calandra* 案件推理认为，通过这样应用，这些要求所能实现的最小增量威慑都将被成本所抵消。毫无疑问，要求量刑法院在没有所有相关和可靠证据的情况下行使其相当大的自由裁量权所涉及的成本，将受到特别重视。许多下级法院判定——或者至少毫无保留地说——这些排除性规定不适用于量刑。然而，有些法院则留下了这样的可能性，即它们可能适用于特殊情况，例如被告证明，警察寻找有关证据，目的是加重对被告的量刑。

州法院也有权拒绝 *Scott - Calandra* 方法或者拒绝最高法院将其应用于刑事诉讼的某些或者所有非审判阶段。俄勒冈州的一家法院就是这样做的，它判定，俄勒冈州宪法的排除性规定，不仅是为了威慑，而且是为了充分维护隐私权，该规定要求将在不合理搜查或者扣押中取得的证据排除在量刑之外。充分的维权要求确保那些权利受到侵犯的人不因侵犯行为的果实而被增加处罚。[75]

第 175 节　"资格"和权利的个人性质

宪法第四修正案的排除规则和大多数其他排除性制裁，允许刑事被告仅通过声称证据是以侵犯被告自身权利的不正当方式获得的，来申请排除证据。消极地说，这一"资格"（standing）要求，禁止被告据此对证据提出异议：该

[72]　State v. Passino, 577 A. 2d 281, 285 (Vt. 1990).

[73]　Fed. R. Crim. P. 5.1 (e).

[74]　State v. Wilson, 519 P. 2d 228 (Haw. 1974).

[75]　See State v. Swartzendruber, 853 P. 2d 842, 844 - 45 (Or. App. 1993).

证据是非法取得的，但是侵犯的仅是另一个人的权利。法院有时提出，这反映了排除性要求所要实现的权利的"个人"性质。但是事实上，资格要求最好在概念上被视为排除性救济的一个方面，而不是相关权利的一个方面。

宪法第四修正案资格。宪法第四修正案的资格要求首先是根据在 *Mapp v. Ohio* 案件[76]之前的法律发展的。*Jones v. United States* 案件[77]解释说，这是基于《联邦刑事程序规则》中的措辞，该措辞仅仅授权因违法搜查和扣押而受到损害的人提出排除证据的动议。法院将其解读为对这一"一般原则"的适用，即宪法保护只能由那些属于宪法保护对象的诉讼当事人主张。宪法第四修正案的排除性要求并非旨在因不可靠或者有害影响而排除证据。相反，这是一种使宪法第四修正案的基本保护生效的手段，以防止官方侵犯隐私和财产安全。法院的结论是："要求试图质疑搜查合法性，以此作为排除相关证据的基础的人诉称——如果就该指控存在争议，则要证明——他本人就是隐私受到侵犯的被害人，是完全适当的。"在 *Mapp* 案件后，这一方法被纳入了适用于各州的宪法第四修正案排除规则。

正如第一次宣布和适用的那样，资格要求有时被解读为援引了一套不同的法律，有别于界定宪法第四修正案所涵盖的内容的法律。然而，在 *Rakas v. Illinois* 案件[78]中，最高法院拒绝了这一做法，并明确表示，宪法第四修正案资格要求必然要进行的探究，涉及界定了宪法第四修正案的涵盖范围的判例法，特别是该条款规定的特定被告的权利范围。当被告对搜查或者扣押结果的可采性提出异议时，资格问题是，根据宪法第四修正案实体性法律，搜查或者扣押是否侵犯了提出异议的被告的权利。

Rakas 案件还对宪法第四修正案实体性法律采取了相当严格的观点，这至少适用于汽车搜查。法院判定，汽车里单纯的乘客，就汽车没有隐私权。因此，警察搜查车辆并不侵犯乘客的宪法第四修正案权利，因此乘客不能质疑该搜查的合理性。

谨慎适用 *Rakas* 案件，需要考虑所有可能的"毒树"。被拦截汽车上的乘客被扣押。[79]该乘客显然有资格质疑该扣押的合理性，并可能能够证明对该车辆的搜查是该扣押之"果"。

最高法院从基本政策关切角度证成了宪法第四修正案资格限制：

369

---

[76] U. S. 643 (1961).

[77] U. S. 257 (1960).

[78] 439 U. S. 128 (1978).

[79] Brendlin v. California, 551 U. S. 249 (2007).

阻止给其权利遭到警察侵犯的人定罪的威慑价值，被认为足以支持排除有证明力的证据，即使反对被告的案件会被削弱或者破坏。但是，我们不相信，将排除规则扩展适用于其他被告所带来的额外好处，将支持进一步侵犯这样的公共利益，即起诉所有被指控犯罪的人，然后根据所有揭露真相的证据，将他们无罪开释或者定罪。[80]

非宪法性联邦排除要求。最高法院已制定并适用了资格要求，作为对另一个非宪法性排除性要求的限制。在 *United States v. Payner* 案[81]中，法院拒绝了这样的观点，即基于法院监督权的联邦排除性要求，不应像宪法要求那样要求资格。它认为，监督权排除性要求和宪法第四修正案排除性规则都牵涉"相同的社会利益"，当排除性制裁的依据是监督权而不是宪法第四修正案时，分配给这些利益的价值并没有改变。因此，即使是对监督权排除性制裁的解释，也受法院的这一结论所调整：放弃资格所提供的任何增加的威慑力都被不可避免地增加的可靠证据的损失所超过了。

与此类似，最高法院也将制定法的排除性制裁语言理解为包含了资格要求。根据联邦电子监视法，在"截取所针对的人"提出动议时，需要排除不当截取的非公开通信的结果。[82] 未对国会选择的具体术语进行讨论，法院认为，该法的立法历史表明，国会的目的是，仅允许根据现有资格规则有资格的人就证据提出异议。[83]

370

"自动"资格。宪法第四修正案 1960 年开始在"自动资格规则"所涵盖的有限的情况下，放宽了普通的资格要求。根据这条规则，被指控在搜查或者扣押物品时持有物品的被告，不论一般的资格要求如何，都可以对搜查或者扣押提出质疑。在某种程度上，自动资格规则是基于这样一种担心，即在所涉案件中，被告往往必须作出可采的司法性有罪自白，即持有这些物品，以证明资格。这些被告在关于该物品可采性的听证上所作出的证明其资格的证言，很可能在审判时被采纳来反对该被告。法院的结论是，由此产生的"困境"是不可接受的。正如法院在 *United States v. Salvucci* 案[84]中所承认的那样，这一部分理由被 *Simmons v. United States* 案[85]所摧毁，判定在随后的审判中，被告

---

[80] Aiderman v. United States，394 U. S. 165，174-75（1969）.

[81] 447 U. S. 727（1980）.

[82] 18U. S. C. A. § 2510（11）.

[83] Aiderman，394 U. S. at 175 n. 9.

[84] 448 U. S. 83（1980）.

[85] 390 U. S. 377（1968）.

在排除证据的动议中所作的证言，不可采来反对被告。如果被告为了证明资格而就持有进行了司法自认，则不必担心检控方会在审判时利用这种自认来证明自己有罪。

但是自动资格规则也在一定程度上基于这种自相矛盾的检控方观点的明显冒犯性，即被告与物品有足够密切的关系，持有这些物品将构成犯罪，但是没有充分的关系使他们有资格对检控方获取这些物品的搜查提出质疑。然而，在 *Salvucci* 案中，法院的结论是，这类主张之间没有固有的不一致。因此，由于自动资格规则"在［法院］宪法第四修正案判例中已不再有用"，其被驳回了。

资格要求在宪法第四修正案中根深蒂固，在最高法院拥有实质性阐述权力的其他排除性要求中也可能根深蒂固。但是在 *Aiderman* 案中，法院承认，国会或者各州可以将排除权扩大到在宪法第四修正案意义上没有资格的人。

州法的排除性要求规定的资格。制定州法排除性要求的州法院通常（但是并非普遍）遵循最高法院的宪法第四修正案模式。最具戏剧性的偏离是加利福尼亚州最高法院的偏离，该法院在 1955 年宣布，说服其采纳排除性要求的所有理由进一步表明，被告应能够援引这些要求，无论他们是否是所依赖的违法行为的被害人。[86]

加利福尼亚州法院拒绝资格要求，有几个理由。首先，与最高法院相比，加利福尼亚州法院寻求更大的威慑效果保证，这是通过不论提出质疑的被告的资格如何都要求排除来提供的。此外，与最高法院相比，加利福尼亚州法院更重视司法适正性因素。它的司法适正性概念，比最高法院后来的分析更为广泛，后者认为只有在证据的司法使用鼓励未来违反基本法律要求的情况下，才会牵涉司法适正性问题。广义概念上的司法适正性，将因使用非法取得的证据而受到损害，而不管非法行为的被害人是否在法庭上。

371

不管决定性的理由是什么，加利福尼亚州的做法被 1982 年州宪法修正案废除，该修正案禁止司法发展排除性制裁。

与此相比，路易斯安那州的法院继续将该州的宪法解释为就不合理搜查和扣押，免除了任何资格要求。

几个州法院作为州宪法问题，保留了资格要求，但是认为与最高法院解释的宪法第四修正案要求相比，它更容易达到。新泽西州最高法院的结论是，就像 *Rakas* 案所解释和适用的那样，宪法第四修正案法具有"不一致和反复无

---

[86]　People v. Martin，290 P. 2d 855（Cal. 1955）.

常的适用可能性"，"在许多情况下，会产生与普遍持有和公认的隐私期待相反的结果"。因此它判定，为了获得资格，被告只需就被搜查的区域或者被扣押的物品主张占有、财产或者参与性利益。[87] 佛蒙特州最高法院也采取了这种方法。

一些州法院作为州宪法事项，保留了自动资格。这是马萨诸塞州和宾夕法尼亚州等州最高法院的立场。然而，大多数州法院都效仿最高法院的思路，拒绝了自动资格做法。

与最高法院宪法第四修正案判例法（例如 *Rakas* 案件）的分歧，最好作为触发排除性制裁的实体法问题来解决，而不是作为排除性规则法问题来解决。如果 *Rakas* 案件的结果是不适当的，责任在于法院对受保护隐私的定义，而不是将质疑证据的能力与被告的隐私是否受到侵犯联系起来的排除规则法。

第 176 节　排除范围：(a) 因违法行为获得的证据（"毒树之果"）

有些——但是并非所有——禁止使用不当获得的证据的规定，超出了作为不当行为的直接结果而取得的证据的范围。许多人遵循宪法第四修正案排除规则的"毒树之果"方面的规定，要求排除所有衍生证据，即作为不当行为的事实结果而取得的证据，除非适用排除要求的例外。这种方法与通常被视为"独立来源"的单独规则之间的关系，是下一节讨论的一个持续性问题。

372　　宪法第四修正案"毒树之果"规则。在 *Silverthorne Lumber Co. v. United States* 案件[88]中，最高法院将宪法第四修正案的排除规则解释为，要求排除即使是因侵犯被告的宪法第四修正案权利的间接结果而取得的证据。如果被告证明了违反宪法第四修正案的行为——（"毒树"），以及作为该违法行为的事实结果而取得的证据——（"毒树之果实"），则被告有权将该证据排除在外，除非检控方证明就一般性的排除要求适用某个例外。美国法院普遍——而且可以说不加批判地——接受这样的看法，即其他排除性制裁必须或者至少应该进行类似的界定。

最高法院在 *Murray v. United States* 案件[89]中判定，如果被告证明，拥有足够搜查依据的执法人员有动机根据第一次不合理搜查中获得的信息进行第二

---

[87]　State v. Alston, 440 A. 2d 1311, 1319 (N. J. 1981).

[88]　251 U. S. 385 (1920).

[89]　487 U. S. 533 (1988).

次搜查，则第二次搜查的结果是最初违法行为之果。即使第二次搜查是根据搜查令进行的，而该搜查令是在没有使用第一次不合理搜查结果的情况下获得的，也是如此。不过，被质疑的证据是第一次不合理搜查的结果或者果实。

一般而言，污染只会向前流动，只会使在不合理的搜查之后取得并作为该不合理搜查的事实后果的证据不可采。此外，部分搜查可能是合理的，其他部分可能是不合理的。例如，根据有效搜查令进行搜查的警察可以依据搜查令的条款内进行搜查，并发现和扣押一些证据。但是在各种情况下，他们可能会超出搜查令授权的搜查范围，在其中一些越权行为中，他们可能会发现并扣押其他证据。通常情况下，只有在警察从事不合理搜查——他们超越搜查令权限行事——时找到并扣押的证据，才受到警察不当行为的污染，因而不可采。

如果非法行为仅是为了阻止非法移走或者毁灭证据，通过利用该非法行为获得的证据，则不需要排除。最高法院在 *Segura v. United States* 案件(90)中的讨论表明，宪法第四修正案的立场是基于这样的政策立场，即不允许被告从丧失从事法律所禁止的行为的机会中获益。

令人惊讶的是，宪法第四修正案的毒树之果规则的发展，很少讨论其理论基础或者正当性。然而，在 1984 年，最高法院从宪法第四修正案的排除性制裁标准分析的角度，回顾性地解释了这一规则的“核心理由”：尽管毒树之果规则增加了排除性制裁的成本，但是这一成本是合理的，因为需要提供充分的威慑力，确保对被禁止的行为有足够的抑制作用。只有通过用其违反宪法第四修正案的行为的间接和直接结果的不可采性威胁警察，才能提供足够的激励，以避免这些违法行为。

“倘若不是”因果关系的初步要求。作为“毒树之果”规则的结果，根据排除规则，被告通常必须既证明足以引发排除性制裁的违法性，也要证明该违法性与检控方持有被质疑证据之间的因果关系。当且仅当证明了这种关系时，
注意力才能转向检控方是否可以证明因为该关系的性质（污染稀释）(91) 或者尽 373
管有这种关系（不可避免的发现）(92)，证据还是可采的。

宪法第四修正案判例法指出，被告必须证明“如果没有”违法行为，检控机关就不会取得被质疑的证据。主要的问题是，这一点是否应该按字面意思适用，以便在被告表明如果没有违法行为，检控机关就不会恰在发生违法行为时

(90) 468 U. S. 796（1984）.

(91) 参见下文第 179 节。

(92) 参见下文第 181 节。

取得证据后，就可以证明因果关系。

持搜查令"没有敲门"案有效地展示了这一问题。在该案件中，唯一违反宪法第四修正案的情况是，警察没有宣布其进入的权限和允许居住者让他们进入。证据常常表明，不合理的突然闯入，会使警察发现和扣押被质疑的证据的时间仅比他们停顿一下再适当进入的时间稍早。

在第 166 节进行了实质性讨论的 *Hudson u. Michigan* 案件[93]中，法院所有九名法官一致认为，对宪法第四修正案的违反，仅在违反是取得证据的"倘若没有"原因的情况下，才要求排除证据。但就持搜查令"没有敲门"而入的情形，是否存在必要的"倘若没有"因果关系，法院以 5 比 4——也许是 4 比 5——存在分歧。然而，清晰的多数意见认为，在这些情况下，要么没有"倘若没有"因果关系，要么存在"倘若没有"因果关系，这必然意味着违法行为的污染被稀释了。

因此，*Hudson* 案件确认，根据宪法第四修正案排除规则，"如果没有"因果关系是必需的。它还清楚地表明，大法官们恰恰就这所要求的是什么，以及它在什么时候不存在，存在分歧。

根据宪法第四修正案法律对可排除的"果实"进行限制。就宪法第四修正案法律要求排除毒树之果实而言，有一种迹象表明，至少在某些情况下，毒树之果学说受到某些客观限制的限定，这些限制，是对那些受制于排除要求的果实的限制。

最高法院在 *New York v. Harris* 案件[94]中判定，执法人员毫无道理地进入被告的家中，侵犯被告的宪法第四修正案权利，对他进行本来适当的逮捕时，被告根本不能质疑他在被捕后和被带出家门后所作陈述的可采性。显然，无论他的主张——这种陈述是非法入宅造成的——的力度如何，而且检控方无须证明排除要求的任何例外是否适用，情况都是如此。

Harris 案件反映了法院的这一结论，即在当时的具体情况下，威慑期望和成本的足够平衡，要求允许被告对不合理入户的某些果实——因该闯入而作的陈述——的可采性提出质疑，尽管被告仍被扣留在被不合理入户的家中。然而，如果允许这些被告对后来获得的陈述提出质疑，将造成证据的损失，所增加的诉讼成本可能将超过对不合理入户的任何边际威慑力。

根据 *Harris* 案件，毒树之果原则显然不是神圣不可侵犯的，即使是在宪

---

[93]　547 U. S. 586 (2006).

[94]　495 U. S. 14 (1990).

法第四修正案的情境下。在可以合理明确地加以界定的情况下，在所涉类型的情形的特点表明采取这种行动是在威慑性利益和排除成本之间实现最佳平衡的一种手段时，可被质疑的果实的定义可能要受到限定。

　　Harris 案件可能已被第 166 节中讨论的 *Hudson v. Michigan* 案件[95]所取代。*Harris* 案件判定，违反宪法第四修正案的行为，包括在本被允许的情况下进入住所执行有效的搜查令，但是没有遵守宪法第四修正案的"敲门并宣布"要求，根本不会援用宪法排除性救济措施。也许没有搜查令的 *Harris* 式的进入现在同样不会构成触发排除规则的毒树。然而，最有可能的是，寻求搜查令会完全阻止进入，这意味着 *Harris* 案件仍然有效。

　　"毒树之果"规则适用于其他排除要求。在导致 *United State v. Patane* 案件[96]的一系列案件中，最高法院明确指出，宪法第四修正案判例法中发展的毒树之果规则，并不是联邦宪法排除性要求的必然伴随物。

　　在 *Patane* 案件中，法院分裂的多数意见判定，尽管是宪法第五修正案问题，但是对违反 *Miranda v. Arizona* 案件[97]的排除性救济，只要求排除在违反米兰达要求的审讯中获得的庭外陈述。物证、证人证言和嫌疑人随后的陈述，并非仅仅因为它们是作为被排除的陈述的结果而取得的，就不可采。

　　在 *Patane* 案件中，法官们就米兰达要求的性质是否使得米兰达排除规则在概念上允许毒树之果而产生了分歧。Thomas 大法官宣布判决的简单多数意见，在很大程度上是基于他的这一结论，即米兰达要求不是对警察的直接宪法限制，因而在概念上不允许将排除性处罚扩大到派生证据。因此，这些法官认为，法院无须实际上也无法得出排除衍生证据是否是合理的宪法政策。Kennedy 大法官对简单多数意见得出的结果持并行意见的理由，与其说是基于这一理由，不如说是基于这样一种判断，即有争议的证据——通过使用不可采陈述中的信息获得的实物证据——是可靠的，对准确解决有争议的刑事案件特别有用。

　　这样，*Patane* 案件中法院多数人似乎同意，米兰达排除性制裁的性质并不禁止将这种制裁扩大到米兰达违法行为之果。他们一致认为，宪法排除性要求是否应当并将延伸到毒树之果，取决于就排除毒树之果作为阻止违反宪法规定行为的手段的价值与这样做的代价之间所进行的权衡。多数意见就如何进行

375

　　⑨⑤　547 U. S. 586 (2006).
　　⑨⑥　542 U. S. 630 (2004).
　　⑨⑦　384 U. S. 436 (1966).

权衡存在分歧。Kennedy 大法官在为他本人和 O'Connor 大法官撰写的意见中得出的结论是："鉴于可靠物证重要的证明价值，对羁押审讯中的执法利益和嫌疑人权利都敏感的威慑理由能否证明排除是正当的，是令人怀疑的。"Souter 大法官在为自己、Stevens 大法官和 Ginsburg 大法官撰写的意见中得出结论认为，有必要避免通过允许使用衍生证据来给警察制造无视米兰达要求的动机，这一需要值得付出有关代价。

在判决 *Patane* 案件之前不久，最高法院发回了 *Fellers v. United States* 案件[98]，以确定如果证明警察们侵犯 Fellers 的宪法第六修正案获得律师帮助的权利，从他那里获取了陈述，这是否要求排除随后的陈述，理由是这些陈述是先前违反宪法第六修正案进行的询问之果。上诉法院判定，对违反米兰达宪法第五修正案要求的行为不适用毒树之果规则的理由，也决定着这样的情形，即所提供的树木因违反宪法第六修正案而有毒了。[99]

正如在 *Patane* 案件中达到顶点的法院判例法所承认的那样，排除性要求是否适当地延伸到衍生证据或者毒树之果，将取决于这样的延伸，是否能很好地服务于排除性要求的目的，足以证明增加的可靠证据的损失所带来的代价是合理的。当然，一个主要的考虑因素是贯彻的法律要求的重要性。如果排除性制裁适用于违反非宪法性法律要求的行为，则该法律要求的非宪法性质表明，对该法律要求的尊重并不那么重要，因此反对将制裁的界定延伸到衍生证据。

第 177 节　排除范围：(b) 有"独立来源"的证据

在 *Silverthorne Lumber Co. v. United States* 案件[100]中，Holmes 大法官代表最高法院宣布，违反宪法第四修正案获得的事实不会因此而"变得神圣和不可接近"。他接着说："如果对这些事实的知晓是从一个独立的来源获得的，那么可以像证明任何其他来源一样证明这些事实。"基于 *Silverthorne Lumber Co.* 案件的这一评论的"独立来源"规则或者概念，一直是排除规则分析中的不确定性来源。其中的问题之一是区分"独立来源"和第 181 节所讨论的"必然发现"。

在 *Murray v. United States* 案件[101]中，最高法院强调，"独立来源"概念有

---

[98]　540 U. S. 519 (2004).
[99]　United States v. Fellers，397 F. 3d 1090 (8th Cir. 2005).
[100]　251 U. S. 385 (1920).
[101]　487 U. S. 533 (1988).

两种不同的使用方式。Holmes 大法官在 *Silverthorne Lumber Co.* 案件中的附带意见使用它来描述这样的情况，即就特定事实，检控方既有被污染的证据，也有未污染的证据，只是提供了未污染的证据来证明这一事实。例如，警方可能会不当地逮捕 X，询问他，并获得了他的自认，即在 V 家被盗当晚他在 V 家附近。但是一名机警的市民可能会向警方报告说，在破门而入的当晚在 V 家附近看到了 X。检控方获得了表明 X 在犯罪现场附近的不可采证据，这一事实并不妨碍它证明 X 在现场。因为它可以通过具有"独立来源"的证据——也就是说，以与不当逮捕没有事实联系的方式获得的证据——来证明 X 在现场。*Murray* 案件指出，这是独立来源一词更为具体和最为重要的用法。

　　Murray 案件接着说，这一术语的另一个更为普遍的用法描述的是这样的情况，即检控方关于某一特定事实的所有证据均未被其不当行为所污染。例如，警方可能不当地逮捕了 X 并询问他，但是 X 可能没有透露被害人尸体的位置。但是，某公民可能向警方报告说，她观察到 X 在某个特定位置隐藏尸体；警方可能根据这一信息随后发现了尸体。尽管 X 被不当逮捕，但是检控方关于尸体的证据是可采的，因为该证据有独立来源。

　　从概念上讲，*Murray* 案件的讨论清楚地表明，"独立来源"只是一个标签，反映了这样一个结论，即特定的被质疑的证据不是以与违反宪法第四修正案有因果关系的方式获得的。该规则或者"概念"仅仅描述了几种方式，据此检控方可以辩称，寻求援引排除规则的被告没有证明引起触发的违法性和获得被质疑证据之间的必要因果关系。

　　然而，在 *United States v. Wade* 案件[102]中，最高法院讨论了这样的情况，即检控方提供证人进行庭上辨认，而被告证明证人在侵犯了被告宪法第六修正案获得律师帮助权的排队辨认中指认了被告，检控方诉称，证人对犯罪的观察是所提供的证言的独立来源。法院明确表示，要想胜诉，检控方必须承担证明负担，该负担是清晰且令人信服的证据。*Wade* 案件可能反映了法院的这一观点，即排队辨认/目击证人情境下的独立来源分析，存在着不准确适用的独特风险，在这种情境下，有理由让检控方承担证明负担，并将其增加到有清晰和令人信服的证据程度。

　　有些法院不加区别地让检控方一般承担关于独立来源的证明负担，而没有考虑到这一立场与被告证明被质疑的证据是作为毒树被依赖的行为的结果这一明显责任之间的紧张关系。另一些法院则要求被告对因果关系作出某种预备性

376

---

[102]　388 U. S. 218 (1967) .

证明。在这种证明之后，检控方承担证明在某种意义上的独立来源否定了这种预备性证明的负担。

法院尤其感到不安的是这样的问题，即警察行为不当，但是检控方依赖的是在执行后来的搜查令时获得的证据。随后签发的令状何时可作为被质疑证据的独立来源？*Murray* 案件表明，如果在取得令状时，没有向治安官披露源于
377 违法行为的任何信息，但是警察们是因违法行为而有动机申请令状，则令状不能构成独立来源。假设源自违法行为的信息被提交给了治安法官，但是同时还附带了其他未遭污染的信息，这些信息本身足以支持签发令状。*Murray* 案件表明，只有在受污染的信息并不影响治安法官签发令状的决定的情况下，令状才能成为一个独立来源。然而，下级法院避开了对签发令状的治安法官的决策的任何调查。根据这种方法，如果有充分的未被污染的信息提交给治安法官，支持其签发令状，则令状可以构成根据它所扣押的证据的独立来源。

第 178 节 违法行为对刑事被告的"管辖权"和排除"身体特征"的影响

许多刑事被告出现在审判法庭上，可以被视为早期官方违法行为的"果实"，因此在某种程度上受到了这种活动的污染。当违法行为包括不当逮捕时，情况尤其如此，如果没有这种逮捕，被告几乎肯定不会被拘捕。尽管如此，人们一致认为，调查中的普通违法行为并没有剥夺审判法院在任何意义上的"管辖权"，也不以其他方式干扰法院进行审判的权力。因此，它并没有为驳回指控的动议或者自动终结程序的其他救济措施提供依据。

作为联邦宪法问题，最高法院自 1886 年判决 *Ker v. Illinois* 案件(103)以来一直判定，无论以何种方式使得刑事被告到庭，就法院对其行使管辖权，不存在联邦宪法上的障碍。在 *Frisbie v. Collins* 案件(104)重申这一点之后，这一规则被广泛地称为 *Ker-Frisbie* 规则。

在 *United States v. Blue* 案件(105)中，法院解释了为什么法院在 *Mapp v. Ohio* 案件(106)及其后续案件中的忠信——把排除性制裁作为贯彻许多联邦宪法权利的主要手段——并没有改变这一点：

(103) 119 U. S. 436（1886）.

(104) 342 U. S. 519（1952）.

(105) 384 U. S. 251（1966）.

(106) 367 U. S. 643（1961）.

　　我们的无数判例命令排除……非法取得的证据，这隐含着这样一种假设，即救济措施并不能用于完全禁止检控。如此激烈的一步可能会略微促进排除规则所服务的某些目的，但是也会在不可容忍的程度上增加对使有罪者被绳之以法这一公众利益的干预。

　　当然，剥夺了检控方给被告定罪的一切可能性，将造成这种干涉。在适用的情况下，排除性制裁至少在理论上留下了这种可能性，即可以用有独立来源的证据给被告定罪。

　　不愿意将排除性制裁理解为剥夺法院进行反对被告的程序的权力，可能会影响对其他排除性制裁问题的分析。例如，在 *United States v. Crews* 案件[107]中，被害人在法庭上指认了被非法逮捕的被告。上诉法院判定，检控方在被害人作证时，让其利用了被告在审判时在场这一点而作出了证言。证人作证说，她将关于犯罪者的记忆与被告的面容进行了比较，因为她在法庭上观察到了被告，所以她对被告的面容很熟悉，在此基础上，她得出结论，他就是犯罪者。上诉法院得出结论认为，这构成了对非法逮捕之果的不被允许的证据使用。

　　然而，最高法院的五名大法官拒绝了这种做法，并将 *Crews* 案件的观点定性为已经被 *Ker* 案件及其后续案件所排除。White 大法官解释说，判定被告的脸可以被视为可排除的证据，"就等于在庭上辨认必不可少的情况下，判定非法逮捕可以有效地使人免于因任何犯罪而被定罪，而法庭上的身份证明是必不可少的"。他得出结论说，这与 *Ker* 案件的后续案件的理论基础不一致。

　　大多数法院坚决支持这样的命题，即不应直接或者间接地适用或者扩大联邦宪法排除性制裁，以至于完全禁止刑事程序。

　　在 *Crews* 案件四年后，法院在 *I. N. S. v. Lopez -Mendoza* 案件[108]中，在没有讨论 *Crews* 案件的情况下，补充说：

　　　　在刑事或者民事程序中，被告或者被调查者的"身体"或者特征本身绝不能作为非法逮捕之果而加以排除，即使承认发生了非法逮捕、搜查或者审讯。

　　州法院采用了 *Ker -Frisbie* 方法，即调查和搜集证据过程中的违法行为，并不影响法院对被告或者检控方的管辖权。它不要求甚至不允许驳回起诉。换言之，排除性制裁只不过是影响某些证据可采性的证据规则。

----

[107]　445 U. S. 463（1980）.

[108]　468 U. S. 1032（1984）.

对非法逮捕将严重损害审判法院的管辖权这一立场的一种孤立的司法辩护，主要是基于对广义司法适正性的考虑：

> 通过将法院的管辖权建立在对在家中的被告的非法无证逮捕的基础上，法院将使导致逮捕的非法行为合法化。法院不应成为侵犯公民宪法权利的当事人。[109]

下级法院对 *Crews* 案件的影响和 *Lopez-Mendoza* 案件关于被告的身份的评论——被告的身份从来不是可加以排除的不当逮捕之果——意见不一致。纽约上诉法院的结论是，"当不当的警察活动和有争议的证据之间的唯一联系是警察获悉了被告的名字时，被告不得援引毒树之果学说"，最高法院驳回了这一审查，认为这一审查是不明智的。[110] 与此相比，一家法院摒弃了 *Lopez-Mendoza* 案件的评论，认为这只是重申了 *Ker-Frisbie* 规则，即对被告的管辖权不受影响。[111] 另一法院则提出，这限制了被告质疑检控方已经合法获得的证据的可采性的能力，因为该证据的相关性是通过因违宪逮捕而获得的身份类型信息而得知的。[112]

第 179 节　排除的例外：(a) 污染的稀释

宪法第四修正案中的排除性制裁，以及以此为榜样的其他大多数制裁，就在引发排除性要求的违法行为的"污染"变得"稀释"之后取得的证据，都有例外规定。鉴于这一例外的性质，它只适用于"衍生"证据，这种证据最初受到质疑，只是因为它是"毒树之果"。

这一例外不同于"独立来源"学说，它不立足于原初违法行为与取得的被质疑的证据之间缺乏实际因果关系。相反，这一例外是由对该因果关系的这一特点的证明引发的，即原初违法行为对取得证据的影响足够小，即使存在因果关系，也不需要排除。

在 *United States v. Leon* 案件[113]中，最高法院解释说，在联邦宪法情境下，

---

[109]　State v. Smith, 388 N. W. 2d 601, 612 (Wis. 1986) (Abrahamson 大法官持并行意见).

[110]　People v. Tolentino, 926 N. E. 2d 1212, 1216 (N. Y. 2010), cert. dismissed as improvidently granted, 131 S. Ct. 1387 (2011).

[111]　State v. Maldonado-Arreaga, 772 N. W. 2d 74, 79 (Minn. App. 2009).

[112]　United States v. Fofana, 666 F. 3d 985, 987–88 (6th Cir. 2012).

[113]　468 U. S. 897 (1984).

污染稀释学说是联邦宪法排除性要求背后的原则的产物。在某种程度上，它确认了这样的案件，即对证据的污染如此小，采纳证据并不会损害法院的适正性。然而，更重要的是：

> "污染的消散"概念……"试图划定这样的界限，即警察非法行动的有害后果在这个时候变得如此稀薄，以至于排除规则的威慑效果不再能证明其代价是正当的。"

当然，对联邦排除性要求的这一污染稀释限制，并不意味着其他排除性要求也必须受到类似的限制。不过，法院已经——可能不加批判地——认为，延伸到毒树之果的其他排除性要求也受到类似限制的限定。

就什么足以证明污染的稀释进行概括，是困难的。最高法院的大多数判例法都将这一学说适用于这样的情况：被告在开始于违反宪法第四修正案的羁押中所作的自白被质疑为不可采的逮捕之果。从这些讨论中得出一般标准，存在一些困难。然而，人们经常一致认为，违法行为的污染是否被足够稀释，使得作为该违法行为的事实结果而被发现的证据具有可采性，取决于三个因素：（1）违法行为与被质疑证据的发现之间的时间关系；（2）"介入情况"的数量和性质；以及（3）公务不端行为的目的和明目张胆程度。然而，这一一致意见在作出最终判断时，往往没有提供多少有用的指导。在 *United States v. Ceccolini* 案件[14]中，法院说："显然，不能赋予任何［相关的］因素以任何数学权重……这是不充分的描述。"

什么样的数量和类型的介入情况足以稀释特定的污染，是一个特别困难的问题。显然，介入事件越多，污染就越有可能被稀释。有些判例法提出，如果其中一种介入情形涉及司法行为，这在认定稀释方面就有特别重大的意义。贯穿污染稀释案件的一条主线是要证明事件链中，某人自愿决定与调查当局合作，这具有重要意义。如果该决断是被告作出的，则该因素有权获得特定的权重。

有些法院把第三个因素列为最重要的一个，"因为它直接与排除规则的目的联系在一起——阻止警察的不当行为。"例如，在不合理的截停之后，警察获悉存在逮捕令，然后根据该逮捕证执行了逮捕，并且作为该逮捕的结果，取得了证据。如果证据表明，截停是为了确定是否存在任何这样的逮捕证，则截停的污染不太可能被稀释。

380

[14]　435 U. S. 268（1978）.

最高法院在将污染稀释分析应用于这种情况时，即被质疑的证据，包括利用不当搜查或者扣押所取得的信息而找到的证人的庭上证言，展现了污染稀释分析的困难。在 *Ceccolini* 案件中，法院拒绝采纳一项本身违法规则，根据该规则，此类证据永远不可能是违反宪法第四修正案行为的可排除的果实。但是它确实判定，在这种情况下，稀释分析应当以与这种情况相适应的方式适用。当刑事被告要求排除证人当庭作出的证言时，"与要求排除其他种类证据的案件相比，违法行为和这种证言之间需要有更密切、更直接的联系"。这显然意味着，考虑到争论的证据——目击证人证言——具有特别的重要性，因此只有当事实证明违法行为与证据的发现之间存在着特别密切的关系时，才会更容易认定污染稀释。

与其他潜在污染稀释的案件一样，在 *Ceccolini* 类型的案件中，通过显示介入性自主决定，显著增强了对稀释的证明。证人愿意或者渴望作证，是一个重要的考虑因素。

在第 166 节中进行了实质性讨论的 *Hudson v. Michigan* 案件[⑮]中，最高法院根据宪法第四修正案法引入了污染稀释分析的一个新方面。*Hudson* 案件承认，污染的稀释可能发生在"因果关系很遥远的情况下"。它接着补充道：

> 即使有直接的因果关系，当无法通过排除所取得的证据而服务于被侵犯的宪法保障所保护的利益时，也会发生污染稀释。

当然，这表明在某些情况下，即使不考虑违反宪法第四修正案的行为与取得被质疑证据之间的因果关系的特点，也可能会发生污染稀释。

381　*Hudson* 案件本身并没有完全明确其判定的范围，即执行搜查令时不敲门而入不会触发宪法第四修正案的排除性要求[⑯]，这依据的是污染稀释理由。最好的解读是，在确定宪法第四修正案违法行为中没有触发排除性制裁的类别时，*Hudson* 案件仅仅考虑了这样的频度，即在这些案件中，对污染稀释进行的逐案分析将导致被质疑的证据最终被认定为可采。

华盛顿州最高法院在 *State v. Eserjose* 案件[⑰]中，在《华盛顿州宪法》第 1 章第 7 条的排除规则是否有污点稀释例外问题上，没有形成定论。法院四名大法官认为，不应有此例外：

⑮　547 U. S. 586（2006）.

⑯　参见上文第 166 节。

⑰　259 P. 3d 172（Wash. 2011）.

稀释例外……与我们的第 1 章第 7 条的保护根本相悖……这一稀释例外允许非法获得的证据被采纳。这种学说也没有尊重我们保护个人隐私的首要关切，因为它会否定对那些隐私受到违宪侵犯的人进行救济。此外，例外的适用必然是推测性的，这与我们本应近乎直截了当的排除规则是背离的。更重要的是，污染稀释学说中没有任何内容表明，时间、介入情况或者不那么严重的不端行为如何能向非法扣押之果注入第 1 章第 7 条所要求的法律权威。侵犯一个人的宪法权利取得的证据，即使被稀释了，仍然缺乏法律权威，应当予以排除。

第 180 节　排除的例外：(b) 介入性违法行为

如果针对足以引发排除性制裁的警察违法行为，嫌疑人从事了进一步的犯罪行为，法院将该进一步的犯罪行为视为执法行动的基础，该基础在一定程度上独立于最初的违法行为。因此，尽管警察最初的行为不当，这些关于进一步违法行为的证据，或者从中衍生的证据，仍然可以采纳。

通常，进一步的违法行为包括对警察行为的暴力抵制。在 *United States v. Bailey* 案件[⑱]这个主要判决中，被告对被他认为是不适当的逮捕作出了回应，与执行逮捕的警察进行了扭打。"如果不是"非法逮捕，警察就不会看到被告的反抗——因为这不会发生。然而，逮捕的宪法性缺陷并不要求排除关于抵抗的证据。在对该分析更严格的适用中，得克萨斯州的一家法院将其应用于这种情况，即嫌疑人对非法搜查其汽车的行为作出的反应是，将违禁品夺走并放进嘴里。尽管搜查的非法性使检控方无法证明被告在销毁违禁品的犯罪行为之前持有违禁品，但是 *Bailey* 案件的分析允许检控方证明他在抢夺毒品期间和之后持有该违禁品。[⑲]

在这些案件中适用的学说的确切性质并不清楚。有些法院似乎认为，这一学说仅仅是对污染稀释学说的一种专门适用，根据这一学说，介入性的自愿犯罪行为通常而且可能不可避免地会稀释该行为之前的违法行为的污染。当然，这种方法与在污染稀释分析中赋予介入性自愿行为的一般意义是一致的。[⑳]

其他法院似乎将该学说视为排除性要求的一个单独例外，依据的是有别于

382

---

⑱　691 F. 2d 1009 (11th Cir. 1982)．

⑲　Holmes v. State，962 S. W. 2d 663，669 (Tex. App. 1998)．

⑳　参见上文第 179 节。

那些支持污染稀释学说的考虑。新罕布什尔州最高法院在 2008 年宣布，它将"加入压倒性的典据，即就排除规则采用新的犯罪例外"。根据这一"规则"，面对官员的非法进入、搜查或者扣押，如果一个人用对该官员进行人身攻击或者威胁进行人身攻击进行回应，尽管该官员有违法行为，但是关于该新的犯罪行为的证据是可采的。[120]

这一规则通常是基于这样的命题，即排除这一证据所实现的对官方违法行为的任何增量威慑，都将不敌所带来的代价。代价之一，是失去了这样的机会，即阻止对被质疑的执法活动作出非法和暴力反应的机会，或者实际上鼓励了这种反应。科罗拉多州法院还评论说，排除这类证据只会产生最小的威慑力[122]，这显然是基于这样的假设：警察对攻击他们的行为的反应不太可能受到随后证据是否可采的影响。

一般认为，只有当被告从事进一步的犯罪行为时，这一例外才适用。仅仅是揭示被告过去的越轨行为对官方不法行为的不明智反应，将不会是援引该例外。一家法院认为，这一例外的理由——不鼓励对甚至不适当的执法行为作出暴力反应——并不能证明这一例外适用于关于这种情况的证据的正当性，即犯罪嫌疑人对违宪拘留作出反应是向官方提供假名。

几个法院判定，这一例外只允许使用关于新的犯罪行为的证据。因此，如果一名警察怀疑毒品活动并试图不适当地制止，嫌疑人反抗，而该警察最终找到了毒品，则该例外允许使用关于嫌疑人抗拒拘捕的证据。但是，它不允许使用关于毒品的证据。这抑制了犯罪分子对警察行为的反应，消除了不当执法行为的潜在诱因，并且"维护了宪法性扣押分析的基本原理的适正性"。

383

第 181 节　排除的例外：(c) 不可避免的发现

许多排除性要求要服从这样的例外，这常常被称为"不可避免的发现"规则。根据这一例外，如果证明证据并不像所表现的那样是不当取得的，而是检控方"必然"会以"合法"的方式取得该证据，则本不采的证据将变得可用。

与所谓的独立来源规则——援用该规则时，要证明被质疑的证据事实上不是违法行为的事实结果——不同，这一例外取决于关于假设情形的证据。这一

---

[120]　State v. Panarello, 949 A. 2d 732, 736 (N. H. 2008) (quoting from 3 W. LaFave et al. , Criminal Procedure § 9.4 (f), at 464 - 65 (3d ed. 2007)).

[122]　People v. Doke, 171 P. 3d 237, 240 - 41 (Colo. 2007).

特征也使不可避免的发现有别于污染稀释——在援用该规则时，要证明非法行为与证据的获得之间的实际因果关系。

在 *Nix v. Williams* 案件[⑫]这个关于宪法第六修正案获得律师帮助权利的案件中，不可避免的发现被纳入了联邦宪法性排除分析。法院推理说，排除性补救的理论根据通常只要求检控方不能得到其不当行为可能产生的任何好处。这一预防性目的并不要求将检控方置于比它没有实施主要违法行为时更糟的处境。既然没有理由否认检控方有任何优势，那么它就可以证明，如果其官员避免了不当行为，它将享有该优势，只有不可避免的发现例外，才能适当地限制其理论根据所规定的排除性要求。

州法院常常将州排除性要求解释为受到这样的例外的限制：该例外有点类似于 *Williams* 案件的联邦宪法学说。然而，有相当一部分人相信这样的风险，即在实际操作中，这一例外可能被误用，从而与最高法院认为制定联邦宪法排除性制裁的例外时的适当方式相比，更为严格地限制这一例外。

Williams 案件驳斥了这一观点，即这一例外带来的问题的性质，要求检控方承担异常高的证明负担责任。然而，一些州法院认为，适用例外所固有的推测性，有理由要求检控方通过清晰和令人信服的证据证明例外适用。

Williams 案件还拒绝了以下判定，即该例外要求证明证据是由实际"善意"行事的警察获得的，重申即使在警察恶意行事的情况下，排除性要求的目的也不能证明使检控方处于比在检控方人员行为适当的情况下更糟的地位是合理的。然而，一些州法院要求警察的行为是善意的。例如，阿拉斯加州最高法院的结论是，不受限制的例外带来了鼓励执法活动"走捷径"的充分风险，即要求作为州宪法问题，它仅限于这样的情况：警察没有恶意行事来加速发现被质疑的证据。[⑭]

一般认为，该例外要求证明，检控方将——不是可能或者可以——以适当方式获得被质疑的证据。法院关于适用标准的陈述有所不同。蒙大拿州法院充满感情色彩地说："证据将被发现，而不涉及侵犯被告的权利，这必须像日夜更替这么确定。"其他法院则宣布，合法的发现必须是"真正不可避免的"或者"实际上是确定的"。各联邦巡回区法院的意见也不同。有些只要求有这样的合理的可能性，即证据将能够适当地取得。另一些则将该例外仅限于这样的情况，即审判法院在高度自信的情况下认定，合法发现有争议的证据所必需的

384

---

⑫　467 U. S. 431（1984）.

⑭　Smith v. State，948 P. 2d 473，481（Alaska 1997）.

每一个可能情况，都将按照有利于检控方的方式解决。

　　一些法院要求检控方证明，证据的合法发现是在非法行为发生时实际上正在积极进行的另一调查活动的结果，从而试图尽量减少不加区别地认定必然性的风险。也许代表性案件 *United States v. Cherry* 案件⑮的部分理由是，在没有证据证明警方在其非法行为发生时已开始积极开展了合法的调查活动的情况下，基于合法调查活动的不可避免的发现例外的应用，将涉及 *Williams* 案件认为的该例外不涉及的"推测性因素"。其他判例则拒绝这一要求，即尽管关于这类替代性调查活动实际上正在进行的证据，有力地支持了这样一种论点：它具有触发该例外所必需的独立性。

　　一些法院显然对不可避免的发现例外感到不安，特别是适用于某些类型的情形时，这种不安导致了对该学说的种种可能的限制。一些讨论提出，如果违法性特别严重或者侵犯了进行调整的法律的中心方面，则不适用这一例外。另一些讨论则提出，这并不适用于必然涉及过度推测的情况。

　　正如一些法院所判定的那样，这种例外可能仅限于"派生"证据，而不是"主要"或者"直接"证据。根据这一区别，直接证据或者主要证据是在非法行为中实际发现和扣押的证据。另一方面，派生证据是后来根据从非法行为中获得的信息而获得的证据。有些法院将例外限定在后一类证据上。如果例外仅限于派生证据，那么它就不是基本的排除性要求的例外，而仅是导致所有毒树之果不可采的推论的例外。大多数法院拒绝将例外限定在派生证据上。然而，也许他们未能充分探讨这样的可能性，即这种限制可能是防止该例外有效地使由排除性要求所执行的某些或者大多数法律要求无效的最适当的方式。

　　当然，州法院和立法机关不一定非要将这一例外纳入州排除性要求，有些法院和立法机关已经拒绝了这一要求。存在分歧的华盛顿最高法院在 *State v. Winterstein* 案件⑯中判定，州宪法排除规则没有不可避免的发现例外。多数意见在一定程度上依赖其这一结论，即该学说"必然是推测性的"。更重要的是，它强调，华盛顿的排除性要求——与宪法第四修正案排除性规则不同——旨在通过为在隐私受到不允许的侵犯时提供救济，来保护隐私。该州法律要求的这一理论根据与不可避免的发现例外是不一致的，后者在威慑因素被认为不足以支持排除证据时，拒绝提供救济。

385

---

⑮　759 F. 2d 1196（5th Cir. 1985）.

⑯　220 P. 3d 1226（Wash. 2009）.

第 182 节 排除的例外：(d)"善意"

在收集证据的警察错误地相信（或者本可以相信）他们的行为符合法律要求时非法取得的证据是否要排除，是现有的排除性要求中最具争议性的问题之一。至少在某些此类情况下，联邦宪法排除规则的有限"善意"例外得到了最高法院的承认。州法院和立法机关有时也会紧随其后，但是并非总是如此。

联邦宪法性例外。在 *United States v. Leon* 案件[17]和 *Massachusetts v. Sheppard* 案件[18]中，最高法院判定，如果检控方证明，理性的警察都会相信搜查令，因此搜查在宪法上是允许的，则在根据有瑕疵的搜查令进行的搜查中获得的证据是可采的。三年后，在 *Illinois v. Krull* 案件[19]中，法院同样判定，无证搜查中取得的证据可采，因为已经证明，虑及旨在授权搜查的无效制定法，理性的警察会认为搜查是宪法允许的。

Leon 案件、*Sheppard* 案件和 *Krull* 案件提出的学说所附的"善意"标签，可以说是误导性的。这一例外并不要求证明警察实际上和主观上——"善意"地（就像该术语的通常用法那样）——认为他们的行为在宪法界限内。所要探究的问题是，在所有情况下，"受过良好训练的理性警察"是否会知道，有关行动在宪法上是不被允许的。如果不知道，该例外即适用，不论实际进行搜查的警察是否知道这些行为是不当的。事实上，尽管规则有一般性的陈述，但是该例外并不要求证明警察实际上——主观上——依赖于搜查令或者法律。

Leon 案件、*Sheppard* 案件和 *Krull* 案件强调宪法第四修正案排除规则的预防目的，认为至少在某些情况下，不能指望该规则阻止客观合理的执法活动，也不应适用于这样做的活动。*Leon* 案件接着说，在警察已经获得了搜查令的情况下，尤其如此。治安法官有责任确定是否存在可能成立的理由等事项；不能指望警察质疑治安法官关于这些问题的决断。法院的结论是，"因治安法官的错误而不是警察自己的错误来惩罚警察，在逻辑上不可能有助于威慑违反宪法第四修正案的行为"。与此类似，*Krull* 案件推理说，通常也不能指望警察质疑授权搜查的制定法的立法机关的判断，因此，从逻辑上讲，不能指望因立法错误而惩罚警察，从而有助于威慑。因此，在这种情况下，排除证据

---

[17] 468 U. S. 897（1984）.

[18] 468 U. S. 981（1984）.

[19] 480 U. S. 340（1987）.

所产生的任何好处都不能证明排除证据的巨大代价是正当的。

鉴于警察对搜查令或者立法的依赖必须是客观合理的，如果搜查令或者授权制定法中的缺陷如此明显，以致训练有素的理性警察会认识到这一缺陷，则尽管有搜查令或者授权制定法，还是需要排除的。*Leon* 案件还说，在依赖令状的情况下，如果警察在申请令状时误导了签发令状的治安法官，纳入了他知道是虚假的或者本应知道是虚假的信息（除非他因粗心大意而无视了真相），或者令状是由缺乏宪法第四修正案要求的不偏不倚性的治安法官所签发的，则要求进行排除。

Krull 案件八年后，法院判决了 *Arizona v. Evans* 案件[130]，该案后来被称为"就警察合理地依赖司法雇员维护的数据库中关于逮捕证的错误信息的案件，适用了善意例外"[131]。*Herring v. United States* 案件[132]将 *Evans* 案件适用于"这样的案件，即警方雇员在维护［类似］令状数据库中的记录时犯了错"，而被告仅证明了过失，而不是系统性的错误或者不顾宪法规定的鲁莽。*Davis v. United States* 案件[133]判定，宪法第四修正案的例外适用于依赖令状或者制定法没有根据的情况。相反，在 *Davis* 案中，政府证明，在第十一巡回区行事的州警察以第十一巡回区对最高法院宪法第四修正案判例法的解释所允许的方式进行了搜查，在搜查后该解释被最高法院所拒绝。*Davis* 案件判定，宪法第四修正案的善意例外，是指"在合理依赖有约束力的先例所进行的搜查中获得的证据，不受排除规则的约束"。

Davis 案件解释说：

> *Leon* 系列案件的基本启示是，排除证据的威慑效益"因［有关］执法行为的罪责不同而不同"。当警察表现出因"故意"、"鲁莽"或者"严重疏忽"而无视宪法第四修正案的权利时，排除证据的威慑价值是很强的，常常超过了由此产生的成本。但是，当警察在行为时有着客观"合理的善意"，认为他们的行为是合法的，或者当他们的行为只涉及简单的、"孤立的"疏忽时，"威慑理由失去了很大的效力"，而排除证据做不到"物有所值"。

适用这一观点，*Davis* 案件接着说：

---

[130]　514 U. S. 1 (1995).

[131]　Davis v. United States, 131 S. Ct. 2419, 2428 (2011).

[132]　555 U. S. 135 (2009).

[133]　131 S. Ct. 2419 (2011).

尽管搜查结果被证明是违宪的……所有人都同意，警察的行为严格遵守当时具有约束力的巡回区法律，并没有任何罪责。根据我们的排除规则先例，这一公认的警察无罪责，注定了 Davis 的主张的命运。只有在警察的行为是故意的——足以产生"有意义的"威慑力，以及应受惩罚——"值得司法系统付出代价"——的情况下，才会引发严厉的排除性制裁。在该案件中，警察的行为没有涉及任何一点。进行搜查的警察并没有故意、鲁莽或者严重疏忽地侵犯 Davis 的宪法第四修正案权利。本案也不涉及执法活动的任何"经常性或者系统性疏忽"。警方严格按照有约束力的先例行事，他们的行为并不违法。排除规则在本案中不能适用，除非它成为一项严格的责任制度。

这一系列案件所提出的主要问题是，宪法第四修正案的例外是否会扩大到其他情况，也许是理性的警察认为其行为符合联邦宪法标准的所有情况。在 Herring 案件和 Davis 案件之前，法院的讨论表明，这一例外仅限于这样的情况：事实证明，警察关于行为合宪的客观合理的善意信念有相当可观的根据——这是一些当局作出的错误决定，警察通常不可能提出质疑。这可能是立法机关的决定——反映在宪法上无效的制定法中，也可能是法院的决定——反映在无效的令状或者是法院关于有效令状尚未执行的误述中。在事实上，Davis 案件并没有脱离这一点——上诉法院尽管错误但是当时有约束力的判例法，类似于 Leon 案件和 Sheppard 案件中的无效令状和 Krull 案件中的无效制定法。

然而，正如 Davis 案件所讨论的那样，Davis 案件和 Herring 案件所述的基本原理，很少或者根本没有强调一个实体的官员不可能无视的错误决定的存在。相反，Davis 案件强调的是，警察的责任比过失还轻。当然，在许多不牵涉权威实体的错误决定的情况下，也没有这种责任。

Davis 案件强烈表明，如果事实表明的不过是，一名理性警察可能本会意识到这种行为违反宪法，那么某些版本的善意例外最终将适用。换言之，寻求排除证据的被告必须驳斥检控方关于"善意"的初像说法——甚至可能仅仅是一个"善意"主张。这种驳斥——与 Davis 案件一致——将要求证明警察的行为有"故意、鲁莽或者重大过失"，或者执法人员有"反复或者系统性的［纯粹］过失"。

然而，在 Davis 案件之前，大多数下级法院认为，宪法第四修正案的例外情况只适用于这样的情况，即事实表明有某种具有权威性的依据，从而使警察认为其行动是合宪的。例如，它不允许采纳这样的警察搜查所获得的证据：该警察错误地但是也许合理地认为存在进行无证紧急搜索的理由。

最高法院在 *Groh v. Ramirez* 案件[33]中，讨论了一个理性的警察在什么时候不能根据 *Leon* 案件和 *Sheppard* 案件认为令状在宪法上有效的问题。如果令状中没有对要扣押的财产或者人员进行任何说明，善意例外将不适用。最高法院强调，这名警察自己制作了这份文件，并且即使是"简单的一瞥"，也可能揭示出其"明显的不足"。

Leon 案件的善意例外——至少在 *Davis* 案件之前进行了界定——引发了许多子问题。一些法院拒绝将例外适用于这样的情况，即执行有效搜查令的警察错误地超出了有效搜查令规定的权限。在这种情况下，唯一的错误是执行令状的警察所犯的错误。可以说，因此，排除在可以鼓励更加仔细地查明令状的存在或者效力方面，仍然有充分的可能性。当然，如果 *Davis* 案件具有本节前面所提出的影响，则例外情况将涵盖这些情况。

另一个问题是，警察依赖表面上有效的令状的权利，是否禁止被告证明该令状本身受到先前不端行为的污染，因此，执行该令状所取得的证据，是可排除的原初的毒树之果。根据更好的观点，只有在令状本身没有被污染的情况下，令状才能触发例外。如果令状是根据可排除的证据而签发的，那么令状和根据该令状取得的证据，都是原初的毒树之果。这种通过治安法官清洗受污染信息的做法，不应导致毒树之果原则不适用。这一问题可视为不是善意例外问题，而是令状是否是或者可以是被质疑证据的独立来源的问题；这一点在第176 节进行了讨论。

州宪法要求。州法院在解释州宪法排除性要求方面存在分歧。当然，有些州法院遵循了最高法院的做法，将州宪法要求解读为受 *Leon* 案件这样的例外的限制。其他州法院，包括新墨西哥州和华盛顿州的最高法院，都拒绝将这样的例外解读进它们的宪法。2001 年，威斯康星州采用了一个比 *Leon-Sheppard-Krull* 规定的范围稍窄的例外。

这些州裁判庭在某种程度上拒绝了最高法院的假设，即例外对排除性要求的威慑价值的影响是可以衡量的，而且鉴于丧失可靠证据所产生的成本，这是可采的。然而，更重要的是，一些州法院拒绝了最高法院这一假设，即威慑分析是适当的，并认定鉴于州排除性要求的更广泛的政策基础，这种例外是不可采的。例如，新墨西哥州最高法院推理认为，该例外与州宪法的这一目的不一

388

[33]　540 U. S. 551 (2004).

致："在未决案件中，落实被告免于不合理搜查和扣押的宪法权利"。法院的结论是："在审判中剥夺检控方违反宪法的行为的果实"，"能够最大限度落实禁止不合理搜查和扣押的宪法规定，即保护被告的权利，就像政府官员在法律范围内行事一样"[135]。

此外，新墨西哥州法院推理说，州规定服务于司法适正性这一重要因素，它的定义比宪法第四修正案分析中的因素更为宽泛，而且该例外与这一州法的目标不一致。艾奥瓦州法院还强调了该州宪法排除性规则的救济功能，以及善意例外对履行这一功能的妨碍。此外，它拒绝了最高法院的这一结论，即排除证据对于确保法官和立法者充分履行职责是无效的或者没有必要的。[136]

非宪法排除性要求。州制定法排除性要求可以表述为或者被解释为不包含 *389* 善意例外。佐治亚州最高法院已经对其条款进行了如此解释，得克萨斯州制定法排除规则有一个例外，仅限于合理依赖根据可能存在的理由而实际签发的令状而获得的证据。

第183节　排除的例外：(e) 使用非法取得的证据弹劾作证的被告

大多数排除性制裁只禁止在审判时使用不当获得的证据来证明被告有罪。因此，它们要遵守这样的例外或者限制，即允许使用这种证据来对在审判中作证的被告进行交叉询问和弹劾。

在 *Harris v. New York* 案件[137]中，美国最高法院重申了 *Mapp v. Ohio* 案件[138]之前在 *Walder v. United States* 案件[139]中的判决，即联邦宪法的排除性要求有时允许使用本不可采的证据来弹劾作证的被告。*United States v. Havens* 案件[140]明确规定，因违反宪法第四修正案而受到污染的证据可以用于弹劾。*Harris* 案件判定，违反 *Miranda v. Arizona* 案件[141]得到的陈述可以用来弹劾。但是 *Mincy v. Arizona* 案件[142]确认，非自愿性的陈述是就审前引诱获得的自我

⑬　State v. Gutierrez，863 P. 2d 1052，1067（N. M. 1993）.
⑬　State v. Cline，617 N. W. 2d 277，289 - 90（Iowa 2000）.
⑬　401 U. S. 222（1971）.
⑬　367 U. S. 643（1961）.
⑬　347 U. S. 62（1954）.
⑭　446 U. S. 620（1980）.
⑭　384 U. S. 436（1966）.
⑭　437 U. S. 385（1978）.

归罪性陈述而言，不能用于弹劾的。在 *Michigan v. Harvey* 案件[13]中，因违反宪法第六修正案规定的获得律师帮助的权利而获得的陈述，被判定可用于弹劾，这在 *Kansas v. Ventris* 案件[14]中得到了重申。

Scalia 大法官在 *Ventris* 案件中为法院撰写的意见澄清了进行案件区分的理由：

> 本被排除的证据是否可以因弹劾为目的而采纳，取决于被违反的宪法保障的性质。有时这明确要求排除在审判之外，有时却没有这样的要求。宪法第五修正案保证，任何人不得被强迫提供不利于自己的证据，无论是通过弹劾还是其他方式，只要在审判时提出真正强迫作出的自白，就违反了这一规定。另一方面，宪法第四修正案保证任何人不得受到不合理的搜查或者扣押，并没有说要将其果实排除在证据之外；排除是威慑性制裁的结果而不是为了避免违反实质性保证。因此，不可采不是自动的，但是我们采用了排除性规则权衡标准。违反宪法第五修正案和宪法第六修正案中禁止某些审前警察行为的预防性规则，也是如此。

390　根据 *Ventris* 案件，只有在审判时使用证据本身至少是侵犯被告的权利的一部分，据此要排除用于判定罪与非罪目的的情况下，弹劾性使用证据才必然是不允许的。这解释了 *Mincy* 案件的裁决，即非自愿陈述不能用于弹劾。在其他情况下，侵犯被告权利的行为是在审判开始前完成的。在这些情况下，排除性补救措施是否适用于禁止弹劾性使用，取决于如何就扩大排除而实现的增量威慑与这样做的成本进行权衡。

在进行这种权衡分析的所有情况下，法院的结论是，鉴于排除提出证明有罪的证据所产生的威慑作用，排除仅为弹劾作证被告而提出的违宪获得的证据所产生的额外威慑作用很小，因而是不充分的。此外，如果允许潜在的伪证行为不受质疑，那么其高昂且令人厌恶的成本将超过几乎没有的威慑价值。因此，弹劾性使用是允许的。

Walder 案件曾提出，只有当作证的被告不仅仅是否认罪行和就旁系事项作证时，才允许弹劾使用违宪取得的证据。这样的立场将使被告可以自由提出至少一个基本的无罪观点，而不放弃免于使用违宪取得的证据的权利。然而，*Harris* 案件拒绝了这种做法。因此，允许在被告仅否认所控罪行的证言基础

[13]　494 U.S. 344 (1990).
[14]　556 U.S. 586 (2009).

上进行弹劾。

此外，*Harris* 案件及其后续案件有时允许根据交叉询问和直接询问中的证言进行弹劾。根据 *United States v. Havens* 案件[⑮]，只有当交叉询问证言是针对"明显在被告直接询问范围内"的问题时，才允许这样做。被告在直接询问中的证言是否合理地表明检控方在交叉询问中对有关事件的查问涉及受污染信息，"必然是具体个案性的"，审判法官在解决具体案件时有相当大的自由裁量权。

只要在本不可采的证据和被告的庭上证言之间存在一些"不一致"，就允许弹劾。最高法院提出，弹劾性使用必须"在其他方面是适当的"，这表明限制弹劾的地方规则可能会以某种方式纳入联邦宪法例外。当提出了 *Harris-Walder* 证据时，在宪法上没有任何依据或者理由要求州遵循其通常的交叉询问和弹劾规则。作为非宪法性证据法问题，似乎没有依据也没有理由仅仅因为证人是刑事被告，以及因为宪法性排除性要求使得证据不能采纳来证明有罪，而无视对弹劾的限制。另一方面，与适用于提出用于弹劾的其他证据的标准相比，没有理由适用更严格的标准。

只有被告在审判时的个人证言，才有机会引发使用本被排除的证据。在 *James v. Illinois* 案件[⑯]——尽管票数仅是 5 比 4——中，法院拒绝扩大例外范围，来允许使用违宪获得的证据"弹劾"或者反驳被告以外的证人的辩护证言。这种扩大的例外将削弱基本排除性要求的阻却价值。此外，允许这种反驳性使用证言将阻止被告提出可能有价值的辩护主张，因为辩护律师缺乏对非被告证人的控制。

从 *James* 案件可以得出的是，违宪取得的证据，并不能通过辩护律师的开局陈述而具有可采性。当然，违宪取得的证据并没有被采纳来证明有罪，因为它是在检控方的反驳中提出的，而不是在其主提证中提出的。

尽管最高法院从未明确如此判定过，但是毫无疑问，被告有权得到对陪审团的限制性指示，即指示陪审员仅就被告的可信性而不是是否有罪来考虑该证据。

讨论州排除要求的内容——通常是宪法性的——的州法院，很少愿意拒绝任何弹劾例外。然而，他们对基于最高法院联邦宪法模式的例外的范围和影响表示担忧。当然，如果与联邦宪法要求相比，州排除性要求所依据的理由更广

391

---

⑮　46 U. S. 620 (1980).

⑯　493 U. S. 307 (1990).

泛，在州情境下，弹劾例外可能不太合适。

面对这些担忧，一些州裁判庭采取了比 *Walder-Harris* 案件更为有限的弹劾例外。例如，佛蒙特州最高法院强调，它认为有必要维护被告获得在为自己辩护时作证的不受限制的机会的权利。据此，法院拒绝了 *Havens* 案件的做法，判定违反州规定获得的证据只能用于弹劾被告在直接询问中的证言。[⑩] 夏威夷州法院案件拒绝了 *Harris* 案件而不是 *Walder* 案件的意见，判定在违宪搜查中获得的证据不能用来弹劾作证的被告的"关于其行动的"证言，但是可以用来反驳关于"补强情况"的证言。[⑩]

⑩ State V. Brunelle, 534 A. 2d 19& 203（Vt. 1987）.

⑩ State v. Santiago, 492 P. 2d 657，664（Haw. 1971）.

第七编　相关性及其平衡

第 16 章

相关性

第 184 节　作为可采性前提的相关性

在证据法中，真相很重要。为了促进在准确理解事实的基础上作出判断，证明制度的先决条件是，诸当事人可以向法院或者陪审团提出与待决争点有关的所有证据。当然，许多规则，如涉及特免权、传闻和司法经济的规则，限制了这种自由证明制度，使得事实认定者得不到有证明力的证据。然而，除非有如此明显的理由拒绝听审证据，否则应当予以接受。反之，如果证据缺乏证明价值，则应当予以排除。《联邦证据规则》402 和修订后的《统一证据规则》的相应规定，采用了普通法的这两个原理。这些规则规定，"相关证据具有可采性"，除非为其他法律或者规则所排除，并且不相关的证据"不可采"。

第 185 节　相关性的含义及其平衡

如果没有一个恰当的相关性定义，说相关证据一般是可采的，而不相关的证据不可采则没有什么价值。本节澄清了相关性的含义。接着，它概述了会使相关证据不可采的因素。

相关证据有两个组成部分：重要性和证明价值。重要性关涉的是证据与案件之间的契合。它着眼于提出证据所要证明的命题与案件中的争点之间的关系。如果提供的证据有助于证明的是一个不存在争议的命题，则该证据并不重要。所谓"有争议"，即在诉讼争议范围内，主要由诉状决定，要根据诉答规则解读，受实体法控制。因此，在工人要求获得薪酬的诉讼中，无论她是否提出请求，关于共同过失的证据都是不重要的，因为工人的过失不影响获得薪酬的权利。在以因语言模糊而无效为由，要求禁止执行禁止已成形胎儿堕胎的法律的诉讼中，关于胎儿感觉疼痛的能力的专家证言是不重要的，因为它只涉及州颁布法律的利益，而不涉及语言模糊的主张。

除了与争点直接相关的证据，即使是在直接审查仅仅是填补叙述的背景，给它增加趣味、色彩和生动性的事实证据时，也允许留有余地。地图、示意图、图表、照片、录像带和计算机动画可以作为帮助理解其他重要证据的材料。此外，当事人可以对证人的可信性提出质疑，并在限度内提出攻击和支持证人可信性的证据。

相关性的第二个方面是证明价值，即证据证明提出它所要证明的命题的趋势。《联邦证据规则》和《统一证据规则》401 包含了重要性和证明价值这两个伴生的概念。它们说："相关证据，是指该证据具有与没有该证据相比，使得某事实更可能存在或者更不可能存在的任何趋向。"一个"有重要意义"的事实是重要的，而影响这一事实的概率的证据是有证明力的。

对于证据是否具有证明价值，至少有两种思考方式。首先，人们可以直接地问："获悉这一证据是否或多或少地使争议事实更可能是真的？"举个例子，有证据表明被控袭击邻居的被告以非暴力著称。知道某人有这样的声望，似乎使他更不可能实施袭击，这大概是因为我们接受了一个基本的概括，即与一般人相比，有非暴力声望的人袭击邻居的比例要小。如果我们将声望证据表示为 E，将被告实施了攻击的假设表示为 H，那么我们可以说，在给定证据 E 的情况下，假设 H 的概率小于不考虑 E 时的 H 的概率，在符号中，$P(H \mid E) < P(H)$。（竖线要理解为"给定的"或者"以……为条件"，而"<"的意思是"小于"。）因为 E 改变了攻击的概率，所以它是相关的。

然而，有时，这种关于假设概率的直接推理模式将更难应用，因为 E 对概率 H 的影响将不那么明显。第二种方法是在假设 $P(E \mid H)$ 的前提下考虑证据的概率。当 H 为真比 H 为假更可能时出现的证据支持 H；当 H 为真比 H 为假更不可能时出现的证据支持非 H。两种类型的证据都对 H 有证明力。但是当 H 为真时和 H 为假时同样可能出现的证据在决定 H 和非 H 时没有用——它是不相关的。在攻击和非暴力声望这个例子中，实施过攻击的人比未实施过攻击的人拥有这种声望的可能性要小。因此，$P(E \mid H) > P(E \mid$ 非 $H)$，且该证据具有指向非 H 的证明价值。

确实，$P(E \mid H)$ 与 $P(E \mid$ 非 $H)$ 的"似然比"可以用来量化证据的证明价值 E——比率越大，证据就越有力地支持假设 H。[1] 考虑一种被称为受虐待儿童特点的行为。如果研究证实这种行为在受虐待儿童和未受虐待儿童中同样

---

[1] 似然比可以解释为（1）在有证据 E 的情况下 H 的概率与（2）没有 E 的情况下 H 的概率的比率。当在这个意义上使用时，它被称为"贝叶斯因子"。因此，贝叶斯因子衡量的是证据在乘数上多大程度改变了 H 为真的概率。例如，如果概率（不考虑 E）是 1：3（对应 1/4 的概率），而 E 的贝叶斯因子是 18，那么概率就会增加到 18：3（或者是 6：1，因为后验概率是 6/7）。

普遍，那么其似然比将为 1，并且关于这种模式的证据将不能证明虐待。如果这种行为在受虐待儿童中是常见情况的两倍，那么它的证明价值就相当有限。如果它在受虐待儿童中是常见情况的一千倍，那么它的证明价值将大得多。

有证明力的证据通常被说成是具有"逻辑相关性"，而缺乏重大证明价值的证据，则可能被谴责为"推测性的"或者"偏远的"证据。在对未来进行无把握的预测，或者对可能发生什么进行可疑的猜度（而事实却非如此）时，会发生推测性问题。例如，在非正常死亡案件中，如果在计算工资损失时，武断地假设死者的工资会年复一年以恒定速度增长，就会因具有推测性而被排除。久远性不仅与时间的流逝有关，还与因可能出现的意外因素而破坏合理的推论有关。例如，在车祸案中，关于被告在车祸发生几分钟前超速的证言，与被告在车祸发生时是否超速有关，但是关于被告在车祸发生前两年超速的证言很可能被排除在外，因为时间太过久远。这起两年前的事故提供了司机超速的某些迹象，但是影响司机在特定时间行驶速度的因素有很多，这些因素在两年内会发生变化。

在我们的制度下，由陪审团审判和显著的口头证明的传统所塑造，一方当事人不是一揽子提出证据，而是逐项进行。一项证据，只是证据链条中的一个环节，不必结论性地证明提出它所要证明的命题。它甚至不需要使这一命题显得比不可能更可能。一方当事人的全部证据是否足以提交陪审团是一个问题。一个特定的证据是否与本案有关是另一回事。如果这个证据能够合理地证明与没有这个证据相比，发生某事实的可能性要稍微大一点，就足够了。即使在证据的证明力被消耗之后，提出它所要证明的命题似乎仍然是不可能的。因此，常见的异议，即提供事实"不一定能得出"所要证明的推论，是站不住脚的。它提出了一个很少有独个情况证据就可以达到的结论性标准。单砖非墙。

但是，如果哪怕是非常薄弱的证据材料都是相关的，那么什么样的证据因缺乏证明价值而不相关呢？"直接"证据和"情况"证据之间的存在已久的区别，为回答这个问题提供了一个起点。直接证据是如果被相信将解决争议事项的证据。情况证据也可以是证言性的，但是即使所描述的情况被认为是真实的，也需要额外的推理才能得出预期的结论。例如，目击者作证称，他看到了A用刀刺伤了B，这是A是否确实刺伤了B的直接证据。与此相比，关于A逃离刺伤现场的证言，将是关于刺伤行为的情况证据（但是是逃离行为本身的直接证据）。与此类似，证人在现场看到A的证言，将是A在现场的直接证据，但是如果他看到的是一个伪装和蒙面的人，但是声音和跛行像是A，该证言就是所看到的人是A的情况证据。

397

就这种两分法而言，提供合格证人的直接证据，来帮助证明一个待证事实，绝不可能是不相关的。法官或者陪审团可以自由地不相信任何证人，但是这种可能性不会使证言变得不相关。然而，情况证据会被提出来帮助证明重要事实，但是这些情况证据是如此不具有揭示性，以至于与该事实无关。例如，政府将一份有利可图的合同给了一家公司的证据，与该公司是否损坏了租赁给它的财产的争点无关，因为没有理由认为处理大型政府合同的公司会比其他承租人更有可能损坏这种财产。

398

总之，说情况证据在缺乏证明价值的意义上是不相关的，就是在说知道该证据并不证明对有关事实的任何合理推断是正当的。涉及这类证据的案件寥寥无几。可以得出不止一个推论，不足以使证据变得不相关。例如，逃离犯罪现场，可能意味着被告意识到对所指控的罪行有罪，因而实际上是有罪的；这也可能意味着被告是无辜的，但是完全是为了避免因其他原因被拘捕而逃走。然而，一般来说，逃跑的人比不逃跑的人更有可能有罪，这一前提至少是言之成理的，而且只要有一些言之成理的推理链条导向预期的结论，证据就对这一结论有证明力。因此，大多数庭审中严肃提供的证据都具有一定的证明价值。即使法院将证据定为没有证明价值，人们也常常会怀疑，鉴于能够禁止使用相关证据的抵消因素，证据是否不是因为重要性或者证明价值不足而被适当排除的。

然而，法官如何知道证据是否能够合理地影响对推断出的事实的概率评估呢？在某些情况下，科学研究可能会表明，与没有这些证据相比，当这些证据存在时，争论中的事实更有可能是真（或者假）的。然而，通常情况下，答案必须取决于法官的个人经验、一般知识以及对人类行为和动机的理解。如果有人问，被指控犯有两项严重但是事实上没有关联的罪行的囚犯企图逃跑，与证明他知道犯下了第一个被指控的罪行是否相关，那么在知道有罪的人与不知道有罪的人企图逃跑情况的统计表中，是找不到答案的。法官只能问，一个理性的陪审员能相信被告试图逃跑这一事实，使得被告意识到正在被审判的罪行的可能性大于不可能性吗？如果答案是肯定的，那么证据是相关的。在其他情况下，法官可能不仅需要考虑证据是否能够合理地支持提出它所支持的命题，而且需要考虑如果没有该证据，是否有理由作出相反的推论。也就是说，在陪审团希望收到某种证据的情况下，解释为什么没有该证据的证言可能会有帮助，而且应该被认为是有相关性的。

总之，相关证据是某种程度上推动调查的证据。这是重要的和有证明价值的。因此，至少具有初像的可采性。但是这种相关性并不能确保可采性。还有一个问题是，它的价值是否值得付出代价。大量证据被排除在外，理由是成本大于收益。《联邦证据规则》和《统一证据规则》403 对这些成本进行了分类。这条规则将法官排除相关证据的普通法权力编纂成法典，即："如果相关证据的证明价值为以下一个或者多个危险所严重超过，则法院可以排除该证据：不公平损害、混淆争点或者误导陪审团、不当拖延、浪费时间或者不必要地出示重复证据。"在实践中，这些因素常常混杂在一起，但是我们将根据它们的重要性的大致顺序粗略地加以阐述。第一，存在损害危险。在这种情境下，损害（或者，就像规则所说的，"不公平损害"）并不仅仅意味着对对方的案件有害，因为这可能意味着证明价值，而不是损害。这也不一定意味着诉诸情感。然而，如果事实引起陪审团对一方的敌意或者同情而不考虑证据的证明价值，就会产生损害。因此，关于先前、无关罪行的定罪证据，可能导致陪审员认为，既然被告已经有犯罪记录，错误定罪就不会像本来的情况那样严重。以这种方式受到影响的陪审员，可能会不按照要求确信不那么令人信服的有罪证据。这一理论被用于无数的场合，例如，在医学专家就使用宫内节育器的妇女不孕的原因作证后，禁止对该医学专家在堕胎诊所的工作进行查问；从一个公司首席执行官的 200 万美元生日宴会的录像带上剪下淫秽镜头（该人被指控占该公司便宜，让公司支付该生日宴会的一半费用和其他奢侈开支）；禁止披露给被控非法游说的白宫官员的股票价值；限制关于谋杀案件被害人令人毛骨悚然的照片的数量和性质；排除关于受伤原告康复治疗或者日常活动的录像带。第二，无论情绪反应是否起作用，相关证据都可能给那些没有适当能力判断证据证明价值的事实审判者造成混淆或者——更糟地——误导。第三，某些证据及其引起的答复性证据可能会不适当地分散陪审团对主要争点的注意力。那些耸人听闻、令人震惊的证据可能会导致分心，以至于陪审团除了该证据别的什么都不想[2]，或者更常见的是，这些证据引诱陪审团依赖这些证据，而损害了其他重要的、但是似乎不那么具有揭示性的证据。[3] 最后，提供的证据和反证可能会耗费大量时间。

　　分析和权衡相关的成本和收益并非易事。在类似的情况下，睿智的法官可能会得出不同的结论。即使是同一个证据，在不同案件中的结果也可能有所不

399

---

　　[2]　E. g., Garvik v. Burlington, C. R. & N. R. Co., 100 N. W. 498, 500 (Iowa 1904)（陪审团"令人震惊和不妥地"查看了阴茎，以确定男人是否能够性交）。

　　[3]　See, e. g., People v. Golochowicz, 319 N. W. 2d 51& 528 (Mich. 1982)（猜测说"如果关于犯罪行为人的身份的证据很薄弱，透露他还犯下了另一起与此无关的类似罪行可能……诱使它贬低或忽略案件的核心要素，而专注于更清楚地证明被告的其他不端行为的证据"）。

同，这取决于它与案件中其他证据的关系，[④] 它所涉及的争点的重要性，以及对陪审团发出的警告性指示的可能效能。因此，审判法官有很大的回旋余地，他们必须公平地权衡证明价值和可能的危险。上诉审查标准——"滥用自由裁量权"是高度遵从性的。不过，自由裁量权可能被滥用，一些上诉法院敦促审判法院阐明其相关性裁决背后的理由。在某些领域，例如品性证明，类似的情况经常发生，以至于用相对具体的规则来引导自由裁量权的行使。[⑤] 在其他情况下，不够结构化的自由裁量权仍然很突出。然而，无论如何，可采的证据必须满足我们列出的成本效益计算。

[④] 如果其他证据并不具有同样的危险，可以用来证明同样的事实，则有关证据的边际性证明价值是轻微的或者不存在。Cf. Old Chief v. United States, 519 U. S. 172（1997）（在因持有手枪而对重罪犯的检控中，当被告提出要就先前的重罪定罪进行约定时，采纳关于被告先前因殴打造成严重人身伤害而被定罪的罪名或性质的证据是错误的）。

[⑤] 参见下文第 17 章（品性和习惯证据）；下文第 203 节（科学证据）。

第 17 章

品性和习惯

第186节 品性概述

关于当事人或者证人的一般品性的证据，几乎都具有一定的证明价值，但是在许多情况下，证明价值很小，而产生损害的可能性则较大。在其他情况下，天平会向另一个方向倾斜。然而，法院没有完全进行第16章所述的逐案权衡，而是根据一些有例外的规则，对品性和习惯证据的可采性进行审查，这些规则反映了这种证据的反复出现的模式及其有用性。这些规则明确地排除了大多数"品性证据"——定义为仅为证明某人在特定场合的行为与其品性特征一致而提供的证据。这一排除规则适用于企业、其他组织以及自然人。

在遵守其他证据规则（包括规则403）的情况下，未被明确排除的品性证据是可采的。因此，在考虑为合法目的提供的不良品性的证据时，许多法院强调，需要在证明价值和与这类证据相关的损害之间进行个案性仔细平衡。

在讨论这些规则的细节之前，可能最好是勾勒出对规则的形成和应用至关重要的两个一般因素。首先是提出品性证据的目的。如果一个人的品性本身就是本案的一个争点，那么品性证据是至关重要的，对从非常一般的品性特征到高度具体情况下的行为的推论持怀疑态度，就不那么贴切了。但是，如果品性证据仅仅是作为一个人所做或者所想的情况证据提出的，那么它就不那么重要了。如果有其他的——也许是更好的——行为或者心态证据，则排除规则创造了出示它的动机。此外，与其实际相比，陪审员可能认为人格特点更能预测个人行为。因此，如果提供品性证据仅仅是为了帮助证明某人以这种或者那种方式行事，则排除的可能性就大得多。因此，《联邦证据规则》404（a）规定，在遵守列举的例外的情况下，"关于某人的品性或者品性特点的证据，不得采纳用来证明该人在具体场合下的行为与之具有一致性。"在将普通法编纂成法典时，这条规则并不仅仅因为证据解释了一个人的品性而排除该证据。只有当这种证据是这样一种特定的推理模式的一部分时，它才排除这种证据：这种推理链利用这种证据来证明一个人（1）比一般人更倾向于以特定的方式行动或者思考，以及（2）因此更可能在特定的场合以这种方式行动或者思考。因为品性证据规则针对的是基于推断的行为性情或者倾向的推理，所以它可以被描述为限制的仅是对"倾向证据"[①] 的采纳的"倾向规则"。

402　　　　第二个考虑因素是为证明一个人的品性而提出的证据类型。品性可以通过反映某种品性特点的行为证据，证人根据个人观察所提供的意见证言，或者通过关于一般声望的证言来加以证明。当人们以这种方式从具体走向一般时，证据的针对性和说服力在下降，但是它引起不当损害、混淆和分心，以及引起耗时的旁系问题的趋势也在下降。传统上，当品性证据可以进来时，相对中性和平淡的声望证据是首选类型。因此，在通过《联邦证据规则》之前，其他证明品性的方法只能在界定得很狭窄的情况下使用。大致来说，当品性被用作行为的情况证据时，它只能由声望证据来证明。当品性是争点时，可以通过具体的事例或者声望来证明。

然而，《联邦证据规则》405（a）在任何形式的品性证据都是适当的情况下，允许用意见证言和声望证言来证明品性。有些州走得更远，允许关于作为刑事定罪的主题的具体行为的证据。此外，就像普通法一样，如下一节所讨论的那样，当品性"处于争议"中时，也可以通过关于具体行为的证言来证明它。

第 187 节　争议的品性

根据确定当事人权利和义务的实体法，一个人的品性行为可能是一个重要事实。例如，在诽谤诉讼中，所述为真是一种抗辩，在因原告"有捡东西的习惯"之陈述而引发的诽谤诉讼中，被告可以引入关于原告盗窃的证据，证明其陈述是真实的。过失控告可能指控被告允许不称职的人使用机动车辆或者其他危险物品，或者指控雇主在雇用具有某些危险品性特点的雇员时，有过失或者没有对其进行监督。在这些案件中，原告不能胜诉，除非证明该人或者雇员不能可靠地正确行事。在决定谁应该监护孩子时，是否适合提供照顾至关重要。滋扰起诉自然需要证明构成滋扰的行为。挑战所谓的商业做法的公民权利和就

[①]　当然，并不是所有的倾向证据都是品性证据。被截肢者可能有跛行的倾向，感冒的人有抽鼻子的倾向，患有帕金森综合征的人有在压力下颤抖的倾向。但是这些倾向都不是品性特点，因为这些行为并不特别值得谴责或者褒奖，陪审员也不可能错误估计这些条件预示在特定场合的行为的能力。在另一个极端，将没有明显缘故谋杀其未婚夫的女子描述为"一个坏母亲、不忠贞的未婚妻、充满自私的控制者，甚至是——毫不夸张的——女巫"，以证明"她就是那种会射杀未婚夫的人，即使缺少任何明显的动机"，这相当显然是关于品性的倾向证据。Dunkle v. State, 139 P. 3d 228, 238 (Okla. Crim. App. 2006).

业歧视案件，需要证明歧视做法。在这种情况下，当诉状将品性置于争议中时，必须提出品性证据。

鉴于品性在这种情况下的关键作用，法院通常判定，品性可以通过具体行为的证据加以证明。这种证明方式所固有的损害、突袭和时间消耗的危险，在品性本身处于争议中时，比在提供这种证据作为被告在特定场合的行为的间接迹象时，更可以容忍。《联邦证据规则》405（b）反映了这种方法。它规定："在某人的品性或者品格特性为一项指控、起诉或者辩护之要件的情况下，也可用该人的相关具体行为实例证明该品性或者品性特点。"

在决定品性是否真的是争点时，法院必须查明，品性是否是一个"操作性事实"——根据实体法确定当事人的权利和责任的事实。"相关的问题应该是：品性特点本身的证明或者未能证明，是否真的满足了指控、起诉或者辩护的一个要素？如果不是，那么品性就不是必需的，证据应该仅限于意见或者声望。"②

"处于争议中的品性"这个短语，有时会引起混淆。刑事案件中的被告通常可以提出品性良好的证据，以表明他不是那种会犯下所控罪行的人。③尽管法院有时不严格地把这种策略说成是把被告的品性置于了争议中，但是被告只是把品性作为了情况证据。当被告以这种方式将品性置于争议中时，仅仅意味着允许检控方提出某些关于品性恶劣的反驳证据。④它不能证明任何一方提出具体行为、意见和声望证据是正当的。这种对品性证据的不受约束的方法，仅限于这样的不寻常情况，即在犯罪、主张或者辩护中，品性是其一个要件。

第 188 节　作为情况证据的品性：一般排除规则

即使一个人的品性不像前一节所定义的那样处于争议中，诉讼当事人也可以寻求引入品性类型的证据。在确定这种证据是否可采时，提出该证据的目的，仍然是最重要的。在某些情况下，即使就一个人的品性本身不存在争议，关于品性特点的证据也可能与证明一个重要事实有关，这一事实不同于该人在作为诉讼主题的场合是否按照该特点行事。换言之，证据具有一些法院所称的"特殊"或者"独立"相关性，这意味着它是不包括第 186 节所述倾向性推理的推理链条的一部分。

② United States v. Keiser，57 F. 3d 847，856（9th Cir. 1995）.

③ 参见下文第 191 节。

④ Id.

403

因此，如果被指控敲诈勒索，被告的暴力声望可能与被害人的心态有关。在这些案件中，声望本身——而不是它倾向于证明的品性——是具有重要意义的事实；声望不是用作证据来证明具有该品性特点的人在特定场合如何行为。因此，声称受到攻击和随后的精神压力的原告，可以提供被告过去行为的证据，以证明她的恐惧程度及其精神影响。同样，被控攻击罪或者杀人罪的被告如果辩称自卫，可提供证据证明他知道被害人的暴力性，因为这说明他有理由相信他需要诉诸武力。

与此相比，证明一个人是以某种方式行事的那种人的证据，作为这个人在所涉问题上如何行事（也许是以何种心态行事）的情况证据，几乎总是有一定的价值。例如，一般来说，被认为是暴力的人，比被认为是平和的人会实施更

404

多的攻击。然而，任何形式——声望、根据观察形成的意见或者具体行为——的品性证据，通常都不会被采纳来证明某人在某一具体场合从事了某一行为或者具有特定意图，即所谓的对品性的情况使用。原因是众所周知的，即其损害大于证明价值。用于此目的的品性证据，虽然通常具有相对较低的价值，但是通常充满着造成损害、分心和耗费时间的危险。就像第185节所指出的那样，损害可能通过两种方式发生：错误估计证明价值和背离法律规范。如果陪审员认为一个人物的品性特点比实际情况更具有预测性，或者他们根据孤立的品性特点形成了不正确的、宽泛的品性画像，那么就会出现错误估计。此外，如果陪审员认为，由于其他不良行为或者特点，给就具体指控而言无罪的被告定罪无所谓，那么他们将背离应当适用的规范。

与此同时，这一一般排除规则也有一些重要的例外，值得重复的是，只有在相关性理论认为个人或者组织具有其通常遵循的特点，因而可能在有关场合遵照其行事时，这一规则才适用。鉴于该规则的各种真正例外以及该规则的运作界限，一些作者倾向于把一般规则说成是可采性规则之一，但是在例外情况下要加以排除。接下来的六节将讨论排除规则的各种应用及其最重要的例外。

第189节　民事案件中的谨慎品性

禁止使用品性证据的唯一目的是证明在特定场合的行为的规则，在民事案件中长期以来一直适用，特别是在提供具体行为证据的情况下。当然，我们指的是法庭中的行为以外的具体行为。⑤ 毫无疑问，有证据表明某人曾过失行

---

⑤　Dallas Ry. & Terminal Co. v. Farnsworth，227 S. W. 2d 1017，1020（Tex. 1950）（在诉称有轨电车突然启动造成的损害诉讼中，有证言说在同一车次中司机曾突然启动，这被采纳来证明司机的紧张和毛躁）。

事，这在一定程度上说明了此人的品性。但是我们在这里关注的是作为情况证据的品性，也就是说，作为以某种方式行为的倾向证据，因此，在有关场合这种行为更有可能发生。当这是可采性理论时，品性证据是不可采的，但是如果以前的事故或者过失行为所能做的，不仅仅是证明品性或者倾向，则可采。

过失案件说明了这一点。关于被告或者其代理人在其他场合的过失行为证据，可能反映了过失行为倾向，从而提高了在有关场合发生过失的概率，但是这种证明力被认为太小，无法克服通常的平衡因素。在对外科医生提起的不当执业诉讼中，对另一名患者所做的同样拙劣的手术，不能采来证明该外科医生在对原告做手术时疏忽大意。然而，先前的患者术后感染可能是可采的，以表明对需要采取预防措施的问题有所了解。同样的断然方法也适用于关于原告其他过失行为的证据，以及任何一方谨慎行为的其他例子。

大多数法院也拒绝通过声望或者意见证言来证明行为人的谨慎品性。过去，在没有目击证人的情况下，少数法院往往以"习惯"证据为幌子，采纳这类证据。甚至在目击证人有相互矛盾的说法的情况下，一些法院也会这样做。《联邦证据规则》和《统一证据规则》并没有作出如此精细的区分。流行的模式是，在民事案件中，如果品性证据只是用来支持这样一种推论，即在某一特定场合的行为与该品性一致，则排除所有形式的品性证据。

尽管人们对"事故易发倾向"进行了心理学研究，但是这种模式依然持续存在。有人认为，研究证明，培训不足、视力有缺陷、有某些态度和情绪特点的驾驶员，有发生车祸的风险，这应当促使放宽有关禁止过失品性证据的规则。理由似乎是，由于少数具有可识别特征的驾驶员占了事故的大部分，他们必然是日常性地驾驶不当，这为推断有关事故是这种过失驾驶造成的，提供了比通常更好的依据。也许，改革应当是这样的，即采纳以前发生过事故的证据，同时也要采纳证明特定司机符合事故易发倾向画像的证据。

一个稍有不同的提议是，允许在医疗事故案件中采纳关于医生行为的汇总和个别数据。例如，在决定切除患者阑尾是否是不必要的手术时，陪审团可能会被敦请考虑被告医生是否比一般医生更频繁地进行阑尾切除术。尽管先前事故或者类似事件的证据不应被自由采纳，但是应允许合格专家依据这些信息来证明偏离习惯性谨慎标准，并向陪审团解释这一分析。此外，如果从统计上看，与习惯性模式的偏离本身就很大，以至于可以清楚地表明被告的行为与规范不同，那么应当可以就这一统计数据进行证明。相反，被告可能希望从统计学上证明，某一模式在正常范围内。统计模式可以在不牵涉其他事件的损害、分心或者耗时的细节的情况下得到证明。在每一个手术或者其他事件——孤立来看——都是合理的专业判断的情况下，证据的价值最大。在这些情况下，对这些证据的需要，就说明了有正当理由承担被告就其他每一事件寻求证明合理谨慎所带来的风险。

第190节　作为犯罪行为的证据的不良品性：其他犯罪

禁止使用品性证据证明在特定场合的行为规则，在刑事案件中适用得更为有力，如果有的话。确实，一些法院已经宣布或者判定这项规则有宪法根据。在刑事案件中，该规则意味着，除非被告提供了品性良好的证据，否则检控方不得提出品性不良的证据。检控方也不能通过影射、暗示或者直接评论来这样做。关于不良品性的证据或者陈述并非无相关性，而是因为，特别是在陪审团审判的背景下，损害、混淆争点和时间耗费的危险超过了其证明价值。

406　　这一广泛的禁止包括更具体和经常援引的规则，即检控方不得引入关于被告其他犯罪行为的证据，除非提出证据的目的不是表明被告是具有犯罪品性的人，他更有可能犯了他正在受审的罪行。就像《联邦证据规则》404（b）所规定的那样：

> 关于犯罪、不法行为或者其他行为的证据，不可采纳来证明某人的品性，以表明该人在特定场合的行为与该品性具有一致性……这一证据可以为其他目的而采纳，例如证明动机、机会、意图、准备、计划、知识、身份、无错误或者无意外事件……

如该条规则所示，关于犯罪行为的证据有许多可允许的用途，所列举的用途既不是相互排斥的，也不是整体上详尽无遗的。枚举的目的也不是同一类型的。有些是从所寻求得出的直接推论角度表述的（如计划或者动机），而另一些则是根据最终事实表述的（如知识、意图或者身份）。记住这些要点，我们将详细阐述检控方提出被告不良品行证据的主要目的。这样的"准例外"至少有十种。（它们不是真正的例外，因为没有禁止采纳关于其他犯罪的证据的规则本身，排除关于其他犯罪的证据的规则仅限于通过倾向性推理而有证明力的关于外部犯罪的证据。）按照这个列表，我们就为这些目的使用其他犯罪证据提出一些一般性看法。

允许的目的包括：

（1）证明存在一个更大的计划、阴谋或者共谋，正在审判的犯罪是其一部分。

　　例如，当一个罪犯偷了一辆汽车用于抢劫时，可以在该抢劫罪的检控中证明该汽车失窃。尽管有些法院对"共同计划"的解释更为宽泛（特别是在性侵犯和家庭暴力案件中），但是每一项罪行都应当是被告或者其同伙明确构想和执行的总体计划的组成部分。这将与证明动机有关，因此与犯罪行为的实施、行为人的身份或者意图有关。

　　（2）证明被告的其他犯罪的方法几乎相同，以至于可将其认定为被告的手法。

　　侦探小说作家喜欢的一个短语——犯罪手法，可以用于这一情境。这要求的远远不止是重复犯同一类的罪行，如重复谋杀、抢劫或者强奸。犯罪的模式和特征必须如此不同寻常和与众不同，以至于像一个签名。例如，在 *Rex v. Smith* 案件[⑥]，即"浴室新娘"案件中，George Joseph Smith 被指控将 Bessie Mundy 淹死在他们公寓宿舍的小浴缸里。在一次重婚的结婚仪式后签署的遗嘱中，Mundy 把她所有的财产都留给了 Smith。审判法院允许检控方证明，Smith"娶"了其他几个女人，在她们也把自己的财产留给 Smith 后，Smith 在她们的浴缸里淹死了她们。在所有的溺水事件中，Smith 都采取了精心设计的步骤，使溺水发生时他似乎不在场。刑事上诉法院维持了最终的定罪，理由是，仅与 Mundy 之死有关的证据就构成了一个初像案件，而"为了说明上诉人的图谋"，其他事件也得到了适当的采纳。

　　（3）以类似的行为或者事件表明，有关行为并非出于无意、意外、非自愿、自卫或者在不知有罪的情况下实施的。

　　Rex v. Smith 案件也属于这一类。一个新娘在洗澡时死亡可能是意外，但是不能如此天真地解释三次溺水事件。"不大可能"逻辑的另一个典型例子是"婴儿养殖"，即 *Makin v. Attorney General of New South Wales* 案件。[⑦] 在 John 和 Sarah Makin 夫妇居住或者曾经居住的地方，发现了 13 具婴儿的遗骸，检控方指控他们谋杀了其中两名儿童。其中一名儿童的身份通过他的衣服和头发得到了确认。他的母亲作证说，Makin 夫妇同意收养她的儿子，但是只花了 3 英镑。陪审团判定 Makin 夫妇谋杀了这名遗骸得到了确认的男孩。上诉时，这对夫妇辩称，有关其他失踪儿童的证据不应被采纳。枢密院驳回了这一观点。尽管其意见没有解释这个结论的依据，检控方律师强调，"婴儿尸体以无

---

　　⑥　[1915] 11 Cr. App. R. 229, described in Marjoribanks, For the Defence: The Life of Edward Marshall Hall 321 (1929).

　　⑦　[1894] A. C. 57, 1893 WL 9238 (P. C.).

法解释的方式被埋在先前居所的类似地方，这一不寻常现象反复出现"，意味着死亡是"故意的，而不是偶然的"。在这些情况下，所控行为和外部行为之间的相似性，不需要像目的（2）所要求的那样广泛和引人注目，而且各种行为不必像目的（1）所要求的那样表现为明确的、统一的计划。

　　在某些情况下，可以用数字来表示意外发生的一系列意外事件的概率，例如在某个医生或者护士在场的情况下，某个医院发生心脏骤停的异常数量。在这些情况下，关于所有事件及其不可能性的证言都得到了采纳。

　　就非事故逻辑是否只是伪装的倾向性推理，有一些争论，但是它显然不同于通常的倾向性推理链条。被禁止的逻辑是：（a）犯下类似罪行的被告倾向于犯下指控的罪行，因此（b）是他干的可能性更大。与此相比，非事故推理是：（a）孤立地看待每一个事件，很难说被告是否负有责任；但是（b）从各个事件整体来看，要么被告非常倒霉，要么他是这两个事件的起因。不同的逻辑结构使得要求用有力的证据证明被告对其他事故负责，是不合适的。"非事故"理论的关键是，将个别不确定但是集体有说服力的事件聚合起来。

　　（4）证明动机。

　　动机证据对罪犯的身份、恶意或者具体意图有证明力。因此，关于商店因从收银机里偷钱而解雇了一名员工的证据，可采来解释"他为什么会回到同一家商店去抢劫"[⑧]。

408

　　这种推理通常适用于这样的案件，即被控谋杀妻子的丈夫先前攻击或者威胁过她，表现出的不仅是一般暴力倾向，而且表现出对特定个人的强烈敌意。一些州通过了一项具体规则，允许在涉及家庭暴力的检控中，采纳关于同一被告针对同一被害人的过去家庭暴力行为的证据，而不必担心提出该证据的目的。换言之，适用倾向规则的真正例外，被告无权获得限制性指示。

　　当被告被指控犯有妨碍执法的行为时，特定动机的不寻常证明价值也支持采纳。这样，检控方可以证明被告实施了动机是妨碍执法的罪行。最后，该推理的一种变种允许证明被告的犯罪行为所显示出的有罪意识，这些犯罪行为旨在妨害司法或者逃避对犯罪的惩罚。

　　然而，动机理论不应适用于这样的情况，即"动机"很常见，证明相关性的推理接近于普通的倾向推理，或者"动机"或者"意图"仅仅是倾向的另一种说法。例如，以前发生的涉及枪支的事件，不能仅仅为了证明被告的动机是

---

⑧　State v. Reid, 186 P. 3d 713 (Kan. 2008)（as described in State v. Wells, 221 P. 3d 561, 569 (Kan. 2009)).

想"从制造暴力中获得刺激"而采纳。⑨

（5）证明机会。

其他罪行有时可以采来证明被告曾进入或者曾在犯罪现场，或者具有实施被控罪行所采用的某些独特或者不寻常的技能或者能力。例如，可以证明被告在其他入室盗窃案中破坏了复杂的防盗警报系统，或者知道如何制造复杂的土制铁管炸弹。当然，如果要有足够的证明价值来有意义地替代倾向推理，这种技能或者知识必须是罕见的。

（6）在不考虑动机的情况下，证明被告的行为带有恶意、故意或者必要的具体意图。

因此，在逮捕中扣押的武器，被判定可采来证明有意图促进和保护进口非法药物的阴谋。高中教练与学生发生身体接触的其他事件，也可以采来说明他触摸两个学生的胸部是否是"为了性满足"⑩。

（7）证明身份。

尽管这无疑是接受关于其他犯罪行为证据的最终目的之一，而且经常被列入关于其他犯罪的证据的允许目的清单，但是这很少是采纳的一个独特理由。　*409*
身份几乎总是从刚刚列出的一个或者多个理论中得出的推论。第一个（更大的计划），第二个（独特的手法），第四个（动机）似乎最常被用来证明身份。当然，证明身份的需要本身不应该是采纳的入场券。此外，当期望的推论涉及身份而不是心态时，法院常常适用更严格的标准。

（8）证明对不寻常和异常性关系的热情或者倾向。

最初，用其他性犯罪来证明有如此行为的倾向，仅限于涉及相同当事人的犯罪，但是现在许多司法辖区采纳关于对其他人的其他性犯罪的证据，至少就涉及性变态的犯罪是这样。此外，即使法院不公开采纳关于对其他被害人的性犯罪证据来证明归罪性倾向，许多意见也通过延伸找到一个非倾向目的来达到类似的结果。

1994 年，国会增加了《联邦证据规则》413 和 414，允许在性侵犯和儿童性侵扰案件中最广泛地使用"类似罪行"，使"关于被告实施了其他此类罪行的证据"，"因为它和与之相关的任何事项有关……而可采"。国会通过这些规则的方式和规则的内容，受到了广泛的批评⑪，但是联邦法院驳回了正当程序

⑨　United States v. Brown, 880 F. 2d 1012, 1014 (9th Cir. 1989).

⑩　People v. Wilson, 824 N. E. 2d 191, 193 (Ill. 2005).

⑪　司法会议反对国会进行的修正，起草了一个范围更窄的版本。

和其他宪法性挑战。这些意见认为，在证明价值（当然也包括倾向推理的价值）与损害效果上进行的逐案权衡保护，足以保障公平审判。类似的立法在各州反响不一，一些法院推翻了与禁止倾向证据的现代普通法相背离的法律。

与其他犯罪证据可以采纳来支持在某种有意义的方面不同于普通的倾向性推理链条的推理的准例外不同，性犯罪例外无视对这样的证据的一般性禁止，即其唯一目的是敦请作出这样的推论——有过先前犯罪的被告倾向于犯罪，因此更有可能实施了正在受审的罪行。尽管人们可以在这样的性犯罪案件中主张这种例外，即就所称被害人是否同意（或者被告是否可能认为其同意）存在一些疑问，但是更笼统的例外很难证明是正当的。它要么基于一个未经证实的经验主义主张，即与所有其他人相比，一类相当广泛的罪犯更有可能是惯犯，要么基于一项政策，即在打击所控的性罪犯的斗争中，给检控方提供一些额外的弹药。

（9）为了使受审的犯罪故事具有完整性，将其放在接近和几乎同时发生的事件的情境中。

例如，在一项谋杀一名儿童的检控中，州被允许证明被告在这个孩子和其他孩子及妻子睡着时，开枪打死了他们。[12] 同样，当警察在一个公寓大楼的洗衣机里发现毒品时，他们被允许作证说，当他们发现仅因持有毒品受审的被告藏在附近的烘干机里时，他以超出常人的力量拒捕。[13]

似乎不证自明的是，作为"同一事项"的一部分，"内在于"实际被指控的犯罪或者与之"难解难分"的未被指控犯罪，并不违反倾向规则。然而，这些短语，像令人不快的拉丁咒语"*res gestae*"一样，往往模糊了他们想要描述的东西。关于真正内在于所指控的罪行或者作为该事项的一部分的行为的证据，当然是可采的。该证据的主题不是其他犯罪。这些行为是受审的犯罪的一部分。

与此相比，完整的故事理由适用于关于外部犯罪的证据，该等证据似乎是所涉犯罪的情况证据，因此不允许进行倾向性推理，但是可以在其他基础上证成。然而，关于被告的其他犯罪的有害背景信息的正当功能是什么？一些法院曾说，不存在正当功能，仅仅是想要一个"完整故事"，是没有力度的，采纳证据必须有一个单独的、非倾向性的理由。当然，许多被说成是用来"使故事完整"或者"难解难分"的证据，可以采来证明准备、意图或者动机。但是问

---

⑫　People v. Ciucci, 137 N. E. 2d 40（Ill. 1956）.

⑬　United States v. Marrero, 651 F. 3d 453（6th Cir. 2011）.

题仍然是：是否有其他背景信息表明被告参与了其他罪行，且该信息服务于非倾向性目的？

我们认为有。如果关于其他犯罪的证据能满足"提出方在陈述案件时对证据的丰富性和叙述的完整性的需要"，则可采来使故事完整。[14] 这是一个狭窄的准例外。"需要"一词至关重要。并非每个故事都需要耸人听闻的修饰，法院经常将"完整故事"的逻辑扯得太远。该理由只应适用于：（1）当提及其他罪行对于对受审的罪行进行连贯和可理解的描述至关重要时，（2）当被告希望不完整的故事能留下一个空白，挫败"陪审员对应提供的适当证据的期望"时[15]，或者（3）当有关材料对于公平理解参与犯罪活动的个人的行为或者直接导致它们的事件所必需时。

作为最后一类案件的一个例子，假设一个私人找到当局，是因为一个熟人威胁要杀死一名卧底，并要求她帮助获取炸药和可卡因。警方让她通过另一个卧底特工安排购买，但是当进行买卖时，购买者对炸药失去了兴趣，他只购买可卡因。在关于这次购买的审判中，检控方让这名妇女作证，证明被告最初的死亡威胁和获取爆炸物的活动。[16] 如果仅用于解释妇女在毒品购买中的作用，这一证言并不违背倾向规则。如果相信了该证言，这表明她有充分的理由找到警方，避免猜度（或者反驳被告的暗示）她为什么会参与这次毒品购买，以及她是否有理由陷害他。这不是对证据的倾向使用，省略这部分内容可能会影响陪审员对其证言可信性的评估。

（10）通过引入过去的定罪弹劾作证的被告。

许多程序性和其他实体性的考虑因素，也会影响到根据准例外对关于其他犯罪的证据的采纳。首先，被告犯有其他相关罪行之事实，不必被证明到排除合理怀疑。对被告犯有其他罪行的证明程度有各种说法，从"足以支持陪审团的认定"，到"优势证据"，到"实质性证据"，再到"清晰和令人信服的证据"。如果达到了相关标准，那么，即使被告就指控被判无罪，关于其他罪行的证据也可能被采纳。

其次，证据与允许的目的之间的联系应该是明确的，关于其他犯罪的证据所要证明的争点，应该是真正争议的主题。例如，如果检控方坚持认为该其他

⑭　Old Chief v. United States，519 U. S. 172，183（1997）（提到了这一"人们所熟悉的标准规则的理由：刑事被告不得通过约定或者自认方式，逃脱检控方选择提出的案件的全部证据力"，id. at 186-87）。

⑮　Old Chief，519 U. S. at 188.

⑯　这些事实，是 United States v. Green，617 F. 3d 233（3d Cir. 2010）案件的简化版。

罪行揭示了被告的犯罪心理，那么就意图就应该有争议。因此，如果被告不否认这些行为是故意的，检控方不能仅仅为了证明这些行为不是偶然的而提出证据。同样，如果被告不否认实施了指控的行为，则与身份识别有关的例外也是无用的。

最后，当存在采纳关于其他犯罪的证据的有效目的时，仍然需要就证据的证明价值与第 185 节所描述的通常的平衡因素进行权衡。当关于其他犯罪的证据的唯一目的是在审判时证明某种犯罪倾向时，就没有进行特别权衡的余地。因此，证据是明确不可采的——这就是反对关于其他犯罪的证据规则的含义。但是，这一事实，即除了被禁止用来证明犯罪癖性，就该证据还有一个被接受的逻辑依据，并不能确保陪审团也不会依赖被告明显的犯罪行为倾向。因此，现代典据认识到，问题不仅是单纯的对号入座的问题，而是一个分类然后进行权衡的问题。在决定不公平损害等危险是否严重超过所带来的证明价值时，必须考虑各种事项，包括关于其他罪行的证据的力度，罪行之间的相似性，罪行之间经过的时间间隔，对证据的需要，替代性证据的效用，以及证据可能会激起陪审团压倒性敌意的程度。

412 第 191 节 作为合法行为证据的良好品性：被告进行的证明和检控方进行的反驳

正如我们在前一节所看到的那样，通常情况下，检控方被禁止仅仅是为了证明坏人更有可能犯罪，而提出被告品行恶劣的证据。因此，这条规则，是一个更普遍的禁止使用品性作为行为的情况证据的必然结果。然而，当刑事案件的被告试图提供他品性良好的证据来暗示他不太可能犯罪时，反对倾向性证据的一般规则就不适用了。在这两种情况下，品性证据都是相关的情况证据，但是当被告选择依靠它为自己开脱时，损害问题就大不相同了。现在，了解被告的性格可能会使陪审团对他有利，但是损害的程度或者社会成本被认为是较少的。因此，普通法和《联邦证据规则》允许被告而不是检控方打开品性证据的大门。

并不是被告品性的所有方面都能根据这一例外加以证明。主流的观点是，只有相关特点——被指控的罪行所涉及的特点——才是可以证明的。[17] 一个被

---

[17] 如果被告站在证人席上作证，就会出现不同的情况，涉及不同的规则。如果他并没有作证说，他的品性特点与对他的指控不一致，检控方在反驳时，就不能引入他缺乏这些品性特点的证据。但是，检控方可以使用诚实性方面的不良品性证据，在另一套关于弹劾作证证人的规则允许的范围内，对其可信性进行弹劾。参见下文第 194 节。

控偷窃的人可能会提供关于诚实的证据，而一个被控谋杀的人可能证明他是平和的，但是并非反之亦然。一些普遍的特点，比如守法，似乎与几乎所有的指控都有关。

在证明被告良好品性的方法上，普通法摇摆不定。一条起源相对较新的规则将证据限制为相关特点的声望证据。这种限制禁止证人发表个人意见，也禁止关于具体行为或者不存在具体行为的证言。

《联邦证据规则》重申了早期普通法的做法。规则405（a）的一部分规定：

> 在关于某人品性或者品性特性的证据可采的情况下，可以用关于该人声望的证言或者意见形式的证言予以证明。

这种放宽并不是未经论争就实现的。它允许专家就被告的品性特点提供意见证言，但是要服从于法院为损害、分心和时间耗费而进行筛除的剩余权力。不过，与普通法规则一样，它不允许关于具体事件的证据。例如，被指控接受肉类包装商贿赂的联邦督察员，可以传唤一名品性证人，以证明其诚实声望，但是他不得传唤其他肉类包装商作证证明他没有向他们索贿。[18]

在使用声望证据的情况下，它可能被限定在大约所控罪行发生时的声望上。传统上，只允许就被告在其居住的社群中的声望作证，但是城市化促使人们接受关于被告在其中是经常互动的成员的其他重要群体中的声望的证据，例如被告工作的场所。　413

当被告确实提供了与其被控罪行有关的良好品性的证据时，无论是以声望还是意见证言的方式，他经常被说成是把自己的品性"置于争议之中"。这个短语有潜在的误导性。被告依靠品性证人来证明他不倾向于实施这类有关罪行，这并不能将他的品性转变为有罪或者无罪取决于此的操作性事实。[19] 被告只是打开了一扇大门，用某些品性特点证据作为他是否以必要的心态实施了被指控行为的情况证据。

通常情况下，如果被告选择在这个意义上将其品性注入审判，他会通过提出证人来证明他的良好品性。然而，通过讲述一段支持良好品性的个人历史，被告可能会取得同样的结果。无论采用何种方法，一旦被告用相关品性特点证据来证明自己无罪，他关于具有这些特点——但是仅限于这些特点——的主

⑱　United States v. Benedetto, 571 F. 2d 1246 (2d Cir. 1978).
⑲　就争议中的品性的适当含义，参见上文第187节。

张，就可以通过交叉询问或者检控方证人的直接询问证言加以反驳。检控方可以对就被告声望作证的证人进行交叉询问，来了解证人对社会舆论的了解，不仅是一般性的，而且具体到证人是否"听说过"被告曾犯下特定先前犯罪行为，而这与其在直接询问中担保的声望相冲突。同样，如果证人对被告的品性发表意见，那么检控方可以并通过询问证人在形成其意见时是否知道这些事项提到相关的不良行为。

交叉询问者重新揭开旧伤疤的这一权力，充满了带来损害的可能性。因此，应当遵守某些限制。审判法院就证明价值与损害进行权衡的一般责任并没有消失，因为提及其他罪行或者错误采取的是影射或者含沙射影的形式，而不是具体的证据。交叉询问的范围和性质需要约束和监督。有些问题在任何情况下都是不恰当的。例如，关于当前指控对声望或者意见的影响的问题通常被禁止，理由是要求证人沉湎于对被告有罪的假设，是不公平的损害。作为对其他罪错进行交叉询问的先决条件，公诉人应该在陪审团的听力范围之外，透露他相信他所准备询问的谣言或者事件的依据。然后，法院应当裁断交叉询问是否有实质性依据。如果允许进行交叉询问，则宜向陪审团作出指示，解释进行查问的有限目的。

公诉人对被告良好品性证明的另一个反击并非那么容易滥用。政府可以提供证人，就被告的不良声望发誓，或者在大多数司法辖区，就被告的品性发表意见。与辩护方品性证人一样，在相关特点和久远性方面的限制也适用。就关于最近犯下的展现了相同特点的罪行的定罪判决的反驳证据的可采性，法院存在分歧，但是随着《联邦证据规则》的通过，很少有司法辖区允许将任何关于不端行为具体实例的证据作为反驳证据。

第 192 节　在犯罪是争点时的民事案件中的品性

414

如前一节所述，在刑事案件中，法律放宽了对使用品性证据证明行为的禁令，允许被告提出品性良好的证据。在民事诉讼中，一方指控另一方的行为相当于刑事犯罪的情况并不罕见。例如，许多作为民事反垄断、证券和民权案件的主题的行为，以及作为相当一部分更为传统的民事诉讼的主题的行为，也会为公诉人提供弹药。

如果同源性的犯罪基本上是规制性或者行政性的，将赋予生命或者自由受到威胁的刑事被告的同样的宽免赋予民事当事人，似乎是不适当的。但是，如果一方的对手的诉状或者证明指控他犯下了涉及道德败坏的罪行，比如在侵占诉讼中，指控他曾实施了警察暴行，或者在火灾保险的违约诉讼的诉讼中，保险商认为被保险人纵火而拒绝赔付，应该怎么办？一些法院认为，鉴于对当事人的地位、声望和关系可能造成的损害，应当赋予民事被告同样的特别宽免。因此，这些法院允许当事人就所涉及的特点引入关于良好声望的证据。

但是，这从来不是多数观点。由于民事判决的后果不如刑事定罪的后果严重，大多数法院都拒绝付出让步所带来的代价，即可能的损害、耗费时间和分散对争点的注意力。尽管这种权衡可能有争议，但是《联邦证据规则》和《统一证据规则》坚持多数立场。规则 404 禁止在民事和刑事案件中提出品性证据，以证明某人可能在某一特定场合下的行为[20]，而规则 404（a）（1）给予希望引入其品性良好证据的"刑事被告"的恩惠，不适用于民事被告。

第 193 节　殴打、谋杀和强奸案件中被害人的品性

禁止用品性证据证明行为的规则的一个充分确立的例外，适用于就谁是首先挑起事端者存在争议的杀人和殴打案件。根据这一例外，被告可以提出证据，证明被害人有狂暴和暴力品性。证据必须指向被害人的声望或者意见，而不是具体行为——关于过去暴力行为的证据通常不是一种可允许的证明方式。作为回应，检控方可以提出证据证明被害人是一个典型的平和的人。

415

这种证明和反证的方式，公开地依赖于被害人按照一般的性格特点——暴力或者平和的性情——行事的倾向。因此，不需要证明被告知道被害人的暴力声望或者行为。但是，这种意识可能具有其他的相关性。这有助于证明被告的行为是正当的，即要证明被告合理地认为他处于直接危险之中，需要用他实际使用的致命（或者其他）武力作出反应。仅用于此目的，该证据不违反禁止使用品性证据来证明行为的政策。这种证明合理恐惧的品性证据的"准例外"是普遍存在的，但是少数司法辖区仍然不接受被害人品性证据的真正例外。它们不会为了证明谁是首先挑起事端者而采纳被害人有暴力或者好战倾向的证据。

---

[20]　参见上文第 189 节。在袭击和殴打案件中会出现一些复杂问题。当争点仅仅是被告是否实施了该行为时，上面所述的多数方法排除了被告的证明他的品性平和的证据。但是当被告辩称自卫时，他通常可以证明原告的狂暴声望，如果他证明自己知道这一点的话。理由是，该证据证明的是被告的合理恐惧，因此不是用于证明原告按照品性特点而行事。当然，这也不是被告引入其自己的良好品性证据的情形。同样，因为上文第 190 节所述的例外既适用于民事案件，也适用于刑事案件，关于被告的不良品性的证据可以用于证明应当处以惩罚性赔偿的恶意。最后，如果就谁是首先挑起事端者存在争议，许多法院——尽管他们在被告使用良好品格证据这一一般问题上立场一致——似乎会采纳双方就性格平和提出的良好品性或者不良品性证据，以说明他们可能的行为。

在少数司法辖区，如果证据要具有可采性，被告显然必须知道被害人的声望或者具体行为，而且被告不能辩称被害人的攻击性证明被害人是第一个攻击者。在多数司法辖区，被告可以利用被害人品性证据来确定谁攻击了谁，但是他不能提及他过去一无所知的具体行为。

《联邦证据规则》404（a）（2）采纳了多数的立场，列举了一个真正的例外。它涉及杀人案件中犯罪被害人的"相关（pertinent）"[21] 品性特点，具体而言，就是非暴力特点。它就被告的"所称犯罪被害人相关特点的证据"和检控方的"反驳它的证据"，以及"在杀人案中，公诉人可以提供关于所称被害人的平和特点的证据，以反驳所称被害人是首先挑起事端者的证据"，免除了通常的排除规则。

被害人的品性正在被证明，导致被告品格不良的证据会对陪审团对被告案件的评估造成不利影响的通常担心并不合适。然而，也存在着不同形式的损害风险。得知被害人的不良品性，陪审团可能会认为被害人只是"咎由自取"，并因此对被告无罪开释。不过，至少在谋杀案中，也许在殴打案中，当对首先挑起事端者的身份确实存在怀疑时，证据的证明价值通常支持承担这种风险的正当性。

在一些司法辖区，自卫的主张本身可能不会触发检控方提出反驳证据来证明被害人具有非暴力性的权力。有一种观点认为，只有当被告具体通过证据证明被害人的好斗品性而打开门时，才允许这种反证。显然，上面引用的规则在凶杀案中遵循了相反的观点。由于死亡的被害人无法证明其在致命遭遇中的平和行为，规则404（a）（2）（C）规定，只要被告声称自卫，并提供任何类型的证据证明死者是首先挑起事端者，检控方就可以用死者的平和品性证据予以反驳。

416　　就性侵犯案件中关于同意的辩护，存在一个类似的一般规则的例外。过去，法院一般都采纳关于被害人贞洁的品性证据，尽管就是否可以用具体实例来证明以及检控方是否可以在主诉中提出贞洁证据，存在着不同的典据。然而，在20世纪70年代，几乎所有的司法辖区都颁布了刑事"强奸护盾"法，"以保护强奸被害人不被有辱人格和令人尴尬地披露其私人生活的私密细节，鼓励就性侵犯报案，并防止在转移注意力的旁系和无关事项上浪费时间[22]"。改革的范围不等，从禁止所有关于被害人贞洁品性的证据，到仅仅要求进行预

---

[21]　参见上文第191节。

[22]　United States v. Torres, 937 F. 2d 1469, 1472 (9th Cir. 1991).

备性听证，以筛选出在这一问题上不可采的证据。

《联邦证据规则》412 介于这两个极端之间。正如最初在《联邦证据规则》生效几年后颁布的那样，规则 412 仅适用于性侵犯的检控。这一规则改变了传统上倾向于以声望证明品性的做法，在刑事案件中，禁止提供被害人过去性行为的所有声望和意见证据，但是允许在满足某些条件的情况下，提供关于具体事件的证据。在程序上，证据的提出者通常必须在审判前发出书面通知，法院在采纳不赞成的证据之前必须进行不公开听证。实质上，在刑事案件中，规则412 区分了被害人与被告的性行为证据和涉及其他人的性行为证据。如果证据与被告声称同意的过去行为相关，则可被采纳来证明或者反驳同意。但是，如果证据与被害人和其他人的行为相关，被告可以仅用于证明其他人是"精液、伤害或者其他物证的来源"。最后，该条规则明确规定，如果宪法要求，被告可以引入关于被害人先前性行为的证据。

诉诸一项未定义的、剩余的规定，以避免本来不合宪的对证明被害人品性的证据的全面禁止，还不如阐明可以使用性历史证据的完整范围。它使审判法院处于尴尬的境地，不得不作出宪法性裁决，而不是能够适用一项独立的证据规则。《统一证据规则》412 和许多州的法律，规定了一个更结构化的方法，似乎比模糊的《联邦证据规则》更可取。

尽管如此，许多判例已经识别了被告在宪法上有权根据正当程序或者对质条款提出所称被害人性行为的证据的情况。例如，在 *Olden v. Kentucky* 案[23]中，最高法院判定，强奸案的被告与控告者进行对质的权利，使他有权调查所称的被害人与另一名男子同居的情况，以证明她有理由诬告被告。[24]

1994 年的一项修正案，将联邦强奸护盾法扩大到"涉及所称性不端行为" 417 的所有民事案件。[25] 这一扩大的规则肯定适用于可能是（或者曾经是）刑事诉讼主题的性侵犯民事诉讼，而且可能扩大到因性骚扰提起的民权诉讼。然而，与刑事案件相比，在民事案件中，护盾较弱。在刑事背景下，这一规则排除了所有不在明确规定的例外范围内的关于被害人性品性的证据，无论这些证据多

---

[23]　United States v. Torres，937 F. 2d 1469，1472（9th Cir. 1991）.

[24]　Olden v. Kentucky，488 U. S. 227（1988）.

[25]　某个州法院禁止这种查问，这不是基于强奸护盾法，而是基于它具有不公平的损害性，因为陪审团将会获悉被害人——一个白人女性——与一个黑人生活在一起。根据 *Olden* 案，一个法院总结了与控告者进行对质的权利或者进行全面和公平辩护要求采纳过去的性行为证据的情形，包括如下："曝光可能的撒谎动机"，"反驳关于被害人性纯真的推定"以及"在检控方'打开大门'，即提出被害人的贞操证据时，进行回应"。State v. Robinson，803 A. 2d 452，457（Me. 2002）.

么富有证明力。与此相比，在民事案件中，规则 412（b）（2）采用了天平倾向于不采纳的权衡标准。它禁止采纳任何类型的性倾向证据，除非"其证明力严重超过了对任何被害人造成伤害和对任何当事人造成不公正损害的危险"。

根据州强奸护盾法，经通知，关于被害人性经验的证据通常可就具体规定的目的而采纳：证明被害人以前曾与被告发生过自愿性关系，同意所称的侵犯；被害人有诬告被告的动机；证人有典型的性侵犯幻想；证人在明知的情况下对性不端行为提出了虚假指控；对性侵犯作出了详细叙述的幼儿已经有这样做的知识了；或者证人的精液或者创伤可能源于其他人。

根据所有制定法，在确定不受调查的行为时，都会发生反复出现的困难。护盾法当然适用于关于其他性交或者性接触行为的直接证据，因为这些法律的目的是保护被害人免受必须披露隐秘性细节所带来的尴尬。对个人隐私和鼓励被害人报案的关注，也延伸到涉及性交或者性接触的私人行为，如使用避孕药具或者患有性病。然而，随着人们转向与性行为不太直接相关的行为，强奸护盾法的适用性变得更加有争议。着装方式、先前的强奸指控以及关于性欲望或者性知识的陈述是否应被视为"性行为"或者"性行动"，而不应受到调查或者证明？制定法和判例是有分歧的。

强奸护盾法经受住了宪法上的攻击。它们反映了这样一种判断，即大多数关于贞操的证据在同意问题上的证明价值太小，无法证明对被害人性史进行广泛调查的正当性。然而，鉴于在颁布之前的判例法中承认了这一概念，是否有必要通过特别的强奸护盾法来修改该法，是值得怀疑的。此外，几乎没有证据表明，改革已经实现了增加强奸报告或者定罪的目标。因此，强奸护盾法的真正价值可能是象征性的，而不是工具性的。

第 194 节 弹劾证人的品性证据

常见的弹劾证人的做法是出示关于诚实的不良品性证据，这相当于使用品性特点来证明证人正在作伪证。就此而言，它涉及一种倾向推理，因此有人会提出，陪审团会高估它。[25] 然而，与用于证明报案、起诉书或者告发书中指控的行为的倾向证据不同，从弹劾证据中得出的证人一般诚实性的倾向推论，通常仅涉及正在作证的证人的行为。它的目的是提出，现在就应该相信证人，而不是说证人可能已经或者没有像民事控告或者刑事指控所称的那样行事。当证

418

---

[25] 参见上文第 186 节。

人不是当事人时，证据将诱使陪审团因当事人的品行不良或者品行良好而惩罚或者奖励该当事人的威胁，通常是不存在的。此外，对证人的品性证据的需求更大。因此，一套独特的规则调整着证人的品性证据。关于弹劾的那一章讨论了这些规则。㉗

第 195 节　作为特定场合的行为的证据的习惯和习俗

虽然法院不赞成引入品性特点证据来证明一个人或者一个组织在某一特定场合如何行事，但是他们更愿意接受有关个人习惯或者组织习惯性行为的证据。要理解这种差异，就必须了解习惯和品性之间的区别。两者很容易混淆。人们有时会说一种谨慎习惯，一种迅捷的习惯，或者一种健忘的习惯。他们可能会说一个人有偷窃或者撒谎的坏习惯。关于这些"习惯"的证据与作为反对品性证据的一般规则的主题的证据相同。品性是对一个人的性情的概括描述，或者对一个人的一般性情特点的概括描述，如诚实、温和或者平和，通常被认为是值得赞同或者反对的。在目前的情境下，习惯更为具体。它表示一个人对反复出现的情形作出的常规反应。如果我们谈到谨慎品性，我们就会想到这个人在生活的各种不同情况下——在工作中、在家里、开车和在街上行走——都会谨慎行事的倾向。另一方面，习惯是一个人用一种特定类型的行为方式对特定情形作出反应的常规做法。因此，一个人可能有这样的习惯：一次跳下两三级楼梯，每天下班后光顾某家酒吧，或者开车时不系安全带。习惯性行为可能会变成半自动的，比如司机在改变车道前总是发出信号。

与一般品性特点的证据相比，这个定义中的习惯证据具有更大的证明价值。此外，发生损害的可能性大大降低。总的来说，构成习惯的具体情形行为的详细模式，不太可能引起同情或者反感，从而扭曲评估证据的过程。

因此，许多司法辖区接受这样一种主张，即习惯证据可以用来证明一种行为。只有在假定的习惯不够有规律或者统一，或者情况不具有足以超过损害、分心和耗费时间的危险的类似性时，这些法院才断然拒绝证据。《联邦证据规则》、《统一证据规则》和《示范证据法典》都遵循了这种模式。然而，在过去，有些司法辖区完全排除了习惯证据，而其他司法辖区则只在没有目击证人就所称触发习惯行为的事件作证的情况下才采纳这一证据。

即使是不愿意接受个人习惯证据的司法辖区，也愿意允许关于商业组织的

㉗　参见上文第 5 章。

"习俗"的证据，如果该习俗有着合理规律和统一性的话。这可能是因为在品
419 性特点和商业惯例之间不存在混淆，或者它可能反映了这样的信念，即对业务
的规律性的需要和员工偏离既定程序时可能存在的组织性制裁，为受质疑的活
动遵循通常的习惯带来了额外的保证。因此，在业务过程中书写信件并签字，
并放在正常邮寄地点的证据，通常会被采纳来证明信件已经邮寄。与此类似，
常规性地遵守一个标准的作业指导书，告知研究对象药物的已知风险和益处，
可以反驳研究人员没有在药物临床试验中对受试者进行适当告知的指控。此
外，可采的商业惯例可以包括背离正式的或者公认的公司政策的惯例。

个人习惯或者商业习俗的存在，可以由知情的证人的证言证明，即存在这
样的习惯或者做法。也可使用具体实例的证据。自然地，必须有足够的实例，
才能允许认定一种习惯，必须呈现遵循这种习惯或者习俗的环境。与以往一
样，就累积性、偏远性、不必要的煽动性等，有所限制。㉘

㉘ 参见上文第 185 节。

第 18 章

类似事件和事项

第 196 条　当事人的其他索赔、诉讼和抗辩

是否应允许一方当事人通过证明对方在其他诉讼中提出了类似的索赔或者抗辩，而在审判时对索赔的是非曲直提出质疑？不可避免地，两个相互冲突的目标塑造了这一领域的证据规则。揭露欺诈性索赔很重要，但是保护无辜的诉讼当事人免受不公平的损害也是如此。最简单的情况是一个目标占明显优势的情况。如果证据表明一方当事人以前提出过非常类似的索赔，而且这些索赔是欺诈性的，那么虽然这些其他索赔的性质存在分散注意力和耗费时间的危险，但是这样的证据几乎普遍会被采纳，尽管仅为证明特定场合的行为而使用恶劣品性证据是受到普遍禁止的。另一方面，如果证据仅仅表明原告是各类索赔的长期诉讼当事人，法院则会考虑认为抵消因素超过了轻微证明价值。它们通常排除这样的证据。

介于两者之间的是更困难的情况。假设有证据表明，提起诉讼的一方当事人对所称损失——如其财产的火灾损害或者碰撞中的人身伤害——曾就类似损失多次提出过索赔。证据确实是相关的。单凭偶然，同一个人发生如此多类似事故的概率微乎其微。然而，罕见的事情确实会发生。总有一些人遭受命运的捉弄。这一事实本身并没有显示出有害性。也许，陪审团能够对其他可能的相对可能性作出合理的判断。然而，在这种情况下存在着一种固有的损害。陪审团可能恰恰会因为某人好讼而不赞成他。法官在权衡证明价值和损害的同时，只有在有理由断定其他索赔是捏造的情况下，才应采纳证据。

这个铺垫可以通过关于欺诈的不同证据来提供，或者当巧合的可能性看起来如此微不足道，欺诈是唯一合理的解释时，可以作出该推论。重复的、实质上相同的索赔的可能性，取决于索赔的数量和每次事故的概率。一长串只有中等可能但是不相关的索赔，或者一短串个别的不大可能的和独立的索赔，每一个都指向一种欺诈模式。此外，索赔之间的相似程度也很重要，因为一系列不相干但是真实的权利诉求似乎比一系列非常相似的权利诉求更有可能。

　　到目前为止，我们已经讨论了提出关于一方当事人提出的其他索赔的证据，来质疑现在的索赔或者诉讼的问题。引入关于证人过去的指控或者辩护的证据来攻击证人的诚实性，带来了类似的问题。在这种情况下，诉讼当事人可能会试图证明其他指控是虚假的，作为情况证据，证明刚才提供的证言也是虚假的。虽然这是一种证明行为的品性证据，但是通常可以采纳来对证人提出弹劾。即使没有证据证明其他指控是虚假的，证人一再指控其他许多人有同样的行为，这一事实似乎太不寻常，不能仅仅解释为巧合。这里的逻辑和问题完全类似于就重复地提起类似诉讼或者索赔已经讨论的问题。① 然而，与传统上在交叉询问中放宽可采性标准的做法相一致②，一般来说，在交叉询问中引入关于其他索赔的自认，比通过提出者的证人的证言来提出证据更容易。

第 197 节　其他不实陈述和欺诈

　　在诉称欺诈或者不实陈述的案件中，关于被告犯下类似欺骗行为的证据常常被采为证据。这种采纳不是基于"曾经是个骗子，永远是个骗子"的理论，因为这将违反这一禁止规定，即禁止将品性特点仅作为有关场合的行为的倾向证据。相反，通常情况下，至少有三个根深蒂固的替代理论是可用的。首先，关于其他欺诈的证据可能有助于证明知识这一要件——表明被告知道所控的不实陈述是虚假的，或者表明被告参与所控的欺诈计划并非无辜或者纯属偶然。

　　其次，就密切相关的欺骗意图要件，可以采纳证据。当其他不实陈述被用来证明意图或者知识时，它们不必完全相同，也不必是在与有关欺诈的情况完全相同的情况下作出的。

　　最后，如果就是否作出了不实陈述或者是否实施了欺诈行为存在争议，则明显属于同一总体计划或者图谋的其他不实陈述或者欺诈行为，可采来证明被告的行为。确实，当就有争议的不实陈述的作出有相互矛盾的证言时，关于其他非常类似的不实陈述——无论是不是同一计划或者图谋的一部分——的证据在解决争议方面的价值，应足以超过损害危险。事实上，当各种行为完全可以被描述为单独事项时，法院往往通过谈及共同的计划来作出这一结果。

---

　　① 当证人是当事人时，其他索赔的相关性是双重的。不仅有迹象表明，当事人—证人是提出虚假诉讼或虚假辩护的那个人，而且其表明，当事人—证人通常是不诚实的。由于"索赔心态"和"诚实性"都涉及了，拒绝"索赔心态"证据的法院，可能会允许交叉询问者就虚假索赔进行询问，以攻击诚实品性。当事人—证人也可以在直接询问中作出具体陈述，为就其他索赔进行交叉询问打开大门。

　　② 参见上文第 29 节。

第 198 节　其他合同和商业交易

有关其他合同或者商业交易的证据可能与证明合同条款、这些条款的含义、商业习惯或者习惯有关，有时还与代理权的证明有关。至于其中的许多用途，几乎没有争议。当然，关于同一当事人之间的其他交易的证据，在证明合同条款的含义有相关性时，很容易被采纳。同样，当就条款是否存在有争议时，关于同样的当事人之间的类似合同的证据，可以被采纳来证明他们之间的交易习惯，或者持续的交易过程，这样，它们是关于当前交易条款的证据。同样，当就代理人的权限存在争议时，代理人代表委托人进行的其他类似交易也可自由采纳。最后，关于在其他商业交易中的不端行为的证据，可能与受审事项中的恶意或者知情主张有关，就像保险商一再拒绝适当赔付一样。

过去，在与他人签订的合同被提出来证明诉讼中的合同的条款或者合同的订立时，许多法院都曾犹豫不决。很难理解为什么要画一条严格的界限。作为一个历史问题，这些判决也许可以被解释为表明了一个长期存在的混淆，即证据证明主张的充分性以及其与该主张的相关性之间的混淆。此外，这些判决反映了神秘短语"他人的行为"（*res inter alios acta*）③ 的诱惑力。然而，似乎很明显，一方当事人与第三人订立的合同可以证明该当事人的习惯做法和交易过程，从而对当前协议的条款提供有用的启示。确实，事实上，即使只有一两份这样的合同，它们也可能是有用的证据。当在某种交易中，一个企业采用了一种特定方式来处理交涉事项或者标准化的特色，例如保修、折扣，等等，那么与创造一个新方式相比，它按照同一个模式起草一个新的合同往往更容易。此外，有些做法在一个行业中已被广泛接受，可能会塑造该领域大多数合同的含义。因此，关于不涉及任何一方的合同或者交易形式的证据，仍然可以用来证明当事人之间存在的商业关系。

由于其他商业交易的证据不存在固有的不公平损害的一般危险，严格的规则或者对可采性的限制是不适当的。如果关于当前协议条款的证言有冲突，并且法官认为浪费时间和混淆争点的风险并没有严重超过关于其他交易的证据的证明价值，则法院应在所有案件中采纳此类证据。因此，许多司法辖区将关于

③　"*Res inter alios acta，aliis neque nocere neque prodesse potest*" 这句箴言的意思是："有些人之间所做的事既不会伤害别人，也不会给别人带来好处。""*Res inter alios acta alteri nocere non debet*" 这句箴言道出了既判力原则的要旨——一个人不受他没有参与的诉讼的约束。

其他合同或者商业交易的证据留给审判法官逐案评估。

第199节 以其他类似房地产的出售作为价值证据

当房地产的市场价值需要确定时，在竞争性市场中相似项目的实际价格是明显要考虑的。确实，面对专业估价师有时相差甚远的估价，法院指出，可比房地产的销售价格是价值的最佳证据。就其他销售有直接了解的证人的证言，可靠的价目表、市场报告等，可以采纳来证明市场价格。

产品越不同质，就越难以用这种方法衡量市场价值。因此，涉及土地估价的案件，特别是征用案件，经常会讨论其他买卖证据的可采性。一个即将消亡的规则完全排除证据，特殊情况除外。主流观点赋予了法官采纳关于其他销售的证据的自由裁量权。调查的重点是这些销售在时间上是否足够接近，以及其他土地在距离上是否足够近，在性质、情况、可用性和改善方面是否足够相似。当其他销售被用作专家对价值的判断的依据，而不是作为关于价值的独立证据引入时，适用比较弱的相似性标准。

由于所寻求的价值是通常一个自愿的买主向一个自愿的卖主支付的价格，因此，其他具有强迫性的销售价格，例如关于其他地块的强制拍卖或者征用补偿的价格，一般是不可采的。许多法院还排除了征用者向其他所有人支付的价格证据，因为在准备征用时进行的买卖，并不接近相关市场价格。其他法院，遵循了似乎更合理的观点，允许法官自由裁量此类证据。

当然，任何其他的销售都必须是真实的，而且价格必须支付了或者有实质性的担保。虽然通常要求的是实际的销售价格而不是报价，但是一方当事人提出的未被接受的报价，可以不顾传闻异议，作为对方当事人的陈述而被采纳。然而，当未被接受的要约的证据来自卖方的口中时，传统的规则是，证言太不可靠，不值得采纳，因为"口头和不具约束力的要约很容易在一次转瞬即逝的谈话中提出和被拒绝，而且是在任何一方都不承担责任的情况下作出的，以至于不能说明有关价值问题"[4]，因为"提出这种要约的人……可能对这个话题知之甚少，以致他的意见没有价值"[5]。当要约人可到庭接受询问或者销售没有完成时，没有被接受的要约更容易被采纳。此外，一些法院允许专业评估师将这类要约作为其估价依据的一部分，尽管这一理论并没有使要约就其真实性

---

[4] Sharp v. United States, 191 U. S. 341, 349 (1903).

[5] Id. at 348.

具有可采性。

第 200 节　其他事故和伤害

在过失责任和产品责任案件中，经常提出其他事故和伤害的证据的可采性问题。曾几何时，一些法院采用了严格的排除规则。现代判例把这件事交给审判法官来权衡采纳或者排除证据的利弊；许多案件强调审判法官的自由裁量权。鉴于这类证据可能带有损害，而且因为关于其他事故或者没有事故的证据不能仅仅是为了证明谨慎或者粗心行为的品性或者倾向而被采纳的规则[6]，大多数法官都会对此仔细审查。通常情况下，需要一个非倾向目的，并要证明导致各种事故的条件具有充分的相似性。当然，完全相同的情况是不可能实现的，但是证明实质相似的责任落在证据的提出者身上。至于允许的目的，在实践中，这些目的往往结合在一起，因为通常存在不止一个目的。然而，为了清晰分析，我们将尝试分离每一个有效的目的，以采纳关于其他事故的证据。

首先，证据可以采纳来证明特定的物理条件、情形或者缺陷的存在。例如，有几个人在超市里的同一地点滑倒，这一事实有助于证明地板上有一种滑溜溜的物质。与此同时，这个证据也有点耸人听闻。除非被告极力否认该状况的存在，否则法院可能会以具有不适当的损害和重复为由，驳回类似事故证据。

其次，关于其他事故或者伤害的证据可采来帮助证明是缺陷或者危险情况造成了伤害。因此，在原告的案件中，其他接受相同药物治疗的患者感染了以前罕见的相同疾病，是药物引起疾病的情况证据。正如在审判中通常提出的那样，关于其他事故的证据是回顾性流行病学研究的一种粗略版本。由于许多未知的因素可能造成或者导致观察到的结果，其他损害和目前损害的情况必须相似。有些法院在采纳关于其他事故的证据以支持当前事故是由同一缺陷引起的主张时，审查四个因素：（1）产品相似；（2）诉称的缺陷相似；（3）与其他事故中的缺陷有关的因果关系；以及（4）就其他事故的原因，排除了所有合理的次要解释。[7]

虽然使用其他事故证据来证明某个状况的存在（上列第一个目的），会与使用该证据来证明造成原告受伤的条件相重合，但通常情况下，为第二个目的

---

⑥　参见上文第 189 节。

⑦　Watson v. Ford Motor Co. , 699 S. E. 2d 169，179（S. C. 2010）.

使用证据的必要性更为明显。因果关系常常是真正的争议，而在解决这一难以捉摸的问题时，情况证据可能具有很大的价值。因此，当被告辩称所控的行为不可能造成原告的伤害时，关于类似事件的证据就更容易被接受来证明因果关系。

再次，也许是最常见的，关于其他事故或者伤害的证据可以用来证明被告的行为造成的风险。如果危险的程度对本案至关重要，就像人身伤害诉讼中几乎总是这样一样，相同的条件在其他场合造成了损害这一事实，是证明危险的一种自然和令人信服的方式。这里严格应用了实质相似性的要求。然而，与关于特定事故的证言相比，解释了可能随机分布的差异的统计分析，应该更容易被采纳。

最后，在过失案件中通常会接受关于其他事故的证据，以证明被告知道或者应该知道危险。即使在许多严格产品责任案件中，证明产品有缺陷或者对其预期用途有不合理的危险，也需要对可预见的风险进行分析。然而，如果被告的职责是绝对的，这个理论就不合适了。

当引入关于其他事故的证据以证明注意到危险时，根据这一理论，随后发生的事故是不可采的。即使缺乏被告知道先前事故的直接证据，事故的性质、频率或者恶名也很可能表明被告知道这些，或者应该通过适当检查发现危险。因为所有的要求是，先前的伤害能够引起被告对造成当前诉讼事故的危险情况的注意，与为其他合法目的使用相同证据时所要求的相似性相比，事故发生情形的相似性要求可以大大降低。

在调查了事故历史在证明责任方面的效用之后，我们现在考虑安全历史在开脱责任方面的可采性。有人可能认为，如果法官可以依自由裁量权采纳关于类似事故的证据，证明存在某种特定的条件或者缺陷，或者所起诉的损害是以某种方式造成的，或者某状况是危险的，或者被告知道或者应该知道危险，则在类似的暴露和经验期间没有事故的证据，同样可以采来证明这些事实不存在。事实上，如果告诉陪审团，除原告之外，还有一两个人在被告的楼梯间绊倒了，而向他们隐抑进一步的信息，即另有一千人从同一楼梯下来，却没有发生事故，这似乎是有悖常理的。

然而，多年来的判决只是规定了这样一个一般规则，即反对关于没有其他事故的证据。诚然，就证明某事物的不存在，存在一些特殊的问题。特别是，没有投诉记录并不一定意味着没有发生事故。虽然在权衡证明价值与一般平衡因素时应考虑到这种可能性，但是这并不支持一个断然的排除规则。在某些案件中，排除这种安全证明可能是正当的，因为安全通行的人所处的条件与原告受伤时所处的条件不同。在提出了一千次安全下楼梯的证据后，如果证明所有这些都是在白天下楼梯，而两三起事故都是发生在夜间或者照明不良的情况下，那么该证据就不那么令人信服了。然而，一个非常一般的安全记录会掩盖一个重要因素的影响的可能性，仅仅是建议运用传统的实质相似性要求。当寻求证明的经验如此广泛，以至于肯定会包括足够数量的类似情形时，应认为达到了相似性要求。

也不能用影响证据可采性的其他考虑来证明这种广泛的禁止是正当的。与提出没有事故的历史证据相比，当涉及关于其他事故的证据时，"旁系争点"的损害和分散注意力的问题似乎要严重得多。事实上，如果原告有可能对安全记录提出异议，被告将很少打开这扇门。

因此，很少发现最近的判决适用一般排除规则。大量的判例认识到，没有其他事故可以被采纳来证明（1）没有诉称的缺陷或者状况，（2）在伤害和诉称的缺陷或者状况之间缺少因果关系，（3）不存在过度危险情形，或者（4）缺少关于危险的知识或者认识到的根据。

427

第 19 章

责任保险

第 201 节　作为过失证据的责任保险

大量的案例判定，一方当事人是否有责任保险的证据，在过失问题上是不可采的。《联邦证据规则》411 将这类判例编入了法典。该条规则规定："关于某人是否拥有责任保险的证据，不得采纳来证明该人的行为存在过失或者其他错误。"该条规则仅限于责任保险，不包括健康保险等其他形式的保险。

这条规则有两个前提。首先，人们相信，保险范围很少揭示出人们粗心大意行事的可能性。除了少数病态的例外，经济上的保护不会削弱谨慎的正常动机，特别是性命攸关时。与此类似，这样的观点，即作为一个群体，购买保险的个人或者公司比自我保险者更为谨慎，似乎是站不住脚的，也抵消了第一个论点可能产生的任何力量。因此，保险范围证据的相关性值得怀疑。此外，有人担心，该证据是有害的——提及保险会招致超出合理范围的更高的赔偿，反之，陪审团可能同情必须自掏腰包的被告，这可能会影响陪审团根据适当的证明标准对证据的评估。尽管对这些可能的损害形式的实证研究没有给出明确的答案，但是"腰包不深"假设似乎得到了更好的支持。

尽管存在这些关切，而且一般规则规定，关于保险范围事实的证据不可采来证明疏忽或者合理谨慎，但是此类证据经常被采纳。正如第 17 章（性格和习惯）和第 18 章（类似的事件和事项）讨论的排除规则一样，证据可以出于某些其他目的而被采纳，当然前提是其在这一其他问题上的证明价值不会被其不利影响所严重超过。提出这种证据的目的有几个。《联邦证据规则》和《统一证据规则》411 规定："法院可以为其他目的采纳该证据，例如证明证人的偏见或者成见，或者证明代理关系、所有权或者控制权。"

事实上，人们很少购买责任保险来涵盖他们负不了责的意外事件，这使得证据在代理关系、所有权和控制权问题上具有了相关性。保险之事实与证人的偏见在许多方面都有相关性。例如，证人可能是保险公司的调查员或者其他雇员。然而，在一些司法辖区，法院努力掩盖证人为保险公司工作（而不是其他类型的雇主）的事实。关于专家证人与被告的保险公司相同的证据，通常是不可采的；但是，如果证人与保险公司之间有更实质性的联系，关于这种关系的证据可采。大多数上诉法院广泛地遵从于审判法院就证明价值与偏倚和损害所进行的权衡，但是有些似乎倾向于在证人对保险公司的经济利益很明确的情况下要求采纳。交叉询问是揭示公司与证人之间关系的常用手段。

　　还有两种方式可以让陪审团了解保险的事实。众所周知，证人会出人意料地自行提到保险。在这种情况下，法官可能会宣布审判无效，但是这是罕见的情况，在这种情况下，法院将做的不仅仅是对保险的提及并指示陪审团无视它。最后，在对潜在陪审员的审查中，大多数司法辖区允许就受雇于保险公司或者在保险公司有利益提出问题。

　　尽管几乎得到了普遍接受，但是像目前运作的那样，普遍禁止在审判中注入保险的做法是否明智，令人怀疑。当这一规则产生时，个人保险是很罕见的。如果在审判时没有提及保险，陪审员很可能不会想到被告已投保。如今，针对机动车驾驶员的强制保险法和针对房主和企业的责任保险无处不在。大多数陪审员会认为被告已经投保了。然而，很少有法院会允许被告证明他没有保险，除非原告已经为此类证据打开了大门。至少，这样的被告，甚至任何一方，都应有权得到这样一项指示，即没有证据表明任何一方是否投保，因为法律规定，保险的存在或者不存在不应在本案中起任何作用。

　　更为根本的是，禁止披露保险事实的一般规则的内在合理性，一直是严厉批判的对象。究其实质，这场争论实际上并不是关于相关性及其平衡因素的理论应用。几乎没有人质疑这个前提，即证据与合理谨慎行事无关。也没有人认为当事人有权将不相关的证据记录在案。相反，支持放弃保密政策的观点，要么是务实的，要么是理想主义的。务实的观点直截了当。保持沉默的阴谋很难维持。它的代价包括广泛和不必要的争论，撤销原判，以及由难以捉摸的损害和善意的问题引起的再审。如果保险的披露真的充满了损害，这种事态可能是可以容忍的。但是，正如我们所提出的那样，大多数陪审员无论如何都可能假定存在责任保险，并且就陪审员与保险公司的关系进行询问时，不披露政策的核心已经被放弃。因此，关于保险范围或者其不存在的证据在多大程度上具有损害性，尚不清楚。甚至这种损害可能起作用的方向也不清楚，因为陪审员可能认为，保险范围比实际涵盖的更大。总而言之，这条规则已经成为一个空壳，维护费用高昂，其效用令人怀疑。

　　另一个反对保密规则的主要观点则不那么有说服力。它产生于某种公平的观念，这种观念认为，陪审团应该知道谁是"真正的"利益相关方。根据保险单，保险公司有排他性权利来聘请律师，为诉讼进行辩护，以及控制就诉讼进行和解还是抗辩的决定，保险公司是有实无名的当事人。

429 　　不幸的是，这个观点带来了这个问题。如果实体法认为被告腰包的深度与责任或者损害无关，那么为什么要告知陪审团这个事实呢？当然，在很多情况下，双方的相对财富是显而易见的。跨国公司不能伪装成一个苦苦挣扎的无产阶级成员。但是，如果可以在没有很大负担的情况下从法庭上删除公认不相关的特征，就很难理解为什么要保留这些特征。因此，归根结底，更务实的分析应该是决定性的。就半心半意的保密政策带来的好处，不值得付出代价。如果对保险事实的披露确实是有害的，那么纠正方法并不是徒劳的隐瞒，而是法院通常履行的职能，即向陪审团解释其根据事实和实体法——而不是根据同情、支付能力或者担心激发诉讼以及保险费上涨——作出决定的职责。

430

第 20 章

实验和科学证据

I. 科学检测概述

第 202 节 审前试验

法院进行事实探究的主要方法是观察法。证人叙述他们在自然条件下所看到的情况，法官或者陪审团以不同程度的信心接受或者拒绝他们的证言。在许多科学领域，对人或者事物的自然观察，也是收集信息的主要手段（尽管观察是以更结构化的方式进行的，并且以不同的方式呈现和分析）。在一些科学学科中，收集数据的主要方法是控制环境。在最简单和理想的形式下，受控实验保持所有外部变量不变，这样实验者可以测量一个感兴趣因素的影响。

将实验方法应用于诉讼中的事实争议的机会是巨大的，但是它们通常未被认可和不被使用。一些更常见的实验类型是物质或者产品的成分或者物理性质的检测，产品的易燃性或者爆炸性检测，药物和其他产品对人类或者其他生物体的影响的检测，说明可识别特征或者性能的火器检测，在某些条件下物体或者人的可见度检测，移动车辆的速度检测以及刹车系统、前照灯或者其他部件的有效性检测。其中一些实验可能很简单，例如驾驶汽车沿着一段道路行驶，以确定道路上的某个物体在何处是首次可见的。另一些则更为复杂，需要精密的机器、对结果的统计分析或者其他专业知识或者程序。描述实验的证言可以作为实质证据，也可以作为专家意见的基础。尽管科学或者工程专家进行了许多审前实验，但是最简单的实验往往最有说服力，而且复杂的科学活动并不总是必要的或者划算的。

如果审前实验的证明价值没有被通常的损害、争点混淆和时间耗费所严重超过，它们将被采纳为证据。[①] 在这种情境下，唯一可能发生损害的形式是赋予实验结果的证明力超出其应有的证明力。正如下一节所讨论的那样，当对实验的解释需要专家的科学证言时，这可能会成为可采性的障碍。这种展示分散

---

① 参见上文第 185 节。

注意力或者耗费时间的程度，因案而异。至于证明价值，法院经常提到实验条
件和与引发诉讼的事件相关的条件之间需要有相似性。证明实质相似性的负
担，归于提出者。

　　然而，在实践中，相似性要求不适用于所有的审前实验，或者即使在名义
上应用它，"相似性"的概念也几乎变得无限灵活。用一个州的最高法院的话
来说，"实质相似性不要求条件的一致性，而只要求确保实验结果具有证明力
的相似程度"②。当实验明确地试图复刻有关事件，以说明事情可能（或者不
可能）如所声称的那样发生时，这一要求是最严格的。但是即使在这些个案实
验中只会使实验更难有利于提出者的实验条件与实际条件之间的差异，也不应
成为采纳的障碍。此外，一个事件永远不能被完美地再现或者模拟。有太多的
细节难以记录下来，有些则难以精确再现。例如，实验所涉及的事件中的人员
可能已经死亡，车辆可能已经损毁有关情况可能只能模糊地知道，或者重复实
际发生的事情的过程可能过于危险。因此，尽管相似性公式有时应用得过于严
格，但是大多数法院承认，这一要求是相对的。如果在实验中重复了足够多的
明显重要的因素，而未能控制其他可能相关的变量是合理的，法院就可以得出
结论，认为实验具有充分的启发性，应该成为证据。这一判定通常只因滥用自
由裁量权而受到审查。

　　另一方面，当审前试验不打算重复某一特定事件的基本特征时，相似性要
求要么不适用，要么被高度稀释。有许多这种性质的完全可采的实验。例如，
如果一方辩称某些作为或者不作为在任何情况下都不能产生有关结果，那么另
一方可以进行一项实验来推翻这一假设。当然，实验越接近实际存在的条件就
越有用，不过仅仅驳斥对方的笼统主张，就足以使证据具有可采性。

　　与此类似，提出者也可以通过实验来证明某件事不是可诉结果的原因，该
实验表明其他一些因素可以造成相同的结果。例如，当业主在 *Coon v. Utah
Construction Company* 案件③中宣称，来自相邻公路的被告的重型卡车的震动
加大了房屋地基和砌筑墙上的裂缝，建筑公司委托就震动水平进行检测。当公
司的卡车经过时，房子里的震动并不比其他交通工具经过时更大，一个人在地
板上行走引起的震动要大得多。

---

　　② Hermreck v. State, 956 P. 2d 335, 339（Wyo. 1998）（判定这样的实验可采：让一名 10 岁的
女孩骑着 20 英寸的自行车，来确定 7 岁的男孩骑着 16 英寸的自行车，从路边的起点出发到被告的卡车
撞倒该自行车的地方，要花多长时间）。

　　③ 228 P. 2d 997（Utah 1951）。

最后，引入实验，可能仅仅是为了说明或者展示一个科学原理或者实证研究结果，陪审团——也许在专家证人的帮助下——可以将此适用于本案的具体情况。因此，说明材料的一般性质的实验是可采的，而不需要将实验局限于争讼情形的有关条件。大多数这样的分析被称为检测，而不是实验。当贴上这个标签时，问题就变成了验真问题——不是相似性问题——以确保进行检测的是正确的材料，并且在检测前没有进行任何关键的更改。在所有这些目的有限的实验中，总的来说，问题一如既往的是，证据是否将帮助陪审团。

在概念层面上，"实质相似性"标准有些令人沮丧。它的价值在于提醒人们注意，差异对于受审情形的实验结果所可能造成的影响。然而，必要的相似程度并不总是显而易见的。我们可以说，当实验揭示了在广泛条件下明显适用的特性或者特点时，即使条件完全不同，也有实质的相似性。毕竟，对无关条件的控制是没有意义的，如果物理理论表明，这些重大差异是表面上的和无关紧要的，那么有关情况下，在相关方面是相似的。更一般地说，当一个更精细的实验的边际收益不超过边际成本并且该实验有证明力时，应当认为满足了实质相似性要求。

虽然有些意见采取了这种办法，但是另一些意见认为，实质相似性的要求是在表达这样的倾向，即尽可能复制有关条件。然而，许多有用的实验都达不到这一削足适履的要求，而用这些术语说话的法院通常并不仅仅因为本可以进行一个稍微更为考究的实验而排除一个实验。他们用来获得明智的结果的一个手段是，接受那些虽然不符合要求最大相似性的规则，但是阐明了"属性"的实验。然而，这些案例很少提供这样一个分析，即什么使得实验结果与一般特性或者特征相关，以及为什么没有必要进行更详细的模拟。例如，密西西比州最高法院判定，关于除草剂的实验可采，因为它不是"复制上诉人的农场存在的条件"，而仅仅是试图"证明这样的事实，即 2，4 - D 对棉花的破坏性远远大于 2，4，5 - T"④。当然，陪审团要解决的问题是 2，4 - D 对上诉人的农场是否更具破坏性，可以设计一个实验来控制土壤条件、湿度和其他变量的可能差异。但是，如果化学药剂的除草质量在很大程度上与这些变量无关，则可以将其视为一个一般性质，而对这些变量的控制就没有多大价值。因此，决定何时可以将实验接受为对"性质"的研究而不是对有关事故条件的再现，涉及这样的同样的探究，即决定实验条件何时与所感兴趣的条件具有实质相似性。

总之，无论实验是公开的再创造，还是对一般性质的简单研究，核心问题

---

④ Council v. Duprel，165 So. 2d 134（Miss. 1964）.

是，匹配不同的变量是否会使实验更具揭示性，从而值得付出额外的努力和耗费。直接关注边际成本和收益可以给实质相似性标准下一个定义；确实，这使得这种说法是多余的。

434　　　有些法院不太愿意接受为某一具体诉讼而委托进行的实验，而是愿意接受只为获得更广泛的科学知识而进行的实验。后者的优点是没有受到诉讼中的任何利益的影响。当然，科学工作者很少没有私利或者偏见，但是通过公开发表使自己的作品受到科学界审查的过程，是一种重要的制约。这使得许多法院强调了"同行评议"的重要性，在最高法院于 *Daubert v. Merrell Dow Pharmaceuticals* 案[⑤]中提到"同行评议"作为确定科学证据可采性的考虑因素之后，这种趋势获得了相当大的动力。

　　　但是，本节讨论的许多个案实验并不适合在学术期刊上发表。相反，法院必须考虑其他可靠性指征。由于这种事后探究可能很难进行，因此在进行个案实验之前，考虑改进其设计和实施的程序，可能更有成效。可以考虑排除实验，除非对手获得了合理的通知、有提出建议的机会和在实验期间在场。同样值得考虑的是，法院任命一名不偏不倚的人进行或者监督实验。这种预防性的程序，可能会使实验结果在审判过程中不会耗费太多时间或者不会招致干扰性的攻击和防御。

第 203 节　可采性和证明力

　　　为了有效地处理科学证据，律师必须知道的，不仅仅是证据规则。他们也必须知道一些科学原理。虽然他们可以依赖经过适当挑选的专家就更晦涩难解的问题获得建议，但是他们必须充分掌握相关领域的知识，以了解哪些是必要的，哪些是不必要的细节和冗词，这样才能最有效地提出或者反驳证据。在本章，我们无法深入探讨在科学和医学的法证应用中发挥作用的大量知识。我们将只试着对少数区域浅尝辄止。我们将着重讨论在测量和解释数据时，可能出现的一些问题。第 204 节至第 207 节涉及实验室、临床或者现场检测（在某种程度上是武断地按照科学学科组织的），其中数据的统计分析不起主要作用。第 208 节至第 211 节涉及统计分析突出的研究。在本节的其余部分，我们将讨论关于所有此类证据的可采性和其应被赋予的证明力的一些一般性问题。

　　　大多数判例法都集中在可采性的门槛问题上。第 16 章概述的相关性原则

⑤　509 U. S. 579（1993）（在下文第 203 节进行了讨论）。

像适用于任何其他类型证据一样，适用于科学证据，第 3 章讨论的调整所有专家证言的理论也适用于此。根据这些一般原则筛选科学证据，可以说是一种相关性—帮助性（relevancy-helpfulness）审查。然而，许多法院在传唤专家证人就科学检测或者结果作证时，对可采性适用更为专门的规则。两种方法是主流：普遍接受性和科学稳健性。根据前者，提出者必须证明科学界就此达成了一致，即专家所依据的原理或者技术能够产生准确的信息和结论。根据后一个标准，普遍接受仍然是一个重要的考虑因素，但是法院自己还必须考虑其他因素，以确定专家的方法是否科学有效。无论是普遍接受标准还是科学稳健性标准，都需要进行二元裁断。证据要么具有必要的质量，且根据其他证据规则可以采纳，要么缺乏不可少的质量不可采纳。相比之下，第三种方法——"相关性＋"标准则考虑了普遍接受性、科学稳健性的程度以及评估证明价值的其他因素。

435

科学证据特别规则的概念，起源于 1923 年 *Frye v. United States* 案件。⑥ *Frye* 案件是一个谋杀检控案，审判法庭断然拒绝了被告引入"心脏收缩压测试"结果的努力，而"收缩压测试"是测谎仪的先驱。在上诉中，被告依赖于传统的专家证言规则，但是哥伦比亚特区上诉法院在没有解释或者先例的情况下，添加了一个新的标准：

> 科学原理或者发现究竟在何时跨越了试验和证实阶段之间的界限，很难界定。在这一过渡区域的某一点上，科学原理的证据力必然会得到认可。虽然在采纳从公认的科学原理或者发现中推演出的专家证言方面，法院将发挥很大作用，但是据以进行推演的事情必须得到了充分确立，在其所属特定领域获得了普遍接受。⑦

意见没有明确说明，需要"获得普遍接受"的"事情"，是有意识的撒谎与血压变化之间的联系，还是专家测量和解释血压变化的能力，或者两者兼而有之。然而，法院的结论是，测谎在"在生理学和心理学典据中"缺少必需的"地位和科学认可"⑧。

在随后的年头里，许多法院采纳了 *Frye* 标准，但是鲜有讨论。受到其影响（在某些情况下如果只是暂时的话）的理论或者测试包括测谎，笔迹，催眠和药物诱导的证言，声音紧张度分析，声音谱图，各种形式的光谱或者光谱推

---

⑥　293 F. 1013 (D. C. Cir. 1923).

⑦　Id. at 1014.

⑧　Id.

断，飞行器红外感应，呼吸样本中的酒精含量重新检测，事故中身体运动计算机模拟，受虐妇女和儿童施虐心理画像，证明强奸的创伤后应激障碍，"武器聚焦"对目击证人辨认的影响，表明性变态的阴茎体积描记，恢复被压抑记忆的疗法，天文计算，耳印，血型分型和 DNA 检测。在遵循 *Frye* 标准的司法辖区，证据的提出者必须通过调查科学出版物、司法判决或者实际应用，或者通过提供科学家对其他科学家同事的态度的证言，证明普遍接受性。

436 　　然而，特别是自 20 世纪 70 年代初以来，*Frye* 标准受到了批判性的分析、限制、修改，最后被彻底否决。一些法院置这样的证言于不顾，即认为有关技术太新、未经测试，测试结果也太不确定，无法供法院使用，认定有关标准是令人满意的。其他法院在声称该标准继续有效的同时，判定普遍接受性与证据的证明力而不是可采性有关。还有一些法院认为，该标准仅适用于诚实性测试、相对深奥的科学应用、"硬科学"或者非常一般的原理或者方法，而不适用于在法院审理的案件中得出结论的研究或者结果。许多意见直接无视这个标准，而许多其他标准则轻率地把它等同于证明科学技术的准确性和可靠性的要求。最后，在 20 世纪 70 年代和 80 年代，少数司法辖区明确拒绝了 *Frye* 标准。

　　《联邦证据规则》的通过，加强了对 *Frye* 标准的放弃。《联邦证据规则》没有明确区分科学证言和其他形式的专家证言，也没有提到普遍接受。最初起草和通过的规则 702 庄严地规定："如果科学、技术或者其他专门知识将会帮助事实审判者理解证据或者确定争议事实，则因知识、技能、经验、训练或者教育而具备专家资格的证人，可以以意见或者其他的形式就此作证。"一些法院将没有直接提及"普遍接受"解释为表明了这样的立法意图，即推翻充分确立的普通法要求。

　　尽管更令人信服的观点是，《联邦证据规则》将普遍接受标准的可行性留待于进一步的普通法发展，但在 *Daubert v. Merrell Dow Pharmaceuticals* 案件[9]中，最高法院断定，《联邦证据规则》"取代"了 *Frye* 标准[10]，"取代"了作为"采纳专家科学证言的唯一标准"[11]的普遍接受标准。*Daubert* 案件的原告是两个出生时四肢缺失或者畸形的幼儿。他们和父母一起向盐酸双环胺的生产商寻求赔偿。盐酸双环胺是食品和药品管理局批准的一种安全有效的药物，

⑨　509 U. S. 579 (1993).
⑩　Id. at 589 n. 6.
⑪　Id. at 589.

用于缓解怀孕期间的恶心和呕吐。原告败诉了，因为他们无法指出任何已发表的流行病学研究得出了这样的结论，即盐酸双环胺导致肢体残损缺陷。地区法院作出了有利于 Merrell Dow 的即决判决，第九巡回区上诉法院维持了该判决，其理论是，根据 *Frye* 案件，如果没有同行评议的、发表的研究证明接触盐酸双环胺与肢体缺损缺陷之间具有统计学意义的关联，就因果关系就没有可采的专家证言。最高法院判定 *Frye* 案件不再居于支配地位，将该案发回了上诉法院，上诉法院以其他理由坚持了其原来的判决。

　　然而，最高法院并不像联邦和州司法辖区的少数法院那样简单地判定，即随着 *Frye* 案件的终止，科学专家的证言将由"相关性＋"来调整。相反，它将规则 702 中的"科学……知识"解读为这样的要求，即依照"科学方法和程序"所得出的"已知的事实，或者从这种事实推论出的或者基于良好根据而被接受为真理的……思想"⑫。

　　此外，法院强调，科学分析必须与案件事实"适切（fit）"⑬。从法院的意　　*437*见看，必要的"适切"是否比一般的无关证据不可采原则⑭所要求的更多，并不明显。在后来的毒物侵权案件中，法院使用的措辞可以用来给"适切"加入额外的内容。在 *General Electric Co. v. Joiner* 案件⑮中，多数意见说："法院可以得出结论认为在数据和提出的意见之间存在的分析罅隙过大。"⑯ 因此高剂量的化学品会导致小鼠患肿瘤的证明，与低剂量的这种化学品是否是人类致癌物，可能是相关的，但是从不同物种和剂量进行推断，可能构成"分析罅隙过大"，无法提供必要的"适切"。然而，这种适切隐含在有效性的概念中。例如，尽管许多研究已经证实 LSAT 可以预测在法学院一年级时的成绩，但是没有人证明 LSAT 可以预测在这一职业中的成就。可以说，标准适切一项任务，但是不适切另一任务，但是这仅仅是这种说法的另一种表述：它对于一个目的有效，而对另一个目的则无效。

　　在提到"适切"之后，*Daubert* 法院进行了一次抽象的讨论，讨论如何满足科学上"良好根据"这一要求。它提出要探究诸如此类的问题，如一个理论在多大程度上经过了经验检验，在多大程度上"经过同行评议和发表"，与特定技术相关的错误率，以及在科学界的接受程度。

⑫　Id. at 590.

⑬　Id. at 591.

⑭　参见上文第 184 节。

⑮　522 U. S. 136（1997）.

⑯　Id. at 146.

Frye 案件的普遍接受标准和 Daubert 案件的科学稳健性探究，并没有穷尽科学证据的"标准"范围，而且两种意见都没有为在众多可能性中作出该等选择提供任何理由。普遍接受标准的支持者认为，它确保了证据裁决的一致性，它保护陪审团不受任何将新的科学证据视为绝对正确的倾向的影响，它避免了复杂、昂贵和耗时的法庭剧，它使对抗制不受新证据的影响，直到有一批专家可以在法庭上对其进行评估。然而，大多数论者一致认为，可以通过对科学证据的可采性采取不那么严格的限制，来实现这些目标。除了直接着眼于可靠性或者有效性而不是是否存在普遍接受的 Daubert 方法，有人提出由一个科学家小组而不是法官来筛选新的发展，以确定其有效性或者接受程度；用一个实质接受标准来代替普遍接受标准；科学证据应被自由采纳，如果法院认定科学界的同行评议会对科学证言提出重大怀疑，还应提供由法院任命的专家的证言；传统的相关性标准和对专业知识的需求——或者更为详细的"相关性＋"分析——应该居于支配地位。

最后一种评估科学证据可采性的方法最具吸引力。一般科学接受性是对科学事实进行司法认知的适当条件，但是不适合作为科学证据可采性的决定因素。除非有明确的排除理由，否则应接受合格专家证人支持的任何相关结论。这些原因中，常见的是损害或者误导陪审团，或者不当耗费时间。[17] 在这种情况下（以及在涉及专家证言的其他领域），一个主要的危险是，陪审团将给予一些专家的意见或者理论比它们应得的以更多的可信性。历史上充满了由许多诚实、有声望、有说服力的专家提出并接受的理论，这些理论是无法承受经验检验的。有时，陪审团对未经充分检验的理论持恰如其分的怀疑态度，但是特别是当专业知识涉及普通经验以外的问题时，它们的注入可能会延缓而不是促进调查。如果专家检测和程序经过了严格的有效性测试（如药物疗效的双盲测试），并且使用这些技术的专家的外部能力验证是切实可行的，则此类测试应是可采性的先决条件；如果允许作证，则应当将这些有效性和能力验证的测试结果告知陪审团。

这种对证据的"相关性＋"方法，并不能使根据一个专家的一面之词作出的科学证据具有可采性。它也没有走到另一个极端，即坚持完全成形的科学共识。它允许在评估证言的价值时，考虑关于基本原理和具体应用二者的一般科学意见。因此，把科学学科成员的支持与反对仅看作是技术的有效性、准确性和可靠性的一个标志，传统的权衡方法把法院的注意力放在它应

---

⑰ 总体可参见上文第 185 节。

放到的地方，即根据科学测试的力量所形成的完整记录，来判断证据的实际效用。

此外，与普遍接受和科学稳健性标准不同，相关性方法对有关科学技术所涉及的损害程度和不必要的耗费很敏感。并不是科学证据的每个片段都带有绝对正确的光环。一些方法，如轮胎痕迹鉴定和血迹分析，在法庭上是可以证明的。在方法涉及陪审团可以理解的原理和程序的情况下，对施加不当影响和引发专家之争的证据的关切就没有那么大的力度了。另一方面，当技术的性质更加深奥时，如某些类型的统计分析和生化检测，当主观判断被错误地表述为硬科学，或者当来自科学证据的推论广泛或者深入地切入敏感领域时，应当要求更有力地展示证明价值。这可能导致某些类型的证据被绝对排除在外，例如测谎和在"吐真药"的影响下所作的陈述。通过考虑这样的因素，可以调整必要的铺垫的严谨性，以适应证据的性质和提供该证据的情境。

使用一个法律标准，承认科学的有效性和接受性，是程度上的问题，而不是肯定或者否定的判断，这就降低了许多问题的严重性，这些问题一直困扰着普遍接受和科学稳健性标准。采用 *Frye* 和 *Daubert* 标准的司法辖区的法院，被迫在"科学"证据和其他专家或者外行证言之间划出一条通常模糊的界限（并试图操纵它）。从一开始就把重点放在特定证据的成本和收益上，使得在确切地决定什么时候证据是如此"科学"或者"新颖"，以至于要适用科学证据的特殊标准时，就不是那么重要了。与此类似，在科学界的接受必须具有多大的普遍性、谁能代表科学界说话、科学证据所属的特定领域和必须接受科学证据的特定领域等方面存在模棱两可和分歧的情况下，不容易实现可预测性。尽管这些问题在评估科学证据的证明价值的任何活动中都会发生，但是如果法院能够考虑使用某项技术的领域的数量、这些领域所要求的严格程度以及在这些领域的接受程度，这些问题就不那么重要了，无须标明技术在某些或者所有领域获得了普遍接受。最后，关注结论和方法的证明价值，缓和了这两者之间的脆弱区别，这种区别在 *Frye* 司法辖区中可能难以适用。确实，在 *General Electric Co. v. Joiner* 案[18]中，最高法院在谈到"结论与方法并不能彼此截然区分"[19] 这样的说法的时候，回避了其在 *Daubert* 案中的意见，即"关注点，必须完全是原理和方法，而不是它们所产生的结论"。[20] 虽然就认定 *Joiner* 案

439

---

[18] 522 U. S. 136 (1997).

[19] Id. at 146.

[20] 509 U. S. at 595.

件本身的方法论有缺陷而言，没有必要进行该修改，但是随后对《联邦证据规则》703 的修正不仅规定"证言是可靠原则和方法的产物"（*Daubert* 案件的科学稳健性标准），而且规定"证言基于充分的事实或者数据"和"专家将这些原理和方法可靠地适用于案件的事实"。

当然，有人可能会说，"相关性＋"方法在难以琢磨和难以操作方面，不亚于普遍接受和科学稳健性标准。这项指摘是有道理的，但是法院和论者已经识别了决定证明价值和科学证据的损害之间的权衡的各种因素。与证据法这一领域的更为难懂的标准相比，将这些应用于各种类型的科学证据，为作出可采性决定提供了一个更为诚实和敏感的基础。此外，这与法院在 *Kumho Tire Co. v. Carmichael* 案件㉑中的结论是一致的，即 *Daubert* 案件的科学有效性因素也可以——而且常常应当——适用于非科学专家证言。

无论在某个特定的司法辖区，可采性的标准是什么，关于陪审团应给予证据的证明力的观点都将是重要的。确实，随着科学的法证应用越来越普遍，用可采的科学证据建立案件和破坏这些相同结构的技能已经变得很有价值。对数据收集和分析中可能存在的缺陷的关注，可以将表面上令人印象深刻的科学证据缩减到其适当的规模。首先，我们可以考虑法证科学工作者进行原始测量的过程。主观判断起什么作用吗？如果是这样，不同的专家是否常常发现非常不同的测量值，从而使测量过程不可靠？这些变化是随机分布在一些真均值上，还是偏向某个方向，所以即使它们是可靠的，它们的准确性也是可疑的？还有解释问题。被测量的量是真正有意义的项目，或者至少是该变量的一个适当的代表吗？考虑到在科学分析的每个阶段引入的可能误差，最终结果是否可能可靠、准确和有意义？本章的其余部分就这些与证明力相关的因素和将其专业知识和训练带到法庭的科学专家的推理的有效性，描述了特定的科学（和伪科学）检测和研究。

然而，在转向科学证据的特定领域和类型之前，科学证据的另一个特点值得一提。科学专家证言的根本性问题是，法官和陪审团必须在很少有或者根本没有相关领域的先前知识的情况下评估科学主张。我们传唤科学家，是因为他们拥有法律决策者所缺乏的知识，然后我们要求这些决策者明智地评估这些神秘的知识。他们怎么能在不成为"业余科学家"的情况下完成这项任务呢？㉒允许和鼓励专业科学家为筛选和评估科学证据贡献专业知识的程序，有助于解

㉑　526 U. S. 137 (1999).

㉒　*Daubert*, 509 U. S. at 601（首席大法官 Rehnquist 部分持并行意见，部分持不同意见）。

决这一难题。特别是，要求以书面形式在审前充分披露证人的科学推理，供其他科学家审查可能是有价值的。此外，一个世纪以来，要求法院任命作证专家、专家顾问或者管理人员的呼声，可能产生了一些效果。

II. 特殊试验

第204节 物理和电子：速度检测

物理学和电子学的法证应用，包括机动车事故再现、磁带记录分析、车辆运动速度检测和记录等方面。本节调查速度检测和记录装置的证据特征。

（A）机械定时装置

经典力学中研究物体运动的分支称为动力学。物理学家将平均速率定义为在指定时间段内沿给定方向移动的距离除以该时间段的长度。速度是速率的绝对值。（速度和速率之间的区别在于后者包含了关于行进方向的信息，而前者仅仅说明物体移动的速度。）加速度是单位时间内速率的变化除以经过的时间。它说明一个物体加速、减速或者改变方向得有多快。在没有机械帮助的情况下，测量这些量是很困难的，尽管很容易确定一辆车比另一辆车移动得快还是慢。在上个世纪之交的一个英国案例中，记录了这些运动学原理在交通肇事犯罪侦查和定罪中更为详尽的应用，在该案件中，一名警察从一个有秒针的手表上读取了读数。此后一系列更为复杂的计时机制出现了，从诸如静止观察者或者飞机上的观察者使用的秒表，到视像平均车速计算记录仪（VASCAR）。当违规嫌疑人的车辆到达一个明显的标记点，如十字路口时，操作员启动计时器。当警车到达同一点时，操作员启动一个机制，用里程表记录警车行驶的距离。当目标车辆沿着道路到达第二个清晰的标记点时，警察关闭计时器，当警车到达第二个点时，警察关闭距离开关。计算机将测量的距离除以所用的测量时间，并显示此平均速度。

最初，法院要求就VASCAR的原理和操作提供专家证言。然而，追溯到伽利略和牛顿时代的运动学原理已经非常成熟，它们就像电子计算机能做两位数除法的能力一样，在每个案件中都很容易被接受，而无须证明。更严重的问题——涉及证据证明力和在极端情况下证据的可采性——是设备在操作条件下的准确性。错误可能是由于里程表校准不当、开关在错误时间打开和关闭等造成的。就该装置被适当校准，并且操作者在使用方面受过良好的训练进行铺垫，通常是必需的。

（B）速度记录仪和数据记录器

速度记录仪是一种与警方工作关系不大的测速仪和记录器。它由一个转速表和一个记录装置组成，提供一段时间内安装该设备的车辆的速度和里程。它用于火车、卡车和公共汽车上。它的读数已在民事和刑事案件中被采纳，用于证明特定设备的运转精确，以及识别所产生的哪个部分的记录与争议事件有关。

一种更先进的运动记录仪器是飞机飞行记录器。它记录时间、空速、高度、姿态（相对于某一基准线或者平面的轴方向，如地平线）、磁航向、垂直加速度和其他仪器读数。这些记录在分析飞机失事时非常有价值。可采性取决于关于真实性的证据以及解释机器的工作原理和解释图表上的标记的专家证言。类似的设备，称为事件数据记录器，安装在火车和一些商业和私人卡车、公共汽车和小汽车上。迄今为止，没有人怀疑它们在碰撞前记录的运动学信息的普遍接受性或者有效性。

（C）雷达

雷达设备提供了另一种测量速率的方法。军用或者飞机脉冲式雷达利用的是之前讨论过的速度—距离—时间关系。雷达天线以脉冲形式发射微波辐射。设备测量脉冲到达目标和回波返回所需的时间。由于辐射以已知的速度（光速）传播，这就固定了到目标的距离。根据随后脉冲的移动时间确定的距离变化，可以计算目标的速率。

警用雷达的原理不同。最简单的形式是，警察机关使用的雷达测速仪发射一束均匀频率的连续微波，探测反射信号，并测量发射的和反射的波束之间的频率差。它将这个频率差转换成反射辐射的物体的速度。这种转换基于多普勒效应。当相对于观察者的物体接近时，来自移动的物体的电磁辐射会切换到一个更高的频率；当物体后退时，它会切换到一个更低的频率。就交通法院感兴趣的速度范围而言，多普勒频移的程度与相对速度成正比。当雷达组相对于地面静止时，它就给出了被跟踪车辆的速度。

多普勒频移检测器的更复杂版本处理在两个不同频率接收到的信号。这种改进使得该装置可以方便地在移动的车辆中使用。反射到路面上的波束频率的变化给出了警车的速度。目标车辆反射出的频率变化给出了其相对于警车的速度。实际上，雷达装置中的电路将相对速度加到警车的速度上，从而得到目标车辆的地面速度。

　　大多数采纳雷达超速证据的早期案件都涉及证言，这些证言不仅说明目标车辆已被识别，合格的操作员已从正常工作的设备上获得读数，而且解释了多普勒效应及其在雷达速度计中的应用，以及科学界对这种测量速度的方法的接受。几年内，法院开始对基本的科学原理和该装置在可容忍的精度内测量速度的能力进行司法认知。关于这些问题的专家证言不再是必不可少的。

　　说明具体设备运转准确必须证明什么，这一问题引起了更多的争议。有的判例判定，如果没有就在测量时间和地点的系统的准确性的独立核实，则证据不可采，有的判例判定，缺乏关于检测的证据，影响的是证明力，而不是结果的可采性。在许多司法辖区，制定法规定了可采性，并具体规定了所必需的准确性证明的类型。

　　无论司法辖区是否就可采性所需的检验范围和类型有具体规定，与读数准确性有关的证据都是可采的。错误悄悄地进入系统，有许多途径。如果传输频率发生变化，如果接收器错误估计了频率差，如果雷达没有保持静止，或者如果来自另一个来源的辐射被归因于嫌疑人的车辆，则固定雷达读数将是错误的。移动雷达作为一种更复杂的设备，其误差空间更大。巡逻车的加速度、"余弦误差"和"阴影"会导致仪器低估巡逻车的速度，从而高估目标车辆的速度。

　　通过仔细的操作程序和现场测试，可以将其中一些误差源最小化或者排除。这些措施包括使用音叉，音叉的振动频率，如果正确接收的话，能够使速度表记录特定的速度；为同样的目的使用内部电子激活的钳状物，当瞄准另一辆警车时，直接检查雷达读数与车辆的车速表读数是否一致。当然，经过几年的使用，音叉可能不会以假定的频率振动，内部振荡器可能需要调试，汽车的速度表也可能不准确。然而，至少在可采性问题上，大多数法院承认独立的错误不太可能完全相同。它们常常判定，这些方法的某些组合足以保证可采性。此外，许多判决——有时得到了制定法的支持——判定，经过测试的雷达读数相当于排除合理怀疑的证明。

(D) 激光脉冲

　　另一个装置使用激光产生大约十亿分之一秒的红外辐射脉冲。与脉冲雷达一样，这种基于激光的速度检测装置通过测量脉冲的反射次数，通过距离—时间—速率公式来确定形成反射的物体的速度。该装置所依赖的物理原理非常合理，质疑这种速度测量的科学依据的唯一可能依据是，仪器是否正确地实现了这些原理。经过一番犹豫后，法院同意激光装置可以精确测量车辆速度。确实，一些法院不仅接受激光测速的一般原理，而且免去了就具体仪器的普遍接受或者有效性举行听证，并在提出者证明其遵守了制造商关于正确操作和校准的建议时采纳该证据。然而，更好的看法是，证据的提出者应承担证明负担，证明特定仪器有效地贯彻了公认的科学原则，以产生可靠的速度测量值，要么间接地通过普遍接受的证据（在 *Frye* 司法辖区），要么直接通过科学可靠的证据（在 *Daubert* 司法辖区）。只有在没有重大争议的适当司法接受期之后，法院才应以先前的意见为唯一依据，确立仪器的科学普遍接受性或者有效性。

第 205 节 生物学和医学：醉酒与血液、组织和 DNA 类型

生物科学和医学的法证应用范围太广，种类繁多，无法在这里充分讨论，但是我们将讨论通常提供关键证据对生物样本进行的两组实验室检测。这些是醉酒的化学测试和对血液、组织的免疫遗传和其他检测，以及 DNA 类型。

(A) 醉酒

生理上，大脑中的酒精含量决定了醉酒程度。但是，除了尸检，直接测量这个量是不可行的。不过，可以采集血液、尿液、唾液或者呼吸的样本，并且可以测量这些样本中的酒精含量。使用这些测量方法来确定一个人是否醉酒，提出了两个技术问题：测量方法本身的准确性和样品中酒精浓度与醉酒程度之间的关系。这两点都值得关注。

对血液样本的分析能得出最准确的结果。各种化学和其他技术可用于测量样本中的乙醇浓度。如果遵循了适当程序，并且正确地取得和保存了样本，这些就能得出可靠的估计。当然，测量中总有误差的空间。估计不一定是真值。即使在适当进行化学或者其他检测的情况下，可能出现的误差范围也应加以量化，并与法庭上长期遇到的更为熟悉的酒精浓度"点估计"一起加以说明。

即使在测量值非常精确的情况下，从血液酒精浓度（BAC）的估计值到关键时期的醉酒程度，也会产生不确定性。酒精、吸收率和清除率在个体之间和同一个体从一种情况到另一种情况之间存在极大差异，使得推断在逮捕或者事故时的真实醉酒程度变得复杂。特别是，人们不能认为在事故发生时的 BAC 必然高于事故发生后的 BAC，因为在饮酒后，BAC 浓度会上升，然后下降。因此，基于直接测量 BAC 的推断似乎比一般公认的要危险得多，有人建议，应在几个不同的时间测量 BAC，以确定第一个读数是来自 BAC 上升的早期还是 BAC 下降的后期。然而，即使有两次测量，情况也可能不明朗。

　　仅基于呼吸样本（BrAC）酒精浓度的测定会带来另外的问题。确实，在实验室研究中，已经证明各种仪器能够准确地测量 BrAC，而关于特定仪器因没有被普遍接受或者不够准确而不能用于测定 BrAC 的观点，通常失败。然而，与血液检测一样，操作条件、个体生物变异性和多有关事件的推断可能会产生误差。此外，呼吸检测还有一个固有的问题。必须使用公式将 BrAC 转换为 BAC。传统上，在进行此转换时，使用某个数字作为乘数，但是此参数的真值值得商榷。当然，随着时间的推移，转化率在不同个体之间甚至在同一个体内也会有所不同。尽管大多数研究表明，2 100 这个传统数字往往低估了血液酒精含量，但是仍有一小部分人的血液酒精浓度低于从该值推断出的浓度。

　　这些关于科学证据的注意事项并不一定使血液和呼吸检测证据不可采。相反，当正确地进行检测和分析时，证据在确定与醉酒有关的问题上有很大价值。因为从呼吸酒精浓度到血液酒精浓度、到醉酒的联系，以及在理想条件下测量的准确性都得到了充分证明，根据关于科学证据的通常原则，如果认定证明了样本采集和分析过程中的真实性和令人满意的谨慎性，则检测结果应是可采的。通常需要专家证言来证明被测量或者推断 BAC 的当事人在有关期间醉酒。一些法院强调，在采纳逆向推断时需要谨慎，但是认为该推断过程本身不确定以致根据 *Frye* 或者 *Daubert* 案件不可采的论点，并未占上风。

　　在交通犯罪情境下，专门的制定法和条例为适用普通法原则和证据法来确定血液和呼吸检测证据的可采性，提供了捷径。在涉及醉酒状态下驾驶或者控制车辆的程序中，这些法律通常会使 BAC 的化学检测证据具有可采性，只要它是经验真人员按照州卫生部门规定的程序取得的。如果程序足够严格，那么该检测结果可以触发两个可辩驳的推定：如果在相关时间 BAC 处于或者高于指定水平（如 0.08％），则表明该人处于醉酒状态；如果 BAC 处于或者低于较低水平（如 0.05％），则表明他没有受到影响。中间读数通常被视为"合格证据"，可以与案件中的其他证据一起考虑。在大多数司法辖区中，根据这样一项制定法提供检测结果的一方必须进行铺垫，即提出证人解释该检测是如何进行的，并将其识别为根据制定法方案得到了正式批准，并保证其在具体案件中得到了正确实施。

　　到 20 世纪 80 年代初，由于对酒后驾车造成的死亡人数的关注升级，几乎所有的州都更加重视化学检测，规定了用经批准的设备和程序获得的 BrAC 测量值的可采性，而且所有州都颁布了"当然（per se）"法律，规定在 BAC 或者 BrAC（或者在几个州，尿液酒精浓度）超过规定量的情况下驾驶是犯罪行为。其中一些制定法试图通过重新定义呼吸而不是血液酒精浓度，来规避将

445

BrAC 转化为 BAC 的辩护挑战。事实上，为了避免提供或者考虑从后者向早先测量进行反推的证言，一些制定法对驾驶时的酒精含量进行了推定，一些制定法甚至重新定义了犯罪行为，包括在驾驶机动车后的几个小时内达到既定的BAC 或者 BrAC。通常的结果是，法律和规则令人混淆地交织在一起，在交通案件中，一系列重叠的违法行为与各种采纳 BAC 或者 BrAC 证据的制定法规定，叠加在更一般的证据法或者普通法规则上。

(B) 血液、组织和 DNA 类型

另一组化学检测——确定血液、组织和 DNA 的类型——通常是法庭证言的主题。在这一领域，DNA 检测现在占据主导地位，但是由于具体的判例法和立法是针对血液和组织分型而开始的，因此我们从对早期技术的阐述开始。

阐明多细胞生物在自身细胞和外来物质之间区分自我和非自我的生物化学机制，是生物学研究中的一个重要课题。这一课题对于理解人体对微生物感染、外来组织移植或者材料移植以及输血的反应方式至关重要，对于过敏、肿瘤和自身免疫性疾病的研究也至关重要。从细胞表面伸出的是各种各样的分子，在这里叫做抗原。例如，A 型血的人的红细胞上有一种叫做 A 抗原的分子。红细胞并不是唯一拥有抗原的细胞。人类白细胞抗原（HLA）可见于大多数人类细胞的表面，就此有一个复杂的术语。因此，一个细胞所拥有的全套抗原使它区别于其他有机体的细胞。可以想象，以这种方式，每个人都是唯一可识别的。除了免疫上至关重要的抗原，细胞和体液还含有一些化学物质，如酶和其他蛋白质，能使一个人与其他人区分开来。

大多数酶和血清蛋白是通过一种叫做电泳的技术来识别的，在电泳技术中，电场根据分子的电荷来分离分子。尽管电泳是生物化学中的一种标准技术，但是它在陈旧或者干血迹中的应用一直存在争议。之所以出现困难，是因为薄凝胶多系统检测只在犯罪实验室使用，因为很少有关于老化和环境污染的影响的外部研究，以及因为犯罪实验室并不接受常规性能力验证。尽管如此，几乎所有遇到对电泳识别提出的质疑的上诉法院都得出结论认为，多系统和更普遍使用的电泳程序，都是科学公认的，其结果可以采纳为证据。

一种不同的检测方法被用来检测抗原。抗原与其他生物产生的分子发生反应，形成抗体。血清学检测包括将可疑抗原暴露于其相应抗体并观察预期反应是否发生。误读、标签错误、试剂不良等错误总是可能发生的，但是这一领域的工作人员报告说，通过严格的程序和质量控制标准，出错的风险会非常小。

这些检测的法证应用主要在两个领域：从血迹或者精液中识别暴力犯罪或

者性犯罪的实施者；在儿童抚养案件、刑事案件和其他诉讼中确定亲子关系。总的来说，法院从最初的不信任立场转到了现在的司法认知阶段，即对血清学和相关检测的科学接受或者可接受性进行司法认知。从一开始，人们就认识到，如果嫌疑人的抗原与在犯罪现场发现的样本中的抗原不匹配，那么犯罪痕迹就不包括他的血液。然而，在相当长的一段时间内，关于匹配证据的司法意见存在分歧。由于某些抗原组合比较常见，一些法院认为这些抗原的阳性检测结果是不相关的，因此加以拒绝。更好的观点——也是压倒多数的立场——是，阳性结果既不是不相关的，也不并非具有固有的有害性以至于要制定一条反对其采纳的规则。

　　血清学检测至少从20世纪30年代开始就被用于亲子关系诉讼，其基本逻辑是基于人类遗传学的基本原理。粗略地说，一个细胞的细胞核染色体中包含的部分DNA——基因——决定着蛋白质的合成。这些基因的不同版本（或者等位基因）监视着不同抗原的合成。因此，通过确定个体（表现型）中存在的抗原，人们可以了解该个体等位基因（基因型）。因此，抗原是遗传标记。知道了孩子、母亲和假定父亲的表现型，并应用遗传规律，遗传学家可以说，观察到的表现型的孩子是否可能是母亲和所称的父亲所生的。换言之，医学专家可以说，生物学父亲——无论是谁——必然具有一定的遗传特征，这可以与所称的父亲的遗传特征进行比对。这样，被错误指控的人——不具备必要特征的人——就可以被排除了。

　　在适当的铺垫后，这样的阴性检测结果几乎总是可采的，尽管赋予与排除的证明力有所不同。尽管有血清学上的非亲子关系证据，但是仍有少数案件认定有责任。涉及喜剧演员查理·卓别林的案件也许是最臭名昭著的。然而，在大多数州，排除被告的适当的血液检测是决定性的。

　　阳性的免疫遗传学结果是另一回事。美国的传统规则是，为此目的，血清学检测不可采。有一段时间，当人们只知道少数广为人知的抗原时，这种方法有一定的意义。例如，根据早期的ABO系统，阳性检测结果仅仅意味着平均来看，被告是87%拥有必需基因型的男性中的一员。这样的证据并不是很有证明力，而且由于担心它披着医学专业的外衣，会被陪审团赋予不应有的证明力，许多法院因此以不当损害为由将其排除。然而，随着人们知道了大量遗传标记，确定生物学父亲具有相同种族的几千分之一的男性所共有的免疫遗传特征，是司空见惯的。随着实验室能对越来越多的抗原进行可靠检测，阳性的检测结果变得太具证明力，而不容忽视。

　　因此，被告的免疫遗传特征与他是生物学父亲的主张一致的证据，经常性被接受。在大多数州，这是制定法创新的结果。在其他情况下，这是普通法令人沮丧地吸收技术进步的一个例子。关于血清学和相关检测证明亲子关系的争论已经结束，但是如何作出"亲子关系概率"的精确陈述的争论仍然存在。㉓

将红细胞分组、血清蛋白和酶分析以及 HLA 分型用于合适的案件中的个体识别，走了很长的路，但是 DNA 技术使它们黯然失色。法证 DNA 分型并不止一种方法。与传统的免疫遗传学检测一样，实验室结果的证明价值取决于所采用的程序、实验室工作的质量以及所识别的基因特征。我们将描述其中一些程序及其背后的理论，然后再讨论判例法。

DNA 可见于所有有核细胞中，包括血液和唾液等体液中的细胞。DNA 分子有两条长链，它们相互缠绕，形成一个双螺旋。在双螺旋中有一些单元，叫做核苷酸碱基，它把一条链连接到另一条链上，就像螺旋楼梯的台阶一样。这些碱基有四种，可以用它们的首字母 A、T、G 和 C 来表示。A 在一条链上，与在另一条链上的 T 成对，G 与 C 连接。DNA 中 AT 和 GC "阶梯"的长序列包括所有基因和调控序列（用于打开和关闭某些基因，调节基因的输出）。基因是碱基对的片段，碱基对的顺序决定了蛋白质的构成和由不同细胞合成的相关产物。这些 DNA 序列被称为 "编码"，因为碱基对的顺序决定了构成基因编码的蛋白质的亚单位的顺序。然而，人类（和许多其他有机体）中的大多数 DNA 是非编码的。事实上，它的许多功能是未知的，甚至在功能区内，从一个人到另一个人的许多序列中的变异对健康或者身体功能几乎没有或者根本没有影响。但是不管是否有功能，基本上每个个体身体细胞中的所有 DNA，都是之后发育成人的受精细胞中的 DNA 的忠实复制品。

检测细胞表面抗原（如 ABO 和 HLA 系统）、血清酶或者蛋白质，可以提供一些关于为这些特定物质指定遗传密码的 DNA 序列的信息，如果这些标记不同，那么基础 DNA 必然不同。相比之下，DNA 分型与 DNA 分子本身有关，并不局限于识别编码序列的变异。通过适当的技术，人们可以在人类细胞 DNA 分子的任何地方检测碱基对序列的差异。因为在任何两个人中 99.9% 的 DNA 序列是相同的，所以技术上的挑战是要检测出相对最稀有的 DNA 片段，也就是所谓的等位基因，这些 DNA 片段因个体而异。人们已经采用了两类程序，更多的程序正在开发中。在基于 PCR 的检测中，加入一种叫做 DNA 聚合酶的酶，进行加热和冷却，小部分 DNA 分子就能 "扩增"。即使开始时样本中只含有少量的 DNA 分子，聚合酶也会引发链式反应，产生数百万个相同

448

㉓ 参见下文第 211 节。

的片段。然后可以使用各种程序来描述这些小的 DNA 片段。目前，最流行的
PCR 技术是 STR 检测。短串联重复序列（STR）由一些碱基的核心模式的重
复出现组成，例如（AATG）（AATG）……（AATG）。因重复次数的不同，
这些 DNA 部分的长度不同，重复次数越多，等位基因就越长。重复次数可以
通过一种电泳来检测，这种电泳会在一个称为电泳图谱的图表上的不同位置
（对应不同的等位基因）出现峰值。

　　与血清学检测一样，一个等位基因可能在人群中很常见，因此不会有特别
的揭示性。然而，一系列的 STR 可以缩小可能是样本来源的人群的百分比。
测试十个、二十个甚至更多的 STR 通常是可行的，并且非常有区别性。

　　另一种基于 PCR 的检测方法是使用线粒体 DNA（mtDNA）。线粒体是细
胞核外的小结构，其中某些分子被分解以提供能量。与细胞核中的染色体基因
组相比，线粒体基因组是极少的。然而，和核 DNA 一样，它也有离散的等位
基因，可以通过一个接一个确定碱基对序列的测序程序来检测。线粒体 DNA
有三个特征，这使得它在法证 DNA 检测中很有用。首先，只有一个细胞核的
典型细胞，含有 75 到 1 000 个相同的线粒体。因此，每一份染色体 DNA，都
有数百份线粒体 DNA。这意味着在常规分型中，在核 DNA 含量过少的样品
中检测 mtDNA 是可能的。其次，mtDNA 包含一个大约有一千个碱基对的区
域，在大多数个体中差异很大。最后，线粒体是母婴遗传的，因此兄弟姐妹、
母系兄弟姐妹和其他通过母亲血统相关的人拥有相同的 mtDNA 序列。这最后
一个特点，使得 mtDNA 特别有用，因为能够通过母系血统将人们关联在一
起。例如，将骨骼遗骸与某个家族关联在一起。然而，mtDNA 等位基因并不
像一系列 STR 等位基因那么独特；因此，mtDNA 匹配在个体识别的确定性方
面要差得多。

　　在法证 DNA 案件的头十年左右，主导的分型程序被称为限制性片段长度
多态性（RFLP）检测。它包括用来自细菌的酶（限制性内切酶）"消化"
DNA，形成片段，用凝胶电泳法将限制性片段按长度分离，将片段阵列吸进
尼龙膜，用放射性探针标记片段，然后将 X 射线胶片放在膜上，在标记片段
的位置上得到带有暗带的图像。这个过程可以用其他探针重复，每个探针产生
一个有一个或者两个暗带的图像（称为放射自显影图）。如果样本中的 DNA
来自一个分别从父母身上遗传了相同等位基因的人，则会有一条暗带；但是更
常见的是，每个探针会有两条暗带，因为个体从父亲那里遗传一个等位基因，
而从母亲那里遗传另一个等位基因。所有探针的条带位置，就是放射自显影上
看到的 DNA "画像"。

449

通过 RFLP 检测，长 DNA 分子内的区域画像取决于探针和限制性内切酶的特定组合。在某些区域内有一段称为 VNTRs（可变数目串联重复序列）的 DNA。与 STRs 一样，VNTRs 源于核心序列的重复。然而，重复的单位要长得多（大约 30 到 60 个碱基对），等位基因也长得多（可以由成千上万个碱基对组成）。检测核心重复序列的探针，将检测这些可变长度片段。由于一个 VNTR 位点的重复单位数目在一个人群中变化很大，因此检测这种重复 DNA 的探针信息非常细致、丰富。然而，凝胶电泳不能测量 VNTR 的长度直到单个重复单元的水平。这一局限性使得在决定两个 VNTR 暗带是否"匹配"以及在普通人群中有多少人可能被发现有相似的匹配暗带时，出现了一些复杂问题。

与免疫遗传学和 RFLP 检测相比，聚合酶链式反应的一个主要优点是，它只需要很少的生物材料，并且允许分析更小（降解更严重）的 DNA 片段。基于 PCR 的程序还可以自动化，完成的时间也更少。基于这些原因，它们主导了法证检测。

法院对 DNA 证据的接收，至少可以分为五个阶段。第一阶段是迅速接受。在杀人、强奸、亲子关系和其他案件中，对 RFLP 检测的最初赞誉是热情洋溢的。事实上，一位法官宣称"DNA 指纹"是自交叉询问问世以来，在"查明真相"方面取得的"最大进步"[24]。在这第一波案件中，检控方的专家证言很少被反驳，法院也欣然采纳 RFLP 结果。

然而，在第二波案件中，被告指出了两个层面的问题——分析实验条件的控制和结果的解释。一些科学家对法证实验室中提取和分析 DNA 的程序的某些特点提出了质疑，很明显，因两个样本中的 VNTR 位点而宣布 RFLP 的匹配或者不匹配，并不总是不重要的。尽管存在这些关切，但是大多数案件仍然认为法证 RFLP 分析得到了普遍接受，许多州通过制定法规定了 DNA 检测的可采性。然而，辩护专家对无懈可击的资质的一致攻击，导致少数案件拒绝了具体提出的证据，理由是检测不够严格。此外，少数法院可能担心 DNA 证据在陪审员心目中很可能是决定性的，因此在普遍接受标准中增加了"第三个方面"。这种强化的 *Frye* 标准不仅需要证明科学产生法庭上所提供的那种结果的能力获得了普遍接受，而且需要证明在特定场合适当地应用了一种获得准许的方法。这些问题最好不是作为科学证据特别筛选标准的一部分来处理，而是最好作为证明价值与损害权衡的一个方面来处理。

---

[24] People v. Wesley, 533 N. Y. S. 2d 643 (County Ct. 1988).

450

在这一时期开始的对 DNA 图谱分析的不同攻击，是更为成功的，并导致了第三波案件，在这些案件中，许多法院判定，对 VNTR 分型巧合匹配的概率估计是不可采的。这些估计依赖于一个简单化的群体基因模型来计算 VNTR 图谱的频率，一些著名的科学家声称，数学模型的应用性还没有得到充分的验证。关于这一点的激烈辩论从法院蔓延到科学期刊，使几个州的最高法院相信，缺乏普遍接受。美国国家科学院 1992 年的一份报告提出了一种更为"保守"的计算方法作为折中方案，这似乎有损于这样的说法，即科学界接受普遍使用的不那么保守的程序。

针对群体遗传学的批评和 1992 年的报告，对该报告的批评和对许多人群中 VNTR 等位基因分布的新研究层出不穷。1996 年，第二个国家科学院小组根据新兴的文献得出结论认为，在广泛的种族群体中，估计 VNTR 图谱征频率的通常方法是合理的。在相应的法院对 DNA 证据进行审查的第四个阶段，法院几乎总是回到先前的观点，即与 VNTR 图谱分析相关的统计数据获得了普遍接受，在科学上是有效的。

在法院对 DNA 证据进行评估的第五个阶段，法院得出结论认为，更新的基于 PCR 的方法立足于坚实的科学基础，并在科学界得到了普遍接受。因此，在十多年的时间里，DNA 分型技术从一套新颖的识别方法转型成了法证技术的"黄金标准"。然而，一个人不应该把所有形式的 DNA 识别混为一谈。新技术和新应用不断涌现。这些包括从使用新的基因系统和新的分析程序，到就植物和动物进行的 DNA 分型。即使在现有的系统中，将 PCR 推向其极限，从少数细胞中仅复制 DNA 片段（"低模板"或者"接触"DNA 样本）的做法，也产生了争议。就分析人员在解释混合斑时要遵循的程序，以及设计用于自动化或者帮助进行解释的软件，也存在争议。在采纳这类证据之前，有必要探讨生物学和统计学的原理和知识，这些将支持从这些新技术或者应用得出的推论的正当性。

第 206 节　心理学：测谎；药品和催眠；目击证人证言；画像和综合征

法律及其程序长期以来一直吸引着心理学家的兴趣。虽然心理学家和精神病医生作为专家证人，在刑事和其他案件中的临床诊断或者评估方面做出了卓越的贡献，但是在这一点上，我们将描述不太传统的法证应用。具体而言，本节讨论了关于欺骗的心理指征的专家证言、"吐真"药物和催眠、目击证人辨认以及某些类型的犯罪者或者被害人"画像"所带来的问题。

　　（A）发现欺骗

　　人们普遍认为，说谎和内疚感伴随着情绪或者兴奋，这种情绪或者兴奋表现在身体的变化上——脸红、喘气、心跳加快、手掌出汗、口干舌燥。熟练的交叉询问者可以用谎言直面证人，让他陷入新的谎言中，这样陪审团就可以看到这些说谎的特征性迹象。这是陪审团被告知它可以观察和审议的证人的举止的一部分。

　　内部压力也被认为伴随着说谎的过程。据说，4 000 多年前，中国人会在医生在场的情况下审判被告，医生会倾听或者感觉被告心跳的变化，宣布被告是否如实作证。现代"测谎仪"的一般工作原理是一样的。当审问者向嫌疑人提问时，测谎仪监测并记录一些自主生理功能，如血压、脉搏、呼吸频率和深度，以及出汗（通过测量皮肤电传导）。在最常用的程序中，"诊断"是通过比较对"准绳"问题的回答和对"相关"问题的反应来作出的。准绳问题试图迫使受试者对一些常见的违规行为撒谎。例如，在一个挪用公款的案件中，准绳问题可能是："你偷过什么东西吗？"相关问题是与正在调查的特定事项有关的问题。如果与相关项目相关联的自主神经紊乱似乎更显著或者更持久，则判断受试者是在掩饰。在作出这种判断时，大多数联邦和地方执法机构采用某种类型的数值评分系统。其他分析师则采用了一种不那么结构化的程序，并坚持认为测谎是一种"临床判断"，取决于"内在情绪状态"、"医学状况"和"独特"的访谈。

　　准绳问题测验的有效性和可靠性引起了激烈的争论。测谎者声称，如果实施得当，测谎是一种非常有效的检测欺骗的手段，他们引用 80％、90％、92％、99％甚至 100％的数据来证明其准确性。尽管一些对照实验和其他研究已经被解释为表明高度准确率是可能的，但是大多数心理学家和其他回顾文献的科学家对这些大胆的断言并不以为然。他们认为方法上的缺陷破坏了结论，他们提出的数值范围要低得多，他们指出"准确性"的百分比数字是不恰当的有效性量度。即使测谎技术毫无价值，总体准确度或者命中率也可能很高。如果测谎者完全随机地宣称 90％的嫌疑人在说谎，如果被测试的嫌疑人 90％在说谎，那么以 90％的比率随机猜测说谎将产生大约 90％×90％＋10％×10％＝82％的准确率。

　　试图确定假阳性率——比如说某人在撒谎，而该人实际上在讲真话——的尝试也存在争议。一些作者声称这些错误很少发生，但是也有研究和分析表明，假阳性率预期超过 35％。怀疑者也对基本理论提出质疑。至多，准绳问题技术记录了焦虑的生理上的关联，这与撒谎内疚意识不一样。即使问题得到了诚实的回答，也会引发内心的波澜。正如一位论者所说的那样："在我们说 *452* 谎的时候，测谎笔并没有特别的动作。"[25] 此外，嫌疑人可以使用许多对策来误导分析人员，据说其中一些对策是有效的，很难发现。人们担心，如果测谎仪在法院审理的案件中得到广泛应用，可能会导致假阴性率——说嫌疑人在说真话，实际上他在说谎——变得高得令人无法容忍。

另一组用来测量生理反应以检测一个人何时有意识地隐藏认知的设备是语音压力分析仪。他们分析了说话者声音的频谱，以检测据说是情感压力导致的亚听觉、非自愿的颤抖。关于这些测谎设备的科学文献表明，它们没有有效性。

最后，神经科学家们用测量脑内血流（fMRI）或者电活动（EEG）的仪器进行了实验。尽管有少数试图使用这种仪器来检测欺骗或者记忆的科学家进行了热切的报告，但是关于可靠性和有效性的有力证明仍有待观察。

法院并没有热情地欢迎现代测谎方法。事实上，*Frye v. United States* 案件[26]——该案件宣布了科学证据可采性的普遍接受标准——涉及测谎仪的原始版本。在随后的几十年里，许多法院将早期的判决视为确立了测谎结果不可采，不管技术有什么改进。然而，随着普遍接受要求遭到了侵蚀[27]，以及美国政府和企业中测谎技术的爆炸性增长，许多法院愿意重新审视最常用的测谎技术的证据价值。关于可采性的三个主要立场已经出现，每一类都有相当大的前后变动。第一，是传统规则，即任何一方提供的检验结果，无论是作为实质证据还是关于证人可信性的证据，都是不可采的。必然的结果是，一方当事人或者证人愿意或者不愿意接受测谎也是不可采的。第二，相当少数的司法辖区对无条件排除规则作出了例外规定。在这些司法辖区，如果当事各方在测试前约定接受结果的可采性，并且满足了某些其他条件，审判法院有接受测谎证言的自由裁量权。第三，在少数司法辖区，即使没有规定，也可以说是可采性由审判法官自由裁量。然而，即使在这些司法辖区，采纳未经约定的结果也是脱离常轨的。

人们普遍和根深蒂固地不愿允许引入测谎证据，是基于各种担忧。最常提到的是，这项技术在科学界并没有被普遍接受，或者因固有的缺陷、缺乏合格

---

[25]　Lykken, as quoted in Kleinmuntz & Szucko, On the Fallibility of Lie Detection, 17 Law & Soc 'y Rev. 85, 88 (1981).

[26]　293 F. 1013 (D. C. Cir. 1923).

[27]　参见上文第 203 节。

453　的操作人而"不可靠"，如果证据被普遍采纳，"辅导"和练习就可能变得司空见惯。由于关于这一前提的文献存在强烈的分歧，即一个真正的测谎专家实际上能够以明显高于偶然水平的比率区分现实情况中的真实陈述和有意的谎言，因此根据 *Frye* 标准的可采性充其量也值得怀疑。同样，测谎是否具有根据 *Daubert v. Merrell Dow Pharmaceuticals* 案件所解释的《联邦证据规则》所要求的得到证明的最低有效性，也是一个严重的问题。估计实际的错误率似乎特别困难。

　　然而，反对采纳的决定性论据超出了 *Frye* 案件和 *Daubert* 案件所要求的对"接受性"或者"可靠性"这一人为水准的追求。毕竟，很多通常采纳的外行证言至少是不可靠和不准确的，其他形式的科学证据也存在工具性或者判断性错误的风险。相反，反对可采性的更有说服力的观点调整了所需的接受性或者有效性的量，使之适合有关证据的类型。[28] 如果测谎仪读数的证明价值很小（降低了可采性的门槛就会这样），那么它们的价值很容易被抵消因素所超过。这些抵消因素的危险在于，陪审员可能会对一个关键和通常具有决定性的问题上的"科学"证言印象过于深刻，在提出和处理专家证言时会浪费司法和相关资源，以及这种常规的可采性会给被告带来不可取的压力，使其被剥夺反对被迫自我归罪的权利。

　　其中一些担忧可能被夸大了，法院有时给出的排除测谎测试的其他各种理由可能经不起分析。有时有人说测谎结果对陪审团没有帮助，因为即使没有专家的证言，证人的可信性也很容易被解决。但是，谈论对陪审团程序的损害、对篡夺陪审团职能的损害，以及对陪审团制度尚未过时或者陪审团是测谎者的肯定，可能会反映出除先前分类的关注之外，对专家证言范围的这种狭隘看法。然而，真正的问题不在于陪审团是否能够在没有测谎仪或者其他此类测试的情况下决定相信哪些证人，而在于这种测试将在多大程度上增强这些决定，以及付出什么代价。

　　然而，即使从这一更为平衡的角度来看，如果不提供比通常的权衡配方更为详细的标准，就把这件事交给审判法院自由裁量，也可能导致不利的结果。仅仅达成协议的方法也不令人满意。是否应当采纳测谎证言是值得怀疑的，但是如果要采纳测谎证言，则应当就下列事项制定明确的标准：是否仅为弹劾目的而采纳此类证言；在保证可采性的前提下，在有其他证据的情况下，该证言有多重要；测试者应当受过什么样的培训，具备哪些能力；应采取哪些预防措

　　[28]　See id. （主张相关性＋标准）。

施防止受试者的欺骗行为；以及哪些程序最适合给独立专家或者对方专家一个有意义的机会来查看或者审查检测和分析。当一切都说了又做了的时候，这个游戏似乎根本不值得一试。排除测谎结果的绝对规则，是相关性一般原则的合乎逻辑和站得住脚的自然结果。反对采纳基于更新的神经成像技术的欺骗诊断的理由更为有力，因为关于这些尖端技术的研究相当少，但是可能会给陪审员留下更深刻的印象。

（B）药物和催眠

454

心理学家和精神病医生已经使用催眠和催眠药物进行诊断和治疗。在第二次世界大战期间，使用这些技术治疗创伤性战争神经症变得普遍，并且这些方法已经应用于治疗歇斯底里性失忆、紧张性精神症和身心失调。它们还被用来测试证人证言的真实性，以及改善回忆。

尽管关于催眠的科学研究始于 200 多年前，但是对催眠现象的单一、令人满意的解释尚未出现。然而，科学研究确实表明，被催眠或者服用"吐真药"的人并不总是说真话。确实，人们已经知道受试者会相当令人信服地假装处于催眠状态。尽管一些研究表明在某些情况下催眠可以增强记忆，但是在实验研究中效果并不明显，而且很明显催眠可以篡改记忆。被催眠的人是高度可暗示的，一些权威人士认为，当催眠师鼓励一个受试者把他能记住的一切联系起来，受试者在努力配合时，会产生记忆片段和近似。此外，受试者可能会接受催眠师无意中暗示的扭曲记忆。最后，催眠过程可能会增强证人对错误记忆的信心。

催眠的法证应用可能会产生各种宪法和证据问题。一方当事人可能寻求采纳证人在催眠或者麻醉分析下作出的陈述，以直接说明某些事实的存在，弹劾或者支持可信性，或者说明精神或者心理意见的基础。与此类似，当事人也可能会提供先前被催眠或者服用药物的证人的庭上证言。

法院最不愿意采纳这种陈述或者证言。在提出这一问题的第一个案件中，加利福尼亚州法院于 1897 年说，"美国法律不承认催眠"[29]。此后，法院几乎总是排除在催眠或者麻醉分析下作出的陈述，无论这些陈述是作为实质性证据提出的，还是仅与可信性有关。

关于在催眠下增强或者唤起的记忆的催眠后证言，引起了更多不同的判

---

[29]　People v. Ebanks，49 P. 1049，1053（Cal. 1897），因其他理由被推翻，People v. Flannelly，60 P. 670（Cal. 1900）（排除了关于催眠后的陈述的证言）。

定。一些法院说，这种证言一般是可采的，但是可就其准确性提出异议，因为准确性关系到事实认定者应给予它的证明力。但是即使在这些司法辖区，也有一种倾向，即坚持严格的保障措施，以使催眠刷新的记忆具有可采性。更普遍的观点是关于催眠后记忆的证言是不可采的。

这个本质上的排除规则有两个例外。首先，通常的规则允许证人就催眠前记录和保存的记忆作证。至少在这个程度上，证人仍然有作证能力。根据这种例外情况，证明这些记忆在催眠之前就存在的证据，必须大大早于受试者在催眠后对其记忆的时间的回忆。一旦被催眠，受试者可能就无法将未受污染的、催眠前的记忆与后来的、可能被污染或者虚构的记忆分开。

这一例外是否可取值得商榷。有一段时间，加利福尼亚州排除了所有被催眠证人的证言，甚至是与催眠前的陈述一致的证言。这一严格的规则回应了这样一种关切，即催眠会增强证人对其所有回忆的信心，从而使证人无法接受有意义的交叉询问。这一严格的规则也排除了确定催眠是否污染了证人目前作出的关于先前陈述或者事件的证言的必要性。在这方面，适用保存的记忆例外的法院，有时会审查是否遵守了旨在帮助证明催眠不会污染关于催眠前陈述的证言的各种保障措施。

其次，在 *Rock v. Arkansas* 案件㉚中，最高法院判定，宪法禁止对刑事被告的催眠后刷新的证言的绝对排除，如果没有这些证言，被告就无法提出有意义的辩护。即便如此，许多法院判定，除非在催眠期间采取严格的保护措施，否则被告经催眠导出的证言可以被排除。

就催眠和催眠后陈述采用了本身排除规则的大多数法院，依赖于 *Frye* 普遍科学接受标准，尽管根据 *Daubert* 案件检验科学有效性或者直接调查证言的相对成本和效益，也可以得出同样的结果。的确，在特别敏感的事项上，更为现代的判例即审查催眠对恢复记忆的价值的科学证言或者文献，以及通过提及对科学证据的通常关切——其使陪审团感到敬畏和耗费时间与资源的令人怀疑的趋向——来支持它们对普遍接受标准的援引和运用。

当专家使用麻醉分析或者催眠来确定一个受试者是否精神错乱、无作证能力或者精神上无行为能力时，支持可采性的理由就更强了。一些法院排除了基于这些技术的专家意见，但是即使是根据限制性的普遍接受标准，这一立场似乎也难以辩护。许多法院承认，专家的意见可以被采纳，而且是否透露受试者在催眠或者服用药物期间透露的细节，由审判法官自由裁量决定。因此，审判

㉚　483 U. S. 44 (1987).

法院可以允许专家在发表意见的同时对基本信息作出解释，但是仍然限制引入在催眠或者麻醉分析下作出的陈述。

（C）目击证言

多年来，法院接受专家的证言，来证明精神障碍可能影响了目击者的证言。20 世纪 70 年代，刑事被告也开始传唤心理学家就通常影响目击证人辨认可靠性的因素提供专家意见。通常情况下，专家会就从学生或者其他受试者目睹了作为法庭证言主题的电影或者其他事件的发生或者描述的实验中的总结作证。在这样的研究中，随后在各种条件下对关于面孔或者事实的回忆的准确性进行测试。总体研究结果表明，这些证人经常犯错误，他们往往在跨种族辨认以及在事件涉及暴力时犯更多错误，在证人观看模拟事件后不久提出的误导性问题很容易引发错误，而受试者就他们的辨认所宣称的信心与他们的准确性之间没有始终如一的关系。

在一些案件中，法院接受了关于这类研究结果的证言，而在另一些案件中这些证言则被驳回。总的来说，拒绝是一种常态，特别是在 20 世纪 70 年代和 80 年代，当时该证据似乎很新奇。鉴于对专家证言的需要，上诉法院极为尊重审判法院的决定，这些决定几乎总是被维持。到了 1990 年，少数上诉法院判定，在目击证人辨认高度相关的方面排除专家证言，构成滥用自由裁量权，或者这种证言不得被统统排除在外。但是一个接一个的观点显示出对这种证言的明显厌恶。少数管辖区似乎完全禁止这一做法。

这些缺乏同情心的意见认为，由于对证人的感知和记忆的局限性的认识是在外行陪审团的知识范围内的，因此关于这些机制的粗略的心理证言，不会对陪审团有明显的帮助，交叉询问足以暴露不可靠的辨认。它们还提到了对科学证据的标准关切，即外行陪审员会夸大其重要性，引入科学证据会带来不必要的耗费和混淆。一些法院对心理学研究的科学有效性持怀疑态度。更不合理的意见谈到了对陪审团职权的侵犯。

然而，这件事不可能就这么轻易解决。对证人证言可靠性的关注，是最高法院在涉及列队辨认和其他审前辨认程序的案件中关于获得律师帮助权和正当程序判决的核心。很可能在没有某种抵消性影响的情况下，陪审团过于重视证人关于认出某人的断言。研究始终表明，在强奸案和——较小程度的——杀人案中，证人的错误辨认是导致错误定罪的主要原因。主张陪审团知道如何在没有专家帮助的情况下评估辨认的可靠性，同时又坚持认为该帮助会对陪审团的评议产生太大的影响，这有点临时凑合的推理味道。诚然，在将实验室和课堂上关于证人易犯错误的演示转化为关于真实生活中特定证人辨认的准确性的结论时，存在一些明显或是微妙的危险。不过，似乎很明显的是，研究者们可以提供一些东西，当一个案件取决于未经补强的目击证人辨认时，法庭应该接受从方法合理的实验中获得的关于下列因素的知识的专家证言：可能导致错误辨认并在本案中存在的因素。尽管研究人员在陈述关于某个证人证言的推论时必须小心翼翼，但是相关的研究结果可以帮助陪审团评估关键的证据。虽然在许多案件中，关于目击证人辨认心理的专家证言可能不是必要的或者适当的，但是在案件取决于目击证人证言并且专家的帮助可能扭转乾坤的情况下，一般应当采纳科学知识，要么通过专家证言，要么通过司法指示，说明对于评估有关辨认很重要，但是大多数陪审员并不十分了解的影响目击证人准确性的因素。

457　　　确实，最高法院在 *Perry v. New Hampshire* 案件[31]中驳回了这样的观点，即采纳在具有高度暗示性——但是检控方对此无责——的情况下作出的目击证人辨认，侵犯了正当法律程序权利。最高法院欣慰于这样的事实，即在一些州，"在涉及目击证人指认陌生人或者近乎陌生人的案件中，审判法院通常会［就此类证据的危险性］采纳专家证言"[32]。尽管这种做法在大多数司法辖区中并不常见，上诉法院通常已经从怀疑和敌视的立场转向越来越开放的立场，向陪审员介绍关于目击证人证言心理学的研究结果。

(D) 画像和综合征

心理学研究有时表明，某些特性或者特征与某些行为形式之间存在着相关性。如果是这样，可以为这种行为构建一个诊断或者预测的"画像"。例如，对"事故多发"人群的研究表明，这一群体中普遍存在视力低下、相对年轻或者年老、行事冲动、好斗或者叛逆等因素。医生认为儿童的某些身体损伤模式——他们将其称为"受虐儿童综合征"——表明了反复发生的身体虐待。

同样，对通过机场走私毒品时被捕的个人进行的分析表明，这些人往往是从主要集散地抵达，随身携带的行李很少或者根本没有行李，紧张地四处张望，清晨到达，并有大量的小额现金。在说明被告是如何引起他们的注意的，解释毒品走私的性质，或者提出被告实际上是一个马仔时，警方经常就这一画

---

[31]　132 S. Ct. 716 (2012).

[32]　Id. at 729 (引用了 State v. Clopten, 223 P. 3d 1103, 1113 (Utah 2009) 案件，并添加了括号内的材料).

像提供一个灵活的版本。为了最后一个目的，这个画像证据通常是不可采纳来作为不良品性的证据，或者作为关于被告意图的意见证据。

在一个人对他人的危险性是一个问题的民事关禁（civil commitment）和刑事诉讼中，长期以来，对暴力的未经验证的临床预测是可采的。然而，在 *Daubert* 案件之后，统计（精算）风险评估工具的使用引起了更多的注意，即使在适用 *Frye* 标准的司法辖区也是如此。

更一般地说，我们都是根据一系列可以称为"画像"的因素来评估信息的。例如，可以说，陪审员是把他们预先设定好的"画像"带到法庭上的，然后运用这些"画像"来决定谁在撒谎，谁在说真话，谁可能犯了罪，谁是无辜的。虽然心理和医学画像与更常见的印象主义的画像没有根本区别，但是一些前者可能是以更系统和结构化的方式得出的，有些则可能是通过验证它们在应用于新病例时是否得出了正确的诊断或者预测来检验过的。在这些前瞻性或者交叉验证的研究中获得的关联性，衡量了更好界定的画像的有效性。

特别是在刑事案件中，诉讼当事人试图引入关于一长串据说是经过科学解释或者验证的画像的专家证言。其中包括：

● "受虐妇女综合征"（BWS）被用来支持谋杀案中的正当防卫主张，　*458*
证明谋杀不是有预谋的，在妇女帮助其施虐伴侣进行犯罪活动的案件中支持胁迫辩护，解释妇女陈述或者行为中的不一致之处，以及其他各种情况。事实上，公诉人已经发现了这种综合征的用途，民事诉讼当事人也是如此。

● 性侵犯案件中的公诉人依靠强奸被害人中常见的"强奸创伤综合征"（RTS，创伤后应激障碍的一种形式）或者相关行为来否定同意的说法，解释报案人相互矛盾的陈述或者行为，以证明犯罪性性侵入行为。相反，被告提供了证据，证明报案人没有出现这种综合征的症状。

● 在涉及儿童的性侵害案件中，公诉人依靠类似的"儿童性侵害调节综合征"（CSAAS）来证明侵害事实或者解释儿童延迟报告虐待、撤回指控或者其他明显与侵害不符的行为。他们还依赖专家的证言，这些证言说报告性侵害的儿童一般都是诚实的。

● 在虐待儿童和杀人案件中，公诉人传唤证人证实被告表现出"殴打父母综合征"或者"殴打儿童画像"来描述虐待儿童的人的类型。同样，被告指出，在其他可能虐待儿童的个人的画像中，也存在着有关因素。

● 同样，被控性犯罪的被告也提供了证言，大意是他们不符合性犯罪者的画像特征。

当原告或者检控方提供证据证明被告符合犯罪画像时，可根据禁止使用品性证据证明特定场合的行为的规则将其排除。[33] 当一名被告试图制造对自己的行为的怀疑，并提出证据证明另一人符合该画像时，这一规则也适用。然而，可以说，这条规则不应该在所有此类案件中禁止采纳。毕竟，该规则立足的前提是，品性证据的边际证明价值一般较低，而分散注意力、耗费时间和带来损害的可能性则较高。如果画像本身不太可能引起同情或者敌意，那么主张排除的观点就被削弱了。此外，如果证明该画像是有效的、有揭示力的，即它以极高的准确性区分了罪犯和非罪犯，那么权衡可能支持采纳。然而，很显然，任何现有的画像都是如此强有力。

当画像证据被用于辩护时（证明良好的品性，恢复可信性，或者证明与正当防卫主张有关的忧惧），它不属于品性证据规则，或者不属于品性证据规则的例外。[34] 这样，可采性应当取决于专家证言在多大程度上有助于陪审团鉴于通常的抗衡因素进行审视。[35] 因此，专家的资格、在适当科学界的接受程度、可靠性和为特定目的使用画像的有效性，以及根据大多数陪审员对所涉行为的了解对证据的需要，影响了画像证据的可采性和证明力。例如，尚不清楚"受虐妇女综合征"如何有助于证明在传统自卫学说范围内使用致命武力的合理性。在这种情况下，综合征证据的作用是重新定义实体法：结果表明，对于专家证言而言，需要比现在更强的科学基础。

证言的形式或者具体性——专家是否越过了一般和具体的界限，或者是否在试图评估证人或者某类证人的诚实性时——也是很重要的。即使允许一般性的证言来解释什么是看起来不正常或者不寻常的行为的法院，也常常强烈反对专家就画像在特定案件中的适用性或者证人的可信性作出的意见。

在某些方面，画像证据类似于本节前面讨论的专家证言，描述的是目击证人辨认的心理研究结果。这也类似于有关虚假自白的相关变量的专家证言。在这些情况下，专家提供的背景资料可能与外行人士的印象相矛盾，如果就此被说服，陪审团可以将其适用于本案。这类证言被称为"社会框架"证据[36]，对

---

[33] 就该一般规则，参见上文第 190 节。
[34] 参见上文第 191 节和第 194 节。
[35] 参见上文第 203 节。
[36] Monahan & Walker, Twenty-Five Years of Social Science in Law, 35 Law & Hum. Behav. 72 (2011).

影响目击证人和虚假自白的变量的研究通常都不作为画像或者综合征来示证。或许，上诉法院最初更容易接受心理画像证据的原因是，这类证言似乎更像是警察从心理学家和医生那里收到的临床评估。此外，考虑到已引起法院注意的大多数心理画像的主题，对妇女和儿童问题日益敏感可能发挥了重大作用。

第 207 节　刑事技术：人和物的识别

许多刑事调查科学技术，或者刑事技术，都是为了识别人或者物。指纹识别、子弹和火器的运动轨迹和特征研究、可疑文件检验、毒药和其他药物检测和识别、毛发和纤维显微比对、血迹匹配等，都是比较著名的例子。此外，在侦查和分析犯罪或者其他活动的"痕迹证据"方面，还有大量人们不太熟悉的技术。这些包括显微分析、法齿学、解剖学、人类学、昆虫学的其他应用，以及用于指纹、枪支、玻璃碎片、头发、油漆、爆炸和火灾、可疑文件和录制品的有些深奥的化学和物理检测。

尽管在许多调查中，这些方法毫无疑问具有很大的价值，但是在法庭上使用这些方法可能会带来问题。为了强调分析的科学性，或者为了尽可能精确，或者为了回应法院或者律师的要求，专家证人可能会用定量、概率性术语陈述其检测的结果或者含义，这种做法给法院带来了困难。[37] 此外，一些分析程序或者检测本身是专门为法证目的而调整或者开发的，主要在执法界广为人知。因此，在这种情境下，科学上的普遍接受标准并不总是有效的，这种不协调性可能导致对科学证据可采性标准的重要意见。尽管最新的、技术复杂的检测或者程序常常为法证应用目的而进行验证，并接受外部审查，但是从历史上看，许多法医学都是一门实践手艺，缺乏重视对方法和假设进行严格验证的学术传统。两个例子——潜指纹识别和语音声谱分析——将有助于说明这些评论。

460

（A）指纹识别

在中国古代，指纹可能就被用作一种身份识别手段，但是在西方世界，指纹在刑事调查中的应用始于 19 世纪末。在美国，1910 年伊利诺伊州的谋杀案 *People v. Jennings* 案件[38]首次将指纹作为证据。四名证人为检控方作证说，他们在职业生涯中检查了数千枚指纹，有关指纹来自被告。伊利诺伊州最高法院

㊲　下文第 211 节提出了这个复杂问题。
㊳　96 N. E. 1077（Ill. 1911）.

维持了定罪判决结果，得出结论说："指纹识别系统有科学依据……［并且］这种识别方法的使用是如此普遍和常见，法院不能拒绝对其进行司法认知。"[39] 然而，检验人员将潜指纹——那些自然沉积在纸、金属、玻璃或者其他表面上的指纹——与滚动按捺形成的指纹进行匹配的能力，从未被仔细研究过。

近一个世纪以来，无论是这些研究，还是对指纹检验人员的前提和主张的其他许多基础研究，都没有进行。这种状况造成了一个窘境：如果 Frye 案件要求科学家（而不是指纹分析人员）普遍接受潜指纹的来源可以以 100％ 的信度（就像指纹检验人员传统上报告的那样）归于某个人，或者如果 Daubert 案件要求科学证明在这一领域工作的人的假设的有效性，或者对实际鉴定中的错误率作出科学、合理的估计，这种关于个体识别绝对正确的证言如何能够继续可采？

没有意见给出令人满意的回答。相反，法院满足于在执法和法庭上的长期应用，而不是在科学界的接受和广泛研究。他们接受了诉讼驱动的未发表的研究，这些研究可能无法作为科学事实经受科学同行的评议。他们把第二个检验人员对同事结论的认可与科学同行评议混为一谈。他们坚持认为，由于没有许多公开的错误识别案例，这意味着假阳性错误率基本上为零。当其他的一切都失灵时，他们说，Daubert 标准是灵活的，好像灵活性本身就是采纳证据的根据。

461　　法院之所以走到这些极端，是因为即使没有广泛的科学研究，指纹比对似乎也很明显是有证明力和价值的。困难在于说它们有多大的证明力，以及佯装某个概率是确定的。对指纹分析人员的有效性和可靠性进行测试的实验表明，经过训练的分析人员使用他们的个人判断和阈值，在将潜指纹与样本进行匹配时，可以获得较低的假阳性率（百分之零点几）和中等的假阴性率（大约 10％ 或者更少）。尽管实验也表明，在某些情况下，期望偏差会影响结果，但是通过盲法验证和减少认知偏差的程序，指纹匹配可以成为非常有力的身份证明。

与此同时，传统的匹配描述——必然排除世界上其他任何人是潜指纹的可能来源——显然超出了科学上可以证明的界限，尽管只有两三种意见不赞成这种做法。幸运的是，我们不乏其他解释匹配含义的方法。其中包括这样的陈述（如果证明正当的话），即匹配特征在一般人群中非常罕见，在一个地理区域内不可能找到另一个匹配得如此好的来源，当潜指纹和样本来自同一个人而

---

[39]　Id. at 1082.

不是不同的人时，匹配的可能性要大得多。此外，根据关于真实来源的相互竞争的假设，估计不同质量和完整性的指纹的匹配概率的自动化系统即将实现。

（B）语音谱图

通过对说话人的声音进行频谱分析来识别说话人，说明了法庭过早地采用了一种看似令人印象深刻的识别技术。复杂的声波，例如那些涉及语音的声波，可以从数学上理解为各种频率的简单波形的总和。实际上，这种声波的频谱是该频率每一种成分的列表，以及它在描述复合声音时的相对重要性。自 20 世纪 40 年代或者 50 年代以来，将声波分析成这些频率成分的电子设备就已经问世。谱图是这种信息的图形表示，即声波的频谱图。20 世纪 60 年代，有人提出，说话人声音的频谱特征可以用于识别说话人。该理论认为，个体在说话时操纵嘴唇、牙齿等的方式不同，但是模式是大体稳定的。从一开始，这一假设就备受争议。如果它是错误的，那么谱图的比对就不会产生一致正确的识别。尽管有一些早期（似乎是很过度的）准确鉴定主张，后来的有着更好的近似真实的法证条件的研究报告称，错误辨认率从 18%（12% 的假阴性和 6% 的假阳性）到 70% 和 80%（包括 42% 的假阳性）。因此，许多科学家怀疑当前技术的可靠性和有效性。

将科学界的普遍接受标准应用于声谱证据的大多数法院，判定这些证据是不可采的。事实上，这些证据激发了对科学证据普遍接受标准的一些最激烈、最周全的辩护。另一方面，对这一方法的信任以及陪审员不会认为它过于令人印象深刻的信念，促使一些法院将 *Frye* 标准的范围降低到临界点，从而得出该证据应当被采纳的结论。然而，这一技术的使用已经减少，在 *Daubert* 司法辖区，法院越来越可能排除该证据。无论采用何种标准，似乎除非进一步的研究使该技术的有效性更加明确，否则法院将继续就声谱识别的可采性存在分歧或者反对其可采性。

III. 统计研究

第 208 节　调查和民意测验

Samuel Johnson 曾经说过："要了解牛皮是韧的，你不必吃掉整头牛。"在过去，法院要求诉讼当事人肢解并吃掉一两头牛来证明一点，要么是因为对抽样和民意调查的价值持怀疑态度，要么是因为传闻规则。例如，在 *Irvin*

v. State 案件[40]中，佛罗里达州最高法院支持审判法官在审前听证中拒绝采纳民意调查，理由是民意调查是"基于传闻的传闻"，在揭示公众对被告——一个被判犯有强奸罪但是声称判决是种族偏见的结果的黑人——的态度方面"毫无用处"[41]。法院认为，经挑选的证人所提出的意见更为翔实，该证人在法院作证说，被告可以在该县得到公正审判。法院还将"最近为一名在第二次世界大战中阵亡的有色人种士兵建造了一座精心设计的纪念碑"引述为"社区白人对有色人种友好的例证"[42]。

随着科学调查方法的发展和贯彻，法院更容易接受基于样本数据的证明。《联邦证据规则》和《统一证据规则》通过允许专家根据以合理可靠的方式进行的调查形成意见，在很大程度上规避了传闻异议。特别委托的调查或者样本已被用于针对审前宣传提出改变审判地点的动议，在商标和误导性广告案件中说明消费者的理解，在淫秽物品检控中揭示社区标准，以及用于许多其他目的。诉辩者还依赖于涉及产品责任、食品和药品、环境、宪法和其他案件的样本数据的现有的研究。现代观点认为，个案调查如果是按照社会科学家和统计学家为收集和分析调查数据所接受的原则进行的，一般是可采的。因此，本节对这些原则进行了概述，对这些原则的遵守，将影响调查证据的证明力和可采性。在许多案件中，法院审查了调查研究人员的结论是否以收集的数据为依据，这种收集方式是否使得能够就相关事实问题进行公正的推论。

尽管有许多可能改进之处，但是科学调查技术背后的基本思想是足够简单的。研究者试图从一个更大的群体（总体）的可管理部分（一个样本）收集信息，以便了解群体的一些情况。通常情况下，一些数字被用来描述总体，这些被称为参数。例如，所有由于品牌名称的相似性而将一种产品误认为另一种产品的消费者比例，是一个总体参数。样本数据产生统计结果，例如样本中就相似性发生混淆的人的比例。然后，使用这些样本统计来估计总体参数。如果50％的研究样本显示了对相似品牌的产品之间的混淆，那么人们可能会得出结论，50％的人会混淆。在某些情况下，统计方法不仅使研究人员能够作出估计，而且能够指出仅仅是因为抽签的运气，这种估计与未知参数之间的差异有多大——也就是说，量化可能隐藏在估计中的抽样误差。

抽样几乎是所有相关研究工作的基础。描述性调查，就像那些与审判地点

---

[40]　66 So. 2d 288 (Fla. 1953).

[41]　Id. at 291 - 92.

[42]　Id. at 292.

变更动议有关的调查一样，几乎总是局限于对整个人群的抽样调查。寻找因果关系解释的调查（例如对有死刑和没有死刑的州的杀人率的调查）通常涉及抽样。即使是旨在调查因果关系的实验，例如新药试验，通常也只产生样本数据。许多这样的调查都是非言词性的。由于可以查看雇主的记录，因此没有人需要对现有雇员进行民意调查，以获得有关支付给男性而不是女性的工资分配的数据。其他的调查是个人或者言词性的，正如我们从调查访谈人和书面问卷的经验中所知的那样。

哪些因素可能使此类调查产生准确的结果，而不是误导性的估计？我们可以识别两大类错误：随机错误和非随机错误。非随机误差或者系统误差有许多潜在的来源。在个人调查中，这些问题包括抽样人口的具体情况、引出答复的技术、问题的措辞、选择和寻找答复者的方法以及未能就适当问题设定提问。除非这些非随机误差源相互抵消，否则基于样本数据作出的任何估计都会有偏差。扩大样本量并不能防止偏差。它只会产生更多的有偏观测。

随机误差出现在两个层面上。第一个涉及的是每个采样单元的观测值。在一项非言语研究中，一个测量仪器（如一个测定呼气酒精含量的仪器）即使在相同的样本上，也可能给出稍有不同的读数。一个想摆脱访谈人的人可能会说出任何突然想到的话。进行个别测量或者观察的过程很少是完全可靠的。第二类随机误差是由一个样本与下一个样本的变异性引起的。从肺中排出的一个空气样本的酒精浓度可能与下一个略有不同。尽管可以非常谨慎地确保被挑选参加访谈的人是代表人口的，但是不能保证由同一程序挑选的另一个样本会给出相同的答复。因此，即使所有的答案或者测量都没有个别性误差，抽样变异性仍然是统计误差或者偶然误差的来源。

然而，如果采用了被称为概率抽样的方法，则可以估计抽样误差（而不是非随机误差）的大小。概率抽样也被证明在产生代表性样本方面非常有效。原因是，与人类不同，盲选概率是公正的。概率抽样使用一个客观的机会过程来挑选样本。访谈人没有自由裁量权。因此，研究人员可以计算出总体中任何特定单位被选入样本的概率。换句话说，概率样本是这样的，即采样范围内的每个单元被选中的概率都是已知的、非零的。其他样本，无论是"便利"抽样样品，还是"按比例"抽样样本，都不具有此特性，只有在特殊情况下才可接受。一种常见的概率抽样是简单随机抽样，每个单位被抽样的概率相同。它相当于随机抽取名字而不进行替换。

从随机样本的观察或者测量中得到的统计数据，使人们可以估计总体参数。例如，在消费者混淆调查中，接受访谈的消费者样本中有一定比例的人会

464

表示产品之间存在混淆。如果样本是简单随机样本，且不存在非随机误差，则该样本比例是所有消费者比例的无偏估计量。但是这只是一个估计。另一个随机抽样可能不会包括完全相同的人，而且可能会产生一个表明混淆的比例稍有不同的反应。没有一个数字可以表示这种统计误差的程度。只有概率。如果我们抽取第二个随机样本，找出这一组中发生混淆的消费者比例，然后对第三个随机样本、第四个随机样本等进行同样的操作，我们将得到一个在某个中心值上波动的样本比例分布。有些人会远离平均值，但是大多数人会更接近平均值。统计学家严格地遵循这一逻辑，计算出"置信区间"，并就人口比例给出了"区间估计"。分析人员可能会报告说，在90%的置信水平上，总体比例是50%±10%。这意味着，如果相同的抽取样本和采访消费者的方法被重复了非常多次，并且如果对每个样本计算了90%的置信区间，则得到的区间估计值的90%是正确的。这其中包括人口比例，不管这个数字碰巧是多少。

虽然在涉及调查证据的案件中，通常会收到关于置信区间的证言，但是在许多案件中，其含义显然仍不明确。注意，90%的置信度并不一定意味着区间估计有90%的概率是正确的。严格地说，经典的统计方法所揭示的只是，特定的区间是通过给出区间的方法获得的，该区间将捕获所有可能样本中90%的真实比例。但是每一个这样的区间估计都可能不同。因此，"置信"与过程有关，而不是与任何特定结果有关。因此，这样的常见观点，即"95%置信区间意味着'真值'在区间内的概率为95%"[43]，是错误的。尽管在解释置信区间时存在这种困难，但是这项技术确实给了事实认定者一个概念，即在将样本比例等同于总体数字时，存在错误的风险。即使对于高水平的"置信度"而言，如果区间很小，那么样本比例也是合理准确的，至少从这样的意义上说是这样，即采集更多或者更大的样本可能会得到类似的结果。

465　　置信区间的宽度取决于三件事。就给定的样本，在置信水平和区间的狭窄性之间存在一个折中。第一个可以肯定的是，总体比例在0到1之间。置信度是100%，但是区间太宽，以至于毫无用处。降低置信水平会缩小估计值的范围，但是得出总体值在较窄区间内的结论的风险更大。第二，就给定的置信度和固定的样本量而言，区间的宽度取决于总体的均匀程度。如果几乎每个消费者都会感到困惑（或者几乎没有人会感到困惑），那么抽样的可变性就很小，因为几乎所有可能的样本都可能看起来是一样的。因此，任何样本的置信区间都非常窄。另一方面，如果总体是高度可变的，那么就有更多的机会抽取到异

㊸　DeLuca v. Merrell Dow Pharms., Inc., 791 F. Supp. 104 2 (D. N. J. 1992).

常样本，并且就任何样本计算出的置信区间都会更大。第三，无论总体构成如何，与较小的样本相比，较大的样本能给出更可靠的结果。然而，如果在样本量中增加相同的数量对缩小置信区间几乎没有作用，这就迅速达到了收益递减点。（例如，在简单的随机抽样中，置信区间的宽度与样本量的平方根成反比。）正如每个为临床检测被采集过少量血液样本的人所理解的那样，认为人们总是需要对大量人口中的相当一部分进行抽样，以获得对人口参数的准确估计，是错误的。

因此，在评估一项调查的统计误差时，法院应考虑区间估计，而不是天真的直觉，即需要多大的样本。然而，决定在特定情况下何种程度的置信是适当的，是一个政策问题，而不是一个统计问题。最后，在使用调查时，重要的是要记住，统计分析并没有解决非随机误差源问题。如果数据收集存在严重缺陷，那么有着高置信系数的小置信区间就没有什么价值了。

第 209 节　相关性和原因：关于歧视的统计证据

如前一节所述，调查证据涉及从一些人口中抽样，从样本数据中得出统计数字，并根据这些样本统计数字得出有关人口的一些结论。在这一节中，我们将描述这种方法的应用和扩展，这用于提供和解释因果关系问题的证据。当就因果关系有争议时，诉辩者依赖于三种主要类型的信息——轶事证据、观察研究和对照实验。轶事报告可以提供一些信息，但是与作为证明联系或者因果关系的基础相比，它们用作进一步调查的刺激时更为有用。观察研究可以证明一个因素与另一个因素关联，但是可能需要进行大量分析，以弥合从关联到因果的差距。对照实验是查明因果关系的理想方法，但是可能难以进行。

"轶事证据"是指发生一个事件后接着发生另一个事件的报告。通常，这些报告是随意或者有选择地获得的，而"后此谬误（*post hoc*，*ergo propter hoc*）"逻辑不足以证明第一个事件导致了第二个事件。因此，虽然轶事证据可能具有暗示性，但是也可能具有相当的误导性。例如，一些住在输电线附近的儿童会患上白血病；但是暴露在电磁场中会导致这种疾病吗？轶事证据并不具有说服力，因为白血病也发生在很少接触此类场域的儿童中。有必要比较接触者和未接触者的患病率。如果接触引起疾病，接触者的患病率应较高，未接触者的患病率应较低。当然，这两组人除接触之外，在其他关键方面可能有所不同。例如，住在输电线附近的儿童可能来自较贫穷的家庭，并可能接触其他环境危害。这些差异可能造成因果关系表象，也可能掩盖真实的关系。因果关系往往是微妙的，需要用精心设计的研究得出有效的结论。因此，一些法院认为，试图从轶事报告中推断因果关系，是一种不合理的方法。

通常情况下，精心设计的研究将比较接触某些因素的受试者——实验组——和未接触这些因素的受试者——对照组——的结果。然后必须区分控制实验和观察研究。在对照实验中，研究者决定哪些受试者接触感兴趣的因素，哪些受试者进入对照组。在大多数观察研究中，受试者自己选择是否进行接触。由于进行了这种自我选择，观察研究的实验组和对照组很可能在主要感兴趣的影响便利之外的重要因素上有所不同。这些其他因素被称为混杂变量或者潜在变量。就输电线对健康影响的观察研究而言，家庭背景可能是一个混杂变量；接触其他危害也是如此。

无论数据来自观察研究还是实验研究，可以得出的结论都将涉及进一步的统计评估。环境和产品责任案件中的当事人通常依靠统计推理来证明化学品或者其他药剂是致癌的或者有毒的。在民权案件中，寻求证明（或者反驳）某一阶层或者个人受到非法歧视的当事人，可能发现统计证据有用。在反垄断诉讼中，当事人可以用统计分析来说明违法行为及其影响。在商业诉讼中，当事人一般可以运用统计技术估计违法行为造成的利润损失或者其他损害。在这些和许多其他类型的案件中，如果按照正常的统计做法，统计数字和从中得出的推论，将通过适当、合格的专家的证言而被采纳。

当然，这种证言的证明力，将取决于律师的技能以及证人的能力和准备。此外，专家用来分析和解释这些数据，以帮助法院或者陪审团了解这些数据的方法，对于确定证据的可采性和影响至关重要。本节概述了与复杂的统计证明相关的最常见的统计概念之一。由于大多数涉及这一概念有用性的案件都是歧视诉讼，因此本节借鉴了这一领域的一些发展情况，来说明关于提出统计证据的某些一般性问题。

在刑事被告宣称他被违宪挑选的大陪审团或者违宪组成的小陪审团起诉的案件中，法院严重依赖统计证据。比如，系统地将与被告同种族的人排除在有资格担任陪审员的公民之外，没有宪法依据。在无法获得关于歧视的直接证据的情况下，或者在最好有额外证据的情况下，统计方法被投入使用。通常的程序是，就所称受歧视的阶层中有资格出任陪审员的人士所占的比例与该阶层人员在陪审员候选人中的相应比例进行比较。在相当长的一段时间内代表性严重不足，被视为关于歧视的证据。

在早期的判例中，法院对比例上的差异进行了纯粹直观的评估。随着时间的推移，评估定量证据的正式统计推理变得必要了。这个逻辑是从这样一个假设开始的，即挑选潜在陪审员是一个随机过程，就像从罐子中盲目地取出不同颜色的玻璃球一样，在这种情况下，每一次一个人被选中的概率是相同的。根据"零"假设，即每个人都有同等的概率被选中，每次选中受保护阶层成员的概率就是这些人在有资格人口中的总比例。就这一假设换一种说法，并不总是能说得很清楚，但是它通常相当于这样的说法：选中受保护阶层成员的概率并不等于人口比例。统计分析人员计算的概率是，如果每次选择都是通过上述随机过程进行的，那么受保护阶层中被选中担任陪审员的人就会如此之少。这一概率被称为"p 值"，它表示的是这样的概率，即如果零假设成立，那么至少与所观察到的差异一样大的差异的出现，可能是运气不佳或者巧合。因此，p 值表达的是，根据零假设，极端结果是多么不可能或者多么令人惊讶。如果 p 值很小，则表示零假设是不可信的。如果 p 值较大，则表明该假设与数据一致。因此，p 值可以作为定量证据统计力的一个指标——p 值越小，统计差异就越不可能是偶然过程的结果。然而，应该指出的是，即使需要小的 p 值来拒绝不成立的零假设（巧合），p 值并不能直接测量巧合概率。仅仅因为巧合而产生差异的概率与巧合实际上是对这种差异的解释被混为一谈，这是如此普遍，以至于它有了自己的名字——换位谬论。[44]

　　p 值绝不是表示统计证据强度的唯一数值。由于种种原因，一些统计学家和科学家并不认为这是最好的。在法院上使用它的一个问题是，一些专家证人或者法官倾向于认为，因为存在一种任意的惯例，即在给科学研究结果贴上"统计显著性"标签之前，坚持 p 值为 0.05 或者更低，因此在事实认定者可能依赖于定量结果之前，应该要求相同的数字。如果要想 p 值不具有误导性，则必须清楚地理解其含义。事实认定者必须意识到，p 值本身并不是证据。它也不是观察到的代表性不足有多大的陈述。它仅仅是统计证据证明力的一种度量，而且是一种不完整的度量。这并不是否认它是一个有用的概念。如果正确理解，它可以帮助法院或者陪审团评估统计证据。

　　这种方法也适用于就业歧视案件。在界定从中抽取雇员的相关人群时难度更大，需要考虑的变量更多，样本量往往更小，而且计算 p 值的机制可能不同，但是 p 值和"统计显著性"的含义相同。然而，当复杂的统计模型被用来解释许多变量的影响时，许多细微的误差是可能的，不加批判地接受从这些模型得出的估计及其计算的 p 值是危险的。总之，对于这种形式的科学证言，争论通常不是关于统计证据的可采性，也不是关于使用 p 值等概念来评估证据。

468

---

[44]　参见下文第 210 节。

相反，当涉及明显有缺陷的应用的可采性，应赋予证据的证明力，以及将统计推论的方法和惯例转变为法律规则时，战线就划定了。

IV. 作为证据的概率

第210节　同一认定证据概述

前两节讨论了概率计算在统计研究中的应用。当统计分析人员适当地收集样本数据，计算诸如比例、两种手段之间的差异或者回归系数等统计数据，并为每一种统计数据计算 p 值或者置信区间时，法院愿意依靠概率来评估统计证据的力度。然而，特别是在刑事案件中，法院更不愿意接受旨在说明不法分子身份的概率计算。本节探讨了与各种形式的同一认定证据有关的概率计算的可采性——目击者证言、DNA 检测、指纹、咬痕、可疑文件检验、显微分析等。下一节重点讨论概率计算在亲子关系诉讼中的作用。

在一开始，初步澄清两点可能会有帮助。首先，虽然"概率证据"一词是涉及概率计算的证言或者观点的方便说法，但是这个词有点用词不当。概率本身并不是证据。它们是从零到一的数字，可以用来从统计或者其他证据中得出结论。本节的主题是，是否或者何时允许在同一认定证据上公然附上概率值。另一个有点不同的问题是，仅仅统计证据是否足以支持作出裁决。心理学家发现，在某些条件下，人们对基于"赤裸裸的统计证据"的判决感到厌恶，哲学家和法律论者提出了一些理论，以证明或者反驳某些法院对似乎完全依赖于统计证据的判决的明显反对。这些立场包括否认有排除这类裁决的任何公认的法律规则，为这类规则提供（基于激励的）经济上的理由，因担心它们会破坏裁决的表达功能而反对基于明确概率的裁决，重建说服负担的概念，提出非传统的概率理论。

其次，应该清楚的是，任何全然反对使用群体统计数据就个别实例得出推论的做法，都是站不住脚的。法院有时提出，关于一类对象的证据不能用来支持关于该类内特定成员的结论，特别是当推论涉及个人行为时。然而，当涉及无生命物体时，法院会更快地承认从他人经验中得出的概括的有用性。例如，政府统计报告显示，大众牌面包车比其他面包车更容易在事故中弹出乘车人，这样的报告很容易被采纳。统计学家可能会试图通过推理来调和这些直觉，即对人的基于群体的判断较弱，因为与大众牌面包车等纯粹物体相比，人类或者他们所面临的环境的变量更多。但是这当然取决于所涉及的特征。人在某些维度上非常相似，而在其他维度上差异很大。大众牌面包车也是。即使对于高度可变的特征，似乎也很难否认，根据规则 402，关于人的统计证据是有相关性的。

对抵制引人源于关于人群的经验的概率的一个更有说服力的解释可能是，如果统计指标与意志行为有关，那么法院会谨慎行事，因为他们非常重视人的自主和尊严的概念，而冷酷的统计分析会破坏这些概念。换言之，回避统计预测反映了这样一种信念，即每个人都应该有机会偏离统计标准。

这一更加精细和明显规范的理论，并没有否认这样的自明之理，即所有证据都是统计或者概率性的。显然，我们一直依赖于同一群体其他成员的经验总结。法学院招收高分学生，部分原因是拥有这些资质的其他学生取得了成功。银行发行的信用卡基于反映其他人的行为的评级。外科医生对患者进行大手术，因为其他患者在过去获得了有益的效果。立法机关颁布制定法，规定驾驶时血液酒精浓度超过足以损害样本人群机能的血液酒精浓度的为犯罪。陪审团常常因对某些类别的人如何行为的预感或者信念，而给被告定罪或者宣判无罪；在非正常死亡案件中，他们在反映许多其他男性或者女性情况的死亡率表的帮助下，判赔损害赔偿金。我们都犯了这种"以貌取人"罪，没有它我们就活不下去。

同样，任何专家，如果就科学检测是否证明被告是留下了指印、子弹或者血迹等归罪性痕迹的人给出任何意见，这一结论必须建立在对所比较的证物有多么相似以及发现具有这些相似性的项目有多普遍的理解或者印象上。如果说这些信念有任何事实依据，可以从刑事技术人员的一般经验或者对这些事项更严格的统计研究中找到。总之，不愿意就概率提供证言或者进行辩论，如果有必要的话，必须以某件事为依据，而不是对依赖就他人或者事物的统计数据得出的概率的逻辑或者认识论上的弱点提出无差别的主张。事实上，在这一领域的判决中，对概率证据的更为传统的担忧浮出水面。这些都涉及明确量化的证明价值，以及看似令人印象深刻的数字误导或者迷惑陪审团的倾向。

首先，一百多年来，人们一直试图通过假设每个归罪性特征在统计上是独立的，并且这些可能独立的特征的概率可以通过内省获得，来计算观察到某些归罪性特征的合取概率。在最臭名昭著的 *People v. Collins* 案件[45]中，警察在抢劫现场附近拘捕了符合目击者描述的一男一女。公诉人提出了关于一对异族夫妇在汽车里、女性有马尾辫、局部黄色的汽车、男人留着小胡子等等的频率数值。一位数学教授证明了这一规则：一系列独立事件的联合概率是每个事件概率的乘积。将这一规则应用于他提出的"保守估计"，公诉人得出的结论是，

470

45　438 P. 2d 33（Cal. 1968）.

任何一对夫妇有可能拥有两个被告的独特特征的概率只有 1 200 万分之一，他认为，"除被告之外，具有每个相似点的其他人在场的概率……差不多是十亿分之一"[46]。

在 *People v. Collins* 案件和其他此类案件中，上诉法院判定，采纳这种证言是错误的，理由是相乘在一起的假设值纯粹是猜测。此外，*Collins* 案件和类似案件中的意见谴责使用乘积规则，理由是这些事件显然远远不是独立的。由于这些错误的计算是以专家分析的名义提出的，它们根据其有害影响明显大于其证明价值的原则被排除在外。

在另一组案例中，有计算联合概率的数据。虽然许多法证专家满足于描述归罪性痕迹和从被告或者其财物中提取的材料之间的相似点，让陪审团来决定仅仅因偶然发现所有这些相似点的不可能性，但专家们也不时地就很难觉察的小概率作证。事实上，呈现令人费解的微小数值，已经成为 DNA 证据的标准。

就有一定实证依据的估计，上诉法院分歧更大。当各个特征或者事件的概率已经确立后，就联合事件要考虑三种可能性：这些事件在统计上可能是独立的、正相关的（倾向于一起发生）或者负相关的。在证明统计独立性后，允许各个概率相乘。然而，当事件似乎正相关时，简单的乘法法则得出的概率太小，采纳该证言将构成错误。当基本事件或者特征为负相关时，无条件概率的乘积低估了联合事件的不可能性；因此，保守计算应该可采来证明事件是不可能的。在发现采纳的即使法院认为有充分根据的计算有误的特殊情况下，其理由似乎是陪审团会误解概率的含义或者过分强调数字，或者很难解释其真实含义。

在评估这些决定时，必须区分对有罪或者巧合概率的明确计算和相关背景统计数据的表示。如果罪犯——不管他或者她是谁——在犯罪现场留下了与被告血型相符的血迹，不知道这些血型在相关人群中发生的频率也无法对科学证据作出明智的解释。我们已经说过，任何专家，如果对被告是否留下了归罪性痕迹作出任何结论，无论是明确的还是秘密的，都是依赖于对这些数量的某种估计。在不了解这些背景统计数据或者不同来源的相对可能性的情况下，陪审团只能自己推测（或者暴露于未充分验证的唯一性主张中）。当可用的数据不允许进行合理的计算，但是很明显匹配是极有可能的时候，这可能是可以容忍的。但是如果对人口频率有合理的估计，就不应不让陪审团知道。因此，法院常规性地采纳估计这种频率的证言，常常没有异议。

当然，这项政策有风险。陪审员如果听说每五个人中只有一个，或者说，

471

[46] Id. at 37.

每一万个人中就有一个具有真正罪犯的特征，可能会受诱惑从一个数字中减去这个统计数字，并得出这样的结论，即余数就是被告有罪的概率。在统计文献中，这种推理被称为换位谬论（transposition fallacy）。然而，辩护律师通过指出频率估计仅仅证明的是被告为具有归罪性特征的一类人中的一员纠正任何此类误解，这并不那么困难。这些特征在整个人口中的分布，仅仅决定了被科学证据认定为可能的罪犯的这类人群是大还是小。

原则上，统计学家所能做的，不仅仅是陈述科学检测将牵涉某人的频率。首先，在识别特征不是从一般人群中挑选出被告的依据的案件中，专家可以明确说明研究结果的 p 值。其次，有人已经大胆计算与某些人口中具有归罪性特征的人数有关的附条件概率。确实，*People v. Collins* 案件的意见带有一个数学附录，旨在说明这样的附条件概率，即如果至少有一对这样的夫妇（Collins夫妇）存在，那么有更多具有 Collins 夫妇特征的夫妇的附条件概率为 0.41。人们可以设想，采纳关于这些概率的证言，以消除像 *Collins* 案件中 1 200 万分之一这样的数字的影响。再次，当计算出表明证据证明价值的似然比是可行的时候[47]，专家可以提出这个量。这种方法已经在越来越多的 DNA 案件中得到采用，并被欧洲法证科学工作者普遍接受。最后，专家可以应用贝叶斯规则[48]向陪审员说明频率数据如何增加先前确定的概率，即被测试者是留下归罪性痕迹的人的概率。

最后一项建议受到了哲学和实践两方面的攻击。有人回答说，务实的异议更有说服力。当然，在有证据的情况下，让专家就"有罪概率"作证是不可取的。但是，仅仅用这种统计推论的方法来教育陪审团——展示证据性认定的证明力——的好处，是否值得付出时间和可能的混淆方面的成本，则是一个更密切的问题。在亲权鉴定领域之外，在法庭上很少看到贝叶斯计算。

总的来说，明确使用概率论和统计推断，无论是作为专家本身意见的基础，还是作为陪审员如何思考科学鉴定证据的教育课程，似乎仍然存在争议。然而，只要律师和专家们不试图对没有科学依据的结果加盖科学的认可印章，就可以明智地利用这些理论，理性看待鉴定证据。

＊《塔木德》（Talmud，为教导或学习之意）是犹太教中认为地位仅次于《塔纳赫》的宗教文献。源于公元前 2 世纪至公元 5 世纪间，记录了犹太教的律法、条例和传统。《塔木德》的内容包含了人生各个阶段的行为规范，是犹太人对自己民族和国家的历史、文化以及智慧的探索而淬炼出的结晶。——译者注

[47]　参见上文第 185 节。

[48]　参见下文第 211 节。

第 211 节　亲子鉴定

有疑问或者有争议的亲子关系问题一直困扰着人类，也许从物种的起源就开始了。《塔木德》*讲述了一个案例，一个寡妇在她丈夫去世后，在三个月的等待期期满之前嫁给了她的丈夫的弟弟。之后不到六个月她就生了一个孩子。拉比推理说，孩子要么是已故丈夫所生的足月婴儿，要么是第二任丈夫的早产儿。由于这位母亲在第一任丈夫去世三个月后没有明显的怀孕迹象，这件事很难解决。正如一位拉比所说，"这是一个疑问"。

许多立法者、法院和论者得出结论认为，基因和统计方法可以消除这种疑虑。第 205（B）节描述了检测基因标记的方法和人类遗传学的原理，这些原理允许将这些信息应用于解决有争议的亲子关系案件。我们看到，各州现在采纳 DNA、血液和组织分型检测的结果，不仅用于排除所称的父亲是生物学父亲，而且在他没有被排除的情况下，帮助证明他就是生父。为了帮助事实审判者解释阳性结果，专家根据普遍适用的证据原则，可以对男性人群中相关基因型或者遗传标记分布的特征频率作出可靠的估计。也就是说，如果人口数据支持的话，专家可以就检测将排除的男性比例作证——这个参数有时被转换成"排除概率"。就此而言，该程序基本上与一般适用于科学识别证据的程序相同。[49]

然而，许多专家认为，仅限于检验结果和排除概率的证言是不完整的，有时会造成误导。他们倾向于就亲子关系的概率作证，几乎所有的司法辖区都允许在民事案件中提供这种证言。然而，尽管大多数州都有制定法允许将阳性检测结果作为证据，但是并非所有这些制定法都规定了从检测结果得出的概率是否也是可采的。在另一个极端，全国采用的制定法不仅允许这样的证言，而且依靠"亲子关系概率"来触发亲子关系的推定。在没有明确授权专家提供亲子关系概率的制定法的情况下，可采性应取决于概率证言是否足以帮助陪审团适当评估阳性结果的证明价值。要回答这个问题，首先必须了解"亲子关系概率"是什么。本节将说明这一概率是如何计算的。然后本节提出这种方法的一个版本不适合供法庭使用，并提出了一些替代方法，以帮助陪审团或者法庭权衡阳性检测结果和案件中的其他证据来作出关于亲子关系的决定。最后，讨论了涉及 DNA 分型的概率计算所引起的特殊关注。它的结论是，在大多数情况

473

---

[49]　参见上文第 210 节。

下，关于亲子关系的数字概率的证言不再是必要的。

　　按照传统的计算方法，亲子关系的概率是 19 世纪托马斯·贝叶斯神父发现的概率论的一个基本结果的一个看似简单的应用。贝叶斯公式可以被解释为说明了新引入的证据对以前确立的概率的影响。假设我们用 B 代表这样的事件，即所称的父亲是生物学父亲，我们用比值（B）表述有利于这个事件的比值（在我们了解实验室检测结果之前）⑩，我们用 T 表示检测证据（母亲、孩子和父亲的类型）。许多作证专家武断地将先前的比率取为 1（即 50 比 50），这相当于假设关于亲子关系的控告可能是真的，也可能是假的。贝叶斯规则告诉我们，如何更新这些比率来说明检测结果 T。特别是，它说将先验概率乘以一个称为似然比的数量，以产生新的概率，即所称的父亲是生物学父亲的概率，我们将其写为 Odds（$B \mid T$），代表给定测试结果 T 后 B 的概率。在符号 Odds（$B \mid T$）＝LR Odds（B）中，LR 是似然比缩写。就先验概率为 1 的假设而言，亲子关系的后验概率只是 Odds（$B \mid T$）＝LR。

　　这个似然比可以计算为两个概率的比值。分子是指如果所称的父亲真的是生物学父亲，那么将发现 T 型的概率。分母是如果所谓的父亲不是生物学父亲，那么将发现 T 型的概率。换言之，似然比是说，如果所称父亲是生物学父亲，与其不是生物学父亲相比，检测显示 T 型的可能性要大多少倍。它通常被称为"亲子指数"。分子的计算相对简单。它仅是这样的概率，即一个具有所称父亲表型的男性和一个具有母亲表型的女性会生育一个具有孩子表型的后代的概率。分母的计算更复杂一些。分母是指除所称父亲以外的其他男性将生育与孩子表型相同的后代的概率。但是是哪个男人？有些"其他男人"不能生育这种表型的孩子。他们将被排除在检测之外。其他人也会像所称父亲一样，有同样的概率生下这种表型的孩子。这些人和他有同样的表型。还有一些人会以其他的概率生育这种表型的孩子。他们的表型不同于所称父亲的表型，但是仍然与生物学父亲的基因型一致。传统的解决办法是发明一个"随机人"——一个假设的实体，其基因型是所有这些人的一种平均值。假设对人群等位基因频率的估计完全没有误差，计算可以继续进行。

　　例如，假设给定估计的等位基因频率，与想象中的"随机人"相比，从一个具有所谓父亲类型的男人那里获得具有所观察类型的孩子的概率要高出 5 000 倍。贝叶斯公式就是 Odds（$B \mid T$）＝5 000×Odds（B）。

⑩　某结果的概率 P 对应于支持该结果的概率 $P/（1-P）$ 比 1。例如，如果亲子关系的概率是 $P=1/2$，那么该概率就是 1/2 除以 $1-1/2$，即 1 比 1。

474 　　就先验概率为 1 而言，这意味着所称的父亲是生物学父亲的概率是5 000
比 1。相应的亲子关系概率为 5 000/5 001＝.9 998，或者 99.98%。这些是专
家们就"亲子关系概率"结果作证使用的数字。

　　这些计算的结果是否可采？诉诸"随机人"来形成似然比，并假定先验概
率为 1，会给法庭展示带来问题。人们很容易认为，对先前概率的选择是人为
的、推测性的，缺乏任何科学依据。这听起来像是一些典型的案例，在这些案
例中，专家将没有事实根据的概率相乘。[51] 然而，在这里，有一些确凿的数据
表明，这些先验概率低估了关于亲子关系的真实控告的发生率，因此有利于所
称父亲，他将是提出异议的当事人。

　　尽管如此，拿出用这种方式计算出的任何一个数字作为"亲子关系"概
率，其含义都会超出数学逻辑所能表达的范围。大多数听说亲子关系的概率为
99.98%的人，会认为所称父亲有婚外情得到了确凿的证实。事实上，专家们
已经开发出了标准化的短语，他们称之为"动词谓语"，用来描述数字的特征。
然而，考虑到"亲子关系概率"的计算方法，许多男性——所有那些与所称父
亲类型相同的人——如果进行测试，他们的"亲子关系概率"将达到
99.98%。一些没有被排除的男性（基于血清学和 HLA 类型）可能有更高的
"亲子关系概率"。在不止一个案件中，一个后来被证明不育的男性的"亲子关
系概率"——根据 HLA 分型确定的——超过了 95%。除非专家能以某种方式
解释，计算出的"亲子关系概率"不是所称的父亲（与所有其他可能的父亲不
同）是生物学父亲的概率，否则不应允许专家将这种"概率"提交陪审团。此
外，任何关于"亲子关系概率"的准确解释，似乎都不意味着所称父亲，而不
是其他男性，就是该生物学父亲，因此它的真正含义是什么，都会令人绝对困
惑。因此，不应允许就"亲子关系概率"——该概率是以固定和未披露的 1/2
这一先验概率计算的——提供证言。这样的证言似乎无法履行其唯一的正当职
能，即帮助陪审团就阳性检测结果和案件中的其他证据进行权衡。同样的排除
规则也应适用于一些专家就亲子关系概率所附加的标准化的"动词谓语"。

　　这一规则不会禁止引入遗传证据并解释其意义。适当进行的基因检测证明
所称父亲的表型或者基因型与亲子关系的主张一致，这一事实始终是相关和有
用的证据。与其他形式的鉴定证据一样，这种证据的力度，在某种程度上可以
通过关于排除概率或者——更好——似然比的证言来说明。

　　使用贝叶斯方法帮助陪审团评估证据也有很有力的理由。专家证人可以将

---

[51]　参见上文第 210 节。

焦点调整到审判上——在这里决策者可以得到其他证据，而不是从实验室的立场来审视证据——其没有其他事情可做，被驱动到使用先验概率为 1 这样的人为假设。专家可以向陪审团说明，检测结果影响的不仅是一半的先验概率，还会影响所有的先验概率。可以向陪审员清楚地表明，本说明的目的不是强迫他们为本案的其他证据分配一个先验概率，而是允许他们评估阳性检测结果的力度，并以他们认为最好的方式权衡赋予结果和其他证据以证明力。通过使用变量而不是固定的先验概率，专家可以在不试图量化——在不完全信息的基础上——陪审团必须根据案件中所有证据来决定的事情的情况下展示证据的统计力：亲子关系概率。

然而，即使使用说明性而不是固定的先验概率来产生亲子关系概率，也必须认识到，似然比并不包括与评估实验室研究结果相关的所有信息。正如我们所描述的（以及通常的计算）那样，这个比率假定在相关群体中，就表型或者基因型的确定以及相关等位基因的频率，没有任何歧义或者疑问。

然而，考虑到可以检测的 DNA 基因座的丰富性，以及可以从母亲、孩子和假定的父亲那里获得的新鲜和未受污染的样本，统计问题应该很少有意义。事实上，是否有必要在陪审团面前拿出任何数字，是值得怀疑的。DNA 基因座在个体之间进行区分的精妙能力，使得在许多案件中，对麻烦的"亲子关系概率"的详细计算大大偏离了重点。考虑到在普通案件中，对于任何可能的先验概率，基因检测可以产生远远超过 0.99 的后验概率，有人提出：

> 我们正在接近一个可以将明确的统计分析降低到背景的时刻。今天，排除很少用亲子指数或者亲子关系概率来解释，大概是因为这些数字非常接近于零，以至于给法官或者陪审团的指导，只不过是一个简单的陈述，即如果测试结果是正确的，那么被测试者实际上不可能是父亲。同样，显然为天文数字的亲子指数所指的内容，也许可以更有益地描述为：这表明假设的父亲实际上不可能不是生父。[52]

即便如此，这种乐观情绪也应该认识到，可能的父亲是受试者的兄弟、儿子或者父亲，这总是可以想象到的，有时是相当可能的。亲生父亲是这样的近亲的假设的似然比，将比随机男性的通常亲子关系指数小得多。一个简单的解决办法是给出这些亲属的似然比，再加上这样的评论，即：如果检测得当，基本上消除了一个没有血缘关系的男人为父亲的可能性。

[52]　Kaye，DNA Paternity Probabilities，24 J. Fam. L. 279，303 - 04 (1990).

第八编 实物证据、其他非证言性证据和示意辅助手段

479

第 21 章

实物证据、其他非证言性证据和示意辅助手段

第212节　导　言

　　本章的主题，是审判中常用的非证言性证据类型的可采性。① 实物、图画、照片和录音是这种传统类型证据的例证。在当代的法庭上，出现了许多新的类型，特别是随着录像带和计算机图形学的出现。因此，令人满意地为包含所有这些类型的较大类别进行命名，被证明是很难的问题。它曾被称为实物证据、眼见为实的证据、示意证据、有形证据和客观证据。也许"非证言性证据"和"有形展示件"是最具内容中立性的描述。

　　然而，尽管方便，使用任何一个术语来命名所有这类证据，充其量是令人困惑的，最坏的情况是不利于对应当要求什么才能使其被采为证据进行明确的分析。这是因为并非所有的非证言性证据都是为同一目的的提出的，或者是根据同一理论被接受的。因此，本章的每一节都关于一种特定的类型：实物证据；示意辅助工具；照片；录像、电影和录音；法庭上的演示和实验；计算机生成的模拟和模型；以及视图。然而，使用这个组织方法不应被视为回到分类形式主义，因为每种类型都将在功能上根据其相关性和在审判中的使用进行讨论。

　　以下简要讨论涉及所有类型的非证言性证据的可采性的关键法律概念：相关性、验真和进行排除的司法裁量权，以介绍我们所关心的贯穿本章的问题。

　　相关性。本章讨论的一些证据类型是基于这样一种理论提出的：事实审判者仅仅通过感知它们就能获得与具有重要意义的事实相关的信息，而不管是否有证人就其所感知的事项作证。一些常见的例子如据称在被控的犯罪中使用的武器，关于人身伤害原告的日常生活的影片，或者是关于所谓碰撞原因的计算机模拟。这些证据是"实质性"证据，对于案件中具有重要意义的事实，具有独立的证明价值。相比之下，提出其他类型的证据是基于这样的相关性理论，

---

　　① 书写品的可采性在第22章（书写品的验真）和第23章（书写品、录制品的原件要求及其例外）单独讨论。

即它们只是"说明"证人作证的事实或者意见。如果它们有助于审判者理解证人的证言，而该证人的证言本身使具有重要意义的事实更可能或者更不可能，那么它们就具有相关性。例子包括诉讼事件中涉及的物品的复本、绘图、图表和模型。这里将使用"展示性辅助手段"一词来说明这些和其他类型的证据，这些证据的相关性是说明性的，而不是实质性的。一些法院将这些辅助手段称为"讲解辅助手段"或者"工具"。

在本章，这两种相关性理论将被称为证据的"说明性"使用和"实质性"使用。在评估证据规则应该如何应用，以及什么是特定展示件的充分铺垫时，这两种理论的区别变得很重要。因为这一区别不能严格保持，这里出现了一个问题；也就是说，当一项据称仅作为说明证人证言而提出的证据也不可避免地成为实质性信息的独立来源时，这一区别就变得模糊不清。

这种问题最常发生在使用照片、电影和视频录制以及计算机生成的展示件时。例如，可以提供监控录像来说明感知证人的证言，但是它们也可以向审判者传达作证证人没有或者无法感知的数据。这就带来了一个重要的问题：进行什么样的铺垫才足以采纳这样的录制品，这个问题将在第 215 节和第 216 节进行深入讨论。计算机生成的展示件也模糊了说明性证据和实质性证据之间的区别，因为它们具有说服力，而且计算机本身的功能有时像是专家。

验真。在所有司法辖区，验真要求适用于本章讨论的所有类型的证据。只有当提出者提供了一些证据铺垫，证明该证据确实是提出者声称的某个证据时，该项证据才能被采纳为证据。这是进行验真的负担，被《联邦证据规则》901 命名为"证据验真或者辨认"。验真所必需的证据标准是初像证据，或者"足以支持一项认定的证据"。

首先，提出者声称，所提出的证据与证明（或者证否）案件中具有重要意义的事实有关。然后，这种相关性的断言决定了，为验真目的，提出者要声称提出的物品是什么，通常它与特定的人或者案件中的一个争讼事件有关。例如，在一项关于持有非法物质的检控中，如果将一个装有白色粉末的塑料袋提出作为证据，检控方将主张这个袋子具有相关性，既是因为被告持有它，也是因为其内容物是非法的。如果有足够的证据支持认定它就是从被告手中扣押的袋子，则验真的要求将得到满足。正是这种与一个人的"联系"，通常被用于对展示件的验真或者辨认。超出《联邦证据规则》901 范围的其他事实，如袋子里的非法内容物，也可能是使该证据具有相关性的必要条件。就使用感知证人或者证据链来证明实物证据的验真，见下文第 213 节的讨论。

提出者关于该证据是什么的主张，以及因此为了验真目的必须证明的联系，将随所提出的证据的类型以及在本案中作为实质性或者说明性证据的相关性而变化。没有在每一种情况下必须遵循的单一的公式，这在本章后面对具体类型的有形展示件的讨论中是显而易见的。随着时间的推移，法院已经将足够铺垫的要素提炼为常规应用的标准。就该标准，《联邦证据规则》901（b）和大多数州证据规则规定了一套选项，以满足验真要求。这些选项包括对特定类型的展示件的一些被广为接受的要求，以及使用具有亲身知识的证人的证言或者依赖内容和外观等情况证据的更一般的选项，这两种选项都可以适用于许多不同类型的展示件。

　　法官和陪审团在验真中的功能。足以支持一项认定的证据，意味着理性的陪审团可以以优势证据，认定某证据就是提出者所称的证据。这一标准赋予了法官在"充分性"问题上的有限的筛选作用。如果证人有亲身知识并就此事直接作证，这就足够了。法官不衡量可信性，而是从表面上看证言。允许对方在陪审团面前质疑证人的可信性，陪审团决定最终的真实性问题。

　　当验真证据是情况证据时，陪审团是否能够合理地认定提出者所声称的事实的问题，就更为困难，法官必须有一定的判断余地。虽然这种判断通常被认为是一个自由裁量权的问题，但是在上诉时，审判法院的决定被视为一个法律问题——是否满足了《联邦证据规则》901（a）规定的必需的"充分性"最低法律标准。上诉法院自行对记录进行重新审查，以裁断是否有足够的证据支持理性陪审团根据对某证据进行验真的事实作出认定。

　　排除证据的司法自由裁量权。非证言性证据诉诸事实审判者的感觉。审判者从这些展示件中获得自己的感知，不必依赖证人报告的知觉。本章所讨论的证据的这一鲜明特征，带来了证明危险和证明价值的具体问题。

　　证明危险。由于"眼见为实"，今天人们常常认为，这种证据具有直接而明显的现实性，因而具有特别的说服力。在所有司法辖区，如果证据的采纳会给陪审团的推理造成重大危险，并且如果这些危险大大超过展示件的证明价值，就像《联邦证据规则》403所规定的那样，法官有自由裁量权排除此类证据。这条规则所列的大多数证明危险，通常是对此处所讨论的证据类型的采纳提出异议的依据。

　　描述如人身伤害、犯罪被害人的尸检、侵权行为或者犯罪现场的细节等可怕事件的展示件或者示意品，经常被认为带来了不公平的损害而遭到异议。《联邦证据规则》403的起草者将不公平损害这一术语定义为暗示"在不适当基础上做出决定，这通常是，但不必然是情感方面的"[2]。这类证据有能力

---

　　② Adv. Comm. Note，Fed. R. Evid. 403.

产生同情、恐怖、反感或者蔑视等情绪反应，如上文第 185 节所述，可能会"激起陪审团对一方的敌意或者同情"，从而以不公平的方式影响结果。如果这种反应的危险大大超过本案争点相关证据的证明价值，则排除是适当的。

482　　　　同样，即使不可能导致实质性的情绪反应，录像和电影记录，以及计算机生成的动画和模拟也可能会向陪审团传达一种客观现实的印象。因此，法院已经认识到这样的危险，即如果这些证据的内容与审判中的争议事件的实际情况和情境不太相符，那么这些证据就有误导性。从另一个意义上说，如果陪审团不能准确估计展示件的证明价值，该展示件就可能具有误导性，通常是因为展示件所描绘的表面现实的直接性，它可能会高估展示件的证明价值。一个相关的证明危险是混淆争点，如果陪审团的注意力被展示件的戏剧性力量从对争点的仔细评估中分散开，就可能会发生这种情况。

此外，某些类型的证物给法院带来后勤困难。由于法院在建筑和其他方面的构造基本上都是为了接收证人证言，展示各种形式的实物证据或者示意辅助手段，可能需要法院亲身前去来接收它们，否则就需要将笨重的物品或者设备带入法庭。这些行动可能造成不当延迟和时间耗费。最后，口头证言很容易纳入书面记录，以便上诉审查，但是示意证据有时不易进行类似的保存和传播。

法官对刚才提到的证明危险的评价，显然会因所提出的具体证据的特点、在具体案件中引入该证据的目的和需要，而有很大的不同。由于展示件各种各样，以及用它们试图证明的具有重要意义的事实实际上是无限的（不同于审判律师的想象力和资源所证明的），这使得审判法官在可采性的裁决上有广泛的自由裁量权是适当的和不可避免的。作为根据《联邦证据规则》403 行使自由裁量权的一个重要部分，法官还必须试图估计所提出的证据的证明价值。

证明价值。这里讨论的某些证据被赋予了重大证明价值。有些物品揭示的信息直接关系到案件中的争点，例如物品是否具有可感知的特征、特点或者特性。如果提出物品是为了让陪审团自己能感觉到物品的特性或者其不存在，则这一展示件将被视为具有高度的证明力；例如，一方当事人要求赔偿肢体的损失或者造成毁容伤疤的伤害所进行的展示。与此类似，在违反保修的诉讼中展示的购买的动产，至少在保修的品质或者特征是可感知的情况下，将构成条件争点的有证明力的证据。在这些情况下，不需要有意识的推理过程，至少在一般意义上是这样。

如果提出的展示件与争议事实之间的关系需要在可感知的事实之外进行推理，那么对证明价值的估计就更加困难。这种情况就是这样：为了证明身份，抢劫案检控中的被告在被捕时所穿的衬衫被展示给陪审团，以证明其与证人所描述的抢劫犯所穿衬衫的相似性（从而证明其身份）。衬衫实物对身份问题的证明力有多大？大多数法院和论者都认为，证明价值的主要衡量标准是，证明所提出的物品与案件中的重要事实之间联系的推论的强度——这里是被告和抢劫犯拥有同一件衬衫的推论。没有精确或者准确的方法来估计这一力度。它受到许多事实的影响，例如证人描述的细节的数量与衬衫上是否有与此匹配的细节。其他因素也会影响对证明价值的司法裁断，例如，在有其他可得证据的情况下，为辨认目的展示该衬衫的必要性；或者在本案中辨认问题的重要性。

483

权衡。根据《联邦证据规则》403，审判法官拥有广泛的自由裁量权，可以就任何不公平的损害、造成误导或者陪审团混淆的风险或者时间耗费与证据的证明价值进行权衡，并据此裁断可采性。在非正常死亡案件中，"栩栩如生"地描绘谋杀被害人或者死者的照片，特别充分地说明了处理高度个性化的情况的司法自由裁量权的可取性。这些照片的重要性和潜在的有害影响将会因案件而有显著不同，这一事实，使得谨慎使用司法自由裁量权是必不可少的。

《联邦证据规则》403就证明价值和证明危险的最终权衡是否支持排除展示件的问题，提供了一些指导。它规定，当危险严重超过证明价值时，排除是正当的。这种权衡标准有利于证据的可采性，而且似乎要求法官接受一些展示件对陪审团产生负面影响的风险。参见上文第185节。

当然，与其他情况证据一样，为适当的相关目的提供的展示件也可能引起不适当的推论。因此，引入的在逮捕时从被告身上取下的枪支，如证明与实施所控罪行时使用的枪支相似，可能意味着被告是抢劫犯，而且被告是携带枪支的危险人物。在这种情况下，法官可以发出限制性指示，指示陪审团只就适当用途考虑该展示件。传统的司法假设是，陪审团能够并将遵守这种限制性的指示，因此减少了不公平损害的风险，因此，在这种情况下，采纳该证据是正当的。

第213节 实物证据

在导致审判的事件或者交易中起实际和直接作用的物品，例如在谋杀检控中所称的武器，通常被称为"实物"证据。这些物品被视为独立的实体证据来源，因为事实审判者可以从物品本身就一些具有重要意义的事实作出推论。

为了进行验真，如果提出者宣称所提出的武器是相关的，因为它是在犯罪现场发现的，那么对该展示件进行验真所需要的足够的铺垫就是这样的证言，即所提出的武器就是在那里找到的武器。所提出的物品可能具有相当独特且易于识别的特征。如果是这样的话，一个感知证人的证言，比如"我认出了这件武器上有雕刻的把手；它和我在犯罪现场发现的那件武器的把手是一样的；这就是我找到的那件武器"，将足以支持一个认定，即那就是所宣称的那件武器。另一方面，如果提出的证据具有不易识别的性质，验真所需的铺垫将更为详尽。通常情况下，它将要求就此提供证言，即从发现物品的那一刻起，一直追踪到它在法庭上出现的整个保管链，并且要有足够的完整性，使其有这样的合理的可能，即原始证据既没有被交换，也没有被篡改。

如果实物证据的状况对于其辨认很重要，则未经改变的状况，是验真要求的一部分。它可能是感知证人作证的对象，甚至是从相对不易改变的物品中推断出来的。如果物品容易被篡改或者掺假，例如非法药物或者其他化学品，可能要求有更为严格的保管链条。如果证据已经过检测，技术人员将成为该保管链条的一部分。然而，根据《联邦证据规则》901裁决的案件清楚地表明，不必总是证明一个完整的保管链条。证明标准要求的仅仅是审判者可以从中合理地认为证物仍然是提出者声称的那个证物的证据。如果有一些特别确定的错误识别或者篡改的风险，展示件的提出者应提出证据，以克服该风险，否则就会被排除。然而，应该始终牢记，铺垫要求本质上是逻辑要求，而不是艺术法则。因此，即使是被篡改的实物证据，如果使其具有证明力的相关特征保持不变，也可能仍然是可采的。

由从较大体积物品中提取的样品构成的实物证据，通常也被判定可采来对整体物品进行验真，但是必须遵守上述与实物证据有关的一般要求，以及进一步的要求，即必须证明样品能准确地代表整体。此外，如果完全提供了大量材料，证人描述该总量通常就够了，而不必是每个组成项目。

一旦实物证据被验真，它就更可能受到法官根据《联邦证据规则》403行使的排除证据的自由裁量权的制约。然而，法官通常认为实物证据具有高度证明力，因而对陪审团有相当大的帮助，有时很少分析陪审团在决定案件的有重要意义的事实时会从中获悉什么。因此，即使是对令人毛骨悚然的物品——如果它们在诉讼事件中发挥了作用——的采纳，也得到了维持。

第 214 节　示意辅助手段

如今，在整个审判过程中遇到使用示意辅助手段的情况越来越普遍。提出这些辅助手段，是为了说明或者解释包括专家在内的证人的证言，或者提供复杂或者卷帙浩繁的文件的摘要或者年表。律师在开局和终局陈述中也依赖于这种辅助手段。示意辅助手段有多种形式；本节讨论的类型有复本、模型、手绘地图、图表、图画、示意图和计算机生成的讲解辅助手段。与实物证据不同，这些辅助手段的可得性往往取决于律师无法控制的情况，使用示意辅助手段的机会仅限于有聪明才智和能力形成它们的律师。这些辅助手段在澄清和增加口头发言的趣味方面的潜力，使其得到了广泛的使用，今后无疑也将继续下去。

仅与"说明性"使用相关。在这里，示意辅助手段是由在审判时提出它们的相关目的所界定的，这就是为了说明其他被采纳的证据，从而使事实审判者更容易理解。它们之所以被称为"派生"证据，是因为至少在理论上，示意辅助手段对于确定案件的实质性问题没有独立的证明价值。同样，它们在理论上的相关性，仅是因为它们帮助审判者理解其他实物、证言性的和书面性的证据。用于这一说明目的的书证的摘要和图表必须与下文第241节所讨论的根据《联邦证据规则》1006作为实质证据所采纳的摘要区别开来。

485

验真为对其他证据的"公平、准确"的展示。当展示示意辅助手段时，它的铺垫与实物证据的验真要求有很大的不同。它本身并不是一个与当事人有具体联系的物品，也不是在诉讼事件中发挥作用的物品。它的来源以及它是如何被创造出来的，可能并不重要。相反，证成其采纳的理论是，该证物是对本案中本就采纳的相关证言或者书证的公平和准确的陈述。通常情况下，在证人作证期间，证人会将辅助手段辨认为对证人曾经感知到的、现在正在描述的事物的实质性正确表述。这符合上文第212节所讨论的《联邦证据规则》901（b）（1）的充分性标准。采纳某一特定的示意辅助手段事实上是否会有帮助，或者反而会使审判者感到困惑或者受到误导，在大多数依照《联邦证据规则》403和611（a）作出决定的司法辖区，属于审判法院的合理自由裁量权范围。

作为展示件的地位。虽然所有司法辖区都允许在整个审判过程中使用示意辅助手段，但是就其确切的证据地位，司法意见存在一些差异。有些司法辖区将这类证物视为可采的展示件，可在上诉时审查，有时陪审团在评议期间也可查看。其他法院则待之有别，要么仅仅出于"示意目的"予以采纳，要么干脆拒绝将其作为展示件采纳物。在是否允许它们于评议期间进入陪审团评议室的问题上，这些法院也存在分歧。

在最近的判例法中，一个主要的问题是这种摘要和图表的证据地位，即这些摘要和图表是以"论证"的形式呈现在审判中被采纳的卷帙浩繁的书面证据和证言，而不是作为证据，即通过使用题注和其他手段来暗示提出者希望陪审团得出的推论和结论作为证据。这些摘要模糊了仅仅是说明性的示意辅助手段和根据《联邦证据规则》1006作为证据采纳的摘要——这必须向法院证明是准确的和无害的——之间的界限。法院通过明确的限制性指示，即这些摘要本身不是证据，陪审团不能将其作为实质性证据来使用，解决了这些充满结论的摘要的有用性与对陪审团产生不当影响的风险之间的紧张关系。

即使所有类型的示意辅助手段都不允许进入陪审团评议室，似乎也没有理由将这些证物拒绝采纳为展示件和拒绝承认其作为展示件的正式地位。不幸的是，在没有正式提出或者采纳为证据的情况下展示和提及许多示意辅助手段的做法，是很常见的。许多上诉法院都评论了当关键的证言以不可理解的方式提及复审法院无法获得的物品时，给上诉造成的困难。显然，更可取的做法是，提出者将证据的示意辅助手段作为展示件提出，通过证人证言对其进行验真，并正式将其作为证人证言的一部分加以引入，这样它将通过提及而被纳入其中。当记录不那么完善时，许多法院都假定，说明性证物和提及它们的证言支持裁决，使得澄清记录符合双方当事人的利益。

如上所述，律师已经习惯于在开局陈述和终局辩论时使用示意辅助手段。目前尚不清楚这些辅助手段的地位，无论是由律师使用黑板和大块纸片制作的，还是用 PPT 幻灯片演示的。有人提出，如果这些辅助手段将被或者已经在审判期间被采纳为展示件而使用，其地位因律师的使用而保持不变；但是如果这些辅助手段的使用只是为了使律师自己的演讲戏剧化，或者是暗示律师对实质性证据的推论，则应将其视为律师陈述或者辩论的一部分，不应该在陪审团评议期间交给陪审团。

复本。复本通常可以适当地代替实物证据。实际涉及交易或者事件的物品可能丢失或者不可得，或者证人可能无法证明庭上展示的物品与他们先前观察到的相同。如果只有证物的通有特征是显著的，对于引入实质相似的复本，似乎不存在异议。这些证物的相关目的，是说明证人正在作证的一个物品的特征与争议事件有关。虽然可采性一般被视为属于审判法院的自由裁量权范围，但是有人提出，排除被证明与事件所涉物品相同的复本，将构成可发回重审的错误。另一方面，如果没有证言证明所要说明的对象曾经存在，那么引入一个复本可能会导致错误的确定性印象，因而应当予以排除。

模型、手绘地图、图画和图表。与复本不同的是，这些示意辅助手段在性质上不易与实物证据混淆。它们是根据这样的理论而具有相关性的，即它们说明和解释了当庭作出的证言，而且直接根据证人的证言，即它们实质上是证人试图描述的内容的准确陈述，得到了验真。这种辅助手段可在庭外或者由证人在审判中自行制作。证明性危险可能存在，因为鉴于不准确、规模的变化、视角扭曲等原因，这种类型的辅助手段可能更具误导性，而不是帮助作用。如果依照《联邦证据规则》403 进行裁量性控制，证明价值的衡量标准是法官认为该证物将有助于事实审判者理解证人证言的程度。当审判法院行使其自由裁量权采纳它时，很少会发现它有错误。如果提出者的证人指出了可能具有误导性的特征，或者在交叉询问时可能暴露了这些特征，则情况尤其如此。

计算机生成的讲解辅助工具。近年来，各类计算机生成的证据的使用急剧增加，而且随着法庭展示各种形式的计算机演示的装备更加完善，这一趋势似乎肯定会继续下去。有些计算机生成的展示件［computer-generated exhibits（CGEs）］完全符合这里定义的示意辅助工具。它们的目的是展示并帮助陪审团理解本就要采纳的证据。因此，它们也被称为"讲授"辅助手段。就此而言，一般认为这些辅助手段本身不是证据，陪审团在评议过程中不应使用。然而，有些法院将这种辅助手段视为受采纳程序制约的展示件，因为它们是教育陪审团的重要工具。现介绍这类辅助手段的常用类型。

487

静态图像。静态图像是由计算机创建或者存储在计算机中的非运动图像或者静止图像，在审判时由计算机显示系统投影到大屏幕或者单个显示器上。图画、物品、场景或者机械装置可以这样显示。当用于说明证人的证言时，法院和论者认为这些类型的 CGE 与黑板或者画架上更传统的展示方式没有区别。

增强图像。增强图像大部分以静态形式呈现，但是要经过计算机驱动的处理，通过使用缩放、不同颜色、箭头等实现诸如突出显示、放大、分割屏幕展示和强调等。同样，虽然这种处理方式比类似的不用电脑来突出证言要点的技术更能吸引人、更具效率和更为有效，但是只要它是要准确地说明证人所要说的话，它就仍然属于示意辅助手段的范畴。证人的验真证言将证实 CGE 的实质准确性，反映了证人试图描述的内容，并且审判法官将依照《联邦证据规则》403 考虑增强图像中的任何潜在证明危险。

动画。计算机生成的动画呈现的是计算机可以连续快速地显示出来的一系列的静态图像。这就产生了运动的错觉，就像卡通那样。许多简单的动画被用来说明证人的事实性证言。例如，CGE 动画可以描绘一个人行走的简单动作；或者，图像可以旋转以从不同的角度展示一个对象；逐渐放大可以从不同的距离展示一个对象或者场景。这些简单的动画不用于重新创建或者模拟事件。证人的验真证言将确定 CGE 动画是对证人试图描述的内容的公平和准确的表示，并且根据《联邦证据规则》403，对动画的采纳属于审判法官的自由裁量权范围。

更复杂的"再现性"动画说明的是造成双方争议的事件。它们是作为作证专家证人的专家意见的说明而提供的。因此，作为一种展示性辅助手段，它们可以通过专家的证言——证明动画公平而准确地代表了其意见——来进行验真。批评使用再现性动画的人担心，它们不仅仅是说明性的；它们包含了向动画制作者提供信息的人的传闻、动画制作者自己的传闻意见，以及计算机软件中用于生成动画的技术原理。因此，再现性动画可能是独立的实质性证据——可能不可采——的载体。这是一个严重的异议。如果动画，或者任何说明性的示意性辅助手段，也向陪审团传达了实质性证据，超过了只是"说明"证人的证言的铺垫范围，那么这个铺垫是不够的。这一问题将在下文第218节进行深入讨论。就照片、视频和电影录制品的说明性和实质性混合使用的相关讨论，还请参见下文第215节和第216节。

488 　　作为讲解辅助手段的摘要和图表。除了说明证人证言，还可以开发CGE来总结和展示已经在审判中采纳的证据（特别是书面证据）。根据《联邦证据规则》611（a），这些讲解辅助手段作为有效审判管理辅助手段很受欢迎，只要它们的范围仅限于总结已经采纳的展示件。在摘要或者图表不是展示件的情况下，即使《联邦证据规则》901不一定适用，也应当由提出者就摘要的准确性进行铺垫。对审判法院允许使用简易图表和证人的决定的审查，将以滥用自由裁量权为标准。

第215节　照　片

　　根据两个相关性理论，照片可以被采纳：作为证人证言的说明（也被称为照片的"图解证言"使用），以及作为独立实体证据证明照片所描述内容的存在（也被称为照片的"无声证人"使用）。

　　仅用作说明的相关照片。照片是最常见的证据，根据与刚刚讨论的示意辅助手段相同的相关性理论而被采为证据。作为说明性证据，照片仅仅被看作是对口头证言的一种图形描绘。如果证人作证说，照片是对证人亲自观察的有关事实的正确和准确的陈述，则照片得到了验真。因此，根据这一理论，进行验真铺垫的证人不必是摄影师，也不需要证人知道拍摄照片的时间、条件或者机制。相反，证人只需要对所描述的事实或者照片上的场景或者物体有亲身知识。根据《联邦证据规则》和《统一证据规则》，该铺垫在901（b）（1）范围内。一旦证明了个人知识，证人就可以说照片是否正确、准确地描绘了证人所看到的情况。这样核实过的照片，可以采纳作为核实证人证言的图形描述。③

---

③　But see Santee, More Than Words: Rethinking the Role of Modern Demonstrative Evidence, 52 Santa Clara L. Rev. 105, 123-124 (2012)：一张照片所描绘的一切是不可能用言语来表达的，因为言语永远无法像照片那样描述一幅图像。因此，即使口头证词是如此详尽，涵盖了照片的每一个细节，照片仍然是进一步的证据，因为它必然以不同的方式传达信息。

采纳经验真的照片也受《联邦证据规则》403 的约束。如果照片未能完全准确地描绘相关事实，例如情况发生了变化，则可能具有误导性。如果情况的变化不是很大，易于解释或者没有降低图像的证明价值，审判法院仍可就是否采纳照片行使自由裁量权。一张呈现可怕细节的照片，如犯罪现场或者尸检照片，或者受到人身伤害的人的照片，可能会被视为具有不公平的损害而遭到异议，但是通常会被采纳。彩色照片和放大照片通常被视为可采，只要照片以相当精确的方式呈现了所描绘的场景。

照片据以被采纳的说明性相关性理论显然是一种可行的理论，其无疑有助于引入各种照片。但否认照片的展示件地位，或者在将照片用作陪审团的独立信息来源时否认其实质性影响，正如一些法院在审判时将照片视为只有说明作用一样，就有点太过分了。

作为独立实质证据具有相关性的照片。我们可以假设，每一张照片传达给审判者的感觉，远不止是一个作证的证人试图记住和描述的东西。以"说明性证据"为题掩盖照片的实质性影响，因其缺少概念诚实性和因此产生的后果，遭到了痛切的批判。④ 这些后果包括验真不足，指示陪审团照片只能用于说明目的，不允许在陪审团审议期间使用照片。一旦照片被理解为具有独立于证人自己添加相关信息的能力，那么应当承认，照片图像本身是实质性信息的来源，而不仅仅是说明性的。在适当的情况下，这种承认将导致法院只有在根据《联邦证据规则》901 和《联邦证据规则》403 对照片内容的准确性进行更仔细的审查之后，才给予照片充分的证据地位。

当没有目击者看到照片上的内容时，照片就会受到这样的审查。X 射线照片被清楚地理解为独立实质性信息的相关来源，并一直被采纳。通常需要的验真铺垫是，在一个特定的时间和地点正确地利用可靠的科学过程，获得了提供作为证据的照相产品。

根据这一理论，通常被称为"沉默证人"的采纳理论，照片证据通过证明摄影过程的可靠性而被证明是准确的。这一铺垫，包括照片拍摄的时间和地点，现在在几乎所有司法辖区中被用来对各种类型的照片证据进行验真。这样一个铺垫满足了《联邦证据规则》901（b）（9）的要求，即"描述一个过程或者系统的证据，并表明它产生了一个准确的结果的证据"。除了确认复制过程

---

④ Mnookin, The Image of Truth: Photographic Evidence and the Power of Analogy, 10 Yale J. L. & Human. 1, 3, 11, 1 & 20 (1998). Mnookin 认为，说不需要用摄影师来就"说明性"照片的准确性进行验真，应该被"理解为法律上的虚构"，因为在许多情况下，照片被视为实质性证据，"其本身具有一定的证明力"。

的准确性，一个完整的铺垫还需要有证据证明操作者的能力、设备状况、没有改变的生产条件，这或许通过报告链条进行。在大多数情况下，主要是由于已充分确立的摄影过程的可靠性，所必需的铺垫仅仅是认定摄影作品的主题。然而，如果照片图被理解为向事实审判者传达非常重要的实质性信息，或者当存在诸如现在存在的数字图像被篡改这样的重大风险时，法院可能要求进行更完整的铺垫。

摆拍照片。摆拍照片是人为重建的场景，要放置和拍摄人、汽车和其他物体，以符合证人对原初犯罪或者碰撞的描述。它们通常是根据示意性相关性理论被采纳的。然而，应当注意的是，这些照片类似于上文第214节中讨论的再创作动画。也就是说，它们的制作过程可能包括传闻信息和关于重建的意见，这些信息和意见超出了证人在审判时的证言。如果是这样，那么它们也可以向审判者传达实质证据，它们的"示意性"铺垫是不够的。

490　　根据现行判例法，当摆拍的照片描述了在无可争议的证言中反映的人和物的位置时，对它们的采纳被普遍认可。然而，通常情况下，一张摆拍的照片只会描绘出提出者的证人证言所支持的事实版本。这种情况具有固有的危险，即照片过分强调某些证言的倾向，以及陪审团将一方的重建与客观事实混淆的可能性，导致一些法院排除了这类照片。目前的趋势似乎是允许有争议的重建照片。

第216节　视频、电影和录音

在刑事检控和人身伤害诉讼中，关于法庭外的物品、财产和事件的视频、电影和录音是司空见惯的。同样常见的是拍摄的重演，将事件描绘成据称发生的样子。由于法官、律师和非专业人士已经习惯了这种录制品在法庭上的普遍存在，它们的说服力得到了广泛的承认，也是人们关切的对象。与照片一样，法院必须承认这一点很重要，即电影和录像往往不仅是证人证言的说明，还是事实审判者潜在的独立实质性信息来源。因此，对作为说明性示意辅助手段的录制品的传统铺垫可能是不够的。

没有脚本的视频和电影录制品。这里讨论的录制品不是有争议的事件的模拟或者再现。它们宣称向事实审判者呈现的是现实。没有脚本的录制品，包括被污染的场地的视图，偷偷拍摄一个诉称丧失能力的原告铲雪或者打棒球的影片，警察在一个被控醉酒驾车的司机被捕后拍摄的影片，在对犯罪后的现场的录像，以及自动监控摄像机对诉讼事件的录制品。

如果所录制的事件与证明本案中有重要意义的事实有关，则录制品被判定以两种方式中的一种具有相关性，即说明感知证人的证言，或者作为本身能证明有争议事实的实质性证据。与照片一样，这两种不同的相关性理论，要求对录制品的验真和最终可采性适用不同的标准。

作为说明性证据而具有相关性的无脚本录制品。当电影首次被提供作为证据时，它们经常遭到异议，有时被排除，理由是它们提供了伪造和扭曲的多种机会。即使是那些支持采纳它们的比较老的判例，似乎也是在详细的铺垫证言的基础上做出的，这些证言详细说明了拍摄、处理和放映电影的方法。然而，现在这已经成为一种普遍做法，即与静止照片一样，没有脚本的录像和电影录制品可以通过证言加以验真，说明录制品公平、准确地再现了证人所看到的事件。

依据这一理论，可以根据《联邦证据规则》901（b）（1）由摄影师或者因为拍摄时在场而感知到了所拍摄的事件的任何证人进行适当验真。以不当损害或者以某种重要方式被扭曲、已被编辑因此具有误导性为由，对录像或者影片提出的异议，依照《联邦证据规则》403 予以解决。 *491*

刚刚第 215 节中说明的关于静态照片的问题，在法院处理电影时更加突出。也就是说，当感知证人证明视频或者电影的准确性时，法院倾向于将其仅仅视为对该证言的说明，因此是该证言的重复。这歪曲了视觉媒体作为实质性证据独立来源的性质和能力。没有脚本的录制品可能充满了潜在的传闻危险。⑤ 首先，它们常常向目击者提供更多的信息，而不仅仅是目击者可能看到或者听到的信息；此外，它们也可以提供比现场存在的信息更少的信息。电影制作人选择录制什么和省略什么。其次，电影呈现的信息是由电影制作者的视角和选择构成的。视频或者电影可以有意或者无意地向观察者传达特定的观点。总之，即使是没有脚本的电影或者视频也不是现实的"透明"版本。

如果法院忽视了录像制品传达电影制作人选择和构建的独立实质性证据的能力，那么仅根据感知证人的证言采纳电影或者视频可能是不够的。依靠对相关性的说明理论，法院不应要求当事人对实际拍摄过程和录制品的制作进行仔细审查。这样的审查可以帮助陪审团理解电影制作人的选择以及作为完全客观证据的录制品的局限性。虽然相机不能受到交叉询问，但是电影制作者可以。

作为实质性证据的无脚本录制品。如果没有感知证人就其准确性作证，那

---

⑤　就对这些问题的最初讨论，see Silbey, Judges as Film Critics: New Approaches to Filmic Evidence, 37 U. Mich. J. L. Reform 493（2004）。

么根据"沉默证人"验真理论，像静止照片一样，录像制品也要受到更仔细的审查。录制品，例如自动监控摄像机中的磁带，可以被验真为自动化过程的精确产品，这是《联邦证据规则》901（b）（9）所要求的铺垫。然而，这样的录像带的采纳也可能在更脆弱的铺垫基础上得以维持。

法院承认这些录像带是独立的实质性证据来源；事实上，他们似乎把这些录像带视为无懈可击的目击证人，在对实际发生的事情"作证"。然而，即使是自动相机也不能记录所有的东西，而且只能从它们所处的位置的角度来记录。增强和编辑增加了人的主观因素，这也应该由陪审团审查和理解。对录音带"真实价值"可能受到的限制进行调查，可以帮助陪审团理解录音带所含的讯息。

法院对录像和电影证据具有表面上看是展示超现实主义而实际上是歪曲实质性信息的能力的承认，可能不会改变许多关于可采性的司法裁决的结果。但是这可能导致更积极地应用《联邦证据规则》901规定的验真标准，承认潜在的传闻问题，更彻底地讨论《联邦证据规则》403规定的证明价值，以及陪审团对此类证据不现实的一面的更现实的理解。

492 　　**有脚本录制品**。一个更加严重的背离现实的问题，是有脚本电影带来的，例如拍摄的受害方在日常生活中的活动，提出它的目的是让事实审判者了解损害赔偿要求中所称损害的牵涉面和意义。这些影片不是自然形成的，而是由受害方的代表设计和制作的。因此，在镜头背后，电影制作者和受害者可能都有意以特定的方式展示伤害的影响，大概是为了向审判者传达所受伤害的严重性。基于对其目的的这种理解，一些法院认为这种关于日常生活的影片具有主观性，并试图利用证据规则来确保其准确性。然而，一般来说，这类影片的采纳由审判法官裁量决定。

　　录制的重演。如果录像带没有记录争议中的原始事件，而是一方当事人用真实的人而不是动画人物对这些事件进行的表演性再现，则会带来一系列不同的问题。由于犯罪现场和事故重建技术的进步，这种再现技术越来越多地被应用于刑事和侵权案件中。

这些录制性重演被采纳为示意性或者说明性证据，以帮助陪审团了解专家对所发生的事情的意见。它们通过专家的证言得到验真，证明它们公正、准确地代表了专家的意见，并且它们准确地代表了专家所依赖的记录中的证言。据此，陪审团在评议期间不应获得这种重演录像。根据《联邦证据规则》403，它们也被排除在外。在某些情况下，拍摄的重演可能更适合归类为庭外演示或者实验。见下文第217节。法院要求，拍摄的事件必须是在与采纳的证据证明的有关事件"实质上类似"的条件下制作和演示的。

　　图像证据栩栩如生，极端生动逼真，确实是一把双刃剑。因此，下文第218 节中关于模拟和再创造动画的许多问题，也适用于记录的重演。这里不只有陪审团可能会把艺术与现实混为一谈的危险。证据所产生的印象可能特别难以通过法院的指示加以限制，或者，如果该影片后来被认为不可采，则难以通过指示予以删除。如果法官在法官办公室进行初步观看并就可采性进行事先听证，后一种困难也许基本上可以消除。

　　录音。对感知到的事件的叙述，有时会被作为电影或者录像带的一个必要组成部分提供，这就带来了这样的可能性，即拍摄的描述是可采的，而录音可能不可采。在这种情况下，根据一些判例，常识性的变通方法是不播放声音。

　　更为常见的是，现代技术提供了多种方式来录制能听到但是看不到的人的交流，例如录音带、答录机和语音信息。与真实事件的视频或者电影一样，如果感知证人在录音时听到这些声音，那么该证人可以通过证言来证明录音是该证人所听到内容的准确记录，来提供必要的验真铺垫。在这种情况下，也不需要保管链条，因为证明保管链条的目的是表明录制品与第一次记录时的状态相同。

　　如果没有证人证明他听到了所录制的关键信息，则记录必须通过"沉默的　493证人"程序进行验真；这就是关于录制系统的准确性和不存在篡改的证言，通常是通过其保管链条。

　　根据任何一种铺垫，录音都被视为关于讯息、对话或者其他声音的独立实质证据。仅仅把它们当作说明性的证据是对现实的无视。作证证人难以充分描述的所录的声音、语调变化和其他声音，不可避免地要由审判者直接解释。

　　由于讯息和对话经常是为所宣称的事项的真实性所提供的传闻，验真绝不是可采性的保证。其他证据问题包括根据《联邦证据规则》403 就录音的完整性和可听性提出的异议，以及在陪审团听录音时是否以及在何种条件下应向陪审团提供录音的笔录。笔录本身必须经充分的证据验真，这些证据足以支持这样的认定，即它是经过验真的磁带录音的准确再现。笔录通常被视为有助于陪审团理解录制品的示意辅助手段，因此不作为录制品内容的证据而被采纳，在评议过程中也不得被带进陪审团评议室。

第 217 节　演示和实验

　　在法庭上进行的演示和实验，通常由一个作证的证人在事实审判者面前进行，以说明或者解释证人试图描述的内容。就像示意性辅助手段一样，如果它有助于审判者的理解，它就是相关的。通常情况下，该行为不是有形的展示件，不能记录和保留。因此，没有必要严格遵守验真的要求。然而，它是证人证言的一部分，该证言应当包括对证人正在做什么以及为什么要做的描述，这将为上诉审查做好记录。演示或者实验的进行总是由审判法院根据《联邦证据规则》403酌情决定。

演示。在人身伤害诉讼中，原告所受的伤害，即伤口或者身体损伤的展示，往往会成为重要事实的证明性证据。因此，向陪审团展示人身伤害，通常是被允许的，这并不奇怪。在大多数司法辖区，这一事项被视为由审判法院自由裁量，但是有时也被称为受到伤害的当事人的权利。审判法庭很少因为允许展示身体而被发回重审。因此，在允许展示的情况下，即使被展示的伤害尤其令人震惊，甚至在伤害的性质或者存在因对方的承认而不需要证明的情况下，也不会被判定滥用自由裁量权。

一个人的身体特征也可能构成相关证据。例如，被害人的伤疤或者身体状况可能倾向于证明殴打的性质，某人的身体特征可能与证明或者证否犯罪人的身份或者是否参与犯罪或者侵权行为有关。尽管在将人作为展示件对待时会遇到一些尴尬，但是为这些目的而进行的身体展示在审判法院的自由裁量权范围内，而且经常被允许。当检控方试图展示被告的特征时，这个问题早就在反对被迫自我归罪的标题下进行了分析，只要展示可以被归类为"非证言性"的，就允许进行展示。与此类似，法院普遍判定，由被告来决定是否向法庭展示其身体特征，而不是必须站到证人席上。

允许受伤人员进行行动演示或者接受医生的操控，也在审判法院的自由裁量权范围内，尽管司法意见在超出单纯演示的适当性方面有一些分歧。这种演示所固有的证明危险包括陪审团的不当情绪反应，以及疼痛和功能损害的表现很容易伪装，很难通过交叉询问加以检验。尽管如此，自由裁量权经常被用来支持允许演示。

除了积极演示人身伤害，还允许参与证人在法庭上再现重大事件，以说明证言。一些演示在庭外进行了录像，并在参加演示的人作证时引入该录像。

实验。法庭上的演示和法庭上的实验之间没有正式的区别，尽管可以说，当证人——特别是专家证人——试图重新呈现某一事件的某一方面，以说明在审判中有争议的具体结果时，演示就变成了实验。这种实验的结果通常是通过进行实验的证人描述实验是什么和正在发生什么来证明的。

与庭外实验不同——庭外实验的结果通常是通过专家证言来传达的——的

是，庭上实验可能涉及相当大的混淆和迟延，审判法官被视为最有能力判断实验的证明价值是否会被这些成本所严重超过。法庭内实验的证明价值取决于实验条件与所谓庭外事件条件的相似性，这一要求一般适用于实验证据。在法庭条件下，这一要求可能特别难以满足，因此许多准备进行的法庭实验被判定据此排除是适当的。让陪审团参与的实验需要经过法庭的仔细审查，以确保其与庭外事件的实质相似性。

证人的简单示意性实验，通常是允许的，其在增加口头表达的生动性方面可能非常有效。然而，不应忽视的是，这种生动性可能会有造成陪审团作出不当情绪反应的风险。

录制的实验和演示。庭外实验和演示经常被录影或者录像，这样陪审团就可以观察结果，而不仅仅是让专家证人描述结果。录影这一事实并没有改变适用于实验和演示的"实质相似性"这一基本要求。然而，实验越现实、逼真，司法上就越容易察觉到录制品有过度说服的危险，因为这可能导致陪审团将拍摄的事件与诉讼中的实际事件混为一谈。因此，当电影或者磁带看上去可能呈现了原始事件的复制时，所要求的相似性已被严格实施。旨在证明物理对象的性质或者能力或者科学的一般原理的实验，并不呈现事件本身的视觉再现，造成陪审团混淆的可能性较小；因此，相似性要求并没有严格地作为录制的铺垫的一部分。即使实验的目的是演示科学的一般原理，如果其是一个重现事件的隐蔽企图或者是有害的，法院仍然有自由裁量权予以排除。

495

第218节　计算机生成的仿真和模型

近年来，技术以计算机生成的展示件（CGE）的形式，为审判律师的"军火库"增添了新的武器。如上文第214节所述，计算机生成的动画等CGE仅仅代表一种新型的说明性证据，其可采性取决于适用于所有说明性辅助工具的基本原则。也就是说，由于其相关性仅限于帮助陪审团理解证人的证言，验真通常仅限于证人的陈述，即展示件是对证人所见或者专家证人从所采纳的证据得出的结论的公平和准确的陈述。没有必要适用要求提供更多关于形成示意性辅助手段的信息的证据法原则。

本节讨论计算机生成的仿真和模型，它们不仅仅是说明性的证据。这两种形式的CGE，就争议事件创造了它们自己的版本，这通常发生在人身伤害案件和刑事检控中。它们的创建需要使用科学数据、原理和方法，以就有关争议事件形成计算机生成的结论。这一结论要么直接通过CGE提出，要么由专家用来形成意见。因此，仿真和模型被视为事实审判者的独立的实质性证据来源，并且只有在满足了不适用于展示性辅助手段的证据要求后才可被采纳。

这两种类型的 CGE 展示件的典型铺垫的充分性，将在本节讨论。本节还讨论了处在说明性证据和实质性证据之间的边缘地带的一些计算机动画。就关于动画和仿真对陪审团准确决策的影响的讨论，本节进行了总结。

计算机仿真。计算机生成仿真的目的是确定一个事件是如何"必然发生的"，并提供该结论的可视化图像。仿真增加的信息，超过了感知证人的证言，无论是从输入计算机的数据角度看，还是从分析并以图形方式描绘输出的程序的角度看。

例如，经验性或者记录的数据，如物体的大小和形状、时间、高度和速度，都是从几个不同的来源输入计算机程序中的。然后，根据编程到计算机中的公式对数据进行处理，并独立绘制所有对象在相关时间段内的相对路径。计算机根据已知的物理定律，如重力、惯性、摩擦力和阻力，在整个时间跨度内跟踪并准确地描述每个物体相对于所有其他物体的情况。

496 重建并以图形方式描述有争议事件的计算机生成的仿真，通常被认为是审判者的实质性证据来源。即使仿真是通过专家意见证人的证言引入的，图形仿真本身也独立地与证明一个具有重要意义的事实——一个事件是如何发生的——相关。计算机生成的"意见"是由专家在计算机中编程的科学原理决定的。因此，根据《联邦证据规则》901（b），仿真必须通过一系列因素验真为系统或者过程的准确结果：（1）作为输入的事实依据的充分性，以及它与真实事件的实质相似性；（2）基本技术或者科学原理的可靠性；（3）特定计算机操作系统的准确性；以及（4）编程进入计算机中来形成模型的数学公式的适当性和准确性。[6]

此外，还有类似传闻的问题。仿真是许多庭外行为人的工作成果，他们的知识和信念影响仿真的可靠性，包括（1）仿真的事实基础的来源；（2）基本科学和技术公式的来源，以及程序员所作的假设；（3）计算机程序的设计、测试、选择和操作。对这些庭外传闻来源的检验，可以通过在法庭上询问必要的证人和/或者根据关于作证专家意见可采性规则——特别是根据《联邦证据规则》702 和 703——进行。

计算机生成的模型。计算机模型也可以用来检验专家关于与诉讼有关的事件发生了什么或者可能发生什么的假设。输入包含变量和已知信息；计算机通

---

⑥ 这些因素来自 Joseph, Modern Visual Evidence at § 701 [4] [c] (2012)。

过基于科学原理的公式运行这些输入。以模型的各种结果为基础，根据输入变量，专家可能能够就其假设形成结论，然后将其意见建立在这些结果的基础上。通常情况下，没有这里使用的这种类型的"数据模型"所创建的图形图像。这些模型的铺垫类似于上面描述的用于仿真的铺垫。由于该模型是用来表达作证专家的意见的，因此 *Daubert* 案件和其他判例法规定的科学原则和方法的有效性是至关重要的。参见上文第 203 节。

描述作证专家证人意见的"重演"动画的适当铺垫是什么？一种常用的动画类型是"再演"动画，它是为了描述专家关于"发生了什么"的已经存在的意见而开发的。如上文第 214 节所述，该动画比简单动画更为复杂，尽管它也创造了一系列单独的图形来描述完整的运动。

法院和论者都对刚才描述的计算机生成的仿真和重演动画进行了区分。重演动画被描述为"用来说明"作证专家已经得出的意见，而仿真则帮助产生这种意见，因此是"实质性"证据。这一区别使人想起"说明性"证据理论和"沉默证人理论"之间的二分法，后者用于采纳照片、电影和录像。参见上文第 215 节和第 216 节。

这种区分有助于在比仿真更简单的铺垫基础上采纳重演动画。也就是说，如前面第 214 节所述，必须说明重演动画与案件中的争点相关，被验真为对专家意见的公平和准确的描述。当然，除此之外，根据《联邦证据规则》403，它们还要服从审判法庭的自由裁量权，依照该条，法庭根据动画将在多大程度上帮助审判者理解和评估该意见，来评估它的证明价值，并确定动画的证明危险是否实质上超过了它的证明价值。请将这个简单的铺垫与关于计算机生成的仿真和计算机生成的模型的铺垫进行比较。 *497*

根据这些标准，法院究竟需要多少关于动画创作的信息是一个自由裁量权的问题；法院在为特定展示件贴标签方面并不总是一致的。在确定重演动画的准确性时，法院要求动画上演示的事件必须符合审判时关于该事件的证言。一些法院还要求动画制作者就所依赖的具体数据来源提供证言，或者要求提供有关这方面的证言。由动画描述其观点的专家，必须就其意见的基础和其所依据的科学或者技术原理作证，像任何作证专家必须作证一样，但是不是证明计算机程序的科学或者技术有效性。审判法院还就动画作为说明性证据的有限目的，向陪审团作出了详细的指示，而上诉法院则依赖于这样一个事实，即作出的指示减少了动画误导陪审团的证明危险。

必须承认，创建重演动画和仿真的方法，可能存在显著的相似性。由于这些相似性，再演动画也可能反映作证专家的知识和信息之外的实质性知识和信息。它也可以为审判提供自己独立的证据。因此，它具有"说明性证据"和"实质性证据"的双重身份，一种与照片、视频和电影录制品共享的双重性。参见上文第 215 节和第 216 节。这就意味着仿真和动画之间的严格区别不能总是保持，法院不应仅仅依靠这些标签来解决就可采性它们应该要求什么样的铺垫的问题。当法院未能承认这种双重身份时，它们只依赖于对"说明性"证据的铺垫来保证动画的准确性。这个铺垫可能不充分。

动画和模拟具有误导性（令人眼花缭乱）还是对复杂问题的必要解释？对越来越多地在审判中使用计算机再演动画和仿真的支持者和批评者，都对其对陪审团决策的影响感到担忧。[7] 法院已经根据《联邦证据规则》403 排除了计算机仿真，理由是它们的证明危险大大超过其证明价值。已经确定的主要危险是动画和模拟将过度说服陪审团，这压倒了关于所发生事情的传统证言，并可能由于展示件制作中的不准确和偏见而具有误导性。动画或者仿真只包含一方对争议事件的说法的事实性输入，这一事实也被认为是有问题的。

498　　在法庭上使用动画和仿真的支持者则持相反的观点。他们断言，陪审团审理的争点的复杂性和证据的单调性，将压倒陪审团在当代诉讼中作出决定的准确性，除非陪审团在理解证据时，能够得到这些 CGE 提供的重大帮助。[8]

当然，这两种立场都有些道理。经过深思熟虑的法官似乎相信，简短、简单、清晰、简洁的动画，如果"是客观冷静的、没有戏剧化，能防止陪审团依赖于不正当的基础"，则并非不公平，并有助于陪审团。对于 CGE 对决策者影响的实证研究可能有助于确定对哪些问题——包括展示件的准备和它所展示的图像的影响——应该仔细审查。在对抗制中，法院必须依靠对方当事人来提出这些问题。因此，在审前有充分的机会对仿真和动画进行审查，并询问其创作者是至关重要的。仿真和再演动画的可采性标准不断变化，决定是否采纳它们，完全在审判法院法官的自由裁量权范围内。正如第十巡回区法院在 *Robinson v. Missouri Pacific Railroad* 案件中所说的那样，地区法院应"仔细和谨慎地"行使其自由裁量权[9]，上诉法院不应逃避提供有用和可执行的指导方针。

---

⑦　Fiedler, Note, Are Your Eyes Deceiving You?: The Evidentiary Crisis Regarding the Admissibility of Computer Generated Evidence, 48 N. Y. L. Sch. L. Rev. 295 (2003); Goode, The Admissibility of Electronic Evidence, 29 Rev. Litig. 1 (Fall 2009).

⑧　Joseph, Modern Visual Evidence § 1.01 (2012).

⑨　Robinson v. Missouri Pacific R. Co., 16 F. 3d 1083, 1088 (10th Cir. 1994).

第 219 节 查 勘

法院已经敏锐地认识到，如果某事物不能提交给观察者，观察者必须去看该事物。前去查看对诉讼有重要意义但是不可能在法庭上提出或者令人满意地复制的地点或者物体，称为"查勘"。虽然有关查勘的制定法或者法院规则在几乎所有州都有效，但是人们常说，即使没有明确的法定授权，审判法官也都有一种固有的权力，来命令陪审团进行查勘，或者在法官审理的案件中亲自去查勘。这种权力适用于刑事和民事案件中对动产和不动产的查勘。

由于查勘往往耗费时间，打断正常的审判过程，在大多数情况下，审判法官有广泛的自由裁量权批准或者拒绝进行查勘。然而，应当指出的是，许多州的制定法规定，在某些类型的案件，特别是土地征用中，作为权利，任何一方都有权请求查勘。在由审判法院自行决定是否准许进行查勘的情况下，应考虑的因素包括：通过对案件中的争点进行查勘而获得的信息的重要性、改变的条件、可行性，以及是否从地图、照片、图表以及证人的证言中获得了同样的信息。某地区法院的理由是，就为了使陪审团充分了解案件而言，请求进行的查勘将是"耗时、难以控制和［不］必要的，特别是鉴于大量的照片和报告，以及相关的证言……都被允许成为证据"，这被认为是在其他巡回区同样适用的标准。⑩

制定法对与查勘有关的适当程序作了广泛的规定。在普通法中，以及在今天的民事案件中，通常不需要审判法官在查勘时在场，尽管一些巡回法院判定，法官必须到场，因为在查勘过程中，他或者她的监督"像在审判中一样重要"⑪。一个或者多个陪审团成员未经授权进行的查勘，当然是不适当的，而且通常会构成发回重审的错误。一般情况下，当事人及其律师可以在查勘时到场，尽管须经审判法官裁量决定。法官审中的法官可以进行查勘，但是如果不允许当事人到场，则当事人可能会主张发生了错误。在刑事案件中，被告让法官到场，并且亲自到场的权利，通常是由制定法规定的。此外，当在查勘时作证，或者该查勘本身被视为构成证据时，在所有可能情况下被告在场的权利，具有宪法基础。

抛开制定法和宪法的因素不谈，许多判例强烈建议审判法官在查勘时最好到场，在这些案件中，对陪审团作出未经授权的评论，这显然是传闻，或者在

499

---

⑩　Kelley v. Wegman's Food Markets, Inc. , 98 Fed. Appx. 102, 104 (3d Cir. 2004).

⑪　Clemente v. Carnicon-Puerto Rico Management Associates, L. C. , 52 F. 3d 383, 386 (1st Cir. 1995).

查勘过程中发生了其他不当的事件。审判法官到场似乎是防止这种性质事件发生的最佳保证。另一方面，如果审判法官在场就可采性作出裁决，并作出了制作适当记录的规定，则在查勘过程中接受证言或者允许演示或者实验，似乎不存在固有的不足。然而，上诉法院对这些做法并不看好，有些司法辖区似乎在任何情况下都认为在查勘过程中接受证言或者实验都是不当的。

查勘的证据地位一直是法院面临的一个棘手问题，因为陪审团感知到的，无论是作为实物证据还是作为示意辅助手段，都有相关性。许多司法辖区判定，查勘本身不是证据，像示意辅助手段一样，其只是为了帮助事实审判者理解和评价证据。因此，在这些司法辖区中，通常的做法是这样指示陪审团，并告诉陪审团成员，只要他们得到了在法庭上收到的证据的支持，他们就可以考虑他们所看到的情况。这种学说的一个理由是，陪审团从查勘中获得的事实很难或者不可能在书面记录中体现出来，因此审查有关证据的证明力或者充分性的问题变得不可行。然而，许多其他类型的示意辅助手段在某种程度上也面临同样的困难。假设陪审员将采用指示中提出的形而上学的区别，在与证人证言相冲突的情况下，他们将忽略自己感知到的证据，这是不合理的。论者谴责将查勘的地位降级为非证据的做法。现在，相当多的法院判定，对于事实审判者而言，查勘具有独立证据来源的完全地位。这是一个比较可取的立场，至少当人们承认这一点——单凭查勘在逻辑上不能被视为构成关于某事实的充分证据——时，这一事实的证明通常需要引入专家证言。

500 第220节　陪审团评议室内的展示件

在现代美国实践中，通常允许陪审团将许多类型的有形展示件带进陪审团评议室进行审议，但是前提是该展示件已被正式采为证据。人们普遍认为，某一特定证物是否可以带进陪审团评议室的问题，由审判法官进行自由裁量控制，但是在某些司法辖区，陪审团对至少某些类型展示件的近用，显然是通过司法判定或者立法规定所作的强制性规定进行的。

目前关于书面展示件的实践在书写品的相关性上进行了区分。法律权利和法律责任常常是特定词语和数字的功能，可能会受到措辞上看似细微变化的巨大影响。因此，关键文件，如契约、合同或者分类账表，往往对陪审团有重要帮助作用，应当进行仔细审查。然而，具有证言性质的书写品，如自白、书面临终陈述等，通常不得被陪审团带进评议室。法院经常评论说，这种书写品被视为只是一种不同形式的证言，不应过分强调优于本案的口头证言。因此，在录音播放过程中可以提供给陪审团的录音笔录，通常被视为有助于陪审团理解的示意辅助手段。因此，它不能作为录音内容的证据被采纳，也不能在评议过程中被带进陪审团评议室。然而，在许多司法辖区，允许陪审团带进去刑事案件中的书面或者录制的自白，尽管它们具有明显的证言性。这种例外可能是根据这样的理论证成的，即它们在案件中处于中心地位，值得可能产生的任何强调作用。

允许陪审团将书写品以外的有形展示件带进陪审团评议室的必要性似乎有点弱，至少在陪审团对该展示件进行了庭内审查的情况下是这样。可以说，实物证据和示意辅助手段的说服力不需要额外的增强。此外，许多有形展示件的相关特征足够粗放，不需要像对待书写品那样进行仔细审查，而在另一个极端，允许独立陪审团检查有形展示件更为精细的特征可能存在风险，因为这些特征需要专家进行说明和解释。不过，将有形展示件送到陪审团评议室的做法在今天已经充分确立，在实践中是难以逆转的。

陪审团相对自由地近用除书写品以外的有形展示件所引起的一个主要问题是，如何控制陪审团在陪审团评议室里就这些展示件进行实验。如果允许陪审团在陪审团评议室进行自己设计的实验，那么引入实验证据的司法限制在很大程度上就变得毫无意义。为了区分陪审团使用有形展示件的正当性和不当性，最常见的区别是，只是对展示件进行更仔细的审查的实验和"超出了法庭上引入的证据范围"，因而构成了在陪审团评议室引入新证据的实验。根据这一标准作出的决定也许并不完全是可以调和的。然而，大多数法院强调，陪审团进行的实验不受当事人审查是其最令人反感的特点。因此，如果存在攻击这样的实验的合理的理由，而且，如果在庭审程序中没有发生任何事情而使这种攻击不适当，则似乎完全可以说陪审团实验是不恰当的。具体而言，仅仅是重播法庭上的实验，或者使用的审查技术与审判期间使用的技术没有明显区别的实验，一般不会被判定属于被禁止的类别。另一方面，陪审团的实验使用的技术或者设备与在法庭上使用的任何技术或者设备大不相同，至少在律师没有明确默许该实验的情况下，常常被判定是错误的。

501

然而，《联邦证据规则》606 将陪审员就评议期间发生的事件所作的证言的可采性，限制为"是否有无关的有害信息不当地引起了陪审团的注意"或者"是否有外部影响不当地影响了任何陪审员"。有人提出，就已经作为展示件采纳的物证进行实验，不在这些允许的陪审团证言主题范围内。因此，根据《联邦证据规则》，以在陪审团评议室内进行不当实验作为弹劾裁决的理由，可能难以证明，除非实验被视为导致了"外部"有害信息。

第九编　书写品

第 22 章

验 真

第 221 节 一般理论：不得假设真实性

如第 21 章所述，在所有司法辖区，验真要求适用于所有有形和示意性展示件。这里的讨论将限于书写品和语音交流的验真。总结一下以前的情况，验真要求所要求的是，提出书写品或者语音交流作为证据的提出者，必须提供充分的证据来支持这样的认定，即该书写品或者语音交流就是提出者所声称的东西。提出者对书写品具有相关性的原因的主张，决定了提出者宣称该书写品是什么，通常，它与个人或者组织有某种特定的联系，无论是通过作者身份还是其他关系。必须证明此关系，就书写品进行验真。

在商业和社会生活的日常事务中，人们习惯于简单地将书写品本身视为其来源的证据。如果书写品上有一个载明是 X 的签名，或者说它是 X 制作的，我们就假定，没有相反的东西出现，它就是它所载明的 X 的作品。然而，在这一点上，证据法与我们处理自己事务的常识假设早就不同了。相反，它采取的立场是，书写品表面上所载的署名或者作者陈述不足以证明其真实性，无法确保将该书写品采为证据。传统上，同样的态度也适用于代理人的权力，其结果是，如果一份文书表明它是由 P 的代理人 A 签署的，那么不仅必须提供额外的证据证明 A 确实签署了该文书，而且必须证明 A 是 P 的代理人并受权签署这一事实。

这种对文件中所载作者身份的司法怀疑的主要理由是，它构成了对欺诈行为的必要制约。举一个例子：Y 起诉 X 诽谤，并试图将包含关于 Y 的诽谤性陈述的书写品引入作为证据，Y 的起诉基于这些书写品。该书写品必须经过验真，即证明是 X 写的，或者发布了它。这一要求保护 X 免于这样的风险，即诽谤性书写品不是 X 的作品，而是某第三人的作品，该第三人希望使 X 陷入困境，或者希望诽谤 Y 而不遭受任何不利后果。也有可能是 Y 编造了该书写品，以借此请求救济。验真的要求也保护了 X 不受这种错误的可能性的影响，例如将书写品错误地归于碰巧拥有与真实作者相同名字的人等。

然而，要求就在 100 个中有 99 个可以正确假设的案件提供证据，充其量是费时和昂贵的。在最坏的情况下，这一要求有时会被视为产生了实际上站不住脚的结果。

因此，虽然传统的验真要求无可否认地提供了一些保证，以防止欺诈或者错误地将书写品归于他人，但是人们经常质疑，这种好处是否会被时间、费用，以及对书写品真实性的传统怀疑态度所带来的偶然的不利结果所抵消。然而，也很明显的是，直接地把一篇没有任何情境信息的书写品交给陪审团，可能会令人困惑，甚至产生误导。满足《联邦证据规则》901 验真标准的要求并不苛刻。通常情况下，它会给提出者设定负担，即找到对书写品有一些知识的证人；对方可以就它对证人进行交叉询问；而事实审判者则会得到额外好处，即就书写品获得额外的铺垫信息。以下各节介绍了满足验真要求的最常见模式。

在某些情况下，将提供有关书写品内容的证言或者其他替代性证据，而不是书写品本身。如果通过所谓的"最佳证据"规则或者其例外的运作是被允许的[①]，那么对原件的验真要求是否可以免除？答案应该是否定的，因为原始书写品和个人之间的联系，并不因为证言中描述了书写品，而在相关性方面变得不那么必要了。

第 222 节　感知证人进行的验真

作者身份证明。证明书写品为 X 所写的最简单的验真证言形式，是证人宣誓他看到 X 写了和/或者签署了所提供的书写品。感知证人的证言达到了提出足以支持一项认定的证据的要求。证人可以是任何人——X，承认签字的作者或者签字人；仅仅目睹了事件的人；或者，必须在其他证人对书写品进行验真之前，所传唤的正式见证人。

《联邦证据规则》免除了传唤见证人作证的要求，除非所提出的书写品是司法辖区法律所要求见证的书写品。当如此要求见证人作证时，不要求见证人提供有利于证明书写品的证言。因此，即使他们声称想不起来，甚至否认他们作过见证，书写品也可以由其他证据来证明；相反，如果他们支持书写品，其他证据也可以证明它不是真实的。

关于其他联系的证明。书写品也可以通过感知证人的证言，证明在书写品

---

① 参见第 23 章。

与特定的人之间存在其他联系，正是这些联系使得书写品具有相关性，来加以验真。例如，某书写品可能是相关的，因为某个人发现了它，阅读了它，或者持有了它，而对该行为的观察者可以正确地对该书写品进行验真。

第 223 节　通过笔迹证明进行验真

《联邦证据规则》正式规定了普通法关于通过文件作者的笔迹对文件进行验真的两种主要方法。这就是非专业证人就其非专业意见所作的证言，以及由事实审判者或者专家将所提供的文件与经验真的样本进行比对。

非专家意见。证人站在证人席上。"你能说明你是否熟悉 X 的笔迹吗？""是的。""你能看看这封信（或者这个签名）并告诉我它是不是 X 的笔迹吗？" *507*"它是。"这些或者类似的问答，是对手写书写品进行验真的常见程序的一部分。就非专家如何获得这种熟识度的资格，通常需要进行说明，但是要求是最低限度的。一旦说明，任何如此熟悉某人笔迹的人都可提供验真证言，其形式为认为某一书写品或者签名是该某人的笔迹的意见，但是《联邦证据规则》901（b）（2）规定，这种熟悉并非是因当前诉讼的目的而获得的。如果证人看到有关人员写字，或者在表明其真实性的情况下看到过据称是该人的书写品，则可在审判前从经验中获得充分的熟识度。后一种情况的例子包括，证人与该人有信件来往，或者看到过该人声称所写的书写品，或者曾在办公室或者其他地方出现，在正常业务过程中某个人的真实书写品自然会在那里。最后，不要求验真证人的识别在性质上是绝对确定的，甚至是直截了当的。对证人意见的铺垫上的弱点，或者缺乏确定性，通常被说成影响意见的"证明力"，而不是它的可采性。但是在某些问题上，非专业证人的意见可能是如此的具有推断性，缺乏事实根据，以至于达不到足以支持一项认定的证据验真要求。

由审判者或者专家证人进行比对。另一个公认的原理，允许通过与笔迹样本进行比对，来对所提供的笔迹书写品进行验真。在审判中，可仅为进行这一比对而采纳该样本。一般规则是样本必须依照《联邦证据规则》901 的"充分性"标准进行验真。一旦样本被采纳用作比对，所提供的所谓是同一作者的书写品的真实性，就成为事实审判者的一个问题。提出者可以——但是不需要——提供专家证人的证言来帮助审判者。在通过打字技术或者用词模式（心理语言学）进行验真的相对较少见的案例中也可能看到类似的判定，这两种方法与笔迹鉴定一样，都是在对有关文件和已知来源的样本进行比对的基础上进行的。

　　有充分的理由怀疑，在真实性确实有争议并且需要区分熟练的伪造品和真实书写品的情况下，非专业意见或者陪审团自己的比对是有意义的。当然，一个非熟练的外行人曾在十年前看到这个人写过东西，就可以作出这样的区分，是令人难以置信的。普遍的司法观点认为，真正的笔迹鉴定专家的证言具有更高的可靠性和说服力。然而，最近，根据美国最高法院在 *Daubert* 案件和 *Kumho Tire* 案件中的意见②，笔迹分析的可采性，特别是笔迹专家对特定笔迹样本作者身份的意见，在刑事案件中受到了质疑。

　　为普通外行证人或者陪审员通过笔迹识别来对书面材料进行验真的最低限度的资格要求，只进行了这样的辩护，即受到质疑的书写品只有不到百分之一。现行的容许性标准允许在最少的时间、麻烦和费用的情况下采纳一般的真实文档。然而，后一种观点可能证明得太过了，因为有人认为，在没有用证据就真实性提出疑问的情况下，为可采性目的，只要假定书写品的真实性，就可以可靠地在这些日用品上节省更多的资源。

第 224 节　用独特特征和情况进行验真

　　许多书面文件都是结合其来源、地点、条件等情况，通过关于其外观、内容、要旨和其他独特特征的证据来加以验真的。显然，这种用情况证据进行的验真，被统一承认为是可以的。事实上，某些情况证据模式被频繁地判定可以用来对特定类型的书写品进行验真，以至于它们被承认为不同的规则，例如，陈年文件规则和公共记录规则。《联邦证据规则》的这些正式规定在下文第225 节和第 226 节中讨论。这里讨论的是一些其他常见的模式，这些模式通常被用来证明书写品的来源，例如它的内容提到了某个特定的人的知识，或者它是作为对以前信件的答复而写的。这些相同的概念现在被应用于对较新形式的电子通信——如电子邮件、短信等——进行验真。③

　　然而，重要的是要记住，由情况证据进行的验真，不限于属于这些重复模式的情况。如果有任何情况可以支持这样的认定，即书写品就是它所称的书写品，则足以对该书写品进行验真。

　　内容提到一个人的知识。当收到一封署名为 X 的信件时，如果是"突然"

　　② 　Daubert v. Merrell Dow Pharmaceuticals, Inc. , 509 U. S. 579 （1993）；Kumho Tire Co. , Ltd. v. Carmichael，526 U. S. 137 （1999）. 参见上文第 13 节和第 207 节。

　　③ 　参见下文第 227 节。

收到的，没有以前的通信，那么普通法中传统的"别哄我"怀疑主义就占了上风，除非真实性得到其他事实的证实，否则，所称署名不足以作为验真。

有一种情况被认为是充分的，即信中披露了所称签字人可能拥有的知识，或者以其他方式表明某人是可能的作者。知识不必由所称的签字者唯一持有，但是拥有这种知识的人越少，所期望的作者身份推论就越强。

回信。此外，一种方便做法承认，如果一封信写给X，而现在作为证据提供的这封信被说成是X写的，而且它似乎是对第一封信的答复（即其内容要么提到了第一封信，要么是对第一封信的条款作出的回应），并在收到时没有异常的延误，这些事实将验真这是一封回信。这一结果在一定程度上是根据上述知识原理检验的。考虑到将第一封信交到X或者其代理人手中时，关于信件的推定的规律性和可靠性，X或者授权代表X行事的人会知道第一封信的条款。共同经验也支持这一点，即回复信确实来自第一封信中的收件人。提出者也可以证明原始讯息是以邮件以外的某种方式传递的，并及时收到了答复。

今天，作为一种验真手段的回信概念，可适用于涉及包括电子邮件在内的多种形式的电子通信案件。回信的验真的第一步是，证明第一封信标注了日期，是在一个特定的时间和地点妥为邮寄的，是写给X的。看来，关于这些事实的口头证言，应该足以证明第一封信的存在，如果回信按照日期提到它的话。然而，如果回复信仅通过重复或者回复其内容来提及第一封信，则第一封信的内容变得重要。然后可能有必要达到出具原件的要求。④ 如果X——对方当事人和所称的回信的作者——持有第一封信，则有必要通知他在审判时出示该信，然后才能用复制件来证明其条款。⑤

来源识别。证明与特定来源的关系，而不是通过个人签名，也是对文件信息验真的常用方法。一般判定，业务记录的来源可以由熟悉有关账簿的人（如保管人或者主管）的证言加以验真，尽管这些人没有自己制作记录或者看到其制作。证言可以基于对企业记录如何生成、归档和检索的了解，或者是基于将提出的记录与已知的企业记录进行的比对。根据《联邦证据规则》902（11）和（12），商业记录现在也在进行自我验真。⑥ 在根据商业记录的传闻例外将记录接受为关于被记录的事实的证据之前，可能需要其他的铺垫证据。⑦

④ 参见下文第234节。
⑤ 参见下文第237节。
⑥ 参见下文第229.1节。
⑦ 参见下文第284节至第294节。

第 225 节 陈年文件

一个已经存在多年的书写品，常常会很难被感知证人证言验真。如果一件文书的制作者、见证者，甚至那些熟悉制作者笔迹的人在过去若干年中已经死亡或者无法到庭，显然需要借助间接证据进行验真。引起对一篇年代久远的书写品的真实性的推断的情况是多种多样的，任何足以支持认定其真实性的情况的组合，都被判定是适当的验真。表明真实性的事实，包括不受怀疑的外观，出自自然保管中，及时记录，以及在契据或者遗嘱的情况下，根据文书取得的占有。年代久远本身可能被视为产生了一些关于真实性的推论，因为不准确性可能已经被发现，而且不太可能为了在遥远的将来某个时候实现一个目标而伪造一件文书。

510　　由于经常需要通过情况证据对陈年书写品进行验真，再加上这样的考虑，即上述证明真实性的某些事实，普遍可见于真正的年代比较久远的书写品，导致普通法法院制定了处理这一问题的经验法则。根据这条规则，如果提供该书写品的当事人出示了充分的证据，证明该书写品是三十年前写的，表面上看不存在怀疑，并进一步证明该书写品是出自该文件的自然保管场所，则该书写品得到了充分验真。《联邦证据规则》《统一证据规则》以及大多数州的衍生规则，都延续了这一规则，但是将所需的文件年限缩短到 20 年。除上述要求外，一些司法辖区，在书写品是处分性文件，如契约或者遗嘱的情况下，则设定了附加条件，即对该书写品的持有必须是根据该文书取得的。然而，可根据《联邦证据规则》901（b）（8）及州相应法律进行验真的文件，不限于处置性文书，这些条款已被应用于对各种书写品进行验真。

就载明由代理人、遗嘱执行人或者根据权力或者他人授权行事的其他人签署的书写品而言，对该书写品为陈年文件进行验真的事实的证明，产生了这样的推定，即该签字人已获正当授权。

根据《联邦证据规则》901（b）（8），一些法院对第三个要求，即该文件处于没有对其真实性造成怀疑的状况下，作了狭义的解释。提出者必须解决的唯一问题是，是否有人怀疑该文件不是所称的文件类型。它是否准确与其证明力有关，这是一个由事实审判者决定的问题。

尽管陈年文件规则具有实用性，但是它仅仅是一个验真规则，达到了该规则的要求，并不一定保证被验真的文件的可采性。书写品可被证明是真实的，但是作为传闻或者替代性证据仍不可采。目前验真规则的要求与某些类型的陈年文件的传闻例外要求部分重叠，造成了混淆。今天，如下文第 323 节所述，《联邦证据规则》803（16）规定，"已存在至少 20 年的并且其真实性得到确认的文件中的陈述"可以采纳。如果提出的是替代性证据，多数观点——也是可取的观点——认为，满足了陈年文件要求，将有助于对一份原件的陈年版本进行验真。

第 226 节　公共记录和报告

如果一份书写品被称为公共政府机构的正式报告或者记录，并被证明来自保存此类正式文件的适当公共机构，则一般同意，这对所提供的文件是真实的进行了验真。这一结果是基于这样一种假设：保管这些记录的公职人员将履行其公共职责，只接收和保存真实的官方文件和报告。因此，是官方的保管职责，而不是制作职责，使文件成为真正的公共记录。同样，如果一个公共部门是私人文件的保管处所，这些文件已经在那里记录或者归档，例如遗嘱、财产转让文件或者所得税申报表，那么关于这些文件来自适当部门保管的证据，通常被接受为充分的验真。这一点也可以得到这一原理的支持，即官方保管人有公共职责来核实提供加以记录或者备案的文件的真实性，并只接受真实的文件。

正如下文第 229.1 节所述，如今，通过诉诸公共记录的几种"自我验真" *511* 方式，通常可以避免从适当官方保管机构提出证言性证据的任何必要性。然而，使用自我验真程序并非排他性的或者强制性的，任何有适当知识的证人都可以提供必要的事实证明，以确保公共记录的采纳。虽然必要的证言通常由记录保管人提供，但是也不要求这样。

官方记录的真实性问题并不能决定这些记录的最终可采性。公共记录很可能是完全真实的，但是仍然不可采，通常是因为传闻的原因。

将官方保管中的文件接受为初像为真的文件的规则，是否应该扩展到私人保管的书写品？由于与公共保管的情况相比，私人保管的情况千差万别，在一个已经充满规则的领域制定一项新的规则，似乎是不可取的。事实上，不需要这样的规则，只要法院根据其自由裁量权承认，关于私人保管的证据，加上其他情况，往往是真实性的有力的情况证据。

第 227 节　电子和计算机生成的文件

近年来，随着电子通信和电子商务的迅猛发展，数字信息的记录、通信和保存已渗透到社会的各个角落。因此，可以理解的是，电子文件（也称为电子证据）在民事和刑事诉讼中的使用越来越多。最常见的是计算机生成的文档和数据文件、电子邮件和包括聊天室在内的 Internet 网站帖子。法院现在也在处理短信、社交网络交流和帖子。当就作者身份有争议时，这种电子文件的验真可能会存在激烈的争议。《联邦证据规则》901（b）中没有专门针对这些新电子技术的条款，但是规则 901（b）为应用《联邦证据规则》901（a）中规定的充分性标准，提供了灵活性。法院强调，充分性标准所设定的门槛为陪审团提出了一个问题，并使用《联邦证据规则》901（b）的灵活性，在采纳电子邮件、聊天小组讨论、网络帖子和电子证据的各种类型的背景信息时，类似于采纳传统书写品。

　　同样，必须强调的是，验真并不能保证电子文件被采纳为证据。与传统的书面证据形式一样，用电子或者计算机生成的书写品来证明其内容的真实性，必须符合传闻规则。此外，可能适用出示原件或者其授权替代文件的"最佳证据"要求。见下文第 23 章。

　　电子邮件。电子邮件可以通过其作者身份进行验真。然而，由于有操纵电子邮件头文件的风险，它们所带有的电子签名可能不够。附加数据，如电子邮件所载的地址、使用"回复"功能生成原始发件人的地址、电子邮件中包含的信息内容，以及其他情况，如"外观、内容、实质、内部模式或者其他显著特征……与所有情况一起"就充分了。⑧ 当对方当事人提出电子邮件，然后用该邮件反对时，该电子邮件也被认为是经过了验真。

　　就证明待验真的电子邮件是对先前发送给所称发件人的邮件的及时回复的证据，适用类似于上文第 224 节所讨论的回信原理，该原理基于信件的推定正规性和可靠性。应用这一原理，对发送到回件人电子邮件地址的原始电子邮件的电子邮件回复，被判定足以对该回复的来源和真实性进行验真。还有"多种技术手段可以追踪电子邮件传输"⑨。

　　短信。就验真目的而言，在手机用户之间发送的短信与电子邮件受到一样对待。通常情况下，此类短信是在确定发送所提出的短信的作者的基础上被采纳的。证明了发出短信的电话所有权属于谁，还不充分。与电子邮件一样，作者身份也可以由以下因素决定：短信往来的环境；短信内容；谁有发送的信息的背景知识；以及双方是否按惯例通过短信进行交流。

---

⑧　Fed. R. Evid. 901（b）（4）.
⑨　Joseph, Modern Visual Evidence § 15.03［1］（f）（2012）.

然而，在法庭上证明短信往往会带来额外的挑战，因为短信内容经常被电话运营商清除。因此，执法部门在手机被扣押时所作的笔录，往往被作为关于短信的证据提出，必须作为准确的笔录进行验真。

网站数据和帖子。出现在私人、公司和政府网站上的信息常常被提供作为诉讼证据。网页的打印输出必须首先验真为准确反映了计算机上特定网页的内容和图像。感知证人的证言，甚至诉讼律师或者审判法官，都能证明这种准确性。通常，打印输出只有在由特定来源（如网站所有者）发布时才是相关的，因此必须验真为是由该来源发布的。在不久之前，法院对将从网站获得的文件归属于维护网站的组织或者个人表示怀疑。私人网站的帖子不是自我验真的，因此需要额外的证据证明帖子的来源或者它的形成过程。然而，从政府网站检索的信息已被视为自我验真，只要证明网页确实存在于政府网站上。只要有完整的记录，电子记录的完整性问题就可以被视为证据证明力问题，而不是验真和可采性问题。

聊天室交流。聊天室交流的验真不是通过识别网站所有者来完成的。相反，必须确定身份受到保护的帖子的作者。作者身份可以根据内容和有关情况判定。法院注意到，对这种证据进行验真的方法需要具有灵活性，因为《联邦证据规则》901（b）中的几个规定根本无法使用。验真可以通过以下证据来完成：将个人与聊天室会话中使用的显示名联系在一起的证据；个人拥有发送给聊天室参与者的信息的证据；个人计算机硬盘上的说明计算机用户使用了特定显示名的证据。

聊天参与者提供的关于在线对话笔录准确性的证言就足够了。当聊天记录的计算机文本文件被创建后，当所有文件都可得时，它们的完整性与证据的证明力有关，而不是与可采性有关。

社交网络交流和帖子。作为民事和刑事审判中的证据可能具有有关性的许多新类型的书写品，是从被称为"社交网络"的网站上检索来的。社交网站允许其成员与他人共享信息。会员创建自己的个人网页（他们的个人资料），在上面发布自己的个人信息、照片和视频，并可以从这里向他们批准为"朋友"的其他人发送和接收信息。"任何人都可以免费创建 MySpace 个人资料，只要那个人有一个电子邮件地址并且声称年满 14 岁。"[10]

尽管社交网络产生的文件看似新颖，但是法院已经就它们应用了《联邦证据规则》901 规定的现有的验真概念。在现有的判例法中，关键问题通常是作

---

⑩　Griffin v. State，19 A. 3d 415，420（Md. 2010）.

者问题，即谁撰写/张贴了所提交的有关文件。当然，具有亲身知识的证人可以满足《联邦证据规则》901（b）（1）的铺垫要求。但是在现有的大多数判例法中，刑事被告是所提出的文件所要反对的人，被告并没有就作者问题作证和/或者否认。

社交网络信息。通过受密码保护的社交网站发送的交流（也称为即时消息），通常通过对发件人、收件人或者两者的身份进行证明，来进行验真。然而，法院对这一点很谨慎，即："媒体普遍缺乏安全措施，这引发了一个问题，即第三方是否可能通过其他用户的账户发送了讯息。"[①] 因此，与电子邮件一样，文件上的电子签名必须由关于发送者身份的额外证据来补强，例如适用回信原理、仅为参与者所知的内容或者从特定计算机检索信息。在没有重大补强的情况下，法院排除了社交网络信息，表达了它们对网站安全和黑客访问的担忧。

社交网络帖子：个人资料页，照片和标签。在社交网络页面上的所有者"墙"上的帖子，可以由页面所有者以及所有者选择的组（如地区性网络、同一所学校的人员和标识为"朋友"的人员）进行发布。此类帖子不需要唯一的用户名和密码。因此，个人信息可以添加到成员的个人资料中；照片、相册和视频可以张贴在成员的"墙上"；对照片中的人员的标识——称为"标签"——可在所有者自己的页面或者朋友的页面上进行。

在处理此类帖子验真的一个重要案件中，有争议的是在所称的被告女友的MySpace页面上发布的一条威胁信息。检控方试图利用这条信息来指控被告，以证明他的女友发帖对一名检控方证人进行了威胁。马里兰州上诉法院担心，该网页可能根本不是这位女友创建的，她可能也没有发布威胁信息。法院判定，检控方没有提供足够的补强证据，来证明该女友拥有该页或者是该信息的作者，以达到州的与《联邦证据规则》901（b）（4）对应的验真标准：

> 考虑到这样的可能性，可能有［她］之外的人不仅创建了该网站，而且发布了［威胁性的］评论，［这位女友］的照片，再加上她的出生日期和地点，都不是MySpace个人资料的充分的"独特特征"，不足以对其打印输出进行验真。可能有所称的创作者和/或者用户之外的人滥用和操纵社交网站，这导致我们的结论是，从这样一个网站打印出的图像需要更大程度的验真，而不仅仅是在网站上的照片中确定创作者的出生日期和她的

---

① State v. Eleck，23 A. 3d 81&. 822－824（Conn. App. 2011）.

面貌，以便说明［某个人］是它的创造者和［威胁］语言的作者。⑫

因此，从政策角度看，由于法院认为在社交网络上发布虚假和欺诈信息的危险性增加了，法院似乎加重了社交网络帖子的验真负担。

在社交网站上发布的照片中还发现了其他固有的风险。由于从网上下载的图像不可信，在没有专家证明照片不是合成或者"伪造"的情况下，这些照片被排除在外。此外，法院还要应对社交网站的其他一些工具，例如所有者在照片中贴上"标签"、按姓名和位置识别自己或者网站其他成员的能力。如此被贴上标签的人，只有当这些人是网站的所有者时，才会得到通知。否则，可能会在第三方网站上错误地给某人的照片贴上标签，并且可能永远不会通知被错误贴上标签的人。新的功能，如在其他人发布的照片上添加标题或者评论，会带来额外的错误风险。

总之，新的社交网络技术所产生的某些类型的书写品的可采性已经引起了一些法院的关切。随着电报、计算机和互联网的出现，这些法院最初的保守反应是，给这类书写品的提出者增加验真负担。逐渐地，因为此类证据似乎至关重要的案件数量的不断增加，对争议问题进行充分诉讼给法院带来的负担，以及法院对社会网络媒介的日益熟悉，人们对这一额外负担的需求可能会消散。此外，身份安全问题的解决方案可以在社交网络技术本身中开发。

计算机生成的文档。当计算机仅被用作打字机时，计算机生成的文件可通过上文第222节至第224节中讨论的任何方式进行验真。存储在计算机中的文档，通常需要通过与特定人员的关系的证据进行验真，以说明文档的作者身份或者占有。仅在个人或者商业计算机文件中存在一份文件，即表明其与对该文件有正常访问权的一人或者多人之间的某种联系。然而，这在很大程度上取决于周围的事实和情况，因此有理由要求这些证据包括一些额外的真实性证据。

真实性也可能取决于计算机文档生成过程的准确性。为了进行该铺垫，一 *515* 个有资格的证人应该知道谁制作了打印输出，他们是如何制作的，以及系统记录和检索信息的方式。如果记录是预先存在的，仅仅存储在计算机中，或者被识别为属于对方当事人，因此可以作为当事人的自认，而不论其准确性如何，那么关于其检索的信息就足够了。在正常的业务过程中所依赖的基本计算机操作就可以采纳，不需要详细说明其准确性。除非受到具体质疑，否则将不会审查单个计算机的准确性，甚至在输出中发现的错误也被认为与证据的证明

---

⑫ Griffin, 19 A. 3d at 423 - 424.

力——而不是证据的可采性——有关。

当计算机被用来创建数据汇编时，就输入和处理需要多少信息来对输出进行验真，将取决于数据的性质和完整性、操作的复杂性、操作的常规性以及结果的可验证性。如果计算机执行更复杂的操作，则可能需要更详细的铺垫来满足《联邦证据规则》901（b）（9）的要求。关于计算机设备、硬件和软件、操作者的称职性、输入数据和检索输出的程序的证言，可能是必要的，特别是在这些要素受到质疑的情况下。输出的传闻性质还需要满足传闻例外，通常是传闻规则的业务或者公共记录例外。上文第 214 节和第 218 节，对使用计算机生成示意性辅助工具和仿真进行了讨论。

第 228 节　语音识别和电话

现代技术使人们与能听到但是看不见的人接受口头交流司空见惯。这些交流引起的验真问题实质上类似于书写品的验真问题，尽管不一定涉及任何文件或者其他展示件。长期以来，人们一直认为，如果与无实体的声音所进行的交流仅在与特定人联系在一起的情况下才是相关的，则在采纳证明该交流的内容的任何证据之前，必须证明这种联系。《联邦证据规则》901（b）（5）和（6）提供了达到规则 901（a）的充分性标准的证明语音识别和对电话进行验真的例子。

语音识别。例如，如果证人突然接到一个自称为"X"的人打来的电话，让证人就该电话作证，不足以验真说该电话是 X 打来的。必要的额外证据可以采取证人的外行意见证言的形式，证明他熟悉 X 的声音，打电话的人是 X。或者可以通过指出 X 是打电话的人的情况证据来进行验真，例如所收到的通信表明，说话人了解只有 X（或者很少的人）才能知道的事实。当在电话以外的设备上进行交流时，也承认这些相同的识别模式。

今天，口头交流经常会被录制下来，不管是否知情。在这种情况下，如果选择录制品作为庭审时的交流呈现方式，则录制品本身必须经过验真，声音必须进行识别。录制品的验真，以及可听性、完整性和文字本使用等其他问题已在上文第 216 节进行了讨论。录音通信中声音的识别，可以通过情境和保管链条、比对和熟悉该声音的人的证言进行。最后，由于这里讨论的录制品几乎都是陈述，因此必须时刻铭记，验真绝不是可采性的保证，录音往往会引起传闻证据问题，并要遵守出示原始录制品的要求。参见下文第 233 节。

打给所列号码的电话。当证人证明她给 X 的号码打了一个电话，而接电话的人说自己是 X 时，就提出了一个比较容易的识别问题。如果在通话中所进行的交流的相关性要求证明说话的人是 X，那么这两个事实是否足以证明？在这种情况下，电话系统在列出 X 的号码和拨通该号码方面的准确性，加上被叫人可能没有伪造姓名的动机，以及他没有预谋欺诈的机会，都倾向于支持这样的结论，即说话人的自我识别是可靠的。因此，今天的大多数法院认为，适当拨打了电话，加上说话人的自我确认，足以证明采纳电话内容所要求的真实性。在这种情况下，法院会作出同样的判定：如有证据显示证人已拨打某一商业机构的登记号码，并与声称代表企业的人进行了交谈或者谈及了其日常业务事项，这充分证明交谈者受权代表雇主。

第 229 节　免去出示验真证据要求：现代程序做法

正如前面的章节清楚地提出的那样，通过正式证明对书写品和其他交流进行验真可能是麻烦的、耗时的和昂贵的，即使在不存在对真实性的合法怀疑的情况下。对于继续坚持提供这种证据的最终解释，可能不是基于常识，而是基于在对手之间分配提出证据的负担的公平性，以及担心在取消这种证明负担后人们会不择手段。此外，各种程序性手段可以免除验真要求，并避免正式的验真要求可能引起的一些麻烦。立法机构也经常通过颁布制定法来解决这个问题，即在本来特别麻烦的情境下，减轻验真的严格性。在这些"验真免除"中，以下几点尤为值得注意。

要求自认。根据《联邦民事程序规则》36 和 37（c）（2）规定的联邦法院的做法，以及许多州的类似规则或者制定法，一方当事人可向对方当事人送达书面请求，要求就请求中所述任何相关文件的真实性进行自认。如果对方在规定时间内无理由未能送达答复或者提出异议，则自认了其真实性。如对方否认该真实性，而提出要求的当事人此后在审判中证明该文件真实，则后者可以申请法院命令，要求对方支付她进行验真证明所发生的合理费用。

在审前会议上获得自认。根据《联邦民事程序规则》第 16 条，以及许多州的类似规则和制定法，法院可召开审前律师会议，考虑"就事实和文件获得自认的可能性，以避免不必要的证明"。现在在联邦制度中，依照《联邦民事程序规则》26（a）（1）（B），在这样的会议之前，不仅可以通过审前案情先悉，而且可以通过强制性的初步披露进行披露的当事人所持有、保管和控制的文件，使当事人可以使用这些文件来支持其索赔或者抗辩。当然，在律师之间的非正式谈判中，常常能够达成关于文件真实性的协议。但是一个娴熟的法官

517

可能会在审前会议上创造一种相互让步的气氛，这种气氛对这种自认异常有利。审前实践的这一功能，被认为是其最成功的特点之一。

要求就书写品的真实性进行特别否认或者宣誓否认的法律和规则。操作法或者程序规则的规定可能要求，当根据某文书——例如在起诉书中复制的票据或者合同——提起诉讼时，该书写品的真实性将被视为已经被自认，除非在答辩中进行了宣誓否认。

"证明自己"的书写品。此外，有些书写品被称为能"证明自己"或者是"自我验真"的，理由是它们很可能是真实的，提出方不需要提供任何外部真实性证据。这些书写品是下文第 229.1 节的主题。

第 229.1 节 《联邦证据规则》规定的自我验真

自我验真的书写品，一旦提交给法庭，将被接受为其载明是什么的证据，而不需要验真证人这样的"守护天使"。制定法经常规定，某些类别的书写品应当"无须进一步证明"即可接受为证据。这些书写品通常在其表面以某种方式由官员进行证明。这一有益的属性最常见的是由制定法赋予：(1) 由签字人在公证人面前公证的契约、让与或者其他文书，(2) 经核证的公共记录复制件，以及 (3) 载明由公共当局印制的制定法汇编。⑬

这一相对有限的自我验真概念，已被《联邦证据规则》大大扩展。《联邦证据规则》902 赋予了初像的真实性，意味着除经公证的文件和经核证的公共记录之外，许多种类的书写品都不需要有关于其真实性的任何外部证据。

必须强调的是，《联邦证据规则》902 规定的推定真实性，并不禁止对方质疑所提供的书写品的真实性，例如证明该文件是伪造的或者签名是伪造的。它也不能解决自我验真文件中报告的信息的来源或者准确性问题。例如，仍然可以提出这样的异议，即报纸或者期刊中含有不可采传闻陈述或者专家意见。

签署、公证和核证的文件和记录。《联邦证据规则》902 (1) 至 (4) 规定，只有在确认书通过签字盖章或者通过见证或者证明得到核实，表明至少一些公职人员已注意到文件的真实性时，才有资格成为具有推定真实性的各类书写品。《联邦证据规则》902 (8) 就签字人在公证人面前经过公证的文件和文书，规定了相同的推定。

但是，如果没有证据，法院怎么知道文件或者证明上的签字或者印章实际

---

⑬　关于对其他州和外国制定法的证明的讨论，参见下文第 335 节。

上是所述姓名和头衔的官员的签字或者印章呢？这一推定是由传统理论提供的，这些理论承认某些类型的官员——包括州玺的保管人——的印章或者签名，本身就是关于证明真实性的充分证据，这也许是基于这样的假设，即伪造困难。此外，在许多州的法典中，特定条款补充或者澄清了传统，规定某些级别的官员的印章或者签名应当具有这种自我验真的效力。

难以伪造的公共和商业书写品。根据《联邦证据规则》902，较新类别的书写品能仅基于其外观和/或者不言而喻的内容进行自我验真。包括所有载明由公共当局发行的书籍、小册子和其他出版物；报纸和期刊；以及表明所有权、控制或者来源的贸易标识和标签。

如果推定其真实性的理由是它们很难伪造，那么必须承认，最近的技术削弱了这种理由。如果该理由基于这样的假设，即在审判中提供的大多数书写品都是真实的，并且应按照《联邦证据规则》902 的规定，将证明缺乏真实性的负担交给对方承担，那么这种方法很可能适用于所有表面上与提供它所反对的当事人有联系的书写品。

通过法律运作进行的自我验真。《联邦证据规则》902（9）遵循这些一般商业法的原则，承认某些类型的商业票据是自我验真的；《联邦证据规则》902（10）适用于赋予签名、文件或者任何其他事项具有推定真实性的联邦制定法。

常规活动的记录。最近，改革措施进一步扩展了自我验真的概念，对常规活动的记录赋予了自我验真的效力。2000 年，这些原则被完全纳入《联邦证据规则》902。规则 902（11）和（12）规定了基于下列书面声明的自我验真，即记录符合关于企业通常的"日常"活动记录的传闻例外的条款。这一例外以前要求记录保管人或者其他合格人员在法庭上作证。见下文第 292 节。现在，声明、当事人意图使用《联邦证据规则》902（11）或者（12）的通知，连同记录本身，如果提供给对手以供核实和可能的质疑，就足够了。

法院一直严格要求作出书面声明的人特别说明其熟悉所提供的记录的制作和保管。一个未回答的问题是，书面声明是否必须包含一个事实性说明，证明其符合《联邦证据规则》803（6）（A）至（C）中规定的传闻例外条款，还是可以简单地叙述结论。未经证实的结论通常要求对方对书面声明的作者进行庭前证言存录，以确定是否有可能的理由来质疑对《联邦证据规则》902（11）和（12）的遵守情况。

519

521

第 23 章

出示作为"最佳证据"的书写品、
录制品或照片的原件的要求

第 230 节　"最佳证据规则"：不是证据法的一般原则

　　Thayer 告诉我们，"最佳证据"一词第一次出现在 1700 年 Holt，C. J. 在一个他将可疑证据作为次要证据采纳的案件的说法中，该说法的大意是："我们所要求的，不过是事物的性质所能提供的最佳证明。"① 这一说法给出的接受证据的理由是一个自由原则，即它是能得到的最好的东西。毫不奇怪，它产生了一种逆向和狭义的学说，即当事人必须拿出现有的最好的证据，而次优则不行。因此，在 1726 年之前，我们发现 Gilbert 男爵在最早期的一部证据法专著中说："与证据有关的第一个……也是最显著的规则是，一个人必须拥有事实性质所能提供的最大限度的证据。"② Blackstone 继续着同样宽泛的概括，并结合了"最佳证据"概念的积极和消极两个方面。他说："如果可能的话，案件性质将总是要求采纳最佳证据；但是如果不可能的话，则应允许可以有的最佳证据。"③ 在这个国家，1842 年 Greenleaf 仍然在重复这些泛泛的抽象概念。

　　然而，Thayer 在 1898 年指出，这些宽泛的原则虽然在 18 世纪对具体证据规则的形成产生了一定的影响，但是从未被视为所适用规则的充分或者准确的陈述，而事实上，"最佳证据原则的主要例子，即如果你想证明书写品的内容，你就必须出示该书写品本身"这一学说，本身是一条古老的规则，远比任何关于"最佳"证据的概念都古老。④ 虽然一些现代意见仍然把"最佳证据"的概念当作今天的一项普遍适用的法律原则，但是大多数意见会采纳现代教科书作者的观点，即没有这样的一般规则。

① Thayer, Preliminary Treatise on Evidence at the Common Law 489 (1898).
② Gilbert, Evidence (2d ed.) 15 - 17, quoted by Thayer at 490.
③ Blackstone, Commentaries 368 (1768), quoted by Thayer at 491.
④ Thayer, Preliminary Treatise on Evidence at the Common Law 497 - 506 (1898).

第 231 节　"最佳证据"规则：原始文件要求

在今天，"最佳证据"这一短语所指的唯一实际规则，是要求出示书写品、录制品或者照片的原件的规则。这项要求反对提出者提出原件的任何"替代性证据"，即直接或者情况性地说明原件内容的任何其他证言或者展示件。规则是这样的：在证明书写品、录制品或者照片的内容时，如果内容的措辞对案件是重要的，则必须出示原件，除非证明因提议人的严重过错以外的其他原因，这些材料不可得，或者除非规则或者制定法允许提供替代性证据。

本章各节遵循这一基本框架，首先讨论规则的原因，这将阐明出示原件或者——在多数情况下——复本的基本要求的范围。接下来讨论的是因原件不可得而提出的不出示原件的理由，以及不优先考虑可以用于证明原件内容的替代性证据的政策。在这些理由后是这样的规则，即允许提出替代性证据，而不需要有理由说明原件不可得。本章最后的部分对法官与陪审团之间的事实问题的分配，以及对采纳替代性证据的司法裁决的上诉审查进行了讨论。

第 232 节　规则的理由

自 18 世纪初创立以来，各种各样的理论被认为是适用于书写品的"最佳证据规则"的基础。许多更早的著者声称，这条规则主要是为了防止欺诈。然而，Wigmore 强烈抨击了这一观点，理由是它不符合该规则的某些公认的应用和非应用。大多数现代论者都追随他的观点，认为支持该规则的基本前提是书面文字在法律中的中心地位。由于这一中心性，向法院提交一份措辞确切的书写品更为重要，特别是在诸如契据、遗嘱或者合同等操作性或者处置性文书的情况下，措辞的细微变化可能意味着权利上的巨大差异。此外，应当考虑的是：（1）一些常用的书写品复制方法，存在不准确的重大危险；（2）与一般情况下关于其他情况的口头证言相比，声称根据记忆说明书面措辞的口头证言可能更容易出错。在使用书面复制件或者记忆时存在的错误传递关键事实的危险——但是在提交原件以证明其措辞时，这种危险在很大程度上是可以避免的——证明了原件优先的正当性。

与此同时，长期以来人们注意到，查阅原件的机会可能对发现欺诈行为具有重大意义。因此，不足为奇的是，长期以来，预防欺诈一直被零星引用，至少作为该规则的辅助理由。一些现代典据甚至断言，预防欺诈是该规则目前的主要正当理由。因为除非接受这一额外的理由，否则似乎没有什么理由像经常做的那样，将这一规则适用于由现代复制技术制作的复制件，这些技术实际上消除了任何误传的可能性。然而，将欺诈预防接受为该规则的唯一依据，迫使我们重新审视 Wigmore 提出的问题，为什么该规则不同样适用于动产？

最后，有时有人指出，这一规则应被视为不仅防止错误或者欺诈性的错误传递，而且应当防止通过引入对手无法近用的一整套书写品的选定部分，进行有意或者无意的误导。这似乎将现在是《联邦证据规则》106 和《统一证据规则》106 的主题的完整性规则的一个方面植入了最佳证据规则。参见上文第56 节。

523　现代案情先悉和相关程序的出现，包括强制披露展示件和审前会议，使得我们得以在审判前而不是在审判时审查原件或者替代性证据，大大减少了对要求原件的证据规则的需要。在所有司法辖区，这些替代办法的可得性并不统一，在刑事领域也受到限制。因此，原始文件规则仍然是一项持续和重要的要求，尽管可以预见，进一步扩展案情先悉和审前披露，可能最终使该规则在民事案件中被淘汰。

第 233 节　规则的范围：书写品、录制品和影像

在普通法上，对原件的要求仅限于"书写品"，如今，这一要求的范围已扩大到书写品、录制品和影像。所有这三类证据项目都显示出一般动产所缺乏的精细细节；这一细节往往至关重要；防止因错误传递而丢失这一精细细节，是要求出示原件规则的基本政策目标。

书写品和录制品。在证明由字母、单词、数字或者它们的对等物组成的书写品和录制品的内容时，担心错误传输精细细节的基础是显而易见的。"书写品"和"录制品"这些术语，现在被广泛定义为包括任何形式的数据汇编，包括数字证据。通过录音机或者其他电子手段录制的声音，在其内容需要证明的情况下，显然也涉及类似的错误传输因素。因此，有必要将其纳入这一规则的范围。

影像、视频和胶片录制品。当其内容作为独立的实质证据来源要被证明时，影像也被纳入规则。而且，"影像"的定义很宽泛，包括 X 光片、电影和录像制品。在寻求证明所有这类影片的内容时，将其纳入规则范围的理由是替代性证据，例如证人对影像内容的口头描述，具有与书写品相似的错误和不完整的风险。当然，影像的原件可能会显示出篡改的迹象，而关于其内容的替代

性证据不会显露这些迹象，而且这在影像产品被提出来作为实质性证据"为自己说话"的情况下可能具有不同寻常的重要性。然而，法院曾判定，当照片被用作示意性辅助手段，以说明证人关于其所见的证言时，原件的要求不适用。但是，这一规则对非言词图示的广泛扩展，确实抛弃了普通法规则的严格限制原则，即它不适用于书写品以外的任何证据。因此，原件的要求现在可以不断地扩展到诸如全球定位系统和嵌入电子证据中的超文本等展示丰富细节的其他此类表述方法。

有铭文和无铭文的物品。尽管就其所展示的细节的数量和重要性而言，书写品通常可以与其他物品区分开来，但是带有或多或少的细节的铭文的动产远非罕见。因此，当诸如警察徽章、旗帜或者墓碑之类的物品上有与之相关的数字或者说明时，就提出了该物品应被视为动产还是书写品的问题。对于要求出示几乎任何复杂动产的"最佳证据"，可能仍然没有任何容易辨认的障碍。

然而，似乎没有必要将任何带有任何铭文的物品归类为书写品。归根结底，也许不可能根据 Wigmore 的下列建议——这被许多法院所追随——来改善，即法官有自由裁量权，根据对铭文的准确信息的需要、出示的难易程度或者铭文的简单或复杂程度等因素，来决定是否对有铭文的物品适用本规则。

第 234 节　什么构成对内容的证明

当提供书写品、录制品或者照片以证明其内容时，很明显，误传该内容的危险是重大的。无理由不得允许提供关于内容的替代性证据。当文件的内容是具有独立法律意义的事实时，以及当提出者使用记录庭外事件发生的文件的内容在法庭上证明该事件时，本原则适用。

与具有独立法律意义的事实相关的书写品、录制品和影像的内容在最佳证据规则范围内。根据实体法的适用原则，在法律纠纷中，有些问题的解决，需要知道书写品、录制品和影像的确切内容。在这些情况下，作为具有独立法律意义的事实的内容具有相关性，不在传闻的定义范围内，参见下文第 249 节，但是在最佳证据规则范围内。在其中一些这样的案件中，反诈制定法或者口头证据规则赋予了书面文件不可或缺性或者首要性。基础交易被视为书面交易，当书写品的法律效力在诉讼中存在争议时，体现这些交易的书写品，如契约、合同、判决等，被普遍认为在最佳证据规则的范围内。在其他情况下，侵权法和刑法的实体法律规则，将书写品、录制品或者照片的内容视为必须加以证明的庭外行为；在其他情况下，文件的内容因为证明了通知而引起了争议。

524

在关于法庭外的事件的书写品、录制品和影像也存在的情况下，可以通过对该事件有独立第一手知识的证人证言来证明该事件。记录庭外行为和事件之事实的书写品、录制品和影像，在种类上基本是无限的。当提出者试图证明过去发生的这些事件时，最佳证据规则并不要求使用这些文件。实体法并不认为该文件是这些事件的基本或者主要版本库。有独立的第一手知识的证人所作的描述这些事件的证言是主要的，而不是替代性证据。其被提出不是为了证明文件的内容，而是因为文件记录也存在。在这种案件中，根据最佳证据规则允许作证，无须出示原始文件记录或者就其缺少作出解释。判例法中的例子比比皆是。

525　　显然，当书面记录或者录制品似乎比证人的描述更可靠时，用来证明事件发生的证言的一些允许使用，似乎有违直觉。然而，采纳证人的描述并不是要剥夺记录的证明价值，书写品也可以由审判法院依照自由裁量权采纳。

当提出者提供书写品、录制品和影像来证明某一事件时，适用最佳证据规则。当一方提供书写品、录制品和影像作为证明某一事件发生的记录时，该文件即被提供以证明其内容。最佳证据规则适用。即使某一事件可以通过证言证明，有时试图证明该事件的一方也会选择为此目的提供书写品、录制品和影像的内容。例如，两个人之间的对话是一个事件，可以通过参与者（或者听到对话的任何其他人）对所说内容的证言来证明，或者通过对话录音来证明。如果提出者选择用录音来证明谈话中所说的话，那么提出录音带就是为了证明其内容。对此将适用提出磁带原件的要求。证人就其先前在录音带上听到了什么的证言，或者原始录音的书面笔录将被拒绝，除非证明原始录音不可得。当然，当提供书面记录作为庭外事件的证据时，情况也是如此。必须提供原始记录；关于证人先前在记录中看到了什么的口头证言将被拒绝，除非无法获得原件。此外，这种书面记录的使用反映了作者的传闻陈述，也必须找到传闻例外情况。

证人也可以作证说，由于有关记录没有提及某一事件，因此没有发生该事件。这种消极的证言通常被认为不构成内容证明，因此不需要出示记录。但是在适用这一例外时必须谨慎，因为关于未出现某情况的证言可能很容易涉及证人对确实出现了的细节的可疑描述。或许一个更好的办法是将这种"未经纪录"证言视为一种形式的总结，事实上就是这样，并使之受到在该情境下所采用的保障措施的约束。见下文第 241 节。

没有独立的第一手知识的依赖于书写品、录制品或者影像的内容的证人的证言。有时证人作证证明某个事实或者事件的存在，而证人就此没有第一手知识。在这种情况下，证人通常依靠的是证人在法庭外阅读或者观察到的书写品、录制品或者影像。如果证人证言的提出者没有在法庭上出示该文件，就可能违反最佳证据规则。例如，当录制品或者照片是没有人实际观察到的事件的"无声证人"时，就会出现这种情况。法院也可能错误地将外行证人根据其在庭外使用的文件作出的证言，视为外行意见。然而，根据《联邦证据规则》701，外行人士的意见必须以第一手知识为基础。见上文第11节。只有有资格的专家才可以依照《联邦证据规则》703，根据在审判前向他们提供的信息发表意见。见上文第15节。允许就外行证人从特定书写品中收集的具体事实作证，似乎违反了最佳证据规则的原则和政策。

证明关于书写品的"某个事实"。有时法院判定，允许使用说明有关书写品、录制品或者影像的"某个事实"的证言。也许这不会增加错误传输的危险，因为提供证言是为了证明文件内容的确切条款以外的问题。这些问题的常见例子是某个文件存在，它的类型，或者关于其创制、签署、让与和发行或者送达等事件的历史。在这种情况下，规则1002不适用，可在不出示文件的情况下作证。

一种功能性的方法。必须承认，法院在适用是否只是提出者寻求证明的文件的"某个事实"这一问题时，常常受到质疑。法院通常通过将文件内容视为"旁系性"来解决不确定性，从而避开了基本要求。参见下文第239节。法院还必须区分被视为具有独立法律意义的事实的文件的内容和被视为庭外事件和交易记录的内容。这种形式上的和学说上的区分，可能很难适用。

或许确定何时必须出示原始书写品、录制品或者影像的另一种方法是，放弃基本上是书面的（因而具有独立法律意义）事务和基本上是非书面的事件之间的区别。这一规则的适用可能取决于审判法官对这些功能性因素的确定，如书写品在诉讼中的中心地位，将确切的条款或者内容提交审判者的重要性，以及在没有原件的情况下有误传的危险。这些因素已经在有关有铭文的物品——参见上文第233节——和旁系性文件——参见下文第239节——的判决中发挥了作用。这种方法所能提供的常识上的灵活性，必须同当事各方丧失的任何可预见性以及更绝对的办法所固有的上诉控制的机会进行权衡。

第235节 什么是"原件"

原件是实体法确定的。如果存在两个文件，X和Y，X是首先创建的，Y是X的某种复制品，怎么应用基本规则？当然，复制件是经常出现的，而且在大多数情况下，第一个制成的文件将是规则所要求的最初次制作的文件。但是问题并不总是那么简单。例如，X 可能是由发件人制作的备忘录，并交给助手以电子邮件或者传真发送，Y 是收件人实际收到的电子邮件或者传真。或者，X 可以是交给速记员复印和发送的诽谤性手写信函，Y 则是收件人实际收到的信函。或者，X 可以是债权人账册中的一张账簿，Y 可以是据此账簿制作并送交债务人的账单。

在上述任何一种情况下，如果当事人在法庭上提供文件 Y 作为证据，那么什么决定着该文件是提供来证明其自身条款的"原件本身"，还是仅仅是提出证明 X 的措辞的"复制件"？在这里，答案显然不取决于创制的时间顺序或者将 Y 称为"复制件"的通常语义用法，而是取决于合同、诽谤、财产等实体法。那么，要问的问题是，根据实体法，Y 的创造、出版或者其他使用的相关性，是否在于以对诉讼有重大影响的方式影响到了当事人的权利。如果对这个问题的回答是肯定的，那么证明 Y 的内容就是本案具有重要意义的事实。Y 碰巧是另一书写品的复制件完全无关紧要。因此，在许多情况下，"复制件"的措辞就是要证明的事实。

对等物。书面交易，如合同或者契约，通常也会有多份对等物或者相同的复制件作为证明，每一份对等物都由双方签署，或者，无论如何，旨在具有体现交易的同等效力。这种多份对等物也被称为"二联复本"（或者三联复本等）原件，这一术语在应用中经常引起混淆。旨在具有同等法律效力的每一份对等物，均可作为"原件"采纳。提出者无须出示或者说明其他对等物。然而，在可以诉诸替代性证据之前，法院已经判定，必须证明所有对等物都不可得。

影像和计算机打印输出。《联邦证据规则》1001（d）规定，对于电子形式存储的信息而言，"原件"包括"准确反映该信息的任何打印输出，或者其他视觉上可读的输出"，影像的"原件"包括"负片或者由此冲洗出来的胶片"。显然，如果数据最初输入并存储在计算机中，则不会创建类似于传统文档原件的任何东西。因此，一旦提出者完成了证明计算机硬件和软件准确地检索了存储的数据的负担，所有的打印输出都同样是可采的。其他可采性问题，如所记录信息的传闻性质，或者计算机是否准确处理了原始数据，从而满足《联邦证据规则》901（b）（9）的验真要求，也需要解决。参见上文第 227 节。

第 236 节　什么是代替原件的可采的"复本"

原始文件要求的基本政策是，从重要书写品的内容中获得准确的信息，避免误传的危险，如记忆错误和手抄错误。因此，通常都会产生一份准确的原件复本的任何形式的复制，都应当视为足以满足该政策的要求。要求提供原件，否则对此承担责任，会给诉讼当事人带来成本、策划负担和发生错误的危险；如果通过提供一份准确的复制件，将不准确的风险降到最低限度，可能就不值得强加这些成本。与此同时，如果原始文件的要求也得到防止欺诈的辅助目的的支持，那么即使是通过照相或者静电印刷工艺制作的复制件也不能完全避免可能无法识别的篡改风险。因此，在某些情况下，复制件不如原稿可取。

《联邦证据规则》1001 和 1003 对基本规则的这些目的和现代复制的现实作出了合理的调和，即对"复本"作了宽泛的定义，并规定一般可以用复本代替原件，除非有充分的理由要求原件。

精确复制技术的发展。根据要求出示原始文件的规则对待复制件，只有从复制技术本身历史来看，才能正确理解。在最早期阶段，这个规则似乎是在 Bob Cratchit 这种类型的人进行的复制的背景下发展起来的，人工抄写并不总是在最好的条件下进行的。在这种情况下，经常会出现错误。也许由于这种复制方式存在缺陷，法院一般拒绝接受随后制作的原件的对等物。

然而，复写纸的出现，使得创造出具有更高可靠性和清晰度的复制件成为可能。在这里，由于复制件与原件的笔触相同，法院就这些复制件和用旧方法在原件之后制作的复制件作了事实上的区分。此外，像今天一样，通过使用复写纸制作合同或者交易的多份复制件，每一份复制件都通过同一媒介或者单独签署，已变得很常见。许多真正的复制件都是通过使用复写纸制作的这一事实，再加上同一笔触同时产生的书写品在某种程度上更为优越的概念，导致一些法院将所有的复写本都当做原件，即在不考虑原件的情况下认定其具有可采性。这一思路支持将用同一套排字版或者同一版型印刷的任何其他书籍或者报纸，接受为特定书籍或者报纸内容的主要证据。同一机械印刷过程中印出的所有印刷品，也会得到同样的结果。

如今，用各种照相和其他电子工艺进行复制已经司空见惯，取代了复写纸。当然，这些工艺产生的复制本具有极高的准确度，因此，正如复写纸一样，可能会被认可为原件复本。事实上，朝向这个方向的一个早期司法步骤是在一个著名的联邦上诉法院的判决中采取的，该判决判定，已经兑付并由一家银行作为其常规记录的一部分保存的支票的"文件缩微复制系统"照片，根据《联邦商业记录法》是可采的。随后，制定了一项统一的法律，根据该法律，商业和公共记录定期保存的照片复制件可采，而不必出示原件。该法已被广泛采用。然而，在有些案件中，提供书写品的照片来证明原件的条款，在没有具

528

体制定法的帮助下，照片复制件被视为替代性证据而不可采，除非对原件作了说明。对这些奇怪结果的唯一解释是，法院固执地将同时性创制视为准确性的特征，并一度不愿在面对更新的技术方法时修改这一概念。

摄影、电子和数码复制件是复本。现在，在《联邦证据规则》1001（e）和 1003 中，准确复制原件的任何工艺或者技术制作的对等物被定义为复本，并且通常像原件一样可采。不包括人工或者打字机手工制作的复制件，但是复本的复本被认定是可采的。如果增强工艺准确地再现了原始的音频或者视频磁带，即使需要编辑以去除背景噪声或者不相关或者有害的片段，增强的录音或者视频磁带的重新录制品也可以称为复本。在原件难以准确听清时，一份制作好的录制品音频部分的笔录常常被用于审判。如果将笔录视为有助于陪审团理解录制品内容的示意辅助手段，那么根据最佳证据规则，笔录就没有问题。这样使用笔录是审判法院的自由裁量权问题。参见上文第 216 节。

复本作为原件使用的例外。在《联邦证据规则》1003 中，使用复本代替原始文件有两种例外情况：反对者就原件的真实性提出了真诚的疑问，或者在某些情况下采纳复本而不是原件是不公平的。在这两种情况下，出示原件可能会显示出在复制件上可能看不到的可能存在的欺诈迹象，如水印、纸张和墨水的类型、涂改等。已判决的案件表明，对真实性的必要挑战必须相对具体。不公平性通常涉及复本本身的一些缺陷；例如，不能复制原始文件的某些重要部分的不完整的复制件。提出者篡改复制件或者阻止提出者查验原件的不公平行为也可以证明排除复本是正当的。

如果使用《联邦证据规则》1001（e）中定义的复本来质疑提供作为证据的原件的真实性，理由是原件在复制后已被更改，那么将《联邦证据规则》1003 解读为禁止采纳复本，似乎是荒谬的。

第 237 节　不出示原件的理由

要求出示书写品、录制品或者影像的原件，主要不是为了冒着任何危险，在任何情况下都要获得原件，而是为了获得关于其内容的最佳证据。作为一个实际问题，有许多原因可以解释为什么原始文件不可获得，也不能出示，而且应当免除这样做的要求。本节探讨这些理由。

原件丢失或者毁灭。如果原件已经丢失或者毁灭，《联邦证据规则》1004（a）规定，可以免去出示，关于其内容的其他证据变得可采。如果不承认免于遵守基本规则的这个理由，就意味着回到过去的、无人惋惜的日子：丢了自己的文件就意味着失去了自己的权利。严格执行基本规则的代价太高了。承认这一理由也符合该规则的辅助目的，即防止欺诈行为的发生，因为证明未能出示原件是由于没有恶意而无法出示原件，在逻辑上往往会打消另一种可能的推论，即未能出示原件是处心积虑的。

遗失或者毁灭有时可由直接证据证明，例如销毁文件的证人的证言。但是更多情况下，唯一可用的证据将是情况证据，通常采取证言的形式，说明对文件进行了适当的搜索，但是没有找到。在这种情况下，证明的充分性在很大程度上取决于搜索的彻底性和适当性。法院曾判定，当最后一次知道某一书写品在某一特定地方或者在某一人手中时，必须搜查该地方或者让该人到庭。然而，人们认为，这些说法最好被视为一般性的指导或者警告，而不是严格和不变的规则。几乎所有司法辖区都认为，审判法官在确定丢失或者毁灭是否使出示原件不可行这一预备性问题时，拥有一定程度的酌处权。《联邦证据规则》1008 规定，这个问题是由法院决定的。

这种自由裁量权特别合适，因为说明丢失或者毁坏可能性所需的搜查的性质，作为一个实际问题，将取决于每个案件的情况，在就遗失或者毁灭作出推论之前，例如文件的相对重要性，以及自最后一次看到文件以来的时间推移等因素，与需要进行的搜索的范围有关。然而，唯一的一般要求应该是，应探索有关情况下合理勤勉所要求的所有合理的搜索途径。

如果原始文件已被提供替代性证据来证明其内容的人所销毁，该人有证明该销毁是偶然的或者是善意的证明负担。否则，替代性证据不可采。过失销毁，或者在正常业务过程中销毁，可以反驳欺诈或者意图阻止原件用作证据的推论。

无法获得原件。当最初的书写品、录制品或者影像存在并在第三人手中时，《联邦证据规则》1004（b）规定，提出者必须使用可用的司法程序或者其他程序来获得它。如果持有人在审判法院传证权的地域范围内，最安全的做法是向占有人送达携文件出庭的传证令，要求其在审判时将文件带到法院。如果持有人有不出示该文件的特免权，有些判例将免去诉诸传证令。

如果在州以外或者在法院程序范围之外的第三人持有书写品，在许多法院看来，证明这一事实将免除出示原件。这种做法的优点是易于应用经验法则，但是原始文件要求的基本政策倾向于支持这样一种观点，即必须进一步表明。因此，有些法院要求，在使用替代性证据之前，提出者还必须表明，他已经作出了从其持有者那里获取原件的合理努力但是没有效果，或者表明情况使法院相信，即使作出了这种努力，也将是徒劳无功的。在有替代性证据时，应当考

530

虑到出示原件的负担和可行性。

原件在对方手里。免除一方出示原始书写品、录制品或者照片的义务的一种常用方法是，该方将这一负担转移给另一方，通常是对方。根据《联邦证据规则》1004（c），这要求替代性证据的提出者相当详细地说明：第一，原件在另一方的控制之下；第二，提出者通知另一方，在审判时将证明原件的内容，并且/或者对方应当在审判时出示它；第三，另一方没有这样做。请注意，所要求的通知没有强制力，但是可以为提出者不出示原件以及随后使用关于原件措辞的替代性证据提供正当理由。如果提出者真的需要出示原件，他应该请求出示文件或者诉诸传证令。但是，如果通知允许诉诸替代性证据，则对方不能公平地抱怨说，他只是得到了机会——而不是被迫——保留原件，如果他认为对准确解决案件很重要，则会提供原件。

最安全和几乎普遍的做法是，事先向对方或者其律师发出书面通知，说明特定的原始文件。然后，提出者可以在审判时口头要求对方出示所要求的文件。法院已经判定，提出者的起诉或者辩护的实质内容可以构成一个充分的默示通知，表明提出者正在指控另一方持有原件，并认为其出示是必要的。至于送达通知的时间，如果在现有情况下为对方在审判时出示书写品提供了公平机会，则该时间是充分的。因此，如果在审判过程中发现对方当事人在法庭上持有原始文件，应当场立即通知对方。

就在使用关于对方所持有的原件的替代性证据之前进行通知的要求，一些例外已经得到承认。第一种在理由上是充分的。如果对方不当地获得或者欺诈性地扣压了书写品，则无须通知，大概是因为这样的通知是徒劳的。有些法院就刑事检控中被告掌握的书写品，免去了通知要求，以便可以在不通知被告出示的情况下接受替代性证据。

第238节　不同类型的替代性证据之间没有优先次序

要求出示书写品、录制品或者影像的原件的基本政策是，对在法院展示的内容的准确性给予特别保护。如第237节所述，如果原件不可得，同一政策是否要求在证明原件内容的替代性方法中有优先次序？有许多可供选择的证明手段，有些手段可能比其他手段更可靠，例如（1）上文第236节中定义和讨论的复本；（2）不符合复本条件但是由复制时正在看原件的人制作的复制件，或者在听录音时制作的笔录；（3）复制件——不论是如何制作的——经由证人将其与原件比对，被认定是正确的；（4）二手或者间接复制件，即第一手复制件的复制件；（5）书写品的摘要或者重述；（6）经以前制作的备忘录或者笔记的提醒，关于书写品、录制品和影像内容的证言性证据；（7）未经提醒的证言性证据。还有很多其他的变量。

除了下文第240节所述的仅适用于官方和公共记录的特别优先，还有两种解决问题的一般方法。首先是由英国的一些判决引入并在早期得到少数美国判例支持的观点，即实质证据没有程度之分。这个立场具有简单易行的优点。此外，仍然存在大量的实践动机来出示存在的更令人满意的替代性证据。当然，这种实践动机源于这样的担心，即对手会向审判者暗示，如果未能提供更令人满意的、尚未被证明不可得的替代性证据，可以得出不利的推论。这些考虑导致大多数现代证据法典的起草者采纳了所谓的"英国"观点，包括《联邦证据规则》和《统一证据规则》，都没有对替代性证据的"程度"作出规定，因此没有对替代性证据的"类型"的优先次序之分。

相反的观点——曾经是多数意见的"美国"规则——承认替代性证据类型之间的区别，书面复制件优于口头证言。这种观点有一个常识性的优点：即使是拙劣的复制品，也可能比最好的证人的回忆包含更多的细节。作为一个额外的理由，有人可能会争辩说，通过构建一个高度技术化的规则，来实现准确获取书写品、录制品和影像的内容，只有在证明原件不可得时才放弃这一目标，这一政策上存在一些不协调之处。但是不管它的优点是什么，这一规则的拥护者已经减少到处于明显少数地位，因为各州普遍采用了遵循《联邦证据规则》和《统一证据规则》模式的证据法典，如前所述，这些规则不承认替代性证据有程度之分。 *532*

当然，根据所有适用的证据规则，替代性证据必须是可采的。证明保险单等详细文件的内容的口头证言可能不需要很确切。

第239节 仅涉及旁系性需要的书写品、录制品和照片的原件不需要出示

几乎在人类事务的每一个转折点上，都有一些书写品——信函、销售单、报纸、契约——起着作用。因此，证人的任何叙述都可能提及书面交流或者其他书写品、录制品或者影像中所包含的事件。例如，侵权行为或者犯罪的证人可以指认事件发生的日期，因为他们在当天的报纸上读到了某个特定的故事，也可以指认时间，因为他们在喜爱的电视节目中的某个特定时刻听到了撞车声。显然，除非在法庭上出示书写品或者录制品（例如报纸或者电视录像），否则禁止这种提及是不可行的。因此，承认"旁系性"书写品、录制品和影像

免于适用基本规则，已得到了执行。

　　如《联邦证据规则》1004（d）所述，这一豁免是对审判的快速性和效率以及澄清证人的陈述的必要让步。如果只是偶然提及文件中所包含的内容，这些利益超过了在展示这些文件的内容时完全准确的必要性和欺诈风险。同样的实际判断也将出示原件的基本要求限定于那些提供来证明其内容的文件。见上文第234节。在是否需要证明内容存在不确定性和混淆的情况下，也可以援引对旁系性文件的豁免。

　　虽然在当前豁免的意义上，文件通常被判定是旁系性的，但是证人提及这些文件的目的是多种多样的，以至于"旁系性"的概念难以精确定义。然而，在确定一份文件何时具有程序的旁系性时，三个主要因素应当而且通常发挥着作用。这些是：文件对诉讼的主要争点的中心性；文件的相关特征的复杂性；以及就其内容存在真正的争议。在特定情况下，对这些因素的评价和赋予证明力，也许最好由审判法官自由裁量权决定，正如在其他地方适用这一实质上的行政性规则一样，只有在滥用自由裁量权的情况下才应审查该自由裁量权的行使。

533

第240节　公共记录原件不需要出示

　　如果法院判决书、行政公告的内容需要证明，应当要求提出者出示原件吗？公认的观点是，官方记录的原件以及在公共部门记录或者归档的文件，应由其官方保管人在指定的公职部门保管。根据制定法和证据规则的规定，法院不会要求移动它们。《联邦证据规则》1005规定，官方或者公共记录的原件无须出示，也无须就此进行考虑。对于政府机构和可能希望查阅记录的公众来说，移动原件将是不方便的，而且具有遗失或者毁损的风险。

　　因此，特定类型的替代性证据被视为适合采纳以代替原件：由有权作出核证的人核证为准确的复制件；或者由亲自将其与原始记录进行过比较的证人验真的经审查的复制件。根据《联邦证据规则》1005，这两类替代性证据被优先考虑。这有助于确保收到的证据是原件中可能相当详尽的内容的最准确的版本。如果通过合理的努力，这两种类型的证据都不能获得，则可以采纳关于原件内容的其他证据。

第241节　卷帙浩繁的书写品、录制品或者影像的摘要

　　长期以来，法院一直判定，如果记录卷帙浩繁，不便在法庭上出示和审

查，则可以对其进行总结，并由审查了全部记录的证人（通常是专家）对其要旨进行证明。《联邦证据规则》1006 承认并澄清了这一有益的做法，规定卷帙浩繁的内容也可以图表、摘要或者计算的形式展示。审判法官有很大的自由裁量权来决定基础原件是否卷帙浩繁，不便在法庭上审查。

根据《联邦证据规则》1006，原始文件无须在法庭上出示。因此，该规则的作用是免除出示原件的要求。但是，基础原件必须被及时提供给其他各方审查和复印，以便他们检查摘要是否有任何错误或者不一致之处，以及用于交叉询问。这些要求还默示地假定，应就提供摘要的意图发出合理的通知。如果原件不复存在，规则 1006 将不适用，但是根据《联邦证据规则》1004，摘要可作为替代性证据采纳。

由于根据本条规则采纳的摘要是在实质上取代摘要所述事项而引入的，因此必须证明卷帙浩繁的材料本身是可采的，法院必须谨慎地确保摘要准确地描述了基础材料的内容。然而，即使这些摘要是准确的，这些摘要也可能只代表了一方当事人的观点。然而，法院提防着那些包含没有得到记录中证据充分支持的推论和假设的摘要，以及直截了当的观点。

《联邦证据规则》1006 明确规定，根据其条款采纳的摘要本身就是证据，　*534*　取代了没有被采纳为证据的卷帙浩繁的文件。由于该等摘要是实质证据，因此就其使用不需要对陪审团作出限制性指示，并可在评议期间将其带进陪审团评议室。因此，可以就规则 1006 摘要和作为讲授性辅助手段对待的摘要进行区分，后者说明的是证人的证言或者总结，或者对本身在审判中已被采纳为证据的证言和文件所进行的分析。陪审团通常被指示说，这种辅助手段本身不是证据，而是仅应作为理解证据的辅助手段。见上文第 214 节。然而，在审判法院没有明确区分这一点的情况下，上诉法院不愿意判定任何此类错误是有害的。

第 242 节　用当事人的证言或者书面自认证明原件内容

许多美国法院遵循了 Parke 男爵在 *Slatterie v. Pooley* 案件[5]中的判决，判定对方作出的口头或者书面自认可以采纳来证明原件的内容，而不要求就原件进行说明。然而，经过反思，Parke 男爵的采纳证人关于一方当事人的口头自认的证言的判决，与有利于准确获得书写品内容的首要政策是相当不一致的。依靠证人的感知和记忆会增加错误传播的可能性，而没有相应的理由。因此，

---

⑤　Slatterie v. Pooley，(1840) 6 M. & W. 665，151 Eng. Rep. 579 (Exch.).

美国的一些判决拒绝了这样的证言。

如果证人没有报告说当事人作出了口头自认，误传的可能性就会有效降低。《联邦证据规则》1007 采取的立场是："证据提出者可以使用所提出证据反对的当事人的证言、证言存录笔录或者书面自认来证明书写品、录制品或者影像的内容。"在这种情况下，"证据提出者无须考虑不能提出原件的问题"。这样，当一方当事人以书面形式作出自认并出示作为证据时，或者当一方当事人本人在本次或者其他一些审判或者听证会上，或者在证言存录中，就文件的内容作出陈述时，这些自认可以用来证明这些内容。应当排除证人这样的口头证言：他听到了当事人对书写品、录制品或者影像内容的自认。

当然，对方当事人的自认也必须是相关的、经过验真的，并在传闻的自认例外之内。对方可以质疑作出过自认，尽管这可能是一个失败的观点，因为自认要么是对方自己的证言，要么是他以书面形式作出的。对手可质疑其自认的可靠性，即该自认并没有准确地代表原件的内容。

第 243 节　在法官和陪审团之间分配事实问题

适用本章讨论的规则，要求审判法官在裁定书写品、录制品或者影像的原件、复本或者替代性证据的可采性之前作出许多预备性决定。例如，如果提出者提供了一份书面文件作为展示件，是否要提供该书面文件来证明其内容？如果是，它是"原件"吗？如果不是原件，是"复本"吗？如果是复本，是否就原件真实性或者不公平性存在严重问题，从而妨碍了复本在审判中的使用？如果所提供的书写品不是复本，是否有任何原因（例如，原件丢失或者毁灭）不能提供原件，从而为其不出示提供理由，并允许使用替代性证据？

这些只是法官在执行被称为"最佳证据"的规则和政策时，必须回答的最基本的问题。其中有些是法律问题，有些是事实问题，有些需要行使司法自由裁量权。显然，法律问题和需要司法自由裁量权的问题是由法官单独决定的，而不是提交给事实审判者。大多数预备性的事实问题也是由法官根据优势证据标准来决定的。

然而，法官关于特定文件的可采性的决定，也牵涉一些涉及特定案件的是非曲直的、对争点具有决定性意义的事实问题。《联邦证据规则》1008 要求在当事人之间发生的三个事实问题应该保留给事实审判者：（a）所宣称的书写品、录制品或者影像是否曾经存在；（b）在审判时提出的另一个书写品、录制品或者影像是否为原件；以及（c）关于内容的其他证据是否准确地反映了其内容。

以下例子说明了本条规则：

（a）当书写品的提出者提供它作为原件或者复本时，对方可以声称原件从来没有存在过，所提出的书写品是伪造的。在陪审团审判中，如果审判法官判定原件不存在，并且由于这个原因排除了提出者提出的证据，则提出者基于所称原件的索赔的是非曲直就不会提交陪审团审理。因此，根据《联邦证据规则》1008（a），法官将采纳所称的原件，并让陪审团解决关于其是否存在的争端。

（b）同样，当事人也可以就同一书写品出示相互矛盾的"原件"。在陪审团审判中，如果法官认为一个是真实的原件，因此排除了另一个，则不允许双方中的一方将其索赔或者辩护的是非曲直提交陪审团审理。因此，根据《联邦证据规则》1008（b），法官将采纳两份原件，并让陪审团解决关于哪一个是真品的争议。

（c）最后，提出者可以提供一份书写品作为替代性证据，以证明已经丢失的原件的内容。在陪审团审判中，如果法官不相信这一替代性书写品正确地反映了原件的内容，或者决定只将对方的相互矛盾的替代性证据采纳为原件的正确版本，那么提出者的索赔的是非曲直就不会交给陪审团审理。根据《联邦证据规则》1008（c），法官将采纳提出者的替代性证据（以及对方的替代性证据，如果有的话），并让陪审团决定哪一个是正确的版本。

然而，为了解决《联邦证据规则》1008 分配给事实审判者的这些问题，必须首先认定提出者提供的书写品（或者证言）是可采的。确定可否受理所必需的预备性事实问题仍然由法官决定；例如，在例（c）中，原作是否遗失，遗失是否出于恶意。此外，法官将要求证明就分配给陪审团的任何争点都有充分的证据。在上面的例（a）中，提出者仍然必须提供足够的证据来支持陪审团认定其声称的原件是真实的。在例（c）中，所提交的替代性证据必须足以支持这样的认定，即原件的内容就是提出者所主张的。

第 243.1 节　对采纳替代性证据的裁决的上诉审查

从本章的前几节可以看出，出示原件要求，加上不出示的几种理由和对该要求本身的豁免，构成了一套相当复杂的审判法官管理规定。可以理解，在应用这些规则时出现错误并不少见。另一方面，这一规则体系的目的是简单和实用的。这一目的就是就有关文件内容获得最可靠的信息，如果就这些条款存在争议的话。寻求"最佳证据"或者"原始文件"作为目的本身的神秘理想不再是目标。因此，当在上诉中对法官采纳替代性证据发起攻击时，审查庭似乎通常应该询问鸣冤的律师，"你所代理的一方是否对所收到的关于书写品的重要条款的证据的准确性提出了质疑？"如果律师不能使法院确信存在这样一个善意的质疑，很明显，就替代性证据任何偏离规定的行为都可能是无害错误。

第十编　传闻规则及其例外

第 24 章

传闻规则

第 244 节　反对传闻规则的历史

在常被引用的一段话中，Wigmore 将反对传闻规则称为"英美证据法中最具特色的规则——除了陪审团审判，该规则可以被视为这一极具实践性的法律制度对世界程序方法的最大贡献"[1]。这一规则是如何产生的？

陪审团的发展无疑是一个重要因素。在其早期的形式中，陪审团的性质是由邻里中有资格的人组成的委员会或者特别委员会，他们负责报告有争议的事实或者问题。在必要时，委员会成员就对事实有特别了解的人进行非正式调查。书写品的见证人是与陪审员一起传唤的，显然也参与陪审员的评议，但是传唤证人出庭就事实向陪审团公开作证的做法，是陪审团审判中的一个新发展。虽然至少早在 12 世纪陪审团就已经存在，但是在 15 世纪后期之前，这种在法庭上进行听取证人证言的做法并不频繁。此后，这一运动逐渐趋向于目前的概念，即通常的证据来源不是陪审员的私人知识或者调查，而是证人在公开法庭上的证言。在 16 世纪，它成为——虽然还不是唯一——通常和主要的证据来源。

直到证人在法庭上公开作证出现的这一时期，人们才开始意识到证据排除规则的必要性。不可否认的是，即使是早期的关于书写品的证人也被要求只讲"他们所看到和听到的"[2]。这一要求自然适用于新一类的作证证人。但是，当证人在庭外听到 X 的陈述，说 X 看到了剑击造成的伤害，并将该陈述作为剑击的证据时，就出现了一个新的问题。当然，早先对知识的要求，一定使法官倾向于对传闻的价值产生怀疑。

传闻的价值及传闻作为证据的充分性，是这一孕育期的讨论主题。在都铎王朝和斯图亚特王朝统治期间，律师和当事人对口头传闻陈述证据的批评和反对日渐增多。当证据不断被采纳时，对其可靠性的信心也越来越受到质疑。它

① 5 Wigmore, Evidence § 1364, at 28 (Chadbourn rev. 1974).
② Thayer, Preliminary Treatise on Evidence 101, 519 (1898).

被嘲笑为"关于故事的故事"③，或者"从另一个人的嘴里讲出来的故事"④。与这种越来越不受信任的非正式口头传闻的使用相类似的是，在法官或者司法人员面前宣誓后所作的陈述的笔录，不受它所反对的当事人的交叉询问。在16世纪至17世纪中期的刑事案件中，检控方主要依据这样的"庭前证言存录"来说明其案件。随着口头传闻越来越不可信，人们开始对使用"庭前证言存录"感到不安，首先是这种限制，即只能在证人不能出庭时使用它们。没有宣誓或者口头陈述的报告不可靠，都不能成为反对这种证据的理由，而理由只能是缺乏交叉询问和对行为举止的观察。

在复辟后的头十年里，大约有一个世纪的对传闻的批评，对拒绝该等证据的判决产生了最终的影响，首先是口头传闻，然后是庭前证言存录。Wigmore发现，1675年至1690年间是反对传闻规则的具体化时期。有一段时间，这个规则受到这样的观念的限定，即传闻虽然不能独立地被采纳，但是可以被采纳来证实其他证据，这种限定条件一直延续到18世纪末，其有限形式是采纳证人的先前的一致陈述来补强其证言。

反对传闻规则，以及英国其他证据法，是否事实上是"陪审团之子"⑤ 或者对抗制的产物，可能在当代没有什么重大意义。重要的一点是，17世纪末成形的反对传闻规则，既不是一个古老的用法问题，也不是大宪章的遗产，而是普通法相对晚近的发展。

Holdsworth认为，导致在17世纪末这一特定时期形成反对传闻规则的直接影响，首先是Coke在其《英国法总论》第三卷中的有力格言，抨击了"人们可以用传闻进行控告的奇怪的自大"；其次是，英国法律拒绝采纳教会法和民法法中的两个证人的要求，因此迫切需要提供一些补偿性保障。如前所述，在该规则确立之前，一个世纪以来，反对使用传闻的抗议活动不断增加。然而，传闻的大多数具体弱点——这些是采纳这项规则的根本原因，并解释了其存在的原因——直到18世纪初新确立的规则被法官和条文起草者合理化之后，才得到明确承认。

第245节 反对传闻规则的理由：规则的例外

证言的价值取决于证人的感知、记忆、叙述和诚实性等因素：

③ Colledge's Trial, 8 How. St. Tr. 549，663（1681）.
④ Gascoigne's Trial，7 How. St. Tr. 959，1019（1680）.
⑤ Thayer, Preliminary Treatise on Evidence 47，180（1898）.

（1）感知。证人是否感知到所描述的事物并对其有准确的感知？

（2）记忆。证人是否对这种感知留有准确的印象？

（3）叙述。证人的语言是否准确地表达了这种印象？

（4）诚实性。证人是不是有作伪证的不同程度的故意？

为了鼓励证人尽最大努力揭露上述任何一个因素可能存在的不准确之处，英美传统演变形成了通常要求证人作证的三个条件：宣誓、亲自到庭和交叉询问。反对传闻的规则旨在确保遵守这些理想条件，当其中一个条件不存在时，传闻异议就变得相宜了。

在传闻情况下，涉及两个"证人"。第一个符合作证的所有三个理想条件，但是只是报告第二个"证人"所说的话。第二个"证人"是庭外陈述人，其陈述不符合理想条件，但是包含关键信息。

宣誓。在早期对传闻的批评中，有一个经常在司法意见中反复出现，直到现在，就是这样的异议，即作出传闻陈述的庭外陈述人通常是在并非于法庭上进行宣誓的严肃情况下讲述或者书写的。宣誓可能在两个方面很重要。作为一种仪式性和宗教性象征，它可能会诱发一种说真话的特殊义务感，也可能会用伪证罪的刑事处罚危险触动证人，因为司法宣誓或者同等的郑重陈述是伪证罪的前提条件。Wigmore 认为，宣誓要求是附带的，而不是必要的，并提及排除宣誓后所作的传闻陈述的做法来支持他的观点。但是事实上，宣誓并不是反对传闻规则的唯一要求，这并不能证明它不重要。与此类似，誓言缺乏它早期具有的力量，并不意味着它不再有意义；虽然现在常常允许以郑重陈述代替宣誓，但是对证人的宣誓（或者郑重陈述）要求仍然很稳固。

亲自到庭。另一个人们长期主张的异议是，缺乏观察庭外陈述人的行为的机会，因为这可能会影响其可信性。此外，这种场合的严肃性和公开羞辱的可能性几乎不可能不触动证人，如果证言所针对的人在场，虚假作证会变得更加困难。

此外，亲自到庭消除了这样的危险，即证人在庭外陈述可能报告不准确。此外，报告所说的话很可能存在不准确的特殊危险，这种危险超过了所有从观察事项的记忆中复述的出错性，而这种不准确的危险是传闻的弱点之一。然而，正如 Wigmore 所指出的那样，并非所有的传闻都会存在这种危险。书面陈述可以在法庭上出示，并且可以对其真实性和未受篡改进行具有合理准确性的检验。此外，正如 Morgan 所指出的那样，在法庭上为非传闻目的报告口头文字，如证明口头合同的订立或者诽谤，也同样存在失实报告的风险。这两个观点似乎都没有定论。此外，书面传闻和口头传闻之间没有一般性区别。

交叉询问。对方没有任何机会对被报告的未到庭陈述人的庭外陈述进行交

542 叉询问，在今天被视为排除传闻的主要理由。早在 1668 年，传闻因为"另一
方不能对宣誓的一方进行交叉询问"⑥ 而被驳回。司法表述强调这是传闻规则
的主要原因。正如边沁所指出的那样，交叉询问是英国审判制度的一个显著特
征，也是最有助于提高陪审团审判制度威望的一个特征。他称之为"证言正确
性和完整性的保证"⑦。Kent 议长指出了传闻所缺乏的这种保障的性质：

> 传闻证言，从其本质上讲，伴随着种种疑点和困难，它无法澄清这些
> 疑点和困难。叙述传闻的人没有义务深入任何细节、回答任何问题、解决
> 任何困难、调和任何矛盾、解释任何含混不清之处、消除任何模棱两可之
> 处；他坚持这样的简单断言，即他就是这样被告知的，并将责任完全推给
> 死去或者不在场的作者。⑧

在他或许是最著名的一句话中，Wigmore 将交叉询问描述为"毫无疑问
是迄今为止发明的发现真相的最伟大的法律引擎"⑨。

被采纳的传闻。杰出的法官们曾谈到传闻的"内在弱点"⑩，但是传闻的
不可靠性很容易被夸大。传闻并非因其固有性质而不值得在司法程序中依赖。
相反，事实证明，根据传闻规则的众多例外，法院在不断采纳传闻证据。如果
在没有异议的情况下收到了不可采的传闻证据，则通常可以予以考虑，如果显
然可靠，则足以支持裁决或者事实认定。此外，传闻被广泛用于证明可能存在
的理由，更一般地说，我们的许多知识是以传闻的形式得来的。

传闻证据显示了各种各样的可靠性，从纯粹的第三手传言，到可信观察者
的宣誓陈述书，可靠性几乎从最高到最低不等。尽管在大多数的证言或者情况
证据中发现了广泛的可靠性，这些同样有人类感知、记忆、叙述和诚实性的弱
点，但是这些证据不受一般排除规则的约束。根据传闻可靠性的不同程度调整
可采性规则，一直是推动证据法自由化运动的一个主要因素。

不过，一般的政策，即要求证人在公开法庭宣誓作证，并接受交叉询问，
得到了广泛支持，这些是反对传闻的目标。问题在于排除证据作为执行该政策
的手段的规则的运作。

---

⑥　2 Rolle's Abr. 679, pl. 9 (1668).

⑦　Rationale of Judicial Evidence, b. II, ch. IX, and b. Ill, ch. XX (1827).

⑧　Coleman v. Southwick, 9 Johns. 45, 50 (N. Y. Sup. 1812).

⑨　5 Wigmore, Evidence § 1367, at 32 (Chadbourn rev. 1974).

⑩　See, e. g., Marshall, C. J. in Mima Queen v. Hepburn, t tU. S. 290 (1813).

第 246 节　传闻的定义

一个定义不可能用一两句话就为一个广泛领域，例如传闻的所有复杂问题提供现成答案。然而，它可以提供一个有用的一般焦点，标记一个起点，并在安排一些解决方案时作为记忆辅助。

《联邦证据规则》801 对传闻的定义有两个主要组成部分，该定义在联邦 　543　法院有效，为除少数几个州外的所有州提供了模板。首先，陈述被界定为"一个人的口头主张、书面主张或者该人意图作为一项主张的非言语行为"。其次，"传闻"是指这样的陈述：（1）该陈述并非陈述人在当前审判或者听证作证时作出的；并且（2）当事人将其作为证据提出，用以证明该陈述所主张事项之真实性。这一定义在形式上是肯定性的；它说，为证明所述事项的真实性而提出的庭外陈述是传闻。例如，证人 W 在证人席上报告说，陈述人 D 说 X 在某个时间和地点驾驶汽车。提出者正试图用这个证据来证明 X 确实这样做了。庭外陈述被用来证明所称事项的真实性，根据定义，这是传闻。

该定义并没有说定义中没有包括的一切都不是传闻，但是根据咨询委员会的注释，这是该规则的预期效果。因此，该规则的定义意味着，如果庭外行为不是一种主张，或者即使是主张，提出它不是为了证明所主张事项的真实性，那么庭外行为就不是传闻。

尽管在传闻的定义中"主张"一词的形式很重要，但是这个词没有任何定义。它在当代词典上的意义是积极或者有力地陈述。[①] 然而，在《联邦证据规则》之前的证据法世界中，"主张"一词没有积极或者有力的含义。至少一个半世纪以来，这个领域的作家们最喜欢的这个词的含义，不过是说某事就是这样的，例如，某事件发生了或者某条件存在。不幸的是，这一定义没有明确规定，因此，当代法院有时仅仅因为疑问或者祈使性陈述不是直接主张性的，就将其排除在传闻定义之外。

有时人们使用传闻定义的另一种不同于联邦模式的表述。它用传闻规则背后的政策来衡量庭外陈述，在其证据价值取决于陈述人的可信性但是没有宣誓、到庭或者交叉询问的保证时，将其归类为传闻陈述。虽然《联邦证据规则》所使用的主张导向的传闻定义，以及基于规则背后的危险（有时被称为陈述人导向）的定义，常常得出相同的结果，但是它们有时也不同。本书在最初

[①]　Webster's Third New International Dictionary (1993).

的版本中提出了主张导向的方法，并在随后的版本中继续这样做，尽管后来的版本已经减少了这种方法。

当行为或者陈述不具有主张性，或者当其具有主张性但是不被用于证明所主张事项的真实性时，该陈述一般不应被视为传闻，因为它不符合字面定义，而且在这种情况下，不诚实的危险通常会大大减少。虽然不完美，但是这种方法应用相对简单，即使根据规则的基本政策进行判断，在大多数情况下也能得到合理的结果。然而，基于该陈述是否用于证明所主张的具体点的分析，有时是不够的。如果对陈述及其情况的现实评估表明，不诚实危险没有得到有意义的减少，将其视为传闻是适当的。然而，应当由反对者承担证明负担，证明应当承认传闻定义正常适用的例外。这些一般原则将在随后的章节中，特别是第250节关于"隐含主张"的分析中进一步应用。

不是在提出陈述所反对的当事人面前。法院流传的一个非常持久的说法是，如果陈述不是在提出陈述所反对的当事人在场的情况下作出的，就不可采。如上所述，这一异议与传闻的基本概念无关。将以下内容替换为本节最后一句话：然而，提出庭外陈述所反对的当事人的在场，具有重要意义，因为在少数特定情况下，它可以允许采纳该陈述，例如，当当事人在场时所说的陈述被用来证明通知时[12]，未能否认一项陈述是主张该当事人采纳了该陈述的依据时[13]，或者当另一方的陈述被作为非传闻采纳来为当事人的自认提供情境时。

第247节　传闻规则和要求第一手知识的规则之间的区别

对第一手知识的要求是一条比传闻规则更古老的规则，虽然二者在政策上有某种血缘关系，但是应该将其区别开来。这条规则规定，只有在看来证人有合理的机会观察到事实时，证人才有资格对可能被观察到的事实作证。[14] 因此，如果证人作证称某一天某一航班准时到达 X 机场，而从她的其他证言来看，她当时似乎不在 X 机场，因此她只能是根据猜测或者其他人的报告陈述，此时适当的异议不是传闻，而是缺乏亲身知识。相反，如果证人作证称他的兄弟告诉他说他是乘飞机来的，而且飞机准时到达，那么缺少关于飞机何时到达的知识的异议是不适当的。证人声称他的陈述来自他的关于其兄弟所说的话的

⑫　参加下文第 249 节。
⑬　参加下文第 261 节。
⑭　参加上文第 10 节。

知识，就此而言，他大概有知识。如果提出后一种情况的证言是为了证明飞机抵达的时间，那么适当的异议是传闻。

区别在于证言的形式，证人是声称直接根据自己的可信性就事实提供证言（尽管稍后可能看起来该陈述是基于对他人的报告的信任而作出的），还是证人声称是在叙述另一人所说的话，并且提出该陈述是为了证明该他人报告的真实性。然而，无论是从证言的措辞还是从其他来源来看，证人似乎是根据他人的报告作证，虽然不是就他们的陈述作证，但是这种区别在很大程度上失去了意义，法院可以直接贴上"传闻"的标签。

第 248 节　传闻的适用实例

根据一般传闻规则排除用来证明所主张事实的庭外主张的几个例子，将说明其适用范围。关于下列口头陈述的证据被排除了：就死者是否将其保险转移到新汽车上的问题，关于他说他已经转移了保险的证言；为了证明陪审员候选人读过报纸上的文章，副警长的证言说：律师说过，某个陪审员候选人说另一名陪审员候选人读过有关文章；为了证明司机是在征得投保车主同意后驾驶的，关于这一情况的证言：该车主在事故发生后说，司机得到了他的许可；在反驳关于诱捕的辩护时，用于证明被告倾向的刑事声望；为了证明被告对发现大麻场所的控制权，警察关于下列情况的证言：邻居们说同一个名字的人占据了该住所；以及儿童对社会工作者所作的描述性侵犯的陈述。

在法庭上提出书面陈述作为其真实性的证据时，将其作为传闻加以排除的情况也同样频繁。因此，以下被确定为传闻：未出庭作证的估价师对损坏或者修理费用的书面估计；未作证的估价师对被盗拖车的书面评估；关于修理的独立证据的第三方发票；未到庭证人关于事故的书面陈述；作为所报道事实的证据的报纸上的报道；遗嘱中关于立遗嘱人的第二任妻子同意将财产分配给他的孩子的陈述，这是作为协议的证据；没有出庭作证的医生的医疗报告，用于证明原告在随后的事故中受到了伤害；以及作为产品可靠性的证明的制造商的广告说法。

第 249 节　不是传闻的一些庭外话语

传闻规则禁止用关于庭外主张的证据来证明其中主张的事实。如果陈述不是主张，或者不是提供来证明所主张的事实，那就不是传闻。本节将讨论一些较为常见的非传闻话语。

言语行为。当因违反书面合同而提起诉讼时，没有人会想提出异议称提供作为合同证据的书写品是传闻。与此类似，在合同诉讼中，关于当事人作出的构成使合同成立的邀约和承诺的口头话语的证据，并不是关于证言性提出的陈述的证据，而是法律赋予职责和责任的言语行为。其他明显的例子是关于被告所说的话的证据，这被作为构成诽谤或者欺骗的证据，据此要求赔偿。说明这一原则的其他例子可见于脚注。

行为的言语部分。单独来看某行为，并将其与周围环境隔绝，则该行为的法律意义可能并不清楚。因此，就把钱交给另一个人的单纯的身体行为，可以作出多种解释。可能性包括：贷款、偿还债务、贿赂、打赌、礼物，毫无疑问还有许多其他类型的交易。当根据实体法，相关探究只针对客观表现而不是行为人的实际意图或者其他心态时，伴随交易并说明交易特征的解释性词语不是传闻。正如大多数法院所使用的那样，"行为的言语部分"概念被严格限定在构成可操作的法律行为并使该学说成为言语行为学说的附属物的词语上。这一学说在很狭窄的范围内运行，似乎是适当的。

546　为证明对听者或者读者的影响而提供的话语和书写品。关于 D 向 X 作出了陈述的陈述，如果它的目的是证明在 X 心中引起的心态，例如接到了通知，或者拥有知识或者动机，或者证明 X 掌握了与后续行为的合理性、善意或者自愿性有关的信息，或者造成的焦虑，则不能作为传闻来加以攻击。在自卫案件中，同样的理由也适用于被告提出的关于被杀害或者被攻击的人所发出的威胁的证据。如果提出是为了证明被告对危险的合理忧惧，则该陈述不是为传闻目的提出的，因为其价值不取决于其真实性。

在以上讨论的情况中，庭外陈述通常会有不被允许的传闻一面，以及被允许的非传闻一面。例如，检查人员关于顾客的轮胎有缺陷的陈述，被采纳来证明注意到了缺陷状况（需要其他证据来确立该状况），该陈述很容易被事实审判者不当使用，作为轮胎事实上有缺陷的证据。除非不当使用的危险大大超过了适当目的对证据的需要，否则适当的结果是在作出限制性指示的情况下采纳证据。[15]

滥权可能是一个特殊问题的一个领域，涉及进行逮捕或者调查的警察就他们在犯罪现场的原因所作的陈述。警察不应被置于这样的误导性境地，即似乎碰巧在现场，因此有权对他们的在场和行为作出解释。然而，不应当允许他们

---

[15] 参见上文第 59 节和第 185 节。

叙述案件的历史性方面，例如其他人的含有不可采的传闻的报案和报告。这种陈述有时被错误地采纳，根据的是这样的观点，即警察有权提供其行动所依据的信息。对这些证据的需求很小，被误用的可能性很大。相反，这样的陈述，即警察是"根据所收到的信息或者类似的话"采取的行动，就应该足够了。

用于影响可信性的先前不一致陈述和一致陈述。弹劾证人可信性的一种常见方法是，证明在以前的场合，证人所作的陈述与其在证人席上的证言不一致。弹劾理论并不取决于先前的陈述是真的，而现在的陈述是假的。相反，仅仅是证人在不同场合对事实的陈述不同，就足以损害其可信性。因为"反复无常"，人们对这两种说法的真实性或者准确性都产生了怀疑。[16] 因此，先前陈述不是为了其真实性而提出的，不是传闻。必须指出的是，作为可采性理论的结果，根据这一理论提出的陈述不能用于证明其真实性，并不构成实质性证据。与此类似，一旦证人的证言被弹劾，在某些情况下，在正誉过程中可以提出先前一致陈述[17]，而当为这个有限的目的提出时，这些陈述也不是传闻。

机器自动生成的数据和动物反应。就像第245节所指出的那样，交叉询问的好处推动了传闻理论，因此，在某些情况下，如果交叉询问是不可能或者无效的，则可归类为非传闻。长期以来，人们对动物的反应和最近对一些机器产生的数据，特别是自动形成的测量和客观数据的理解是，将这些证据视为传闻是不恰当的。相反，将这些问题归为专家证言和验真，占主导地位。

然而，最清楚的是，当结果来自机器生成的证据时，必然在某种程度上涉及人，尽管参与的程度和直接性各不相同，而且通常在解读机器的反应时都伴随有解释。与许多可适当视为非传闻的领域一样，在确定机器反应是否应视为非传闻时，需要仔细分析人类参与的性质和结果中反映的人类判断的程度。尽管不受简单的标签所支配，但是由于现代生活中自动化响应的日益复杂和计算机生成数据的扩展，这一非传闻领域正在增长。

传闻陈述的间接版本；群体陈述。如果证言的目的是利用庭外陈述来证明所主张事实的真实性，则不能通过间接形式引出陈述内容来消除传闻异议。因此，当提供作为所称事实的证据时，证人有关"收到的信息"的证言和其他人的调查结果被适当归类为传闻。

除非涉及专家意见，否则由群体成员之一的证言提出的关于集体或者群体决策的陈述，应当同样对待。例如，当陈述涉及一组医生会诊后作出的决定

---

⑯ 参见上文第34节。

⑰ 参见上文第47节。

时，所达成的意见和其他支持该意见的人的陈述，应当是可采的，因为专家意见规则允许这种意见以可靠但是不可采的证据为基础。[18] 然而，其他专家的陈述仍然不应该就其真实性而被接受，而仅仅能用作支持该意见[19]，但是即使是就这种被接受的有限使用的理论有效性，也会存在一些争论。

声望。在陪审团审判的早期阶段，人们指望陪审员通过邻里查问来查明事实（而不是让证人通过他们在法庭上的证言来说明事实），社区声望是陪审员经常使用的信息来源。当 17 世纪末，排除传闻的一般学说开始形成时[20]，陪审员直接或者通过证人的证言使用声望，在某些领域已经充分确立。在这些领域，传闻规则的声望例外很快就得到了承认。

声望是对社区中的人们关于某事项所说的和正在谈论的事情的综合描述。就声望作证的证人，就一系列庭外陈述进行概括并作证。声望是否为传闻，取决于适用于其他庭外陈述证据的相同标准[21]，有时可能根本不是传闻。因此，在诽谤诉讼中，如果损害的要素之一是对原告声望的损害，就损害提出的关于在诽谤之前原告声望不好的证据，并不是传闻。与此类似，提出作为证据证明有人知晓声望性事实的社区声望证据，也不是传闻。

另一方面，当提供声望证据以证明声望性事实的真实性时，它是传闻的，因此它的价值取决于集体陈述人的诚实性。当它不在例外范围内时，应该排除它。然而，就关于品性和某些其他问题的声望，已经承认了一些传闻例外。[22]

用于证明真相的证人的先前陈述；对方当事人的自认。根据与上文讨论的传闻定义不同的理论，《联邦证据规则》将一些提供用于证明其真实性的证人先前陈述和对方当事人的自认，排除在了传闻规则之外。这些陈述将在后面的章节中讨论。[23]

第 250 节 作为传闻的行为和"隐含的主张"

非言语行为。到目前为止，对什么是传闻，什么不是传闻的讨论，仅限于庭外的口头或者书面话语。根据第 246 节的定义，如果它们构成一个主张，并

---

[18]　参见上文第 15 节；Fed. R. Evid. 703. 商业记录也允许采纳意见和诊断。参见下文第 287 节。
[19]　参见下文第 324.3 节。
[20]　参见上文第 244 节
[21]　参见下文第 246 节。
[22]　参见下文第 322 节。
[23]　参见下文第 251 节（先前陈述）和第 25 章（自认）。

被提供作为所主张事项发生或者存在的证据，它们就是传闻。

在某些情况下，非言语行为可能像言语一样是主张性的。如果，在回答"是谁干的"这个问题时，其中一位听者举起手来，没有人会争辩说，这种手势不同于口头或者书面陈述。其他范例，包括指向排成一列中的某个人的行为，相当于说"就是那个人"，或者语言或者听力受损的人使用的手语。这些都是"旨在作为一种主张的非言语行为"的明显例子，根据我们的传闻定义，它与口头或者书面主张同等对待。唯一的区别是，口头或者书面主张因其在形式上具有主张性，首先被假定是具有这样的意图，而就非言语行为而言，法官必须认定主张的意图，这是将其归类为传闻的先决条件。然而，如果在上下文中，这种行为是主张性的，则不必如此极端才能让其本身构成一种主张。

在其他情况下，行为同样明显是非主张性的。因此，不可控制的行为或者反应本身的性质，排除了作出主张的任何意图。两个案例说明了这一差别。第一个案例中，一名警察作证说，他去了谋杀嫌疑人的家，问被告的妻子要了他在谋杀发生后回家时穿的衬衫。她递给警察一件衬衫，后来在上面发现了血迹。㉔ 在第二个案例中，目击者描述说，谋杀嫌疑人穿着一件有毛皮领子的夹克。在被告家中逮捕被告的警察作证说，他问被告是否有一件有毛皮领子的夹克，被告转向妻子说："我没有那样的夹克，是吧，亲爱的?"他的妻子晕倒了。㉕ 在第一个案例中，嫌疑人的妻子被认定意图主张所拿出的衬衫是所要求的那件，因此她的行为是传闻。在第二个案例中，这种行为被认为是不具主张性的，因此不是传闻。在这两个极端之间存在争议。

非主张性非言语行为。19 世纪著名的 *Wright v. Tatham* 案件㉖是这场辩论的焦点。根据遗嘱，乡绅 John Marsden 把他的遗产留给了 Wright，他从一个卑微的职位升任 Marsden 的管家。法定继承人 Admiral Tatham 提起诉讼，要求收回遗产中的庄园，声称 Marsden 没有立遗嘱的能力。被告 Wright 支持遗嘱，提供了几封由已故的第三者写给死者的信作为证据。

提出这些信件的理论是，这些信件表明作者相信 Marsden 在精神上是有能力的，据此可以推断出他实际上有立遗嘱能力。这些信被采接纳了，遗嘱得以维持。然而，在撤销原判后再审时，这些信件被排除了，裁决推翻了遗嘱。上议院结束了八年的诉讼，维持了这一裁定，即这些信件不可采，因为其相当

549

㉔　Stevenson v. Com. ，237 S. E. 2d 779（Va. 1977）.

㉕　People v. Clark，86 Cal. Rptr. 106（Cal. App. 1970）.

㉖　7 Adolph. & E. 313，112 Eng. Rep. 488（Exch. Ch. 1837），and 5 Cl. & F. 136（H. L. 1838）.

于作者意见的传闻证据。Parke 男爵在判定中的这句话，也许是最精辟的：

> 我得出的结论是，如果某一特定事实本身并不是争议事项，仅因暗含着第三人对争议事项的陈述或者意见而具有相关性，在任何情况下，如果这种未经宣誓的陈述或者意见本身就不可采，则关于该特定事实的证据不可采；因此，在这种情况下，提出信件仅为证明立遗嘱人的能力，而这是其中所载隐含陈述的真实性问题，对该信件的拒绝是适当的，因为仅仅是作者的陈述或者意见，肯定是不可采的。㉗

将 *Wright v. Tatham* 案件中的证据描述为"隐含陈述"，即 Parke 男爵所说的隐含主张，是对这个问题的预先判断，因为传闻规则适用的就是庭外主张。

在谈到本案中实际存在争议的信件之前，让我们先来看看上议院使用的最著名的例子之一。这是对船只进行全面检查以确定其适航性后与家人一起登上船只的已故船长的非言语行为。提出的推理思路是：

（a）船长的行为倾向于证明他认为这艘船是适航的，而且

（b）根据这一信念，可以得出的结论是，这艘船实际上是适航的。法官们说，这相当于船长的庭外陈述，即该船适航，因此是不可采的传闻。然而，这种功能性对等可能是有误导性的。这个例子中似乎没有主张意图这一要素。

在 *Wright v. Tatham* 案件之后，传闻的问题常常被忽视，当人们注意到这一点时，早期的判例往往倾向于支持异议。然而，现在，《联邦证据规则》801（a）㉘ 和许多判决将非语言行为视为非传闻，除非证明有进行主张的意图。

这一结果是否符合传闻规则背后的政策？这个问题应该通过评估传闻规则旨在防范的危险来回答，即感知、记忆、叙述的，特别是诚实性方面的不完美。这种分析拒绝了这样一种观点，即从非主张性的非言语行为这里可以推断出一种信念，进而可以从中推断出产生这种信念的事件的发生。这样非主张性的非言语行为相当于一种主张，即该事件已经发生，因此是传闻。在举起雨伞之前，人们不会自言自语地对自己说"下雨了"，司机也不会在内心主张说"灯是绿的"后才按照绿灯向前开。在第一个例子中，提出行为来证明下雨，在第二个例子中，提出行为来证明绿灯，这些行为都没有就被证明的事实进行

550

㉗　7 Adolph. & E. at 38& 112 Eng. Rep. at 516.
㉘　参见上文第 246 节。

交流的意图，在没有交流意图的情况下，故意欺骗的可能性要小得多。诚然，交流是否是有意图的这一基本问题，有时可能会带来困难，但是违背意图的可能性通常很大，因此有理由将证明这一点的负担推给提出传闻异议的当事人。

即使在没有交流意图的情况下，有目的欺骗的风险可能是轻微的或者不存在的，仍然可以提出这样的异议，即就可能的诚实性错误，没有通过交叉询问来检验行为主体的感知和记忆。然而，与故意欺骗的风险形成对比的是，那些可能的诚实性错误引起的风险，成为评估证明力和可信性的有用因素，而不是排除的理由，似乎更为合理。此外，通常情况下，所涉及的情况，要么感知和记忆缺陷的可能性最小化，要么存在有助于对它们的评估的情况。虽然有人提出，只有当行为人的行为具有重大信赖因素作为可信性保证时，才应采纳该行为证据，但是对此的充分答复是，该因素是一种评价因素，而不是进行排除的理由。此外，为了便于应用，应当避免不必要的复杂化。同样应当避免的是这样的可能性，即行为可能模棱两可，从而使事实审判者得出错误的推论。类似的观点将非主张性言语行为排除在传闻规则之外，尽管分析通常更为困难，传闻危险的减少也不太清楚。

沉默作为传闻。行为作为传闻问题的一个方面是这样的情况，未能说话或者采取行动被提出来支持这样一种推论，在这种情况下，常人会沉默或者不作为。这些情况可能分为两类：（1）用其他顾客没有投诉的证据，来证明所称的货物或者食品缺陷不成立，或者用其他可能受到影响的人没有提出投诉，来证明诉称的损害性事件或者情况不存在；以及（2）家庭成员提供的证据，证明特定的家庭成员从未提及某事件或者主张或者处置某财产，以证明未发生该事件或者不存在该财产。通常情况下，人们既没有注意到也不讨论存在有争议的传闻问题。

虽然普通法判例对这类证据的传闻地位有不同的看法，但是根据第246节传闻的定义，这种证据不是传闻，因为它不是意图作为一种主张。与其他沉默情况相比，除了任何传闻问题，在没有不满的情况下，对可采性的支持可能更为有力。另一些案件则呈现出多种情况，其中一些案件暗示了沉默的动机，而不是要求评估证据的证明价值是否被其有害影响所超过的争议事件没有发生。沉默被作为当事人—对手的自认，将在其他地方讨论。

所谓的"默示陈述"；不是为了证明所称事项的真实性而提出的庭外的陈述。前面的讨论涉及非主张性非言语行为的传闻问题。*Wright v. Tatham* 案件——这里的讨论主要依据该案件——涉及的实际问题是，言语行为至少在某种程度上是主张性的，例如作出某些肯定性陈述的信函。它们提出了某些类型的主张性行为的传闻地位问题。

如果其中一封信说，"Marsden，你有立遗嘱的能力"，这显然在传闻的定义范围内，就像提出用以证明所主张的事项的真实性的庭外主张一样，但是事实并非如此。这些信虽然在形式上是主张性的，但是并不是为了证明所述的真实性。例如，那位表兄描述他去美国航行时所发现的情况的那封信，并不是提出作为证明美国的情况的证据，而是作为证据证明作者认为 Marsden 具有合理的智力，从这一证据可以推断出他认为死者有立遗嘱的能力。在这些情况下，证据是否应被视为传闻？

尽管这一原理的适用有时很复杂，但是根据《联邦证据规则》和当代司法分析，最基本的答案是，如果庭外的主张是作为所主张事项以外的其他事项的证据提出的，就不是传闻。该理论认为，当主张性行为"被提出来作为推断主张事项之外的其他事项的根据时"，诚实性问题通常会减少[29]。与主张性行为相比，这一观点不那么有说服力，因为存在着作出某种主张的意图，关于间接使用该陈述的不诚实的危险，永远不能完全被忽视。然而，当意图不包含所提出的推论时，这种风险提出不会大到要求将其视为传闻，因此故意欺骗的可能性大大降低。

显然，与逻辑和分析可能性所允许的和消除所有传闻危险所要求的相比，当代传闻定义更少包容性。著名证据学者 Edmund Morgan 在其职业生涯的早期就提出：

> 传闻的全面定义……将包括：（1）一个人意图作为一项主张的所有行为，无论是言语的还是非言语的，该行为被提出来证明所主张的事项的真实性，或者证明主张者相信被主张的事情是真实的；以及（2）一个人没有意图作为一项主张的所有行为，无论是言语的还是非言语的，该行为被提出来证明他的心态和导致他有这种心态的外部事件或者条件，或者证明他的行为真实反映了该心态。[30]

他随后得出结论认为，将传闻的定义扩大到逻辑和分析所建议的外部界限是不可取的，传闻规则的不必要的复杂化超过了任何假定的好处。与此类似，当代对"默示主张"所涉问题的解决，最终反映了理论与在传闻危险普遍减少

[29]　Adv. Comm. Note, Fed. R. Evid. 801（a）.

[30]　Morgan, Hearsay and Non-Hearsay, 48 Harv. L. Rev. 113& 1144（1935）.

的情况下对一个相对简单和可行的定义的需要之间的折中。

　　知识。在某一特定时间某个人是否还活着的问题上，她当时说了什么的证据将证明她当时还活着。无论她说"我还活着"，还是"嗨，Joe"，都是无关紧要的；活着的推论源于这一事实，即她说话了，而不是源于她说了什么。这里不涉及诚实性问题。就传闻的定义而言，即使第一个陈述也不是提出来证明所主张的事项的，因为其相关性并不取决于其内容。

　　这种分析可以扩展到表明知道、注意到或者意识到某些事实的陈述。关于某事的谈话从表面上表明，这个人意识到了这件事，这种情况不涉及诚实性。然而，谨慎是适当的，因为自我证明方面被严格限于所说的内容。因此，"我知道几何学"这句话只说明说者知道"几何学"这个词，而不是说她精通这个科目。另一方面，如果这个陈述本身就是一个几何命题，那么说者知道一些几何知识就不言而喻了；这个陈述是否以"我知道"开头，是无关紧要的。

　　当知识的存在被用来作为进一步推理的基础时，传闻规则可能被违反。当知识证据的目的是证明已知事实的存在时，这种可能性就变成了现实。关于记忆或者信仰的陈述通常不被允许作为被记忆或者信仰事件发生的证据，因为允许这样的证据会破坏传闻规则。[31] 就此目的而言，知识与记忆和信仰是无法区分的。然而，从关于知识的证据——而不是已知事实的存在——进行推断，有时是可能的。

　　例如，有证据表明某人所作的陈述表明该人会知道某事，而只有特定的人才可能知道这一点，该证据可以采纳来证明陈述人的身份。与此类似，*Bridges v. State* 案件[32]也说明了知识的非传闻使用。在该案中，一名受害儿童描述了犯罪发生的房屋及其周围环境、房间及其家具。其他证据显示，描述与被告居住的房子和房间相符。从表面上看，用来帮助确定被告是犯罪者的证据，其价值取决于儿童的观察、记忆和诚实性，因此也有一些传闻的危险。重要的是，证言具有独立于这些因素的价值。其他证人证明了现场的物理特征，而孩子的证言并没有用于这一目的。假设她的知识的其他可能来源已经被排除——就像法院所判定的那样，剩下的唯一推论是，她是在被告的房间里获得这一知识的。因此，这样的证据就不是传闻了。

第 251 节　作为实质证据的证人先前陈述

　　传统观点认为，如果先前陈述是为了证明其中所主张的事项，即使是证人

---

[31]　参见下文第 276 节。
[32]　Bridges v. State，19 N. W. 2d 529（Wis. 1945）. 参见下文第 268 节。

所作的陈述，也是传闻。当然，这一分类并不禁止将先前陈述用于其他目的，例如，如果陈述与其证言不一致，则通过证明自相矛盾来弹劾证人[33]，或者当陈述与证言一致并在逻辑上有助于正誉时，来支持可信性。[34] 但是在传统上，仅在属于传闻规则已经确立的例外的情况下，先前陈述才作为实质证据可采，来证明其所主张的事项。这一立场在逻辑和实践上都受到了重大攻击。

正统观点的逻辑是，证人先前的陈述是传闻，因为其价值取决于陈述人的可信性，当作出陈述时，他没有（1）进行宣誓，（2）在审判者面前，或者（3）受到交叉询问。

相反观点如下：（1）宣誓不再是证言可信的主要保障。宣誓陈述书虽经宣誓，但是不遵守传闻规则。此外，在许多例外情况下，尽管证据是传闻还是被采纳了，但是只有先前证言必须是经过宣誓的。[35]（2）就允许事实审判者在证人陈述时观察证人的举止，Learned Hand 法官颇有说服力地说："如果根据陪审团所看到的证人的一切，他们得出结论认为，他现在所说的不是真的，但是他以前所说的是真的，然而他们是根据在法庭上对这个人的所见所闻来作出决定。"[36]（3）实现可信性的主要方法显然是交叉询问，这一条件在很大程度上被满足了。正如最初坚持传统观点的 Wigmore 所说的那样："然而，在这里，按照假设，证人在场并接受交叉询问。有充分的机会来检验他先前陈述的依据。传闻规则的全部目的已经达到了。"[37]

问题仍然是，是否必须在作出陈述的同时进行交叉询问才能有效。正统观点敦促：

> 交叉询问的主要优点并不是在将来某个时候它会给对方当事人一个仔细剖析不利证言的机会。它的主要优点是能立即应用测试程序。它能趁热打铁。随着证人有机会重新考虑和受到他人的暗示的影响，相应地，虚假证言容易变得更加强硬，变得不屈服于真相的打击。……[38]

然而，就不一致陈述而言，根据定义，证人改变了他或者她的说法；在作出陈述和作证的时间之间，该说法没有变得强硬，而是屈从于某种东西；而最常见的情况表明，造成这种改变的"某种东西"是不当影响。

------

[33] 参见上文第 34 节。
[34] 参见上文第 49 节。
[35] 参见下文第 301 节。
[36] Di Carlo v. United States, 6 F. 2d 364, 368 (2d Cir. 1925).
[37] 3A Wigmore, Evidence § 1018, at 996 (Chadbourn rev. 1970).
[38] State v. Saporen, 285 N. W. 898, 901 (Minn. 1939).

反对正统规则的另一个有说服力的因素是，基于"近因有助于记忆"这一一般命题，早期陈述具有高度可信性。先前的陈述总是比证言更接近——通常情况下非常接近——有关事件。记忆越新鲜，就越全面、越准确。过去回忆的备忘录这一传闻例外的要求——该事项在记忆犹新时被记录下来㊴——正是基于这一原则。

554

这些种种考虑导致了一场彻底抛弃正统观点的重大运动。《证据示范法典》规定："如果法官认定陈述人在场并且正在接受交叉询问，则关于传闻陈述的证据可采。"㊵ 对该立场的切实支持开始出现在公布的判例中。

根据《示范证据法典》/Wigmore 的立场，证人的所有先前陈述，不论其性质如何，都将免于传闻规则的禁止。这种对正统规则的完全拒绝，导致了一种不安，即律师中可能会出现一种做法，即提供一份精心准备的陈述来代替证言，仅仅是就该陈述对证人进行交叉询问。这种做法似乎没有在拒绝正统规则的司法辖区出现，但是滥用的可能性仍然存在。

因此，《联邦证据规则》咨询委员会采取了中间立场，在"陈述人作证并就陈述受到交叉询问"的情况下，既不完全承认也不拒绝证人先前陈述，而是将某些先前陈述免于归类为传闻，因为根据情况，这些先前陈述被认为一般不存在滥用的危险。根据《联邦证据规则》801（d）（1），被豁免的陈述是：（A）"在审判、听证或其他程序或者在证言存录过程中在伪证之罚下作出"的不一致陈述；（B）"提出为了反驳针对陈述人的近期对该陈述的捏造或者因近期不当影响或动机而作证的明示或者暗示的指摘"的一致陈述；以及（C）"将某个人辨认为陈述人先前感知的人"的陈述。

先前不一致陈述。证人早先是一个说法，在庭审中是另一个说法，将在交叉询问和再询问中遭到彻底的询问。改变说法的原因，无论是健忘、粗心、怜悯、恐惧还是贪婪，都可能由对手在事实审判者面前，在宣誓后来加以探究，说明哪个说法真，哪个说法假。当然，先前不一致陈述证据，在作证的陈述人可以解释的情况下，具有经过询问的证言的主要保障。该规则将不一致陈述采纳为实质证据，避免了使用限制性指示，陪审团可能难以完全遵循该指示。

先前一致陈述在何时会不一致？㊶ 如果证人不再记得某一事件，描述该事件的先前陈述不应被视为不一致。然而，不愿意作证或者不诚实的证人以健忘

㊴　参见下文第 281 节（过去回忆的记录）；第 286 节（业务记录）。

㊵　Model Code of Evidence Rule 503（b）.

㊶　参见上文第 34 节（用于弹劾的先前陈述所要求的不一致性）。

为借口的倾向是公认的。因此，在这种情况下，法官可能有理由断定所称缺乏对有关事件的记忆是不真实的，实际上是默示否定先前陈述，从而将其定性为不一致。判例法欣然接受了这一立场。

555

正如咨询委员会最初起草并由最高法院转交给国会的那样，《联邦证据规则》没有要求先前不一致陈述的声明必须在何种条件下作出。但是，国会规定了一些限制，增加了这样的要求，即它必须是在审判、听证等其他程序或者在庭前证言存录过程中在伪证之罚下作出的。限制的结果是，将先前不一致陈述的实质性使用实际上限定为在司法程序中作出的陈述，包括大陪审团证言，尽管允许在没有这些限制的情况下用于弹劾。

先前一致的陈述。虽然传统观点认为，先前一致陈述是传闻，不可采为实质证据，但是为了支持证人的可信性，它们被赋予了有限可采性，特别是在证人的证言据称受到了影响的情况下，证明他在受到影响之前讲了同样的故事。《联邦证据规则》801（d）（1）（B）更进一步，在传闻规则中豁免了这样的先前一致陈述，即"提供该陈述是为了反驳针对陈述人的近期对该陈述的捏造或者因近期不当影响或者动机而作证的明示或者暗示的指摘"[42]。在 Tome v. United States 案件[43]中，最高法院的结论是，该规则规定了时间要求，只采纳"在被控的最近捏造或者不当影响或者动机之前"[44] 所作的陈述。

一种经常遇到的情况是，检控方证人作出了先前一致陈述，而被告指控检控方证人作证是为了就证人自己的刑事责任获得宽大处理。法院采取了两种不同的做法。有一种观点似乎与 Tome 案件的做法的明确性更为一致，认为如果证人作出陈述时，显然正在受到调查或者正在被逮捕，则这些陈述一般不可采，因为捏造的动机已经出现。另一种立场是，调查和逮捕不会自动产生说谎的动机。相反，陈述人的说谎动机何时开始出现，必须由审判法院根据案件的具体事实来裁断。

根据严格的要求，《联邦证据规则》将一些先前一致陈述从传闻规则中豁免出来，并不意味着不符合这些要求的其他一致陈述在仅影响可信性时不可采。为了正誉而使用一致陈述，最明显被接受的，是去澄清或者反驳用来弹劾证人的先前不一致陈述。

---

[42] 2013年，咨询委员会建议进行这样的修正，即从证据规则中豁免的，不仅是提出用于反驳明示的捏造指摘或者不当影响或者动机的先前一致陈述，还包括"可对陈述人作为证人的可信性进行正誉的"任何一致陈述。

[43] 513 U.S. 150 (1995).

[44] Id. 156.

辨认陈述。当 A 作证说，在以前的场合时，B 指着被告说："这就是抢劫我的人"，该证言显然是传闻。然而，如果 B 出庭，就先前的辨认作证，并可接受交叉询问，这种情况则属于本节所说的"将某个人辨认为陈述人先前感知的人"的陈述。先前辨认的可采性得到了悠久的判例法的支持，这些比较老的判例往往没有认识到传闻问题。采纳该陈述的正当性在于，庭上辨认的不令人满意的性质，以及规制警察安排的庭外辨认的宪法保障。即使证人不能进行当庭辨认，这种审前辨认证据通常也是允许的。

556

作证和接受交叉询问的要求。就以上讨论的每一类先前陈述，《联邦证据规则》要求陈述人在审判或者听证会上作证，并"就先前陈述受到交叉询问"⑤。就先前不一致陈述和辨认陈述，人们就证人正在受到交叉询问的含义进行了激烈的争论。关于丧失记忆的虚假和真实的主张、对基础事件和先前陈述的否认和承认，以各种组合形式出现。在美国最高法院就 *United States v. Owens* 案件⑥作出裁决之前，所述的一些可能的场景，被视为给根据规则或者对质条款进行足够的交叉询问造成了难题。

Owens 案件——该案件涉及某证人的先前辨认，该证人因在有关犯罪中头部受伤而无法回忆起该罪行——以及将其分析应用于先前不一致陈述的判例，终结了争论。法院的结论是，只要证人站在证人席上并愿意回答问题，传闻规则和对质条款的要求都得到了满足。法院对交叉询问的限制和特免权主张会威胁到有意义的询问，但是缺乏记忆则不会。下级法院将 *Owens* 案件的分析扩展到涉及先前不一致陈述的陈述，以及假装缺乏记忆的陈述。因为 *Owens* 案件认定在最困难的事实模式中交叉询问是足够的，所以似乎不再存在什么言之成理的挑战。

第 252 节　传闻的宪法问题：对质和正当程序

(A) 对质

与传闻采纳有关的宪法问题，主要集中在宪法第六修正案的对质条款上，该条款通过宪法第十四修正案适用于各州。该条款要求"在所有刑事检控中，被告应当有权……同反对他的证人对质"。此外，几乎每个州的宪法都有类似

---

⑤　Fed. R. Evid. 801 (d) (1). 交叉询问宪法问题，将在下文第 252 节讨论。

⑥　484 U. S. 554 (1988).

的规定。对质条款只适用于刑事检控，只有被告可以援用。正当程序对传闻的采纳和交叉询问权有影响，但是作用要小得多。

对质权和正当程序权的某些方面，虽然与影响传闻采纳的价值观有关，但是并不直接与之相关。一是被告有权在审判的每个阶段出庭。二是被告有权对出庭作证反对辩护方的证人进行交叉询问。[47] 一项相关的权利是，作为正当程序的一个要素，由检控方披露重要的脱罪性证据。宪法第六修正案的获得律师帮助权，是贯穿这一宪法构造的一条主线。

最高法院在 *Crawford v. Washington* 案件[48]中的判决，就对质条款对传闻采纳的影响——本章的主要内容——进行了根本性重构。*Crawford* 案件不同意 *Ohio v. Roberts* 案件[49]——法院已经遵循该案 20 多年——关于对质条款的分析。

传闻规则与宪法对质权之间存在着明显的关系。传闻规则的作用是维护一方当事人在公开法庭上与不利证人进行对质的能力，而对于刑事案件中的被告而言，对质条款也是发挥着重要的作用。这种关系的性质一直是断断续续重新审视的主题，具体来说，争论的主题是，这两个概念及其例外在多大程度上一致。

在 18 世纪末，当对质条款首次被纳入美国权利法案时，反对传闻规则的一般概念已经成为英国法律的一部分达 100 年之久，但是在某些情况下，传闻也被采纳。一些人认为——最有影响力的是 Henry Wigmore 院长——该条款主要通过传闻规则（包括其例外）来规范庭外陈述的采纳。但是对质条款也拒绝了纠问式的做法，例如采纳在被告缺席的情况下所制作的庭前证言存录，这一做法后来被英国法官抛弃，并被制定法所禁止。这些纠问式做法及其现代类似做法，是 *Crawford* 案件关注的焦点。

关于对质条款与传闻关系的争论中，一个主要问题是，对质是否承认传统传闻规则的有效性，即对质是有效地赋予了传闻例外以宪法地位，还是对质独立于传闻规则，并就传闻规则所涵盖和对质条款所排除的内容设定了自己的限制。在 *Ohio v. Roberts* 案件中，最高法院在传闻例外和符合对质条款的陈述之间建立了极其密切的联系。*Roberts* 案件确立了一个由两部分组成的标准，第一部分涉及的是陈述人的到庭问题。第二项要求是，陈述必须是在提供了足够的"可靠性指征"的情况下作出的。*Roberts* 案件说，如果证据属于"稳固确

---

[47] 参见上文第 19 节。
[48] 541 U. S. 36 (2004).
[49] 448 U. S. 56 (1980).

立的传闻例外"，就可以推断出这一点。第二项要求将对质条款的满足与根据既定传闻规则的采纳紧密联系在一起。相比之下，*Crawford* 案件关注的不是传闻的一般规制，而是一类有限的传闻陈述，即"证言性的"传闻陈述。

虽然 *Roberts* 案件阐述的分析体系被 *Crawford* 案件所拒绝，并随后被完全推翻⑩，但是 *Roberts* 案件总体框架之外的两条长期确立的对质权学说并没有受到 *Crawford* 案件的影响。第一个学说在陈述人在当前审判中未到庭的情况下，采纳提出的经过对质的先前证言。就这样的陈述，宪法关于不能到庭的要求得到了合理的严格执行。*Crawford* 案件赞同这种满足对质条款的方法。第二个学说允许在陈述人在当前审判中出庭作证并受到交叉询问的情况下，接受先前陈述。这种满足对质条款的方法在 *California v. Green* 案件⑪中得到承认，在该案件中，法院的结论是，如果在审判中陈述人到庭接受交叉询问，则该条款不限制引入先前陈述。*United States v. Owens* 案件⑫判定，如果作证并可采询问，即使是不完美的证人，也满足了被告对该证人先前陈述的对质权利。它的结论是，如果审判法院不限制交叉询问或者证人援引特免权，进行交叉询问的机会在宪法上是充分的。*Crawford* 案件承认了这种应对对质挑战的方法的持续有效性。

证言性陈述方法。在 *Crawford* 案件中，最高法院确立了一种新的模式来分析对质条款如何规制传闻的采纳。本案涉及录音记录的被告妻子的陈述，这是她在警察局羁押期间作出的，该陈述将被告牵罪于殴打和谋杀未遂中，她也可能与犯罪有牵连。法院将这些陈述称为一种新型的传闻陈述的一部分，即"证言性陈述"。

至于证言性陈述，法院驳回了基于这种司法认定对陈述的采纳，即陈述是可靠或者可信的，并在没有进行对质的情况下创设了一个稳固的排除规则。就这一排除规则而言，它只承认数量有限、定义相当严格的例外。

Scalia 大法官代表法院七名大法官撰文，根据历史和宪法条文得出结论认为，对质条款的核心适用于证言性陈述。首先，历史表明，"对质条款所针对的主要邪恶是刑事诉讼的民法模式，特别是它使用单方询问作为反对被告的证据"⑬。这项根植于欧洲大陆的民法程序，由司法人员进行不公开询问，与英

⑩　See Whorton v. Bockting，549 U. S. 406，420（2007）.
⑪　399 U. S. 149（1970）.
⑫　484 U. S. 554（1988）.
⑬　Crawford，541 U. S. at 50.

国习惯法中"在法庭上现场作证并接受对抗性检验"[54] 的传统形成了鲜明对比。

法院随后讨论了宪法第六修正案中对质条款的条文，该条文规定，在刑事检控中，"被告有权……同反对他的证人对质"（着重号为本文所加。）法院从这个术语中得出的重点是"证言性"陈述。在法院判决书中，"反对被告的'证人'"表明，该条款适用于"那些'产生证言的人'"[55]。相应，通常情况下，"证言"是"为确立或者证明某事实而作出的郑重声明或者主张"[56]。

法院留待"他日"来就证言性给出一个综合性的定义。然而，"不论该术语涵盖的范围如何，它至少适用于预先听证、大陪审团前或者先前审判中作出的先前证言，以及在警察讯问中作出的先前证言。这些现代做法，与对质条款所针对的滥权行为最为相近"。

在没有选择其中一个的情况下，法院指出有三个"有着共同核心"的可能定义：

559

请愿人的定义——"单方庭上证言或者在功能上的相当物——诸如被告不能进行交叉询问的宣誓陈述书、监禁性的庭前询问、先前证言，或者陈述人合理地期待用于检控的类似的审前陈述"；

Thomas 大法官的定义——"包含在诸如宣誓陈述书、审前证言存录、先前证言或者自白等格式化的证言性材料中的庭外陈述……"；

法庭之友的定义——"在会导致客观的证人合理认为陈述会用于随后的审判的情况下所作的陈述"[57]。

法院还提供了一个例子，说明"未经准备的、无意听到的话语"不是证言性陈述。[58] 它将"控告者对政府官员所作出的正式陈述"——这显然是证言性的——与"一个人对熟人所作的非正式话语"——这显然不是证言性的——进行了对比。[59] 法院判定是证言性陈述的类别也是重要的指导："预先听证、大陪审团前或者先前审判中作出的先前证言"[60]；以及"表明存在共谋的认罪供词"[61]。除了作为解释性指南的价值，法院根据对质条款禁止接受共同犯罪参与人在警察羁押期间所作的牵罪于被告的陈述，是 *Crawford* 案件的一项重要

---

[54] Id. at 43.
[55] Id. at 51.
[56] Id. at 51 (quoting 1 N. Webs ter, An American Dictionary of the English Language (1828)).
[57] Id. at 51 - 52.
[58] Id. at 51.
[59] Id. at 51.
[60] Id. at 68.
[61] Id. at 64.

的持久成就。

尽管传闻例外与证言性陈述的概念不匹配，但是法院指出，商业记录例外中的大多数陈述和促进共谋的陈述"就其性质而言……不是证言性的"[62]。虽然像下文所讨论的那样，有人提出出于历史原因，临终陈述可以被排除在外，但是法院对激奋话语/自发陈述持不同的看法。它说，它在 *White v. Illinois* 案件[63]中的判决可能是错误的，因为它允许一个孩子对进行调查的警察所作的陈述作为自发陈述被采纳。法院暗示，该儿童的陈述可能是证言性的，并怀疑在宪法第六修正案通过时，它是可采的，因为"就完全存在的自发陈述这一传闻例外而言，它要求在受到损害后，在〔陈述人〕有时间为自己的利益设计或者编造任何东西之前立即作出陈述"[64]。在 *White* 案中，儿童的陈述是在所称的殴打的 45 分钟后作出的。

Crawford 案件的例外。法院列举了可接受证言性陈述的少数例外情况。如前所述，在 *Crawford* 案件之后，在 *Roberts* 案件分析之外发展的两条典据体系仍然有效。第一，*Crawford* 案件承认，如果证明证人不能到庭，对质权可以通过先前的交叉询问机会而不是在当前审判中的交叉询问来实现。[65] 第二，*Crawford* 法院重申，"当陈述人在审判中出庭接受交叉询问时，对质条款对其先前证言性陈述的使用完全没有限制"[66]。第三，法院承认其"恶行失权"的概念与新的方法是一致的。[67] 第四，*Crawford* 案件不禁止引入庭外证言性陈述，如果这些陈述用于"证实所称事项的真实性以外的目的"的话——如果它们不是用于传闻目的的话。[68] 第五，法院承认，根据其定义，临终陈述是证言性的，但是因历史原因而可采。在宪法通过时，这些陈述显然被接受为普通法对质原则的例外，这可能意味着对质条款被理解为允许采纳这样的陈述。不过，最高法院告诫说："基于历史原因必须接受这一例外，这一例外是自成一格的。"[69] 最后，虽然 *Crawford* 法院没有说明，但是对质条款当然不排除被告的个人自认。

560

62　Id. at 56.

63　502 U. S. 346（1992）.

64　Crawford，541 U. S. at 59 n. 8（quoting Thompson v. Trevanion，Skin. 402，90 Eng. Rep. 179（K. B. 1694））.

65　Id. at 57 - 58.

66　Id. at 59 n. 9.

67　Id. at 62（citing Reynolds v. United States，98 U. S. 145（1878））.

68　Id. at59 n. 9.

69　Id. at 56 n. 6.

审讯的主要目的；持续的紧急情况。在 *Davis v. Washington* 案件[70]中，美国最高法院进一步解释了证言性陈述的概念。*Davis* 案件的判决涉及两项家庭暴力检控。与 *Crawford* 案件不同的是，这两起案件的陈述都是在警察局外向政府官员作出的，陈述人既没有被捕，也没有受到正式询问。因此，在与 *Crawford* 案件的情形相比，更少结构化询问的情形中，该事实模式为证言性的概念的含义提供了指导。

Davis 案件涉及一个 911 电话。在该案件中，法院提出了一个与 *Crawford* 案件不同的标准。

> 如果客观上表明询问的主要目的是获得警察帮助以应对持续的紧急情况，则在警察询问过程中所作的陈述不是证言性的。如果情况客观地表明不存在这种持续的紧急情况，并且主要目的是证实或者证明过去发生的与以后的刑事检控可能相关的事件时，它们是证言性的。[71]

在这一标准中，法院说，证言性判断取决于"询问的主要目的"，这似乎关注的是询问问题的检控方工作人员的行为和意图，而不是 *Crawford* 案件关注的陈述人。虽然法院内部在这一点上仍有一些分歧，但是提问者和陈述人的观点是相关的（"既考虑陈述人也考虑询问者的联合查问"）[72]，最终主要强调的是陈述人[73]："必须根据宪法第六修正案进行评估的是陈述，而不是问题。"[74]

在 *Davis* 案件中，法院判定，明显的家庭虐待的被害人的陈述不是证言性的，因为这些陈述实际上是在殴打过程中作出的，是在描述正在发生的事件。它的结论是，911 接线员询问的目的是使警察能够应对持续的紧急情况。这一目的甚至适用于提供了袭击者姓名的陈述，法院认为，这对进行相应处理现场的警察来说可能是具有重要意义的信息。然而，法院提出，一旦袭击者离开了建筑物，从而结束了因其暴力和威胁性在场所造成的持续紧急情况，陈述就变成了证言性的。

法院在 *Hammon v. Indiana* 这一姊妹案件中判定，在不同情况下，另一名家庭殴打的被害人向警察所作的陈述是证言性的。虽然当警察赶到时，屋内仍然可以看到争吵造成的损害，而被告仍然在场，但是法院认为警察也在场，

---

[70] 547 U. S. 813 (2006).

[71] Id. at 822.

[72] Michigan v. Bryant, 131 S. Ct. 1143, 1160 (2011).

[73] Davis, 547 U. S. at 822 - 23 n. l.

[74] Bryant, 131 S. Ct. at 1161 n. ll.

被害人说一切都很好，警察关注的是已经发生了什么，而不是当时正在发生了什么。主要目的不再是持续的紧急情况。在区分 *Davis* 案件和 *Hammon* 案件的情况时，审判法官在判断紧急情况是在持续中还是已经结束方面，有很大的解释权和自由裁量权。

正规性。*Davis* 案件就证言性陈述的正规性要求问题作了一些重要的澄清。它并没有像 *Crawford* 案件最初的定义之一所规定的那样严格地规定正规性。首先，它判定不需要在 *Crawford* 案件中的那种正规询问。它说："与免除对详细审讯作出的回答进行交叉询问相比，立宪者并不更愿意免除自愿性证言或者对开放式问题的回答的交叉询问。"[75] 此外，*Davis* 案件多数意见判定，即使陈述人的话没有记载在签字的证人陈述中，也是证言性的。它声称："这种询问的结果，无论是转化成由陈述人签字的书面形式，还是嵌入进行询问的警察的记忆（也许还有笔记）中，都是证言性的。"[76]

尽管降低了正规性要求的严格性，*Davis* 案件的法院称"对于证言性话语而言，正规性是……至关重要的"[77]。虽然 *Davis* 案件作了一些澄清，但是并没有解决一些大法官的正规性要求的性质问题。一般而言，在持续的紧急情况之外，向已知的警察调查人员所作的陈述是有正规性的。另一方面，Thomas 大法官和 Alito 大法官都坚持更苛刻的正规性标准，鉴于法院在后来的对质条款判决中产生的尖锐分歧，这一标准已被证明是重要的。

持续的紧急状态再讨论。在 *Michigan v. Bryant* 案件[78]中，持续的紧急情况概念的性质在家庭暴力情境之外得到了扩展。在 *Bryant* 案件中，警察与在加油站停车场发现的一名重伤人员就枪击致其受伤的情况进行了交谈，该枪击事件发生在一段时间以前的另一个地方。法院判定，被害人关于枪手的指认和描述以及枪击地点的陈述不是证言性的，因为它们的"主要目的……是获得警方的帮助来应对持续的紧急情况"[79]。 *562*

Bryant 案件的意见解释说，*Davis* 案件所涉及的时间范围有限，是因为这样的事实，即该罪行是一个手无寸铁的犯罪者针对特定被害人的家庭暴力行为。在 *Bryant* 案件中，它认为犯罪者使用枪支，他继续持有武器，以及他动机不明，使得有必要对目前的紧急情况进行更广泛的调查。法院认为旨在查明

[75]　Davis，547 U. S. at 822 n. l.

[76]　Id. at 826.

[77]　Id. at 830 n. 5.

[78]　131 S. Ct. 1143（2011）.

[79]　Id. at 1167.

和找到袭击者的问题，与对位置和动机不明的武装袭击者的公共安全关切有合理关系，因此不认为这些查问的主要目的是为审判形成证据，而是为了关注目前的紧急情况。

法院认为，与判定是否是证言性陈述有关的其他因素，包括被害人的严重健康状况和警察询问的不正规性。Bryant 案件的确切影响尚不清楚，但是它将使人们能够在犯罪者持有武器的情形下，更广泛地解读持续紧急情况的时间区间，其多因素分析将有效地使审判法官在评估执法查问的主要目的和陈述者的动机时拥有更广泛的自由裁量权。可以预见的是，在 Bryant 案件之后，将会有更多的陈述被判定为非证言性的，特别是在涉及持有武器的、身份不明的犯罪者的案件中。

恶行失权。Crawford 案件强烈坚持证言性陈述必须接受对质，对此，一个例外是，被告因恶行而致使陈述人无法出庭时，丧失对质权。Davis 案件赞同"因恶行而失权"的例外，但是与 Crawford 案件一样，也没有回答这样的问题，即对质条款例外是否像《联邦证据规则》804（b）（6）中定义的传闻例外规定的对质条款例外那样，要求有让证人缄默的意图。

在回答意图问题时，法院再次审查了一起家庭暴力案件中提出的陈述，这起案件以杀人结束。在 Giles v. California 案件[30]中，有分歧的法院判定，恶行失权例外仅限于"被告从事了旨在阻止证人作证的行为"[31] 的情况。然而，法院承认，让被害人保持缄默或者阻止被害人作证或者与当局合作的意图，可在"家庭暴力情境"中的先前的暴力和威胁行为中找到。

法证证明和报告。就 Crawford 案件对法证证明和专家报告的适用，已在三个案件中进行了审查，法院就此产生了严重分歧。尽管头两个案件将许多这样的文件纳入了证言性陈述的概念范围，但第三个案件排除了一些文件，使问题变得混乱和混淆。在 Melendez-Diaz v. Massachusetts 案件[32]中，最高法院判定，州实验室应警方要求对所扣押材料进行的法证分析结果所作的宣誓分析证明是证言性的，没有分析人员的证言而采纳它们，违反了对质条款。这些证明说明了被扣押的袋子的重量，并说明了里面的东西。

Scalia 大法官代表法院五名大法官撰写的 Melendez-Diaz 案件意见得出的结论是，这些法证证明属于证言性陈述的核心类别，因为它们在功能上与法庭

---

[30] 554 U. S. 353 (2008).
[31] Id. at 359 – 60.
[32] 557 U. S. 305 (2009).

上的现场证言完全相同。特别是，它们说所发现的物质是可卡因，这恰恰是在审判时希望分析人员提供的证言。

法院驳回了马萨诸塞州和 Kennedy 大法官代表法院四名大法官提出的不同意见中提出的一些观点。其中有一种观点认为，应该采纳这个记录，因为它是商业或者政府记录。法院拒绝了这一观点，说这是对商业和官方记录传闻例外与对质条款之间的关系的误解。它说：

> 商业和公共记录通常可以在没有进行对质的情况下被采纳，这不是因为它们符合传闻规则的例外，而是因为——它们是为管理实体的事务而创建的，而不是为了在审判中证实或者证明某些事实——它们不是证言性的。不管它们是否是符合商业或者官方记录的条件，这里的分析人员的陈述——专门为请愿人的审判准备的——都是针对请愿人的证言性陈述，因此根据宪法第六修正案，分析人员要接受对质。[83]

法院描述了两种不同于 *Melendez-Diaz* 案件的法证证明的记录，它们要么不是证言性的，要么很可能不是证言性的。就前者，它说"根据我们今天的判决，为治疗目的制作的医疗报告……不是证言性的"[84]。法院说，另一类型的文件"完全可以是非证言性的记录"。这些是"在设备定期维护过程中制作的文件"[85]。机器校准记录大概属于这一豁免类别。

法院还拒绝了要求被告传召和传唤法证分析人员的制定法。它将它们定性为将对质条款规定的职责转化为强制程序条款规定的被告特免权，并宣布这些作为检控方提出分析人员的可能替代方式，是无效的。然而，法院确实赞同一些州通过通知-要求的制定法来减轻对质负担的机制。这些规定要求检控方向被告发出通知，说明其意图使用分析人员的报告作为证据，在此之后，被告有一段时间要求对质，否则将丧失对证据的采纳提出质疑的权利。法院表明，从其"最简单的形式"来看，这些制定法是符合宪法的。

564

在 *Melendez-Diaz* 案件中，法院没有看到这样的情况，即出庭接受交叉询问的分析人员没有进行有关分析。然而，这是 *Bullcoming v. New Mexico* 案件[86]的情况，该案涉及未经宣誓的实验室报告。在该案中，法院驳回了检验人员代替者的证言就足够了的观点。它明确判定，当检控方提出检验的结果"来

---

[83]　Id. at 324.

[84]　Id. at 312 n. 2.

[85]　Id. at 311 n. l.

[86]　131 S. Ct. 2705 (2011).

在刑事审判中证明一个事实"时，让没有参与检验的专家替代报告的制作者出庭接受交叉询问，是满足不了对质条款的。如果作证的专家没有签署报告或者证明书，也没有亲自执行或者观察所报告的检测的执行情况，则对该替代专家的交叉询问并不能提供宪法要求的对质。

Bullcoming 案件是一个五比四的判决，Sotomayor 大法官提供了决定性的第五票。在她的并行意见中，她指出，本案不是这样的案件，即作证的专家依赖非作证专家制作的报告，本案的报告也不是用于证明其真实性，而是为了构成作证的专家意见的基础。确实，Bullcoming 案件中的作证专家就被告的血液酒精含量这一争议事实没有独立的意见，而只是作为采纳未作证专家的结果的一个渠道。在下一个开庭期，法院在 Williams v. Illinois 案件⑨中触及了未解决的问题，即当作证专家依赖非作证专家的法证报告作为其专家意见的依据时，是否违反了对质条款。

在 Williams 案件中，法院四名大法官得出结论认为，Crawford 案件关于"不是用于证明所称事项的真实性"的陈述的例外规定，使作证的专家使用非作证专家的报告的行为具有非证言性，因为该报告既没有被采纳为证据，也没有向事实认定者出示。Alito 大法官在撰写简单多数意见时认为，虽然依赖这些文件可能导致证明不足，或者没有得到充分支持的主张的不相关性，但是这些可能的缺陷要么是州法律问题，要么是正当程序问题，而不是对质条款问题。他还得出结论说，由于制作有关 DNA 报告的主要目的不是指控一个被作为目标的个人，而是抓住一个仍然逍遥法外的身份不明的危险强奸犯，因此这不是证言性的。

五名大法官的结论是，使用报告支持作证专家的意见不符合"合法"或者"合理"的非传闻目的，使用该陈述作为意见的基础，实际上是在对质条款的含义内将其用于真实性目的。然而，这五位法官中的一位——Thomas 大法官，认为这份报告是非证言性的，因为尽管这份报告是签了名的，但是不包含任何证明。在他看来，该报告"缺乏必要的"正规性和严肃性，不能被视为证言性的。⑩ 因此，Thomas 大法官对 Alito 大法官的简单多数意见所作的判决持并行意见，即使用该报告并不违反对质条款，尽管理由相当不同。因此，Williams 案件将法证报告视为证言性的，造成了严重混淆，更广泛地表明了法院在基本定义问题上存在的根本分歧。

565

---

⑨　87 132 S. Ct. 2221 (2012).

⑩　Id. at 2260 - 61 (Thomas, J., 对判决持并行意见)。

不是为所宣称事项的真实性而提出的陈述。考虑到 *Williams* 案件的分歧，法院如何对待根据证据法可被用于证明真实性以外的其他目的的陈述，仍然是不确定的。如前所述，法院在 *Crawford* 案件中指出，"该条款也不禁止为证明所称事项的真实性以外的目的使用证言性陈述"[89]。它为支持该主张援引了 *Tennessee v. Street* 案件。[90] 在 *Street* 案件——在 *Williams* 案件中，所有的大法官都认为这是对这一概念的恰当运用——中，被告声称自己的自白是被迫作出的，而取得该自白的治安官向他宣读了他的共同被告的自白，并告诉他"说同样的话"[91]。法院批准了这样的答复，即向陪审团宣读共同被告的自白，以及治安官关于这些陈述之间的差异的说明。在采纳共同被告自白的同时，还附有一项限制性指示，要求陪审团仅为弹劾目的考虑该共同被告的自白。

原则上，对不是提出用来证明真相的陈述设定例外是合理的，因为这种陈述被认为不是主张陈述人的庭外陈述是真实的，交叉询问可以检验这一点。然而，关于这一概念的不同证据定义不应决定着对质条款的例外。*Williams* 案件关于专家使用不可采的传闻陈述的具体观点，提出了一个明确的问题领域，但是在质疑这一一般非传闻范畴内的陈述没有任何重大的真实性主张方面并非独一无二。

第 249 节所描述的传闻法中一个特别有问题的领域，提出了类似的对质问题。这涉及执行逮捕或者调查的警察关于他们出现在犯罪现场的原因的陈述。就像前面的一节所指出的那样，虽然不应使警察处于这样的误导性地位，即似乎碰巧出现在现场，因此有权对他们的出现作出某种解释，但是他们不应详细叙述含有不可采传闻的报案。这些陈述常常被错误地采纳为提供了警察们据以行动的信息的非传闻。[92] 当这些陈述超出了解释警察在场的有限需要，对历史性事实进行广泛讨论时，就不能再以"非为所主张事项的真实性"的理由，正当地采纳这些陈述了。当所叙述的陈述为证言性陈述时，违反的不仅是非传闻概念，还牵涉对质条款。

临终陈述。对于临终陈述是否是 *Crawford* 案件证言性原则的一个例外，最高法院还没有明确裁决，但是构成这样一个例外的可能性看起来很

[89]　Crawford v. Washington，541 U. S. 36，59 n. 9 (2004).

[90]　Tennessee v. Street，471 U. S. 409 (1985).

[91]　Id. at 411.

[92]　参见上文第 249 节。

高。在 *Crawford* 案件中，法院有点模棱两可地说："我们不需要在本案中判定宪法第六修正案是否包括一个证言性临终陈述的例外。如果基于历史原因必须接受这一例外，这一例外是自成一格的。"[93]

566　　　*Giles* 案件没有裁决这个问题。然而，在 *Giles* 案件中，法院如此强烈地使用了这一普通法例外的存在，来反对这样的观点，即杀死证人足以使人根据恶行失权这一例外而采纳证据，因此很难想象法院现在判定临终陈述例外没有被明确承认为对质权的例外。Scalia 大法官的意见还阐述了在制宪时存在的历史上公认的普通法传闻例外情况的各个维度，因此可能会对证言性陈述的任何现代例外设定这样的限制。

检控方工作人员在形成陈述时的角色。根据 *Crawford* 案件的理论，一个未能解决的重大问题是，检控方是否必须在形成陈述时发挥作用，才能将其视为证言性陈述。从 *Davis* 案件开始，法院明确保留了这个问题，即对除执法人员以外的其他人所作的陈述是否和何时是"证言性的"。在 2013 年年底之前判决的案件中，法院所审议的所有陈述都是由被视为执法人员的个人所作的。这一重大问题仍未解决。

在 *Giles v. California* 案件中，Scalia 大法官指出，"向朋友和邻居所作的关于虐待和恐吓的陈述，不在证言性概念的范围内"[94]。他的意见一般情况下应当是正确的，因为这种陈述缺乏正规性，而且在典型情况下，说者和问者都没有将这些陈述用于刑事诉讼的预期。然而，除非必须向政府机构工作人员或者向可能是最狭义的已知的执法人员作出陈述，否则此类陈述不应普遍是非证言性的。也许，至少一些相当不寻常的私人陈述是证言性的。不管检控方参与是否是一项一般性要求，都应判定"用于逃避正式程序的技术性非正式陈述"是证明性的。[95]

（B）正当程序

与在被判定适用于陈述时将导致排除的对质权相比，正当程序条款可能要求采纳本不可采的传闻，如果该传闻具有充分的可靠性和重要性的话。在 *Chambers v. Mississippi* 案件[96]中，最高法院判定，如果在提供了相当的可靠性保证的情况下作出的几个为被告开脱罪责的自白被排除，并且

---

[93]　Crawford, 541 U. S. at 56 n. 6.

[94]　554 U. S. 353, 376 (2008).

[95]　Davis v. Washington, 547 U. S. 813, 838 (2006) (Thomas 大法官持不同意见)。

[96]　410 U. S. 284 (1973). 参见下文第 318 节。

由于州的"保证规则"，被告被禁止对自白的人进行交叉询问，则剥夺了其正当程序。尽管该判决似乎提出了有趣的可能性，但它仅限于提出的事实，并没有被证明是进一步发展的重要催化剂。然而，尽管通常有相当严格的解释，但是它仍然偶尔为因拒绝采纳可靠传闻而提出的上诉救济提供了依据。

第 253 节　陈述人不能到庭情况下的传闻例外；
因不法行为致使陈述人不能到庭而采纳传闻

567

（A）不能到庭

传闻规则面临的一个基本挑战是，如何通过排除证据的程序实现这样的政策，即要求在公开法庭上宣誓作证，并接受交叉询问。有些困难来自被归类为传闻的证据的可靠性的巨大差异。传统的解决办法是承认许多例外，其中"可信性的情况保证"证明了偏离排除传闻的一般规则的正当性。这些例外情况是后面几章的主题。

这种演变的模式将传闻例外分为两类。在第一类中，陈述人能否到庭并不是一个相关因素，例外情况的适用与此无关。在第二类中，不能到庭是例外的要求。第一类的理论是，庭外陈述与亲自作证一样可靠甚至更可靠，因此，提出陈述人将带来毫无意义的拖延和不便。第二类的理论是，虽然最好是现场证言，但是如果陈述人不能到庭，则将接受庭外陈述。这种划分在很大程度上是历史和经验的产物，正如人们所预料的那样，作为由随机发生的判例而产生的一套法律，内部并不完全一致。然而，该划分经受住了时间和用途的考验，并提供了很大程度的可预测性。尽管乍看起来，全部例外清单似乎很庞大，但是许多很少遇到，实际有用的类别数量有十几个。

传闻例外方案中非常重视不能到庭，这要求对其进行一些详细的讨论。虽然一般的做法是说证人不能到庭，但是关键的因素实际上是不能取得证人的证言。证人可能本人亲自出庭了，但是他们的证言仍然不可得。当然，如果提供传闻陈述的一方导致了陈述人不能到庭，则没有满足该要求。本节后面部分将简要讨论庭前证言存录。

《联邦证据规则》804（a）列举了五种公认的不能到庭的情况，下面将进行讨论：

（1）行使特免权。不作证特免权的成功行使，使证人在该特免权的范围内不能出庭。

（2）拒绝作证。如果尽管受到了所有适当的司法压力，证人仍然拒绝作证，他或者她实际上和法律上是没有到庭的。

（3）声称缺乏记忆。证人在证人席上宣称缺乏记忆，可以满足不能到庭的要求。如果该主张是真实的，按照任何现实的标准，证言都不可得。然而，早期的判例表明了这样的担心，即所称的缺乏记忆可能是不真实的，特别是在有先前证言的案件中，证人得知对方发现了新的交叉询问的材料，或者因其他原因寻求遗忘这一庇护。然而，与证人被发现拒绝作证相比，这一问题就无关紧要了。虚假宣称丧失记忆的证人是在以避免与法官发生冲突的方式拒绝作证。根据《联邦证据规则》的规定，证人必须就想不起来作证，并接受交叉询问。如果这一主张被认定为虚假，证人将被移送藐视法庭程序，尽管没有像直接拒绝作证情况那么有效。宣称想不起来，显然可能构成不能到庭。如果只是部分遗忘，那么适当的解决办法似乎是在能够回忆起来的范围内提出证言，并在必要的范围内用传闻证言加以补充。

（4）死亡；身体或者精神疾病。死亡是一种不能到庭的形式，最初大多数相关的例外都对此进行了规定。因身体失能不能到庭参加审判或者作证，是一种公认的理由。精神失能，包括因疾病、衰老或者意外事故而丧失能力，也被认为是不能到庭的依据。如果精神状况——或者更常见的身体状况——是暂时性的，这个问题似乎可以通过批准延期审理来解决。如果失能持续时间较长但是不是永久性的，则应通过考虑迅速康复的可能性、证言的重要性和对迅速司法的利益来裁断是否不能到庭。身体失能可为认定证人不能到庭提供依据，这样他或者她的庭前证言存录录像可作为事先证言、作为证人的远程证言（《联邦证据规则》没有涵盖）或者通过双向闭路电视而采纳。在对质条款的影响下，在刑事案件中，可能要求对作证反对被告的证人有更高的失能标准。

（5）缺席。陈述人缺席听证本身，并不证明其不能到庭。根据《联邦证据规则》，传闻陈述的提出者还必须证明无法（a）通过传票或者（b）通过其他合理手段促使陈述人出席。各州的要求各不相同，特别是就后者而言。此外，还必须满足对质条款的要求。

（a）传票。相关传票是传证令，或者在适当情况下，是传讯被扣押者出庭作证令（*writ of habeas corpus ad testificandum*）。如果证人超出了传票的范围，显然传票无法促使其到庭。民事诉讼与刑事案件之间在传票送达范围上存在着重大差异。例如，民事传票的送达可能相对有限，而联邦刑事传票可以在国内任何地方送达，在某些情况下甚至在国外送达。虽然在民事案件中，州法院的传票通常不会在州边界之外有效，但是所有州都制定了《刑事程序中确保无州籍证人出庭的统一法》，这实际上允许在刑事案件中从另一个州引渡证人。如果刑事案件中反对被告的证人在传票送达范围内，检控方必须在州和联邦案件中诉诸传票。

如果找不到证人，传票显然无法奏效。然而，传闻陈述的提出者必须证明找不到证人。对于作证反对被告的证人，检控方必须证明作出了重大努力，被称为"善意的努力"。在不适用对质要求的刑事和民事案件中，就其他证人而言，较低的证明可能就足够了。

当以缺席作为不能到庭的依据，并且根据规则 804（b）（2）、（b）（3）和（b）（4）的例外提出传闻时，《联邦证据规则》提出了进一步的要求。提出者必须证明不能对失踪证人进行庭前证言存录。

（b）其他合理手段。除了无法通过传票让证人到庭，对质条款还要求检控方在引入要求证人不能到庭的那类传闻陈述之前，证明不能以其他方式通过善意努力让陈述人到庭。这里的标准是勤勉。在 *Barber v. Page* 案[97]中，对质条款被判定要求州公诉人在审判时使用目前被监禁在毗邻州联邦监狱的证人的预备性听证证言之前，采取了适当措施促使联邦当局在审判时提出他。如果证人因监禁以外的原因不在传票送达范围内，满足对质要求似乎至少要请其出庭，并支付差旅费和生活费。当对质条款不适用时，即民事案件和刑事案件中的辩护方证人，典据就是否必须试图诱使证人自愿出庭的问题存在分歧。《联邦证据规则》要求通过合理的手段，而其他规定只要求证明证人不在传票送达范围内。

庭前证言存录。就庭前证言存录，在两个不同阶段，不能到庭可能是一项要求：（1）进行庭前证言存录的权利，可能要遵守某些条件，其中最常见的条件是无法在审判时到庭作证，或者（2）在审判中使用庭前证言

569

⑰　390 U. S. 719（1968）.

存录代替庭前存录证人亲自出庭的权利，通常以不能到庭为条件。这类事务在很大程度上受制定法或者规则调整。

在刑事案件中使用庭前证言存录需要特别考虑，因为就提出的反对被告的证据，适用的对质标准较高。在许多司法辖区，关于刑事案件庭前证言存录的立法已经生效。当被告提取和使用庭前证言存录时，不会出现宪法问题。然而，如果庭前证言存录被用于反对被告，则适用先前讨论过的 *Barber v. Page* 案件的不能到庭标准。如果达到了这些标准，在提取庭前证言存录时，还必须提供一个对质和交叉询问的有意义的机会，以及相关的获得律师帮助的权利。

儿童。特别是在性侵犯案件中，就适用传闻例外和对质条款来说，从儿童那里取得证言往往存在不能到庭的难题。在一些司法辖区，无作证能力的认定将使证人不能到庭。其他法院则基于孩子无法记住事件而认定其不能到庭。通常情况下，如果认定作证会给孩子造成情感创伤，因此孩子无法出庭作证，则认定不能到庭是正当的。认定儿童在传闻规则的含义内不能到庭的法院，通常也认定达到了对质条款对不能到庭的要求。

许多州和美国国会颁布了制定法，如果认定儿童证人在公开法庭作证，将遭受情感或者精神痛苦，则允许采用录像陈述或者使用闭路电视提供证言。*Maryland v. Craig* 案件[⑧]判定，对潜在的严重情绪痛苦进行的个体化的认定，足以允许儿童在被告本人不在场的情况下通过闭路电视作证，但是须接受交叉询问。技术的发展允许高质量的视听连线，从而允许对证人进行远距离同步询问，这在节省费用和方便证人方面，具有相当大的优势，这将挑战传统的当面对质的概念。

（B）不法行为导致陈述人不能到庭的传闻例外

如前所述，《联邦证据规则》804（a）的最后一句规定，如果"陈述的提出者促成或者错误地致使陈述人不能作为证人到庭，以防止陈述人出庭或者作证"，则陈述人不能出庭。这一规定要求有导致证人不能到庭的具体目的，但是它不要求不法行为。

《联邦证据规则》804（b）（6）于 1997 年增加，随后被许多州采纳，使上述概念又向前迈了一大步。该规则不是在因提出者的行为导致所要求的不能到庭的情况下禁止采纳传闻，而是规定本不可采的传闻可以采纳来

---

⑧　497 U. S. 836 (1990).

反对用不法行为致使陈述人不能到庭的当事人。

规则 804（b）（6）采纳"用来反对因不法行为致使或者默许不法行为致使陈述人不能作为证人到庭，并在从事该行为时有阻止该陈述人到庭之意图的当事人的陈述"。根据该条规则，提出陈述所反对的当事人必须（1）直接或者通过他人从事或者默许，（2）不法行为，（3）意图造成陈述人不能到庭，（4）并因此造成了证人不能到庭。必需的预备性事实调查必须以优势证据作出。该规则显然是考虑到，这一裁断——可能与陪审团问题重叠——将由审判法官在没有陪审团参与的情况下作出判定。

许多问题仍然有些不清楚，偶尔还发生激烈的争议。如果当事人没有通过其直接行为造成证人不能到庭，如何证明被告的参与？促成陈述人不作为证人到庭的意图是否必须是唯一的动机？如何证明其意图？在因谋杀证人对被告的审判中，该例外是否涵盖对证人的谋杀，或者它仅在一个单独的、预先存在的犯罪——陈述人将是证人——的审判中，用于采纳反对被告的证据？

正如可以清楚预见的那样，对这些要求的慷慨解释，例如容易认定充分的参与，并自由地使用情况证据证明意图和责任，扩大了该例外的范围。鉴于这些案件性质恶劣，法院普遍持宽宏大量的看法。然而，联邦传闻例外的要求并不是仅仅通过证明被告以杀害证人等不法行为使陈述人无法到庭来满足的；这并不是自动采纳谋杀被害人的传闻陈述来反对被告谋杀者的例外。

《联邦证据规则》804（b）（6）在传闻例外中是独一无二的，因为它采纳没有可信性保证的证据，其理论是，反对者的故意不法行为使其丧失了提出异议的权利。一些法院裁定，必须通过另一种机制在某种程度上保证可信性，要求审判法院排除明显不可靠的传闻，因为根据规则 403 的权衡程序，传闻缺乏足够的证明力。

在恶行失权可以消灭被告的对质权这一原则得到认可之后，一些州的法院在没有创制正式的传闻规则的情况下也根据同样的概念采纳了证据。其他州则要求必须满足已经确立的传闻例外。

573

第 25 章

对方当事人的自认

第 254 节　性质和效力

"你所说的任何话都可以用来反对你。"这句耳熟能详的话，为讨论作为证据的自认提供了一个方便的起点。

就像传统上用于传闻时那样，"自认"是一方当事人或者其代表的言行，由对方当事人提供作为证据，《联邦证据规则》现在将其称为"对方当事人的陈述"。它们可以是明示自认，即对方当事人或者代理人的陈述，他们的话可以被公平地用于反对该当事人，它们也可以是通过行为的自认。下面讨论历史上解释和支持自认的证明力和可接受性的主要理论。

重塑后的《联邦证据规则》801（d）（2）不再将此类陈述称为"自认"，而是称为"对方当事人的陈述"，部分原因是该陈述不需要在作出时承认任何不利于该当事人的事项。然而，由于"自认"这一术语为人们所熟悉，并且在许多州和本书的早期版本中一直使用，本版中将继续使用它。

Morgan 的观点是，自认是作为传闻规则的一个例外被采纳的。通常情况下，传闻规则的例外的证成理由是，这些例外达到了具有特殊的可靠性的要求，并且常常有特别需要，例如陈述人不能到庭。然而，自认规则并没有提供客观的可信性保证。当事人不必对所陈述的事项有第一手了解；所作的陈述在作出时可能是自利性的；陈述人可能就坐在法庭上。正如 Morgan 自己所承认的那样："当事人自己所作的自认的可采性，并不取决于任何这样的观念，即作出自认的环境为审判者提供了公正评价自认的手段，而是取决于诉讼的对抗性理论。当事人几乎不能提出异议说，他没有机会对自己进行交叉询问，或者他不值得信任，除非他是在宣誓之罚下陈述的。"①

574　　　Wigmore 在注意到当事人的陈述一般具有任何其他人的主张的证明价值之后称，它在提出用于反对该当事人时具有特殊价值。在这种情况下，自认会

---

① Morgan，Basic Problems of Evidence 265 – 66（1963）.

使与在诉状和证言中提出的当前主张不一致的当事人陈述不可信，就像用矛盾陈述弹劾证人一样。此外，自认通过了传闻规则的考验，传闻规则要求排除庭外主张，如果对方没有机会进行交叉询问的话，因为它是对方自己的主张，"他不需要对自己进行交叉询问"。Wigmore 还说，传闻规则得到了满足，因为当事人"现在作为对手，有充分的机会站在证人席上，解释他以前的主张"[2]。

Strahorn 提出了一个更进一步的理论，将提出反对一方当事人的所有自认，无论是言词还是行为，都归类为作为间接证据提出的行为，而不是因其有主张的、证言的价值。正如 Wigmore 所指出的那样，这种情况价值就是这样的性质，即与当事人当前的主张不一致。

总的来说，自认的可采性最令人满意的理论根据是，它们是对抗制的产物，在较低的层面上，有着在诉状或者协议中的自认的特征。根据这种观点，自认不需要满足传闻例外的传统要求，即它们拥有可信的情况保证。相反，自认不在传闻例外的框架内，被归类为非传闻，并被排除在传闻规则之外。

《联邦证据规则》801（d）（2）将"被提供用以反对对方当事人"并符合下列条件的"对方当事人的陈述"，排除在了传闻规则之外：

> （A）该当事人以个人或者代表身份作出的陈述；（B）当事人已经表明采认或者相信其真实性的陈述；（C）得到当事人授权就某主题作出陈述的人就该主题所作的陈述；（D）当事人的代理人或者雇员在代理或者雇佣关系存续期间就该关系范围内的事项所作的陈述；或者（E）当事人的合谋犯罪人在合谋过程中为促进合谋所作的陈述。

如前所述，《联邦证据规则》不再将这类陈述称为"自认"，而是将这类排除在传闻规则之外的陈述冠以"对方当事人的陈述"。其并不打算在适用上有所改变，因为自认这一术语继续被广泛使用，因此将保留这种说法。

不管确切的理论如何，一方当事人的自认是作为所承认的事实的实质证据采纳的，而不仅仅是为了反驳该当事人。因此，就自认而言，并不像使用先前不一致陈述弹劾证人所要求的那样[3]，必须通过首先询问该当事人进行铺垫。

在没有任何限定性形容词的情况下使用"自认"一词时，其习惯意义是一

---

② 4 Wigmore, Evidence § 1048, at 5 (Chadbourn rev. 1972).
③ See Fed. R. Evid. 613 (b); supra § 37.

种证据自认，即提出作为证据反对一方当事人的该当事人或者其代表的口头、书面言词或者行为。证据自认与司法自认是有区别的。司法自认根本不是证据。相反，它们是一方当事人或者律师在案件的诉状或者协议中作出的正式让步，具有从争议中撤回某事实和完全免除对该事实的证明的效果。④ 因此，除非法院允许撤回，否则司法自认在本案中是决定性的，而证据自认不是决定性的，对此可以进行反驳或者解释。

575

犯罪自白是一种特殊的自认，受自白一章所讨论的特殊规则调整。⑤ 自认不需要有那种戏剧性的效果，不需要是对自白一词所隐含的责任的全部承认，也不需要引起对罪责的合理推论。自认只是对方当事人与其在审判中的立场不一致的言行，这些言行与本案的实体问题有关，并且被提出来反对该当事人。此外，尽管因其典型的重大证明价值，自认通常被接受为证据，但如果自认的证明价值被其损害影响大大超过，则可以排除。

可能与自认混淆的一种证据是对己不利的陈述。后者——在传闻规则例外中单独讨论⑥——在作出时必须有悖于陈述人的利益。尽管大多数自认在作出时是对己不利的，但是就自认不适用这样的要求。例如，如果一个人说票据是伪造的，后来又取得了该票据并据此起诉，那么先前的陈述可以作为自认提出，尽管该当事人在作出该陈述时没有任何利益。因此，常见的"对己不利的自认"这种说法，导致人们混淆了采纳传闻的两种不同的理论，将对己不利这一要求错误地植入了自认。

自认和对己不利的陈述之间的其他区别是，自认必须是诉讼一方的陈述，并且必须被提出来反对对方当事人。相比之下，对己不利的陈述不必由一方当事人作出，可以由第三人作出，而且可以由任何一方当事人提出。⑦ 此外，对己不利的陈述例外只有在陈述人不能作为证人到庭时才采纳该陈述，而对于自认则不要求陈述者不能到庭。

第 255 节　证言资格：精神能力；亲身知识

在某些情况下，必须考虑作出自认的陈述人的精神能力。严重受伤者可能是在镇静剂的作用下所作的陈述，就是一个例子。虽然比较旧的判决审查了陈

---

④ 参见下文第 257 节。
⑤ 参见上文第 14 章。
⑥ 参见下文第 316 节。
⑦ See id.

述人的能力，如果该能力处于严重争议中，则将该证据排除，但是判决中趋势是，将这个问题视为一个证明力问题，而不是可采性问题，并通过取消正式能力要求的规则，使这一问题得到进一步发展。[8] 自认的对抗制根源表明，这种推理应当谨慎地适用于儿童的陈述，但是侵权责任的实体规则可以为这种自认提供可接受的责任标准。

通常情况下，证人要凭第一手知识讲话的要求，适用于传闻陈述。[9] 然而，传统的观点认为，自认不需要第一手知识，这一观点被绝大多数法院所接受，并被《联邦证据规则》所采纳。

消除第一手知识的要求，得到了几个观点的支持。当人们所讲的内容对自己的利益不利时，他们一般都做了充分的调查。虽然自认作为适格证据，在作出时并不是对己不利的，但是绝大多数与诉讼有关的自认，涉及对陈述人具有重大意义的一些事项，他们可能就这些事项自己进行了了解。因此，即使不是基于第一手的观察，大多数的自认都比一般的传闻更可靠。此外，陈述人拥有对手所不能证明的重要信息的可能性是很大的。一些论者对免除代理人自认的第一手知识的有效性提出了质疑，但是法院没有作出这种区分。

576

第 256 节　意见形式的自认；法律结论

如果当事人缺少第一手知识并不导致排除自认，那么意见规则也不应导致排除自认。如前所述[10]，后一规则的目的是规范对证人的庭内询问，以便以更具体的形式而不是从推论的角度引出回答。按照其现代形式，这是一种偏爱更具体的回答的规则，而不是一种排除规则，如果证人能够作出具体回答的话。

因此，限制外行意见的规则，其目的是促进证人回答的具体性，却被荒谬地误用于庭外陈述，例如自认，这是陈述人在没有考虑法庭证言形式的情况下作出的陈述。虽然如果在法庭上对证言提出的异议被维持，律师可以其偏爱的形式重新表述问题，但是该规则只能通过排除庭外陈述来适用。因此，主流的看法是，以意见的形式作出的自认是适格的。

另一个有时用来排除自认内的意见的观点是，这些意见构成了法律结论。大多数情况下，这个问题出现在事故参与者的陈述中，即事故是说者的过错。

---

⑧　See Fed. R. Evid. 601; supra § 62.
⑨　See Adv. Comm. Note, Fed. R. Evid. 803; infra §§ 280, 290, 313.
⑩　参见上文第 18 节。

虽然可以想象，一方当事人可能会就一个抽象的法律问题发表意见，但是这并不是实际提出的典型陈述。相反，这些陈述通常包括标准对事实的应用。因此，它们揭示了陈述人认为的事实，就此适用"过失"标准或者陈述中涉及的其他法律或者道德标准。在这种情况下，不应仅仅因为陈述也可能表明当事人关于法律的假设而忽视所传达的事实信息。然而，可以想象，法律原则可能非常具有技术性，以至于剥夺了自认的意义，或者当事人确实可能仅仅是就一个抽象的法律问题发表了意见。在这些情况下，排除是有理由的。此外，还应记住，证据性自认要进行解释。

第257节 诉状中的自认；有罪答辩

案件据以审理的最终诉状陈述了每一方对事实的观点，通过承认或者否认对方的诉状，它们界定了需要证明的事实争点。因此，法院在审查证据的相关性和确定要提交陪审团的争点时，必须将诉状视为记录的一部分。就这些目的而言，诉状不需要被提供作为证据。它们被用作司法自认，而不是作为证据自认，在撤回或者修改之前是决定性的。

当事人也可以寻求使用对手的最终诉状的一部分，作为主张某些次要事实的存在的依据或者作为不利推论的基础。有些法院允许当事人引用或者阅读诉状作为记录的一部分来这么做，而另一些法院则要求当事人为了这样利用最终诉状，在审判过程中要将对方诉状中的相关段落引为自己的证据的一部分。这样的要求可能更可取，因为它允许诉答者提供解释性证据，例如指控是由于疏忽或者错误而作出的，并且避免了在终局辩论时从诉状中得出令人意外的推论的可能性。

在遵守本节后面所述的限制条件的情况下，诉状通常被用于反对诉答者。如前所述，如果它们是本案的有效诉状，它们具有司法自认的地位。修改、撤回或者被取代的诉状不再是司法自认，但是可以用作证据自认。当事人在一个案件中的诉状通常可以在其他诉讼中作为证据自认。这些同样的原则，也适用于在随后的审判中律师在庭上作出的代表当事人的事实观点的口头陈述，甚至包括在开局陈述期间所作的陈述的使用。

将诉状与将其作为自认提出所要反对的当事人联系在一起有多必要？当然，只要证明它是该当事人宣誓作出的，或者由该当事人签署的就足够了。然而，更多的情况下，诉状是由律师准备和签署的，旧的观点是，这些诉状中所载的陈述被推定为仅仅是"律师的建议"，除非出示的其他证据证明它们实际上得到了委托人的认可。然而，主流的立场是，被证明是由当事人雇用的律师准备或者提交的诉状，是当事人授权的初像证据，有权被接受为自认。反对自认的一方当事人可以提供证据，证明诉状是根据不正确的信息提交的，而他或者她并不知情，但是，除非在特殊情况下，这种证明只会影响诉状的证明力，而不影响诉状的可采性。

必须指出使用诉状作为自认的一个重要例外。使用书面诉状的一个基本问题是，在审判中实际展开的证据是否能证明诉状中所述的案件，具有不确定性。传统上，这方面的失败，即诉状和证明之间的差异，可能给诉答者的案件带来灾难。为了防止这种情况的发展，普通法允许使用诉项（count），每一个诉项都是同一基本诉求的不同版本的完整、单独陈述，并结合在同一诉状中，以考虑变化的可能性。辩护也是如此。诉项之间或者辩护之间的不一致不被禁止；事实上，这对该制度的成功使用至关重要。对该制度同样至关重要的是，禁止将一个诉项或者辩护中的断言作为自认，来证明或者证否另一个诉项或者辩护中的断言。

在 1848 年《Field 法典》的影响下，这种观点盛行了一段时间，即在一个案件中只能存在一套事实，因此不一致的陈述和辩护是不被允许的。不过，案件在审判中如何实际发展的不确定性，现在被认为是一个现实，同时也需要一些程序来处理变化问题。与普通法制度相当的现代制度是，就起诉和辩护，使用替代和假设形式的陈述，无论是否一致。可以很容易地理解，这种性质的诉状主要是为了发出通知，而缺乏自认的基本特征。允许它们像自认一样运作会挫败它们的根本目的。因此，看似一致的判决否定了它们作为司法自认的地位，一般不允许将它们作为证据性自认。

如果一个更熟练的诉答人本可以避免造成自认的陷阱，特别是在有关的诉状涉及第三方行为的情况下，一些法院对采纳诉状可能带来的不公平反应敏感。另一种办法是，承认不一致的诉状有可能对一方当事人造成不公正的损害，或者高估其真实的证明价值，在适当的案件中，在权衡相关因素后，排除诉状。最后一个可能的例外并没有得到广泛承认，这就是拒绝承认修正、撤回或者被取代的诉状的自认地位，理由是将这些诉状采纳为证据，违反了修正中的自由政策。

一个反复出现的问题是，在相关民事诉讼中，是否应允许将对刑事指控所作的有罪答辩作为证据。一般来说，该证据是被采纳的。虽然交通肇事罪的有罪答辩在理论上与其他违法行为的有罪答辩没有区别，但是认识到人们就交通犯罪指控作出有罪答辩是出于方便，很少考虑到有罪或者附带后果，导致一些

578

论者主张反对可采性，而法院普遍驳回了这些观点。在允许的司法辖区内，不抗争之答辩通常被视为不可采，事实上，该属性是使用此类答辩的主要原因。

一个相关的问题是，在允许被告撤回有罪答辩并随后就指控进行审判的刑事案件中，是否可以将有罪答辩作为一种自认提出。其结果取决于如何解决相互竞争的政策考虑。一方面，如果有罪答辩是在自由和理解的情况下作出的，那么该有罪答辩很可能是真的，因此不让陪审员知道该答辩，似乎是在要求他们在不知道非常重要的证据的情况下来伸张正义。据此，一些法院在民事案件中接受了自认，将其交由对方反驳或者解释。与此相反的关切点是，如果撤回的有罪答辩被采纳，撤回本身的效力就会受到重大损害。此外，采纳有罪答辩事实上将迫使被告解释为什么最初认罪，从而侵犯了防止被迫自我归罪的特免权，并侵入了律师—委托人关系的敏感领域。《联邦证据规则》的起草者接受了反对将撤回的有罪答辩接受为证据的政策观点，规则410在民事和刑事案件中都排除了此类证据。

第258节　作为自认的当事人证言

当事人在审前询问或者审判中作证时，可能会承认某些事实，这些事实对诉因或者抗辩而言是不利的，有时是致命的。如果在庭审结束时，当事人的自认没有受到弹劾和反驳，就像通常情况下没有受到弹劾影响和反驳的证言一样，那就是对当事人结论性的不利。这种情况通常就是这样，即法院在某种程度上误导性地说，一方当事人受其自己的证言的"约束"。有争议的问题是，当事人受这种证言的"约束"，是不是说不允许该当事人用其他证言反驳它，或者如果收到了与之矛盾的证言，法官或者陪审团仍然必须将当事人的有害证言作为司法自认接受为真。

579　　判例中反映了三种主要方法，这些方法在某种程度上倾向于融合，在特定情况下不一定导致不同的结果。第一，有些法院认为，当事人在这方面的证言与当事人传唤的任何其他证人的证言相似，当事人可以自由地从同一证人那里引出相互矛盾的证言，或者传唤其他证人反驳该陈述。然而，显而易见的是，如果当事人试图解释或者反驳他或者她自己的话，说服可能是一个很困难的事，同样明显的是，就指令裁决动议，审判法官作出的常人只能相信当事人的不利陈述的裁决，常常是正当的。

第二，其他判例的看法是，当事人的证言并不是针对矛盾的结论性证据，除非当事人对其"独特知识"中所涉及的事项作出明确的证言。这些事项可以是主观事实，例如当事人自己的知识或者动机，也可以是当事人观察到的客观事实。

第三，有些法院采取的学说是，一方当事人的不利证言应被视为司法自认，在争点上是决定性的，这样，一方当事人就不得让其他证人反驳该自认，如果当事人或者对方确实引出了这种相互矛盾的证言，将不予理睬。第三条规则通常附带许多限制和例外。例如，当事人可以自由地反驳自己的证言，从而纠正自己的证言；只有当当事人自己的证言在整体上毫不含糊地确认时，才适用结论性规则。此外，当一方的证言可归因于疏忽或者误用语言，实际上仅仅是否定性的，明确不确定，或者是一种估计或者意见而不是对具体事实的主张，或者与当事人很容易发生错误的事项有关，例如在导致当事人受伤的碰撞发生之前飞快的运动赛事时，该规则不适用。

在这三种方法中，第一种似乎在政策上更可取，而且最符合陪审团审判的传统。它拒绝任何限制性规则，将当事人的证言和相互矛盾的证据的评估，留给陪审团、法官和上诉法院来判断，只用理性标准来作指引。

第二个理论，对当事人的"独特知识"中的事实具有约束力，其依据是这样一种假设：对于这种事实，当事人弄错的可能性基本上消失了。如果事实是主观的（如知识、动机），成功反驳的可能性很小，但是即使如此，这种假设也可能是有问题的。"通常我们很少注意，也不会长久地记住我们的'动机、目的或者知识'。原告就其绝对不会犯错的主题很少。"[11]

第三种理论的有效性也值得怀疑。将由律师有意起草以明确限制和界定争议事实的诉状或者协议中的司法自认的结论性赋予当事人的证言——是外行在询问的压力下所作出的——是不公平的。[12] 同样，一项一般性的结论性规则需要详细说明其限定和例外，这意味着将审判法官对陪审团的某些传统控制权，或者在非陪审团案件中法官的事实认定职能，不幸地移交给了上诉法院。而且，道德上的强调是错误的。在结论性规则最初出现的判例中，法官们对当事人在法院明显的反复无常感到愤怒。然而，这远非当事人就不利事实作证的典型情形。就不利事实作证的，并不是无良的当事人，而是那些能够被足智多谋或者坚持不懈的对方律师逼着作出自认的一方，或者是那些无视受到结论性规则惩罚的结果，愿意说真话的异常坦率或者本着良心的当事人。

580

⑪　Alamo v. Del Rosario, 98 F. 2d 328, 332 (D. C. Cir. 1938).

⑫　参见上文第 257 节（司法自认）。

第 259 节　代表的自认；共谋者陈述

当诉讼一方当事人明确授权他人发言时，采纳该陈述来反对该当事人，是自认规则的明显和可接受的延伸。在没有明确授权的情况下，代理人的陈述将在多大程度上依照雇佣关系，被视为委托人的自认？早期的法律条文和判例类比于雇主对代理人行为承担实质责任的学说，以及当时在证据法中普遍存在的一个概念，即伴随相关行为的话语可以作为同时发生之事的一部分而被采纳。这些概念加在一起，产生了一种不充分的理论，即只有在代理人执行代理人的职责范围内的某个行为当时且与其相关时所作的陈述才能被采纳来反对委托人。

后来流行的一种理论是，代理人的陈述是否可以作为委托人的自认来采纳，是通过与委托人对代理人行为的实体责任完全相同的标准来衡量的，也就是说，如果代理人是在代表雇主讲话的权限范围内讲话，则代理人的话将被视为委托人的自认。这一公式清楚地表明，受雇提供信息的代理人（所谓的"代言人"）的陈述可以接受为雇主的自认，而采取行动的授权，例如司机驾驶汽车的授权，不会自动附带向他人作出描述所履行的职责的陈述的授权。

这些标准最常被用于排除关于事故的雇员向现场的某人所作的关于事故的陈述，当时所作的该陈述不是为了促进雇主的利益，而是只是雇员对所发生事件的描述。排除代表了这些标准的逻辑应用，但是这一假设，即雇主对代理人行为承担责任的决定性因素，应该是将代理人的陈述用作反对雇主的证据的标准，是不可靠的。

对此类事故后陈述的拒绝，加上雇员在证人席上的证言被采纳，导致倾向于采纳更弱而不是更强的证据。通常情况下，代理人对业务过程中的行为非常了解，所提供的陈述用来反对雇主的利益，在雇佣关系存续期间，雇员不太可能作出这样的陈述，除非这些陈述是真实的。此外，如果自认被视为源于对抗制，那么对其员工的陈述负责与该理论是一致的。因此，即使在《联邦证据规则》通过之前，主流的观点也是，如果代理人的陈述涉及陈述人雇佣关系内的某事项，并且是在该关系终止前作出的话，该陈述应予采纳。当然，传统经授权陈述的可采性继续有效。

581

《联邦证据规则》801（d）（2）（C）＆（D）遵循了前一段所述的扩张观点，采纳"得到当事人授权就某主题作出陈述的人就该主题所作的陈述"，以及"当事人的代理人或者雇员在代理或者雇佣关系存续期间就该关系范围内的事项所作的陈述"，来反对该当事人。

提出所称代理人的自认证据的当事人，必须首先证明陈述人是对方当事人的代理人以及该代理的范围。这可以直接通过所称代理人的证言、任何知情人的证言或者情况证据来实现。传统上，法院判定，在判定是否存在代理关系时，不能考虑所称的代理人主张该代理的过去陈述证据。相比之下，《联邦证据规则》允许审判法官在决定代理问题时使用此类陈述，但是明确指出，单独靠这些陈述不足以证明代理问题。如果对陈述人代理的预备性事实有争议，则该问题应由法院根据规则 104（a）决定。

代理人的陈述是否必须向外部人而不是委托人或者另一代理人作出，才算是自认，也产生了问题。典型的例子是铁路雇员的事故报告或者银行分行经理给总部的信。从历史上看，这样的陈述虽然显然是在职权范围内作出的，但是有些法院拒绝采纳这种陈述，除非它们被委托人采认。其他法院则采纳这些陈述，即使是在内部作出的。排除这类陈述的法院主要依据的事实是，雇主责任原则不适用于代理人与委托人之间的交易，因此根据委托人的实体责任规则来确定传闻问题。然而，其他类似情况也可以同样合理地加以适用，例如，一方当事人所作的不打算公之于众的陈述——如秘密日记中的记载——被作为自认而采纳。

可靠性也支持采纳这种内部陈述。虽然作为一个类别，其可靠性略低于代理人对外部人员的经授权陈述，但是组织内报告通常是某些行动的基础，如果是这样，它们具有业务记录那样的可靠性。只有当它们自认对委托人有损害的事实时，才会被提出来反对委托人，代理人的这种陈述很可能是可信的。使用这种证据时没有明显的突袭、混淆或者损害等特殊危险。

《联邦证据规则》的起草者认为，支持接受这种内部自认的论点是有说服力的。这种扩展被认为，既适用于代理人受权发言时作出的陈述，也适用于仅被授权为委托人行事的代理人所作的陈述。

虽然《联邦证据规则》极大地扩大了公司内符合自认条件的陈述的范围，但是仍有许多难题需要通过分析具体情况来解决。例如，公司雇员所作的陈述是公司的自认，并不是公司其他雇员的自动替代性自认，需要具体证明雇员之间的代理关系。此外，虽然就公司雇员的替代性自认不需要第一手知识，但是作为陈述来源的人的身份的不确定性，可能导致排除，因为无法证明陈述涉及的是陈述人雇用范围内的事项，而不是"纯粹的八卦"。

582

在本节的其余部分中，上述讨论的一般原则适用于经常遇到的特殊类别的代理人和各种替代性自认：

律师。如果雇用律师管理一方当事人的诉讼行为，则该律师有初像授权来通过诉状、口头或者书面协议、正式的开庭陈述作出相关的司法自认，除非被允许撤回，否则其在本案中是决定性的。[⑬] 这种正式的、结论性的自认——通常都是经过谨慎和慎重的构思的——有时与律师的庭外口头陈述——这被定性为"仅仅是一次随意的谈话"——矛盾怎么办？一些法院认为，对于律师在庭外所作的这种"随意"陈述，当事人不受"约束（bound）"。"约束"一词的使用显然具有误导性。问题不在于委托人是否"受约束"，因为他或者她是受司法自认约束的，而在于律师的庭外陈述是否可以作为代理人作出的仅仅是证据性的自认而用来反对委托人。

为了保护委托人和律师不受律师不明智陈述的危害，旧的案件中有这样一种倾向，即与其他类型的代理人相比，对引入此类陈述有更多的限制。最近更多的案件通常在衡量律师作出庭外自认的权力时，采用与适用于其他代理人的同样的明示或者默示授权标准，当它们符合这些标准时，将其视为证据性自认。例如，在收取赔偿款或者拒绝索赔、和解谈判或者代表委托人管理任何其他业务的过程中，在信函或者口头谈话中，会发生这些自认。

合伙人。就经营企业业务而言，合伙人是合伙的代理人。因此，当合伙的存在和范围被证明时，在合伙企业的经营行为中，合伙人所作的陈述，被接受为该合伙的自认。前合伙人在合伙解散后的陈述如何？判例就此有分歧，但是由于承认每一个前合伙人都有持续的权力，以采取合理必要的行动来了解和处理企业的事务，前合伙人应被视为有权代表其他合伙人陈述企业主张债权和偿还债务所合理附带的事实。除此之外，某合伙人的自认似乎只能用来反对该合伙人。

合谋犯罪人。进行犯罪或者非法、侵权行为的合谋类似于合伙。如果 A 和 B 参与共谋，则 B 在共谋实际进行和促进阴谋的过程中发生的行为和陈述，可以作为证据来反对 A，因为在实体法上，它们是 A 对其负有刑事或者民事责任的行为。但是 B 的陈述也可能作为证明所主张的事项的真实性的代表人的自认，来引入反对 A。在这一节中，只有后一种代表性陈述有争议。然而，法院很少区别作为共谋一部分的行为而提出的陈述和作为对所陈述的事实的替代性自认而提出的陈述。相反，即使作为自认提出，法院一般都对构成犯罪行为一部分的陈述规定了同样的标准，即该项陈述必须是在共谋持续期间作出的，而且必须是推动犯罪活动的一个步骤。《联邦证据规则》801（d）（2）（E）与

583

---

⑬　参见上文第 257 节（司法自认）。

上述分析一致，将"当事人的合谋犯罪人在合谋过程中为促进合谋"所作的陈述视为自认。

从字面上看，"促进"要求排除仅作为自认具有证据价值的陈述。根据这一要求，仅叙述共谋中先前事件的陈述是不可采的，但是可采性的思路并不总是明确的，因为推动共谋目标的历史性陈述是可采的。法院一般都慷慨地解释了这样一个要求，即该陈述会促进共谋。可以看出，共谋者陈述的自由可采性和对委托人不利的与代理主题有关的陈述的自认之间，存在一些相似之处，即使代理人是未经具体授权作出陈述。

"在……共谋期间"作出的陈述之要求，要求排除在共谋终止后所作的自认和自白，这种终止通常被判定是随着其主要目标的实现或者失败而发生的。"促进"的要求往往具有类似的限制作用。当然，关于何时终止也会产生疑问。在某些情况下，共谋的持续时间被判定超出了主要犯罪的实施，包括密切相关的对其孳息的处置或者隐藏其痕迹，例如，警察为掩盖警察参与入室盗窃而编写虚假报告，在谋杀后处置尸体，或者为实施有关计划继续进行涉及持续隐瞒的敲诈勒索活动。在 *Krulewitch v. United States* 案[14]中，最高法院判定，共谋者关于参与人被逮捕后的隐瞒行为的陈述不可采，并确立了联邦法院的立场。《联邦证据规则》801（d）（2）（E）的咨询委员会注释中赞同性地援引了 *Krulewitch* 案，试图将"隐瞒阶段"扩大到包括所有避免被发现的活动的做法，没有获得普遍接受。虽然在阴谋终止后所作的陈述是不可采的，但是阐明共谋协议性质的随后行为被判定可采。

关于共谋者陈述的预备性事实问题，受《联邦证据规则》104（a）调整，必须以优势证据来证明。最高法院改变了 *Bourjaily v. United States* 案[15]的长期做法，判定审判法院在裁断共谋是否存在及共谋的范围时，可以考虑假定的共谋者陈述本身。然而，根据《联邦证据规则》（根据 *Bourjaily* 案意见进行了修正），除了共谋者陈述，还需要一些额外证据来证明这些事实。

如果共谋事实上存在，合谋者的陈述的采纳，不需要共谋被正式指控。同样，陈述人也不必被指控，而共谋指控被无罪释放，并不禁止使用他或者她的陈述。在民事案件中，如果共谋规则适用于共同侵权行为人，证据也同样可采。

政府代理人在刑事案件中的陈述。在刑事检控中，被告代理人的陈述一般 584

---

⑭　336 U. S. 440 (1949).

⑮　483 U. S. 171 (1987).

可被采纳来反对被告，但是政府代理人的陈述往往被判定不可采来反对政府。"这种明显的差异可以用刑事诉讼中各方的独特态度来解释——政府方面唯一的当事人是政府本身，其许多代理人和行为人可能对审判结果没有个人利害关系，而且在历史上也不能约束主权"[16]。一个更言之有理的解释是，政府的许多代理人中，至少有一些人希望为政府提供一种防止错误和轻率之举的措施。

裁定不可采的案件涉及的是调查层面的代理人的陈述，而政府律师在诉讼开始后作出的陈述被判定可采。基于代理人在政府中的职位而划定的可采性界线，可以适当地平衡所涉及的冲突利益。虽然《联邦证据规则》801（d）（2）没有具体谈到这一问题，但是就全面排除政府代理人所作的陈述，很难在其语言或者结构中找到任何支持。然而，上面所提出类型的权衡方法，似乎与其基本方法和所涉及的各种政策关切是一致的。

第 260 节   "地产保有共同关系"、共同租赁人、利益前任、共同债务人和被保证人的陈述

从历史上看，法院接受了这样的概念，即"共同利益关系"，或者陈述人和当事人之间的利益一致性，证明将陈述人的声明引入作为该当事人的自认是正当的。因此，一个共同承租人或者共同所有人作出的对另一个共同承租人或者共同所有人不利的陈述是可以接受的，但是在这一情境下，源于财产法中的区别适用得如此严格，以致共同承租人、共同受遗赠人或者共同受托人的陈述被排除了。

这种财产法类比更频繁和更重要的应用，是使用土地、动产或者诉讼财产的前任所有权人的陈述来反对继受人。继受人被视为获得了一项权益，而该权益承载着这样的责任——可用来反对前任的陈述也可以用来反对他或者她。这些陈述必须与陈述人的交易、意图或者财产权益有关，而且必须是在陈述人是继受人现在所主张的权益的所有者时作出的。根据这一理论，法院接受了土地和动产的让与人、转让人、捐赠人和抵押人作出的对受让人和抵押权人不利的陈述；死者生前作出的对其代表、继承人和近亲属不利的陈述；先前的占有人作出的对根据这种先前占有而主张所有权的人不利的陈述；以及票据和其他诉讼财产的前持有人作出的对受让人不利的陈述。当然，善意买受人和正当持票人等概念可能会使证据变得无相关性，因此不可采纳。

---

[16]   United States v. Santos, 372 F. 2d 177, 180 (2d Cir. 1967).

与此类似，当双方作为义务人共同承担责任时，一方的陈述有时作为对另一方不利的自认而被采纳。然而，为促进共同事业而发言的授权要素，如代理、合伙或者共谋情况，很难从共同义务人之间的关系中加以阐明，据此采纳陈述的做法受到了批评。事实上，大多数被认定为支持的案件，都涉及一种特殊的情况，即委托人的陈述被提出作为反对担保人、保证人、赔偿人或者其他次要责任人的自认。这些陈述通常被判定是可采的。

Morgan 批评将利益同一性和地产保有相互关系等财产学说引入证据法："替代性自认的教条，一旦超越公认的代理原则，就会阻碍理解。共同所有权、共同义务、地产保有相互关系，每一个都没有提供可信性的标准，也不能帮助评估证言。"[17]

根据 Morgan 的观点，《示范证据法典》删除了采纳这些陈述的任何规定，《联邦证据规则》也遵循了同样的模式。大多数有价值的陈述，将被视为对己不利的陈述、代理人的替代性自认，或者其他一些传闻的例外，其基础比共同利益关系概念更为坚实。

第 261 节　通过行为自认：(a) 采认性自认

一方可明确采认另一方的陈述。这是一个明确的自认，像任何其他自认一样，不需要进一步讨论。在本书中，采认性自认（adoptive admission）这个术语的使用是有限定的，在某种程度上适用于关于一方当事人的其他行为的证据，这些行为情况性地表明一方当事人同意另一方当事人所作陈述的真实性。[18]

《联邦证据规则》规定的采认性自认受 801（d）（2）（B）调整。按照传统做法，它规定，如果一个陈述被提出来反对一方当事人，该"当事人已经表明采认或者相信其真实性"的陈述，不是传闻。

一方当事人宣称他或者她听说另一人已作了某项陈述，这一事实并不足以支持认定该方当事人采认了第三人的陈述。必须审查有关该当事人进行宣称的情况，以确定它们是否表明了对该陈述的赞同。

在人寿保险和意外保险案件中，当被告保险公司提供一份陈述，如主治医生的证明，原告受益人将其附在死亡或者残疾证明后，就产生了采认问题。受

[17]　Morgan，Admissions，12 Wash. L. Rev. 181，202（1937）.
[18]　参见下文第 262 节（单独讨论了通过沉默方式进行的采认性自认）。

益人将其作为附件提交，并附上一份正式的"证明"说明，目的是让公司支付赔偿，这一事实似乎足以确保其被采纳。如果受益人明确否认所附陈述或者文件与附件的内容相反，则情况更为复杂，不应得出自认的结论。如果所附的说明是根据保单条款的要求进行的，例如主治医师证明书，则排除的观点尤其有力。

586 当事人引入证据，是否构成对证人证言的采认，从而在以后的诉讼中可以将其用于反对该当事人？答案应该取决于具体情况是否支持这样的结论，即事实上发生了采认，而不是取决于当事人为自己的证人提供保证这一不可信的概念。当一方当事人提出庭前证言存录或者宣誓陈述书作为证据以证明其中所述事项时，该方当事人知道或者应当知道所提出的书写品的内容，并且可能希望在考虑所有内容时对他有利，因为只有对其有利的部分才会被提出。因此，有理由得出这样的结论，即这样提出的书写品可被用作另一诉讼中的采认性自认来反对该当事人。

然而，就口头证言来说，对陈述进行保证的推论并不总是那么清楚。不过，在这种情况下，也有理由得出这样的结论，即当提出者让证人站在证人席上证明某一特定事实，而证人也这样作证时，当事人已对该事实作出了采认性自认，这可在以后的诉讼中采纳。但是，在后来的诉讼中提出该证言的当事人如何证明证人在先前审判中作出的陈述是打算由传唤证人的当事人引出的，还是违背该意图或者超出了该意图的呢？问题的形式和情境通常会给出线索，但是并不总是这样。鉴于在证人出庭作证前同其进行约谈的普遍做法，在没有证人的证言出乎询问者的意料或者在辩论过程中被否定的相反证据的情况下，一项可行的规则似乎会采纳提出者自己的证人在直接询问中作出的证明所述事实的证言来反对该提出者。与此相比，在交叉询问中引出的证言可以用来揭露证人的错误和不诚实，不应被认为是询问者所依据的所述事实的证据。为了构成采认性自认，必须肯定性地证明这种依赖。

总的来说，就陈述是否被采认的预备性事实问题，应当根据规则 104（b）作为附条件相关性问题加以决定。[19]

与采认性自认类似的情况是，当事人将询问人介绍给另一人，当事人预先接受该人的预期陈述。然而，通过介绍给第三人而进行的这些自认可能更适合归类为代表性自认或者替代性自认，而不是采认性自认。[20]

---

[19] 参见下文第 262 节（related issues）。
[20] 参见上文第 259 节。

第 262 节　通过行为自认：(b) 沉默

如果在一方当事人在场的情况下作出的陈述载有对某事实的主张，若该主张不真实，在任何情况下，该当事人自然会予以否认，一言不发传统上被视为自认。接受证据的理由是假设当事人有意表示同意并因此采纳了该陈述，还是假设可以从该行为中推断出可能的信念状态，可能并不重要。由于未能否认这一点是重要的，根据任何一种理论，都可以同样地使用该模棱两可或者闪烁其词的回答来反对该当事人，但是如果全部答复加起来构成明确的否认，这种默示自认的理论是不适用的。

尽管这类证据很有吸引力，但是法院经常建议谨慎接受，这种告诫尤其适用于刑事案件。应注意证据的几个特点。第一，其性质和产生的情况，往往相当于公开邀请制造证据。第二，推理经常很模糊。造成沉默的因素可能有很多，不仅仅是罪责感或者缺乏开脱罪责的说法。例如，沉默是有价值的。正如本章开头所指出的那样，每个人都知道你所说的任何话都可能用来反对你。第三，*Miranda* 案件的宪法限制，适用于在刑事案件中使用这类证据，但是仅限于嫌疑人在羁押期间受到警察审讯的情况。[21] 第四，虽然从理论上讲，提出这一陈述不是作为其内容的证据，而是为了说明当事人接受了什么，但是这种区别确实是微妙的；这一陈述通常具有高度破坏性，其性质可能分散人们对基本调查——默认是否确实发生了——的注意力。

即使有一系列的情况使人们对这种证据的可靠性产生怀疑，最高法院也没有就其使用在 *Miranda* 案件在某些情况下设定的障碍之外，发现任何其他的绝对的联邦宪法障碍。[22] 不过，法院已经制定了各种防止滥用的保障措施：(1) 所称缄默的当事人必须已经听到了该陈述。(2) 当事人对此已经理解。(3) 事项必须在当事人的知识范围内。乍一看，这一要求可能与取消自认的第一手知识要求不一致。然而，没有理由期望一个人否认他或者她不了解的事项，否认他或者她缺乏对指控提出异议的动机或者能力的事项。(4) 不得存在生理或者情感上的反应障碍。(5) 说者的个人情况，例如幼童，或者该人与当事人或者事件的关系，例如旁观者，可能使人无理由期待其作出否认。(6) 可

㉑　参见上文第 161 节。
㉒　参见上文第 161 节。

能最重要的是，陈述本身必须是这样的，即如果不真实，在这种情况下要求否认。除了可能发生的宪法问题，在作出指控性陈述时警察在场这一事实，可能构成一种消除反应自然性的危急情况。

上面的列表不是一个排他性的列表，还会有其他因素。在每个案件中，基本的调查是，在这种情况下，常人是否会否认这一陈述，而对此并不能进行机械地回答。

大多数与缄默自认有关的可采性预备性问题，属于附条件相关性范畴。虽然有些涉及缄默自认的预备性问题交由法院最终裁断，但就诸如该陈述是否是在该人的听力范围内作出的，以及是否有机会作出答复等问题，如果法院认为已经提供了充分的证据，理性陪审团能够认定这些事实已经成立，那么这些问题应当提交给陪审团裁断。

未回复信函或者其他书面交流。如果向某当事人提供了书面陈述并在其他人面前进行了宣读，该当事人未否认其主张可被接受为自认，因为在这种情况下，如果该人不是默认，自然会否认它们。这里适用的原则类似于未能否认某口头陈述。此外，如果当事人收到一封信，信中载有几项陈述，如果这些陈述不真实，他或者她自然会予以否认；他或者她说明了对其中一些陈述的立场，但是没有对其他陈述发表评论，则这种未作否认的行为通常会被接受为证据，作为对这些被忽略的陈述的自认。

更值得商榷的问题是，对信件或者其他书面交流根本不作答复是否应被视为沉默性自认而接受。当然，这样的不回复往往不如面对口头指控保持沉默更有说服力。事实上，有时会宣布"一般规则"，即不回复一般不构成自认。不幸的是，该规则的否定形式常常导致了过分严格的裁决，排除了具有重要价值的证据。更可取的观点是，如果没有答复载有某些陈述的信件，而在所有情况下，如果收件人认为这些陈述不真实，他或者她自然会否认这些陈述，则这可以作为缄默自认的证据。有两个因素特别倾向于表明拒绝是自然发生的：第一，信函是作为当事人之间相互通信的一部分而写的；第二，证据表明双方当事人从事某种业务、交易或者关系，这将使关于交易或者关系的不真实交流不可能被无视。

后一种情况最常见的情形是，商业关系的一方当事人向另一方当事人传送了对账单或者账单。未对此类账单或者对账单提出质疑，统一被作为承认其正确性的证据。另一方面，如果谈判因一方采取最后一搏而中断，从而表明进一步沟通将无果而终的观点，或者如果信函是在提起诉讼后写的，这些情况往往表明，未能答复不应被接受为自认。

第 263 节　通过行为自认：(c) 逃跑及类似行为

"恶人虽无人追赶也逃跑。"[23] 被告在犯罪后试图逃跑的许多行为，都被视为行为上的自认而被接受，构成罪责意识和犯罪事实本身的情况证据。这一类行为包括被告犯罪后从现场、经常出没的地方或者司法辖区逃离；化名；易容；拒捕；企图贿赂执行逮捕的警察；在审判过程中不到庭或者中途离庭而被没收保证金；越狱或者企图越狱；以及试图自杀。

如果被告是从犯罪现场逃离的，作为在关键时间和地点确定被告位置的一种手段，关于这一点的证据似乎完全可采。然而，在许多情况下，关于对特定犯罪的罪责意识的推论是如此不确定和模棱两可，证据是如此有害，以至于人们不得不怀疑，证据是否不是为了一般性地惩罚"恶人"，而是为了解决所指控的犯罪的罪责问题。特别麻烦的是这样的情况，即被告因其他犯罪受到追捕、因其他犯罪被通缉而逃离，或者没有证明他知道自己涉嫌特定犯罪。有些法院似乎认为一般的罪责感就足够了。

589

目前许多判例采用的规则是：

　　　　作为有罪的情况证据，［逃跑的证明价值］取决于对从以下情况得出的四个推论的信心程度：（1）从被告的行为得出的逃跑推论；（2）从逃跑得出的罪责意识推论；（3）从罪责意识得出的对所控罪行的罪责意识推论；以及（4）从对所控犯罪的罪责意识到对所控犯罪的实际罪责。[24]

分析中的重要因素是，相对于本案中犯罪或者其他重大事件的逃离时间，以及被告知道并出于对因特定犯罪而被拘捕的恐惧而逃离这一推论的强度。逃离证据的潜在损害也应与其证明价值相权衡。在每一个案件中，都应严格审查这类证据往往很弱的证明价值与其损害影响之间的权衡。

虽然大部分判决涉及的是刑事检控，但是在民事诉讼中，逃跑也得到了承认。

第 264 节　通过行为自认：(d) 未能传唤证人或者出示证据；拒绝接受体检

如果在有关情况下，当事人自然会去传唤某一证人，或者在民事案件中作

[23]　Proverbs 28：1 (New Rev. Standard).

[24]　United States v. Myers, 550 F. 2d 1036, 1049 (5th Cir. 1977).

为证人出庭作证，或者出示他或者她所持有的文件或者其他物品作为证据，而该当事人没有这样做，传统上允许对方将不这样做用作逆向推理的基础。如果经请求，一方不合理地拒绝接受体检或者拒绝提供笔迹样本，则可以作出类似的推论。

大多数争议都是由于没有传唤证人引起的。经典的说法是："如果一方当事人在其独特的权力范围内能够提出所作证言能够阐明交易的证人，那么他不这样做的事实就形成了一个推定，即如果出示该证言，将是不利的。"㉕

这些情况可以分为两类。在第一种情况下，可以对一方当事人作出不利的推论，如果该方当事人未能提出有理由被认为倾向于该方当事人证人的话。在第二种情况下，如果当事人对一个重要证人具有排他性控制权，但是没有提出他或者她，则可以对该当事人作出不利推论，而不考虑该证人对该当事人的任何可能的有利倾向。由于案情先悉和其他披露要求的增长，第二种情况越来越少发生。在这两种情况下，如果证人的证言仅仅是重复性的，则不能作出这种推论。

590　尽管有大量的案件承认这一推论，但是拒绝发表评论或者作出指示很少会导致发回重审，而就推论对陪审团作出错误指示，甚至是律师的错误主张，更经常地要求重审。上诉法院通常建议谨慎行事。许多因素支持保守做法。推论的推测性或者模糊性常常存在。得出这种推论的可能性，会导致浪费时间去传唤不必要的证人，或者出示证据来解释为什么他们没有被传唤。如果没有预料到可能会援引这一推论，就有可能令人大吃一惊。现代案情先悉和其他披露程序的可用性，有助于减少其正当性和进行推论的必要性。最后，一些法院对在刑事案件中使用这一指示反对被告表示特别关切，经常提到其对证明负担和无罪推定的含蓄影响。法院认识到这些因素，往往要求希望提出失踪证人观点或者打算要求这样一项指示的当事人提前发出通知。

如果对双方当事人而言，证人都"同样可得"，法院通常会说，任何一方不传唤证人都不会产生任何推论。这种说法很难说是准确的，因为当证人很容易被任何一方传唤时，可以作出推论。相反的意思是，当证人可能对一方和另一方都有利时，任何推论都是不恰当的。然而，同样有利几乎总是有争议的，尽管法官认为证人同样有可能支持任何一方，也许双方都应该被允许主张这一推论。

一方当事人可以自由传唤证人，但是有反对对方传唤的证人的特免权，就

㉕　Graves v. United States, 150 U. S. 118. 121 (1893).

像在刑事案件中那样，被告可以传唤其配偶，但是检控方不能。与此类似，可以清楚地看到，证人所掌握的所有信息都受到当事人可能行使的特免权的限制，例如医生—患者特免权。在这种情况下，大多数法院可能会禁止就未能传唤证人作出不利推断。[26] 当然，宪法禁止就刑事被告未能作证进行推论。[27] 关于就行使证据特免权进行评论的政策考虑，已经在别处讨论了。[28]

就未能传唤证人所进行的推论的具体程序影响，很少被讨论。一些法院说，当事人不传唤证人或者不出示证据，造成了一个"推定"，即该证言是不利的。然而，它通常是用"可以"而不是"必须"来表达的，而且似乎最多只能是一种"容许性的"，而不是强制性的推定。[29] 此外，与通常的推定不同，它不针对任何需要或者允许认定的特定推定事实。不能依靠这种"推定"来卸下提供事实证据的负担，相反，它的效果是损害对方证据的价值，并在表明失踪的证人可能了解的任何问题上，更加相信对方的积极证据。

相反，大多数法院认为，当事人不传唤证人造成的是一种"推论"。其中一些法院认为，经适当请求，当事人有权要求在指示中解释这种推论，而另一些法院则认为，指示是正确的，但是不是必需的。还有一些法院谴责这种指示是对证据的评论。当然，所有法院都允许律师在允许的情况下提出该推论。 *591*

在保留普通法上法官对证据发表评论权的司法辖区，传统上允许对未能提出证人或者证据作出公平评论。允许法官有司法自由裁量权就推论作出指示，是适当的。然而，赋予当事人获得这种指示的权利的做法是不可取的，因为它往往会导致制定详细的规则来界定存在该权利的情况。将指示作为一个权利问题，确实具有将过去的经验集中在审判中提出的问题上的优势，但是复杂规则的成本远远大于收益。

通过严格控制律师提出推论，也可以形成一个规则之网。更明智的做法是这样判定：如果一个关于未能提供证据的观点是错误的，那么补救办法就是对该观点进行答辩，并交给陪审团的良好判断力来进行判断。因此，只有当根据一般标准，该主张不仅可以说是软弱的或者没有根据的，而且是不公平和有损害的时候，才应当要求法官介入。

[26]　参见上文第 74.1 节。
[27]　参见上文第 132 节。
[28]　参见上文第 74.1 节。
[29]　参见下文第 36 章（讨论了这些术语）。

第 265 节　通过行为自认：(e) 构成妨害司法的不端行为

我们在前一节已经看到，一方当事人未能出示他或者她可以自由出示的证据或者隐抑证据，可被视为自认。可以预料的是，当事人就其案件从事的相当于妨碍司法的不端行为，通常也被视为行为上的自认。人们认为，通过使用不法手段，当事人提供了一个基础，使人们相信他或者她认为案件很薄弱，不能以公平手段胜诉，或者在刑事案件中被告意识到有罪。因此，在这一以行为自认的一般类别中，应考虑下列情况：一方当事人就诉讼中的事项的虚假陈述，无论是在诉讼前还是在证人席上；教唆作伪证；伪造文件；通过贿赂、恐吓或者其他手段造成不当压力，影响证人作出有利证言或者避免作证；毁灭或者隐匿有关文件、物品；企图腐蚀陪审团；在预计到判决的情况下隐匿或者转移财产。

当然，这不足以证明有人做了被指控为妨碍司法的行为。行为人必须与当事人有联系，如果是公司，则必须与其高级管理人员有联系。如果情况证明有恶意，法院一致认可进行制裁的适当性。尽管许多无辜和普通的解释将导致不会受到制裁，但是许多司法辖区授权在适当情况下采取补救措施，在这些情况下，毁灭证据是因为意识到需要保存证据，甚至是因为普通的疏忽。尽管法院是根据疏忽和对毁灭证据的后果的了解而实施制裁的，但是通常需要证明恶意或者故意销毁证据，才能采取更为极端的补救措施。

很可能会有人提出这样一个问题，即这种证据相对较低的证明价值是否经常并没有被其有害影响所超过。不想有更有力的案件的诉讼当事人，肯定是个很罕见的人。可采性规则的真正基础可能是希望以某种诗意正义迅速实施惩罚，而不是关注证据的细微之处。在任何情况下，证据一般都是被采的，尽管附带披露了另一项罪行。

592

除了在破坏当事人的案件氛围方面的巨大战术价值，这些各种"毁灭证据"自认的证明范围有多大？它们应当使提出者至少有权得到一项指示，即一般情况下，对手的行为可以被视为倾向于证实提出者的案件，并使对手的案件不可信。这一结果本身是有价值的，与此相应的是，提出者的律师有主张这些推论的权利。

然而，一个关键和令人困惑的问题仍然是，根据当事人的妨害司法行为所得出的不利推论，是否取代了对于对方案件至关重要的事实证据。当然，回答"是"的原始冲动是强烈的，而且有人与这样的做法进行了类比，即制定法和规则允许法院对拒绝提供案情先悉的一方当事人作出弃权判决。当行为指向对某一特定事实的推断时，如贿赂见证人让其缺席或者销毁某特定文件的情况，法院可能更愿意允许对该事实进行推断，尽管关于该事实的唯一可用信息是提出者在诉状中的主张。如果行为不是为了隐抑任何特定事实，如企图"收买"检控方，贿赂陪审团，或者通过转移财产来使赔偿落空，关于存在没有被证明的特定事实的推论更为牵强。在没有注意到这一区别的情况下，许多决定都支持这样一种一般学说，即从妨害司法行为中得出的推论将不能满足对提出者案件至关重要的特定事实的证明需要。

最近的一些案例表明，人们愿意重新思考这些传统确立的原则。有几起案件已经认定，导致证据被毁灭的故意行为，要么转移了证明负担，要么在关键问题上提供了肯定性的证据。有几个案件就毁灭证据提出了单独的侵权。这一领域的法律似乎在不断变化，新秩序的模式还不清楚。

第 266 节　通过行为自认：(f) 在民事诉讼中就有争议的索赔提出和解，在刑事案件中进行辩诉谈判

概述。可以说，提议接受一笔钱以就有争议索赔进行妥协，可以被视为对索赔软弱的自认，用于反对该当事人。相反，对方在妥协中提出支付一笔款项，可被视为该方对其立场软弱的一种自认，用于反对该方。在任何一种情况下，普遍的共识是，妥协提议在责任问题上不可采，尽管进行排除的原因并不总是清楚的。

就该不可采规则，人们提出了两个理由：缺乏相关性和政策考虑。第一，这一提议的相关性将因情况而异，为和解一项数额非常大的索赔而提出的非常小的付款提议，更容易被解释为对和平的渴望，而不是承认其立场软弱。然而，随着报价金额接近索赔额，相关性将增加。第二，政策观点是促进争端的和解，如果采纳妥协提议，争端的和解将受到阻碍。将规则建立在后一个基础上的好处是，避免了困难的相关性问题。在此基础上，该原则应保护提出要约并且是提出证据的诉讼当事人的人。

为了援引排除规则，必须存在实际争议，最好是一些谈判，至少双方当事人对索赔的有效性或者数量有明显的分歧。支付认可索赔的提议不是特免权保护，因为没有鼓励对无争议索赔作出妥协的政策，对这种索赔应该全额支付。如果就索赔的有效性和应付金额无争议，则与此相应，支付较少和解款额或者分期付款的提议，应当可采。

593

什么被排除在外？提议以及任何和解建议或者提议要被排除。任何一方在寻求和解的口头谈判或者通信中所作的任何附带事实陈述在多大程度上享有这一特免权？历史上公认的学说认为，在谈判过程中对事实的自认不受特免权保护，除非在表述时是假设性的（"我们只为讨论而承认"），明确表示"不影响实体权利"，或者与要约不可分割地联系在一起，如果不把两者放在一起考虑，就不能正确地理解它。

传统的学说否认排除规则对事实陈述有保护作用，这一学说有着严重的缺陷。它妨碍了试图妥协时的交流自由，并涉及适用上的困难。因此，目前的趋势是将保护扩大到在妥协谈判中所作的所有陈述，脚注中所载的《联邦证据规则》408 总体上沿循了这种做法。[30]

该规则旨在只有当和解要约作为对要约方的索赔或者辩护的弱点的自认而提出时——而不是为其他目的提出时——排除和解要约。因此，例如，当提出和解谈判来解释迟迟不采取行动或者未能雇人来减轻损害、说明在进行和解时提供的法律服务范围、证明偏见或者在是本案的一部分的另一个争端中说明和解条款时，不要求排除。与此类似，也不禁止使用关于民事案件和解活动的证据来证明阻碍刑事检控的活动。与其他情况一样，如果证据为一个目的可采，而为另一个目的不可采，则必须在适当考虑限制性指示的可能效用的情况下，将用于适当目的的证明价值与不当使用的可能性进行权衡。[31]

使用在妥协谈判中作出的不一致的陈述来对当事人的证言进行一般性弹劾，充满了滥用这些陈述来证明责任的危险，威胁到谈判过程中的坦率信息交流，因此一般不应允许。《联邦证据规则》明确禁止以不一致陈述和矛盾为由，使用在和解谈判中作出的陈述进行弹劾。

594

下文讨论的完成的和解协议，也可用于其他目的。例如，人身伤害案件的被告可以传唤在同一次碰撞中受伤的证人。如果证人对被告的索赔主张与证人现在的有利的证言不一致，可以证明该索赔，以弹劾该证人。此外，如果证人在其索赔和解中得到了款项或者承诺有金钱，这可能会被用作证明有偏见的证

---

[30] 规则 408 规定：和解要约与谈判——（a）禁止使用。关于下列事项的证据，不得为任何当事人采纳来证明或者证否存在争议的索赔的有效性或者数额，或者是用于以先前不一致陈述或者矛盾来进行弹劾：（1）为就索赔进行和解或者试图和解时，给予、承诺或者提议——或者接受、承诺接受或者提议接受——有价值的对价；以及（2）在就索赔进行和解谈判过程中所为的行为或者陈述，在刑事案件中提出该证据且该谈判与某公共机构运用其规制、调查或者执法权限而提出的索赔有关时除外。（b）例外。法院可以为其他目的采纳这一证据，例如证明证人的偏见或者成见，否定有关不当拖延的观点，或者证明妨碍刑事调查或者起诉的行为。

[31] 参见上文第 59 节。

据，或者更一般地用于弹劾。

当前当事人与第三方妥协的证据。在原告（P）和被告（D）之间的诉讼中，如果第三人因同一交易而提出了与 P 类似的索赔，则 D 向该第三人提出的和解要约或者已完成的和解，可能具有相关性，即可以用来证明 D 相信其在本诉讼中的抗辩软弱。不过，促使排除 D 对 P 提出的和解提议的同样的政策考虑，即阻止这种和解的危险，也适用于这一点。因此，流行的看法是，现任被告提出的和解要约或者支付款项，当被提出来作为对责任的默示自认时，是受特免权保护的。

接受和解要约的效力。如果和解要约被接受并因此创设了合同，违约受害一方可以就该合同提起诉讼，并显然可以就该要约和接受进行证明。此外，如果在订立此类合同后，提出要约一方拒绝履行，另一方可选择就最初的诉讼事由提起诉讼，在此，拒绝履行的一方不得就关于和解的证据主张特免权。特免权的保护并不延伸到保护那些拒绝履行协议的人，因为这些协议正是特免权旨在鼓励的。

刑事案件中的和解证据。如前所述，规则 408 规定的保护民事案件中的和解提议的政策，不适用于通过"收买"检控方证人或者被害人来扼杀刑事检控的活动。然而，《联邦证据规则》禁止在刑事检控中使用在合法的民事和解谈判期间所作的陈述，如果提出它来证明对索赔的责任、索赔无效或者索赔金额的话，除非被告当时是在民事案件中与行使规制、调查、执法权的公共机关或者机构进行谈判。此外，公诉人和被告通过谈判和解刑事案件的合法性，得到了普遍承认，后者通过认罪以换取某些宽大处理。如果很大一部分指控没有通过辩诉交易来解决，那么有效的刑事司法将是很困难的。因此，与民事案件一样，公共政策鼓励和解，通过在审判中不仅保护提议不被披露，而且保护谈判期间所作的陈述不被披露，进一步促进了这项政策。

在民事或者刑事案件中，《联邦证据规则》410 禁止采纳关于下列事项的证据来反对作出答辩或者参与答辩讨论的被告：（1）后来撤回的有罪答辩；（2）不抗争的答辩；（3）在根据《联邦刑事程序规则》第 11 条或者类似的州程序进行的程序中，所作出的关于上述任一答辩的陈述；以及（4）在与检控机关的律师进行答辩讨论中所作出的、没有导致有罪答辩或者导致的有罪答辩后来被撤回的陈述。该规则允许在某些情况下就完整性，以及关于该等陈述的伪证罪检控采纳该等陈述。

该规则的原始版本没有明确说，其保护范围仅限于被告与公诉人之间的谈判。因此，一些判例判定，与相当多的联邦执法人员进行交易的活动都在规则

595

范围内。因此，对该规则进行了修正，以明确只有"与检控机关的律师"所进行的谈判才在其保护范围内。

虽然该规则允许将作为辩诉谈判一部分的陈述用于其他目的，但是弹劾被告随后的证言并不是这些允许的目的之一。然而，在 United States v. Mezzanatto 案件[32]中，最高法院判定，如果为了让被告放弃异议，而起草了认罪协议，那么弹劾是允许的。如果起诉所依据的交易也产生了民事诉因，则在刑事审判时，如果不涉及扼杀刑事检控的协议，则就民事诉讼索赔的和解或者和解要约，应当受特免权保护。

第267节　通过行为自认：(g) 事故后的安全措施；支付医疗费用

事后补救措施。造成伤害的事故发生后，房屋所有人或者企业往往会采取补救措施，如修补缺陷或者改变安全规则。这些本来可以防止伤害的新安全措施，是否可以作为行为上的默示承认被采纳来证明过失，即应有的注意要求在伤害发生之前就采取这些措施？特别是在伤害发生后立即采取补救措施的情况下，这些措施可能非常有说服力，即所有人相信，应有的注意要求在事故发生前采取预防措施。尽管如此，法院一度偶尔宣称证据与此目的无关。虽然允许对这种补救性变化作出各种解释，其中一些解释与应有的谨慎是一致的，但是如果仅仅将证据视为引起了情况证据的可采性和以行为自认的问题，则证据往往达到了通常的相关性标准。[33]

然而，排除此类证据的主要原因并非缺乏证明意义，而是一项不得抑制采取安全措施的政策。法院排除了在损害发生后采取的各种补救措施的证据，这些补救措施是作为对疏忽或者过错的自认而提出的，在某些司法辖区，还排除了产品或者其设计上的缺陷，或者缺少警告或者说明。这些措施包括：修缮和改建建筑；安设新的安全装置，如标志、灯、大门或者警卫；改变政策、规则和条例或者业务惯例；解雇被控造成伤害的雇员。但是，如果补救措施是由第三人采取的，则不存在排除的政策理由，如果证据本可采，则不被排除。

律师在提出其他目的上的聪明才智，对一般排除规则造成了实质性的影响。因此，事后维修或者改变的证据已被采纳来作为下列事项的证据：被告对场所的所有权、控制权，或者修理职责；采取预防措施的可能性或者可行性；

596

---

32 513 U. S. 196 (1995).

33 参见上文第185节。

解释事故发生时的情况与陪审团后来所观察的现场不同；作为后来所做的事情的证据，以证明事故发生时的早期状况就像原告所称的那样；进行弹劾。较早的案件允许这样的证据来证明后来补救过的有瑕疵状况是造成伤害的原因，因为这些证据表明，在改变之后，损害效果消失了，但是最近的案件更怀疑这是否是对这种证据的适当使用。脚注所列的是这些普通法概念的现代体现，即《联邦证据规则》407。[34]

如前所述，不阻止采取补救措施是该规则排除采取此类措施的证据的主要原因。为了自认过失之外的目的而自由地采纳补救措施证据，严重削弱了该规则的基本政策。因此，《联邦证据规则》407 明确要求，当证据是为其他目的提供时，必须就该目的存在争议。所有权、控制权和预防措施的可行性，都是该条规则提到的其他目的的例子。如果就其他目的没有争议，则该证据是不可采的。就其他目的有争议之事实，不应被视为对可采性的保证；滥用证据作为自认过失的可能性，仍然需要根据《联邦证据规则》403 在证明价值和防止潜在损害的需要之间进行权衡。在这一权衡过程中，其他证明手段的可用性是一个重要因素。[35]

该条规则规定，允许采纳关于补救措施的证据进行弹劾，这特别令人关注，因为如果扩大适用范围，它可能"吞噬"该规则。同时，在某些情况下，如证人的证言不仅仅是对过失的一般否认，而是构成了可以用补救行为直接驳斥的主张，应当允许进行弹劾。

在产品责任案件中是否应排除事后补救措施，已在各法院进行了辩论。*Ault v. International Harvester Company* 案件[36]引领了反对在此类案件中适用的运动。这种背离主要是基于对这种假设的反对，即当所涉企业是一家大型制造商，并且一般希望分散伤害成本时，采纳该验真证据不利于其采取补救措施。许多州法院，虽然数量在明显不断减少，追随了 *Ault* 案件。相比之下，

---

[34]　事后补救措施——如果采取了将使得在前的伤害或者损害更不可能发生的措施，则关于这些事后措施的证据不得采纳来证明：

- 过失；
- 罪错行为；
- 产品缺陷或者其设计缺陷；或者
- 缺乏警示或者说明。

但是法院可以为其他目的采纳该证据，例如弹劾或者在存在争议情况下证明所有权、控制权或者预防措施的可行性。

[35]　参见上文第 185 节。

[36]　528 P. 2d 1148（Cal. 1974）.

联邦法院普遍持不同意见，1997 年对《联邦证据规则》407 的修正明确规定，该规则适用于联邦法院审理的产品责任案件。

对召回信函可采性的探讨，与采取补救措施的第一步有些类似。法院在这个问题上存在意见分歧。那些承认这些信函的法院往往认为，不应保护这一行动，因为这一行动不太可能被阻却，因为这是根据规制要求进行的，而不是自愿采取的。

支付医疗费用。对可疑的相关性和公共政策的类似考虑，构成了一般排除用于证明责任的支付或者提出支付受伤人员医疗费用和类似费用的证据的基础。脚注中所述的《联邦证据规则》409[37] 在总体上是与先前的判例法一致的。

与妥协谈判不同的是，在妥协谈判中，对争点的讨论是该过程的一个重要组成部分，需要保护来防止披露，而交流对提供照顾是不必要的。因此，它们是不受保护的。此外，如果主动提出支付与损害赔偿责任以外的问题有关，则根据该理论，不要求排除。

---

[37] 关于给予、承诺支付或者提议支付因伤害而引起的医药、住院或者类似费用的证据，不得采纳来证明对该伤害负有责任。

第 26 章

自发性陈述

第 268 节　同时发生之事与传闻规则

在 19 世纪初，在讨论重大行为或者情况所伴随的陈述的可采性时，同时发生之事（res gestae）一词似乎已经普遍使用。此时，传闻理论尚未得到充分发展，传闻规则的各种例外也没有得到清晰界定。在这一背景下，在两种主要情况下，同时发生之事一词充当了逃避传闻规则的便利工具。首先，它被用来解释根本不是传闻的陈述的可采性。[①] 其次，它被用来证明今天属于本章讨论的三个例外的陈述的可采性：（1）关于即时感觉印象的陈述，（2）激动的话语，以及（3）当前身体状况、精神状态和情感的陈述。

最初，同时发生之事一词被用来表示伴随主要诉讼事实——如谋杀、碰撞或者侵入——的话语。然而，这种用法发展到这样的地步，该短语似乎体现了这样一种概念，即关于任何相关行为或者条件的证据也可能带来与之相伴的话语。在把同时发生之事认可为采纳本不可采的证据的密码时，有两个主要的政策或者动机是显而易见的。一种是希望允许每个证人以自然的方式讲述他或者她的故事，即讲述在所述事件的过程中发生的一切，包括那些赋予故事以生命和色彩的细节。事件以无缝之网的形式发生，细节结合在一起的自然性证实了证人的全部陈述。Wigmore 和追随他的人强调的另一项政策是，承认自发性是特别可信性的来源。这种自发性在某种程度上反映了几乎所有被标记为同时发生之事的陈述类型。

论者和法庭批评了同时发生之事这个短语的使用。它的模糊性和不准确性是显而易见的。此外，对该学说的传统限制，如要求其仅用于主要诉讼事实，以及经常坚持话语与行为或者情况之间的同时发生性（或者至少在时间上保持密切关系），限制了它作为避免不当适用传闻规则的工具的有用性。然而，这一短语的含混不清也使法院更容易扩大其范围，从而允许在新的情况下采纳某

① 参见下文第 269 节。

些陈述。因此，这一古老的短语在证据法的演进和同时作出的传闻陈述范围的采纳扩大方面，起到了一定的作用。

600

虽然它似乎是一个历史遗迹，将被现代传闻分析所抛弃，但美国最高法院在 *Crawford v. Washington* 案件②中的判决，可能会唤醒对 *res gestae* 这一术语的一些兴趣，或者至少是一些与之相关的限制。*Crawford* 案件说，就在宪法和权利法案制定时，已经存在的传闻例外而言，"它要求在受到损害后，在陈述人有时间为自己有利而编造或者谋划任何事情之前，立即作出陈述"③。

第 269 节 作为非传闻的自发陈述：争议事实的情况证明

本章讨论的自发型陈述常常被法院视为传闻，因此若要被采纳，它们必须属于排除传闻的一般规则的例外。然而，在许多案件中，这种做法是不必要的，因为这些陈述一开始就不是传闻。如第 246 节所述，传闻通常被定义为提供用以证明所称事项的主张性陈述或者行为。但是，许多所谓的自发陈述事实上不是主张性陈述，或者，如果是主张性的，也不是用来证明主张的真实性的。例如，很明显，"我打算在纽约度过余生"和"我已经失去了对我丈夫的感情"这两个陈述，当它们被用于证明留在纽约的计划或者失去感情时，它们是传闻。另一方面，诸如"我在纽约比在任何其他地方都快乐"等陈述，用来证明说者想留在纽约的意图；以及"我丈夫是个可恨的可怜虫"等陈述，用来说明对丈夫失去了感情，是否会被归类为传闻，则取决于就这一长期争议的问题所采取的立场："默示主张"是否应被视为传闻。④

如果作为证据提供的陈述不属于传闻，则无须进一步考虑本章讨论的例外。然而，如果它被认为是传闻，那么这些例外可能就与可采性有关了。确实，传闻的定义问题常常几乎完全是学术性的，因为根据相当广泛的例外，就提出来证明陈述者的心态的陈述而言，即使被认为是传闻，也具有可采性。

第 270 节 自发性陈述"自利"一面

当事人的庭外陈述因其"自利"性而不能成为有利于他们的证据，这一观

② 541 U. S. 36 (2004).

③ Id. at 58 n. 8 (quoting Thompson v. Trevanion，Skin. 402，90 Eng. Rep. 179 (K. B. 1693)).

④ 参见上文第 250 节。

念似乎起源于现在被普遍抛弃的禁止当事人作证的规则。当这一因利益而丧失作证资格的规则被制定法废除时，任何关于自利性陈述不可采的笼统规则，都应被视为默示废除了。

传闻规则排除所有传闻陈述，除非它们属于该规则的某个例外。因此，如果不在传闻例外的范围内，就不需要具体的规则来排除自利性庭外陈述。如果具有自利性的陈述属于传闻规则的例外，则该例外背后的判断——可信性的保证超过了传闻固有的危险——应当被视为控制性的，即使该陈述具有自利性，也应予以采纳。

历史上，大多数法院都认为，当自利性陈述属于稳固确立的例外之一时，例如对商业记录、激奋话语和关于当前身体感觉或者症状的自发性陈述的排除，这是一种适当的做法。然而，就最近形成的一些例外而言，例如关于当前状态或者情感的陈述，存在的一致较少。一些法院在这一领域适用了所谓排除自利性陈述的一般规则。另一些法院则拒绝任何总括性的排除规则，尽管在适用这一要求时考虑到了陈述的自利性：陈述必须是在明显具有诚实性的情况下作出的。

本章其余各节讨论的关于自发性陈述之传闻例外的《联邦证据规则》没有对自利性陈述作出特别规定。然而，显而易见的是，由于自发性是本章的例外主要的——而且往往是唯一的——可信性保证，因此，它的缺失应导致陈述被排除。因此，表明缺乏自发性的情况——这可能与陈述的自利性有关——对可采性裁断极为重要。

尽管提及自发性是有帮助的，但是困难的问题仍然存在：法院是否可以因为陈述的自利性证明了对陈述人诚实性的怀疑，而适当地排除该陈述？在采纳或者排除传闻时，当预备性事实认定中确定所涉的类型问题，理论上不禁止法院考虑可信性。根据以《联邦证据规则》为模板的传闻规则，这种做法的主要问题是立法意图。这些规则没有授权考虑这些问题，事实上，在原初的《统一证据规则》中，没有要求陈述不得"恶意"作出，这至少表明了相反的立法意图。此外，在其他一些例外情况中，以伪造动机的形式出现的陈述的自利性，被明确规定为排除的理由。⑤

一般性运用这样的司法判断更为舒适的地方是《联邦证据规则》403，它授权就证明力和损害之间进行权衡，尽管这个家很不安全，因为无论是规则本身还是它的历史都没有作出明确授权。不过，在损害、混淆争点、误导陪审团

---

⑤ 可参见，例如，下文第 288 节（事故报告）；下文第 296 节（警方报告）。

或者浪费时间的危险超过证明价值的情况下，在运用自由裁量权排除证据时，从逻辑上讲，揭示自利性动机的情况或者直接证据应当占有一席之地。⑥ 然而，即使根据这项规则，基于法院对陈述人动机的怀疑，对案件具有重大意义的陈述也应当很少被排除在外。根据《联邦证据规则》的结构，关于可信性的判断通常应该交给陪审团，而不是由关于不可采的司法裁断来先发制人。当可信性问题容易被陪审团理解时，将问题留给陪审团特别合适，在怀疑可信性的理由取决于陈述人的自利性动机时，通常就是这样。

602

第 271 节　对即时感觉印象的未激奋陈述

尽管 Wigmore 的创造性工作对澄清同时发生之事这一模糊概念起了很大作用，但是他对自发性陈述的分析可能导致了一个不幸，即限制了这一例外的发展。Thayer 教授在 1881 年回顾了同时发生之事案例，认为这是一个基于陈述的同时性的例外。他把法律解读为，就那些在某件事情发生时在场的人就该事情所作含有当时的情况的陈述，创设了一个例外。⑦ 然而，Wigmore 认为是自发性惊叫例外的基础，不是惊叫的同时性，而是陈述人暴露在一个令人激奋的事件中所产生的神经兴奋。⑧ 结果，美国关于自发性陈述的法律的重点，从Thayer 所观察到的重点转移到了一个基于这种要求的例外，即要求有激奋事件以及由此导致的对陈述人思考能力的扼杀。正如 Morgan 教授指出的那样，这种转变是不幸的。考虑到激奋话语所需的情感冲击会导致不可靠的危险，在采纳它们的同时，排除其他可能具有同等可靠性保证且没有激奋话语固有缺陷的庭外陈述，是说不通的。

在 Morgan 的领导下，有人主张恢复 Thayer 的法律观，即就陈述人在作出陈述时所观察到的非激奋事件所作的陈述，承认另一个传闻规则例外。尽管这些陈述缺乏激奋事件的影响所形成的任何可靠性保证，但其他因素提供了保障。第一，由于报告涉及在陈述时所作的观察，因此不存在陈述人的记忆缺陷引起的可能错误。第二，要求陈述与观察同时作出，意味着很少或者没有时间就虚假陈述进行谋划。第三，陈述通常是向第三人（随后就此作证的证人）作出的，在进行观察的时间和现场，第三人也在场。因此，在大多数情况下，证

---

⑥　总体可参见上文第 185 节。

⑦　Thayer, Bedingfield's Case—Declarations as a Part of the Res Gesta, 15 Am. L. Rev. 1, 83 (1881).

⑧　6 Wigmore, Evidence § 1747 (Chadbourn rev. 1976).

人都会观察到这种情况，可以就陈述人的陈述是否准确把关，并提供补强。此外，由于陈述人经常可采交叉询问，他或者她的可信性将在事实审判者面前得到实质性的核实。

法院通常不急于支持所提出的对即时感觉印象的非激奋性陈述这一例外。相当多的法院继续根据同时发生之事的语言采纳同时性陈述，而不强调是否有令人激奋的事件。在这些判决中，可以说有很大一部分存在令人激奋的事件。然而，承认关于即时感觉印象的非激奋性陈述的例外的判例开始出现。*Houston Oxygen Co. v. Davis* 案件[9]是最常被引用来说明司法承认这一例外的案例。尽管发生了显然令人激奋的事件，但是意见否认基于这一点，而是明确地说判决的基础是即时感觉印象的非激奋陈述例外。同年的 *Tampa Electric Co. v. Getrost* 案件[10]判决是一个在事实方面更有说服力的案例。

虽然司法接受的势头逐渐增强，但是就使人们承认当前感觉印象的非激奋性陈述传闻例外而言，规则制定过程提供了主要动力。《示范证据法典》和最初的《统一证据规则》包括了这种例外。《联邦证据规则》803（1）就"陈述人感知有关事件或者情况的同时或者之后立即作出的，对该事件或者情况进行描述或者解释的陈述"，规定了一个传闻例外，不论陈述人是否到庭。

尽管被承认为传闻例外，但是与激奋话语相比，在所公布的案例中，关于即时感觉印象陈述的相对较少。这类案件相对少见的原因可能是，非激奋性事件往往不会产生后来与诉讼相关的陈述。然而，随着手机和短信等电子通信设备的日益广泛使用，将关于观察的同时性陈述叙述给他人的情况越来越多，该例外可能会出现更频繁的应用。

像自认之外的所有的传闻例外和排除一样[11]，当前感觉印象和激奋话语，要求陈述人有第一手的知识，有时这完全可以由陈述来证明。这两个例外在许多重要方面有所不同。第一，即时感觉印象不需要令人激奋的事件或者情况。第二，虽然与某令人震惊的事件或者情况"有关"[12]的激奋话语是可采的，但是即时感觉印象仅限于"描述或者解释"所感知的事件或者情况。[13] 鉴于即时感觉印象例外的理论基础，观察和陈述之间更紧密的对应是适当的。尽管在感知和话语之间没有时间间隔可以减少虚构和遗忘，但是缺乏令人震惊的事件使

603

---

[9] 161 S. W. 2d 474（Tex. Comm'n App. 1942）.

[10] 10 So. 2d 83（Fla. 1942）.

[11] 参见上文第 255 节。

[12] 参见下文第 272 节。

[13] See id.

得自发性假设难以维持，除非这些陈述直接与感知有关。第三，虽然作出激奋话语的时间是由激奋事件所引起的压力的持续时间来衡量的[14]，但是关于当前感觉印象的陈述只能在陈述人"感知"有关事件或者情况的同时或者"之后立即"作出。这一缩短的时间段也与当前感觉印象中对可信性的较弱保证相一致。虽然原则似乎要求对确切的同时性加以限制，但是必须考虑将观察转化为言语所需的时间。因此，适当的探究是，是否经过了允许进行反思性思考的充分时间。

一些论者提出，由"同样进行感知的"证人进行补强，应该是将即时感觉印象陈述采纳为证据的进一步要求。这项建议与传闻规则例外的一般模式大相径庭。只有第三人对自己刑事利益不利的陈述——第三人的自白——被提出来用于对另一人定罪或者为其开脱罪责的情况下，才要求进行补强。在那里，普通法有一个反对自认的坚定立场。为了增加改变这一立场的可接受性，咨询委员会在《联邦证据规则》804（b）（3）中纳入了这样一项要求，即在该例外扩大到采纳为另一人开脱罪责的陈述时，传闻陈述必须得到补强。[15] 即时感觉印象例外不存在这种一般性需要，其基本原理提供了充分的可靠性保证，而无须额外的补强要求，《联邦证据规则》和大多数法院都没有要求这一点。

从历史上看，在时间和主题上对例外的限制，通常意味着报告作出了陈述的证人会察觉到事件或者至少观察到强烈暗示该事件的情况。这方面当然是对准确性的补充保证，但是采纳的一般理由并不等同于一个要求。

如前所述，现代生活中电子通信设备的爆炸性扩展，如手机、短信和即时通信，既促进了几乎即时交流的流动，又经常创造交流记录，从其作为诉讼案件潜在证据的自发性角度看，这很可能导致可以获得更多符合这一例外的陈述。通过这种手段作出的陈述通常意味着报告的证人或者录制品将无法感知到事件或者进行观察的情况。本书长期以来的立场是，能够证实陈述的情况下的证人是否在场的问题，最好留给事实认定者考虑，因为这与证明力和充分性有关，而不是要成为一个复杂的可采性要求。对于这一例外的要求是否应当修改，以回应通过现代电子通信提供的陈述在可得性和质量方面的变化，应当仔细考虑，如果关于这类陈述的经验表明这些声明的一般可信性受到了挑战的话。

⑭　See id.
⑮　参见上文第 318 节。

第 272 节　激奋话语

尽管在历史上，人们常常将同时发生之事[16]一词下的各种概念混为一谈，但就在令人震惊的事件的影响下作出的陈述规定一个传闻规则的例外，现在已经获得普遍承认。对例外的表述各不相同，但是都同意两项基本要求。首先，必须有一个足够令人震惊的事件，使观察者的正常反思性思维过程不起作用。其次，陈述人的陈述必须是对事件的自发性反应，而不是反思性思维的结果。这两个要素界定了例外的实质，加上第三项要求，即陈述与事件“有关”，决定了可采性。

这种例外的理由在于，当兴奋中止了陈述人的思考和捏造能力时，所提供的特殊可靠性。这一因素也有助于支持不必要求陈述人不能到庭，因为它表明，在反思和捏造的能力发挥作用的时候，在法庭上提供的证言并不比庭外陈述更可靠（或许更不可靠）。

不过，这一例外的整个依据可能会受到质疑。虽然心理学家可能会承认，激奋会使反思性自身利益影响陈述人陈述的可能性降至最低，但是他们质疑，震惊和激奋对陈述人观察和判断的扭曲效应是否会超过这一点。尽管有这些关于其正当性的质疑，但是这一例外已经充分确立了。

作为令人激奋的事件的充分性通常很容易解决。身体暴力，虽然经常存在，但是不是必需的。汽车事故、疼痛或者伤害、狗的攻击、打架、在报纸上看到照片或者意外遇到令人恐惧的人，以及各种各样的其他事件都可能符合条件。法院主要关注对陈述人的影响，如果确信该事件会引起足够的激奋，则调查结束。

一个更严重的问题是，除陈述本身——这当然可以考虑——之外，偶尔还要求一些证据来证明激奋事件。[17] 根据一般的通行做法，陈述本身被认为是激奋事件的充分证据，因此，尽管没有其他证据表明发生了激奋事件，但是陈述是可采的。然而，有些法院采取的立场是，只有在提出了其他证据支持这样的事实认定，即确实发生了激奋事件时，才可以采纳激奋话语。根据《联邦证据规则》，这个问题尚未得到解决。幸运的是，只有极少数的案件需要真正面对这一棘手的理论问题，如果法院广泛地看待什么构成独立证据的话，在陈述的

[16]　参见上文第 268 节。
[17]　参见上文第 53 节。

情况和内容表明可信性的情况下，它们应当这样做。

第二个要求实质上是最重要的：陈述是反思性思维的结果还是对激奋事件的自发性反应。在影响这一裁断的众多因素中，时间因素是最重要的。如果陈述发生在激奋事件仍在进行中，法院几乎不难认定激奋促成了陈述，但是随着事件与陈述之间的时间间隔增加，法院越来越不愿意认定陈述是激奋话语。*Crawford v. Washington* 案件⑱中对激奋话语例外的历史分析，表明了对事件与陈述之间的同时性的严格要求，这是否会影响法院对现代例外进行更为狭隘的解释，还有待观察。

孤立地看待时间的流逝，并不能完全准确地表明是否可采。例如，虽然法院曾判定，殴打后 12 小时或者 12 小时以上所作的陈述是殴打引起的激奋的结果，但是其他法院认为，在事件发生后几分钟内所作的陈述是不可采的。

606 一个有用的经验法则是，如果事件和陈述之间的时间间隔足够长，足以允许反思性思考，那么在没有证据证明陈述人实际上没有进入反思性思维过程的情况下，该陈述将被排除。证言说陈述人仍然显得"紧张"或者"心慌意乱"，并且有持续情绪不安的合理理由，往往就足够了。激奋事件的性质和陈述人对它的关切，显然是相关的。因此，被害人妻子在交通事故发生一小时后所作的陈述被判定可采，因为丈夫仍在急诊室，而妻子仍担心他的状况。

其他因素可能表明相反的结论。虽然不是自动排除的理由，但是有证据表明，该陈述是对调查作出的回应或者是自利性的，则说明该陈述是反思性思考的结果。如果时间间隔允许这样的思考，这些因素可能会改变平衡，倾向于排除。如果证明陈述人执行的任务要求在事件和陈述之间进行相对仔细的思考，这将有力地证明激奋事件的影响已经减弱。由于事实情况千差万别，上诉法院承认审判法院有很大的自由裁量权，来裁断陈述人在作出陈述时是否仍然受到激奋事件的影响。

尽管例外情况要求陈述人受到激奋事件的影响，但是他或者她不必卷入该事件。旁观者的激奋话语显然是可采的。然而，如果旁观陈述人的身份未被公开，法院就不愿意采纳这些陈述，主要是因为不确定铺垫要求——包括事件对陈述人的影响——是否已经得到满足。

第三个要求是，陈述的内容与引起陈述的事件之间有联系。激奋话语是否与激奋事件有关，以及激奋事件与陈述内容之间的关系的严格性，一直是历史性分歧的焦点。《联邦证据规则》803（2）和其他现代例外规定要求在事件和

---

⑱　541 U. S. 36, 58 n. 8 (2004).

陈述内容之间存在关联，但是将这种关联广义地定义为与事件"有关（relating to）"。这一术语旨在扩展范围，不限于对事件的描述或者解释。法院在适用这一要求方面相当自由。规则803（2）使用的表述具有简单的优点，与此同时，通过要求在激奋事件或者情况与造成的陈述之间存在关系，来保持所获得的可信性。它还使得激奋话语与前一节所述的即时感觉印象之间在理论上的差异得以澄清。

激奋话语经常遇到的另一个主要问题是，陈述人是否达到了证人的能力标准。以一种修改的方式，证人被要求有第一手知识。[19] 不需要关于观察的直接证据；如果情况看起来与证人进行观察的机会相符，则达到了这一要求。如果有疑问，问题应该由陪审团来解决。[20] 然而，特别是在陈述的证明价值较低的情况下，如果没有合理的证据表明陈述人有机会进行观察，则通常判定该陈述不可采。

基于这样的理论，即事件造成的激奋存在抵消性的可靠性保证，证人能力的其他方面不再适用。因此，尽管陈述人是儿童、因此不具备作为证人的能力，或者因精神疾病而不具备作为证人的能力，但是其激奋话语是可采的。

法院偶尔会主张说，激奋话语不得是意见。鉴于意见规则的性质和目前的地位，这种全面限制是不合理的。[21] 如果陈述人是庭上证人，要求提供具体的证言而不是结论性的概括是适当的。但是在日常生活中，人们往往以结论性的表述来说话，当这些陈述后来被提供作为证据时，陈述人的话显然不能换成更具体的表述。在这里，和其他地方一样，意见规则应当保守地适用于庭外言词。尽管如此，法院有时以违反意见规则为由，排除激奋话语，特别是在陈述人的陈述将责任归咎于自己或者他人的情况下。尽管陪审团可能会夸大这些意见的证明力，但是关于事实的知识的必要性通常会超过这种危险，更好的观点是采纳激奋的意见陈述。

第272.1节　性侵害案件中的激奋话语和其他传闻例外

强奸案和其他性犯罪，特别是涉及未成年人的性犯罪，引发了一些困难的传闻问题。可能涉及几个不同的例外，包括用于医学诊断的陈述和在其他地方

⑲　参见上文第10节。

⑳　参见上文第53节、第58节。

㉑　参见上文第18节。

讨论的无所不包的例外。[22] 这里将探讨激奋话语例外以及为处理侵害儿童犯罪检控所涉及的问题而形成的几个新的具体例外的适用。

在进入现代发展之前，应该注意一件历史性的人为现象。从历史上看，强奸案件被害人报案时的庭外陈述可被采纳来证实性侵犯。就时间要求而言，报案必须不存在要么无法解释要么与罪行的发生不一致的延迟，这通常比典型的激奋话语分析的时间要求要低。其可采性理论是，该陈述反驳了这样一种可能削弱被害人可信性的推论，即由于没有立即报案，事实上没有发生犯罪。因此，如果被害人没有作证，报案的证据是不可采的，只能采纳报案这一事实，而不能采纳报案的细节。一些司法辖区继续承认这一例外的作用。

转向现代实践，特别是在儿童是性犯罪被害人的情况下，许多法院对激奋事件和儿童对其描述之间的允许的时间段作出了自由解释。这些法庭的理论是，儿童的一般心理特点通常会延长不存在有意识捏造之危险的时间段。此外，越来越多的州颁布了具体的传闻例外，以涵盖儿童作为证人或者被害人参与的情况。后一种方法的优点之一是，它减少了在处理这一组困难的案件时，曲解激奋话语例外的传统时间限制的压力。

就儿童证言的特殊例外，可见华盛顿州的制定法这个例子，该制定法成了许多其他州的典范。在下列情况下，它将采纳儿童的庭外陈述：（1）法院在听证后认定，陈述的时间、内容和情况足以证明其可靠性，并且（2）儿童在程序中作证，或者不能作为证人到庭，如果不能到庭，提出了补强证据来支持该可信性。然而，这一例外是根据 *Ohio v. Roberts* 案件[23]的分析，为满足对质条款而量身定做的，在儿童不作证时，这依据的是可信性裁断。美国最高法院在 *Crawford v. Washington* 案件[24]中的判决，使得在刑事案件中，任何被认定为证言性的未作证儿童的陈述都是违宪的传闻例外。然而，如果陈述是非证言性的，则联邦对质条款不适用，当儿童作证并受到交叉询问时，该条款就得到了满足。

人们还作出了重大努力，以减轻与出庭作证有关的创伤。最常见的改革就是对儿童进行遮蔽，即通过用闭路电视传送到法庭的同期询问来作证。如果根据个别认定，要求儿童在被告在场的情况下作证，儿童将遭受创伤，则这种保护将被裁定不违反对质条款。[25]

---

[22]　参见下文第 277 节至第 278 节，以及第 324 节。

[23]　448 U. S. 56, 66 (1980).

[24]　541 U. S. 36 (2004).

[25]　Maryland v. Craig, 497 U. S. 836 (1990).

第273节　关于身体或者精神状况的陈述：
(a) 关于身体感觉、症状和状况的陈述

提出陈述人关于当前身体状况和症状——包括疼痛和其他感觉——的陈述，来证明陈述的真实性，一般被认为是传闻规则的例外。特别的可靠性是由陈述的自发性提供的，并由这样的要求来保证，即陈述声称描述了作出陈述时存在的状况。这种可靠性的保证并不总是有效的，因为其中一些描述当前症状的陈述几乎肯定是蓄意不实陈述。不过，自发性所占的足够大的比例，足以证成这一例外。

"必要性"在采纳中起着很大的作用。坚持要求陈述人出庭作证——如果能到庭的话——的另一种做法，几乎不会带来什么改进，因为揭露故意虚假陈述的交叉询问和其他方法相对来说是无效的。这些可信性和必要性因素一起，不仅为采纳这类陈述提供了依据，而且为免除陈述人不能到庭的任何要求提供了理由。由于是自发的，与陈述人现在的证言相比，传闻陈述被认为具有更大的证明价值。

尽管在一些早期判例中有相反的提法，但是目前的身体状况不必是向医生 *609*
陈述的，就能满足目前的例外。任何听了该陈述的人，都可以作证。但是，该例外仅限于对目前状况的描述，因此，它不包括对过去疼痛或者症状的描述，也不包括对造成这种情况的事件的描述。

《联邦证据规则》803（3）就这样的陈述规定了传闻例外，而不论陈述人是否能够到庭："陈述人对当时存在的身体状况（例如精神感受、疼痛以及身体健康）……的陈述"。该规则不仅要求陈述必须是自发的，即要求陈述描述"当时存在的"身体状况，而且咨询委员会的注释表明，该规则是对承认描述当前感觉印象的陈述是传闻例外的更广泛的规则的专门适用，该例外的基础是自发性。如果情况显示缺乏自发性，则应加以排除。

第274节　关于身体或者精神状况的陈述：
(b) 用于证明有关心态或者情感状态的关于当前心态或者情感状态的陈述

实体法常常使法律权利和义务取决于特定的心态或者感觉的存在。因此，在诉讼中，就诸如偷窃或者杀人的意图，或者使某一文件作为契约或者遗嘱生效的意图，或者配偶感情的维持或者转移等事项，可能会产生争议。如果是这

样的话，人的精神或者情感状态就会成为最终的调查对象。它不是作为可以推断此人先前或者之后行为的证据而提出的，而是作为一个诉因或者抗辩事由所依赖的有效事实而提出的。虽然一个人的行为可以用来证明他的心态，但是他的陈述往往是主要的证据来源。

在许多情况下，用于此目的的陈述不是对陈述人当前心态的断言，因此不是传闻。[26] 然而，法院倾向于将可以说是宣称陈述人精神状态的传闻陈述与可以说是倾向于情况性地证明心态的非传闻一概而论，适用传闻规则的一般例外，并无视这样的可能性：这些陈述中的许多可以被视为非传闻。

就像关于身体状况的陈述一样，对当前心态的陈述的可靠性的特别保证，在于它们的自发性和由此产生的可能的诚实性。[27] 可靠性的保证主要是由这样的要求保证的，即陈述必须与陈述时存在的心理或者情感状态有关。此外，该例外的一些表述要求，该陈述必须是在表明了明显诚实性的情况下作出的，尽管《联邦证据规则》803（3）没有规定这种明确的条件。[28]

610
这类陈述也根据支持大多数传闻例外的同样的必要性论点而被采纳。通常情况下，与其状况处在争议中的人的陈述相比，没有更好的方法来证明相关的心理或者身体状况。即使是交叉询问，使用陈述人的证言作为替代，也不太可能是一种更好的——也许是一种更为低劣的——证明方式。如果传唤陈述人作证，"他自己对他以前的心态的记忆，不可能比旁观者对他当时所说的话的记忆更为清楚和真实"[29]。因此，不要求陈述人不能到庭。

用来证明进行陈述时的心态的陈述的常见例子包括：意图将某个地方作为陈述人的家的陈述（用来证明居住地），说明表示精神痛苦的陈述（用来证明该损害要件），顾客关于愤怒的陈述（用来证明商誉损失），证明消费者混淆的陈述（包括消费者调查结果），患者在医疗事故诉讼中作出的就服药风险缺乏了解的陈述，关于愿意允许他人使用陈述人的汽车的陈述（用于证明使用汽车经过了车主同意），雇员作出的她期望被解雇的陈述（以证明建设性解雇），伴随财产转让的关于欺骗债权人的意图的陈述，在刑事案件中证明预谋或者所要求的心态的恶意的陈述，以及证明恐惧的陈述。

虽然陈述必须描述在作出陈述时存在的心态或者感觉，但是陈述的证据效力通过心态在时间上的连续性概念被拓宽了。例如，如果陈述人在星期二声称

---

[26] 参见上文第 246 节。

[27] 参见上文第 273 节。

[28] 总体可参见上文第 270 节。

[29] Mutual Life Ins. Co. v. Hillmon, 145 U. S. 285, 295 (1892).

了当时存在的第二天出差的意图，这不仅是作出该陈述时的意图的证据，也是关于陈述人第二天因同一目的在路上的证据。连续性也可能是向后的。因此，当有证据表明遗嘱已被立遗嘱人修改时，陈述人随后作出的与遗嘱目的不符的陈述将被接受，以表明他或者她在修改遗嘱时撤销遗嘱的意图。与此类似，捐助人的付款或者让与是否旨在馈赠，可以通过在陈述时存在的意图的陈述来证明，无论是在转让前、转让后还是之后。心态或者情绪状态的持续时间，随争议中的特定态度或者问题和起因的不同而不同，法院可能需要一些合理的迹象表明，根据所有的情况，包括时间的接近，心态在重要的时间点上是相同的。心态是否继续由审判法官决定。⑩

像这里所涉及的那些陈述，通常包括心态之外的陈述。例如，被害人可能声称被告的行为导致了其心态。这些超出精神或者情感状况的断言的真实性，可能与本案中的其他问题一致，就像被告被指控犯有与所描述的行为类似的行为那样。在这种情况下，通常的做法是采纳该陈述，并指示陪审团仅将其视为关于心态的证据，而不将其视为关于其他问题的证据。㉛ 遵守这一指示可能超出了陪审团的能力，几乎肯定超出了他们的意愿。如果就其他行为已经采纳了实质性证据，可能不会造成什么伤害。然而，如果精神状态可以通过其他可得的证据来证明，且陪审团不当使用所提供的陈述造成损害的危险是重大的，则审判法官应将该陈述完全排除，或者禁止证人说明造成其心态的原因。

611

《联邦证据规则》803（3）涵盖了"陈述人对当时存在的心态（例如动机、意图或者计划）、情感、感觉……状况……"的陈述。这一规则与普通法法院制定的传闻例外大体上一致。

精神错乱。精神能力或者无能力的一个主要证据来源是当事人的有关行为，用来证明对其所处环境的正常和异常反应。根据该标准，受试者生活中的每一个行为，在合理的时间范围内，都与探究有关。行为是言语性的还是非言语性的，是主张的还是非主张的，都是无关紧要的。它是作为对环境的回应而提出的，不是为了证明可能被主张的任何事项，因此也不是传闻。㉜ 因此，无论陈述人说"我是亨利八世国王"还是"我相信我是亨利八世国王"，都是无关紧要的。两者都是作为非理性的证据提供的，而形式的细微差别不应对可采

---

⑩ 这是一个逻辑相关性问题，而不是附条件相关性问题。See Fed. R. Evid. 104（a）&（b）. 总体可参见上文第 53 节。

㉛ 参见下文第 276 节（讨论了从心态推断所称引起心态的行为的发生的正当性问题）。

㉜ 参见上文第 246 节、第 250 节。

性有决定作用。不过，如果有人认为异常行为可以装出来，从而是主张性的，因此是传闻，那么简短的回答是，在这种情况下，根据目前的传闻例外，该证据是可采的。这样的调查在很大程度上是多余的，法院不应该花太多的精力来确定这一陈述是非传闻还是证明不正常心态的传闻证据。

第 275 节　用于证明随后行为的意图的陈述

如前几节所述，关于精神状态的陈述通常可以采来在心态有争议时证明陈述人的心态。但是心态的证明价值显然可能超出了心态本身。如果心态倾向于证明随后的行为，那么这两个推论过程是否可以联系在一起，并将心态陈述采纳为关于行为的证明？例如，陈述人表明杀人意图的陈述，是否既可以采纳来证明意图，也可以采纳来证明陈述人事实上随后实施了谋杀？回答既涉及传闻，也涉及相关性。

这些问题比仅仅是证明心态的陈述的可采性问题更难。在目前的情况下，陈述的特别可靠性较低，因为与实际有所陈述的心态的可能性相比，所陈述的意图被执行的可能性要小得多。一份意图杀害另一个人的陈述，比陈述人实施谋杀的证据，更能证明在陈述时（或者随后）对被害人的恶意。不过，不可否认的是，与没有被证明有杀人意图的人相比，表达了杀人意图的更有可能这样做。很容易达到公认的相关性标准，即与没有证据的情况相比，可能性更大。[33]

心态陈述现在被认为可以采纳来证明随后的行为。因此，倾向于证明陈述人的计划、图谋或者意图的庭外陈述可能会被采纳，来证明陈述人实施了该计划、图谋或者意图，但是要遵守在时间遥远性方面的限制，以及具有也许所有心态陈述都共同具有的明显的诚实性。[34]

代表性案件是 *Mutual Life Insurance Co. v. Hillmon* 案件[35]，涉及被保险人 Hillmon 的妻子就人寿保险单提起的诉讼。主要的争点是 Hillmon 是否真的死了。在堪萨斯州的 Crooked Creek 发现了一具尸体，双方对这具尸体是否是 Hillmon 的尸体存在争议。原告的理论是，Hillmon 大约在 1879 年 3 月 5 日和一个名叫 Brown 的人离开堪萨斯州的 Wichita，1879 年 3 月 18 日晚，Hillmon

612

---

[33]　参见上文第 185 节。

[34]　参见上文第 274 节。

[35]　145 U. S. 285 (1892).

和 Brown 在 Crooked Creek 扎营时，Hillmon 被意外开枪打死。另一方面，被告坚持认为，另一个名叫 Walters 的人和 Hillmon 在一起，在 Crooked Creek 发现的尸体是 Walters 的。

被告提供证言说，1879 年 3 月 5 日左右，Walters 写信给他的姐姐说，"我预计 3 月 5 日左右和 Hillmon 先生一起离开 Wichita。"㊱ 对此和类似证据的异议被维持了。美国最高法院推翻了该判决，理由是这些信函证据本应当被采纳：

> 相关信件是符合要求的，它们不是对其他人向作者传达的事实的叙述，也还没有证明作者实际上离开了 Wichita，而是这样一种证据，即在他离开——其他证据能证明他已经离开了——之前不久，他有离开该地的意图，并且有和 Hillmon 一起离开的意图，这使得与没有关于这种意图的证据的情况相比，他更可能确实离开了该地，更可能是和 Hillmon 一起去的。㊲

尽管《联邦证据规则》803（3）的条文没有明确处理这个问题，即采纳意图的目的是证明从事了意图进行的行为，但是咨询委员会表示，它将继续下去。目前，关于这种目的的陈述通常都是被采纳的。然而，一些附属问题仍有待根据《联邦证据规则》和普通法的判例加以考虑。

有人建议，应要求陈述人不能到庭。事实上，在所有采纳意图陈述作为意图行为的证据的案件中，实际上陈述人都不能到庭，很可能是对证据的需要影响了法院转向可采性。然而，无论是判例还是《联邦证据规则》都不要求陈诉人不能到庭。

与此有些类似，在几乎所有采纳该等证据的案件中，所陈述的意图都是相当具体的，例如，在具体时间要采取具体行动。同样，这种具体性一般不是作为一种要求来表述的，但是不可否认的是，它的存在增强了证明价值。它的缺少不仅有损于证明价值，而且如果是一个含糊其词的一般性陈述，可能会进入品性证据领域，不可采纳来反对刑事被告。

当需要证明的行动不是陈述人可以单独采取的行动，而是需要另一个人的配合时，不可靠的危险就大大增加了。如果一个计划或者意图的完成不仅需要陈述人完成它的持续的倾向和能力，而且需要其他人的倾向和能力，可以说， *613*

㊱ Id. at 288.

㊲ Id. at 295－296.

该计划或者意图完成的可能性要大大减少。在 *Hillmon* 案件中，Walters 能否成功完成离开 Wichita 的计划，取决于 Hillmon 是否继续愿意让 Walters 做伴，以及 Hillmon 是否愿意和有能力在计划的时间离开。然而，各方一致认为，Hillmon 事实上确实去了 Crooked Creek，最高法院没有机会审议案件的这个方面。

当陈述人和其他人之间的合作行为本身存在争议时，这个问题就变得更加困难。例如，在对 Frank 的杀人案检控中，证人作证说，在杀人案发生的那天早上，被害人说："我今晚要和 Frank 出去。"这在有助于证明被害人的行为的同时，也有助于证明被告和被害人"出去了"，后者是一个非常有争议的事实。尽管有一些相反的裁决，但是法院一般会采纳这些陈述。其结果是，该陈述被用作证明他人的意图和证明这一意图已经实现。然而，这里存在的额外危险，促使一些法院施加了额外的限制或者要求。具体包括：指示陪审团仅为证明陈述人的行为而考虑该证据，要求独立的证据以证明被告的行为，允许陈述仅用于解释陈述人的意图，并将该等陈述的使用限制在陈述人死亡或者不能到庭的情况下，以及既证明意图陈述很严肃，有关事件事实上也很可能会实现的情况。

在不同类型的情况下，接受使用心态陈述来证明随后的行为和承认法院使用心态陈述的场合是不同的。例如，在遗嘱案件中，当就后来的行为有争议时，先前的意图陈述被接受为死者后来行为的证据。在伪造、篡改、遗嘱内容、遗嘱人是否撤销了遗嘱等问题上，可以采纳该等陈述。尽管早期的判例与此相反，或者判例极大地限制了它们的使用，但是在杀人案中被告提供的证明被害人自杀意图的陈述，以及在类似的保险案中证明自杀的陈述，都已被采纳。然而，从历史上看，对于采纳第三人实施某行为的威胁作为证据，证明被告被指控的该行为是第三人而不是被告实施的，存在一些更大的阻力。更大的自由度应该遵循《联邦证据规则》，因为规则 803（3）没有规定限制对他人的威胁的采纳，《联邦证据规则》灵活的相关性方法，应该提供更少的理由来将其视为一类特殊的证据。

杀人案和袭击案还带来了其他特殊问题。如果被告主张自卫，并知道被害人对被告的威胁，这些威胁可以采纳来证明被告对危险的恐惧及其合理性。当用于此目的时，被害人的陈述不是传闻。但是未交流的威胁带来了更严重的问题。只有在表明被害人攻击被告的意图并进一步表明被害人实施了这一意图，从而在致命的争执中实施了第一次侵害行为时，才可以采纳这些陈述。由于担心陪审团会滥用证据，一些法院只在限定条件下才采纳关于未交流的威胁的证

据。《联邦证据规则》803（3）中没有进行限定，在其影响下，可以预料设定 *614*
的限定会发生变化。然而，即使是根据《联邦证据规则》，法院也当然可以对
此类陈述的可采性施加合理限制，以减少在相关性关切下的混淆和误导的危
险，这是确定这些陈述的可采性而不是传闻学说的主要焦点。

采纳心态陈述以证明随后行为的问题，与这些陈述是否足以单独支持认定
该行为发生的问题大不相同。在典型案例中，作出这样的判定是合理的，即陈
述本身不足以支持认定，因此必须采纳意图陈述以补强其他证据来证明行为。

第 276 节　说明关于以前发生的事件的记忆或者信念的陈述

如前一节所述，根据 *Hillmon* 案件的理论，意图实施某行为的陈述，可
采纳为事实上已实施该行为的证据。相比之下，根据传闻规则的这一例外情
况，陈述人关于他或者她事实上从事了这一行为的陈述将被排除。因此，
Walters 关于他打算去 Crooked Creek 的陈述是可采的，但是他后来关于他去
过 Crooked Creek 的陈述将被排除。按照常识，这个结果似乎是错误的。第一
项陈述是可采的，但是与第二项陈述相比，它作为证据似乎不如后者，而后者
将被排除在外。虽然这两种陈述都涉及陈述人的诚实性，但是第一种陈述涉及
这样的进一步风险，即后续事件可能阻止所述意图的实现。想法改变了，票丢
了，流行语、文学和经验都充满没有得到执行的计划。因此，该观点认为，如
果将关于未来意图作出某一行为的次一级证据采纳为随后实施了该行为的证
据，则证明该行为已经完成的更高级的陈述应当被采纳来证明实施了该行为。
换言之，关于记忆或者信念的传闻陈述应被采纳为证明记忆或者相信的事情确
实发生过的证据。

在 *Hillmon* 案件四十年后，在 *Shepard v. United States* 案件⊗中，最高法
院讨论了这一观点的一个方面。在 *Shepard* 案件中，审判法院在谋杀检控中
采纳了这样的证言，即被害人——被告医生的妻子——曾对一名护士说，
"Shepard 医生给我下毒了。"在发回重审时，最高法院拒绝了这样的观点，即
该陈述可采为心态陈述：

[*Hillmon* 案件] 标志着法院不愿越过的高水位线。它引起了大量的
批评和评论。阐明未来的意图陈述，与指向过去的关于记忆的陈述有着明

⊗　290 U. S. 96（1933）.

显的区别。如果无视这一区别，反对传闻的规则将终结或者近乎终结。

现在被质疑的证言，在其最明显的含义上是指向过去的，而不是向前的。更重要的是，它谈到的是他人的而不是说者的过去的行为。[39]

615 　用更正式的传闻术语来说，前瞻性的意图陈述要被采纳，而回溯性的记忆或者信念陈述则要被排除，因为前者不存在经典的记忆和叙述的传闻危险。前瞻性陈述所固有的弱点——意图能否实现的不确定性——可能导致排斥，但是这是根据相关性理论而非传闻分析进行的。

然而，在 Shepard 案件判决之后，人们开始重新审视将用于证明过去事件的记忆或者信念陈述完全排除。从对用于证明过去事件的记忆或者信念陈述的完全排除中，法院就立遗嘱人在签署所称的遗嘱后的陈述的可采性，开辟出一个领域。因此，立遗嘱人关于他或者她是否已经订立或者撤销遗嘱、作出过具有特定意图的遗嘱的陈述，被大多数判决排除在传闻规则的禁止之外。承认这种例外的动力来自最了解事实、往往是唯一了解这种情况的立遗嘱人不能到庭。不可否认的第一手知识和一般缺乏欺骗动机，带来了特别的可靠性，尽管存在这样的可能性，即特定的立遗嘱人可能会欺骗他或者她的亲属。《联邦证据规则》803（3）明确允许引入记忆或者信念陈述，以证明所记住或者相信的事实，如果它"与陈述人遗嘱的有效性或者条款有关"的话，但是"不包括为证明其记得或者相信的事实而作出的有关记忆或者信念的陈述。"

人们已经作出各种努力，以便在这一一般领域更广泛地采纳传闻。一些制定法允许采纳死者在诉讼开始前根据个人知情善意作出的陈述。《示范证据法典》走得更远，允许不能到庭的陈述人的任何传闻陈述。原来的《统一证据规则》提出了一个更窄的例外。虽然"用于证明所记忆或者相信的事实的记忆或者信念陈述"通常被排除，但是如果陈述是在陈述人的记忆清楚的情况下，在诉讼开始前就最近所感知到的事件或者情况作的善意陈述，则该陈述是可采的。

就像最高法院所起草的那样，《联邦证据规则》包括了一个对最近感知的例外，但是增加了一个限制，即该陈述不得是在牵涉调查、诉讼或者索赔和解的人的鼓动下作出的。整个规定被国会取消，但是仅限于民事案件，在一段时间内，它被纳入了《统一证据规则》。《统一证据规则》或者《联邦证据规则》草案已经在少数几个州获得通过。此外，加利福尼亚州还创设了一个新的传闻

---

[39] Id. at 105 - 106.

例外，采纳不能到庭的陈述人就过去的威胁作出的陈述，如果这些威胁是以书面或者电子形式记录的，或者是向医务人员或者警察作出的话。

一个反复出现的问题是，杀人案件被害人在行为发生前所作的控告性陈述是否可采。如果该陈述仅仅是一种恐惧的表达，即"我害怕被告"，则不涉及传闻问题，因为该陈述属于精神或者情感状况陈述之传闻例外。然而，这并没有解决可采性问题。被害人的情感状态必须与案件中的某些合理争点有关。例如，被害人的情感状态可能允许就某个具有意义的事实作出推断，例如，在检控方指控在实施绑架或者强奸过程中发生了杀人的情况，缺乏同意这一事实。　*616*

然而，陪审员可能从恐惧的存在中得出的最有可能的推论——往往是唯一可以得出的逻辑推论——是被告的某种/个行为，可能是虐待或者威胁，发生并引起了恐惧。过度说服的可能性、证据的有害性、推论的相对薄弱性和推测性，作为相关性问题，都反对可采性。⑩ 此外，即使作出了应该采纳单独存在的恐惧证据的判断，关于恐惧的陈述也很少得到清楚的陈述。相反，这种心态通常表现为被害人的陈述，即被告进行了威胁，从中可以推断出恐惧，或者更可能是因为被告的威胁而作的关于恐惧的陈述。这些证据不仅具有上文所提出的单独对恐惧的表达的弱点，而且在具体披露了被告不端行为的情况下，陪审团似乎不太可能拒绝将这些证据用于被禁止的目的。

在这两种情况下，判例通常都排除了证据。虽然可能存在对证据的迫切需要，就像导致了临终陈述这一传闻例外的发展的迫切需要一样，但是可信性的理由往往要弱得多，仅凭需要并不足以构成传闻例外的依据。但是，排除并不普遍，因为在某些情况下，可以根据其他传闻例外——例如激奋话语或者临终陈述——来采纳陈述。⑪ 此外，除了证明被告的行为或者心态，死者的恐惧可能与其他合理目的有关。具体地说，当被告辩称自卫、自杀或者意外死亡时，这些陈述是可采的，因为在每一种情况下，这些陈述都关注的是这样的未来，即死者的恐惧中使其不太可能，从而有助于反驳对陈述人随后行为的辩护主张，就此 *Hillmon* 案件的概念是允许的。

⑩　参见上文第 185 节。
⑪　参见上文第 272 节和下文第 32 章。

617

第 27 章

为医学诊疗目的所作的陈述

第 277 节　关于身体感觉、症状和状况的陈述：
(a) 为治疗向会诊医生所作的陈述

患者就目前的身体状况向咨询治疗的医生所作的陈述[1]，几乎都被采纳为所述事实的证据，甚至本来限制关于身体状况的陈述的可采性的法院，也会采纳在这些情况下作出的陈述。由于对医生的陈述通常是针对问题作出的，因此许多陈述不是自发性的。相反，它们的可靠性是由这样的可能性来保证的：患者相信治疗的有效性取决于提供给医生的信息的准确性，这被称为"自私的治疗动机"。

随着这一例外情况的发展，许多法院将其扩大到包括患者就过去的症状向医生所作的陈述，因为这有可靠性的有力保证。这种扩张通常是合理的，因为患者可能会认识到，准确陈述过去和现在症状对其治疗的重要性。然而，一些法院仅为这一有限目的继续采纳这些证言：解释医生得出结论的根据，而不是为了证明先前症状这一事实。[2]

例外范围涉及的一个主要问题是，如何对待向医生所作的关于要治疗的疾病的病因或者外部来源的陈述。在某些判例中，可靠性的特殊保证——患者认为准确性对有效治疗至关重要——也适用于有关病因的陈述。此外，认为病因与诊断和治疗有关的医生，可能被合理地期望就此与患者沟通，并可能采取其他措施来确保可靠的回应。然而，当关于因果关系的陈述进入了证明过错的领域时，结果就不同了。一般来说，患者和医生都不太可能认为它们与诊断或者治疗有关。在这种情况下，缺乏任何基于陈述人得到适当治疗的利益的可靠性保证的陈述，应当适当排除。因此，患者说他被一辆汽车撞了，这是符合条件

① 向非治疗医生作出的陈述，将在以下第 278 节进行讨论。
② 参见上文第 15 节（专家意见的基础）。

的，但是他说汽车闯了红灯的陈述不符合条件。[③]

《联邦证据规则》803（4）为符合下列条件的陈述规定了一个传闻例外，无论陈述人是否到庭：（A）该陈述系为医学诊断或者治疗目的而作出，因而与此目的合理相关；并且（B）该陈述描述了医疗史、过去或者现在的症状或者感觉，或者病因，或者它们的一般病源。

618

这种陈述无须是向医生作出的；如果患者旨在获得治疗，则向医院护理员、救护车司机或者家庭成员作出的陈述也可能符合条件。心理学家和社会工作者也被列入例外。该规则也不要求陈述涉及陈述人的状况，如果关系或者情况提供了适当保证，则可以采纳其他人（通常是近亲）的陈述。这条规则被广泛地应用于各种主题，包括病史和对过去和现在症状、疼痛和感觉的描述。可采性的标准是，陈述的主题是否合理地与诊断或者治疗相关，这显然是一个客观的标准。如果病因的描述在医学上是相关的，也同样允许，但是关于过错的陈述不太可能符合条件。下一节将讨论在性侵犯案件中使用例外来证明犯罪行为人身份的情况。

第278节　关于身体感觉、症状和状况的陈述：
（b）向仅为作证而会诊的医生所作的陈述

在历史上，许多法院在为治疗目的咨询医生时所作的陈述与向咨询医生作出的仅为让该医生为陈述人作证而作出的陈述之间，划出了一条明确的界限。法院不愿意采纳仅为诊断而向咨询的医生所作的陈述，是因为当陈述人并不期盼治疗的有效性取决于他或者她的陈述的准确性时，该例外的传统原理——自私的治疗利益——并不存在。确实，如果陈述人预期症状的增强将有助于随后的诉讼，伪造或者至少夸大的肯定性动机可能存在。

虽然一种非常普遍的模式允许医生为医生的医学意见提供依据之有限目的的叙述陈述人的陈述，但是对不是为治疗目的而咨询的医生所作陈述的限制的确切性质，在不同的司法辖区有所不同。这些限制的可疑适当性，可能是法院对仅为获取证言目的而进行的咨询采取限制性看法的原因。法院进行了探究，以确定是否有任何明显的治疗动机；如果存在的话，获得证言的额外动机将被忽略。

《联邦证据规则》放弃了这些限制。咨询委员会的结论是，允许将陈述采

③　Adv. Comm. Note，Fed. R. Evid. 803（4）.

纳为医学专家意见的依据而不是为了证明真实性，很可能是一个令陪审团迷失的区别，并拒绝了这一限制。医学界对"主观"事实的普遍依赖，以及其成员评估对其所作陈述的准确性的能力，被认为足以防范刻意编造的症状。在医学界，对这一规则的分析似乎是：在作出诊断时所依据的足够可靠的事实具有充分的可信性，足以满足传闻的关切。

这一结果也有其实践意义。按照以前的做法，避免刻意编造的证据代价太大，而且严重背离医疗实践。与治疗性医生形成对比的是，规则803（4）消除了向作证医生所作的陈述——包括为诊断或者治疗目的而作的陈述——的可采性问题上的任何差异。在这里，与为治疗目的所作的陈述一样，可采性的标准是该陈述是否在医学上与诊断相关。

为医学诊断或者治疗目的而作的陈述的传闻例外的变化，对儿童性侵害案件的影响。在这方面，许多法院采纳各种儿童陈述，包括指认某人是犯罪行为人的陈述。虽然有些州通常排除指认犯罪行为人的陈述，因为这些陈述仅仅是在分配过错，这样的陈述，如果是根据犯罪行为人的指认与受侵害儿童的治疗有关的理论提出的，则更经常被采纳。在许多不同情况下向相当广泛的专业人员所作的陈述，都已经被采纳了，尽管有些法院在涉及非医生的情况下进行了限制。这些扩大的传闻例外的适用，挑战将其扩大到没有任何治疗目的的陈述的智慧，许多州修改了其规则，或者通过司法解释限制了其适用，以要求治疗动机或者其他可靠性证据。如果诊断是为了法证目的进行的，采纳完全为诊断目的所作的陈述，也引起了刑事案件中关于对质权的宪法问题。[④]

---

④　参见上文第252节。

621

第 28 章

关于过去回忆的记录

第 279 节　该例外的历史和理论

到了 17 世纪中期，允许证人通过看一份书面备忘录来刷新失败的记忆，并从当时恢复的记忆中作证，已经司空见惯。① 通常情况下，虽然对书写品的审阅并没有使记忆恢复，但是证人认出书写品是他或者她制作的，并愿意根据该书写品作证，证明其中所述事实属实。到了 18 世纪，这一后来的程序也被认为是适当的，尽管经常通过给新的做法贴上"刷新记忆"这个有点模棱两可的标签，来避免为其辩护的理论困难，但是这显然不是严格、准确的。在 19 世纪初，法院开始区分这两种情况，并认识到使用记录的过去回忆与允许证人通过查阅书写品刷新的记忆作证是截然不同的。

随着允许引入记录的过去回忆的规则的形成，它有了四个要求：（1）证人必须对事件有第一手知识；（2）书面陈述必须是在事件发生时或者其后不久制作的原始备忘录，此时证人对事件有清楚和准确的记忆；（3）证人必须缺乏对事件的当前回忆，以及（4）证人必须保证书面备忘录的准确性。

经过一些改进，这一例外出现在《联邦证据规则》803（5）中，没有正式规定陈述人不能到庭。该条规则如下：

> 记录的回忆。符合下列条件的记录：（A）该记录关涉的是证人曾经知晓但现在因不能充分回忆而使证人无法就此全面、准确作证的事项；（B）该记录是证人对该事项记忆犹新时制作或者采用的；并且（C）该记录准确地反映了证人的所知所晓。如果被采纳，该记录可以被读为证据，但是不得被作为展示件而接受，除非其为对方当事人所提出。

该传闻例外的有用性在法院据此采纳为证据的大量证物中显而易见。

记录的回忆是应被归类为传闻例外，还是不应归类为传闻，存在争议，因

---

① 参见上文第 9 节。

为主张的可靠性取决于在场作证的证人的诚实性。[2] 然而，以何种方式解决这些论争，似乎没有影响可采性的要求，而且将记录的回忆视为传闻例外是方便的，因为至少需要一些丧失的记忆。

这些书写品该不该被采纳为证据，并被带到陪审团评议室？《联邦证据规则》803（5）诉诸古老的做法来解决这一问题，即将书面材料读为证据，但是不得将其作为展示件采纳，除非是对方提出的。

622

第 280 节　第一手知识

对证人和传闻陈述人的第一手知识这一通常要求[3]，也适用于记录的过去回忆。因此，如果提供了存货清单，而提出进行铺垫的证人作证说该清单只有部分是根据他自己的查验制作的，部分是根据由助理提供的信息制作的，则该存货清单不可采。

第 281 节　记录是在证人记忆清晰时制作的

尽管有些判例表明情况正好相反，但是通常所说的例外要求记忆有一种书面形式。《联邦证据规则》803（5）使用了宽泛的术语"记录"，例如，录像带或者录音可以满足该要求。此外，在寻求证明文件内容时，一般要求必须出示或者说明原件。[4] 但是，如果证人阅读并采认了该记录，则不必由证人亲自制作。第 283 节进一步考虑了多个参与者的情况。

记录必须在与事件足够接近的时间内准备或者被承认为正确，以确保准确性。有些观点使用了比较旧的严格表述，要求在被记录的事件"发生时或者此后不久"制作或者被承认是正确的。这一要求在心理学研究中得到了一些支持，表明在观察到事件后的前两三天内，记忆丧失的速度很快。然而，目前的趋势是接受 Wigmore 所赞成的表述，即只要求书写品是在证人对事件记忆犹新的时候制作或者承认的。《联邦证据规则》803（5）的表述是"对该事项记忆犹新时"。判例因允许的时间间隔而有所不同，虽然事件与备忘录或者记录的制作之间的时间间隔是一个非常重要的因素，但是机械的方法，即只考虑过

---

② 请与上文第 251 节对证人先前陈述的讨论进行比较。

③ 参见上文第 10 节。

④ 总体可参见上文第 23 节。

去的时间长度而不关注记忆保持新鲜的迹象，不应采用。

第 282 节　记忆减损

该规则的传统表述要求，制作记录或者承认记录正确的证人必须作证说他或者她对这一事件缺乏任何现有记忆，因此无法就这一事件作证。一些法院采取了更为宽松的立场，提出，尽管与传统要求的相比，证人保留了更多的现在回忆，但是与基于证人记忆的证言相比，先前记录的陈述更完整、更可靠。一个偶然的案例支持完全放弃这一要求，认为记忆的丧失不会增加陈述的可信性。

由于时间的流逝，现在的记忆往往不如在记忆新鲜清晰的时候所作的陈述准确。然而，完全取消证人必须有一定记忆减损的要求，可能会鼓励在索赔理算员或者律师的监督下，或者在其他对陈述的可靠性存在重大怀疑的情况下，使用为诉讼而精心制作的陈述。

这些相互矛盾的关切是通过措辞来解决的，即不要用绝对的措辞来描述该要求，而是表述为缺乏足够的现有记忆来使证人能够全面和准确地作证。《联邦证据规则》的这一标准占据了主导地位，而不是取消任何记忆减损的要求。

当一个明显不情愿的证人试图通过声称没有记忆来避免对某一特定事实作证时，是否满足了证人"不能充分回忆来就此全面、准确作证"的要求？一些法院肯定地回答了这个问题。也许这一结果并没有对潜在的传闻关切造成很大的冲击，因为证人仍然需要证明陈述的准确性，而且至少可以到庭接受一些有限的交叉询问。然而，这一模式是否符合证人"现在不能回忆"的规则的字面要求，或者是否与这一例外的历史功能，或者与规则制定者的意图相一致，尚不清楚。

第 283 节　证明记录的准确性；多当事人情形

作为对可靠性的最终保证，无论是制作书写品的人还是在事件发生后不久阅读该书写品的人，都必须作证证明其准确性。这可以通过这样的陈述来实现，即该人目前记得该陈述正确地记录事实，或者记得在更早的时间将该书写品认可为准确。同样，如果目前的记忆不足，可以通过证言来满足这一要求，即陈述人知道这是正确的，因为有一种习惯或者做法来准确记录这些事项或者检查其准确性。在极端情况下，一些法院认定这样的证言是充分的，即个人认出了自己的签名，并相信陈述是正确的，因为如果证人当时不相信该陈述是真的，他或者她就不会在陈述上签字。

《联邦证据规则》803（5）没有规定证明备忘录准确性的具体方法，它只要求备忘录"准确反映了证人的知识"。但是，证人必须在审判时承认该陈述的准确性。在书面陈述的确认线那里或者在先前经宣誓作出的确认中作出的对其准确性的断言是不够的。

法院在认定证人承认先前陈述的准确性方面相对宽松，特别是在证人显然怀有敌意或者不愿意作证但是不否认该陈述的情况下。当这种对陈述准确性的微弱证明与前一节所讨论的不愿意作证满足了例外的要求——证人对事件的记忆不足——时，就会出现滥用该例外的特殊危险。第二个当事人记录的陈述可能没有准确反映陈述人的知识，特别是细节，对不情愿的陈述人的有限交叉询问可能不会更正这个问题。

624　　一般来说，记录的过去回忆只涉及一个人，由一名证人进行原初观察、记录并核实其准确性。当进行核实的证人没有制作报告，而只是对报告进行审查并认定其准确无误时，该事项涉及的是合作报告，但是仅仅是一个人——阅读和核查报告的人——的证言仍然能满足例外的实质性要求。

当一个人口头向另一个人报告事实，而另一个人把事实写下来时，就涉及某种不同类型的合作报告。例如，商店职员或者计时员可以向记账员报告信息。在这种情况下，如果报告事实的人作证说明口头报告的正确性（尽管在作证时，记不清详细的事实了），并且该陈述的记录人作证说如实地抄写了口头报告，则法院判定书面陈述可采。尽管国会的起草不够巧妙，但是《联邦证据规则》仍然允许采纳这种多当事人陈述。

625

第 29 章

定期保存的记录

第 284 节　定期保存的记录的可采性

在许多不同的情况下，定期保存的记录可以提供作为证据，尽管在大多数情况下，该记录是作为其条款真实性的证据提供的。在这种情况下，该证据是传闻的，如果要采纳该记录，必须使用传闻规则的某些例外。然而，通常不需要特别的例外，因为该记录在另一个例外的范围内。例如，如果记录是由诉讼的一方当事人制作的，则可作为对该方当事人不利的自认来采纳。[①] 如果登记员是作为证人提出的，则该记录可用于刷新记忆[②]，或者可采纳为过去记忆的记录。[③] 有时，该记录可以作为对己不利的陈述而采纳。[④] 本章涉及的是就定期保存记录适用传闻规则的特殊例外的情况。

第 285 节　定期保存的记录例外的起源和账簿遗迹

到了 17 世纪，在英国，普通法法庭上出现了一种习惯，即接受商人和工匠的"账簿"，作为赊销商品或者服务的债务证据。由于大多数商人都是自己的记账员，这项规则允许采取合理的手段避免严厉的普通法规则阻止一方作为自己的证人出庭作证。然而，理论上反对这一证据的自利性质，显然还有实践中对这一证据的滥用，导致 1609 年的一项制定法进行了限制，即将一方当事人的账簿的使用限于债务产生后的一年期限内，除非提供了账单或者交易是在商人和商人之间进行的。如果一年过去了，则高等法院根本不承认这些账簿，尽管在实践中，这些证据是在具有小额索赔管辖权的下级法院被接受的。

在 18 世纪，一个更宽泛的学说开始在英国普通法法院发展。起初，这一

①　总体可参见上文第 254 节。
②　总体可参见上文第 9 节。
③　总体可参见上文第 28 章。
④　总体可参见下文第 33 章。

原则只允许使用已故办事员在一方当事人的账簿上制作的日常条目，但是后来扩大到包括已经去世的第三人定期制作的账簿。到了 1832 年，这一学说已经稳固确立，其范围被判定包括已故的人在制造商的正常业务过程中所做的所有记录。

然而，这一学说在美国的发展不太令人满意。在殖民地，根据 1609 年的英国制定法和荷兰惯例，关于一方当事人的账簿的有限例外是有效的。除了要求在交易时或者交易后不久定期制作条目，并将其作为日常业务的一部分，其他常见的限制是：（1）使用该账簿的一方没有办事员，（2）该方对账目的正确性进行了补充宣誓，（3）该账簿具有诚实的外观，（4）每笔交易不超过一定的限额，（5）证人根据与当事人打交道的经验证明账簿是诚实的，（6）账簿仅用于证明赊账提供给被告的货物和服务（从而使其无法用于证明根据特别合同提供的或者以被告的担保提供给第三方的贷款、货物和服务），以及（7）关于交付了某些货物的其他证明。

直到 19 世纪初，美国才出现了与英国相同的一般例外，即对死者的日常商业记录规定了一般例外。然而，随着这一学说获得接受，往往没有关于一方当事人的"账簿"的规定，该账簿的可采性继续受到限制性的制定法的控制。这种没有进行规定的做法没有什么意义，特别是鉴于这样的事实，即当事人无作为证人的资格的废除⑤消除了将当事人的账簿视为一个特殊问题的正当理由。今天，大多数法院采取合理的立场，认为留存下来的其余的账簿制定法是可采性的替代理由。

第 286 节　定期保存的记录例外概述

定期保存记录的传闻例外的正当理由，也是其他传闻例外所依据的可信性和必要性。定期保存的记录通常具有高度的准确性，这一事实提供了可靠性。记录的定期性和连续性旨在训练记录员形成准确的习惯；如果是财务性质的记录，则通过结算和审计定期检查；根据实际经验，国家的整个业务和许多其他活动都依赖于这种记录。普通法上接受这些传闻陈述的动机，产生于制作该条目以及其知识为该条目所依据的人因死亡、失踪或者其他原因不能到庭。

普通法的例外有四个要素：（1）条目必须是在日常业务中所作的原始条目，（2）条目必须是根据记录人或者报告信息的人的亲身知识制作的，（3）条

---

⑤　参见上文第 65 节。

目必须是在记录交易的时间或者其后不久制作的，（4）必须证明记录人和提供信息者不能到庭。如果符合这些条件，则该商业条目可以采纳来证明其中所述的事实。

定期保存记录的例外，是在简单的商业组织的背景下发展起来的，是使用日记账和分类账复式记账制度的典型记录。在此背景下，普通法的要求并不过分繁重。然而，对复杂组织的控制和管理，需要相应的复杂记录，商业、政府和其他机构变得越来越复杂。

虽然例外的理论是合理的，但是普通法的一些要求与现代条件不相容。对商业记录的限制过于严格。原始记录的要求与记录保存方面的现代发展不一致。就收集和记录信息的过程中的参与者不能全部到庭进行说明的需要，是一种不必要的破坏性负担，因为任何参与者都不可能记住某一特定交易或者其细节。此外，为这些记录进行必要的铺垫需要什么样的证人，有时是不确定的。由于法院似乎无法解决这些困难，因此人们在立法中寻求救济，甚至在颁布《联邦证据规则》之前，这一例外几乎在任何地方都受到制定法或者规则的调整。

《联邦基金法》和《商业记录作为证据的统一法》为早期立法改革提供了主要模式。它们的基本特点现被纳入了《联邦证据规则》803（6），该规则规定了一个传闻例外，不论陈述人是否能够到庭。该规则规定如下：

> 日常活动的记录。符合下列条件的关于行为、事件、状况、意见或者诊断的记录：（A）该记录是由就有关行为、事件、状况、意见或者诊断有知识的人，在当时或者其后不久制作的，或者其内容来自该人所传递的信息；（B）该记录是商业、组织、职业或者行业（无论是否以营利为目的）在日常活动中保存的；（C）制作该记录是该活动的日常惯例；（D）所有这些条件都为保管人或者其他适格证人的证言所证实，或者为遵守了规则902（11）或者（12）的证明书或者为制定法许可的证明书所证实；并且（E）信息来源、制作方法或者环境方面没有表明其缺乏可靠性。

第287节　记录类型；意见；条目阙如

传闻规则的商业记录例外的通常表述说明，口头报告不在其中，即使满足了可采性的其他要求。普通法案件常常表述为账簿中的条目。⑥《联邦基金法》

---

⑥　参见上文第285节。

627

使用的是"书写品或者记录"一词，而《统一证据法》像《联邦证据规则》
803（6）那样，也使用了"记录"一词。由于《联邦证据规则》既使用了"报
告"一词，又要求"保存"，因此在该规则中找不到口头报告的依据。然而，
英国的立场是，口头报告可能符合例外。

　　根据普通法的例外规定，条目必须是原始条目，而不仅仅是抄写的记录或
者复制件。这一限制是基于这样的假设，即原始条目可能比随后的复制件或者
抄本更准确。然而，在商业实践中，日常交易，如销售或者提供的服务，通常
由最直接相关的人在小纸片、备忘录等上注明。然后有人收集这些备忘录，并
据此在一个永久性的账簿——如日记账或者分类账——中制作条目。在这些情
况下，永久记录中的条目完全符合原件要求。如果那些小纸片或者备忘录不知
去向，它们当然可采，而且应作为原初永久性条目采纳，而无须证明临时性的
备忘录不可得。这种做法也是出于便利需要，因为当调查涉及整个账目的状态
时，使用分类账或者类似来源要比使用小纸片或者临时备忘录容易得多。当
然，如果提供了这些小纸片或者备忘录，它们也可采。

628　　关于业务记录中的意见，出现了两类问题。第一个关注的是外行意见或者
结论，这些意见或者结论在很大程度上是结论性的表达形式。意见规则应限于
调整当庭证言的展示方式，在这种情况下，如果需要的话，可以得到更明确、
具体的回答，而且应当很少适用于庭外陈述——包括业务记录——的可采
性。[7] 第二个更困难的问题是商业记录中的专家意见。《联邦证据规则》803
（6）明确规定，可采的日常保存的记录可以包括"意见"，这通常是专家的意
见。该等专家意见应当受关于专家资格的一般限制和专家意见的适当主题的调
整。在第293节中，就医院记录的这些问题进行了讨论。

　　有时，没有与某一特定交易有关的条目可以作为没有发生此类交易的证
据。例如，汽车租赁机构的记录显示没有关于某辆汽车的租赁活动，这可以用
来证明被发现占有该辆汽车的被告偷走了该辆汽车。在提出的情况下，为该目
的，法院都应采纳该证据，而《联邦证据规则》803（7）特别规定了这一点。

第288节　在"业务"日常中制作的；事故报告；
为诉讼制作的报告；缺乏可信性的指征

　　早期的判例对"业务"要求进行了字面解释，排除了——例如——不从事

---

⑦　参见上文第18节。

向他人贷款业务的个人就借款保存的记录，因为它们与"业务"无关。《联邦基金法》对"业务"进行了更宽泛的界定，包括"各种商业、职业、行当和行业"。《统一证据法》增加了"机构的运作，不论是否以营利为目的"。

在《联邦证据规则》803（6）中，该术语包括商业、组织、职业或者行业（无论是否以营利为目的）适用于广义定义的"业务"的"记录"，该条规则范围广泛。它被判定包括各种记录，如赌场发牌手的小费日记账、每日违禁药物销售日历上的标记、医院员工的绩效评估、医院的载有探访时间的报纸文章剪贴簿、写有被告姓名的餐馆"来宾签到单"、由监狱制作的将犯人从牢房中移出的录像带、提单、经销商汽车租约、机器故障日志、贷款顾问与被告电话交谈记录、委托人保密数据潜在安全漏洞的电子邮件报告，以及为保险目的对一幅画的评估。这些例子都是账簿及其对应物之外的记录，它们可能更容易归属于通常的业务记录概念。下文第 293 节专门讨论了医院记录，第 294 节讨论了计算机存储的记录。

记录，如日记，如果纯粹是个人性质的，不涉及陈述人的商业活动，不在规则范围内，但是如果是为商业目的而保存的，则在规则范围内。电话交谈备忘录的处理方式类似。例外情况的广度还体现在一些案例中，这些案例判定，为了让记录符合该资格要求，有关活动不必是合法的。一些教堂记录在业务记录例外范围内，而那些与家庭成员的家族史有关的记录，则是《联邦证据规则》803（11）的主题。 *629*

直到最近，根据英国的规则，所记录的事项或者事件及其记录都必须根据对第三人的职责来进行。根据美国法律，要求是在日常经营过程中的行为。

规则 803（6）在多大程度上不仅要求记录必须是在正常的业务过程中进行的，而且要求"制作该记录是该活动的日常惯例"，是有争议的。这里关注的焦点是所谓的非例行性记录，尽管这些记录是在日常进行的活动中形成的。不寻常的记录，通常不在业务例行程序所保证的专业知识范围内，因此被排除在外是适当的。其他这种类型的记录，被排除在外也是适当的，因为它们是出于诉讼目的而制作的，这就产生了动机问题，下面马上将讨论这一点。虽然法院偶尔会关注国会措辞所反映的明显意图，即制作备忘录是"日常惯例"这一措辞的意图，通常关注的重点是，非常规记录是否符合可信性这一基本要求。

一系列重要的关切围绕的是报告的目的和制作情况，特别是事故报告。*Palmer v. Hoffman* 案⑧是一个具有开创性意义的案件，该案是因铁路道口

---

⑧　318 U. S. 109（1943）.

发生的事故而对铁路受托人提起的诉讼。事故发生两天后，一名铁路代表和一名州公用事业委员会代表约谈了肇事列车的工程师，该工程师签署了一份陈述，说明了他对事故的看法。他在审判前去世，被告提供了该陈述，称铁路公司是在正常业务过程中获得这样的陈述的。

最高法院维持了审判法院对该报告的排除，并指出：

> ［报告］不是一份作为企业的制度性业务行为而制作的记录。事故报告可能会在这样的意义上影响企业，即它提供了管理方可以据以采取行动的信息。然而，这并非反映与其他人的商业往来或者进行内部控制的系统性制作的典型记载项，也不是记录事件或者发生情况的常规事项……与工资单、收支账目、提货单等类似记录不同的是，这些报告本质上旨在为法院而使用，而不是在商业活动中使用。它们的主要用途是在诉讼中，而不是在铁路运营中。⑨

因此，根据当时规定业务记录可接受性的联邦制定法，该报告被判定不是在企业"日常过程中"所制作的。

虽然对 *Palmer* 案件有各种解释，但是最合理的解读是，它没有就企业保存的事故报告或者类似记录创设一个全面的排除规则。相反，它承认审判法院有自由裁量权排除符合例外条款的证据，但是这是在这样的情况下，即似乎缺乏假定商业记录通常会有的可靠性。存在伪造记录的动机和机会，特别是在没有任何抵消因素的情况下，是主要的关切点。

630
《联邦证据规则》纳入了对 *Palmer* 案件的这一解读，即采纳符合规则要求的报告，如果"信息来源、制作方法或者环境方面没有表明其缺乏可靠性"的话。在逻辑上，一开始，由提出文件可采的一方证明它符合规则的基本要求，而对方有机会通过说明排除的理由来质疑可采性。当记录是在预计要发生诉讼的情况下制作的时，这往往（但是并非总是）表明它们缺乏可信性。

当然，警察报告和记录可以达到传闻规则中日常保存记录例外的要求，但是它们也符合公共记录和报告传闻例外的要求。⑩《联邦证据规则》803（8）对在刑事案件中使用警察报告有一定的限制，现在的问题是，是否可以根据日常保存的记录例外来提出警察报告，以避免这些限制，因为该例外没有规定这种限制。答案虽然复杂，但是通常是"不行"。下文第296节将对这一问题进

---

⑨   Id. at 113－14.
⑩   总体可参见下文第30章。

行更详细的讨论。

第 289 节　记录是在交易当时或者其后不久制作的

任何记录制度可靠性的一个重要因素是记录交易的及时性。《联邦证据规则》803（6）的表述是，"当时或者其后不久"。在交易之后作出的记载项是否是在充分的时间内制作的，使其在例外范围内，取决于交易与记载项之间的时间跨度是否大到足以表明由于记忆丧失而有不准确的危险。此外，未能及时记录可能表明陈述记录不规范，也可能表明与为诉讼目的制作的记录相关的动机问题。

第 290 节　个人知识；日常业务过程中的所有参与者

普通法对日常保存的记录例外的要求是，记载项是由一个对所记录事项有个人知识的人制作的，或者是根据对所记录事项有个人知识的人向制作人所作的报告制作的。参与者须在正常业务过程中行事，如果信息是由另一人提供的，该人也要在日常业务过程中行事。如果信息是通过中间人传递的，它们也要遵守同样的要求。在获取、传输和记录信息的过程中，对所有参与者适用日常活动要求，这实际上是传闻例外理论的要求。

早期的立法没有明确规定信息最初是否必须由具有第一手知识的人获得，以及该人和参与这一过程的所有其他人是否必须是在正常的业务过程中行事。《联邦基金法》要求记录"是在日常业务过程中"制作的，并且规定可以证明"其他情况"，包括参与者或者制作者缺少亲身知识，来影响其证明力，但是不应影响其可采性。《统一证据法》也要求记录是"在日常业务过程中制作的"，此外还要求"在法院看来，信息来源、制作方法和时间足以支持其可采性"。《联邦证据规则》803（6）要求"记录是由就有关行为、事件、状况、意见或者诊断有知识的人，在当时或者其后不久制作的，或者其内容来自该人所传递的信息"。

假设"知识"是指第一手知识——这是合理的，那么规则 803（6）肯定性地回答了上述问题的第一部分，即最初将信息输入过程的人必须拥有第一手知识。此外，制作记录的人必须在日常业务过程中，规则 803（6）使用了"保存"一词来描述在日常业务过程中产生的记录。

对起草工作的任何怀疑都应参照例外的基本理论——鼓励作出准确记录的惯例和环境——来解决。如果流程中的任何人不在日常业务过程中采取行动，那么信任链中的一个重要环节就会失灵，就像输入信息的人没有第一手知识一样。关于这一点的代表性案件——*Johnson v. Lutz* 案件[11]，是根据纽约版的《联邦基金法》裁决的，该法判定一名警察的报告不可采，因为该报告不是基于他的个人知识，而是基于旁观者提供的信息。法院一般遵循它的分析来制定对例外的各种表述，包括《联邦证据规则》803（6）。因此，如果要根据这一例外采纳从观察到最终记录的信息，则流程的所有部分都必须处于日常业务过程中。另一种选择是让组织内的某个人证实"局外人"提供的信息的准确性。

此外，当所记录的事项本身满足某些其他传闻例外的条件时，最初获得信息的人必须在日常业务过程中行事的要求不适用。例如，一名警察可能会在一份汽车交通事故报告中包括其中一名司机的有害性陈述，该司机后来成为诉讼当事人。该陈述符合自认条件，报告可用于证明作出了该自认。如果记录这类信息是警察的职责，那么警察对该陈述的正确性没有直接的了解是无关紧要的。这些问题将在多重传闻问题中进一步讨论。[12]

直接证明陈述制作者具有实际知识可能是困难的，而且具体证明有实际知识的提供信息者的身份也许是不可能的。有证据表明，在组织的日常事务中，观察这件事是某人的业务职责，这一证据将是初像证据，足以证明实际的知识。这一原则并不免除对个人知识的需要，但是允许通过关于日常惯例的证据和就特定事项遵循这种惯例的合理假设或者其他适当情况加以证明。

632

第291节　不能到庭

从历史上看，如果制作商业记录的人作为证人到庭，则该记录可用于刷新回忆，或者如果该人不能回忆事实，则该记录可被采为过去回忆的记录。然而，如果证人不能到庭，那么就不能使用这些替代性途径来采纳商业记录。显然，在这种情况下，就商业记录需要有一个特别的传闻例外。不幸的是，就像有时候发生的那样，规则出现的原因变成了一个要求，在这个例子中就是不能到庭的要求。

传唤一系列参与者，只是让他们作证说，参阅商业记录并没有刷新他们的记忆，或者充其量只是死记硬背地作证说他们的做法就是保证准确，这个过程是在浪费法院的时间，扰乱了所涉商业，没有相应的好处。然而，在现代条件

[11]　Johnson v. Lutz, 170 N. E. 517（N. Y. 1930）.
[12]　参见下文第324.1节。

下，在保存商业记录方面，不能合理地期待参与者作出其他反应。记录的可靠性可以通过参与者的证言以外的证据来证明，就像参与者不能到庭时所做的那样。因此，作为普通法判例规定的一项要求，不能到庭实际上消失了。《联邦证据规则》803（6）不要求不能到庭，不能到庭要求现在几乎完全从美国司法辖区消失了。

第 292 节　证明；必须传唤谁来证明可采性

　　不能到庭要求的终止，对证明业务记录的方法产生了预期的影响。不再需要传唤每个可以到庭的参与者，用尽刷新记忆或者证明记录是过去回忆的记录之可能性。任何对特定记录保存程序有必要了解的证人，都可以作证，证明该业务的常规做法是制作此类记录，该记录是在日常业务过程中根据记录人员或者在日常业务过程中进行报告的人员的个人知识制作的，并且记载项是在交易时或者接近交易时制作的。《统一证据法》规定，可以由"保管人或者其他适格证人"进行铺垫，该表述被纳入了《联邦证据规则》803（6）。

　　也许最常用的铺垫证人，是企业记录保管部门的负责人员。这种人是否属于"保管人"，可能会受到质疑，但是他或者她当然是"适格证人"。事实上，任何有必要知识的人都是适格的；这个证人不必对所报告的事项有第一手的知识，也不必实际制作了该报告或者观察到了该报告的制作情况。

　　当一个商业组织试图引入其持有但是实际上由另一个商业组织制作的记录时，可能会出现问题。正如本节后面所讨论的，《联邦证据规则》803（6）现在规定了一个证明书程序，可以使制作记录的组织更容易进行铺垫。如果没有这样的证明书，通常可以由持有该记录的组织来进行铺垫。一个相关的问题是《联邦证据规则》的明显要求，即进行铺垫的组织制作了记录。法院对此置之不理，或者在第二个组织将该记录合并到它们自己的记录中的情况下，判定已经符合该要求。显然，在这种情况下，仅仅持有或者"保管"记录，并不能使持有记录的当事人的雇员有资格进行必要的铺垫，以及使该组织依赖于其他人制作的记录，尽管证明可信性的一个重要部分如果没有更多是不够的。然而，当提供他人记录的企业对记录进行了独立检查，已将其整合到自己的业务操作中，从而证明了其可信性或者包含了其他可信性保证方式，或者可通过其他方式证明准确性，则可能就证明了必要的铺垫。

　　为了便于引入定期保存的记录，国会颁布了一项制定法，规定了刑事案件中关于外国记录的证明书程序。《联邦证据规则》803（6）在 2000 年进行了修

633

改，允许企业在保管人或者其他有资格的证人在审判时不到庭的情况下证明铺垫，只要必要的信息由符合规则 902（11）、规则 902（12）或者允许证明书的制定法规定的证明书所证实。规则 902（11）和 902（12）的规定，既要求证明已满足规则 803（6）的要求，也要求事先发出书面通知，说明打算依靠这一规定，以允许有机会对此提出质疑。

第 293 节　特殊情形：(a) 医院记录

在过去，特定的制定法典据调整医院记录的采纳。尽管有些法院在是否将业务记录例外扩大到医院记录方面犹豫不决，但是它们现在可以像其他日常保存的记录那样，在相同的基础上予以采纳。这一结果是恰当的，因为现代医院记录的可靠性保障至少与一般商业机构记录的可靠性保障在程度上是一样的。

病史。根据标准做法，医院训练有素的护理人员在记录中录入"个人病史"，包括患者的身份，对目前的伤害或者疾病，以及导致伤害或者疾病的事件和症状的描述。这些信息可以直接从患者或者从同伴那里获得，以帮助诊断和治疗患者的损伤或者疾病。这一历史可以采纳来证明它可能包含的事实主张吗？这里涉及两层传闻，第一层是利用医院的记录来证明所作的陈述。首要问题是，所涉及的具体记载项是否是在医院正常业务过程中制作的记载项。如果主题属于根据医院惯例被视为与诊断、治疗或者其他医院业务有关的事项，则在正常业务范围内。[13] 另一方面，如果主题与这些问题无关，对该记载项的记录不在医院的正常业务范围内，那么即使是为了证明作出了该陈述之有限目的，也不可采纳。

假设医院记录可以采纳来证明作出过该病史中的陈述，那么这个陈述是否可以采纳来证明该历史中的主张是真实的？根据一般规则，业务记录例外不能支持对该病史记录的采纳，因为陈述人叙述病史的行为不是他或者她日常参与的业务例行程序的一部分。然而，如果像通常那样，该历史属于传闻规则的其他例外，则可以采纳。[14] 例如，这些陈述可以构成为诊断或者治疗目的所作的陈述[15]、对方当事人的自认[16]、临终陈述[17]、对己不

634

---

[13]　参见上文第 277 节至第 278 节。

[14]　参见下文第 324.1 节。

[15]　参见上文第 27 章。

[16]　参见上文第 25 章。

[17]　参见下文第 32 章。

利的陈述⑱或者激奋话语。⑲

　　诊断书。医院记录的专业标准期望对不同阶段的诊断结果加以记录。这些记载项显然在医院的日常运营过程中。它们带来的问题是"意见"的可采性。⑳ 在医院记录领域，意见通常是一位专家的，如果他亲自作证，他无疑会被允许发表意见。虽然资格要求并没有消失，但是如果证明记录来自信誉良好的机构，则可以推断，在没有任何相反迹象的情况下，这些日常记载项是有资格的人员制作的。

　　当由亲自作证的证人提出专家意见时，专家可就该意见受到交叉询问。如果意见是通过医院记录提出的，就不可能进行交叉询问。因此，在历史上，法院倾向于限制以这种方法提出的意见的范围。通常的诊断结果一般以客观数据为基础，解释的难度不超过平均水平，通常会被采纳，但是表面看上去是推测性的诊断意见往往被排除。

　　鉴于《联邦证据规则》803（6）明确包括意见或者诊断，这种基于意见是否客观或者推测的历史性区别，似乎不再存在，至少直接看是如此。然而，并不能保证所有这些记载项的可采性。首先，如果证明缺乏可信性的迹象，这可能是由于缺乏专家资格或者缺乏事实支持造成的，则有理由予以排除。此外，将意见或者诊断纳入规则消除的仅仅是传闻障碍。在专家不能到庭进行解释和接受交叉询问的情况下，法院可以得出结论认为，陪审团被误导或者混淆的危险超过了这一证据的证明价值。㉑ 如果意见涉及困难的解释问题和案件中的核心争议，例如因果关系，这种关切就特别重要。在这些情况下，根据《联邦证据规则》运作的法院，像以前的法院一样，可能不愿意根据未经交叉询问的意见作出裁决，并可能要求提出证人。

　　特免权。在大多数州，患者有特免权，禁止医生披露在对患者进行会诊时获得的对于诊疗而言所必需的信息。㉒ 虽然医院记录通常享有特免权，因为它们包含了患者对医生的陈述和医生的诊断结果，但是将特免权适用于护士或者护理人员更为复杂。一方面，特免权制定法应该被严格地解释，而且大多数都没有提到护士或者护理人员。另一方面，信息通常由作为医生的代理人的他们来收集和记录，以帮助医生进行治疗和诊断。答案取决于对基本特免权的解

635

---

⑱　参见下文第 33 章。

⑲　参见上文第 272 节。

⑳　参见上文第 287 节。

㉑　总体可参见上文第 185 节。

㉒　参见上文第 11 章。

释。如果禁止护士或者看护人员的直接证言，则应禁止根据本例外使用其传闻陈述；否则，医院记录中的此类陈述不受特免权保护。

第 294 节　特殊情形：(b) 计算机记录

尽管抄写员用羽毛笔制作的原始登记簿现在已经被计算机记录所取代，但是日常保存的商业记录的可靠性背后的理论仍然是一样的。在提供了适当的铺垫后，应当根据该例外采纳计算机产生的证据。

现在，大多数商业记录都由计算机处理。虽然一些论者最初认为证据规则应该修改，增加一个专门调整计算机证据的规则，但是这一建议没有被采纳。相反，《联邦证据规则》803（6）最初适用于"任何形式的数据汇编"，该术语旨在包括存储在计算机中的记录，法院和立法机关已通过日常保存的记录这一传闻例外来判断此类记录的可采性。该规则现在只使用了"记录"一词，随着计算机记录成为常态，法院将规则 803（6）或者其普通法或者制定法的相应规定，灵活地应用于计算机记录，从而有效地处理了此类证据的可采性。

该例外的通常条件是适用的。㉓ 然而，传统的记录方法和复杂的电子设备之间的差异，需要对铺垫要求进行进一步的探索。虽然纸质记录可以查阅，记录的保存过程通常可以一步一步地跟踪，但是电子处理的数据并不是机器记录的视觉对应物，在它以打印输出的形式出现之前，不能进行查阅。

支持日常保存记录例外的可信性理论，假定输入、处理、存储和检索数据的方法是可靠的。此外，该规则还要求"信息来源、制作方法或者环境方面没有表明其缺乏可靠性"。在处理数据时涉及的（1）计算机硬件，（2）软件或者编程，以及（3）准确性或者安全性等方面，都可能出现问题。

在计算机硬件方面很少出现严重的问题，因为用于生成记录的大多数计算机设备是标准的和高度可靠的，达到了例外的要求，很少有由于设备缺陷而导致的数据错误。关于设备的证言通常只需要描述每个单元在过程中执行的功能，并且每个单元都足以达到目的。不需要或者通常不适合对理论进行深入探讨。

在计算机编程和软件开发过程中涉及的人为因素，使出错的可能性更大。*636* 然而，这里的趋势不是要求陈述的提出者传唤程序员来为采纳进行铺垫。就不准确和数据安全问题，法院没有设定严格的要求。因此，在通常情况下，提出

㉓　参见上文第 286 节至第 290 节。

者一开始不需要说明就编程错误进行定期测试，或者消除了数据篡改或者数据输入或者编程错误的所有可能性。

虽然一个充分的铺垫将触及上面提到的每一个一般领域，法院的趋势是像其他业务记录那样对待计算机记录，而不要求证据的提出者一开始就证明超出规则的一般要求的可信性。组织在其日常业务过程中依赖记录这一事实本身，可能就提供了充分的可靠性指征，在没有现实的质疑的情况下，足以直接采纳。

如早先的一节所述，为了符合日常保存记录这一传闻例外，必须是在正常业务过程中制作的记录，而用于诉讼的文件往往不符合这一要求。由于动机因素，此类记录通常缺乏例外所预期的可信性。[24] 此外，日常保存的记录例外要求记载项必须是在被记录的事件发生时或者其后不久记录的。[25] 将这些一般原则应用到计算机打印输出，会带来几个具体的问题。如果计算机打印输出（1）是在数据输入系统很久之后制作的，以及（2）是在诉讼开始之后制作的，就会存在这些问题。

关于建立记录的及时性问题，对此的回答是，要注意时间要求指的是最初录入数据库的时间，而不是生成打印输出的时间。就准备用于诉讼的文件，如果数据和检索过程本身是可靠的，以有助于诉讼的形式整理数据不应导致排除。例如，当信息按接收顺序而不是按委托人或者交易的顺序记录在计算机中时，用计算机重新排列数据的顺序，不应比人工整理相关业务记录更妨碍其采纳。不应仅仅因为证据不是电子记录的视觉对应物而予以拒绝。然而，法院必须考虑打印输出的过程是否可靠，以及记录是否可能受到该过程的损害。

在计算机记录方面遇到的另一个具体问题是，由计算机自动生成的记录是否是传闻。此类记录的一个常见示例是电话公司计算机在跟踪对特定号码的呼叫时生成的跟踪报告。由于此类记录不是人类陈述人的陈述——理想情况下应当通过对陈述人的交叉询问加以检验——的对应物，因此不应将其视为传闻，而应根据所涉过程的可靠性和准确性来裁断其可采性。

[24]　参见上文第 288 节。
[25]　参见上文第 289 节。

第 30 章

公共记录、报告和证明

第 295 节　公共记录和报告的例外：(a) 总则

普通法对公职人员根据职责就其直接了解的事实制作的书面记录和报告，规定了一个传闻例外。这些陈述可作为其所述事实的证据。这一传闻例外的普通法规定，已被随后各节讨论的判例、制定法和规则所拓宽。这些现代的例外规定中，最重要的是《联邦证据规则》。

《联邦证据规则》803（8）规定，无论陈述人是否能够到庭，就下列情况有传闻例外：

> 公共记录。符合下列条件的公共机构的记录或者陈述：(A) 它列明了：(i) 该机构的活动；(ii) 观察到的并依法就此有报告职责的事项，但是不包括刑事案件中执法人员观察到的事项；或者 (iii) 在民事案件或者反对检方的刑事案件中，根据法律授权进行的调查活动所获得的事实认定；并且 (B) 信息来源或者其他方面的情况没有表明缺乏可靠性。

官方书面陈述的特殊可信性，体现在陈述人的官方职责和履行准确报告职责的高度概率上。[①] 英国法院强调，公众查阅某些官方记录的可能性，可能会揭示任何不准确之处，并导致其得到纠正（或者首先会阻止官员作出这些不准确的记录），并规定了这一相应的要求，即官方声明必须是为公众使用和提供信息而保存的。这种限制受到了批评，美国法院没有采纳它。尽管公众查阅可能会为可靠性提供适度的额外保证，但是严格限制公众可查阅的记录的可采性是不明智的，因为许多具有足够可靠性、应当被采纳的文件将被排除。

推动这一传闻例外情况发展的动因，是要求公职人员就其记录和报告的主题事项出庭作证的不便。这不仅会扰乱公共事务的管理，而且几乎肯定会产生一类官方证人。此外，鉴于公职部门的业务量，官方书面陈述通常比官员的记忆更可靠。出于同样的原因，不要求陈述人不能到庭。通过核证复制件来证明

---

① 参见上文第 286 节（业务记录的相关原理）。

的便利性②、简化铺垫要求③以及不需要保管人的证言，使得官方记录例外在
可得的情况下，成立一种有吸引力的证明方法。

638

第296节 公共记录和报告的例外：
(b) 官方活动；观察到的事项；调查报告；对检控使用的限制

根据《联邦证据规则》803（8），属于公共记录和报告的传闻例外的事项
分为三组，这些规定追随了普通法和制定法：

（A）(i)：政府机关的活动。第一类包括最古老和最直接的公共记录，即
政府机关本身的活动记录。例如财政部的收支记录。除了一般公共记录和报告
都具有的可靠性保证，这一类还有作为业务记录特点的准确性保证，因此经常
被采纳。

（A）(ii)：法定报告职责内的事项。第二组是根据法律规定的职责进行观
察和报告的事项。国家气象局的降雨记录就是例证。这类一般记录相对来说没
有争议，警察或者其他执法人员注意到这一事项时除外。

（A）(iii)：法律授权的调查。在 *Beech Aircraft Corporation v. Rainey* 案
件④中，最高法院解决了一个下级联邦法院先前存在分歧的问题。它拒绝了对
"事实调查结果"的狭义解释，并判定"基于事实的意见和结论"可以列入例
外之内。⑤ 根据该例外，各种机关的调查结果是可采的。

法院指出，防止采纳不可靠证据的主要保护措施是该规则的这一规定，即
要求排除报告的所有要素，无论是事实性的还是评估性的，如果法院判定这些
内容缺乏可信性的话。在确定可信性时，要审查的四个因素包括：调查的及时
性、调查人员的技能或者经验、是否举行了正式听证会以及调查人员的偏见。
为了可采，记录不需要达到所有四项要求，如果记录表面上达到了规则的要
求，对方就有证明其缺乏可信性的负担。

顾名思义，这些报告体现了调查的结果，因此通常不是大多数传闻例外所
要求的陈述人第一手知识的产物。不过，所依赖的信息的性质和可信性，包括
其传闻性质，对确定报告的可采性很重要。此外，该声明必须构成政府机关的
结论，而不是单纯的信息积累，而且不得是临时性或者初步性文件。

② 参见上文第240节。
③ 参见上文第224节。
④ 488 U. S. 153（1988）.
⑤ Id. at 163.

639　　　　刑事案件中对检控方使用的限制。根据最高法院提交并由国会颁布的现在的《联邦证据规则》（A）（iii），禁止在刑事案件中使用调查报告作为反对被告的证据。列入这一限制，是因为使用调查报告反对被告，"几乎肯定会与对质权发生冲突"⑥。

　　　　当最高法院向国会提交时，现在的（A）（ii）只是规定，在公共记录和报告例外中列入"依照法律规定的职责所观察到的事项"。在众议院的辩论过程中，有人表示了这样的关切，即这项规定可能允许引入警方报告来反对被告，而没有该警察出庭作为证人接受交叉询问。因此，对该规定进行了修正，增加了加着重号的部分，即"根据法律规定的职责观察到的并有报告职责的事项，但是不包括警察和其他执法人员观察到的刑事案件事项"。该条如此修正后颁布了。

　　　　修正案提出了许多具有不同重要性的问题：

　　　　（1）刑事案件中的被告能否使用（A）（ii）范围内的报告？显然，刑事被告可以使用（A）（iii）范围内的调查报告。然而，（A）（ii）的措辞似乎禁止采纳在刑事案件中所观察到的所有事项的记录，如果按字面解读，将排除辩护方和检控方使用这些记录。这一含义不是国会所想的，判例已经解释，该规定允许被告根据（A）（ii）引入警方报告。

　　　　（2）什么样的公职人员是"法律授权调查"的一部分？在最广泛的形式上，这个词被解释为包括"任何负有执法责任的政府机构的官员或者雇员"⑦。具体来说，"执法人员"被判定包括缉毒案中分析缉获物质的海关化学分析人员、边防检查人员和国内税务局调查人员，但是不包括一名城市建筑检查人员、法医或者法官。然而，第二个探究变得不那么重要了，因为法院已经形成了以下讨论的例外：例行的或者非对抗性的政府记录，以及陈述人在审判中作证的情况。

　　　　（3）（A）（ii）的限制是否适用于常规记录？法院一贯回答说，国会并不打算排除那些被定性为"客观的"和"非对抗性"的观察，即使这些观察包含在执法报告中。

　　　　（4）（A）（ii）和（A）（iii）的限制是否可以通过诉诸其他传闻例外来避免？当陈述符合某些其他传闻例外的要求，而这些传闻例外不禁止使用警方记录和报告或者调查报告反对被告时，就会产生这个问题。例如，警方报告往往可以满足过去回忆的记录例外，而材料实验室的材料检测往往作为商业记录而采纳。这些传闻例外均不包括规则803（8）（A）（ii）和（A）（iii）所述的限制。

640　　　　首先审议这一问题的判例，回答的是明确和毫不妥协的"不"。它的结论

---

⑥　Adv. Comm. Note，Fed. R. Evid. 803（8）（C）.

⑦　United States v. Oates，560 F. 2d 45，68（2d Cir. 1977）.

是，国会有意排除刑事案件中反对被告的执法和调查报告，无论选择如何绕过传闻规则。[8] 然而，其他法院随后的审议，导致了一些法院的直接分歧，并导致了许多例外。首先，（A）（ii）和（A）（iii）的限制将不会扩展到其他传闻例外，如果制作人作为证人出庭并接受交叉询问的话，因为国会的根本目的是避免采纳没有经过交叉询问的证据。其次，这一限制不适用于关于政府记录中缺乏记录的证明。

第 297 节　公共记录和报告的例外：（c）人口统计

如果严格执行庭外陈述人必须有作出报告的官方职责这一要求，诸如牧师颁发的证明婚礼已经举行的结婚证，以及主治医生关于出生或者死亡事实和日期的报告等事项将不可采。因此，在涉及各种一般统计的事项上放宽了这一要求。如果报告是由负有报告专业（虽然不一定是"官方"）职责的人员（如牧师或者医生）向公共机构提交的，法院一般都会采纳该记录来证明报告人陈述的真实性。另一种方法是将报告的制作人视为编制报告的官员。然而，仅仅是法律要求报告这一事实，不足以将其转化为公共报告。进行报告的人——例如完成了所要求的事故报告的司机——几乎不被视为以临时官方身份或者依照专业职责行事。

关于人口统计记录的法律基本上是制定法，各州一般都已就此制定了立法。《联邦证据规则》803（9）涵盖了任何形式的出生、死亡和婚姻记录，如果报告是依照法律要求提交给公共部门的。虽然这项规则主要根据当地法律来确定进行报告的职责和报告内容，但是不应将其视为就可信性借用和纳入了当地法律，《联邦证据规则》调整这一问题。

至于日常事务，如出生或者死亡的地点和日期，以及"直接"死因，如溺水或者枪伤，可采性很少受到质疑。然而，死亡证明中有关"不寻常的"死因的记载项，如自杀、意外或者他杀，通常是根据从其他人处获得的信息作出的，可以预见，这涉及就一般调查报告所提出的问题，法院在其可采性问题上存在分歧。当涉及这类结论时，规则 803（8）的规定——同样适用，并涉及对问题的更仔细的处理——应当适用。因此，《联邦证据规则》803（8）（A）（ii）和（A）（iii）中关于对使用警察和调查报告反对被告的限制，应当适用于人口统计记录的这一方面。《联邦证据规则》803（8）（A）（iii）就调查报告

---

[8]　Id. at 78.

规定的可采性的类似标准，如制作人的专业知识和动机，以及所用信息的来源，应当适用。

第298节　公共记录和报告的例外：
(d) 先前案件的判决，特别是在随后民事案件中提出的刑事定罪判决

由于官方调查报告可根据官方书面陈述例外予以采纳，法院在审判中进行全面调查后作出的判决，在随后的诉讼中也可以合乎逻辑地予以采纳，来证明在第一次诉讼中必然确定的那些事实的真实性，当然，在相关的情况下，它应该证明定罪判决这一事实。在诉讼过程中所作的认罪和陈述，可以构成对己不利的陈述[9]或者对方当事人的自认[10]，根据这些例外，可以避免传闻规则的限制。如果既判力原则、旁系禁止反言原则、主张或者争点排除原则使第一案件中的判定在第二个案件中具有约束力，第一个案件的判决不仅在第二个案件中可采，而且在实体法上对当事人具有决定性。历史上，如果既判力和附随禁反言都不适用，先前案件的判决在理论上是传闻，法院往往不愿意采纳它们。

就这一规则，人们提出了各种理由，特别是在民事案件中。民事案件往往涉及许多问题，判定哪些问题是由判决决定的，可能是困难的。然而，这一观点只应要求提出判决的人首先证明，判决事实上确定了与当前诉讼有关的争点。人们提出的另一个观点是，提出判决所要反对的一方，可能没有机会出席并参加第一次诉讼。在许多情况下，当事人事实上是在场的，不仅有机会，而且有强烈的动机进行辩护。然而，适当的问题不是当事人是否有机会出席正式的调查，而是调查是否提供了足够的可靠性保证。

反对可采性的观点，对于用于反对刑事被告的判决具有特别的价值。当作出的判决对他人不利时，采纳它将侵犯被告的宪法对质权。采纳作出的对被告不利的民事判决，也直接引发了宪法问题。

反对先前判决可采性的其他观点，涉及不当损害的危险和有序进行审判的必要性。此外，陪审团可能很难把握作为证据提供的先前判决与作为结论的判决之间的区别，赋予判决约束力，即使这违反实体法。最后一个观点是，如果先前的判决是可采的，那么提交这些判决的当事人将在很大程度上依赖于这些

---

[9]　参见下文第33章。
[10]　参见上文第25章（自认概述）；第257节（有罪答辩）。

判决，而不会引入其他重要的证据，其结果是第二个案件中可用的证据不支持可靠的裁决。这些观点，以及缺乏授权采纳的具体规则，导致许多法院排除了在随后民事案件中根据公共记录和报告例外提出的先前民事判决。

642

相比之下，大多数法院在随后的民事诉讼中甚至在证据规则编纂之前，就采纳了关于严重刑事犯罪的先前定罪判决。就严重犯罪而言，提出判决所反对的人通常是刑事案件的被告，因此不仅有机会，而且有充分动机来进行辩护。此外，由于证明负担较重，与民事案件判决相比，刑事判决显然要求有更可靠的证据。在这样的情况下，这一趋势最为明显，即在随后的民事案件中，被定罪的被告提出这种判决，寻求从其刑事犯罪中获益，例如，一名被定罪的纵火犯起诉要求根据火灾保险单取得赔偿。防止这一结果的强烈愿望，无疑影响了法院对定罪判决的采纳，一些法院也判定，在民事案件中，这一判决是结论性的。法院很快就转向认定，在民事诉讼中刑事定罪判决具有一般可采性，可以采纳来反对以前是刑事被告的当事人。

通常情况下，例外仅限于对严重罪行的定罪，因为轻罪定罪并不代表判定具有足够的可靠性，无法证明免除传闻异议的正当性。然而，无罪开释的判决仍然不可采，在很大程度上是因为这些判决可能并不代表无罪，而只是一个决定，即检控方没有卸下排除合理怀疑的证明负担。

脚注中所引的《联邦证据规则》8033（22）[①]，大体上与这些趋势一致，并具有一些显著特点。第一，只包括定罪刑事判决。不包括民事案件的判决，其效力由既判力法或者排除法决定。第二，它只涉及严重罪行，即可判处死刑或者一年以上监禁，从而消除与较轻罪行的定罪判决有关的问题。第三，该规则不适用于无罪开释判决。第四，如果检控方在刑事检控中提出了对被告以外的人的定罪判决，该定罪判决只可用于弹劾目的。但是，在民事案件中提出定罪判决时，一般将其视为调查报告，对采纳证据所要反对的当事人没有约束。第五，根据不抗争的答辩作出的判决不在例外范围内。[②] 最后，该规定只是取消了对符合条件的判决的传闻禁止，并不意味着一旦采纳，就必须使用判决。相关既判力或者排除规则将生效。否则，在适当情况下，证据可进行"实质

[①]　先前定罪判决。符合下列条件的终局定罪判决证据：（A）该判决是在审判后或者有罪答辩（不包括不抗争之答辩）后作出的；（B）该判决判处的是可判处死刑或者 1 年以上监禁刑的罪行；（C）该证据采纳用以证明对于该判决至关重要的事实；并且（D）当公诉人在刑事案件中为弹劾之外的目的而提出时，该判决是反对被告的。可以说明上诉未决，但是这并不影响可采性。

[②]　参见上文第 257 节。

性"使用，或者用于弹劾。

第 299 节　官方证明的例外：(a) 概述

就证据法目的而言，证明是由官员向申请人发出叙述某些事实的书面陈述。它不属于发证机关的公共记录，尽管下一节讨论的一种常见的证明形式是一种声明，说明它所属的文件是此类记录的正确复制件。普通法对于采纳作为传闻例外的证明是很严格的，大多数情况下需要制定法授权。

证明与公共记录之间的关系，可以用婚姻证明来说明。如果婚姻的主持人签发了一份证实婚礼已经举行的证明，并交给双方当事人，那么这份文件就不是公共记录，必须根据某些其他传闻例外采纳为证据。然而，如果主持人在注明了行使授权的方式后，"交还"了许可证，即将许可证返还给了发证人员，则该返还的文件成为公共记录的一部分，并可根据传闻例外而采纳。

《联邦证据规则》803 (12) 对神职人员、公职人员或者获授权主持仪式的其他人员就其所主持的结婚和类似仪式所签发的证明规定了传闻例外，如果该证明是在行为人在此后的合理时间内颁发的话。制定法还对各种各样的事项的证明进行了规定，并就其作为证据的可采性作了相应的规定。《联邦证据规则》802 继续保持了这些制定法的有效性。

第 300 节　官方证明的例外：(b) 官方记录的核证复制件或者摘要；记录阙如

当一份公开记录的所称复制件在法庭上出示，并附有一份声称该复制件正确的证明时，就会出现两层传闻问题。第一，该公共记录是否是该种传闻例外中的公共记录？第二，该证明是否在官方证明的传闻例外范围内？第一个问题已在本章的前几节中讨论过。第二个问题涉及上一节一般性讨论的证明程序的专门应用。

早期的普通法一般要求有进行核证的制定法义务。然而，最高法院很久以前就公共记录复制件的证明，否定了这一立场，美国普通法规则仍然是，保管人依其职务，有默示的职责和权力证明保管人官方持有的公共记录复制件的准确性。通常的做法是通过保管人核证为正确的复制件来证明公共记录，许多制定法都这样规定。《联邦证据规则》1005 允许通过复制件证明公共记录，而无须出示或者说明原件⑬，规则 902 (4) 规定了通过证明进行验真。

---

⑬　参见上文第 240 节。

在没有相反的制定法的情况下，通常的观点是，对公共记录复制件进行核证的权力，从字面上解释，仅是对复制件的要求，不包括释义或者摘要。因此，一份写着"我们的记录表明 X"的证明，不能采纳来证明 X。

如果惯例是，在某事件发生后将在业务记录中加以记录，则可以用不包含该记载项的记录来证明该事件没有发生。[14] 与此类似，如果惯例是某事项发生后则在公共记录中记录，则可以用没有该记载项的公共记录证明该事项没有发生。然而，在普通法上，只有保管人的证言才能证明无记载项或者记录。这一限制已被许多制定法修改，《联邦证据规则》803（10）就证明这一事项的遵照规则 902 制作的证明书或者证言规定了一个传闻例外：竭尽搜索，未能找到某记录、报告或者记载项。这一传闻例外用于证明不存在记录、报告或者陈述，或者某事项没有发生或者不存在，否则就应该被记录下来。该规则的措辞，不仅包括证明某事件没有发生，否则就会有记录，而且包括证明没有提交法律允许或者要求提交的文件。法院坚持认为，必须满足"竭尽搜索"的要求，但是没有要求使用特定形式的措辞来满足这一要求。

644

[14] 参见上文第 287 节。

第 31 章

在前一次听证或者其他诉讼中提取的证言

第 301 节 导 言

在遵守了旨在保证有充分的交叉询问机会的要求，并在证明证人不能到庭的情况下，可在未决案件中接受先前作出的证言。先前的证言可能是在庭前证言存录或者审判时作出的。它可能是在一个独立的案件中接受的，也可能是在本案的较早听证中接受的。

根据所使用的精确的传闻定义，这种通常被称为"先前证言"的证据，可被归类为传闻规则的例外，或者根据传闻概念的要求已达到的理论被视为非传闻。前一种观点在今天得到普遍接受；后一种观点得到了 Wigmore 的支持。[①]在本书中，根据先前阐述的传闻的一般定义——将提出用于证明其真实性的先前陈述视为传闻，先前证言被归类为传闻例外，所有先前的陈述都被视为传闻。[②]

交叉询问、宣誓、场合的严肃性、现代证言记录方法的准确性，都结合在一起，使先前证言具有高度的可靠性。因此，只有在证明陈述人不能到庭后才可以使用，似乎会使先前证言沦为不应有的二等地位。然而，这一结果可以用这样一种强烈的偏好来解释，那就是让能够到庭的证人在公开法庭上作证。

这一例外是一个受到制定法广泛规制的例外。总的来看，先前的制定法通常已被《联邦证据规则》804（b）（1）等规则所取代，一旦证明陈述人不能到庭，则不受传闻规则的约束：

> 先前证言。证言是：（A）在审判、听证或者依法进行的证言存录中作为证人作出的，无论是在当前的程序中作出的，还是在不同的程序中作出的；并且（B）现在提供该证言所要反对的当事人，或者在民事案件中该当事人的利益前任，已有机会或者类似动机通过直接询问、交叉询问或

[①] 5 Wigmore, Evidence § 1370 (Chadbourn rev. 1974).

[②] 参见上文第 246 节。

者再直接询问来展开该证言。

先前证言常常可以在没有达到本章讨论的要求的情况下被采纳，这些要求仅适用于根据这一例外提出证据的情况。如果先前证言是为了某些非传闻目的而提出的，如证明实施了伪证罪，证明对被告不利的证言为其提供了报复证人的动机，为了刷新记忆，或者在目前的审判中通过证明先前的证言不一致来弹劾证人，则传闻例外的限制不适用。同样，如果出于传闻目的而提出，但是根据的是某些其他例外，如对方当事人的自认，或者过去记录的回忆，则仅必须达到该其他例外的要求。

646

第 302 节　宣誓和进行交叉询问的机会的要求；不能到庭

要根据这一传闻例外情况获得采纳，先前证言必须是在宣誓或者郑重陈述之罚下作出的。更常见的争议是这样的要求，即提供先前证言所反对的当事人，或者可能是有相似利益的当事人③，必须曾有合理的机会来进行交叉询问。

如果提供了交叉询问机会，然后放弃了该机会，就不需要进行实际的交叉询问。无论是进行交叉询问还是放弃交叉询问，这一例外规定的可采性不是根据使用交叉询问的机会来判断的，而是通过是否有该机会来判断的。这一点在一些案件中得到了充分的证明，这些案件判定，在刑事案件的初步聆讯中就进行交叉询问提供了充分的机会，尽管由于一些原因，很少有刑事被告充分利用这一机会。然而，在先前听证和根据这一要求禁止采纳的本案审判之间，情况可能有很大的不同，因为在早先的程序中，关于某一特定主题的问题在很大程度上是不相关的。此外，如后几节所讨论的那样，交叉询问的机会必须使交叉询问得以实际进行，或者从作出先前证言时的情况看，不进行交叉询问的决定是有意义的。④

如果在提出先前证言时存在获得律师帮助的权利，则在作证时拒绝律师在场，将导致该证言不可采。然而，在先前听证中无效代理的一般认定，并不自动要求拒绝该证言；必须根据事实确定交叉询问是否充分。不适当的司法干预可能导致交叉询问的机会不足。然而，对交叉询问的限制并不产生这种后果，

③　参见下文第 303 节（讨论了什么时候当事人是"有相似利益的"）。
④　参见下文第 304 节。

除非非常重大，一些法院判定，它们必须使证言具有固有的不可靠性。与此类似，一方当事人在先前的听证中弹劾证人的能力较低，这一事实通常也不妨碍根据这一例外使用这一证人证言。

交叉询问的机会不能作字面上的解释；相反，当事人必须有机会通过交叉询问来发展证言。因此，如果当事人传唤和询问证人，并且在随后的审判中提出该证言来反对同一当事人，则该证人证言可以采纳。

如果证据是根据传闻规则的先前证言例外提出的，那么它是作为在公开法庭上当面提供的证言的替代物而提供的，偏向于本人在场的强有力的政策，要求在替代物被接受之前，必须先证明证人不能到庭。如果证人出庭并可供交叉询问，在某些情况下，他或者她的先前证言可被采纳为证人的先前陈述。[⑤] 通常只有当证人缺席法庭，但是不是证据规则或者对质条款界定的不能到庭时，才会因与不能到庭有关的原因而排除先前证言。传闻规则规定的不能代替和对质问题，是许多传闻例外的共同问题，在其他地方已有讨论。[⑥]

第303节　当事人的同一性；"利益前任"

审判的仓促和压力，使律师和法官用关键词或者速记短语来描述证据规则。因此，"当事人的同一性（identity of parties）"经常被说成是采纳先前证言的一项要求。这是一个方便的短语，用来表示这样的情况，即当前对手交叉询问机会的充分性这一基本要求通常将得到满足。但是作为一项要求，当事人的同一性（或者就该事项而言，争点的同一性）[⑦] 很难成为一个有用的概括。它既模糊了这一要求的真正目的，又必须用太多的限定条件加以限制才能有所助益。

历史上，法院承认了许多不要求当事人的同一性的情况。对严格的当事人同一性首先的重要突破是，在 Wigmore 的指引下发展起来的一种认识，即只有现在提出先前证言所反对的当事人在以前的诉讼中作为一方当事人出庭，才是具有意义的一方。其次，如果证据的提出者和反对者都是作证的前一程序的当事人，则任何一个或者两个程序中的其他当事人是否存在，都是无关紧要的。再次，如果提出先前证言所要反对的当事人是前一诉讼中相应当事人的利

---

⑤　参见上文第 251 节。
⑥　参见上文第 252 节、第 253 节。
⑦　参见下文第 304 节。

益继受人，则不要求当事人的同一性。这一概念贴着"共同利益关系（privi-ty）"的标签，被认为为反对采纳的一方提供了足够的保护。最后，如果现在提供先前证言所反对的当事人，虽然不是前一诉讼的当事人，实际上（亲自或者由律师）就有关事项对证人进行了交叉询问，或者为其提供了进行该交叉询问的公平机会，并且有进行该询问的同样动机，则可以接受该先前证言。

　　在这一进程中，摆脱当事人同一性的形式主义要求的下一步，将既不把当事人同一性身份也不把共同利益关系当作要求，而仅仅当作达到目的的手段。根据这一观点，如果前诉讼中当事人有与现在的当事人相似的动机就证言的主题进行交叉询问，并获得了进行交叉询问的充分机会，则可以接受该证言来反对现在的当事人。动机意义上的利益同一性，而不是诉因或者所有权的技术同一性，将满足这一标准。这种观点，即强迫一方当事人接受另一方的进行或者不进行交叉询问的决定是不公平的，失去了有效性，因为人们认识到，其他传闻例外不涉及任何交叉询问，而且不是在作证的完美和不完美条件之间进行选择，而是在不完美的条件和毫无证据之间进行选择。

　　就这些问题，究竟应当如何解释《联邦证据规则》804（b）（1），仍不清楚。正如最高法院送交国会的那样，如果提供证言所反对的当事人，或者有"类似动机"的当事人，有机会询问证人，则先前证言例外将迈出上述的下一步，并采纳先前证言。然而，众议院司法委员会反对这一提法，理由是："让提出传闻证据所反对的当事人对其他当事人以前询问证人的方式负责，一般来说是不公平的。"[8]　因此，它代之以这样的要求，即："现在提供该证言所要反对的当事人，或者民事案件或者程序的利益前任，已有机会或者类似动机来询问证人。"[9]　这一版本的规则已经颁布，在重塑时没有实质性的变化。

　　虽然国会这一修正在民事诉讼中的影响是模糊的，但是有一点是明确的：当提出该证言来反对刑事被告时，该被告必须是前一程序的当事人。已颁布的规则消除了法院版本——该版本本来允许由替代者进行询问——引发的对质条款疑虑。然而，根据字面上的说法，该规则还坚持检控方的同一性，这似乎会阻止联邦检控中的被告从一个不能到庭的证人那里引入该证人在相关州案件中作出的脱罪性证言。排除此类证据牵涉正当程序因素，这很可能不是国会的意图。

_648_

---

[8]　House Comm，on Judiciary，H. R. Rep. No. 650，93d Cong.，1st Sess. 15（1973），1974 U. S. Code Cong. & Admin. News 7075，7088.

[9]　Id.（着重号为笔者所加。）

对于民事案件来说，不幸的是，这种隐晦的立法历史更令人不安，因为它没有为"利益前任"一词提供明确的含义。颁布的规则要求，现在提出证言所反对的当事人，或者有类似动机的"利益前任"，有机会询问证人。众议院委员会的报告所作的解释只是略有帮助。在宣称上述的要求当事人接受其他当事人对证人的询问的一般普遍不公平后，报告说："在委员会看来，唯一的例外是，当事人在民事诉讼或者程序中的利益前任有机会和类似动机来询问证人。委员会修改了这一规则，以反映这些政策决定。"⑩ 在增加利益前任的措辞时，众议院司法委员会大概是打算作出一些改变。然而，参议院委员会认为，最高法院发送的文本与众议院司法委员会制定的文本之间的差异"并不太大"⑪，而会议委员会在这一问题上保持了沉默。

这种立法历史状况在确定国会意图方面，几乎没有留下什么具体指导。显然，起草这一修改的众议院小组委员会旨在要求在两个当事人之间存在"形式关系"。对如此模糊的立法意图提示赋予多大的证明力，还不清楚，特别是因为即使是参议院司法委员会似乎也不理解修改的重要性，这意味着国会没有"在思想上达成一致"。然而，完全无视增加的"利益前任"这一措辞，将这一规定解释为与这一改变之前的规定完全一致，是不明智的。因此，那些将该措辞理解为不过是这样的一般要求，即先前当事人具有类似利益的法院，曲解了该规定。另一方面，将国会的行动解释为要求采取严格的共同利益关系方法，虽然并非不合理，但是似乎过于僵化。

解释"利益前任"这一措辞的法院，采用了几种不同的做法，这似乎与国会的不明意图是一致的。一个有趣的方法是所谓的利益共同体（community of interest）分析。这种方法需要一些联系——一些共同的利益，尽管远不是正式的关系——来帮助确保足够的交叉询问。第二种方法似乎与国会对公平性的关切一致，甚至比利益共同体分析具有更广泛的适用性。它要求法院直接确保公平，即要认真考虑先前的交叉询问是否能够公平地用于反对后来的当事人。如果提出异议的当事人证明交叉询问不充分，例如列出他或者她本会提出的其他问题或者询问思路，则可以排除该证言。在不同程序之间当事人的同一性没有变化的情况下，直接质疑先前交叉询问的充分性的机会——虽然表面上看在所有情况下都有——并没有严格适用。⑫ 所建议的解释，实现了我们所确切知

---

⑩ Id.

⑪ Senate Comm, on Judiciary, S. Rep. No. 1277, 93d Cong., 2d Sess. 28（1974），1974 U. S. Code Cong. & Admin. News 7051，7074.

⑫ 参见上文第 302 节和下文第 304 节（讨论了刑事审判中对预备性听证证言的迅速采纳）。

道的已公布的立法史的意图——对"利益前任"一词的解释，使得现在的当事人对其他当事人的行为负责变得公平。

第304节　争点同一性：交叉询问的动机

前程序和现程序中涉及的争点的同一性问题，往往与当事人的同一性问题有关。这是意料之中的，因为任何关于争点同一性问题的所谓要求，就像关于当事人的规则一样[13]，仅仅是一种手段，以实现这样的政策，即确保有进行交叉询问的足够机会和充分动机。

虽然要求有时会规定，两个诉讼中的争点必须一样，但是这一例外所依据的政策并不要求两个程序中的所有争点（顶多是所有当事人）必须相同。至多，在第一个程序中就其提供证言的争点必须与在第二个程序中就其提供证言的争点相同。与就其没有提供先前证言的争点有关的其他争点或者分歧无足轻重。此外，坚持争点的确切同一性——如果问题是既判力问题或者判决禁止反言问题，则可能会有一些适当性——这与先前证言不相称，因为问题不是约束任何人，而仅仅是利用不能到庭的证人的证言。因此，即使在制定《联邦证据规则》之前，趋势也是只要求争点的"实质"同一性。

因此，程序的形式、案件的理论和所寻求的救济的性质，在两个程序之间都不必相同。这种形式主义得不到这样的政策的支持，即保证进行交叉询问的足够的机会和动机。例如，在刑事案件中，第一份起诉书指控一项罪行（抢劫），第二份起诉书指控另一项不同的罪行（谋杀被抢劫者），通常认为，这两份起诉书源自同一事务就足够了。这项要求已不再是一项机械的同一性问题，甚至不是一个实质同一性问题，而是第一个程序中的争点——提出证言就为此目的——必须能够产生足够的动机，来在交叉询问中对证言的可信性进行检验。这个要求是如何应用的，定义了一般规则。

650

在刑事案件中，一个重要的模式是在审判时引入初步聆讯的证言；类似地，在民事案件中，采纳案情先悉程序中庭前证言存录的证言。在另一种经常遇到的情况下，在刑事被告为当事人的民事案件中，在早先的刑事审判中提出来反对被告的证言，被提出来反对同一被告。虽然偶尔会发现例外，但是在这些情况下，一般都会采纳先前证言。

与此形成对比的是，审查证人对检控方不利的先前大陪审团证言的可采性

---

[13]　参见上文第303节。

的案件，结果不一。典型的事实模式是，证人在大陪审团面前作证，在某些方面为被告开脱，但是在审判时不能到庭，通常是因为证人主张宪法第五修正案规定的反对被迫自我归罪的特免权。在 *United States v. Salerno* 案[⑭]中，最高法院驳回了这样的观点，即"对抗性公平"要求采纳检控方在赋予豁免后取得的此类证言，无论是否满足了规则 804（b）（1）的"类似动机"标准。

对采纳不利的是，检控方可能仍在调查这一罪行，但是尚未与证人为敌。它面临着相对较低的证明负担，如果案件很困难和具有挑战性，而且质疑陈述会泄露仍然需要保密的信息，它就没有动机对开脱罪责的陈述进行反驳。另一方面，进行检控的决心可能是明确的，对开脱罪责的证言的质疑也是显而易见的，这就产生了强烈的质疑动机。一般情况下，就是否存在"类似的动机"，下级法院的判决结果取决于具体的事实，这些判决在开罪性大陪审团证言是否可采方面有点分歧。

法院并不要求先前程序的一方当事人实际对证人进行了全面交叉询问。这些案件断然判定，根据战术或者战略限制或者放弃先前程序中的交叉询问的判断，即使这些判断在作出时显然是适当的，也不会损害可采性。相反，法院要考虑先前程序中的有效争点，如果基本上相似，并且有进行交叉询问的机会，则采纳先前证言。然而，在某些极端情况下，程序性质、所涉利害关系甚至同一核心争点的事实细节的不同，将导致排除先前的证言。

第 305 节　裁判庭和取得前证言的程序的性质

如果宣誓、就实质上相同的争点进行交叉询问的充分机会以及证人目前不能到庭这些要求得到满足，那么裁判庭的性质和程序的形式无关紧要，就应当接受先前证言。因此，当达到这些条件时，在下列程序中作出的证言被接受了：在仲裁员或者关禁治安法官面前的预备性听证中[⑮]；在审计官面前，由公司法律顾问对向城市提出索赔的人进行的宣誓后询问；在吊销驾照听证或者吊销经纪人执照的听证中；在海岸警卫队听证中，或者排除证据动议的听证中；在破产程序中；或者在外国的庭前证言存录中。由于上述一些要求缺失，在验尸官的调查和立法委员会的听证中提供的证言，以及在政府人员调查期间作出的叙述性宣誓陈述书，都被排除了。同样，特定情况下的排除也可由制定法规定。

---

⑭　505 U. S. 317（1992）.
⑮　参见上文第 302 节和第 304 节。

有些法院判定，如果前一程序中的法院对标的缺乏管辖权，则先前证言不可采，但是其他法院的结论是，法院最终可能被裁定缺乏权力来赋予所寻求的救济这一事实，这并没有剥夺法院强制证人出庭和主持宣誓的权力，因此，先前证言被判定可采。对司法权的明目张胆的篡夺将要求作出不同的裁决，但是如果第一个法院有充分的理由相信它有权受理诉讼，且要求进行交叉询问的当事人应当认为管辖权的存在是合理的，则可靠性的保证是存在的。这个问题不应被视为管辖权的界限问题，而应当被视为目前不能到庭证人的宣誓证言是否是在这样的情况下作出的，即进行交叉询问的机会和动机使其具有充分可信性，因而可以采为证据。

第306节　异议及其裁断

在当前审判中第一次提出先前证言时，可否对该先前证言或者其中的一部分提出本该在作出该证言时提出的异议？在一些意见中，有一种笼统的说法，那就是总应该这么做，而在另一些意见中，则是永远不允许这么做。然而，得到更为广泛认可的观点是，仅就证言的形式提出的异议——例如以诱导性问题、答非所问或者意见为理由提出的异议——必须在可以纠正错误的原初听证时提出。另一方面，对证据的相关性或者适格性的异议，可在审判中首次提出该先前证言时提出。

先前证言是否符合传闻例外规则的要求，可能取决于一个事实问题。例如，证人是否不能到庭？这一问题和其他预备性事实问题将由法院决定。[16] 其以前的证言被提出的陈述人可以被弹劾，就好像他或者她是证人一样。[17]

第307节　证明方法和范围

如果提出者提出的，仅是证人先前证言的一部分，结果可能是一种扭曲和不准确的印象。根据完整性原则，对方有权引入公平所要求的其他部分，并在这个时候引入这些部分，而不是等到他或者她自己的案件示证时才介绍。

652

有四种证明方法可用于采纳先前证言：

1. 任何直接观察到作出先前证言的人，都可以仅凭自己的记忆来证明所

⑯　总体可参见上文第53节。
⑰　参见下文第324.2节。

说的话。在法庭速记员变得司空见惯之前，这种方法和下一种方法经常被使用。进行报告的证人不必自称能够说出先前证人的确切言词，但是必须使法院确信，他或者她能够就与本诉讼标的有关的事项，提供先前证人在直接和交叉询问中所说的一切内容的实质。

2. 第一手观察者可使用备忘录——如律师或者速记员的笔记或者笔录——来刷新证人的当前记忆，就其先前证言作证。[18]

3. 证人在前次审判时就证言作了书面笔记或者备忘录，或者在其记忆中这些事实仍然清新时，证人将作证证明其知道这些事实是正确的，可以将这些笔记用作记录过去的回忆的备忘录。[19]

4. 在大多数州，官方速记员抄录的证言笔记，在根据制定法或者官方书面陈述这一传闻例外情况，经适当验真作为先前证言的事实和主旨的证据后，可以采纳。[20] 在就证言存在文字记录或官方机械记录的情况下，有力的诉辩将使任何其他形式的证明几乎不堪设想，但是在大多数州，不存在要求关于证人的独立记忆的官方笔录或者录制品优先于证人证言的规则。

第 308 节　改进现行实践的可能性

在早期版本中，本书认为，不管陈述人是否能够到庭，都应根据先前证言例外来采纳传闻，因为从根据先前证言例外采纳的陈述的可靠性角度看，很少有例外能与之相比。[21] 曾几何时，最高法院对对质条款的分析将先前证言视为可能是具有独特低等性的传闻，并因此要求证明陈述人不能到庭，而对于许多传闻（包括同谋者陈述和激奋话语）却不要求这一点。[22] 根据这种分析，在刑事案件中，如果不存在不能到庭的情况，采纳先前证言是一种幻想。根据 *Crawford v. Washington* 案件[23]的新的"证言性"方法，同样的结论仍然是准确的。该方法将先前的证言视为坚决要禁止的证言，只有在证明证人/陈述人不能到庭时才可采纳。[24]

作为其早期对质条款理论的一部分，最高法院将先前的证言定性为具有独

---

⑱　参见上文第 9 节（讨论了记忆刷新）。
⑲　总体可参见上文第 279 节至第 283 节。
⑳　参见上文第 30 节。
㉑　参见第三版第 261 节。
㉒　White v. Illinois, 502 U. S. 346, 353－57 (1992).
㉓　541 U. S. 36 (2004).
㉔　Id. at 57－59.

特弱点的传闻，具有二等地位，这与传闻法是不协调的。与其他一些传闻相比——如关于当前心态的陈述和自发话语，这些不需要证明陈述人不能到庭——先前证言可以说具有更大的可信性保证。在证人能够到庭的情况下，先前证言的提出者会经常使用这种证言，这种担心似乎言过其实，而且在证人能够到庭的情况下，即使在直接询问中没有传唤陈述人，对方也能够根据规则806进行有意义的交叉询问。㉕ 然而，当适用对质条款时，除了传闻分析，让先前证言取决于证人不能到庭引起了普遍关切。

　　在民事案件中，这些关切是不存在的，法律可以通过这样的程序加以改进：这种程序采纳先前证言，而不要求陈述人不能到庭，但是要就提供证言的意图通知对方，从而使该方有机会在需要时提出可以到庭的陈述人。

　　关于先前证言可采性的改革涉及应当考虑的第二个领域，是利益前任概念的适用。根据《联邦证据规则》804（b）（1），如果限制提供先前证言"所反对的当事人的……民事案件中的……利益前任……有机会和类似的动机来展开"该证言，则该先前证言可采。一个非常重要的问题是"利益前任"的含义，特别是该概念是否适用于当事人之间没有经济或者法律关系的情况。㉖

　　如果法院明确认识到，就交叉询问的机会和动机而言，在当前诉讼当事人本身所涉及的情形与进行交叉询问的无关当事人所涉及的情形之间，可能有所不同，那么可以避免在界定利益前任时存在的这一问题。在前一种情况下，例如在审判中使用初步聆讯中的证言来反对刑事被告㉗，各个当事人一直而且应该对先前的战略或者战术判决，以及显然的律师工作不力负责。相比之下，在当事人之间没有关系的情况下，交叉询问的质量应该受到更仔细的审查。即使进行交叉询问的机会和动机是足够的，也不应将律师工作不力的成本强加给独立的另一方。如果法院愿意直接和有意义地审查对先前证言进行的检验的充分性，那么关于什么构成利益前任的问题将变得不那么重要。

㉕　参见下文第324.2节。
㉖　参见上文第303节。
㉗　参见上文第202节和第304节。

655

第 32 章

临终陈述

第 309 节　导　言

在授权采纳特殊类别传闻的学说中，有关临终陈述的学说在其理论上是最神秘的，传统上看，在其限制上是最武断的。早在 18 世纪早期承认反对传闻的一般规则之前，人们就普遍认为临终陈述具有诚实性的特殊可能性。并不令人感到惊讶，几乎在我们在找到传闻规则的同时，我们也能找到临终陈述这个例外。在传闻规则尚未确立时的《宪法》和《权利法案》形成时期，临终陈述就被接受了。这一事实导致最高法院在 *Crawford v. Washington* 案件[①]中提出，即使这种声明是证言性的，也可以作为对质条款异议的例外。

第 310 节　陈述人必须知道死之将至且该陈述人不能到庭之要求

人们对临终陈述的普遍敬畏，源于英美法对临终陈述例外规定的两个重要限制。与下一节将讨论的其他几个限制不同，这两个限制可以说是合理的，尽管它们对例外的限制过于严格。

首先，陈述人在作出陈述时，必须意识到死亡已经接近并确定。陈述人肯定已经失去了康复的希望。相信即将死亡的可能性可以说会使大多数人强烈地倾向于说出真相，从而保证所需的特殊可靠性，但是相信即将死亡的确定性，而不是其可能性或者概率，是严格要求的标准。或许这一限制反映了人们总体上对"临终"陈述的可靠性缺乏某些信心。

《联邦证据规则》804（b）（2）中对陈述人精神状态的描述不如普通法判例中那么强调，只是说"相信其死亡迫近"。符合普通法的证据显然符合这一规则，越来越多的法院已经认识到，较少的证明就足够了。

通常，这种对死亡迫在眉睫的信念是由陈述人在知道死亡迫在眉睫时自己

[①]　541 U. S. 36（2004）.

656

的信念声明来证明的，但是陈述人不是必须出这样的陈述。医生或者其他人向陈述人陈述病情无望、伤口明显致命的性质或者其他情况，可以间接地证明这种信念，但是这必须得以证明。这些预备性事实问题将由法院判定。[2]

第二个历史性限制是，当提供证据时，陈述人必须死亡。然而，《联邦证据规则》并没有要求陈述人必须死亡，只要求不能到庭，这当然也包括死亡。[3] 由于陈述人不必死于伤口或者伤害，在现代例外情况下，陈述与死亡之间的时间长度不是陈述可采性的决定性条件。即使是在早期的表述下，也不需要在陈述之后的很短时间内死亡。关键的问题始终是陈述人对陈述时死亡的临近程度的信念，而不是陈述后死亡的实际迅速程度或者在受伤后陈述的即时性。

第 311 节　限用于刑事杀人案件和受到重要限制

如果法院在制定关于临终陈述的规则时停止了上述讨论的限制，结果将是一个狭隘但是合理和可以理解的例外。可以说，意识到死之将至的要求倾向于保证充分程度的特殊可靠性，而陈述人必须已经死亡，因此不能到庭的要求，充分说明了使用该传闻的必要性。临终陈述的这种简单理由已经足够了，直至 19 世纪初，这些陈述在民事和刑事案件中都是不加区别地被采纳的，似乎也没有什么不好的结果。在使用判例来保存和固定早先的司法错误方面，该规则随后的历史是一个客观的教训。

第一个错误发生在将可采性限制在对杀人案的检控上。Sergeant East 在他被广为使用的专著《刑事控告》中写道，临终声明"在本案中因充分的必要性而可采；因为经常发生的情况是，没有第三人在场作为事实的目击证人；其他重罪的通常证人，即受伤的当事人自己，被除掉了"[4]。East 的说法被曲解了，即宣布采纳临终陈述的唯一理由是惩罚那些因缺乏被害人证言而可能逃脱法网的杀人犯的必要性。这种需求可能存在，但是使用临终陈述应该被限制在存在这种必要性的情况下的说法，肯定是不成立的。然而，这一命题进一步发展为一系列基本上可称为武断的限制性规则。

第一个限制，就是这样的规则，即临终陈述的使用仅限于刑事杀人案件。

② 总体可参见上文第 53 节。
③ 参见上文第 253 节（讨论了不能到庭）。
④ East, 1 Pleas of the Crown 353 (1803).

尽管 18 世纪的英国法院没有这样做，但是随后的判例拒绝在民事案件中采纳临终陈述，无论是死亡诉讼还是其他民事案件，还是在除将杀人作为犯罪的重要组成部分以外的其他刑事案件中。例如，在强奸案的检控中，即使被害人在审判前死亡，这些陈述仍然不可采。可能这一限制源于一种感觉，即临终陈述既依赖于值得怀疑的可信性保证，也构成一种陪审团可能会太情绪化处理的危险的证言。然而，在采纳陈述的谋杀检控中，这些危险不可能比在排除这些陈述的非正常死亡民事诉讼或者强奸检控中更少。

　　　657 按照最高法院的建议，临终陈述的例外不限于任何特定类型的案件。然而，在众议院司法委员会的领导下，国会修正了这一例外，并将其限于对杀人的检控和民事诉讼或者程序中。因此，根据《联邦证据规则》，在杀人案以外的刑事案件不允许采纳临终陈述。

　　　　必要性概念——仅限于保护国家不因被害人死亡而可能逍遥法外的杀人者而受到伤害——产生了另一个后果。这种进一步的限制是，不仅指控必须是杀人罪，而且在当前审判中必须用陈述人的死亡来指控被告。当一名抢劫者同时向一对夫妇开枪，但是被告仅因谋杀丈夫而受审时，根据这一学说，妻子指认被告为袭击者的临终陈述要被排除。Wigmore 无法想象还有"一个更无异议的排除规则"[5]。在《联邦证据规则》中没有出现这种限制。

　　　　关于这一主题的第三个限制在概念上是合理的，但是其早期表述有时是武断的，也就是说，只有在涉及杀人的情况以及或多或少在时间上近乎杀人之前并导致杀人的事件的情况下，陈述才可以采纳。根据这一版本，关于被告和被害人之间先前争吵的陈述将被排除，而在导致本次攻击不久之前发生的他们之间的交易将被接受。为提高可信性，在时间和环境上进行一些限制是适当的，但是适当的措辞是困难的。《联邦证据规则》804（b）（2）只要求陈述是关于他认为在造成迫近的死亡的"原因或者情况"的。根据这一术语，指认攻击者的陈述显然是可采的，而描述此人先前的威胁、打架和争吵的陈述，也符合该要求。在这一更为自由的框架内，排除的决定可以根据规则 403，从关联遥远和有害的角度作出。[6]

　　　　最后，偶尔会有临终陈述被限于由诱导性问题引出的陈述。然而，对回答问题的陈述不作全面的限制，是公认的或者适当的。

---

⑤　 5 Wigmore, Evidence § 1433, at 281 n.1 (Chadbourn rev. 1974).
⑥　 参见上文第 185 节。

第 312 节　代表被告和检控方作出的自认

历史上将临终陈述限于杀人案件，是基于对死者陈述的极端需要和这样的粗暴正义感，即只有采纳这样的陈述来反对凶手才是公平的，这可能导致一些法院将临终陈述仅限于检控方使用。然而，这样一个结果的不公平性太明显了，它们也早就为了被告而被接受了。

第 313 节　其他证据规则的适用：亲身知识；意见；关于书写品的规则

658

证据法的其他原则在适用于临终陈述时屡屡出现问题。如果陈述人没有足够的机会观察所叙述的事实，陈述将因缺乏第一手知识而被拒绝。如果就该陈述是否基于知识而有疑问，问题就交给陪审团决定。然而，对怀疑或者推测的表达应予排除。

知识要求有时被与意见规则混淆在一起，这种混淆可能导致法院说，临终陈述中的意见将被排除。传统的意见规则旨在规范在法庭上询问证人的方式，但是通常不适合作为对庭外陈述的限制。[7] 因此，大多数法院，包括一些声称在这里适用意见规则的法院，采纳了这样的陈述，即陈述将目的或者缺乏正当理由归于另一方，如果这种陈述是证人在证人席上所说的，一度会被作为意见而排除。

另一个问题是所谓的最佳证据规则的适用。[8] 濒死的被害人往往会对犯罪事实作一次或者多次口头陈述，此外，还可以作书面陈述，或者听到该陈述的人可能会写下来，让陈述人签名。什么时候必须出示该书写品，或者什么时候必须就缺少这种书写品作出解释？任何单独的口头陈述都是可以明确加以证明的，无须出示后来的书写品，但是书面临终陈述的措辞不能这样证明，如果没有出示或者说明书写品的话。[9] 如果听到口头陈述——这被记录下来并签了字——的证人被提出来就其所听作证怎么办？Wigmore 认为，书写品的签署，并不导致口头证据规则的适用，因为口头证据规则仅限于合同和其他"法律行为"[10]。在有限的程度上，一些法院作出了其他裁决。它们并不排除关于在同

---

⑦　参见上文第 18 节。
⑧　参见上文第 23 章。
⑨　参见上文第 233 节。
⑩　5 Wigmore, Evidence § 1450 (b), at 314 (Chadbourn rev. 1974).

一场合所作的其他口头陈述的证据，如果书写品中没有包含这些证据的话，但是体现在死者签署或者采认的书写品中的口头陈述，只能通过出示书面陈述——如果有的话——才能证明。这一结果可能是有理由的，即需要准确地向法庭转达这一非常重要的陈述的确切内容。然而，这些限制在现代证据规则中并没有正当理由，这种限制是否在任何管辖区继续存在，尚不清楚。

第314节 关于赋予临终陈述证明力的指示

在历史上，论者和法院经常就赋予临终陈述的证明力提出理论。因此，在一些州，发展出了这样的做法，即要求或者允许法官指示陪审团谨慎地接受这些陈述，或者不将其视为具有与宣誓证言相同的价值和证明力。在其他司法辖区，这种指示被判定是不适当的。另一些司法辖区则认为这么做是恰当的，即指示陪审团，他们应当将与证人证言同等的证明力赋予临终陈述。

虽然发出警告性指示的标准化做法可能有其好处，但是赋予临终陈述预先确定的固定证明力的指示，似乎是有问题。特定临终陈述的证明力取决于各种案件中的许多因素，因此没有一种标准化的指令适用于所有情况。当然，在法官保留对证据的证明力进行评论的普通法权力的司法辖区，临终陈述是个性化评论的适当主题。但是在法官缺乏这种权力的情况下，如在大多数州，更明智的做法是将临终陈述的证明力留给律师们的辩论、陪审团的判断和法官对重新审判动议的评议。

第315节 关于对该例外进行变革的建议

堪萨斯州最高法院作出了一项非常具有前瞻性的决定，涉及卖方执行人就土地出售合同提起的追偿诉讼。在该案件中，该法院面临着卖方关于"出售的真相"的临终陈述。[11] 采纳这一陈述需要背离传统的普通法限制，因为该案件是民事案件，不属于刑事杀人罪检控，且陈述与死亡原因或者情况无关。在采纳该证据时，法院说："我们面临着一项限制性的证据规则，只因其年代久远而值得称道，其可敬性完全取决于司法承认的习惯，它没有理由形成，并且延续下去。"[12]

[11]　Thurston v. Fritz，138 P. 625（Kan. 1914）.

[12]　Id. at 627.

如本章前几节所述，有人愿意扩大这类案件的可采性，如《统一证据规则》804（b）（2）所证明的那样，该规则将在所有案件中采纳临终陈述。根据《联邦证据规则》，将此类传闻从杀人罪检控之外的刑事案件中排除，是因为国会担心这种传闻形式的可靠性，似乎达到了错误的平衡。只有一种非常粗放的正义感，才会在最严重类型的案件中采纳这种陈述，因为谋杀证人可能会剥夺法庭的宝贵证言，但是在不怎么严重的刑事检控中，因为可信性令人怀疑，因此要将其排除在外。根据《联邦证据规则》的规定，在非杀人案件中，对证言的需求通常同样巨大，因为陈述人虽然不是谋杀案件被害人，但是必然也是不能到庭。因此，将这一例外扩大到其他刑事案件似乎是适当的。

虽然原初的《统一证据规则》中没有对根据陈述人死亡情况下的例外而采纳的陈述进行限制，但是这是《联邦证据规则》的一项要求，只有在偶然的规则和制定法中才能发现偏离这一限制。这种限制通常是合理的，因为这些情况与陈述之间的关系，有助于通过减少记忆不良和不诚实的危险来增强其可信性。

661

第 33 章

对己不利的陈述

第 316 节　一般要求；对己不利的陈述与自认的区别

传统上，就对己不利的陈述有两个主要要求：第一，陈述必须说明有损于陈述人金钱或者财产利益的事实，或者作出陈述本身必须创造出将损害此类利益的证据①；第二，在审判时，陈述人必须不能到庭。② 根据人们通常不会轻易发表损害其利益的言论的理论，第一项要求提供了特殊可信性的保障，这种保障证明传闻规则的大多数例外都是正当的。第二个因素在很大程度上是一个历史性的发展，但是作为一个限制性因素发挥了有益的作用。就像一般性的传闻例外那样③，陈述人必须有第一手知识。可能会添加一些次要的限制条件，例如所涉及的利益不能太间接或者太遥远。

虽然有时错误地被称为对自己不利的自认，但是这种例外和自认排除④是不同的。Wigmore 阐述的传统区别，通常得到了遵循。因此，可以在不满足对己不利陈述的任何要求的情况下，引入对方当事人的自认。第一，尽管自认在作出时常常是对己不利的，但它们不必是这样，事实上也可能在当时是自利性的。⑤ 第二，作出自认的当事人不必——而且很少——不能到庭。⑥ 第三，作出自认的当事人不必对自认的事实有亲身知识。⑦ 因此，当对方提出一方当事人的陈述时，应将其作为当事人自认的提交，并按照自认的要求进行检验，而不是作为对己不利的陈述。另一方面，如果是非当事人的陈述，则不能作为自认引入，如果该陈述是对己不利的，并且陈述人不能到庭，则可采。此外，

---

① 参见下文第 317 节至第 319 节。
② 参见下文第 320 节。
③ 例如，可参见上文第 280 节、第 290 节和第 313 节。
④ 参见下文第 25 章。
⑤ 参见上文第 254 节；下文第 319 节。
⑥ 参见上文第 254 节。
⑦ 参见上文第 255 节。

由于《联邦证据规则》不承认与当事人有"共同利益关系"的人的自认⑧，此例外规定了一种主要的替代方法，即引入当事人的前任所作的损害性陈述

《联邦证据规则》保留了普通法中对金钱或者财产利益不利的陈述广泛发展起来的传闻例外，并将定义扩大到包括对刑事利益不利的陈述。规则 804（b）（3）采纳下列不能到庭的陈述人的陈述：

> 对己不利的陈述。关于下列事项的陈述：（A）常人处于陈述人的位置上时，只有在该人相信该陈述是真实的情况下才会作出的陈述，因为该陈述在作出时与陈述人的财产或者金钱利益相悖，或者具有导致陈述人反对他人的主张无效的显著倾向，或者具有使陈述人承担民事或者刑事责任的显著倾向；并且（B）如果在刑事案件中提出该陈述会使陈述人承担刑事责任，则该陈述得到了补强情况的支持，清晰地说明了其可靠性。

662

第 317 节　对金钱或者财产利益不利的陈述；影响损害索赔或者责任的陈述

这一例外的传统领域是对财产或者金钱利益不利的陈述。前者的常见情况是承认陈述人不拥有某些土地或者个人财产，或者已将其转让或者转移。此外，占有人关于他或者她持有的权益少于完全所有权的陈述，传统上被视为对己不利的陈述，尽管这显然是含混不清的，因为它主张了一些权利。

对金钱利益不利的陈述最明显的例子是承认陈述人负债。在这里，陈述本身是对己不利的，因为欠债是对自己的经济利益不利。这一理论经常被遵循，即使它可能不适用于特定情况。不太明显的是，承认收到偿还陈述人的债务的款项，传统上也被归类为对己不利的陈述。在这里，付款的事实本身对收款人有利，但是对付款的承认被视为对己不利，因为它是债务减少或者消灭的证据。当然，收款人收到代为他人持有的款项，是对债务的承认。与此类似，关于一个人持有信托资金的陈述，是对己不利的陈述。

英国法院制定的例外规定仅限于债务和财产领域，但是美国的案例将对己不利的陈述的领域扩大到承认可能导致侵权或者看似违约的未清偿损害赔偿责任的事实。这一例外还扩大到损害了陈述人对损害赔偿要求可进行的抗辩的事实陈述。

《联邦证据规则》804（b）（3）（a）被广泛地解释为总体包括对金钱或者

⑧　参见上文第 260 节。

财产利益不利的陈述，更具体地说是那些会使陈述人承担民事责任的陈述，而不限于侵权行为或者合同，以及使陈述人对他人的索赔无效的陈述。除了英国在租赁案件中作出的一些更奇怪的判决，这方面的规则占据了普通法开发出的整个领域。

第 318 节　刑事利益；声望和自尊利益

663

1844 年，在 *Sussex Peerage Case* 案件⑨中，上议院裁定，不应将陈述人承认犯罪的陈述接受为对己不利的陈述。这一决定对将这一传闻例外的发展限制在狭隘的物质主义范围内具有影响。在美国，在刑事案件中，这一做法普遍沿用了多年。法院虽然不否认这一限制，但是有时在民事背景下支持采纳第三人的犯罪自白，因为特定的犯罪也是一种侵权行为，该自白通过使陈述人承担损害赔偿责任而对其物质利益不利。

在刑事案件中排除第三人自白的做法当然不能据此证成，即与债务承认相比，对会使一个人受到刑事处罚的事实的承认更不可信。进行排除的动机无疑是不同的，即害怕为大批这样的证人打开大门，他们就从未作出的自白作出虚假证言，或者就虚假自白作出真实的证言。这种担心是基于重新叙述所称的陈述的陈述人和证人可能的犯罪性质，这又被陈述人必须不能到庭这一要求所强化，从而使得伪证更容易完成和更难惩罚。

Wigmore 驳斥了这一伪证危险的观点，因为所有人类证言都有该危险，并得出结论说，"任何妨碍诚实的人自己洗清罪责的规则都是不好的规则，即使它也妨碍恶棍假扮作无辜者"⑩。根据这一 Holmes 大法官在著名的异议中接受的观点⑪，法院开始放宽在特定情况下或者一般情况下排除对刑事利益不利的陈述的规则。在《联邦证据规则》804（b）（3）中列入对刑事利益不利的陈述，极大地推动了这一例外的使用，最近讨论对己不利陈述的判例法和文献大多集中在这一方面及其相关问题上。

在将传闻例外扩大到包括对刑事利益不利的陈述的过程中，主要讨论的情况是，辩护方提出的为被告开脱罪责的第三人自白或者其他陈述是否应当被采纳。传统上对于对刑事利益不利的陈述的不信任，已经在这一背景中演变，结

---

⑨　11 Cl. & F. 85, 8 Eng. Rep. 1034 (1844).

⑩　5 Wigmore, Evidence § 1477, at 359 (Chadbourn rev. 1974).

⑪　Donnelly v. United States, 228 U. S. 243, 277 – 78 (1913) (Holmes 大法官持不同意见).

果是《联邦证据规则》包括了这一要求，即该陈述必须"得到了补强情况的支持，清晰地说明了其可靠性"。[12] 尽管人们也认识到了这种可能性，即第三方作出的既牵罪于陈述人也牵罪于被告的对刑事利益不利的陈述，也可能被检控方提出用于牵罪于被告，在通过《联邦证据规则》之前，在判例或者文献中提出其可采性的可能性问题的情形并不常见。根据规则804（b）（3），采纳这种陈述相对比较常见。第三方作出的对刑事利益不利的陈述问题，带来了许多难题，这将在下一节中加以讨论。 *664*

就对己不利陈述的传闻例外是否应扩大，将对"社会"利益不利的陈述也包括在内，一直存在争议。传统上，人们认为这种性质的利益的重要性不足以确保可靠性。然而，按照最初的《统一证据规则》的模式，最高法院提出的《联邦证据规则》草案，包括倾向于使陈述人"成为憎恶、嘲笑或者羞辱的对象"的陈述，但是国会将其从规则中删除了。该规定在《统一证据规则》804（b）（3）中得以恢复，并在少数几个州获得通过。

第319节 确定什么是对己不利的；对质问题

判断一个陈述是否是对己不利的，涉及三个主要问题。

（A）时间方面。如本章开头所述，对己不利的传闻例外的理论基础是，人们在没有重大理由认为其陈述是真实的情况下，不会作出损害其利益的陈述。理性表明，在作出陈述时必须存在损害，否则它就不能影响陈述人作出准确、真实的陈述。后来证明陈述是有害的——或者就该事务而言是有益的——是没有意义的。相反，动机和陈述必须具有同时性。

（B）陈述的性质。根据规则804（b）（3）（a），从陈述对陈述人自己不利的角度看，陈述必须是"常人处于陈述人的位置上时，只有在该人相信该陈述是真实的情况下才会作出的陈述"。所涉及的利益是陈述人的金钱、财产或者刑事利益。对于后者，陈述不一定是自白，但是必须涉及重大刑事责任。

（C）"旁系"陈述和 *Williamson* 案件。在 *Higham v. Ridgway* 案件[13]这个原型案件中，引入了助产士记录簿中的一个条目，以证明母亲分娩时的看护费用，以及6个月后的一个条目，以显示为证明个人出生日期提供过费用支付的情况。法院说，付款条目"有损于付款一方"。然而，虽然付款条目可能是

⑫ 参见下文第319（F）节（讨论了补强要求）。
⑬ 10 East 109，103 Eng. Rep. 717（K. B. 1808）。

对自己不利的，但是本案的争点不是付款，而是 6 个月前的出生。对此，法院回答说："通过提及分类账，这里的［出生］条目实际上包含在了另一个［付款］条目中，就此它是解释性的。"在 *Higham v. Ridgway* 这样的民事案件中，相关陈述可能是可采的，尽管其本身并不是对己不利的，如果它与对己不利陈述密切相关的话。

然而，承认对刑事利益不利的陈述符合例外的一般情况下明智的决定，给例外的这 要素带来了巨大的新压力。如果情境性陈述不是关于医生账单中注明的出生，而是由检控方针对被告提出的牵罪性陈述，这是在一项不利于第三方利益的陈述中找到的，则可信性问题和对质条款不可避免地走到了前列。

在 *Williamson v. United States* 案件[14]中，美国最高法院通过关注本条规则中使用的"陈述"的定义，解决了情境性陈述带来的最困难的问题。它的结论是，该规则背后的原则指向对"陈述或者话语"——而不是"报告或者叙述"——一词的狭义解读，因为只有就更狭义的含义，理论根据才认为，不是特别诚实的人只有在相信自己的陈述是真的情况下，才作出自我归罪性的陈述。事实上，最有效的说谎方法之一就是把谎言和真相混在一起；把开罪性陈述和自我归罪性陈述混在一个更大的报告中。法院得出结论认为，该规则条文支持这一结果，并解决了咨询委员会含混不清的注释。其结果是，只有叙述中进行牵罪的具体部分才符合条件。要确定这种狭义的陈述是否具有自我归罪性，就需要对情境进行考察。*Williamson* 案件关于规则 804（b）（3）规定的"陈述"的狭义含义的推理，也应适用于刑事利益以外的对己不利的陈述，例如金钱利益，这将改变诸如 *Higham v. Ridgway* 等案件的结果。

Williamson 案件指出，根据新的标准，如果第三方作出的对己不利的陈述没有直接提到被告，但是无论是逻辑推理还是法律的实施，都会使其对被告具有牵罪性，则该陈述可以继续采纳来反对被告。此外，如果处于陈述人地位上的常人认识到，与其他人的关联使陈述人卷入了另一犯罪，则提及被告的陈述也可采。运用 *Williamson* 案件，在满足下列两个一般条件的情况下，联邦法院最常采纳牵罪于被告的第三方陈述：（1）该陈述不寻求讨好执法当局，以及（2）它没有推卸罪责。

（D）事实背景。一项声明是否对己不利，"只能通过在有关情境中审视它来确定"[15]，并且通常需要对作出该陈述的环境进行细致的审查。这种确定可

---

[14] 512 U. S. 594 (1994).

[15] Id. at 603.

能取决于在陈述时存在的外部事实，陈述人合理地知道这些事实，但是可能没有在陈述中披露。例如，陈述人是某一合伙的成员的陈述是否有损于其金钱利益，取决于该事务所是否显然资不抵债或者是否经济基础不稳固。同样，一个人有以一定价格购买某种商品——例如小麦——的合同的陈述，是有利还是不利，取决于作出陈述时的市场价格。

在提出对刑事利益不利的陈述来牵罪于被告的情况下，作出陈述的背景特别重要。如果陈述人在作出陈述时处于被警方羁押状态，那么作出牵罪于他人的陈述或者陈述的一部分，很可能是为了讨好，即使它也牵罪于陈述人，如果这些陈述是向执法人员作出的，根据对质条款，它们有可能是证言性的。然而，在该陈述是自愿作出、有力地牵罪于陈述人，且无讨好的迹象的情况下，在证明该陈述是自利性的时候，法院并未将处于羁押视为决定性的。

说者和听者之间的信赖关系，可能会妨碍人们意识到作出声明可能会不利　*666*
于陈述人。披露的可能性似乎已经足够了。相反，在对刑事利益不利的陈述情境中，更重要的是这样的事实，向个人而不是执法机关作出的陈述不可能是为了讨好他人。根据 *Crawford v. Washington* 案件[16]，这样的陈述也可避免被排除，因为它们通常被视为非证言性的。

（E）牵罪于他人的证言性陈述。尽管不影响传闻的定义，但是最高法院在 *Crawford v. Washington* 案件中的判决，消除了许多最重要的对己不利的陈述是否可采的实际重要性。现在，根据对质条款，在警方审讯期间所作的这种陈述或者另一名犯罪参与者的大陪审团证言显然是不可采的。该案件消除了对己不利陈述例外的一些最有问题的适用，这些适用似乎特别激怒了法院，并可能激发了修改这一宪法保护的决心。[17]

（F）补强。经 2010 年 12 月修正，规则 804（b）（3）（B）要求对所有牵罪于说者并在刑事诉讼中作为证据提出的对刑事利益不利的所有陈述进行补强，无论该陈述是为被告开脱，还是牵罪于被告。修正后的规则 804（b）（3）（B）最后一句规定："倾向于使陈述人承担刑事责任并在刑事案件中提出的陈述不可采，除非补强情况清楚地表明该陈述的可信性。"咨询委员会的注释解释说："就对刑事利益不利的陈述采取统一方法，可向检控方和被告双方保证，该条规则不会被滥用，只有可靠的传闻陈述才会根据该例外被采纳。"

除了明确要求表明陈述本身具有可信性，在补强要求是否适用于作证说作

⑯　541 U. S. 36（2004）.

⑰　Id. at 63 - 64（将采纳同谋者的自白称为"Roberts 标准的不可原谅的罪恶"）.

出过陈述的出庭证人的诚实性方面，联邦法院存在分歧。作为一个标准的传闻分析问题，就出庭证人关于作出过陈述这一事实的可信性，不适合进行调查。确实，咨询委员会对 2010 年修正案的注释指出："在评估补强情况时，叙述陈述的证人的可信性并不是法院考虑的适当因素。"然而，鉴于历史上对关于开罪性陈述的证言的伪证可能性的强烈关切，一些州法院可能会继续这种理论上不合理的做法。

对庭外陈述可信性的补强，一般应侧重于作出该陈述的情况和陈述人的动机。有时，合理的客观因素，如陈述人是否在犯罪现场附近，是否有犯罪动机，可能会肯定或者否定地补强该陈述。重要的是，该规则并不要求独立证明这些陈述本身是准确的；相反，它只要求补强情况表明了可信性。

667 （G）动机：陈述人的真实心态。在最严格的逻辑中，对对己不利陈述的关注，与其他传闻例外情况一样，应当关注陈述人在假定的真相诱导情况下产生的实际心态，常人标准不应当成为关注的焦点。当然，事实并非如此。通常的标准可见于《联邦证据规则》804（b）（3）（a）："常人处于陈述人的位置上时，只有在该人相信该陈述是真实的情况下才会作出的陈述。"证明的困难、概率和陈述人不能到庭，都支持该被接受的标准。然而，陈述人作出的披露其表面实际心态的陈述，当然应当被接受，并应在适当案件中发挥决定性作用。

这一例外常常被称为要求没有伪造的动机。这太笼统了，这一限制可能最好理解为一个限定条件：即使一项陈述必须在某一方面对己不利，但是如果陈述人似乎有某种动机，无论是出于自身利益还是其他原因，很可能导致对事实的不实陈述，则应当排除该陈述。

第 320 节　陈述人不能到庭

《联邦证据规则》和绝大多数州都要求陈述人不能到庭。虽然在对己不利的陈述方面，不能到庭的要求在普通法上有其自己的发展历程，正如其他要求陈述人不能到庭的传闻例外一样，其模式现在基本上是标准化的。不能到庭的要求将在第 253 节中详细讨论。

第 34 章

各种其他例外和传闻规则的未来

第321节 学术论文、行业标准和商业出版物

当提出用以证明其中所述事项的真实性时，学术书写品，例如有关专门知识领域的论文、书籍和文章，显然是传闻。尽管如此，Wigmore 强烈主张对这种材料要设置例外。[①] 在他看来，允许直接证明这种渊源，并不像最初想象的那样是一个巨大的变化，因为许多专家证言含有他们从这些渊源获得的信息。此外，采纳这些渊源，将大大提高所提供信息的质量。Wigmore 的结论是，学术论文有足够的可信性保证，足以支持将它们等同于专家的现场证言的合理性。首先，论文作者在任何特定案件中都没有偏见。其次，他们敏锐地意识到，他们的材料将被本领域的其他人阅读和评价，因此感到一种强大的压力来力求准确。

几乎所有的法院都允许在对专家证人进行交叉询问时，使用一些学术材料。从历史上看，形成了几种模式。在直接询问中，专家根据具体材料形成意见时，大多数法院允许使用这些材料。其中一些法院将这项规则扩大到这样的情况，即证人承认依赖了某些一般性典据，尽管不是特定的弹劾性材料，而其他法院只要求证人承认，提出的用于弹劾的材料是该领域公认的典据，并据此允许使用该材料，尽管证人本人可能并没有依赖它。最后，有些法院允许使用这些材料进行弹劾，而不考虑证人是否依赖或者承认该渊源的权威性，如果交叉询问者证明了该材料的一般权威性，或者法院对此进行了司法认知的话。

传统上，弹劾所用的材料不可作为证明其真实性的实质证据而采纳。相反，它唯一影响的是证人的作证能力或者所提供意见的准确性。在普通法实践的发展过程中，大多数法院不愿意就论文和其他专业文献制定一个宽泛的传闻规则例外。虽然 Wigmore 没有发现它们的说服力，但是他承认了许多反对承认这样的例外的观点：（a）专业技能和知识迅速变化，因此印刷材料很可能过

---

① 6 Wigmore, Evidence §§ 1690—1692 (Chadbourn rev. 1976).

时；（b）接触旨在为受过专业训练的读者提供的材料，很可能给事实审判者造成困惑；（c）有断章取义的可能性，造成不公平使用的危险；以及（d）大多数专门知识问题实际上是技能问题，而不是书写品中的学术知识问题，因此与书面材料相比，亲自出庭的证人可能是更好的证据来源。在 Wigmore 看来，唯一可以说有价值的异议是这样的基本传闻异议，即作者不能到庭接受交叉询问，但是他得出结论认为，对证据的需求和其他保证准确性的因素，超过了这一关切。

670

《联邦证据规则》通过为"学术论文"创建一个传闻例外，来解决这些问题。《联邦证据规则》803（18）规定：

> 学术论文、期刊或者手册中的陈述。包含在论文、期刊或者手册中的符合下列条件的陈述：（A）该陈述系在交叉询问中为引起专家证人的注意而提出，或者在直接询问中为专家所根据；并且（B）根据专家的自认或者证言、其他专家证言或者司法认知，该出版物已经被证实为一个可靠的典据。如果被采纳，该陈述可以被读为证据，但是不得被作为展示件而接受。

这一规则在历史上被广泛应用，包括由政府机构和行业或者职业组织发布的标准和手册。该规则要求必须证明出版物的可靠性，这表明该领域的职业人员认为该出版物是可信的。权威性可以由任何一方的专家证明，或者就此进行司法认知。

该规则还要求，必须在交叉询问中提请专家注意该等出版物，或者专家在直接询问中依据了该等出版物。这一规定旨在确保材料仅在专家的帮助下使用，他们可以帮助事实认定者并解释如何应用材料。这项政策的进一步发展是禁止采纳为展示件，从而防止将材料送到陪审团评议室。

虽然规则 803（18）规定了传闻例外，但是其要求的影响超出了传闻的概念，实际上规定了使用此类文件进行弹劾的一般标准。另一方面，满足其要求并不能自动保证可采性。符合该规则条款的文件，如果其证明价值被其有害影响或者造成混淆或者误导的可能性所超过，则仍将被排除。

法院制定了一个与此有些关系的传闻例外，其中包括市场价格报告、专业目录、城市和电话目录以及人寿保险公司使用的死亡率和年金表等出版物。这一例外的理由是，追求其准确性的动机很强烈，公众对它们的接受度取决于其可靠性。

《联邦证据规则》803（17）对此类出版物的传闻例外进行了界定，涵盖了为公众或者特定行业的人所通常依据的市场行情、表册、目录或者其他汇编。② 虽然对这一例外进行准确定义有些困难，但是，举例来说，它的一些基本特征是明确的。表册必须以书面形式公布并被分发给其他人使用；必须为公众或者某一职业的人所作为依据；必须涉及相对直截了当的客观事实。

第322节　关于品性的声望；关于血统和家族史的陈述、声望和判决；关于土地边界和一般历史的声望

671

（A）关于品性的声望

有关品性特点的证据既可以采纳来证明行为符合这些特点，也可以采纳来弹劾证人的可信性，在现代证据法中，这些特点可以通过声望或者意见证据来证明。用声望证明个人特征产生了传闻问题，传统上，这一问题是通过传闻例外来解决的，传闻例外很容易采纳这种证据。《联邦证据规则》803（21）——它只涉及该问题的传闻方面——承认了一个例外，以采纳在同事或者社群中的声望来证明品性。

（B）关于血统和家族史的陈述、声望和判决

传闻规则最古老的一个例外，包括有关家庭史的陈述，例如家庭成员的出生和死亡日期和地点，以及有关婚姻、血统和关系的事实。根据传统规则，其家庭状况存在争议的人和其他家庭成员作出的陈述可采。根据一些法院采纳的自由主义观点，与家庭关系密切的非家庭成员的陈述也可采。然而，只有在证明陈述人不能到庭，该陈述是在引起提出该陈述的诉讼的争议起因发生之前（也就是在诉讼开始之前）作出的，并且陈述人没有明显的动机歪曲事实的情况下，这些陈述才可采。

根据严格的传统观点，陈述人与家庭的关系必须由独立的证据来证明，但是如果陈述人自己的家庭关系是传闻陈述的主题，则这一要求不适用。陈述人无须就出生、死亡、亲属关系等事实有第一手知识。获取关于家庭事务的其他证据的普遍困难性——这反映在陈述人不能到庭的要求上——为传闻例外提供了动力。可靠性得到了这种概率的保证，即在没有编造动机的情况下，与亲属（和其他有密切联系的人）就有关家庭成员的问题进行的讨论将是准确的。

② See Fed. R. Evid. 404，405 & 608；supra § 43.

《联邦证据规则》804（b）（4）继续要求陈述人不能到庭[③]，并就下列陈述规定了传闻例外：

> 关于下列事项的陈述：（A）陈述人自己的出生、收养、婚生地位、祖先、结婚、离婚、血缘、收养或者姻亲关系、或者其他类似的关于个人或者家族史的事实陈述，即使陈述人没办法对该事实获得亲身知识；或者（B）在陈述人与他人有血缘、收养或者姻亲关系，或者与该他人的家庭有亲密联系，使得该陈述人有可能获得准确信息的情况下，作出的关于该他人的上述事实以及死亡的陈述。

672

该规则遵循自由主义的观点，允许与家庭有密切关系的人作出陈述。它消除了传统的要求，即陈述是在诉讼前作出的，没有歪曲的动机，使这些方面被视为证明力问题，或者在极端情况下根据规则403加以排除。[④] 对家族史所包含内容的狭隘看法仍在继续。

传统的传闻除了上述陈述，还允许使用家族史的当代记录，例如家庭圣经或者墓碑上的条目，即使可能无法识别作者。《联邦证据规则》803（13）在规定传闻例外时遵循了这一模式，就下列陈述规定了传闻例外，而不论陈述人是否能够到庭："诸如圣经、宗谱、图册、戒指铭刻、家庭肖像题字、骨灰盒、安葬标识等家庭记录中包含的关于个人或者家庭史的事实。"

传统上，家族史的问题也可以通过家族中的声望来证明，有时也可以通过在社群的声望来证明。《联邦证据规则》803（19）延续了这种模式。它涵盖了：

> 关于个人或者家族史的声望——在某人因血缘、收养或者婚姻而形成的家庭中的，或者是在该人的同事或者社群中的，在该人的出生、收养、合法性、祖先、结婚、离婚、死亡、血缘关系、收养关系、姻亲关系、祖先以及其他关于个人或者家族史的类似事实方面的声望。

该例外要求用在家庭成员或者社群成员中的声望来证明这些事实，而不仅仅是个人的断言。此外，规则803（23）允许采纳"用来证明个人、家族、一般历史或者边界事项的判决，该事项应当符合下列条件：（A）对于该判决至关重要；并且（B）可以为声望证据所证明"。

---

③　总体可参见上文第253节（讨论了不能到庭要求）。
④　参见上文第185节。

（C）关于土地边界和一般历史的声望

当土地边界的位置有争议时，声望可以采纳来证明该位置。传统上，这一声望不仅要早于目前争议的开始时间，而且必须是"古老的"，即要超出一代人。最近的一些案例表明，这一要求仅仅是原初调查的纪念碑或者标志物必须已经消失。《联邦证据规则》803（20）完全免除了这样一个要求：声望是古老的，或者随着时间的流逝，已经无法获得其他关于边界的证据。

声望也可以采纳来证明各种各样的事实，这些事实可以最好地描述为一般历史事件。Wigmore 提出，这些事项必须是"不太可能找到活着的证人的事项"[5]。规则 803（20）没有规定这一要求，尽管通过使用"历史"一词，规定了相当的年代要求。此外，这件事必须具有普遍利益，这样才能准确地说，随着社会声望的形成，这件事很有可能受到全面审查。因此，当就某条河流的适航性存在争议时，描述其在 19 世纪使用的报纸报道和历史，可以证明当时的适航性。

673

除了这些充分发展的例外，有时根据制定法或者当地法律采纳声望证据，以证明各种其他事项。这些包括财产所有权、财务状况和房屋维护以作为卖酒或者卖淫场所。

第323节　陈年书写品和影响财产利益的文件中的叙述

对书写品进行验真的一种方法是证明它至少有 20 年的历史，在外观上不受怀疑，并且来自这种书写品的自然保管场所。[6] 确实，从历史上看，"陈年文件"规则只与验真有关，但是美国法院开始承认符合这些要求的书面陈述的传闻例外。因此，在某些司法辖区，起源于验真的某些方面的内容也成了传闻规则的例外。

必要性——这产生了特殊的验真规则——是这一传闻例外的主要诱因。在经过很长一段时间之后，证人不太可能到庭，或者如果能够到庭，也不太可能可靠地回忆起有关事件。

至于可靠的保证，仅仅是书写品的寿命并不能保证真实性，因为谎言的盛行在 20 年内不太可能有太大的变化。然而，该例外的倡导者认为，存在足够

⑤　5 Wigmore, Evidence § 1597, at 561 (Chadbourn rev. 1974).

⑥　参见上文第 225 节。

的可靠性保证。首先，由于这条规则只适用于书面陈述，误传的危险被降到最低。其次，寿命要求实际上确保了这一主张是在本次争议开始之前提出的。因此，陈述人不太可能有伪造的动机，而且无论如何，该陈述几乎肯定不会受到当事人性的影响。⑦ 最后，在切实可行的范围内，坚持证人和庭外陈述人达到通常资格要求，为可靠性提供了一些额外的保证。因此，如果陈述人缺乏对所称事实进行第一手观察的机会，则该书写品不可采。总之，该书写品不得表面看来很可疑。

早在起草《联邦证据规则》之前，许多法院就接受了陈年契约中的陈述这一传闻例外。因此，关于较早文书的内容和签署、继承权和对价的叙述，通常被采纳来证明这些事实。可以说，这些案件涉及不寻常的可靠性保证，特别是在根据契约取得占有权的情况下，例外情况可能仅限于这些案件。但是，许多法院就其他类型的文件也适用了该例外，《联邦证据规则》803（16）如法炮制，为"已存在至少20年的并且其真实性得到确认的文件中的陈述"创建了一个例外。⑧ 虽然该条规则本身没有对可能符合条件的文件种类进行限制，只要该文件至少有20年历史且经适当验真，但是规定的几个限制为可信性提供了额外保证。陈述人要遵守第一手知识的一般要求，而且根据验真要求，文件外观不得可疑，这支持了文件的可靠性。

《联邦证据规则》803（15）承认了某种相关的传闻例外，涵盖了包含在"宣称确立或者影响财产利益的文件中的、其所陈述的事项与该文件的目的有关的陈述——除非在该文件制作后，关于这些财产的处置已经与该陈述的真实性或者该文件的主旨不一致"。这一例外没有对文件的寿命提出要求，但是仅限于所有权文件，如契约，以及与文件目的相关的陈述。

签署处置性文件的情况、陈述的性质符合要求，以及随后的处置已经与该陈述的真实性或者该文件的主旨不一致这一例外的不适用性，都被视为可信性的充分保证。配套规则规定了已被记录的此类文件的证据地位。

第324节　其他传闻例外

尽管《联邦证据规则》中有大量的具体传闻例外，咨询委员会认为，"假设传闻规则的所有可能可取的例外都已被分类，并将传闻规则作为一个封闭的

---

⑦　总体可参见上文第10节、第247节。
⑧　参见上文第225节。

系统传递给下一代，这太自以为是了"[9]。因此，它就"有同等可信性情况保障"的陈述，为能够到庭和不能够到庭的陈述人提出了剩余的或者无所不包的例外。警告不要根据剩余例外通过不受限制的采纳来大规模修改已建立的传闻例外制度，委员会说："它们并不打算让司法自由裁量权的行使不受限制，但是它们就表现出了明确规定的例外的精神范围内的可信性的新的和目前未预料到的情况，进行了规定。"[10]

众议院司法委员会完全删除了这些条款，认为这些条款给法律注入了太多的不确定性，并认为应该通过修改这些规则来创造更多的传闻例外。参议院委员会对此作出回应，建议对所提出的例外情况进一步加以限制，它们经修改后得以颁布。

在众议院删除这些例外之后，参议院司法委员会主张恢复这些例外，说其意图是"极少使用剩余的例外，只是在特殊情况下"[11]。虽然有时法院引用这一语言来支持排除根据无所不包的例外条款提供的传闻的决定，但是诉诸这一例外是非常重要的。也许最令人惊讶的是，联邦法院对该例外的主要使用，至少像所公布的判例所反映的那样，是由刑事案件的检控方使用的。

1997 年，这两个剩余的例外合并成一条规则，咨询委员会指出，这一改 675
变并不是为了改变规则的含义。规则 807 规定：

（a）总则。在下列情况下，传闻陈述不受反对传闻规则的排除，即使该陈述没有为规则 803 或者 804 所规定的传闻例外所明确涵盖：

（1）该陈述在可靠性上具有同等的情况保证；

（2）该陈述被提供作为重要事实的证据；

（3）与证据提出者通过合理努力所能获得的任何其他证据相比，该陈述在其所要证明的问题上更具有证明力；以及

（4）把该陈述采纳为证据，将使本证据规则的总体目的和正义利益得到最大满足。

（b）通知。只有在审判或者听审之前，证据提出者就提供该陈述的意图、该陈述的细节，包括陈述人的姓名和住址，向对方当事人进行了合理通知，以使该当事人有公平的机会对此进行回应的情况下，该陈述才具有可采性。

⑨　Adv. Comm. Note，Fed. R. Evid. 803（24）.

⑩　Id.

⑪　Senate Comm，on Judiciary，S. Rep. No. 1277，93d Cong.，2d Sess. 18 to 20（1974），reprinted in 1974 U. S. Code Cong. & Admin. News 7051，7065 to 7066.

该规则包含五项要求，其中三项对传闻的采纳规定了实质性限制。将在下面讨论它们。

同等的可信性情况保证。在适用剩余例外时，《联邦证据规则》807（a）（1）规定的最重要的问题是，该陈述是否提供了可在各种其他特定传闻例外中发现的"同等的可靠性情况保证"。在作出可采性裁断时，法院经常将围绕陈述的情况与最接近的传闻例外进行比较。它们还关注特定陈述中暗示可信性的特殊因素。然而，由于具体的例外本身在其可信性上存在很大差异，因此根据剩余例外采纳的陈述类型形成了相当大的差别，上诉审查遵从的"滥用自由裁量权"标准，进一步鼓励了方法的变化。

虽然支持和破坏可信性的因素极其多样，并且以多种组合出现，但是某些反复出现的因素对于确定可采性特别重要。这些因素包括：陈述人是否有如实陈述的动机；陈述的自发性，包括是否由诱导性问题引起，以及事件与陈述之间的时间间隔；陈述是否经宣誓；陈述人在陈述时是否受到了交叉询问；陈述人与被陈述人之间的关系；陈述人是否已撤回或者重申陈述；陈述是否被记录，特别是，是否被录像；以及是否清楚地展示了陈述人的第一手知识。在评估陈述的可信性时不应考虑的一个因素是作证说听到了该陈述的人的可信性。

陈述人能够到庭接受交叉询问，也可能支持陈述的可采性，否则将可能被676 认定可信性不充分而不能采纳。另一方面，陈述人能够到庭作证，作为传闻的更好的替代品和排除依据的问题，将在下面的"必要性"标题下讨论。

证明陈述准确性的其他证据的补强，作为证明陈述可信性的另一个因素，其地位是不确定的。这一因素对陈述人在陈述时没有影响，但是回顾起来，它为陈述的真实性提供了支持。在 *Idaho v. Wright* 案件[12]中，最高法院在裁决现已废弃的可信性对质理论时，对补强是否可以适当地用于证明"可信性的同等情况保证"提出了质疑。*Wright* 案件对传闻理论表达了一种观点，这将其对可信性的分析局限于作出陈述的环境，从而排除了通过外部事实来证明陈述准确性的任何补强因素。尽管如此，甚至在 *Crawford v. Washington* 案件[13]消除 *Wright* 案件的先例价值之前，一些下级法院就将补强用作证明在对质问题被消除的情况下，根据无所不包的例外采纳的传闻的可信性的一个因素。

"必要性"。意见赋予不同重要性的第二个因素是规则 807（a）（3）的要求，即"与证据提出者通过合理努力所能获得的任何其他证据相比，该陈述在

---

[12]　497 U. S. 805（1990）.

[13]　541 U. S. 36（2004）.

其所要证明问题上更具有证明力"。许多法院将此解释为一般必要性要求。但是，这并不意味着传闻证据就是必不可少的。事实上，一些法院认为，这一要求为审判法院提供了一个基础，以便评估与获得其他证据的成本相比，案件对该陈述的需要。其他法院则认为这是勤勉要求。这项要求还具有这样的效果，即对例外规定了一个粗略的"最佳证据"要求，因为在陈述人能够到庭作证而庭外陈述并不优越的情况下，不能使用例外。

通知。《联邦证据规则》807（b）中规定的无所不包的例外的另一个重大要求是，在审判前应充分发出通知，使对方当事人能够准备好应对传闻证据。虽然有时会严格执行这一要求，但是如果对传闻的需要是在审判前不久或者审判期间出现的，法院一般都愿意免去通知要求，并通过诉讼延期或者其他情况避免可能出现的不公正。

其他要求。重塑后的《联邦证据规则》807（a）（2）和（a）（4）中的其他要求对剩余例外的适用没有明显影响。（a）（2）要求提供陈述作为重要事实的证据，这是对证据必须具有相关性这一一般要求的重述。（a）（4）要求采纳证据以服务于《联邦证据规则》的一般目的和正义利益，这实际上是对规则102的重申。

"相近"。《联邦证据规则》规定，即使"陈述没有为"任何特定例外"所明确涵盖"，也适用该规则。就勉强——但是显然——不符合明列的例外的陈述而言，这种说法的意思常常被表述为"相近"。未能符合例外导致自动无资格，还是一般情况下作为支持可采性的一个强有力的因素，因为不需要其他东西来证明同等可信性？法院几乎一致的意见是，不符合所列举的例外，并不意味着不能根据剩余例外而采纳。

例外的频繁应用。法院在采纳儿童证人的陈述时，特别是在性侵犯案件中，对这一例外的应用最为广泛。它们强调了一些因素，如陈述的自发性和一致性，幼儿不编造有关类型的指控的一般性主张，幼儿具有不同寻常的明确的性知识，或者使用幼稚的术语的描述性。如果法院认定这些陈述是针对缺乏训练的审讯人员提出的诱导性问题而作出的，则这些陈述往往被排除。

除了儿童性侵害案件，在与所有经常使用的传闻例外有关的各种案件中，剩余例外也被用来采纳传闻。例如，经不相关当事人交叉询问的先前证言、在死亡临近但是并非迫在眉睫时作出的陈述，以及公民个人向公共机构或者企业作出的陈述。在 *Crawford v. Washington* 案对传闻的采纳设定重大限制之后[14]，在

677

⑭　参见上文第 252 节。

反对被告的刑事案件中，对无所不包的例外的其他一些使用，在一段时间内很受欢迎，例如采纳大陪审团证言，以及至少被害人和证人向警察所作的正式陈述，因违反对质条款而被排除了。

第324.1节 传闻中的传闻；多重传闻

"从原则上看，传闻规则不应要求排除这样的传闻陈述，即其中包括进一步的传闻陈述，但是两者都符合某传闻例外的要求，这一点似乎不容置疑。"[15]普通法遵循了这一推理，根据《联邦证据规则》805，"如果组合陈述的每个部分都符合本证据规则规定的传闻规则例外"，则多层次的传闻是可采的。

在通常情况下，探究涉及两个阶段。首先，主要陈述是否符合某个传闻例外？如果是这样，传闻规则允许使用它来证明所包括的陈述是已经作出的，这可能会结束探究。然而，通常情况下，所包含的陈述将被提供来证明其所称事实的真实性。在这种情况下，需要进行第二阶段的探究：所包括的陈述是否也符合某传闻例外？如果答案再次是肯定的，则符合规则805的要求。但是，如果所包含的陈述不可采，则要排除该陈述。

警方的事故调查报告经常提供多重传闻的例子，其可采性取决于次要陈述的性质。重要陈述——警察人员的书面报告——一般作为公共记录是可采的。个人向警察所作的陈述，要么符合各种例外，如激奋话语或者临终陈述，要么不符合任何其他例外，必须因违反原理而被排除。例如，当警察作证说，A陈述说B对犯罪进行了自白，就违反了这一规定。尽管B对A的自白——被包括的陈述——可能符合自认或者对己不利的陈述，但是A对警察的陈述——主要陈述——似乎不符合传闻例外。

多重传闻问题的另一个常见版本涉及包括进一步传闻陈述的日常保存的业务记录。如果重要陈述和被包含的陈述都是由在日常业务中行事的人员作出的，则根据"日常保存的记录"例外，都可采，并且不需要援用进一步的例外。然而，如果其陈述被包括在内的人不是在日常业务活动中行事，则该陈述不可采，除非另有例外。

可以提出这样一种观点：即使所包括的陈述符合某些其他传闻例外，主要陈述也不符合传闻例外，因为日常保存记录例外要求知情人必须是在日常业务中产生的。这一立场尚未被接受，但是记录人必须对记录局外人提供的信息有

678

---

[15] Adv. Comm. Note, Fed. R. Evid. 805.

商业利益。

进行记录的职责要求，将导致不同的结果，这取决于所涉业务的性质。例如，当与袭击被害人谈论造成伤害的情况时，与警察相比，医院的收治人员关注的更为狭窄，信息类型也不同。被害人被特定种族的人枪杀的陈述，对医院的业务并不重要，当该陈述是向医院雇员作出时，不能通过商业记录例外来采纳，即使所包括的陈述符合另一个传闻例外的要求。相比之下，同一陈述与警察找到加害者的职责高度相关，因此，当被被告提出时，主要陈述应作为公共记录被采纳。

其中一项陈述可能构成自认，这在普通法上被视为传闻例外。由于根据《联邦证据规则》，自认不属于传闻，因此产生的问题是，就多重传闻规则目的而言，自认是否符合传闻例外的条件。一个回答是，自认符合这项规定的精神和宗旨。一个更容易的回答可能是，只有一个层次的传闻存在，因为自认不是《联邦证据规则》规定的传闻，如果另一个陈述符合例外，不存在进一步的传闻困难。

第324.2节　对传闻陈述人的弹劾

当引入传闻陈述时，陈述人通常不作证。然而，最终是陈述人的可信性决定了应当赋予陈述的价值。在适当情况下，应当如何攻击或者支持这种可信性呢？

《联邦证据规则》806规定：

> 攻击和支持陈述人的可信性——当传闻陈述或者规则801（d）（2）（C）、（D）或者（E）所规定的陈述已被采纳为证据时，可以使用如果陈述人作为证人作证，则可以为这些目的而采纳的任何证据对陈述人的可信性进行攻击，并随后可以以这些证据对陈述人的可信性加以支持。法院可以采纳关于陈述人的不一致陈述或者行为的证据，无论这些不一致陈述或者行为在何时发生，无论陈述人是否有机会进行否认或者解释。如果为被采纳的陈述所反对的当事人传唤陈述人作为证人，则该当事人可以像交叉询问那样就该陈述对陈述人加以询问。

该规则有效地将传闻陈述人视为弹劾目的上的证人。它既包括根据传闻例外采纳的陈述，也包括自认，但是不适用于非传闻的陈述，以及不是为其真实性采纳的陈述。

679

可以用任何攻击可信性的标准方法弹劾陈述人，包括提出前科、不一致陈述、偏见或者利益、不诚实品性，以及服用药物，干扰了作证能力。这一原则适用于所有证人，包括在提出其传闻陈述时可能因前科而被弹劾的不作证被告。就以不一致陈述进行弹劾，该规则取消了本适用于亲自作证的证人所作陈述的要求⑯，即给予他们解释或者否认不一致的机会。在陈述人不作证时，应放宽弹劾程序，但是不取消其他规则中的单独限制。

如果陈述人站在证人席上，规则允许对方"就像在交叉询问中那样"就陈述进行询问，这就允许使用诱导性问题。⑰当该陈述被采纳来反对刑事被告时，被告可以援引强制程序条款要求帮助确保陈述人在场。

第324.3节　作为准传闻例外的专家意见的依据

根据《联邦证据规则》703，专家可根据不"可接受"的事实或者数据提出意见，如果这些事实或者数据是该领域专家合理依赖的类型的话。专家通常应该被允许向陪审团披露意见的依据，因为不这么做，意见就得不到支持，也无法对其正确性进行评估。在这种情况下，即使根据传闻规则，它不可采，专家也可以作证，但是允许为此目的采纳证据并不意味着为其真实性而采纳它。接受它的目的，仅限于告知陪审团专家意见的依据，因此不构成真正的传闻例外。因此，如果它是一个关键问题的唯一证据，例如在儿童性侵害案件中的加害人的身份，这种区别将被证明是决定性的。在某些情况下，根据是不可采的传闻这一事实，实际上可能会使意见得不到支持。

也许更多的时候，有限的可采性和为陈述的真实性而采纳它之间的差别没有什么意义，也不会造成损害。例如，如果基础数据与案件中的争议没有直接关系，或者它所涉及的事实尽管相关，但是已经通过其他可采的证据得到了证明，允许陪审团从专家处听取不可采的数据，不会有重大后果。

不幸的是，尽管限制性指示是适当的，并且经请求必须作出该指示，但是陪审员可能无法或者不愿意遵循这些指示。因此，在那些不可采的事实或者数据如果被用于证明真相将有重大影响，因而会被滥用的情况下，就存在规则703不适当地成为"后门"传闻例外的危险。必须满足两个步骤。首先，如果"特定领域的专家就某事项形成意见时将合理依赖那类事实或者数据"，该事实

⑯　Fed. R. Evid. 613（b）．总体可参见上文第37节。
⑰　See Fed. R. Evid. 611（c）．总体可参见上文第20节。

"不需要具有可采性";其次,如果事实或者数据本来不可采,则只有在其在帮助陪审团评价意见方面的证明价值严重超过了其损害效果的情况下,意见提出者才可以将其披露给陪审团。2000年对《联邦证据规则》的修正加强了第二项要求。以前,根据规则403[13],不可采的数据因损害或者不相关而被排除在外,但是现在,提出者有更为繁重的负担来证明,与陪审团为实质性目的而滥用相比,接受不可采的证据将如何实质性地帮助陪审团评估专家意见。

在某些情况下,甚至宣称非传闻目的也受到了挑战。在 *Williams v. Illinois* 案件[19]中,五名大法官的结论是,根据对质条款,使用其他专家的报告来支持作证专家的意见,不符合"合法"或者"合理"的非传闻目的。[20]此外,这些大法官声称,使用陈述作为意见的基础,实际上是在对质条款的含义内为了证明其真实而使用它。这一关键性的宪法分析是否会对专家为这一被相对广泛接受的有限证据目的而依赖的材料的使用产生影响,以实现这一被相对广泛接受的有限的证据目的,超出了前面讨论的限制,还有待观察。

第325节 对当前规则的评价

在其1842年出版的证据法专著中,Greenleaf教授写道:

> 学生们一定会注意到这个部门法的对称性和优美性,并将在对其原理的学习中,与Erskine勋爵一起深信,"这些原则建立于宗教的慈善、自然哲学、历史真相以及共同生活的经验"。[21]

今天,没有人会把这一评价应用于普通法传统中发展出来的反对传闻规则,而且更多的人会同意大约一个世纪后Morgan教授和Maguire教授的描述,即这些例外看起来像是"从一群立体派艺术家、未来派艺术家和超现实主义艺术家的画作中切割下来的补丁制成的旧式百纳被单"[22]。确实,许多当代学者试图用一种完全不同的制度来取代这种规则模式。

普通法坚持为司法事实认定提供高质量的证据——这帮助形成了传闻规则——这是合理的。然而,他们制定的规则似乎没有产生与其所要求的高代价

---

[13] 总体可参见上文第185节。

[19] 132 S. Ct. 2221 (2012).

[20] Id. at 2256 - 57(Thomas 大法官就判决持并行意见). 总体可参见上文第254节。

[21] Greenleaf, Evidence § 584 (1st ed. 1842).

[22] Morgan & Maguire, Looking Backward and Forward at Evidence, 50 Harv. L. Rev. 909, 921 (1937).

681 相称的质量。主要的批评意见是，这些规则过于复杂，未能达到甄选好证据和坏证据的目的。

首先，就反对传闻规则及其例外的复杂性而言，例外的数量自然取决于分类的细微程度。《联邦证据规则》包含 30 个例外和排除。Wigmore 需要一千多页的篇幅来涵盖传闻，对传闻的讨论占据了本书原版的四分之一。

当然，大多数的复杂性都是与例外有关的，因此很容易得出这样一个结论：一个充满例外的一般规则是"滑稽的"。这个结论可能有些夸张。尽管无可否认地很复杂，但是在案件审理过程中，无论如何都只可能会遇到十几个例外。不应因掌握这些，再加上对其他规则的了解和对传闻是什么和不是什么的有用知识，而过分地耗费法律职业的智识资源。

第二个不满是，反对传闻规则及其例外未能在现实基础上从不可靠的传闻中筛选出可靠的传闻，这一不满更为重大。传闻陈述的可信程度从最高的可靠性到价值相当可疑不等。这些几乎变化无限、可塑性强的情况是否能够通过一套规则得到完全和令人满意的处理，这一点很值得怀疑。

如果问题的实质是例外是不可接受的，那么问题仍然存在。前面关于传闻的章节表明，虽然在使规则合理化和提高其实际可操作性方面取得了一些进展，但是它们仍然相当复杂。如果基本的困难就是没有一个基于例外分类的传闻制度能够真正成功，那么就需要一个完全不同的方法。就像第 327 节所讨论的那样，此类建议——过去曾在民事案件中提出，但是在刑事案件中遇到对质条款障碍——可能具有更有利的长期前景。也许最近的最引人注目的发展，不是对例外制度的广泛改革，而是通过临时性的司法行动根据剩余例外经常采纳传闻而带来的重大灵活性。

第 326 节　现代传闻发展之路

重新塑造传统的普通法传闻模式的整体举措，大部分是立法性质的，而不是司法性质的，下面将讨论一些更值得注意的立法举措。

根据 Thayer 的建议，1898 年《马萨诸塞州传闻法》规定如下："如果法院认定死者的陈述是在诉讼开始前善意作出的，并且是根据陈述人的个人知识作出的，则不得作为传闻而不可采纳为证据。"[23] 在该法施行 25 年后，向该州律师和法官发出了关于其价值的调查问卷。绝大多数回应者认为它的效果是积

---

[23]　Mass. Acts 1898，c. 535.

极的。1938年，美国律师协会推荐了一个更自由化的法律版本供各州采用。

1938年《英国证据法》允许引入根据制作者的亲身知识或者在日常业务过程中制作的书面陈述，如果制作者被传唤为证人或者不能到庭的话。即使制作者没有被传唤，也不是不能到庭，如果法官确信会涉及不当的延误或者耗费，则可以采纳该陈述。利害关系人在程序未决或者提起后所作的陈述，被该法排除了。它只适用于民事案件。

1968年放宽了这些限制，并增加了新的限制。根据该法，传闻陈述，无论是书面的还是口头的，只要陈述人的证言本来是可采的，无论他或者她是否被传唤为证人，都是可采的，尽管在陈述人被传唤的情况下，根据提出者的要求，先前的陈述通常是不可采的。根据该法，要求就提供传闻陈述的意图进行通知，对方有权要求出示陈述人作为证人（如果能够到庭的话）。1995年的《民事证据法》在概念上简化了这一情况，该法废除了作为排除证据依据的传闻规则，同时保留了通知要求、对先前陈述的一些限制以及反对者传唤陈述人并对其进行交叉询问的权利。与1955年《民事证据法》一样，新法只适用于民事案件。英国刑事案件传闻法的改革更少，但是仍然是很重大的。

美国法律学会《示范证据法典》的起草者对传闻进行了大胆的改革。他们起草了传闻规则的一个全面彻底的新例外，允许在"法官认定陈述人（a）不能作为证人到庭，或者（b）到庭并接受交叉询问"的情况下，采纳传闻。[24] 然而，这一规则受到其他规则的限制，这些规则将其适用范围限于具有亲身知识的人的陈述，排除了传闻上的传闻，并授权审判法官排除此类传闻，如果其证明价值被浪费时间、损害、混淆或者不公平的突袭的可能性所超过的话。除这一新规则外，总体保留了传统的例外。传闻使用的自由化是反对《示范证据法典》的一个主要理由，毫无疑问，这在很大程度上解释了《示范证据法典》未能在任何司法辖区获得通过的原因。

然而，关于《示范证据法典》的争论唤醒了人们对改进证据法的新兴趣。因此，统一州法委员会与美国法律学会合作，并在《示范证据法典》的基础上，起草并通过了一个更温和的改革性法典，即《统一证据规则》。美国律师协会赞成这项行动。

最初的《统一证据规则》，与上述《示范证据法典》的规则一样，并没有采纳不能到庭的陈述人的几乎所有第一手传闻，而是代之以不能到庭的陈述人描述最近感知的事项且在诉讼开始前善意作出的陈述这一传闻例外。在规则

---

[24] Model Code of Evidence Rule 503（1942）.

804（b）（5）中一度也可见类似的规定。然而，国会从《联邦证据规则》中删除了与此对应的规定，它也不再是《统一证据规则》的一部分。至于出席听证会证人先前的陈述，原来的《统一证据规则》实质上采纳了上述《示范证据法典》规则的宽泛规定，但是《统一证据规则》遵循的是更窄的国会版本的《联邦证据规则》801（d）（1）。㉕与《示范证据法典》一样，最初的《统一证据规则》保留了其他传统的例外，并进行了自由化。

《联邦证据规则》咨询委员会在处理其任务时，意识到了对普通法传闻规则的例外分类制度提出的批评。它还意识到，《示范证据法典》没有得到接受，主要是因为它超出了法律职业接受一种从根本上改变的传闻处理方法——允许广泛接受不能到庭的陈述人的先前陈述——的意愿。

在分发供评论的第一稿中，委员会努力使传闻例外情况在总体上合理化，同时保持与过去的连续性。为了达到这些目的，包含了两个规则，一个规则涵盖了陈述人是否能够到庭没有区别的情况，另一个规则仅在陈述人不能到庭时适用。这些规则中的第一条以下一般性规定开头："如果陈述的性质和作出陈述的特殊情况提供了准确保证，即使陈述人到庭，也不可能通过传唤陈述人作为证人来提高其准确性，则传闻规则不排除该陈述。"

在这一一般性规定之后，又提出了 23 项来自普通法例外的例证性适用，这些适用不应被视为排他性清单。第二个规则再次以一般性规定开头："如果陈述的性质和作出陈述的特殊情况有力地保证了其准确性，并且陈述人不能作为证人到庭，则传闻规则不排除该陈述。"随后还列出了一份源于普通法的例证性适用清单，尽管清单较短，并也附带警告说，该列举不被视为排他性的。

虽然人们的回应表明，人们愿意接受传闻领域的实质性修订，但是与草案被认为能够提供的可预测性相比，法律界选择了更大程度的可预测性。结果，上述两项一般性规定被撤回，两项规则被修改，将例证改为普通法传统中的例外，并增加了两项剩余例外，以适应可能出现的未曾预见的情况。按照这种形式，这些规则经过一些修改，由国会作为规则 803 和 804 制定为法律。此外，以《联邦证据规则》为模板的规则现在在 42 个州生效，并结合当地情况进行了各种程度的改变。排除传闻的一般规则模式，有着许多例外，已显示出很大的弹性。

㉕　参见上文第 251 节。

第327节 传闻的未来

作为一个历史问题，不论传闻规则是否是陪审团制度的产物[26]，显而易见的是，对控制传闻使用的关注，在陪审团案件中比在非陪审团案件中更为明显。在某种程度上，这种态度可能是刑事案件中获得陪审团审判的权利和对质权之间密切关系的产物。英国在民事案件中放宽传闻限制的发展方向[27]，显然受到在这类案件中陪审团审判实际消失的启发。就仍然有陪审团的刑事案件，没有发生相应的变化。

在美国，刑事被告的对质权和获得陪审团审判的宪法权利，以及不愿意就刑事和民事案件分别制定单独的规则，到目前为止，结合起来，抑制了传统传闻例外的大规模变化。然而，最高法院在 *Crawford v. Washington* 案件[28]中的判决，将对质条款分析与关于证言性陈述的传闻例外分离开来。如果法院要完全消除这种联系，对传闻重构的一个重大限制将被取消。

在任何情况下，人们都可以合理地假设民事陪审团的重要性将继续下降。如较早的一节所述[29]，在非陪审团案件中，法院在执行证据排除规则方面往往表现出更为宽松的态度，包括反对传闻规则。在行政程序中，更为宽松的态度占了上风。这些趋势可能会继续下去。

两位学者认为，传闻在民事案件——陪审团审理或者非陪审团审理——中的可采性应该更加灵活。Weinstein 法官认为，可采性应以法官对证明力的特别评估为基础，并辅之以若干程序保障措施。这些措施包括：就使用传闻的意向向对方发出通知，扩大法官评论此类证据证明力的能力，进一步加强法官对陪审团的控制，以及进一步加强上诉法院对审判法院的控制。[30] 近 20 年后，Park 教授认为，在民事案件中，应该增加一个剩余的例外，允许在没有任何可靠性筛选的情况下采纳传闻。例外情况将要求通知对方，并允许对方运用优先次序规则，如果运用了优先次序规则，则要求证明陈述人不能到庭，如果可以到庭，则必须传唤其作证。[31] 尽管有一些吸引人的特点，但是这两项提议都没有获得接受。

684

---

[26] 参见上文第 244 节。

[27] 参见上文第 326 节。

[28] 541 U. S. 36 (2004).

[29] 参见上文第 60 节。

[30] See Weinstein, Probative Force of Hearsay, 46 Iowa L. Rev. 331, 338-42 (1961).

[31] See Park, A Subject Matter Approach to Hearsay Reform, 86 Mich. L. Rev. 51, 118-22 (1987).

五十多年前，McCormick 教授在很大程度上按照边沁的传统写道：

> 也许，英美法院程序最终会发现自己在逐渐地，但是越来越自由地摆脱对陪审团审判及其有争议的证据理论的强调。由于查明事实的责任由职业法官承担，工作的重点将从采纳或者拒绝证据的粗糙技术转向评估其可信性的更现实的问题上。同时，心理学家将根据他们对证人分组统计可靠性的知识，建立一种测试各个证人诚实性和评估特定证言可靠性的技术。法官和诉辩者将成为司法证明应用科学的学生和执业者。[32]

越来越明显的是，这种乐观的说法充其量是一种非常长期的观点，不太可能实现。

685

一些学者认为，尽管复杂且充满重大问题，现有的制度甚至其复杂性都有一些好处，建议谨慎地进行彻底改变。这些原因包括：口头陈述可能被误报，放宽传闻规则对检控方和富有的组织因产生证据的高超能力而在诉讼中享有的优势的可能影响，对审判法官的能力和不偏不倚的不信任，以及其他一些程序关切。[33]

两个一般命题似乎不可避免地是正确的。首先，在相当长的将来，传闻规则和一系列与现行制度极为相似的具体例外将继续存在。其次，改革将朝着放宽传闻采纳的方向发展。

---

[32] McCormick, Evidence, 3 Encyclopedia of the Social Sciences 637, 645 (1931, reissue of 1937).

[33] See Lempert & Saltzburg, A Modern Approach to Evidence 519 (2d ed. 1982); Mueller, Post-Modern Hearsay Reform: The Importance of Complexity, 76 Minn. L. Rev. 367 (1992).

第十一编　司法认知

第 35 章

司法认知

第 328 节 司法认知的必要性和效力

传统观念认为，审判是由一名法官和一个由 12 名陪审员组成的小组共同参与的分为两部分的程序，这显然对整个普通法证据理论的发展产生了深远影响。毕竟，陪审团的存在，促使人们要求严格保证准确性——这是证据法的典型特征，见证了坚持由有第一手知识的证人作证，对传闻的不信任，以及对原始文件的坚持和经由证人进行的验真。因此，通常情况下，争议事实都是在仔细地控制引入的正式证据后由陪审团认可的，这些证据提出包括证人证言。因此，鉴于陪审团的作用，很容易得出这样的结论：虽然与适用于案件的法律要旨有关的问题在法官的职权范围内，但是与事实命题有关的问题的裁断是陪审团的独特职能。然而，法律的生命从来就不是那么简单，因为法官在许多情况下负责处理事实问题，并免除了当事人必须通过出示正式证据来证实事实的负担。法官们把这些混合的事实问题当作与法律有关的问题来处理，它们是解释司法认知理论的原材料。

对法律与事实的区别稍加思考是恰当的。在某些司法辖区，如果要使文件在遗嘱认证中被采纳，必须由三名证人见证遗嘱人的签字，这一陈述是一种断言，即存在某种事态。说者可能会在该断言前加上这样的措辞——"事实上"。在日常用语中，该陈述是真是假，是一个事实问题。进行社交对话的人可能不同意陈述的准确性，但是同意通过对在场其他人进行民意测验来解决他们之间的分歧。所有这些都无足轻重，只要在场的人始终没有根据投票结果实际规划自己的财产。

如果同样的谈话是以正式程序中法庭上的律师辩论形式进行的，回答与本案事务的处理密切相关，那么就会进行非常不同的考虑。在同一个法庭的案件之间或者整个司法辖区的各个法庭之间，看不出答案会有什么不同。如果作为争议解决制度的法律要保持公正和理性的必要表象，就必须有标准化的答案。上诉审查机构和司法辖区的最终的最高法院这样的组织，保证统一性。因此，在法律术语中，只有一个正确答案的问题必须由法官在法庭上回答，因此，这样的问题是法律问题。

690　　谁在什么时候，在什么地方，在什么样的心态下对谁做了什么，这是另一个问题。导致诉讼的具体的人类行为或者不作为，都是既成事实，可以说就是历史。反思一下可能表明，历史实际上是一个当前事件，因为历史是我们目前对过去发生的事情的最佳判断。过去的事件是无法重建的；只有在现有证据的基础上，才能在头脑中建立起它们的摹本。在法庭上，可用的证据是证据规则的一个因素，也是对方律师的聪明和勤奋的一个因素。

　　如果在审判中提出了足够的证据，可以据此来认真评议过去实际发生了什么，如果在民事案件中证据不是压倒性的，以至于没有必要进行评议，那么就没有科学的试金石来分析对方关于事件说法的准确性。无论哪种方式都有可能做出裁决。用法律术语来说，就是我们遇到了事实问题，在英美传统中，这个问题是由陪审团来决定的。但是这迫使我们得出结论：事实问题是一个有两个正确答案的问题。或者说得更礼貌一些："当陪审团的裁决受到攻击时，我们只询问，根据任何合理的观点，是否有任何可信的证据支持裁决。"①

　　这种模式的根源在于 Coke 勋爵。② 对于事实问题，法官不回答；对于法律问题，陪审团不回答。（*Ad questionem facti non respondent judices：ad questionem juris non respondent juratores.*）然而，在这种模式中，隐含着对抗制中固有的概念，即法官按照裁判的方式主持审判，他根据众所周知的规则控制比赛，但是不参与其中。这也隐含着这样的概念：就涉及直白的合同或者侵权纠纷的审判而言，如果起诉没有说明人们所熟悉的诉因，则会被断然驳回；诉答充分的普通法诉因的简明要件，使审判——如果到了这个阶段的话——中的事实争点变得少而简单。最后，该模式假定法律本身主要由私法规则构成，这些规则大体上在任何一代人的一生中都是不变的。

　　如果在审判过程中牵涉到一个事实命题，而常人就这个命题的真实性不存在争议，那么这个命题就不符合这个原则，即两个答案中的任何一个都适合于事实问题。将常识运用到迄今为止所讨论的原则中，必然会得出这样的结论：一个正确答案的存在，标志着这是个法律问题。因此，至少在被要求这样做的情况下，法官不得不将这一事实问题视为法律问题之一，并指示陪审团，可以简单地将这一命题视为其本身已被确立。事实上，现代的观点是，鉴于司法认

①　Cheetham v. Piggly Wiggly Madison Co.，128 N. W. 2d 400，402（Wis. 1964）.
②　Coke's Commentary Upon Littleton 155b（1832 ed.）.

知的事实必须是真实的，司法认知的作用，不仅是就事实免去向陪审团提供证明真实性的证据，而且法院必须指示陪审团，他们必须将这一事实接受为真。第二种想法表明，在刑事案件中，这样的指示可能会违反宪法第六修正案的思想，即禁止法官针对被告作出判决。因此，国会修改了《联邦证据规则》，要求法院在这些案件中指示陪审团，他们可以也可以不将司法认知的事实接受或者不接受为结论性的。一定要注意的是，许多州采用了《统一证据规则》，而这些规则并没有试图软化规则。③

691

法官们自己所关心的是与事实有关的什么样的问题？在审理过失案件时，当事人所称的知名街道是否事实上在当地有着限速的商业区之内，可以由法官处理。也就是说，法官可以指示陪审团，有关街道是在商业区内，因此不需要引入这方面的证据。接着，又出现了一些事实问题，就这些事实问题，理性的聪明人可能并不知道有关信息，但是他们会同意，通过查阅权威的参考资料，这些事实是可以具有确定性地核实的。例如，当在星期日签订合同是一种禁忌的时候，在担保诉讼的审判中出现了一个问题，即订立于1906年6月3日的相关销售文书是否是在星期日签署的。该案因审判法官将该问题作为事实问题留给陪审团进行评议而被撤销。因此，经验表明，有两类事实显然在司法认知的范围内，它们是社群内的所有常人泛知的事实，以及通过诉诸某种其准确性不受合理质疑的来源而能够准确和迅速确定的事实。

在迄今列举的两个例子中，都应注意到，司法认知的事实都是"裁决性"事实。它们是关于引起诉讼的特定事件的事实，与所有判决事实一样，它们有助于解释谁做了什么、何时、何地、如何以及出于什么动机和意图。此外，无论是因为它们是司法辖区内众所周知的事实，还是因为它们显然能够准确核实，它们都是社群中的合理明智的人会认为不存在合理争议的主张。

另一类事实在司法认知的讨论中占有突出的地位，用K. C. 戴维斯教授创造的术语来说④，叫做"立法性"事实。当法官面临造法的任务，即要根据政策决定制定法的宪法有效性，或者对制定法的解释，或者普通法规则的扩展或限制，而政策被认为取决于社会、经济、政治或科学事实的时候，就要对这些事实进行司法认知。这一现象的例证是 *Clinton v. Jones* 案件⑤，在该案中，法院甚至以审慎为由，拒绝给予现任总统自动豁免，使其免于因其就职前发生的

③　Compare Fed. R. Evid. 201 (f) and Uniform Rule 201 (g).

④　Davis, An Approach to Problems of Evidence in the Administrative Process, 55 Harv. L. Rev. 364 (1942).

⑤　520 U. S. 681 (1997).

行为而受到民事诉讼。法院驳回了这样的观点，即私人诉讼可能干扰总统履行公务。除一名法官外，其他法官都认为民事诉讼不太可能占用总统的大量时间。这一前提建立在对政治生活事实的某种看法之上，但是这些事实并非无可争辩。事实上，总统在此案中的庭前证言存录，引发了一场法律和政治争议的旋涡，几乎独占了总统的注意力。请注意，这些事实并非正在进行诉讼的有争议的事件的一部分，而是与法院自己对在裁决争议时适用的法律的要旨的思考有关。

692

"立法性事实"这个通用标题，未能凸显法官在制定法律规则——无论宪法性法还是私法——时使用记录外数据，与当他们使用记录外数据来分析是否存在使立法权具有宪法上的正当性或者证实立法产品合理性的情况之间的任何区别。诉诸诸如"法律制定事实"这样一个新的亚分支，可能不会反过来说明这样一个现实：法官不仅在阐明新的实体法原则时经常诉诸记录外数据，而且在决定从民事管辖权到刑事判决等各种问题时使用这些数据。

对立法性事实的关注确实标志着这样一种认识，即法官不是"发现"法律而是"制定"法律，公法问题已成为判例法"菜单"上的一项"主食"。法官可能不再是普通法模式所建议的稳定的州制度中的公正裁判，而更多地是积极的参与者，从事被视为使法律适应不稳定的社会政治环境的工作。从一个非常真实的意义上说，一个习惯于处理私法案件的法官和一个处理由多个行政机关行为引起的纠纷的法官，可能实际上生活在不同的世界里。与此同时，现代的程序和审判实践已经产生了一种复杂的现象，这将使过去的执法者感到困惑。

裁判性事实和立法性事实之间的任何鲜明界限在实践中消融的趋势，使得情况更加复杂。例如，假设制定法规定，持有古柯叶或者古柯叶的任何盐、化合物或者衍生物，均为犯罪。如果相信，则外行或者专家证人的证言将证实，被告持有一定量的盐酸可卡因，而且该物品确实是古柯叶的一种盐、化合物或者衍生物。最后一个命题是不容置疑的，需要司法认知。如果这是一个裁判性事实，联邦法官将不能随意指示陪审团说，如果他们认定被告持有该物品，他们必须认定该物品是被禁止的。[⑥] 如果这是一个立法性事实，就不会有这种内疚。然而，一位法官可能会从这个角度设想问题："被告持有的是什么？"，哪些是标志着裁判性事实的谁、什么、时间、地点，而另一位法官可能会问"立法机关打算把什么定为刑事犯罪"，从而进入立法性事实领域的大门。所有这些都可能提醒读者，对事实现象的司法认知具有王水的许多特征：它不可能完

---

⑥　Fed. R. Evid. 201（f）.

全盛放在任何已知的容器中。

当然，这是公理性的，即法官决定一组给定的事实是否构成可诉的错误，或者某一系列交叉询问是否是相关的。除非想在上诉中被推翻原判，否则法官必须了解她自己司法辖区的普通法和制定法。通常情况下，即使是这一自明之理也被纳入了证据法，即法官必须对其法庭适用的法律进行司法认知。这么说，有助于将把相关法律输入司法程序的程序机制纳入司法认知领域。当然，外国法再次与司法认知这一话题密切相关，因为该法律体系（为方便起见）被视为事实，以至于法院所在地以外的司法辖区的法律，必须像任何其他事实问题一样诉答和证明，但是这是一个只有法官来决定的特殊问题，这就证明了将其纳入司法认知话题的正当性。事实上，在司法认知标题下，与外国法律一起被视为适当的处理对象的还有法院所在地的行政法和地方市政法规，以及与法院本身有关的各种内部司法细节，例如法院本身的人员、记录、组织和司法辖区边界。然而，人们似乎越来越认识到，法律潜入司法程序中的方式，与其说是一个证据问题，不如说是一个最好在与程序有关的规则情境下得到处理的问题。[⑦]

然而，必须指出的是，外国法律可以被司法认知为不是适用于案件裁决的法律，而是造法过程中使用的一个事实。例如，最高法院裁定，宪法第八修正案规定禁止实施残忍和不寻常的惩罚，这禁止对犯罪时不满 18 岁的罪犯判处死刑。[⑧] 在作出该裁定时，法院就这一事实进行了司法认知，即自 1990 年以来，全世界只有七个国家对未成年人执行了死刑，并且这些国家此后废除或者否认了这一做法。"国际社会的意见虽然不能控制我们的结果，但是确实为我们自己的结论提供了受人尊重和重要的确认。"[⑨]

在一个由电子网络连接的世界里，曾经陌生而遥远的东西，现在却变得近在咫尺。将外国法作为立法性事实是一回事，而将其作为准据法则是另外一回事。伊斯兰教法的阴影在州层面上引发了争议，有人正在提议禁止在实际的案件判决中使用伊斯兰教法。[⑩] 与此同时，在试图分析作为立法性事实而提出的材料的来源的权威性时，网络上的国内材料数量之巨，也带来了问题，更不用说实际的裁判性事实了。[⑪]

---

⑦　Compare, e. g, Fed. Rule Evid. 201, Fed. R. Civ. P. 44. 1 （外国法的确定）. But see a good model of a bad idea in Proposed Rule 203，171 F. R. D. 330，386 to 389.

⑧　Roper v. Simmons，543 U. S. 551 (2005).

⑨　Roper，543 U. S. at 578 (Kennedy，J.).

⑩　参见第 335 节。

⑪　参见第 330 节、第 331 节。

第329节　常识事项

司法认知最古老、最显而易见的理由是，事实是在社群中众所周知的，以至于要求提供证据是无利可图的，而且在常人也是无可争辩的。尽管司法认知的这一基础有时被随意地描述为普遍知识，但是显然这不能从字面上理解[12]，更具反思性的观点是"大多数人"的知识，或者"见多识广的人通常知道什么"，或者"每个聪明人都拥有的知识"。注意，这些短语逐渐扩大了"常识"中的事实范围。此外，尽管"常识"事实通常会在全国范围内广为人知，但是审判法院所在地的当地社群所知晓的事实就足以作为司法认知的依据。

法官所知道的和法官可以进行司法认知的事实，并非归属于完全相同的数据库。《年鉴》的一次著名的笔谈表明，人们早已经就法官可以进行司法认知的情况与特定法官本人碰巧知道的事实之间进行了明确的区分。[13] 法官在适用时不容易作出区分，但是这一理论被接受，即法官的实际私人知识不足以构成作为认定或者最终判决基础的对某个事实进行司法认知的根据，尽管它仍然可能是行使某些自由裁量权的根据，例如批准为避免不公正而提出重新审判的动议，或者在量刑时。

与此类似，陪审团成员与其他人的共同知晓的事项，以及司法认知理论适当范围内的事项，也不是一回事。传统上，那些在社群内广为人知、不可能合理引起争议的事实，已被列入司法认知的范围内，被称做"常识"。然而，同时，人们常常轻率地说，陪审团可以考虑社区的常识范围内的事实，好像这些事实已经得到了证明一样。

在考虑征用案件中的补偿时，陪审团适当关注的问题是，土地的残余价值

---

⑫　Suffolk 法学院已故院长 F. McDermott 巧妙地揭露了这一方法的荒唐性，他把这一方法简洁地转化成了这样的规则，即"只能对每个傻瓜都知道的事实进行司法认知"。参见 Layne v. Tribune Company，146 So. 234，237（Fla. 1933）（"假定法院知道每个人都知道的事，就这等事项可以进行司法认知"）；In re Buszta's Estate，186 N. Y. S. 2d 192，193（Surr，1959）（"一般而言，法院可以对普遍知晓和承认的事实进行司法认知"）。

⑬　Anon.，Y. B. 7 Hen. IV，f. 41，pl. 5（1406），下面的是其中的一段摘录："Tirwhit：先生，我们假设一个人在你面前，在你眼皮下杀了另外一个人，另一个就此无辜的人在你面前被起诉，就该死亡被认定有罪，你应该暂缓作出对他不利的判决，因为你知道情况不是这样的，你要向国王报告这件事，让国王赦免他。在本案中你不应当作出判决……Gascoigne，C. J. 国王本人曾就你刚刚说的这个案件问过我，问我法律是什么，我告诉他就是你说的这样，他很高兴法律是这样的。"参见 Wilson v. State，677 S. W. 2d 518（Tex. Cr. App. 1984）（法官本人可能知道他不能进行司法认知的事实，但是可以要求他对他不知道的事实进行司法认知）。

是否因在征收的地块中安装天然气管道而减少。陪审员在计算补偿数额时，考虑了这样的可能性，即在农场进行深耕可能会使管道破裂并引发爆炸。这一点众所周知，会使农场未来的购买者望而却步。陪审员本身是一个农业社区的居民，熟悉当地的做法，他们认真地对待这种可能性。尽管没有将任何与深耕有关的事项引入证据中，但是法院愿意维持这一判赔，这恰恰因为鉴于这个农村陪审团共享的共同知识，没有必要用正式证据来证明这一点。

将同样的案件移交到都市进行审判，如果没有证据提醒他们注意这一做法，陪审团就不太可能考虑深耕问题。如果某个陪审员调查农业实践，并且第一次在陪审团评议室内部公开提出这个问题，那显然是不恰当的。此类信息应通过证人的证言提供给陪审团，当然，陪审员通常被视为没有能力履行这一职责。这样一来，一位原农村居民就有可能将这一主题引入城市陪审团评议室，与他的同胞们共同分享其独特常识。如果陪审员可以借鉴的是整个社会的常识，这个数据在城市审判地点就显得不适当了。

如果引入了支持或者反对深耕所造成的真正的威胁的证据，一个或者多个陪审员与其他陪审员分享了他们在这方面的独特经验，则一个类似的问题将会出现。陪审员不考虑该证据；陪审员考虑该证据，要进行该思考，从根本上要求一个人借鉴自己的经验。尽管如此，在这样一个取决于这样的问题——一匹投保的马是否确实死于闪电的案件中，邀请具有农场经验的陪审员与其他陪审员分享其经验，仍然被判定是不恰当的。然而，在锯木厂事故造成的人身伤害案件中，邀请在锯木厂工作的和有关于锯木厂的个人经验的陪审员分享他们的见解，被判定是适当的。

陪审团共同数据库的参数可能是模糊的，恰恰是因为当审判律师自己经常使用总结来让陪审员接触伪装成修辞假设的非证据事实时，他们发现自己很难坚持亮线规则。随着陪审团候选人审查和回避可以用来将任何了解当地共同信息之外的信息的人排除在陪审团之外，任何确实发生的古怪情况都可能被简单地归咎于律师作茧自缚。即便如此，所有这些都假设每个审判地点的陪审员大体上共享相对同质的文化根源，因此，事实上，确实存在着他们共同分享的大致的共同知识。在日益多样化和高度流动的社会中，由于阶级划分的进一步碎片化，可能不再存在由特定审判地点居住的陪审员共享的共同知识。此外，虽然词语的含义通常由陪审团的非正式常识决定，但是合同案件中可能决定着结果的词语的确切含义，应当作为司法认知问题正式处理。在所进行司法认知的事实实际上是裁判性事实的情况下，对社群中普遍知道的不存在争议的事实进行司法认知的案件，似乎比较少见。在大多数情况下，尽管使用了司法认知的措辞，但是事实要么涉及有助于分析与裁判性事实有关的证据的背景信息，要么涉及与阐明用于解决争议的法律的主旨的过程有关的事实。确实，人们越来越认识到，事实的常识多样性在司法认知场景中所起的作用很小。

第 330 节　能够证实的事实

司法认知最早的、也许也是最为人所熟悉的基础是"常识"，但是第二个完全不同的原则已被认为是援引该学说的一个更重要的理由。一开始，这一司法认知的延伸被一种冠冕堂皇所掩盖，当被要求对一个不为人所泛知，但是显然很容易通过查阅常用材料来查明的事实进行司法认知时，例如十年前的 1 月 1 日是星期几，法官们求助于日历，但是就该常识事项，却声称是在"刷新记忆"。最后，人们认识到，这里所涉及的，是司法认知对这样一个新的事实领域的重要延伸，即这些事实"能够准确和立即证明"，"如果愿意，能够迅速和毫无疑问地证明，任何一方都不会认为这是在聪明的对手面前糊弄裁判庭"，或者"通过诉诸某种其准确性不受合理质疑的来源而能够准确和迅速确定"。例如，正是在这一原则下，法院对科学原理进行了司法认知，虽然这些原理是可核实的，但是不太可能是家喻户晓的。这些原理支持将雷达、醉酒血液检测和非亲子血液检测、笔迹和打字机打字鉴定、弹道学用于证据。使用这些设备的人是否有资格这样做，设备是否得到了妥善维护，设备是否得到正确使用，仍然是事实问题。

試图就法院将予以司法认知的可核实的事实制定清单的活动，已开始声名扫地，因为所涉及的原则可以更好地用例子加以说明。因此，在 *State v. Damm* 案件[14]中，在其继女生下一个孩子后，被告因强奸罪受审。辩护方要求法院下令授权验血，希望通过阴性结果证明其无罪。然而，即使检验结果为阴性，只有在适当进行的血液检测结果为阴性，排除了亲子关系的可能性的情况下，叙述检验结果的证言才与有罪或者无罪问题有关。把这个与当时科学知识状况有关的预备性问题留给陪审团，由陪审团根据可能相互矛盾的证言尽最大努力作出决定，似乎是荒谬的。因为就这个问题只有一个正确答案，即这一原理是否已经被适当的科学界所接受，这个问题就属于司法认知的范畴。即便如此，本案的审判法官仍被判定拒绝这一请求没有错误，因为鉴于时间和地点，辩护方无法提供必要的数据，向他说明这一原理已经被科学界所接受。当

696

---

[14]　266 N. W. 667 (S. D. 1936).

然，今天可能会得到相反的结果。

　　因此，虽然科学的各种命题是司法认知的一个适当主题，但是随着科学原则的演变，实际将被司法认知的内容也在发生变化。此外，显而易见的是，为了获得司法认知，所涉及的原则不必众所周知；如果该原则在适当的科学界被接受为有效的原则，这就足够了。当然，在确定这一命题在智识上的可行性时，法官可以自由查阅他认为可靠的任何来源，但是法官愿意主动查阅典据来源的程度通常是受到限制的。因此，总的来说，找到并在辩论和诉状中提出能够使法官相信事实是确定和可证明的参考、摘录和解释，是律师的任务。在这方面，有人指出，令人费解的是，"在核实司法认知的事实方面，找不到关于什么是合格的或者权威性的来源的定义"[15]。而且，应当指出的是，在许多法院对一项原则进行司法认知之后，随后的法院开始免除提供这些材料，而将对该原则的司法认知视为先例确立的法律事项。

　　我们在这里遇到的是一个范式的转变，即在适当的主题下，对科学证据进行分类。联邦做法是以普遍接受标准这一概念为基础的。[16] 在 *Daubert v. Merrell Dow Pharmaceuticals, Inc.* 案[17]中，最高法院通过了一项标准，该标准基于可证伪性、同行评审、错误率和科学界"接受程度"四个因素的考虑。这项规定使审判法官成为守门人，他们"必须确保所采纳的任何和所有科学证据不仅相关，而且可靠"[18]。这同样适用于自此之后追随了联邦改革的各州。关键的一点是，最高法院的这一改变，是基于当时新的《联邦证据规则》，法院说，《联邦证据规则》没有纳入普遍接受理论，因此问题是规则 402 和 702 规定的相关性问题。因此，在 *Daubert* 案件的司法辖区，与司法认知相比，在相关性/专家证据的思路下，整个科学证据主题将得到更恰当的对待。[19]

　　尽管这些原理是说明性的，但是科学原理很难穷尽法院司法认知的可核实事实。历史事实属于该理论的范畴，例如战争开始和结束的日期。其也涉及地理事实，特别是涉及法院所在州及其县、地区和镇的边界的地理事实，以及州府的位置和县的位置和名称。无论是否是常识，法院都会对全国性政府主要官员和主要州职务的在职人员的身份进行司法认知。与此类似，虽然显然不一定是常识问题，但是法官会对这些问题进行司法认知：其法院其他人员的身份，

697

⑮　Comment, The Presently Expanding Concept of Judicial Notice, 13 Vill. L. Rev. 528, 545 (1968).
⑯　Frye v. United States, 293 F. 1013, 1014 (App. D. C. 1923).
⑰　509 U. S. 579 (1993).
⑱　Daubert, 509 U. S. at 589.
⑲　United States v. Dicristina, 886 F Supp. 2d (E. D. N. Y. 2012).

如其他法官、治安官、书记员和律师；任期和开庭时间，以及法院规则。

显然，法院的法官会对他所在的机构的所有记录进行司法认知，但是法院迟迟没有充分考虑司法认知原则的逻辑性和变通。当然，法院——审判法院和上诉法院——应当对各自当前诉讼中的记录进行司法认知，不论是在当前审判中发生的事项，还是在以前的审判或者听证中发生的事项。这一原则似乎同样适用于同一法院其他案件的程序记录事项，有些判决也承认了这一点，但是就同 法院其他诉讼的程序记录，许多法院仍然坚持不必要的要求，即进行正式证明而不是非正式陈述展示。其他法院的记录事项通常被拒绝进行司法认知，即使在逻辑上，这些公共文件作为易于核实的事实，也应当进行司法认知。

在对科技事实进行日益重要的司法告知实践中，出现错误的一些可能性是，首先，在这一领域，法院可能无法充分利用司法认知理论衡量其有用性；其次，法院可能将过时的或者还没有被专业人员接受为完全证实的理论，错误地视为权威的科学理论；最后，法院在对公认的科学事实进行司法认知时，特别是在某些情况下，可能会误解源于其中的结论或者应用。其中，第一项似乎是迄今为止最常发生的不足。

698 在确定相关性时，通常会存在一种非正式的司法认知制度，例如，基于只有窃贼才可能拥有盗窃工具的前提，判定盗窃工具是可采的证据。阴性血液测试的结果是否可采也是一个相关性问题，但是只有证明了检测背后的原理的有效性是无可争议的事实后，结果才具有可采性。此刻，似乎不证自明的是，陪审团不能就检测原理发表意见，因为涉及一项科学规则，只有一个正确的答案。同时，可能有人担心陪审团可能会被科学证据吓倒，除非该原理达到了绝对真理的严格检验，否则不应冒着发生损害的风险。然而，是否仍应遵循经典模式，是一个必须面对的问题。在一个技术时代，科学真理更容易被承认为会受到迅速修改的定理本身，陪审团很可能意识到技术设备和分析中固有的弱点，因为普通陪审员作为很快就过时的电子设备的所有者，总是需要在其短暂的生命周期中进行微调。这意味着，作为科学标准被采纳为证据的路径的以事实必须无可争辩地为真为前提的司法认知，将被抛弃。为此目的而替代司法认知的办法，目前尚有争议，并将在其他地方加以讨论。[20]

---

[20] 参见第 20 章。与此同时，对该问题的一个充分阐述，可见于 Onstott, Judicial Notice and the Law's "Scientific" Search for Truth. 40 Akron L. Rev. 465，487（2007）。

第 331 节　法院造法中使用的社会和经济数据:"立法性"事实

今天，人们普遍认为，法官不仅有责任弄清法律是什么，而且在决定制定法的宪法有效性、解释制定法、扩展或者限制普通法规则时，必须经常制定新的法律。司法程序的本质要求法官和立法者一样，必须以变通和公共政策因素为指导。从事物的本质上讲，他们必须根据已经掌握的知识或者假设，或者根据关于社会、经济、政治或者科学一般事实的调查采取行动。一个古老的传统曾经规定，法官应该仅仅通过与旧的理论类比，将他们的结果合理化，而没有明确说到变通因素。当代实践表明，法官在意见中应明确说明自己的政策判断及其事实背景。后者被有益地归类为"立法性事实"，而"裁判性事实"则是与引起诉讼的事件有关的历史性事实。

根据正当程序诉辩的宪法案件，通常涉及依赖立法性事实来妥善解决。根据管制权力制定的制定法是否有效，毕竟涉及双重分析。首先，必须确定立法的目的是实现管制权力的适当目标；也就是说，立法的目的必须是保护公众的健康、道德、安全或者普遍福利。第二个问题是，根据现有的数据，立法机关是否可以合理地采取它们为实现行使管制权力的目标而采取的手段。例如，在 *Jay Burns Baking Co. v. Bryan* 案件[21]中，问题在于担心消费者被令人困惑的面包尺寸所误导，内布拉斯加州立法机构是否可以颁布法令，不仅要求面包商按照不同的重量烘焙面包，而且要求用蜡纸包装产品，以免烘烤后的面包膨胀而让人无法辨别。法院多数意见判定，这个制定法违宪，因为在他们看来，包装要求是不合理的。Brandeis 大法官正确地预见到实质性正当程序的衰落，对此持不同意见，他指出，唯一的问题是，根据立法者自己掌握的事实，这项措施是否是一项合理的立法回应。然后，在 Brandeis 意见书技术的一个精彩展示中，他列举了一页又一页的数据，说明缺斤少两问题是多么普遍，根据全国经验，该制定法如何似乎是对环境状况的合理反应。

699

鉴于人们倾向于根据立法机关获得的信息来检验正当程序，这些数据的真实内容并不直接相关。问题在于是否存在足够的数据，可能影响一个理性的立法机构采取行动，而不是最终这些数据是否真实。这与法院着手解释宪法规范的情况不同，虽然他们仍然依赖于数据，但是作为立法者的法官自己着手行动

㉑　264 U. S. 504 (1924).

时，好像数据是真实的一样。例如，在 *Brown v. Board of Education* 案件[22]中，法院面临的问题是，根据平等保护条款，是否可以继续容忍隔离学校，尽管在设施和师资上是平等的。问题不再是一个理性立法者是否可以相信这些学校永远不可能是平等的，而是法官是否相信，隔离行为本身就会给某些孩子烙上一种自卑的烙印，这种烙印是如此有害，以至于他们不可能获得平等的教育，无论设施和师资多么平等。因此，这种判决的思想正当性，取决于考虑判决的法官所考虑的立法性事实的真实内容。虽然不一定是无可辩驳的事实，但是如果意见要具有必要的思想正当性，而法官制定规则的权威性最终建立在这种正当性之上，那么这些立法性事实似乎至少比不存在这些事实更有可能。

在这些造法事实的运用上，有三个问题困扰着宪法性决策。第一，有时只见树木而不见森林。也就是说，要照搬如此多的历史和社会学数据，以至于意见似乎是建立在纯粹的实用主义考虑之上，而不是建立在任何令人信服的宪法规范之上的。[23] 第二，大量的学习似乎与当前问题的要求不协调。[24] 第三，所包括进来的数据可能看起来被运用得过度浮夸，这通常是在败诉的案件中。[25] 第一个问题似乎是起草技术的问题，棘手的案件也许会导致糟糕的法律，但是后两个问题似乎不那么站得住脚。

在制定新的普通法时，法官必须像立法者一样，尽最大努力分析他们所掌握的数据，并在智慧的指引下，作出最佳决定。例如，在不动产领域，他们是否应继续援引普通法中的"一经售出概不负责"规则，还是应像出售新房那样援引默示保修的概念？他们是否应该要求单位住宅的业主保证住宅的居住条件和适合预期用途？虽然社会学、经济学、政治学和道德学说中可能有很多类似的问题，但是这些数据都不可能没有争议。

因此，在实践中，法官行使其造法职能所依据的立法性事实并无可争议的事实。与此同时，法官认识到其作为造法者的决定可能影响广大公众，而不是在审判中只影响当事人本身的大多数裁决，因此法官不太可能只依赖对方律师向他提供的数据。因此，显然，在提出将司法认知制度法典化时，立法性事实往往是最难以捉摸的事实。这一点似乎得到了这一事实的证实，即《联邦证据规则》没有试图规范这类司法认知。

不过，目前有人正在努力使这一主题合理化。如果一个人要研究社会科学

---

[22] 347 U. S. 483 (1954).

[23] 首席大法官 Burger 在 Doe v. Bolton, 410 U. S. 179, 208 (1972) 案件中的并行意见。

[24] 大法官 Blackmun 在 Flood v. Kuhn, 407 U. S. 25 & 260 - 264 (1972) 案件中的意见。

[25] 首席大法官 Rhenquist 在 Texas v. Johnson, 491 U. S. 397. 421 - 435 (1989) 案件中的不同意见。

资料，寻找有助于阐明法治的帮助，那么他将以与揭示判决先例典据一样的方式寻找典据。这向 John Monahan 和 Laurens Walker 教授暗示，对社会科学资料的研究，更像是回答法律问题而不是事实问题。[26] 因此，法官不应将自己视为在对立法性事实进行司法认知，而是在颁布法律。社会科学资料不会以专家证言的方式引入系统，而是以书面意见书的方式引入，法官们也会毫不犹豫地进行自己的独立研究。承认涉及法律问题，将促使人们对这些材料采取更加批判性的态度，因为与当前方法中唯一可以说是真实的情节事实相比，他们具有更多的严肃性。很快，一个先例典据的规范就会产生，它建立在一丝不苟的法院的计算基础上，这种计算依赖于特定的数据和每个判决在法律评议和其他意见中受到的同行评议。因此，下级法院可以通过简单的参考和引证，迅速近用这些资料。

第332节　司法认知的使用

法官们一直倾向于强调在适用司法认知理论时需要谨慎。另一方面，伟大的证据法作者也许对司法的需要有更广泛的看法，主张更广泛地使用该理论。因此，Thayer 提出："法院可以对很多没有被要求作司法认知的事情进行司法认知。这一点很值得强调；因为它指出了这一理论在帮助缩短和简化审判方面可能有很大的用处……日常不运用它，往往会以技术性扼杀审判，并使审判延长到可怕的程度。"[27] Wigmore 也说："这项原则是迄今为止法官们从未想象过的有用工具。"[28]

司法认知囊括了众所周知的事实和易于核实的事实，这一老调作为经验之谈尚可，但是不能作为精确的检验标准。法院诉诸司法认知的意愿显然受到一些不太明确的情况的影响。法院更愿意对一般事实而不是具体事实进行司法认知，例如，人类正常妊娠期间的大概时间，而不是精确的最大和最短期限。如果一个事实不是最终事实，也就是说，对案件具有决定性的事实，法院可能更愿意对它进行司法认知。例如，假设车辆过失诉讼中的原告明确诉称，被告在商业区开得太快，如果该证言被相信，将表明所涉汽车在公路表面留下了一条很长的刹车痕迹。与对这样的事实——任何装备良好的汽车即使在这种商业区以适当的最高速度行驶时，都可以在刹车点×英尺的范围内停下来——进行司

701

---

[26]　Monahan & Walker, Social Authority: Obtaining, Evaluating, and Establishing Social Science in Law, 134 U. Pa. L. Rev. 477 (1986).

[27]　Thayer, A Preliminary Treatise on Evidence 309 (1898).

[28]　Wigmore, 9 Evidence at Trials at Common Law § 2583, p. 819 (Chadbourn rev. 1981).

法认知相比，审判法官可能更不愿意就有关街道在商业区之内进行司法认知。在第一个例子中，审判法官似乎是在侵入陪审团的职权范围，即确定与所发生的事情有关的事实，而在第二个例子中，他只是相当迅速地证明一份数据，以在陪审团审议最终的疏忽问题时提供帮助。

对于司法认知原则的范围仅包括无可争辩地为真的事实，还是也包括更可能为真的事实，并不能达成一致。一方面，如果陪审团的职能是解决有争议的事实问题，则可以提出这样一种观点，即法官不应声称对事实作出了决定，除非这些事实是无可争辩的事实。如果这一观点被接受，那么一旦就一个事实进行了司法认知，与该事实真相相矛盾的证据是不可采的，因为就其本质而言，一个能够被司法认知的事实是一个不容置疑的事实，必须指示陪审团将其接受为真实。[29] 另一方面，如果司法认知的功能是加快案件的审理，则可以提出这一观点，即当有关事实可能属实时，法官应当免去对耗时的正式证据的需要。如果这一观点被接受，那么与司法认知的事实相矛盾的证据是可采的，陪审团最终可以自由地接受或者拒绝司法认知的事实的真实性。

我们很容易说明，对这一冲突，唾手即可解决。也就是说，这一争议可能会暴露为一种误解，这种误解是由于没有考虑到"裁判性"事实和"立法性"事实之间的区别而造成的。如果司法认知仅限于毫无争议的事实的情况只涉及裁判性事实，只在立法背景下才对可能存在争议的事实进行司法认知，将是这样的。判例是否支持这种对称性本身，是一个有争议的问题，因为已有的典据说明，在至少可以说是裁判性的情境中，一些法院并不憎恶对可能有争议的事实进行司法认知。[30]

最近处理司法认知问题的做法，显示出一种趋势，即不再对一种学说作出包罗万象的定义，而倾向于颁布适度的指导方针，将人们所认为的司法认知的基本应用有序化。一种办法是将正式的司法认知条例限制在只涉及裁判性事实的情况下。[31] 将司法认知仅限于裁判性事实且仅限于不容置疑的事实，留下了一个没有解决的问题：在刑事案件中，是否应指示陪审团必须将司法认知的事实接受为必然真理。从逻辑和纯理性的角度看，陪审团作为一个理性的评议组

702

㉙　Morgan，Judicial Notice，57 Harv. L. Rev. 269（1940）.

㉚　Securities and Exchange Commission v. Capital Gains Research Bureau, Inc.，375 U. S. 180（1963）；Daniel v. Paul，395 U. S. 298（1969）. Compare Davis，1969 Judicial Notice，L. & Soc. Order 515，521 – 523，and Cleary，Foreward to Symposium on Federal Rules of Evidence，1969 L. & Soc. Order 509，510.

㉛　Adv. Comm. Note.，subd.（a），Fed. R. Evid. 201.

织，必须接受经适当司法认知的事实。但是，从民主传统的角度看，为了防止君主专横，刑事审判陪审团作为一个组织，可以公然违抗理性，而合乎逻辑地自由返回一个结果。[32]

另一种办法是缩小司法认知的范围，即降低明确属于陪审团职权范围的问题与法官处理的事实问题之间的冲突的重要性。例如，即使在陪审团审判中，法官也总是处理预备性事实问题。因此，虽然血液检验结果的可采性提出了一个与这种检验的可靠性有关的事实问题，但是法官们将这个问题作为相关性裁定的预备性步骤，而这一职能本身就是一个独特的司法职能。事实上，如果从功能上审视审判，就可以证明，法官总是必须在不明显侵犯陪审团职权的情况下决定与事实有关的问题，无论是就妨诉抗辩进行裁决、审前听证、驳回起诉动议、撤销裁决，还是在量刑时。这可能表明，毕竟，司法认知的范围因法官在进行司法认知时的职能不同而有所不同。

可能的情况是，迄今为止，还没有一种简单的经验法则技术可以作为司法认知现象的简单概括。主张将司法认知仅限于毫无争议的事实的倡导者承认，在刑事案件的最终分析中，陪审团必须自由决定任何裁判性事实的真伪。认为可以对有争议事项进行司法认知的人，在解决这个论争时可能提出，尽管在陪审团案件中，司法认知应限于毫无争议的事实，以免侵入陪审团的角色作用，这一观念是有价值的，但是对有争议事实可以进行司法认知的理论，在放弃陪审团审判的案件中能非常高效地发挥作用，这可能意味着它适用于大多数案件的审判。事实是，这一解决方案并没有像预期的那样受到那么多的非议。[33]

然而，最近这些调查是为了通过缩小这一概念的范围来解决与司法认知有关的问题，这一事实趋势提出了一个新的问题，今后必须加以解决。如果司法认知仅限于法官在裁判性背景下处理事实的情况，则就程序指导方针而言，法官处理立法性事实的情况没有受到规制。这个问题的重要性可以在下一节的情境下得到最好的说明。

第 333 节　程序性事件

一种基本的公平感可能表明，法官在作出将进行司法认知的最终裁决之

㉜　Compare Rev. Unif. R. Evid. 201（g）with Fed. R. Evid. 201（f）.

㉝　一个可能的解释也许是有争议的经司法认知的事实与可辩驳的推定之间的近乎——如果不完全的话——巧合。这一关系在很大程度上没有被注意到，也没有人对此加以评论。Fringer v. Venema，132 N. W. 2d 565（Wis. 1965）.

703 前，应将该意图通知当事各方，并使他们有机会提出可能影响对事实进行司法认知的适当性和所认知的事项的真实性的信息。尽管原初的《统一证据规则》要求这样做，但只有极少数的案例坚持法官必须在自行进行司法认知之前通知当事人，一些典据认为，这样的要求是没有必要的。情况很可能是这样：审判法官如果自行打算对一个不太明显为真的事实进行司法认知，只需要考虑是否通知双方。毕竟，在其他每一种情况下，一方请求法官进行司法认知，将会让对方知道手头的问题。然而，尽管在审判法官对裁判性事实进行司法认知时，就程序细节在实践中存在粗略共识，但事情还没有结束。这些案件普遍认为，就立法性事实，不需要任何结构性对抗性的辅助听证。确实，即使就裁判性事实而言，上诉法院的做法也往往支持这样一种观点，即不存在将司法认知的做法正式化的真正需要。

当然，任何旨在提出一套适用于司法认知的正式规则的活动，并不容易与立法性事实匹配。毕竟，这些事实往往不那么不容置疑，因此超出了司法认知的范围。那么，在进行司法认知之前，为当事人提供一个合理的机会，以提出与进行司法认知的适当性和所要认知事项的主旨有关的信息的要求又如何呢？总的来说，当事各方在就适用于争议的适当法律的动议进行辩论时，通过交换案情摘要和采用 Brandeis 意见书举例说明的技术，都有这个机会。因此，似乎不存在将就立法性事实进行听证的机会正式程序化的必要性。即便如此，也存在这样的情况，即构成上诉意见基础的立法性事实首先出现在裁决本身中，而律师从来没有机会对这些事实作出回应。也许，目前的做法依赖于法官的这一合理裁量权，即通过预先假定法官普遍坚持基本公平这一基本观念，来维持这方面的纪律。然而，由于它扎根于正当程序观念，而不是基于精确的规则演算，因此定义并不明确，这种公平的概念可能被证明是一个公约数，它将继续把对立法性事实和裁判性事实的司法认知联系在一起。

就上诉法院对裁判性事实的处理，共同的出发点是这样的公理，即这些裁判庭可以在审判法院的同样范围内进行司法认知。至少，这一规则表明了一个明显的事实，即上诉法院可以审查下级法院所作司法认知的适当性，甚至可以主动对下级法院未进行司法认知的事实进行司法认知。尽管如此，对这些原则的叙述，并不能充分反映上诉法院就看似裁判性事实的事项自行进行司法认知的实际做法。

在这方面，*Mills v. Denver Tramway Corp.* 案件㉞可能具有启发意义。原

㉞　155 F. 2d 808（10th Cir. 1946）.

告从一辆有轨电车上下来，走在电车后面，穿过平行的铁轨，被一辆朝相反方向行驶的汽车撞到。原告似乎明显有共同过失，这是一个足够合理的结论，原告接下来试图通过援引最后明确机会理论来推翻该结论。也就是说，在审判即将结束时，原告请求作出这样的陪审团指示，即如果司机有机会按响电车铃，伤害仍然可以避免，在这种情况下，原告有权胜诉。审判法官拒绝作出这项指示，因为没有引入任何证据表明电车有铃铛。上诉法庭推翻了这一判决，同意原告进行重新审判，并详述了"电车有铃铛"这一事实。如果所有电车都有铃铛，经请求，审判法院本可以对这一事实进行司法认知，那么上诉法院就同一事实进行司法认知是非常恰当的。但是所有有轨电车都有铃铛，这是不容置疑的事实吗？可以说，大多数都是这样，在这种情况下，上诉法院进行司法认知的，不是一个不容置疑的事实，而只是一个更可能是真实的事实。法院更振振有词地说，电车很可能有铃铛，在这种情况下，作为其案件的一部分，原告本应提出证据，以证明根据最后明确机会理论提出的合理主张。或者，如果没有铃铛，原告应当将该缺失作为索赔的依据。无论是哪种情况，正义感都要求在充分阐明所有事实的情况下，对此案进行审判。然而，如果这是使上诉法院感动的正义感，那么他们对"所有有轨电车都有铃铛"这一说法——一个有争议的命题——的援引，既没有阐明司法认知是否延伸到有争议的裁决性事实，也没有阐明在进行司法认知前，是否必须为当事人提供听证。鉴于上诉法院有时需要在事实基础上撤销下级法院的结果，司法认知作为一种方便的手段，可以使这种做法看起来具有法律上的适当性。确实，即使是在上诉审中，将对裁判性事实的司法认知充分正式化的机会看起来也可能很小。

第334节 关于事实的司法认知的发展趋势

总的来说，人们似乎已经就审判层面的裁判性事实的司法认知范围的大致轮廓达成了一致意见。[35] 在司法认知被限定在无可争议的事实的情况下，似乎保证了公平性的可行的程序格式已经存在。剩下的唯一问题是，为了加快案件的审理，法官是否应该被允许免除可能是真的事实的提出者就此提出正式证据的必要性，让陪审团接受或者拒绝司法认知的事实，当然，也允许对方提出与之相矛盾的证据。事实上，可以这样重新认识当前的争议，即如果将司法认知限制在无可争辩的事实上，然后提出这样的问题，即作为与证明负担和推定有

---

[35] See Fed. R. Evid. 201 and Unif. R. Evid. 201.

关的法律的一部分，法官是否可以自己适当地加快审判，即裁定很可能真实的事实是推定真实的，除非陪审团愿意另作认定。更有可能的情况是，在一个实证法学研究表明陪审团使用率下降的时代，审判可以这样加快，即允许法官自行对那些被认为是无可争辩的事实和那些很可能是真的事实进行司法认知，让对方去说服他的方法是错误的。

705 　　无论裁判性事实司法认知的最终的理论综合是什么，制定一套可行的规则，就立法性事实适用同样严格的程序，尚未证明可行。鉴于目前人们认识到，在政策导向的法学理论中，非裁判性事实是法律制定过程中不可分割的一部分，可能没有必要对非裁判性事实制定一个明确冠以司法认知的程序。只要在动议、备忘录和诉状中提请法官注意法律规则，这些数据就被输入司法程序。因此，在诉讼过程中，无论什么样的规则调整法律的提交，都已经抢占了非裁判性领域，并在司法认知情境下，使得没有必要对其进行单独规定。

　　此外，人们越来越认识到，除了司法认知，审判过程假定参与者会带来大量关于一般事实的常识。毕竟，思考是以一些要思考的数据为前提的。例如，在汽车交通事故案件中，法官和陪审团都不断吸取自己作为司机、交通观察者和大活人的经验，而这些经验在他们的头脑中就变成了事实命题，因为他们自己都幸存下来了，所以这些事实命题可能相当准确。然而，参与者带入法院的这些底层数据，往往会与进行司法认知的场景发生混淆。一方面，这种潜意识般的数据有时与正式司法认知所涉及的"常识"性的裁判性事实相混淆。另一方面，法官在撰写意见时，经常引用这些日常事实，因为当正式表达意见时，不参酌这些事实就不可能"思考"。很可能是这样的情况，即法官们在推断显而易见的事实时，倾向于援用"我对此进行了司法认知"这样的字眼，来解释这些事实在他们脑海中的存在，从而不必要地在百科全书中充斥着琐事，而如果正式收集，则这些琐事代表着对司法认知的真实范围本身的高度误导。

　　《联邦证据规则》201 仅适用于裁判性事实，这可能意味着立法性事实根本无法被纳入司法认知的概念。如果立法性事实不能被纳入司法认知，它们就必须以"证据"的形式进入司法程序。如果一个审判法院必须决定法律问题，即在死刑案件中，将反对死刑的人排除在有分歧的陪审团之外是否符合宪法，就会出现一个问题。在听取证言和接受书面材料后，法院可以根据现有的社会科学材料得出结论，要么因为反对死刑而取消陪审员资格的做法产生了容易定罪的陪审团，要么不存在这一问题。法院关于宪法问题的判决，可能是以这一"事实认定"为根据的。如果社会科学资料并没有明确地倾向于只支持一个结论，而且裁定被视为事实裁定，那么无论裁决的结果如何，都不可能被推翻，因为它不会是明显的错误。法律会取决于事实，容易受到两个正确答案的影响。这是不会发生的。立法事实并不是标准意义上的"证据"，司法认知理论对其仍然适用。问题是如何完善这一理论，不会使其与裁判性事实的证据证明混淆起来。

可以说，立法性事实最好是通过将其视为在一系列相互冲突的案件标准中寻找法律一样来处理，按照适用的经济或者社会规则的要旨进行裁决，就好像这是法律问题。但是正如我们所看到的那样，法官们在许多情况下，在司法程序的许多阶段，不断地宣称事实是真实的，虽然他们诉诸常识和谨慎，把这些"事实"作为日常的真理，缺乏可以称之为"法律"的东西的尊严和永久性。法律要获得尊重和服从，需要的不仅仅是其背后的朴素的民间智慧。我们需要的是一个新的概念，也许是围绕着对整个司法过程中涉及的事实思考技术的研究。Robert E. Keeton 法官在 William B. Lockhart 演讲这一最为适当的情境下，率先进行了这样的努力，以事实是无数裁决的前提这一概念作为他的线索。[36] 奇怪的是，这种趋势如果继续下去，将代表着 Thayer 的回归。[37]

为了给这个话题增添更多的情趣，必须提到因特网。在 *Atkins v. Virginia* 案件[38]中，大法官 Stevens 代表多数意见写道，当代的行为标准迫使人们得出结论，即对智障者的处决已成为宪法第八修正案所不允许的残忍和不寻常的惩罚。这一标准源于最近豁免这些人的死刑执行的州立法。虽然大多数州尚未对其法律进行修正，但是所依据的修正表明了变化方向的一致性。在一份说明中附有民意测验结果和宗教及专业组织的意见，以及一份提到世界舆论的说明。首席大法官 Rehnquist 对使用州做法的调查之外的任何标准表示反对。他不仅添加了一个附录，旨在表明民意调查并非可靠的来源，无法据此作出任何判决，他还突然以"我不同意"的口吻结束了自己的意见。尽管他恭敬地表示反对，Scalia 大法官嘲弄了立法性事实，声称本案并不是真正根据"捏造的"全国性共识作出的判决，而是以漫不经心的方式根据大多数人对该问题的看法作出的判决。这起案件预示着对使用外国法律的争论越来越激烈。同时，它也提高了未来在使用网络上能获得的大量数据时，出现真正的差异的可能性。

706

---

[36] Keeton, Legislative Facts and Similar Things: Deciding Disputed Premise Facts, 73 Minn. L. Rev. 1 (1998).

[37] See Thayer, A Preliminary Treatise on Evidence at the Common Law 278－279 (1898).

[38] 536 U. S. 304 (2002).

Stevens 大法官再次对这一最新现象作了简明的总结。[39] 按照人类的标准，通过互联网向任何能够使用计算机的人提供的信息是无限的，不仅包括书籍、期刊和报纸，还包括许多司法辖区的法律。"出版者包括政府机构、教育机构、商业实体、倡导团体和个人。出版者可以将他们的资料提供给所有的互联网用户，也可以将访问权限限制在一个受限的群体中，例如那些愿意为其特权付费的人。"[40] 法官们对互联网的接受态度各不相同。早些时候，得克萨斯州一名地区法官拨引海岸警卫队的在线数据库，有条件地拒绝了驳回人身伤害诉讼的动议，理由是原告证明被告当时拥有船只的证据，是基于引自海岸警卫队在线数据库的"电子"证据。[41] 法官确信，从网络上收集的信息本质上是不可信的，因为任何人都可以在网络上发布信息，黑客也可以篡改已经存在的信息。"不要依靠从互联网上找到的巫毒（voodoo）信息，原告必须从美国海岸警卫队那里找到可采格式的硬拷贝备份文件，或者发现其他信息，以核实原告的指控。"[42] 接着，Posner 法官引用维基百科作为旁注释，指出被告是"前波兰拳击手 Andrew Golata——世界上最多姿多彩的拳击手——的教练"[43]。这只是一个无关紧要的问题，除非有人补充说，据报道该法官称维基百科是"一个极好的资源"，尽管"在关键问题上使用维基百科是不对的"[44]。

有人可能会提出一个完全合理的解释，即从互联网上提取的数据必须经过验真，达到可验证的准确性这一标准，如果使用它来证明裁判性事实的话。当涉及立法性事实时，人们必须推定法官具有必要的常识和批判性敏感度，可以根据其对所作判决的支持程度，再根据其可靠性相应地使用数据。

第335节　法官作为法律发现者的任务；对法律的司法认知

似乎不证自明的是，法官的职能显然是找到和解释适用于审判中的争点的法律，并在陪审团案件中，向陪审团宣布其对法律的调查结果以供指导。由证人和经验真的文件进行证明的普通法制度动作迟缓，成了寻找适用法律的法官的负担。通常情况下，这项法律是熟悉的知识，如果不是，法官依赖于各方律

---

[39]　Reno v. American Civil Liberties Union, 521 U. S. 844, 849 – 852 (1997).

[40]　Reno, 521 U. S. at 843.

[41]　St. Clair v. Johnny's Oyster & Shrimp, Inc. , 76 F. Supp. 2d 773 (S. D. Tex. 1999).

[42]　St. Clair, 76 F. Supp. 2d at 775.

[43]　United States v. Radomsky, 473 F. 3d 72 & 731 (7th Cir. 2007).

[44]　Cohen, Courts Turn to Wikipedia, But Selectively, N. Y. Times, Jan. 20, 2007.

师向他提供制定法、报告和原始资料，这些资源要从非正式的讨论、审判和上诉诉状中的引述来解读。偶尔，法官会超出所引用的典据，自行进行调查。在寻找适用法律的通常过程中，通常的方法是对法官满意的任何来源进行非正式调查。因此，这一过程传统上被描述为法官在对本案适用的法律进行司法认知。事实上，当法官不容易获得原始材料时，例如"外国法"或者城市法令，法律被视为一种特殊的事实，需要正式证明。然而，我们将看到，随着这些材料越来越容易获得，趋势是允许法官做他们在一开始也许应该做的事情，即依靠律师的勤勉来提供必要的材料，并相应地对所有法律进行司法认知。这似乎是实践正在努力实现的目标。

国内法。一般而言，就国内法而言，法官不仅被允许进行司法认知，而且至少在接到请求时被要求这样做，尽管在特定案件中，在上诉时，当事人可能被禁止就法官未能对其律师并未提请法官注意的制定法进行司法认知而鸣冤。这一一般规则，即对国内法进行司法认知，意味着州审判法院将对在每个州都有效的联邦法律进行司法认知，并且被判定意味着在联邦审判法院，州的法律——不仅仅是其所在州的法律——是国内性的，并将被司法认知。与此类似，所有在州或者全国范围内具有法律效力的行政命令和公告，都应被司法认知。根据同样的原则，即使是先前政府的法律也应被司法认知。

州的和全国性的具有法律效力的行政条例也会被司法认知，至少在它们是为了便于查阅而公布的话。当这些文件在《联邦公报》上公布时，意味着其内容应得到司法认知。[45] 但是，未公布法和市政法规通常不包括在司法认知原理中，必须就此加以诉答和证明。如果这些规定在汇编中很容易获得，则可能是司法认知的对象；与此同时，如果律师提供了经核证的复制件，法官对不公开法和市政法规都进行司法认知似乎是适当的。

其他州的法律。很容易看出，语言的差异和原始资料的不可获取性，促使英国法院发展出了这样的普通法规则，即对外国法律不能进行司法认知，必须作为事实加以诉答和证明。在美国以前的案例中，某个州的法院为了这个目的必须将其他州的法律视为外国法律，这种假设是不可理解的，回想起来，这似乎是机械法学的一个可悲的例子。然而，今天，在越来越少的几乎每一个尚未通过一项进行补救的制定法的州中，普通法规则仍然是这样，即不得对其他州的法律进行司法认知。这可能是对司法认知做法的所有限制中，最不方便的一个。在这里，司法认知的正当性当然可以根据确定性和可核实性的原则加以支

708

---

45 44 U.S.C.A. § 1507.

持，法官的负担也可以通过将责任推给律师来减轻，即要么双方就法律达成一个协议，要么双方为了法院的利益提出查明有关法律所需的一切材料。

根据这种老掉牙的做法，当所要求的对外国法律的诉答和证明被忽视了，或者尝试未果时，由此产生的不公正的危险，可以通过推定其他州的法律与法院所在地的法律相同而有所减轻，或者在其他州的法律没有得到援引和证明的情况，更干脆地直接适用法院所在地的法律。但是这一推定工具对于当前工作来说太粗暴了，特别是在确定其他州的法律的材料如今几乎和当地法律一样容易获得的情况下，以及无论如何，作为法院职员的律师都可以来找到这些材料并提交给法官，就像他们在争论当地法律问题一样，轻松而便捷。

1936 年，统一法委员会起草了《外国法司法认知统一法》，这项立法规定，采纳该法的州的每个法院，应就普通法和其他每一州的制定法进行司法认知。该 1936 年法律关涉的是其他州的法律，没有涉及其他国家的法律问题。1962 年，全国统一法委员会批准了《州际和国际程序统一法》第四章，取代了该法。尽管旨在解决对真正的外国法的司法认知问题，但该新的法律也涉及其他州的法律，因为它就援引法院所在司法辖区之外的法律，规定了同样的纪律。这项法律也因"过时"而被取消了。[46]

外国的法律。在普通法中，外国法被视为事实问题：需要进行诉答和证明，陪审团决定外国法是什么。早在 1936 年，《外国法司法认知统一法》就反映了这样的理念，即外国法律的要旨是法院决定的问题，而不是陪审团决定的问题。重要的是这一事实，即在前一节中提到的这一完全一样的 1936 年法律中，没有关于对其他国家法律的司法认知的规定。当事双方不仅要就其他国家的法律进行诉答，而且要对其进行证明，尽管是给法官看而不是陪审团看。

当事人必须"证明"其他国家的法律，这一古老观念的由来已久，很可能根源于这样一个事实——即使在都市中心，也不容易获得其他国家的法律的来源。健康的实用主义似乎改善了任何要求严格证明的规则的严厉性。经宣誓或者核证的外国制定法或者判决的复制件，已让位于外国当局印制的书籍中或者经证明在其法院得到普遍承认的书籍中使用的复制件。

即便如此，当事人参与"证明"域外法律某个观点的想法本身也相当复杂。任何法律文本都表明，其"黑体字"应当根据任何相关的判决、论著或者注释加以解释。根据普通法，这一证明必须通过外国法律专家亲自作证或者庭

709

---

[46] 　13 ULA Part II 127（2002）；2011 Handbook，Nat'l Conference of Commissioners of State Laws 625.

前证言存录来完成。当然，如果对手能找到支持他的其他专家，他可以自由地让他们作证，而对相互冲突的专家的交叉询问可能会加剧分歧。这种证明方法似乎最大化了耗费和拖延，而且似乎很难说是旨在确保我们的法官就外国法问题作出正确的决定。通过审前会议确保就外国法无可争议的方面达成协议，并通过法院任命一名或者多名外国法专家作为公断人或者法院选定的专家向法院报告其研究结果，可以大大改善这一情况。

有几个州已经通过制定法规定，法院必须对外国法进行司法认知，或者允许法院依照其自由裁量权这么做。在这些州的引领下，联邦法院的做法已被编纂成法典，使外国法律的主旨成为法院来决定的法律问题。[47] 因此，有意提出外国法争点的一方当事人，必须在其诉状中或者以任何其他合理的书面通知方式，通知其提出外国法争点的意图。外国法争点一经提出，法院在确定该法的主旨时，不必依赖诉讼当事人提供的证言和其他材料，而是可以自行研究和考虑由此发现的任何有关材料。

法院不愿意对其他国家的法律进行司法认知，造成了困难，即根据冲突规则，当事人的案件或者辩护有赖于外国法律，而他未能证明该法律为事实。有几种解决办法。第一，法院可以以他未能提供证据为由，就争点作出对其不利的裁决。这往往是一个严酷和武断的结果。第二，法院可以只适用法院所在地的法律，理由是法院面前没有其他法律，特别是如果当事人已经像当地法律适用那样，就案件进行了诉讼。第三，法院可以推定其他国家的法律与法院所在地的法律相同，从而得出与第二种理论相同的结果，但是由于推定经常与事实相反，因而增加了思想上的困难。当涉及的理论是英美法理论之一，而其他国家不是英美法系国家时，一些法院会拒绝适用推定。另一方面，如果所援引的普通法规则是所有文明制度共有的一部分，例如普通商业协议的约束力，则即使外国不是普通法国家，推定也适用。此外，根据可能是普遍和更方便的观点，如果问题将由当地制定法调整，则可以推定外国也有类似的制定法。

国际法和海商法。"国际法"或者"国家法"的规则、原则和传统，将在联邦和州法院得到司法认知。对海商法，同样可以进行司法认知，但是仅限于已经成为一般海商法的一部分的一般规则。不被广泛承认的外国海事规则一般被视为外国法律，并需要加以证明，除非这些规则由政府当局在这里公布为真正的外国法律，或者已在一项广泛通过的国际公约中得到体现。特别是，外国法与地方法的同一性推定，在海事领域似乎异常方便和现实，但是受到了狭隘

710

---

47 Fed. R. Civ. P. 44. 1, Fed. R. Crim. P. 26. 1.

的限制。

对法律的司法认知的未来。当在陪审团面前主持审判的法官决定一个事实问题时，会发生一个足够独特的事件，值得特别对待，因为在普通法系国家，陪审团被认为扮演着事实认定角色。这似乎解释了为什么自 Thayer 撰写其开创性专著以来，对事实的司法认知一直是证据法的一个话题。然而，法官对解决争议所适用的法律的基调作出裁决，并没有什么特别之处，因为根据定义，这恰恰是法官应当履行的职能。当充其量就法律的来源有疑问时，选出适用法律的工作就转移到陪审团，见证外国法律和市政条例如何被视为事实问题。当下一位法官开始对这部法律的要旨进行裁决时，尽管这仍然是需要由当事人来提出的"事实"，但是将这一过程描述为司法认知可能是有一定道理的。随着所有法律变得越来越容易获得，法官往往承担起对所有法律的要旨进行裁决的职责，认为这一程序是司法认知的一部分的观念，越来越不合时宜。毕竟，证据涉及事实的证明。如何将法律输入司法机器，更恰当地说，是有关程序的法律的一个方面。因此，当今数据处理设备发出的电子滴答声，实际上可能敲响了迄今为止被作为证据法的一部分的这个离散主题的思想丧钟。

然而，旧习惯很难破除。在法律图书馆花一个下午的时间研究一下州层面的情形，很快就会发现，在许多州，《外国法司法认知统一法》仍然有效，此外还有各种零零散散的制定法，详细规定了对地方制定法、一些行政条例和某些（如果不是全部）市政法规的司法认知。这些材料呼吁合理化，难怪几个州在采纳《联邦证据规则》的过程中，增加了一条调整对法律的司法认知的规则202。周而复始的是这样的建议，即修改联邦模式，增加规则，建立一个协调方案，以通过对法律机制的司法认知，将法律输入司法程序。[48]

就伊斯兰教法，出现了争议。但是首先应当认识到，即使将外国法律作为立法性事实，也会引发学术界的争议。一个方便的出发点是 Stevens 大法官的意见，他引用了欧盟提交的一份法庭之友意见书，该意见书支持"在国际社会中，对智障罪犯所犯罪行判处死刑遭到了压倒性的反对"这一主张。[49] 这激起了 Scalia 大法官的反对，他认为："国际社会的做法是不相关的，他们的正义观念（谢天谢地）并不总是我们的人民的。"[50] 然后，他引用自己的话警告说："我们绝不能忘记，我们正在阐述的是美利坚合众国的宪法……如果我们的人

711

48　Proposed Revisions to the Federal Rules of Evidence, 171 F. R. D. 330 (a good model of a bad idea).

49　Atkins v. Virginia, 536 U. S. 304, 316 n. 21 (2002).

50　Atkins, 536 U. S. at 347 - 48.

民首先没有达成一个落定的共识，其他国家的观点——不管本院的大法官们认为这些观点多么有启发性——都不能通过宪法强加给美国人。"[51]

在制定文明的意见或者行为标准时，以外国法或者国际法作为立法性事实是一回事，而将其用作决定判决的法律则是另一回事。一位下级法官在一个原本平淡无奇的家庭关系案件中使用伊斯兰教法，在州层面上催化了一场旨在防止发生这种情况的立法提案的热潮，其中很多提案都是以一种禁止使用所有外国法和国际法的粗线条来描绘的。实际案件中，妻子试图获得一项命令，禁止其丈夫强迫她与他发生性关系，根据当地法律这是强奸。考虑到这对夫妇是摩洛哥人，曾在那里结婚，而且是伊斯兰教教徒，法官驳回了此案，理由是丈夫不可能有将其行为定为犯罪所必需的意图，因为伊斯兰教法赋予了他按其要求发生性行为的权利。[52] 尽管本案被撤销，美国一家法院适用了伊斯兰教法这一事实仍然可以在网上查到。

有几个州颁布了立法。亚利桑那州的制定法的措辞是中立的。它只是说，任何"法院、仲裁员、行政机关或者其他裁判、调解或者执行机关，不得执行外国法律，如果这样做会侵犯本州或美国宪法所保障的权利，或者与美国或本州的法律相冲突的话"[53]。然而，外国法律被定义为包括"任何［非美国的］法律、规则、法典或者制度"[54]。俄克拉何马州的选民批准了一项宪法修正案，规定其法院不得"参考其他国家或者文化的法律要求"。具体而言，法院不应考虑国际法或者伊斯兰教法。联邦地区法院颁布了一项临时禁令，禁止州选举委员会证明提案的有效性，并根据原告宪法第一修正案的宗教信仰自由主张，巡回区法院得出结论认为，这项裁决不是滥用自由裁量权。[55]

712

---

[51]　536 U. S. at 348.

[52]　S. D. v. 2 A. 3d 412（N. J. App. 2010）（推翻了下级法院的意见）。

[53]　Ariz. Stat. Ann. § 12 - 3103.

[54]　Ariz. Stat. Ann. § 12 - 3101.

[55]　Awad v. Ziriax，670 F. 3d 1111（10th Cir. 2012）.

第十二编　证明负担和推定

715

第 36 章

证明负担和推定

第336节 证明负担：提出证据的负担和说服负担

"证明"是一个模棱两可的词。我们有时用它来指证据，如证言或者文件。有时，当我们说一件事被"证明"的时候，我们的意思是我们被提交的数据所说服，即所称的事实是真实的。因此，"证明"是由证据产生的确信或者说服的最终结果。当然，证明负担一词也有这种矛盾。这个术语包含两个独立的证明负担。一种负担是就某一特定的争议事实，提供令法官满意的证据。第二种是就所声称的事实是真实的说服事实审判者的负担。

就某一争点提出证据的负担，是指如果没有提供有关该争点的证据，则承担不利裁决（通常是一项认定或者指令裁决）的责任。它通常首先由声称事实存在的当事人承担，但是正如我们所看到的那样，当主张者卸下其最初负担后，负担可能会转移给对手。[①] 提出证据的负担是陪审团审判中的一个关键机制，因为它授权法官在一方当事人不能承担该负担时不经陪审团考虑而决定案件。

只有当当事人承担了提出证据的负担，而且只有当所有证据都已引入时，说服负担才成为一个关键因素。在审判过程中，它不会从一方转移到另一方，这仅仅是因为在作出判决之前不需要分配。当作出判决的时候，必须向陪审团——如果有的话——解释，如果他们心存疑问，应当如何决定争点。必须告知陪审团，如果负有说服负担的一方未能卸下该负担，则对争点的判决将不利于该方。如果没有陪审团，法官有疑问，对争点的判决必须不利于负有说服负担的一方。

说服负担有什么意义？显然，说服责任的主要意义仅限于那些事实审判者实际上心存疑窦的情况。即使在这些情况下，陪审团也可能无视就这一问题对他们的指示，在没有陪审团的情况下审理案件的法官，也只是口头上说说而

---

① 参见下文第338节。

已，相信上诉法院不会干扰他们对事实的认定。然而，即使一项实证研究结论性地证明，陪审团经常无视对他们的指示，法官倾向于在决定事实争点时不考虑他们关于说服负担分配的明确说法，理性的法律制度也不可能放弃分配和描述这种负担的规则。任何人试图劝说他人作为或者不作为时，自然会出现不可说服的风险。如果对方不改变她的作为或者不作为，希望进行这种改变的人当然失败了。如果法律不承认说服负担，一个可能的结果是，事实审判者将声称根本没有作出任何决定。然后，禾作决定的影响将落到寻求改变现状的当事人——通常是原告——身上。尽管这通常是法律无论如何都会设定负担的地方，但是重要的政策因素可能会要求风险应由对方承担。②

另一种可能性是，事实审判者自己会分配一个说服负担，通过用自己的政策观念取代现在作为法律问题提供给它的政策观念，来描述它认为合适的说服负担。这样的结果是最不可取的。在某些情况下要将说服负担分配给希望维持现状的当事人的政策因素，足以说明就问题的确定，需要保持一致而不是逐案进行。其他的政策因素，例如那些导致法律要求刑事案件中的检控方将被告有罪证明到排除合理怀疑的程度的政策因素，③ 足以要求就负担的标准及其分配，对陪审团作出明确和清晰的指示。虽然法官和陪审团可能会采取违反法律的行为，尽管我们尽了最大努力劝说他们别这样做，但是我们至少可以在谁应该承担说服负担以及这种负担的性质问题上，给予他们深思熟虑的指导。在陪审团审判中，也许问题不在说服负担的概念上，而是在这一法律问题上存在的大量令人困惑的陪审团指示。在非陪审团审判中，如果法官事实上没有遵循分配负担的法律规则，那么错误可能不在概念上，而在于司法和立法对负担的草率分配和描述。

第337节 证明负担的分配

在大多数情况下，有主张某事实（pleading a fact）的负担的当事人，既有提出证据的负担，也有就其存在说服陪审团的负担。因此，这种主张提供了分摊证明负担的共同指南。例如，在一个典型的过失案件中，原告将有这些负担：（1）起诉被告的过失；（2）提出关于该过失的证据；（3）就其存在说服事实审判者。就原告的共同过失，被告通常承担同样的三个负担。

② 参见下文第337节。
③ 参见下文第341节。

然而，寻找主张负担，并不是分配证明负担的万无一失的指南。后一种负担并非总是伴随着起诉而来。例如，在联邦法院，可能要求被告以共同过失作为积极抗辩，然而，如果管辖权是基于异籍，则适用的实体法可能会将就此问题提出证据的负担和就该问题的说服负担推给原告。更为重要的是，当分配背后的理由受到质疑时，或者在第一印象是没有既定的主张规则的案件中，提及哪一方已主张某事实根本没有帮助。

就大多数事实而言，主张和证明负担已经并应当分配给原告，原告通常寻求改变目前的状况，因此自然应当承担未能提出证据或者未能说服的风险。将对于执行某主张很重要的某些事实分配给被告的规则的发展，一部分原因是传统如此，另一部分原因是政策上的考虑。

法院一直在重复两种学说，一种是错误的，另一种是毫无意义的，这在一定程度上妨碍了确定适当的负担分配指南。主要在较老的案件中可以找到这样的说法——即使一方当事人被要求就某个事实进行主张，但是如果对该事实的主张在形式上是否定性的而不是肯定的，则无须证明该事实。这样的规则将完全过于强调通常纯粹是形式选择的问题。此外，这些说法很可能被理解为只适用于一方当事人对对方先前的主张的否认，而现在，对作为其诉因一部分的消极事实有主张负担的一方当事人，通常有提出证据的负担和说服责任。第二个误导性的理论是，要件对其案件至关重要的当事人负有证明负担。这样的规则只是重申了这个问题。

负担分配的实际原因，可能像刚才讨论的误导性陈述一样复杂。妨碍不受欢迎的观点的政策，可能解释了这样一种要求，即被告在共同过失、诉讼时效和诽谤真相等事项上通常承担全部三个负担。遵循讲故事的自然顺序的便利性，可以解释为什么要求被告在诉讼事由成熟后，提出抗辩和证明诸如付款、解除、给付和清偿等事项。

法院经常重复的一种学说是，如果关于某一争点的事实特别地存在于一方当事人的知识范围内，则该方当事人有证明该争点的负担。例如，被告通常承担证明付款、破产解除和获得许可的负担。这种因素不应过分强调。一个人常常必须为其对手更容易获得证据的事项提出主张和证明。在与被告的作为或者不作为有关的侵权或者违约诉讼中，几乎所有要求原告提出的指控描述的都显然是被告所知的事项。相应地，当被告被要求以共同过失进行抗辩时，它所主张的是原告特别知道的事实。

也许在确定证明负担时，一个经常更为重要的因素，是对有关情形的概率的司法估计。如果一方声称发生了更不寻常的事件，则不能证明的风险可能要由该方来承担。例如，在存在业务关系的情况下，不可能无偿提供服务。因此，证明赠与的负担就落在索取赠与的人身上。在为家庭成员提供服务的情况下，赠与的可能性要大得多，证明负担则由主张获得增与权的一方承担。

在分配负担时，法院一直试图区分承诺或者制定法要求的构成要件（这必须由依赖合同或者制定法的一方证明）和例外事项（这必须由其对手证明）。这种做法的结果往往是任意分配负担，因为制定法语言可能仅仅是起草人随意选择的形式。然而，在某些情况下，这种区别可能是有效的，特别是当制定法或者承诺有众多的例外时。如果是这样，公平通常要求对方当事人就其所依赖的特殊例外发出通知，因此它与提出主张的负担有关。在这些案件中，证明负担并不总是在提出主张的负担之后。然而，例外通常指向例外情况。如果对事实的证明是难以企及的或者不具有说服力的，则通常情况下，像例外情况不存在那样行为更为公平，因此由主张其存在的当事人承担证明和说服负担。

如前所述，就任何特定争点提出证据和进行说服的负担，通常都分配给同一当事人。通常情况下，在诉讼过程中每一项负担的分配，都只进行一次，而且可以在诉答阶段对分配作出可靠的预测。然而，提出证据的负担的最初分配可能并不总是最终的。这种负担的转移性质，可能导致双方当事人在审判的不同阶段对同一争点都负有负担。④ 与此类似，尽管说服负担仅分配一次——在作出决定的时候，但是在审判中提出证据时，可能必须对基于诉答对该负担分配的预测进行修改。⑤ 与调整最初分配提出证据的负担和临时性确定说服负担的那些因素相类似的政策因素，同样调整着这些负担的最终分配。⑥

总之，在证明负担的分配方面没有进行调整的关键的原则。它们的分配，无论是最初还是最终，都将取决于对几个因素中的任何一个或者多个因素所赋予的权重，这些因素包括：（1）由希望改变的当事人承担负担的自然倾向，（2）特殊政策考虑，例如不赞成某些抗辩的政策考虑，（3）便利性，（4）公平性，以及（5）对概率的司法估计。

第338节　卸下提出证据的负担

让我们假设原告主张对 John Smith 生前处分的地产的权利，她有起诉的

④　参见下文第 338 节。
⑤　参见下文第 344 节。
⑥　参见下文第 343 节。

负担，并且已经诉称，在提起诉讼时 John Smith 还活着。她试图就该事实履行提出证据的负担。

为了做到这一点，她可以提供直接证据，例如证人 Jones 的证言，他在提起诉讼时在书记官办公室看见 Smith 还活着。据此，关于待证事实真实性的推论，只取决于 Jones 的诚实性。或者，她可以提供情况证据，这需要就证人诚实性以外的其他事项的概率进行权衡。例如，她可以取得 Jones 的证言，证明 Jones 在起诉前一个月收到了一封署名为"John Smith"的信件，并且她认出该签名是 Smith 的。显然，在后一情况下，裁判庭可以确信 Jones 说的是实话，然而，裁判庭可能拒绝推断出这一事实，即在诉讼开始时 Smith 还活着。

所提供的证据必须有多强的说服力才能卸下负担？"微量"的证据是不够的。证据必须是常人可以从中推断出特定事实的存在已经得到证明，或者相反，像一个联邦法院所说的那样："如果有反对［指令裁决动议］的重大证据，这种证据的质量和证明力，使得理性和公平的人在作出不偏不倚的判断时，可能得出不同的结论，［动议就］应该被否决。"⑦

困扰法院的一个问题是，如果案件交给陪审团审理，是否应根据所需的说服标准，据以作出指令裁决的标准有所不同。例如，在刑事案件中，检控方必须说服陪审团排除合理怀疑⑧，指令裁决的标准是否应该是证据能否使常人达到排除合理怀疑的确信？有些法院说不，也许是同意 Learned Hand 法官的说法，即虽然后果的严重性往往使法官在刑事案件中更为苛刻，但是，应当使常人确信的证明与应当使常人排除合理怀疑地确信的证据之间的界限，终究"太薄弱，不适合日常使用"⑨。

然而，大多数法院都采用了更严格的标准。在 *Jackson v. Virginia* 案件⑩中，普遍采用更严格标准的明显趋势，被有效地固化为一项宪法性规定。在该案件中，法院判定，根据人身保护令申请，审查州法院的定罪判决的联邦法院必须确定，理性的事实认定者是否本可以在排除合理怀疑的情况下认定请愿人有罪。可以说，没有一个审判法官应该就指令裁决动议适用较低的标准。

一般来说，在直接证据情况下不会有困难。除了罕见情况，即使是一个证人给出的直接证据也是充分的，无论她是多么的微不足道。但是，如果证据是

⑦　Boeing Co. v. Shipman, 411 F. 2d 365, 374（5th Cir. 1969）.

⑧　参见下文第 341 节。

⑨　United States v. Feinberg, 140 F. 2d 592, 594（2d Cir. 1944）.

⑩　443 U. S. 307（1979）.

情况性的，那么就证据是否足以保证陪审团得出所需的推论，在法庭常常发生争议。事实上，法院说了这么多没有确信的话，这在法律领域是很少有的。刑事案件中经常阐述的一个标准是，如果检控方依赖情况证据，证据必须是决定性的，排除了与之不一致的任何其他合理推论。这个标准在刑事案件中是足够准确的，但是至少对上面讨论的更严格的刑事案件标准，没有什么帮助。有时在民事案件中阐述一个类似的表述，但是这在民事诉讼中似乎是不合时宜的。它对陪审团没有什么指导，又远远超过了防止基于猜测和推测作出裁决之所需。在民事案件中拒绝了这一公式的法院曾说，如果"有足够的事实让陪审团合理地说证据优势支持认定承担责任"，那么即使是通过情况证据，也卸下了提出证据的负担。[11]

这里讨论的其他标准和标准的其他措辞数不胜数，但是不管所阐述的标准是什么，在最后的分析中，法官的裁决必须基于她根据自己的常识和经验形成的关于根据所证明的事实得出的合理推论的限度的个人意见。然而，某些情况会反复出现，并引起诉讼，某一法官，如果想要求得一致，并相应节省时间和脑力劳动，则只要证明了相同的情况，并且对其是否足以支持某一推论存在怀疑，就会作出同样的裁决。其他法官也会效仿，一种标准化的做法逐渐成熟，结出法律规则之果。这些规则大多是正面的，而不是消极性的。它们宣布，某些类型的事实足以使负有首先用证据推进的职责的人卸下该负担，即，它们使当事人在证明自己后能够提证完毕，而不受不利裁决之罚。

假设最初负有提出证据支持所称事实之负担的人，尽管冒着不利裁决的危险，提出的证据勉强足以卸下该负担，这样法官就可以说："根据所证明的情况，理性陪审团可以推断出事实与所称的一样。"如果提出者提证完毕，情况如何？推进的职责已经转移到对手身上了吗？如果我们将这一职责定义为就未能提供证据将承担强制性不利裁决的责任，则回答是否定的，因为在这个关头，如果原先的提出者提证完毕，而对手没有提供证据，提出者将无权就争点获得对她有利的裁决，而法院将把该争点提交陪审团决定。但是人们常说，在这种情况下，推进的负担已经转移到了对方身上，如果我们记住，这里对沉默的惩罚，不同于对最初提出者的惩罚，就不会对此提出异议。如果她一开始保持沉默，她将无法挽回地在这个问题上败诉，但是现在对她的对手适用的唯一惩罚是这样的风险，即如果她保持沉默，陪审团作出对她不利的裁决，尽管陪审团也可能作出有利于她的裁决。从理论上讲，即使在她提供了反驳证据之

⑪　Smith v. Bell Tel. Co. of Pa., 153 A. 2d 477 (Pa. 1959).

后，她仍然有这种风险。更简单的做法是，将"推进职责"限定为在提证完毕后，承担不利裁决的责任，并将刚才讨论的阶段（在双方都提证完毕的情况下，争点将交给陪审团）视为双方都没有任何向前推进的职责的阶段。

在刚才讨论的情况下，首先负有提出证据的职责，即必要性的一当事人提出了证据，这要求法官允许陪审团根据自己的选择推断所称事实是真是假。这是一个允许的但并非强制性的推论。证据的最初提出者是否有可能把她的证明带到这样一个阶段：如果提证完毕，她将有权就争点获得指令裁决，或者与其相当的裁决？毫无疑问，在受到将要指出的限定的情况下，这是可能的，当它发生时，在最严格的意义上，就将用证据推进的职责，转移给了对方。这样的裁决意味着，在法官看来，提出者不仅提供了常人可以从中推论出所称事实为真的证据，而且提供了常人（在没有对方证据的情况下）不能不得出这种推论的证据。因此，早在 1770 年，Mansfield 勋爵就告诉陪审团，关于被告是否发表了诽谤性言论，在被告的商店出售这本书的证据，没有受到反驳，是"确凿的"[12]。

在本节开始部分首先假设的案件中，如果原告提出了 Jones 的直接证据，即 Smith 在起诉时还活着，而且根本没有相反的证据，或者如果她提出了情况证据（证明在起诉前 10 分钟，有人看到 Smith 身体健康），在没有相反证据的情况下，该证据不可抗拒的说服力，不应让陪审团拒绝得出唯一合理的推论。

721

如果我们不允许陪审团从不充分的数据中得出推论，就像提出者未能承担其最初的提出证据的负担一样，我们不应允许陪审团通过拒绝令人信服的证据而采取不合理的行动。在此，根据重复发生的类似事实，裁决可以成为一个标准化的裁决。然而，这种说法，即有向前推进职责的人能够向前推进得足够远，不仅是为了避免不利的强制性裁决，而且是为了如果对方拒绝通过提出证据来接受挑战，则要受到这种不利的强制性裁决，受到以下限定。显然，如果证言与希望从中得出有关事实的推论的事实的真实性相冲突，并且法官认为对于理性思维而言，该推论（承认前提的真实性）是不可抗拒的，那么法院只能作出有条件的强制性裁决。法官指令陪审团：如果你相信关于事实 A 的证据，那么你必须认定争议事实 B。在有些司法辖区，如果寻求裁决的当事人就争点负有说服负担，就像根据诉状所分配的那样，那么她只能得到有条件的裁决，尽管她的证人是无可争议的，没有受到弹劾。但是，在任何一种情况下，如果推论是压倒性的，陪审团被指示不得考虑这个问题，而应该只考虑那些就基础

⑫　Rex v. Almon, 5 Burr. 2686，98 Eng. Rep. 411（K. B. 1770）.

数据作证的人的诚实性。

我们已经从因面临排除作出有利于她的认定的裁决的威胁而受到激励提出证据的第一个当事人的角度，审视了用证据"前进"或者"推进"过程的一些机制。就某一特定争点而言，她可能要在法院有三个状态：（a）如果她停下来，她将被赶出法庭；（b）如果她停止，她的对手什么也不做，她的问题将留给陪审团处理；以及（c）如果她停止，她的对手什么也不做，她将胜利（如果它取决了有了她希望得出的推论的话）。只要第一个提出者提出的证据足以使她进入第三阶段，而且确实可以说提出证据的负担已经转移，那么她的对手就可能相应经历同样的三个阶段。她的证据可能再次是（a）不足以支持作出有利于她的裁决，（b）足以支持作出裁决，或者（c）如果没有遭到反驳，是不可抵抗的。

第339节　卸下说服负担：（a）民事案件的说服标准概述

按照通常说法，就事实负有说服责任的当事人，在刑事诉讼中必须将其证明到"排除合理怀疑"的程度[13]，在民事案件的某些特殊争议中，必须用"清晰、有力和令人信服的证据"[14] 证明该事实，但是在民事案件中的一般争点上，"以优势证据"证明该事实。"合理怀疑"这一表述指出我们真正关心的是陪审团的心态，而另外两个表述则把我们的注意力转向了证据，而它们作为影响陪审团心态的工具，是大相径庭的。因此，后两个短语是表达陪审团信念程度的笨拙工具。

722　　优势证据证明，或者证据更大的证明力，这个短语的最可接受的意思是什么？当然，这个短语并不仅仅意味着证据或者证人的数量。一种定义是，当证据比对方的证据更具说服力时，证据占优势。这是一个简单的常识性解释，陪审员会理解，在普通案件中很难造成误导。然而，如果一方的证据比另一方的更具说服力，但是陪审团仍对有关事项的真实性有疑问，则有人可能会反对这一说法，认为它具有误导性。如果我们假设陪审员不会将自己的经验带到审判中，因此他们在真空中看待证据，那么强迫作出有利于提出了比对手的证据更好的证据的当事人的判决，就不会遭到异议。当然，不存在这样的情况。我们期望并鼓励陪审员利用自己的经验帮助他们作出决定，特别是在判断证人的可

---

[13]　参见下文第341节。
[14]　参见下文第340节。

信性方面。例如，这一经验可能告诉他们，尽管原告提出了证据，而被告没有提出任何相反证据，但是这些事件仍不太可能像原告主张的那样发生。因此，法院判定一方当事人的证据足以抵挡要求作出指令裁决的动议，同时又支持有利于对方当事人的裁决。

对于以优势证据证明这一表达而言，最容易被接受的含义似乎是，导致陪审团认定有争议事实的存在比其不存在更可能的证明。因此，优势证据成了审判者对概率优势的信念。一些法院大胆地接受了这一观点。

其他法院对这样的提法感到震惊：一项裁决，一项真相认定，只应当基于对概率的估计。它们要求审判者必须依照这种"优势证据"，对事实之真有"实际的信仰"或者"确信"事实之真。这是否意味着他们必须相信这确实是真的？几乎不能，因为显而易见的是，一个由易犯错误的人根据他人的证言进行调查，所有这些人在诚实性、记忆力和交流能力方面都有所缺陷，这样的调查不能产生确定性。这是否意味着一种神秘的"预感"，即事实必定是真的？这不是一个理性要求。（在迄今为止它应当进行分析这种不可能的情况下，）陪审团对此最自然的理解是，必须就此说服它，即事实之真不仅比其不可能更有可能，而且非常可能。这比我们的传统或者司法需要更为严格，似乎相当于"清晰、有力和令人信服的证据"的标准，迄今为止，人们认为其只有在特殊情况下才适用。[15]

因为法院坚持使用"优势"这个神秘的词，上诉法院在"优势"这个形而上学问题上花费了大量时间。在涉及使用"确信"一词或者其派生词来指代证据对陪审团思想的影响的判决中，对这个神奇的词的困惑尤其明显。有些法院，更多的是逻辑而不是现实主义，谴责它的使用等同于排除合理怀疑的证明，除非用"合理"一词加以限定。其他法院则务实地——尽管可能不情愿地——允许它的使用，甚至没有限定。虽然在民事案件中，就说服的标准问题，当然应当对陪审团进行明确和准确的指示，但是很难相信措辞上的变化，例如法院在使用"确信"一词遇到困难时涉及的措辞变化，会导致陪审员的态度有什么不同。经过深思熟虑起草的陪审团指示模式，应当有助于减少上诉法院在这些问题上不必要地花费的时间。然而，在没有指示模式的情况下，审判法官明智的做法是，寻找当地接受的措辞，并虔诚地遵守它。

723

⑮　参见下文第 340 节。

第 340 节　卸下说服负担：(b) 清晰和令人信服的证明要求

　　虽然我们已经看到，在民事案件中，传统的说服标准是优势证据[16]，但是要求当事人通过更严格的说服标准来证实的主张和观点的范围，是有限的。各州的表述各不相同，但是所使用的短语有："根据清晰和令人信服的证据"，"清楚、令人信服和令人满意"，"清楚、有力和令人信服"和"清楚、毫不含糊、令人满意和令人信服"[17]。一些法院使用了所有这些短语描述适用的标准，一些法院用了某些短语来描述适用的标准。在大多数司法辖区，措辞还没有像"优势证据"表述这样标准化，但是即使在这些法院，有时也出人意料地不能容忍与核准的表达略有不同。这几组形容词不能达到很高的准确度。有人有说服力地建议，如果要指示陪审团，他们要被说服到相信有关观点的真相是"极有可能的"，则可以更简单、更清楚地将其翻译给陪审团。但是就像前首席大法官 Burger 所说的那样：

　　　　我们大概只能认为，优势证据和排除合理怀疑的证明之间的区别，比其中的任何一个与清晰和令人信服的证据这一中间标准的区别，都更容易理解……尽管如此，即使在特定案件中，特定的证明标准表述并不总是会造成很大的不同，采用某个"证明标准不仅仅是一个空洞的语义活动"。……在涉及个人权利的案件中，无论是刑事案件还是民事案件，"[最低] 证明标准反映了社会对个人自由的重视"。

　　为此，美国最高法院判定，在涉及剥夺个人权利但是没有达到刑事检控程度的各种案件，包括精神病院强制医疗、监护权的终止、剥夺国籍和驱逐出境中，无论是美国宪法还是适用的联邦制定法，都要求达到清晰和令人信服的证明标准或者类似的标准。

　　并非所有高于通常的令人信服的证明要求的实例，都是涉及个人自由的案件。事实上，就某些类型的争议而言，这种程度的证明要求，似乎起源于大法官们（chancellors）在确定衡平法案件中的事实问题时，为自己规定的标准。然而，它现在已经扩展到陪审团审理的某些类型的诉讼，而大法官们的警告性格言现在以关于说服负担的指示的形式被传达给陪审团。

---

[16]　参见上文第 339 节。
[17]　Addington v. Texas, 441 U. S. 41 & 425 (1979).

这一特殊的说服标准通常适用于以下几类案件：（1）欺诈和不正当影响指控；（2）就订立遗嘱的口头合同提起的诉讼，以及证明遗失的遗嘱的条款进行的诉讼；（3）具体履行口头合同的诉讼；（4）以欺诈、错误或者不完整为理由撤销、改正或者修改书面交易或者官方行为的程序；以及（5）各种类型的索赔和抗辩，因州而异，这些被认为有特殊的欺骗危险，或者法院认为，基于政策理由，不应赞成特定类型的索赔。

724

上诉法院根据经典的衡平法惯例，根据记录中的庭前存录证言审理新的事实，因此它被要求在研究证据时，重新适用清晰和令人信服的证明标准。但是在现代制度中，即使是在衡平法问题上，对法官的事实认定结果的上诉审查通常也有限制。因此，在联邦法院，根据规则52（a），只有在"明显错误"的情况下，审判法院的认定才会被推翻。在陪审团审理的案件中，只有在确定是否有证据可以让常人作出裁决时，才会对裁决进行审查。那么，今天，如果有大量的证据，法官或者陪审团可以根据这些证据作出他们的认定，上诉法院是否会考虑这个问题，即这些证据，在适用的情况下，是否达到了"清晰和令人信服的标准"？美国最高法院在审查一起诽谤案——在该案件中，原告的负担是通过清晰和令人信服的证据证明实际恶意——的简易判决时说，上诉的标准应该是，"记录中的证据是否能够支持理性陪审团认定原告已经通过清楚和令人信服的证据证明了实际的恶意，或者原告没有证明这一点"[18]。然而，在一些司法辖区，由审判法院而不是上诉法院就清晰和有说服力的证据与仅仅是优势证据进行区分。

第341节　卸下说服负担：(c) 排除合理怀疑的证明

正如我们从民事案件中所看到的那样，诉讼实质上是对概率的探索。在任何这样的探索中，都必须预料到误差幅度。人们会犯错误，在民事案件中，对原告有利的错误判决并不比对被告有利的错误判决更糟。然而，在刑事诉讼中并非如此。社会已经作出判断，一个无辜的人被判有罪要比一个有罪的人逍遥法外严重得多。错误定罪对被告的生命、自由和名誉的影响，通常比民事案件中错误判决的影响更为严重。因此，正如最高法院在承认即使在刑事案件中错误也是不可避免的时候所说的那样："如果一方当事人的超越价值的利益处于紧要关头，例如刑事被告的自由，要通过这样的程序减少这种错误幅度，即让

⑱　Anderson v. Liberty Lobby, Inc. , 477 U. S. 242, 255－256（1986）.

对方当事人承担在审判结束时就其有罪排除合理怀疑地说服事实认定者的负担。"[19] 这样做，法院可能增加了刑事案件中错误判决的总数，但是实现了这一有价值的目标，即减少了给无辜者定罪这种错误的数量。

刑事案件对更高说服力的要求，自古以来就有反复表达，但是其凝结成"排除合理怀疑"这一表述，似乎到 1798 年才出现。它现在被普通法司法辖区接受为一种说服标准，检控方必须据此使审判者确信所有的犯罪构成要件。1970 年，最高法院明确判定，正当程序条款"保护被告不被定罪，除非构成被指控犯罪所必需的每个事实被证明到了排除合理怀疑的程度"[20]。

如果陪审团对被告犯有起诉书中所指控的罪行有合理怀疑，那么一个简单的指示——即陪审团应当无罪开释被告——通常就足够了。然而，法院经常画蛇添足，就"合理怀疑"给陪审团下一个定义。一个著名的早期例子是首席大法官 Shaw 在 Webster 教授谋杀 Parkman 博士案件的审判中所说的经常被重复的话："就是这种情况，在对所有证据进行了全面的比较和考虑之后，使得陪审员的思想处于这样的状态，即就指控的真实性，他们不能说他们感觉到一种持久的确信，一种道德上的确定性。"[21] 有句古话，所有的定义都是危险的，这个定义受到了苛刻的批评，因为它引发的问题比其回答的问题更多。其他定义，往往更为谨慎地进行了权衡，警告人们不要过分强调仅仅可能或者想象中的怀疑，这在一些司法辖区已司空见惯。合理怀疑是一个常用的术语，陪审员和律师都很熟悉。正如一位法官所说的那样，它需要一个娴熟的定义者用多多的词语来使它更直白[22]，正如另一位法官所说的那样，解释本身往往比被解释的词需要更多的解释。[23] 如果被告没有要求对这一术语下定义，就不要就此下定义。如果有人提出要求，法官是否有界定这一术语的职责，是一个有争议的问题，但是更明智的看法似乎是，这取决于法院的自由裁量权，除非陪审团本身要求作出更充分的解释，否则通常应通过行使自由裁量权来拒绝进行界定。

被告可以有某些借口或者理由，尽管在大多数情况下可以在无罪答辩中加以证明，但是为某些目的，被称为"积极抗辩"。这其中包括自卫、胁迫、精神错乱、醉酒和声称被告在界定犯罪的制定法的例外或者但书中。有时，只有提出证据的负担才会分配给被告。在某些情况下，关于这些抗辩的说服负担可

[19]　Speiser v. Randall, 357 U. S. 513, 525 - 526 (1958).
[20]　In re Winship, 397 U. S. 35 & 364 (1970).
[21]　Commonwealth v. Webster, 59 Mass. (5 Cush.) 295, 320 (1850).
[22]　Newman, J. in Hoffman v. State, 73 N. W. 51, 52 (Wis. 1897).
[23]　Mitchell, J. in State v. Sauer, 38 N. W. 355 (Minn. 1888).

以分配给被告，相应地，检控方可以免于证明抗辩不存在。关于这些抗辩的证明负担的分配和运作，既有宪法上的问题，也有困难的政策问题。这些问题将与刑事案件中与推定有关的特殊问题一起讨论。[24]

尽管偶尔会有相反的说法，但是合理怀疑标准一般被判定不适用于民事案件，无论所涉问题的性质如何。例如，当在民事诉讼中，就犯罪指控存在争议时，对该指控加以证实的潜在后果，尽管往往对金钱或者威望造成非同寻常的损害，但是一般不像对该罪行的检控那么严重。因此，现代美国的案例已经形成了这样一种观点，即为了公正和简单起见，不会要求达到排除合理怀疑的说服标准。大多数法院都说，优势证据是充分的，尽管有些法院已将标准提高到"清晰和令人信服"的程度。

726

第342节 推定概述

有人大胆断言，"推定"是法律术语家族中其表亲"证明负担"之外，最令人难以琢磨的一个。一位作者列举了至少八种法院使用该术语时的含义。[25]然而，在这种程度上，是可能达成一致的：推定是一种标准化的做法，根据这种做法，某些事实，就其作为关于其他事实的证据的效力而言，被认为需要进行统一处理。

再回到卸下提出证据的负担的讨论[26]，假设负有提出证明事实 A 的证据的负担的当事人，提出了关于事实 B 的证据。法官运用普通推理，可以确定事实 A 可以从事实 B 中合理推断，因此该方当事人已经卸下了证明负担，或者如法院有时所说的那样，已经提出了一个"初像"案件。法官没有使用标准化做法意义上的推定，而只是直接地依赖于理性推理。然而，在就指令裁决动议进行判定时，法官可以超越自己的心理过程和经验，认定先前判决或者现有制定法已经规定，关于事实 B 的证据足以允许陪审团推断事实 A 的存在。因此，法官使用了标准化做法，但是法院必须运用推定吗？尽管一些法院将这种标准化的推论描述为推定，但是大多数法律学者并不同意。他们保留了这一术语来描述一种明显不同的规则，这一规则不仅规定对事实 B 的证明足以使当事人就

㉔ 参见下文第 346 节至第 348 节。

㉕ Laughlin, In Support of the Thayer Theory of Presumptions, 52 Mich. L. Rev. 195, 196–207 (1953).

㉖ 参见上文第 338 节。

事实 A 卸下提出证据的负担，而且至少迫使将就问题提出证据的负担转移给该当事人的对手。根据这一观点，如果引入关于事实 B 的证据，并存在这样的推定，即事实 A 可以从事实 B 推断出来，则否认事实 A 存在的当事人必须引入其不存在的证据，否则要冒对其不利的指令裁决或者认定的风险。此外，一些典据说，一个真正的推定不仅应该转移提出证据的负担，而且要求否认推定事实存在的当事人就争点承担说服负担。⑳

当然，至少在民事案件中，最好将推定描述为至少转移提出证据的负担的规则。即使法官在作出判决时依靠的是先例或者制定法，而不是个人经验，也可以从证据中合理地推断出审判法官所作的决定，不需要其他说明。在大多数情况下，对推论应用任何其他标签只会导致混淆。然而，在刑事案件中，有些规则传统上被贴上了推定的标签，尽管它们的运作甚至并不能转移提出证据的负担。允许但是不要求陪审团接受推定事实的存在，即使在没有相反证据的情况下。⑳ 1979 年，最高法院恢复了"容许性推定"一词来描述这些规则。⑳ 在本书中，在提及民事案件时，推定一词将在上文所讨论的首选意义上使用，但是在提及刑事案件时将作出上面所提到的限定。

有些法律规则常常被错误地称为推定，此刻，应当与推定进行明确区分：

结论性推定。上文所用的推定一词总是指可辩驳的推定，即推定所反对的一方总是可以提出进行反驳的证据。在通常被称为结论性或者不可辩驳的推定的情况下，当事实 B 被证明时，事实 A 必须被视为真的，根本不允许对手对此提出异议。例如，如果证明一名儿童未满 7 岁，法院就说，可以结论性地推定她不可能犯下重罪。在这样做时，法院根本没有陈述一个推定，而只是表达了一个法律规则，即在法律上，不能给 7 岁以下的人判重罪。

事实自证（*Res ipsa loquitur*）。简单——也许过于简单——地说，事实自证是这样一项规则，即原告通过证明原告受到了某种事故伤害，如果没有被告的过失，通常不会发生，则卸下了其提出证据证明被告有过失的负担。尽管少数司法辖区赋予了该理论一个真实推定的效力，即使是在用它来分配说服负担的范围内，但是大多数法院同意，它只是描述了一种过失推论。Prosser 称之为"简单的情况证据问题"⑳。最常见的情况是，该理论所要求的推论是这样

⑳ 参见下文第 344 节。
⑳ 参见下文第 346 节。
⑳ County Court of Ulster County, N. Y. v. Allen, 442 U. S. 140 (1979).
⑳ Prosser, Torts, § 40 at 231 (4th ed. 1971).

的推理——即使在没有特别规则的情况下，法院也会恰当地判定它是合理的。如果是这样，我们当然不需要将事实自证与其他任何推论区别开来。此外，即使该理论是人为的，即它是出于政策而不是逻辑的原因而规定的，它仍然只是一个推论，允许但是不要求陪审团认定过失。唯一的区别是，如果事实自证是人为设定的，而不是仅仅由该学说描述了一个理性推论，那么就有更好的理由告知陪审团该推论的可容许性。虽然从理论上讲，此类陪审团指示可能被视为违反了禁止对证据进行评论的州规则，但是法院在处理这一问题上没有什么困难，并且其在接到请求时，一贯批准和要求作出指示，告知陪审团可以认定过失。显然，可以而且应该在不使用"推定"这个错误用语的情况下作出这些指示。

无罪推定。审判前证明负担的分配不是基于推定。在审判前，没有提出可以推断其他事实的证据。证明负担的分配是根据实体法规则作出的，该规则规定，一方或者另一方应当就争点承担一项或者两项负担。然而，在某些情况下，这些实质性规则被错误地称为推定。这种贴错标签的最明显的例子，就是刑事案件中使用的"无罪推定"。这个短语或许称作"无罪假定（assumption of innocence）"更好，因为它描述了我们的这一假设——在没有相反事实的情况下，假定任何人在某一特定场合的行为是合法的。在刑事案件中，"无罪推定"已被法官采用，以便于说明检控方的负担首先是提出被告有罪的证据，其次是就其有罪最终排除合理怀疑地说服陪审团或者法官。大多数法院坚持将这一短语列入对陪审团的指示中，尽管事实上，在这一点上，它只不过是扩大了检控方的说服负担。虽然这一短语在技术上不准确，甚至可能具有误导性，即它提出被告是无辜的存在某些固有的概率，但是它是公平审判的一个基本组成部分。与排除合理怀疑的证明要求一样，它至少向陪审团表明，如果要犯错误，就应该有利于被告，或者就像 Wigmore 所说的那样，"这个词确实传达了一个特别的、也许有用的暗示……因为它告诫陪审团不要把逮捕、起诉书和传讯引起的一切怀疑放在心上，而只从所提用的法律证据中得出结论"[31]。

第343节　创设推定的理由：说明性推定

推定可以转移提出证据的负担，也可以分配说服负担。因此，自然创设特定推定的原因，自然与已经讨论过的因素相似[32]，这些因素与最初或者暂时性

[31]　9 Wigmore, Evidence § 2511 at 407 (Chadbourn rev. 1981).

[32]　参见上文第 337 节。

分配这些负担有关。因此，正如有时出于公平的原因分配证明负担一样，创设某些推定，为了纠正由于一方当事人优先近用证据而造成的不平衡。这种推定的一个例子是这样的规则，即在联运承运人之间，损害发生在最后一个承运人的线路上。与此类似，社会和经济政策的概念——通常是含蓄的，而不是明示的——使法院倾向于通过赋予推定之益来支持一个观点，并相应地妨碍所厌恶的对手。一个典型的例子是从占有中推定所有权，这有利于先前的占有人，有利于财产的稳定。也可以创设推定来避免僵局，并取得某种结果，即使这是一种武断的推定。例如，为了使其他法律规则能够实施，有必要对在共同灾害中死亡的人的生存问题作出推定，尽管实际上没有任何事实依据可据以相信一方或者另一方可能先死亡。然而，一般而言，在推定的创设中，最重要的考虑因素是概率。大多数推定之所以存在，主要是因为法官相信，关于事实 B 的证据，使得事实 A 存在的推论是可能的，因此假定事实 A 是真的，是明智的和省时的，直到对手证否了它。

显然，大多数推定并非仅基于这些理由中的一个，而是出于多种原因而创设的。例如，通常情况下，推定不仅基于对概率的司法估计，而且基于证明更可能的事件事实上发生了所固有的困难。[33] 此外，与负担的最初分配一样，创设推定的理由往往与相关的实体法密切相关。这一点尤其适用于那些至少在一定程度上为促进某些社会政策而创设的推定。

尽管试图列出数以百计的推定是不适当的，但是以下是对一些说明性推定及其创设原因的简要讨论：

公职人员的官方行动，包括司法程序，被认为是规范和依法进行的。原因：概率和证明警察的行为方式在所有方面都是规范、合法的困难。

一封适当写明地址、贴上邮票和邮寄的信件，推定已妥为送达收件人。原因：概率和以任何其他方式证明送达的困难。

如果原告因车辆的过失操作而受伤，则在证明进一步的事实后，他可以在起诉没有开车的被告时享有推定之益。寻求证明代理关系的原告，仅仅通过证明被告是所有人，就可以获得这一推定的好处，即驾驶车辆的人是在其受雇范围内和在被告的业务过程中开车的。在许多州，原告不仅必须证明所有权以获得代理关系之推定之益，而且必须证明司机是被告正式雇用的。如果原告在这样的州寻求证明责任，即该州有制定法规定，车主应对经其同意的驾驶行为负责，原告可以享有推定之益，即仅通过证明所有权，推定驾驶人是在车主同意

────────────────────────

[33]　参见上文第 337 节。

的情况下驾驶的。在一些州，原告不仅要通过证明所有权来获得推定之益，而且必须证明驾驶人与被告之间存在特殊关系。这些推定背后的理由是：概率、考虑到被告优先近用证据的公平性，以及通过在说不清的案件中扩大所有人对其车辆所造成的伤害的责任来促进安全的社会政策。

当寄存人证明将财产交付给保管人时，财产处于良好状态，在返还时受损，或者在提出正当要求后未能返还，则推定损害或者丢失系保管人的疏忽或者过错所致。原因：鉴于保管人更容易近用关于损失事实的证据的公平性；概率。

有证据表明某人已离家失踪并至少失踪七年，而在这段时间内，预计会收到此人消息的人没有收到任何消息，经过勤勉寻访，也无法找到此人的下落，因此可以推定此人已经在此七年期间中的某个时间死亡。这条规则虽然不是很古老，但是已经过时了，因为考虑到现代通信和运输状况，七年的时间无疑太长了。原因：概率，以及执行人寿保险和处置财产等家庭保障规定的社会政策。

在对土地所有权的追溯中，有一个有用的推定，即从姓名来推定人的身份。因此，当同一个名字首先以受让人或者继承人的身份出现在所有权链条中，然后以让与人的身份出现在所有权链条中时，在每种情况下其都将被推定为同一人。原因：使法院和当事人能够依赖明显的所有权链条的正规性，直到收到对该身份提出质疑的证据为止的便利性；基于记录的表面平息主张的社会政策；以及概率。 *730*

证明一名妇女在婚姻存续期间生了一个孩子，就可以推定其子女是丈夫的婚生子女。尽管在通常情况下，就推定是否将说服负担转移给了对方身上，存在争议㉞，但是人们普遍认为，在这种推定的情况下，孩子为辩称非婚生的对方确实有此负担。此外，这种负担通常不是以民事案件的优势证据这一常规标准来衡量的，而是以大多数法院所说的清晰、令人信服和令人满意的证明标准来衡量，甚至是以排除合理怀疑的刑事标准来衡量。此外，正如本书其他部分所指出的那样，当其目的是说孩子是私生子时，一项使配偶的证言或者声明不能提出来证明未发生性交的规则，将进一步妨碍主张非婚生地位的人。㉟ 原因：社会政策，以避免私生子这一社会污名将父母的罪过迁怒于孩子，以及非婚生子女无继承资格的普通法规则（现在一般由制定法缓和了）；概率。

㉞　参见下文第 344 节。
㉟　参见上文第 67 节。

当证明已经发生暴力死亡，并且就自杀还是意外没有结论性证据时，就推定不是自杀。原因：无法解释的死亡的一般概率，这源于人类对自杀的反感，以及可能有这样的社会政策，即在有疑问的情况下，倾向于实现而不是挫败通过保险进行家庭保护的计划。

第 344 节　民事案件中推定的效力

在民事陪审团审判中，审判法官必须在两个阶段考虑推定的效力：（1）当一方当事人或者另一方当事人要求作出指令裁决时；（2）当到了指示陪审团的时候。

有时，在任何一个阶段，推定的效果都很容易辨别；它自然地来自该术语的定义。因此，当一方当事人证明了引起推定的基础事实时，就卸下了就推定事实提供证据的负担，因此，其对手的指令裁决动议将被驳回。如果对手没有提供任何证据，或者仅就引起推定的基础事实提供了证据，而没有就推定事实提供证据，陪审团将被指示，如果他们认定基础事实的存在，他们也必须认定推定事实。为了说明这一点，假设原告证明一封信寄出了，地址正确，有回信地址，而且从未被退回。这种证据通常被判定引起了收件人收到信件的推定。[36] 被告基于未收到信函而提出的指令裁决动议将被驳回。此外，如果被告没有就这个问题提供证据（或者她只是试图证明信没有寄出，也没有提供证据证明信实际上没有收到），陪审团将被指示，如果他们认定了原告所主张的事实的存在，他们必须发现这封信收到了。

但是，在被告并不停止提证，不将证据限制在反驳基础事实，而是引入了证明推定事实本身不存在的证据时，则问题更为困难。例如，如果被告作证说她事实上没有收到这封信，那么上述例子中的推定的效力如何？如果原告没有提供额外的证据，在原告提证结束时，被告现在是否有权获得将其驳回的指令裁决？如果没有，推定对法官对陪审团的指示有什么影响（如果有的话）？推定事实遭到证据反驳时，推定的效力问题，一直困扰着法院和法律学者。本节的其余部分专门讨论这个问题。

（A）"爆泡"理论及对该理论的偏离

理论。美国法律中最被广为接受的推定理论是，它们"就像是法律蝙蝠，

---

[36]　参见上文第 343 节。

在暮光中飞翔，但是会消失在事实的阳光中"[37]。不那么诗意地说，根据在众所周知的 Thayer 或者"爆泡"理论，推定的唯一作用是就推定事实转移提出证据的负担。如果该证据是由对方提出的，则推定即告无效而消失。从实践角度看，该理论意味着，尽管推定可以允许依赖它的当事人在自己提证结束时的指令裁决动议中存活下来，但是在审判中它没有其他价值。这一观点源于 Thayer[38]，得到 Wigmore 认可[39]，被《示范证据法典》所采用[40]，并且似乎已成为《联邦证据规则》的一部分。[41] 它至少口头上已经被无数的现代判决所采纳。

这个理论说起来很简单，如果虔诚地遵循，一点也不难应用。审判法官只需确定在反驳中提出的证据足以支持与推定事实相反的认定。如果作出了这一决断，当然就没有必要就推定问题指示陪审团。推定的反对者可能仍然无权获得指令裁决，但是如果其动议被否决，裁决将与推定的存在无关。正如已经讨论过的，推定通常是在基本事实引起对推定事实的自然推论的情况下产生的。尽管存在相反证据，推定结果遭到破坏，这种自然推论可能足以将案件提交陪审团。例如，在上文提到的推定收到信件的情况下，被告可以通过否认收到来摧毁推定。不过，将案件提交陪审团，不是因为推定，而是因为来自原告的自然推论表明，她邮寄了一封地址正确的信件，而且没有被退回。另一方面，基础事实可能不能提供具有充分的强度或者广度的自然推论，以便将案件提交陪审团。在这种情况下，法院可以作出对最初受益于推定的一方不利的指令裁决。

对该理论的背离——概述。有人批评"爆泡"理论，认为从创设规则的原因来看，赋予推定的效力过于"轻微和短暂"[42]。正如我们所看到的那样，推定是出于政策原因而创设的，其原因类似于在引入证据之前调整证明负担分配的政策原因，并可能与其一样强烈。[43] 尽管存在驳斥推定事实的证据，这些政策考虑可能会持续存在。当推定的基础事实不能产生一个自然足以将案件提交

_732_

---

[37] Lamm J. in Mackowik v. Kansas City, St. J. & C. B. R. Co., 94 S. W. 256, 262 (Mo. 1906), quoted in 9 Wigmore, Evidence § 2491 (Chadbourn rev. 1981).

[38] Thayer, Preliminary Treatise on Evidence, ch. 8, passim, and especially at 314, 336 (1898).

[39] 9 Wigmore, Evidence § 2491 (2) (Chadbourn rev. 1981).

[40] 《示范证据法典》之规则 704 (2) (1942) 规定："……如果已经证明了基础事实，并且引入了支持认定推定事实不存在的证据……推定事实存在与否完全像没有适用任何推定那样判定……"释义说："推定，作为一个有效的法律工具，必须……（2）这样运用，即陪审员从未听说过使用的推定一词，因为它对不同的人来说有着不可预测的内涵。"

[41] Fed. R. Evid. 301.

[42] Morgan & Maguire, Looking Backward and Forward at Evidence, 50 Harv. L. Rev. 909, 913 (1937).

[43] 参见上文第343节。

陪审团的推论时，它们可能完全被 Thayer 规则所挫败。与此类似，即使自然推论足以提出供陪审团审议的问题，它也可能是如此的脆弱，以致陪审团不太可能在其决定中考虑它，除非明确被要求这样做。如果某些推定背后的政策不被挫败，可能需要对陪审团作出一些指示，尽管理论上禁止此类指示。

这些考虑并非没有受到法院的承认。因此，尽管法院不愿意完全拒绝教条，但是在至少处理一些推定时，往往会找到偏离教条的方法，这些推定通常是基于特别有力和明显的政策。也许最好的例子是婚生地位推定，这种推定假设源于孩子是在婚姻过程中出生的。推定背后的有力政策是如此明显，以至于法院普遍认为，主张孩子非婚生的一方不仅有支持这一论点的提出证据的负担，而且在这一问题上也有很重的说服负担。[44]

对某些推定给予特殊对待的另一个例子是，一些法院对源于机动车所有权的代理关系推定或者同意推定赋予的效力。[45] 经典理论将规定，一旦被告或者司机所作证明的事实足以支持无代理关系或者未经同意的认定，推定即被推翻。有些法院就是这样判定的。然而，其他法院也承认，尽管被告就这一问题提供了证据，但是推定背后的政策，即被告优先近用证据和扩大对机动车所有人责任的社会政策，可能会继续存在，尤其是当证据以当事人自己或者其仆人的证言的形式出现时。这些法院不愿意仅仅依靠原告的证据可能产生的自然推论，而是要求被告提供更多的证据，例如，反驳证据是"无争议的、清晰的、令人信服的和不受弹劾的"。此外，许多法院还判定，推定背后的特殊政策，要求就这些政策的存在告知陪审团。

733　　　对该理论的背离——相互矛盾的推定。在处理相互矛盾的推定时，经常出现偏离"爆泡"理论的僵化规定的情况。两种推定之间可能会产生这样的冲突：W，声称她是 H 的遗孀，主张她要分享他的财产，并证明她和 H 在某一天结婚。对方随后证明，在 W 嫁给 H 三四年前，W 嫁给了另一个男人。W 的证据给了她婚姻有效性推定之益。对手的证明产生了对曾经证明存在的状态或者条件的延续性的一般推定，以及婚姻关系延续性的具体推定。原告的推定事实与对方的推定事实相矛盾。如何解决冲突？Thayer 的解决办法是，认为在这种情况下的推定已经消失，而各自推定所依据的事实，应与所有其他可能相关的事实一起作为情况进行权衡，推定不再有效。[46] 也许当所涉及的相互冲

---

④　参见上文第 343 节。
⑤　参见上文第 343 节。
⑥　See Thayer, Preliminary Treatise on Evidence 346 (1898) followed in 9 Wigmore, Evidence §
2493 (Chadbourn rev. 1981).

突的推定是基于概率或者程序上的便利性时，解决办法是相当具有实践性的
一个。

然而，作为一个例子，在本案中所涉及的具体推定并非这样的推定。一方
面，婚姻有效性推定不仅建立在概率基础上，而且建立在最有利于婚生地位和
家庭继承与期望稳定性的社会政策上。另一方面，关于生命延续和婚姻关系的
推定，主要以概率和审判便利为基础，当然，根据在特定案件中推定延续的时
间长短，概率会有变化。第二次婚姻的有效性受到质疑这一特殊情况，一直是
推定发生相互冲突问题的主要领域。在这方面，法院不愿意听从 Thayer 的建
议，即无视两种对立的推定，通过情况推论的证明力来解决争点。它们往往倾
向于从推定冲突的角度来表述这一问题，并判定婚姻有效性的推定"更有力"，
应当占上风。在任何涉及相互冲突的推定的情况下，以及在其中一项推定基于
占主导地位的社会政策的情况下，更为重要的推定占上风的理论可能应该
适用。

解决这一问题的另一个甚至可能更好的办法是完全回避冲突，创设一个新
的推定。在涉及婚姻冲突的案件中，已经逐渐形成了这种推定。根据这条规
则，如果一个人被证明先后与不同的配偶结婚，则可以推定，先前的婚姻在后
来的婚姻缔结之前，因死亡或者离婚而解除了。当然，这一推定是可以反驳
的，就像在婚生地位推定的情况下那样，许多法院就攻击第二次婚姻有效性的
一方赋予了特殊的说服负担，声称只有清楚、有力和令人信服的证据才能推翻
这一推定。

对该理论的偏离——对陪审团的指示。通常情况下，因推定的基础事实所
产生的自然推论的力度，法官很少面临作出对依赖推定的当事人不利的指令裁
决的局面。与此类似，相互矛盾的推定也相对罕见。然而，更经常地，法院有
理由判定，推定背后的政策要求作出指示，在某种程度上，要求让陪审团注意
到规则的存在，尽管 Thayer 的思想反对这种做法。摘要提供了大量的例子，
即尽管就有争议的推论提出了相反证据，人们广泛和毫无疑问地接受了向陪审
团告知这一规则的做法。

然而，虑及偏离的频率，告知陪审团的方式是一个相当有争议和令人困惑
的问题。推定作为思维艺术的工具，其令人费解的性质使寻求一种措辞形式以
向陪审团表达这一概念的人感到困惑。可以预见，大多数形式都令人无所适
从。例如，法官有时仅满足于在指示中说明推定的条件，仅此而已。这让陪审
团摸不着头脑，或者意味着太多。陪审团可能会认为推定是决定性的，特别是
在法官使用"法律推定"这个表述的情况下，除非有进一步的解释。

734

另一种解决办法，以前比现在更流行，就是指示陪审团，推定是"证据"，要与本案的证言一起赋予证明力和加以考虑。这避免了这样的危险，即陪审团可能推断推定具有结论性，但是对陪审团来说可能意义不大，而且肯定与公认的证据性质的理论背道而驰。

理论上更有吸引力的是这样的建议，即法官指示陪审团接受推定，除非他们认定推定性推论所依据的事实遇到了具体同等证明力的证据，或者换句话说，除非相反的证据使他们的头脑保持平衡，在这种情况下，他们应该就争点作出不利于负有说服负担的当事人的决定。在表述这样的指示时，很难不传达这样一种印象，即推定本身是"证据"，必须"应对"或者"平衡"它。然而，最重要的异议是，它所传达的是徒劳无功的印象。它为陪审团规定了一项困难的形而上学的任务，而且，在实际使用中，它可能会使普通的陪审员感到困惑，而不是帮助他们。

一种可能的解决办法，也许比前面提到的更好，就是审判法官直接提到推定的基础事实，并指出情况推论的一般概率是陪审团要考虑的因素之一。然而，通过这种方法，一个真正的推定只会转化为一个可容许的推论。此外，在许多司法辖区，如果不至少对法律的另一方面作出新的解释，该解决办法根本不可行。大多数州的审判法官都要谨慎地解读，避免对事实发表意见。尽管允许对某些标准化的推论（如事实自证）作出指示[47]，但是无论明智与否，这种做法都可能不赞成将从特定事实中得出允许的情况性推论解释为"侵犯陪审团职权"。

如果抛弃"爆泡"规则，取而代之的是确定说服负担的规则，就不应存在就推定警告陪审团的问题。根据这一理论，推定通常可以被赋予重大的效力，而根本无须向陪审团提及"推定"一词。如果一方当事人或者另一方当事人的证明负担是由推定确定的，而不是根据诉答中显而易见的政策来确定的，那么就没有必要告诉陪审团，为什么要由一方当事人或者另一方当事人承担说服负担。可以直接告诉陪审团，如果它认定基本事实的存在，那么对手必须通过优势证据来证明——或者在某些情况下，要通过更高的标准来证明——推定事实的不存在。即使在这种情况下，即推定将说服负担分配给了最初负有该负担的同一当事人，似乎也没有理由提及这一用语。如果法院认为推定的运作需要更高的证明标准，则可以像现在婚生地位推定那样，提高说服的标准。然而，除非我们愿意提高说服的标准，否则将巧合告知陪审团将一无所获。"推定"一

735

---

[47] 参见上文第 342 节。

词只会混淆争点。

(B) 试图提供一个关于推定效力的单一规则

或许,"爆泡"方法最大的困难在于,尽管它表面上很简单,但是法院既想在理论上采纳它,又想避免其过度的僵化,这种相互矛盾,已经把它变成了一个令人困惑和不一致的司法噩梦。这种状况使得法律学者不仅要寻找一个更好的规则,而且要寻找一个能涵盖所有推定的单一规则。

许多作者认为,对所有推定来说,更好的规则将提供任何值得称为"推定"的东西,其效力是将说服负担固定为就推定事实的存在进行抗辩的当事人的负担。对这一规则的一个主要技术性异议是,它要求说服负担的"转移",而根据负担的定义,这是不可能的。这个观点似乎是不合时宜的,因为它假定说服负担在诉讼开始时是固定的。然而,正如我们所看到的那样[48],在案件准备提交陪审团之前,不需要最终分配说服负担。因此,使用推定来确定这一负担不会导致其转移,而仅仅是使它基于在审判中引入的证据产生的政策因素加以分配,而不是基于主张(pleadings)而存在的想法加以分配。[49] 当然,没有理由认为在诉答阶段起决定性作用的政策因素应超过证据产生的与同样政策有关的因素。应当恰恰相反。

当然,有些推定一直被解释为影响说服负担,而没有大量讨论"转移"证明负担。[50] 真正的问题更为根本:适用于某些推定的这一规则是否应该普遍适用?对这一疑问的回答,不是取决于理论上对说服负担转移和说服负担重新分配之间的区别,而是取决于创造所有推定的政策是否总是足够有力,足以影响说服负担的分配以及提出证据的负担。

将说服负担的分配作为一项普遍规则,Morgan 教授是该规则的代表性支持者之一。尽管 Morgan 教授曾担任《示范证据法典》的报告人,但是他无法说服该法典的起草人在其中纳入一项支持关于推定的效力的这一观点的条款。《示范证据法典》采用了严格的 Thayer 立场。[51] 然而,Morgan 也积极参与了最初的《统一证据规则》的起草工作,他在促使采纳他的理论方面取得了相当大的成功。原初的《统一证据规则》规定,如果推定所依据的事实具有"证明

736

㊽ 参见上文第 336 节。

㊾ 关于说服负担背后的政策的一般讨论,可见于上文第 337 节。关于创设推定背后的政策的讨论,参见上文第 343 节。

㊿ 参见上文第 343 节关于婚生地位推定的讨论。

㊾ Model Code of Evidence Rule 704.

价值"，则将说服负担分配给对方；如果没有这种证明价值，则推定仅具有 Thayer 所说的效力，并在遇到相反证据时消失。[52]

最初的《统一证据规则》虽然有许多值得赞扬的地方，但是带来了一些问题。显然，它们没有规定一条单一的规则。对于某一特定推定是否具有证明价值的问题，不同的法院可以给出不同的回答。尽管不一致和混淆的可能性被规则减少了，但是仍然存在。此外，作出的区分是难以令人信服的，它忽视了某些缺少证明价值的推定背后存在的强有力的社会政策。当然，如果一项推定不是基于概率，而是仅仅基于社会政策，那么面对相反的证据，可能有更多而不是更少的理由保留它。基于自然推论的推定，无论是面对在请求作出指令裁决的动议中，还是在陪审团的审议中，都有其独立的证明力。基于社会政策的推定可能需要额外的推动，以确保政策不会被忽视。Morgan 显然认识到了这一规则所造成的区别的弱点，并且同意了这一点似乎只是为了减轻这样的担心，即对所有推定赋予确定说服负担的效力，可能是违宪的。[53]

加利福尼亚州 1965 年通过的《证据法典》采取了一种与原来的《统一证据规则》几乎完全相反的做法。根据《加利福尼亚州证据法典》，基于"公共政策"的推定用于确定说服负担[54]；为了"除了促进确定某一特定诉讼的裁断，不贯彻任何公共政策"而设立的推定，被赋予了 Thayer 理论的效力。[55] 加利福尼亚州的做法是对《统一证据规则》的改进，但是仍然不完全令人满意。以公共政策为基础的推定与不以公共政策为基础的推定之间的界限可能不容易划清。此外，尽管加利福尼亚州的区分比《统一证据规则》中的区分更为合理，但是它并不完全令人信服。导致推定的政策涉及解决某一争端，而不是贯彻更广泛的社会目标，这一事实并不一定意味着该政策通过转移提出证据的负担而得到满足，当提出相反证据时，该政策应消失。加利福尼亚州对推定背后的政策提出了错误的问题。研究不应着眼于政策的广度，而应着眼于这样的问题，即某一推定背后的政策考虑，是否足以推翻在诉答阶段临时性确定证明负担的政策。

737

最高法院通过并提交国会的《联邦证据规则》采取了 Morgan 倡导的做法。规则 301 草案规定："推定所反对的当事人，负有证明推定事实不存在的可能性比其存在的可能性更大的负担。"然而，草案没有通过国会的审查，颁

---

[52] Original Unif. R. Evid. 14 (1953).

[53] Morgan, Presumptions, 10 Rutgers L. Rev. 512, 513 (1956).

[54] Cal. Evid. Code § § 605 to 606.

[55] Id. § § 603 to 604.

布的规则 301 具有鲜明的 Thayer 风味：

> 在所有民事案件和程序中，除国会法或者本证据规则另有规定者外，推定所反对的当事人负有用证据反驳或者应对该推定的负担，但是，并未转移未能说服风险意义上的说服负担，在整个审判中，该证明负担仍由原先承担它的当事人承担。(56)

一些法律学者认为，《联邦证据规则》301 不禁止这样的指示，即至少就推定背后的逻辑力量和政策警告陪审团，即使引入了与推定事实的存在相反的事实。此外，联邦法院也有意愿认定国会的某些法律创设了与规则 301 的规定相比具有更大生命力的推定，甚至在通过规则 301 时已经存在的某些推定不受该规则规定的程序的影响。另一方面，该规则也成为希望赋予推定“爆泡”效力的法院的准则，即使法院可能不一定认为自己受到规则 301 的约束。

到目前为止，在《联邦证据规则》的基础上采用了新的证据规则的许多州，采用了原初规则 301 的做法，并基于推定分配说服责任，这一事实使问题更加复杂。同样，1974 年通过的《统一证据规则》拒绝了“爆泡”做法，其所含的规则 301 与最高法院提交国会的规则几乎相同。现行的《统一证据规则》保持了这一与《联邦证据规则》的差异。

(C) 寻找圣杯

尽管法律学者尽了最大努力，在一些方面，与通过《联邦证据规则》之前相比，我们处于更混乱的状态，而不是有一个规则来调整所有程序中的所有推定。Morgan 的观点——所有的推定都用于分配说服负担——和 Thayer 的概念——推定消失，都还没有赢得胜利。

这一问题可能是“推定”概念的本质所固有的。至少有一位作者认为，这一概念是一种人为的概念，是试图通过法律虚构来完成法院应该直接做的事情(57)；应当从法律使用和所承担的职能中消灭“推定”一词，取而代之的是直接分配证明负担，以及准确描述某些事实的逻辑含义的司法评论。从某种意义上说，这个建议很有吸引力。法院确实应该讨论分配证明负担的适当性，而不 738

(56) Fed. R. Evid. 301. 2011 年重塑的《联邦证据规则》301 规定：在民事案件中，除联邦制定法或者本证据规则另有规定者外，推定所反对的当事人负有提出证据反驳该推定的负担。但是，本条规则并未转移说服负担，其仍由原先承担它的当事人承担。

(57) Allen, Presumptions, Inferences and Burden of Proof in Federal Civil Actions—An Anatomy of Unnecessary Ambiguities and a Proposal for Reform, 76 Nw. U. L. Rev. 892 (1982); Allen, Presumptions in Civil Actions Reconsidered, 66 Iowa L. Rev. 843 (1981).

是推定在概念上的技术应用。然而，无论有多么深的误解，推定的术语和概念，都深深地根植于法律之中，以至于很难想象它们会早早消亡。此外，正如作者所承认的那样，在有些情况下，在审判中提出的证据可能会导致一项法律规则，从而转移或者重新分配证明负担。他称之为"附条件命令（conditional imperative)"，并承认在这种情况下，证明负担的分配不能在审判前进行。虽然"附条件命令"一词可能与"推定"一样好，但是它并不是更好，而且就推定存在的问题也同样很可能发生，而不论所使用的是什么标签。

答案可能是，这个问题没有单一的解决办法。法院和立法机关对普遍的推定规则的抵制反映了这样一个事实，即不同的推定背后的政策力度不同，因此预期结果是有等级的。在一种情况下，该政策可能只会产生一种标准化的推论，一种使原告的案件提交陪审团，但是不强制作出对原告有利的指令裁决的法律规则。在另一种情况下，该政策可能强大到足以迫使作出有利于它的指令裁决，从而将提出证据的负担转移给对方，但是不足以重新分配说服负担。在其他情况下，这项政策可能足够强大，足以重新分配说服负担。

根据政策因素对推定进行分类的尝试是深思熟虑的，意义重大。不幸的是，它们没有达到目标，主要是因为这项任务固有的困难。每一项推定的创设都有其自身的理由，这些理由与相关的实体法密不可分。这些实体性因素对特定推定所寄托的程序效果有相当大的影响。这些因素的多样性，导致根本无法进行有效的分类。法律和律师习惯于在决定证明负担的初始分配时，考虑实体法的要求。就推定的运作而言，这项任务不应被认为太过繁重，毕竟推定的运作只是为了在审判过程中重新分配这些负担。

与其试图为所有的推定提供一个单一的规则——一个迄今已被证明是徒劳的任务，证据法典的起草者不如为推定可能对证明负担产生的适当但是不同的影响提供指导方针。法院和立法机关将有机会选择赋予特定推定的适当效力。"推定"一词似乎有可能永远伴随着我们；不同推定也有可能继续具有不同的程序效力；我们只能希望确保"推定"一词所代表的概念得到建设性和理性的应用。

第 345 节　民事案件中的宪法问题

根据美国宪法，在刑事案件中设立和使用推定产生了严重的问题。这些问题在后续章节讨论。[58] 尽管在民事案件中使用推定也涉及宪法因素，但是问题

---

[58]　参见下文第 347 节至第 348 节。

的严重性并不相同。在刑事案件中，通过要求检控方排除合理怀疑地证明犯罪的每一个要素，故意使天平失衡，有利于被告。[59] 任何一条即使看似减轻了这种负担的规则，都被视为极其谨慎。然而，对于民事诉讼的任何一方来说，都不需要这种特殊的保护。证明负担是在诉答阶段确定的，不是出于宪法的原因，而是出于概率、社会政策和便利性。[60] 没有理由不允许在推定的操作中反映的同样的政策因素进一步影响审判过程中证明负担的分配。

不过，法院在民事案件中明确规定了"合理联系"标准，它要求在基础事实和推定事实之间存在这样的联系，以便推定达到宪法要求。相对较新的判例已经应用了这一标准，但是维持了推定。或许在某些情况下，即使在民事案件中，推定也可能以违反基本正当程序因素的武断方式进行。但是，对民事案件中创设推定施加严格适用的"合理联系"限制，将意味着只允许基于概率的推定。这种限制将忽略制定规则的其他同样有效的理由。在刑事案件中被明确拒绝或者受到严重限制的考虑因素，例如当事人对事实的相对了解，和立法机关完全取消起诉或者辩护的权力，在确定民事推定的有效性时应仍然具有重要意义。

就民事推定而言，也许最困难的问题是，推定是否可以用来分配说服负担。这一问题产生于最高法院两个判例的对比，这两个判例审议了用来反对铁路公司的过失推定的有效性。在 1910 年判决的第一个案件，即 *Mobile, J. & K. C. R. R. v. Turnipseed* 案件[61]中，法院在这一因出轨造成雇员死亡的诉讼中，考虑了密西西比州对铁路公司不利的制定法推定。该制定法规定，关于铁路车辆运行造成伤害的证据，将是铁路方面缺乏合理技能和谨慎的初像证据。注意到该制定法的唯一效力是规定铁路公司有职责提供一些相反的证据，法院判定，所证明的事实与推定事实之间的合理联系足以支持推定。

然而，1929 年，在 *Western & Atlantic R. R. v. Henderson* 案件[62]中，法院推翻了佐治亚州的一项制定法，该法规定铁路对火车造成的损害负有责任，"在所有情况下，推定都是对公司不利的"，除非铁路证明它采取了合理的谨慎措施。在 *Henderson* 案件中，原告诉称她的丈夫死于平交道口碰撞。陪审团被指示说，过失是从损害事实推定出来的，因此铁路公司有负担来证明其已尽一般谨慎义务。法院判定，仅仅是火车与车辆在交叉口相撞这一事实，并不能为

---

[59] 就检控方的负担的性质，参见上文第 341 节；就推定可能对该负担的影响所进行的宪法限制，参见下文第 347 节。

[60] 参见上文第 337 节。

[61] 219 U. S. 35 (1910).

[62] 279 U. S. 639 (1929).

任何关于过失的推论提供依据，因此这一推定无效。与 *Turnipseed* 案件的区别在于，密西西比州的推定提出了"仅仅是对事实的临时推论"，而佐治亚州的制定法则创制的是"一种被赋予证据效力的推论，这种推论要与相反的证言进行权衡并胜出，除非陪审团认为这种证言占优势"[63]。

尽管也许平交道口相撞不同于脱轨，因此可以根据其事实对 *Turnipseed* 案件和 *Henderson* 案件加以区分，但是将 *Henderson* 案件理解为对一些推定的效力至少设定了宪法限制是公平的。然而，正如有人有力地指出的那样，*Henderson* 案件可能不再是有效的法律。该案认为有必要证明过失。但是自1929年以来，过失作为责任的必要基础的观念，已经不那么神圣了。尽管人们对法院在那一年会做些什么有相当大的怀疑，但是今天毫无疑问的是，立法机构至少会被允许将不存在疏忽的情况降到积极抗辩的地位。如果可以这样降低疏忽的地位，那么在逻辑上同样也可以如此对待分配说服负担的推定。

自 *Henderson* 案件以来，法院至少有一次批准了一项州推定，该推定旨在确定当事人反驳推定事实的说服负担。在该案——*Dick v. New York Life Insurance Co.* 案件[64]——中，法院批准了北达科他州的普通法规则，该规则规定，就意外死亡条款的适用进行抗辩的被告保险公司，有就被保险人死于自杀说服陪审团的负担。

鉴于侵权法的最新发展、法院在 *Dick* 案件中的判决以及将推定与分配说服负担的其他法律规则区别对待的不合逻辑性，*Henderson* 案件的地位令人怀疑，使得现在相对不太可能对民事案件中的推定的效力有严格的宪法限制。

第346节　刑事案件中的积极抗辩和推定：（a）术语

如前所述，法院和立法机关并不总是在本书中使用的意义上或者同一法院和立法机关在其他场合使用的意义上，来使用"推定"一词。[65]与民事案件相比，在处理刑事案件中的推定时，这一不严谨的术语的适用可能更为普遍。最好的例子是已经给出的例子。"无罪推定"根本不是一种推定，而仅仅是这一规则的另一种表达方式，即检控方承担排除合理怀疑地证明被告有罪的负担。[66]

[63]　Id. at 643 - 644.
[64]　359 U. S. 437 (1959).
[65]　参见上文第342节。
[66]　参见上文第342节。

741

同样，法院和作者也在努力界定和区分推定和积极抗辩。当然，这些程序性手段有共同的因素。然而，由于这些手段是传统定义的，它们之间存在着一些重大的差异，导致法院在对待它们时有所不同。

1. 积极抗辩。"积极抗辩"一词传统上用于描述在刑事案件中，向被告分配提出证据的负担或者说服负担，或者两者兼有。这种负担在案件开始时由制定法或者判例法确定，并不取决于检控方引入任何证据。例如，在制定法上，某犯罪可以被定义为由 A 和 B 两个要件组成。然而，在证明了 C 的情况下被告可以被免除责任，或者降低犯罪等级，C 就是一种积极抗辩。在某些情况下，被告可能只是就 C 负有提出证据的负担；在卸下了该负担的情况下，检控方将承担就要件 A、B 和 C 说服陪审团的负担，达到排除合理怀疑的程度。在其他情况下，被告既有提出证据的负担，也有说服负担。因此，检控方就 C 没有负担；被告必须既引入关于 C 的证据，也要就其存在说服陪审团。通常情况下，就被告的积极抗辩所采用的说服标准是优势证据。

2. 推定。推定已经被定义为一种标准化的做法，根据这种做法，某些事实要求就其作为其他事实的证据的效力进行统一处理。[67] 在民事案件中，推定一词是为一项规则而适当保留的，该规则规定，在证明某些基础事实后，至少就某些推定事实转移了提出证据的负担。正如已经讨论过的那样，在某些情况下，推定也可以用来分配说服负担。[68]

在刑事案件中或多或少地使用了不那么一致的术语。刑事案件的趋势是，将任何允许从一个事实中推论出另一个事实的标准化规则描述为推定，而不管该规则是否能够转移提出证据的负担。因此，假定某犯罪有三个要件，即 A、B 和 C。法律规则规定，事实 C 可以从对 A 和 B 的证明中推断出来。这种规则通常被描述为一种推定，无论是否有任何负担实际转移给了被告。在大多数情况下，没有负担转移；推定的作用，只是允许检控方仅凭对 A 和 B 的证明，就可以提出初像案件。陪审团将被指示——但是不是被要求——可以从对事实 A 和 B 的证明中推论事实 C 的存在。

美国最高法院重新使用了本书第一版中的术语来描述刑事案件中推定的不同影响。在 *County Court of Ulster County v. Allen* 案件[69]中，法院区分了强制性推定和容许性推定。强制性推定是至少转移提出证据负担的推定。它告诉

⑥⑦ 参见上文第342节。
⑥⑧ 参见上文第344节。
⑥⑨ 442 U. S. 140 (1979).

事实审判者，它必须在证明基础事实后认定推定事实，"至少除非被告提出了一些证据来反驳这两个事实之间的推定关系"[70]。法院进一步将强制性推定分为两部分：仅将提出证据负担转移给被告的推定和转移说服负担的推定。容许性推定允许但是不要求事实审判者从基础事实的证明中推断出推定事实。根据 *Allen* 案件的判决，这些不同的推定不仅在程序上不同，而且在宪法容许性的标准上不同。

742

第 347 节　刑事案件中的积极抗辩和推定：(b) 合宪性

近年来，积极抗辩和推定的合宪性都有了显著的发展。

1. 积极抗辩。从历史上看，许多州在包括精神错乱和自卫在内的若干经典积极抗辩方面，把提出证据的负担和说服负担都放在被告身上。1952 年，就精神错乱将证明负担分配给被告的做法，经受了宪法质疑。在 *Leland v. Oregon* 案件[71]中，最高法院判定，可以要求被告将他在被控犯罪发生时精神错乱证明到排除合理怀疑的程度。另一方面，对积极抗辩的创设或者效力施加了一些限制。例如，某联邦上诉法院判定，某个州就不在犯罪现场的证明，将说服负担分配给被告，违反了宪法。[72] 法院认为，不在犯罪现场证明，仅仅是一种否认参与犯罪行为的形式，而不是一种真正的积极抗辩。

尽管对不在犯罪现场证明的辩护的对待，可能有所预示，但是关于积极抗辩的真正思想革命发生在 20 世纪 70 年代中期，当时最高法院作出了两项关键判决。

在 *Mullaney v. Wilbur* 案件[73]中，法院推翻了缅因州的一项谋杀罪定罪判决。在该案件中，根据一个长期倾向于检控方的做法，陪审团被指示说，如果检控方证明"谋杀是故意的和非法的，那么就决定性地意味着预谋，除非被告以公平优势证据证明他因突然挑衅处于激情中"，在这种情况下，被告只会犯一般杀人罪。被告承担这一负担被说成违反了 *In re Winship* 案件[74]的规定，即正当程序条款要求检控方将构成指控的罪行所必需的每一个事实证明到排除合理怀疑。尽管承认，根据缅因州法律，谋杀和一般杀人是同一罪行，只是程

[70]　Id. at 157.

[71]　343 U. S. 790 (1952).

[72]　Stump v. Bennett, 398 F. 2d 111 (8th Cir. 1968).

[73]　421 U. S. 684, 686 (1975).

[74]　397 U. S. 358 (1970). 参见上文第 341 节的讨论。

度不同，但是法院指出，*Winship* 案件既适用于有罪还是无罪的情况，也适用于刑事责任轻重问题。

考虑到某些司法辖区将降低杀人罪等级的负担推给被告的悠久历史，*Mullaney* 案件令人惊讶。然而，考虑到 *Winship* 案件的判定和基本原理，这并不完全出乎意料。将 *Mullaney* 案件宽泛地解读为，要求检控方对许多——如果不是所有的——传统的积极抗辩承担说服负担，当然是可能的，而且也许是公平的。事实上，一些州法院将该意见解读为在宪法上迫使检控方就各种积极抗辩承担说服负担。只有 *Leland* 案件意见的存在——在 *Mullaney* 案件中没有被明确推翻——阻止了一个联邦法院将 *Mullaney* 案件适用于就精神错乱辩护，将说服负担加给检控方。[75]

在 *Rivera v. Delaware* 案件[76]中，法院以并不是一个重大的联邦问题为由，驳回了对定罪判决的上诉。在该案件中，被告就其精神错乱承担了证明负担。这是第一个真正的迹象，表明 *Mullaney* 案件的判定的范围要窄得多。当法院判决 *Patterson v. New York* 案件[77]时，这一迹象就变得确定了。在 *Patterson* 案件中，法院支持了纽约州的一项程序，根据该程序，如果被告被排除合理怀疑地认定故意杀害了另一个人，他将被判犯有二级谋杀罪。如果被告以优势证据证明他是在"极度情绪不安"的影响下行事的，则该罪行可能会降为一般杀人罪。法院判定，纽约州的程序没有违反正当程序，并用 *Winship* 案件的话指出："［Patterson］被指控的犯罪的每个要件要被证明到排除合理怀疑的程度。"[78] *Mullaney* 案件被认为不同之处在于所处理的是这样的情况：被告被要求反驳检控方案件的一个要件——预谋。与缅因州不同的是，纽约州在对谋杀的定义中并没有包含预谋。因为这一遗漏，纽约州避免了 *Mullaney* 案件中的致命缺陷，尽管 *Patterson* 案件的辩护只是 *Mullaney* 案件"突然挑衅造成的激情"的扩展版。

在 *Patterson* 案件中，法院通过对州法律的形式主义分析，决定了证明负担分配的合宪性：没有违反正当程序，因为被告对州法律认定为犯罪要件的任何事实都没有证明负担。尽管一直受到重大而持续的批评，这种方法的持久性在十年后的 *Martin v. Ohio* 案件[79]中得到了证实。在 *Martin* 案件中，俄亥俄州

743

---

[75]　Buzynski v. Oliver，538 F. 2d 6（1st Cir. 1976）.

[76]　429 U. S. 877（1976）.

[77]　432 U. S. 197（1977）.

[78]　Id. at 206.

[79]　480 U. S. 228（1987）.

将谋杀罪定义为事先经过考虑或者谋划，故意造成他人死亡，并将证明自卫的负担推给了被告。法院维持原判，因为就州在其对犯罪的定义中所包含的任何要件，被告都没有证明负担。只要陪审团的指示明确表明，检控方有证明所有要件的负担，包括先前的考虑和谋划，并排除了合理怀疑，并且在确定州的检控的任何要件是否存在合理怀疑时，可以考虑自卫证据，则就没有违反 Winship 案件的要求。

当然，下级法院遵循了 *Patterson* 案件和 *Martin* 案件的模式，判定被认为只涉及对犯罪构成要件的反驳的说服负担是无效的，支持仅在这种情况下分配说服负担，即陪审团已被指示州已经排除合理怀疑地证明犯罪要件之后，积极抗辩已经登台亮相。

Patterson 案件和 *Martin* 案件的分析，只涉及说服负担的分配。正如 *Patterson* 案件的附带意见所提出的那样，就要求被告时积极抗辩承担提出证据的负担而言，法院没有遇到过麻烦。例如，即使州将缺乏自卫列为犯罪的一个要件，以禁止将说服的负担分配给被告，被告也可能被要求提出至少一些自卫证据，以便将该问题提交陪审团。

2. 推定。与积极抗辩一样，最高法院对推定合宪性的分析近年来也有了重大进展。1979 年 *County Court of Ulster County v. Allen* 案[30]和 *Sandstrom v. Montana* 案[31]的判决，构成了法院对这一问题分析的分水岭。

在 *Allen* 案件和 *Sandstrom* 案件之前，法院在从 *Tot v. United States* 案[32]开始的一系列刑事案件中，就推定的创设和适用设定了限制。在 *Tot* 案中，法院宣布一项联邦枪支制定法中的推定无效，该制定法规定，拥有枪支是在州际贸易中收到武器的推定证据。法院指出："如果所证明的事实与所推定的最终事实之间没有合理的联系，从一个事实的证明中得出的关于另一个事实的推论是武断的，因为两者之间在共同经验中没有联系，则制定法推定不能成立。"[33]

Tot 案件之后是 1965 年的两起案件，这两个案件涉及帮助检控方起诉酒类案件的推定。在 *United States v. Gainey* 案[34]中，法院运用了 *Tot* 案件的合理关系标准来维护一项制定法的有效性，该制定法规定，在现场出现，足以

---

[30]　442 U. S. 140 (1979).

[31]　442 U. S. 510 (1979).

[32]　319 U. S. 463 (1943).

[33]　Id. at 467.

[34]　380 U. S. 63 (1965).

判定被告犯有在没有提供保证金的情况下从事蒸馏酒业务的罪行，"除非被告就其在场作出了令陪审团满意的解释"。然而，在 *United States v. Romano* 案件⑧中，法院驳回了关于拥有非法蒸馏酒厂的相关犯罪的完全相同的推定，认为其违反了 *Tot* 案件。法院与 *Gainey* 案件进行了区分，指出 *Gainey* 案件所涉的从事非法蒸馏酒活动是一项极其广泛的罪行。一个人原因不明地出现在蒸馏酒厂，使得他与酒厂经营有关是高度可能的。然而，就 *Romano* 案件中因不明原因在场而得出的拥有酒厂的推定，没有这样的自然推论。

　　Tot 案件、*Gainey* 案件和 *Romano* 案件留下几个问题没有回答。最重要的是，"理性关系"标准是模糊的。它是相关性标准还是证明充分性标准？如果这是一个充分性标准，推定事实的存在必须被证明到比不存在的可能性更大，甚或其存在必须被证明到排除合理怀疑。

　　1969 年和 1970 年两起涉及毒品检控推定的案件，一定程度上回答了这一问题。在 *Leary v. United States* 案件⑧中，法院审议了这一推定，即持有大麻是授权对在明知毒品非法进口的情况下运输和隐藏毒品定罪的充分证据，除非被告就其持有作出了令陪审团满意的解释。法院判定，推定明知是违宪的。法院说：

745

> 　　我们认为，*Tot*、*Gainey* 和 *Romano* 案件的结论是，刑事制定法推定必须被视为"非理性"或者"武断的"，因此是违宪的，除非可以说有重大保证，即与不可能相比，推定事实更有可能来源于作出该推定所依赖的已证明的事实。⑧

　　在这一说服的脚注中，法院补充说，由于其认定，根据本标准，推定是违宪的，它不会讨论这样的问题，即："如果被指控犯罪的证明或其某个要件取决于某个刑事推定的使用，如此判决达到标准的刑事推定是否还必须达到刑事'排除合理怀疑'标准。"⑧

　　第二年，法院处理了 *Turner v. United States* 案件⑧中的两个推定。其中一个推定与 *Leary* 案中否定的推定相同，只是 *Turner* 案涉及的毒品是海洛因和可卡因，而不是大麻。另一个推定规定，如果被告持有的麻醉品没有适当的

---

⑧　　382 U. S. 136 (1965).
⑧　　395 U. S. 6 (1969).
⑧　　Id. at 36.
⑧　　Id. at 36 n. 64.
⑧　　396 U. S. 398 (1970).

付讫戳记，将是证明他购买或者分销的毒品不是来源于原初盖有戳记的包装的"初像证据"。就支持或者反驳制定法所要求的推论的证据，法院广泛审查了与制定法有关的立法记录，并调查了其他毒品案件的记录。它的结论是，"压倒性的证据"是，在美国消费的海洛因是非法进口的，因此 Turner 一定知道这个事实。根据这一结论，法院就海洛因维持了非法进口和"盖有戳记的包装"的推定。与此相比，法院就可卡因推翻了同样的推定，认定"不能充分肯定 Turner 持有的可卡因来自国外，或者 Turner 一定知道它来自国外"，而且 Turner 持有的可卡因事实上"有合理的可能"是来自依法加盖戳记的包装。

在 Turner 案件中，法院再次认定，不需要明确采用一项标准，来要求将推定事实的存在证明到排除合理怀疑。然而，法院在 Turner 案件中经常提到这一标准，再加上它在 In re Winship 案件[90]的判决中承认，在宪法上，刑事案件需要达到这种证明标准，似乎使排除合理怀疑标准有可能适用于检验推定的有效性。

746　　Turner 案件之后不久，法院将涉及制定法推定的案件的理由适用于普通法推定。在 Barnes v. United States 案件[91]中，法院维持了对持有被盗国库支票的定罪判决。在该案件中，根据传统普通法，对陪审团的指示说，根据对最近被盗物品的不明持有，可以作出定罪所需的明知推论。法院在审查该推定时，仍然没有采用一个比不可能更可能的标准，或者排除合理怀疑的标准，而是判定，有关推定同时达到了这两个标准。在 Barnes 案件之后，唯一一个似乎仍然存在的问题是，法院是否最终会要求所有的推定都要经过排除合理怀疑标准的检验。令人惊讶的是，1979 年出现了一整套新的考虑因素。

纽约州检控的 County Court of Ulster County v. Allen 案件[92]，罪名主要是非法持有手枪。四个人——三个成年男性和一个 16 岁女孩，共同受审。证据表明，在汽车前部属于该 16 岁女孩的打开的手提包里，发现了两支大口径手枪。纽约的一项制定法规定，除某些例外情况外，在汽车上发现了枪支，是当时所有乘用汽车的人非法持有枪支的推定证据。就该推定陪审团得到了指示，但是被告知，该推定"无须用肯定性证据或者证明予以反驳，但是可由本案中的任何证据或者缺乏任何证据予以反驳"。

联邦上诉法院维持了地区法院批准的人身保护令，判定纽约州的制定法表

---

90 397 U. S. 358 (1970). 参见上文第 341 节。
⑨ 412 U. S. 837 (1973).
⑫ 442 U. S. 140 (1979).

面上看是违宪的，因为它涵盖了许多人，而这些人实际上与武器没有任何关系，即使他们在发现武器的车辆上。[93]

最高法院撤销了这一判决，称上诉法院不恰当地从表面上看待了该制定法。法院指出，对任何手段的宪法有效性的最终标准是，它没有损害事实认定者根据检控方提出的证据，在审判中排除合理怀疑地认定最终事实的责任。因此，必须对强制性推定和允许性推定进行不同的分析。从表面上分析强制性推定是恰当的。在适用强制性推定的情况下，因被告未能提出相反证据，可以仅根据该推定定罪。法院说，在这种情况下，推定将是违宪的，除非基础事实本身足以支持排除合理怀疑地作出有罪推论。在容许性推定情况下，陪审团只被告知可以但是不被要求根据基础事实认定被告有罪。因此，必须不是抽象地，而是就案件中的所有证据，检验推定的有效性。法院说：

> 由于这种可容许的推定使事实审判者可以自由地相信或者拒绝推理，并且不转移证明负担，因此，只有根据案件事实，审判者没有合理的方法建立推论所允许的联系时，它才影响"无合理怀疑标准"的适用。因为只有在这种情况下，才存在这样的风险，即就容许性推定向陪审团进行的解释，或者陪审团对该推定的使用，可能导致理性的事实认定者作出错误的事实认定。[94]

法院认定，Allen 案件的指示创造了一个容许性的，而不是强制性的推定。法院考虑了本案的所有证据，认为排除合理怀疑地认定有罪存在合理的依据，法院指出，陪审团本可以合理地驳回成年被告在上诉时提出的这一说法，即手枪完全是 16 岁的孩子所持有的。

在 *Sandstrom v. Montana* 案件[95]中，被告被控故意杀人罪，根据蒙大拿州法律，故意杀人罪的构成包括故意和明知造成他人死亡。被告辩称，他患有因饮酒而加重的人格障碍，应降低其犯罪等级。根据蒙大拿州法律，陪审团得到的指示是："法律推定一个人有意承担其自愿行为的一般后果。"被告被定罪，蒙大拿州最高法院维持了对他的定罪。美国最高法院推翻了这一定罪，判定陪审团本可以将关于自愿行为的通常后果的意图推定的指示解释为，要么创设了结论性推定，要么将就意图问题的说服负担转移给了被告。法院援引了 *Mul-*

㉝ Allen v. County Court, Ulster County, 568 F. 2d 998 (2d Cir. 1977).

㉞ 442 U. S. at 157.

㉟ 442 U. S. 510 (1979).

laney 案件、*Patterson* 案件以及 *Allen* 案件，判定这种负担转移在宪法上是不允许的。只要该指示也可以被解释为对被告施加了更重的负担，陪审团本可以将该指示解释为容许性的或者仅转移了提出证据负担这一事实，就不重要了。

几年后，在 *Francis v. Franklin* 案件[96]中，法院判定，佐治亚州一宗杀人案件检控中的一项指示违反了 *Sandstrom* 案件，该指示说，"一个心智健全和有判断力的人的行为被推定是该人意志的产物，但是这一推定可被推翻"。法院判定，这些指示创设了 *Sandstrom* 案件所禁止的那种强制性推定，尽管佐治亚州将这种表述解释为不过是容许性推论。只要陪审团能够将这项指示解释为将说服负担转移给了被告，该推定明确规定可被反驳这一事实就不具有决定性。

所有这些案件的结果似乎如下：刑事案件中的推定分为强制性推定和容许性推定。容许性推定是指允许陪审团认定推定事实，但是既不强迫接受这些事实，也不就这些事实向被告分配说服负担。无论州如何给推定定性，法院都会分析陪审团的指示，以确定其对陪审团可能产生的影响。如果考虑到本案的所有证据，检控方证明的基础事实与推定的最终事实之间存在着合理的关系，并且与不可能相比，后者更有可能从前者得出，那么容许性推定在宪法上是可采的。强制性推定是将提出证据的负担或者说服负担转移给被告的推定。虽然最高法院并没有明确如此判定，但是 *Allen* 案件的附带意见和下级法院的判定似乎清楚地表明，一个明显仅仅转移了提出证据负担的推定，将向容许性推定一样受到审查，如果它达到了合理联系标准，将通过宪法性审查。是否可以创设一个转移说服负担的推定？*Allen* 案件的法院认为，如果一个理性的陪审员能够从基础事实排除合理怀疑地认定推定事实，那么这样的推定可能是合宪的。一些作者认为，在宪法上，这样的推论在 *Allen* 案件和 *Sandstrom* 案件之后可能不存在了。法院没有机会就这个问题作出裁决。当然，*Allen* 案件提出的标准是一个僵硬的标准。

第 348 节　刑事案件中的积极抗辩和推定：(c) 特殊问题

毫不令人感到奇怪，在这一法律领域，积极的宪法发展仍然存在几个问题。

1. 创设积极抗辩。*Patterson* 案件将积极抗辩的合宪性问题直接与这样的

---

[96]　471 U. S. 307 (1985).

形式主义观点直接联系起来，即真正的积极抗辩不是直接否定某个犯罪要件的抗辩。问题是，什么时候某事是犯罪的要件。许多案件只关注了制定法的措辞，尽管有些案件考虑了州法院如何解释该制定法。

州能否通过将其从犯罪要件中谨慎排除，而创造出一种积极抗辩？对这个问题似乎可以作出有条件的肯定回答。在 *Patterson* 案件中，法院提出，宪法对创设积极抗辩有限制。[97] 这些限制可能取决于，根据美国宪法，州是否可以在不提及积极抗辩的情况下惩罚这些活动。例如，假设一项罪行包含了 A、B、C 等要素，所有这些要素都必须由检控方证明到排除合理怀疑。立法机关认真修改了有关犯罪的制定法，使犯罪的构成要件仅限于 A 和 B 两个，但是规定如果被告在辩护中以优势证据证明了 C，可以免除被告的刑事责任。如果州可以按照宪法第八修正案和实质性正当程序，在制定法规定的范围内，仅根据对 A 和 B 的证明对个人进行惩罚，那么这一新的制定法将是合宪性的。

这种分析为一些法律学者提出了另一种处理积极抗辩的方法，一种不太形式主义的方法。根据这一方法，如果州在宪法上可以将某一要件排除在犯罪之外，它可以要求被告对该要件承担说服责任。换言之，在上述例子中，如果州可以将 C 排除在犯罪定义之外，那么无论 C 作为犯罪要件是否在形式上被删除，都可以让被告证明 C。其他学者完全拒绝了宪法第八修正案做法，并提出了一些标准，这些标准将更严格地限制州在创设积极抗辩方面的选择。

到目前为止，还没有一家法院因为宪法第八修正案所禁止的仅仅基于分配给犯罪定义的要件进行的处罚，而否定积极抗辩。的确，就惩罚而言，宪法第八修正案和相关的实质性正当程序概念，还没有被证明是对立法决定的有效制约。此外，没有一家法院使用法律期刊上提出的其他方法来限制积极抗辩的创设。相反，法院依赖的是 *Patterson* 案件更可靠的、形式主义的理念。

Powell 大法官在 *Patterson* 案件的不同意见中，提出了一种评估积极抗辩有效性的可能方法，这种方法既不违反判例法，也不直接与宪法第八修正案挂钩。Powell 提出，检控方需要至少将"英美法律传统中"那些使惩罚或污名有所不同的因素，证明到排除合理怀疑。[98] 尽管从逻辑上讲很麻烦，但是我们应该考虑历史因素的观点是有价值的。至少，法院在评估创设积极抗辩的有效性时，既考虑到犯罪要件的制定法语言和司法说明，也考虑到州在相同或者类似因素方面传统上承担的负担的性质，是适当的。

[97]　Patterson v. New York，432 U. S. 197，210 (1977).

[98]　Id. at 226 - 227.

2. 积极抗辩还是推定？尽管法院和法律学者在使用积极抗辩和推定这两个术语时存在差异，但是这些程序工具对被告的影响是相同的。因此，在一个州，被告可能提出证据的负担，证明她在自卫——这是一种积极抗辩。在另一个司法辖区，法律可能规定，一旦检控方证明被告故意杀害死者，就有一项非法推定，要求被告提供自卫方面的证据，尽管最终的说服负担仍由检控方承担。被告必须提出一些正当防卫的证据，以便陪审团就这一问题得到指示。这一推定的效力与积极抗辩的效力相同。以这种方式使用的两种手段，都被判定是符合宪法的。

就不是犯罪构成要件的因素而言，将说服的负担放在被告身上的积极抗辩，可能是符合宪法的。州能否以推定的形式完成同样的说服负担分配，即规定一旦州证明了犯罪要件，被告即被推定有罪，除非被告证明了其他因素的规则？这一规则只是拖延了说服负担的分配，直到检控方证明了自己的案件。它给被告带来的负担与积极抗辩带来的负担没有什么不同。然而，正如所归纳总结的那样，这一推定似乎与 *Sandstrom* 案件直接冲突。这个问题可能只是立法起草的问题。谨慎的立法机关将选择积极抗辩方式，而不是推定的语言。法院是否会看程序性手段的名称是推定还是积极抗辩，或者是否会根据其对被告的实际影响，更现实地决定程序性手段是否合宪，还有待观察。

3. 什么时候向陪审团提出涉及推定事实的争点是恰当的？ 在决定是否应将涉及推定事实的案件提交陪审团的问题时，审判法官必须遵循 *Jackson v. Virginia* 案件[99]的规定：只有当证据足以使常人在排除合理怀疑的情况下认定被告有罪时，陪审团的裁决才得到维持，即使是针对旁系攻击。在涉及强制性推定的罕见情况下，这一问题并不困难。*Allen* 案件提出，将通过推定事实是否排除合理怀疑地来自基础事实这一宪法标准，对推定进行检验。如果推定符合这一标准，根据定义，只要犯罪的其他要件得到了充分的证据支持，就足以进入陪审团。然而，由于对强制性推定效力的严格要求，几乎所有的推定都是容许性的。因此，根据 *Allen* 案件，审判法官必须考虑到推定对案件中所有其他证据的合理影响。在这些情况下，《统一证据规则》303（b）关于证据是否充分的标准也许是最佳说法：

> （b）提交陪审团。法院不得指示陪审团认定对被告不利的推定事实。如果推定事实证明有罪，是犯罪的一个要件，或者否定抗辩，法院可以将

750

---

[99]　443 U. S. 307（1979）. 参见上文第 338 节。

是否有罪或者推定事实是否存在的问题提交陪审团，但是仅限于理性陪审员根据整体证据，包括关于基本事实的证据，可以排除合理怀疑地认定有罪或者推定事实。如果推定事实的影响较小，则在基础事实得到重大证据的支持或者得到证实的情况下，推定事实是否存在的问题可以提交给陪审团，除非法院确定理性陪审员不能根据证据整体认定存在推定事实。

考虑到 *Jackson v. Virginia* 案件和 *County Court of Ulster County v. Allen* 案件的要求，其他规则表述似乎是不可接受的。

4. 就推定指示陪审团。在 *Allen* 案件中，就容许性推定和强制性推定所进行的区别，使得关于推定指示的确切语言至关重要。除非一项推定足够有力，足以应付强制性推定的严格标准，否则审判法官在指控陪审团时必须谨慎，以免给被告带来任何负担。

同样，《统一证据规则》为这种指示提供了一种建议的模式。《统一证据规则》303（c）规定：

> 指示陪审团。当将推定事实的存在提交给陪审团时，法院应当指示陪审团，它可以将基础事实视为推定事实的充分证据，但是并不被要求这样做。此外，如果推定事实证实有罪，是犯罪的一个要件，或者否定抗辩，法院应当指示陪审团，就其存在，根据所有证据，必须证明到排除合理怀疑的程度。

这一指示似乎解决了 *Allen* 案件中提出的大多数问题，以及 *Sandstrom v. Montana* 案件提出的问题。有人提出了另一个问题。在 *Allen* 案件中，法院说，检控方不能完全以推定为依据，除非所证明的事实足以支持排除合理怀疑的有罪推论。[100] 因此，如果检控方仅仅依赖于推定而没有任何其他证据，就像 *Allen* 案件那样，那么不仅根据基础事实得出的推定事实必须排除合理怀疑，而且陪审团必须能够排除合理怀疑地认定基础事实。至少有两个州采纳了经修订的《统一证据规则》的实质内容，但是为了涵盖这一情况，又增加了一些措辞，要求将基础事实证明到排除合理怀疑的程度。

第349节 法律选择

我们已经讨论了证明负担的重要性以及推定对这些负担的影响。当然，诉

[100] County Court of Ulster County, N. Y. v. Allen, 442 U. S. 140, 167 (1979).

讼结果可能会改变，这取决于哪一方负有说服的负担。[101] 在一个争点几乎没有证据的情况下，提出证据的负担也可能决定着结果。[102] 联邦法院认识到这些规则对结果的影响，运用 *Erie Railroad Co. v. Tompkins* 案件[103]的学说，一贯判定，如果一个争点是根据州法律决定的，该法律既适用于有关该争点的证明负担，也适用于有关该争点的推定。《联邦证据规则》302 将该条规则在推定方面的适用限定在这样的情况下，即就"州法律提供了裁决规则的起诉或者辩护的要素事实"运用推定。战术性推定，即在案件的次要方面适用的推定，将受到《联邦证据规则》调整。虽然没有公布的案件具体作出该规则所设想的区分，但是推理是合理的。虽然战术性推定在某些情况下可能会影响案件的结果，但是其影响并不大于关于采纳或者排除单一证据的规则的影响。与这些规则一样，通过一项调整战术性推定的固定规则为联邦审判提供统一程序的可取性，超过了在州法院和联邦法院提高结果一致的确定性的任何偏好。

当然，*Erie* 案件的问题并不是法律选择的唯一问题。即使对于已经决定适用州法律而不是联邦法律的联邦法院而言，问题仍然存在：适用什么样的州法律？与适用 *Erie* 规则的联邦法院不同，州法院一般不认为证明负担和推定对诉讼结果的影响是决定性的。所表达的一般规则是，证明负担和推定都是"程序性的"，因为法院所在地法律在调整，而不是其实体规则适用的州的法律在调整。然而，像与本章主题有关的大多数一般规则一样，这一一般规则的例外被判定适用的情况，可能与适用该规则的情况一样多。基本教义的主要例外有不同的措辞，但是其要点是，如果一个外州司法辖区的规则与该外州创造的实体性权利不可分割地联系在一起，则法院将就证明负担或者推定适用该外州司法辖区的规则。

一般规则及其主要例外被证明是难以适用的。根据该标准出现的大量相互冲突的判决，充分说明了试图就与实体法不可分割的规则和与实体法可以分割的规则进行区分所固有的问题。这种区别确实是空洞的。无论起诉或者辩护的性质如何，有关证明负担的规则对本案的裁决总是具有同样的潜在影响。如果证据不足，负有提出证据负担的一方将败诉。如果陪审团有疑问，负有说服负担的一方将败诉。正如已经指出的那样，证明负担与实体权利紧密交织，以至两者不可能分离的案件，要么构成全部诉讼案件，要么就没有。

752

---

⑩　参见上文第 336 节。
⑩　参见上文第 338 节。就推定的运作对提出证据的负担和说服负担的影响，还请参见上文第 342节和第 344 节。
⑬　304 U. S. 64（1938）.

《第二次冲突法重述》采取了一种更好的办法来解决这一问题，该重述指出，法院将适用其当地法律来确定哪一方负有证明负担，除非适用法律的相关规则的主要目的是影响对争点的裁决，而不是规制审判的进行。这条规则听起来很像在 *Erie* 案件中应用的标准。然而，对重述相关部分的注释和说明表明，对重述的解释方式与刚才讨论的更为传统的陈述方式大致相同；假设是该规则涉及的是"审判管理"，而不是争点的裁决。这个假设似乎是错误的。在没有证据或者陪审团有疑问的情况下，证明负担几乎总是为影响裁决的主要目的而进行分配的。说这些规则仅仅调整审判的进行，就像关于证据的采纳和排除的规则一样，过于强调形式而非实质。

解决法律选择问题的一个更好的办法是，采用在 *Erie* 案件中使用的《联邦证据规则》作为普遍适用的规则。这一规则将规定，提供实体法律规则的一个或者多个州的法律，应当调整有关证明负担的问题以及对构成起诉或者辩护要素的事实适用的推定的运作。

判例一览表 *

Adams v. Canon ·············· 29

Adams v. New York ··········· 345

Addington v. Texas ··········· 723

Akers v. Prime Succession of

   Tennessee ··············· 278

Alamo v. Del Rosario ·········· 579

Alderman v. United States ········

   ················· 369，370

Aleman v. Village of Hanover Park

   ··························· . 318

Allen v. County Court ········· 746

Allen v. Illinois ·············· 252

Anderson v. Liberty Lobby ··· 724

Andritz Sprout-Bauer，Inc. v.

   Beazer East，Inc ·········· 195

Arizona v. Evans ············· 386

Arizona v. Fulminante ········ 315

Arizona v. Roberson ·········· 307

Ashcroft v. Iqbal ············· 5

Atkins v. Virginia ············ 706

Ault v. International Harvester

   Company ··············· 596

Awad v. Ziriax ·············· 712

Baird v. Koerner ············· 194

Baker v. State . ············· 22

Baltimore City Department of Social

   Services v. Bouknight ······· 283

Barber v. Page ·············· 569

Barnes v. United States ········ 746

Baxter v. Palmigiano ·· 252，277

Beech Aircraft Corp. v. Rainey ···

   ············ 29，76，137，638

Bell Atlantic Corp. v. Twombly ··· 5

Bellis v. United States ········ 285

Berghuis v. Thompkins ········ 309

Berumen v. State ············· 363

Blackburn v. Alabama······300，301

Bobby v. Dixon ········ 301，304

Boeing Co. v. Shipman ········ 719

Bourjaily v. United States ···133，583

Boyd v. United States ···251，279，345

Brady v. Maryland ··········· 210

Bram v. United states ······ 299，315

Branzburg v. Hayes ·········· 174

Braswell v. United States ······ 284

Brendlin v. California ········ 369

Bridges v. State ············· 552

Brown v. Board of Education ······ 699

Brown v. Mississippi ·········· 300

Brown v. United States ······ 265，322

Brown v. Walker ············· 249

Bullcoming v. New Mexico ··· 564

Burdeau v. McDowell ·········· 365

Butterworth v. Smith ·········· 233

---

* 所注序码为英文原版书页码，即本书边码。——译者注

Buzynski v. Oliver ·············· 743

Calabro v. State ················ 332

California v. Beheler ············ 312

California v. Green ··········· 557

California v. Greenwood ······· 352

California v. Prysock ············ 303

Carter v. Boehm ················· 29

Carter v. Commonwealth ······ 268

Carter v. Kentucky ·············· 264

Chambers v. Mississippi····· 88，566

Chavez v. Martinez ····· 238，245

Cheetham v. Piggly Wiggly Madison
  Co. ·························· 690

City of Bremerton v. Corbett ······292

City of Philadelphia v. Westinghouse
Electric Corp ················· 189

Clemente v. Carnicon-Puerto Rico
  Management Associates ··· 499

Clinton v. Jones ················ 691

Coleman v. Southwick ········· 542

Colorado v. Connelly ··· 300，311

Colorado v. Spring ············· 318

Commonwealth v. Clarke ······ 310

Commonwealth v. DiGiambattista
  ···························· 326

Commonwealth v. Lopes ······ 257

Commonwealth v. Martin ······ 330

Commonwealth v. Mason ······ 362

Commonwealth v. Rosario ··· 322

Commonwealth v. Swinehart······289

Connecticut v. Barrett ········· 308

Coon v. Utah Construction
Company ···················· 432

Corley v. United States ····· 321，360

Council v. Duprel ·············· 433

Counselman v. Hitchcock ······ 287

County Court of Ulster County v.
  Allen ··········· 741，744，746

County of Riverside v. McLaughlin
  ···························· 320

Crane v. Kentucky ·············· 337

Crawford v. Washington ············
  ················· .59，557，558，
559，560，565，599，605，608，
652，655，666，676，684

Crouch v. State ················ 292

Culombe v. Connecticut ········· 300

Dallas Ry. & Terminal Co. v.
  Farnsworth ·················· 404

Daniel v. Paul ················· 701

Daubert v. Merrell Dow
  Pharmaceuticals ········· 21，35，
  434，436，437，439，440，453，
  507，697

Davis v. Alaska ············ 61，169

Davis v. United States······308，386

Davis v. Washington ············ 560

DeJesus v. State ················ 292

DeLuca v. Merrell Dow Pharms ··· 464

Di Carlo v. United States ······ 553

Dick v. New York Life Insurance
Co. ···························· 740

Diversified Industries，Inc. v.
  Meredith ···················· 202

Dodds v. State，997 P. 2d 536······295

Doe v. Bolton ·················· 699

Doe v. United States ············ 255

Donnelly v. United States ······ 663

Douglas v. Alabama ·········· 274

Doyle v. Ohio ················ 334

Dunkle v. State ·············· 402

Edwards v. Arizona ·········· 307

Elkins v. Unitcd States ········· 343

Ellmaker v. Buckley ············· 65

Erie Railroad Co. v. Tomplk······751

Estelle v. Smith ·············· 250

Ex parte Marke ·············· 335

Fellers v. United States ········· 375

Fisher V. United States··· 279，280

Fletcher v. Weir ·············· 334

Flood v. Kuhn ················ 699

Fowler v. United States ······ 294

Francis v. Franklin ············ 747

Frazior v. Cupp ·············· 317

Fringer v. Venema ············· 702

Frisbie v. Collins ············· 377

Frye V. United States ··· 485，452

Garner v. United States ········· 272

Garner v. Wolfinbarger ········· 190

Garvik v. Burlington ·········· 399

General Elec. Co. v. Joiner ··· 21，37，
    38，437，439

Gerstein v. Pugh ················ 320

Giles v. California ········· 562，566

Gonzalez-Rivera v. I. N. A ······ 365

Grau v. United States ········· 356

Graves v. United States ········· 589

Griffin v. California ··· 168，261，262

Griffin v. Sta ············· 513，514

Groh v. Ramirez ················ 387

Grunewald v. United States ··· 335

Hale v. Henkel ·············· 283

Harris V. New York···142，336，389

Hermreck v. State ················ 432

Herring v. United States ······ 348，
    350，386

Hethier v. Johns ·············· 220

Hickman v. Taylor ············· 207

Higham v. Ridgway ············· 664

Hiibel v. Sixth Judicial Dist.

Court of Nev. ，

Humboldt Cty ······ 247，249，257

Hoffman v. State ············· 725

Hoffman v. United States ········· 270

Holmes v. State ············· 382

Hopt v. Utah ·············· 299

Houston Oxygen Co. v. Davis ··· 602

Huddleston v. United States ······ 131

Hudson v. Michigan ······ 347，351，
    373，374，380

I. N. S. v. Lopez-Mendoza ··· 364，378

Idaho v. Wright ················ 676

Illinois V. Krull ················ 385

Illinois v. Perkins ············· 307

In re Buszta's Estate ·············· 693

In re Grand Jury Proceedings ··· 194

In re Paoli R. R. Yard PCB Litig ···44

In re Winship ········· 725，742，745

Irvin v. State ················ 462

Jackson V. Denno ················ 336

Jackson V. Virginia ··········· 719，749

Jaffee v. Redmond ··· 214，220，222

James v. Illinois ················ 390

Jay Burns Baking Co. v. Bryan ··· 698

Jencks V. United States ········· 209

Jenkins v. Anderson ···246，263，334

Johnson v. Lutz ······················ 631

Jones v. United States ············· 368

Joy Mfg. Co. v. Sola Basic

　　Industries ······················· 158

Kansas v. V entris ·········· 336， 389

Kastigar v. United States ········· 287

Kelley v. Wegman's Food Markets ···498

Ker v. Illinois ······················ 377

Klaxon Co. v. Stentor Electric

Manufacturing Co ··············· 173

Klein v. Harris ····················· 273

Krulewitch v. United States ··· 583

Kumho Tire Co. v. Carmichael···37， 439

Lakeside v. Oregon ················ 264

Langevin v. State ············· 293

Layne v. Tribune Company ··· 693

Leary v. United States ········· 745

Lego v. Twome ···················· 337

Leland v. Oregon ················ 742

Lindsey v. People ············· 191

Linkletter v. Walker ············· 349

Llamas v. Oregon ········· 351， 359

Lopez v. United States ········· 359

Mackowik v. Kansas City ······ 731

Makin V. Attorney General of New

　　South Wales ··················· 407

Mallory v. United States ······ 320

Malloy v. Hogan ········· 239， 276

Mapp v. Ohio ··· 328， 346， 352，

　　363， 368， 377. 389

Martin v. Ohio ··················· 743

Maryland v. Craig ··············· 570

Maryland v. Shatzer ············· 308

Mason v. United States ········· 270

McArthur v. Cook. ··············· 98

MeCarthy v. Arndstein ········· 245

McGautha v. California ········· 245

McKune v. Lile ··················· 276

McNabb v. United States ··· 320， 358

Melendez-Diaz v. Massachusetts ···563

Michigan v. Bryant ··· 560， 561， 562

Michigan v. Harvey ············· 389

Michigan v. Jackson ············· 313

Michigan v. Mosley ······ 309， 311

Miller v. United States ········· 356

Mills v. Denver Tramway Corp ··· 703

Mima Queen v. Hepburn ······ 542

Mincey v. Arizona ··············· 336

Minnesota v. Murphy ············· 250

Miranda v. Arizona ··· 246， 259，

　　298， 302， 305， 307， 310， 313，

　　318， 321， 323， 327， 328， 334，

　　336， 374， 389

Missouri v. Seibert ··············· 304

Mitchell v. United

　　States ············· 251， 265， 272

Mobile， J. & K. C. R. R. v.

　　Turnipseed ····················· 739

Montejo v. Luisian ············· 310

Moran v. Burbine ··· 305， 312， 314

Mullaney v. Wilbur ············· 742

Murphy v. Waterfront

　　Commission ············· 244， 253

Murray v. United States···372， 375

Mutual Life Ins. Co. v.

　　Hillmon ················· 610， 612

Namet v. United States ········· 274

New York v. Harris ············· 373

New York v. Quarles ············ 307

Nix v. Williams ················ 383

North Carolina v. Butler ······ 304

O'Brien v. O'Brien ············· 366

Ohio v. Roberts ·········· 557, 608

Ohler v. United States ········ 136

Old Chief v. United States··· 399, 410

Olden v. Kentucky ·············· 416

Olmstead v. United States ··· 344

Opper v. United States ········ 297

Oregon v. Bradshaw ··········· 308

Oregon v. Elstad ··············· 329

Palermo v. United States ····· 210

Palko v. Connecticut ··········· 346

Palmer v. Hoffman ············· 629

Patterson v. Illinois ··········· 314

Patterson v. New York ········· 743

Pennsylvania Board of Probation v.
 Scott ························ 366

Pennsylvania v. Muniz ··· 255, 307

Pennsylvania v. Ritchie ········· 170

People ex rel. Vogelstein v. Warden of
 County Jail of New York County···194

People v. Bejasa ··············· 257

People v. Castro ··············· 55

People v. Ciucci ··············· 410

People v. Clark ··············· 548

People v. Collins ··············· 470

People v. Doke ··············· 382

People v. Ebanks ··············· 454

People v. Farmer ··············· 44

People V. Gearns ··············· 274

People v. Golochwicz ········· . 399

People v. Hawkins ····· 355, 357

People v. Jennings ············· 460

People v. Martin ··············· 370

People v. McMahan ··········· 292

People v. Tolentino ············· 378

People v. Wesley ··············· 449

People v. Wilson ··············· 408

Perry v. New Hamsnhe ········ 457

Philadelphia & Trenton R. Co. v.
 Stimpson ···················· 65

Phillips v. Chase ········· 168.

Pivot Point Int'l, Inc. v. Charlene
 Products, Inc ··············· 33

Powell v. Nevada ············· 320

Radiant Burners, Inc. V. American
 Gas Ass'n ·················· 189

Raffel v. United States ········ 262

Rakas v. Illinois ··············· 368

Rea v. United States ············ 358

Reno v. American Civil Liberties
 Union ······················· 706

Rex v. Almon ················ 720

Rex v. Smith ··············· 406

Reynolds v. United States ······ 560

Rhode Island v. Innis ··········· 306

Riggins v. State ··············· 294

Rivera v. Delaware ············· 743

Roberts v. United States ····· 247

Robinson v. Missouri Pacific R. Co···498

Rock v. Arkansas ············· 455

Rodriquez v. Staet ············· 318

Rogers v. Richmond ··········· 300

Rogers v. United States ········ 272

Roper v. Simmons ············· 693

Rosen v. United States ········ 150

Rothgery v. Gillespie County ··· 313

S. D. v. M. J. R ········· 711

Sabbath v. United Texas ······ 356

Salinas V. Texas ··· 248，264，334

Sandstrom v. Montana ··· 744，747

Schmerber v. California ···245，255

Securities and Exchange Commission v.

 Capital Gains Research Bureau··· 701

Segura v. United State ········ 372

Shapiro v. United States ······ 281

Sharp v. United States ········ 424

Shenton v. Tyler ·············· 183

Shepard v. United States ······ 614

Silverthorne Lumber Co. v.

 United States ········ 372，375

Simmons v. United States ······ 370

Sims v. Georgia ················ 338

Slatterie v. Pooley ············ 534

Smith Steel Casting Co. v. Brock ··· 365

Smith v. Bell Tel. Co. of Pa ··· 719

Smith v. State ················ 383

Sneed v. State ················ 362

South Dakota v. Neville··· 257，260

Speiser v. Randall ············ 724

St. Clair v. Johnny's Oyster &

 Shrimp ················ 706，707

State v. Alston ················ 371

State v. Angulo ················ 296

State v. Avery ················ 363

State v. Barnett ················ 327

State v. Belanger ············ 286

State v. Bridges ················ 354

State v. Britton ················ 357

State v. Brow ············· 31，353

State v. Brunelle ·············· 391

State v. Cline ················ 388

State v. Clopten ················ 457

State v. Cook ················ 326

State v. Crouch ················ 321

State v. Damm ················ 696

State v. Eleck ················ 513

State v. Eserjose ················ 381

State v. Fish ················ 260

State v. Gomes ················ 282

State v. Gonzalez ············ 289

State v. Gutierrez ············ 388

State v. Hall ················ 353

State v. Knapp ················ 330

State v. Lockhart ············ 326

State v. Maldonado-Arreaga ··· 379

State v. Mauchley ···293，297，323

State v. Moorehead ············ 356

State v. Nissen ················ 318

State v. Panarello ············ 382

State v. Passino ················ 367

State v. Pattioa ················ 360

State v. Popenhagen ············ 357

State v. Register ················ 318

State v. Reid ················ 408

State v. Robinson ············ 416

State v. Santiago ············ 391

State v. Saporen ················ 553

State v. Sauer ················ 725

State v. Scales ················ 325

State v. Smith ················ 378

State v. Swartzendruber ········ 368

State v. Torres ················ 354

State v. Vitale ················ 335

State v. Wells ················· 408
State v. Wilson ················· 367
State v. Winterstein ············ 384
Steiner v. Minnesota Life Ins. Co··· 279
Stephan v. State ················· 325
Stevenson v. Com. ············· 548
Stewart v. United States ······· 335
Stone v. Powell ··········· 343，350
Stump v. Bennett ·············· 742
Swidler & Berlin v. United States···202
Tampa Electric Co. v. Getrost···603
Taylor v. Abernethy ············· 43
Tennessee v. Street ··········· 565
Texas v. Johnson ·············· 699
Thomas v. Garraghty ········· 274
Thurston v. Fritz ·············· 659
Tome v. United States ··· 107，555
Tooley v. Bacon ··············· 125
Tot v. United States ············ 744
Trammel v. United States ··· 153
Turner v. City of Lawton ······ 365
Turner v. United States ······· 745
United States v. Abel ········· 104
United States v. Baggot ······ 232
United States v. Bailey ········ 381
United States v. Balsys··· 244，254
United States v. Benedetto ··· 412
United States v. Blue ········· 377
United States v. Brown ····· 408
United States v. Caceres ······ 359
United States v. Calandra···350，367
United States v. Ceccolini ··· 380
United States v. Chavez ··· 361，362
United States v. Chemaly ······ 356

United States v. Cherry ······ 384
United States v. Crews ········· 378
United States v. Dickerson ··· 294
United States v. Dicristina ··· 697
United States v. Doe ··········· 280
United States v. Donovan ······ 361
United States v. Feinberg ··· 719
United States v. Fellers ······ 375
United States v. Fofana ······ 379
United States v. Fujii ··········· 39
United States v. Gainey ······ 744
United States v. Giordano ··· 361
United States v. Green ········· 410
United States v. Hale ········· 335
United States v. Havens ···········
··············· 142，389，390
United States v. Hodge and Zweig
············· 194
United States v. Hubbell··· 255，280
United States v. Janis ··· 350，363
United States v. John Doe, Inc I···232
United States v. Keiser ········· 403
United States v. Lawson ······ 333
United States v. Leon ··· 379，385
United States v. Mara ········· 256
United States v. Marrero ······ 410
United States v. McDaniel ··· 289
United States v. Mezzanatto··· 332，595
United States v. Montgomery···317
United States v. Myers ········· 589
United States v. Nixon ···169，224
United States v. Nobles ······ 210
United States v. Oates ···········
··············· 639，640，648

United States v. Owens ···556, 558

United States v. Patane ······ 328

United States v. Payner ···359, 369

United States v. Radomsky ···707

United States v. Reynolds ··· 228

United States v. Richardson ···331

United States v. Robinson ··· 262

United States v. Romano ······ 744

United States v. Roviaro ······ 230

United States v. Rutledge ··· 318

United States v. Salerno ······ 650

United States v. Salvucci ······ 370

United States v. Santos ······ 584

United States v. Sells Engineering, Inc. ······ 232

United States v. Slough ······ 288

United States v. Torres ······ 416

United States v. Villalpando ······ 317

United States v. Wade ········· 376

United States v. Ward ········· 252

United States v. White ········· 283

United States v. Zolin ········· 204

University of Pennsylvania v. E. E. O. C. ····················· 175

Upjohn Co. v. United States ······ 189, 206

Vara v. Sharp ···················· 364

Wainwright v. Greenfield ······ 334

Walder v. United States ······ 389

Warren Live Stock Co. v. Farr ······139

Washington v. Texas ···150, 169

Watson v. Ford Motor Co ······ 425

Webb v. Texas ···················· 269

Weeks v. United States ······ 346

Western & Atlantic R. R. v. Henderson ···················· 739

Whalen v. Roe ···················· 215

White v. Illinois ·················· 559

Whorton v. Bockting ············ 557

Williams v. Illinois ···49, 564, 680

Williams v. State ········· 302, 322

Williamson v. United States ···665

Wilson v. Stste ·················· 694

Wilson v. United States ······ 285

Wolf v. C. I. R. ···364, 684, 726, 736

Wright v. Tatham ················ 549

Zicarelli v. New Jersey State Commission of Investigation ·················· 287

法规一览表 *

United States

United States Constitution

First Amendment ············ 150, 174, 233, 712

Fourth Amendment ········· 123, 230, 279, 319, 320, 328, 329, 341, 345, 346, 347, 348, 349, 350, 351, 352, 353, 354, 359, 360, 363, 364, 365, 366, 367, 368, 369, 370, 371, 372, 373, 374, 375, 376, 379, 380, 381, 385, 386, 387, 388, 389

Fifth Amendment ··· 67, 75, 153, 231, 237, 238, 239, 240, 243, 244, 245, 246, 247, 249, 250, 251, 252, 253, 254, 255, 256, 258, 259, 260, 261, 262, 264, 265, 270, 272, 273, 276, 277, 278, 279, 280, 281, 282, 283, 284, 286, 287, 289, 298, 299, 300, 302, 303, 305, 310, 311, 314, 320, 323, 328, 329, 334, 335, 339, 345, 353, 360, 374, 375, 389, 650

Sixth Amendment ··· 6, 50, 59, 75, 98, 125, 142, 153, 269, 274, 275, 276, 313, 314, 315, 323, 336, 353, 375, 376, 383, 389, 556, 558, 559, 561, 563, 565, 690

Eighth Amendment···693, 748, 749

Fourteenth Amendment ···75, 142, 150, 239, 300, 301, 311, 317, 336, 346, 352, 556

United States Code Annotated

5 U.S.C.A. Government Organization and Employees

552 ······························ 225

552 (b) (1) ················ 224

552 (b) (7) ················ 227

18 U.S.C.A. -Crimes and Criminal Procedure

2510 ···························· 355

2510 (11) ·················· 369

3500 ·············· 26, 209, 233

3501 ···························· 320

3501 (a) ············ 320, 321

3501 (b) ············ 320, 321

3501 (c) ············ 320, 321

3509 (c) ····················· 160

6001－6005 ·················· 286

18 U.S.C.A. App. —Crimes and Criminal Procedure

3 ······························ 224

---

* 所注序码为英文原版书页码，即本书边码。——译者注

28 U. S. C. A. -Judiciary and Judicial Procedure

2074 (b) ························· 171

State Statutes

Alaska Rules of Evidence

412 ···························· 358

West's Annotated California Code of Civil Procedure

1881 (4) ······················ 213

West's Annotated California Evidence Code

603—604 ······················ 736

605—606 ······················ 736

770 ···························· 84

918 ···························· 166

954 ···························· 203

Massachusetts Acts & Resolves

1898, c. 535 ··················· 681

Missouri Revised Statutes

590. 700 (2) ········· 590. 700 (5)

590. 700 (5) ··················· 327

590. 700 (6) ··················· 327

North Carolina General Statutes

15A—974 ······················ 355

15A—974 (2) ··················· 362

Oregon Revised Statutes

136. 432 ······················ 356

Tennessee Code Annotated

55—10—406 (d) ··············· 355

Vernon's Annotated Code of Criminal Procedure

38. 23 ························· 355

Popular Name Acts

Uniform Interstate and International Procedure Act

Article IV ····················· 708

规则一览表*

Federal Rules of Civil Procedure

8 ···································· 5

16 ···································· 8

26 ··································· 31

26 (a) ····························· 6, 206

26 (a) (1) (B) ·················· 517

26 (a) (2) ························ 209

26 (b) ···························· 207

26 (b) (3) ······················ 208

26 (b) (5) (A) ·················· 209

30 (b) (2) ······················ 134

36 ································· 516

37 (c) (2) ······················ 516

46 ································· 127

Federal Rules of Criminal Procedure

5 (a) ··························· 319, 32

5. 1 (e) ·························· 367

11 ································ 594

16 ····························· 9, 31

17 ································ 210

17 (h) ························ 210, 211

26. 1 ···························· 709

26. 2. ···················· 26, 210, 211

26. 2 (f) ····················· 358, 359

51 ································ 127

52 (a) ··························· 724

403 ······························ 125

Federal Rules of Evidence

Art. V ··························· 154

Art. Ⅵ ·················· 78, 89, 104

Art. Ⅶ ·························· 99

40 (b) ···························· 97

102 ······························ 676

103 ···················· 121, 123, 136

103 (a) ···················· 121, 128

103 (a) (1) ··················· 124

103 (a) (2) ··················· 123

103 (c) ························· 120

104 ················· 49, 132, 142

104 (a) ··· 24, 48, 130, 132, 133, 149, 158, 583

104 (b) ··· 27, 52, 129, 130, 131, 132, 140, 141, 586, 610 138, 522

106 ························ 138, 522

201 ···················· 54, 701, 705

201 (f) ·············· 691, 692, 702

202 ······························ 711

301 ························· 731, 737

302 ···························· 751

401 ··· 77, 89, 108, 129, 130, 131, 396

* 所注序码为英文原版书页码，即本书边码。——译者注

401—403 ················ 78

402 ······ 44, 89, 90, 104, 114,
　395, 469, 697

403 ······ 20, 24, 31, 33, 82, 85,
　91, 94, 104, 106, 108, 110,
　114, 123, 125, 141, 148, 149,
　150, 158, 398, 401, 481, 482,
　483, 484, 485, 486, 487, 488,
　489, 491, 492, 484, 493, 497,
　571, 596, 601, 657, 672, 680

404 ················ 414, 671

404 (a) ················ 401

404 (a) (1) ················ 414

404 (a) (2) ················ 405

404 (a) (2) (C) ··········· 415

404 (b) ··········· 131, 406

405 (a) ········· 402, 412, 671

406 ················ 49

407 ················ 596

408 ··········· 593, 594

409 ················ 597

410···96, 331, 332, 333, 578, 594

410 (a) (4) ················ 331

411 ················ 427

412 ················ 416

412 (a) ················ 417

412 (b) (2) ··········· 417

413 ················ 409

414 ················ 409

501······154, 171, 172, 173, 178

501 (proposed) ············· 171

504 ················ 154

505 ················ 178

601 ········· 101, 148, 149, 150,
　153, 154, 157, 159, 575

601—603 ················ 148

601—606 ················ 160

602·········30, 100, 131, 148, 149,
　158, 159

603 ··········· 148, 149, 159

605 ··········· 156, 159

606 ········· 157, 159, 501

606 (a) ················ 156

606 (b) ··········· 156, 157

607 ················ 64, 88

608 ················ 109

608 (a) ········· 99, 100, 103

608 (a) (2) ················ 77

608 (b) ······ 92, 93, 97, 108,
　114, 266

608 (b) (1) ················ 108

608 (b) (2) ················ 108

609·····93, 94, 96, 98, 109, 136

609 (a) ················ 99

609 (a) (1) ··········· 94, 95

609 (a) (2) ······ 94, 95, 149

609 (b) ················ 96

609 (c) (2) ················ 95

610 ················ 105

611 ················ 12, 85

611 (a) ·····12, 16, 17, 20, 24,
　65, 76, 90, 92, 128, 485, 488

611 (a) (3) ················ 91

611 (b) ··· 62, 64, 65, 66, 67, 71

611 (c) ················ 679

612 ··· 25, 26, 201, 210, 211

613······ 70, 81, 84, 85, 86, 114
613 (b) ··············· 90, 574
614 ···················· 28
614 (a) ················· 21
614 (b) ················· 20
615 ················· 114, 115
701···29, 30, 31, 40, 81, 100, 525
702 ··· 31, 35, 36, 37, 38, 40,
　41, 42, 43, 44, 436, 495
702 (d) ················· 44
703···48, 49, 50, 51, 52, 439,
　496, 525, 547, 679, 680
704 ················ 32, 47
704 (a) ············· 32, 34
704 (b) ············· 34, 47
705 ········· 48, 50, 53, 75
706 ············ 21, 54, 56
801 ··········· 108, 133, 543
801 (a) ··········· 549, 551
801 (d) (1) ···············
　83, 85, 86, 554, 556, 682
801 (d) (1) (B) ····· 107, 555
801 (d) (2) ··· 573, 574, 584
801 (d) (2) (B) ········· 585
801 (d) (2) (C) ····· 581, 678
801 (d) (2) (D) ····· 581, 678
801 (d) (2) (E) ····· 583, 678
802 ···················· 643
803 ··········· 575, 675, 683
803 (1) ················ 603
803 (2) ················ 606
803 (3) ··· 609, 611, 612, 613,
　614, 615

803 (4) ············· 617, 618
803 (5) ··· 25, 621, 622, 623
803 (6) ··· 627, 628, 629, 630,
　631, 632, 633, 634, 635
803 (6) (A) － (C) ····· 519
803 (7) ················ 628
803 (8) ····· 630, 637, 638, 640
803 (8) (A) (ⅱ) ··· 639, 640
803 (8) (A) (ⅲ)··· 639, 640, 641
803 (8) (C) ············· 639
803 (9) ················ 640
803 (10) ··············· 644
803 (11) ··············· 629
803 (12) ··············· 643
803 (13) ··············· 672
803 (15) ··············· 674
803 (16) ·········· 510, 673
803 (17) ··········· 49, 670
803 (18) ··········· 45, 670
803 (19) ··············· 672
803 (20) ··············· 672
803 (21) ··············· 671
803 (22) ··········· 96, 642
803 (23) ··············· 672
803 (24) ··············· 674
804 ··············· 675, 683
804 (a) ··········· 567, 570
804 (b) (1) ··· 645, 647, 650, 653
804 (b) (2) ··· 569, 655, 657
804 (b) (3) ···············
　··· 569, 604, 661, 663, 665
804 (b) (3) (A) ··· 662, 664, 667
804 (b) (3) (B) ·········· 666

804 (b) (4) ············ 569, 671

804 (b) (6) ··· 562, 570, 571

805 ································· 677

806 ······················ 653, 678

807 ······················ 675, 676

807 (a) (1) ··············· 675

807 (a) (3) ··············· 676

807 (b) ····················· 676

901 ········ 41, 132, 480, 484,
488, 489, 491, 506, 507, 513

901 (a) ······131, 481, 511, 515

901 (b) ··· 480, 496, 511, 512

901 (b) (1)··· 485, 488, 490, 513

901 (b) (2) ················ 507

901 (b) (4) ··········· 512, 514

901 (b) (5) ················ 515

901 (b) (6) ················ 515

901 (b) (8) ················ 510

901 (b) (9) ·····················
············ 489, 491, 515, 527

902 ·············· 517, 518, 644

902 (1) － (4) ············ 518

902 (4) ···················· 643

902 (8) ···················· 518

902 (9) ···················· 518

902 (10) ··················· 518

902 (11) ······ 509, 518, 519,
627, 633

902 (12) ······ 509, 518, 519,
627, 633

1001 ························· 527

1001 (d) ···················· 527

1001 (e) ·············· 528, 529

1002 ·························· 526

1003 ············· 527, 528, 529

1004 ·························· 533

1004 (a) ···················· 529

1004 (b) ···················· 530

1004 (c) ···················· 530

1004 (d) ···················· 532

1005 ····················· 533, 643

1006 ·························· 534

1007 ·························· 534

1008 ············· 132, 529, 535

1008 (a) ···················· 535

1008 (b) ···················· 535

1008 (c) ···················· 535

Model Code of Evidence Rules

503 ·························· 682

503 (b) ···················· 554

704 ·························· 736

704 (2) ···················· 731

Unidel Rules of Evidence

103 (a) ···················· 128

103 (a) (1) ················ 135

104 ·························· 132

104 (a) ···················· 130

104 (c) ················ 131, 140

106 ····················· 138, 522

201 (g) ···················· 691

301 ·························· 737

303 (b) ···················· 750

303 (c) ···················· 750

401 ·························· 396

411 ·························· 427

412 ·························· 416

502 (a) (3) ·············· 191
502 (b) ·············· 198
504 ·············· 178
505 ·············· 174
601 ·········· 150, 153, 159
606 (b) ·············· 156
607 ·············· 88
608 (b) ·············· 109
611 (a) ········· 90, 92, 140
615 ·············· 114
701 ·············· 29, 30
705 ·············· 53
706 ·············· 54
804 (b) (2) ·············· 659
804 (b) (3) ·············· 664
901 (b) (1) ·············· 488

Revised Uniform Rules of Evidence

104 (a) ·············· 133
104 (b) ·············· 133, 141
402 ·············· 395

403 ·············· 82, 141
601 ·········· 148, 150, 157, 159
603 ·············· 150
605 ·············· 156
606 (a) ·············· 156
608 (a) ·············· 99, 103
608 (b) ·············· 93
611 (a) ·············· 141
611 (b) ·············· 71
611 (c) ·············· 17
613 ·············· 84, 86
701 ·············· 81
702 ·············· 35
801 (d) (1) ········· 83, 84, 85
801 (a) (1) (A) ·············· 86
803 ·············· 86
804 (b) (5) ·············· 682
1006 ·············· 485, 533

Model Rules of Prossional Conduct

3. 4 (e) ·············· 9

索 引 *

ABA MODEL RULES OF PROFESSIONAL CONDUCT

Lawyers as witnesses, provisions concerning, 158

ACCIDENT PRONENESS

Character evidence, as, 405

ACCIDENTS

Excited utterances concerning, 605

Improperly obtained evidence, admissibility in, 363—366

Reports

　　Government secrets privilege, 231

　　Multiple hearsay in, 677—678

　　Public records, 640

　　Regularly kept records, 629

Similar happenings, 424—426

ACCOUNTANT-CLIENT PRIVILEGE

Generally, 175

ADMISSION OF EVIDENCE

　See also Character; Confessions; Objections; Original Writing Rule.

Accidents, improperly obtained evidence in, 363—366

Animations, 497—498

Authentication, 516

Bench trials, 142—143

Computer-generated exhibits, 497—498

"Connecting up," 140—141

Death certificates, 585

Depositions, in general, 5—9

Dying declarations, on behalf of accused, 565

Exceptions, 127

Eyewitnesses, habit evidence, 418—419

Harmful errors, 128—129

Hearsay

Due process as requiring, 556—566

Hypothetical questions, 46

Impeachment

　　Civil judgments, admission in criminal cases, 642

　　Remedial measures, for, 595

Improperly obtained evidence, history of admissibility, 346—349

Inadmissible evidence, introduction of, 137—140

Liability insurance, 427—428

Lie detection, views on, 451—453

Limited admissibility, 141—142

Medical expenses, payment of, 597

Memory

　　Prior statements, 554

　　Recorded past recollection,

621—622

Non-jury trials，143

Nontestimonial evidence, generally，119—120

Offer of proof，119—121

Opinions，in form of，576

Order of presentation

Counsel's role，140

Judges' control over，10，12，140

Partial writing or conversation，effect of introduction，138—139

Paternity testing，472—475

Plain errors，128—129

Preliminary questions of fact，129—133

Determined by court，130

Relevance of evidence，130—133

Procedures，generally，119—143

Public records

Judgments in previous cases，640—642

Regularly kept records，625

Establishing，who must be called for proof，

632—633

Statutes concerning，627

Relevancy，presumption of，395

Safety history，generally，426

Standards of proof for determining，133—134

Voir dire，130—131

Withdrawal of evidence，128

Writings

Procedure for，119—120

Records of past recollection，

as exhibit，621

ADMISSIONS OF PARTY-OPPONENT

Generally，573—597

Adversary system as justifying admission of，574 Agents，by

Speaking agents，580

Statements to other agents as，581—582

Attorneys，by，582

Arguments concerning inferences，591

Children，by，575

Coconspirators，580—584

Co-legatees，co-devisees，or co-trustees，584—585

Competency as affecting，575

Compromise and offer to compromise，592—595

Conclusions of law，opinions as，576

Conduct，generally，585—597

Adoptive admissions，585—586

Evidence introduced in other litigation，585

Failure to call witnesses, inferences from，

589—591

Failure to produce evidence, inferences from，589

Failure to reply to letter or other communication，587—588

Flight，588—589

Life insurance proof of death，585

Obstruction of justice，

591—592

Refusal to furnish handwriting exemplars, 589

Refusal to submit to physical examinations, 589

Silence, 586—588

Confessions, 574—575

Declarations against interest, distinguished, 575—576, 661—662

Definition of, 573—575

Evidentiary admissions, 574

Firsthand knowledge, 575

Government, admissions by in criminal cases, 583—584

Guilty pleas, 576—578

Withdrawn, 578

Hearsay, 548

Exceptions distinguished, 574

Multiple hearsay in, 677—678

Joint obligors, declarations by, 584—585

Joint tenants, declarations by, 584—585

Judicial admissions, 574—575

Partys' testimony as, 578

Judicial discretion concerning inferences, 591

Medical expenses, payment of, 597

Mental competency, 575

Nolo contendere plea, 578

Obstruction of justice, 591—592

Opinions, 576

Partners, 582

Personal knowledge, 575—576

Physicians' statements, as admissions of patient, 585

Plea negotiations, 592—595

Pleadings, 576—578

Predecessors in interest, declarations by, 584—585

Principals against surety, declarations by, 584—585

Privies in estate, declarations by, 584—585

Remedial measures, 595—597

Product liability, 596

Representative admissions

Accidents, concerning, 580—581

Attorneys, 582

Foundation, scope of agency, 580

Other employees, 581—582

Partners, 582

Scope of authority, 580—584

To whom made, 581—582

Silence, 586—588

Terms of writings, 534

Testimony by party, 578—580

Unaccepted offers as, 423—424

AFFIRMATIVE DEFENSES

Generally, 740—751

Compared, 258

Constitutionality, 742—744

Alibi, 689

Insanity, 742—743

Self—defense, 5742

Creation of, 748—750

Definition of, 741

Instructions to jury, criminal cases, 750—751

Presumptions, distinguished, 258, 742, 749—750

Special problems, 748—751

Terminology, 741

AGENCY

Automobile ownership, presumption of, 732

Motor vehicle accidents, status of driver, presumption, 729

Person answering business phone, presumptionof, 516

Proof of as authentication, 505—506

Scope of, representative admissions as foundation, 580

AGENTS

See also Attorneys.

Admissions by

Speaking agents, 580

Statements to other agents as, 581—582

Attorney-client privilege

Attendance at conferences, 195—196

Discovery, statements subject to, 207

Authentication, ancient documents executed by, 509

Authority

Other transactions, to prove, 422—423

Government, admissions by in criminal cases, 583—584

Liability insurance to prove status of, 427

Presumption, status of driver, 729

Self—incrimination privilege applicable to, 284—286

AIRCRAFT

Flight recorders, speed detection and recording, 441

ALCOHOL

Chronic use of

Impeachment, 101

Testing for use of, 443—445

Self—incrimination, as, 255—258

ALIBI

Affirmative defenses, 689

Burden of persuasion concerning, 742

ANCIENT DOCUMENTS

Authentication of, 509—510

Hearsay

As authentication, 510

Exception for generally, 673

ANECDOTAL EVIDENCE

Definition of, 465

ARGUMENTATIVE QUESTIONS.

See Cross-Examination.

ARGUMENTATIVE STATEMENTS

Presentation of evidence, 9

ASSAULT

First aggressor, character evidence to prove, 414—415

ASSUMPTIONS. See Form of

Questions. ATTORNEY-CLI

ENT PRIVILEGE

See also Privileges.

Generally, 187—211

Adversary system, relation to, 205—206

Agents

Attendance at conferences,

195—196

Discovery, statements subject to, 207

Appeal, who may complain, 198

Attorneys

Communications by, 191

Persons classified as, 190—191

Suits involving, 196—197

Waiver by, 199

Children, disclosures by, 191

Client's right to assert, 197—198

Confidentiality, 195—197

Corporations, generally

Availability to, 189—190, 206

Control group test, 189—190

Management, waiver by, 189

Criminal cases, 209—211

Criminal purpose, 203—205

Criticisms of, 187—188

Death of client, 202—203

Discovery, 205—209

Agents' statements, 206

Criminal cases, 209—211

Waiver by disclosure during, 198—199

Witness statements, 209—211

Ethical considerations, 188

Fraudulent purpose, 203—205

Governmental entities, 190

Habeas corpus, 198

History, 187—190

Informers, 191

Insurance litigation, availability in, 207

Insureds, availability to, 196

Joint consultations, 196—197

Judges, applicability to, 191

Physician-patient privilege, effect on, 222

Policy, 189—190

Scope, generally, 189—194

Client identity, 193—194

Communications, 192—193

Fact of employment, 193—194

Information received from third persons, 192

Last link doctrine, 193—194

Tangible evidence, 192

Waiver, 198—202

Advice of counsel claim or defense, by, 200

Attorney, by, 200

Corporate management, by, 190

Cross-examination, answers as, 200—201

Disclosure, by, 200

Discovery, disclosure during, 198—199

Failure to object, 200

Inadvertent, 198—199

Public disclosure, by, 201—202

Publication out of court as, 202

Refreshing recollection with privilegedmatter, 25—26, 201

Scope of, 199

Subsequent proceeding, 201—202

Who may assert, 197—198

Work product

Generally, 207—209

Criminal cases, 209

Need, 192—193 Relation to,
205—209

ATTORNEYS

See also Attorney-Client Privilege.

Admissions on behalf of client, 582

Arguments concerning inferences, 591

Competency as witnesses, 15—1587

Order of presentation, role in, 140

AUDIOTAPES. See Sound Recordings.

AUTHENTICATION

See also Nontestimonial Evidence.

Generally, 505—519

Acknowledged documents, 517

Admissions, 516

Ancient documents, 509—510

Attesting witnesses, 506

Business records, 509

Certified copies, 517

Circumstantial evidence, 508—510

Custody, 509—511

Computer-generated documents, 514—515

Direct evidence, 506—509

Proof of handwriting, 506—508

Electronic documents, 511—512

E-mail, 509, 511—512

Escapes from, 516—517

Genuineness, requirement for
sworn denial of, 517

Handwriting, proof of, 506—508

Judge's function in, 517

Newspapers, 518

Periodicals, 518

Personal knowledge of contents,
508

Public records, 510—511

Self—authentication of, 517

Regularly kept records, when self-
authenticating, 518—519

Reply letters, 508—509

Seals, role in, 518

Self-authentication, 517—519

Sound recordings, 515

Source, identification of, 509

Statute books, 517

Telephone calls, 516

Theory of, 505—506

Voice identifications, 515—516

Web postings, 512

AUTOPSIES

Physician—patient privilege, 216

BAILMENT

Presumption, cause of damage during, 730

BANK RECORDS

Government secrets privilege, 231

BATTERED WOMAN SYNDROME

Generally, 458

BATTERING PARENT SYNDROME

Generally, 458

BAYES' RULE

Paternity testing and, 472—475

Probabilities and, 471

BENCH TRIALS

Admission of evidence, 142—143

BENTHAM, JEREMY

Attorney-client privilege, criticism of, 187—188

Competency of parties, views on, 152

Cross-examination, views on, 542

Dead man's statutes, views on, 151

Hearsay, views on, 200, 684

Natural system of evidence, views on, 68

Self-incrimination, views on, 238

BEST EVIDENCE DOCTRINE.

    See Original Writing Rule.

BIAS

    Generally, 88—90

Liability insurance to show, 427

On cross-examination

    Expert witnesses, of, 45

    Extrinsic evidence and, 89

    Foundational question, 90

Types, 88

BIBLES

Family history, hearsay exception, 672

BIGAMY

Preliminary questions of fact concerning, 132

BLOOD TESTS

Intoxication, 443—445

Per se status, 445

Paternity, 446

Sex offenses, 446

BOUNDARIES. See Real Property.

BREATH TESTS

Intoxication, 444—445

BURDEN OF GOING FORWARD. See Burden of Proof.

BURDEN OF PERSUASION. See Burden of Proof.

BURDEN OF PROOF

    See also Presumptions.

Generally, 715—726

Allocation of, 716—720, 725, 727, 728

Beyond reasonable doubt, 724—726

Definition of, 724

Choice of law, 751—752

Clear and convincing, 721—724

Appeal and review, 724

Confessions

Admissibility, 338

Miranda requirements, waivers, 310

Constitutionality

Affirmative defenses in criminal cases, 742—744

Criminal cases

Affirmative defenses, 740—744

Beyond reasonable doubt, 724

Clear and convincing evidence, 723

Defendant, allocation to, 725

Due process requirements, 739, 742—744

Habeas corpus, in, 719

Insanity, concerning, 742—743

Measure of persuasion

Beyond reasonable doubt, 724—726

Civil cases, 721—723

Clear and convincing, 721—724

Preponderance, 721—723

Persuasion, 715—716

Alibi, 742

Function of, 715

Insanity, 742—743

Instructions to jury, 715, 721

Criminal cases, 724—726

Presumptions, effect on, 735—737

Satisfying, 721—726

Plaintiff, allocation to, 716—718

Preponderance, 721—723

Producing evidence, 715—716

Allocation to accused, 742—744

Definition of, 718

Directed verdict, 719—720

Presumptions, effect on, 727

Satisfaction of, 718—721

Shifting burden, 721, 729

Risk of failure of proof, 717

Self-incrimination privilege, 276—279

Shifting

Producing evidence, 721, 729

Statutes, allocation by, 717—718

BUSINESS RECORDS. See Regular-
ly Kept
Records.

CARRIERS

Presumption, cause of damages by,
 728

CENSUS DATA

Government secrets privilege, 231

CERTIFICATES AND CERTIFICA-

TION

Definition of, 643

Foreign business records, 633

Public records, 643—644

CHARACTER

Generally, 401—419

Accident proneness, 405

Assault victims, 414—417

Character evidence, definition of, 401

Circumstantial evidence, as, 402—403

Civil cases, 404—405

Criminal acts alleged in, 414

Conduct on specific occasions, 404—405

Criminal cases

Generally, 405—408

Admissible evidence

Crime as handiwork of accused,
 406

Identity, establishing, 407

Impeachment of accused, 411

Knowledge and intent,
 establishing, 407

Motive, establishing, 407

Opportunity, establishing, 408

Other crimes, 406

Placing crime in context, 406

Proof of plan or conspiracy, 406

Sexual offenses, abberrancy, 408

Specific intent, establishing, 407

Inadmissible evidence, 405—407

Methods of proof permitted,
 412—413

Procedural and substantive consid-
 erations, 411

Exculsion, general rule of, 403—404

First aggressor, to prove, 414—415

Forms of evidence, 402

General considerations, 401—402

Good character, admissibility,
　412—414

Habit, 418—419

Reputation evidence or opinion
　testimony, 405

Hearsay exception, 670

Impeachment. See Impeachment.

Medical malpractice, evidence in
actions for, 405

Murder victims, 414—417

Opinion testimony, 402, 405, 412

Probative value of evidence, 411

Purpose of evidence, 401

Character in issue, 402—403

Rape victims, 414—417

Reputation testimony, 402, 405, 412

Sexual assault victims, state laws
concerning, 416

When in issue, 402—403

CHELMSFORD, LORD

Privileges, views on, 168

CHILDREN

Admissions of party-opponent by, 575

Competency of witnesses,
　147—150, 160

　Sex abuse cases, 607—608

Custody proceedings, physician-pa-
tient privilege, 221

Disclosures by, attorney-client privi-
lege, 191

Examination by leading questions,
　18

Hearsay, right to confront, 570

Legitimacy

　Parents, competency of, 155

　Presumptions concerning, 732

Marital privilege

　Presence of, as affecting, 178—179

Parent-child privilege, 175

Physician-patient privilege, 216, 221

Sex offenses against

　Excited utterances concerning,
607—608

　Physician-patient
privilege, 221

　Physicians, statements to, 619

　Residual hearsay exceptions as
　applied to, 677

　Victims of, as competent witnesses,
　148

　Videotaping of child witnesses,
　569—570

CHOICE OF LAW

Presumptions, 751—752

CIRCUMSTANTIAL EVIDENCE

　See also Relevancy.

Character evidence as, 402—403

Defined, 397

**CLASSIFIED INFORMATION
　PROCEDURES ACT (CIPA)**

Government secrets, regulating
　disclosure of, 224

**CLERGYMAN-PENITENT PRIVI-
LEGE**

Generally, 174

COCONSPIRATORS

Admissions of party, 580—584

COKE, LORD

Hearsay, views on, 540

Opinion testimony, views on, 28

Roles of judge and jury, views on,
690

COLLECTIVE FACT RULE

Examination of witnesses, 30

COMMERCIAL PUBLICATIONS

Hearsay exception, 669—670

COMMITMENT PROCEEDINGS

Physician-patient privilege, 221

COMPARABLE PROPERTIES

Sale prices of, to prove value,
423—424

What constitute, 423

COMPETENCY OF WITNESSES

Generally, 147—160

Attorneys as witnesses, 157—158

Basic requisites for, 147—150

Children. See Children.

Conviction of crime, as affecting,
150—151

Dead man's statutes, 151—153

Determination by court, 160

Disqualification procedure,
157—158

Expertness, 158

Firsthand knowledge, 149,
158—159

Future of the rules concerning, 160

Impeachment

Defects of capacity distinguished,
100—101

Judges, 155—156

Jurors, 156—157

Lawyers, 157—158

Mansfield doctrine, 156

Mental incapacity as affecting,
147—150

Non-access, 155

Oaths or affirmations concerning,
148—149

Parents, as to legitimacy of children,
155

Persons and parties interested,
151—153

Preliminary questions of fact concerning, 132

Religious beliefs, 150

Spouses, 153—155, 160

Survivors evidence statutes, 151—153

Voir dire, 159

COMPLETENESS, RULE OF

Redirect examination, on, 75—76

**COMPROMISE AND OFFER TO
COMPROMISE**

Generally, 592—595

Acceptance, 594

Admitted claims, 592

Criminal cases, 594—595

Definition of, 592

Impeachment, use for, 595—597

Negotiations preceding, 593

Plea bargains, protected as, 594—595

Policies favoring exclusion, 592

Rule of privilege, distinguished,
164—165

Third parties, with, 594

What is excluded, 593—594

COMPUTER-GENERATED EVIDENCE

Animations, 487

    Hearsay, re-creation animations as,
496—497

Computer printouts, 526—527,
636

Computer-generated exhibits (CGEs),
495—496

    Admissibility, issues concerning,
497—498

    Simulations, as hearsay,
495—496

Enhanced images, 487

    Models, 496

Programming errors, 635

Records regularly kept by, 635—636

    Authentication of, 514—515

    Form of, 635

    Hearsay status of, 636

    Nonhearsay records, 636

    Time of making, 636

    Trustworthiness, 635—636

Simulations, 495—496

Static images, 487

Summaries and charts, 487—488

CONDITIONAL RELEVANCY. See

    Preliminary Questions of Fact.

CONFESSIONS

See also Self-Incrimination Privilege.

    Generally, 291—339

Admissibility

    Burden of proof, 338

    Determining, 336—339

    Distinguished, 291

    Hearing, 338

    Roles of judge and jury, 336—338

    State standards, 339

    Theory of, 291

    Trustworthiness, 322—325

Admissions

    Confessions as, 574—575

    Corroboration of

    Plea bargaining, in, 331—332

Adoptive confessions, 333—335

Availability in jury room, 500

Corpus delecti, 297

Corroboration, 291—299

    Generally, 291—292

    Admissibility

    Exculpatory statements, 295

    Felony murder, in, 296

    Future of requirement, 298—299

    Independent proof of, 295—297

    Rationale for requirement, 291—292

    Statements to which the re-
quirements applies, 291

    Sufficiency, determination of,
291—292

    Trustworthiness approach, 293,
297—298

    Truthfulness, evidence estab-
lishing, 297—298

Counsel, right to, 313—315

Credibility, right to contest, 337

Deception，317—319

Definition of，291

Delay，319—322

" Fruit of the poisonous tree," 328—330

Guilty pleas，331

Impeachment，use for，335—336

Inadmissible confessions

Evidence obtained from，328—330

Impeachment，use for，335—336

Judicial confessions，330—333

Withdrawn guilty pleas，331

Miranda requirements，302—313

Concerns leading to，302

Counsel

Presence of，307

Right to，313—315

Custody，305—306

Deception，317

Exceptions，306—307

Field stops，306

Interrogation，305—306，307—310

Purpose，302—303

Reapproach，307—310，314

Silence following warning，586

State analogues to，305

Suspect initiative following warnings，307—310

Traffic stops，306

Undercover officers，306

Voluntariness，310—311

Waivers，310—313

Intelligence，311—313

Per se approach to，302—303

Prophylactic rules，302—303，328，336

Prosecution burden to show voluntariness，310

Voluntariness，310—311

Warnings，303—304

Plea bargaining，admissions made in，331—332

Preliminary questions of fact concerning，132

Promises

Authority to make，315

Solicitation by suspect，315

Voluntariness，315—317

Recording of，325—328

Self-incrimination，waiver，272

Tacit confessions，333—335

Trustworthiness，319—322

Voluntariness，299—302

Common law，299

Credibility，distinguishing，337

Factors affecting，300—302

Federal constitutional provisions，299

Judge's role in determining，336—338

Physical coercion，300

Promises，315—317

Psychological coercion，300

State constitutional provisions，302

Waivers

Miranda requirements，310—313

Self-incrimination

privilege, 272

CONFRONTATION

Children, sex offenses against

Statements to physicians concerning, 619

Videotaping of child witness, 569—570

Declarations against interest, limiting, 664—667

Former testimony, 646

Limiting use of, 647—648

Good faith in establishing unavailability, 569

Hearsay

Compared, 556—566

Exceptions, 78—79

Privileges, conflicts with, 169—170

Residual hearsay exception, applied to, 79

Testimonial statements, 558—559

Tests for violation of, 557—558

Victim statements to physicians preparing for trial, 619

CONSPIRACY

See also Admissions of Party-Opponent.

Coconspirators'statements

Preliminary questions of fact concerning, 132—133

CONVICTION OF CRIME

See also Impeachment.

Competency, as affecting, 150—151

CORPORATIONS

Agents

Self-incrimination　privilege, 284—286

Attorney-client privilege

Availability to, 189—190, 206

Control group test, 189—190

Waiver by management, 189

Regularly kept records, 632—633

Self-incrimination privilege, 284

CORROBORATION

See also Confessions.

Present sense impressions of, 603

Residual hearsay exceptions, 675

Sex assault, of, 607

COURT APPOINTED SCIENTIFIC EXPERTS (CASE) PROJECT

Generally, 55

CROSS-EXAMINATION

See also Form of Questions; Order of

Proof.

Generally, 9—10, 59—63

Adverse parties, 66

Argumentative questions, 19—20

Attorney-client privilege, answers as waiver,

200—201

Character

Proof of misconduct, 91—93

Reputation, 98—100

Witnesses, of, 412—413

Character witnesses, 108—110

Civil parties, of, 66

Client interviews, 3

Criminal cases

Accused parties in，67

Sixth amendment rights in，59

Deprivation of opportunity，effect，59—61

Expert witnesses，44—45

Extrinsic evidence and，89

Form of，61

Former testimony. See Former Testimony.

Foundational question on，90

Half-open door，63

Hearsay. See Hearsay.

Hostile witnesses，66

Impeachment. See Impeachment.

Indefinite questions，19—20

Judges' discretion

　　Prior inconsistent statements， showing to

　　　witness，69—70

　　Relevancy standard，70—72

　　Scope of，61—62，65—66

Leading questions，use of，17—19，61

Learned treatises，use in，669—670

Limitations on（restrictive rule），61—63

Misleading questions，19—20

Prior inconsistent statements，69—70

Redirect and subsequent examinations，75—76

Refreshing recollection

　　Cross-examiner's right to memoranda used for，24—25

Relevancy standard，70—72

Restrictive rules，62—63

　　Merits of，67—69

Right of，59—61

Scope of，61—63

　　Accused，67

　　Civil parties，66

　　Judges'discretion，67

　　Order of proof，effect on，64—65

Self-incrimination privilege

　　Accused，of，265—267

　　Effect on，67，265—267，274—275

　　Witnesses，　　　　invocation limiting accused's

　　　right to cross-examine，267—269

Techniques，72—74

Testamentary capacity，effect on，60

Value of，74—75

Wide-open system（traditional rule），62

　　Merits of，67—69

Witnesses

　　Adverse parties，scope of，66

　　Character of，412—413 Character witnesses，108—110

　　Death before conclusion of，60

　　Expert，44—45

　　Hostile，66

　　Prior inconsistent statements， showing to，

　　　69—70

　　Self-incrimination privilege，invocation

limiting accused's right to cross-examine，267—269

CUSTODIANS

Public records, certification by, 643—644

DAUBERTSTANDARD

Scientific techniques

Generally, 436—437

Fingerprinting and, 460

Voice spectrograms and, 461

Scientific testimony, admissibility, 36—38, 44, 56, 696

DEAD MAN'S STATUTES

Bentham, views on, 151

Origins of, 151—153

DEATH

See also Dying Declarations.

Attorney-client privilege, as affecting, 202—203

Fetal death, reporting, 218

Hearsay, unavailability of witness, 568

Life insurance proof of, 585

Marital communications privilege, as affecting,

181, 183—184

Physician-patient privilege, as affecting, 218

Presumptions, 730

Witnesses, before conclusion of cross-examination, 59

DEATH CERTIFICATES

Adoptive admissions, as, 585

Physician—patient privilege, 217

Public records, as, 640

DECLARATIONS AGAINST INTEREST

Generally, 661—667

Admissions of party-opponent, distinguished,

573, 661—662

Breach of contract, 662

Claim for damages, 662

Collateral statements, 664—665

Confrontation limits upon, 664—667

Factual setting of, 665

Firsthand knowledge, 661

Motive, 667

Nature of statement, 664

Pecuniary interest, 661

Penal interest, 663—664

Declarant in custody, 665

Inculpatory of accused, 663, 666

Substantial exposure to criminal liability, 664

Third party confessions, 663, 664—665

Proprietary interest, 662

Self—esteem, 663

Social interest, 663

Testimonial statements, 666

Theory of exception, 661—662

Time of making, 664

Tort liability, 662

Unavailability of declarant, 667

DEFAMATION

Character evidence, relevance in action for, 402

DEMEANOR

Falsehood, suggesting, 451—452

DEMONSTRATIONS
Nontestimonial evidence, as, 493—495
DEMONSTRATIVE AIDS,
484—488
DEPOSITIONS
See also Discovery; Former Testimony; Impeachment.
Admissibility in general, 8—9
Criminal cases, 569
Evidentiary privilege, asserting during, 7
Hearsay in, 7—8
Objections to, 121—122
Unavailability of witness, as precondition for, 569
DIAGRAMS
Nontestimonial evidence, as, 486
DIPLOMATIC SECRETS
Government secrets privilege, 223—224
DIRECT EVIDENCE
Authentication, 506—509
Proof of handwriting, 506—508 Burden of proof, satisfaction of, 718—719 Defined, 397
DIRECT EXAMINATION.
See Form of Questions.
DIRECTED VERDICT
Burden of producing evidence, 719—720
DIRECTORIES
Hearsay exception, 669

DISCOVERY
Attorney-client privilege, 205—209
Agents' statements, 207
Waiver by disclosure during, 198—199
Witness statements, 209—211
Criminal cases, 8, 209—211
Formal methods, 7
Informal methods, 3
Pre-discovery disclosures, in trial preparation, 6
Risks of, 8
Self-incrimination privilege, 280—284
DISCRIMINATION
Statistical evidence of
Employment, 468
Jury selection, 466—467
DNA. See Scientific Techniques.
DOCTOR-PATIENT PRIVILEGE. See Physician-Patient Privilege.
DOCUMENTARY EVIDENCE
Assembling, in pretrial preparation, 4
DOOR OPENING DOCTRINE
Generally, 112
DRUGS
Addiction to
Impeachment, 101
DRUNKENNESS. See Intoxication.
DUE PROCESS
Hearsay, effect on admissibility of, 556—557

DUPLICATES

See also Original Writing Rule.

Nontestimonial (demonstrative) evidence, as, 486

DYING DECLARATIONS

Generally, 655—659

Accused, admissibility on behalf of, 657

Changes, suggestions for, 659

Consciousness of impending death, 655—656

Death of declarant, 655—656

Firsthand knowledge, 658

Hearsay, 559

History of, 655

Limitations on, generally, 655—656

Homicide cases, 656—657

Immediate circumstances, 657

Rape cases, 657

Statutes affecting, 659

Opinions, 658

Original writing rule, 658

Preliminary questions of fact concerning, 132

Unavailability of declarant, 656

Weight of, instructions concerning, 658—659

EAVESDROPPING

Marital communications privilege, effect on, 180 Privileges and, 167

ELECTRONIC SURVEILLANCE

Improperly obtained evidence, 356, 361

E-MAIL

Authentication of, 509, 511—512

EMPLOYMENT DISCRIMINATION

Proof of, 468

ENVIRONMENTAL LIABILITY

Statistical studies, use of, 465—466

EVIDENTIARY PRIVILEGE

Asserting, during depositions, 7

EXCEPTIONS. See Objections.

EXCITED UTTERANCES

See also Spontaneous Statements.

Generally, 604—605

Bystanders, by, 606

Competency of declarant, 606

Content of statement, 606

Effect on declarant, 606

Events generating, 605

Nature of statement constituting, 604—605

Opinions in, 607

Present sense impressions distinguished, 603

Sexual abuse cases, in, 607—608

Time of statement, 605—606

EXECUTIVE PRIVILEGE.

See Government

Secrets Privilege.

EXHIBITS

See also Nontestimonial Evidence. Marking, 119

Procedure for admission of, 119—120

Records of past recollection as, 621

EXPERIMENTS

See also Scientific Techniques.

In court, 494

Jury, by, 500—501

Out-of-court, recorded, 494—495

Scientific principles, to demon-
strate, 431—432

EXPERT OPINION

    See also Expert Witnesses.

Forgery, to prove, 507

Hearsay, inadmissible, as basis
for, 679—680

Learned treatises, based upon, 669

Re-creations portraying, 487, 496—497

Regularly kept records, in, 628

EXPERT WITNESSES

    Generally, 34—45, 436—437

Bases for opinions

    Property values, 424

Bias on cross-examination, 45

Competency of, 158

Cross-examination, 44—45

Daubert standard, 35, 44, 36, 696

Examination by leading questions,
18 Expert testimony

    Distinguished, 434—435

    Forgery, to prove, 507

    Profiles of behavior, similari-
ties to, 458

Form of questions, 48

Hearsay, impeachment by, 45

Hypothetical questions for, 45 —
47, 52—53

Improvement of testimony, 53—56

Inferential claims, 40—43

Lay opinions distinguished from, 32

Panels of, to determine scientific
acceptance, 438—439

Profile evidence by, 457—459

Qualifications, determining, judi-
cial discretion, 34

Scientific testimony, admissibility,
36—38

Subjects of, 34

Summational claims, 39—40

Third—party reports, 48—52

Ultimate issue, on, 32—34

Use of in pretrial preparation, 4

Validity of underlying theory or
technique, 36—44

    Minor premises, 43—45

    Type of use, 38—40

    Validating use, 40—42

Weaknesses of, 53—54

Witnesses'qualifications, 34—36

EYEWITNESSES. See Witnesses.

FACT-GATHERING PROCEDURES

In trial preparation, 5—8

FAMILY HISTORY

Hearsay exception, 671—672

FAMILY MEMBERS

Physician-patient privilege, 217

FEDERAL HOUSEKEEPING ACT

Government secrets privilege, as
affecting, 225

**FEDERAL RULES OF CRIMINAL
PROCEDURE**

Improperly obtained evidence, pre-
liminary hearings, 368

FEDERAL TORT CLAIMS ACT

Government secrets privilege, as
affecting, 228

FETAL DEATH

Reporting

    Physician-patient

privilege, 218

FINGERPRINTING

Generally, 460—461

FIRSTHAND KNOWLEDGE

    Generally, 27—47

Admissions of party-opponent, 575

Competency of witnesses, 149, 158—159

Declarations against interest, 661

Dying declarations, 658

Foundation showing required, 27—28

Hearsay distinguished, 27, 544

Observation required for, 27—28

Opinions, 28—32

Present sense impressions, 603

Public records, 638

Records of past recollection, 621

Regularly kept records, 630

Requirement of, 27—28

FLIGHT

Admissions of party — opponent, 588—589

FORGERY

Expert testimony to prove, 507

FORM OF QUESTIONS

    Generally, 15—2

Argumentative, 19

Direct examination (free narrative), 10—11, 15—17

Expert witnesses, 48

Indefinite, 19—20

Judges'discretion, 16

Judges'questions, 20—21

Jurors'questions, 21—22

Leading, 17—19

    In cross-examination, 61

    When permitted, 18—19

Misleading, 19—20

Refreshing recollection, 22—26

Reputation, concerning, 98—100

FORMER TESTIMONY

    Generally, 645—653

Confrontation, 647

    Limiting use of, 647—648

Criminal cases

    Defendant as party to earlier proceeding,

        requirement of, 648

Cross-examination, 646—647

    Adequacy of opportunity, 646, 649, 653

    Identity of issues, 649—650

    Identity of parties, 547—649

    Motive for, 649—650

    Waiver, 646

Federal rules, legislative history, 647—648

Hearsay aspects, 645—646, 653

Identity of issues, 649—650

Identity of parties, 647—649

Improvements of practice, 652—653

Methods of proof, 651—652

Nonhearsay uses of, 646

Oath, 646—647

Objections to, 306

Other hearsay exceptions compared, 646, 653

Predecessor in interest, 649, 653

Community of interest analysis, 649

Prior grand jury testimony, 650

Proceedings, form of, 650—651

Scope of proof, 651—652

Tribunal, character of, 650—651

Unavailability of witness, 645—646, 646—647

FOURTH AMENDMENT

Improperly obtained evidence

"Fruit of the poisonous tree," 371—372

Standing to claim exclusion, 368—369

FRAUD

Similar happenings, to prove, 422

FREEDOM OF INFORMATION ACT (FOIA)

Government secrets, effect on privilege for, 224, 225—226

FRYESTANDARD

Hypnosis, applied to, 455

Scientific techniques, 434—440

Alternatives to, 436—437

Criticisms of, 436—437

Fingerprinting and, 460

Voice spectrograms and, 461

GOVERNMENT AGENCIES AND DEPARTMENTS

Admissions of party-opponent, in criminal cases, 583—584

Attorney-client privilege, 190

Discovery procedures, 8—9

Officers'identities, judicial notice, 697

GOVERNMENT SECRETS PRIVILEGE

See also Privileges.

Generally, 223—233

Accident reports, as, 231

Agency policy deliberations, 225—226

Bank records, disclosure, 231

Census data, disclosure, 231

CIPA, effect on, 224

Common law privileges for, 223—224

Criminal cases, in, 224

Diplomatic secrets, 223—224

FOIA, effect on, 224, 225—226

Government as party, 227—228

Grand jury proceedings, 231—233

Health data, disclosure, 231

Informer's identity, 229—230

Judge's function, concerning, 228—229

Law enforcement files, 225, 227

Military secrets, 223—224

Other principles distinguished, 223

Presidential privilege, 224—225

Privilege, who may assert, 224

Qualified privileges, government information, 228—229

Reports to government agencies, 230—231

Selective services reports, as, 231

Social security data, disclosure, 231

Tax returns, disclosure, 231

Unemployment compensation data,

disclosure, 231

GRAND JURY PROCEEDINGS

See also Government Secrets Privilege.

Criminal defendant's access to own testimony during, 232

Government agencies, access to, 231—232

Government secrets privilege, 231—233

History of secrecy for, 231—232

Improperly obtained evidence in, 366—367

Prior testimony, 650

Self-incrimination privilege

Waiver by witness disclosure, 274

GUNSHOT WOUNDS

Reporting

Physician-patient privilege, 217

HABEAS CORPUS

Attorney-client privilege, 198

Burden of proof in, 719

Hearsay, 569

Presumptions, 746

Self-incrimination privilege, 274

HABIT

Generally, 418—419

Business custom, 418—419

Corporate, as foundation for regularly kept records, 632—633

Definition of, 418

No eyewitness rule, 418

Records of past recollection, to show making, 623

Reputation evidence or opinion testimony, 405

HAND, LEARNED

Burden of proof, views on, 719

Hearsay, views on, 553

HANDWRITING

Samples, as self-incrimination, 258

HEALTH DATA

Government secrets privilege, 231

HEALTH INSURANCE PORTABILITY AND ACCOUNTABILITY ACT OF 1996 (HIPAA)

Physician-patient privilege, as affecting, 215

HEARSAY

See also Residual Hearsay Exception; Spontaneous Statements.

Generally, 539—571

Absence, unavailability of witness, 568—569

Admissions of party-opponent, 548

Exceptions distinguished, 574

Multiple hearsay in, 677—678

Ancient documents

As authentication, 509

Exception, generally, 673

Backdoor exception, 680

Character, exception, 671

Children, right to confront, 570

Commercial publications, exception, 669—670

Complexity of present rules, 680

Computer records, status of, 636

Computer-generated simulations,

as, 495—496

Confrontation

Compared, 556—566

Hearsay exceptions, 78—79

Constitutional problems of, 556—566

Cross-examination

Hearsay declarant, of, 554, 556, 679

Lack of, 541—542

Relation to, 52—53, 59

Death, unavailability of witness, 568

Declarant, impeachment of, 678—679

Definition of, 542—544, 600

Depositions, 7—8

Unavailability of witnesses, 569

Directories, exception, 670

Due process as requiring admission
of, 556—566

Dying declarations, 559

Effect on hearer or reader, 545—546

Evaluation of present rules, 680

Examples of, 544—545

Nonhearsay utterances, 545—548

Exceptions. See also specific excep-
tions. Number of, 680

Reasons for, generally, 540—542

Expert opinion, basis as quasi-hear-
say, 679—680

Expert witnesses, impeachment by,
45

Family history, exception, 672

Firsthand knowledge distinguished,
27, 544

Former testimony, 645—646, 653

Future of, 683—684

Civil cases, 684

Constitutional limits on change,
683—684

Group statements, 547

Habeas corpus, 569

History of rule, 539—540

Identification, statements of, ex-
clusion, 555

Impeachment of declarant, 678—679

Implied assertions, 551

Inadmissible, instructions to jury,
679—680

Knowledge, assertions offered to
prove, 552

Learned treatises, exception, 669—670

Legislative modifications of rule,
681—683

Liberalization of rule, need for, 541
—542

Life insurance annuity tables, ex-
ception, 670

Market reports, exception, 670

Memory, lack of as
unavailability, 567

Mental illness, unavailability of wit-
ness, 568

Modern development of rule, 681—683

Multiple hearsay, 677—678

Nonassertive nonverbal conduct as, 549

Nonverbal conduct as, 548—549

Oath, value of, 541

Opinion polls, as, 462

Paternity, exception, 671—672

Pedigree, exception, 671—672

Physical illness, unavailability of witness, 568

Presence of party, 543

Presence of witness at trial, value of, 541

Present sense impressions, exemption for, 602—603

Prior statements of witnesses as, 552—556

Privilege as constituting unavailability, 567

Public records, exception, 637—638, 640—642

Quasi-hearsay, 679—680

Reasons for rule, 540—542

Records of past recollection, clarification as, 621

Re-creation animations, as, 496—497

Reform efforts, 681—682

Refusal to testify as constituting unavailability, 567

Reputation, 547, 671—672

Silence as, 550

Sound recordings, as, 493

Surveys, status of, 462

Testimonial statements, 558—559

Third party reports, 48—52

Title documents, exception, 673

Truth of matter asserted

Assertions not offered for, 545—546

Assertions offered for, 547

Unavailability

Generally, 567—570

Definition of, 568—569

Good faith in establishing, 569

Unscripted video and film recordings, 490

Variation in reliability of, 681

Verbal acts, 545

Verbal parts of acts, 545

Views on present rules, 680

Vital statistics, exception, 640

Witnesses, hearsay declarants as, 678—679

Wrongful procurement of unavailability, 570—571

HIV/AIDS

Reporting

Physician-patient privilege, 217

HOSPITAL RECORDS

Multiple hearsay in, 677—678

HOSPITALS

Records regularly kept by, 633—635

Diagnoses and opinions, 633—634

Personal histories, 633—634

Physician-patient privilege, 634—635

Statutes concerning, 633

HYPNOSIS

See also Scientific Evidence. Generally, 454—455

Constitutional problems, 454

Frye standard applied to, 455

Mental status, to determine, 454—455

Refreshing recollection by, 26, 454

HYPOTHETICAL QUESTIONS

Generally, 45—47

Admissibility, judges' discretion, 46

Retention of, 52—53

IDENTIFICATION

Statements of, hearsay exclusion for, 556

IMPEACHMENT

See also Rehabilitation.

Alcoholism, 101

Bias and interest

Completed compromise with third party to show, 594

Liability insurance revealed to show, 427—428

Bias and partiality, 88—90

Character, 91, 417—418

Conviction of crime, 93—98

Methods of showing, 96—98

Nolo contendere, 96

Pardon, 95—96

Types usable, 93—95

Criminal cases, admission in, 411

Cross-examination of

Proof of misconduct, 91—93

Reputation, 98—100

Opinion, 98—100

Reputation, 98—100

Civil judgments in previous cases

Admission in criminal cases, 643

Compromise, use for, 595—597

Confessions, use for, 335—336

Contradiction

Generally, 110—114

Collateral fact rule, exemptions, 111

Collateral facts, 103

Collateral topics, 111—114

Extrinsic evidence, significance of barring, 110—111

Nature of, 103—104

Non-collateral topics, 112—114

Cross-examination

Character, of

Proof of misconduct, 91—93

Reputation, 98—100

Character witnesses, of, 108—110

Limitation, 63—64

Defects of capacity, 100—103

Competency distinguished, 100—101

Definition, 104

Drug addiction, 101

Drug or hypnotically induced statements for, 454

Expert witnesses, by hearsay, 45

Eyewitnesses

Scientific evidence concerning reliability, 455—457

Hearsay declarant, of, 678—679

Methods, 679

Hearsay evidence, by, 45

Improperly obtained evidence, by, 389—390

Inadmissible confessions, with, 335—336

Liability insurance, use for, 427—428

Lie detection, use for, 451—452

Modes of attack, 77—78

Nolo contendere plea, conviction of crime, 96

One's own witness, of, 87—88

Opinions, inconsistent, as impeaching statements, 81

Prior inconsistent statements. See Prior Inconsistent Statements.

Psychiatric testimony for, 101—102

Rehabilitation, 105—108

Good character, 106—107

Prior consistent statements, 107—108

When permitted, 106

Religious beliefs and, 104—105

Remedial measures, admission for, 595

Self-contradiction, 79

Specific contradiction, by, 79

Stages of, 77—78

Witnesses, generally. See Witnesses.

IMPROPERLY OBTAINED EVIDENCE

　　Generally, 341—391

Accidents, admissibility in, 363—366

Bases for excluding, 342—345, 349—351

　　Accurate results, promotion of, 342

　　Deterrence, 342, 350

　　Future violations, prevention of, 342, 350

　　Judicial integrity considerations, 343—344, 349—350

　　Remedial function, 344—345, 349

Civil litigation, exclusion in, 363—366

　　Intersovereign situations, 363—365

　　Relevant factors, 364

　　State constitutional provisions, 366—367

Criminal cases

　　Jurisdiction over defendant,

effect on, 377—379

　　Preliminary hearings, 367

　　Relevant to matters other than guilt, 366—367

　　Sentencing, 367

　　State court proceedings, 367

Electronic surveillance, 356, 361

Exclusion of

　　Generally, 342—345

　　Good faith, 385—389

　　Impeachment exception, 389—390

　　Witnesses other than criminal defendant, 390

　　Scope, 371—377

　　Standing to claim, 368—371

Exclusionary rules, 341—342

Federal Constitution, exclusion mandated by, 345—349

　　Origins, 341—342, 346—349

Fourth Amendment provisions

　　"Fruit of the poisonous tree," 371—372

　　Standing to claim exclusion, 368—369

"Fruit of the poisonous tree," 371—375, 379—391

　　Alternative to, 372

　　Applicability to other exclusionary requirements, 374—375

　　Attenuation of taint exception, 379—381

　　"But for" causation requirement, 372—373

　　Fourth Amendment rule, 372

Inevitable discovery exception, 383—385

Intervening illegal conduct exception, 381—382

Jurisdiction over defendant, as affecting, 377—379

Limits on exclusions, 373

Good faith exclusions, 385—389

Grand jury proceedings, exclusion in, 366—367

History of admissibility, 346—349

Impeachment by, 389—390

Witnesses other than criminal defendant, 390

Nonconstitutional illegality exclusions, 354—355

Generally, 354—355

Judicial doctrines of exclusion, 357—361

Federal courts, 358—359

Rulemaking power, 357—358

State courts, 360

Supervisory power of U. S. Supreme Court, 358—360

Legislative requirements, 355—356

Limits on, 360

Standing to claim exclusion, 368—371

Parole revocation hearings, 366—368

Personal nature of rights, 368—371

Scope of exclusion, 371—375

"Fruit of the poisonous tree," 371—375

Independent source rule, 375—377

Standing to claim exclusion, 368—371

State constitutions, exclusion mandated by, 352—354

Civil litigation, 366—367

Good faith, 386—389

Interaction with federal law, 352—354

Standing to claim exclusion, 370—371

Statutes providing for exclusion of, 355—356

Witnesses, use of to impeach, 389—390

INDEFINITE QUESTIONS. See Cross-Examination.

INDUSTRY STANDARDS

Hearsay exception, 669—670

INFERENCES

Failure to call witnesses, from, 589—591

Failure to produce evidence, from, 589

Presumption distinguished, 726

INFORMERS

Attorney-client privilege not available to, 191

Privilege protecting identities of, 229—230

INSANITY

See also Affirmative Defenses; Mental Capacity; Mental Illness.

Burden of persuasion concerning, 742—743

State of mind, statements of to show, 611

INSTRUCTIONS TO JURY

Affirmative defenses, criminal cases, 750—751

Beyond reasonable doubt, concerning, 724—726

Burden of persuasion, 715, 721

 Criminal cases, 724—726

Clear and convincing evidence, 723

Criminal cases

 Presumptions concerning, 746—748, 750—751

Dying declarations, concerning, 658

Facts commonly known, 693—695

Failure to call witnesses or produce evidence, inference from, 589—591

Failure to testify, self-incrimination, 260—262, 264—265

Hearsay, inadmissible, 679—680

Liability insurance, concerning, 428

Limited purpose evidence, 141—142

Limiting

 Inadmissible evidence, concerning, 121

Order of presentation at trial, 12

Preponderance of evidence, concerning, 721—723

Presumptions

 "Bursting bubble" theory, 732—733

 Criminal cases, concerning, 746—748, 750—751

 Innocence, 727—728

Re-creation animations as illustrative evidence, 496

Res ipsa loquitur, 727

INTERNET

Web postings, authentication of, 512

INTERROGATORIES. See Admissions of Party-Opponent; Discovery.

INTERVIEWS

Clients, in pretrial preparation, 3—4

INTOXICATION

Presumption, from blood alcohol, 444—445

Testing for, 444—445

INVESTIGATIONS. See Government Secrets Privilege; Public Records.

JOINT TENANTS

Admissions of party-opponent by, 584—585

JOURNALISTS PRIVILEGE

Generally, 174—175

JUDGES

Attorney-client privilege, 191

Authentication, role in, 517

Competency as witnesses, 155—156

Confessions

 Admissibility, 336—339

 Judicial confessions, 330—333

 Withdrawn guilty pleas, 331

 Voluntariness, determining, 336—339

Cross-examination, discretion concerning

 Prior inconsistent statements, showing to witness, 69—70

 Relevancy standard, 70—72

 Scope of, 61—62, 65—66

Expert witnesses, qualifications,

determining，34－35

Form of questions，16

　　Judges' questions，20－21

Government secrets privilege，determining application of，228－229

Hypothetical questions，admissibility，46

Improperly obtained evidence，exclusion

　　Judicial doctrines of，357－361

　　Judicial integrity considerations，343－344，349－350

Inferences，discretion concerning，591

Judicial admissions，574

　　Guilty pleas as，576－578

　　Party's testimony as，578

Nontestimonial evidence，authentication，481

Objections，exclusion of evidence without，136

Order of evidence，control over，10，12，140

Original writing rule，admissions，534－536

Prior inconsistent statements

　　Material inconsistency，determining，81

Privileges，assertion of，137，165

Refreshing recollection，determining aids used in，24

Relevancy，determining，399

Witnesses，calling and questioning，20－22，29，54

JUDGMENTS

Public records hearsay exception，

640－642

Subsequent cases，in，to prove facts based upon，640－642

JUDICIAL NOTICE

　　Generally，689－712

Adjudicative facts

　　Distinguished，701

　　Procedure for use，703

　　Trends，704－707

Common knowledge，693－695

　　Definition of，693

Court officers，identities of，697

Court records，697

Effect of，689－693

Foreign law，692，708－709

Geographical facts，697

Government officeholders，identities of，697

Historical facts，697

Jury argument，facts assumed in，695

Knowledge of judge distinguished，694

Knowledge of jury distinguished，694－695

Law，707－712

　　Domestic，707－708

　　Foreign countries，708－709

　　Future of，710－711

　　International，710

　　Maritime，710

　　Sister states，708

Legislative facts，692，698－700

　　Common law，creation of，699－700

　　Constitutional questions，698－699

Distinguished, 701

Procedure for use, 703

Trends, 705—706

Uses of, 699

Need for, 690—691

Procedures, 702—704

Scientific evidence, as foundation for, 695—697

Social data, 698—700

Trends, 704—707

Uses of, 699, 700—702

Verifiable facts, 695—698

Definition of, 695

Possibilities of error, 697

Scientific principles, 695—697

Sources of, 695

Voir dire, 695

JURIES AND JURORS

Competency as witnesses, 156—157

Deliberations, as privileged, 155—156

Discrimination in selection, proof of, 466—467

Experimentation by, 500—501

Misconduct, proof of, 156

Role of, 689

Voir dire, 9

Witnesses, questioning, 21—22

JURY INSTRUCTIONS. See Instructions to Jury.

KINEMATICS

Generally, 440—441

LAND TITLES

See also Public Records.

Ancient documents affecting, hearsay exception for, 673

Presumptions affecting, 729

LAW ENFORCEMENT FILES

Government secrets privilege, 225, 227

LAW OF ASSOCIATION

Refreshing recollection, 22

LAWYERS. See Attorneys.

LEADING QUESTIONS. See Cross-Examination.

LEARNED TREATISES

See also Expert Witnesses.

Hearsay exception, 669—670

LEGAL TEST

Cross-examination and, 62

LIABILITY INSURANCE

Generally, 427—429

Bias and interest, to show, 427—428

Instructions to jury concerning, 428

Issues on which admissible, 427—428

Policy bases for excluding evidence of, 427

Relevancy in negligence cases, 427

Wisdom of general exclusion, 428—429

LIE DETECTION

Generally, 451—453

Admissibility, views on, 451—453

Drugs, 454—455

Hypnosis, 454—455

Impeachment, use for, 451—452

Polygraph, reliability of, 451

Voice stress analysis, 451

LIFE INSURANCE

Annuity tables, hearsay exception, 670

Physician-patient privilege, examinations for, 215—216

Proofs of death, adoptive admissions, as, 585

MAIL

Presumption of receipt, 729

MANSFIELD, LORD

Burden of proof, views on, 720

Competency of jurors to impeach verdict, views on, 156—157

Competency of witnesses, views on, 156

Physician-patient privilege, views on, 213

Spouses, competency as witnesses, views on, 155

MAPS

Nontestimonial evidence, as, 486

MARITAL

COMMUNICATIONS PRIVILEGE

See also Privileges. Generally, 177—185

Acts, application to, 178—179

Conduct of spouses, effect on, 183

Confidentiality, 179

Controversies in which inapplicable, 182—183

Crime or fraud exception to, 179

Death of spouse, 181, 183—184

Divorce, 183—184

Future of, 184—185

History of, 170—171, 178—179

Interception or overhearing of communication, 180—181

Marital status, 180

Policy, 184—185

Prisoners, availability to, 180

Privacy basis for, 184—185

Subject matter of communication as affecting, 179

Waiver, 181—182

Who may assert, 181—182

MARKET REPORTS

Hearsay exception, 670

MARRIAGE

Presumptions concerning, 732

MARRIAGE CERTIFICATES

Public records, as, 643

MATERIALITY. See Relevancy.

MEDICAL EXPENSES

Payment, relevancy of admission, 597

MEDICAL MALPRACTICE

Character evidence in actions for, 405

Physician-patient privilege, 221

MEDICAL REVIEW COMMITTEES

Privileges, 175

MEMORANDA. See Records of Past Recollection; Refreshing Recollection.

MEMORY

See also Refreshing Recollection. Hearsay

Lack of memory as unavailability, 567

Prior statements, affecting admissibility of, 554

Records of past recollection, 621—622

MENTAL CAPACITY

Competency of witnesses, 147—150

Hypnosis, use to determine mental status, 454—455

Spontaneous statements of to show state of mind, 611

MENTAL HEALTH PROVIDERS

Physician-patient privilege, 214

MENTAL ILLNESS

See also Insanity.

Hearsay, unavailability of witness, 568

Reporting

Physician-patient

privilege, 217

Unavailability of witness, 568

MENTAL STATE

Statements concerning. See Spontaneous Statements.

MILITARY SECRETS

Government secrets privilege, 223—224

MIRANDA RULE. See Confessions.

MISLEADING QUESTIONS. See Cross-Examination.

MISREPRESENTATIONS

Similar happenings, 422

MODELS

Nontestimonial evidence, as, 486

MORGAN, EDMUND

Admission of evidence, views on, 130, 133

Burden of proof, views on, 736

Hearsay, views on, 680

Admissions as exception to, 573

Definition of, 250

Privity and law of evidence, criticism of, 584—585

Res gestae, views on, 602

MOTION IN LIMINE

Generally, 122

MOTION TO STRIKE

Evidence not "connected up," 140

When appropriate, 121—122

MOVIES

Nontestimonial evidence, as, 490—493

Original writing rule, 523

Unscripted, as hearsay, 490

MURDER

First aggressor, character evidence to prove, 414—415

NARRATIVE TESTIMONY

Generally, 15—16

NEWSPAPERS

Authentication of, 518

Original writing rule applied to, 528

NOLO CONTENDERE PLEA

Admissions of party-opponent, 578

Impeachment, conviction of crime, 96

Public records

Judgments in previous cases, admission, 643

NONTESTIMONIAL EVIDENCE

Generally, 479—501

Animations

Admissibility, issues concerning, 497—498

Re-creations portraying expert witnesses' opinions

Criticisms of, 487

Distinguished from simulations, 496

Foundation for, 496—497

Similarities with simulations, 496—497

Authentication

Demonstrative aids, 485

Functions of judge and jury in, 481

Real evidence, 483

Standard of proof for, 480—481

Balancing, probative value against probative dangers, 483

Bodily demonstrations, 493—495

Chain of custody, 483—484

Computer—generated exhibits. See Computers.

Confusion of issues, 482

In court experiments, 494

Demonstrations, 493—495

Out-of-court, recorded, 494—495

Demonstrative aids, 484—488

Authentication as fair and accurate

representation of other evidence, 485

Diagrams, 486

Duplicates, 486

Exclusion by judge, 481

Experiments

In court, 494

Jury, by, 500—501

Out-of-court, recorded, 494—495

Foundation for, 119—120

Illustrative uses of, 484—485

Jury room, exhibits in, 500—501

Maps, 486

Misleading evidence, 3482

Models, 486

Objections to, 481

Photographs, 488—489

Physical features, right of accused to display, 493—494

Probative dangers, 481—482

Probative value, 482

Procedure for admission of, 119—120

Real evidence, 483

Relevance, 479—480

Samples, 484

Silent witness theory, 490—491

Sound recordings, 492—493

Status as exhibit, 485—486

Sufficiency of, 481

Video and film, 490—493

Day-in-the-life films, 492

Recorded reenactments, 492

Scripted recordings, 492

Surveillance, 490—491

Unscripted recordings

Generally, 490—491

Illustrative evidence, as, 490—491

Substantive evidence, as, 491

Videotape

Child witnesses to sex offenses, 569—570

Views

Generally, 498—499

Evidentiary status of, 499

Statutes governing, 498

X-rays, 489

NOTICE

See also specific topics.

Intent to offer secondary evidence, 530

Other accidents, to prove, 424

Statements revealing, as nonhearsay, 545—546

NURSES AND ATTENDANTS

Physician-patient privilege, 217

OATH OR AFFIRMATION

Competency, 148—149

Form of, 150

Former testimony, 646—647

Hearsay, value of, 541

Self-incrimination, role in history of privilege against, 237

Value of, 541

OBJECTIONS

Generally, 121—129

Admissions, 127

Deposition testimony, 121—122

General, 121

Harmful errors, 128—129

Judges, exclusion of evidence without, 136

Leading questions, to, 17

Like evidence

Failure to object to, 135

Offered by objector, 135—136

Motions in Limine, 122—123

Plain errors, 128—129

Portions of documents, 125

Property, documents affecting interest in, 673

Repetition of, 127

Specific, 126—127

Specificity required, 125

Tactics of, 127—128

Timing of, 121—122

Waiver, 134—137

Earlier trial, admissible evidence at, 122

Exclusion by judge in absence of objection, 136

Writing, demand for inspection of, 134—135

OBSERVATION. See Firsthand Knowledge.

OBSTRUCTION OF JUSTICE

Admissions of party, as, 591—592

Tort remedies for, 592

OFFER OF PROOF

Generally, 119—120

Multiple witnesses, 121

Necessity for on appeal, 121

Reasons for requiring, 120

OFFER TO COMPROMISE. See Compromise and Offer to Compromise.

OFFICIAL NOTICE. SEE JUDICIAL NOTICE.

OFFICIAL RECORDS

See also Public Records.

Authentication of, 509—510

OFFICIAL WRITTEN STATEMENTS. See Public Records.

OPINION POLLS

Generally, 462—465

Confidence intervals, 463—465

Hearsay status of, 462

Methodology, 462—465

Sources of error in, 463

OPINIONS

See also Expert Opinions.

Generally, 28—32

Admissions in form of, 576

Of character, 402, 405, 412

Dying declarations, 658

Facts distinguished from, 29

Lay opinions, 28—32

Mental state constituting element of crime, 34

Modern rules relating to, 31

Out-of-court statements, 57

Public records, in, 638—640

Questions of fact, 32—33

Questions of law, 33—34

Skilled lay observer, examination of witnesses, 30

Ultimate issue, on, 32—34

ORAL EXAMINATIONS

Depositions, 7

ORDER OF PROOF

Cross-examination scope, affecting, 64—65

ORIGINAL WRITING RULE

Generally, 521—536

Admission

Appellate review of, 536

Judge's role in determining, 534—536

Jury's role in determining, 534—536

Terms of the rule, 534

Appellate review, 536

Application, determination by substantive law, 526

Best evidence, definition of, 521

Best evidence rule, 521—522

Carbons, 528

Certified copies, 533

Chattels, application to, 523

Collateral documents, exemption, 532

Computer printouts, 526—527

Copies, 527—529

Digital copies, 528

Dying declarations, 658

Electronic copies, 528

Film recordings, 523

Fraud, capacity to prevent, 522—523

Inscribed objects, 523

Modern copying methods, 528

Multiple originals, 527

Negative testimony, 525

Newspapers and books, 528

Nonproduction of original, excuses for, 529—531

    Loss or destruction, 529

    Notice to produce, adversary, 530—531

    Original in possession of opponent, 530—531

    Third person possession, 529—530

Notice to adversary to produce, criminal defendant, 530—531

Notice, 530—531

Origins, 521—522

Photographic copies, 528

Photographs, 523, 527

Prior inconsistent statements and, 70

Public records, 528' 531, 533

Questions of fact, admission, 534—536

Reasons for, 522—523

Regularly kept records, 528

Scope, 522, 523—524

Secondary evidence

    Appellate review of admission, 536

    Degrees of, 531—532

    English view, 531

    Nonproduction of original, excuses for, 529—531

    Preference as to, 531—532

Sound recordings, 523, 528

Statement of, 521

Summaries, 533—534

Transcripts of testimony, 525

Uninscribed objects, 523

Video recordings, 523, 528

OTHER TRANSACTIONS. See Similar Happenings.

OUT-OF-COURT EVENTS

Demonstrations or experiments, recorded, 494—495

Original writing rule, 524

Statements, opinions on, 57

PARENT-CHILD PRIVILEGE

Generally, 175

PARENTS

Competency of, as to legitimacy of children, 155

PAROLE

Revocation hearings, improperly obtained evidence, 366—368

PARTIES

Competency of, 151—153

PARTNERS

Admissions of party-opponent by, 582

PAST RECOLLECTION RECORDED. See Records of Past Recollection.

PATERNITY

Family history, statements of, hearsay exception, 671—672

Presumptions affecting, 730

Testing for. See Scientific Techniques.

PEDIGREE

Hearsay exception, 671—672

PERIODICALS

Authentication of, 518

PERJURY

Self-incrimination privilege

Perjured testimony given under grant of immunity, 286—287

PHOTOGRAPHS

See also Nontestimonial Evidence.

Generally, 488—489

Illustrative evidence, as, 488—489

Independent substantive evidence, as, 489

Nontestimonial evidence, as, 488—489

Posed photographs, 489—490

Reconstructions, 489—490

PHYSICAL EVIDENCE

Assembling, in pretrial preparation, 4

PHYSICAL ILLNESS

Hearsay, unavailability of witness, 568

Unavailability of witness, 568

PHYSICIAN-PATIENT PRIVILEGE

See also Privileges.

Generally, 213—222

Attorney-client privilege as affecting, 222

Autopsies, 216

Child custody proceedings, 221

Child sex abuse cases, 221

Children as patients, 216

Commitment proceedings, 221

Common law status, 213

Confidentiality, 216—218

Constitutional right to medical privacy, 214—215

Criminal cases, applicability in, 221

Death certificates, 217

Death of patient as affecting, 218

Fact of consultation, 215—216

Family members, confidentiality, 217

Fetal death, reporting, 218

Future of privilege, 221—222

Gunshot wounds, reporting, 217

HIPAA, effect of, 215

History of, 171, 221—222

HIV/AIDS, reporting, 217

Medical malpractice, 221

Mental health providers, 214

Mental illness, reporting, 217

Nurses and attendants, confidentiality, 217

Proceedings in which inapplicable, 221

Psychiatrists, 214

Psychotherapists, 214—215, 220, 222

Public records, 217

Purpose, 213—214

Relationship required for, 215—216

Required reports, 217

Scope, 216

Social workers, 214

Third persons, confidentiality, 216—218

Unlawful purpose, consultation for, 216

Venereal disease, reporting, 217

Waiver, 219—221

Who may assert, 218—219

Will contests, 221

Workers' compensation, 221

PHYSICIANS

Statements by, as admissions of pa-
tient, 585

Statements of bodily condition to,
617—619

PLAIN ERRORS

Generally, 128—129

PLEA BARGAINS

Compromises, protected as, 594—595

PLEADINGS

Admissions of fact in, 576—578

Allocation of burden of, 716—721

PLEAS

See also Plea Bargains.

Guilty pleas as judicial admissions,
576—578

**POLICE FILES. See Government Se-
crets Privilege.**

**POLICE INVESTIGATIONS. See
Government Secrets Privilege.**

POLICE REPORTS

Multiple hearsay in, 677—678

Public records, as, 638—640

Regularly kept records, as, 629—630

POLYGRAPH

See also Lie Detection; Scientific
Evidence.

PRE—DISCOVERY DISCLOSURES

In trial preparation, 5

PRELIMINARY QUESTIONS OF FACT

Generally, 129—133

Bigamy, 132

Competency of witnesses, 132

Confessions, 132

Conspiracy, statements concerning,
132—133

Determined by court, 130

Dying declarations, 132

Lost writings, 132

Relevance of evidence, 130—133

PREPARATION FOR TRIAL

See also Depositions; Discovery;
Refreshing Recollection; Witnes-
ses.

Generally, 3—12

With court's aid, 5—9

Importance of, 3

Order of presentation, 9—12

Without court's aid, 3—5

PRESENT SENSE IMPRESSIONS

Hearsay exemption for, 602—603

PRESENTATION OF EVIDENCE

Generally, 9—12

Closing arguments, 11

Defense claims, 9—10

Opening statements, 9

Plaintiff's claims, 9—10

Rebuttal, 10

PRESERVATION OF TESTIMONY

Statutory provisions for, 8

PRESIDENTIAL PRIVILEGE

Government secrets privilege, 224—225

PRESUMPTIONS

See also Burden of Proof.

Generally, 726—751

Affirmative defenses, distinguished, 258—259, 742, 749—750

Agency

Automobile ownership, 732

Motor vehicle accidents, status of driver, 729

Person answering business phone, 516

Bailment, cause of damage during, 730

Burden of persuasion, transfer by, 735—737

Burden of producing evidence, transfer of, 727

"Bursting bubble" theory, 731—735

Basics of, 731—732

Conflicting presumptions, 732

Deviations from, 733—735

Instructions to jury, 732—733

Carriers, cause of damages by, 728

Children, legitimacy, 732

Choice of law, 751—752

Civil cases, constitutionality, 738—740

Classification of, 737—738

Conclusive presumptions, distinguished, 727

Constitutionality

Civil cases, 738—740

Criminal cases, 744—748

Creation, reasons for, 729

Criminal cases

Affirmative defenses, 740 — 751, 742—743

Constitutionality, 744—748

Instructions to jury, 746 — 747, 750—751

Mandatory presumptions, 746—747

Permissive presumptions, 747

Rational connection test, 744—745

Reasonable doubt standard, 744

Death, 730

Definition of, 726, 742

Effect

Burden of persuasion, 735—737

Burden of producing evidence, 727

"Bursting bubble" theory, 731—735

Civil cases, 730—733

Criminal cases, 742—743

Erie rule affecting, 751—752

Examples, 729

Habeas corpus, 746

Illustrations, 728—729

Improvement of, 737—738

Inferences distinguished, 726

Innocence, presumption of, distinguished, 727—728

Instructions to jury

"Bursting bubble" theory, 732—733

Criminal cases, 746—747, 750—751

Intoxication, from blood alcohol, 444—445

Land titles, 729

Mail, receipt of, 729

Mandatory presumptions, 746—747

Marriage, concerning, 732

Paternity, 730

Permissive presumptions, 747

Possession of stolen property, arising from, 746

Probability of, 729

Public officers, performance of duty, 729

Rational connection test, 744—745

Reasonable doubt standard, 744

Res ipsa loquitur, distinguished, 727

Single rule for, 735—736

Suicide, against, 730

PRETRIAL CONFERENCES

See also Discovery.

Generally, 7—8

PRIMARY PURPOSE DOCTRINE

Witnesses, testimony of, 88

PRINTOUTS. See Computers.

PRIOR CONSISTENT STATE-MENTS. See Impeachment; Rehabilitation.

PRIOR INCONSISTENT STATE-MENTS

Collateral matters, 82—83

Degree of inconsistency required, 78—80

Material inconsistency, judges' discretion to determine, 81

Extrinsic evidence

Foundation for, 83—87

Proof by, 82—83

Hearsay role, exclusion from, 554

One's own witness, 87—88

Opinions, 81

Pretrial statements, 80

Primary purpose doctrine, 88

Queen's case, rule in, 69, 83

Showing to witness, 69—70, 84

Substantive evidence, as, 78—79, 82—88

PRIVILEGES

See also specific topics.

Accountant—client, 175

Adverse spousal testimony, 153—155

Claim of as constituting unavailability, 567

Clergyman—penitent, 174

Codification, efforts toward, 171

Conflict of laws, 166

Current pattern of, 173—175

Denial of as error, 165

In federal courts, 172—173

Federal Rules, treatment in, 172—173

Future of, 175—176

Journalists, 174—175

Judicial assertion of, 136, 165

Jury deliberations, 156

Limitations on, 167—170

Adverse inferences from assertion, 167—169

Constitutional limitations, 169—170

Eavesdropping and interception, 167

Medical review committees, 175

Miscellaneous forms of, 175

Other rules distinguished, 164—165

Parent—child, 175

Procedural recognition, 165—166

Purposes of, 163—165

Scope and effect of, 163—176

Sexual assault victim—counselor, 175

Sources of, 170—172

Spouses, competency as witnesses, 153—155

State courts, in, 174—175

Who may assert, 165—166

PROBABILITIES

See also Scientific Techniques.

Burden of proof, preponderance, to define, 721—723

Presumptions, 728

Probative value, 469—472, 736

Relevance, 396

Similar happenings, 421—422

PRODUCT LIABILITY

Other injuries, 424—426

Remedial measures, 596

Statistical studies, use of, 465—466

PROOF. See Burden of Proof; Offer of Proof.

PSYCHIATRISTS

Physician—patient privilege, 214

PSYCHOTHERAPIST-PATIENT PRIVILEGE

Generally, 214—215, 220, 222

PUBLIC OFFICERS

Presumption, performance of duty, 729

PUBLIC RECORDS

Generally, 637—644

Absence of record, 643

Accident reports, 640

Activities of the office, 637

Authentication, 509—510

Certificates, 643—644

Classifications of, 638—640

Criminal cases

Judgments in previous cases, 640—642

Law enforcement personnel, persons included as, 639

Restrictions on use in, 639—640

Custodians' role in certifying, 643—644

Death certificates, 640

Firsthand knowledge, 638

Former testimony, to prove, 651

Hearsay exception, 637—638, 640—642

Investigative reports, 638—640

Judgments in previous cases, 640—642

Acquittals, 641—642

Civil judgments in criminal cases, 641—642

Criminal convictions in civil actions, 641—642

Marriage certificates, as, 643

Matters observed pursuant to duty, 638

Opinions and conclusions in, 638—640

Original writing rule applied to, 528, 531, 533

Paraphrases and summaries of, 643

Physician—patient privilege, 217

Police reports, 638—640

Required reports, as, 640

Self-authentication of, 518

Trustworthiness, 638

Vital statistics, 640

QUEEN'S CASE. See Impeachment.

QUESTIONS. See Form Of Questions.

RADAR

Accuracy of results, proof of, 441

Principles underlying, 441

Sources of possible error in, 442

RAPE

Character of victim, 414—417

Chastity, reputation of victims for, 416

Psychiatric examination of complaining witnesses, 101—102

RAPE SHIELD LAWS

Generally, 416—417

RAPE TRAUMA SYNDROME

Generally, 458

REAL EVIDENCE

Authentication, 483

Unchanged condition, 484

REAL PROPERTY

Boundaries, reputation, 672

Title documents, hearsay exception, 673

REBUTTAL. See Order of Proof.

RECORDINGS

Sound, 492—493

Video and film, 490—492

RECORDS. See Public Records; Regularly Kept Records; Self — Incrimination Privilege.

RECORDS OF PAST RECOLLECTION

See also Refreshing recollection.

Generally, 621—624

Firsthand knowledge requirement, 622

Former testimony, to prove, 651

Habit, to show making, 623

Hearsay, clarification as, 621

History of doctrine, 621

Hostile witnesses, proof through, 623

Memory, impairment of required, 622—623

Multiple party involvement, 623—624

Record made while witness's memory was clear, 622

Regularly kept records as, 621—624

Sound recordings, 621

Time of making, 622

Videotape recordings, 622

Writing

Accuracy of, proving, 623—624

Admission as exhibit, 622

Requirements of, 622

REDIRECT EXAMINATION

Generally, 75—76

REFRESHING RECOLLECTION

See also Records of past recollection.

Generally, 22—26

Aids used in, judges' discretion, 24

Attorney-client privilege, 25—26, 201

Cross-examiner's right to memoranda used for, 24—25

Form of questions, 22—26

Former testimony, to prove, 651

Hypnosis, by, 20, 454

Jury examination of memoranda, 24—25

Memoranda, by, 22—25

Privileged writings, by, 25—26, 201

Recorded recollection distinguished, 23—24

REGULARLY KEPT RECORDS

See also Authentication; Public Records.

Generally, 625—636

Absence of entry, 628

Accident reports, 629

Admissions, 625

Establishing, who must be called for proof,
632—633

Statutes concerning, 627

Authentication of, 505—506

Common law requirements, 626—627

Computer records, 635—636

Corporations, 632—633

Electronic records, 635—636

Expert opinion in, 628

Firsthand knowledge, 630

Foreign businesses, certification of,
633

History of exception, 625—626

Hospitals, 633—635

Litigation, reports for, 629, 636

Multiple hearsay in, 677—678

Opinions in, 628

Oral reports, 627

Original writing rule applied to, 528

Person recording, 628—629, 630

Unavailability of, 632

Personal knowledge, 630—631

Police reports as, 629—630

Purpose for, 629

Records of past recollection, 621—624

Regular course of business, 630—631

Scope of rule, 628—629

Self-authenticating, when, 518—519

Shopbook rule, 625—626

Third parties, 632—633

Time of making, 630

Trustworthiness, lack of, 629

Types of entries, 627—628

REHABILITATION

Generally, 105—108

Good character, 106—107

Prior consistent statements, proof of, 107—108

When permitted, 106

RELEVANCY

See also specific topics.

Generally, 395—399

Background, 395

Character evidence, 401—402

Circumstantial evidence of, 397—398

Components of, 395

Cost—benefit analysis, 399

Cross-examination, standard for, 72

Direct evidence of, 397

Factors potentially outweighing, 398—399

Failure to object on grounds of, 135

Improperly obtained evidence, 364—366

Individual items, test for, 397

Judge's role in determining, 70—72, 399

Liability insurance, in negligence cases, 427

Materiality, 395—396

Medical expenses, admission of payment, 597

Nontestimonial evidence, 479

Preliminary questions of fact, 130—133

Presumption of admissibility, 395

Probative value, 397, 411

Scientific techniques, standard for, 434, 436—437

RELIGIOUS BELIEFS

Competency of witnesses, 150

Impeachment and, 104—105

REMEDIAL MEASURES

Admissions of party-opponent, 595—597

Feasibility, to show, 596

Impeachment, admission for, 596

Product liability cases, 596

Subsequent, distinguished from rule of privilege, 164

Third person, taken by, 596

REPAIRS. See Remedial Measures.

REPUTATION

Bad reputation, impeachment of character by, 98—100

Character

Generally, 402, 405, 412, 671

Cross-examination concerning, 98—100

Family history, 671—672

Form of questions concerning, 98—100

General history, 672

Good character, admissibility, 412

Habit, reputation evidence concerning, 405

Hearsay, 547, 671—672

Pedigree, as to, 671—672

Rape victims, 416

Real property boundaries, 672

REQUESTS FOR ADMISSIONS. See Discovery.

RES GESTAE

Spontaneous statements, 580, 599

Views on, 602

RES INTER ALIOS ACTA

Definition of, 423

RES IPSA LOQUITUR

Definition of, 727

Jury instructions concerning, 727

Presumption distinguished, 727

RESIDUAL HEARSAY EXCEPTIONS

Generally, 674—677

Applicability, factors affecting

    Availability of declarant, 675

    Corroboration, 676

    Equivalent guarantees, 675—676

    Frequent applications of exception, 677

    Near miss statements, 677

    Necessity, 676

    Notice of intent to invoke, 675—677

    Other requirements, 677

    Trustworthiness, 675—676

Child sex abuse cases, use in, 677

Confrontation, applied to, 79

Creation, legislative history of, 674

Purpose, 674

RULE OF COMPLETENESS. See Writings.

SAFETY HISTORY

Admissibility, generally, 426

SANITY. See Mental Capacity.

SCIENTIFIC EVIDENCE

Judicial notice as foundation for, 695—697

SCIENTIFIC SOUNDNESS, PROOF OF

Scientific techniques, 434, 437

SCIENTIFIC TECHNIQUES

    See also Expert Witnesses; specific topics.

    Generally, 431—475

Admissibility

    Generally, 434—440

    Paternity testing, 472—475

    Probabilities, 470

Profiles of behavior, 457—459

Bayes' rule

    Paternity testing, 472—475

    Probabilities, 471

Blood and tissue typing, 445—450

    Paternity, 446

    Sex offenses, 446

Blood tests

    Drunkenness, 443—445

Breath tests

    Drunkenness, 444—445

Chemical tests

    Drunkenness, 444—445

Confidence interval, 464—465

Criminalistics, 459—462

Daubert test. See Daubert Standard.

DNA typing

    Generally, 445—450

    Described, 446—449

    Evidentiary status of, 448—450

    Paternity, 446, 475

Drugs, for diagnosis and therapy, 454—455

Drunkenness, tests for, 443—445

Eyewitness testimony, 455—457

Fingerprinting, 460

Frye test. See Frye Standard.

General acceptance, proof of, 434, 437

Hypnosis, 454—455

Lie detection. See Lie Detection.

Lie detection, 451—453

Likelihood ratio, 396, 473—475

Opinion polls, 462—465

P-value, 467—468

Paternity testing

    Admissibility of findings, 472—475

    Bayes' rule, 472—475

    Blood and tissue typing, 446

    DNA typing, 446, 475

    Probabilities and, 472—475

Pretrial experiments, 431—434

    Peer review, importance of, 434

    Principles, to demonstrate, 431—432

    Properties, to demonstrate, 433

    Similarity of circumstances, 431—432

Probabilities

    Admissibility, 470

    Bayes' rule, 472—475

    History of, 469—470

    Identification evidence, generally, 468—472

    Paternity testing, 472—475

    Use of, views on, 471

Profiles of behavior, 457—459

Psychological tests, 450—459

Radar. See Radar.

Relevance — plus standard, 434, 436—437

Scientific soundness, proof of, 434, 437

Significance, 468, 474

Speed detection and recording, 440—442

    Aircraft flight recorders, 441

    Kinematics, 440—441

    Radar, 441—442

    Tachograph, 441

    VASCAR, speed detection, 440—442

Statistical studies, 465—468

    Controlled experiments, 465

    Employment discrimination, proof of, 468

    Jury selection, proof of discrimination in, 466—467

    Observational studies, 465

Surveys, 462—465

Syndromes, 457—459

Uses in litigation, 431

Weight, arguments concerning, 439—440

SCIENTIFIC TESTS

Authentication, to demonstrate, 431—432

SEARCH AND SEIZURE. See Improperly

    Obtained Evidence.

SELECTIVE SERVICES REPORTS

Government secrets privilege, 231

SELF — DEFENSE. See Affirmative Defenses.

SELF — INCRIMINATION PRIVILEGE

    See also Confessions; Privileges.

    Generally, 237—289

Accused, 260—267

    Assertion by, 247

    Availability to, generally, 245—247

    Cross-examination of, 265—267

    Failure to testify, comment, 260—262

    Instructions to jury, 265—267

    Out-of-court silence, 262—264

    Prior invocations, 262—264

    Reliance on privilege before trial, 262

    Waiver by testimony, 265—267

Activity protected, 238—240

Agents, 284—286

Alcohol testing, 257, 258—259

Appellate process, during, 250—251

Asserting, manner of, 247—248

Burden of proof, 276—279

Civil proceedings, availability in, 251

Claim of

    Comment on, 260—262

    Penalties from, 276—279

Collateral attacks, 250

Collective entity rule, 284—286

Compulsion required, 259—260

Corporations, 284

Criminal liability, 248, 250—252

Cross-examination

    Scope as affected by privilege, 67, 265—267, 274—275

Discovery, 280—284

Disgrace, 250

Documents

    Authentication by production, 280—281

    Compulsory production, 280—281

    Private papers, limits on use of, 279—280

    Protection of contents, 279—280

    Regulatory schemes, items possessed

    pursuant to, 281—284

    Required records, 281—284

Exercising, burdens on, 276—279

Foreign jurisdictions, 254—255

Foundation for, 240—245

Habeas corpus, 274

Handwriting samples, 258

History

    American development, 238

    Common law origins, 237—238

Immunity, 286—289

    Grants by prosecutors, 286—287

    Nonevidentiary use of matter obtained, 287—289

    Perjured testimony given under grant of, 286—287

    State constitutional provisions, 289

    Transactional, 287—289

    Use, 287—289

Incrimination, risk of, 248—249

Labor unions, 283, 285

Noncriminal legal liability, distinguished, 251—252

Notice to produce original writing as violating, 530—531

Organizations, generally, 284—286

Origin, 237—238

Other jurisdictions, liability in, 253—255

Out-of-court events

Self-incrimination privilege, accused's silence, 262—264

Personal nature of, 248

Physical demonstrations, 256

Prophylactic rules, 238—239, 245

Real and appreciable risk requirement, 248—249

Scope, 250—255

Sentencing, at, 251

Sexually dangerous persons, 252

Sixth Amendment rights compared to, 313—314

State-federal liability, 253—255

States

Applicability, 239

Construction of constitutional provisions

conferring, 239, 245, 289

Forms of, 239

Immunity provisions, 288—289

State-federal liability, 253—255

Subpoenas duces tecum, 282

Testimonial activity, 255—259

Unincorporated associations, 283, 285

Waiver

Accused's testimony, by, 67

Grand jury testimony as, 273

Impeachment of character, by proof of

misconduct, 93

Witness, disclosure, 272

Witness, 267—276

Assertion by, 246

Availability, generally, 245—247

Blanket invocation, 268

Defense witnesses, 275—276

Incriminatory response by, defined, 270—272

Invocation limiting accused's right to cross-examine, 267—269

Invoking the privilege, 267—269

Prosecution witnesses, 274—275

Resolving claim of privilege, 270—272

Right to counsel, 269

Waivers, 272—273

Warning concerning, 269—270

SENTENCING

Self-incrimination privilege applicable to, 251

SEQUESTRATION. See Witnesses.

SEX OFFENSES

Blood and tissue typing, 446

Psychiatric testing, victims of, impeachment, 101—102

SEXUAL ABUSE ACCOMMODATION

SYNDROME

Generally, 458

SEXUAL ASSAULT VICTIM-COUN-SELOR

    PRIVILEGE

Generally, 175

SEXUAL OFFENSES

Abberrancy, admissible evidence in criminal

    cases, 408

Corroboration, 607

Excited utterances concerning, 607—608

Victims of

    Character, state laws concern-ing, 416—417

    Children. See Children.

SEXUALLY DANGEROUS PER-SONS

Self-incrimination privilege, 252

SEXUALLY TRANSMITTED DIS-EASES

Reporting

    Physician-patient

privilege, 217

SHORT-HAND RENDITION RULE

Examination of witnesses, 30

SILENCE

Confession by, 333—335

SILENT WITNESS THEORY

Nontestimonial evidence, 490—491

SIMILAR HAPPENINGS

    Generally, 421—426

Condemnation awards to prove val-ue, 423

Execution sales to prove value, 424

Other accidents and injuries, 424—426

Other accusations, 422

Other claims or suits, 421—422

Other contracts and business trans-actions, 422—423

Other misrepresentations and frauds, 422

Other sales to prove value, 423-424

SIXTH AMENDMENT

Cross-examination, right of in crim-inal proceedings, 59

Witnesses, right to interview, 5

SOCIAL SECURITY DATA

Government secrets privilege, 231

SOCIAL WORKERS

Physician-patient privilege, 214

SOUND RECORDINGS

Authentication, 515

Hearsay, as, 493

Nontestimonial evidence, as, 492—493

Original writing rule, 523, 528

Records of past recollection, 621

SPECTROGRAMS

Voice, 461

SPOLIATION. See Obstruction of Justice.

SPONTANEOUS STATEMENTS

    See also Excited Utterances.

    Generally, 599—616

Belief, as proof of event genera-ting, 614—616

Bodily condition, 608—609

    Statements to physicians, 617—619

Intent

Sufficiency to prove subsequent acts, 616

Issue, state of mind as, 609—611

Continuity, 610

Memory, as proof of event generating, 614—616

Mental state, 610

Fear, 615

Insanity, 611

Intent to show subsequent acts, 611—614

Memory or belief, 614—616

Statements attributing cause for, 615

Nonhearsay, as, 600

Physical or mental condition, statements of, 609—616

Physicians, to, 617—619

Present sense impressions, 602—603

Res gestae, 580

Generally, 599

Views on, 602

Self-serving aspects of, 600—601

Subsequent acts, statements of intent, 611—614

Suicide, to prove, 613

Testimonial statements, 559

Threats, 613

SPOUSES

Competency as witnesses, 153—155, 160

STAR CHAMBER

Self-incrimination, role in history of privilege

against, 237

STARTLED UTTERANCES. See Excited

Utterances.

STATEMENTS. See Prior Inconsistent

Statements.

STATEMENTS AGAINST INTEREST. See

Declarations against Interest.

STATISTICS. See Scientific Techniques;

Vital Statistics.

STIPULATIONS

Pretrial, 4

STOLEN PROPERTY

Presumption arising from possession of, 746

STUDIES. See Scientific Techniques.

SUBPOENA DUCES TECUM

Original writings, use to obtain, 530

Self-incrimination privilege, 282

In trial preparation, 8

SUBPOENAS

In trial preparation, 8

SUBSEQUENT REMEDIAL MEASURES

Distinguished from rule of privilege, 164

SUICIDE

Death certificate indicating, 640

Presumption against, 730

Spontaneous statements to prove, 613

SURVEYS

Generally, 462—465

Confidence intervals, 463—465

Hearsay status of, 462

Methodology, 462—463, 463—465

Sources of error in, 463

SYMPTOMS. See Excited Utterances. TACHOGRAPH

Speed detection and recording, 441

TAX RETURNS

Government secrets privilege, 231

TEMPORAL PRIORITY DOCTRINE

Generally, 107

TENANTS IN COMMON

Admissions of party—opponent by, 584—585

TESTAMENTARY CAPACITY

Cross-examination, effect on, 60

Opinion of, 33

Psychiatric testimony concerning, 101

TESTIMONIAL STATEMENTS

Declarations against interest, 666

Hearsay, 558—559

TESTS. See Experiments; Scientific Techniques.

THAYER, JAMES

Admission of evidence, views on, 142

Best evidence, views on, 521

"Bursting bubble" theory, 731—732

Hearsay, views on, 681

Judicial notice, using, views on, 700, 710

Res gestae, views on, 599

THEORY OF THE CASE

Pretrial preparation, 4

THIRD PARTY REPORTS

Hearsay, 48—52

THIRD PERSONS

Attorney—client privilege

Confidentiality, 195—196

Information received from third persons, 192

Compromise and offer to compromise with, 594

Confessions of

Declarations against interest, 663, 664—665

Physician-patient privilege, 216—218

Possession of original writing

Nonproduction of original, excuses for, 529—531

Regularly kept records, 632—633

Remedial measures taken by, 596

TITLE DOCUMENTS

Hearsay exception, 673

ULTIMATE ISSUES. See Opinions.

UNAVAILABILITY OF WITNESS

Former testimony, 645—646, 646—647

UNEMPLOYMENT COMPENSATION DATA

Government secrets privilege, 231

UNIFORM LAWS

Uniform Act to Secure the Attendance of Witnesses from Without a State in Criminal Proceedings, 569

Uniform Interstate and International Procedure Act, 708—709

Uniform Judicial Notice of Foreign Law Act, 708—709

VASCAR

Speed detection and recording, 440—443

VENEREAL DISEASE

Reporting

Physician-patient

privilege, 217

VIDEOTAPES

Child witnesses, 569—570

Nontestimonial evidence, as, 490—493

Original writing rule, 523, 528

Records of past recollection, 622

Unscripted, as hearsay, 490

VIEWS

Generally, 498—499

Evidentiary status of, 499

Statutes governing, 498

VISUAL AIDS

Demonstrative Aids, 484—488

Use in pretrial preparation, 4

VITAL STATISTICS

Public records, hearsay exception, 640

State statutes, regulation by, 640

VOIR DIRE

Admission of evidence, 130—131

Competency of witnesses, 158—159

Judicial notice, 695

Juries, 9

WAIVER. See Specific Topics.

WIGMORE, JOHN HENRY

Attorney — client privilege, views on, 191, 199, 202

Basis for privilege, views on, 163

Best evidence rule, views on, 522

"Bursting bubble" theory, 731

Corpus delecti, views on, 295

Corroboration, views on, 291

Dying declarations, views on, 658

Form of questions, views on, 24

Government secrets privilege, views on, 224

Hearsay, views on

Generally, 539—540

Admissions as exception to, 574

Complexity of present rules, 681

Confrontation, 557

Family history exception, 672

Former testimony, 645

Learned treatises, exception, 669

Oath, value of, 541

Prior statements of witnesses, 553

Impeachment, views on, 81, 84, 97, 101

Judicial notice, using, views on, 700

Marital communications privilege, views on, 183

Opinion testimony, views on, 29

Out-of-court statements, views on, 57

Presumption of innocence, views on, 729

Records of past recollection, views on, 622

Res gestae, views on, 599

Self-incrimination, views on, 238

Spouses, competency as witnesses, views on, 155

WILL CONTESTS

Physician-patient privilege, 221

WITHDRAWAL OF EVIDENCE

Generally, 128

WITNESSES

See also Competency of Witnesses; Expert

Witnesses; Firsthand Knowledge.

Adverse parties, cross-examination, 66

Attesting, 506

Attorney-client privilege, 209—211

Bolstering evidence, 77—78

Calling and questioning

Judges' discretion, 20—22, 29, 54

Character witnesses, cross-examination, 108—110

Children. See Children.

Corrupt activities, 89

Credibility rules, 77—78

Cross-examination. See Cross-examination.

Death before conclusion of cross-examination, 60

Examination at trial, 9

Exclusion and separation of, 114—115

Eyewitnesses

Habit evidence, as affecting admissibility of, 418—419

Reliability of, 151—152

Failure to call witnesses, inferences from, 589—591

Harassment, protection from, 92

Hearsay. See Hearsay.

Hearsay declarants as, 678—679

Compulsory process to obtain, 679

Hostile

Calling by court, 20—21

Cross-examination, scope of, 66

Records of past recollection, 623

Use of leading questions, 17—19

Impeachment of character

Generally, 77—78, 417—418

Bad reputation, by, 98—100

Conviction of crime, 93—98

Types usable, 93—95

Defects of capacity for, 100—103

Exclusion and separation of, 114—115

Improperly obtained evidence, by, 389—390

Proof of opinion, by, 98—100

Psychiatric examination, by, 101—102

Interviewing, Sixth Amendment rights, 6

Multiple witnesses, offer of proof, 121

Party as, effect of testimony, 578—580

Physician—patient privilege, waiver, 219—220

Planning use of, 6

Preparation for trial, 6

Primary purpose doctrine, 88

Prior inconsistent statements

    One's own witness, 87—88

    Showing to, 69—70, 84

Questioning, 15—26

    Jury, by, 21—22

Rape, psychiatric examination of complaining witnesses, 101—102

Records of past recollection, 621

Refreshing recollection, 22—26

Right to interview, 5

Self-incrimination privilege. See Self-incrimination Privilege.

Self-interest, 88

Unavailability of, 567

    Precondition for depositions, 569

WORK PRODUCT

Attorney-client privilege, relation to, 205—209

Criminal cases

    Jencks Act, 209—211

History of doctrine, 205—209

WORKERS' COMPENSATION

Physician-patient privilege, 221

WRITINGS

    See also Authentication; Original Writing Rule.

Demand for inspection of, 134—135

Interception, privileges and, 167

Jury room, exhibits in, 500—501

Lost, preliminary questions of fact concerning, 132—133

Partial, effect of introduction, 138—139

Procedure for admission of, 119—120

Written interrogatories in discovery, 7

X-RAYS

Nontestimonial evidence, as, 489

Original writing rule, application to, 523

重要术语中英文对照表

A

access 近用

accident proneness 事故倾向性

accommodate 顾及

anecdotal evidence 轶事证据

applicable law 准据法

approach 接触　问闻

argumentative 观点性的

authorized 受权的

B

baby farming 婴儿养殖

biographical data 履历数据

C

choses in action 可经诉讼取得的财产权

civil commitment 民事关禁

collateral attack 附带攻击

collective entity rule 集体性实体规则

companion case 姊妹案件

complaint 鸣冤

condemnation 土地征收

condemnation 征用

Conference Committee 会议委员会

contrived evidence 刻意编造的证据

control question 控制问题

criminal conversation 私通

custody 羁押　监护

D

demonstrative aid 示意性辅助手段

derivative use 衍生性使用

detention 扣留

dicta 判决附带意见

directed verdict 指令裁决

diversity action 异籍诉讼　跨州诉讼

E

eminent domain 征用　土地征用

estoppel 禁止反言

ex officio oath 依职权宣誓

exception 反对异议

execution sale 强制拍卖

expedient 变通

F

fact finder 事实认定者

Federal Register《联邦公报》

find 认定

H

holder in due course 正当持票人

I

identity of interest 利益同一性

inadvertent 无意的

inspect 查阅　查验

interrogation 审讯　讯问

issue preclusion 争点排除

J

joint probability 联合概率

justified 证成的，得证的

L

last-clear-chance 最后明显机会

leading case 例案代表性案件

leading question 诱导性问题

likelihood ratio 似然比

M

malice aforethought 预谋

minister 牧师

motion in limine 证据免提动议

N

nuisance 滋扰

O

operative fact 操作性事实

P

pedagogic aids 讲解辅助手段

per se rule of exclusion 关于排除的本身规则

permissive presumption 容许性推定

personal knowledge 亲身知识

phenotypes 表现型

plea colloquy 认罪对话

plead 主张　提出

police power 管制权

population 总体

predecessor in interest 利益前任

preliminary question 预备性问题

prescriptive title　根据时效取得的所有权

Presentment 呈堂

privity 共同利益关系

privity of estate 地产保有相互关系

probable cause 可能成立的理由

produce 出示

proffer agreement 效劳协议

progeny 后系案件

R

reasonable person 常人

relevancy plus standard 相关性＋标准

remedy 救济

required records rule 需存记录规制

res ipsa loquitur　事实自证

routine booking questions 常规登记问题

S

scientific soundness 科学稳健性

secondary evidence 替代性证据

Sharia law 伊斯兰教法

sovereign 主权　主权体

striking of pleadings 除去诉状

suppression motion 排除动议

sworn submission 宣誓书

T

term of art 专门术语

the Health Insurance Portability and Accountability Act of 1996（HIPAA）《1996 年健康保险可携带性和责任法》（HIPAA）

traffic stop 临时截停

transaction 事项

transposition fallacy

trial brief 诉讼要点

U

unresponsiveness 答非所问

utterance 话语

V

view 查勘

VNTRs（variable number of tandem repeats）可变数目串联重复序列

W

withhold 隐匿

图书在版编目（CIP）数据

麦考密克论证据：第七版/（美）肯尼斯·S. 布朗
(Kenneth S. Broun) 主编；王进喜译 . -- 北京：
中国人民大学出版社，2023.9
（法学译丛 . 证据科学译丛/张保生，王进喜主编）
书名原文：McCormick on Evidence，Seventh
Edition
ISBN 978-7-300-32073-1

Ⅰ . ①麦… Ⅱ . ①肯… ②王… Ⅲ . ①证据-法学-
研究 Ⅳ . ①D915. 130. 1

中国国家版本馆 CIP 数据核字（2023）第 165901 号

"十三五"国家重点出版物出版规划项目
法学译丛·证据科学译丛
丛书主编　张保生　王进喜
麦考密克论证据（第七版）
［美］肯尼斯·S. 布朗（Kenneth S. Broun）　主编
王进喜　译
Maikaomike Lun Zhengju

出版发行	中国人民大学出版社		
社　　址	北京中关村大街 31 号	**邮政编码**	100080
电　　话	010 - 62511242（总编室）		010 - 62511770（质管部）
	010 - 82501766（邮购部）		010 - 62514148（门市部）
	010 - 62515195（发行公司）		010 - 62515275（盗版举报）
网　　址	http://www.crup.com.cn		
经　　销	新华书店		
印　　刷	涿州市星河印刷有限公司		
开　　本	787 mm×1092 mm　1/16	**版　　次**	2023 年 9 月第 1 版
印　　张	55.75 插页 2	**印　　次**	2023 年 9 月第 1 次印刷
字　　数	974 000	**定　　价**	268.00 元